TABLE DES MATIÈRES

CONTENTS

LES MARQUES DEPOSÉES

NOTE ON TRADEMARKS

PROJECT MANAGEMENT
Gaëlle Amiot-Cadey
Teresa Álvarez García
Ruth O'Donovan

EDITOR
Susie Beattie

CONTRIBUTORS
Sabine Citron
Cordelia Lilly
Jean-François Allan
Cécile Aubinière-Robb
Wendy Lee
Catherine Love
Rose Rociola
Genevieve Gerrard
Carol McCann

FOR THE PUBLISHER
Lucy Cooper
Kerry Ferguson
Susanne Reichert

PUBLISHING DIRECTOR
Elaine Higgleton

Based on the first edition of the Collins Gem French Dictionary under the direction of Pierre-Henri Cousin.

INTRODUCTION

Nous sommes très heureux que vous ayez choisi ce dictionnaire et espérons que vous aimerez l'utiliser et que vous en tirerez profit au lycée, à la maison, en vacances ou au travail.

Cette introduction a pour but de vous donner quelques conseils sur la façon d'utiliser au mieux votre dictionnaire, en vous référant non seulement à son importante nomenclature mais aussi aux informations contenues dans chaque entrée. Ceci vous aidera à lire et à comprendre, mais aussi à communiquer et à vous exprimer en anglais contemporain.

Au début du dictionnaire, vous trouverez la liste des abréviations utilisées dans le texte et celle de la transcription des sons par des symboles phonétiques. Vous y trouverez également la liste des verbes irréguliers en anglais, suivis d'une section finale sur les nombres et sur les expressions de temps.

COMMENT UTILISER VOTRE DICTIONNAIRE

Ce dictionnaire offre une richesse d'informations et utilise diverses formes et tailles de caractères, symboles, abréviations, parenthèses et crochets. Les conventions et symboles utilisés sont expliqués dans les sections qui suivent.

ENTRÉES

Les mots que vous cherchez dans le dictionnaire – les entrées – sont classés par ordre alphabétique. Ils sont imprimés en couleur pour pouvoir être repérés rapidement. Les entrées figurant en haut de page indiquent le premier (sur la page de gauche) et le dernier mot (sur la page de droite) des deux pages en question.

Des informations sur l'usage ou sur la forme de certaines entrées sont données entre parenthèses, après la transcription phonétique. Ces indications apparaissent sous forme abrégée et en italiques (par ex. (*fam*), (*Comm*)).

Pour plus de facilité, les mots de la même famille sont regroupés sous la même entrée (**ronger, rongeur; accept, acceptance**) et apparaissent également en couleur.

Les expressions courantes dans lesquelles apparaît l'entrée sont indiquées par des caractères romains gras différents (par exemple **retard** : [...] **avoir du ~**).

TRANSCRIPTION PHONÉTIQUE

La transcription phonétique de chaque entrée (indiquant sa prononciation) est indiquée entre crochets immédiatement après l'entrée (par ex. **fumer** [fyme]; **knee** [niː]). La liste des symboles phonétiques figure page xiii.

TRADUCTIONS

Les traductions des entrées apparaissent en caractères ordinaires ; lorsque plusieurs sens ou usages coexistent, ces traductions sont séparées par un point-virgule. Vous trouverez des synonymes de l'entrée en italiques entre parenthèses avant les traductions (par ex. **poser** *(installer : moquette, carrelage)*) ou des mots qui fournissent le contexte dans lequel l'entrée est susceptible d'être utilisée (par ex. **poser** *(question)*).

MOTS-CLÉS

Une importance particulière est accordée à certains mots français et anglais qui sont considérés comme des « mots-clés » dans chacune des langues. Cela peut être dû à leur utilisation très fréquente ou au fait qu'ils ont divers types d'usage (par ex. **vouloir**, **plus**; **get**, **that**). L'utilisation de triangles et de chiffres aide à distinguer différentes catégories grammaticales et différents sens. D'autres renseignements utiles apparaissent en italiques et entre parenthèses dans la langue de l'utilisateur.

DONNÉES GRAMMATICALES

Les catégories grammaticales sont données sous forme abrégée et en italiques après la transcription phonétique (par ex. *vt*, *adv*, *conj*). Les genres des noms français sont indiqués de la manière suivante : *nm* pour un nom masculin et *nf* pour un nom féminin. Le féminin et le pluriel irréguliers de certains noms sont également indiqués (par ex. **directeur, -trice** ; **cheval, -aux**).

Le masculin et le féminin des adjectifs sont indiqués lorsque ces deux formes sont différentes (par ex. **noir, e**). Lorsque l'adjectif a un féminin ou un pluriel irrégulier, ces formes sont clairement indiquées (par ex. **net, nette**). Les pluriels irréguliers des noms, et les formes irrégulières des verbes anglais sont indiqués entre parenthèses, avant la catégorie grammaticale (par ex. **man** [...] (*pl* **men**) *n* ; **give** (*pt* **gave**; *pp* **~n**) *vt*).

INTRODUCTION

We are delighted that you have decided to buy this dictionary and hope you will enjoy and benefit from using it at school, at home, on holiday or at work.

This introduction gives you a few tips on how to get the most out of your dictionary – not simply from its comprehensive wordlist but also from the information provided in each entry. This will help you to read and understand modern French, as well as communicate and express yourself in the language. This dictionary begins by listing the abbreviations used in the text and illustrating the sounds shown by the phonetic symbols. You will also find French verb tables, followed by a final section on numbers and time expressions.

USING YOUR DICTIONARY

A wealth of information is presented in the dictionary, using various typefaces, sizes of type, symbols, abbreviations and brackets. The various conventions and symbols used are explained in the following sections.

HEADWORDS

The words you look up in a dictionary – 'headwords' – are listed alphabetically. They are printed in **colour** for rapid identification. The headwords appearing at the top of each page indicate the first (if it appears on a left-hand page) and last word (if it appears on a right-hand page) dealt with on the page in question.

Information about the usage or form of certain headwords is given in brackets after the phonetic spelling. This usually appears in abbreviated form and in italics (e.g. (*fam*), (*Comm*)).

Where appropriate, words related to headwords are grouped in the same entry (**ronger, rongeur; accept, acceptance**) and are also in colour. Common expressions in which the headword appears are shown in a bold roman type (e.g. **retard:** [...] **avoir du ~**).

PHONETIC SPELLINGS

The phonetic spelling of each headword (indicating its pronunciation) is given in square brackets immediately after the headword (e.g. **fumer** [fyme]; **knee** [ni:]). A list of these symbols is given on page xiii.

TRANSLATIONS

Headword translations are given in ordinary type and, where more than one meaning or usage exists, these are separated by a semi-colon. You will often find other words in italics in brackets before the translations. These offer suggested contexts in which the headword might appear (e.g. **rough** (*voice*), [...] (*weather*)) or provide synonyms (e.g. **rough** (*violent*)). The gender of the translation also appears in italics immediately following the key element of the translation.

KEY WORDS

Special status is given to certain French and English words which are considered as 'key' words in each language. They may, for example, occur very frequently or have several types of usage (e.g. **vouloir, plus; get, that**). A combination of triangles and numbers helps you to distinguish different parts of speech and different meanings. Further helpful information is provided in brackets and italics.

GRAMMATICAL INFORMATION

Parts of speech are given in abbreviated form in italics after the phonetic spellings of headwords (e.g. *vt, adv, conj*). Genders of French nouns are indicated as follows: *nm* for a masculine and *nf* for a feminine noun. Feminine and irregular plural forms of nouns are also shown (**directeur, -trice; cheval, -aux**).

Adjectives are given in both masculine and feminine forms where these forms are different (e.g. **noir, e**). Clear information is provided where adjectives have an irregular feminine or plural form (e.g. **net, nette**).

ABRÉVIATIONS		ABBREVIATIONS
abréviation	*ab(b)r*	abbreviation
adjectif, locution adjectivale	*adj*	adjective, adjectival phrase
administration	*Admin*	administration
adverbe, locution adverbiale	*adv*	adverb, adverbial phrase
agriculture	*Agr*	agriculture
anatomie	*Anat*	anatomy
architecture	*Archit*	architecture
article défini	*art déf*	definite article
article indéfini	*art indéf*	indefinite article
automobile	*Aut(o)*	the motor car and motoring
aviation, voyages aériens	*Aviat*	flying, air travel
biologie	*Bio(l)*	biology
botanique	*Bot*	botany
anglais britannique	*BRIT*	British English
chimie	*Chem*	chemistry
commerce, finance, banque	*Comm*	commerce, finance, banking
informatique	*Comput*	computing
conjonction	*conj*	conjunction
construction	*Constr*	building
nom utilisé comme adjectif	*cpd*	compound element
cuisine	*Culin*	cookery
article défini	*def art*	definite article
déterminant: article; adjectif démonstratif ou indéfini *etc*	*dét*	determiner: article, demonstrative *etc*
économie	*Écon, Econ*	economics
électricité, électronique	*Élec, Elec*	electricity, electronics
en particulier	*esp*	especially
exclamation, interjection	*excl*	exclamation, interjection
féminin	*f*	feminine
langue familière (! emploi vulgaire)	*fam(!)*	colloquial usage (! particularly offensive)
emploi figuré	*fig*	figurative use
(verbe anglais) dont la particule est inséparable	*fus*	(phrasal verb) where the particle is inseparable
généralement	*gén, gen*	generally
géographie, géologie	*Géo, Geo*	geography, geology
géométrie	*Géom, Geom*	geometry
langue familière (! emploi vulgaire)	*inf(!)*	colloquial usage (! particularly offensive)
infinitif	*infin*	infinitive
informatique	*Inform*	computing
invariable	*inv*	invariable
irrégulier	*irreg*	irregular
domaine juridique	*Jur, Law*	law

ABRÉVIATIONS		ABBREVIATIONS
grammaire, linguistique	*Ling*	grammar, linguistics
masculin	*m*	masculine
mathématiques, algèbre	*Math*	mathematics, calculus
médecine	*Méd, Med*	medical term, medicine
masculin ou féminin	*m/f*	masculine or feminine
domaine militaire, armée	*Mil*	military matters
musique	*Mus*	music
nom	*n*	noun
navigation, nautisme	*Navig, Naut*	sailing, navigation
nom ou adjectif numéral	*num*	numeral noun or adjective
	o.s.	oneself
péjoratif	*péj, pej*	derogatory, pejorative
photographie	*Phot(o)*	photography
physiologie	*Physiol*	physiology
pluriel	*pl*	plural
politique	*Pol*	politics
participe passé	*pp*	past participle
préposition	*prép, prep*	preposition
pronom	*pron*	pronoun
psychologie, psychiatrie	*Psych*	psychology, psychiatry
temps du passé	*pt*	past tense
quelque chose	*qch*	
quelqu'un	*qn*	
religion, domaine ecclésiastique	*Rel*	religion
	sb	somebody
enseignement, système scolaire et universitaire	*Scol*	schooling, schools and universities
singulier	*sg*	singular
	sth	something
subjonctif	*sub*	subjunctive
sujet (grammatical)	*su(b)j*	(grammatical) subject
superlatif	*superl*	superlative
techniques, technologie	*Tech*	technical term, technology
télécommunications	*Tél, Tel*	telecommunications
télévision	*TV*	television
typographie	*Typ(o)*	typography, printing
anglais des USA	*US*	American English
verbe (auxiliaire)	*vb (aux)*	(auxiliary) verb
verbe intransitif	*vi*	intransitive verb
verbe transitif	*vt*	transitive verb
zoologie	*Zool*	zoology
marque déposée	®	registered trademark
indique une équivalence culturelle	≈	introduces a cultural equivalent

TRANSCRIPTION PHONÉTIQUE

CONSONNES		CONSONANTS
NB. **p, b, t, d, k, g** sont suivis d'une aspiration en anglais.		NB. **p, b, t, d, k, g** are not aspirated in French.
poupée	p	puppy
bombe	b	baby
tente thermal	t	tent
dinde	d	daddy
coq qui képi	k	cork kiss chord
gage bague	g	gag guess
sale ce nation	s	so rice kiss
zéro rose	z	cousin buzz
tache chat	ʃ	sheep sugar
gilet juge	ʒ	pleasure beige
	tʃ	church
	dʒ	judge general
fer phare	f	farm raffle
verveine	v	very revel
	θ	thin maths
	ð	that other
lent salle	l	little ball
rare rentrer	ʀ	
	r	rat rare
maman femme	m	mummy comb
non bonne	n	no ran
agneau vigne	ɲ	church
	ŋ	singing bank
	h	hat rehearse
yeux paille pied	j	yet
nouer oui	w	wall wail
huile lui	ɥ	
	x	loch
DIVERS		**MISCELLANEOUS**
pour l'anglais: le r final se prononce en liaison devant une voyelle	ʳ	in English transcription: final r can be pronounced before a vowel
pour l'anglais: précède la syllabe accentuée	ˈ	in French wordlist: no liaison before aspirate h

En règle générale, la prononciation est donnée entre crochets après chaque entrée. Toutefois, du côté anglais-français et dans le cas des expressions composées de deux ou plusieurs mots non réunis par un trait d'union et faisant l'objet d'une entrée séparée, la prononciation doit être cherchée sous chacun des mots constitutifs de l'expression en question.

PHONETIC TRANSCRIPTION

VOYELLES		VOWELS
NB. La mise en équivalence de certains sons n'indique qu'une ressemblance approximative.		NB. The pairing of some vowel sounds only indicates approximate equivalence.
ici vie lyrique	i iː	heel bead
	ɪ	hit pity
jouer été	e	
lait jouet merci	ɛ	set tent
plat amour	a æ	bat apple
bas pâte	ɑ ɑː	after car calm
	ʌ	fun cousin
le premier	ə	over above
beurre peur	œ	
peu deux	ø əː	urgent fern work
or homme	ɔ	wash pot
mot eau gauche	o ɔː	born cork
genou roue	u	full hook
	uː	boom shoe
rue urne	y	

DIPHTONGUES		DIPHTHONGS
	ɪə	beer tier
	ɛə	tear fair there
	eɪ	date plaice day
	aɪ	life buy cry
	au	owl foul now
	əu	low no
	ɔɪ	boil boy oily
	uə	poor tour

NASALES		NASAL VOWELS
matin plein	ɛ̃	
brun	œ̃	
sang an dans	ɑ̃	
non pont	ɔ̃	

In general, we give the pronunciation of each entry in square brackets after the word in question. However, on the English-French side, where the entry is composed of two or more unhyphenated words, each of which is given elsewhere in this dictionary, you will find the pronunciation of each word in its alphabetical position.

FRENCH VERB TABLES

a Present participle **b** Past participle **c** Present **d** Imperfect **e** Future **f** Conditional **g** Present subjunctive

1 **ARRIVERa** arrivant **b** arrivé **c** arrive, arrives, arrive, arrivons, arrivez, arrivent **d** arrivais **e** arriverai **f** arriverais **g** arrive

2 **FINIRa** finissant **b** fini **c** finis, finis, finit, finissons, finissez, finissent **d** finissais **e** finirai **f** finirais **g** finisse

3 **PLACERa** plaçant **b** placé **c** place, places, place, plaçons, placez, placent **d** plaçais, plaçais, plaçait, placions, placiez, plaçaient **e** placerai, placeras, placera, placerons, placerez, placeront **f** placerais, placerais, placerait, placerions, placeriez, placeraient **g** place

3 **BOUGERa** bougeant **b** bougé **c** bouge, bougeons **d** bougeais, bougions **e** bougerai **f** bougerais **g** bouge

4 **appelera** appelant **b** appelé **c** appelle, appelons **d** appelais **e** appellerai **f** appellerais **g** appelle

4 **jetera** jetant **b** jeté **c** jette, jetons **d** jetais **e** jetterai **f** jetterais **g** jette

5 **gelera** gelant **b** gelé **c** gèle, gelons **d** gelais **e** gèlerai **f** gèlerais **g** gèle

6 **CÉDERa** cédant **b** cédé **c** cède, cèdes, cède, cédons, cédez, cèdent **d** cédais, cédais, cédait, cédions, cédiez, cédaient **e** céderai, céderas, cédera, céderons, céderez, céderont **f** céderais, céderais, céderait, céderions, céderiez, céderaient **g** cède

7 **épiera** épiant **b** épié **c** épie, épions **d** épiais **e** épierai **f** épierais **g** épie

8 **noyera** noyant **b** noyé **c** noie, noyons **d** noyais **e** noierai **f** noierais **g** noie

9 **ALLERa** allant **b** allé **c** vais, vas, va, allons, allez, vont **d** allais **e** irai **f** irais **g** aille

10 **HAÏRa** haïssant **b** haï **c** hais, hais, hait, haïssons, haïssez, haïssent **d** haïssais, haïssais, haïssait, haïssions, haïssiez, haïssaient **e** haïrai, haïras, haïra, haïrons, haïrez, haïront **f** haïrais, haïrais, haïrait, haïrions, haïriez, haïraient **g** haïsse

11 **courira** courant **b** couru **c** cours, courons **d** courais **e** courrai **g** coure

12 **cueillira** cueillant **b** cueilli **c** cueille, cueillons **d** cueillais **e** cueillerai **g** cueille

13 **assaillir –a** assaillant **b** assailli **c** assaille, assaillons **d** assaillais **e** assaillirai **g** assaille

14 **servira** servant **b** servi **c** sers, servons **d** servais **g** serve

15 **bouillira** bouillant **b** bouilli **c** bous, bouillons **d** bouillais **g** bouille

16 **partira** partant **b** parti **c** pars, partons **d** partais **g** parte

17 **fuira** fuyant **b** fui **c** fuis, fuyons, fuient **d** fuyais **g** fuie

18 **couvrira** couvrant **b** couvert **c** couvre, couvrons **d** couvrais **g** couvre

19 **mourira** mourant **b** mort **c** meurs, mourons, meurent **d** mourais **e** mourrai **g** meure

20 **vêtira** vêtant **b** vêtu **c** vêts, vêtons **d** vêtais **e** vêtirai **g** vête

21 **acquérira** acquérant **b** acquis **c** acquiers, acquérons, acquièrent **d** acquérais **e** acquerrai **g** acquière

22 venir a venant **b** venu **c** viens, venons, viennent **d** venais **e** viendrai **g** vienne
23 pleuvoir a pleuvant **b** plu **c** pleut, pleuvent **d** pleuvait **e** pleuvra **g** pleuve
24 prévoir *like* voir **e** prévoirai
25 pourvoir a pourvoyant **b** pourvu **c** pourvois, pourvoyons, pourvoient **d** pourvoyais **g** pourvoie
26 asseoir a asseyant **b** assis **c** assieds, asseyons, asseyez, asseyent **d** asseyais **e** assiérai **g** asseye
28 RECEVOIR a recevant **b** reçu **c** reçois, reçois, reçoit, recevons, recevez, reçoivent **d** recevais **e** recevrai **f** recevrais **g** reçoive
29 valoir a valant **b** valu **c** vaux, vaut, valons **d** valais **e** vaudrai **g** vaille
30 voir a voyant **b** vu **c** vois, voyons, voient **d** voyais **e** verrai **g** voie
31 vouloir a voulant **b** voulu **c** veux, veut, voulons, veulent **d** voulais **e** voudrai **g** veuille; *impératif* veuillez!
32 savoir a sachant **b** su **c** sais, savons, savent **d** savais **e** saurai **g** sache *impératif* sache! sachons! sachez!
33 pouvoir a pouvant **b** pu **c** peux, peut, pouvons, peuvent **d** pouvais **e** pourrai **g** puisse
34 AVOIR a ayant **b** eu **c** ai, as, a, avons, avez, ont **d** avais **e** aurai **f** aurais **g** aie, aies, ait, ayons, ayez, aient
35 conclure a concluant **b** conclu **c** conclus, concluons **d** concluais **g** conclue
36 rire a riant **b** ri **c** ris, rions **d** riais **g** rie
37 dire a disant **b** dit **c** dis, disons, dites, disent **d** disais **g** dise
38 nuire a nuisant **b** nui **c** nuis, nuisons **d** nuisais **e** nuirai **f** nuirais **g** nuise
39 écrire a écrivant **b** écrit **c** écris, écrivons **d** écrivais **g** écrive
40 suivre a suivant **b** suivi **c** suis, suivons **d** suivais **g** suive
41 RENDRE a rendant **b** rendu **c** rends, rends, rend, rendons, rendez, rendent **d** rendais **e** rendrai **f** rendrais **g** rende
42 vaincre a vainquant **b** vaincu **c** vaincs, vainc, vainquons **d** vainquais **g** vainque
43 lire a lisant **b** lu **c** lis, lisons **d** lisais **g** lise
44 croire a croyant **b** cru **c** crois, croyons, croient **d** croyais **g** croie
45 CLORE a closant **b** clos **c** clos, clos, clôt, closent **e** clorai, cloras, clora, clorons, clorez, cloront **f** clorais, clorais, clorait, clorions, cloriez, cloraient
46 vivre a vivant **b** vécu **c** vis, vivons **d** vivais **g** vive
47 MOUDRE a moulant **b** moulu **c** mouds, mouds, moud, moulons, moulez, moulent **d** moulais, moulais, moulait, moulions, mouliez, moulaient **e** moudrai, moudras, moudra, moudrons, moudrez, moudront **f** moudrais, moudrais, moudrait, moudrions, moudriez, moudriaent **g** moule
48 coudre a cousant **b** cousu **c** couds, cousons, cousez, cousent **d** cousais **g** couse
49 joindre a joignant **b** joint **c** joins, joignons **d** joignais **g** joigne
50 TRAIRE a trayant **b** trait **c** trais, trais, trait, trayons, trayez, traient **d** trayais, trayais, trayait, trayions, trayiez, trayaient **e** trairai, trairas, traira, trairons, trairez, trairont **f** trairais, trairais, trairait, trairions, trairiez, trairiaent **g** traie
51 ABSOUDRE a absolvant **b** absous **c** absous, absous, absout, absolvons, absolvez, absolvent

d absolvais, absolvais, absolvait, absolvions, absolviez, absolvaient **e** absoudrai, absoudras, absoudra, absoudrons, absoudrez, absoudront **f** absoudrais, absoudrais, absoudrait, absoudrions, absoudriez, absoudraient **g** absolve

52 **craindre** **a** craignant **b** craint **c** crains, craignons **d** craignais **g** craigne

53 **boire** **a** buvant **b** bu **c** bois, buvons, boivent **d** buvais **g** boive

54 **plaire** **a** plaisant **b** plu **c** plais, plaît, plaisons **d** plaisais **g** plaise

55 **croître** **a** croissant **b** crû, crue, crus, crues **c** croîs, croissons **d** croissais **g** croisse

56 **mettre** **a** mettant **b** mis **c** mets, mettons **d** mettais **g** mette

57 **connaître** **a** connaissant **b** connu **c** connais, connaît, connaissons **d** connaissais **g** connaisse

58 **prendre** **a** prenant **b** pris **c** prends, prenons, prennent **d** prenais **g** prenne

59 **naître** **a** naissant **b** né **c** nais, naît, naissons **d** naissais **g** naisse

60 **FAIRE** **a** faisant **b** fait **c** fais, fais, fait, faisons, faites, font **d** faisais **e** ferai **f** ferais **g** fasse

61 **ÊTRE** **a** étant **b** été **c** suis, es, est, sommes, êtes, sont **d** étais **e** serai **f** serais **g** sois, sois, soit, soyons, soyez, soient

VERBES IRRÉGULIERS ANGLAIS

PRÉSENT	PASSÉ	PARTICIPE
arise	arose	arisen
awake	awoke	awoken
be (am, is, are; being)	was, were	been
bear	bore	born(e)
beat	beat	beaten
become	became	become
begin	began	begun
bend	bent	bent
bet	bet, betted	bet, betted
bid (*at auction, cards*)	bid	bid
bid (*say*)	bade	bidden
bind	bound	bound
bite	bit	bitten
bleed	bled	bled
blow	blew	blown
break	broke	broken
breed	bred	bred
bring	brought	brought
build	built	built
burn	burnt, burned	burnt, burned
burst	burst	burst
buy	bought	bought
can	could	(*been able*)
cast	cast	cast
catch	caught	caught
choose	chose	chosen
cling	clung	clung
come	came	come
cost	cost	cost
cost (*work out price of*)	costed	costed
creep	crept	crept
cut	cut	cut
deal	dealt	dealt
dig	dug	dug
do (does)	did	done
draw	drew	drawn
dream	dreamed, dreamt	dreamed, dreamt
drink	drank	drunk
drive	drove	driven
dwell	dwelt	dwelt
eat	ate	eaten
fall	fell	fallen
feed	fed	fed
feel	felt	felt
fight	fought	fought
find	found	found
flee	fled	fled
fling	flung	flung
fly	flew	flown
forbid	forbad(e)	forbidden
forecast	forecast	forecast
forget	forgot	forgotten
forgive	forgave	forgiven
forsake	forsook	forsaken
freeze	froze	frozen
get	got	got, (*us*) gotten
give	gave	given
go (goes)	went	gone
grind	ground	ground
grow	grew	grown
hang	hung	hung
hang (*execute*)	hanged	hanged
have	had	had
hear	heard	heard
hide	hid	hidden
hit	hit	hit
hold	held	held
hurt	hurt	hurt
keep	kept	kept
kneel	knelt, kneeled	knelt, kneeled
know	knew	known
lay	laid	laid
lead	led	led
lean	leant, leaned	leant, leaned
leap	leapt, leaped	leapt, leaped
learn	learnt, learned	learnt, learned
leave	left	left
lend	lent	lent
let	let	let
lie (lying)	lay	lain
light	lit, lighted	lit, lighted
lose	lost	lost
make	made	made

PRÉSENT	PASSÉ	PARTICIPE
may	might	–
mean	meant	meant
meet	met	met
mistake	mistook	mistaken
mow	mowed	mown, mowed
must	(had to)	(had to)
pay	paid	paid
put	put	put
quit	quit, quitted	quit, quitted
read	read	read
rid	rid	rid
ride	rode	ridden
ring	rang	rung
rise	rose	risen
run	ran	run
saw	sawed	sawed, sawn
say	said	said
see	saw	seen
seek	sought	sought
sell	sold	sold
send	sent	sent
set	set	set
sew	sewed	sewn
shake	shook	shaken
shear	sheared	shorn, sheared
shed	shed	shed
shine	shone	shone
shoot	shot	shot
show	showed	shown
shrink	shrank	shrunk
shut	shut	shut
sing	sang	sung
sink	sank	sunk
sit	sat	sat
slay	slew	slain
sleep	slept	slept
slide	slid	slid
sling	slung	slung
slit	slit	slit
smell	smelt, smelled	smelt, smelled
sow	sowed	sown, sowed
speak	spoke	spoken

PRÉSENT	PASSÉ	PARTICIPE
speed	sped, speeded	sped, speeded
spell	spelt, spelled	spelt, spelled
spend	spent	spent
spill	spilt, spilled	spilt, spilled
spin	spun	spun
spit	spat	spat
spoil	spoiled, spoilt	spoiled, spoilt
spread	spread	spread
spring	sprang	sprung
stand	stood	stood
steal	stole	stolen
stick	stuck	stuck
sting	stung	stung
stink	stank	stunk
stride	strode	stridden
strike	struck	struck
strive	strove	striven
swear	swore	sworn
sweep	swept	swept
swell	swelled	swollen, swelled
swim	swam	swum
swing	swung	swung
take	took	taken
teach	taught	taught
tear	tore	torn
tell	told	told
think	thought	thought
throw	threw	thrown
thrust	thrust	thrust
tread	trod	trodden
wake	woke, waked	woken, waked
wear	wore	worn
weave	wove	woven
weave (*wind*)	weaved	weaved
wed	wedded, wed	wedded, wed
weep	wept	wept
win	won	won
wind	wound	wound
wring	wrung	wrung
write	wrote	written

LES NOMBRES		NUMBERS
un (une)	1	one
deux	2	two
trois	3	three
quatre	4	four
cinq	5	five
six	6	six
sept	7	seven
huit	8	eight
neuf	9	nine
dix	10	ten
onze	11	eleven
douze	12	twelve
treize	13	thirteen
quatorze	14	fourteen
quinze	15	fifteen
seize	16	sixteen
dix-sept	17	seventeen
dix-huit	18	eighteen
dix-neuf	19	nineteen
vingt	20	twenty
vingt et un (une)	21	twenty-one
vingt-deux	22	twenty-two
trente	30	thirty
quarante	40	forty
cinquante	50	fifty
soixante	60	sixty
soixante-dix	70	seventy
soixante-et-onze	71	seventy-one
soixante-douze	72	seventy
quatre-vingts	80	eighty
quatre-vingt-un (-une)	81	eighty-one
quatre-vingt-dix	90	ninety
cent	100	a hundred, one hundred
cent un (une)	101	a hundred and one
deux cents	200	two hundred
deux cent un (une)	201	two hundred and one
quatre cents	400	four hundred
mille	1000	a thousand
cinq mille	5000	five thousand
un million	1000000	a million

LES NOMBRES	NUMBERS
premier (première), 1er (1ère)	first, 1st
deuxième, 2e *or* 2ème	second, 2nd
troisième, 3e *or* 3ème	third, 3rd
quatrième, 4e *or* 4ème	fourth, 4th
cinquième, 5e *or* 5ème	fifth, 5th
sixième, 6e *or* 6ème	sixth, 6th
septième	seventh
huitième	eighth
neuvième	ninth
dixième	tenth
onzième	eleventh
douzième	twelfth
treizième	thirteenth
quartorzième	fourteenth
quinzième	fifteenth
seizième	sixteenth
dix-septième	seventeenth
dix-huitième	eighteenth
dix-neuvième	nineteenth
vingtième	twentieth
vingt-et-unième	twenty-first
vingt-deuxième	twenty-second
trentième	thirtieth
centième	hundredth
cent-unième	hundred-and-first
millième	thousandth

LES FRACTIONS ETC	FRACTIONS ETC
un demi	a half
un tiers	a third
un quart	a quarter
un cinquième	a fifth
zéro virgule cinq, 0,5	(nought) point five, 0.5
trois virgule quatre, 3,4	three point four, 3.4
dix pour cent	ten per cent
cent pour cent	a hundred per cent

EXEMPLES	EXAMPLES
elle habite au septième (étage)	she lives on the 7th floor
il habite au sept	he lives at number 7
au chapitre/à la page sept	chapter/page 7
il est arrivé (le) septième	he came in 7th

L'HEURE	**THE TIME**
quelle heure est-il?	*what time is it?*
il est …	*it's ou it is …*
minuit	midnight, twelve p.m.
une heure (du matin)	one o'clock (in the morning), one (a.m.)
une heure cinq	five past one
une heure dix	ten past one
une heure et quart	a quarter past one, one fifteen
une heure vingt-cinq	twenty-five past one, one twenty-five
une heure et demie, une heure trente	half-past one, one thirty
deux heures moins vingt-cinq, une heure trente-cinq	twenty-five to two, one thirty-five
deux heures moins vingt, une heure quarante	twenty to two, one forty
deux heures moins le quart, une heure quarante-cinq	a quarter to two, one forty-five
deux heures moins dix, une heure cinquante	ten to two, one fifty
midi	twelve o'clock, midday, noon
deux heures (de l'après-midi), quatorze heures	two o'clock (in the afternoon), two (p.m.)
sept heures (du soir), dix-sept heures	seven o'clock (in the evening), seven (p.m.)
à quelle heure?	*(at) what time?*
à minuit	at midnight
à sept heures	at seven o'clock
dans vingt minutes	in twenty minutes
il y a un quart d'heure	fifteen minutes ago

a

a [a] *vb voir* **avoir**

MOT-CLÉ

à [a] (*à* + *le* = **au**, *à* + *les* = **aux**) *prép* **1** (*endroit, situation*) at, in; **être à Paris/au Portugal** to be in Paris/Portugal; **être à la maison/à l'école** to be at home/at school; **à la campagne** in the country; **c'est à 10 m/km/à 20 minutes (d'ici)** it's 10 m/km/20 minutes away
2 (*direction*) to; **aller à Paris/au Portugal** to go to Paris/Portugal; **aller à la maison/à l'école** to go home/to school; **à la campagne** to the country
3 (*temps*): **à 3 heures/minuit** at 3 o'clock/midnight; **au printemps** in the spring; **au mois de juin** in June; **à Noël/Pâques** at Christmas/Easter; **à demain/la semaine prochaine!** see you tomorrow/next week!
4 (*attribution, appartenance*) to; **le livre est à Paul/à lui/à nous** this book is Paul's/his/ours; **donner qch à qn** to give sth to sb; **un ami à moi** a friend of mine
5 (*moyen*) with; **se chauffer au gaz** to have gas heating; **à bicyclette** on a *ou* by bicycle; **à pied** on foot; **à la main/machine** by hand/machine
6 (*provenance*) from; **boire à la bouteille** to drink from the bottle
7 (*caractérisation, manière*): **l'homme aux yeux bleus** the man with the blue eyes; **à la russe** the Russian way
8 (*but, destination*): **tasse à café** coffee cup; **maison à vendre** house for sale; **je n'ai rien à lire** I don't have anything to read; **à bien réfléchir ...** thinking about it ..., on reflection ...
9 (*rapport, évaluation, distribution*): **100 km/unités à l'heure** 100 km/units per *ou* an hour; **payé à l'heure** paid by the hour; **cinq à six** five to six
10 (*conséquence, résultat*): **à ce qu'il prétend** according to him; **à leur grande surprise** much to their surprise; **à nous trois nous n'avons pas su le faire** we couldn't do it even between the three of us; **ils sont arrivés à quatre** four of them arrived (together)

abaisser [abese] /1/ *vt* to lower, bring down; (*manette*) to pull down; **s'abaisser** *vi* to go down; (*fig*) to demean o.s.
abandon [abɑ̃dɔ̃] *nm* abandoning; giving up; withdrawal; **être à l'~** to be in a state of neglect; **laisser à l'~** to abandon
abandonner [abɑ̃dɔne] /1/ *vt* (*personne*) to leave, abandon, desert; (*projet, activité*) to abandon, give up; (*Sport*) to retire *ou* withdraw from; (*céder*) to surrender; **s'~ à** (*paresse, plaisirs*) to give o.s. up to
abat-jour [abaʒuʀ] *nm inv* lampshade

abats [aba] *nmpl (de bœuf, porc)* offal *sg; (de volaille)* giblets
abattement [abatmɑ̃] *nm*: **~ fiscal** ≈ tax allowance
abattoir [abatwaʀ] *nm* slaughterhouse
abattre [abatʀ] /41/ *vt (arbre)* to cut down, fell; *(mur, maison)* to pull down; *(avion, personne)* to shoot down; *(animal)* to shoot, kill; *(fig)* to wear out, tire out; to demoralize; **s'abattre** *vi* to crash down; **ne pas se laisser ~** to keep one's spirits up, not to let things get one down; **s'~ sur** to beat down on; *(coups, injures)* to rain down on; **~ du travail** *ou* **de la besogne** to get through a lot of work
abbaye [abei] *nf* abbey
abbé [abe] *nm* priest; *(d'une abbaye)* abbot
abcès [apsɛ] *nm* abscess
abdiquer [abdike] /1/ *vi* to abdicate
abdominal, e, -aux [abdɔminal, -o] *adj* abdominal; **abdominaux** *nmpl*: **faire des abdominaux** to do sit-ups
abeille [abɛj] *nf* bee
aberrant, e [abeʀɑ̃, -ɑ̃t] *adj* absurd
aberration [abeʀasjɔ̃] *nf* aberration
abîme [abim] *nm* abyss, gulf
abîmer [abime] /1/ *vt* to spoil, damage; **s'abîmer** *vi* to get spoilt *ou* damaged
aboiement [abwamɑ̃] *nm* bark, barking *no pl*
abolir [abɔliʀ] /2/ *vt* to abolish
abominable [abɔminabl] *adj* abominable
abondance [abɔ̃dɑ̃s] *nf* abundance
abondant, e [abɔ̃dɑ̃, -ɑ̃t] *adj* plentiful, abundant, copious; **abonder** /1/ *vi* to abound, be plentiful; **abonder dans le sens de qn** to concur with sb
abonné, e [abɔne] *nm/f* subscriber; season ticket holder
abonnement [abɔnmɑ̃] *nm* subscription; *(pour transports en commun, concerts)* season ticket
abonner [abɔne] /1/ *vt*: **s'abonner à** to subscribe to, take out a subscription to
abord [abɔʀ] *nm*: **abords** *nmpl (environs)* surroundings; **d'~** first; **au premier ~** at first sight, initially
abordable [abɔʀdabl] *adj (personne)* approachable; *(prix)* reasonable
aborder [abɔʀde] /1/ *vi* to land ▷ *vt (sujet, difficulté)* to tackle; *(personne)* to approach; *(rivage etc)* to reach
aboutir [abutiʀ] /2/ *vi (négociations etc)* to succeed; **~ à/dans/sur** to end up at/in/on; **n'~ à rien** to come to nothing
aboyer [abwaje] /8/ *vi* to bark
abréger [abʀeʒe] /3, 6/ *vt* to shorten
abreuver [abʀœve] /1/: **s'abreuver** *vi* to drink; **abreuvoir** *nm* watering place
abréviation [abʀevjasjɔ̃] *nf* abbreviation
abri [abʀi] *nm* shelter; **être à l'~** to be under cover; **se mettre à l'~** to shelter; **à l'~ de** sheltered from; *(danger)* safe from
abricot [abʀiko] *nm* apricot
abriter [abʀite] /1/ *vt* to shelter; **s'abriter** *vi* to shelter, take cover
abrupt, e [abʀypt] *adj* sheer, steep; *(ton)* abrupt
abruti, e [abʀyti] *adj* stunned, dazed ▷ *nm/f (fam)* idiot, moron; **~ de travail** overworked
absence [apsɑ̃s] *nf* absence; *(Méd)* blackout; **en l'~ de** in the absence of; **avoir des ~s** to have mental blanks
absent, e [apsɑ̃, -ɑ̃t] *adj* absent ▷ *nm/f* absentee; **absenter** /1/: **s'absenter** *vi* to take time off work; *(sortir)* to leave, go out
absolu, e [apsɔly] *adj* absolute; **absolument** *adv* absolutely
absorbant, e [apsɔʀbɑ̃, -ɑ̃t] *adj* absorbent

absorber [apsɔʀbe] /1/ *vt* to absorb; (*gén, Méd: manger, boire*) to take
abstenir [apstəniʀ] /22/: **s'abstenir** *vi*: **s'~ de qch/de faire** to refrain from sth/from doing
abstrait, e [apstʀɛ, -ɛt] *adj* abstract
absurde [apsyʀd] *adj* absurd
abus [aby] *nm* abuse; **~ de confiance** breach of trust; **il y a de l'~!** (*fam*) that's a bit much!; **abuser** /1/ *vi* to go too far, overstep the mark; **s'abuser** *vi* (*se méprendre*) to be mistaken; **abuser de** (*violer, duper*) to take advantage of; **abusif, -ive** *adj* exorbitant; (*punition*) excessive
académie [akademi] *nf* academy; (*Scol: circonscription*) ≈ regional education authority; *see note* **"Académie française"**

ACADÉMIE FRANÇAISE

The *Académie française* was founded by Cardinal Richelieu in 1635, during the reign of Louis XIII. It is made up of forty elected scholars and writers who are known as 'les Quarante' or 'les Immortels'. One of the *Académie's* functions is to keep an eye on the development of the French language, and its recommendations are frequently the subject of lively public debate. It has produced several editions of its famous dictionary and also awards various literary prizes.

acajou [akaʒu] *nm* mahogany
acariâtre [akaʀjɑtʀ] *adj* cantankerous
accablant, e [akɑblɑ̃, -ɑ̃t] *adj* (*chaleur*) oppressive; (*témoignage, preuve*) overwhelming
accabler [akɑble] /1/ *vt* to overwhelm, overcome; **~ qn d'injures** to heap *ou* shower abuse on sb; **~ qn de travail** to overwork sb
accalmie [akalmi] *nf* lull
accaparer [akapaʀe] /1/ *vt* to monopolize; (*travail etc*) to take up (all) the time *ou* attention of
accéder [aksede] /6/: **~ à** *vt* (*lieu*) to reach; (*accorder: requête*) to grant, accede to
accélérateur [akseleʀatœʀ] *nm* accelerator
accélérer [akseleʀe] /6/ *vt* to speed up ▷ *vi* to accelerate
accent [aksɑ̃] *nm* accent; (*Phonétique, fig*) stress; **mettre l'~ sur** (*fig*) to stress; **~ aigu/grave/circonflexe** acute/grave/circumflex accent; **accentuer** /1/ *vt* (*Ling*) to accent; (*fig*) to accentuate, emphasize; **s'accentuer** *vi* to become more marked *ou* pronounced
acceptation [aksɛptasjɔ̃] *nf* acceptance
accepter [aksɛpte] /1/ *vt* to accept; **~ de faire** to agree to do
accès [aksɛ] *nm* (*à un lieu*) access; (*Méd: de toux*) fit; (*: de fièvre*) bout; **d'~ facile/malaisé** easily/not easily accessible; **facile d'~** easy to get to; **~ de colère** fit of anger; **accessible** *adj* accessible; (*livre, sujet*): **accessible à qn** within the reach of sb
accessoire [akseswaʀ] *adj* secondary; (*frais*) incidental ▷ *nm* accessory; (*Théât*) prop
accident [aksidɑ̃] *nm* accident; **par ~** by chance; **~ de la route** road accident; **accidenté, e** *adj* damaged *ou* injured (in an accident); (*relief, terrain*) uneven; hilly; **accidentel, le** *adj* accidental
acclamer [aklame] /1/ *vt* to cheer, acclaim
acclimater [aklimate] /1/: **s'acclimater** *vi* to become acclimatized
accolade [akɔlad] *nf* (*amicale*) embrace; (*signe*) brace
accommoder [akɔmɔde] /1/ *vt* (*Culin*) to prepare; **s'accommoder**

de to put up with; (*se contenter de*) to make do with

accompagnateur, -trice [akɔ̃paɲatœʀ, -tʀis] *nm/f* (*Mus*) accompanist; (*de voyage*) guide; (*de voyage organisé*) courier

accompagner [akɔ̃paɲe] /1/ *vt* to accompany, be *ou* go *ou* come with; (*Mus*) to accompany

accompli, e [akɔ̃pli] *adj* accomplished

accomplir [akɔ̃pliʀ] /2/ *vt* (*tâche, projet*) to carry out; (*souhait*) to fulfil; **s'accomplir** *vi* to be fulfilled

accord [akɔʀ] *nm* agreement; (*entre des styles, tons etc*) harmony; (*Mus*) chord; **se mettre d'~** to come to an agreement (with each other); **être d'~** to agree; **d'~!** OK!

accordéon [akɔʀdeɔ̃] *nm* (*Mus*) accordion

accorder [akɔʀde] /1/ *vt* (*faveur, délai*) to grant; **~ de l'importance/de la valeur à qch** to attach importance/value to sth; (*harmoniser*) to match; (*Mus*) to tune

accoster [akɔste] /1/ *vt* (*Navig*) to draw alongside ▷ *vi* to berth

accouchement [akuʃmɑ̃] *nm* delivery, (child)birth; labour

accoucher [akuʃe] /1/ *vi* to give birth, have a baby; **~ d'un garçon** to give birth to a boy

accouder [akude] /1/: **s'accouder** *vi*: **s'~ à/contre/sur** to rest one's elbows on/against/on; **accoudoir** *nm* armrest

accoupler [akuple] /1/ *vt* to couple; (*pour la reproduction*) to mate; **s'accoupler** *vi* to mate

accourir [akuʀiʀ] /11/ *vi* to rush *ou* run up

accoutumance [akutymɑ̃s] *nf* (*gén*) adaptation; (*Méd*) addiction

accoutumé, e [akutyme] *adj* (*habituel*) customary, usual

accoutumer [akutyme] /1/ *vt*: **s'accoutumer à** to get accustomed *ou* used to

accroc [akʀo] *nm* (*déchirure*) tear; (*fig*) hitch, snag

accrochage [akʀɔʃaʒ] *nm* (*Auto*) (minor) collision; (*dispute*) clash, brush

accrocher [akʀɔʃe] /1/ *vt* (*suspendre*) to hang; (*fig*) to catch, attract; **s'accrocher** (*se disputer*) to have a clash *ou* brush; **~ qch à** (*suspendre*) to hang sth (up) on; (*attacher: remorque*) to hitch sth (up) to; (*déchirer*) to catch sth (on); **il a accroché ma voiture** he bumped into my car; **s'~ à** (*rester pris à*) to catch on; (*agripper, fig*) to hang on *ou* cling to

accroissement [akʀwasmɑ̃] *nm* increase

accroître [akʀwatʀ] /55/ *vt*: **s'accroître** *vi* to increase

accroupir [akʀupiʀ] /2/: **s'accroupir** *vi* to squat, crouch (down)

accru, e [akʀy] *pp de* **accroître**

accueil [akœj] *nm* welcome; **comité/centre d'~** reception committee/centre; **accueillir** /12/ *vt* to welcome; (*aller chercher*) to meet, collect

accumuler [akymyle] /1/ *vt* to accumulate, amass; **s'accumuler** *vi* to accumulate; to pile up

accusation [akyzasjɔ̃] *nf* (*gén*) accusation; (*Jur*) charge; (*partie*): **l'~** the prosecution

accusé, e [akyze] *nm/f* accused; (*prévenu(e)*) defendant ▷ *nm*: **~ de réception** acknowledgement of receipt

accuser [akyze] /1/ *vt* to accuse; (*fig*) to emphasize, bring out; (: *montrer*) to show; **~ qn de** to accuse sb of; (*Jur*) to charge sb with; **~ réception de** to acknowledge receipt of

acéré, e [aseʀe] *adj* sharp

acharné, e [aʃaʀne] *adj* (*lutte, adversaire*) fierce, bitter; (*travail*) relentless

acharner [aʃaʀne] /1/: **s'acharner** *vi*: **s'~ sur** to go at fiercely; **s'~ contre**

to set o.s. against; (*malchance*) to hound; **s'~ à faire** to try doggedly to do; to persist in doing
achat [aʃa] *nm* purchase; **faire l'~ de** to buy; **faire des ~s** to do some shopping
acheter [aʃte] /5/ *vt* to buy, purchase; (*soudoyer*) to buy; **~ qch à** (*marchand*) to buy *ou* purchase sth from; (*ami etc: offrir*) to buy sth for; **acheteur, -euse** *nm/f* buyer; shopper; (*Comm*) buyer
achever [aʃ(ə)ve] /5/ *vt* to complete, finish; (*blessé*) to finish off; **s'achever** *vi* to end
acide [asid] *adj* sour, sharp; (*Chimie*) acid(ic) ▷ *nm* acid; **acidulé, e** *adj* slightly acid; **bonbons acidulés** acid drops
acier [asje] *nm* steel; **aciérie** *nf* steelworks *sg*
acné [akne] *nf* acne
acompte [akɔ̃t] *nm* deposit
à-côté [akote] *nm* side-issue; (*argent*) extra
à-coup [aku] *nm*: **par ~s** by fits and starts
acoustique [akustik] *nf* (*d'une salle*) acoustics *pl*
acquéreur [akeʀœʀ] *nm* buyer, purchaser
acquérir [akeʀiʀ] /21/ *vt* to acquire
acquis, e [aki, -iz] *pp de* **acquérir** ▷ *nm* (accumulated) experience; **son aide nous est ~e** we can count on *ou* be sure of his help
acquitter [akite] /1/ *vt* (*Jur*) to acquit; (*facture*) to pay, settle; **s'~ de** to discharge; (*promesse, tâche*) to fulfil
âcre [ɑkʀ] *adj* acrid, pungent
acrobate [akʀɔbat] *nm/f* acrobat; **acrobatie** *nf* acrobatics *sg*
acte [akt] *nm* act, action; (*Théât*) act; **prendre ~ de** to note, take note of; **faire ~ de présence** to put in an appearance; **faire ~ de candidature** to submit an application; **~ de mariage/naissance** marriage/birth certificate
acteur [aktœʀ] *nm* actor
actif, -ive [aktif, -iv] *adj* active ▷ *nm* (*Comm*) assets *pl*; (*fig*): **avoir à son ~** to have to one's credit; **population active** working population
action [aksjɔ̃] *nf* (*gén*) action; (*Comm*) share; **une bonne/mauvaise ~** a good/an unkind deed; **actionnaire** *nm/f* shareholder; **actionner** /1/ *vt* (*mécanisme*) to activate; (*machine*) to operate
activer [aktive] /1/ *vt* to speed up; **s'activer** *vi* to bustle about; (*se hâter*) to hurry up
activité [aktivite] *nf* activity; **en ~** (*volcan*) active; (*fonctionnaire*) in active life
actrice [aktʀis] *nf* actress
actualité [aktɥalite] *nf* (*d'un problème*) topicality; (*événements*): **l'~** current events; **les ~s** (*Ciné, TV*) the news; **d'~** topical
actuel, le [aktɥɛl] *adj* (*présent*) present; (*d'actualité*) topical; **à l'heure ~le** at this moment in time; **actuellement** [aktɥɛlmɑ̃] *adv* at present, at the present time

> Attention à ne pas traduire *actuellement* par *actually*.

acuponcture [akypɔ̃ktyʀ] *nf* acupuncture
adaptateur, -trice [adaptatœʀ, -tʀis] *nm/f* adapter
adapter [adapte] /1/ *vt* to adapt; **s'~ (à)** (*personne*) to adapt (to); **~ qch à** (*approprier*) to adapt sth to (fit); **~ qch sur/dans/à** (*fixer*) to fit sth on/into/to
addition [adisjɔ̃] *nf* addition; (*au café*) bill; **additionner** /1/ *vt* to add (up)
adepte [adɛpt] *nm/f* follower
adéquat, e [adekwa(t), -at] *adj* appropriate, suitable
adhérent, e [adeʀɑ̃, -ɑ̃t] *nm/f* member

adhérer [adeʀe] /6/: **~ à** (*coller*) to adhere *ou* stick to; (*se rallier à: parti, club*) to join; **adhésif, -ive** *adj* adhesive, sticky; **ruban adhésif** sticky *ou* adhesive tape
adieu, x [adjø] *excl* goodbye ▷ *nm* farewell
adjectif [adʒɛktif] *nm* adjective
adjoint, e [adʒwɛ̃, -wɛ̃t] *nm/f* assistant; **~ au maire** deputy mayor; **directeur ~** assistant manager
admettre [admɛtʀ] /56/ *vt* (*visiteur, nouveau-venu*) to admit; (*candidat: Scol*) to pass; (*tolérer*) to allow, accept; (*reconnaître*) to admit, acknowledge
administrateur, -trice [administʀatœʀ, -tʀis] *nm/f* (*Comm*) director; (*Admin*) administrator
administration [administʀasjɔ̃] *nf* administration; **l'A~** ≈ the Civil Service
administrer [administʀe] /1/ *vt* (*firme*) to manage, run; (*biens, remède, sacrement etc*) to administer
admirable [admiʀabl] *adj* admirable, wonderful
admirateur, -trice [admiʀatœʀ, -tʀis] *nm/f* admirer
admiration [admiʀasjɔ̃] *nf* admiration
admirer [admiʀe] /1/ *vt* to admire
admis, e [admi, -iz] *pp de* **admettre**
admissible [admisibl] *adj* (*candidat*) eligible; (*comportement*) admissible, acceptable
ADN *sigle m* (= *acide désoxyribonucléique*) DNA
adolescence [adɔlesɑ̃s] *nf* adolescence
adolescent, e [adɔlesɑ̃, -ɑ̃t] *nm/f* adolescent, teenager
adopter [adɔpte] /1/ *vt* to adopt; **adoptif, -ive** *adj* (*parents*) adoptive; (*fils, patrie*) adopted
adorable [adɔʀabl] *adj* adorable
adorer [adɔʀe] /1/ *vt* to adore; (*Rel*) to worship
adosser [adose] /1/ *vt*: **~ qch à** *ou* **contre** to stand sth against; **s'~ à** *ou* **contre** to lean with one's back against
adoucir [adusiʀ] /2/ *vt* (*goût, température*) to make milder; (*avec du sucre*) to sweeten; (*peau, voix, eau*) to soften; **s'adoucir** *vi* (*caractère*) to mellow
adresse [adʀɛs] *nf* (*voir adroit*) skill, dexterity; (*domicile*) address; **~ électronique** email address
adresser [adʀese] /1/ *vt* (*lettre: expédier*) to send; (*: écrire l'adresse sur*) to address; (*injure, compliments*) to address; **s'adresser à** (*parler à*) to speak to, address; (*s'informer auprès de*) to go and see (*: bureau*) to enquire at; (*livre, conseil*) to be aimed at; **~ la parole à qn** to speak to *ou* address sb
adroit, e [adʀwa, -wat] *adj* skilled
ADSL *sigle m* (= *asymmetrical digital subscriber line*) ADSL, broadband
adulte [adylt] *nm/f* adult, grown-up ▷ *adj* (*personne, attitude*) adult, grown-up; (*chien, arbre*) fully-grown, mature
adverbe [advɛʀb] *nm* adverb
adversaire [advɛʀsɛʀ] *nm/f* (*Sport, gén*) opponent, adversary
aération [aeʀasjɔ̃] *nf* airing; (*circulation de l'air*) ventilation
aérer [aeʀe] /6/ *vt* to air; (*fig*) to lighten
aérien, ne [aeʀjɛ̃, -ɛn] *adj* (*Aviat*) air *cpd*, aerial; (*câble, métro*) overhead; (*fig*) light; **compagnie ~ne** airline (company)
aéro: aérobic *nf* aerobics *sg*; **aérogare** *nf* airport (buildings); (*en ville*) air terminal; **aéroglisseur** *nm* hovercraft; **aérophagie** *nf* (*Méd*) wind, aerophagia (*Méd*); **aéroport** *nm* airport; **aérosol** *nm* aerosol
affaiblir [afebliʀ] /2/: **s'affaiblir** *vi* to weaken
affaire [afɛʀ] *nf* (*problème, question*) matter; (*criminelle, judiciaire*) case; (*scandaleuse etc*) affair; (*entreprise*)

business; (*marché, transaction*) (business) deal, (piece of) business *no pl*; (*occasion intéressante*) good deal; **affaires** *nfpl* affairs; (*activité commerciale*) business *sg*; (*effets personnels*) things, belongings; **~s de sport** sports gear; **tirer qn/se tirer d'~** to get sb/o.s. out of trouble; **ceci fera l'~** this will do (nicely); **avoir ~ à** (*en contact*) to be dealing with; **ce sont mes ~s** (*cela me concerne*) that's my business; **occupe-toi de tes ~s!** mind your own business!; **les ~s étrangères** (*Pol*) foreign affairs;
affairer /1/: **s'affairer** *vi* to busy o.s., bustle about
affamé, e [afame] *adj* starving
affecter [afɛkte] /1/ *vt* to affect; **~ qch à** to allocate *ou* allot sth to; **~ qn à** to appoint sb to; (*diplomate*) to post sb to
affectif, -ive [afɛktif, -iv] *adj* emotional
affection [afɛksjɔ̃] *nf* affection; (*mal*) ailment; **affectionner** /1/ *vt* to be fond of; **affectueux, -euse** *adj* affectionate
affichage [afiʃaʒ] *nm* billposting; (*électronique*) display; **"~ interdit"** "stick no bills"; **~ à cristaux liquides** liquid crystal display, LCD
affiche [afiʃ] *nf* poster; (*officielle*) (public) notice; (*Théât*) bill; **être à l'~** to be on
afficher [afiʃe] /1/ *vt* (*affiche*) to put up; (*réunion*) to put up a notice about; (*électroniquement*) to display; (*fig*) to exhibit, display; **s'afficher** *vi* (*péj*) to flaunt o.s.; (*électroniquement*) to be displayed; **"défense d'~"** "no bill posters"
affilée [afile]: **d'~** *adv* at a stretch
affirmatif, -ive [afiʀmatif, -iv] *adj* affirmative
affirmer [afiʀme] /1/ *vt* to assert
affligé, e [afliʒe] *adj* distressed, grieved; **~ de** (*maladie, tare*) afflicted with
affliger [afliʒe] /3/ *vt* (*peiner*) to distress, grieve
affluence [aflyɑ̃s] *nf* crowds *pl*; **heures d'~** rush hour *sg*; **jours d'~** busiest days
affluent [aflyɑ̃] *nm* tributary
affolement [afɔlmɑ̃] *nm* panic
affoler [afɔle] /1/ *vt* to throw into a panic; **s'affoler** *vi* to panic
affranchir [afʀɑ̃ʃiʀ] /2/ *vt* to put a stamp *ou* stamps on; (*à la machine*) to frank (BRIT), meter (US); (*fig*) to free, liberate; **affranchissement** *nm* postage
affreux, -euse [afʀø, -øz] *adj* dreadful, awful
affront [afʀɔ̃] *nm* affront; **affrontement** *nm* clash, confrontation
affronter [afʀɔ̃te] /1/ *vt* to confront, face
affût [afy] *nm*: **à l'~ (de)** (*gibier*) lying in wait (for); (*fig*) on the look-out (for)
Afghanistan [afganistɑ̃] *nm*: **l'~** Afghanistan
afin [afɛ̃]: **~ que** *conj* so that, in order that; **~ de faire** in order to do, so as to do
africain, e [afʀikɛ̃, -ɛn] *adj* African ▷ *nm/f*: **A~, e** African
Afrique [afʀik] *nf*: **l'~** Africa; **l'~ australe/du Nord/du Sud** southern/North/South Africa
agacer [agase] /3/ *vt* to irritate
âge [ɑʒ] *nm* age; **quel ~ as-tu?** how old are you?; **prendre de l'~** to be getting on (in years); **le troisième ~** (*personnes âgées*) senior citizens; (*période*) retirement; **âgé, e** *adj* old, elderly; **âgé de 10 ans** 10 years old
agence [aʒɑ̃s] *nf* agency, office; (*succursale*) branch; **~ immobilière** estate agent's (office) (BRIT), real estate office (US); **~ de voyages** travel agency
agenda [aʒɛ̃da] *nm* diary; **~ électronique** PDA

Attention à ne pas traduire *agenda* par le mot anglais *agenda*.

agenouiller [aʒ(ə)nuje] /1/: **s'agenouiller** *vi* to kneel (down)

agent, e [aʒɑ̃, -ɑ̃t] *nm/f* (*aussi*: **~(e) de police**) policeman (policewoman); (*Admin*) official, officer; **~ immobilier** estate agent (BRIT), realtor (US)

agglomération [aglɔmeʀasjɔ̃] *nf* town; (*Auto*) built-up area; **l'~ parisienne** the urban area of Paris

aggraver [agʀave] /1/: **s'aggraver** *vi* to worsen

agile [aʒil] *adj* agile, nimble

agir [aʒiʀ] /2/ *vi* to act; **il s'agit de** it's a matter *ou* question of; (*ça traite de*) it is about; **il s'agit de faire** we (*ou* you *etc*) must do; **de quoi s'agit-il?** what is it about?

agitation [aʒitasjɔ̃] *nf* (hustle and) bustle; (*trouble*) agitation, excitement; (*politique*) unrest, agitation

agité, e [aʒite] *adj* fidgety, restless; (*troublé*) agitated, perturbed; (*mer*) rough

agiter [aʒite] /1/ *vt* (*bouteille, chiffon*) to shake; (*bras, mains*) to wave; (*préoccuper, exciter*) to trouble

agneau, x [aɲo] *nm* lamb

agonie [agɔni] *nf* mortal agony, death pangs *pl*; (*fig*) death throes *pl*

agrafe [agʀaf] *nf* (*de vêtement*) hook, fastener; (*de bureau*) staple; **agrafer** /1/ *vt* to fasten; to staple; **agrafeuse** [agʀaføz] *nf* stapler

agrandir [agʀɑ̃diʀ] /2/ *vt* to extend; **s'agrandir** *vi* (*ville, famille*) to grow, expand; (*trou, écart*) to get bigger; **agrandissement** *nm* (*photographie*) enlargement

agréable [agʀeabl] *adj* pleasant, nice

agréé, e [agʀee] *adj*: **concessionnaire ~** registered dealer

agréer [agʀee] /1/ *vt* (*requête*) to accept; **~ à** to please, suit; **veuillez ~, Monsieur/Madame, mes salutations distinguées** (*personne nommée*) yours sincerely; (*personne non nommée*) yours faithfully

agrégation [agʀegasjɔ̃] *nf* highest teaching diploma in France; **agrégé, e** *nm/f* holder of the *agrégation*

agrément [agʀemɑ̃] *nm* (*accord*) consent, approval; (*attraits*) charm, attractiveness; (*plaisir*) pleasure

agresser [agʀese] /1/ *vt* to attack; **agresseur** *nm* aggressor, attacker; (*Pol, Mil*) aggressor; **agressif, -ive** *adj* aggressive

agricole [agʀikɔl] *adj* agricultural; **agriculteur, -trice** *nm/f* farmer; **agriculture** *nf* agriculture; farming

agripper [agʀipe] /1/ *vt* to grab, clutch; **s'~ à** to cling (on) to, clutch, grip

agroalimentaire [agʀɔalimɑ̃tɛʀ] *nm* farm-produce industry

agrumes [agʀym] *nmpl* citrus fruit(s)

aguets [agɛ]: **aux ~** *adv*; **être aux ~** to be on the look-out

ai [ɛ] *vb voir* **avoir**

aide [ɛd] *nm/f* assistant ▷ *nf* assistance, help; (*secours financier*) aid; **à l'~ de** with the help *ou* aid of; **appeler (qn) à l'~** to call for help (from sb); **à l'~!** help!; **~ judiciaire** legal aid; **~ ménagère** *nf* ≈ home help (BRIT) *ou* helper (US); **aide-mémoire** *nm inv* memoranda pages *pl*; (key facts) handbook

aider [ede] /1/ *vt* to help; **~ à qch** to help (towards) sth; **~ qn à faire qch** to help sb to do sth; **s'~ de** (*se servir de*) to use, make use of

aide-soignant, e [ɛdswanjɑ̃, -ɑ̃t] *nm/f* auxiliary nurse

aie *etc* [ɛ] *vb voir* **avoir**

aïe [aj] *excl* ouch!

aigle [ɛgl] *nm* eagle

aigre [ɛgʀ] *adj* sour, sharp; (*fig*) sharp, cutting; **aigre-doux, -douce** *adj* (*sauce*) sweet and sour; **aigreur** *nf* sourness; sharpness

aigu, ë [egy] *adj* (*objet, arête*) sharp; (*son, voix*) high-pitched, shrill; (*note*) high(-pitched)
aiguille [egɥij] *nf* needle; (*de montre*) hand; **~ à tricoter** knitting needle
aiguiser [egize] /1/ *vt* to sharpen; (*fig*) to stimulate (: *sens*) to excite
ail [aj] *nm* garlic
aile [ɛl] *nf* wing; **aileron** *nm* (*de requin*) fin; **ailier** *nm* winger
aille *etc* [aj] *vb voir* **aller**
ailleurs [ajœʀ] *adv* elsewhere, somewhere else; **partout/nulle part ~** everywhere/nowhere else; **d'~** (*du reste*) moreover, besides; **par ~** (*d'autre part*) moreover, furthermore
aimable [ɛmabl] *adj* kind, nice
aimant [ɛmɑ̃] *nm* magnet
aimer [eme] /1/ *vt* to love; (*d'amitié, affection, par goût*) to like; **j'aimerais ...** (*souhait*) I would like ...; **j'aime faire du ski** I like skiing; **je t'aime** I love you; **bien ~ qn/qch** to like sb/sth; **j'aime mieux Paul (que Pierre)** I prefer Paul (to Pierre); **j'aimerais autant** *ou* **mieux y aller maintenant** I'd sooner *ou* rather go now
aine [ɛn] *nf* groin
aîné, e [ene] *adj* elder, older; (*le plus âgé*) eldest, oldest ▷ *nm/f* oldest child *ou* one, oldest boy *ou* son/girl *ou* daughter
ainsi [ɛ̃si] *adv* (*de cette façon*) like this, in this way, thus; (*ce faisant*) thus ▷ *conj* thus, so; **~ que** (*comme*) (just) as; (*et aussi*) as well as; **pour ~ dire** so to speak; **et ~ de suite** and so on (and so forth)
air [ɛʀ] *nm* air; (*mélodie*) tune; (*expression*) look, air; **paroles/menaces en l'~** empty words/threats; **prendre l'~** to get some (fresh) air; **avoir l'~** (*sembler*) to look, appear; **avoir l'~ triste** to look *ou* seem sad; **avoir l'~ de qch** to look like sth; **avoir l'~ de faire** to look as though one is doing
airbag [ɛʀbag] *nm* airbag
aisance [ɛzɑ̃s] *nf* ease; (*richesse*) affluence
aise [ɛz] *nf* comfort; **être à l'~** *ou* **à son ~** to be comfortable; (*pas embarrassé*) to be at ease; (*financièrement*) to be comfortably off; **se mettre à l'~** to make o.s. comfortable; **être mal à l'~** *ou* **à son ~** to be uncomfortable; (*gêné*) to be ill at ease; **en faire à son ~** to do as one likes; **aisé, e** *adj* easy; (*assez riche*) well-to-do, well-off
aisselle [ɛsɛl] *nf* armpit
ait [ɛ] *vb voir* **avoir**
ajonc [aʒɔ̃] *nm* gorse *no pl*
ajourner [aʒuʀne] /1/ *vt* (*réunion*) to adjourn; (*décision*) to defer, postpone
ajouter [aʒute] /1/ *vt* to add
alarme [alaʀm] *nf* alarm; **donner l'~** to give *ou* raise the alarm; **alarmer** /1/ *vt* to alarm; **s'alarmer** *vi* to become alarmed
Albanie [albani] *nf*: **l'~** Albania
album [albɔm] *nm* album
alcool [alkɔl] *nm*: **l'~** alcohol; **un ~** a spirit, a brandy; **bière sans ~** non-alcoholic *ou* alcohol-free beer; **~ à brûler** methylated spirits (BRIT), wood alcohol (US); **~ à 90°** surgical spirit; **alcoolique** *adj, nm/f* alcoholic; **alcoolisé, e** *adj* alcoholic; **une boisson non alcoolisée** a soft drink; **alcoolisme** *nm* alcoholism; **alco(o)test®** *nm* Breathalyser®; (*test*) breath-test
aléatoire [aleatwaʀ] *adj* uncertain; (*Inform, Statistique*) random
alentour [alɑ̃tuʀ] *adv* around (about); **alentours** *nmpl* surroundings; **aux ~s de** in the vicinity *ou* neighbourhood of, around about; (*temps*) around about
alerte [alɛʀt] *adj* agile, nimble; (*style*) brisk, lively ▷ *nf* alert; warning; **~ à la bombe** bomb scare; **alerter** /1/ *vt* to alert
algèbre [alʒɛbʀ] *nf* algebra

Alger [alʒe] *n* Algiers
Algérie [alʒeʀi] *nf*: **l'~** Algeria; **algérien, ne** *adj* Algerian ▷ *nm/f*: **Algérien, ne** Algerian
algue [alg] *nf* seaweed *no pl*; (*Bot*) alga
alibi [alibi] *nm* alibi
aligner [aliɲe] /1/ *vt* to align, line up; (*idées, chiffres*) to string together; (*adapter*): **~ qch sur** to bring sth into alignment with; **s'aligner** (*soldats etc*) to line up; **s'~ sur** (*Pol*) to align o.s. with
aliment [alimɑ̃] *nm* food; **alimentation** *nf* (*en eau etc, de moteur*) supplying; (*commerce*) food trade; (*régime*) diet; (*Inform*) feed; **alimentation (générale)** (general) grocer's; **alimenter** /1/ *vt* to feed; (*Tech*): **alimenter (en)** to supply (with), feed (with); (*fig*) to sustain, keep going
allaiter [alete] /1/ *vt* to (breast-)feed, nurse; (*animal*) to suckle
allécher [aleʃe] /6/ *vt*: **~ qn** to make sb's mouth water; to tempt sb, entice sb
allée [ale] *nf* (*de jardin*) path; (*en ville*) avenue, drive; **~s et venues** comings and goings
allégé, e [aleʒe] *adj* (*yaourt etc*) low-fat
alléger [aleʒe] /6, 3/ *vt* (*voiture*) to make lighter; (*chargement*) to lighten; (*souffrance*) to alleviate, soothe
Allemagne [almaɲ] *nf*: **l'~** Germany; **allemand, e** *adj* German ▷ *nm* (*Ling*) German ▷ *nm/f*: **Allemand, e** German
aller [ale] /9/ *nm* (*trajet*) outward journey; (*billet*) single (BRIT) *ou* one-way ticket (US) ▷ *vi* (*gén*) to go; **~ simple** (*billet*) single (BRIT) *ou* one-way ticket; **~ (et) retour (AR)** return trip *ou* journey (BRIT), round trip (US); (*billet*) return (BRIT) *ou* round-trip (US) ticket; **~ à** (*convenir*) to suit; (*forme, pointure etc*) to fit; **~ avec** (*couleurs, style etc*) to go (well) with; **je vais le faire/me fâcher** I'm going to do it/to get angry; **~ voir/chercher qn** to go and see/look for sb; **comment allez-vous?** how are you?; **comment ça va?** how are you?; (*affaires etc*) how are things?; **il va bien/mal** he's well/ not well, he's fine/ill; **ça va bien/mal** (*affaires etc*) it's going well/not going well; **~ mieux** to be better; **allez!** come on!; **allons!** come now!
allergie [alɛʀʒi] *nf* allergy
allergique [alɛʀʒik] *adj*: **~ à** allergic to
alliance [aljɑ̃s] *nf* (*Mil, Pol*) alliance; (*bague*) wedding ring
allier [alje] /7/ *vt* (*Pol, gén*) to ally; (*fig*) to combine; **s'allier** to become allies; (*éléments, caractéristiques*) to combine
allô [alo] *excl* hullo, hallo
allocation [alɔkasjɔ̃] *nf* allowance; **~ (de) chômage** unemployment benefit; **~s familiales** ≈ child benefit
allonger [alɔ̃ʒe] /3/ *vt* to lengthen, make longer; (*étendre: bras, jambe*) to stretch (out); **s'allonger** *vi* to get longer; (*se coucher*) to lie down, stretch out; **~ le pas** to hasten one's step(s)
allumage [alymaʒ] *nm* (*Auto*) ignition
allume-cigare [alymsigaʀ] *nm inv* cigar lighter
allumer [alyme] /1/ *vt* (*lampe, phare, radio*) to put *ou* switch on; (*pièce*) to put *ou* switch the light(s) on in; (*feu, bougie, cigare, pipe, gaz*) to light; **s'allumer** *vi* (*lumière, lampe*) to come *ou* go on
allumette [alymɛt] *nf* match
allure [alyʀ] *nf* (*vitesse*) speed; (*: à pied*) pace; (*démarche*) walk; (*aspect, air*) look; **avoir de l'~** to have style; **à toute ~** at full speed
allusion [a(l)lyzjɔ̃] *nf* allusion; (*sous-entendu*) hint; **faire ~ à** to allude *ou* refer to; to hint at

MOT-CLÉ

alors [alɔʀ] *adv* **1** (*à ce moment-là*) then, at that time; **il habitait alors à Paris** he lived in Paris at that time **2** (*par conséquent*) then; **tu as fini? alors je m'en vais** have you finished? I'm going then
3: **et alors?** so (what)?
▸ *conj*: **alors que** (*au moment où*) when, as; **il est arrivé alors que je partais** he arrived as I was leaving; (*tandis que*) whereas, while; **alors que son frère travaillait dur, lui se reposait** while his brother was working hard, HE would rest; (*bien que*) even though; **il a été puni alors qu'il n'a rien fait** he was punished, even though he had done nothing

alourdir [aluʀdiʀ] /2/ *vt* to weigh down, make heavy
Alpes [alp] *nfpl*: **les ~** the Alps
alphabet [alfabɛ] *nm* alphabet; (*livre*) ABC (book)
alpinisme [alpinism] *nm* mountaineering, climbing
Alsace [alzas] *nf* Alsace; **alsacien, ne** *adj* Alsatian ▹ *nm/f*: **Alsacien, ne** Alsatian
altermondialisme [altɛʀmɔ̃djalism] *nm* anti-globalism; **altermondialiste** *adj, nm/f* anti-globalist
alternatif, -ive [altɛʀnatif, -iv] *adj* alternating ▹ *nf* alternative; **alternative** *nf* (*choix*) alternative; **alterner** /1/ *vt* to alternate
altitude [altityd] *nf* altitude, height
alto [alto] *nm* (*instrument*) viola
aluminium [alyminjɔm] *nm* aluminium (BRIT), aluminum (US)
amabilité [amabilite] *nf* kindness
amaigrissant, e [amegʀisɑ̃, -ɑ̃t] *adj*: **régime ~** slimming (BRIT) *ou* weight-reduction (US) diet
amande [amɑ̃d] *nf* (*de l'amandier*) almond; **amandier** *nm* almond (tree)
amant [amɑ̃] *nm* lover
amas [amɑ] *nm* heap, pile; **amasser** /1/ *vt* to amass
amateur [amatœʀ] *nm* amateur; **en ~** (*péj*) amateurishly; **~ de musique/sport** *etc* music/sport *etc* lover
ambassade [ɑ̃basad] *nf* embassy; **l'~ de France** the French Embassy; **ambassadeur, -drice** *nm/f* ambassador/ambassadress
ambiance [ɑ̃bjɑ̃s] *nf* atmosphere; **il y a de l'~** everyone's having a good time
ambigu, ë [ɑ̃bigy] *adj* ambiguous
ambitieux, -euse [ɑ̃bisjø, -jøz] *adj* ambitious
ambition [ɑ̃bisjɔ̃] *nf* ambition
ambulance [ɑ̃bylɑ̃s] *nf* ambulance; **ambulancier, -ière** *nm/f* ambulanceman/woman (BRIT), paramedic (US)
âme [ɑm] *nf* soul; **~ sœur** kindred spirit
amélioration [ameljɔʀasjɔ̃] *nf* improvement
améliorer [ameljɔʀe] /1/ *vt* to improve; **s'améliorer** *vi* to improve, get better
aménager [amenaʒe] /3/ *vt* (*agencer*) to fit out; (*: terrain*) to lay out; (*: quartier, territoire*) to develop; (*installer*) to fix up, put in; **ferme aménagée** converted farmhouse
amende [amɑ̃d] *nf* fine; **faire ~ honorable** to make amends
amener [am(ə)ne] /5/ *vt* to bring; (*causer*) to bring about; **s'amener** *vi* (*fam*) to show up, turn up; **~ qn à qch/à faire** to lead sb to sth/to do
amer, amère [amɛʀ] *adj* bitter
américain, e [ameʀikɛ̃, -ɛn] *adj* American ▹ *nm/f*: **A~, e** American
Amérique [ameʀik] *nf* America; **l'~ centrale** Central America; **l'~ latine** Latin America; **l'~ du Nord** North America; **l'~ du Sud** South America
amertume [amɛʀtym] *nf* bitterness

ameublement [amœbləmɑ̃] *nm* furnishing; (*meubles*) furniture
ami, e [ami] *nm/f* friend; (*amant/maîtresse*) boyfriend/girlfriend ▷ *adj*: **pays/groupe ~** friendly country/group; **petit ~/petite ~e** boyfriend/girlfriend
amiable [amjabl]: **à l'~** *adv* (*Jur*) out of court; (*gén*) amicably
amiante [amjɑ̃t] *nm* asbestos
amical, e, -aux [amikal, -o] *adj* friendly; **amicalement** *adv* in a friendly way; (*formule épistolaire*) regards
amincir [amɛ̃siʀ] /2/ *vt*: **~ qn** to make sb thinner *ou* slimmer; (*vêtement*) to make sb look slimmer
amincissant, e [amɛ̃sisɑ̃, -ɑ̃t] *adj* slimming; **régime ~** diet; **crème ~e** slimming cream
amiral, -aux [amiʀal, -o] *nm* admiral
amitié [amitje] *nf* friendship; **prendre en ~** to take a liking to; **faire** *ou* **présenter ses ~s à qn** to send sb one's best wishes; **~s** (*formule épistolaire*) (with) best wishes
amonceler [amɔ̃s(ə)le] /4/ *vt* to pile *ou* heap up; **s'amonceler** to pile *ou* heap up; (*fig*) to accumulate
amont [amɔ̃]: **en ~** *adv* upstream
amorce [amɔʀs] *nf* (*sur un hameçon*) bait; (*explosif*) cap; (*tube*) primer; (: *contenu*) priming; (*fig: début*) beginning(s), start
amortir [amɔʀtiʀ] /2/ *vt* (*atténuer: choc*) to absorb, cushion; (: *bruit, douleur*) to deaden; (*Comm: dette*) to pay off; **~ un abonnement** to make a season ticket pay (for itself); **amortisseur** *nm* shock absorber
amour [amuʀ] *nm* love; **faire l'~** to make love; **amoureux, -euse** *adj* (*regard, tempérament*) amorous; (*vie, problèmes*) love *cpd*; (*personne*): **être amoureux (de qn)** to be in love (with sb) ▷ *nmpl* courting couple(s); **amour-propre** *nm* self-esteem, pride
ampère [ɑ̃pɛʀ] *nm* amp(ere)
amphithéâtre [ɑ̃fiteɑtʀ] *nm* amphitheatre; (*d'université*) lecture hall *ou* theatre
ample [ɑ̃pl] *adj* (*vêtement*) roomy, ample; (*gestes, mouvement*) broad; (*ressources*) ample; **amplement** *adv*: **amplement suffisant** more than enough; **ampleur** *nf* (*de dégâts, problème*) extent
amplificateur [ɑ̃plifikatœʀ] *nm* amplifier
amplifier [ɑ̃plifje] /7/ *vt* (*fig*) to expand, increase
ampoule [ɑ̃pul] *nf* (*électrique*) bulb; (*de médicament*) phial; (*aux mains, pieds*) blister
amusant, e [amyzɑ̃, -ɑ̃t] *adj* (*divertissant, spirituel*) entertaining, amusing; (*comique*) funny, amusing
amuse-gueule [amyzgœl] *nm inv* appetizer, snack
amusement [amyzmɑ̃] *nm* (*voir amusé*) amusement; (*jeu etc*) pastime, diversion
amuser [amyze] /1/ *vt* (*divertir*) to entertain, amuse; (*égayer, faire rire*) to amuse; **s'amuser** *vi* (*jouer*) to amuse o.s.; (*se divertir*) to enjoy o.s., have fun; (*fig*) to mess around
amygdale [amidal] *nf* tonsil
an [ɑ̃] *nm* year; **être âgé de** *ou* **avoir 3 ans** to be 3 (years old); **le jour de l'an, le premier de l'an, le nouvel an** New Year's Day
analphabète [analfabɛt] *nm/f* illiterate
analyse [analiz] *nf* analysis; (*Méd*) test; **analyser** /1/ *vt* to analyse; (*Méd*) to test
ananas [anana(s)] *nm* pineapple
anatomie [anatɔmi] *nf* anatomy
ancêtre [ɑ̃sɛtʀ] *nm/f* ancestor
anchois [ɑ̃ʃwa] *nm* anchovy
ancien, ne [ɑ̃sjɛ̃, -jɛn] *adj* old; (*de jadis, de l'antiquité*) ancient; (*précédent, ex-*) former, old; (*par l'expérience*) senior ▷ *nm/f* (*dans une tribu etc*) elder;

ancienneté *nf (Admin)* (length of) service; *(privilèges obtenus)* seniority
ancre [ɑ̃kʀ] *nf* anchor; **jeter/lever l'~** to cast/weigh anchor; **ancrer** /1/ *vt (Constr: câble etc)* to anchor; *(fig)* to fix firmly
Andorre [ɑ̃dɔʀ] *nf* Andorra
andouille [ɑ̃duj] *nf (Culin) sausage made of chitterlings*; *(fam)* clot, nit
âne [ɑn] *nm* donkey, ass; *(péj)* dunce
anéantir [aneɑ̃tiʀ] /2/ *vt* to annihilate, wipe out; *(fig)* to obliterate, destroy
anémie [anemi] *nf* anaemia; **anémique** *adj* anaemic
anesthésie [anɛstezi] *nf* anaesthesia; **~ générale/locale** general/local anaesthetic; **faire une ~ locale à qn** to give sb a local anaesthetic
ange [ɑ̃ʒ] *nm* angel; **être aux ~s** to be over the moon
angine [ɑ̃ʒin] *nf* throat infection; **~ de poitrine** angina (pectoris)
anglais, e [ɑ̃glɛ, -ɛz] *adj* English ▷ *nm (Ling)* English ▷ *nm/f*: **A~, e** Englishman/woman; **les A~** the English; **filer à l'~e** to take French leave
angle [ɑ̃gl] *nm* angle; *(coin)* corner
Angleterre [ɑ̃glətɛʀ] *nf*: **l'~** England
anglo... [ɑ̃glɔ] *préfixe* Anglo-, anglo( ); **anglophone** *adj* English-speaking
angoisse [ɑ̃gwas] *nf*: **l'~** anguish *no pl*; **angoissé, e** *adj (personne)* distressed
anguille [ɑ̃gij] *nf* eel
animal, e, -aux [animal, -o] *adj, nm* animal
animateur, -trice [animatœʀ, -tʀis] *nm/f (de télévision)* host; *(de groupe)* leader, organizer
animation [animasjɔ̃] *nf (voir animé)* busyness; liveliness; *(Ciné: technique)* animation
animé, e [anime] *adj (rue, lieu)* busy, lively; *(conversation, réunion)* lively, animated
animer [anime] /1/ *vt (ville, soirée)* to liven up; *(mettre en mouvement)* to drive
anis [ani(s)] *nm (Culin)* aniseed; *(Bot)* anise
ankyloser [ɑ̃kiloze] /1/: **s'ankyloser** *vi* to get stiff
anneau, x [ano] *nm (de rideau, bague)* ring; *(de chaîne)* link
année [ane] *nf* year
annexe [anɛks] *adj (problème)* related; *(document)* appended; *(salle)* adjoining ▷ *nf (bâtiment)* annex(e); *(jointe à une lettre, un dossier)* enclosure
anniversaire [anivɛʀsɛʀ] *nm* birthday; *(d'un événement, bâtiment)* anniversary
annonce [anɔ̃s] *nf* announcement; *(signe, indice)* sign; *(aussi*: **~ publicitaire)** advertisement; **les petites ~s** the small *ou* classified ads
annoncer [anɔ̃se] /3/ *vt* to announce; *(être le signe de)* to herald; **s'annoncer bien/difficile** to look promising/difficult
annuaire [anɥɛʀ] *nm* yearbook, annual; **~ téléphonique** (telephone) directory, phone book
annuel, le [anɥɛl] *adj* annual, yearly
annulation [anylasjɔ̃] *nf* cancellation
annuler [anyle] /1/ *vt (rendez-vous, voyage)* to cancel, call off; *(jugement)* to quash (BRIT), repeal (US); *(Math, Physique)* to cancel out
anonymat [anɔnima] *nm* anonymity; **garder l'~** to remain anonymous
anonyme [anɔnim] *adj* anonymous; *(fig)* impersonal
anorak [anɔʀak] *nm* anorak
anorexie [anɔʀɛksi] *nf* anorexia
anormal, e, -aux [anɔʀmal, -o] *adj* abnormal
ANPE *sigle f (= Agence nationale pour l'emploi) national employment agency (functions include job creation)*

antarctique [ɑ̃taʀktik] *adj* Antarctic ▷ *nm*: **l'A~** the Antarctic
antenne [ɑ̃tɛn] *nf* (*de radio, télévision*) aerial; (*d'insecte*) antenna, feeler; (*poste avancé*) outpost; (*petite succursale*) sub-branch; **passer à/avoir l'~** to go/be on the air; **~ parabolique** satellite dish
antérieur, e [ɑ̃teʀjœʀ] *adj* (*d'avant*) previous, earlier; (*de devant*) front
anti... [ɑ̃ti] *préfixe* anti...; **antialcoolique** *adj* anti-alcohol; **antibiotique** *nm* antibiotic; **antibrouillard** *adj*: **phare antibrouillard** fog lamp
anticipation [ɑ̃tisipasjɔ̃] *nf*: **livre/film d'~** science fiction book/film
anticipé, e [ɑ̃tisipe] *adj*: **avec mes remerciements ~s** thanking you in advance *ou* anticipation
anticiper [ɑ̃tisipe] /1/ *vt* (*événement, coup*) to anticipate, foresee
anti: anticorps *nm* antibody; **antidote** *nm* antidote; **antigel** *nm* antifreeze; **antihistaminique** *nm* antihistamine
antillais, e [ɑ̃tijɛ, -ɛz] *adj* West Indian, Caribbean ▷ *nm/f*: **A~, e** West Indian, Caribbean
Antilles [ɑ̃tij] *nfpl*: **les ~** the West Indies; **les Grandes/Petites ~** the Greater/Lesser Antilles
antilope [ɑ̃tilɔp] *nf* antelope
anti: antimite(s) *adj, nm*: **(produit) antimite(s)** mothproofer, moth repellent; **antimondialisation** *nf* anti-globalization; **antipathique** *adj* unpleasant, disagreeable; **antipelliculaire** *adj* anti-dandruff
antiquaire [ɑ̃tikɛʀ] *nm/f* antique dealer
antique [ɑ̃tik] *adj* antique; (*très vieux*) ancient, antiquated; **antiquité** *nf* (*objet*) antique; **l'Antiquité** Antiquity; **magasin/marchand d'antiquités** antique shop/dealer
anti: antirabique *adj* rabies *cpd*; **antirouille** *adj inv* anti-rust *cpd*; **antisémite** *adj* anti-Semitic; **antiseptique** *adj, nm* antiseptic; **antivirus** *nm* (*Inform*) antivirus (program); **antivol** *adj, nm*: **(dispositif) antivol** antitheft device
anxieux, -euse [ɑ̃ksjø, -jøz] *adj* anxious, worried
AOC *sigle f* (= *Appellation d'origine contrôlée*) *guarantee of quality of wine*
août [u(t)] *nm* August
apaiser [apeze] /1/ *vt* (*colère*) to calm; (*douleur*) to soothe; (*personne*) to calm (down), pacify; **s'apaiser** *vi* (*tempête, bruit*) to die down, subside; (*personne*) to calm down
apercevoir [apɛʀsəvwaʀ] /28/ *vt* to see; **s'apercevoir de** *vt* to notice; **s'~ que** to notice that
aperçu [apɛʀsy] *nm* (*vue d'ensemble*) general survey
apéritif, -ive [apeʀitif, -iv] *adj* which stimulates the appetite ▷ *nm* (*boisson*) aperitif; (*réunion*) (pre-lunch *ou* -dinner) drinks *pl*
à-peu-près [apøpʀɛ] *nm inv* (*péj*) vague approximation
apeuré, e [apœʀe] *adj* frightened, scared
aphte [aft] *nm* mouth ulcer
apitoyer [apitwaje] /8/ *vt* to move to pity; **s'~ (sur qn/qch)** to feel pity *ou* compassion (for sb/over sth)
aplatir [aplatiʀ] /2/ *vt* to flatten; **s'aplatir** *vi* to become flatter; (*écrasé*) to be flattened
aplomb [aplɔ̃] *nm* (*équilibre*) balance, equilibrium; (*fig*) self-assurance nerve; **d'~** steady
apostrophe [apɔstʀɔf] *nf* (*signe*) apostrophe
apparaître [apaʀɛtʀ] /57/ *vi* to appear
appareil [apaʀɛj] *nm* (*outil, machine*) piece of apparatus, device; (*électrique etc*) appliance; (*avion*) (aero)plane, aircraft *inv*; (*téléphonique*) telephone; (*dentier*) brace (BRIT), braces (US); **qui est à l'~?** who's speaking?; **dans le**

plus simple ~ in one's birthday suit; **~ (photo)** camera; **~ numérique** digital camera; **appareiller** /1/ *vi* (*Navig*) to cast off, get under way ▷ *vt* (*assortir*) to match up

apparemment [aparamɑ̃] *adv* apparently

apparence [aparɑ̃s] *nf* appearance; **en ~** apparently

apparent, e [aparɑ̃, -ɑ̃t] *adj* visible; (*évident*) obvious; (*superficiel*) apparent

apparenté, e [aparɑ̃te] *adj*: **~ à** related to; (*fig*) similar to

apparition [aparisjɔ̃] *nf* appearance; (*surnaturelle*) apparition

appartement [apartəmɑ̃] *nm* flat (BRIT), apartment (US)

appartenir [apartəniʀ] /22/: **~ à** *vt* to belong to; **il lui appartient de** it is up to him to

apparu, e [apary] *pp de* **apparaître**

appât [apɑ] *nm* (*Pêche*) bait; (*fig*) lure, bait

appel [apɛl] *nm* call; (*nominal*) roll call (: *Scol*) register; (*Mil*: *recrutement*) call-up; **faire ~ à** (*invoquer*) to appeal to; (*avoir recours à*) to call on; (*nécessiter*) to call for, require; **faire** *ou* **interjeter ~** (*Jur*) to appeal; **faire l'~** to call the roll; (*Scol*) to call the register; **sans ~** (*fig*) final, irrevocable; **~ d'offres** (*Comm*) invitation to tender; **faire un ~ de phares** to flash one's headlights; **~ (téléphonique)** (tele)phone call

appelé [ap(ə)le] *nm* (*Mil*) conscript

appeler [ap(ə)le] /4/ *vt* to call; (*faire venir*: *médecin etc*) to call, send for; **s'appeler** *vi*: **elle s'appelle Gabrielle** her name is Gabrielle, she's called Gabrielle; **comment vous appelez-vous?** what's your name?; **comment ça s'appelle?** what is it *ou* that called?

appendicite [apɑ̃disit] *nf* appendicitis

appesantir [apəzɑ̃tiʀ] /2/: **s'appesantir** *vi* to grow heavier; **s'~ sur** (*fig*) to dwell at length on

appétissant, e [apetisɑ̃, -ɑ̃t] *adj* appetizing, mouth-watering

appétit [apeti] *nm* appetite; **bon ~!** enjoy your meal!

applaudir [aplodiʀ] /2/ *vt* to applaud ▷ *vi* to applaud, clap; **applaudissements** *nmpl* applause *sg*, clapping *sg*

appli [apli] *nf* app

application [aplikasjɔ̃] *nf* application

appliquer [aplike] /1/ *vt* to apply; (*loi*) to enforce; **s'appliquer** *vi* (*élève etc*) to apply o.s.; **s'~ à** to apply to

appoint [apwɛ̃] *nm* (extra) contribution *ou* help; **avoir/faire l'~** to have/give the right change *ou* money; **chauffage d'~** extra heating

apporter [apɔʀte] /1/ *vt* to bring

appréciable [apʀesjabl] *adj* appreciable

apprécier [apʀesje] /7/ *vt* to appreciate; (*évaluer*) to estimate, assess

appréhender [apʀeɑ̃de] /1/ *vt* (*craindre*) to dread; (*arrêter*) to apprehend

apprendre [apʀɑ̃dʀ] /58/ *vt* to learn; (*événement, résultats*) to learn of, hear of; **~ qch à qn** (*informer*) to tell sb (of) sth; (*enseigner*) to teach sb sth; **~ à faire qch** to learn to do sth; **~ à qn à faire qch** to teach sb to do sth; **apprenti, e** *nm/f* apprentice; **apprentissage** *nm* learning; (*Comm, Scol*: *période*) apprenticeship

apprêter [apʀete] /1/: **s'apprêter** *vi*: **s'~ à qch/à faire qch** to prepare for sth/for doing sth

appris, e [apʀi, -iz] *pp de* **apprendre**

apprivoiser [apʀivwaze] /1/ *vt* to tame

approbation [apʀɔbasjɔ̃] *nf* approval

approcher [apʀɔʃe] /1/ *vi* to approach, come near ▷ *vt* to approach; (*rapprocher*): **~ qch (de qch)** to bring *ou* put *ou* move sth near

(to sth); **s'approcher de** to approach, go *ou* come *ou* move near to; **~ de** (*lieu, but*) to draw near to; (*quantité, moment*) to approach
approfondir [apʀɔfɔ̃diʀ] /2/ *vt* to deepen; (*question*) to go further into
approprié, e [apʀɔpʀije] *adj*: **~ (à)** appropriate (to), suited (to)
approprier [apʀɔpʀije] /7/: **s'approprier** *vt* to appropriate, take over; **s'~ en** to stock up with
approuver [apʀuve] /1/ *vt* to agree with; (*trouver louable*) to approve of
approvisionner [apʀɔvizjɔne] /1/ *vt* to supply; (*compte bancaire*) to pay funds into; **s'~ en** to stock up with
approximatif, -ive [apʀɔksimatif, -iv] *adj* approximate, rough; (*imprécis*) vague
appt *abr* = **appartement**
appui [apɥi] *nm* support; **prendre ~ sur** to lean on; (*objet*) to rest on; **l'~ de la fenêtre** the windowsill, the window ledge
appuyer [apɥije] /8/ *vt* (*poser, soutenir: personne, demande*) to support, back (up) ▷ *vi*: **~ sur** (*bouton*) to press, push; (*mot, détail*) to stress, emphasize; **s'appuyer sur** *vt* to lean on; (*compter sur*) to rely on; **~ qch sur/contre/à** to lean *ou* rest sth on/against/on; **~ sur le frein** to brake, to apply the brakes
après [apʀɛ] *prép* after ▷ *adv* afterwards; **deux heures ~** two hours later; **~ qu'il est parti/avoir fait** after he left/having done; **courir ~ qn** to run after sb; **crier ~ qn** to shout at sb; **être toujours ~ qn** (*critiquer etc*) to be always on at sb; **~ quoi** after which; **d'~** (*selon*) according to; **~ coup** after the event, afterwards; **~ tout** (*au fond*) after all; **et (puis) ~?** so what?; **après-demain** *adv* the day after tomorrow; **après-midi** [apʀɛmidi] *nm ou f inv* afternoon; **après-rasage** *nm inv* after-shave; **après-shampooing** *nm inv* conditioner; **après-ski** *nm inv* snow boot
après-soleil [apʀɛsɔlɛj] *adj inv* after-sun *cpd* ▷ *nm* after-sun cream *ou* lotion
apte [apt] *adj*: **~ à qch/faire qch** capable of sth/doing sth; **~ (au service)** (*Mil*) fit (for service)
aquarelle [akwaʀɛl] *nf* watercolour
aquarium [akwaʀjɔm] *nm* aquarium
arabe [aʀab] *adj* Arabic; (*désert, cheval*) Arabian; (*nation, peuple*) Arab ▷ *nm* (*Ling*) Arabic ▷ *nm/f*: **A~** Arab
Arabie [aʀabi] *nf*: **l'~ Saoudite** *ou* **Séoudite** Saudi Arabia
arachide [aʀaʃid] *nf* groundnut (plant); (*graine*) peanut, groundnut
araignée [aʀeɲe] *nf* spider
arbitraire [aʀbitʀɛʀ] *adj* arbitrary
arbitre [aʀbitʀ] *nm* (*Sport*) referee (*: Tennis, Cricket*) umpire; (*fig*) arbiter, judge; (*Jur*) arbitrator; **arbitrer** /1/ *vt* to referee; to umpire; to arbitrate
arbre [aʀbʀ] *nm* tree; (*Tech*) shaft
arbuste [aʀbyst] *nm* small shrub
arc [aʀk] *nm* (*arme*) bow; (*Géom*) arc; (*Archit*) arch; **en ~ de cercle** semi-circular
arcade [aʀkad] *nf* arch(way); **~s** arcade *sg*, arches
arc-en-ciel [aʀkɑ̃sjɛl] *nm* rainbow
arche [aʀʃ] *nf* arch; **~ de Noé** Noah's Ark
archéologie [aʀkeɔlɔʒi] *nf* arch(a)eology; **archéologue** *nm/f* arch(a)eologist
archet [aʀʃɛ] *nm* bow
archipel [aʀʃipɛl] *nm* archipelago
architecte [aʀʃitɛkt] *nm* architect
architecture [aʀʃitɛktyʀ] *nf* architecture
archives [aʀʃiv] *nfpl* (*collection*) archives
arctique [aʀktik] *adj* Arctic ▷ *nm*: **l'A~** the Arctic
ardent, e [aʀdɑ̃, -ɑ̃t] *adj* (*soleil*) blazing; (*amour*) ardent, passionate; (*prière*) fervent

ardoise [aʀdwaz] *nf* slate
ardu, e [aʀdy] *adj* (*travail*) arduous; (*problème*) difficult
arène [aʀɛn] *nf* arena; **arènes** *nfpl* bull-ring *sg*
arête [aʀɛt] *nf* (*de poisson*) bone; (*d'une montagne*) ridge
argent [aʀʒɑ̃] *nm* (*métal*) silver; (*monnaie*) money; **~ de poche** pocket money; **~ liquide** ready money, (ready) cash; **argenterie** *nf* silverware
argentin, e [aʀʒɑ̃tɛ̃, -in] *adj* Argentinian ▷ *nm/f*: **A~, e** Argentinian
Argentine [aʀʒɑ̃tin] *nf*: **l'~** Argentina
argentique [aʀʒɑ̃tik] *adj* (*appareil photo*) film *cpd*
argile [aʀʒil] *nf* clay
argot [aʀgo] *nm* slang; **argotique** *adj* slang *cpd*; (*très familier*) slangy
argument [aʀgymɑ̃] *nm* argument
argumenter [aʀgymɑ̃te] /1/ *vi* to argue
aride [aʀid] *adj* arid
aristocratie [aʀistɔkʀasi] *nf* aristocracy; **aristocratique** *adj* aristocratic
arithmétique [aʀitmetik] *adj* arithmetic(al) ▷ *nf* arithmetic
arme [aʀm] *nf* weapon; **armes** *nfpl* weapons, arms; (*blason*) (coat of) arms; **~ à feu** firearm; **~s de destruction massive** weapons of mass destruction
armée [aʀme] *nf* army; **~ de l'air** Air Force; **~ de terre** Army
armer [aʀme] /1/ *vt* to arm; (*arme à feu*) to cock; (*appareil photo*) to wind on; **s'armer** *vi*: **s'~ de** to arm o.s. with; **~ qch de** to reinforce sth with
armistice [aʀmistis] *nm* armistice; **l'A~** ≈ Remembrance (BRIT) *ou* Veterans (US) Day
armoire [aʀmwaʀ] *nf* (tall) cupboard; (*penderie*) wardrobe (BRIT), closet (US)
armure [aʀmyʀ] *nf* armour *no pl*, suit of armour; **armurier** *nm* gunsmith
arnaque [aʀnak] (*fam*) *nf* swindling; **c'est de l'~** it's daylight robbery; **arnaquer** /1/ (*fam*) *vt* to do (*fam*)
arobase [aʀɔbaz] *nf* (*Inform*) 'at' symbol; **"paul ~ société point fr"** "paul at société dot fr"
aromates [aʀɔmat] *nmpl* seasoning *sg*, herbs (and spices)
aromathérapie [aʀɔmateʀapi] *nf* aromatherapy
aromatisé, e [aʀɔmatize] *adj* flavoured
arôme [aʀom] *nm* aroma
arracher [aʀaʃe] /1/ *vt* to pull out; (*page etc*) to tear off, tear out; (*légume, herbe, souche*) to pull up; (*bras etc*) to tear off; **s'arracher** *vt* (*article très recherché*) to fight over; **~ qch à qn** to snatch sth from sb; (*fig*) to wring sth out of sb
arrangement [aʀɑ̃ʒmɑ̃] *nm* arrangement
arranger [aʀɑ̃ʒe] /3/ *vt* to arrange; (*réparer*) to fix, put right; (*régler*) to settle, sort out; (*convenir à*) to suit, be convenient for; **cela m'arrange** that suits me (fine); **s'arranger** *vi* (*se mettre d'accord*) to come to an agreement *ou* arrangement; **je vais m'~** I'll manage; **ça va s'~** it'll sort itself out
arrestation [aʀɛstasjɔ̃] *nf* arrest
arrêt [aʀɛ] *nm* stopping; (*de bus etc*) stop; (*Jur*) judgment, decision; **être à l'~** to be stopped; **rester** *ou* **tomber en ~ devant** to stop short in front of; **sans ~** non-stop; (*fréquemment*) continually; **~ de travail** stoppage (of work)
arrêter [aʀete] /1/ *vt* to stop; (*chauffage etc*) to turn off, switch off; (*fixer: date etc*) to appoint, decide on; (*criminel, suspect*) to arrest; **s'arrêter** *vi* to stop; **~ de faire** to stop doing
arrhes [aʀ] *nfpl* deposit *sg*
arrière [aʀjɛʀ] *nm* back; (*Sport*) fullback ▷ *adj inv*: **siège/roue**

~ back *ou* rear seat/wheel; **à l'~** behind, at the back; **en ~** behind; (*regarder*) back, behind; (*tomber, aller*) backwards; **arrière-goût** *nm* aftertaste; **arrière-grand-mère** *nf* great-grandmother; **arrière-grand-père** *nm* great-grandfather; **arrière-pays** *nm inv* hinterland; **arrière-pensée** *nf* ulterior motive; (*doute*) mental reservation; **arrière-plan** *nm* background; **à l'arrière-plan** in the background; **arrière-saison** *nf* late autumn

arrimer [aʀime] /1/ *vt* (*cargaison*) to stow; (*fixer*) to secure

arrivage [aʀivaʒ] *nm* consignment

arrivée [aʀive] *nf* arrival; (*ligne d'arrivée*) finish

arriver [aʀive] /1/ *vi* to arrive; (*survenir*) to happen, occur; **il arrive à Paris à 8 h** he gets to *ou* arrives in Paris at 8; **~ à** (*atteindre*) to reach; **~ à (faire) qch** to manage (to do) sth; **en ~ à faire ...** to end up doing ...; **il arrive que ...** it happens that ...; **il lui arrive de faire ...** he sometimes does ...

arrobase [aʀɔbaz] *nf* (*Inform*) 'at' symbol

arrogance [aʀɔgɑ̃s] *nf* arrogance

arrogant, e [aʀɔgɑ̃, -ɑ̃t] *adj* arrogant

arrondissement [aʀɔ̃dismɑ̃] *nm* (*Admin*) ≈ district

arroser [aʀoze] /1/ *vt* to water; (*victoire etc*) to celebrate (over a drink); (*Culin*) to baste; **arrosoir** *nm* watering can

arsenal, -aux [aʀsənal, -o] *nm* (*Navig*) naval dockyard; (*Mil*) arsenal; (*fig*) gear, paraphernalia

art [aʀ] *nm* art

artère [aʀtɛʀ] *nf* (*Anat*) artery; (*rue*) main road

arthrite [aʀtʀit] *nf* arthritis

artichaut [aʀtiʃo] *nm* artichoke

article [aʀtikl] *nm* article; (*Comm*) item, article; **à l'~ de la mort** at the point of death

articulation [aʀtikylasjɔ̃] *nf* articulation; (*Anat*) joint

articuler [aʀtikyle] /1/ *vt* to articulate

artificiel, le [aʀtifisjɛl] *adj* artificial

artisan [aʀtizɑ̃] *nm* artisan, (self-employed) craftsman; **artisanal, e, -aux** [aʀtizanal, -o] *adj* of *ou* made by craftsmen; (*péj*) cottage industry *cpd*; **de fabrication artisanale** home-made; **artisanat** [aʀtizana] *nm* arts and crafts *pl*

artiste [aʀtist] *nm/f* artist; (*Théât, Mus*) performer; (*de variétés*) entertainer; **artistique** *adj* artistic

as *vb* [a]; *voir* **avoir** ▷ *nm* [ɑs] ace

ascenseur [asɑ̃sœʀ] *nm* lift (BRIT), elevator (US)

ascension [asɑ̃sjɔ̃] *nf* ascent; (*de montagne*) climb; **l'A~** (*Rel*) the Ascension

L'ASCENSION

The *fête de l'Ascension* is a public holiday in France. It always falls on a Thursday, usually in May. Many French people take the following Friday off work too and enjoy a long weekend.

asiatique [azjatik] *adj* Asian, Asiatic ▷ *nm/f*: **A~** Asian

Asie [azi] *nf*: **l'~** Asia

asile [azil] *nm* (*refuge*) refuge, sanctuary; **droit d'~** (*Pol*) (political) asylum

aspect [aspɛ] *nm* appearance, look; (*fig*) aspect, side; **à l'~ de** at the sight of

asperge [aspɛʀʒ] *nf* asparagus *no pl*

asperger [aspɛʀʒe] /3/ *vt* to spray, sprinkle

asphalte [asfalt] *nm* asphalt

asphyxier [asfiksje] /7/ *vt* to suffocate, asphyxiate; (*fig*) to stifle

aspirateur [aspiʀatœʀ] *nm* vacuum cleaner; **passer l'~** to vacuum

aspirer [aspiʀe] /1/ *vt* (*air*) to inhale; (*liquide*) to suck (up); (*appareil*) to suck *ou* draw up; **~ à** to aspire to
aspirine [aspiʀin] *nf* aspirin
assagir [asaʒiʀ] /2/ *vt*, **s'assagir** *vi* to quieten down, settle down
assaillir [asajiʀ] /13/ *vt* to assail, attack
assaisonnement [asɛzɔnmɑ̃] *nm* seasoning
assaisonner [asɛzɔne] /1/ *vt* to season
assassin [asasɛ̃] *nm* murderer; assassin; **assassiner** /1/ *vt* to murder; (*Pol*) to assassinate
assaut [aso] *nm* assault, attack; **prendre d'~** to (take by) storm, assault; **donner l'~ (à)** to attack
assécher [aseʃe] /6/ *vt* to drain
assemblage [asɑ̃blaʒ] *nm* (*action*) assembling; **un ~ de** (*fig*) a collection of
assemblée [asɑ̃ble] *nf* (*réunion*) meeting; (*public, assistance*) gathering; (*Pol*) assembly; **l'A~ nationale (AN)** the (French) National Assembly
assembler [asɑ̃ble] /1/ *vt* (*joindre, monter*) to assemble, put together; (*amasser*) to gather (together), collect (together); **s'assembler** *vi* to gather
asseoir [aswaʀ] /26/ *vt* (*malade, bébé*) to sit up; (*personne debout*) to sit down; (*autorité, réputation*) to establish; **s'asseoir** *vi* to sit (o.s.) down
assez [ase] *adv* (*suffisamment*) enough, sufficiently; (*passablement*) rather, quite, fairly; **~ de pain/ livres** enough *ou* sufficient bread/ books; **vous en avez ~?** have you got enough?; **j'en ai ~!** I've had enough!
assidu, e [asidy] *adj* assiduous, painstaking; (*régulier*) regular
assied *etc* [asje] *vb voir* **asseoir**
assiérai *etc* [asjeʀe] *vb voir* **asseoir**
assiette [asjɛt] *nf* plate; (*contenu*) plate(ful); **il n'est pas dans son ~** he's not feeling quite himself; **~ à dessert** dessert *ou* side plate; **~ anglaise** assorted cold meats; **~ creuse** (soup) dish, soup plate; **~ plate** (dinner) plate
assimiler [asimile] /1/ *vt* to assimilate, absorb; (*comparer*): **~ qch/qn à** to liken *ou* compare sth/ sb to; **s'assimiler** *vi* (*s'intégrer*) to be assimilated *ou* absorbed
assis, e [asi, -iz] *pp de* **asseoir** ▷ *adj* sitting (down), seated
assistance [asistɑ̃s] *nf* (*public*) audience; (*aide*) assistance; **enfant de l'A~ (publique)** child in care
assistant, e [asistɑ̃, -ɑ̃t] *nm/f* assistant; (*d'université*) probationary lecturer; **~e sociale** social worker
assisté, e [asiste] *adj* (*Auto*) power-assisted; **~ par ordinateur** computer-assisted; **direction ~e** power steering
assister [asiste] /1/ *vt* to assist; **~ à** (*scène, événement*) to witness; (*conférence*) to attend, be (present) at; (*spectacle, match*) to be at, see
association [asɔsjasjɔ̃] *nf* association
associé, e [asɔsje] *nm/f* associate; (*Comm*) partner
associer [asɔsje] /7/ *vt* to associate; **~ qn à** (*profits*) to give sb a share of; (*affaire*) to make sb a partner in; (*joie, triomphe*) to include sb in; **~ qch à** (*joindre, allier*) to combine sth with; **s'associer** *vi* to join together; **s'~ à** (*couleurs, qualités*) to be combined with; (*opinions, joie de qn*) to share in; **s'~ à** *ou* **avec qn pour faire** to join (forces) *ou* join together with sb to do
assoiffé, e [aswafe] *adj* thirsty
assommer [asɔme] /1/ *vt* (*étourdir, abrutir*) to knock out, stun
Assomption [asɔ̃psjɔ̃] *nf*: **l'~** the Assumption

L'ASSOMPTION

The *fête de l'Assomption*, more commonly known as "le 15 août" is a national holiday in France. Traditionally, large numbers of holidaymakers leave home on 15 August, frequently causing chaos on the roads.

assorti, e [asɔʀti] *adj* matched, matching; **fromages/légumes ~s** assorted cheeses/vegetables; **~ à** matching; **assortiment** *nm* assortment, selection
assortir [asɔʀtiʀ] /2/ *vt* to match; **~ qch à** to match sth with; **~ qch de** to accompany sth with
assouplir [asupliʀ] /2/ *vt* to make supple; (*fig*) to relax; **assouplissant** *nm* (fabric) softener
assumer [asyme] /1/ *vt* (*fonction, emploi*) to assume, take on
assurance [asyʀɑ̃s] *nf* (*certitude*) assurance; (*confiance en soi*) (self-) confidence; (*contrat*) insurance (policy); (*secteur commercial*) insurance; **~ au tiers** third party insurance; **~ maladie (AM)** health insurance; **~ tous risques** (*Auto*) comprehensive insurance; **~s sociales (AS)** ≈ National Insurance (BRIT), ≈ Social Security (US); **assurance-vie** *nf* life assurance *ou* insurance
assuré, e [asyʀe] *adj* (*réussite, échec, victoire etc*) certain, sure; (*démarche, voix*) assured; (*pas*) steady ▷ *nm/f* insured (person); **assurément** *adv* assuredly, most certainly
assurer [asyʀe] /1/ *vt* (*Comm*) to insure; (*victoire etc*) to ensure; (*frontières, pouvoir*) to make secure; (*service, garde*) to provide, operate; **s'assurer (contre)** (*Comm*) to insure o.s. (against); **~ à qn que** to assure sb that; **~ qn de** to assure sb of; **s'~ de/que** (*vérifier*) to make sure of/that; **s'~ (de)** (*aide de qn*) to secure
asthmatique [asmatik] *adj, nm/f* asthmatic
asthme [asm] *nm* asthma
asticot [astiko] *nm* maggot
astre [astʀ] *nm* star
astrologie [astʀɔlɔʒi] *nf* astrology
astronaute [astʀonot] *nm/f* astronaut
astronomie [astʀɔnɔmi] *nf* astronomy
astuce [astys] *nf* shrewdness, astuteness; (*truc*) trick, clever way; **astucieux, -euse** *adj* clever
atelier [atəlje] *nm* workshop; (*de peintre*) studio
athée [ate] *adj* atheistic ▷ *nm/f* atheist
Athènes [atɛn] *n* Athens
athlète [atlɛt] *nm/f* (*Sport*) athlete; **athlétisme** *nm* athletics *sg*
atlantique [atlɑ̃tik] *adj* Atlantic ▷ *nm*: **l'(océan) A~** the Atlantic (Ocean)
atlas [atlɑs] *nm* atlas
atmosphère [atmɔsfɛʀ] *nf* atmosphere
atome [atom] *nm* atom; **atomique** *adj* atomic; nuclear
atomiseur [atɔmizœʀ] *nm* atomizer
atout [atu] *nm* trump; (*fig*) asset
atroce [atʀɔs] *adj* atrocious
attachant, e [ataʃɑ̃, -ɑ̃t] *adj* engaging, likeable
attache [ataʃ] *nf* clip, fastener; (*fig*) tie
attacher [ataʃe] /1/ *vt* to tie up; (*étiquette*) to attach, tie on; (*ceinture*) to fasten; (*souliers*) to do up ▷ *vi* (*poêle, riz*) to stick; **s'~ à** (*par affection*) to become attached to; **~ qch à** to tie *ou* fasten *ou* attach sth to
attaque [atak] *nf* attack; (*cérébrale*) stroke; (*d'épilepsie*) fit
attaquer [atake] /1/ *vt* to attack; (*en justice*) to sue ▷ *vi* to attack; **s'attaquer à** *vt* (*personne*) to attack; (*épidémie, misère*) to tackle
attarder [ataʀde] /1/: **s'attarder** *vi* to linger

atteindre [atɛ̃dʀ] /49/ *vt* to reach; (*blesser*) to hit; (*émouvoir*) to affect; **atteint, e** *adj* (*Méd*): **être atteint de** to be suffering from ▷ *nf* attack; **hors d'atteinte** out of reach; **porter atteinte à** to strike a blow at

attendant [atɑ̃dɑ̃]: **en ~** *adv* meanwhile, in the meantime

attendre [atɑ̃dʀ] /41/ *vt* to wait for; (*être destiné ou réservé à*) to await, be in store for ▷ *vi* to wait; **s'~ à (ce que)** to expect (that); **attendez-moi, s'il vous plaît** wait for me, please; **~ un enfant** to be expecting a baby; **~ de faire/d'être** to wait until one does/is; **attendez qu'il vienne** wait until he comes; **~ qch de** to expect sth of;

Attention à ne pas traduire *attendre* par *to attend*.

attendrir [atɑ̃dʀiʀ] /2/ *vt* to move (to pity); (*viande*) to tenderize

attendu, e [atɑ̃dy] *adj* (*événement*) long-awaited; (*prévu*) expected; **~ que** considering that, since

attentat [atɑ̃ta] *nm* assassination attempt; **~ à la pudeur** indecent assault *no pl*; **~ suicide** suicide bombing

attente [atɑ̃t] *nf* wait; (*espérance*) expectation

attenter [atɑ̃te] /1/: **~ à** *vt* (*liberté*) to violate; **~ à la vie de qn** to make an attempt on sb's life

attentif, -ive [atɑ̃tif, -iv] *adj* (*auditeur*) attentive; (*travail*) careful; **~ à** paying attention to

attention [atɑ̃sjɔ̃] *nf* attention; (*prévenance*) attention, thoughtfulness *no pl*; **à l'~ de** for the attention of; **faire ~ (à)** to be careful (of); **faire ~ (à ce) que** to be *ou* make sure that; **~!** careful!, watch out!; **~ à la voiture!** watch out for that car!; **attentionné, e** [atɑ̃sjɔne] *adj* thoughtful, considerate

atténuer [atenɥe] /1/ *vt* (*douleur*) to alleviate, ease; (*couleurs*) to soften; **s'atténuer** *vi* to ease; (*violence etc*) to abate

atterrir [ateʀiʀ] /2/ *vi* to land; **atterrissage** *nm* landing

attestation *nf* certificate

attirant, e [atiʀɑ̃, -ɑ̃t] *adj* attractive, appealing

attirer [atiʀe] /1/ *vt* to attract; (*appâter*) to lure, entice; **~ qn dans un coin/vers soi** to draw sb into a corner/towards one; **~ l'attention de qn** to attract sb's attention; **~ l'attention de qn sur qch** to draw sb's attention to sth; **s'~ des ennuis** to bring trouble upon o.s., get into trouble

attitude [atityd] *nf* attitude; (*position du corps*) bearing

attraction [atʀaksjɔ̃] *nf* attraction; (*de cabaret, cirque*) number

attrait [atʀɛ] *nm* appeal, attraction

attraper [atʀape] /1/ *vt* to catch; (*habitude, amende*) to get, pick up; (*fam: duper*) to con; **se faire ~** (*fam*) to be told off

attrayant, e [atʀɛjɑ̃, -ɑ̃t] *adj* attractive

attribuer [atʀibɥe] /1/ *vt* (*prix*) to award; (*rôle, tâche*) to allocate, assign; (*imputer*): **~ qch à** to attribute sth to; **s'attribuer** *vt* (*s'approprier*) to claim for o.s.

attrister [atʀiste] /1/ *vt* to sadden

attroupement [atʀupmɑ̃] *nm* crowd

attrouper [atʀupe] /1/: **s'attrouper** *vi* to gather

au [o] *prép voir* **à**

aubaine [obɛn] *nf* godsend

aube [ob] *nf* dawn, daybreak; **à l'~** at dawn *ou* daybreak

aubépine [obepin] *nf* hawthorn

auberge [obɛʀʒ] *nf* inn; **~ de jeunesse** youth hostel

aubergine [obɛʀʒin] *nf* aubergine

aucun, e [okœ̃, -yn] *adj, pron* no; (*positif*) any ▷ *pron* none; (*positif*) any(one); **sans ~ doute** without any doubt; **plus qu'~ autre** more than any other; **il le fera mieux qu'~ de nous** he'll do it better than any of us; **~ des deux** neither of the two; **~ d'entre eux** none of them

audace [odas] *nf* daring, boldness; (*péj*) audacity; **audacieux, -euse** *adj* daring, bold

au-delà [od(ə)la] *adv* beyond ▷ *nm*: **l'~** the hereafter; **~ de** beyond

au-dessous [odsu] *adv* underneath; below; **~ de** under(neath), below; (*limite, somme etc*) below, under; (*dignité, condition*) below

au-dessus [odsy] *adv* above; **~ de** above

au-devant [od(ə)vɑ̃]: **~ de** *prép*: **aller ~ de** (*personne, danger*) to go (out) and meet; (*souhaits de qn*) to anticipate

audience [odjɑ̃s] *nf* audience; (*Jur*: *séance*) hearing

audio-visuel, le [odjɔvizɥɛl] *adj* audio-visual

audition [odisjɔ̃] *nf* (*ouïe, écoute*) hearing; (*Jur*: *de témoins*) examination; (*Mus, Théât*: *épreuve*) audition

auditoire [oditwaʀ] *nm* audience

augmentation [ɔgmɑ̃tasjɔ̃] *nf* increase; **~ (de salaire)** rise (in salary) (BRIT), (pay) raise (US)

augmenter [ɔgmɑ̃te] /1/ *vt* to increase; (*salaire, prix*) to increase, raise, put up; (*employé*) to increase the salary of ▷ *vi* to increase

augure [ogyʀ] *nm*: **de bon/mauvais ~** of good/ill omen

aujourd'hui [oʒuʀdɥi] *adv* today

aumône [omon] *nf* alms *sg* (*pl inv*); **aumônier** *nm* chaplain

auparavant [opaʀavɑ̃] *adv* before(hand)

auprès [opʀɛ]: **~ de** *prép* next to, close to; (*recourir, s'adresser*) to; (*en comparaison de*) compared with

auquel [okɛl] *pron voir* **lequel**

aurai *etc* [ɔʀe] *vb voir* **avoir**

aurons *etc* [orɔ̃] *vb voir* **avoir**

aurore [ɔʀɔʀ] *nf* dawn, daybreak

ausculter [ɔskylte] /1/ *vt* to sound

aussi [osi] *adv* (*également*) also, too; (*de comparaison*) as ▷ *conj* therefore, consequently; **~ fort que** as strong as; **moi ~** me too

aussitôt [osito] *adv* straight away, immediately; **~ que** as soon as

austère [ɔstɛʀ] *adj* austere

austral, e [ɔstʀal] *adj* southern

Australie [ɔstʀali] *nf*: **l'~** Australia; **australien, ne** *adj* Australian ▷ *nm/f*: **Australien, ne** Australian

autant [otɑ̃] *adv* so much; **je ne savais pas que tu la détestais ~** I didn't know you hated her so much; (*comparatif*): **~ (que)** as much (as); (*nombre*) as many (as); **~ (de)** so much (*ou* many); as much (*ou* many); **~ partir** we (*ou* you *etc*) may as well leave; **~ dire que ...** one might as well say that ...; **pour ~** for all that; **d'~ plus/mieux (que)** all the more/ the better (since)

autel [otɛl] *nm* altar

auteur [otœʀ] *nm* author

authentique [otɑ̃tik] *adj* authentic, genuine

auto [oto] *nf* car; **autobiographie** *nf* autobiography; **autobronzant** *nm* self-tanning cream (*or* lotion *etc*); **autobus** *nm* bus; **autocar** *nm* coach

autochtone [ɔtɔktɔn] *nm/f* native

auto: autocollant, e *adj* self-adhesive; (*enveloppe*) self-seal ▷ *nm* sticker; **autocuiseur** *nm* pressure cooker; **autodéfense** *nf* self-defence; **autodidacte** *nm/f* self-taught person; **auto-école** *nf* driving school; **autographe** *nm* autograph

automate [ɔtɔmat] *nm* (*machine*) (automatic) machine

automatique [ɔtɔmatik] *adj* automatic ▷ *nm*: **l'~** ≈ direct dialling

automne [ɔtɔn] *nm* autumn (BRIT), fall (US)

automobile [ɔtɔmɔbil] *adj* motor *cpd* ▷ *nf* (motor) car; **automobiliste** *nm/f* motorist

autonome [ɔtɔnɔm] *adj* autonomous; **autonomie** *nf* autonomy; (*Pol*) self-government, autonomy

autopsie [ɔtɔpsi] *nf* post-mortem (examination), autopsy

autoradio [otoʀadjo] *nf* car radio

autorisation [ɔtɔʀizasjɔ̃] *nf* permission, authorization; (*papiers*) permit

autorisé, e [ɔtɔʀize] *adj* (*opinion, sources*) authoritative

autoriser [ɔtɔʀize] /1/ *vt* to give permission for, authorize; (*fig*) to allow (of)

autoritaire [ɔtɔʀitɛʀ] *adj* authoritarian

autorité [ɔtɔʀite] *nf* authority; **faire ~** to be authoritative

autoroute [otoʀut] *nf* motorway (BRIT), expressway (US); **~ de l'information** (*Inform*) information superhighway

AUTOROUTE

Motorways in France, indicated by blue road signs with the letter A followed by a number, are toll roads. The speed limit is 130 km/h (110 km/h when it is raining). At the tollgate, the lanes marked 'réservé' and with an orange 't' are reserved for people who subscribe to 'télépéage', an electronic payment system.

auto-stop [otostɔp] *nm*: **faire de l'~** to hitch-hike; **prendre qn en ~** to give sb a lift; **auto-stoppeur, -euse** *nm/f* hitch-hiker

autour [otuʀ] *adv* around; **~ de** around; **tout ~** all around

MOT-CLÉ

autre [otʀ] *adj* **1** (*différent*) other, different; **je préférerais un autre verre** I'd prefer another *ou* a different glass

2 (*supplémentaire*) other; **je voudrais un autre verre d'eau** I'd like another glass of water

3: **autre chose** something else; **autre part** somewhere else; **d'autre part** on the other hand

▶ *pron*: **un autre** another (one); **nous/vous autres** us/you; **d'autres** others; **l'autre** the other (one); **les autres** the others; (*autrui*) others; **l'un et l'autre** both of them; **se détester l'un l'autre/les uns les autres** to hate each other *ou* one another; **d'une semaine/minute à l'autre** from one week/minute *ou* moment to the next; (*incessamment*) any week/minute *ou* moment now; **entre autres** (*personnes*) among others; (*choses*) among other things

autrefois [otʀəfwa] *adv* in the past

autrement [otʀəmɑ̃] *adv* differently; (*d'une manière différente*) in another way; (*sinon*) otherwise; **~ dit** in other words

Autriche [otʀiʃ] *nf*: **l'~** Austria; **autrichien, ne** *adj* Austrian ▷ *nm/f*: **Autrichien, ne** Austrian

autruche [otʀyʃ] *nf* ostrich

aux [o] *prép voir* **à**

auxiliaire [ɔksiljɛʀ] *adj, nm/f* auxiliary

auxquels, auxquelles [okɛl] *pron voir* **lequel**

avalanche [avalɑ̃ʃ] *nf* avalanche

avaler [avale] /1/ *vt* to swallow

avance [avɑ̃s] *nf* (*de troupes etc*) advance; (*progrès*) progress; (*d'argent*) advance; (*opposé à retard*) lead; **avances** *nfpl* (*amoureuses*) advances; **(être) en ~** (to be) early; (*sur un programme*) (to be) ahead of schedule; **d'~, à l'~** in advance

avancé, e [avɑ̃se] *adj* advanced; (*travail etc*) well on, well under way

avancement [avɑ̃smɑ̃] *nm* (*professionnel*) promotion

avancer [avɑ̃se] /3/ *vi* to move forward, advance; (*projet, travail*) to make progress; (*montre, réveil*) to be fast to gain ▷ *vt* to move forward, advance; (*argent*) to advance; (*montre, pendule*) to put forward; **s'avancer** *vi* to move forward, advance; (*fig*) to commit o.s.

avant [avɑ̃] *prép* before ▷ *adj inv*: **siège/roue ~** front seat/wheel ▷ *nm* (*d'un véhicule, bâtiment*) front; (*Sport: joueur*) forward; **~ qu'il parte/de partir** before he leaves/leaving; **~ tout** (*surtout*) above all; **à l'~** (*dans un véhicule*) in (the) front; **en ~** (*se pencher, tomber*) forward(s); **partir en ~** to go on ahead; **en ~ de** in front of

avantage [avɑ̃taʒ] *nm* advantage; **~s sociaux** fringe benefits; **avantager** /3/ *vt* (*favoriser*) to favour; (*embellir*) to flatter; **avantageux, -euse** *adj* (*prix*) attractive

avant: avant-bras *nm inv* forearm; **avant-coureur** *adj inv*: **signe avant-coureur** advance indication *ou* sign; **avant-dernier, -ière** *adj, nm/f* next to last, last but one; **avant-goût** *nm* foretaste; **avant-hier** *adv* the day before yesterday; **avant-première** *nf* (*de film*) preview; **avant-veille** *nf*: **l'avant-veille** two days before

avare [avaʀ] *adj* miserly, avaricious ▷ *nm/f* miser; **~ de compliments** stingy *ou* sparing with one's compliments

avec [avɛk] *prép* with; (*à l'égard de*) to(wards), with; **et ~ ça?** (*dans un magasin*) anything *ou* something else?

avenir [avniʀ] *nm*: **l'~** the future; **à l'~** in future; **carrière/politicien d'~** career/politician with prospects *ou* a future

aventure [avɑ̃tyʀ] *nf*: **l'~** adventure; **une ~** (*amoureuse*) an affair; **aventureux, -euse** *adj* adventurous, venturesome; (*projet*) risky, chancy

avenue [avny] *nf* avenue

avérer [aveʀe] /6/: **s'avérer** *vr*: **s'~ faux/coûteux** to prove (to be) wrong/expensive

averse [avɛʀs] *nf* shower

averti, e [avɛʀti] *adj* (well-) informed

avertir [avɛʀtiʀ] /2/ *vt*: **~ qn (de qch/que)** to warn sb (of sth/that); (*renseigner*) to inform sb (of sth/that); **avertissement** *nm* warning; **avertisseur** *nm* horn, siren

aveu, x [avø] *nm* confession

aveugle [avœgl] *adj* blind ▷ *nm/f* blind person

aviation [avjasjɔ̃] *nf* aviation; (*sport, métier de pilote*) flying; (*Mil*) air force

avide [avid] *adj* eager; (*péj*) greedy, grasping

avion [avjɔ̃] *nm* (aero)plane (BRIT), (air)plane (US); **aller (quelque part) en ~** to go (somewhere) by plane, fly (somewhere); **par ~** by airmail; **~ à réaction** jet (plane)

aviron [aviʀɔ̃] *nm* oar; (*sport*): **l'~** rowing

avis [avi] *nm* opinion; (*notification*) notice; **à mon ~** in my opinion; **changer d'~** to change one's mind; **jusqu'à nouvel ~** until further notice

aviser [avize] /1/ *vt* (*informer*): **~ qn de/que** to advise *ou* inform *ou* notify sb of/that ▷ *vi* to think about things, assess the situation; **nous aviserons sur place** we'll work something out once we're there; **s'~ de qch/que** to become suddenly aware of sth/that; **s'~ de faire** to take it into one's head to do

avocat, e [avɔka, -at] *nm/f* (*Jur*) ≈ barrister (BRIT), lawyer ▷ *nm* (*Culin*) avocado (pear); **l'~ de la défense/partie civile** the counsel for the defence/plaintiff; **~ général** assistant public prosecutor

avoine [avwan] *nf* oats *pl*

MOT-CLÉ

avoir [avwaR] /34/ *vt* **1** (*posséder*) to have; **elle a deux enfants/une belle maison** she has (got) two children/a lovely house; **il a les yeux bleus** he has (got) blue eyes; **vous avez du sel?** do you have any salt?; **avoir du courage/de la patience** to be brave/patient
2 (*éprouver*): **avoir de la peine** to be *ou* feel sad; *voir aussi* **faim, peur**
3 (*âge, dimensions*) to be; **il a 3 ans** he is 3 (years old); **le mur a 3 mètres de haut** the wall is 3 metres high
4 (*fam: duper*) to do, have; **on vous a eu!** you've been done *ou* had!; (*fait une plaisanterie*) we *ou* they had you there
5: **en avoir contre qn** to have a grudge against sb; **en avoir assez** to be fed up; **j'en ai pour une demi-heure** it'll take me half an hour
6 (*obtenir, attraper*) to get; **j'ai réussi à avoir mon train** I managed to get *ou* catch my train; **j'ai réussi à avoir le renseignement qu'il me fallait** I managed to get (hold of) the information I needed
▸ *vb aux* **1** to have; **avoir mangé/dormi** to have eaten/slept
2 (*avoir + à + infinitif*): **avoir à faire qch** to have to do sth; **vous n'avez qu'à lui demander** you only have to ask him
▸ *vb impers* **1** : **il y a** (+ *singulier*) there is; (+ *pluriel*) there are; **il y avait du café/des gâteaux** there was coffee/there were cakes; **qu'y a-t-il?, qu'est-ce qu'il y a?** what's the matter?, what is it?; **il doit y avoir une explication** there must be an explanation; **il n'y a qu'à ...** we (*ou* you *etc*) will just have to ...; **il ne peut y en avoir qu'un** there can only be one
2: **il y a** (*temporel*): **il y a 10 ans** 10 years ago; **il y a 10 ans/longtemps que je le connais** I've known him for 10 years/a long time; **il y a 10 ans qu'il est arrivé** it's 10 years since he arrived
▸ *nm* assets *pl*, resources *pl*; (*Comm*) credit

avortement [avɔRtəmɑ̃] *nm* abortion

avouer [avwe] /1/ *vt* (*crime, défaut*) to confess (to); **~ avoir fait/que** to admit *ou* confess to having done/that

avril [avRil] *nm* April

axe [aks] *nm* axis (*pl* axes); (*de roue etc*) axle; (*fig*) main line; **~ routier** trunk road (BRIT), main road, highway (US)

ayons *etc* [ɛjɔ̃] *vb voir* **avoir**

b

bâbord [bɑbɔʀ] *nm*: **à** *ou* **par ~** to port, on the port side

baby-foot [babifut] *nm inv* table football

baby-sitting [babisitiŋ] *nm* baby-sitting; **faire du ~** to baby-sit

bac [bak] *nm* (*récipient*) tub

baccalauréat [bakalɔʀea] *nm* ≈ high school diploma

bâcler [bɑkle] /1/ *vt* to botch (up)

baffe [baf] *nf* (*fam*) slap, clout

bafouiller [bafuje] /1/ *vi, vt* to stammer

bagage [bagaʒ] *nm*: **~s** luggage *sg*; (*connaissances*) background, knowledge; **~s à main** hand-luggage

bagarre [bagaʀ] *nf* fight, brawl; **bagarrer** /1/: **se bagarrer** *vi* to (have a) fight

bagnole [baɲɔl] *nf* (*fam*) car

bague [bag] *nf* ring; **~ de fiançailles** engagement ring

baguette [bagɛt] *nf* stick; (*cuisine chinoise*) chopstick; (*de chef d'orchestre*) baton; (*pain*) stick of (French) bread; **~ magique** magic wand

baie [bɛ] *nf* (*Géo*) bay; (*fruit*) berry; **~ (vitrée)** picture window

baignade [bɛɲad] *nf* bathing; **"~ interdite"** "no bathing"

baigner [beɲe] /1/ *vt* (*bébé*) to bath; **se baigner** *vi* to go swimming *ou* bathing; **baignoire** *nf* bath(tub)

bail (*pl* **baux**) [baj, bo] *nm* lease

bâiller [bɑje] /1/ *vi* to yawn; (*être ouvert*) to gape

bain [bɛ̃] *nm* bath; **prendre un ~** to have a bath; **se mettre dans le ~** (*fig*) to get into (the way of) it *ou* things; **~ de bouche** mouthwash; **~ moussant** bubble bath; **~ de soleil**; **prendre un ~ de soleil** to sunbathe; **bain-marie** *nm*: **faire chauffer au bain-marie** (*boîte etc*) to immerse in boiling water

baiser [beze] /1/ *nm* kiss ▷ *vt* (*main, front*) to kiss; (*fam!*) to screw (!)

baisse [bɛs] *nf* fall, drop; **en ~** falling

baisser [bese] /1/ *vt* to lower; (*radio, chauffage*) to turn down ▷ *vi* to fall, drop, go down; (*vue, santé*) to fail, dwindle; **se baisser** *vi* to bend down

bal [bal] *nm* dance; (*grande soirée*) ball; **~ costumé/masqué** fancy-dress/ masked ball

balade [balad] (*fam*) *nf* (*à pied*) walk, stroll; (*en voiture*) drive; **balader** /1/ (*fam*): **se balader** *vi* to go for a walk *ou* stroll; to go for a drive; **baladeur** [baladœʀ] *nm* personal stereo, Walkman®

balai [balɛ] *nm* broom, brush

balance [balɑ̃s] *nf* scales *pl*; (*signe*): **la B~** Libra; **~ commerciale** balance of trade

balancer [balɑ̃se] /3/ *vt* to swing; (*lancer*) to fling, chuck; (*renvoyer, jeter*) to chuck out; **se balancer** *vi* to swing; to rock; **se ~ de qch** (*fam*) not to give a toss about sth; **balançoire** *nf* swing; (*sur pivot*) seesaw

balayer [baleje] /8/ *vt* (*feuilles etc*) to sweep up, brush up; (*pièce, cour*) to sweep; (*chasser*) to sweep away *ou* aside; (*radar*) to scan; **balayeur, -euse** [balɛjœʀ, -øz] *nm/f* road sweeper ▷ *nf* (*engin*) road sweeper

balbutier [balbysje] /7/ *vi, vt* to stammer

balcon [balkɔ̃] *nm* balcony; (*Théât*) dress circle

Bâle [bɑl] *n* Basle *ou* Basel

Baléares [baleaʀ] *nfpl*: **les ~** the Balearic Islands, the Balearics

baleine [balɛn] *nf* whale

balise [baliz] *nf* (*Navig*) beacon, (marker) buoy; (*Aviat*) runway light, beacon; (*Auto, Ski*) sign, marker; **baliser** /1/ *vt* to mark out (with beacons *ou* lights *etc*)

balle [bal] *nf* (*de fusil*) bullet; (*de sport*) ball; (*fam: franc*) franc

ballerine [bal(ə)ʀin] *nf* (*danseuse*) ballet dancer; (*chaussure*) pump, ballet shoe

ballet [balɛ] *nm* ballet

ballon [balɔ̃] *nm* (*de sport*) ball; (*jouet, Aviat*) balloon; **~ de football** football; **~ d'oxygène** oxygen bottle

balnéaire [balneɛʀ] *adj* seaside *cpd*; **station ~** seaside resort

balustrade [balystʀad] *nf* railings *pl*, handrail

bambin [bɑ̃bɛ̃] *nm* little child

bambou [bɑ̃bu] *nm* bamboo

banal, e [banal] *adj* banal, commonplace; (*péj*) trite; **banalité** *nf* banality

banane [banan] *nf* banana; (*sac*) waist-bag, bum-bag

banc [bɑ̃] *nm* seat, bench; (*de poissons*) shoal; **~ d'essai** (*fig*) testing ground

bancaire [bɑ̃kɛʀ] *adj* banking; (*chèque, carte*) bank *cpd*

bancal, e [bɑ̃kal] *adj* wobbly

bandage [bɑ̃daʒ] *nm* bandage

bande [bɑ̃d] *nf* (*de tissu etc*) strip; (*Méd*) bandage; (*motif, dessin*) stripe; (*groupe*) band; (*péj*): **une ~ de** a bunch *ou* crowd of; **faire ~ à part** to keep to o.s.; **~ dessinée (BD)** comic strip; **~ magnétique** magnetic tape; **~ sonore** sound track

bande-annonce [bɑ̃danɔ̃s] *nf* trailer

bandeau, x [bɑ̃do] *nm* headband; (*sur les yeux*) blindfold

bander [bɑ̃de] /1/ *vt* (*blessure*) to bandage; **~ les yeux à qn** to blindfold sb

bandit [bɑ̃di] *nm* bandit

bandoulière [bɑ̃duljɛʀ] *nf*: **en ~** (slung *ou* worn) across the shoulder

Bangladesh [bɑ̃gladɛʃ] *nm*: **le ~** Bangladesh

banlieue [bɑ̃ljø] *nf* suburbs *pl*; **quartiers de ~** suburban areas; **trains de ~** commuter trains

bannir [baniʀ] /2/ *vt* to banish

banque [bɑ̃k] *nf* bank; (*activités*) banking; **~ de données** data bank

banquet [bɑ̃kɛ] *nm* dinner; (*d'apparat*) banquet

banquette [bɑ̃kɛt] *nf* seat

banquier [bɑ̃kje] *nm* banker

banquise [bɑ̃kiz] *nf* ice field

baptême [batɛm] *nm* christening; baptism; **~ de l'air** first flight

baptiser [batize] /1/ *vt* to christen; to baptize

bar [baʀ] *nm* bar

baraque [baʀak] *nf* shed; (*fam*) house; **~ foraine** fairground stand; **baraqué, e** (*fam*) *adj* well-built, hefty

barbant, e [baʀbɑ̃, -ɑ̃t] *adj* (*fam*) deadly (boring)

barbare [baʀbaʀ] *adj* barbaric

barbe [baʀb] *nf* beard; **(au nez et) à la ~ de qn** (*fig*) under sb's very nose; **la ~!** (*fam*) damn it!; **quelle ~!** (*fam*) what a drag *ou* bore!; **~ à papa** candy-floss (BRIT), cotton candy (US)

barbelé [baʀbəle] *adj, nm*: **(fil de fer) ~** barbed wire *no pl*

barbiturique [barbityrik] *nm* barbiturate
barbouiller [barbuje] /1/ *vt* to daub; **avoir l'estomac barbouillé** to feel queasy *ou* sick
barbu, e [barby] *adj* bearded
barder [barde] /1/ *vi* (*fam*): **ça va ~** sparks will fly
barème [barɛm] *nm* (*Scol*) scale; (*liste*) table
baril [bari(l)] *nm* barrel; (*de poudre*) keg
bariolé, e [barjɔle] *adj* many-coloured, rainbow-coloured
baromètre [barɔmɛtr] *nm* barometer
baron [barɔ̃] *nm* baron
baronne [barɔn] *nf* baroness
baroque [barɔk] *adj* (*Art*) baroque; (*fig*) weird
barque [bark] *nf* small boat
barquette [barkɛt] *nf* small boat-shaped tart; (*récipient: en aluminium*) tub; (*: en bois*) basket; (*pour repas*) tray; (*pour fruits*) punnet
barrage [baraʒ] *nm* dam; (*sur route*) roadblock, barricade
barre [bar] *nf* (*de fer etc*) rod; (*Navig*) helm; (*écrite*) line, stroke
barreau, x [baro] *nm* bar; (*Jur*): **le ~** the Bar
barrer [bare] /1/ *vt* (*route etc*) to block; (*mot*) to cross out; (*chèque*) to cross (BRIT); (*Navig*) to steer; **se barrer** *vi* (*fam*) to clear off
barrette [barɛt] *nf* (*pour cheveux*) (hair) slide (BRIT) *ou* clip (US)
barricader [barikade] /1/: **se barricader** *vi*: **se ~ chez soi** to lock o.s. in
barrière [barjɛr] *nf* fence; (*obstacle*) barrier; (*porte*) gate
barrique [barik] *nf* barrel, cask
bar-tabac [bartaba] *nm* bar (*which sells tobacco and stamps*)
bas, basse [bɑ, bɑs] *adj* low ▷ *nm* (*vêtement*) stocking; (*partie inférieure*): **le ~ de** the lower part *ou* foot *ou* bottom of ▷ *adv* low; (*parler*) softly; **au ~ mot** at the lowest estimate; **enfant en ~ âge** young child; **en ~** down below; (*d'une liste, d'un mur etc*) at (*ou* to) the bottom; (*dans une maison*) downstairs; **en ~ de** at the bottom of; **à ~ la dictature!** down with dictatorship!
bas-côté [bakote] *nm* (*de route*) verge (BRIT), shoulder (US)
basculer [baskyle] /1/ *vi* to fall over, topple (over); (*benne*) to tip up ▷ *vt* (*contenu*) to tip out; (*benne*) tip up
base [bɑz] *nf* base; (*fondement, principe*) basis (*pl* bases); **la ~** (*Pol*) the rank and file; **de ~** basic; **à ~ de café** *etc* coffee *etc* -based; **~ de données** database; **baser** /1/ *vt*: **baser qch sur** to base sth on; **se baser sur** (*données, preuves*) to base one's argument on
bas-fond [bafɔ̃] *nm* (*Navig*) shallow; **bas-fonds** *nmpl* (*fig*) dregs
basilic [bazilik] *nm* (*Culin*) basil
basket [baskɛt] *nm* basketball
baskets [baskɛt] *nfpl* trainers (BRIT), sneakers (US)
basque [bask] *adj* Basque ▷ *nm/f*: **B~** Basque; **le Pays ~** the Basque country
basse [bɑs] *adj voir* **bas** ▷ *nf* (*Mus*) bass; **basse-cour** *nf* farmyard
bassin [basɛ̃] *nm* (*pièce d'eau*) pond, pool; (*de fontaine*, *Géo*) basin; (*Anat*) pelvis; (*portuaire*) dock
bassine [basin] *nf* basin; (*contenu*) bowl, bowlful
basson [basɔ̃] *nm* bassoon
bat [ba] *vb voir* **battre**
bataille [bataj] *nf* battle; (*rixe*) fight; **elle avait les cheveux en ~** her hair was a mess
bateau, x [bato] *nm* boat; ship; **bateau-mouche** *nm* (passenger) pleasure boat (*on the Seine*)
bâti, e [bati] *adj* (*terrain*) developed; **bien ~** well-built
bâtiment [batimɑ̃] *nm* building; (*Navig*) ship, vessel; (*industrie*): **le ~** the building trade

bâtir [batiʀ] /2/ *vt* to build
bâtisse [batis] *nf* building
bâton [batɔ̃] *nm* stick; **parler à ~s rompus** to chat about this and that
bats [ba] *vb voir* **battre**
battement [batmɑ̃] *nm* (*de cœur*) beat; (*intervalle*) interval (*between classes, trains etc*); **10 minutes de ~** 10 minutes to spare
batterie [batʀi] *nf* (*Mil, Élec*) battery; (*Mus*) drums *pl*, drum kit; **~ de cuisine** kitchen utensils *pl*; (*casseroles etc*) pots and pans *pl*
batteur [batœʀ] *nm* (*Mus*) drummer; (*appareil*) whisk
battre [batʀ] /41/ *vt* to beat; (*blé*) to thresh; (*cartes*) to shuffle; (*passer au peigne fin*) to scour ▷ *vi* (*cœur*) to beat; (*volets etc*) to bang, rattle; **se battre** *vi* to fight; **~ la mesure** to beat time; **~ son plein** to be at its height, be going full swing; **~ des mains** to clap one's hands
baume [bom] *nm* balm
bavard, e [bavaʀ, -aʀd] *adj* (very) talkative; gossipy; **bavarder** /1/ *vi* to chatter; (*indiscrètement*) to gossip (*révéler un secret*) to blab
baver [bave] /1/ *vi* to dribble; (*chien*) to slobber, slaver; **en ~** (*fam*) to have a hard time (of it)
bavoir [bavwaʀ] *nm* bib
bavure [bavyʀ] *nf* smudge; (*fig*) hitch; (*policière etc*) blunder
bazar [bazaʀ] *nm* general store; (*fam*) jumble; **bazarder** /1/ *vt* (*fam*) to chuck out
BCBG *sigle adj* (= *bon chic bon genre*) smart and trendy, ≈ preppy
BD *sigle f* = **bande dessinée**
bd *abr* = **boulevard**
béant, e [beɑ̃, -ɑ̃t] *adj* gaping
beau (bel), belle, beaux [bo, bɛl] *adj* beautiful, lovely; (*homme*) handsome ▷ *adv*: **il fait ~** the weather's fine ▷ *nm*: **un ~ jour** one (fine) day; **de plus belle** more than ever, even more; **bel et bien** well and truly; **le plus ~ c'est que ...** the best of it is that ...; **on a ~ essayer** however hard *ou* no matter how hard we try; **faire le ~** (*chien*) to sit up and beg

MOT-CLÉ

beaucoup [boku] *adv* **1** a lot; **il boit beaucoup** he drinks a lot; **il ne boit pas beaucoup** he doesn't drink much *ou* a lot
2 (*suivi de plus, trop etc*) much, a lot; **il est beaucoup plus grand** he is much *ou* a lot *ou* far taller; **c'est beaucoup plus cher** it's a lot *ou* much more expensive; **il a beaucoup plus de temps que moi** he has much *ou* a lot more time than me; **il y a beaucoup plus de touristes ici** there are a lot *ou* many more tourists here; **beaucoup trop vite** much too fast; **il fume beaucoup trop** he smokes far too much
3: **beaucoup de** (*nombre*) many, a lot of; (*quantité*) a lot of; **beaucoup d'étudiants/de touristes** a lot of *ou* many students/tourists; **beaucoup de courage** a lot of courage; **il n'a pas beaucoup d'argent** he hasn't got much *ou* a lot of money
4: **de beaucoup** by far

beau: beau-fils *nm* son-in-law; (*remariage*) stepson; **beau-frère** *nm* brother-in-law; **beau-père** *nm* father-in-law; (*remariage*) stepfather
beauté [bote] *nf* beauty; **de toute ~** beautiful; **finir qch en ~** to complete sth brilliantly
beaux-arts [bozaʀ] *nmpl* fine arts
beaux-parents [bopaʀɑ̃] *nmpl* wife's/husband's family, in-laws
bébé [bebe] *nm* baby
bec [bɛk] *nm* beak, bill; (*de cafetière etc*) spout; (*de casserole etc*) lip; (*fam*) mouth; **~ de gaz** (street) gaslamp

bêche [bɛʃ] *nf* spade; **bêcher** /1/ *vt* to dig
bedaine [bədɛn] *nf* paunch
bedonnant, e [bədɔnɑ̃, -ɑ̃t] *adj* potbellied
bée [be] *adj*: **bouche ~** gaping
bégayer [begeje] /8/ *vt, vi* to stammer
beige [bɛʒ] *adj* beige
beignet [bɛɲɛ] *nm* fritter
bel [bɛl] *adj m voir* **beau**
bêler [bele] /1/ *vi* to bleat
belette [bəlɛt] *nf* weasel
belge [bɛlʒ] *adj* Belgian ▷ *nm/f*: **B~** Belgian
Belgique [bɛlʒik] *nf*: **la ~** Belgium
bélier [belje] *nm* ram; (*signe*): **le B~** Aries
belle [bɛl] *adj voir* **beau** ▷ *nf* (*Sport*): **la ~** the decider; **belle-fille** *nf* daughter-in-law; (*remariage*) stepdaughter; **belle-mère** *nf* mother-in-law; (*remariage*) stepmother; **belle-sœur** *nf* sister-in-law
belvédère [bɛlvedɛʀ] *nm* panoramic viewpoint (*or small building there*)
bémol [bemɔl] *nm* (*Mus*) flat
bénédiction [benediksjɔ̃] *nf* blessing
bénéfice [benefis] *nm* (*Comm*) profit; (*avantage*) benefit; **bénéficier** /7/ *vi*: **bénéficier de** to enjoy; (*profiter*) to benefit by *ou* from; **bénéfique** *adj* beneficial
Benelux [benelyks] *nm*: **le ~** Benelux, the Benelux countries
bénévole [benevɔl] *adj* voluntary, unpaid
bénin, -igne [benɛ̃, -iɲ] *adj* minor, mild; (*tumeur*) benign
bénir [beniʀ] /2/ *vt* to bless; **bénit, e** *adj* consecrated; **eau bénite** holy water
benne [bɛn] *nf* skip; (*de téléphérique*) (cable) car; **~ à ordures** (*amovible*) skip
béquille [bekij] *nf* crutch; (*de bicyclette*) stand
berceau, x [bɛʀso] *nm* cradle, crib
bercer [bɛʀse] /3/ *vt* to rock, cradle; (*musique etc*) to lull; **~ qn de** (*promesses etc*) to delude sb with; **berceuse** *nf* lullaby
béret [beʀɛ] *nm* (*aussi*: **~ basque**) beret
berge [bɛʀʒ] *nf* bank
berger, -ère [bɛʀʒe, -ɛʀ] *nm/f* shepherd/shepherdess; **~ allemand** alsatian (dog) (BRIT), German shepherd (dog) (US)
Berlin [bɛʀlɛ̃] *n* Berlin
Bermudes [bɛʀmyd] *nfpl*: **les (îles) ~** Bermuda
Berne [bɛʀn] *n* Bern
berner [bɛʀne] /1/ *vt* to fool
besogne [bəzɔɲ] *nf* work *no pl*, job
besoin [bəzwɛ̃] *nm* need; (*pauvreté*): **le ~** need, want; **faire ses ~s** to relieve o.s.; **avoir ~ de qch/faire qch** to need sth/to do sth; **au ~** if need be; **être dans le ~** to be in need *ou* want
bestiole [bɛstjɔl] *nf* (tiny) creature
bétail [betaj] *nm* livestock, cattle *pl*
bête [bɛt] *nf* animal; (*bestiole*) insect, creature ▷ *adj* stupid, silly; **chercher la petite ~** to nit-pick; **~ noire** pet hate; **~ sauvage** wild beast
bêtise [betiz] *nf* stupidity; (*action, remarque*) stupid thing (to say *ou* do)
béton [betɔ̃] *nm* concrete; **(en) ~** (*fig: alibi, argument*) cast iron; **~ armé** reinforced concrete
betterave [bɛtʀav] *nf* beetroot (BRIT), beet (US); **~ sucrière** sugar beet
Beur [bœʀ] *nm/f see note* **"Beur"**

BEUR

Beur is a term used to refer to a person born in France of North African immigrant parents. It is not racist and is often used by the media, anti-racist groups and second-generation North Africans themselves. The word itself comes from back slang or 'verlan'.

beurre [bœʀ] *nm* butter; **beurrer** /1/ *vt* to butter; **beurrier** *nm* butter dish
biais [bjɛ] *nm* (*moyen*) device, expedient; (*aspect*) angle; **en ~, de ~** (*obliquement*) at an angle; **par le ~ de** by means of
bibelot [biblo] *nm* trinket, curio
biberon [bibʀɔ̃] *nm* (feeding) bottle; **nourrir au ~** to bottle-feed
bible [bibl] *nf* bible
bibliobus *nm* mobile library van
bibliothécaire *nm/f* librarian
bibliothèque *nf* library; (*meuble*) bookcase
bic® [bik] *nm* Biro®
bicarbonate [bikaʀbɔnat] *nm*: **~ (de soude)** bicarbonate of soda
biceps [bisɛps] *nm* biceps
biche [biʃ] *nf* doe
bicolore [bikɔlɔʀ] *adj* two-coloured
bicoque [bikɔk] *nf* (*péj*) shack
bicyclette [bisiklɛt] *nf* bicycle
bidet [bidɛ] *nm* bidet
bidon [bidɔ̃] *nm* can ▷ *adj inv* (*fam*) phoney
bidonville [bidɔ̃vil] *nm* shanty town
bidule [bidyl] *nm* (*fam*) thingamajig

MOT-CLÉ

bien [bjɛ] *nm* **1** (*avantage, profit*): **faire du bien à qn** to do sb good; **dire du bien de** to speak well of; **c'est pour son bien** it's for his own good
2 (*possession, patrimoine*) possession, property; **son bien le plus précieux** his most treasured possession; **avoir du bien** to have property; **biens (de consommation** *etc*) (consumer *etc*) goods
3 (*moral*): **le bien** good; **distinguer le bien du mal** to tell good from evil
▶ *adv* **1** (*de façon satisfaisante*) well; **elle travaille/mange bien** she works/eats well; **croyant bien faire, je/il ...** thinking I/he was doing the right thing, I/he ...; **tiens-toi bien!** (*assieds-toi correctement*) sit up straight!; (*debout*) stand up straight!; (*sois sage*) behave yourself!; (*prépare-toi*) wait for it!
2 (*valeur intensive*) quite; **bien jeune** quite young; **bien assez** quite enough; **bien mieux** (very) much better; **bien du temps/des gens** quite a time/a number of people; **j'espère bien y aller** I do hope to go; **je veux bien le faire** (*concession*) I'm quite willing to do it; **il faut bien le faire** it has to be done; **cela fait bien deux ans que je ne l'ai pas vu** I haven't seen him for at least *ou* a good two years; **Paul est bien venu, n'est-ce pas?** Paul HAS come, hasn't he?; **où peut-il bien être passé?** where on earth can he have got to?
▶ *excl* right!, OK!, fine!; **(c'est) bien fait!** it serves you (*ou* him *etc*) right!; **bien sûr!** certainly!
▶ *adj inv* **1** (*en bonne forme, à l'aise*): **je me sens bien** I feel fine; **je ne me sens pas bien** I don't feel well; **on est bien dans ce fauteuil** this chair is very comfortable
2 (*joli, beau*) good-looking; **tu es bien dans cette robe** you look good in that dress
3 (*satisfaisant*) good; **elle est bien, cette maison/secrétaire** it's a good house/she's a good secretary; **c'est très bien (comme ça)** it's fine (like that); **c'est bien?** is that all right?
4 (*moralement*) right; (: *personne*) good, nice; (*respectable*) respectable; **ce n'est pas bien de ...** it's not right to ...; **elle est bien, cette femme** she's a nice woman, she's a good sort; **des gens bien** respectable people
5 (*en bons termes*): **être bien avec qn** to be on good terms with sb; **bien-aimé, e** *adj, nm/f* beloved; **bien-être** *nm* well-being; **bienfaisance** *nf* charity; **bienfait** *nm* act of generosity, benefaction; (*de la science etc*) benefit; **bienfaiteur, -trice**

nm/f benefactor/benefactress; **bien-fondé** *nm* soundness; **bien que** *conj* although

bientôt [bjɛ̃to] *adv* soon; **à ~** see you soon
bienveillant, e [bjɛ̃vɛjɑ̃, -ɑ̃t] *adj* kindly
bienvenu, e [bjɛ̃vny] *adj* welcome ▷ *nf*: **souhaiter la ~e à** to welcome; **~e à** welcome to
bière [bjɛʀ] *nf* (*boisson*) beer; (*cercueil*) bier; **~ blonde** lager; **~ brune** brown ale (BRIT), dark beer (US); **~ (à la) pression** draught beer
bifteck [biftɛk] *nm* steak
bigorneau, x [bigɔʀno] *nm* winkle
bigoudi [bigudi] *nm* curler
bijou, x [biʒu] *nm* jewel; **bijouterie** *nf* jeweller's (shop); **bijoutier, -ière** *nm/f* jeweller
bikini [bikini] *nm* bikini
bilan [bilɑ̃] *nm* (*Comm*) balance sheet(s); (*fig*) (net) outcome (: *de victimes*) toll; **faire le ~ de** to assess; to review; **déposer son ~** to file a bankruptcy statement; **~ de santé** check-up
bile [bil] *nf* bile; **se faire de la ~** (*fam*) to worry o.s. sick
bilieux, -euse [biljø, -øz] *adj* bilious; (*fig: colérique*) testy
bilingue [bilɛ̃g] *adj* bilingual
billard [bijaʀ] *nm* billiards *sg*; (*table*) billiard table
bille [bij] *nf* ball; (*du jeu de billes*) marble
billet [bijɛ] *nm* (*aussi*: **~ de banque**) (bank)note; (*de cinéma, de bus etc*) ticket; (*courte lettre*) note; **~ électronique** e-ticket; **billetterie** *nf* ticket office; (*distributeur*) ticket dispenser; (*Banque*) cash dispenser
billion [biljɔ̃] *nm* billion (BRIT), trillion (US)
bimensuel, le [bimɑ̃sɥɛl] *adj* bimonthly
bio [bjo] *adj* organic
bio... [bjɔ] *préfixe* bio...; **biocarburant** [bjokaʀbyʀɑ̃] *nm* biofuel; **biochimie** *nf* biochemistry; **biographie** *nf* biography; **biologie** *nf* biology; **biologique** *adj* biological; **biométrie** *nf* biometrics; **biotechnologie** *nf* biotechnology; **bioterrorisme** *nm* bioterrorism
Birmanie [biʀmani] *nf* Burma
bis¹, e [bi, biz] *adj* (*couleur*) greyish brown ▷ *nf* (*baiser*) kiss; (*vent*) North wind; **faire une** *ou* **la ~e à qn** to kiss sb; **grosses ~es (de)** (*sur lettre*) love and kisses (from)
bis² [bis] *adv*: **12 ~** 12a *ou* A ▷ *excl*, *nm* encore
biscotte [biskɔt] *nf* toasted bread (*sold in packets*)
biscuit [biskɥi] *nm* biscuit (BRIT), cookie (US)
bise [biz] *nf voir* **bis²**
bisexuel, le [bisɛksɥɛl] *adj* bisexual
bisou [bizu] *nm* (*fam*) kiss
bissextile [bisɛkstil] *adj*: **année ~** leap year
bistro(t) [bistʀo] *nm* bistro, café
bitume [bitym] *nm* asphalt
bizarre [bizaʀ] *adj* strange, odd
blague [blag] *nf* (*propos*) joke; (*farce*) trick; **sans ~!** no kidding!; **blaguer** /1/ *vi* to joke
blaireau, x [blɛʀo] *nm* (*Zool*) badger; (*brosse*) shaving brush
blâme [blɑm] *nm* blame; (*sanction*) reprimand; **blâmer** /1/ *vt* to blame
blanc, blanche [blɑ̃, blɑ̃ʃ] *adj* white; (*non imprimé*) blank ▷ *nm/f* white, white man/woman ▷ *nm* (*couleur*) white; (*espace non écrit*) blank; (*aussi*: **~ d'œuf**) (egg-)white; (*aussi*: **~ de poulet**) breast, white meat; (*aussi*: **vin ~**) white wine ▷ *nf* (*Mus*) minim (BRIT), half-note (US); **chèque en ~** blank cheque; **à ~** (*chauffer*) white-hot; (*tirer, charger*) with blanks; **~ cassé** off-white; **blancheur** *nf* whiteness

b

blanchir [blɑ̃ʃiʀ] /2/ *vt* (*gén*) to whiten; (*linge*) to launder; (*Culin*) to blanch; (*fig*: *disculper*) to clear ▷ *vi* (*cheveux*) to go white; **blanchisserie** *nf* laundry
blason [blɑzɔ̃] *nm* coat of arms
blasphème [blasfɛm] *nm* blasphemy
blazer [blazɛʀ] *nm* blazer
blé [ble] *nm* wheat; **~ noir** buckwheat
bled [blɛd] *nm* (*péj*) hole
blême [blɛm] *adj* pale
blessé, e [blese] *adj* injured ▷ *nm/f* injured person, casualty
blesser [blese] /1/ *vt* to injure; (*délibérément*) to wound; (*offenser*) to hurt; **se blesser** to injure o.s.; **se ~ au pied** *etc* to injure one's foot *etc*; **blessure** *nf* (*accidentelle*) injury; (*intentionnelle*) wound
bleu, e [blø] *adj* blue; (*bifteck*) very rare ▷ *nm* (*couleur*) blue; (*contusion*) bruise; (*vêtement*: *aussi*: **~s**) overalls *pl*; **fromage ~** blue cheese; **~ marine/ nuit/roi** navy/midnight/royal blue; **bleuet** *nm* cornflower
bloc [blɔk] *nm* (*de pierre etc*) block; (*de papier à lettres*) pad; (*ensemble*) group, block; **serré à ~** tightened right down; **en ~** as a whole; **~ opératoire** operating *ou* theatre block; **blocage** *nm* (*des prix*) freezing; (*Psych*) hang-up; **bloc-notes** *nm* note pad
blog, blogue [blɔg] *nm* blog; **bloguer** /1/ *vi* to blog
blond, e [blɔ̃, -ɔ̃d] *adj* fair; blond; (*sable, blés*) golden
bloquer [blɔke] /1/ *vt* (*passage*) to block; (*pièce mobile*) to jam; (*crédits, compte*) to freeze
blottir [blɔtiʀ] /2/: **se blottir** *vi* to huddle up
blouse [bluz] *nf* overall
blouson [bluzɔ̃] *nm* blouson (jacket); **~ noir** (*fig*) ≈ rocker
bluff [blœf] *nm* bluff
bobine [bɔbin] *nf* reel; (*Élec*) coil
bobo [bobo] *sigle m/f* (= *bourgeois bohème*) boho
bocal, -aux [bɔkal, -o] *nm* jar
bock [bɔk] *nm* glass of beer
bœuf (*pl* **bœufs**) [bœf, bø] *nm* ox; (*Culin*) beef
bof [bɔf] *excl* (*fam*: *indifférence*) don't care!; (*pas terrible*) nothing special
bohémien, ne [bɔemjɛ̃, -ɛn] *nm/f* gipsy
boire [bwaʀ] /53/ *vt* to drink; (*s'imprégner de*) to soak up; **~ un coup** to have a drink
bois [bwɑ] *nm* wood; **de ~, en ~** wooden; **boisé, e** *adj* woody, wooded
boisson [bwasɔ̃] *nf* drink
boîte [bwat] *nf* box; (*fam*: *entreprise*) firm; **aliments en ~** canned *ou* tinned (BRIT) foods; **~ à gants** glove compartment; **~ à ordures** dustbin (BRIT), trash can (US); **~ aux lettres** letter box; **~ d'allumettes** box of matches; (*vide*) matchbox; **~ de conserves** can *ou* tin (BRIT) (of food); **~ de nuit** night club; **~ de vitesses** gear box; **~ postale (BP)** PO box; **~ vocale** voice mail
boiter [bwate] /1/ *vi* to limp; (*fig*: *raisonnement*) to be shaky
boîtier [bwatje] *nm* case
boive *etc* [bwav] *vb voir* **boire**
bol [bɔl] *nm* bowl; **un ~ d'air** a breath of fresh air; **en avoir ras le ~** (*fam*) to have a bellyful; **avoir du ~** (*fam*) to be lucky
bombarder [bɔ̃baʀde] /1/ *vt* to bomb; **~ qn de** (*cailloux, lettres*) to bombard sb with
bombe [bɔ̃b] *nf* bomb; (*atomiseur*) (aerosol) spray

MOT-CLÉ

bon, bonne [bɔ̃, bɔn] *adj* **1** (*agréable, satisfaisant*) good; **un bon repas/ restaurant** a good meal/restaurant; **être bon en maths** to be good at maths

2 (*charitable*): **être bon (envers)** to be good (to)
3 (*correct*) right; **le bon numéro/moment** the right number/moment
4 (*souhaits*): **bon anniversaire!** happy birthday!; **bon courage!** good luck!; **bon séjour!** enjoy your stay!; **bon voyage!** have a good trip!; **bonne année!** happy New Year!; **bonne chance!** good luck!; **bonne fête!** happy holiday!; **bonne nuit!** good night!
5 (*approprié*): **bon à/pour** fit to/for; **à quoi bon (...)?** what's the point *ou* use (of ...)?
6: **bon enfant** *adj inv* accommodating, easy-going; **bonne femme** (*péj*) woman; **de bonne heure** early; **bon marché** cheap; **bon mot** witticism; **bon sens** common sense; **bon vivant** jovial chap; **bonnes œuvres** charitable works, charities
▸ *nm* 1 (*billet*) voucher; (*aussi*: **bon cadeau**) gift voucher; **bon d'essence** petrol coupon; **bon du Trésor** Treasury bond
2: **avoir du bon** to have its good points; **pour de bon** for good
▸ *adv*: **il fait bon** it's *ou* the weather is fine; **sentir bon** to smell good; **tenir bon** to stand firm
▸ *excl* good!; **ah bon?** really?; **bon, je reste** right, I'll stay; *voir aussi* **bonne**

bonbon [bɔ̃bɔ̃] *nm* (boiled) sweet
bond [bɔ̃] *nm* leap; **faire un ~** to leap in the air
bondé, e [bɔ̃de] *adj* packed (full)
bondir [bɔ̃diʀ] /2/ *vi* to leap
bonheur [bɔnœʀ] *nm* happiness; **porter ~ (à qn)** to bring (sb) luck; **au petit ~** haphazardly; **par ~** fortunately
bonhomme [bɔnɔm] (*pl* **bonshommes**) *nm* fellow; **~ de neige** snowman
bonjour [bɔ̃ʒuʀ] *excl, nm* hello; (*selon l'heure*) good morning (*ou* afternoon); **c'est simple comme ~!** it's easy as pie!
bonne [bɔn] *adj f voir* **bon** ▹ *nf* (*domestique*) maid
bonnet [bɔnɛ] *nm* hat; (*de soutien-gorge*) cup; **~ de bain** bathing cap
bonsoir [bɔ̃swaʀ] *excl* good evening
bonté [bɔ̃te] *nf* kindness *no pl*
bonus [bɔnys] *nm* (*Assurances*) no-claims bonus; (*de DVD*) extras *pl*
bord [bɔʀ] *nm* (*de table, verre, falaise*) edge; (*de rivière, lac*) bank; (*de route*) side; **(monter) à ~** (to go) on board; **jeter par-dessus ~** to throw overboard; **le commandant de ~/les hommes du ~** the ship's master/crew; **au ~ de la mer/route** at the seaside/roadside; **être au ~ des larmes** to be on the verge of tears
bordeaux [bɔʀdo] *nm* Bordeaux ▹ *adj inv* maroon
bordel [bɔʀdɛl] *nm* brothel; (*fam!*) bloody (BRIT) *ou* goddamn (US) mess (*!*)
border [bɔʀde] /1/ *vt* (*être le long de*) to line, border; (*qn dans son lit*) to tuck up; **~ qch de** (*garnir*) to trim sth with
bordure [bɔʀdyʀ] *nf* border; **en ~ de** on the edge of
borne [bɔʀn] *nf* boundary stone; (*aussi*: **~ kilométrique**) kilometre-marker, ≈ milestone; **bornes** *nfpl* (*fig*) limits; **dépasser les ~s** to go too far
borné, e [bɔʀne] *adj* (*personne*) narrow-minded
borner [bɔʀne] /1/ *vt*: **se ~ à faire** (*se contenter de*) to content o.s. with doing; (*se limiter à*) to limit o.s. to doing
bosniaque [bɔznjak] *adj* Bosnian ▹ *nm/f*: **B~** Bosnian
Bosnie-Herzégovine [bɔsniɛʀzegɔvin] *nf* Bosnia-Herzegovina
bosquet [bɔskɛ] *nm* grove

bosse [bɔs] *nf* (*de terrain etc*) bump; (*enflure*) lump; (*du bossu, du chameau*) hump; **avoir la ~ des maths** *etc* (*fam*) to have a gift for maths *etc*; **il a roulé sa ~** (*fam*) he's been around
bosser [bɔse] /1/ *vi* (*fam*) to work; (*: dur*) to slave (away)
bossu, e [bɔsy] *nm/f* hunchback
botanique [bɔtanik] *nf* botany ▷ *adj* botanic(al)
botte [bɔt] *nf* (*soulier*) (high) boot; (*gerbe*): **~ de paille** bundle of straw; **~ de radis/d'asperges** bunch of radishes/asparagus; **~s de caoutchouc** wellington boots
bottine [bɔtin] *nf* ankle boot
bouc [buk] *nm* goat; (*barbe*) goatee; **~ émissaire** scapegoat
boucan [bukɑ̃] *nm* din, racket
bouche [buʃ] *nf* mouth; **faire du ~ à ~ à qn** to give sb the kiss of life (BRIT), give sb mouth-to-mouth resuscitation; **rester ~ bée** to stand open-mouthed; **~ d'égout** manhole; **~ d'incendie** fire hydrant; **~ de métro** métro entrance
bouché, e [buʃe] *adj* (*flacon etc*) stoppered; (*temps, ciel*) overcast; (*péj: personne*) thick; **avoir le nez ~** to have a blocked(-up) nose; **c'est un secteur ~** there's no future in that area; **l'évier est ~** the sink's blocked
bouchée [buʃe] *nf* mouthful; **~s à la reine** chicken vol-au-vents
boucher [buʃe] /1/ *nm* butcher ▷ *vt* (*pour colmater*) to stop up; (*trou*) to fill up; (*obstruer*) to block (up); **se boucher** *vi* (*tuyau etc*) to block up, get blocked up; **j'ai le nez bouché** my nose is blocked; **se ~ le nez** to hold one's nose
bouchère [buʃɛʀ] *nf* butcher
boucherie *nf* butcher's (shop); (*fig*) slaughter
bouchon [buʃɔ̃] *nm* (*en liège*) cork; (*autre matière*) stopper; (*de tube*) top; (*fig: embouteillage*) holdup; (*Pêche*) float
boucle [bukl] *nf* (*forme, figure*) loop; (*objet*) buckle; **~ (de cheveux)** curl; **~ d'oreille** earring
bouclé, e [bukle] *adj* (*cheveux*) curly
boucler [bukle] /1/ *vt* (*fermer: ceinture etc*) to fasten; (*terminer*) to finish off; (*enfermer*) to shut away; (*quartier*) to seal off ▷ *vi* to curl
bouder [bude] /1/ *vi* to sulk ▷ *vt* (*personne*) to refuse to have anything to do with
boudin [budɛ̃] *nm*: **~ (noir)** black pudding; **~ blanc** white pudding
boue [bu] *nf* mud
bouée [bwe] *nf* buoy; **~ (de sauvetage)** lifebuoy
boueux, -euse [bwø, -øz] *adj* muddy
bouffe [buf] *nf* (*fam*) grub, food
bouffée [bufe] *nf* (*de cigarette*) puff; **une ~ d'air pur** a breath of fresh air; **~ de chaleur** hot flush (BRIT) *ou* flash (US)
bouffer [bufe] /1/ *vi* (*fam*) to eat
bouffi, e [bufi] *adj* swollen
bouger [buʒe] /3/ *vi* to move; (*dent etc*) to be loose; (*s'activer*) to get moving ▷ *vt* to move; **les prix/les couleurs n'ont pas bougé** prices/colours haven't changed
bougie [buʒi] *nf* candle; (*Auto*) spark(ing) plug
bouillabaisse [bujabɛs] *nf type of fish soup*
bouillant, e [bujɑ̃, -ɑ̃t] *adj* (*qui bout*) boiling; (*très chaud*) boiling (hot)
bouillie [buji] *nf* (*de bébé*) cereal; **en ~** (*fig*) crushed
bouillir [bujiʀ] /15/ *vi* to boil ▷ *vt* to boil; **~ de colère** *etc* to seethe with anger *etc*
bouilloire [bujwaʀ] *nf* kettle
bouillon [bujɔ̃] *nm* (*Culin*) stock *no pl*; **bouillonner** /1/ *vi* to bubble; (*fig: idées*) to bubble up
bouillotte [bujɔt] *nf* hot-water bottle
boulanger, -ère [bulɑ̃ʒe, -ɛʀ] *nm/f* baker; **boulangerie** *nf* bakery

boule [bul] *nf* (*gén*) ball; (*de pétanque*) bowl; **~ de neige** snowball
boulette [bulɛt] *nf* (*de viande*) meatball
boulevard [bulvaʀ] *nm* boulevard
bouleversement [bulvɛʀsəmɑ̃] *nm* upheaval
bouleverser [bulvɛʀse] /1/ *vt* (*émouvoir*) to overwhelm; (*causer du chagrin à*) to distress; (*pays, vie*) to disrupt; (*papiers, objets*) to turn upside down
boulimie [bulimi] *nf* bulimia
boulimique [bulimik] *adj* bulimic
boulon [bulɔ̃] *nm* bolt
boulot[1] [bulo] *nm* (*fam*: *travail*) work
boulot[2], te [bulo, -ɔt] *adj* plump, tubby
boum [bum] *nm* bang ▷ *nf* (*fam*) party
bouquet [bukɛ] *nm* (*de fleurs*) bunch (of flowers), bouquet; (*de persil etc*) bunch; **c'est le ~!** that's the last straw!
bouquin [bukɛ̃] *nm* (*fam*) book; **bouquiner** /1/ *vi* (*fam*) to read
bourdon [buʀdɔ̃] *nm* bumblebee
bourg [buʀ] *nm* small market town (*ou* village)
bourgeois, e [buʀʒwa, -waz] *adj* ≈ (upper) middle class; **bourgeoisie** *nf* ≈ upper middle classes *pl*
bourgeon [buʀʒɔ̃] *nm* bud
Bourgogne [buʀgɔɲ] *nf*: **la ~** Burgundy ▷ *nm*: **b~** Burgundy (wine)
bourguignon, ne [buʀgiɲɔ̃, -ɔn] *adj* of *ou* from Burgundy, Burgundian
bourrasque [buʀask] *nf* squall
bourratif, -ive [buʀatif, -iv] (*fam*) *adj* filling, stodgy
bourré, e [buʀe] *adj* (*rempli*): **~ de** crammed full of; (*fam*: *ivre*) pickled, plastered
bourrer [buʀe] /1/ *vt* (*pipe*) to fill; (*poêle*) to pack; (*valise*) to cram (full)
bourru, e [buʀy] *adj* surly, gruff
bourse [buʀs] *nf* (*subvention*) grant; (*porte-monnaie*) purse; **la B~** the Stock Exchange
bous [bu] *vb voir* **bouillir**
bousculade [buskylad] *nf* (*hâte*) rush; (*poussée*) crush; **bousculer** /1/ *vt* (*heurter*) to knock into; (*fig*) to push, rush
boussole [busɔl] *nf* compass
bout [bu] *vb voir* **bouillir** ▷ *nm* bit; (*d'un bâton etc*) tip; (*d'une ficelle, table, rue, période*) end; **au ~ de** at the end of, after; **pousser qn à ~** to push sb to the limit (of his patience); **venir à ~ de** to manage to finish (off) *ou* overcome; **à ~ portant** at point-blank range
bouteille [butɛj] *nf* bottle; (*de gaz butane*) cylinder
boutique [butik] *nf* shop
bouton [butɔ̃] *nm* button; (*Bot*) bud; (*sur la peau*) spot; **boutonner** /1/ *vt* to button up; **boutonnière** *nf* buttonhole; **bouton-pression** *nm* press stud
bovin, e [bɔvɛ̃, -in] *adj* bovine ▷ *nm*: **~s** cattle *pl*
bowling [bɔliŋ] *nm* (tenpin) bowling; (*salle*) bowling alley
boxe [bɔks] *nf* boxing
BP *sigle f* = **boîte postale**
bracelet [bʀaslɛ] *nm* bracelet
braconnier [bʀakɔnje] *nm* poacher
brader [bʀade] /1/ *vt* to sell off; **braderie** *nf* cut-price (BRIT) *ou* cut-rate (US) stall
braguette [bʀagɛt] *nf* fly, flies *pl* (BRIT), zipper (US)
braise [bʀɛz] *nf* embers *pl*
brancard [bʀɑ̃kaʀ] *nm* (*civière*) stretcher; **brancardier** *nm* stretcher-bearer
branche [bʀɑ̃ʃ] *nf* branch
branché, e [bʀɑ̃ʃe] *adj* (*fam*) trendy
brancher [bʀɑ̃ʃe] /1/ *vt* to connect (up); (*en mettant la prise*) to plug in
brandir [bʀɑ̃diʀ] /2/ *vt* to brandish
braquer [bʀake] /1/ *vi* (*Auto*) to turn (the wheel) ▷ *vt* (*revolver etc*): **~ qch sur** to aim sth at, point sth at; (*mettre en colère*): **~ qn** to antagonize sb

bras [bʀa] *nm* arm; **~ dessus ~ dessous** arm in arm; **se retrouver avec qch sur les ~** (*fam*) to be landed with sth; **~ droit** (*fig*) right hand man
brassard [bʀasaʀ] *nm* armband
brasse [bʀas] *nf* (*nage*) breast-stroke; **~ papillon** butterfly(-stroke)
brassée [bʀase] *nf* armful
brasser [bʀase] /1/ *vt* to mix; **~ l'argent/les affaires** to handle a lot of money/ business
brasserie [bʀasʀi] *nf* (*restaurant*) bar (*selling food*); (*usine*) brewery
brave [bʀav] *adj* (*courageux*) brave; (*bon, gentil*) good, kind
braver [bʀave] /1/ *vt* to defy
bravo [bʀavo] *excl* bravo! ▷ *nm* cheer
bravoure [bʀavuʀ] *nf* bravery
break [bʀɛk] *nm* (*Auto*) estate car
brebis [bʀəbi] *nf* ewe; **~ galeuse** black sheep
bredouiller [bʀəduje] /1/ *vi, vt* to mumble, stammer
bref, brève [bʀɛf, bʀɛv] *adj* short, brief ▷ *adv* in short; **d'un ton ~** sharply, curtly; **en ~** in short, in brief
Brésil [bʀezil] *nm*: **le ~** Brazil
Bretagne [bʀətaɲ] *nf*: **la ~** Brittany
bretelle [bʀətɛl] *nf* (*de vêtement*) strap; (*d'autoroute*) slip road (BRIT), entrance *ou* exit ramp (US); **bretelles** *nfpl* (*pour pantalon*) braces (BRIT), suspenders (US)
breton, ne [bʀətɔ̃, -ɔn] *adj* Breton ▷ *nm/f*: **B~, ne** Breton
brève [bʀɛv] *adj f voir* **bref**
brevet [bʀəvɛ] *nm* diploma, certificate; **~ (des collèges)** *school certificate, taken at approx. 16 years*; **~ (d'invention)** patent; **breveté, e** *adj* patented
bricolage [bʀikɔlaʒ] *nm*: **le ~** do-it-yourself (jobs)
bricoler [bʀikɔle] /1/ *vi* (*en amateur*) to do DIY jobs; (*passe-temps*) to potter about ▷ *vt* (*réparer*) to fix up; **bricoleur, -euse** *nm/f* handyman/ woman, DIY enthusiast
bridge [bʀidʒ] *nm* (*Cartes*) bridge
brièvement [bʀijɛvmɑ̃] *adv* briefly
brigade [bʀigad] *nf* (*Police*) squad; (*Mil*) brigade; **brigadier** *nm* ≈ sergeant
brillamment [bʀijamɑ̃] *adv* brilliantly
brillant, e [bʀijɑ̃, -ɑ̃t] *adj* (*remarquable*) bright; (*luisant*) shiny, shining
briller [bʀije] /1/ *vi* to shine
brin [bʀɛ̃] *nm* (*de laine, ficelle etc*) strand; (*fig*): **un ~ de** a bit of
brindille [bʀɛ̃dij] *nf* twig
brioche [bʀijɔʃ] *nf* brioche (bun); (*fam: ventre*) paunch
brique [bʀik] *nf* brick; (*de lait*) carton
briquet [bʀikɛ] *nm* (cigarette) lighter
brise [bʀiz] *nf* breeze
briser [bʀize] /1/ *vt* to break; **se briser** *vi* to break
britannique [bʀitanik] *adj* British ▷ *nm/f*: **B~** Briton, British person; **les B~s** the British
brocante [bʀɔkɑ̃t] *nf* (*objets*) secondhand goods *pl*, junk; **brocanteur, -euse** *nm/f* junk shop owner; junk dealer
broche [bʀɔʃ] *nf* brooch; (*Culin*) spit; (*Méd*) pin; **à la ~** spit-roasted
broché, e [bʀɔʃe] *adj* (*livre*) paper-backed
brochet [bʀɔʃɛ] *nm* pike *inv*
brochette [bʀɔʃɛt] *nf* (*ustensile*) skewer; (*plat*) kebab
brochure [bʀɔʃyʀ] *nf* pamphlet, brochure, booklet
broder [bʀɔde] /1/ *vt* to embroider ▷ *vi*: **~ (sur des faits** *ou* **une histoire)** to embroider the facts; **broderie** *nf* embroidery
bronches [bʀɔ̃ʃ] *nfpl* bronchial tubes; **bronchite** *nf* bronchitis
bronze [bʀɔ̃z] *nm* bronze
bronzer [bʀɔ̃ze] /1/ *vi* to get a tan; **se bronzer** to sunbathe
brosse [bʀɔs] *nf* brush; **coiffé en ~** with a crewcut; **~ à cheveux**

hairbrush; **~ à dents** toothbrush; **~ à habits** clothesbrush; **brosser** /1/ *vt* (*nettoyer*) to brush; (*fig: tableau etc*) to paint; **se brosser les dents** to brush one's teeth

brouette [bRuɛt] *nf* wheelbarrow

brouillard [bRujaR] *nm* fog

brouiller [bRuje] /1/ *vt* (*œufs, message*) to scramble; (*idées*) to mix up; (*rendre trouble*) to cloud; (*désunir: amis*) to set at odds; **se brouiller** *vi* (*ciel, vue*) to cloud over; **se ~ (avec)** to fall out (with)

brouillon, ne [bRujɔ̃, -ɔn] *adj* (*sans soin*) untidy; (*qui manque d'organisation*) disorganized ▷ *nm* (first) draft; **(papier) ~** rough paper

broussailles [bRusɑj] *nfpl* undergrowth *sg*; **broussailleux, -euse** *adj* bushy

brousse [bRus] *nf*: **la ~** the bush

brouter [bRute] /1/ *vi* to graze

brugnon [bRyɲɔ̃] *nm* nectarine

bruiner [bRɥine] /1/ *vb impers*: **il bruine** it's drizzling, there's a drizzle

bruit [bRɥi] *nm*: **un ~** a noise, a sound; (*fig: rumeur*) a rumour; **le ~** noise; **sans ~** without a sound, noiselessly; **~ de fond** background noise

brûlant, e [bRylɑ̃, -ɑ̃t] *adj* burning (hot); (*liquide*) boiling (hot)

brûlé, e [bRyle] *adj* (*fig: démasqué*) blown ▷ *nm*: **odeur de ~** smell of burning

brûler [bRyle] /1/ *vt* to burn; (*eau bouillante*) to scald; (*consommer: électricité, essence*) to use; (*: feu rouge, signal*) to go through (without stopping) ▷ *vi* to burn; **se brûler** to burn o.s.; (*s'ébouillanter*) to scald o.s.; **tu brûles** (*jeu*) you're getting warm *ou* hot

brûlure [bRylyR] *nf* (*lésion*) burn; **~s d'estomac** heartburn *sg*

brume [bRym] *nf* mist

brumeux, -euse [bRymø, -øz] *adj* misty

brun, e [bRœ̃, -yn] *adj* (*gén, bière*) brown; (*cheveux, personne, tabac*) dark; **elle est ~e** she's got dark hair

brunch [bRœntʃ] *nm* brunch

brushing [bRœʃiŋ] *nm* blow-dry

brusque [bRysk] *adj* abrupt

brut, e [bRyt] *adj* (*diamant*) uncut; (*soie, minéral*) raw; (*Comm*) gross; **(pétrole) ~** crude (oil)

brutal, e, -aux [bRytal, -o] *adj* brutal

Bruxelles [bRysɛl] *n* Brussels

bruyamment [bRɥijamɑ̃] *adv* noisily

bruyant, e [bRɥijɑ̃, -ɑ̃t] *adj* noisy

bruyère [bRyjɛR] *nf* heather

BTS *sigle m* (= *Brevet de technicien supérieur*) *vocational training certificate taken at end of two-year higher education course*

bu, e [by] *pp de* **boire**

buccal, e, -aux [bykal, -o] *adj*: **par voie ~e** orally

bûche [byʃ] *nf* log; **prendre une ~** (*fig*) to come a cropper (BRIT), fall flat on one's face; **~ de Noël** Yule log

bûcher [byʃe] /1/ *nm* (*funéraire*) pyre; (*supplice*) stake ▷ *vi* (*fam*) to swot, slave (away) ▷ *vt* to swot up, slave away at

budget [bydʒɛ] *nm* budget

buée [bɥe] *nf* (*sur une vitre*) mist

buffet [byfɛ] *nm* (*meuble*) sideboard; (*de réception*) buffet; **~ (de gare)** (station) buffet, snack bar

buis [bɥi] *nm* box tree; (*bois*) box(wood)

buisson [bɥisɔ̃] *nm* bush

bulbe [bylb] *nm* (*Bot, Anat*) bulb

Bulgarie [bylgaRi] *nf*: **la ~** Bulgaria

bulle [byl] *nf* bubble

bulletin [byltɛ̃] *nm* (*communiqué, journal*) bulletin; (*Scol*) report; **~ d'informations** news bulletin; **~ (de vote)** ballot paper; **~ météorologique** weather report

bureau, x [byRo] *nm* (*meuble*) desk; (*pièce, service*) office; **~ de change** (foreign) exchange office *ou* bureau;

~ de poste post office; **~ de tabac** tobacconist's (shop); **bureaucratie** [byʀokʀasi] *nf* bureaucracy
bus¹ *vb* [by] *voir* **boire**
bus² *nm* [bys] (*véhicule*) bus
buste [byst] *nm* (*Anat*) chest (: *de femme*) bust
but [by] *vb voir* **boire** ▷ *nm* (*cible*) target; (*fig*) goal, aim; (*Football etc*) goal; **de ~ en blanc** point-blank; **avoir pour ~ de faire** to aim to do; **dans le ~ de** with the intention of
butane [bytan] *nm* butane; (*domestique*) calor gas® (BRIT), butane
butiner [bytine] /1/ *vi* (*abeilles*) to gather nectar
buvais *etc* [byvɛ] *vb voir* **boire**
buvard [byvaʀ] *nm* blotter
buvette [byvɛt] *nf* bar

C

c' [s] *pron voir* **ce**
ça [sa] *pron* (*pour désigner*) this (: *plus loin*) that; (*comme sujet indéfini*) it; **ça m'étonne que** it surprises me that; **ça va?** how are you?; how are things?; (*d'accord?*) OK?, all right?; **où ça?** where's that?; **pourquoi ça?** why's that?; **qui ça?** who's that?; **ça alors!** (*désapprobation*) well!, really!; **c'est ça** that's right; **ça y est** that's it
cabane [kaban] *nf* hut, cabin
cabaret [kabaʀɛ] *nm* night club
cabillaud [kabijo] *nm* cod *inv*
cabine [kabin] *nf* (*de bateau*) cabin; (*de piscine etc*) cubicle; (*de camion, train*) cab; (*d'avion*) cockpit; **~ d'essayage** fitting room; **~ (téléphonique)** call *ou* (tele) phone box
cabinet [kabinɛ] *nm* (*petite pièce*) closet; (*de médecin*) surgery (BRIT), office (US); (*de notaire etc*) office (: *clientèle*) practice; (*Pol*) cabinet;

cabinets *nmpl* (*w.-c.*) toilet *sg*; **~ de toilette** toilet
câble [kɑbl] *nm* cable; **le ~** (*TV*) cable television, cablevision (*US*)
cacahuète [kakaɥɛt] *nf* peanut
cacao [kakao] *nm* cocoa
cache [kaʃ] *nm* mask, card (*for masking*)
cache-cache [kaʃkaʃ] *nm*: **jouer à ~** to play hide-and-seek
cachemire [kaʃmiʀ] *nm* cashmere
cacher [kaʃe] /1/ *vt* to hide, conceal; **~ qch à qn** to hide *ou* conceal sth from sb; **se cacher** *vi* (*volontairement*) to hide; (*être caché*) to be hidden *ou* concealed
cachet [kaʃɛ] *nm* (*comprimé*) tablet; (*de la poste*) postmark; (*rétribution*) fee; (*fig*) style, character
cachette [kaʃɛt] *nf* hiding place; **en ~** on the sly, secretly
cactus [kaktys] *nm* cactus
cadavre [kadɑvʀ] *nm* corpse, (dead) body
Caddie® [kadi] *nm* (supermarket) trolley (BRIT), (grocery) cart (*US*)
cadeau, x [kado] *nm* present, gift; **faire un ~ à qn** to give sb a present *ou* gift; **faire ~ de qch à qn** to make a present of sth to sb, give sb sth as a present
cadenas [kadnɑ] *nm* padlock
cadet, te [kadɛ, -ɛt] *adj* younger; (*le plus jeune*) youngest ▷ *nm/f* youngest child *ou* one
cadran [kadʀɑ̃] *nm* dial; **~ solaire** sundial
cadre [kɑdʀ] *nm* frame; (*environnement*) surroundings *pl* ▷ *nm/f* (*Admin*) managerial employee, executive; **dans le ~ de** (*fig*) within the framework *ou* context of
cafard [kafaʀ] *nm* cockroach; **avoir le ~** to be down in the dumps
café [kafe] *nm* coffee; (*bistro*) café ▷ *adj inv* coffee *cpd*; **~ au lait** white coffee; **~ noir** black coffee; **café-tabac** *nm tobacconist's or newsagent's also serving coffee and spirits*; **cafétéria** [kafeteʀja] *nf* cafeteria; **cafetière** *nf* (*pot*) coffee-pot
cage [kaʒ] *nf* cage; **~ d'escalier** (stair) well; **~ thoracique** rib cage
cageot [kaʒo] *nm* crate
cagoule [kagul] *nf* (*passe-montagne*) balaclava
cahier [kaje] *nm* notebook; **~ de brouillons** rough book, jotter; **~ d'exercices** exercise book
caille [kaj] *nf* quail
caillou, x [kaju] *nm* (little) stone; **caillouteux, -euse** *adj* stony
Caire [kɛʀ] *nm*: **le ~** Cairo
caisse [kɛs] *nf* box; (*où l'on met la recette*) till; (*où l'on paye*) cash desk (BRIT), checkout counter; (*: au supermarché*) checkout; (*de banque*) cashier's desk; **~ enregistreuse** cash register; **~ d'épargne (CE)** savings bank; **~ de retraite** pension fund; **caissier, -ière** *nm/f* cashier
cake [kɛk] *nm* fruit cake
calandre [kalɑ̃dʀ] *nf* radiator grill
calcaire [kalkɛʀ] *nm* limestone ▷ *adj* (*eau*) hard; (*Géo*) limestone *cpd*
calcul [kalkyl] *nm* calculation; **le ~** (*Scol*) arithmetic; **~ (biliaire)** (gall) stone; **calculateur** *nm*, **calculatrice** *nf* calculator; **calculer** /1/ *vt* to calculate, work out; **calculette** *nf* (pocket) calculator
cale [kal] *nf* (*de bateau*) hold; (*en bois*) wedge
calé, e [kale] *adj* (*fam*) clever, bright
caleçon [kalsɔ̃] *nm* (*d'homme*) boxer shorts; (*de femme*) leggings
calendrier [kalɑ̃dʀije] *nm* calendar; (*fig*) timetable
calepin [kalpɛ̃] *nm* notebook
caler [kale] /1/ *vt* to wedge ▷ *vi* (*moteur, véhicule*) to stall
calibre [kalibʀ] *nm* calibre
câlin, e [kɑlɛ̃, -in] *adj* cuddly, cuddlesome; (*regard, voix*) tender
calmant [kalmɑ̃] *nm* tranquillizer, sedative; (*contre la douleur*) painkiller

calme [kalm] *adj* calm, quiet ▷ *nm* calm(ness), quietness; **sans perdre son ~** without losing one's cool *ou* calmness; **calmer** /1/ *vt* to calm (down); (*douleur, inquiétude*) to ease, soothe; **se calmer** *vi* to calm down
calorie [kalɔʀi] *nf* calorie
camarade [kamaʀad] *nm/f* friend, pal; (*Pol*) comrade
Cambodge [kɑ̃bɔdʒ] *nm*: **le ~** Cambodia
cambriolage [kɑ̃bʀijɔlaʒ] *nm* burglary; **cambrioler** /1/ *vt* to burgle (BRIT), burglarize (US); **cambrioleur, -euse** *nm/f* burglar
camelote [kamlɔt] (*fam*) *nf* rubbish, trash, junk
caméra [kameʀa] *nf* (*Ciné, TV*) camera; (*d'amateur*) cine-camera
Cameroun [kamʀun] *nm*: **le ~** Cameroon
caméscope® [kameskɔp] *nm* camcorder
camion [kamjɔ̃] *nm* lorry (BRIT), truck; **~ de dépannage** breakdown (BRIT) *ou* tow (US) truck; **camionnette** *nf* (small) van; **camionneur** *nm* (*entrepreneur*) haulage contractor (BRIT), trucker (US); (*chauffeur*) lorry (BRIT) *ou* truck driver
camomille [kamɔmij] *nf* camomile; (*boisson*) camomile tea
camp [kɑ̃] *nm* camp; (*fig*) side
campagnard, e [kɑ̃paɲaʀ, -aʀd] *adj* country *cpd*
campagne [kɑ̃paɲ] *nf* country, countryside; (*Mil, Pol, Comm*) campaign; **à la ~** in/to the country
camper [kɑ̃pe] /1/ *vi* to camp ▷ *vt* to sketch; **se ~ devant** to plant o.s. in front of; **campeur, -euse** *nm/f* camper
camping [kɑ̃piŋ] *nm* camping; **(terrain de) ~** campsite, camping site; **faire du ~** to go camping; **camping-car** *nm* camper, motorhome (US); **camping-gaz®** *nm inv* camp(ing) stove

Canada [kanada] *nm*: **le ~** Canada; **canadien, ne** *adj* Canadian ▷ *nm/f*: **Canadien, ne** Canadian ▷ *nf* (*veste*) fur-lined jacket
canal, -aux [kanal, -o] *nm* canal; (*naturel, TV*) channel; **canalisation** *nf* (*tuyau*) pipe
canapé [kanape] *nm* settee, sofa
canard [kanaʀ] *nm* duck; (*fam: journal*) rag
cancer [kɑ̃sɛʀ] *nm* cancer; (*signe*): **le C~** Cancer
cancre [kɑ̃kʀ] *nm* dunce
candidat, e [kɑ̃dida, -at] *nm/f* candidate; (*à un poste*) applicant, candidate; **candidature** *nf* (*Pol*) candidature; (*à poste*) application; **poser sa candidature à un poste** to apply for a job
cane [kan] *nf* (female) duck
canette [kanɛt] *nf* (*de bière*) (flip-top) bottle
canevas [kanva] *nm* (*Couture*) canvas (for tapestry work)
caniche [kaniʃ] *nm* poodle
canicule [kanikyl] *nf* scorching heat
canif [kanif] *nm* penknife, pocket knife
canne [kan] *nf* (walking) stick; **~ à pêche** fishing rod; **~ à sucre** sugar cane
cannelle [kanɛl] *nf* cinnamon
canoë [kanɔe] *nm* canoe; (*sport*) canoeing; **~ (kayak)** kayak
canot [kano] *nm* ding(h)y; **~ pneumatique** rubber *ou* inflatable ding(h)y; **~ de sauvetage** lifeboat
cantatrice [kɑ̃tatʀis] *nf* (opera) singer
cantine [kɑ̃tin] *nf* canteen
canton [kɑ̃tɔ̃] *nm* district (*consisting of several communes*); (*en Suisse*) canton
caoutchouc [kautʃu] *nm* rubber; **~ mousse** foam rubber; **en ~** rubber *cpd*
CAP *sigle m* (= *Certificat d'aptitude professionnelle*) *vocational training certificate taken at secondary school*

cap [kap] *nm* (*Géo*) cape; (*promontoire*) headland; (*fig: tournant*) watershed; (*Navig*): **changer de ~** to change course; **mettre le ~ sur** to head *ou* steer for
capable [kapabl] *adj* able, capable; **~ de qch/faire** capable of sth/doing
capacité [kapasite] *nf* (*compétence*) ability; (*Jur, Inform, d'un récipient*) capacity
cape [kap] *nf* cape, cloak; **rire sous ~** to laugh up one's sleeve
CAPES [kapɛs] *sigle m* (= *Certificat d'aptitude au professorat de l'enseignement du second degré*) *secondary teaching diploma*
capitaine [kapitɛn] *nm* captain
capital, e, -aux [kapital, -o] *adj* (*œuvre*) major; (*question, rôle*) fundamental ▷ *nm* capital; (*fig*) stock ▷ *nf* (*ville*) capital; (*lettre*) capital (letter); **d'une importance ~e** of capital importance; **capitaux** *nmpl* (*fonds*) capital *sg*; **~ (social)** authorized capital; **~ d'exploitation** working capital; **capitalisme** *nm* capitalism; **capitaliste** *adj, nm/f* capitalist
caporal, -aux [kapɔʀal, -o] *nm* lance corporal
capot [kapo] *nm* (*Auto*) bonnet (BRIT), hood (US)
câpre [kɑpʀ] *nf* caper
caprice [kapʀis] *nm* whim, caprice; **faire des ~s** to be temperamental; **capricieux, -euse** *adj* (*fantasque*) capricious; whimsical; (*enfant*) temperamental
Capricorne [kapʀikɔʀn] *nm*: **le ~** Capricorn
capsule [kapsyl] *nf* (*de bouteille*) cap; cap; (*Bot etc, spatiale*) capsule
capter [kapte] /1/ *vt* (*ondes radio*) to pick up; (*fig*) to win, capture
captivant, e [kaptivɑ̃, -ɑ̃t] *adj* captivating
capturer [kaptyʀe] /1/ *vt* to capture
capuche [kapyʃ] *nf* hood
capuchon [kapyʃɔ̃] *nm* hood; (*de stylo*) cap, top
car [kaʀ] *nm* coach (BRIT), bus ▷ *conj* because, for
carabine [kaʀabin] *nf* rifle
caractère [kaʀaktɛʀ] *nm* (*gén*) character; **en ~s gras** in bold type; **en petits ~s** in small print; **en ~s d'imprimerie** in block capitals; **avoir bon/mauvais ~** to be good-/ ill-natured *ou* tempered
caractériser [kaʀakteʀize] /1/ *vt* to characterize; **se ~ par** to be characterized *ou* distinguished by
caractéristique [kaʀakteʀistik] *adj, nf* characteristic
carafe [kaʀaf] *nf* decanter; (*pour eau, vin ordinaire*) carafe
caraïbe [kaʀaib] *adj* Caribbean; **les Caraïbes** *nfpl* the Caribbean (Islands)
carambolage [kaʀɑ̃bɔlaʒ] *nm* multiple crash, pileup
caramel [kaʀamɛl] *nm* (*bonbon*) caramel, toffee; (*substance*) caramel
caravane [kaʀavan] *nf* caravan; **caravaning** *nm* caravanning
carbone [kaʀbɔn] *nm* carbon; (*double*) carbon (copy)
carbonique [kaʀbɔnik] *adj*: **gaz ~** carbon dioxide; **neige ~** dry ice
carbonisé, e [kaʀbɔnize] *adj* charred
carburant [kaʀbyʀɑ̃] *nm* (motor) fuel
carburateur [kaʀbyʀatœʀ] *nm* carburettor
cardiaque [kaʀdjak] *adj* cardiac, heart *cpd* ▷ *nm/f* heart patient; **être ~** to have a heart condition
cardigan [kaʀdigɑ̃] *nm* cardigan
cardiologue [kaʀdjɔlɔg] *nm/f* cardiologist, heart specialist
Carême [kaʀɛm] *nm*: **le ~** Lent
carence [kaʀɑ̃s] *nf* (*manque*) deficiency
caresse [kaʀɛs] *nf* caress
caresser [kaʀese] /1/ *vt* to caress; (*animal*) to stroke

cargaison [kaʀgɛzɔ̃] *nf* cargo, freight
cargo [kaʀgo] *nm* cargo boat, freighter
caricature [kaʀikatyʀ] *nf* caricature
carie [kaʀi] *nf*: **la ~ (dentaire)** tooth decay; **une ~** a bad tooth
carnaval [kaʀnaval] *nm* carnival
carnet [kaʀnɛ] *nm* (*calepin*) notebook; (*de tickets, timbres etc*) book; **~ de chèques** cheque book
carotte [kaʀɔt] *nf* carrot
carré, e [kaʀe] *adj* square; (*fig: franc*) straightforward ▷ *nm* (*Math*) square; **mètre/kilomètre ~** square metre/ kilometre
carreau, x [kaʀo] *nm* (*en faïence etc*) (floor) tile; (*au mur*) (wall) tile; (*de fenêtre*) (window) pane; (*motif*) check, square; (*Cartes: couleur*) diamonds *pl*; **tissu à ~x** checked fabric
carrefour [kaʀfuʀ] *nm* crossroads *sg*
carrelage [kaʀlaʒ] *nm* (*sol*) (tiled) floor
carrelet [kaʀlɛ] *nm* (*poisson*) plaice
carrément [kaʀemɑ̃] *adv* (*franchement*) straight out, bluntly; (*sans détours, sans hésiter*) straight; (*intensif*) completely; **c'est ~ impossible** it's completely impossible
carrière [kaʀjɛʀ] *nf* (*de roches*) quarry; (*métier*) career; **militaire de ~** professional soldier
carrosserie [kaʀɔsʀi] *nf* body, bodywork *no pl* (BRIT)
carrure [kaʀyʀ] *nf* build; (*fig*) stature, calibre
cartable [kaʀtabl] *nm* satchel, (school)bag
carte [kaʀt] *nf* (*de géographie*) map; (*marine, du ciel*) chart; (*de fichier, d'abonnement etc, à jouer*) card; (*au restaurant*) menu; (*aussi*: **~ postale**) (post)card; (*aussi*: **~ de visite**) (visiting) card; **avoir/ donner ~ blanche** to have/give carte blanche *ou* a free hand; **à la ~** (*au restaurant*) à la carte; **~ à puce** smartcard; **~ bancaire** cash card; **C~ Bleue**® debit card; **~ de crédit** credit card; **~ de fidélité** loyalty card; **~ d'identité** identity card; **la ~ grise** (*Auto*) ≈ the (car) registration document; **~ mémoire** (*d'appareil photo numérique*) memory card; **~ routière** road map; **~ de séjour** residence permit; **~ SIM** SIM card; **~ téléphonique** phonecard
carter [kaʀtɛʀ] *nm* sump
carton [kaʀtɔ̃] *nm* (*matériau*) cardboard; (*boîte*) (cardboard) box; **faire un ~** to score a hit; **~ (à dessin)** portfolio
cartouche [kaʀtuʃ] *nf* cartridge; (*de cigarettes*) carton
cas [kɑ] *nm* case; **ne faire aucun ~ de** to take no notice of; **en aucun ~** on no account; **au ~ où** in case; **en ~ de** in case of, in the event of; **en ~ de besoin** if need be; **en tout ~** in any case, at any rate
cascade [kaskad] *nf* waterfall, cascade
case [kɑz] *nf* (*hutte*) hut; (*compartiment*) compartment; (*sur un formulaire, de mots croisés*) box
caser [kɑze] /1/ (*fam*) *vt* (*mettre*) to put; (*loger*) to put up; **se caser** *vi* (*se marier*) to settle down; (*trouver un emploi*) to find a (steady) job
caserne [kazɛʀn] *nf* barracks
casier [kɑzje] *nm* (*case*) compartment; (*pour courrier*) pigeonhole (*: à clef*) locker; **~ judiciaire** police record
casino [kazino] *nm* casino
casque [kask] *nm* helmet; (*chez le coiffeur*) (hair-)dryer; (*pour audition*) (head-)phones *pl*, headset
casquette [kaskɛt] *nf* cap
casse-croûte *nm inv* snack
casse-noisettes, casse-noix *nm inv* nutcrackers *pl*
casse-pieds *nm/f inv* (*fam*): **il est ~, c'est un ~** he's a pain (in the neck)
casser [kɑse] /1/ *vt* to break; (*Jur*) to quash; **se casser** *vi, vt* to break; **~ les**

pieds à qn (*fam: irriter*) to get on sb's nerves; **se ~ la tête** (*fam*) to go to a lot of trouble
casserole [kasʀɔl] *nf* saucepan
casse-tête [kɑstɛt] *nm inv* (*difficultés*) headache (*fig*)
cassette [kasɛt] *nf* (*bande magnétique*) cassette; (*coffret*) casket
cassis [kasis] *nm* blackcurrant
cassoulet [kasulɛ] *nm sausage and bean hotpot*
catalogue [katalɔg] *nm* catalogue
catalytique [katalitik] *adj*: **pot ~** catalytic converter
catastrophe [katastʀɔf] *nf* catastrophe, disaster
catéchisme [kateʃism] *nm* catechism
catégorie [kategɔʀi] *nf* category; **catégorique** *adj* categorical
cathédrale [katedʀal] *nf* cathedral
catholique [katɔlik] *adj, nm/f* (Roman) Catholic; **pas très ~** a bit shady *ou* fishy
cauchemar [koʃmaʀ] *nm* nightmare
cause [koz] *nf* cause; (*Jur*) lawsuit, case; **à ~ de** because of, owing to; **pour ~ de** on account of; **(et) pour ~** and for (a very) good reason; **être en ~** (*intérêts*) to be at stake; **remettre en ~** to challenge; **causer** /1/ *vt* to cause ▷ *vi* to chat, talk
caution [kosjɔ̃] *nf* guarantee, security; (*Jur*) bail (bond); (*fig*) backing, support; **libéré sous ~** released on bail
cavalier, -ière [kavalje, -jɛʀ] *adj* (*désinvolte*) offhand ▷ *nm/f* rider; (*au bal*) partner ▷ *nm* (*Échecs*) knight
cave [kav] *nf* cellar
caverne [kavɛʀn] *nf* cave
CD *sigle m* (= *compact disc*) CD
CD-ROM [sedeʀɔm] *nm inv* CD-Rom

MOT-CLÉ

ce, cette [sə, sɛt] (*devant nm* **cet** *+ voyelle ou h aspiré; pl* **ces**) *adj dém* (*proximité*) this; these *pl*; (*non-proximité*) that; those *pl*; **cette maison(-ci/là)** this/that house; **cette nuit** (*qui vient*) tonight; (*passée*) last night
▸ *pron* **1**: **c'est** it's, it is; **c'est un peintre** he's *ou* he is a painter; **ce sont des peintres** they're *ou* they are painters; **c'est le facteur** *etc* (*à la porte*) it's the postman *etc*; **qui est-ce?** who is it?; (*en désignant*) who is he/she?; **qu'est-ce?** what is it?; **c'est toi qui lui as parlé** it was you who spoke to him
2: **c'est ça** (*correct*) that's right
3: **ce qui, ce que** what; **ce qui me plaît, c'est sa franchise** what I like about him *ou* her is his *ou* her frankness; **il est bête, ce qui me chagrine** he's stupid, which saddens me; **tout ce qui bouge** everything that *ou* which moves; **tout ce que je sais** all I know; **ce dont j'ai parlé** what I talked about; **ce que c'est grand!** it's so big!; *voir aussi* **c'est-à-dire; -ci; est-ce que; n'est-ce pas**

ceci [səsi] *pron* this
céder [sede] /6/ *vt* to give up ▷ *vi* (*pont, barrage*) to give way; (*personne*) to give in; **~ à** to yield to, give in to
cédérom [sedeʀɔm] *nm* CD-ROM
CEDEX [sedɛks] *sigle m* (= *courrier d'entreprise à distribution exceptionnelle*) *accelerated postal service for bulk users*
cédille [sedij] *nf* cedilla
ceinture [sɛ̃tyʀ] *nf* belt; (*taille*) waist **~ de sécurité** safety *ou* seat belt
cela [s(ə)la] *pron* that; (*comme sujet indéfini*) it; **~ m'étonne que** it surprises me that; **quand/où ~?** when/where (was that)?
célèbre [selɛbʀ] *adj* famous; **célébrer** /6/ *vt* to celebrate
céleri [sɛlʀi] *nm*: **~(-rave)** celeriac; **~ (en branche)** celery
célibataire [selibatɛʀ] *adj* single, unmarried ▷ *nm/f* bachelor/

unmarried *ou* single woman; **mère ~** single *ou* unmarried mother

celle, celles [sɛl] *pron voir* **celui**

cellule [selyl] *nf (gén)* cell; **~ souche** stem cell

cellulite [selylit] *nf* cellulite

MOT-CLÉ

celui, celle (*mpl* **ceux**, *fpl* **celles**) [səlɥi, sɛl] *pron* **1** : **celui-ci/là, celle-ci/là** this one/that one; **ceux-ci, celles-ci** these (ones); **ceux-là, celles-là** those (ones); **celui de mon frère** my brother's; **celui du salon/du dessous** the one in (*ou* from) the lounge/below
2 (*+ relatif*): **celui qui bouge** the one which *ou* that moves; (*personne*) the one who moves; **celui que je vois** the one (which *ou* that) I see; (*personne*) the one (whom) I see; **celui dont je parle** the one I'm talking about
3 (*valeur indéfinie*): **celui qui veut** whoever wants

cendre [sɑ̃dʀ] *nf* ash; **~s** (*d'un défunt*) ashes; **sous la ~** (*Culin*) in (the) embers; **cendrier** *nm* ashtray

censé, e [sɑ̃se] *adj*: **être ~ faire** to be supposed to do

censeur [sɑ̃sœʀ] *nm* (*Scol*) deputy head (BRIT), vice-principal (US)

censure [sɑ̃syʀ] *nf* censorship; **censurer** /1/ *vt* (*Ciné, Presse*) to censor; (*Pol*) to censure

cent [sɑ̃] *num* a hundred, one hundred ▷ *nm* (*US, Canada, partie de l'euro etc*) cent; **centaine** *nf*: **une centaine (de)** about a hundred, a hundred or so; **des centaines (de)** hundreds (of); **centenaire** *adj* hundred-year-old ▷ *nm* (*anniversaire*) centenary; (*monnaie*) cent; **centième** *num* hundredth; **centigrade** *nm* centigrade; **centilitre** *nm* centilitre; **centime** *nm* centime; **centime d'euro** euro cent; **centimètre** *nm* centimetre; (*ruban*) tape measure, measuring tape

central, e, -aux [sɑ̃tʀal, -o] *adj* central ▷ *nm*: **~ (téléphonique)** (telephone) exchange ▷ *nf* power station; **~e électrique/nucléaire** electric/nuclear power station

centre [sɑ̃tʀ] *nm* centre; **~ commercial/sportif/culturel** shopping/sports/arts centre; **~ d'appels** call centre; **centre-ville** *nm* town centre (BRIT) *ou* center (US)

cèpe [sɛp] *nm* (edible) boletus

cependant [s(ə)pɑ̃dɑ̃] *adv* however, nevertheless

céramique [seʀamik] *nf* ceramics *sg*

cercle [sɛʀkl] *nm* circle; **~ vicieux** vicious circle

cercueil [sɛʀkœj] *nm* coffin

céréale [seʀeal] *nf* cereal

cérémonie [seʀemɔni] *nf* ceremony; **sans ~** (*inviter, manger*) informally

cerf [sɛʀ] *nm* stag

cerf-volant [sɛʀvɔlɑ̃] *nm* kite

cerise [s(ə)ʀiz] *nf* cherry; **cerisier** *nm* cherry (tree)

cerner [sɛʀne] /1/ *vt* (*Mil etc*) to surround; (*fig: problème*) to delimit, define

certain, e [sɛʀtɛ̃, -ɛn] *adj* certain; **~ (de/que)** certain *ou* sure (of/ that); **d'un ~ âge** past one's prime, not so young; **un ~ temps** (quite) some time; **sûr et ~** absolutely certain; **un ~ Georges** someone called Georges; **~s** *pron* some; **certainement** *adv* (*probablement*) most probably *ou* likely; (*bien sûr*) certainly, of course

certes [sɛʀt] *adv* (*sans doute*) admittedly; (*bien sûr*) of course; indeed (yes)

certificat [sɛʀtifika] *nm* certificate

certifier [sɛʀtifje] /7/ *vt*: **~ qch à qn** to guarantee sth to sb

certitude [sɛʀtityd] *nf* certainty

cerveau, x [sɛʀvo] *nm* brain

cervelas [sɛʀvəla] *nm* saveloy

cervelle [sɛʀvɛl] *nf* (*Anat*) brain; (*Culin*) brain(s)
CES *sigle m* (= *Collège d'enseignement secondaire*) ≈ (junior) secondary school
ces [se] *adj dém voir* **ce**
cesse [sɛs]: **sans ~** *adv* (*tout le temps*) continually, constantly; (*sans interruption*) continuously; **il n'avait de ~ que** he would not rest until; **cesser** /1/ *vt* to stop ▷ *vi* to stop, cease; **cesser de faire** to stop doing; **cessez-le-feu** *nm inv* ceasefire
c'est-à-dire [sɛtadiʀ] *adv* that is (to say)
cet [sɛt] *adj dém voir* **ce**
ceux [sø] *pron voir* **celui**
chacun, e [ʃakœ̃, -yn] *pron* each; (*indéfini*) everyone, everybody
chagrin, e [ʃagʀɛ̃, -in] *adj* morose ▷ *nm* grief, sorrow; **avoir du ~** to be grieved *ou* sorrowful
chahut [ʃay] *nm* uproar; **chahuter** /1/ *vt* to rag, bait ▷ *vi* to make an uproar
chaîne [ʃɛn] *nf* chain; (*Radio, TV: stations*) channel; **travail à la ~** production line work; **réactions en ~** chain reactions; **~ (haute-fidélité** *ou* **hi-fi)** hi-fi system; **~ (de montagnes)** (mountain) range
chair [ʃɛʀ] *nf* flesh; **avoir la ~ de poule** to have goose pimples *ou* goose flesh; **bien en ~** plump, well-padded; **en ~ et en os** in the flesh; **~ à saucisse** sausage meat
chaise [ʃɛz] *nf* chair; **~ longue** deckchair
châle [ʃɑl] *nm* shawl
chaleur [ʃalœʀ] *nf* heat; (*fig: d'accueil*) warmth; **chaleureux, -euse** *adj* warm
chamailler [ʃamɑje] /1/: **se chamailler** *vi* to squabble, bicker
chambre [ʃɑ̃bʀ] *nf* bedroom; (*Pol*) chamber; (*Comm*) chamber; **faire ~ à part** to sleep in separate rooms; **~ à un lit/deux lits** single/twin-bedded room; **~ à air** (*de pneu*) (inner) tube; **~ d'amis** spare *ou* guest room; **~ à coucher** bedroom; **~ d'hôte** ≈ bed and breakfast (*in private home*); **~ meublée** bedsit(ter) (BRIT), furnished room; **~ noire** (*Photo*) dark room
chameau, x [ʃamo] *nm* camel
chamois [ʃamwa] *nm* chamois
champ [ʃɑ̃] *nm* field; **~ de bataille** battlefield; **~ de courses** racecourse
champagne [ʃɑ̃paɲ] *nm* champagne
champignon [ʃɑ̃piɲɔ̃] *nm* mushroom; (*terme générique*) fungus; **~ de couche** *ou* **de Paris** button mushroom
champion, ne [ʃɑ̃pjɔ̃, -ɔn] *adj, nm/f* champion; **championnat** *nm* championship
chance [ʃɑ̃s] *nf*: **la ~** luck; **chances** *nfpl* (*probabilités*) chances; **avoir de la ~** to be lucky; **il a des ~s de gagner** he has a chance of winning; **bonne ~!** good luck!
change [ʃɑ̃ʒ] *nm* (*Comm*) exchange
changement [ʃɑ̃ʒmɑ̃] *nm* change; **~ climatique** climate change; **~ de vitesse** gears *pl*; (*action*) gear change
changer [ʃɑ̃ʒe] /3/ *vt* (*modifier*) to change, alter; (*remplacer, Comm*) to change ▷ *vi* to change, alter; **se changer** *vi* to change (o.s.); **~ de** (*remplacer: adresse, nom, voiture etc*) to change one's; **~ de train** to change trains; **~ d'avis, ~ d'idée** to change one's mind; **~ de vitesse** to change gear; **~ qn/qch de place** to move sb/sth to another place
chanson [ʃɑ̃sɔ̃] *nf* song
chant [ʃɑ̃] *nm* song; (*art vocal*) singing; (*d'église*) hymn
chantage [ʃɑ̃taʒ] *nm* blackmail; **faire du ~** to use blackmail
chanter [ʃɑ̃te] /1/ *vt, vi* to sing; **si cela lui chante** (*fam*) if he feels like it *ou* fancies it; **chanteur, -euse** *nm/f* singer
chantier [ʃɑ̃tje] *nm* (building) site; (*sur une route*) roadworks *pl*; **mettre en ~** to start work on; **~ naval** shipyard

chantilly [ʃɑ̃tiji] *nf voir* **crème**
chantonner [ʃɑ̃tɔne] /1/ *vi, vt* to sing to oneself, hum
chapeau, x [ʃapo] *nm* hat; **~!** well done!
chapelle [ʃapɛl] *nf* chapel
chapitre [ʃapitʀ] *nm* chapter
chaque [ʃak] *adj* each, every; (*indéfini*) every
char [ʃaʀ] *nm*: **~ (d'assaut)** tank; **~ à voile** sand yacht
charbon [ʃaʀbɔ̃] *nm* coal; **~ de bois** charcoal
charcuterie [ʃaʀkytʀi] *nf* (*magasin*) pork butcher's shop and delicatessen; (*produits*) cooked pork meats *pl*; **charcutier, -ière** *nm/f* pork butcher
chardon [ʃaʀdɔ̃] *nm* thistle
charge [ʃaʀʒ] *nf* (*fardeau*) load; (*Élec, Mil, Jur*) charge; (*rôle, mission*) responsibility; **charges** *nfpl* (*du loyer*) service charges; **à la ~ de** (*dépendant de*) dependent upon; (*aux frais de*) chargeable to; **prendre en ~** to take charge of; (*véhicule*) to take on; (*dépenses*) to take care of; **~s sociales** social security contributions
chargement [ʃaʀʒəmɑ̃] *nm* (*objets*) load
charger [ʃaʀʒe] /3/ *vt* (*voiture, fusil, caméra*) to load; (*batterie*) to charge ▷ *vi* (*Mil etc*) to charge; **se ~ de** to see to, take care of
chargeur [ʃaʀʒœʀ] *nm* (*de batterie*) charger
chariot [ʃaʀjo] *nm* trolley; (*charrette*) waggon
charité [ʃaʀite] *nf* charity; **faire la ~ à** to give (something) to
charmant, e [ʃaʀmɑ̃, -ɑ̃t] *adj* charming
charme [ʃaʀm] *nm* charm; **charmer** /1/ *vt* to charm
charpente [ʃaʀpɑ̃t] *nf* frame(work); **charpentier** *nm* carpenter
charrette [ʃaʀɛt] *nf* cart
charter [tʃaʀtœʀ] *nm* (*vol*) charter flight
chasse [ʃas] *nf* hunting; (*au fusil*) shooting; (*poursuite*) chase; (*aussi*: **~ d'eau**) flush; **prendre en ~** to give chase to; **tirer la ~ (d'eau)** to flush the toilet, pull the chain; **~ à courre** hunting; **chasse-neige** *nm inv* snowplough (BRIT), snowplow (US); **chasser** /1/ *vt* to hunt; (*expulser*) to chase away *ou* out, drive away *ou* out; **chasseur, -euse** *nm/f* hunter ▷ *nm* (*avion*) fighter
chat[1] [ʃa] *nm* cat
chat[2] [tʃat] *nm* (*Internet: salon*) chat room; (*: conversation*) chat
châtaigne [ʃatɛɲ] *nf* chestnut
châtain [ʃatɛ̃] *adj inv* chestnut (brown); (*personne*) chestnut-haired
château, x [ʃato] *nm* (*forteresse*) castle; (*résidence royale*) palace; (*manoir*) mansion; **~ d'eau** water tower; **~ fort** stronghold, fortified castle
châtiment [ʃatimɑ̃] *nm* punishment
chaton [ʃatɔ̃] *nm* (*Zool*) kitten
chatouiller [ʃatuje] /1/ *vt* to tickle; **chatouilleux, -euse** [ʃatujø, -øz] *adj* ticklish; (*fig*) touchy, over-sensitive
chatte [ʃat] *nf* (she-)cat
chatter [tʃate] /1/ *vi* (*Internet*) to chat
chaud, e [ʃo, -od] *adj* (*gén*) warm; (*très chaud*) hot ▷ *nm*: **il fait ~** it's warm; it's hot; **avoir ~** to be warm; to be hot; **ça me tient ~** it keeps me warm; **rester au ~** to stay in the warm
chaudière [ʃodjɛʀ] *nf* boiler
chauffage [ʃofaʒ] *nm* heating; **~ central** central heating
chauffe-eau [ʃofo] *nm inv* water heater
chauffer [ʃofe] /1/ *vt* to heat ▷ *vi* to heat up, warm up; (*trop chauffer: moteur*) to overheat; **se chauffer** *vi* (*au soleil*) to warm o.s.
chauffeur [ʃofœʀ] *nm* driver; (*privé*) chauffeur
chaumière [ʃomjɛʀ] *nf* (thatched) cottage
chaussée [ʃose] *nf* road(way)

chausser [ʃose] /1/ *vt* (*bottes, skis*) to put on; (*enfant*) to put shoes on; **~ du 38/42** to take size 38/42
chaussette [ʃosɛt] *nf* sock
chausson [ʃosɔ̃] *nm* slipper; (*de bébé*) bootee; **~ (aux pommes)** (apple) turnover
chaussure [ʃosyʀ] *nf* shoe; **~s basses** flat shoes; **~s montantes** ankle boots; **~s de ski** ski boots
chauve [ʃov] *adj* bald; **chauve-souris** *nf* bat
chauvin, e [ʃovɛ̃, -in] *adj* chauvinistic
chaux [ʃo] *nf* lime; **blanchi à la ~** whitewashed
chef [ʃɛf] *nm* head, leader; (*de cuisine*) chef; **général/commandant en ~** general-/commander-in-chief; **~ d'accusation** charge; **~ d'entreprise** company head; **~ d'état** head of state; **~ de famille** head of the family; **~ de file** (*de parti etc*) leader; **~ de gare** station master; **~ d'orchestre** conductor; **chef-d'œuvre** *nm* masterpiece; **chef-lieu** *nm* county town
chemin [ʃəmɛ̃] *nm* path; (*itinéraire, direction, trajet*) way; **en ~** on the way; **~ de fer** railway (BRIT), railroad (US)
cheminée [ʃəmine] *nf* chimney; (*à l'intérieur*) chimney piece, fireplace; (*de bateau*) funnel
chemise [ʃəmiz] *nf* shirt; (*dossier*) folder; **~ de nuit** nightdress
chemisier [ʃəmizje] *nm* blouse
chêne [ʃɛn] *nm* oak (tree); (*bois*) oak
chenil [ʃənil] *nm* kennels *pl*
chenille [ʃənij] *nf* (*Zool*) caterpillar
chèque [ʃɛk] *nm* cheque (BRIT), check (US); **faire/toucher un ~** to write/cash a cheque; **par ~** by cheque; **~ barré/sans provision** crossed (BRIT) /bad cheque; **~ de voyage** traveller's cheque; **chéquier** [ʃekje] *nm* cheque book
cher, -ère [ʃɛʀ] *adj* (*aimé*) dear; (*coûteux*) expensive, dear ▷ *adv*: **cela coûte ~** it's expensive
chercher [ʃɛʀʃe] /1/ *vt* to look for; (*gloire etc*) to seek; **aller ~** to go for, go and fetch; **~ à faire** to try to do;
chercheur, -euse *nm/f* researcher, research worker
chéri, e [ʃeʀi] *adj* beloved, dear; **(mon) ~** darling
cheval, -aux [ʃəval, -o] *nm* horse; (*Auto*): **~ (vapeur)** horsepower *no pl*; **faire du ~** to ride; **à ~** on horseback; **à ~ sur** astride; (*fig*) overlapping; **~ de course** race horse
chevalier [ʃəvalje] *nm* knight
chevalière [ʃəvaljɛʀ] *nf* signet ring
chevaux [ʃəvo] *nmpl voir* **cheval**
chevet [ʃəvɛ] *nm*: **au ~ de qn** at sb's bedside; **lampe de ~** bedside lamp
cheveu, x [ʃəvø] *nm* hair ▷ *nmpl* (*chevelure*) hair *sg*; **avoir les ~x courts/en brosse** to have short hair/a crew cut
cheville [ʃəvij] *nf* (*Anat*) ankle; (*de bois*) peg; (*pour enfoncer une vis*) plug
chèvre [ʃɛvʀ] *nf* (she-)goat
chèvrefeuille [ʃɛvʀəfœj] *nm* honeysuckle
chevreuil [ʃəvʀœj] *nm* roe deer *inv*; (*Culin*) venison

MOT-CLÉ

chez [ʃe] *prép* 1 (*à la demeure de*) at; (*: direction*) to; **chez qn** at/to sb's house *ou* place; **je suis chez moi** I'm at home; **je rentre chez moi** I'm going home; **allons chez Nathalie** let's go to Nathalie's
2 (*+profession*) at; (*: direction*) to; **chez le boulanger/dentiste** at *ou* to the baker's/dentist's
3 (*dans le caractère, l'œuvre de*) in; **chez ce poète** in this poet's work; **c'est ce que je préfère chez lui** that's what I like best about him

chic [ʃik] *adj inv* chic, smart; (*généreux*) nice, decent ▷ *nm* stylishness; **avoir**

le ~ de *ou* **pour** to have the knack of *ou* for; **~!** great!

chicorée [ʃikɔʀe] *nf* (*café*) chicory; (*salade*) endive

chien [ʃjɛ̃] *nm* dog; (*de pistolet*) hammer; **~ d'aveugle** guide dog; **~ de garde** guard dog

chienne [ʃjɛn] *nf* (she-)dog, bitch

chiffon [ʃifɔ̃] *nm* (piece of) rag; **chiffonner** /1/ *vt* to crumple; (*tracasser*) to concern

chiffre [ʃifʀ] *nm* (*représentant un nombre*) figure; numeral; (*montant, total*) total, sum; **en ~s ronds** in round figures; **~ d'affaires (CA)** turnover; **chiffrer** /1/ *vt* (*dépense*) to put a figure to, assess; (*message*) to (en)code, cipher ▷ *vi*: **chiffrer à, se chiffrer à** to add up to

chignon [ʃiɲɔ̃] *nm* chignon, bun

Chili [ʃili] *nm*: **le ~** Chile; **chilien, ne** *adj* Chilean ▷ *nm/f*: **Chilien, ne** Chilean

chimie [ʃimi] *nf* chemistry; **chimiothérapie** [ʃimjɔteʀapi] *nf* chemotherapy; **chimique** *adj* chemical; **produits chimiques** chemicals

chimpanzé [ʃɛ̃pɑ̃ze] *nm* chimpanzee

Chine [ʃin] *nf*: **la ~** China; **chinois, e** *adj* Chinese ▷ *nm* (*Ling*) Chinese ▷ *nm/f*: **Chinois, e** Chinese

chiot [ʃjo] *nm* pup(py)

chips [ʃips] *nfpl* crisps (BRIT), (potato) chips (US)

chirurgie [ʃiʀyʀʒi] *nf* surgery; **~ esthétique** cosmetic *ou* plastic surgery; **chirurgien, ne** *nm/f* surgeon

chlore [klɔʀ] *nm* chlorine

choc [ʃɔk] *nm* (*heurt*) impact; shock; (*collision*) crash; (*moral*) shock; (*affrontement*) clash

chocolat [ʃɔkɔla] *nm* chocolate; **~ au lait** milk chocolate

chœur [kœʀ] *nm* (*chorale*) choir; (*Opéra, Théât*) chorus; **en ~** in chorus

choisir [ʃwaziʀ] /2/ *vt* to choose, select

choix [ʃwa] *nm* choice; selection; **avoir le ~** to have the choice; **de premier ~** (*Comm*) class *ou* grade one; **de ~** choice *cpd*, selected; **au ~** as you wish *ou* prefer

chômage [ʃomaʒ] *nm* unemployment; **mettre au ~** to make redundant, put out of work; **être au ~** to be unemployed *ou* out of work; **chômeur, -euse** *nm/f* unemployed person

chope [ʃɔp] *nf* tankard

choquer [ʃɔke] /1/ *vt* (*offenser*) to shock; (*commotionner*) to shake (up)

chorale [kɔʀal] *nf* choir

chose [ʃoz] *nf* thing; **c'est peu de ~** it's nothing much

chou, x [ʃu] *nm* cabbage; **mon petit ~** (my) sweetheart; **~ à la crème** cream bun (*made of choux pastry*); **~ de Bruxelles** Brussels sprout; **choucroute** *nf* sauerkraut

chouette [ʃwɛt] *nf* owl ▷ *adj* (*fam*) great, smashing

chou-fleur [ʃuflœʀ] *nm* cauliflower

chrétien, ne [kʀetjɛ̃, -ɛn] *adj, nm/f* Christian

Christ [kʀist] *nm*: **le ~** Christ; **christianisme** *nm* Christianity

chronique [kʀɔnik] *adj* chronic ▷ *nf* (*de journal*) column, page; (*historique*) chronicle; (*Radio, TV*): **la ~ sportive/théâtrale** the sports/theatre review

chronologique [kʀɔnɔlɔʒik] *adj* chronological

chronomètre [kʀɔnɔmɛtʀ] *nm* stopwatch; **chronométrer** /6/ *vt* to time

chrysanthème [kʀizɑ̃tɛm] *nm* chrysanthemum

CHRYSANTHÈME

Chrysanthemums are strongly associated with funerals in France, and therefore should not be given as gifts.

chuchotement [ʃyʃɔtmɑ̃] *nm* whisper
chuchoter [ʃyʃɔte] /1/ *vt, vi* to whisper
chut *excl* [ʃyt] sh!
chute [ʃyt] *nf* fall; (*déchet*) scrap; **faire une ~ (de 10 m)** to fall (10 m); **~s de pluie/neige** rain/snowfalls; **~ (d'eau)** waterfall; **~ libre** free fall
Chypre [ʃipʀ] *nm/f* Cyprus
-ci [si] *adv voir* **par** ▷ *adj dém*: **ce garçon~/-là** this/that boy; **ces femmes~/-là** these/those women
cible [sibl] *nf* target
ciboulette [sibulɛt] *nf* (small) chive
cicatrice [sikatʀis] *nf* scar; **cicatriser** /1/ *vt* to heal
ci-contre [sikɔ̃tʀ] *adv* opposite
ci-dessous [sidəsu] *adv* below
ci-dessus [sidəsy] *adv* above
cidre [sidʀ] *nm* cider
Cie *abr* (= *compagnie*) Co
ciel [sjɛl] *nm* sky; (*Rel*) heaven
cieux [sjø] *nmpl voir* **ciel**
cigale [sigal] *nf* cicada
cigare [sigaʀ] *nm* cigar
cigarette [sigaʀɛt] *nf* cigarette
ci-inclus, e [siɛ̃kly, -yz] *adj, adv* enclosed
ci-joint, e [siʒwɛ̃, -ɛ̃t] *adj, adv* enclosed
cil [sil] *nm* (eye)lash
cime [sim] *nf* top; (*montagne*) peak
ciment [simɑ̃] *nm* cement
cimetière [simtjɛʀ] *nm* cemetery; (*d'église*) churchyard
cinéaste [sineast] *nm/f* film-maker
cinéma [sinema] *nm* cinema
cinq [sɛ̃k] *num* five; **cinquantaine** *nf*: **une cinquantaine (de)** about fifty; **avoir la cinquantaine** (*âge*) to be around fifty; **cinquante** *num* fifty; **cinquantenaire** *adj, nm/f* fifty-year-old; **cinquième** *num* fifth ▷ *nf* (*Scol*) year 8 (BRIT), seventh grade (US)
cintre [sɛ̃tʀ] *nm* coat-hanger
cintré, e [sɛ̃tʀe] *adj* (*chemise*) fitted
cirage [siʀaʒ] *nm* (shoe) polish
circonflexe [siʀkɔ̃flɛks] *adj*: **accent ~** circumflex accent
circonstance [siʀkɔ̃stɑ̃s] *nf* circumstance; (*occasion*) occasion; **~s atténuantes** mitigating circumstances
circuit [siʀkɥi] *nm* (*trajet*) tour, (round) trip; (*Élec, Tech*) circuit
circulaire [siʀkylɛʀ] *adj, nf* circular
circulation [siʀkylasjɔ̃] *nf* circulation; (*Auto*): **la ~** (the) traffic
circuler [siʀkyle] /1/ *vi* (*véhicules*) to drive (along); (*passants*) to walk along; (*train etc*) to run; (*sang, devises*) to circulate; **faire ~** (*nouvelle*) to spread (about), circulate; (*badauds*) to move on
cire [siʀ] *nf* wax; **ciré** *nm* oilskin; **cirer** [siʀe] /1/ *vt* to wax, polish
cirque [siʀk] *nm* circus; (*fig*) chaos, bedlam; **quel ~!** what a carry-on!
ciseau, x [sizo] *nm*: **~ (à bois)** chisel ▷ *nmpl* (*paire de ciseaux*) (pair of) scissors
citadin, e [sitadɛ̃, -in] *nm/f* city dweller
citation [sitasjɔ̃] *nf* (*d'auteur*) quotation; (*Jur*) summons *sg*
cité [site] *nf* town; (*plus grande*) city; **~ universitaire** students' residences *pl*
citer [site] /1/ *vt* (*un auteur*) to quote (from); (*nommer*) to name; (*Jur*) to summon
citoyen, ne [sitwajɛ̃, -ɛn] *nm/f* citizen
citron [sitʀɔ̃] *nm* lemon; **~ pressé** (fresh) lemon juice; **~ vert** lime; **citronnade** *nf* still lemonade
citrouille [sitʀuj] *nf* pumpkin
civet [sivɛ] *nm*: **~ de lapin** rabbit stew
civière [sivjɛʀ] *nf* stretcher
civil, e [sivil] *adj* (*Jur, Admin, poli*) civil; (*non militaire*) civilian; **en ~** in civilian clothes; **dans le ~** in civilian life
civilisation [sivilizasjɔ̃] *nf* civilization
clair, e [klɛʀ] *adj* light; (*chambre*) light, bright; (*eau, son, fig*) clear ▷ *adv*:

voir ~ to see clearly ▷ *nm*: **mettre au ~** (*notes etc*) to tidy up; **tirer qch au ~** to clear sth up, clarify sth; **~ de lune** moonlight; **clairement** *adv* clearly
clairière [klɛʀjɛʀ] *nf* clearing
clandestin, e [klɑ̃dɛstɛ̃, -in] *adj* clandestine, covert; (*Pol*) underground, clandestine; (*travailleur, immigration*) illegal; **passager ~** stowaway
claque [klak] *nf* (*gifle*) slap; **claquer** /1/ *vi* (*porte*) to bang, slam; (*fam: mourir*) to snuff it ▷ *vt* (*porte*) to slam, bang; (*doigts*) to snap; (*fam: dépenser*) to blow; **elle claquait des dents** her teeth were chattering; **être claqué** (*fam*) to be dead tired; **se claquer un muscle** to pull *ou* strain a muscle; **claquettes** *nfpl* tap-dancing *sg*; (*chaussures*) flip-flops
clarinette [klaʀinɛt] *nf* clarinet
classe [klɑs] *nf* class; (*Scol: local*) class(room); (*: leçon*) class; (*: élèves*) class; **aller en ~** to go to school; **classement** *nm* (*rang: Scol*) place; (*: Sport*) placing; (*liste: Scol*) class list (in order of merit); (*: Sport*) placings *pl*
classer [klɑse] /1/ *vt* (*idées, livres*) to classify; (*papiers*) to file; (*candidat, concurrent*) to grade; (*Jur: affaire*) to close; **se ~ premier/dernier** to come first/last; (*Sport*) to finish first/last; **classeur** *nm* (*cahier*) file
classique [klasik] *adj* (*sobre, coupe etc*) classic(al), classical; (*habituel*) standard, classic
clavecin [klav(ə)sɛ̃] *nm* harpsichord
clavicule [klavikyl] *nf* collarbone
clavier [klavje] *nm* keyboard
clé [kle] *nf* key; (*Mus*) clef; (*de mécanicien*) spanner (BRIT), wrench (US); **prix ~s en main** (*d'une voiture*) on-the-road price; ; **~ de contact** ignition key; **~ USB** USB key
clergé [klɛʀʒe] *nm* clergy
cliché [kliʃe] *nm* (*fig*) cliché; (*Photo*) negative; print; (*Typo*) (printing) plate; (*Ling*) cliché
client, e [klijɑ̃, -ɑ̃t] *nm/f* (*acheteur*) customer, client; (*d'hôtel*) guest, patron; (*du docteur*) patient; (*de l'avocat*) client; **clientèle** *nf* (*du magasin*) customers *pl*, clientèle; (*du docteur, de l'avocat*) practice
cligner [kliɲe] /1/ *vi*: **~ des yeux** to blink (one's eyes); **~ de l'œil** to wink; **clignotant** *nm* (*Auto*) indicator; **clignoter** /1/ *vi* (*étoiles etc*) to twinkle; (*lumière*) to flicker
climat [klima] *nm* climate
climatisation [klimatizasjɔ̃] *nf* air conditioning; **climatisé, e** *adj* air-conditioned
clin d'œil [klɛ̃dœj] *nm* wink; **en un ~** in a flash
clinique [klinik] *nf* (private) clinic
clip [klip] *nm* (*pince*) clip; (*boucle d'oreille*) clip-on; **(vidéo) ~** pop (*ou* promotional) video
cliquer [klike] /1/ *vi* (*Inform*) to click; **~ deux fois** to double-click ▷ *vt* to click; **~ sur** to click on
clochard, e [klɔʃaʀ, -aʀd] *nm/f* tramp
cloche [klɔʃ] *nf* (*d'église*) bell; (*fam*) clot; **clocher** /1/ *nm* church tower; (*en pointe*) steeple ▷ *vi* (*fam*) to be *ou* go wrong; **de clocher** (*péj*) parochial
cloison [klwazɔ̃] *nf* partition (wall)
clonage [klonaʒ] *nm* cloning
cloner [klone] /1/ *vt* to clone
cloque [klɔk] *nf* blister
clore [klɔʀ] /45/ *vt* to close
clôture [klotyʀ] *nf* closure; (*barrière*) enclosure
clou [klu] *nm* nail; **clous** *nmpl* = **passage clouté**; **pneus à ~s** studded tyres; **le ~ du spectacle** the highlight of the show; **~ de girofle** clove
clown [klun] *nm* clown
club [klœb] *nm* club
CNRS *sigle m* (= *Centre national de la recherche scientifique*) ≈ SERC (BRIT), ≈ NSF (US)

coaguler [kɔagyle] /1/ *vi, vt,* **se coaguler** *vi (sang)* to coagulate
cobaye [kɔbaj] *nm* guinea-pig
coca® [kɔka] *nm* Coke®
cocaïne [kɔkain] *nf* cocaine
coccinelle [kɔksinɛl] *nf* ladybird (BRIT), ladybug (US)
cocher [kɔʃe] /1/ *vt* to tick off
cochon, ne [kɔʃɔ̃, -ɔn] *nm* pig ▷ *adj (fam)* dirty, smutty; **~ d'Inde** guinea-pig; **cochonnerie** *nf (fam: saleté)* filth; *(marchandises)* rubbish, trash
cocktail [kɔktɛl] *nm* cocktail; *(réception)* cocktail party
cocorico [kɔkɔʀiko] *excl, nm* cock-a-doodle-do
cocotte [kɔkɔt] *nf (en fonte)* casserole; **ma ~** *(fam)* sweetie (pie); **~ (minute)®** pressure cooker
code [kɔd] *nm* code ▷ *adj*: **phares ~s** dipped lights; **se mettre en ~(s)** to dip (BRIT) *ou* dim (US) one's (head) lights; **~ à barres** bar code; **~ civil** Common Law; **~ pénal** penal code; **~ postal** *(numéro)* postcode (BRIT), zip code (US); **~ de la route** highway code; **~ secret** cipher
cœur [kœʀ] *nm* heart; *(Cartes: couleur)* hearts *pl*; *(: carte)* heart; **avoir bon ~** to be kind-hearted; **avoir mal au ~** to feel sick; **par ~** by heart; **de bon ~** willingly; **cela lui tient à ~** that's (very) close to his heart
coffre [kɔfʀ] *nm (meuble)* chest; *(d'auto)* boot (BRIT), trunk (US); **coffre-fort** *nm* safe; **coffret** *nm* casket
cognac [kɔɲak] *nm* brandy, cognac
cogner [kɔɲe] /1/ *vi* to knock; **se ~ contre** to knock *ou* bump into; **se ~ la tête** to bang one's head
cohérent, e [kɔeʀɑ̃, -ɑ̃t] *adj* coherent, consistent
coiffé, e [kwafe] *adj*: **bien/mal ~** with tidy/untidy hair; **~ d'un béret** wearing a beret
coiffer [kwafe] /1/ *vt (fig: surmonter)* to cover, top; **~ qn** to do sb's hair; **se coiffer** *vi* to do one's hair; **coiffeur, -euse** *nm/f* hairdresser ▷ *nf (table)* dressing table; **coiffure** *nf (cheveux)* hairstyle, hairdo; *(art)*: **la coiffure** hairdressing
coin [kwɛ̃] *nm* corner; *(pour coincer)* wedge; **l'épicerie du ~** the local grocer; **dans le ~** *(aux alentours)* in the area, around about; *(habiter)* locally; **je ne suis pas du ~** I'm not from here; **au ~ du feu** by the fireside; **regard en ~** side(ways) glance
coincé, e [kwɛ̃se] *adj* stuck, jammed; *(fig: inhibé)* inhibited, with hang-ups
coïncidence [kɔɛ̃sidɑ̃s] *nf* coincidence
coing [kwɛ̃] *nm* quince
col [kɔl] *nm (de chemise)* collar; *(encolure, cou)* neck; *(de montagne)* pass; **~ roulé** polo-neck; **~ de l'utérus** cervix
colère [kɔlɛʀ] *nf* anger; **une ~** a fit of anger; **être en ~ (contre qn)** to be angry (with sb); **mettre qn en ~** to make sb angry; **se mettre en ~ contre qn** to get angry with sb; **se mettre en ~** to get angry; **coléreux, -euse, colérique** *adj* quick-tempered, irascible
colin [kɔlɛ̃] *nm* hake
colique [kɔlik] *nf* diarrhoea
colis [kɔli] *nm* parcel
collaborer [kɔ(l)labɔʀe] /1/ *vi* to collaborate; **~ à** to collaborate on; *(revue)* to contribute to
collant, e [kɔlɑ̃, -ɑ̃t] *adj* sticky; *(robe etc)* clinging, skintight; *(péj)* clinging ▷ *nm (bas)* tights *pl*; *(de danseur)* leotard
colle [kɔl] *nf* glue; *(à papiers peints)* (wallpaper) paste; *(devinette)* teaser, riddle; *(Scol: fam)* detention
collecte [kɔlɛkt] *nf* collection; **collectif, -ive** *adj* collective; *(visite, billet etc)* group *cpd*
collection [kɔlɛksjɔ̃] *nf* collection; *(Édition)* series; **collectionner** /1/ *vt (tableaux, timbres)* to

collect; **collectionneur, -euse** [kɔlɛksjɔnœʀ, -øz] *nm/f* collector
collectivité [kɔlɛktivite] *nf* group; **les ~s locales** local authorities
collège [kɔlɛʒ] *nm* (*école*) (secondary) school; (*assemblée*) body; **collégien, ne** *nm/f* secondary school pupil (BRIT), high school student (US)
collègue [kɔ(l)lɛg] *nm/f* colleague
coller [kɔle] /1/ *vt* (*papier, timbre*) to stick (on); (*affiche*) to stick up; (*enveloppe*) to stick down; (*morceaux*) to stick *ou* glue together; (*Inform*) to paste; (*fam: mettre, fourrer*) to stick, shove; (*Scol: fam*) to keep in ▷ *vi* (*être collant*) to be sticky; (*adhérer*) to stick; **~ à** to stick to; **être collé à un examen** (*fam*) to fail an exam
collier [kɔlje] *nm* (*bijou*) necklace; (*de chien, Tech*) collar
colline [kɔlin] *nf* hill
collision [kɔlizjɔ̃] *nf* collision, crash; **entrer en ~ (avec)** to collide (with)
collyre [kɔliʀ] *nm* eye lotion
colombe [kɔlɔ̃b] *nf* dove
Colombie [kɔlɔ̃bi] *nf*: **la ~** Colombia
colonie [kɔlɔni] *nf* colony; **~ (de vacances)** holiday camp (*for children*)
colonne [kɔlɔn] *nf* column; **se mettre en ~ par deux/quatre** to get into twos/fours; **~ (vertébrale)** spine, spinal column
colorant [kɔlɔʀɑ̃] *nm* colouring
colorer [kɔlɔʀe] /1/ *vt* to colour
colorier [kɔlɔʀje] /7/ *vt* to colour (in)
coloris [kɔlɔʀi] *nm* colour, shade
colza [kɔlza] *nm* rape(seed)
coma [kɔma] *nm* coma; **être dans le ~** to be in a coma
combat [kɔ̃ba] *nm* fight; fighting *no pl*; **~ de boxe** boxing match; **combattant** *nm*: **ancien combattant** war veteran; **combattre** /41/ *vt* to fight; (*épidémie, ignorance*) to combat, fight against
combien [kɔ̃bjɛ̃] *adv* (*quantité*) how much; (*nombre*) how many; **~ de** how much; (*nombre*) how many; **~ de temps** how long; **~ coûte/pèse ceci?** how much does this cost/weigh?; **on est le ~ aujourd'hui?** (*fam*) what's the date today?
combinaison [kɔ̃binɛzɔ̃] *nf* combination; (*astuce*) scheme; (*de femme*) slip; (*de plongée*) wetsuit; (*bleu de travail*) boilersuit (BRIT), coveralls *pl* (US)
combiné [kɔ̃bine] *nm* (*aussi*: **~ téléphonique**) receiver
comble [kɔ̃bl] *adj* (*salle*) packed (full) ▷ *nm* (*du bonheur, plaisir*) height; **combles** *nmpl* (*Constr*) attic *sg*, loft *sg*; **c'est le ~!** that beats everything!
combler [kɔ̃ble] /1/ *vt* (*trou*) to fill in; (*besoin, lacune*) to fill; (*déficit*) to make good; (*satisfaire*) fulfil
comédie [kɔmedi] *nf* comedy; (*fig*) playacting *no pl*; **faire une ~** (*fig*) to make a fuss; **~ musicale** musical; **comédien, ne** *nm/f* actor/actress
comestible [kɔmɛstibl] *adj* edible
comique [kɔmik] *adj* (*drôle*) comical; (*Théât*) comic ▷ *nm* (*artiste*) comic, comedian
commandant [kɔmɑ̃dɑ̃] *nm* (*gén*) commander, commandant; (*Navig*) captain
commande [kɔmɑ̃d] *nf* (*Comm*) order; **commandes** *nfpl* (*Aviat etc*) controls; **sur ~** to order; **commander** /1/ *vt* (*Comm*) to order; (*diriger, ordonner*) to command; **commander à qn de faire** to command *ou* order sb to do

MOT-CLÉ

comme [kɔm] *prép* **1** (*comparaison*) like; **tout comme son père** just like his father; **fort comme un bœuf** as strong as an ox; **joli comme tout** ever so pretty
2 (*manière*) like; **faites-le comme ça** do it like this, do it this way; **comme ci, comme ça** so-so, middling
3 (*en tant que*) as a; **donner comme**

prix to give as a prize; **travailler comme secrétaire** to work as a secretary
4: **comme il faut** *adv* properly
▸ *conj* **1** (*ainsi que*) as; **elle écrit comme elle parle** she writes as she talks; **comme si** as if
2 (*au moment où, alors que*) as; **il est parti comme j'arrivais** he left as I arrived
3 (*parce que, puisque*) as; **comme il était en retard, il ...** as he was late, he ...
▸ *adv*: **comme il est fort/c'est bon!** he's so strong/it's so good!

commencement [kɔmɑ̃smɑ̃] *nm* beginning, start
commencer [kɔmɑ̃se] /3/ *vt, vi* to begin, start; **~ à** *ou* **de faire** to begin *ou* start doing
comment [kɔmɑ̃] *adv* how; **~?** (*que dites-vous*) (I beg your) pardon?; **et ~!** and how!
commentaire [kɔmɑ̃tɛʀ] *nm* comment; remark; **~ (de texte)** commentary
commerçant, e [kɔmɛʀsɑ̃, -ɑ̃t] *nm/f* shopkeeper, trader
commerce [kɔmɛʀs] *nm* (*activité*) trade, commerce; (*boutique*) business; **~ électronique** e-commerce; **~ équitable** fair trade; **commercial, e, -aux** *adj* commercial, trading; (*péj*) commercial; **commercialiser** /1/ *vt* to market
commettre [kɔmɛtʀ] /56/ *vt* to commit
commissaire [kɔmisɛʀ] *nm* (*de police*) ≈ (police) superintendent; **~ aux comptes** (*Admin*) auditor; **commissariat** *nm* police station
commission [kɔmisjɔ̃] *nf* (*comité, pourcentage*) commission; (*message*) message; (*course*) errand; **commissions** *nfpl* (*achats*) shopping *sg*
commode [kɔmɔd] *adj* (*pratique*) convenient, handy; (*facile*) easy; (*personne*): **pas ~** awkward (to deal with) ▹ *nf* chest of drawers
commun, e [kɔmœ̃, -yn] *adj* common; (*pièce*) communal, shared; (*réunion, effort*) joint ▹ *nf* (*Admin*) commune, ≈ district (: *urbaine*) ≈ borough; **communs** *nmpl* (*bâtiments*) outbuildings; **cela sort du ~** it's out of the ordinary; **le ~ des mortels** the common run of people; **en ~** (*faire*) jointly; **mettre en ~** to pool, share; **d'un ~ accord** of one accord
communauté [kɔmynote] *nf* community
commune [kɔmyn] *adj f, nf voir* **commun**
communication [kɔmynikasjɔ̃] *nf* communication
communier [kɔmynje] /7/ *vi* (*Rel*) to receive communion
communion [kɔmynjɔ̃] *nf* communion
communiquer [kɔmynike] /1/ *vt* (*nouvelle, dossier*) to pass on, convey; (*peur etc*) to communicate ▹ *vi* to communicate; **se ~ à** (*se propager*) to spread to
communisme [kɔmynism] *nm* communism; **communiste** *adj, nm/f* communist
commutateur [kɔmytatœʀ] *nm* (*Élec*) (change-over) switch, commutator
compact, e [kɔ̃pakt] *adj* (*dense*) dense; (*appareil*) compact
compagne [kɔ̃paɲ] *nf* companion
compagnie [kɔ̃paɲi] *nf* (*firme, Mil*) company; **tenir ~ à qn** to keep sb company; **fausser ~ à qn** to give sb the slip, slip *ou* sneak away from sb; **~ aérienne** airline (company)
compagnon [kɔ̃paɲɔ̃] *nm* companion
comparable [kɔ̃paʀabl] *adj*: **~ (à)** comparable (to)

comparaison [kɔ̃paʀɛzɔ̃] *nf* comparison
comparer [kɔ̃paʀe] /1/ *vt* to compare; **~ qch/qn à** *ou* **et** (*pour choisir*) to compare sth/sb with *ou* and; (*pour établir une similitude*) to compare sth/sb to *ou* and
compartiment [kɔ̃paʀtimɑ̃] *nm* compartment
compas [kɔ̃pɑ] *nm* (*Géom*) (pair of) compasses *pl*; (*Navig*) compass
compatible [kɔ̃patibl] *adj* compatible
compatriote [kɔ̃patʀijɔt] *nm/f* compatriot
compensation [kɔ̃pɑ̃sasjɔ̃] *nf* compensation
compenser [kɔ̃pɑ̃se] /1/ *vt* to compensate for, make up for
compétence [kɔ̃petɑ̃s] *nf* competence
compétent, e [kɔ̃petɑ̃, -ɑ̃t] *adj* (*apte*) competent, capable
compétition [kɔ̃petisjɔ̃] *nf* (*gén*) competition; (*Sport: épreuve*) event; **la ~ automobile** motor racing
complément [kɔ̃plemɑ̃] *nm* complement; (*reste*) remainder; **~ d'information** (*Admin*) supplementary *ou* further information; **complémentaire** *adj* complementary; (*additionnel*) supplementary
complet, -ète [kɔ̃plɛ, -ɛt] *adj* complete; (*plein: hôtel etc*) full ▷ *nm* (*aussi*: **~-veston**) suit; **pain ~** wholemeal bread; **complètement** *adv* completely; **compléter** /6/ *vt* (*porter à la quantité voulue*) to complete; (*augmenter: connaissances, études*) to complement, supplement; (*: garde-robe*) to add to
complexe [kɔ̃plɛks] *adj* complex ▷ *nm*: **~ hospitalier/industriel** hospital/industrial complex; **complexé, e** *adj* mixed-up, hung-up
complication [kɔ̃plikasjɔ̃] *nf* complexity, intricacy; (*difficulté, ennui*) complication; **complications** *nfpl* (*Méd*) complications
complice [kɔ̃plis] *nm* accomplice
compliment [kɔ̃plimɑ̃] *nm* (*louange*) compliment; **compliments** *nmpl* (*félicitations*) congratulations
compliqué, e [kɔ̃plike] *adj* complicated, complex; (*personne*) complicated
comportement [kɔ̃pɔʀtəmɑ̃] *nm* behaviour
comporter [kɔ̃pɔʀte] /1/ *vt* (*consister en*) to consist of, comprise; (*être équipé de*) to have; **se comporter** *vi* to behave
composer [kɔ̃poze] /1/ *vt* (*musique, texte*) to compose; (*mélange, équipe*) to make up; (*faire partie de*) to make up, form ▷ *vi* (*transiger*) to come to terms; **se ~ de** to be composed of, be made up of; **~ un numéro** (*au téléphone*) to dial a number; **compositeur, -trice** *nm/f* (*Mus*) composer; **composition** *nf* composition; (*Scol*) test
composter [kɔ̃pɔste] /1/ *vt* (*billet*) to punch

COMPOSTER

In France you have to punch your ticket on the platform to validate it before getting onto the train.

compote [kɔ̃pɔt] *nf* stewed fruit *no pl*; **~ de pommes** stewed apples
compréhensible [kɔ̃pʀeɑ̃sibl] *adj* comprehensible; (*attitude*) understandable
compréhensif, -ive [kɔ̃pʀeɑ̃sif, -iv] *adj* understanding

Attention à ne pas traduire *compréhensif* par *comprehensive*.

comprendre [kɔ̃pʀɑ̃dʀ] /58/ *vt* to understand; (*se composer de*) to comprise, consist of
compresse [kɔ̃pʀɛs] *nf* compress
comprimé [kɔ̃pʀime] *nm* tablet

compris, e [kɔ̃pʀi, -iz] *pp de* **comprendre** ▷ *adj* (*inclus*) included; **~ entre** (*situé*) contained between; **la maison ~e/non ~e, y/non ~ la maison** including/excluding the house; **100 euros tout ~** 100 euros all inclusive *ou* all-in

comptabilité [kɔ̃tabilite] *nf* (*activité, technique*) accounting, accountancy; accounts *pl*, books *pl*; (*service*) accounts office *ou* department

comptable [kɔ̃tabl] *nm/f* accountant

comptant [kɔ̃tɑ̃] *adv*: **payer ~** to pay cash; **acheter ~** to buy for cash

compte [kɔ̃t] *nm* count; (*total, montant*) count, (right) number; (*bancaire, facture*) account; **comptes** *nmpl* accounts, books; (*fig*) explanation *sg*; **en fin de ~** all things considered; **s'en tirer à bon ~** to get off lightly; **pour le ~ de** on behalf of; **pour son propre ~** for one's own benefit; **travailler à son ~** to work for oneself; **régler un ~** (*s'acquitter de qch*) to settle an account; (*se venger*) to get one's own back; **rendre des ~s à qn** (*fig*) to be answerable to sb; **tenir ~ de qch** to take sth into account; **~ courant (CC)** current account; **~ à rebours** countdown; **~ rendu** account, report; (*de film, livre*) review; *voir aussi* **rendre**; **compte-gouttes** *nm inv* dropper

compter [kɔ̃te] /1/ *vt* to count; (*facturer*) to charge for; (*avoir à son actif, comporter*) to have; (*prévoir*) to allow, reckon; (*penser, espérer*): **~ réussir/revenir** to expect to succeed/return ▷ *vi* to count; (*être économe*) to economize; (*figurer*): **~ parmi** to be *ou* rank among; **~ sur** to count (up)on; **~ avec qch/qn** to reckon with *ou* take account of sth/sb; **sans ~ que** besides which

compteur [kɔ̃tœʀ] *nm* meter; **~ de vitesse** speedometer

comptine [kɔ̃tin] *nf* nursery rhyme

comptoir [kɔ̃twaʀ] *nm* (*de magasin*) counter; (*de café*) counter, bar

con, ne [kɔ̃, kɔn] *adj* (*fam!*) bloody (BRIT!) *ou* damned stupid

concentrer [kɔ̃sɑ̃tʀe] /1/ *vt* to concentrate; **se concentrer** *vi* to concentrate

concerner [kɔ̃sɛʀne] /1/ *vt* to concern; **en ce qui me concerne** as far as I am concerned

concert [kɔ̃sɛʀ] *nm* concert; **de ~** (*décider*) unanimously

concessionnaire [kɔ̃sesjɔnɛʀ] *nm/f* agent, dealer

concevoir [kɔ̃s(ə)vwaʀ] /28/ *vt* (*idée, projet*) to conceive (of); (*comprendre*) to understand; (*enfant*) to conceive; **maison bien/mal conçue** well-/badly-designed *ou* -planned house

concierge [kɔ̃sjɛʀʒ] *nm/f* caretaker

concis, e [kɔ̃si, -iz] *adj* concise

conclure [kɔ̃klyʀ] /35/ *vt* to conclude; **conclusion** *nf* conclusion

conçois [kɔ̃swa] *vb voir* **concevoir**

concombre [kɔ̃kɔ̃bʀ] *nm* cucumber

concours [kɔ̃kuʀ] *nm* competition; (*Scol*) competitive examination; (*assistance*) aid, help; **~ de circonstances** combination of circumstances; **~ hippique** horse show; *voir* **'hors-concours**

concret, -ète [kɔ̃kʀɛ, -ɛt] *adj* concrete

conçu, e [kɔ̃sy] *pp de* **concevoir**

concubinage [kɔ̃kybinaʒ] *nm* (*Jur*) cohabitation

concurrence [kɔ̃kyʀɑ̃s] *nf* competition; **jusqu'à ~ de** up to; **faire ~ à** to be in competition with

concurrent, e [kɔ̃kyʀɑ̃, -ɑ̃t] *nm/f* (*Sport, Écon etc*) competitor; (*Scol*) candidate

condamner [kɔ̃dɑne] /1/ *vt* (*blâmer*) to condemn; (*Jur*) to sentence; (*porte, ouverture*) to fill in, block up; **~ qn à deux ans de prison** to sentence sb to two years' imprisonment

condensation [kɔ̃dɑ̃sasjɔ̃] *nf* condensation

condition [kɔ̃disjɔ̃] *nf* condition; **conditions** *nfpl* (*tarif, prix*) terms; (*circonstances*) conditions; **sans ~** unconditionally; **à ~ de** *ou* **que** provided that; **conditionnel, le** *nm* conditional (tense)

conditionnement [kɔ̃disjɔnmɑ̃] *nm* (*emballage*) packaging

condoléances [kɔ̃dɔleɑ̃s] *nfpl* condolences

conducteur, -trice [kɔ̃dyktœʀ, -tʀis] *nm/f* driver ▷ *nm* (*Élec etc*) conductor

conduire [kɔ̃dɥiʀ] /38/ *vt* to drive; (*délégation, troupeau*) to lead; **se conduire** *vi* to behave; **~ vers/à** to lead towards/to; **~ qn quelque part** to take sb somewhere; to drive sb somewhere

conduite [kɔ̃dɥit] *nf* (*comportement*) behaviour; (*d'eau, de gaz*) pipe; **sous la ~ de** led by

confection [kɔ̃fɛksjɔ̃] *nf* (*fabrication*) making; (*Couture*): **la ~** the clothing industry

conférence [kɔ̃feʀɑ̃s] *nf* (*exposé*) lecture; (*pourparlers*) conference; **~ de presse** press conference

confesser [kɔ̃fese] /1/ *vt* to confess; **confession** *nf* confession; (*culte: catholique etc*) denomination

confetti [kɔ̃feti] *nm* confetti *no pl*

confiance [kɔ̃fjɑ̃s] *nf* (*en l'honnêteté de qn*) confidence, trust; (*en la valeur de qch*) faith; **avoir ~ en** to have confidence *ou* faith in, trust; **faire ~ à** to trust; **mettre qn en ~** to win sb's trust; **~ en soi** self-confidence; *voir* **question**

confiant, e [kɔ̃fjɑ̃, -ɑ̃t] *adj* confident; trusting

confidence [kɔ̃fidɑ̃s] *nf* confidence; **confidentiel, le** *adj* confidential

confier [kɔ̃fje] /7/ *vt*: **~ à qn** (*objet en dépôt, travail etc*) to entrust to sb; (*secret, pensée*) to confide to sb; **se ~ à qn** to confide in sb

confirmation [kɔ̃fiʀmasjɔ̃] *nf* confirmation

confirmer [kɔ̃fiʀme] /1/ *vt* to confirm

confiserie [kɔ̃fizʀi] *nf* (*magasin*) confectioner's *ou* sweet shop; **confiseries** *nfpl* (*bonbons*) confectionery *sg*

confisquer [kɔ̃fiske] /1/ *vt* to confiscate

confit, e [kɔ̃fi, -it] *adj*: **fruits ~s** crystallized fruits ▷ *nm*: **~ d'oie** potted goose

confiture [kɔ̃fityʀ] *nf* jam

conflit [kɔ̃fli] *nm* conflict

confondre [kɔ̃fɔ̃dʀ] /41/ *vt* (*jumeaux, faits*) to confuse, mix up; (*témoin, menteur*) to confound; **se confondre** *vi* to merge; **se ~ en excuses** to offer profuse apologies

conforme [kɔ̃fɔʀm] *adj*: **~ à** (*en accord avec: loi, règle*) in accordance with; **conformément** *adv*: **conformément à** in accordance with; **conformer** /1/ *vt*: **se conformer à** to conform to

confort [kɔ̃fɔʀ] *nm* comfort; **tout ~** (*Comm*) with all mod cons (BRIT) *ou* modern conveniences; **confortable** *adj* comfortable

confronter [kɔ̃fʀɔ̃te] /1/ *vt* to confront

confus, e [kɔ̃fy, -yz] *adj* (*vague*) confused; (*embarrassé*) embarrassed; **confusion** *nf* (*voir confus*) confusion, embarrassment; (*voir confondre*) confusion; mixing up

congé [kɔ̃ʒe] *nm* (*vacances*) holiday; **en ~** on holiday; **semaine/jour de ~** week/day off; **prendre ~ de qn** to take one's leave of sb; **donner son ~ à** to hand *ou* give in one's notice to; **~ de maladie** sick leave; **~ de maternité** maternity leave; **~s payés** paid holiday *ou* leave

congédier [kɔ̃ʒedje] /7/ *vt* to dismiss

congélateur [kɔ̃ʒelatœʀ] *nm* freezer

congeler [kɔ̃ʒ(ə)le] /5/ *vt* to freeze; **les produits congelés** frozen foods; **se congeler** *vi* to freeze
congestion [kɔ̃ʒɛstjɔ̃] *nf* congestion
Congo [kɔ̃o] *nm*: **le ~** the Congo
congrès [kɔ̃gʀɛ] *nm* congress
conifère [kɔnifɛʀ] *nm* conifer
conjoint, e [kɔ̃ʒwɛ̃, -wɛ̃t] *adj* joint ▷ *nm/f* spouse
conjonctivite [kɔ̃ʒɔ̃ktivit] *nf* conjunctivitis
conjoncture [kɔ̃ʒɔ̃ktyʀ] *nf* circumstances *pl*; **la ~ (économique)** the economic climate *ou* situation
conjugaison [kɔ̃ʒygɛzɔ̃] *nf* (*Ling*) conjugation
connaissance [kɔnɛsɑ̃s] *nf* (*savoir*) knowledge *no pl*; (*personne connue*) acquaintance; **être sans ~** to be unconscious; **perdre/reprendre ~** to lose/regain consciousness; **à ma/sa ~** to (the best of) my/his knowledge; **faire ~ avec qn** *ou* **la ~ de qn** to meet sb
connaisseur, -euse [kɔnɛsœʀ, -øz] *nm/f* connoisseur
connaître [kɔnɛtʀ] /57/ *vt* to know; (*éprouver*) to experience; (*avoir: succès*) to have; to enjoy; **~ de nom/vue** to know by name/sight; **ils se sont connus à Genève** they (first) met in Geneva; **s'y ~ en qch** to know about sth
connecter [kɔnɛkte] /1/ *vt* to connect; **se ~ à Internet** to log onto the Internet
connerie [kɔnʀi] *nf* (*fam*) (bloody) stupid (BRIT) *ou* damn-fool (US) thing to do *ou* say
connexion [kɔnɛksjɔ̃] *nf* connection
connu, e [kɔny] *adj* (*célèbre*) well-known
conquérir [kɔ̃keʀiʀ] /21/ *vt* to conquer; **conquête** *nf* conquest
consacrer [kɔ̃sakʀe] /1/ *vt* (*Rel*) to consecrate; **~ qch à** (*employer*) to devote *ou* dedicate sth to; **se ~ à qch/faire** to dedicate *ou* devote o.s. to sth/to doing
conscience [kɔ̃sjɑ̃s] *nf* conscience; **avoir/prendre ~ de** to be/become aware of; **perdre/reprendre ~** to lose/regain consciousness; **avoir bonne/mauvaise ~** to have a clear/guilty conscience; **consciencieux, -euse** *adj* conscientious; **conscient, e** *adj* conscious
consécutif, -ive [kɔ̃sekytif, -iv] *adj* consecutive; **~ à** following upon
conseil [kɔ̃sɛj] *nm* (*avis*) piece of advice; (*assemblée*) council; **donner un ~** *ou* **des ~s à qn** to give sb (a piece of) advice; **prendre ~ (auprès de qn)** to take advice (from sb); **~ d'administration (CA)** board (of directors); **~ général** regional council; **le ~ des ministres** ≈ the Cabinet; **~ municipal (CM)** town council
conseiller[1] [kɔ̃seje] *vt* (*personne*) to advise; (*méthode, action*) to recommend, advise; **~ à qn de faire qch** to advise sb to do sth
conseiller[2], -ière [kɔ̃seje, -ɛʀ] *nm/f* adviser; **~ d'orientation** (*Scol*) careers adviser (BRIT), (school) counselor (US)
consentement [kɔ̃sɑ̃tmɑ̃] *nm* consent
consentir [kɔ̃sɑ̃tiʀ] /16/ *vt*: **~ (à qch/faire)** to agree *ou* consent (to sth/to doing)
conséquence [kɔ̃sekɑ̃s] *nf* consequence; **en ~** (*donc*) consequently; (*de façon appropriée*) accordingly; **conséquent, e** *adj* logical, rational; (*fam: important*) substantial; **par conséquent** consequently
conservateur, -trice [kɔ̃sɛʀvatœʀ, -tʀis] *nm/f* (*Pol*) conservative; (*de musée*) curator ▷ *nm* (*pour aliments*) preservative
conservatoire [kɔ̃sɛʀvatwaʀ] *nm* academy

conserve [kɔ̃sɛʀv] *nf (gén pl)* canned *ou* tinned (BRIT) food; **en ~** canned, tinned (BRIT)
conserver [kɔ̃sɛʀve] /1/ *vt (faculté)* to retain, keep; *(amis, livres)* to keep; *(préserver, Culin)* to preserve
considérable [kɔ̃sideʀabl] *adj* considerable, significant, extensive
considération [kɔ̃sideʀasjɔ̃] *nf* consideration; *(estime)* esteem
considérer [kɔ̃sideʀe] /6/ *vt* to consider; **~ qch comme** to regard sth as
consigne [kɔ̃siɲ] *nf (de gare)* left luggage (office) (BRIT), checkroom (US); *(ordre, instruction)* instructions *pl*; **~ automatique** left-luggage locker
consister [kɔ̃siste] /1/ *vi*: **~ en/dans/à faire** to consist of/in/in doing
consoler [kɔ̃sɔle] /1/ *vt* to console
consommateur, -trice [kɔ̃sɔmatœʀ, -tʀis] *nm/f (Écon)* consumer; *(dans un café)* customer
consommation [kɔ̃sɔmasjɔ̃] *nf (Écon)* consumption; *(boisson)* drink; **de ~** *(biens, société)* consumer *cpd*
consommer [kɔ̃sɔme] /1/ *vt (personne)* to eat *ou* drink, consume; *(voiture, usine, poêle)* to use, consume; *(Jur: mariage)* to consummate ▷ *vi (dans un café)* to (have a) drink
consonne [kɔ̃sɔn] *nf* consonant
constamment [kɔ̃stamɑ̃] *adv* constantly
constant, e [kɔ̃stɑ̃, -ɑ̃t] *adj* constant; *(personne)* steadfast
constat [kɔ̃sta] *nm (de police)* report; **~ (à l'amiable)** *(jointly agreed) statement for insurance purposes*; **~ d'échec** acknowledgement of failure
constatation [kɔ̃statasjɔ̃] *nf (remarque)* observation
constater [kɔ̃state] /1/ *vt (remarquer)* to note; *(Admin, Jur: attester)* to certify
consterner [kɔ̃stɛʀne] /1/ *vt* to dismay
constipé, e [kɔ̃stipe] *adj* constipated
constitué, e [kɔ̃stitɥe] *adj*: **~ de** made up *ou* composed of
constituer [kɔ̃stitɥe] /1/ *vt (comité, équipe)* to set up; *(dossier, collection)* to put together; *(éléments, parties: composer)* to make up, constitute; *(: représenter, être)* to constitute; **se ~ prisonnier** to give o.s. up
constructeur [kɔ̃stʀyktœʀ] *nm/f* manufacturer, builder
constructif, -ive [kɔ̃stʀyktif, -iv] *adj* constructive
construction [kɔ̃stʀyksjɔ̃] *nf* construction, building
construire [kɔ̃stʀɥiʀ] /38/ *vt* to build, construct
consul [kɔ̃syl] *nm* consul; **consulat** *nm* consulate
consultant, e *adj, nm* consultant
consultation [kɔ̃syltasjɔ̃] *nf* consultation; **heures de ~** *(Méd)* surgery (BRIT) *ou* office (US) hours
consulter [kɔ̃sylte] /1/ *vt* to consult ▷ *vi (médecin)* to hold surgery (BRIT), be in (the office) (US)
contact [kɔ̃takt] *nm* contact; **au ~ de** *(air, peau)* on contact with; *(gens)* through contact with; **mettre/couper le ~** *(Auto)* to switch on/off the ignition; **entrer en ~** to come into contact; **prendre ~ avec** to get in touch *ou* contact with; **contacter** /1/ *vt* to contact, get in touch with
contagieux, -euse [kɔ̃taʒjø, -øz] *adj* infectious; *(par le contact)* contagious
contaminer [kɔ̃tamine] /1/ *vt* to contaminate
conte [kɔ̃t] *nm* tale; **~ de fées** fairy tale
contempler [kɔ̃tɑ̃ple] /1/ *vt* to contemplate, gaze at
contemporain, e [kɔ̃tɑ̃pɔʀɛ̃, -ɛn] *adj, nm/f* contemporary
contenir [kɔ̃t(ə)niʀ] /22/ *vt* to contain; *(avoir une capacité de)* to hold

content, e [kɔ̃tɑ̃, -ɑ̃t] *adj* pleased, glad; **~ de** pleased with; **contenter** /1/ *vt* to satisfy, please; **se contenter de** to content o.s. with
contenu, e [kɔ̃t(ə)ny] *nm (d'un bol)* contents *pl*; *(d'un texte)* content
conter [kɔ̃te] /1/ *vt* to recount, relate
conteste [kɔ̃tɛst]: **sans ~** *adv* unquestionably, indisputably; **contester** /1/ *vt* to question ▷ *vi (Pol, gén)* to rebel (against established authority)
contexte [kɔ̃tɛkst] *nm* context
continent [kɔ̃tinɑ̃] *nm* continent
continu, e [kɔ̃tiny] *adj* continuous; **faire la journée ~e** to work without taking a full lunch break; **(courant) ~** direct current, DC
continuel, le [kɔ̃tinɥɛl] *adj (qui se répète)* constant, continual; *(continu)* continuous
continuer [kɔ̃tinɥe] /1/ *vt (travail, voyage etc)* to continue (with), carry on (with), go on with; *(prolonger: alignement, rue)* to continue ▷ *vi (pluie, vie, bruit)* to continue, go on; **~ à** *ou* **de faire** to go on *ou* continue doing
contourner [kɔ̃turne] /1/ *vt* to bypass, walk *ou* drive round; *(difficulté)* to get round
contraceptif, -ive [kɔ̃traseptif, -iv] *adj, nm* contraceptive; **contraception** *nf* contraception
contracté, e [kɔ̃trakte] *adj* tense
contracter [kɔ̃trakte] /1/ *vt (muscle etc)* to tense, contract; *(maladie, dette, obligation)* to contract; *(assurance)* to take out; **se contracter** *vi (métal, muscles)* to contract
contractuel, le [kɔ̃traktɥɛl] *nm/f (agent)* traffic warden
contradiction [kɔ̃tradiksjɔ̃] *nf* contradiction; **contradictoire** *adj* contradictory, conflicting
contraignant, e [kɔ̃trɛɲɑ̃, -ɑ̃t] *adj* restricting
contraindre [kɔ̃trɛ̃dr] /52/ *vt*: **~ qn à faire** to force *ou* compel sb to do
contraint, e *pp de* **contraindre** ▷ *nf* constraint
contraire [kɔ̃trɛr] *adj, nm* opposite; **~ à** contrary to; **au ~** on the contrary
contrarier [kɔ̃trarje] /7/ *vt (personne)* to annoy; *(projets)* to thwart, frustrate; **contrariété** [kɔ̃trarjete] *nf* annoyance
contraste [kɔ̃trast] *nm* contrast
contrat [kɔ̃tra] *nm* contract
contravention [kɔ̃travɑ̃sjɔ̃] *nf* parking ticket
contre [kɔ̃tr] *prép* against; *(en échange)* (in exchange) for; **par ~** on the other hand
contrebande [kɔ̃trəbɑ̃d] *nf (trafic)* contraband, smuggling; *(marchandise)* contraband, smuggled goods *pl*; **faire la ~ de** to smuggle
contrebas [kɔ̃trəba]: **en ~** *adv* (down) below
contrebasse [kɔ̃trəbas] *nf* (double) bass
contre: contrecoup *nm* repercussions *pl*; **contredire** /37/ *vt (personne)* to contradict; *(témoignage, assertion, faits)* to refute
contrefaçon [kɔ̃trəfasɔ̃] *nf* forgery
contre: contre-indication *(pl* **contre-indications**) *nf (Méd)* contra-indication; **"contre-indication en cas d'eczéma"** "should not be used by people with eczema"; **contre-indiqué, e** *adj (Méd)* contraindicated; *(déconseillé)* unadvisable, ill-advised
contremaître [kɔ̃trəmɛtr] *nm* foreman
contre-plaqué [kɔ̃trəplake] *nm* plywood
contresens [kɔ̃trəsɑ̃s] *nm (erreur)* misinterpretation; *(mauvaise traduction)* mistranslation; **à ~** the wrong way
contretemps [kɔ̃trətɑ̃] *nm* hitch; **à ~** *(fig)* at an inopportune moment
contribuer [kɔ̃tribɥe] /1/: **~ à** *vt* to contribute towards; **contribution** *nf* contribution;

mettre à contribution to call upon; **contributions directes/indirectes** direct/indirect taxation

contrôle [kɔ̃tRol] *nm* checking *no pl*, check; monitoring; (*test*) test, examination; **perdre le ~ de son véhicule** to lose control of one's vehicle; **~ continu** (*Scol*) continuous assessment; **~ d'identité** identity check

contrôler [kɔ̃tRole] /1/ *vt* (*vérifier*) to check; (*surveiller: opérations*) to supervise; (*: prix*) to monitor, control; (*maîtriser, Comm: firme*) to control; **contrôleur, -euse** *nm/f* (*de train*) (ticket) inspector; (*de bus*) (bus) conductor/tress

controversé, e [kɔ̃tRɔvɛRse] *adj* (*personnage, question*) controversial

contusion [kɔ̃tyzjɔ̃] *nf* bruise, contusion

convaincre [kɔ̃vɛ̃kR] /42/ *vt*: **~ qn (de qch)** to convince sb (of sth); **~ qn (de faire)** to persuade sb (to do)

convalescence [kɔ̃valesɑ̃s] *nf* convalescence

convenable [kɔ̃vnabl] *adj* suitable; (*assez bon*) decent

convenir [kɔ̃vniR] /22/ *vi* to be suitable; **~ à** to suit; **~ de** (*bien-fondé de qch*) to admit (to), acknowledge; (*date, somme etc*) to agree upon; **~ que** (*admettre*) to admit that; **~ de faire qch** to agree to do sth

convention [kɔ̃vɑ̃sjɔ̃] *nf* convention; **conventions** *nfpl* (*convenances*) convention *sg*; **~ collective** (*Écon*) collective agreement; **conventionné, e** *adj* (*Admin*) *applying charges laid down by the state*

convenu, e [kɔ̃vny] *pp de* **convenir** ▷ *adj* agreed

conversation [kɔ̃vɛRsasjɔ̃] *nf* conversation

convertir [kɔ̃vɛRtiR] /2/ *vt*: **~ qn (à)** to convert sb (to); **~ qch en** to convert sth into; **se ~ (à)** to be converted (to)

conviction [kɔ̃viksjɔ̃] *nf* conviction

convienne *etc* [kɔ̃vjɛn] *vb voir* **convenir**

convivial, e [kɔ̃vivjal] *adj* (*Inform*) user-friendly

convocation [kɔ̃vɔkasjɔ̃] *nf* (*document*) notification to attend; (*Jur*) summons *sg*

convoquer [kɔ̃vɔke] /1/ *vt* (*assemblée*) to convene; (*subordonné, témoin*) to summon; (*candidat*) to ask to attend

coopération [kɔɔpeRasjɔ̃] *nf* co-operation; (*Admin*): **la C~** ≈ Voluntary Service Overseas (BRIT) *ou* the Peace Corps (US: *done as alternative to military service*)

coopérer [kɔɔpeRe] /6/ *vi*: **~ (à)** to co-operate (in)

coordonné, e [kɔɔRdɔne] *adj* coordinated; **coordonnées** *nfpl* (*détails personnels*) address, phone number, schedule *etc*

coordonner [kɔɔRdɔne] /1/ *vt* to coordinate

copain, copine *nm/f* pal; (*petit ami*) boyfriend; (*petite amie*) girlfriend

copie [kɔpi] *nf* copy; (*Scol*) script, paper; **copier** /7/ *vt, vi* to copy; **copier coller** (*Inform*) copy and paste; **copier sur** to copy from; **copieur** *nm* (photo)copier

copieux, -euse [kɔpjø, -øz] *adj* copious

copine [kɔpin] *nf voir* **copain**

coq [kɔk] *nm* cockerel

coque [kɔk] *nf* (*de noix, mollusque*) shell; (*de bateau*) hull; **à la ~** (*Culin*) (soft-)boiled

coquelicot [kɔkliko] *nm* poppy

coqueluche [kɔklyʃ] *nf* whooping-cough

coquet, te [kɔkɛ, -ɛt] *adj* appearance-conscious; (*logement*) smart, charming

coquetier [kɔk(ə)tje] *nm* egg-cup

coquillage [kɔkijaʒ] *nm* (*mollusque*) shellfish *inv*; (*coquille*) shell

coquille [kɔkij] *nf* shell; (*Typo*) misprint; **~ St Jacques** scallop
coquin, e [kɔkɛ̃, -in] *adj* mischievous, roguish; (*polisson*) naughty
cor [kɔʀ] *nm* (*Mus*) horn; (*Méd*): **~ (au pied)** corn
corail, -aux [kɔʀaj, -o] *nm* coral *no pl*
Coran [kɔʀɑ̃] *nm*: **le ~** the Koran
corbeau, x [kɔʀbo] *nm* crow
corbeille [kɔʀbɛj] *nf* basket; (*Inform*) recycle bin; **~ à papier** waste paper basket *ou* bin
corde [kɔʀd] *nf* rope; (*de violon, raquette, d'arc*) string; **usé jusqu'à la ~** threadbare; **~ à linge** washing *ou* clothes line; **~ à sauter** skipping rope; **~s vocales** vocal cords
cordée [kɔʀde] *nf* (*d'alpinistes*) rope, roped party
cordialement [kɔʀdjalmɑ̃] *adv* (*formule épistolaire*) (kind) regards
cordon [kɔʀdɔ̃] *nm* cord, string; **~ sanitaire/de police** sanitary/police cordon; **~ ombilical** umbilical cord
cordonnerie [kɔʀdɔnʀi] *nf* shoe repairer's *ou* mender's (shop); **cordonnier** *nm* shoe repairer *ou* mender
Corée [kɔʀe] *nf*: **la ~ du Sud/du Nord** South/North Korea
coriace [kɔʀjas] *adj* tough
corne [kɔʀn] *nf* horn; (*de cerf*) antler
cornée [kɔʀne] *nf* cornea
corneille [kɔʀnɛj] *nf* crow
cornemuse [kɔʀnəmyz] *nf* bagpipes *pl*
cornet [kɔʀnɛ] *nm* (paper) cone; (*de glace*) cornet, cone
corniche [kɔʀniʃ] *nf* (*route*) coast road
cornichon [kɔʀniʃɔ̃] *nm* gherkin
Cornouailles [kɔʀnwaj] *fpl* Cornwall
corporel, le [kɔʀpɔʀɛl] *adj* bodily; (*punition*) corporal
corps [kɔʀ] *nm* body; **à ~ perdu** headlong; **prendre ~** to take shape; **le ~ électoral** the electorate; **le ~ enseignant** the teaching profession
correct, e [kɔʀɛkt] *adj* correct; **correcteur, -trice** *nm/f* (*Scol*) examiner; **correction** *nf* (*voir corriger*) correction; (*voir correct*) correctness; (*coups*) thrashing
correspondance [kɔʀɛspɔ̃dɑ̃s] *nf* correspondence; (*de train, d'avion*) connection; **cours par ~** correspondence course; **vente par ~** mail-order business
correspondant, e [kɔʀɛspɔ̃dɑ̃, -ɑ̃t] *nm/f* correspondent; (*Tél*) person phoning (*ou* being phoned)
correspondre [kɔʀɛspɔ̃dʀ] /41/ *vi* to correspond, tally; **~ à** to correspond to; **~ avec qn** to correspond with sb
corrida [kɔʀida] *nf* bullfight
corridor [kɔʀidɔʀ] *nm* corridor
corrigé [kɔʀiʒe] *nm* (*Scol: d'exercice*) correct version
corriger [kɔʀiʒe] /3/ *vt* (*devoir*) to correct; (*punir*) to thrash; **~ qn de** (*défaut*) to cure sb of
corrompre [kɔʀɔ̃pʀ] /41/ *vt* to corrupt; (*acheter: témoin etc*) to bribe
corruption [kɔʀypsjɔ̃] *nf* corruption; (*de témoins*) bribery
corse [kɔʀs] *adj* Corsican ▷ *nm/f*: **C~** Corsican ▷ *nf*: **la C~** Corsica
corsé, e [kɔʀse] *adj* (*café etc*) full-flavoured (BRIT) *ou* -flavored (US); (*sauce*) spicy; (*problème*) tough
cortège [kɔʀtɛʒ] *nm* procession
cortisone [kɔʀtizɔn] *nf* cortisone
corvée [kɔʀve] *nf* chore, drudgery *no pl*
cosmétique [kɔsmetik] *nm* beauty care product
cosmopolite [kɔsmɔpɔlit] *adj* cosmopolitan
costaud, e [kɔsto, -od] *adj* strong, sturdy
costume [kɔstym] *nm* (*d'homme*) suit; (*de théâtre*) costume; **costumé, e** *adj* dressed up
cote [kɔt] *nf* (*en Bourse etc*) quotation; **~ d'alerte** danger *ou* flood level; **~ de popularité** popularity rating

côte [kot] *nf (rivage)* coast(line); *(pente)* hill; *(Anat)* rib; *(d'un tricot, tissu)* rib, ribbing *no pl*; **~ à ~** side by side; **la C~ (d'Azur)** the (French) Riviera

côté [kote] *nm (gén)* side; *(direction)* way, direction; **de chaque ~ (de)** on each side of; **de tous les ~s** from all directions; **de quel ~ est-il parti?** which way *ou* in which direction did he go?; **de ce/de l'autre ~** this/the other way; **du ~ de** *(provenance)* from; *(direction)* towards; **du ~ de Lyon** *(proximité)* near Lyons; **de ~** *(regarder)* sideways; **mettre de ~** to put aside, put on one side; **mettre de l'argent de ~** to save some money; **à ~** (right) nearby; *(voisins)* next door; **à ~ de** beside; next to; *(fig)* in comparison to; **être aux ~s de** to be by the side of

Côte d'Ivoire [kotdivwaʀ] *nf*: **la ~** Côte d'Ivoire, the Ivory Coast

côtelette [kotlɛt] *nf* chop

côtier, -ière [kotje, -jɛʀ] *adj* coastal

cotisation [kɔtizasjɔ̃] *nf* subscription, dues *pl*; *(pour une pension)* contributions *pl*

cotiser [kɔtize] /1/ *vi*: **~ (à)** to pay contributions (to); **se cotiser** *vi* to club together

coton [kɔtɔ̃] *nm* cotton; **~ hydrophile** cotton wool (BRIT), absorbent cotton (US)

Coton-Tige® *nm* cotton bud

cou [ku] *nm* neck

couchant [kuʃɑ̃] *adj*: **soleil ~** setting sun

couche [kuʃ] *nf* layer; *(de peinture, vernis)* coat; *(de bébé)* nappy (BRIT), diaper (US); **~s sociales** social levels *ou* strata

couché, e [kuʃe] *adj* lying down; *(au lit)* in bed

coucher [kuʃe] /1/ *vt (personne)* to put to bed (: *loger*) to put up; *(objet)* to lay on its side ▷ *vi* to sleep; **~ avec qn** to sleep with sb; **se coucher** *vi (pour dormir)* to go to bed; *(pour se reposer)* to lie down; *(soleil)* to set; **~ de soleil** sunset

couchette [kuʃɛt] *nf* couchette; *(pour voyageur, sur bateau)* berth

coucou [kuku] *nm* cuckoo

coude [kud] *nm (Anat)* elbow; *(de tuyau, de la route)* bend; **~ à ~** shoulder to shoulder, side by side

coudre [kudʀ] /48/ *vt (bouton)* to sew on ▷ *vi* to sew

couette [kwɛt] *nf* duvet; **couettes** *nfpl (cheveux)* bunches

couffin [kufɛ̃] *nm* Moses basket

couler [kule] /1/ *vi* to flow, run; *(fuir: stylo, récipient)* to leak; (: *nez*) to run; *(sombrer: bateau)* to sink ▷ *vt (cloche, sculpture)* to cast; *(bateau)* to sink; *(faire échouer: personne)* to bring down, ruin

couleur [kulœʀ] *nf* colour (BRIT), color (US); *(Cartes)* suit; **en ~s** *(film)* in colo(u)r; **télévision en ~s** colo(u)r television; **de ~** *(homme, femme: vieilli)* colo(u)red

couleuvre [kulœvʀ] *nf* grass snake

coulisse [kulis] *nf (Tech)* runner; **coulisses** *nfpl (Théât)* wings; *(fig)*: **dans les ~s** behind the scenes

couloir [kulwaʀ] *nm* corridor, passage; *(d'avion)* aisle; *(de bus)* gangway; **~ aérien** air corridor *ou* lane; **~ de navigation** shipping lane

coup [ku] *nm (heurt, choc)* knock; *(affectif)* blow, shock; *(agressif)* blow; *(avec arme à feu)* shot; *(de l'horloge)* stroke; *(Sport: golf)* stroke; (: *tennis*) shot; *(fam: fois)* time; **~ de coude/genou** nudge (with the elbow)/with the knee; **donner un ~ de balai** to give the floor a sweep; **être dans le/hors du ~** to be/not to be in on it; *(à la page)* to be hip *ou* trendy; **du ~** as a result; **d'un seul ~** *(subitement)* suddenly; *(à la fois)* at one go; **du premier ~** first time *ou* go; **du même ~** at the same time; **à ~ sûr** definitely, without fail; **après ~** afterwards; **~ sur ~** in quick succession; **sur le ~**

outright; **sous le ~ de** (*surprise etc*) under the influence of; **à tous les ~s** every time; **tenir le ~** to hold out; **~ de chance** stroke of luck; **~ de couteau** stab (of a knife); **~ d'envoi** kick-off; **~ d'essai** first attempt; **~ d'état** coup d'état; **~ de feu** shot; **~ de filet** (*Police*) haul; **~ de foudre** (*fig*) love at first sight; **~ franc** free kick; **~ de frein** (sharp) braking *no pl*; **~ de grâce** coup de grâce; **~ de main: donner un ~ de main à qn** to give sb a (helping) hand; **~ d'œil** glance; **~ de pied** kick; **~ de poing** punch; **~ de soleil** sunburn *no pl*; **~ de sonnette** ring of the bell; **~ de téléphone** phone call; **~ de tête** (*fig*) (sudden) impulse; **~ de théâtre** (*fig*) dramatic turn of events; **~ de tonnerre** clap of thunder; **~ de vent** gust of wind; **en ~ de vent** (*rapidement*) in a tearing hurry

coupable [kupabl] *adj* guilty ▷ *nm/f* (*gén*) culprit; (*Jur*) guilty party

coupe [kup] *nf* (*verre*) goblet; (*à fruits*) dish; (*Sport*) cup; (*de cheveux, de vêtement*) cut; (*graphique, plan*) (cross) section

couper [kupe] /1/ *vt* to cut; (*retrancher*) to cut (out); (*route, courant*) to cut off; (*appétit*) to take away; (*vin, cidre: à table*) to dilute (with water) ▷ *vi* to cut; (*prendre un raccourci*) to take a short-cut; **se couper** *vi* (*se blesser*) to cut o.s.; **~ la parole à qn** to cut sb short; **nous avons été coupés** we've been cut off

couple [kupl] *nm* couple

couplet [kuplɛ] *nm* verse

coupole [kupɔl] *nf* dome

coupon [kupɔ̃] *nm* (*ticket*) coupon; (*de tissu*) remnant

coupure [kupyʀ] *nf* cut; (*billet de banque*) note; (*de journal*) cutting; **~ de courant** power cut

cour [kuʀ] *nf* (*de ferme, jardin*) (court) yard; (*d'immeuble*) back yard; (*Jur, royale*) court; **faire la ~ à qn** to court sb; **~ d'assises** court of assizes; **~ de récréation** playground

courage [kuʀaʒ] *nm* courage, bravery; **courageux, -euse** *adj* brave, courageous

couramment [kuʀamɑ̃] *adv* commonly; (*parler*) fluently

courant, e [kuʀɑ̃, -ɑ̃t] *adj* (*fréquent*) common; (*Comm, gén: normal*) standard; (*en cours*) current ▷ *nm* current; (*fig*) movement; (*: d'opinion*) trend; **être au ~ (de)** (*fait, nouvelle*) to know (about); **mettre qn au ~ (de)** to tell sb (about); (*nouveau travail etc*) to teach sb the basics (of); **se tenir au ~ (de)** (*techniques etc*) to keep o.s. up-to-date (on); **dans le ~ de** (*pendant*) in the course of; **le 10 ~** (*Comm*) the 10th inst.; **~ d'air** draught; **~ électrique** (electric) current, power

courbature [kuʀbatyʀ] *nf* ache

courbe [kuʀb] *adj* curved ▷ *nf* curve

coureur, -euse [kuʀœʀ, -øz] *nm/f* (*Sport*) runner (*ou* driver); (*péj*) womanizer/manhunter

courge [kuʀʒ] *nf* (*Culin*) marrow; **courgette** *nf* courgette (BRIT), zucchini (US)

courir [kuʀiʀ] /11/ *vi* to run ▷ *vt* (*Sport: épreuve*) to compete in; (*: risque*) to run; (*: danger*) to face; **~ les cafés/bals** to do the rounds of the cafés/ dances; **le bruit court que** the rumour is going round that

couronne [kuʀɔn] *nf* crown; (*de fleurs*) wreath, circlet

courons [kuʀɔ̃] *vb voir* **courir**

courriel [kuʀjɛl] *nm* email

courrier [kuʀje] *nm* mail, post; (*lettres à écrire*) letters *pl*; **est-ce que j'ai du ~?** are there any letters for me?; **~ électronique** email

Attention à ne pas traduire *courrier* par le mot anglais *courier*.

courroie [kuʀwa] *nf* strap; (*Tech*) belt

courrons *etc* [kuʀɔ̃] *vb voir* **courir**

cours [kuʀ] *nm (leçon)* class (*: particulier*) lesson; (*série de leçons*) course; (*écoulement*) flow; (*Comm: de devises*) rate; (*: de denrées*) price; **donner libre ~ à** to give free expression to; **avoir ~** (*Scol*) to have a class *ou* lecture; **en ~** (*année*) current; (*travaux*) in progress; **en ~ de route** on the way; **au ~ de** in the course of, during; **le ~ du change** the exchange rate; **~ d'eau** waterway; **~ du soir** night school

course [kuʀs] *nf* running; (*Sport: épreuve*) race; (*d'un taxi, autocar*) journey, trip; (*petite mission*) errand; **courses** *nfpl* (*achats*) shopping *sg*; **faire les** *ou* **ses ~s** to go shopping

court, e [kuʀ, kuʀt] *adj* short ▷ *adv* short ▷ *nm*: **~ (de tennis)** (tennis) court; **à ~ de** short of; **prendre qn de ~** to catch sb unawares; **court-circuit** *nm* short-circuit

courtoisie [kuʀtwazi] *nf* courtesy

couru, e [kuʀy] *pp de* **courir**

cousais *etc* [kuzɛ] *vb voir* **coudre**

couscous [kuskus] *nm* couscous

cousin, e [kuzɛ̃, -in] *nm/f* cousin

coussin [kusɛ̃] *nm* cushion

cousu, e [kuzy] *pp de* **coudre**

coût [ku] *nm* cost; **le ~ de la vie** the cost of living

couteau, x [kuto] *nm* knife

coûter [kute] /1/ *vt* to cost ▷ *vi* to cost; **~ cher** to be expensive; **combien ça coûte?** how much is it?, what does it cost?; **coûte que coûte** at all costs; **coûteux, -euse** *adj* costly, expensive

coutume [kutym] *nf* custom

couture [kutyʀ] *nf* sewing; (*profession*) dress-making; (*points*) seam; **couturier** *nm* fashion designer; **couturière** *nf* dressmaker

couvent [kuvɑ̃] *nm* (*de sœurs*) convent; (*de frères*) monastery

couver [kuve] /1/ *vt* to hatch; (*maladie*) to be sickening for ▷ *vi* (*feu*) to smoulder; (*révolte*) to be brewing

couvercle [kuvɛʀkl] *nm* lid; (*de bombe aérosol etc, qui se visse*) cap, top

couvert, e [kuvɛʀ, -ɛʀt] *pp de* **couvrir** ▷ *adj* (*ciel*) overcast ▷ *nm* place setting; (*place à table*) place; **couverts** *nmpl* (*ustensiles*) cutlery *sg*; **~ de** covered with *ou* in; **mettre le ~** to lay the table

couverture [kuvɛʀtyʀ] *nf* blanket; (*de livre, fig, Assurances*) cover; (*Presse*) coverage

couvre-lit [kuvʀəli] *nm* bedspread

couvrir [kuvʀiʀ] /18/ *vt* to cover; **se couvrir** *vi* (*ciel*) to cloud over; (*s'habiller*) to cover up; (*se coiffer*) to put on one's hat

cow-boy [kobɔj] *nm* cowboy

crabe [kʀɑb] *nm* crab

cracher [kʀaʃe] /1/ *vi* to spit ▷ *vt* to spit out

crachin [kʀaʃɛ̃] *nm* drizzle

craie [kʀɛ] *nf* chalk

craindre [kʀɛ̃dʀ] /52/ *vt* to fear, be afraid of; (*être sensible à: chaleur, froid*) to be easily damaged by

crainte [kʀɛ̃t] *nf* fear; **de ~ de/que** for fear of/that; **craintif, -ive** *adj* timid

crampe [kʀɑ̃p] *nf* cramp; **j'ai une ~ à la jambe** I've got cramp in my leg

cramponner [kʀɑ̃pɔne] /1/: **se cramponner** *vi*: **se ~ (à)** to hang *ou* cling on (to)

cran [kʀɑ̃] *nm* (*entaille*) notch; (*de courroie*) hole; (*courage*) guts *pl*

crâne [kʀɑn] *nm* skull

crapaud [kʀapo] *nm* toad

craquement [kʀakmɑ̃] *nm* crack, snap; (*du plancher*) creak, creaking *no pl*

craquer [kʀake] /1/ *vi* (*bois, plancher*) to creak; (*fil, branche*) to snap; (*couture*) to come apart; (*fig: accusé*) to break down, fall apart ▷ *vt*: **~ une allumette** to strike a match; **j'ai craqué** (*fam*) I couldn't resist it

crasse [kʀas] *nf* grime, filth; **crasseux, -euse** *adj* filthy

cravache [kʀavaʃ] *nf* (riding) crop
cravate [kʀavat] *nf* tie
crawl [kʀol] *nm* crawl; **dos ~é** backstroke
crayon [kʀɛjɔ̃] *nm* pencil; **~ à bille** ball-point pen; **~ de couleur** crayon; **crayon-feutre** (*pl* **crayons-feutres**) *nm* felt(-tip) pen
création [kʀeasjɔ̃] *nf* creation
crèche [kʀɛʃ] *nf* (*de Noël*) crib; (*garderie*) crèche, day nursery
crédit [kʀedi] *nm* (*gén*) credit; **crédits** *nmpl* funds; **acheter à ~** to buy on credit *ou* on easy terms; **faire ~ à qn** to give sb credit; **créditer** /1/ *vt*: **créditer un compte (de)** to credit an account (with)
créer [kʀee] /1/ *vt* to create
crémaillère [kʀemajɛʀ] *nf*: **pendre la ~** to have a house-warming party
crème [kʀɛm] *nf* cream; (*entremets*) cream dessert ▷ *adj inv* cream; **un (café) ~** ≈ a white coffee; **~ anglaise** (egg) custard; **~ chantilly** whipped cream; **~ à raser** shaving cream; **~ solaire** sun cream
créneau, x [kʀeno] *nm* (*de fortification*) crenel(le); (*fig, aussi Comm*) gap, slot; (*Auto*): **faire un ~** to reverse into a parking space (*between cars alongside the kerb*)
crêpe [kʀɛp] *nf* (*galette*) pancake ▷ *nm* (*tissu*) crêpe; **crêperie** *nf* pancake shop *ou* restaurant
crépuscule [kʀepyskyl] *nm* twilight, dusk
cresson [kʀesɔ̃] *nm* watercress
creuser [kʀøze] /1/ *vt* (*trou, tunnel*) to dig; (*sol*) to dig a hole in; (*fig*) to go (deeply) into; **ça creuse** that gives you a real appetite; **se ~ (la cervelle)** to rack one's brains
creux, -euse [kʀø, -øz] *adj* hollow ▷ *nm* hollow; **heures creuses** slack periods; (*électricité, téléphone*) off-peak periods; **avoir un ~** (*fam*) to be hungry
crevaison [kʀəvɛzɔ̃] *nf* puncture
crevé, e [kʀəve] *adj* (*fam: fatigué*) shattered (BRIT), exhausted
crever [kʀəve] /5/ *vt* (*tambour, ballon*) to burst ▷ *vi* (*pneu*) to burst; (*automobiliste*) to have a puncture (BRIT) *ou* a flat (tire) (US); (*fam*) to die
crevette [kʀəvɛt] *nf*: **~ (rose)** prawn; **~ grise** shrimp
cri [kʀi] *nm* cry, shout; (*d'animal: spécifique*) cry, call; **c'est le dernier ~** (*fig*) it's the latest fashion
criard, e [kʀijaʀ, -aʀd] *adj* (*couleur*) garish, loud; (*voix*) yelling
cric [kʀik] *nm* (*Auto*) jack
crier [kʀije] /7/ *vi* (*pour appeler*) to shout, cry (out); (*de peur, de douleur etc*) to scream, yell ▷ *vt* (*ordre, injure*) to shout (out), yell (out)
crime [kʀim] *nm* crime; (*meurtre*) murder; **criminel, le** *nm/f* criminal; murderer
crin [kʀɛ̃] *nm* (*de cheval*) hair *no pl*
crinière [kʀinjɛʀ] *nf* mane
crique [kʀik] *nf* creek, inlet
criquet [kʀikɛ] *nm* grasshopper
crise [kʀiz] *nf* crisis (*pl* crises); (*Méd*) attack (: *d'épilepsie*) fit; **~ cardiaque** heart attack; **avoir une ~ de foie** to have really bad indigestion; **piquer une ~ de nerfs** to go hysterical
cristal, -aux [kʀistal, -o] *nm* crystal
critère [kʀitɛʀ] *nm* criterion (*pl* criteria)
critiquable [kʀitikabl] *adj* open to criticism
critique [kʀitik] *adj* critical ▷ *nm/f* (*de théâtre, musique*) critic ▷ *nf* criticism; (*Théât etc article*) review
critiquer [kʀitike] /1/ *vt* (*dénigrer*) to criticize; (*évaluer, juger*) to assess, examine (critically)
croate [kʀɔat] *adj* Croatian ▷ *nm* (*Ling*) Croat, Croatian ▷ *nm/f*: **C~** Croat, Croatian
Croatie [kʀɔasi] *nf*: **la ~** Croatia
crochet [kʀɔʃɛ] *nm* hook; (*détour*) detour; (*Tricot: aiguille*) crochet hook; (: *technique*) crochet; **vivre aux ~s de qn** to live *ou* sponge off sb

crocodile [krɔkɔdil] *nm* crocodile
croire [krwaʀ] /44/ *vt* to believe; **se ~ fort** to think one is strong; **~ que** to believe *ou* think that; **~ à, ~ en** to believe in
croisade [krwazad] *nf* crusade
croisement [krwazmɑ̃] *nm* (*carrefour*) crossroads *sg*; (*Bio*) crossing (: *résultat*) crossbreed
croiser [krwaze] /1/ *vt* (*personne, voiture*) to pass; (*route*) to cross, cut across; (*Bio*) to cross; **se croiser** *vi* (*personnes, véhicules*) to pass each other; (*routes*) to cross; (*regards*) to meet; **se ~ les bras** (*fig*) to fold one's arms, to twiddle one's thumbs
croisière [krwazjɛʀ] *nf* cruise
croissance [krwasɑ̃s] *nf* growth
croissant, e [krwasɑ̃, -ɑ̃t] *adj* growing ▷ *nm* (*à manger*) croissant; (*motif*) crescent
croître [krwatʀ] /55/ *vi* to grow
croix [krwa] *nf* cross; **la C~ Rouge** the Red Cross
croque-madame [krɔkmadam] *nm inv toasted cheese sandwich with a fried egg on top*
croque-monsieur [krɔkməsjø] *nm inv toasted ham and cheese sandwich*
croquer [krɔke] /1/ *vt* (*manger*) to crunch (: *fruit*) to munch; (*dessiner*) to sketch; **chocolat à ~** plain dessert chocolate
croquis [krɔki] *nm* sketch
crotte [krɔt] *nf* droppings *pl*; **crottin** [krɔtɛ̃] *nm* dung, manure; (*fromage*) (small round) cheese (*made of goat's milk*)
croustillant, e [krustijɑ̃, -ɑ̃t] *adj* crisp
croûte [krut] *nf* crust; (*du fromage*) rind; (*Méd*) scab; **en ~** (*Culin*) in pastry
croûton [krutɔ̃] *nm* (*Culin*) crouton; (*bout du pain*) crust, heel
croyant, e [krwajɑ̃, -ɑ̃t] *nm/f* believer
CRS *sigle fpl* (*= Compagnies républicaines de sécurité*) *state security police force* ▷ *sigle m member of the CRS*
cru, e [kry] *pp de* **croire** ▷ *adj* (*non cuit*) raw; (*lumière, couleur*) harsh; (*paroles, langage*) crude ▷ *nm* (*vignoble*) vineyard; (*vin*) wine; **un grand ~** a great vintage; **jambon ~** Parma ham
crû [kry] *pp de* **croître**
cruauté [kryote] *nf* cruelty
cruche [kryʃ] *nf* pitcher, (earthenware) jug
crucifix [krysifi] *nm* crucifix
crudité [krydite] *nf* crudeness *no pl*; **crudités** *nfpl* (*Culin*) selection of raw vegetables
crue [kry] *nf* (*inondation*) flood; *voir aussi* **cru**
cruel, le [kryɛl] *adj* cruel
crus, crûs *etc* [kry] *vb voir* **croire**; **croître**
crustacés [krystase] *nmpl* shellfish
Cuba [kyba] *nm* Cuba; **cubain, e** *adj* Cuban ▷ *nm/f*: **Cubain, e** Cuban
cube [kyb] *nm* cube; (*jouet*) brick; **mètre ~** cubic metre; **2 au ~ = 8** 2 cubed is 8
cueillette [kœjɛt] *nf* picking; (*quantité*) crop, harvest
cueillir [kœjiʀ] /12/ *vt* (*fruits, fleurs*) to pick, gather; (*fig*) to catch
cuiller, cuillère [kɥijɛʀ] *nf* spoon; **~ à café** coffee spoon; (*Culin*) ≈ teaspoonful; **~ à soupe** soup spoon; (*Culin*) ≈ tablespoonful; **cuillerée** *nf* spoonful
cuir [kɥiʀ] *nm* leather; (*avant tannage*) hide; **~ chevelu** scalp
cuire [kɥiʀ] /38/ *vt*: (*aliments*) to cook; (*au four*) to bake ▷ *vi* to cook; **bien cuit** (*viande*) well done; **trop cuit** overdone
cuisine [kɥizin] *nf* (*pièce*) kitchen; (*art culinaire*) cookery, cooking; (*nourriture*) cooking, food; **faire la ~** to cook; **cuisiné, e** *adj*: **plat cuisiné** ready-made meal *ou* dish; **cuisiner** /1/ *vt* to cook; (*fam*) to grill ▷ *vi* to cook; **cuisinier, -ière** *nm/f* cook ▷ *nf* (*poêle*) cooker
cuisse [kɥis] *nf* thigh; (*Culin*) leg

cuisson [kɥisɔ̃] *nf* cooking
cuit, e [kɥi, -it] *pp de* **cuire**
cuivre [kɥivʀ] *nm* copper; **les ~s** (*Mus*) the brass
cul [ky] *nm* (*fam!*) arse (*!*)
culminant, e [kylminɑ̃, -ɑ̃t] *adj*: **point ~** highest point
culot [kylo] (*fam*) *nm* (*effronterie*) cheek
culotte [kylɔt] *nf* (*de femme*) panties *pl*, knickers *pl* (BRIT)
culte [kylt] *nm* (*religion*) religion; (*hommage, vénération*) worship; (*protestant*) service
cultivateur, -trice [kyltivatœʀ, -tʀis] *nm/f* farmer
cultivé, e [kyltive] *adj* (*personne*) cultured, cultivated
cultiver [kyltive] /1/ *vt* to cultivate; (*légumes*) to grow, cultivate
culture [kyltyʀ] *nf* cultivation; (*connaissances etc*) culture; **les ~s intensives** intensive farming; **~ physique** physical training; **culturel, le** *adj* cultural
cumin [kymɛ̃] *nm* cumin
cure [kyʀ] *nf* (*Méd*) course of treatment; **~ d'amaigrissement** slimming course; **~ de repos** rest cure
curé [kyʀe] *nm* parish priest
cure-dent [kyʀdɑ̃] *nm* toothpick
curieux, -euse [kyʀjø, -øz] *adj* (*étrange*) strange, curious; (*indiscret*) curious, inquisitive ▷ *nmpl* (*badauds*) onlookers; **curiosité** *nf* curiosity; (*site*) unusual feature *ou* sight
curriculum vitae [kyʀikylɔmvite] *nm inv* curriculum vitae
curseur [kyʀsœʀ] *nm* (*Inform*) cursor; (*de règle*) slide; (*de fermeture-éclair*) slider
cutané, e [kytane] *adj* skin *cpd*
cuve [kyv] *nf* vat; (*à mazout etc*) tank
cuvée [kyve] *nf* vintage
cuvette [kyvɛt] *nf* (*récipient*) bowl, basin; (*Géo*) basin
CV *sigle m* (*Auto*); = **cheval (vapeur)**; (*Admin*) = **curriculum vitae**
cybercafé [sibɛʀkafe] *nm* Internet café
cyberespace [sibɛʀɛspas] *nm* cyberspace
cybernaute [sibɛʀnot] *nm/f* Internet user
cyclable [siklabl] *adj*: **piste ~** cycle track
cycle [sikl] *nm* cycle; **cyclisme** [siklism] *nm* cycling; **cycliste** [siklist] *nm/f* cyclist ▷ *adj* cycle *cpd*; **coureur cycliste** racing cyclist
cyclomoteur [siklomɔtœʀ] *nm* moped
cyclone [siklon] *nm* hurricane
cygne [siɲ] *nm* swan
cylindre [silɛ̃dʀ] *nm* cylinder; **cylindrée** *nf* (*Auto*) (cubic) capacity; **une (voiture de) grosse cylindrée** a big-engined car
cymbale [sɛ̃bal] *nf* cymbal
cynique [sinik] *adj* cynical
cystite [sistit] *nf* cystitis

d

d' *prép, art voir* **de**
dactylo [daktilo] *nf* (*aussi*: **~graphe**) typist; (*aussi*: **~graphie**) typing
dada [dada] *nm* hobby-horse
daim [dɛ̃] *nm* (fallow) deer *inv*; (*cuir suédé*) suede
daltonien, ne [daltɔnjɛ̃, -ɛn] *adj* colour-blind
dame [dam] *nf* lady; (*Cartes, Échecs*) queen; **dames** *nfpl* (*jeu*) draughts *sg* (BRIT), checkers *sg* (US)
Danemark [danmaʀk] *nm*: **le ~** Denmark
danger [dɑ̃ʒe] *nm* danger; **mettre en ~** (*personne*) to put in danger; (*projet, carrière*) to jeopardize; **être en ~** (*personne*) to be in danger; **être en ~ de mort** to be in peril of one's life; **être hors de ~** to be out of danger; **dangereux, -euse** *adj* dangerous
danois, e [danwa, -waz] *adj* Danish ▷ *nm* (*Ling*) Danish ▷ *nm/f*: **D~, e** Dane

MOT-CLÉ

dans [dɑ̃] *prép* **1** (*position*) in; (: *à l'intérieur de*) inside; **c'est dans le tiroir/le salon** it's in the drawer/lounge; **dans la boîte** in *ou* inside the box; **marcher dans la ville/la rue** to walk about the town/along the street; **je l'ai lu dans le journal** I read it in the newspaper
2 (*direction*) into; **elle a couru dans le salon** she ran into the lounge; **monter dans une voiture/le bus** to get into a car/on to the bus
3 (*provenance*) out of, from; **je l'ai pris dans le tiroir/salon** I took it out of *ou* from the drawer/lounge; **boire dans un verre** to drink out of *ou* from a glass
4 (*temps*) in; **dans deux mois** in two months, in two months' time
5 (*approximation*) about; **dans les 20 euros** about 20 euros

danse [dɑ̃s] *nf*: **la ~** dancing; (*classique*) (ballet) dancing; **une ~** a dance; **danser** /1/ *vi, vt* to dance; **danseur, -euse** *nm/f* ballet dancer; (*au bal etc*) dancer (: *cavalier*) partner
date [dat] *nf* date; **de longue ~** longstanding; **~ de naissance** date of birth; **~ limite** deadline; **dater** /1/ *vt, vi* to date; **dater de** to date from; **à dater de** (as) from
datte [dat] *nf* date
dauphin [dofɛ̃] *nm* (*Zool*) dolphin
davantage [davɑ̃taʒ] *adv* more; (*plus longtemps*) longer; **~ de** more

MOT-CLÉ

de, d' [də, d] (*de* + *le* = **du**, *de* + *les* = **des**) *prép* **1** (*appartenance*) of; **le toit de la maison** the roof of the house; **la voiture d'Elisabeth/de mes parents** Elizabeth's/my parents' car
2 (*provenance*) from; **il vient de Londres** he comes from London; **elle**

est sortie du cinéma she came out of the cinema
3 (*moyen*) with; **je l'ai fait de mes propres mains** I did it with my own two hands
4 (*caractérisation, mesure*): **un mur de brique/bureau d'acajou** a brick wall/mahogany desk; **un billet de 10 euros** a 10 euro note; **une pièce de 2 m de large** *ou* **large de 2 m** a room 2 m wide, a 2m-wide room; **un bébé de 10 mois** a 10-month-old baby; **12 mois de crédit/travail** 12 months' credit/work; **elle est payée 20 euros de l'heure** she's paid 20 euros an hour *ou* per hour; **augmenter de 10 euros** to increase by 10 euros
5 (*rapport*) from; **de quatre à six** from four to six
6 (*cause*): **mourir de faim** to die of hunger; **rouge de colère** red with fury
7 (*vb + de + infin*) to; **il m'a dit de rester** he told me to stay
▶ *art* 1 (*phrases affirmatives*) some (*souvent omis*); **du vin, de l'eau, des pommes** (some) wine, (some) water, (some) apples; **des enfants sont venus** some children came; **pendant des mois** for months
2 (*phrases interrogatives et négatives*) any; **a-t-il du vin?** has he got any wine?; **il n'a pas de pommes/d'enfants** he hasn't (got) any apples/children, he has no apples/children

dé [de] *nm* (*à jouer*) die *ou* dice; (*aussi*: **dé à coudre**) thimble
déballer [debale] /1/ *vt* to unpack
débarcadère [debaʀkadɛʀ] *nm* wharf
débardeur [debaʀdœʀ] *nm* (*pour femme*) vest top; (*pour homme*) sleeveless top
débarquer [debaʀke] /1/ *vt* to unload, land ▷ *vi* to disembark; (*fig*) to turn up
débarras [debaʀɑ] *nm* (*pièce*) lumber room; (*placard*) junk cupboard; **bon ~!** good riddance!; **débarrasser** /1/ *vt* to clear ▷ *vi* (*enlever le couvert*) to clear away; **se débarrasser de** *vt* to get rid of; **débarrasser qn de** (*vêtements, paquets*) to relieve sb of
débat [deba] *nm* discussion, debate; **débattre** /41/ *vt* to discuss, debate; **se débattre** *vi* to struggle
débit [debi] *nm* (*d'un liquide, fleuve*) (rate of) flow; (*d'un magasin*) turnover (of goods); (*élocution*) delivery; (*bancaire*) debit; **~ de boissons** drinking establishment; **~ de tabac** tobacconist's (shop)
déblayer [debleje] /8/ *vt* to clear
débloquer [deblɔke] /1/ *vt* (*frein, fonds*) to release; (*prix, crédits*) to free ▷ *vi* (*fam*) to talk rubbish
déboîter [debwate] /1/ *vt* (*Auto*) to pull out; **se ~ le genou** *etc* to dislocate one's knee *etc*
débordé, e [debɔʀde] *adj*: **être ~ de** (*travail, demandes*) to be snowed under with
déborder [debɔʀde] /1/ *vi* to overflow; (*lait etc*) to boil over; **~ (de) qch** (*dépasser*) to extend beyond sth; **~ de** (*joie, zèle*) to be brimming over with *ou* bursting with
débouché [debuʃe] *nm* (*pour vendre*) outlet; (*perspective d'emploi*) opening
déboucher [debuʃe] /1/ *vt* (*évier, tuyau etc*) to unblock; (*bouteille*) to uncork ▷ *vi*: **~ de** to emerge from; **~ sur** (*études*) to lead on to
debout [dəbu] *adv*: **être ~** (*personne*) to be standing, stand; (*levé, éveillé*) to be up (and about); **se mettre ~** to get up (on one's feet); **se tenir ~** to stand; **~!** stand up!; (*du lit*) get up!; **cette histoire ne tient pas ~** this story doesn't hold water
déboutonner [debutɔne] /1/ *vt* to undo, unbutton
débraillé, e [debʀaje] *adj* slovenly, untidy
débrancher [debʀɑ̃ʃe] /1/ *vt* (*appareil électrique*) to unplug; (*téléphone, courant électrique*) to disconnect

débrayage [debʀɛjaʒ] *nm (Auto)* clutch; **débrayer** /8/ *vi (Auto)* to declutch; *(cesser le travail)* to stop work
débris [debʀi] *nm* fragment ▷ *nmpl*: **des ~ de verre** bits of glass
débrouillard, e [debʀujaʀ, -aʀd] *adj* smart, resourceful
débrouiller [debʀuje] /1/ *vt* to disentangle, untangle; **se débrouiller** *vi* to manage; **débrouillez-vous** you'll have to sort things out yourself
début [deby] *nm* beginning, start; **débuts** *nmpl (de carrière)* début *sg*; **~ juin** in early June; **débutant, e** *nm/f* beginner, novice; **débuter** /1/ *vi* to begin, start; *(faire ses débuts)* to start out
décaféiné, e [dekafeine] *adj* decaffeinated
décalage [dekalaʒ] *nm* gap; **~ horaire** time difference (between time zones), time-lag
décaler [dekale] /1/ *vt* to shift forward *ou* back
décapotable [dekapɔtabl] *adj* convertible
décapsuleur [dekapsylœʀ] *nm* bottle-opener
décédé, e [desede] *adj* deceased
décéder [desede] /6/ *vi* to die
décembre [desɑ̃bʀ] *nm* December
décennie [deseni] *nf* decade
décent, e [desɑ̃, -ɑ̃t] *adj* decent
déception [desɛpsjɔ̃] *nf* disappointment
décès [desɛ] *nm* death
décevoir [des(ə)vwaʀ] /28/ *vt* to disappoint
décharge [deʃaʀʒ] *nf (dépôt d'ordures)* rubbish tip *ou* dump; *(électrique)* electrical discharge; **décharger** /3/ *vt (marchandise, véhicule)* to unload; *(faire feu)* to discharge, fire; **décharger qn de** *(responsabilité)* to relieve sb of, release sb from
déchausser [deʃose] /1/ *vt (skis)* to take off; **se déchausser** *vi* to take off one's shoes; *(dent)* to come *ou* work loose
déchet [deʃɛ] *nm (de bois, tissu etc)* scrap; **déchets** *nmpl (ordures)* refuse *sg*, rubbish *sg*; **~s nucléaires** nuclear waste
déchiffrer [deʃifʀe] /1/ *vt* to decipher
déchirant, e [deʃiʀɑ̃, -ɑ̃t] *adj* heart-rending
déchirement [deʃiʀmɑ̃] *nm (chagrin)* wrench, heartbreak; *(gén pl: conflit)* rift, split
déchirer [deʃiʀe] /1/ *vt* to tear; *(mettre en morceaux)* to tear up; *(arracher)* to tear out; *(fig)* to tear apart; **se déchirer** *vi* to tear, rip; **se ~ un muscle/tendon** to tear a muscle/tendon
déchirure [deʃiʀyʀ] *nf (accroc)* tear, rip; **~ musculaire** torn muscle
décidé, e [deside] *adj (personne, air)* determined; **c'est ~** it's decided; **décidément** *adv* really
décider [deside] /1/ *vt*: **~ qch** to decide on sth; **~ de faire/que** to decide to do/that; **~ qn (à faire qch)** to persuade *ou* induce sb (to do sth); **se ~ à faire** to decide *ou* make up one's mind to do; **se ~ pour qch** to decide on *ou* in favour of sth
décimal, e, -aux [desimal, -o] *adj* decimal
décimètre [desimɛtʀ] *nm* decimetre
décisif, -ive [desizif, -iv] *adj* decisive
décision [desizjɔ̃] *nf* decision
déclaration [deklaʀasjɔ̃] *nf* declaration; *(discours: Pol etc)* statement; **~ (d'impôts)** ≈ tax return; **~ de revenus** statement of income; **faire une ~ de vol** to report a theft
déclarer [deklaʀe] /1/ *vt* to declare; *(décès, naissance)* to register; **se déclarer** *vi (feu, maladie)* to break out
déclencher [deklɑ̃ʃe] /1/ *vt (mécanisme etc)* to release; *(sonnerie)* to set off; *(attaque, grève)* to launch; *(provoquer)* to trigger off; **se déclencher** *vi (sonnerie)* to go off

décliner [dekline] /1/ *vi* to decline ▷ *vt* (*invitation*) to decline; (*nom, adresse*) to state

décoiffer [dekwafe] /1/ *vt*: **~ qn** to mess up sb's hair; **je suis toute décoiffée** my hair is in a real mess

déçois *etc* [deswa] *vb voir* **décevoir**

décollage [dekɔlaʒ] *nm* (*Aviat, Écon*) takeoff

décoller [dekɔle] /1/ *vt* to unstick ▷ *vi* (*avion*) to take off; **se décoller** *vi* to come unstuck

décolleté, e [dekɔlte] *adj* low-cut ▷ *nm* low neck(line); (*plongeant*) cleavage

décolorer [dekɔlɔʀe] /1/: **se décolorer** *vi* to fade; **se faire ~ les cheveux** to have one's hair bleached

décommander [dekɔmɑ̃de] /1/ *vt* to cancel; **se décommander** *vi* to cancel

déconcerter [dekɔ̃sɛʀte] /1/ *vt* to disconcert, confound

décongeler [dekɔ̃ʒ(ə)le] /5/ *vt* to thaw (out)

déconner [dekɔne] /1/ *vi* (*fam!*) to talk (a load of) rubbish (BRIT) *ou* garbage (US)

déconseiller [dekɔ̃seje] /1/ *vt*: **~ qch (à qn)** to advise (sb) against sth; **c'est déconseillé** it's not advised *ou* advisable

décontracté, e [dekɔ̃tʀakte] *adj* relaxed, laid-back (*fam*)

décontracter [dekɔ̃tʀakte] /1/: **se décontracter** *vi* to relax

décor [dekɔʀ] *nm* décor; (*paysage*) scenery; **décorateur, -trice** *nm/f* (interior) decorator; **décoration** *nf* decoration; **décorer** /1/ *vt* to decorate

décortiquer [dekɔʀtike] /1/ *vt* to shell; (*fig: texte*) to dissect

découdre /48/: **se découdre** *vi* to come unstitched

découper [dekupe] /1/ *vt* (*papier, tissu etc*) to cut up; (*volaille, viande*) to carve; (*manche, article*) to cut out

décourager [dekuʀaʒe] /3/ *vt* to discourage; **se décourager** *vi* to lose heart, become discouraged

décousu, e [dekuzy] *adj* unstitched; (*fig*) disjointed, disconnected

découvert, e [dekuvɛʀ, -ɛʀt] *adj* (*tête*) bare, uncovered; (*lieu*) open, exposed ▷ *nm* (*bancaire*) overdraft ▷ *nf* discovery; **faire la ~e de** to discover

découvrir [dekuvʀiʀ] /18/ *vt* to discover; (*enlever ce qui couvre ou protège*) to uncover; (*montrer, dévoiler*) to reveal; **se découvrir** *vi* (*chapeau*) to take off one's hat; (*se déshabiller*) to take something off; (*ciel*) to clear

décrire [dekʀiʀ] /39/ *vt* to describe

décrocher [dekʀɔʃe] /1/ *vt* (*dépendre*) to take down; (*téléphone*) to take off the hook; (*: pour répondre*): **~ (le téléphone)** to pick up *ou* lift the receiver; (*fig: contrat etc*) to get, land ▷ *vi* (*fam: abandonner*) to drop out; (*: cesser d'écouter*) to switch off

déçu, e [desy] *pp de* **décevoir**

dédaigner [dedeɲe] /1/ *vt* to despise, scorn; (*négliger*) to disregard, spurn; **dédaigneux, -euse** *adj* scornful, disdainful; **dédain** *nm* scorn, disdain

dedans [dədɑ̃] *adv* inside; (*pas en plein air*) indoors, inside ▷ *nm* inside; **au ~** inside

dédicacer [dedikase] /3/ *vt*: **~ (à qn)** to sign (for sb), autograph (for sb)

dédier [dedje] /7/ *vt*: **~ à** to dedicate to

dédommagement [dedɔmaʒmɑ̃] *nm* compensation

dédommager [dedɔmaʒe] /3/ *vt*: **~ qn (de)** to compensate sb (for)

dédouaner [dedwane] /1/ *vt* to clear through customs

déduire [dedɥiʀ] /38/ *vt*: **~ qch (de)** (*ôter*) to deduct sth (from); (*conclure*) to deduce *ou* infer sth (from)

défaillance [defajɑ̃s] *nf* (*syncope*) blackout; (*fatigue*) (sudden) weakness

no pl; (*technique*) fault, failure; **~ cardiaque** heart failure
défaire [defɛʀ] /60/ *vt* (*installation, échafaudage*) to take down, dismantle; (*paquet etc, nœud, vêtement*) to undo; **se défaire** *vi* to come undone; **se ~ de** to get rid of
défait, e [defɛ, -ɛt] *adj* (*visage*) haggard, ravaged ▷ *nf* defeat
défaut [defo] *nm* (*moral*) fault, failing, defect; (*d'étoffe, métal*) fault, flaw; (*manque, carence*): **~ de** shortage of; **prendre qn en ~** to catch sb out; **faire ~** (*manquer*) to be lacking; **à ~ de** for lack *ou* want of
défavorable [defavɔʀabl] *adj* unfavourable (BRIT), unfavorable (US)
défavoriser [defavɔʀize] /1/ *vt* to put at a disadvantage
défectueux, -euse [defɛktɥø, -øz] *adj* faulty, defective
défendre [defɑ̃dʀ] /41/ *vt* to defend; (*interdire*) to forbid; **se défendre** *vi* to defend o.s.; **~ à qn qch/de faire** to forbid sb sth/to do; **il se défend** (*fig*) he can hold his own; **se ~ de/contre** (*se protéger*) to protect o.s. from/against; **se ~ de** (*se garder de*) to refrain from
défense [defɑ̃s] *nf* defence; (*d'éléphant etc*) tusk; **ministre de la ~** Minister of Defence (BRIT), Defence Secretary; **"~ de fumer/cracher"** "no smoking/spitting"
défi [defi] *nm* challenge; **lancer un ~ à qn** to challenge sb; **sur un ton de ~** defiantly
déficit [defisit] *nm* (*Comm*) deficit
défier [defje] /7/ *vt* (*provoquer*) to challenge; (*fig*) to defy; **~ qn de faire** to challenge *ou* defy sb to do
défigurer [defigyʀe] /1/ *vt* to disfigure
défilé [defile] *nm* (*Géo*) (narrow) gorge *ou* pass; (*soldats*) parade; (*manifestants*) procession, march
défiler [defile] /1/ *vi* (*troupes*) to march past; (*sportifs*) to parade; (*manifestants*) to march; (*visiteurs*) to pour, stream; **faire ~ un document** (*Inform*) to scroll a document; **se défiler** *vi*: **il s'est défilé** (*fam*) he wriggled out of it
définir [definiʀ] /2/ *vt* to define
définitif, -ive [definitif, -iv] *adj* (*final*) final, definitive; (*pour longtemps*) permanent, definitive; (*sans appel*) definite ▷ *nf*: **en définitive** eventually; (*somme toute*) when all is said and done; **définitivement** *adv* permanently
déformer [defɔʀme] /1/ *vt* to put out of shape; (*pensée, fait*) to distort; **se déformer** *vi* to lose its shape
défouler [defule] /1/: **se défouler** *vi* to unwind, let off steam
défunt, e [defœ̃, -œ̃t] *adj*: **son ~ père** his late father ▷ *nm/f* deceased
dégagé, e [degaʒe] *adj* (*route, ciel*) clear; **sur un ton ~** casually
dégager [degaʒe] /3/ *vt* (*exhaler*) to give off; (*délivrer*) to free, extricate; (*désencombrer*) to clear; (*isoler, mettre en valeur*) to bring out; **se dégager** *vi* (*passage, ciel*) to clear; **~ qn de** (*engagement, parole etc*) to release *ou* free sb from
dégâts [dega] *nmpl* damage *sg*; **faire des ~** to damage
dégel [deʒɛl] *nm* thaw; **dégeler** /5/ *vt* to thaw (out)
dégivrer [deʒivʀe] /1/ *vt* (*frigo*) to defrost; (*vitres*) to de-ice
dégonflé, e [degɔ̃fle] *adj* (*pneu*) flat
dégonfler [degɔ̃fle] /1/ *vt* (*pneu, ballon*) to let down, deflate; **se dégonfler** *vi* (*fam*) to chicken out
dégouliner [deguline] /1/ *vi* to trickle, drip
dégourdi, e [deguʀdi] *adj* smart, resourceful
dégourdir [deguʀdiʀ] /2/ *vt*: **se ~ (les jambes)** to stretch one's legs
dégoût [degu] *nm* disgust, distaste; **dégoûtant, e** *adj* disgusting; **dégoûté, e** *adj* disgusted; **dégoûté**

de sick of; **dégoûter** /1/ *vt* to disgust; **dégoûter qn de qch** to put sb off sth
dégrader [degʀade] /1/ *vt* (*Mil: officier*) to degrade; (*abîmer*) to damage, deface; **se dégrader** *vi* (*relations, situation*) to deteriorate
degré [dəgʀe] *nm* degree
dégressif, -ive [degʀesif, -iv] *adj* on a decreasing scale
dégringoler [degʀɛ̃gɔle] /1/ *vi* to tumble (down)
déguisement [degizmɑ̃] *nm* (*pour s'amuser*) fancy dress
déguiser [degize] /1/: **se déguiser (en)** *vi* (*se costumer*) to dress up (as); (*pour tromper*) to disguise o.s. (as)
dégustation [degystasjɔ̃] *nf* (*de fromages etc*) sampling; **~ de vin(s)** wine-tasting
déguster [degyste] /1/ *vt* (*vins*) to taste; (*fromages etc*) to sample; (*savourer*) to enjoy
dehors [dəɔʀ] *adv* outside; (*en plein air*) outdoors ▷ *nm* outside ▷ *nmpl* (*apparences*) appearances; **mettre** *ou* **jeter ~** to throw out; **au ~** outside; **au ~ de** outside; **en ~ de** apart from
déjà [deʒa] *adv* already; (*auparavant*) before, already
déjeuner [deʒœne] /1/ *vi* to (have) lunch; (*le matin*) to have breakfast ▷ *nm* lunch
delà [dəla] *adv*: **en ~ (de), au ~ (de)** beyond
délacer [delase] /3/ *vt* (*chaussures*) to undo, unlace
délai [delɛ] *nm* (*attente*) waiting period; (*sursis*) extension (of time); (*temps accordé*) time limit; **sans ~** without delay; **dans les ~s** within the time limit
délaisser [delese] /1/ *vt* to abandon, desert
délasser [delɑse] /1/ *vt* to relax; **se délasser** *vi* to relax
délavé, e [delave] *adj* faded
délayer [deleje] /8/ *vt* (*Culin*) to mix (with water *etc*); (*peinture*) to thin down
delco® [dɛlko] *nm* (*Auto*) distributor
délégué, e [delege] *nm/f* representative
déléguer [delege] /6/ *vt* to delegate
délibéré, e [delibeʀe] *adj* (*conscient*) deliberate
délicat, e [delika, -at] *adj* delicate; (*plein de tact*) tactful; (*attentionné*) thoughtful; **délicatement** *adv* delicately; (*avec douceur*) gently
délice [delis] *nm* delight
délicieux, -euse [delisjø, -øz] *adj* (*au goût*) delicious; (*sensation, impression*) delightful
délimiter [delimite] /1/ *vt* (*terrain*) to delimit, demarcate
délinquant, e [delɛ̃kɑ̃, -ɑ̃t] *adj, nm/f* delinquent
délirer [deliʀe] /1/ *vi* to be delirious; **tu délires!** (*fam*) you're crazy!
délit [deli] *nm* (criminal) offence
délivrer [delivʀe] /1/ *vt* (*prisonnier*) to (set) free, release; (*passeport, certificat*) to issue
deltaplane® [dɛltaplan] *nm* hang-glider
déluge [delyʒ] *nm* (*biblique*) Flood; (*grosse pluie*) downpour
demain [d(ə)mɛ̃] *adv* tomorrow; **~ matin/soir** tomorrow morning/evening
demande [d(ə)mɑ̃d] *nf* (*requête*) request; (*revendication*) demand; (*formulaire*) application; (*Écon*): **la ~** demand; **"~s d'emploi"** "situations wanted"
demandé, e [d(ə)mɑ̃de] *adj* (*article etc*): **très ~** (very) much in demand
demander [d(ə)mɑ̃de] /1/ *vt* to ask for; (*date, heure, chemin*) to ask; (*requérir, nécessiter*) to require, demand; **~ qch à qn** to ask sb for sth; **~ à qn de faire** to ask sb to do; **se ~ si/pourquoi** *etc* to wonder if/why *etc*; **je ne demande pas mieux** I'm asking nothing more; **demandeur, -euse** *nm/f*: **demandeur d'asile**

asylum-seeker; **demandeur d'emploi** job-seeker

démangeaison [demɑ̃ʒɛzɔ̃] *nf* itching; **avoir des ~s** to be itching

démanger [demɑ̃ʒe] /3/ *vi* to itch

démaquillant [demakijɑ̃] *nm* make-up remover

démaquiller [demakije] /1/ *vt*: **se démaquiller** to remove one's make-up

démarche [demaʀʃ] *nf* (*allure*) gait, walk; (*intervention*) step; (*fig: intellectuelle*) thought processes *pl*; **faire les ~s nécessaires (pour obtenir qch)** to take the necessary steps (to obtain sth)

démarrage [demaʀaʒ] *nm* start

démarrer [demaʀe] /1/ *vi* (*conducteur*) to start (up); (*véhicule*) to move off; (*travaux, affaire*) to get moving; **démarreur** *nm* (*Auto*) starter

démêlant, e [demelɑ̃, -ɑ̃t] *adj*: **crème ~e** (hair) conditioner ▷ *nm* conditioner

démêler [demele] /1/ *vt* to untangle; **démêlés** *nmpl* problems

déménagement [demenaʒmɑ̃] *nm* move; **entreprise/camion de ~** removal (BRIT) *ou* moving (US) firm/van

déménager [demenaʒe] /3/ *vt* (*meubles*) to (re)move ▷ *vi* to move (house); **déménageur** *nm* removal man

démerder [demɛʀde] /1/: **se démerder** *vi* (*fam!*) to bloody well manage for o.s.

démettre [demɛtʀ] /56/ *vt*: **~ qn de** (*fonction, poste*) to dismiss sb from; **se ~ l'épaule** *etc* to dislocate one's shoulder *etc*

demeurer [d(ə)mœʀe] /1/ *vi* (*habiter*) to live; (*rester*) to remain

demi, e [dəmi] *adj* half; **et ~: trois heures/bouteilles et ~es** three and a half hours/bottles ▷ *nm* (*bière*: = 0.25 *litre*) ≈ half-pint; **il est 2 heures et ~e** it's half past 2; **il est midi et ~** it's half past 12; **à ~** half-; **à la ~e** (*heure*) on the half-hour; **demi-douzaine** *nf* half-dozen, half a dozen; **demi-finale** *nf* semifinal; **demi-frère** *nm* half-brother; **demi-heure** *nf*: **une demi-heure** a half-hour, half an hour; **demi-journée** *nf* half-day, half a day; **demi-litre** *nm* half-litre (BRIT), half-liter (US), half a litre *ou* liter; **demi-livre** *nf* half-pound, half a pound; **demi-pension** *nf* half-board; **demi-pensionnaire** *nm/f*: **être demi-pensionnaire** to take school lunches

démis, e *adj* (*épaule etc*) dislocated

demi-sœur [dəmisœʀ] *nf* half-sister

démission [demisjɔ̃] *nf* resignation; **donner sa ~** to give *ou* hand in one's notice; **démissionner** /1/ *vi* to resign

demi-tarif [dəmitaʀif] *nm* half-price; (*Transports*) half-fare; **voyager à ~** to travel half-fare

demi-tour [dəmituʀ] *nm* about-turn; **faire ~** to turn (and go) back

démocratie [demɔkʀasi] *nf* democracy; **démocratique** *adj* democratic

démodé, e [demɔde] *adj* old-fashioned

demoiselle [d(ə)mwazɛl] *nf* (*jeune fille*) young lady; (*célibataire*) single lady, maiden lady; **~ d'honneur** bridesmaid

démolir [demɔliʀ] /2/ *vt* to demolish

démon [demɔ̃] *nm* (*enfant turbulent*) devil, demon; **le D~** the Devil

démonstration [demɔ̃stʀasjɔ̃] *nf* demonstration

démonter [demɔ̃te] /1/ *vt* (*machine etc*) to take down, dismantle; **se démonter** *vi* (*meuble*) to be dismantled, be taken to pieces; (*personne*) to lose countenance

démontrer [demɔ̃tʀe] /1/ *vt* to demonstrate

démouler [demule] /1/ *vt* to turn out

démuni, e [demyni] *adj* (*sans argent*) impoverished; **~ de** without

dénicher [deniʃe] /1/ *vt* (*fam: objet*) to unearth; (: *restaurant etc*) to discover
dénier [denje] /7/ *vt* to deny
dénivellation [denivelasjɔ̃] *nf* (*pente*) ramp
dénombrer [denɔ̃bʀe] /1/ *vt* to count
dénomination [denɔminasjɔ̃] *nf* designation, appellation
dénoncer [denɔ̃se] /3/ *vt* to denounce; **se dénoncer** to give o.s. up, come forward
dénouement [denumɑ̃] *nm* outcome
dénouer [denwe] /1/ *vt* to unknot, undo
denrée [dɑ̃ʀe] *nf* (*aussi*: **~ alimentaire**) food(stuff)
dense [dɑ̃s] *adj* dense; **densité** *nf* density
dent [dɑ̃] *nf* tooth; **~ de lait/sagesse** milk/wisdom tooth; **dentaire** *adj* dental; **cabinet dentaire** dental surgery
dentelle [dɑ̃tɛl] *nf* lace *no pl*
dentier [dɑ̃tje] *nm* denture
dentifrice [dɑ̃tifʀis] *nm*: **(pâte) ~** toothpaste
dentiste *nm/f* dentist
dentition [dɑ̃tisjɔ̃] *nf* teeth *pl*
dénué, e [denɥe] *adj*: **~ de** devoid of
déodorant [deɔdɔʀɑ̃] *nm* deodorant
déontologie [deɔ̃tɔlɔʒi] *nf* (professional) code of practice
dépannage [depanaʒ] *nm*: **service/camion de ~** (*Auto*) breakdown service/truck
dépanner [depane] /1/ *vt* (*voiture, télévision*) to fix, repair; (*fig*) to bail out, help out; **dépanneuse** *nf* breakdown lorry (BRIT), tow truck (US)
dépareillé, e [depaʀeje] *adj* (*collection, service*) incomplete; (*gant, volume, objet*) odd
départ [depaʀ] *nm* departure; (*Sport*) start; **au ~** at the start; **la veille de son ~** the day before he leaves/left
département [depaʀtəmɑ̃] *nm* department

DÉPARTEMENTS

France is divided into 96 administrative units called *départements*. These local government divisions are headed by a state-appointed 'préfet', and administered by an elected 'Conseil général'. *Départements* are usually named after prominent geographical features such as rivers or mountain ranges.

dépassé, e [depɑse] *adj* superseded, outmoded; (*fig*) out of one's depth
dépasser [depɑse] /1/ *vt* (*véhicule, concurrent*) to overtake; (*endroit*) to pass, go past; (*somme, limite*) to exceed; (*fig: en beauté etc*) to surpass, outshine ▷ *vi* (*jupon*) to show; **se dépasser** to excel o.s.
dépaysé, e [depeize] *adj* disoriented
dépaysement [depeizmɑ̃] *nm* change of scenery
dépêcher [depeʃe] /1/: **se dépêcher** *vi* to hurry
dépendance [depɑ̃dɑ̃s] *nf* dependence *no pl*; (*bâtiment*) outbuilding
dépendre [depɑ̃dʀ] /41/ *vt*: **~ de** *vt* to depend on, to be dependent on; **ça dépend** it depends
dépens [depɑ̃] *nmpl*: **aux ~ de** at the expense of
dépense [depɑ̃s] *nf* spending *no pl*, expense, expenditure *no pl*; **dépenser** /1/ *vt* to spend; (*fig*) to expend, use up; **se dépenser** *vi* to exert o.s.
dépeupler [depœple] /1/: **se dépeupler** *vi* to become depopulated
dépilatoire [depilatwaʀ] *adj*: **crème ~** hair-removing *ou* depilatory cream
dépister [depiste] /1/ *vt* to detect; (*voleur*) to track down

dépit [depi] *nm* vexation, frustration; **en ~ de** in spite of; **en ~ du bon sens** contrary to all good sense; **dépité, e** *adj* vexed, frustrated
déplacé, e [deplase] *adj* (*propos*) out of place, uncalled-for
déplacement [deplasmɑ̃] *nm* (*voyage*) trip, travelling *no pl*; **en ~** away (on a trip)
déplacer [deplase] /3/ *vt* (*table, voiture*) to move, shift; **se déplacer** *vi* to move; (*voyager*) to travel; **se ~ une vertèbre** to slip a disc
déplaire [deplɛʀ] /54/ *vi*: **ceci me déplaît** I don't like this, I dislike this; **se ~ quelque part** to dislike it *ou* be unhappy somewhere; **déplaisant, e** *adj* disagreeable
dépliant [deplijɑ̃] *nm* leaflet
déplier [deplije] /7/ *vt* to unfold
déposer [depoze] /1/ *vt* (*gén: mettre, poser*) to lay down, put down; (*à la banque, à la consigne*) to deposit; (*passager*) to drop (off), set down; (*roi*) to depose; (*marque*) to register; (*plainte*) to lodge; **se déposer** *vi* to settle; **dépositaire** *nm/f* (*Comm*) agent; **déposition** *nf* statement
dépôt [depo] *nm* (*à la banque, sédiment*) deposit; (*entrepôt, réserve*) warehouse, store
dépourvu, e [depuʀvy] *adj*: **~ de** lacking in, without; **prendre qn au ~** to catch sb unawares
dépression *nf* depression; **~ (nerveuse)** (nervous) breakdown
déprimant, e [depʀimɑ̃, -ɑ̃t] *adj* depressing
déprimer [depʀime] /1/ *vt* to depress

MOT-CLÉ

depuis [dəpɥi] *prép* **1** (*point de départ dans le temps*) since; **il habite Paris depuis 1983/l'an dernier** he has been living in Paris since 1983/last year; **depuis quand?** since when?; **depuis quand le connaissez-vous?** how long have you known him?
2 (*temps écoulé*) for; **il habite Paris depuis cinq ans** he has been living in Paris for five years; **je le connais depuis trois ans** I've known him for three years
3 (*lieu*): **il a plu depuis Metz** it's been raining since Metz; **elle a téléphoné depuis Valence** she rang from Valence
4 (*quantité, rang*) from; **depuis les plus petits jusqu'aux plus grands** from the youngest to the oldest
▸ *adv* (*temps*) since (then); **je ne lui ai pas parlé depuis** I haven't spoken to him since (then); **depuis que** *conj* (ever) since; **depuis qu'il m'a dit ça** (ever) since he said that to me

député, e [depyte] *nm/f* (*Pol*) ≈ Member of Parliament (BRIT), ≈ Congressman/woman (US)
dérangement [deʀɑ̃ʒmɑ̃] *nm* (*gêne, déplacement*) trouble; (*gastrique etc*) disorder; **en ~** (*téléphone*) out of order
déranger [deʀɑ̃ʒe] /3/ *vt* (*personne*) to trouble, bother; (*projets*) to disrupt, upset; (*objets, vêtements*) to disarrange; **se déranger**; *vi*: **surtout ne vous dérangez pas pour moi** please don't put yourself out on my account; **est-ce que cela vous dérange si ...?** do you mind if ...?
déraper [deʀape] /1/ *vi* (*voiture*) to skid; (*personne, semelles, couteau*) to slip
dérégler [deʀegle] /6/ *vt* (*mécanisme*) to put out of order; (*estomac*) to upset
dérisoire [deʀizwaʀ] *adj* derisory
dérive [deʀiv] *nf*: **aller à la ~** (*Navig, fig*) to drift
dérivé, e [deʀive] *nm* (*Tech*) by-product
dermatologue [dɛʀmatɔlɔg] *nm/f* dermatologist
dernier, -ière [dɛʀnje, -jɛʀ] *adj* last; (*le plus récent: gén avant n*) latest,

last; **lundi/le mois ~** last Monday/ month; **le ~ cri** the last word (in fashion); **en ~** last; **ce ~, cette dernière** the latter; **dernièrement** *adv* recently
dérogation [deʀɔgasjɔ̃] *nf* (special) dispensation
dérouiller [deʀuje] /1/ *vt*: **se ~ les jambes** to stretch one's legs (*fig*)
déroulement [deʀulmɑ̃] *nm* (*d'une opération etc*) progress
dérouler [deʀule] /1/ *vt* (*ficelle*) to unwind; **se dérouler** *vi* (*avoir lieu*) to take place; (*se passer*) to go; **tout s'est déroulé comme prévu** everything went as planned
dérouter [deʀute] /1/ *vt* (*avion, train*) to reroute, divert; (*étonner*) to disconcert, throw (out)
derrière [dɛʀjɛʀ] *adv, prép* behind ▷ *nm* (*d'une maison*) back; (*postérieur*) behind, bottom; **les pattes de ~** the back legs, the hind legs; **par ~** from behind; (*fig*) behind one's back
des [de] *art voir* **de**
dès [dɛ] *prép* from; **~ que** as soon as; **~ son retour** as soon as he was (*ou* is) back
désaccord [dezakɔʀ] *nm* disagreement
désagréable [dezagʀeabl] *adj* unpleasant
désagrément [dezagʀemɑ̃] *nm* annoyance, trouble *no pl*
désaltérer [dezalteʀe] /6/ *vt*: **se désaltérer** to quench: one's thirst
désapprobateur, -trice [dezapʀɔbatœʀ, -tʀis] *adj* disapproving
désapprouver [dezapʀuve] /1/ *vt* to disapprove of
désarmant, e [dezaʀmɑ̃, -ɑ̃t] *adj* disarming
désastre [dezastʀ] *nm* disaster; **désastreux, -euse** *adj* disastrous
désavantage [dezavɑ̃taʒ] *nm* disadvantage; **désavantager** /3/ *vt* to put at a disadvantage
descendre [desɑ̃dʀ] /41/ *vt* (*escalier, montagne*) to go (*ou* come) down; (*valise, paquet*) to take *ou* get down; (*étagère etc*) to lower; (*fam: abattre*) to shoot down ▷ *vi* to go (*ou* come) down; (*passager: s'arrêter*) to get out, alight; **~ à pied/en voiture** to walk/drive down; **~ de** (*famille*) to be descended from; **~ du train** to get out of *ou* off the train; **~ d'un arbre** to climb down from a tree; **~ de cheval** to dismount; **~ à l'hôtel** to stay at a hotel
descente [desɑ̃t] *nf* descent, going down; (*chemin*) way down; (*Ski*) downhill (race); **au milieu de la ~** halfway down; **~ de lit** bedside rug; **~ (de police)** (police) raid
description [dɛskʀipsjɔ̃] *nf* description
déséquilibre [dezekilibʀ] *nm* (*position*): **être en ~** to be unsteady; (*fig: des forces, du budget*) imbalance
désert, e [dezɛʀ, -ɛʀt] *adj* deserted ▷ *nm* desert; **désertique** *adj* desert *cpd*
désespéré, e [dezɛspeʀe] *adj* desperate
désespérer [dezɛspeʀe] /6/ *vi*: **~ de** to despair of; **désespoir** *nm* despair; **en désespoir de cause** in desperation
déshabiller [dezabije] /1/ *vt* to undress; **se déshabiller** *vi* to undress (o.s.)
déshydraté, e [dezidʀate] *adj* dehydrated
désigner [dezipe] /1/ *vt* (*montrer*) to point out, indicate; (*dénommer*) to denote; (*candidat etc*) to name
désinfectant, e [dezɛ̃fɛktɑ̃, -ɑ̃t] *adj, nm* disinfectant
désinfecter [dezɛ̃fɛkte] /1/ *vt* to disinfect
désintéressé, e [dezɛ̃teʀese] *adj* disinterested, unselfish
désintéresser [dezɛ̃teʀese] /1/ *vt*: **se désintéresser (de)** to lose interest (in)

désintoxication [dezɛ̃tɔksikasjɔ̃] *nf*: **faire une cure de ~** to have *ou* undergo treatment for alcoholism (*ou* drug addiction)
désinvolte [dezɛ̃vɔlt] *adj* casual, off-hand
désir [deziʀ] *nm* wish; (*fort, sensuel*) desire; **désirer** /1/ *vt* to want, wish for; (*sexuellement*) to desire; **je désire ...** (*formule de politesse*) I would like ...
désister [deziste] /1/: **se désister** *vi* to stand down, withdraw
désobéir [dezɔbeiʀ] /2/ *vi*: **~ (à qn/qch)** to disobey (sb/sth); **désobéissant, e** *adj* disobedient
désodorisant [dezɔdɔʀizɑ̃] *nm* air freshener, deodorizer
désolé, e [dezɔle] *adj* (*paysage*) desolate; **je suis ~** I'm sorry
désordonné, e [dezɔʀdɔne] *adj* untidy
désordre [dezɔʀdʀ] *nm* disorder(liness), untidiness; (*anarchie*) disorder; **en ~** in a mess, untidy
désormais [dezɔʀmɛ] *adv* from now on
desquels, desquelles [dekɛl] *voir* **lequel**
dessécher [deseʃe] /6/: **se dessécher** *vi* to dry out
desserrer [deseʀe] /1/ *vt* to loosen; (*frein*) to release
dessert [desɛʀ] *nm* dessert, pudding
desservir [desɛʀviʀ] /14/ *vt* (*ville, quartier*) to serve; (*débarrasser*): **~ (la table)** to clear the table
dessin [desɛ̃] *nm* (*œuvre, art*) drawing; (*motif*) pattern, design; **~ animé** cartoon (film); **~ humoristique** cartoon; **dessinateur, -trice** *nm/f* drawer; (*de bandes dessinées*) cartoonist; (*industriel*) draughtsman (BRIT), draftsman (US); **dessiner** /1/ *vt* to draw; (*concevoir*) to design; **se dessiner** *vi* (*forme*) to be outlined; (*fig: solution*) to emerge
dessous [d(ə)su] *adv* underneath, beneath ▷ *nm* underside; **les voisins du ~** the downstairs neighbours ▷ *nmpl* (*sous-vêtements*) underwear *sg*; **en ~** underneath; below; **par ~** underneath; below; **avoir le ~** to get the worst of it; **dessous-de-plat** *nm inv* tablemat
dessus [d(ə)sy] *adv* on top; (*collé, écrit*) on it ▷ *nm* top; **les voisins/l'appartement du ~** the upstairs neighbours/flat; **en ~** above; **par ~** *adv* over it; *prép* over; **au-~** above; **avoir/prendre le ~** to have/get the upper hand; **sens ~ dessous** upside down; **dessus-de-lit** *nm inv* bedspread
destin [dɛstɛ̃] *nm* fate; (*avenir*) destiny
destinataire [dɛstinatɛʀ] *nm/f* (*Postes*) addressee; (*d'un colis*) consignee
destination [dɛstinasjɔ̃] *nf* (*lieu*) destination; (*usage*) purpose; **à ~ de** bound for; travelling to
destiner [dɛstine] /1/ *vt*: **~ qch à qn** (*envisager de donner*) to intend sb to have sth; (*adresser*) to intend sth for sb; **se ~ à l'enseignement** to intend to become a teacher; **être destiné à** (*usage*) to be intended *ou* meant for
détachant [detaʃɑ̃] *nm* stain remover
détacher [detaʃe] /1/ *vt* (*enlever*) to detach, remove; (*délier*) to untie; (*Admin*): **~ qn (auprès de** *ou* **à)** to post sb (to); **se détacher** *vi* (*se séparer*) to come off; (*page*) to come out; (*se défaire*) to come undone; **se ~ sur** to stand out against; **se ~ de** (*se désintéresser*) to grow away from
détail [detaj] *nm* detail; (*Comm*): **le ~** retail; **au ~** (*Comm*) retail; **en ~** in detail; **détaillant, e** *nm/f* retailer; **détaillé, e** *adj* (*récit, plan, explications*) detailed; (*facture*) itemized; **détailler** /1/ *vt* (*expliquer*) to explain in detail
détecter [detɛkte] /1/ *vt* to detect
détective [detɛktiv] *nm* detective; **~ (privé)** private detective *ou* investigator

déteindre [detɛ̃dʀ] /52/ *vi* to fade; (*au lavage*) to run; **~ sur** (*vêtement*) to run into; (*fig*) to rub off on
détendre [detɑ̃dʀ] /41/ *vt* (*personne, atmosphère, corps, esprit*) to relax; **se détendre** *vi* (*ressort*) to lose its tension; (*personne*) to relax
détenir [det(ə)niʀ] /22/ *vt* (*fortune, objet, secret*) to be in possession of; (*prisonnier*) to detain; (*record*) to hold; **~ le pouvoir** to be in power
détente [detɑ̃t] *nf* relaxation
détention [detɑ̃sjɔ̃] *nf* (*de fortune, objet, secret*) possession; (*captivité*) detention; **~ préventive** (pre-trial) custody
détenu, e [det(ə)ny] *pp de* **détenir** ▷ *nm/f* prisoner
détergent [detɛʀʒɑ̃] *nm* detergent
détériorer [deteʀjɔʀe] /1/ *vt* to damage; **se détériorer** *vi* to deteriorate
déterminé, e [detɛʀmine] *adj* (*résolu*) determined; (*précis*) specific, definite
déterminer [detɛʀmine] /1/ *vt* (*fixer*) to determine; **~ qn à faire** to decide sb to do; **se ~ à faire** to make up one's mind to do
détester [deteste] /1/ *vt* to hate, detest
détour [detuʀ] *nm* detour; (*tournant*) bend, curve; **ça vaut le ~** it's worth the trip; **sans ~** (*fig*) plainly
détourné, e [detuʀne] *adj* (*sentier, chemin, moyen*) roundabout
détourner [detuʀne] /1/ *vt* to divert; (*par la force*) to hijack; (*yeux, tête*) to turn away; (*de l'argent*) to embezzle; **se détourner** *vi* to turn away
détraquer [detʀake] /1/ *vt* to put out of order; (*estomac*) to upset; **se détraquer** *vi* to go wrong
détriment [detʀimɑ̃] *nm*: **au ~ de** to the detriment of
détroit [detʀwa] *nm* strait
détruire [detʀɥiʀ] /38/ *vt* to destroy
dette [dɛt] *nf* debt
DEUG [døg] *sigle m* = **Diplôme d'études universitaires générales**

DEUG

French students sit their *DEUG* ('diplôme d'études universitaires générales') after two years at university. They can then choose to leave university altogether, or go on to study for their 'licence'. The certificate specifies the student's major subject and may be awarded with distinction.

deuil [dœj] *nm* (*perte*) bereavement; (*période*) mourning; **prendre le/être en ~** to go into/be in mourning
deux [dø] *num* two; **les ~** both; **ses ~ mains** both his hands, his two hands; **~ fois** twice; **deuxième** *num* second; **deuxièmement** *adv* secondly; **deux-pièces** *nm inv* (*tailleur*) two-piece (suit); (*de bain*) two-piece (swimsuit); (*appartement*) two-roomed flat (BRIT) *ou* apartment (US); **deux-points** *nm inv* colon *sg*; **deux-roues** *nm inv* two-wheeled vehicle
devais *etc* [dəvɛ] *vb voir* **devoir**
dévaluation [devalɥasjɔ̃] *nf* devaluation
devancer [d(ə)vɑ̃se] /3/ *vt* to get ahead of; (*arriver avant*) to arrive before; (*prévenir*) to anticipate
devant [d(ə)vɑ̃] *adv* in front; (*à distance: en avant*) ahead ▷ *prép* in front of; (*en avant*) ahead of; (*avec mouvement: passer*) past; (*fig*) before, in front of (: *vu*) in view of ▷ *nm* front; **prendre les ~s** to make the first move; **les pattes de ~** the front legs, the forelegs; **par ~** (*boutonner*) at the front; (*entrer*) the front way; **aller au-~ de qn** to go out to meet sb; **aller au-~ de** (*désirs de qn*) to anticipate
devanture [d(ə)vɑ̃tyʀ] *nf* (*étalage*) display; (*vitrine*) (shop) window

développement [dev(ə)lɔpmɑ̃] *nm* development; **pays en voie de ~** developing countries; **~ durable** sustainable development
développer [dev(ə)lɔpe] /1/ *vt* to develop; **se développer** *vi* to develop
devenir [dəv(ə)niʀ] /22/ *vi* to become; **que sont-ils devenus?** what has become of them?
devez [dəve] *vb voir* **devoir**
déviation [devjasjɔ̃] *nf* (*Auto*) diversion (BRIT), detour (US)
devienne *etc* [dəvjɛn] *vb voir* **devenir**
deviner [d(ə)vine] /1/ *vt* to guess; (*apercevoir*) to distinguish; **devinette** *nf* riddle
devis [d(ə)vi] *nm* estimate, quotation
devise [dəviz] *nf* (*formule*) motto, watchword; **devises** *nfpl* (*argent*) currency *sg*
dévisser [devise] /1/ *vt* to unscrew, undo; **se dévisser** *vi* to come unscrewed
devoir [d(ə)vwaʀ] /28/ *nm* duty; (*Scol*) homework *no pl* (: *en classe*) exercise ▷ *vt* (*argent, respect*): **~ qch (à qn)** to owe (sb) sth; **combien est-ce que je vous dois?** how much do I owe you?; **il doit le faire** (*obligation*) he has to do it, he must do it; **cela devait arriver un jour** it was bound to happen; **il doit partir demain** (*intention*) he is due to leave tomorrow; **il doit être tard** (*probabilité*) it must be late
dévorer [devɔʀe] /1/ *vt* to devour; (*feu, soucis*) to consume; **~ qn/qch des yeux** *ou* **du regard** (*convoitise*) to eye sb/sth greedily
dévoué, e [devwe] *adj* devoted
dévouer [devwe] /1/: **se dévouer** *vi* (*se sacrifier*): **se ~ (pour)** to sacrifice o.s. (for); (*se consacrer*): **se ~ à** to devote *ou* dedicate o.s. to
devrai *etc* [dəvʀe] *vb voir* **devoir**
dézipper [dezipe] /1/ *vt* to unzip
diabète [djabɛt] *nm* diabetes *sg*; **diabétique** *nm/f* diabetic
diable [djɑbl] *nm* devil
diabolo [djabɔlo] *nm* (*boisson*) lemonade and fruit cordial
diagnostic [djagnɔstik] *nm* diagnosis *sg*; **diagnostiquer** /1/ *vt* to diagnose
diagonal, e, -aux [djagɔnal, -o] *adj*, *nf* diagonal; **en ~e** diagonally
diagramme [djagʀam] *nm* chart, graph
dialecte [djalɛkt] *nm* dialect
dialogue [djalɔg] *nm* dialogue
diamant [djamɑ̃] *nm* diamond
diamètre [djamɛtʀ] *nm* diameter
diapo [djapo], **diapositive** [djapozitiv] *nf* transparency, slide
diarrhée [djaʀe] *nf* diarrhoea
dictateur [diktatœʀ] *nm* dictator; **dictature** [diktatyʀ] *nf* dictatorship
dictée [dikte] *nf* dictation
dicter [dikte] /1/ *vt* to dictate
dictionnaire [diksjɔnɛʀ] *nm* dictionary
dièse [djɛz] *nm* sharp
diesel [djezɛl] *nm, adj inv* diesel
diète [djɛt] *nf* (*jeûne*) starvation diet; (*régime*) diet; **diététique** *adj*: **magasin diététique** health food shop (BRIT) *ou* store (US)
dieu, x [djø] *nm* god; **D~** God; **mon D~!** good heavens!
différemment [difeʀamɑ̃] *adv* differently
différence [difeʀɑ̃s] *nf* difference; **à la ~ de** unlike; **différencier** /7/ *vt* to differentiate
différent, e [difeʀɑ̃, -ɑ̃t] *adj* (*dissemblable*) different; **~ de** different from; **~s objets** different *ou* various objects
différer [difeʀe] /6/ *vt* to postpone, put off ▷ *vi*: **~ (de)** to differ (from)
difficile [difisil] *adj* difficult; (*exigeant*) hard to please; **difficilement** *adv* with difficulty
difficulté [difikylte] *nf* difficulty; **en ~** (*bateau, alpiniste*) in trouble *ou* difficulties

d

diffuser [difyze] /1/ *vt* (*chaleur, bruit, lumière*) to diffuse; (*émission, musique*) to broadcast; (*nouvelle, idée*) to circulate; (*Comm*) to distribute
digérer [diʒeʀe] /6/ *vt* to digest; (*fig: accepter*) to stomach, put up with; **digestif, -ive** *nm* (after-dinner) liqueur; **digestion** *nf* digestion
digne [diɲ] *adj* dignified; **~ de** worthy of; **~ de foi** trustworthy; **dignité** *nf* dignity
digue [dig] *nf* dike, dyke
dilemme [dilɛm] *nm* dilemma
diligence [diliʒɑ̃s] *nf* stagecoach
diluer [dilɥe] /1/ *vt* to dilute
dimanche [dimɑ̃ʃ] *nm* Sunday
dimension [dimɑ̃sjɔ̃] *nf* (*grandeur*) size; (*dimensions*) dimensions
diminuer [diminɥe] /1/ *vt* to reduce, decrease; (*ardeur etc*) to lessen; (*dénigrer*) to belittle ▷ *vi* to decrease, diminish; **diminutif** *nm* (*surnom*) pet name
dinde [dɛ̃d] *nf* turkey
dindon [dɛ̃dɔ̃] *nm* turkey
dîner [dine] /1/ *nm* dinner ▷ *vi* to have dinner
dingue [dɛ̃g] *adj* (*fam*) crazy
dinosaure [dinɔzɔʀ] *nm* dinosaur
diplomate [diplɔmat] *adj* diplomatic ▷ *nm* diplomat; (*fig*) diplomatist; **diplomatie** *nf* diplomacy
diplôme [diplom] *nm* diploma certificate; **avoir des ~s** to have qualifications; **diplômé, e** *adj* qualified
dire [diʀ] /37/ *vt* to say; (*secret, mensonge*) to tell; **se dire** (*à soi-même*) to say to oneself ▷ *nm*: **au ~ de** according to; **~ qch à qn** to tell sb sth; **~ à qn qu'il fasse** *ou* **de faire** to tell sb to do; **on dit que** they say that; **on dirait que** it looks (*ou* sounds *etc*) as though; **que dites-vous de** (*penser*) what do you think of; **si cela lui dit** if he fancies it; **dis donc!, dites donc!** (*pour attirer l'attention*) hey!; (*au fait*) by the way; **ceci** *ou* **cela dit** that being said; **ça ne se dit pas** (*impoli*) you shouldn't say that; (*pas en usage*) you don't say that
direct, e [diʀɛkt] *adj* direct ▷ *nm*: **en ~** (*émission*) live; **directement** *adv* directly
directeur, -trice [diʀɛktœʀ, -tʀis] *nm/f* (*d'entreprise*) director; (*de service*) manager/eress; (*d'école*) head(teacher) (BRIT), principal (US)
direction [diʀɛksjɔ̃] *nf* (*d'entreprise*) management; (*Auto*) steering; (*sens*) direction; **"toutes ~s"** "all routes"
dirent [diʀ] *vb voir* **dire**
dirigeant, e [diʀiʒɑ̃, -ɑ̃t] *adj* (*classes*) ruling ▷ *nm/f* (*d'un parti etc*) leader
diriger [diʀiʒe] /3/ *vt* (*entreprise*) to manage, run; (*véhicule*) to steer; (*orchestre*) to conduct; (*recherches, travaux*) to supervise; (*arme*): **~ sur** to point *ou* level *ou* aim at; **se diriger** *vi* (*s'orienter*) to find one's way; **~ son regard sur** to look in the direction of; **se ~ vers** *ou* **sur** to make *ou* head for
dis [di] *vb voir* **dire**
discerner [disɛʀne] /1/ *vt* to discern, make out
discipline [disiplin] *nf* discipline; **discipliner** /1/ *vt* to discipline
discontinu, e [diskɔ̃tiny] *adj* intermittent
discontinuer [diskɔ̃tinɥe] /1/ *vi*: **sans ~** without stopping, without a break
discothèque [diskɔtɛk] *nf* (*boîte de nuit*) disco(thèque)
discours [diskuʀ] *nm* speech
discret, -ète [diskʀɛ, -ɛt] *adj* discreet; (*fig: musique, style, maquillage*) unobtrusive; **discrétion** *nf* discretion; **à discrétion** as much as one wants
discrimination *nf* discrimination; **sans ~** indiscriminately
discussion [diskysjɔ̃] *nf* discussion
discutable [diskytabl] *adj* debatable

discuter [diskyte] /1/ *vt* (*contester*) to question, dispute; (*débattre*: *prix*) to discuss ▷ *vi* to talk; (*protester*) to argue; **~ de** to discuss
dise *etc* [diz] *vb voir* **dire**
disjoncteur [disʒɔ̃ktœʀ] *nm* (*Élec*) circuit breaker
disloquer [dislɔke] /1/: **se disloquer** *vi* (*parti, empire*) to break up; (*meuble*) to come apart; **se ~ l'épaule** to dislocate one's shoulder
disons *etc* [dizɔ̃] *vb voir* **dire**
disparaître [dispaʀɛtʀ] /57/ *vi* to disappear; (*se perdre*: *traditions etc*) to die out; (*personne*: *mourir*) to die; **faire ~** (*objet, tache, trace*) to remove; (*personne, douleur*) to get rid of
disparition [dispaʀisjɔ̃] *nf* disappearance; **espèce en voie de ~** endangered species
disparu, e [dispaʀy] *nm/f* missing person; **être porté ~** to be reported missing
dispensaire [dispɑ̃sɛʀ] *nm* community clinic
dispenser [dispɑ̃se] /1/ *vt*: **~ qn de** to exempt sb from
disperser [dispɛʀse] /1/ *vt* to scatter; **se disperser** *vi* to scatter
disponible [dispɔnibl] *adj* available
disposé, e [dispoze] *adj*: **bien/mal ~** (*humeur*) in a good/bad mood; **~ à** (*prêt à*) willing *ou* prepared to
disposer [dispoze] /1/ *vt* to arrange ▷ *vi*: **vous pouvez ~** you may leave; **~ de** to have (at one's disposal); **se ~ à faire** to prepare to do, be about to do
dispositif [dispozitif] *nm* device; (*fig*) system, plan of action
disposition [dispozisjɔ̃] *nf* (*arrangement*) arrangement, layout; (*humeur*) mood; **prendre ses ~s** to make arrangements; **avoir des ~s pour la musique** *etc* to have a special aptitude for music *etc*; **à la ~ de qn** at sb's disposal; **je suis à votre ~** I am at your service
disproportionné, e [dispʀɔpɔʀsjɔne] *adj* disproportionate, out of all proportion
dispute [dispyt] *nf* quarrel, argument; **disputer** /1/ *vt* (*match*) to play; (*combat*) to fight; **se disputer** *vi* to quarrel
disqualifier [diskalifje] /7/ *vt* to disqualify
disque [disk] *nm* (*Mus*) record; (*forme, pièce*) disc; (*Sport*) discus; **~ compact** compact disc; **~ dur** hard disk; **disquette** *nf* floppy (disk), diskette
dissertation [disɛʀtasjɔ̃] *nf* (*Scol*) essay
dissimuler [disimyle] /1/ *vt* to conceal
dissipé, e [disipe] *adj* (*indiscipliné*) unruly
dissolvant [disɔlvɑ̃] *nm* nail polish remover
dissuader [disɥade] /1/ *vt*: **~ qn de faire/de qch** to dissuade sb from doing/from sth
distance [distɑ̃s] *nf* distance; (*fig*: *écart*) gap; **à ~** at *ou* from a distance; **distancer** /3/ *vt* to outdistance
distant, e [distɑ̃, -ɑ̃t] *adj* (*réservé*) distant; **~ de** (*lieu*) far away *ou* a long way from
distillerie [distilʀi] *nf* distillery
distinct, e [distɛ̃(kt), distɛ̃kt] *adj* distinct; **distinctement** [distɛ̃ktəmɑ̃] *adv* distinctly; **distinctif, -ive** *adj* distinctive
distingué, e [distɛ̃ge] *adj* distinguished
distinguer [distɛ̃ge] /1/ *vt* to distinguish; **se distinguer** *vi*: **se ~ (de)** to distinguish o.s. *ou* be distinguished (from)
distraction [distʀaksjɔ̃] *nf* (*manque d'attention*) absent-mindedness; (*passe-temps*) distraction, entertainment
distraire [distʀɛʀ] /50/ *vt* (*déranger*) to distract; (*divertir*) to entertain, divert; **se distraire** *vi* to amuse *ou*

enjoy o.s.; **distrait, e** [distʀɛ, -ɛt] *pp de* **distraire** ▷ *adj* absent-minded
distrayant, e [distʀɛjɑ̃, -ɑ̃t] *adj* entertaining
distribuer [distʀibɥe] /1/ *vt* to distribute; to hand out; (*Cartes*) to deal (out); (*courrier*) to deliver; **distributeur** *nm* (*Auto, Comm*) distributor; (*automatique*) (vending) machine; **distributeur de billets** cash dispenser
dit, e [di, dit] *pp de* **dire** ▷ *adj* (*fixé*): **le jour ~** the arranged day; (*surnommé*): **X, ~ Pierrot** X, known as *ou* called Pierrot
dites [dit] *vb voir* **dire**
divan [divɑ̃] *nm* divan
divers, e [divɛʀ, -ɛʀs] *adj* (*varié*) diverse, varied; (*différent*) different, various; **~es personnes** various *ou* several people
diversité [divɛʀsite] *nf* diversity, variety
divertir [divɛʀtiʀ] /2/: **se divertir** *vi* to amuse *ou* enjoy o.s.; **divertissement** *nm* entertainment
diviser [divize] /1/ *vt* to divide; **division** *nf* division
divorce [divɔʀs] *nm* divorce; **divorcé, e** *nm/f* divorcee; **divorcer** /3/ *vi* to get a divorce, get divorced; **divorcer de** *ou* **d'avec qn** to divorce sb
divulguer [divylge] /1/ *vt* to disclose
dix [di, dis, diz] *num* ten; **dix-huit** *num* eighteen; **dix-huitième** *num* eighteenth; **dixième** *num* tenth; **dix-neuf** *num* nineteen; **dix-neuvième** *num* nineteenth; **dix-sept** *num* seventeen; **dix-septième** *num* seventeenth
dizaine [dizɛn] *nf*: **une ~ (de)** about ten, ten or so
do [do] *nm* (*note*) C; (*en chantant la gamme*) do(h)
docile [dɔsil] *adj* docile
dock [dɔk] *nm* dock; **docker** *nm* docker
docteur, e [dɔktœʀ] *nm/f* doctor; **doctorat** *nm*: **doctorat (d'Université)** ≈ doctorate
doctrine [dɔktʀin] *nf* doctrine
document [dɔkymɑ̃] *nm* document; **documentaire** *adj, nm* documentary; **documentation** *nf* documentation, literature; **documenter** /1/ *vt*: **se documenter (sur)** to gather information *ou* material (on *ou* about)
dodo [dodo] *nm*: **aller faire ~** to go to beddy-byes
dogue [dɔg] *nm* mastiff
doigt [dwa] *nm* finger; **à deux ~s de** within an ace (BRIT) *ou* an inch of; **un ~ de lait/whisky** a drop of milk/whisky; **~ de pied** toe
doit *etc* [dwa] *vb voir* **devoir**
dollar [dɔlaʀ] *nm* dollar
domaine [dɔmɛn] *nm* estate, property; (*fig*) domain, field
domestique [dɔmɛstik] *adj* domestic ▷ *nm/f* servant, domestic
domicile [dɔmisil] *nm* home, place of residence; **à ~** at home; **livrer à ~** to deliver; **domicilié, e** *adj*: **être domicilié à** to have one's home in *ou* at
dominant, e [dɔminɑ̃, -ɑ̃t] *adj* (*opinion*) predominant
dominer [dɔmine] /1/ *vt* to dominate; (*sujet*) to master; (*surpasser*) to outclass, surpass; (*surplomber*) to tower above, dominate ▷ *vi* to be in the dominant position; **se dominer** *vi* to control o.s.
domino [dɔmino] *nm* domino; **dominos** *nmpl* (*jeu*) dominoes *sg*
dommage [dɔmaʒ] *nm*: **~s** (*dégâts, pertes*) damage *no pl*; **c'est ~ de faire/que** it's a shame *ou* pity to do/that; **quel ~!, c'est ~!** what a pity *ou* shame!
dompter [dɔ̃(p)te] /1/ *vt* to tame; **dompteur, -euse** *nm/f* trainer
DOM-ROM [dɔmʀɔm] *sigle* *m(pl)* (= *Département(s) et Régions/*

Territoire(s) d'outre-mer) French overseas departments and regions

don [dɔ̃] *nm* gift; *(charité)* donation; **avoir des ~s pour** to have a gift *ou* talent for; **elle a le ~ de m'énerver** she's got a knack of getting on my nerves

donc [dɔ̃k] *conj* therefore, so; *(après une digression)* so, then

dongle [dɔ̃gl] *nm* dongle

donné, e [dɔne] *adj (convenu: lieu, heure)* given; *(pas cher)* very cheap; **données** *nfpl* data; **c'est ~** it's a gift; **étant ~ que ...** given that ...

donner [dɔne] /1/ *vt* to give; *(vieux habits etc)* to give away; *(spectacle)* to put on; **~ qch à qn** to give sb sth, give sth to sb; **~ sur** *(fenêtre, chambre)* to look (out) onto; **ça donne soif/faim** it makes you (feel) thirsty/hungry; **se ~ à fond (à son travail)** to give one's all (to one's work); **se ~ du mal** *ou* **de la peine (pour faire qch)** to go to a lot of trouble (to do sth); **s'en ~ à cœur joie** *(fam)* to have a great time (of it)

MOT-CLÉ

dont [dɔ̃] *pron relatif* **1** *(appartenance: objets)* whose, of which; *(: êtres animés)* whose; **la maison dont le toit est rouge** the house the roof of which is red, the house whose roof is red; **l'homme dont je connais la sœur** the man whose sister I know

2 *(parmi lesquel(le)s)*: **deux livres, dont l'un est ...** two books, one of which is ...; **il y avait plusieurs personnes, dont Gabrielle** there were several people, among them Gabrielle; **10 blessés, dont 2 grièvement** 10 injured, 2 of them seriously

3 *(complément d'adjectif, de verbe)*: **le fils dont il est si fier** the son he's so proud of; **le pays dont il est originaire** the country he's from; **ce dont je parle** what I'm talking about; **la façon dont il l'a fait** the way (in which) he did it

dopage [dɔpaʒ] *nm (Sport)* drug use; *(de cheval)* doping

doré, e [dɔʀe] *adj* golden; *(avec dorure)* gilt, gilded

dorénavant [dɔʀenavɑ̃] *adv* henceforth

dorer [dɔʀe] /1/ *vt* to gild; **(faire) ~** *(Culin)* to brown

dorloter [dɔʀlɔte] /1/ *vt* to pamper

dormir [dɔʀmiʀ] /16/ *vi* to sleep; *(être endormi)* to be asleep

dortoir [dɔʀtwaʀ] *nm* dormitory

dos [do] *nm* back; *(de livre)* spine; **"voir au ~"** "see over"; **de ~** from the back

dosage [dozaʒ] *nm* mixture

dose [doz] *nf* dose; **doser** /1/ *vt* to measure out; **il faut savoir doser ses efforts** you have to be able to pace yourself

dossier [dosje] *nm (renseignements, fichier)* file; *(de chaise)* back; *(Presse)* feature; *(Inform)* folder; **un ~ scolaire** a school report

douane [dwan] *nf* customs *pl*; **douanier, -ière** *adj* customs *cpd* ▷ *nm* customs officer

double [dubl] *adj, adv* double ▷ *nm (autre exemplaire)* duplicate, copy; *(sosie)* double; *(Tennis)* doubles *sg*; *(2 fois plus)*: **le ~ (de)** twice as much *(ou* many) (as); **en ~ (exemplaire)** in duplicate; **faire ~ emploi** to be redundant; **double-cliquer** /1/ *vi (Inform)* to double-click

doubler [duble] /1/ *vt (multiplier par 2)* to double; *(vêtement)* to line; *(dépasser)* to overtake, pass; *(film)* to dub; *(acteur)* to stand in for ▷ *vi* to double

doublure [dublyʀ] *nf* lining; *(Ciné)* stand-in

douce [dus] *adj f voir* **doux**; **douceâtre** *adj* sickly sweet;

doucement *adv* gently; (*lentement*) slowly; **douceur** *nf* softness; (*de climat*) mildness; (*de quelqu'un*) gentleness
douche [duʃ] *nf* shower; **prendre une ~** to have *ou* take a shower; **doucher** /1/: **se doucher** *vi* to have *ou* take a shower
doué, e [dwe] *adj* gifted, talented; **être ~ pour** to have a gift for
douille [duj] *nf* (*Élec*) socket
douillet, te [dujɛ, -ɛt] *adj* cosy; (*péj*: *à la douleur*) soft
douleur [dulœʀ] *nf* pain; (*chagrin*) grief, distress; **douloureux, -euse** *adj* painful
doute [dut] *nm* doubt; **sans ~** no doubt; (*probablement*) probably; **sans nul** *ou* **aucun ~** without (a) doubt; **douter** /1/ *vt* to doubt; **douter de** (*allié, sincérité de qn*) to have (one's) doubts about, doubt; (*résultat, réussite*) to be doubtful of; **douter que** to doubt whether *ou* if; **se douter de qch/que** to suspect sth/that; **je m'en doutais** I suspected as much; **douteux, -euse** *adj* (*incertain*) doubtful; (*péj*) dubious-looking
Douvres [duvʀ] *n* Dover
doux, douce [du, dus] *adj* soft; (*sucré, agréable*) sweet; (*peu fort*: *moutarde etc, clément*: *climat*) mild; (*pas brusque*) gentle
douzaine [duzɛn] *nf* (12) dozen; (*environ 12*): **une ~ (de)** a dozen or so
douze [duz] *num* twelve; **douzième** *num* twelfth
dragée [dʀaʒe] *nf* sugared almond
draguer [dʀage] /1/ *vt* (*rivière*) to dredge; (*fam*) to try and pick up
dramatique [dʀamatik] *adj* dramatic; (*tragique*) tragic ▷ *nf* (*TV*) (television) drama
drame [dʀam] *nm* drama
drap [dʀa] *nm* (*de lit*) sheet; (*tissu*) woollen fabric
drapeau, x [dʀapo] *nm* flag
drap-housse [dʀaus] *nm* fitted sheet
dresser [dʀese] /1/ *vt* (*mettre vertical, monter*) to put up, erect; (*liste, bilan, contrat*) to draw up; (*animal*) to train; **se dresser** *vi* (*falaise, obstacle*) to stand; (*personne*) to draw o.s. up; **~ l'oreille** to prick up one's ears; **~ qn contre qn d'autre** to set sb against sb else
drogue [dʀɔg] *nf* drug; **la ~** drugs *pl*; **drogué, e** *nm/f* drug addict; **droguer** /1/ *vt* (*victime*) to drug; **se droguer** *vi* (*aux stupéfiants*) to take drugs; (*péj*: *de médicaments*) to dose o.s. up; **droguerie** *nf* ≈ hardware shop (BRIT) *ou* store (US); **droguiste** *nm* ≈ keeper (*ou* owner) of a hardware shop *ou* store
droit, e [dʀwa, dʀwat] *adj* (*non courbe*) straight; (*vertical*) upright, straight; (*fig*: *loyal, franc*) upright, straight(forward); (*opposé à gauche*) right, right-hand ▷ *adv* straight ▷ *nm* (*prérogative*) right; (*taxe*) duty, tax; (: *d'inscription*) fee; (*lois, branche*): **le ~** law ▷ *nf* (*Pol*) right (wing); **avoir le ~ de** to be allowed to; **avoir ~ à** to be entitled to; **être dans son ~** to be within one's rights; **à ~e** on the right; (*direction*) (to the) right; **~s d'auteur** royalties; **~s d'inscription** enrolment *ou* registration fees; **droitier, -ière** *adj* right-handed
drôle [dʀol] *adj* (*amusant*) funny, amusing; (*bizarre*) funny, peculiar; **un ~ de ...** (*bizarre*) a strange *ou* funny ...; (*intensif*) an incredible ..., a terrific ...
dromadaire [dʀɔmadɛʀ] *nm* dromedary
du [dy] *art voir* **de**
dû, due [dy] *pp de* **devoir** ▷ *adj* (*somme*) owing, owed; (*causé par*): **dû à** due to ▷ *nm* due
dune [dyn] *nf* dune
duplex [dyplɛks] *nm* (*appartement*) split-level apartment, duplex
duquel [dykɛl] *voir* **lequel**

dur, e [dyʀ] *adj* (*pierre, siège, travail, problème*) hard; (*lumière, voix, climat*) harsh; (*sévère*) hard, harsh; (*cruel*) hard(-hearted); (*porte, col*) stiff; (*viande*) tough ▷ *adv* hard ▷ *nm* (*fam: meneur*) tough nut; **~ d'oreille** hard of hearing
durant [dyʀɑ̃] *prép* (*au cours de*) during; (*pendant*) for; **des mois ~** for months
durcir [dyʀsiʀ] /2/ *vt, vi* to harden; **se durcir** *vi* to harden
durée [dyʀe] *nf* length; (*d'une pile etc*) life; **de courte ~** (*séjour, répit*) brief
durement [dyʀmɑ̃] *adv* harshly
durer [dyʀe] /1/ *vi* to last
dureté [dyʀte] *nf* hardness; harshness; stiffness; toughness
durit® [dyʀit] *nf* (car radiator) hose
duvet [dyvɛ] *nm* down
DVD *sigle m* (*= digital versatile disc*) DVD
dynamique [dinamik] *adj* dynamic; **dynamisme** *nm* dynamism
dynamo [dinamo] *nf* dynamo
dyslexie [dislɛksi] *nf* dyslexia, word blindness

e

eau, x [o] *nf* water ▷ *nfpl* (*Méd*) waters; **prendre l'~** to leak, let in water; **tomber à l'~** (*fig*) to fall through; **~ de Cologne** eau de Cologne; **~ courante** running water; **~ douce** fresh water; **~ gazeuse** sparkling (mineral) water; **~ de Javel** bleach; **~ minérale** mineral water; **~ plate** still water; **~ salée** salt water; **~ de toilette** toilet water; **eau-de-vie** *nf* brandy
ébène [ebɛn] *nf* ebony; **ébéniste** [ebenist] *nm* cabinetmaker
éblouir [ebluiʀ] /2/ *vt* to dazzle
éboueur [ebwœʀ] *nm* dustman (BRIT), garbage man (US)
ébouillanter [ebujɑ̃te] /1/ *vt* to scald; (*Culin*) to blanch
éboulement [ebulmɑ̃] *nm* rock fall
ébranler [ebʀɑ̃le] /1/ *vt* to shake; (*rendre instable*) to weaken; **s'ébranler** *vi* (*partir*) to move off
ébullition [ebylisjɔ̃] *nf* boiling point; **en ~** boiling

écaille [ekɑj] *nf* (*de poisson*) scale; (*matière*) tortoiseshell; **écailler**/1/ *vt* (*poisson*) to scale; **s'écailler** *vi* to flake *ou* peel (off)
écart [ekaʀ] *nm* gap; **à l'~** out of the way; **à l'~ de** away from; **faire un ~** (*voiture*) to swerve
écarté, e [ekaʀte] *adj* (*lieu*) out-of-the-way, remote; (*ouvert*): **les jambes ~es** legs apart; **les bras ~s** arms outstretched
écarter [ekaʀte] /1/ *vt* (*séparer*) to move apart, separate; (*éloigner*) to push back, move away; (*ouvrir*: *bras, jambes*) to spread, open; (: *rideau*) to draw (back); (*éliminer*: *candidat, possibilité*) to dismiss; **s'écarter** *vi* to part; (*personne*) to move away; **s'~ de** to wander from
échafaudage [eʃafodaʒ] *nm* scaffolding
échalote [eʃalɔt] *nf* shallot
échange [eʃɑ̃ʒ] *nm* exchange; **en ~ de** in exchange *ou* return for; **échanger**/3/ *vt*: **échanger qch (contre)** to exchange sth (for)
échantillon [eʃɑ̃tijɔ̃] *nm* sample
échapper [eʃape] /1/: **~ à** *vt* (*gardien*) to escape (from); (*punition, péril*) to escape; **~ à qn** (*détail, sens*) to escape sb; (*objet qu'on tient*) to slip out of sb's hands; **laisser ~** (*cri etc*) to let out; **l'~ belle** to have a narrow escape
écharde [eʃaʀd] *nf* splinter (of wood)
écharpe [eʃaʀp] *nf* scarf; **avoir le bras en ~** to have one's arm in a sling
échauffer [eʃofe] /1/ *vt* (*métal, moteur*) to overheat; **s'échauffer** *vi* (*Sport*) to warm up; (*discussion*) to become heated
échéance [eʃeɑ̃s] *nf* (*d'un paiement*: *date*) settlement date; (*fig*) deadline; **à brève/longue ~** in the short/long term
échéant [eʃeɑ̃]: **le cas ~** *adv* if the case arises
échec [eʃɛk] *nm* failure; (*Échecs*): **~ et mat/au roi** checkmate/check; **échecs** *nmpl* (*jeu*) chess *sg*; **tenir en ~** to hold in check
échelle [eʃɛl] *nf* ladder; (*fig, d'une carte*) scale
échelon [eʃ(ə)lɔ̃] *nm* (*d'échelle*) rung; (*Admin*) grade; **échelonner**/1/ *vt* to space out, spread out
échiquier [eʃikje] *nm* chessboard
écho [eko] *nm* echo; **échographie** *nf*: **passer une échographie** to have a scan
échouer [eʃwe] /1/ *vi* to fail; **s'échouer** *vi* to run aground
éclabousser [eklabuse] /1/ *vt* to splash
éclair [eklɛʀ] *nm* (*d'orage*) flash of lightning, lightning *no pl*; (*gâteau*) éclair
éclairage [eklɛʀaʒ] *nm* lighting
éclaircie [eklɛʀsi] *nf* bright *ou* sunny interval
éclaircir [eklɛʀsiʀ] /2/ *vt* to lighten; (*fig*: *mystère*) to clear up; (*point*) to clarify; **s'éclaircir** *vi* (*ciel*) to brighten up; **s'~ la voix** to clear one's throat; **éclaircissement** *nm* clarification
éclairer [ekleʀe] /1/ *vt* (*lieu*) to light (up); (*personne*: *avec une lampe de poche etc*) to light the way for; (*fig*: *rendre compréhensible*) to shed light on ▷ *vi*: **~ mal/bien** to give a poor/good light; **s'~ à la bougie/l'électricité** to use candlelight/have electric lighting
éclat [ekla] *nm* (*de bombe, de verre*) fragment; (*du soleil, d'une couleur etc*) brightness, brilliance; (*d'une cérémonie*) splendour; (*scandale*): **faire un ~** to cause a commotion; **~ de rire** burst *ou* roar of laughter; **~ de voix** shout
éclatant, e [eklatɑ̃, -ɑ̃t] *adj* brilliant
éclater [eklate] /1/ *vi* (*pneu*) to burst; (*bombe*) to explode; (*guerre, épidémie*) to break out; (*groupe, parti*) to break up; **~ de rire/en sanglots** to burst out laughing/sobbing
écluse [eklyz] *nf* lock
écœurant, e [ekœʀɑ̃, -ɑ̃t] *adj* sickening; (*gâteau etc*) sickly

écœurer [ekœʀe] vt: **~ qn** (*nourriture*) to make sb feel sick; (*fig: conduite, personne*) to disgust sb
école [ekɔl] *nf* school; **aller à l'~** to go to school; **~ maternelle** nursery school; **~ primaire** primary (BRIT) *ou* grade (US) school; **~ secondaire** secondary (BRIT) *ou* high (US) school; **écolier, -ière** *nm/f* schoolboy/girl
écologie [ekɔlɔʒi] *nf* ecology; **écologique** *adj* environment-friendly; **écologiste** *nm/f* ecologist
économe [ekɔnɔm] *adj* thrifty ▷ *nm/f* (*de lycée etc*) bursar (BRIT), treasurer (US)
économie [ekɔnɔmi] *nf* economy; (*gain: d'argent, de temps etc*) saving; (*science*) economics *sg*; **économies** *nfpl* (*pécule*) savings; **économique** *adj* (*avantageux*) economical; (*Écon*) economic; **économiser** /1/ *vt, vi* to save
écorce [ekɔʀs] *nf* bark; (*de fruit*) peel
écorcher [ekɔʀʃe] /1/ *vt*: **s'~ le genou** *etc* to scrape *ou* graze one's knee *etc*; **écorchure** *nf* graze
écossais, e [ekɔsɛ, -ɛz] *adj* Scottish ▷ *nm/f*: **É~, e** Scot
Écosse [ekɔs] *nf*: **l'~** Scotland
écouter [ekute] /1/ *vt* to listen to; **s'écouter** (*malade*) to be a bit of a hypochondriac; **si je m'écoutais** if I followed my instincts; **écouteur** *nm* (*Tél*) receiver; **écouteurs** *nmpl* (*casque*) headphones, headset *sg*
écran [ekʀɑ̃] *nm* screen; **le petit ~** television; **~ tactile** touchscreen; **~ total** sunblock
écrasant, e [ekʀazɑ̃, -ɑ̃t] *adj* overwhelming
écraser [ekʀaze] /1/ *vt* to crush; (*piéton*) to run over; **s'~ (au sol)** *vi* to crash; **s'~ contre** to crash into
écrémé, e [ekʀeme] *adj* (*lait*) skimmed
écrevisse [ekʀəvis] *nf* crayfish *inv*
écrire [ekʀiʀ] /39/ *vt, vi* to write; **s'écrire** *vi* to write to one another; **ça s'écrit comment?** how is it spelt?;
écrit *nm* (*examen*) written paper; **par écrit** in writing
écriteau, x [ekʀito] *nm* notice, sign
écriture [ekʀityʀ] *nf* writing; **écritures** *nfpl* (*Comm*) accounts, books; **l'É~ (sainte), les É~s** the Scriptures
écrivain [ekʀivɛ̃] *nm* writer
écrou [ekʀu] *nm* nut
écrouler [ekʀule] /1/: **s'écrouler** *vi* to collapse
écru, e [ekʀy] *adj* (*couleur*) off-white, écru
écume [ekym] *nf* foam
écureuil [ekyʀœj] *nm* squirrel
écurie [ekyʀi] *nf* stable
eczéma [ɛgzema] *nm* eczema
EDF *sigle f* (= *Électricité de France*) *national electricity company*
Édimbourg [edɛ̃buʀ] *n* Edinburgh
éditer [edite] /1/ *vt* (*publier*) to publish; (*annoter*) to edit; **éditeur, -trice** *nm/f* publisher; **édition** *nf* edition; **l'édition** publishing
édredon [edʀədɔ̃] *nm* eiderdown
éducateur, -trice [edykatœʀ, -tʀis] *nm/f* teacher; (*en école spécialisée*) instructor
éducatif, -ive [edykatif, -iv] *adj* educational
éducation [edykasjɔ̃] *nf* education; (*familiale*) upbringing; (*manières*) (good) manners *pl*; **~ physique** physical education
éduquer [edyke] /1/ *vt* to educate; (*élever*) to bring up
effacer [efase] /3/ *vt* to erase, rub out; **s'effacer** *vi* (*inscription etc*) to wear off; (*pour laisser passer*) to step aside
effarant, e [efaʀɑ̃, -ɑ̃t] *adj* alarming
effectif, -ive [efɛktif, -iv] *adj* real ▷ *nm* (*Scol*) total number of pupils; (*Comm*) manpower *sg*; **effectivement** *adv* (*réellement*) actually, really; (*en effet*) indeed
effectuer [efɛktɥe] /1/ *vt* (*opération, mission*) to carry out; (*déplacement, trajet*) to make

effervescent, e [efɛʀvesɑ̃, -ɑ̃t] *adj* effervescent
effet [efɛ] *nm* effect; (*impression*) impression; **effets** *nmpl* (*vêtements etc*) things; **faire ~** (*médicament*) to take effect; **faire de l'~** (*impressionner*) to make an impression; **faire bon/ mauvais ~ sur qn** to make a good/ bad impression on sb; **en ~** indeed; **~ de serre** greenhouse effect
efficace [efikas] *adj* (*personne*) efficient; (*action, médicament*) effective; **efficacité** *nf* efficiency; effectiveness
effondrer [efɔ̃dʀe] /1/: **s'effondrer** *vi* to collapse
efforcer [efɔʀse] /3/: **s'efforcer de** *vt*: **s'~ de faire** to try hard to do
effort [efɔʀ] *nm* effort
effrayant, e [efʀejɑ̃, -ɑ̃t] *adj* frightening
effrayer [efʀeje] /8/ *vt* to frighten, scare; **s'effrayer (de)** to be frightened *ou* scared (by)
effréné, e [efʀene] *adj* wild
effronté, e [efʀɔ̃te] *adj* insolent
effroyable [efʀwajabl] *adj* horrifying, appalling
égal, e, -aux [egal, -o] *adj* equal; (*constant: vitesse*) steady ▷ *nm/f* equal; **être ~ à** (*prix, nombre*) to be equal to; **ça m'est ~** it's all the same to me, I don't mind; **sans ~** matchless, unequalled; **d'~ à ~** as equals; **également** *adv* equally; (*aussi*) too, as well; **égaler** /1/ *vt* to equal; **égaliser** /1/ *vt* (*sol, salaires*) to level (out); (*chances*) to equalize ▷ *vi* (*Sport*) to equalize; **égalité** *nf* equality; **être à égalité (de points)** to be level
égard [egaʀ] *nm*: **égards** *nmpl* consideration *sg*; **à cet ~** in this respect; **par ~ pour** out of consideration for; **à l'~ de** towards
égarer [egaʀe] /1/ *vt* to mislay; **s'égarer** *vi* to get lost, lose one's way; (*objet*) to go astray
églefin [egləfɛ̃] *nm* haddock
église [egliz] *nf* church; **aller à l'~** to go to church
égoïsme [egɔism] *nm* selfishness; **égoïste** *adj* selfish
égout [egu] *nm* sewer
égoutter [egute] /1/ *vi* to drip; **s'égoutter** *vi* to drip; **égouttoir** *nm* draining board; (*mobile*) draining rack
égratignure [egʀatiɲyʀ] *nf* scratch
Égypte [eʒipt] *nf*: **l'~** Egypt; **égyptien, ne** *adj* Egyptian ▷ *nm/f*: **Égyptien, ne** Egyptian
eh [e] *excl* hey!; **eh bien** well
élaborer [elabɔʀe] /1/ *vt* to elaborate; (*projet, stratégie*) to work out; (*rapport*) to draft
élan [elɑ̃] *nm* (*Zool*) elk, moose; (*Sport*) run up; (*fig: de tendresse etc*) surge; **prendre son ~/de l'~** to take a run up/gather speed
élancer [elɑ̃se] /3/: **s'élancer** *vi* to dash, hurl o.s.
élargir [elaʀʒiʀ] /2/ *vt* to widen; **s'élargir** *vi* to widen; (*vêtement*) to stretch
élastique [elastik] *adj* elastic ▷ *nm* (*de bureau*) rubber band; (*pour la couture*) elastic *no pl*
élection [elɛksjɔ̃] *nf* election
électricien, ne [elɛktʀisjɛ̃, -ɛn] *nm/f* electrician
électricité [elɛktʀisite] *nf* electricity; **allumer/éteindre l'~** to put on/off the light
électrique [elɛktʀik] *adj* electric(al)
électrocuter [elɛktʀɔkyte] /1/ *vt* to electrocute
électroménager [elɛktʀomenaʒe] *adj*: **appareils ~s** domestic (electrical) appliances ▷ *nm*: **l'~** household appliances
électronique [elɛktʀɔnik] *adj* electronic ▷ *nf* electronics *sg*
élégance [elegɑ̃s] *nf* elegance
élégant, e [elegɑ̃, -ɑ̃t] *adj* elegant

élément [elemɑ̃] *nm* element; (*pièce*) component, part; **élémentaire** *adj* elementary
éléphant [elefɑ̃] *nm* elephant
élevage [el(ə)vaʒ] *nm* breeding; (*de bovins*) cattle breeding *ou* rearing; **truite d'~** farmed trout
élevé, e [el(ə)ve] *adj* high; **bien/mal ~** well-/ill-mannered
élève [elɛv] *nm/f* pupil
élever [el(ə)ve] /5/ *vt* (*enfant*) to bring up, raise; (*bétail, volaille*) to breed; (*hausser: taux, niveau*) to raise; (*édifier: monument*) to put up, erect; **s'élever** *vi* (*avion, alpiniste*) to go up; (*niveau, température, aussi*) to rise; **s'~ à** (*frais, dégâts*) to amount to, add up to; **s'~ contre** to rise up against; **~ la voix** to raise one's voice; **éleveur, -euse** *nm/f* stock breeder
éliminatoire [eliminatwaʀ] *nf* (*Sport*) heat
éliminer [elimine] /1/ *vt* to eliminate
élire [eliʀ] /43/ *vt* to elect
elle [ɛl] *pron* (*sujet*) she; (: *chose*) it; (*complément*) her; it; **~s** (*sujet*) they; (*complément*) them; **~-même** herself; itself; **~s-mêmes** themselves; *voir* **il**
éloigné, e [elwaɲe] *adj* distant, far-off; (*parent*) distant
éloigner [elwaɲe] /1/ *vt* (*échéance*) to put off, postpone; (*soupçons, danger*) to ward off; **~ qch (de)** to move *ou* take sth away (from); **s'éloigner (de)** (*personne*) to go away (from); (*véhicule*) to move away (from); (*affectivement*) to become estranged (from); **~ qn (de)** to take sb away *ou* remove sb (from)
élu, e [ely] *pp de* **élire** ▷ *nm/f* (*Pol*) elected representative
Élysée [elize] *nm*: **(le palais de) l'~** the Élysée palace
émail, -aux [emaj, -o] *nm* enamel
e-mail [imɛl] *nm* email; **envoyer qch par ~** to email sth
émanciper [emɑ̃sipe] /1/: **s'émanciper** *vi* (*fig*) to become emancipated *ou* liberated
emballage [ɑ̃balaʒ] *nm* (*papier*) wrapping; (*carton*) packaging
emballer [ɑ̃bale] /1/ *vt* to wrap (up); (*dans un carton*) to pack (up); (*fig: fam*) to thrill (to bits); **s'emballer** *vi* (*moteur*) to race; (*cheval*) to bolt; (*fig: personne*) to get carried away
embarcadère [ɑ̃baʀkadɛʀ] *nm* landing stage (BRIT), pier
embarquement [ɑ̃baʀkəmɑ̃] *nm* embarkation; (*de marchandises*) loading; (*de passagers*) boarding
embarquer [ɑ̃baʀke] /1/ *vt* (*personne*) to embark; (*marchandise*) to load; (*fam*) to cart off ▷ *vi* (*passager*) to board; **s'embarquer** *vi* to board; **s'~ dans** (*affaire, aventure*) to embark upon
embarras [ɑ̃baʀa] *nm* (*confusion*) embarrassment; **être dans l'~** to be in a predicament *ou* an awkward position; **vous n'avez que l'~ du choix** the only problem is choosing
embarrassant, e [ɑ̃baʀasɑ̃, -ɑ̃t] *adj* embarrassing
embarrasser [ɑ̃baʀase] /1/ *vt* (*encombrer*) to clutter (up); (*gêner*) to hinder, hamper; to put in an awkward position; **s'embarrasser de** to burden o.s. with
embaucher [ɑ̃boʃe] /1/ *vt* to take on, hire
embêtant, e [ɑ̃bɛtɑ̃, -ɑ̃t] *adj* annoying
embêter [ɑ̃bete] /1/ *vt* to bother; **s'embêter** *vi* (*s'ennuyer*) to be bored
emblée [ɑ̃ble]: **d'~** *adv* straightaway
embouchure [ɑ̃buʃyʀ] *nf* (*Géo*) mouth
embourber [ɑ̃buʀbe] /1/: **s'embourber** *vi* to get stuck in the mud
embouteillage [ɑ̃butɛjaʒ] *nm* traffic jam, (traffic) holdup (BRIT)

e

embranchement [ɑ̃bʀɑ̃ʃmɑ̃] *nm* (*routier*) junction
embrasser [ɑ̃bʀase] /1/ *vt* to kiss; (*sujet, période*) to embrace, encompass
embrayage [ɑ̃bʀɛjaʒ] *nm* clutch
embrouiller [ɑ̃bʀuje] /1/ *vt* (*fils*) to tangle (up); (*fiches, idées, personne*) to muddle up; **s'embrouiller** *vi* to get in a muddle
embruns [ɑ̃bʀœ̃] *nmpl* sea spray *sg*
embué, e [ɑ̃bɥe] *adj* misted up
émeraude [em(ə)ʀod] *nf* emerald
émerger [emɛʀʒe] /3/ *vi* to emerge; (*faire saillie, aussi fig*) to stand out
émeri [em(ə)ʀi] *nm*: **toile** *ou* **papier ~** emery paper
émerveiller [emɛʀveje] /1/ *vt* to fill with wonder; **s'émerveiller de** to marvel at
émettre [emɛtʀ] /56/ *vt* (*son, lumière*) to give out, emit; (*message etc: Radio*) to transmit; (*billet, timbre, emprunt, chèque*) to issue; (*hypothèse, avis*) to voice, put forward ▷ *vi* to broadcast
émeus *etc* [emø] *vb voir* **émouvoir**
émeute [emøt] *nf* riot
émigrer [emigʀe] /1/ *vi* to emigrate
émincer [emɛ̃se] /3/ *vt* to slice thinly
émission [emisjɔ̃] *nf* (*voir émettre*) emission; (*d'un message*) transmission; (*de billet, timbre, emprunt, chèque*) issue; (*Radio, TV*) programme, broadcast
emmêler [ɑ̃mele] /1/ *vt* to tangle (up); (*fig*) to muddle up; **s'emmêler** *vi* to get into a tangle
emménager [ɑ̃menaʒe] /3/ *vi* to move in; **~ dans** to move into
emmener [ɑ̃m(ə)ne] /5/ *vt* to take (with one); (*comme otage, capture*) to take away; **~ qn au cinéma** to take sb to the cinema
emmerder [ɑ̃mɛʀde] /1/ (!) *vt* to bug, bother; **s'emmerder** *vi* to be bored stiff
émoticone [emɔticon] *nm* smiley
émotif, -ive [emɔtif, -iv] *adj* emotional
émotion [emosjɔ̃] *nf* emotion
émouvoir [emuvwaʀ] /27/ *vt* to move; **s'émouvoir** *vi* to be moved; to be roused
empaqueter [ɑ̃pakte] /4/ *vt* to pack up
emparer [ɑ̃paʀe] /1/: **s'emparer de** *vt* (*objet*) to seize, grab; (*comme otage, Mil*) to seize; (*peur etc*) to take hold of
empêchement [ɑ̃pɛʃmɑ̃] *nm* (unexpected) obstacle, hitch
empêcher [ɑ̃peʃe] /1/ *vt* to prevent; **~ qn de faire** to prevent *ou* stop sb (from) doing; **il n'empêche que** nevertheless; **il n'a pas pu s'~ de rire** he couldn't help laughing
empereur [ɑ̃pʀœʀ] *nm* emperor
empiffrer [ɑ̃pifʀe] /1/: **s'empiffrer** *vi* (*péj*) to stuff o.s.
empiler [ɑ̃pile] /1/ *vt* to pile (up)
empire [ɑ̃piʀ] *nm* empire; (*fig*) influence
empirer [ɑ̃piʀe] /1/ *vi* to worsen, deteriorate
emplacement [ɑ̃plasmɑ̃] *nm* site
emploi [ɑ̃plwa] *nm* use; (*poste*) job, situation; (*Comm, Écon*) employment; **mode d'~** directions for use; **~ du temps** timetable, schedule
employé, e [ɑ̃plwaje] *nm/f* employee; **~ de bureau/banque** office/bank employee *ou* clerk
employer [ɑ̃plwaje] /8/ *vt* to use; (*ouvrier, main-d'œuvre*) to employ; **s'~ à qch/à faire** to apply *ou* devote o.s. to sth/to doing; **employeur, -euse** *nm/f* employer
empoigner [ɑ̃pwaɲe] /1/ *vt* to grab
empoisonner [ɑ̃pwazɔne] /1/ *vt* to poison; (*empester: air, pièce*) to stink out; (*fam*): **~ qn** to drive sb mad
emporter [ɑ̃pɔʀte] /1/ *vt* to take (with one); (*en dérobant ou enlevant, emmener: blessés, voyageurs*) to take away; (*entraîner*) to carry away *ou* along; (*rivière, vent*) to carry away; **s'emporter** *vi* (*de colère*) to fly into a rage; **l'~ (sur)** to get the upper hand (of); **plats à ~** take-away meals

empreint, e [ɑ̃pʀɛ̃, -ɛ̃t] *adj*: **~ de** marked with ▷ *nf* (*de pied, main*) print; **~e (digitale)** fingerprint; **~e écologique** carbon footprint
empressé, e [ɑ̃pʀese] *adj* attentive
empresser [ɑ̃pʀese] /1/: **s'empresser** *vi*: **s'~ auprès de qn** to surround sb with attentions; **s'~ de faire** to hasten to do
emprisonner [ɑ̃pʀizɔne] /1/ *vt* to imprison
emprunt [ɑ̃pʀœ̃] *nm* loan (*from debtor's point of view*)
emprunter [ɑ̃pʀœ̃te] /1/ *vt* to borrow; (*itinéraire*) to take, follow
ému, e [emy] *pp de* **émouvoir** ▷ *adj* (*gratitude*) touched; (*compassion*) moved

MOT-CLÉ

en [ɑ̃] *prép* **1** (*endroit, pays*) in; (: *direction*) to; **habiter en France/ville** to live in France/town; **aller en France/ville** to go to France/town
2 (*moment, temps*) in; **en été/juin** in summer/June; **en 3 jours/20 ans** in 3 days/20 years
3 (*moyen*) by; **en avion/taxi** by plane/taxi
4 (*composition*) made of; **c'est en verre/coton/laine** it's (made of) glass/cotton/wool; **un collier en argent** a silver necklace
5 (*description, état*): **une femme (habillée) en rouge** a woman (dressed) in red; **peindre qch en rouge** to paint sth red; **en T/étoile** T-/star-shaped; **en chemise/chaussettes** in one's shirt sleeves/socks; **en soldat** as a soldier; **cassé en plusieurs morceaux** broken into several pieces; **en réparation** being repaired, under repair; **en vacances** on holiday; **en deuil** in mourning; **le même en plus grand** the same but *ou* only bigger
6 (*avec gérondif*) while; on; **en dormant** while sleeping, as one sleeps; **en sortant** on going out, as he *etc* went out; **sortir en courant** to run out
7: **en tant que** as; **je te parle en ami** I'm talking to you as a friend
▶ *pron* **1** (*indéfini*): **j'en ai/veux** I have/want some; **en as-tu?** have you got any?; **je n'en veux pas** I don't want any; **j'en ai deux** I've got two; **combien y en a-t-il?** how many (of them) are there?; **j'en ai assez** I've got enough (of it *ou* them); (*j'en ai marre*) I've had enough
2 (*provenance*) from there; **j'en viens** I've come from there
3 (*cause*): **il en est malade/perd le sommeil** he is ill/can't sleep because of it
4 (*complément de nom, d'adjectif, de verbe*): **j'en connais les dangers** I know its *ou* the dangers; **j'en suis fier/ai besoin** I am proud of it/need it

encadrer [ɑ̃kadʀe] /1/ *vt* (*tableau, image*) to frame; (*fig: entourer*) to surround; (*personnel, soldats etc*) to train
encaisser [ɑ̃kese] /1/ *vt* (*chèque*) to cash; (*argent*) to collect; (*fig: coup, défaite*) to take
en-cas [ɑ̃ka] *nm inv* snack
enceinte [ɑ̃sɛ̃t] *adj f*: **~ (de six mois)** (six months) pregnant ▷ *nf* (*mur*) wall; (*espace*) enclosure; **~ (acoustique)** speaker
encens [ɑ̃sɑ̃] *nm* incense
encercler [ɑ̃sɛʀkle] /1/ *vt* to surround
enchaîner [ɑ̃ʃene] /1/ *vt* to chain up; (*mouvements, séquences*) to link (together) ▷ *vi* to carry on
enchanté, e [ɑ̃ʃɑ̃te] *adj* (*ravi*) delighted; (*ensorcelé*) enchanted; **~ (de faire votre connaissance)** pleased to meet you
enchère [ɑ̃ʃɛʀ] *nf* bid; **mettre/vendre aux ~s** to put up for (sale by)/sell by auction

enclencher [ɑ̃klɑ̃ʃe] /1/ *vt* (*mécanisme*) to engage; **s'enclencher** *vi* to engage
encombrant, e [ɑ̃kɔ̃bʀɑ̃, -ɑ̃t] *adj* cumbersome, bulky
encombrement [ɑ̃kɔ̃bʀəmɑ̃] *nm*: **être pris dans un ~** to be stuck in a traffic jam
encombrer [ɑ̃kɔ̃bʀe] /1/ *vt* to clutter (up); (*gêner*) to hamper; **s'encombrer de** (*bagages etc*) to load *ou* burden o.s. with

MOT-CLÉ

encore [ɑ̃kɔʀ] *adv* **1** (*continuation*) still; **il y travaille encore** he's still working on it; **pas encore** not yet
2 (*de nouveau*) again; **j'irai encore demain** I'll go again tomorrow; **encore une fois** (once) again
3 (*en plus*) more; **encore un peu de viande?** a little more meat?; **encore deux jours** two more days
4 (*intensif*) even, still; **encore plus fort/mieux** even louder/better, louder/better still; **quoi encore?** what now?
5 (*restriction*) even so *ou* then, only; **encore pourrais-je le faire si ...** even so, I might be able to do it if ...; **si encore** if only

encourager [ɑ̃kuʀaʒe] /3/ *vt* to encourage; **~ qn à faire qch** to encourage sb to do sth
encourir [ɑ̃kuʀiʀ] /11/ *vt* to incur
encre [ɑ̃kʀ] *nf* ink; **~ de Chine** Indian ink
encyclopédie [ɑ̃siklɔpedi] *nf* encyclopaedia
endetter [ɑ̃dete] /1/: **s'endetter** *vi* to get into debt
endive [ɑ̃div] *nf* chicory *no pl*
endormi, e [ɑ̃dɔʀmi] *adj* asleep
endormir [ɑ̃dɔʀmiʀ] /16/ *vt* to put to sleep; (*chaleur etc*) to send to sleep; (*Méd: dent, nerf*) to anaesthetize; (*fig: soupçons*) to allay; **s'endormir** *vi* to fall asleep, go to sleep
endroit [ɑ̃dʀwa] *nm* place; (*opposé à l'envers*) right side; **à l'~** (*vêtement*) the right way out; (*objet posé*) the right way round
endurance [ɑ̃dyʀɑ̃s] *nf* endurance
endurant, e [ɑ̃dyʀɑ̃, -ɑ̃t] *adj* tough, hardy
endurcir [ɑ̃dyʀsiʀ] /2/: **s'endurcir** *vi* (*physiquement*) to become tougher; (*moralement*) to become hardened
endurer [ɑ̃dyʀe] /1/ *vt* to endure, bear
énergétique [enɛʀʒetik] *adj* (*aliment*) energizing
énergie [enɛʀʒi] *nf* (*Physique*) energy; (*Tech*) power; (*morale*) vigour, spirit; **énergique** *adj* energetic; vigorous; (*mesures*) drastic, stringent
énervant, e [enɛʀvɑ̃, -ɑ̃t] *adj* irritating, annoying
énerver [enɛʀve] /1/ *vt* to irritate, annoy; **s'énerver** *vi* to get excited, get worked up
enfance [ɑ̃fɑ̃s] *nf* childhood
enfant [ɑ̃fɑ̃] *nm/f* child; **enfantin, e** *adj* childlike; (*langage*) children's *cpd*
enfer [ɑ̃fɛʀ] *nm* hell
enfermer [ɑ̃fɛʀme] /1/ *vt* to shut up; (*à clef, interner*) to lock up; **s'enfermer** to shut o.s. away
enfiler [ɑ̃file] /1/ *vt* (*vêtement*) to slip on; (*perles*) to string; (*aiguille*) to thread; **~ un tee-shirt** to slip into a T-shirt
enfin [ɑ̃fɛ̃] *adv* at last; (*en énumérant*) lastly; (*de restriction, résignation*) still; (*pour conclure*) in a word; (*somme toute*) after all
enflammer [ɑ̃flame] /1/: **s'enflammer** *vi* to catch fire; (*Méd*) to become inflamed
enflé, e [ɑ̃fle] *adj* swollen
enfler [ɑ̃fle] /1/ *vi* to swell (up)
enfoncer [ɑ̃fɔ̃se] /3/ *vt* (*clou*) to drive in; (*faire pénétrer*): **~ qch dans** to push (*ou* drive) sth into; (*forcer: porte*) to

break open; **s'enfoncer** *vi* to sink; **s'~ dans** to sink into; (*forêt, ville*) to disappear into

nfouir [ɑ̃fwiʀ] /2/ *vt* (*dans le sol*) to bury; (*dans un tiroir etc*) to tuck away

nfuir [ɑ̃fɥiʀ] /17/: **s'enfuir** *vi* to run away *ou* off

ngagement [ɑ̃gaʒmɑ̃] *nm* commitment; **sans ~** without obligation

ngager [ɑ̃gaʒe] /3/ *vt* (*embaucher*) to take on; (*: artiste*) to engage; (*commencer*) to start; (*lier*) to bind, commit; (*impliquer, entraîner*) to involve; (*investir*) to invest, lay out; (*introduire, clé*) to insert; (*inciter*): **~ qn à faire** to urge sb to do; **s'engager** *vi* (*Mil*) to enlist; (*promettre*) to commit o.s.; (*débuter: conversation etc*) to start (up); **s'~ à faire** to undertake to do; **s'~ dans** (*rue, passage*) to turn into; (*fig: affaire, discussion*) to enter into, embark on

ngelures [ɑ̃ʒlyʀ] *nfpl* chilblains

ngin [ɑ̃ʒɛ̃] *nm* machine; (*outil*) instrument; (*Auto*) vehicle; (*Aviat*) aircraft *inv*

> Attention à ne pas traduire *engin* par le mot anglais *engine*.

ngloutir [ɑ̃glutiʀ] /2/ *vt* to swallow up

ngouement [ɑ̃gumɑ̃] *nm* (sudden) passion

ngouffrer [ɑ̃gufʀe] /1/ *vt* to swallow up, devour; **s'engouffrer dans** to rush into

ngourdir [ɑ̃guʀdiʀ] /2/ *vt* to numb; (*fig*) to dull, blunt; **s'engourdir** *vi* to go numb

ngrais [ɑ̃gʀɛ] *nm* manure; **~ (chimique)** (chemical) fertilizer

ngraisser [ɑ̃gʀese] /1/ *vt* to fatten (up)

ngrenage [ɑ̃gʀənaʒ] *nm* gears *pl*, gearing; (*fig*) chain

ngueuler [ɑ̃gœle] /1/ *vt* (*fam*) to bawl at *ou* out

nhardir [ɑ̃aʀdiʀ] /2/: **s'enhardir** *vi* to grow bolder

énigme [enigm] *nf* riddle

enivrer [ɑ̃nivʀe] /1/ *vt*: **s'enivrer** to get drunk

enjamber [ɑ̃ʒɑ̃be] /1/ *vt* to stride over

enjeu, x [ɑ̃ʒø] *nm* stakes *pl*

enjoué, e [ɑ̃ʒwe] *adj* playful

enlaidir [ɑ̃lediʀ] /2/ *vt* to make ugly ▷ *vi* to become ugly

enlèvement [ɑ̃lɛvmɑ̃] *nm* (*rapt*) abduction, kidnapping

enlever [ɑ̃l(ə)ve] /5/ *vt* (*ôter: gén*) to remove; (*: vêtement, lunettes*) to take off; (*emporter: ordures etc*) to collect; (*kidnapper*) to abduct, kidnap; (*obtenir: prix, contrat*) to win; (*prendre*): **~ qch à qn** to take sth (away) from sb

enliser [ɑ̃lize] /1/: **s'enliser** *vi* to sink, get stuck

enneigé, e [ɑ̃neʒe] *adj* snowy

ennemi, e [ɛnmi] *adj* hostile; (*Mil*) enemy *cpd* ▷ *nm/f* enemy

ennui [ɑ̃nɥi] *nm* (*lassitude*) boredom; (*difficulté*) trouble *no pl*; **avoir des ~s** to have problems; **ennuyer** /8/ *vt* to bother; (*lasser*) to bore; **s'ennuyer** *vi* to be bored; **si cela ne vous ennuie pas** if it's no trouble to you; **ennuyeux, -euse** *adj* boring, tedious; (*agaçant*) annoying

énorme [enɔʀm] *adj* enormous, huge; **énormément** *adv* enormously; **énormément de neige/gens** an enormous amount of snow/number of people

enquête [ɑ̃kɛt] *nf* (*de journaliste, de police*) investigation; (*judiciaire, administrative*) inquiry; (*sondage d'opinion*) survey; **enquêter** /1/ *vi* to investigate; **enquêter (sur)** to do a survey (on)

enragé, e [ɑ̃ʀaʒe] *adj* (*Méd*) rabid, with rabies; (*fig*) fanatical

enrageant, e [ɑ̃ʀaʒɑ̃, -ɑ̃t] *adj* infuriating

enrager [ɑ̃ʀaʒe] /3/ *vi* to be furious

enregistrement [ɑ̃ʀ(ə)ʒistʀəmɑ̃] *nm* recording; **~ des bagages** baggage check-in

e

enregistrer [ɑ̃ʀ(ə)ʒistʀe] /1/ *vt* (*Mus*) to record; (*fig: mémoriser*) to make a mental note of; (*bagages: à l'aéroport*) to check in
enrhumer [ɑ̃ʀyme] /1/: **s'enrhumer** *vi* to catch a cold
enrichir [ɑ̃ʀiʃiʀ] /2/ *vt* to make rich(er); (*fig*) to enrich; **s'enrichir** *vi* to get rich(er)
enrouer [ɑ̃ʀwe] /1/: **s'enrouer** *vi* to go hoarse
enrouler [ɑ̃ʀule] /1/ *vt* (*fil, corde*) to wind (up); **s'enrouler** to coil up; **~ qch autour de** to wind sth (a)round
enseignant, e [ɑ̃sɛɲɑ̃, -ɑ̃t] *nm/f* teacher
enseignement [ɑ̃sɛɲ(ə)mɑ̃] *nm* teaching; (*Admin*) education
enseigner [ɑ̃seɲe] /1/ *vt, vi* to teach; **~ qch à qn/à qn que** to teach sb sth/sb that
ensemble [ɑ̃sɑ̃bl] *adv* together ▷ *nm* (*assemblage*) set; (*vêtements*) outfit; (*unité, harmonie*) unity; **l'~ du/de la** (*totalité*) the whole *ou* entire; **impression/idée d'~** overall *ou* general impression/idea; **dans l'~** (*en gros*) on the whole
ensoleillé, e [ɑ̃sɔleje] *adj* sunny
ensuite [ɑ̃sɥit] *adv* then, next; (*plus tard*) afterwards, later
entamer [ɑ̃tame] /1/ *vt* (*pain, bouteille*) to start; (*hostilités, pourparlers*) to open
entasser [ɑ̃tɑse] /1/ *vt* (*empiler*) to pile up, heap up; **s'entasser** *vi* (*s'amonceler*) to pile up; **s'~ dans** to cram into
entendre [ɑ̃tɑ̃dʀ] /41/ *vt* to hear; (*comprendre*) to understand; (*vouloir dire*) to mean; **s'entendre** *vi* (*sympathiser*) to get on; (*se mettre d'accord*) to agree; **j'ai entendu dire que** I've heard (it said) that; **~ parler de** to hear of
entendu, e [ɑ̃tɑ̃dy] *adj* (*réglé*) agreed; (*au courant: air*) knowing; **(c'est) ~** all right, agreed; **bien ~** of course
entente [ɑ̃tɑ̃t] *nf* understanding; (*accord, traité*) agreement; **à double ~** (*sens*) with a double meaning
enterrement [ɑ̃tɛʀmɑ̃] *nm* (*cérémonie*) funeral, burial
enterrer [ɑ̃teʀe] /1/ *vt* to bury
entêtant, e [ɑ̃tɛtɑ̃, -ɑ̃t] *adj* heady
en-tête [ɑ̃tɛt] *nm* heading; **papier à ~** headed notepaper
entêté, e [ɑ̃tete] *adj* stubborn
entêter [ɑ̃tete] /1/: **s'entêter** *vi*: **s'~ (à faire)** to persist (in doing)
enthousiasme [ɑ̃tuzjasm] *nm* enthusiasm; **enthousiasmer** /1/ *vt* to fill with enthusiasm; **s'enthousiasmer (pour qch)** to get enthusiastic (about sth); **enthousiaste** *adj* enthusiastic
entier, -ière [ɑ̃tje, -jɛʀ] *adj* whole; (*total, complet: satisfaction etc*) complete; (*fig: caractère*) unbending ▷ *nm* (*Math*) whole; **en ~** totally; **lait ~** full-cream milk; **entièrement** *adv* entirely, wholly
entonnoir [ɑ̃tɔnwaʀ] *nm* funnel
entorse [ɑ̃tɔʀs] *nf* (*Méd*) sprain; (*fig*): **~ à la loi/au règlement** infringement of the law/rule
entourage [ɑ̃tuʀaʒ] *nm* circle; (*famille*) family (circle); (*ce qui enclôt*) surround
entourer [ɑ̃tuʀe] /1/ *vt* to surround; (*apporter son soutien à*) to rally round; **~ de** to surround with; **s'entourer de** to surround o.s. with
entracte [ɑ̃tʀakt] *nm* interval
entraide [ɑ̃tʀɛd] *nf* mutual aid *ou* assistance
entrain [ɑ̃tʀɛ̃] *nm* spirit; **avec ~** energetically; **faire qch sans ~** to do sth half-heartedly *ou* without enthusiasm
entraînement [ɑ̃tʀɛnmɑ̃] *nm* training
entraîner [ɑ̃tʀene] /1/ *vt* (*charrier*) to carry *ou* drag along; (*Tech*) to drive; (*emmener: personne*) to take (off); (*mener à l'assaut, influencer*) to lead;

(*Sport*) to train; (*impliquer*) to entail; **~ qn à faire** (*inciter*) to lead sb to do; **s'entraîner** *vi* (*Sport*) to train; **s'~ à qch/à faire** to train o.s. for sth/to do; **entraîneur** *nm/f* (*Sport*) coach, trainer ▷ *nm* (*Hippisme*) trainer

entre [ɑ̃tʀ] *prép* between; (*parmi*) among(st); **l'un d'~ eux/nous** one of them/us; **~ autres (choses)** among other things; **ils se battent ~ eux** they are fighting among(st) themselves; **entrecôte** *nf* entrecôte *ou* rib steak

entrée [ɑ̃tʀe] *nf* entrance; (*accès: au cinéma etc*) admission; (*billet*) (admission) ticket; (*Culin*) first course

entre: entrefilet *nm* (*article*) paragraph, short report; **entremets** *nm* (cream) dessert

entrepôt [ɑ̃tʀəpo] *nm* warehouse

entreprendre [ɑ̃tʀəpʀɑ̃dʀ] /58/ *vt* (*se lancer dans*) to undertake; (*commencer*) to begin *ou* start (upon)

entrepreneur, -euse [ɑ̃tʀəpʀənœʀ, -øz] *nm/f*: **~ (en bâtiment)** (building) contractor

entrepris, e [ɑ̃tʀəpʀi, -iz] *pp de* **entreprendre** ▷ *nf* (*société*) firm, business; (*action*) undertaking, venture

entrer [ɑ̃tʀe] /1/ *vi* to go (*ou* come) in, enter ▷ *vt* (*Inform*) to input, enter; **~ dans** (*gén*) to enter; (*pièce*) to go (*ou* come) into, enter; (*club*) to join; (*heurter*) to run into; **(faire) ~ qch dans** to get sth into; **~ à l'hôpital** to go into hospital; **faire ~** (*visiteur*) to show in

entre-temps [ɑ̃tʀətɑ̃] *adv* meanwhile

entretenir [ɑ̃tʀət(ə)niʀ] /22/ *vt* to maintain; (*famille, maîtresse*) to support, keep; **~ qn (de)** to speak to sb (about)

entretien [ɑ̃tʀətjɛ̃] *nm* maintenance; (*discussion*) discussion, talk; (*pour un emploi*) interview

entrevoir [ɑ̃tʀəvwaʀ] /30/ *vt* (*à peine*) to make out; (*brièvement*) to catch a glimpse of

entrevu, e [ɑ̃tʀəvy] *pp de* **entrevoir** ▷ *nf* (*audience*) interview

entrouvert, e [ɑ̃tʀuvɛʀ, -ɛʀt] *adj* half-open

énumérer [enymeʀe] /6/ *vt* to list

envahir [ɑ̃vaiʀ] /2/ *vt* to invade; (*inquiétude, peur*) to come over; **envahissant, e** *adj* (*péj: personne*) intrusive

enveloppe [ɑ̃v(ə)lɔp] *nf* (*de lettre*) envelope; (*crédits*) budget; **envelopper** /1/ *vt* to wrap; (*fig*) to envelop, shroud

enverrai *etc* [ɑ̃vɛʀɛ] *vb voir* **envoyer**

envers [ɑ̃vɛʀ] *prép* towards, to ▷ *nm* other side; (*d'une étoffe*) wrong side; **à l'~** (*verticalement*) upside down; (*pull*) back to front; (*vêtement*) inside out

envie [ɑ̃vi] *nf* (*sentiment*) envy; (*souhait*) desire, wish; **avoir ~ de** to feel like; (*désir plus fort*) to want; **avoir ~ de faire** to feel like doing; to want to do; **avoir ~ que** to wish that; **cette glace me fait ~** I fancy some of that ice cream; **envier** /7/ *vt* to envy; **envieux, -euse** *adj* envious

environ [ɑ̃viʀɔ̃] *adv*: **~ 3 h/2 km** (around) about 3 o'clock/2 km; *voir aussi* **environs**

environnant, e [ɑ̃viʀɔnɑ̃, -ɑ̃t] *adj* surrounding

environnement [ɑ̃viʀɔnmɑ̃] *nm* environment

environs [ɑ̃viʀɔ̃] *nmpl* surroundings; **aux ~ de** around

envisager [ɑ̃vizaʒe] /3/ *vt* to contemplate; (*avoir en vue*) to envisage; **~ de faire** to consider doing

envoler [ɑ̃vɔle] /1/: **s'envoler** *vi* (*oiseau*) to fly away *ou* off; (*avion*) to take off; (*papier, feuille*) to blow away; (*fig*) to vanish (into thin air)

envoyé, e [ɑ̃vwaje] *nm/f* (*Pol*) envoy; (*Presse*) correspondent; **~ spécial** special correspondent

envoyer [ɑ̃vwaje] /8/ *vt* to send; (*lancer*) to hurl, throw; **~ chercher**

to send for; **~ promener qn** (*fam*) to send sb packing
éolien, ne [eɔljɛ̃, -ɛn] *adj* wind ▷ *nf* wind turbine
épagneul, e [epaɲœl] *nm/f* spaniel
épais, se [epɛ, -ɛs] *adj* thick; **épaisseur** *nf* thickness
épanouir [epanwiʀ] /2/: **s'épanouir** *vi* (*fleur*) to bloom, open out; (*visage*) to light up; (*se développer*) to blossom (out)
épargne [epaʀɲ] *nf* saving
épargner [epaʀɲe] /1/ *vt* to save; (*ne pas tuer ou endommager*) to spare ▷ *vi* to save; **~ qch à qn** to spare sb sth
éparpiller [epaʀpije] /1/ *vt* to scatter; **s'éparpiller** *vi* to scatter; (*fig*) to dissipate one's efforts
épatant, e [epatɑ̃, -ɑ̃t] *adj* (*fam*) super
épater [epate] /1/ *vt* (*fam*) to amaze; (*: impressionner*) to impress
épaule [epol] *nf* shoulder
épave [epav] *nf* wreck
épée [epe] *nf* sword
épeler [ep(ə)le] /4/ *vt* to spell
éperon [epʀɔ̃] *nm* spur
épervier [epɛʀvje] *nm* sparrowhawk
épi [epi] *nm* (*de blé, d'orge*) ear; (*de maïs*) cob
épice [epis] *nf* spice
épicé, e [epise] *adj* spicy
épicer [epise] /3/ *vt* to spice
épicerie [episʀi] *nf* grocer's shop; (*denrées*) groceries *pl*; **~ fine** delicatessen (shop); **épicier, -ière** *nm/f* grocer
épidémie [epidemi] *nf* epidemic
épiderme [epidɛʀm] *nm* skin
épier [epje] /7/ *vt* to spy on, watch closely
épilepsie [epilɛpsi] *nf* epilepsy
épiler [epile] /1/ *vt* (*jambes*) to remove the hair from; (*sourcils*) to pluck
épinards [epinaʀ] *nmpl* spinach *sg*
épine [epin] *nf* thorn, prickle; (*d'oursin etc*) spine
épingle [epɛ̃gl] *nf* pin; **~ de nourrice** *ou* **de sûreté** *ou* **double** safety pin
épisode [epizɔd] *nm* episode; **film/roman à ~s** serial; **épisodique** *adj* occasional
épluche-légumes [eplyʃlegym] *nm inv* potato peeler
éplucher [eplyʃe] /1/ *vt* (*fruit, légumes*) to peel; (*comptes, dossier*) to go over with a fine-tooth comb; **épluchures** *nfpl* peelings
éponge [epɔ̃ʒ] *nf* sponge; **éponger** /3/ *vt* (*liquide*) to mop *ou* sponge up; (*surface*) to sponge; (*fig: déficit*) to soak up
époque [epɔk] *nf* (*de l'histoire*) age, era; (*de l'année, la vie*) time; **d'~** (*meuble*) period *cpd*
épouse [epuz] *nf* wife; **épouser** /1/ *vt* to marry
épousseter [epuste] /4/ *vt* to dust
épouvantable [epuvɑ̃tabl] *adj* appalling, dreadful
épouvantail [epuvɑ̃taj] *nm* scarecrow
épouvante [epuvɑ̃t] *nf* terror; **film d'~** horror film; **épouvanter** /1/ *vt* to terrify
époux [epu] *nm* husband ▷ *nmpl*: **les ~** the (married) couple
épreuve [epʀœv] *nf* (*d'examen*) test; (*malheur, difficulté*) trial, ordeal; (*Photo*) print; (*Typo*) proof; (*Sport*) event; **à toute ~** unfailing; **mettre à l'~** to put to the test
éprouver [epʀuve] /1/ *vt* (*tester*) to test; to afflict, distress; (*ressentir*) to experience
EPS *sigle f* (= *Éducation physique et sportive*) ≈ PE
épuisé, e [epɥize] *adj* exhausted; (*livre*) out of print; **épuisement** *nm* exhaustion
épuiser [epɥize] /1/ *vt* (*fatiguer*) to exhaust, wear *ou* tire out; (*stock, sujet*) to exhaust; **s'épuiser** *vi* to wear *ou* tire o.s. out, exhaust o.s.
épuisette [epɥizɛt] *nf* shrimping net
équateur [ekwatœʀ] *nm* equator; **(la république de) l'É~** Ecuador

équation [ekwasjɔ̃] *nf* equation
équerre [ekɛʀ] *nf* (*à dessin*) (set) square
équilibre [ekilibʀ] *nm* balance; **garder/perdre l'~** to keep/lose one's balance; **être en ~** to be balanced; **équilibré, e** *adj* well-balanced; **équilibrer** /1/ *vt* to balance; **s'équilibrer** *vi* to balance
équipage [ekipaʒ] *nm* crew
équipe [ekip] *nf* team; **travailler en ~** to work as a team
équipé, e [ekipe] *adj*: **bien/mal ~** well-/poorly-equipped
équipement [ekipmɑ̃] *nm* equipment
équiper [ekipe] /1/ *vt* to equip; **~ qn/qch de** to equip sb/sth with
équipier, -ière [ekipje, -jɛʀ] *nm/f* team member
équitation [ekitasjɔ̃] *nf* (horse-)riding; **faire de l'~** to go (horse-)riding
équivalent, e [ekivalɑ̃, -ɑ̃t] *adj, nm* equivalent
équivaloir [ekivalwaʀ] /29/: **~ à** *vt* to be equivalent to
érable [eʀabl] *nm* maple
érafler [eʀɑfle] /1/ *vt* to scratch; **éraflure** *nf* scratch
ère [ɛʀ] *nf* era; **en l'an 1050 de notre ~** in the year 1050 A.D.
érection [eʀɛksjɔ̃] *nf* erection
éroder [eʀɔde] /1/ *vt* to erode
érotique [eʀɔtik] *adj* erotic
errer [eʀe] /1/ *vi* to wander
erreur [eʀœʀ] *nf* mistake, error; **par ~** by mistake; **faire ~** to be mistaken
éruption [eʀypsjɔ̃] *nf* eruption; (*boutons*) rash
es [ɛ] *vb voir* **être**
ès [ɛs] *prép*: **licencié ès lettres/sciences** ≈ Bachelor of Arts/Science
ESB *sigle f* (= *encéphalopathie spongiforme bovine*) BSE
escabeau, x [ɛskabo] *nm* (*tabouret*) stool; (*échelle*) stepladder
escalade [ɛskalad] *nf* climbing *no pl*; (*Pol etc*) escalation; **escalader** /1/ *vt* to climb
escale [ɛskal] *nf* (*Navig*: *durée*) call; (*: port*) port of call; (*Aviat*) stop(over); **faire ~ à** (*Navig*) to put in at; (*Aviat*) to stop over at; **vol sans ~** nonstop flight
escalier [ɛskalje] *nm* stairs *pl*; **dans l'~** *ou* **les ~s** on the stairs; **~ mécanique** *ou* **roulant** escalator
escapade [ɛskapad] *nf*: **faire une ~** to go on a jaunt; (*s'enfuir*) to run away *ou* off
escargot [ɛskaʀgo] *nm* snail
escarpé, e [ɛskaʀpe] *adj* steep
esclavage [ɛsklavaʒ] *nm* slavery
esclave [ɛsklav] *nm/f* slave
escompte [ɛskɔ̃t] *nm* discount
escrime [ɛskʀim] *nf* fencing
escroc [ɛskʀo] *nm* swindler, con-man; **escroquer** /1/ *vt*: **escroquer qn (de qch)/qch à qn** to swindle sb (out of sth)/sth out of sb; **escroquerie** [ɛskʀɔkʀi] *nf* swindle
espace [ɛspas] *nm* space; **espacer** /3/ *vt* to space out; **s'espacer** *vi* (*visites etc*) to become less frequent
espadon [ɛspadɔ̃] *nm* swordfish *inv*
espadrille [ɛspadʀij] *nf* rope-soled sandal
Espagne [ɛspaɲ] *nf*: **l'~** Spain; **espagnol, e** *adj* Spanish ▷ *nm* (*Ling*) Spanish ▷ *nm/f*: **Espagnol, e** Spaniard
espèce [ɛspɛs] *nf* (*Bio, Bot, Zool*) species *inv*; (*gén*: *sorte*) sort, kind, type; (*péj*): **~ de maladroit/de brute!** you clumsy oaf/you brute!; **espèces** *nfpl* (*Comm*) cash *sg*; **payer en ~s** to pay (in) cash
espérance [ɛspeʀɑ̃s] *nf* hope; **~ de vie** life expectancy
espérer [ɛspeʀe] /6/ *vt* to hope for; **j'espère (bien)** I hope so; **~ que/faire** to hope that/to do
espiègle [ɛspjɛgl] *adj* mischievous
espion, ne [ɛspjɔ̃, -ɔn] *nm/f* spy; **espionnage** *nm* espionage, spying; **espionner** /1/ *vt* to spy (up)on

espoir [ɛspwaʀ] *nm* hope; **dans l'~ de/que** in the hope of/that; **reprendre ~** not to lose hope

esprit [ɛspʀi] *nm* (*pensée, intellect*) mind; (*humour, ironie*) wit; (*mentalité, d'une loi etc, fantôme etc*) spirit; **faire de l'~** to try to be witty; **reprendre ses ~s** to come to; **perdre l'~** to lose one's mind

esquimau, de, x [ɛskimo, -od] *adj* Eskimo ▷ *nm*: **E~**® ice lolly (BRIT), popsicle (US) ▷ *nm/f*: **E~, de** Eskimo

essai [esɛ] *nm* (*tentative*) attempt, try; (*de produit*) testing; (*Rugby*) try; (*Littérature*) essay; **à l'~** on a trial basis; **mettre à l'~** to put to the test

essaim [esɛ̃] *nm* swarm

essayer [eseje] /8/ *vt* to try; (*vêtement, chaussures*) to try (on); (*restaurant, méthode, voiture*) to try (out) ▷ *vi* to try; **~ de faire** to try *ou* attempt to do

essence [esɑ̃s] *nf* (*de voiture*) petrol (BRIT), gas(oline) (US); (*extrait de plante*) essence; (*espèce: d'arbre*) species *inv*

essentiel, le [esɑ̃sjɛl] *adj* essential; **c'est l'~** (*ce qui importe*) that's the main thing; **l'~ de** the main part of

essieu, x [esjø] *nm* axle

essor [esɔʀ] *nm* (*de l'économie etc*) rapid expansion

essorer [esɔʀe] /1/ *vt* (*en tordant*) to wring (out); (*par la force centrifuge*) to spin-dry; **essoreuse** *nf* spin-dryer

essouffler [esufle] /1/: **s'essouffler** *vi* to get out of breath

essuie-glace [esɥiglas] *nm* windscreen (BRIT) *ou* windshield (US) wiper

essuyer [esɥije] /8/ *vt* to wipe; (*fig: subir*) to suffer; **s'essuyer** (*après le bain*) to dry o.s.; **~ la vaisselle** to dry up

est *vb* [ɛ] *voir* **être** ▷ *nm* [ɛst]: **l'~** the east ▷ *adj inv* [ɛst] east; (*région*) east(ern); **à l'~** in the east; (*direction*) to the east, east(wards); **à l'~ de** (to the) east of

est-ce que [ɛskə] *adv*: **~ c'est cher/c'était bon?** is it expensive/was it good?; **quand est-ce qu'il part?** when does he leave?, when is he leaving?; *voir aussi* **que**

esthéticienne [ɛstetisjɛn] *nf* beautician

esthétique [ɛstetik] *adj* attractive

estimation [ɛstimasjɔ̃] *nf* valuation; (*chiffre*) estimate

estime [ɛstim] *nf* esteem, regard; **estimer** /1/ *vt* (*respecter*) to esteem; (*expertiser: bijou*) to value; (*évaluer: coût etc*) to assess, estimate; (*penser*): **estimer que/être** to consider that/o.s. to be

estival, e, -aux [ɛstival, -o] *adj* summer *cpd*

estivant, e [ɛstivɑ̃, -ɑ̃t] *nm/f* (summer) holiday-maker

estomac [ɛstɔma] *nm* stomach

estragon [ɛstʀagɔ̃] *nm* tarragon

estuaire [ɛstɥɛʀ] *nm* estuary

et [e] *conj* and; **et lui?** what about him?; **et alors?** so what?

étable [etabl] *nf* cowshed

établi, e [etabli] *nm* (work)bench

établir [etabliʀ] /2/ *vt* (*papiers d'identité, facture*) to make out; (*liste, programme*) to draw up; (*gouvernement, artisan etc*) to set up; (*réputation, usage, fait, culpabilité, relations*) to establish; **s'établir** *vi* to be established; **s'~ (à son compte)** to set up in business; **s'~ à/près de** to settle in/near

établissement [etablismɑ̃] *nm* (*entreprise, institution*) establishment; **~ scolaire** school, educational establishment

étage [etaʒ] *nm* (*d'immeuble*) storey, floor; **au 2ème ~** on the 2nd (BRIT) *ou* 3rd (US) floor; **à l'~** upstairs; **c'est à quel ~?** what floor is it on?

étagère [etaʒɛʀ] *nf* (*rayon*) shelf; (*meuble*) shelves *pl*

étai [etɛ] *nm* stay, prop

étain [etɛ̃] *nm* pewter *no pl*

tais *etc* [etɛ] *vb voir* **être**
taler [etale] /1/ *vt* (*carte, nappe*) to spread (out); (*peinture, liquide*) to spread; (*échelonner: paiements, dates, vacances*) to spread, stagger; (*marchandises*) to display; (*richesses, connaissances*) to parade; **s'étaler** *vi* (*liquide*) to spread out; (*fam*) to fall flat on one's face; **s'~ sur** (*paiements etc*) to be spread over
talon [etalɔ̃] *nm* (*cheval*) stallion
tanche [etɑ̃ʃ] *adj* (*récipient*) watertight; (*montre, vêtement*) waterproof
tang [etɑ̃] *nm* pond
tant [etɑ̃] *vb voir* **être**; **donné**
tape [etap] *nf* stage; (*lieu d'arrivée*) stopping place; (*: Cyclisme*) staging point
tat [eta] *nm* (*Pol, condition*) state; **en bon/mauvais ~** in good/poor condition; **en ~ (de marche)** in (working) order; **remettre en ~** to repair; **hors d'~** out of order; **être en ~/hors d'~ de faire** to be in a state/in no fit state to do; **être dans tous ses ~s** to be in a state; **faire ~ de** (*alléguer*) to put forward; **l'É~** the State; **~ civil** civil status; **~ des lieux** inventory of fixtures; **États-Unis** *nmpl*: **les États-Unis (d'Amérique)** the United States (of America)
t cætera, et cetera, etc. [ɛtsetera] *adv* etc
té [ete] *pp de* **être** ▷ *nm* summer
teindre [etɛ̃dʀ] /52/ *vt* (*lampe, lumière, radio, chauffage*) to turn *ou* switch off; (*cigarette, incendie, bougie*) to put out, extinguish; **s'éteindre** *vi* (*feu, lumière*) to go out; (*mourir*) to pass away; **éteint, e** *adj* (*fig*) lacklustre, dull; (*volcan*) extinct
tendre [etɑ̃dʀ] /41/ *vt* (*pâte, liquide*) to spread; (*carte etc*) to spread out; (*lessive, linge*) to hang up *ou* out; (*bras, jambes*) to stretch out; (*fig: agrandir*) to extend; **s'étendre** *vi* (*augmenter, se propager*) to spread; (*terrain, forêt* etc): **s'~ jusqu'à/de ... à** to stretch as far as/from ... to; **s'~ sur** (*se coucher*) to lie down (on); (*fig: expliquer*) to elaborate *ou* enlarge (upon)
étendu, e [etɑ̃dy] *adj* extensive
éternel, le [etɛʀnɛl] *adj* eternal
éternité [etɛʀnite] *nf* eternity; **ça a duré une ~** it lasted for ages
éternuement [etɛʀnymɑ̃] *nm* sneeze
éternuer [etɛʀnɥe] /1/ *vi* to sneeze
êtes [ɛt(z)] *vb voir* **être**
Éthiopie [etjɔpi] *nf*: **l'~** Ethiopia
étiez [etjɛ] *vb voir* **être**
étinceler [etɛ̃s(ə)le] /4/ *vi* to sparkle
étincelle [etɛ̃sɛl] *nf* spark
étiquette [etikɛt] *nf* label; (*protocole*): **l'~** etiquette
étirer [etiʀe] /1/ *vt* to stretch out; **s'étirer** *vi* (*personne*) to stretch; (*convoi, route*): **s'~ sur** to stretch out over
étoile [etwal] *nf* star; **à la belle ~** (out) in the open; **~ filante** shooting star; **~ de mer** starfish; **étoilé, e** *adj* starry
étonnant, e [etɔnɑ̃, -ɑ̃t] *adj* surprising
étonnement [etɔnmɑ̃] *nm* surprise, amazing
étonner [etɔne] /1/ *vt* to surprise, amaze; **s'étonner que/de** to be surprised that/at; **cela m'~ait (que)** (*j'en doute*) I'd be (very) surprised (if)
étouffer [etufe] /1/ *vt* to suffocate; (*bruit*) to muffle; (*scandale*) to hush up ▷ *vi* to suffocate; **s'étouffer** *vi* (*en mangeant etc*) to choke; **on étouffe** it's stifling
étourderie [etuʀdəʀi] *nf* (*caractère*) absent-mindedness *no pl*; (*faute*) thoughtless blunder
étourdi, e [etuʀdi] *adj* (*distrait*) scatterbrained, heedless
étourdir [etuʀdiʀ] /2/ *vt* (*assommer*) to stun, daze; (*griser*) to make dizzy *ou* giddy; **étourdissement** *nm* dizzy spell

étrange [etʀɑ̃ʒ] *adj* strange
étranger, -ère [etʀɑ̃ʒe, -ɛʀ] *adj* foreign; (*pas de la famille, non familier*) strange ▷ *nm/f* foreigner; stranger ▷ *nm*: **à l'~** abroad
étrangler [etʀɑ̃gle] /1/ *vt* to strangle; **s'étrangler** *vi* (*en mangeant etc*) to choke

MOT-CLÉ

être [ɛtʀ] /61/ *nm* being; **être humain** human being
▶ *vb copule* **1** (*état, description*) to be; **il est instituteur** he is *ou* he's a teacher; **vous êtes grand/intelligent/fatigué** you are *ou* you're tall/clever/tired
2 (*+à: appartenir*) to be; **le livre est à Paul** the book is Paul's *ou* belongs to Paul; **c'est à moi/eux** it is *ou* it's mine/theirs
3 (*+de: provenance*): **il est de Paris** he is from Paris; (*: appartenance*): **il est des nôtres** he is one of us
4 (*date*): **nous sommes le 10 janvier** it's the 10th of January (today)
▶ *vi* to be; **je ne serai pas ici demain** I won't be here tomorrow
▶ *vb aux* **1** to have; to be; **être arrivé/allé** to have arrived/gone; **il est parti** he has left, he has gone
2 (*forme passive*) to be; **être fait par** to be made by; **il a été promu** he has been promoted
3 (*+à +inf, obligation, but*): **c'est à réparer** it needs repairing; **c'est à essayer** it should be tried; **il est à espérer que ...** it is *ou* it's to be hoped that ...
▶ *vb impers* **1**: **il est** (*+ adj*) it is; **il est impossible de le faire** it's impossible to do it
2: **il est** (*heure, date*): **il est 10 heures** it is *ou* it's 10 o'clock
3 (*emphatique*): **c'est moi** it's me; **c'est à lui de le faire** it's up to him to do it

étrennes [etʀɛn] *nfpl* ≈ Christmas box *sg*
étrier [etʀije] *nm* stirrup
étroit, e [etʀwa, -wat] *adj* narrow; (*vêtement*) tight; (*fig: liens, collaboration*) close; **à l'~** cramped; **~ d'esprit** narrow-minded
étude [etyd] *nf* studying; (*ouvrage, rapport*) study; (*Scol: salle de travail*) study room; **études** *nfpl* (*Scol*) studies; **être à l'~** (*projet etc*) to be under consideration; **faire des ~s (de droit/médecine)** to study (law/medicine)
étudiant, e [etydjɑ̃, -ɑ̃t] *nm/f* studen[t]
étudier [etydje] /7/ *vt, vi* to study
étui [etɥi] *nm* case
eu, eue [y] *pp de* **avoir**
euh [ø] *excl* er
euro [øʀo] *nm* euro
Europe [øʀɔp] *nf*: **l'~** Europe; **européen, ne** *adj* European ▷ *nm/f*: **Européen, ne** European
eus *etc* [y] *vb voir* **avoir**
eux [ø] *pron* (*sujet*) they; (*objet*) them
évacuer [evakɥe] /1/ *vt* to evacuate
évader [evade] /1/: **s'évader** *vi* to escape
évaluer [evalɥe] /1/ *vt* (*expertiser*) to assess, evaluate; (*juger approximativement*) to estimate
évangile [evɑ̃ʒil] *nm* gospel; **É~** Gospel
évanouir [evanwiʀ] /2/: **s'évanou[ir]** *vi* to faint; (*disparaître*) to vanish, disappear; **évanouissement** *nm* (*syncope*) fainting fit
évaporer [evapɔʀe] /1/: **s'évapore[r]** *vi* to evaporate
évasion [evazjɔ̃] *nf* escape
éveillé, e [eveje] *adj* awake; (*vif*) alert, sharp; **éveiller** /1/ *vt* to (a)waken; (*soupçons etc*) to arouse; **s'éveiller** *vi* to (a)waken; (*fig*) to be aroused
événement [evɛnmɑ̃] *nm* event
éventail [evɑ̃taj] *nm* fan; (*choix*) range

éventualité [evɑ̃tɥalite] *nf* eventuality; possibility; **dans l'~ de** in the event of
éventuel, le [evɑ̃tɥɛl] *adj* possible

Attention à ne pas traduire *éventuel* par *eventual*.

éventuellement [evɑ̃tɥɛlmɑ̃] *adv* possibly

Attention à ne pas traduire *éventuellement* par *eventually*.

évêque [evɛk] *nm* bishop
évidemment [evidamɑ̃] *adv* (*bien sûr*) of course; (*certainement*) obviously
évidence [evidɑ̃s] *nf* obviousness; (*fait*) obvious fact; **de toute ~** quite obviously *ou* evidently; **être en ~** to be clearly visible; **mettre en ~** (*fait*) to highlight; **évident, e** *adj* obvious, evident; **ce n'est pas évident** it's not as simple as all that
évier [evje] *nm* (kitchen) sink
éviter [evite] /1/ *vt* to avoid; **~ de faire/que qch ne se passe** to avoid doing/sth happening; **~ qch à qn** to spare sb sth
évoluer [evɔlɥe] /1/ *vi* (*enfant, maladie*) to develop; (*situation, moralement*) to evolve, develop; (*aller et venir*) to move about; **évolution** *nf* development; evolution
évoquer [evɔke] /1/ *vt* to call to mind, evoke; (*mentionner*) to mention
ex- [ɛks] *préfixe* ex-; **son ~mari** her ex-husband; **son ~femme** his ex-wife
exact, e [ɛgza(kt), ɛgzakt] *adj* exact; (*correct*) correct; (*ponctuel*) punctual; **l'heure ~e** the right *ou* exact time; **exactement** *adv* exactly
ex aequo [ɛgzeko] *adj* equally placed; **arriver ~** to finish neck and neck
exagéré, e [ɛgzaʒeʀe] *adj* (*prix etc*) excessive
exagérer [ɛgzaʒeʀe] /6/ *vt* to exaggerate ▷ *vi* (*abuser*) to go too far; (*déformer les faits*) to exaggerate
examen [ɛgzamɛ̃] *nm* examination; (*Scol*) exam, examination; **à l'~** under consideration; **~ médical** (medical) examination; (*analyse*) test
examinateur, -trice [ɛgzaminatœʀ, -tʀis] *nm/f* examiner
examiner [ɛgzamine] /1/ *vt* to examine
exaspérant, e [ɛgzaspeʀɑ̃, -ɑ̃t] *adj* exasperating
exaspérer [ɛgzaspeʀe] /6/ *vt* to exasperate
exaucer [ɛgzose] /3/ *vt* (*vœu*) to grant
excéder [ɛksede] /6/ *vt* (*dépasser*) to exceed; (*agacer*) to exasperate
excellent, e [ɛkselɑ̃, -ɑ̃t] *adj* excellent
excentrique [ɛksɑ̃tʀik] *adj* eccentric
excepté, e [ɛksɛpte] *adj, prép*: **les élèves ~s, ~ les élèves** except for *ou* apart from the pupils
exception [ɛksɛpsjɔ̃] *nf* exception; **à l'~ de** except for, with the exception of; **d'~** (*mesure, loi*) special, exceptional; **exceptionnel, le** *adj* exceptional; **exceptionnellement** *adv* exceptionally
excès [ɛksɛ] *nm* surplus ▷ *nmpl* excesses; **faire des ~** to overindulge; **~ de vitesse** speeding *no pl*; **excessif, -ive** *adj* excessive
excitant, e [ɛksitɑ̃, -ɑ̃t] *adj* exciting ▷ *nm* stimulant; **excitation** *nf* (*état*) excitement
exciter [ɛksite] /1/ *vt* to excite; (*café etc*) to stimulate; **s'exciter** *vi* to get excited
exclamer [ɛksklame] /1/: **s'exclamer** *vi* to exclaim
exclu, e [ɛkskly] *adj*: **il est/n'est pas ~ que ...** it's out of the question/not impossible that ...
exclure [ɛksklyʀ] /35/ *vt* (*faire sortir*) to expel; (*ne pas compter*) to exclude, leave out; (*rendre impossible*) to exclude, rule out; **exclusif, -ive** *adj* exclusive; **exclusion** *nf* expulsion; **à l'exclusion de** with the exclusion *ou* exception of; **exclusivité** *nf* (*Comm*)

exclusive rights *pl*; **film passant en exclusivité à** film showing only at

excursion [ɛkskyʀsjɔ̃] *nf* (*en autocar*) excursion, trip; (*à pied*) walk, hike

excuse [ɛkskyz] *nf* excuse; **excuses** *nfpl* (*regret*) apology *sg*, apologies; **excuser** /1/ *vt* to excuse; **s'excuser (de)** to apologize (for); **"excusez-moi"** "I'm sorry"; (*pour attirer l'attention*) "excuse me"

exécuter [ɛgzekyte] /1/ *vt* (*prisonnier*) to execute; (*tâche etc*) to execute, carry out; (*Mus: jouer*) to perform, execute; **s'exécuter** *vi* to comply

exemplaire [ɛgzɑ̃plɛʀ] *nm* copy

exemple [ɛgzɑ̃pl] *nm* example; **par ~** for instance, for example; **donner l'~** to set an example

exercer [ɛgzɛʀse] /3/ *vt* (*pratiquer*) to exercise, practise; (*influence, contrôle, pression*) to exert; (*former*) to exercise, train; **s'exercer** *vi* (*médecin*) to be in practice; (*sportif, musicien*) to practise

exercice [ɛgzɛʀsis] *nm* exercise

exhiber [ɛgzibe] /1/ *vt* (*montrer: papiers, certificat*) to present, produce; (*péj*) to display, flaunt; **s'exhiber** *vi* to parade; (*exhibitionniste*) to expose o.s.; **exhibitionniste** *nm/f* exhibitionist

exigeant, e [ɛgziʒɑ̃, -ɑ̃t] *adj* demanding; (*péj*) hard to please

exiger [ɛgziʒe] /3/ *vt* to demand, require

exil [ɛgzil] *nm* exile; **exiler** /1/ *vt* to exile; **s'exiler** *vi* to go into exile

existence [ɛgzistɑ̃s] *nf* existence

exister [ɛgziste] /1/ *vi* to exist; **il existe un/des** there is a/are (some)

exorbitant, e [ɛgzɔʀbitɑ̃, -ɑ̃t] *adj* exorbitant

exotique [ɛgzɔtik] *adj* exotic; **yaourt aux fruits ~s** tropical fruit yoghurt

expédier [ɛkspedje] /7/ *vt* (*lettre, paquet*) to send; (*troupes, renfort*) to dispatch; (*péj: travail etc*) to dispose of, dispatch; **expéditeur, -trice** *nm/f* sender; **expédition** *nf* sending; (*scientifique, sportive, Mil*) expedition

expérience [ɛkspeʀjɑ̃s] *nf* (*de la vie, des choses*) experience; (*scientifique*) experiment

expérimenté, e [ɛkspeʀimɑ̃te] *adj* experienced

expérimenter [ɛkspeʀimɑ̃te] /1/ *vt* to test out, experiment with

expert, e [ɛkspɛʀ, -ɛʀt] *adj* ▷ *nm* expert; **~ en assurances** insurance valuer; **expert-comptable** *nm* ≈ chartered (BRIT) *ou* certified public (US) accountant

expirer [ɛkspiʀe] /1/ *vi* (*prendre fin, lit: mourir*) to expire; (*respirer*) to breathe out

explication [ɛksplikasjɔ̃] *nf* explanation; (*discussion*) discussion; (*dispute*) argument

explicite [ɛksplisit] *adj* explicit

expliquer [ɛksplike] /1/ *vt* to explain; **s'expliquer** to explain o.s.; **s'~ avec qn** (*discuter*) to explain o.s. to sb

exploit [ɛksplwa] *nm* exploit, feat; **exploitant** *nm/f*: **exploitant (agricole)** farmer; **exploitation** *nf* exploitation; (*d'une entreprise*) running; **exploitation agricole** farming concern; **exploiter** /1/ *vt* (*personne, don*) to exploit; (*entreprise, ferme*) to run, operate; (*mine*) to exploit, work

explorer [ɛksplɔʀe] /1/ *vt* to explore

exploser [ɛksploze] /1/ *vi* to explode, blow up; (*engin explosif*) to go off; (*personne: de colère*) to explode; **explosif, -ive** *adj, nm* explosive; **explosion** *nf* explosion; **explosion de joie/colère** outburst of joy/rage

exportateur, -trice [ɛkspɔʀtatœʀ, -tʀis] *adj* export *cpd*, exporting ▷ *nm* exporter

exportation [ɛkspɔʀtasjɔ̃] *nf* (*action*) exportation; (*produit*) export

exporter [ɛkspɔʀte] /1/ *vt* to export

exposant [ɛkspozɑ̃] *nm* exhibitor

exposé, e [ɛkspoze] *nm* talk ▷ *adj*: **~ au sud** facing south
exposer [ɛkspoze] /1/ *vt* (*marchandise*) to display; (*peinture*) to exhibit, show; (*parler de*) to explain, set out; (*mettre en danger, orienter, Photo*) to expose; **s'exposer à** (*soleil, danger*) to expose o.s. to; **exposition** *nf* (*manifestation*) exhibition; (*Photo*) exposure
exprès[1] [ɛkspʀɛ] *adv* (*délibérément*) on purpose; (*spécialement*) specially; **faire ~ de faire qch** to do sth on purpose
exprès[2], -esse [ɛkspʀɛs] *adj inv* (*Postes: lettre, colis*) express
express [ɛkspʀɛs] *adj, nm*: **(café) ~** espresso; **(train) ~** fast train
expressif, -ive [ɛkspʀesif, -iv] *adj* expressive
expression [ɛkspʀesjɔ̃] *nf* expression
exprimer [ɛkspʀime] /1/ *vt* (*sentiment, idée*) to express; (*jus, liquide*) to press out; **s'exprimer** *vi* (*personne*) to express o.s.
expulser [ɛkspylse] /1/ *vt* to expel; (*locataire*) to evict; (*Football*) to send off
exquis, e [ɛkski, -iz] *adj* exquisite
extasier [ɛkstɑzje] /7/: **s'extasier** *vi*: **s'~ sur** to go into raptures over
exténuer [ɛkstenɥe] /1/ *vt* to exhaust
extérieur, e [ɛksteʀjœʀ] *adj* (*porte, mur etc*) outer, outside; (*commerce, politique*) foreign; (*influences, pressions*) external; (*apparent: calme, gaieté etc*) outer ▷ *nm* (*d'une maison, d'un récipient etc*) outside, exterior; (*apparence*) exterior; **à l'~** outside; (*à l'étranger*) abroad
externat [ɛkstɛʀna] *nm* day school
externe [ɛkstɛʀn] *adj* external, outer ▷ *nm/f* (*Méd*) non-resident medical student, extern (*US*); (*Scol*) day pupil
extincteur [ɛkstɛ̃ktœʀ] *nm* (fire) extinguisher
extinction [ɛkstɛ̃ksjɔ̃] *nf*: **~ de voix** loss of voice
extra [ɛkstʀa] *adj inv* first-rate; (*fam*) fantastic ▷ *nm inv* extra help
extraire [ɛkstʀɛʀ] /50/ *vt* to extract; **~ qch de** to extract sth from; **extrait** *nm* extract; **extrait de naissance** birth certificate
extraordinaire [ɛkstʀaɔʀdinɛʀ] *adj* extraordinary; (*Pol, Admin: mesures etc*) special
extravagant, e [ɛkstʀavagɑ̃, -ɑ̃t] *adj* extravagant
extraverti, e [ɛkstʀavɛʀti] *adj* extrovert
extrême [ɛkstʀɛm] *adj, nm* extreme; **d'un ~ à l'autre** from one extreme to another; **extrêmement** *adv* extremely; **Extrême-Orient** *nm*: **l'Extrême-Orient** the Far East
extrémité [ɛkstʀemite] *nf* end; (*situation*) straits *pl*, plight; (*geste désespéré*) extreme action; **extrémités** *nfpl* (*pieds et mains*) extremities
exubérant, e [ɛgzybeʀɑ̃, -ɑ̃t] *adj* exuberant

e

f

F *abr* (= *franc*) fr.; (*appartement*): **un F2/F3** a 2-/3-roomed flat (BRIT) *ou* apartment (US)

fa [fɑ] *nm inv* (*Mus*) F; (*en chantant la gamme*) fa

fabricant, e [fabʀikɑ̃, -ɑ̃t] *nm/f* manufacturer

fabrication [fabʀikasjɔ̃] *nf* manufacture

fabrique [fabʀik] *nf* factory; **fabriquer** [fabʀike] /1/ *vt* to make; (*industriellement*) to manufacture; (*fam*): **qu'est-ce qu'il fabrique?** what is he up to?

fac [fak] *nf* (*fam: Scol*) (= *faculté*) Uni (BRIT *fam*), ≈ college (US)

façade [fasad] *nf* front, façade

face [fas] *nf* face; (*fig: aspect*) side ▷ *adj*: **le côté ~** heads; **en ~ de** opposite; (*fig*) in front of; **de ~** face on; **~ à** facing; (*fig*) faced with, in the face of; **faire ~ à** to face; **~ à ~** *adv* facing each other; **face-à-face** *nm inv* encounter

fâché, e [fɑʃe] *adj* angry; (*désolé*) sorry

fâcher [fɑʃe] /1/ *vt* to anger; **se fâcher** *vi* to get angry; **se ~ avec** (*se brouiller*) to fall out with

facile [fasil] *adj* easy; (*caractère*) easy-going; **facilement** *adv* easily; **facilité** *nf* easiness; (*disposition, don*) aptitude; **facilités** *nfpl* (*possibilités*) facilities; (*Comm*) terms; **faciliter** /1/ *vt* to make easier

façon [fasɔ̃] *nf* (*manière*) way; (*d'une robe etc*) making-up; cut; **façons** *nfpl* (*péj*) fuss *sg*; **sans ~** *adv* without fuss; **non merci, sans ~** no thanks, honestly; **de ~ à** so as to; **de ~ à ce que** so that; **de toute ~** anyway, in any case

facteur, -trice [faktœʀ, -tʀis] *nm/f* postman/woman (BRIT), mailman/woman (US) ▷ *nm* (*Math, gén: élément*) factor

facture [faktyʀ] *nf* (*à payer: gén*) bill; (*: Comm*) invoice

facultatif, -ive [fakyltatif, -iv] *adj* optional

faculté [fakylte] *nf* (*intellectuelle, d'université*) faculty; (*pouvoir, possibilité*) power

fade [fad] *adj* insipid

faible [fɛbl] *adj* weak; (*voix, lumière, vent*) faint; (*rendement, intensité, revenu etc*) low ▷ *nm* (*pour quelqu'un*) weakness, soft spot; **faiblesse** *nf* weakness; **faiblir** [fɛbliʀ] /2/ *vi* to weaken; (*lumière*) to dim; (*vent*) to drop

faïence [fajɑ̃s] *nf* earthenware *no pl*

faillir [fajiʀ] /2/ *vi*: **j'ai failli tomber/lui dire** I almost *ou* nearly fell/told him

faillite [fajit] *nf* bankruptcy; **faire ~** to go bankrupt

faim [fɛ̃] *nf* hunger; **avoir ~** to be hungry; **rester sur sa ~** (*aussi fig*) to be left wanting more

fainéant, e [fɛneɑ̃, -ɑ̃t] *nm/f* idler, loafer

MOT-CLÉ

faire [fɛʀ] /60/ *vt* 1 (*fabriquer, être l'auteur de*) to make; **faire du vin/ une offre/un film** to make wine/ an offer/a film; **faire du bruit** to make a noise
2 (*effectuer: travail, opération*) to do; **que faites-vous?** (*quel métier etc*) what do you do?; (*quelle activité: au moment de la question*) what are you doing?; **faire la lessive/le ménage** to do the washing/the housework
3 (*études*) to do; (*sport, musique*) to play; **faire du droit/du français** to do law/French; **faire du rugby/ piano** to play rugby/the piano
4 (*visiter*): **faire les magasins** to go shopping; **faire l'Europe** to tour *ou* do Europe
5 (*distance*): **faire du 50 (à l'heure)** to do 50 (km an hour); **nous avons fait 1000 km en 2 jours** we did *ou* covered 1000 km in 2 days
6 (*simuler*): **faire le malade/ l'ignorant** to act the invalid/the fool
7 (*transformer, avoir un effet sur*): **faire de qn un frustré/avocat** to make sb frustrated/a lawyer; **ça ne me fait rien** (*m'est égal*) I don't care *ou* mind; (*me laisse froid*) it has no effect on me; **ça ne fait rien** it doesn't matter; **faire que** (*impliquer*) to mean that
8 (*calculs, prix, mesures*): **deux et deux font quatre** two and two are *ou* make four; **ça fait 10 m/15 euros** it's 10 m/15 euros; **je vous le fais 10 euros** I'll let you have it for 10 euros; **je fais du 40** I take a size 40
9 : **qu'a-t-il fait de sa valise/de sa sœur?** what has he done with his case/his sister?
10 : **ne faire que: il ne fait que critiquer** (*sans cesse*) all he (ever) does is criticize; (*seulement*) he's only criticizing
11 (*dire*) to say; **vraiment? fit-il** really? he said
12 (*maladie*) to have; **faire du diabète/de la tension** to have diabetes *sg*/high blood pressure
▸ *vi* 1 (*agir, s'y prendre*) to act, do; **il faut faire vite** we (*ou* you *etc*) must act quickly; **comment a-t-il fait pour?** how did he manage to?; **faites comme chez vous** make yourself at home
2 (*paraître*) to look; **faire vieux/ démodé** to look old/old-fashioned; **ça fait bien** it looks good
3 (*remplaçant un autre verbe*) to do; **ne le casse pas comme je l'ai fait** don't break it as I did; **je peux le voir? — faites!** can I see it? — please do!
▸ *vb impers* 1 : **il fait beau** *etc* the weather is fine *etc*; *voir aussi* **froid; jour** *etc*
2 (*temps écoulé, durée*): **ça fait deux ans qu'il est parti** it's two years since he left; **ça fait deux ans qu'il y est** he's been there for two years
▸ *vb aux* 1 : **faire** (*+infinitif: action directe*) to make; **faire tomber/ bouger qch** to make sth fall/ move; **faire démarrer un moteur/ chauffer de l'eau** to start up an engine/heat some water; **cela fait dormir** it makes you sleep; **faire travailler les enfants** to make the children work *ou* get the children to work; **il m'a fait traverser la rue** he helped me to cross the road
2 : **faire** (*+infinitif: indirectement, par un intermédiaire*): **faire réparer qch** to get *ou* have sth repaired; **faire punir les enfants** to have the children punished
se faire *vr* 1 (*vin, fromage*) to mature
2 (*être convenable*): **cela se fait beaucoup/ne se fait pas** it's done a lot/not done
3 (*+nom ou pron*): **se faire une jupe** to make o.s. a skirt; **se faire des amis** to make friends; **se faire du souci** to worry; **il ne s'en fait pas** he doesn't worry

4 (*+adj*: *devenir*): **se faire vieux** to be getting old; (: *délibérément*): **se faire beau** to do o.s. up
5: **se faire à** (*s'habituer*) to get used to; **je n'arrive pas à me faire à la nourriture/au climat** I can't get used to the food/climate
6 (: *+infinitif*): **se faire examiner la vue/opérer** to have one's eyes tested/have an operation; **se faire couper les cheveux** to get one's hair cut; **il va se faire tuer/punir** he's going to get himself killed/get (himself) punished; **il s'est fait aider** he got somebody to help him; **il s'est fait aider par Simon** he got Simon to help him; **se faire faire un vêtement** to get a garment made for o.s.
7 (*impersonnel*): **comment se fait-il/faisait-il que?** how is it/was it that?

faire-part [fɛʀpaʀ] *nm inv* announcement (*of birth, marriage etc*)
faisan, e [fəzɑ̃, -an] *nm/f* pheasant
faisons *etc* [fəzɔ̃] *vb voir* **faire**
fait¹ [fɛ] *nm* (*événement*) event, occurrence; (*réalité, donnée*) fact; **être au ~ (de)** to be informed (of); **au ~** (*à propos*) by the way; **en venir au ~** to get to the point; **du ~ de ceci/qu'il a menti** because of *ou* on account of this/his having lied; **de ce ~** for this reason; **en ~** in fact; **prendre qn sur le ~** to catch sb in the act; **~ divers** (short) news item
fait², e [fɛ, fɛt] *adj* (*mûr*: *fromage, melon*) ripe; **c'est bien ~ (pour lui** *ou* **eux** *etc***)** it serves him (*ou* them *etc*) right
faites [fɛt] *vb voir* **faire**
falaise [falɛz] *nf* cliff
falloir [falwaʀ] /29/ *vb impers*: **il faut faire les lits** we (*ou* you *etc*) have to *ou* must make the beds; **il faut que je fasse les lits** I have to *ou* must make the beds; **il a fallu qu'il parte** he had to leave; **il faudrait qu'elle rentre** she should come *ou* go back, she ought to come *ou* go back; **il faut faire attention** you have to be careful; **il me faudrait 100 euros** I would need 100 euros; **il vous faut tourner à gauche après l'église** you have to turn left past the church; **nous avons ce qu'il (nous) faut** we have what we need; **il ne fallait pas** you shouldn't have (done); **s'en falloir** *vi*: **il s'en est fallu de 10 euros/5 minutes** we (*ou* they *etc*) were 10 euros short/5 minutes late (*ou* early); **il s'en faut de beaucoup qu'il soit ...** he is far from being ...; **il s'en est fallu de peu que cela n'arrive** it very nearly happened; **comme il faut** *adj* proper ▷ *adv* properly
famé, e [fame] *adj*: **mal ~** disreputable, of ill repute
fameux, -euse [famø, -øz] *adj* (*illustre*) famous; (*bon*: *repas, plat etc*) first-rate, first-class; (*intensif*): **un ~ problème** *etc* a real problem *etc*
familial, e, -aux [familjal, -o] *adj* family *cpd*
familiarité [familjaʀite] *nf* familiarity
familier, -ière [familje, -jɛʀ] *adj* (*connu, impertinent*) familiar; (*atmosphère*) informal, friendly; (*Ling*) informal, colloquial ▷ *nm* regular (visitor)
famille [famij] *nf* family; **il a de la ~ à Paris** he has relatives in Paris
famine [famin] *nf* famine
fana [fana] *adj, nm/f* (*fam*) = **fanatique**
fanatique [fanatik] *adj*: **~ (de)** fanatical (about) ▷ *nm/f* fanatic
faner [fane] /1/: **se faner** *vi* to fade
fanfare [fɑ̃faʀ] *nf* (*orchestre*) brass band; (*musique*) fanfare
fantaisie [fɑ̃tezi] *nf* (*spontanéité*) fancy, imagination; (*caprice*) whim ▷ *adj*: **bijou (de) ~** (piece of) costume jewellery (BRIT) *ou* jewelry (US)

fantasme [fɑ̃tasm] *nm* fantasy
fantastique [fɑ̃tastik] *adj* fantastic
fantôme [fɑ̃tom] *nm* ghost, phantom
faon [fɑ̃] *nm* fawn (*deer*)
FAQ *sigle f* (*= foire aux questions*) FAQ *pl*
farce [faʀs] *nf* (*viande*) stuffing; (*blague*) (practical) joke; (*Théât*) farce; **farcir** /2/ *vt* (*viande*) to stuff
farder [faʀde] /1/: **se farder** *vi* to make o.s. up
farine [faʀin] *nf* flour
farouche [faʀuʃ] *adj* shy, timid
fart [faʀt] *nm* (ski) wax
fascination [fasinasjɔ̃] *nf* fascination
fasciner [fasine] /1/ *vt* to fascinate
fascisme [faʃism] *nm* fascism
fasse *etc* [fas] *vb voir* **faire**
fastidieux, -euse [fastidjø, -øz] *adj* tedious, tiresome
fatal, e [fatal] *adj* fatal; (*inévitable*) inevitable; **fatalité** *nf* (*destin*) fate; (*coïncidence*) fateful coincidence
fatidique [fatidik] *adj* fateful
fatigant, e [fatigɑ̃, -ɑ̃t] *adj* tiring; (*agaçant*) tiresome
fatigue [fatig] *nf* tiredness, fatigue; **fatigué, e** *adj* tired; **fatiguer** /1/ *vt* to tire, make tired; (*fig: agacer*) to annoy ▷ *vi* (*moteur*) to labour, strain; **se fatiguer** to get tired
fauché, e [foʃe] *adj* (*fam*) broke
faucher [foʃe] /1/ *vt* (*herbe*) to cut; (*champs, blés*) to reap; (*véhicule*) to mow down; (*fam: voler*) to pinch
faucon [fokɔ̃] *nm* falcon, hawk
faudra *etc* [fodʀa] *vb voir* **falloir**
faufiler [fofile] /1/: **se faufiler** *vi*: **se ~ dans** to edge one's way into; **se ~ parmi/entre** to thread one's way among/between
faune [fon] *nf* (*Zool*) wildlife, fauna
fausse [fos] *adj f voir* **faux²**; **faussement** *adv* (*accuser*) wrongly, wrongfully; (*croire*) falsely
fausser [fose] /1/ *vt* (*objet*) to bend, buckle; (*fig*) to distort; **~ compagnie à qn** to give sb the slip
faut [fo] *vb voir* **falloir**
faute [fot] *nf* (*erreur*) mistake, error; (*péché, manquement*) misdemeanour; (*Football etc*) offence; (*Tennis*) fault; **c'est de sa/ma ~** it's his/my fault; **être en ~** to be in the wrong; **~ de** (*temps, argent*) for *ou* through lack of; **sans ~** without fail; **~ de frappe** typing error; **~ professionnelle** professional misconduct *no pl*
fauteuil [fotœj] *nm* armchair; **~ d'orchestre** seat in the front stalls (BRIT) *ou* the orchestra (US); **~ roulant** wheelchair
fautif, -ive [fotif, -iv] *adj* (*incorrect*) incorrect, inaccurate; (*responsable*) at fault, in the wrong; **il se sentait ~** he felt guilty
fauve [fov] *nm* wildcat ▷ *adj* (*couleur*) fawn
faux¹ [fo] *nf* scythe
faux², fausse [fo, fos] *adj* (*inexact*) wrong; (*piano, voix*) out of tune; (*billet*) fake, forged; (*sournois, postiche*) false ▷ *adv* (*Mus*) out of tune ▷ *nm* (*copie*) fake, forgery; **faire ~ bond à qn** to let sb down; **~ frais** *nm pl* extras, incidental expenses; **~ mouvement** awkward movement; **faire un ~ pas** to trip; (*fig*) to make a faux pas; **~ témoignage** (*délit*) perjury; **fausse alerte** false alarm; **fausse couche** miscarriage; **fausse note** wrong note; **faux-filet** *nm* sirloin
faveur [favœʀ] *nf* favour; **traitement de ~** preferential treatment; **en ~ de** in favo(u)r of
favorable [favɔʀabl] *adj* favo(u)rable
favori, te [favɔʀi, -it] *adj, nm/f* favo(u)rite
favoriser [favɔʀize] /1/ *vt* to favour
fax [faks] *nm* fax
fécond, e [fekɔ̃, -ɔ̃d] *adj* fertile; **féconder** /1/ *vt* to fertilize
féculent [fekylɑ̃] *nm* starchy food
fédéral, e, -aux [fedeʀal, -o] *adj* federal

fée [fe] *nf* fairy
feignant, e [fɛɲɑ̃, -ɑ̃t] *nm/f* = **fainéant**
feindre [fɛ̃dʀ] /52/ *vt* to feign; **~ de faire** to pretend to do
fêler [fele] /1/ *vt* to crack
félicitations [felisitasjɔ̃] *nfpl* congratulations
féliciter [felisite] /1/ *vt*: **~ qn (de)** to congratulate sb (on)
félin, e [felɛ̃, -in] *nm* (big) cat
femelle [fəmɛl] *adj, nf* female
féminin, e [feminɛ̃, -in] *adj* feminine; (*sexe*) female; (*équipe, vêtements etc*) women's ▷ *nm* (*Ling*) feminine; **féministe** *adj* feminist
femme [fam] *nf* woman; (*épouse*) wife; **~ de chambre** chambermaid; **~ au foyer** housewife; **~ de ménage** cleaning lady
fémur [femyʀ] *nm* femur, thighbone
fendre [fɑ̃dʀ] /41/ *vt* (*couper en deux*) to split; (*fissurer*) to crack; (*traverser*) to cut through; **se fendre** *vi* to crack
fenêtre [f(ə)nɛtʀ] *nf* window
fenouil [fənuj] *nm* fennel
fente [fɑ̃t] *nf* (*fissure*) crack; (*de boîte à lettres etc*) slit
fer [fɛʀ] *nm* iron; **~ à cheval** horseshoe; **~ forgé** wrought iron; **~ à friser** curling tongs; **~ (à repasser)** iron
ferai *etc* [fəʀe] *vb voir* **faire**
fer-blanc [fɛʀblɑ̃] *nm* tin(plate)
férié, e [feʀje] *adj*: **jour ~** public holiday
ferions *etc* [fərjɔ̃] *vb voir* **faire**
ferme [fɛʀm] *adj* firm ▷ *adv* (*travailler etc*) hard ▷ *nf* (*exploitation*) farm; (*maison*) farmhouse
fermé, e [fɛʀme] *adj* closed, shut; (*gaz, eau etc*) off; (*fig: milieu*) exclusive
fermenter [fɛʀmɑ̃te] /1/ *vi* to ferment
fermer [fɛʀme] /1/ *vt* to close, shut; (*cesser l'exploitation de*) to close down, shut down; (*eau, lumière, électricité, robinet*) to turn off; (*aéroport, route*) to close ▷ *vi* to close, shut; (*magasin: définitivement*) to close down, shut down; **se fermer** *vi* to close, shut; **~ à clef** to lock
fermeté [fɛʀməte] *nf* firmness
fermeture [fɛʀmətyʀ] *nf* closing; (*dispositif*) catch; **heure de ~** closing time; **~ éclair**® *ou* **à glissière** zip (fastener) (BRIT), zipper (US)
fermier, -ière [fɛʀmje, -jɛʀ] *nm/f* farmer
féroce [feʀɔs] *adj* ferocious, fierce
ferons *etc* [fəʀɔ̃] *vb voir* **faire**
ferrer [feʀe] /1/ *vt* (*cheval*) to shoe
ferroviaire [feʀɔvjɛʀ] *adj* rail *cpd*, railway *cpd* (BRIT), railroad *cpd* (US)
ferry(-boat) [fɛʀe(bot)] *nm* ferry
fertile [fɛʀtil] *adj* fertile; **~ en incidents** eventful, packed with incidents
fervent, e [fɛʀvɑ̃, -ɑ̃t] *adj* fervent
fesse [fɛs] *nf* buttock; **fessée** *nf* spanking
festin [fɛstɛ̃] *nm* feast
festival [fɛstival] *nm* festival
festivités [fɛstivite] *nfpl* festivities
fêtard, e [fɛtaʀ, -aʀd] (*fam*) *nm/f* (*péj*) high liver, merrymaker
fête [fɛt] *nf* (*religieuse*) feast; (*publique*) holiday; (*réception*) party; (*kermesse*) fête, fair; (*du nom*) feast day, name day; **faire la ~** to live it up; **faire ~ à qn** to give sb a warm welcome; **les ~s (de fin d'année)** the festive season; **la salle/le comité des ~s** the village hall/festival committee; **la ~ des Mères/Pères** Mother's/Father's Day; **~ foraine** (fun)fair; **la ~ de la musique**; *see note* **"fête de la musique"**; **fêter** /1/ *vt* to celebrate; (*personne*) to have a celebration for

FÊTE DE LA MUSIQUE

The *Fête de la Musique* is a music festival which has taken place every year since 1981. On 21 June throughout France local musicians perform free of charge in parks, streets and squares.

'eu, x [fø] *nm* (*gén*) fire; (*signal lumineux*) light; (*de cuisinière*) ring; **feux** *nmpl* (*Auto*) (traffic) lights; **au ~!** (*incendie*) fire!; **à ~ doux/vif** over a slow/brisk heat; **à petit ~** (*Culin*) over a gentle heat; (*fig*) slowly; **faire ~** to fire; **ne pas faire long ~** not to last long; **prendre ~** to catch fire; **mettre le ~ à** to set fire to; **faire du ~** to make a fire; **avez-vous du ~?** (*pour cigarette*) have you (got) a light?; **~ rouge/vert/orange** red/green/amber (BRIT) *ou* yellow (US) light; **~ arrière** rear light; **~ d'artifice** firework; (*spectacle*) fireworks *pl*; **~ de joie** bonfire; **~x de brouillard** fog lights *ou* lamps; **~x de croisement** dipped (BRIT) *ou* dimmed (US) headlights; **~x de position** sidelights; **~x de route** (*Auto*) headlights (on full (BRIT) *ou* high (US) beam)

euillage [fœjaʒ] *nm* foliage, leaves *pl*

euille [fœj] *nf* (*d'arbre*) leaf; **~ (de papier)** sheet (of paper); **~ de calcul** spreadsheet; **~ d'impôts** tax form; **~ de maladie** medical expenses claim form; **~ de paye** pay slip

euillet [fœjɛ] *nm* leaf

euilleté, e [fœjte] *adj*: **pâte ~** flaky pastry

euilleter [fœjte] /4/ *vt* (*livre*) to leaf through

euilleton [fœjtɔ̃] *nm* serial

eutre [føtʀ] *nm* felt; (*chapeau*) felt hat; (*stylo*) felt-tip(ped pen); **feutré, e** *adj* (*pas, voix, atmosphère*) muffled

ève [fɛv] *nf* broad bean

évrier [fevʀije] *nm* February

iable [fjabl] *adj* reliable

iançailles [fjɑ̃saj] *nfpl* engagement *sg*

iancé, e [fjɑ̃se] *nm/f* fiancé (fiancée) ▷ *adj*: **être ~ (à)** to be engaged (to)

ibre [fibʀ] *nf* fibre; **~ de verre** fibreglass

iceler [fis(ə)le] /4/ *vt* to tie up

icelle [fisɛl] *nf* string *no pl*; (*morceau*) piece *ou* length of string

fiche [fiʃ] *nf* (*carte*) (index) card; (*formulaire*) form; (*Élec*) plug; **~ de paye** pay slip

ficher [fiʃe] /1/ *vt* (*dans un fichier*) to file; (*: Police*) to put on file; (*fam: faire*) to do; (*: donner*) to give; (*: mettre*) to stick *ou* shove; **fiche(-moi) le camp** (*fam*) clear off; **fiche-moi la paix** (*fam*) leave me alone; **se ~ de** (*fam: rire de*) to make fun of; (*: être indifférent à*) not to care about

fichier [fiʃje] *nm* file; **~ joint** (*Inform*) attachment

fichu, e [fiʃy] *pp de* **ficher** ▷ *adj* (*fam: fini, inutilisable*) bust, done for; (*: intensif*) wretched, darned ▷ *nm* (*foulard*) (head)scarf; **mal ~** feeling lousy

fictif, -ive [fiktif, -iv] *adj* fictitious

fiction [fiksjɔ̃] *nf* fiction; (*fait imaginé*) invention

fidèle [fidɛl] *adj*: **~ (à)** faithful (to) ▷ *nm/f* (*Rel*): **les ~s** (*à l'église*) the congregation; **fidélité** *nf* (*d'un conjoint*) fidelity, faithfulness; (*d'un ami, client*) loyalty

fier[1] [fje]: **se ~ à** *vt* to trust

fier[2]**, fière** [fjɛʀ] *adj* proud; **~ de** proud of; **fierté** *nf* pride

fièvre [fjɛvʀ] *nf* fever; **avoir de la ~/39 de ~** to have a high temperature/a temperature of 39° C; **fiévreux, -euse** *adj* feverish

figer [fiʒe] /3/: **se figer** *vi* to congeal; (*personne*) to freeze

fignoler [fiɲɔle] /1/ *vt* to put the finishing touches to

figue [fig] *nf* fig; **figuier** *nm* fig tree

figurant, e [figyʀɑ̃, -ɑ̃t] *nm/f* (*Théât*) walk-on; (*Ciné*) extra

figure [figyʀ] *nf* (*visage*) face; (*image, tracé, forme, personnage*) figure; (*illustration*) picture, diagram

figuré, e [figyʀe] *adj* (*sens*) figurative

figurer [figyʀe] /1/ *vi* to appear ▷ *vt* to represent; **se ~ que** to imagine that

fil [fil] *nm* (*brin, fig: d'une histoire*) thread; (*d'un couteau*) edge; **au ~ des**

années with the passing of the years; **au ~ de l'eau** with the stream *ou* current; **coup de ~** (*fam*) phone call; **donner/recevoir un coup de ~** to make/get a phone call; **~ électrique** electric wire; **~ de fer** wire; **~ de fer barbelé** barbed wire

file [fil] *nf* line; (*Auto*) lane; **~ (d'attente)** queue (BRIT), line (US); **à la ~** (*d'affilée*) in succession; **à la** *ou* **en ~ indienne** in single file

filer [file] /1/ *vt* (*tissu, toile, verre*) to spin; (*prendre en filature*) to shadow, tail; (*fam: donner*): **~ qch à qn** to slip sb sth ▷ *vi* (*bas, maille, liquide, pâte*) to run; (*aller vite*) to fly past *ou* by; (*fam: partir*) to make off; **~ doux** to behave o.s.

filet [filɛ] *nm* net; (*Culin*) fillet; (*d'eau, de sang*) trickle; **~ (à provisions)** string bag

filial, e, -aux [filjal, -o] *adj* filial ▷ *nf* (*Comm*) subsidiary

filière [filjɛʀ] *nf* (*carrière*) path; **suivre la ~** to work one's way up (through the hierarchy)

fille [fij] *nf* girl; (*opposé à fils*) daughter; **vieille ~** old maid; **fillette** *nf* (little) girl

filleul, e [fijœl] *nm/f* godchild, godson (goddaughter)

film [film] *nm* (*pour photo*) (roll of) film; (*œuvre*) film, picture, movie

fils [fis] *nm* son; **~ à papa** (*péj*) daddy's boy

filtre [filtʀ] *nm* filter; **filtrer** /1/ *vt* to filter; (*fig: candidats, visiteurs*) to screen

fin[1] [fɛ̃] *nf* end; **fins** *nfpl* (*but*) ends; **~ mai** at the end of May; **prendre ~** to come to an end; **mettre ~ à** to put an end to; **à la ~** in the end, eventually; **en ~ de compte** in the end; **sans ~** endless

fin[2]**, e** [fɛ̃, fin] *adj* (*papier, couche, fil*) thin; (*cheveux, poudre, pointe, visage*) fine; (*taille*) neat, slim; (*esprit, remarque*) subtle ▷ *adv* (*moudre, couper*) finely; **~ prêt/soûl** quite ready/drunk; **avoir la vue/l'ouïe ~e** to have keen eyesight/hearing; **or/linge/vin ~** fine gold/linen/wine; **~es herbes** mixed herbs

final, e [final] *adj, nf* final ▷ *nm* (*Mus*) finale; **quarts de ~e** quarter finals; **finalement** *adv* finally, in the end; (*après tout*) after all

finance [finɑ̃s] *nf* finance; **finances** *nfpl* (*situation financière*) finances; (*activités financières*) finance *sg*; **moyennant ~** for a fee *ou* consideration; **financer** /3/ *vt* to finance; **financier, -ière** *adj* financia[l]

finesse [finɛs] *nf* thinness; (*raffinement*) fineness; (*subtilité*) subtlety

fini, e [fini] *adj* finished; (*Math*) finite ▷ *nm* (*d'un objet manufacturé*) finish

finir [finiʀ] /2/ *vt* to finish ▷ *vi* to finish, end; **~ de faire** to finish doing (*cesser*) to stop doing; **~ par faire** to end *ou* finish up doing; **il finit par m'agacer** he's beginning to get on my nerves; **en ~ avec** to be *ou* have done with; **il va mal ~** he will come to a bad end

finition [finisjɔ̃] *nf* (*résultat*) finish

finlandais, e [fɛ̃lɑ̃dɛ, -ɛz] *adj* Finnis[h] ▷ *nm/f*: **F~, e** Finn

Finlande [fɛ̃lɑ̃d] *nf*: **la ~** Finland

finnois, e [finwa, -waz] *adj* Finnish ▷ *nm* (*Ling*) Finnish

fioul [fjul] *nm* fuel oil

firme [fiʀm] *nf* firm

fis [fi] *vb voir* **faire**

fisc [fisk] *nm* tax authorities *pl*; **fiscal, e, -aux** *adj* tax *cpd*, fiscal; **fiscalité** *n[f]* tax system

fissure [fisyʀ] *nf* crack; **fissurer** /1/ to crack; **se fissurer** *vi* to crack

fit [fi] *vb voir* **faire**

fixation [fiksasjɔ̃] *nf* (*attache*) fastening; (*Psych*) fixation

fixe [fiks] *adj* fixed; (*emploi*) steady, regular ▷ *nm* (*salaire*) basic salary; (*téléphone*) landline; **à heure ~** at a set time; **menu à prix ~** set menu

fixé, e [fikse] *adj*: **être ~ (sur)** (*savoir à quoi s'en tenir*) to have made up one's mind (about)

fixer [fikse] /1/ *vt* (*attacher*): **~ qch (à/sur)** to fix *ou* fasten sth (to/onto); (*déterminer*) to fix, set; (*poser son regard sur*) to stare at; **se fixer** (*s'établir*) to settle down; **se ~ sur** (*attention*) to focus on

flacon [flakɔ̃] *nm* bottle

flageolet [flaʒɔlɛ] *nm* (*Culin*) dwarf kidney bean

flagrant, e [flagʀɑ̃, -ɑ̃t] *adj* flagrant, blatant; **en ~ délit** in the act

flair [flɛʀ] *nm* sense of smell; (*fig*) intuition; **flairer** /1/ *vt* (*humer*) to sniff (at); (*détecter*) to scent

flamand, e [flamɑ̃, -ɑ̃d] *adj* Flemish ▷ *nm* (*Ling*) Flemish ▷ *nm/f*: **F~, e** Fleming

flamant [flamɑ̃] *nm* flamingo

flambant [flɑ̃bɑ̃] *adv*: **~ neuf** brand new

flambé, e [flɑ̃be] *adj* (*Culin*) flambé

flambée [flɑ̃be] *nf* blaze; **~ des prix** (sudden) shooting up of prices

flamber [flɑ̃be] /1/ *vi* to blaze (up)

flamboyer [flɑ̃bwaje] /8/ *vi* to blaze (up)

flamme [flam] *nf* flame; (*fig*) fire, fervour; **en ~s** on fire, ablaze

flan [flɑ̃] *nm* (*Culin*) custard tart *ou* pie

flanc [flɑ̃] *nm* side; (*Mil*) flank

flancher [flɑ̃ʃe] /1/ *vi* to fail, pack up

flanelle [flanɛl] *nf* flannel

flâner [flɑne] /1/ *vi* to stroll

flanquer [flɑ̃ke] /1/ *vt* to flank; (*fam: mettre*) to chuck, shove; **~ par terre/à la porte** (*jeter*) to fling to the ground/chuck out

flaque [flak] *nf* (*d'eau*) puddle; (*d'huile, de sang etc*) pool

flash [flaʃ] (*pl* **flashes**) *nm* (*Photo*) flash; **~ (d'information)** newsflash

flatter [flate] /1/ *vt* to flatter; **se ~ de qch** to pride o.s. on sth; **flatteur, -euse** *adj* flattering

flèche [flɛʃ] *nf* arrow; (*de clocher*) spire; **monter en ~** (*fig*) to soar, rocket; **partir en ~** to be off like a shot; **fléchette** *nf* dart

flétrir [fletʀiʀ] /2/: **se flétrir** *vi* to wither

fleur [flœʀ] *nf* flower; (*d'un arbre*) blossom; **être en ~** (*arbre*) to be in blossom; **tissu à ~s** flowered *ou* flowery fabric

fleuri, e [flœʀi] *adj* (*jardin*) in flower *ou* bloom; (*style, tissu, papier*) flowery; (*teint*) glowing

fleurir [flœʀiʀ] /2/ *vi* (*rose*) to flower; (*arbre*) to blossom; (*fig*) to flourish ▷ *vt* (*tombe*) to put flowers on; (*chambre*) to decorate with flowers

fleuriste [flœʀist] *nm/f* florist

fleuve [flœv] *nm* river

flexible [flɛksibl] *adj* flexible

flic [flik] *nm* (*fam: péj*) cop

flipper [flipœʀ] *nm* pinball (machine)

flirter [flœʀte] /1/ *vi* to flirt

flocon [flɔkɔ̃] *nm* flake

flore [flɔʀ] *nf* flora

florissant, e [flɔʀisɑ̃, -ɑ̃t] *adj* (*économie*) flourishing

flot [flo] *nm* flood, stream; **flots** *nmpl* (*de la mer*) waves; **être à ~** (*Navig*) to be afloat; **entrer à ~s** to stream *ou* pour in

flottant, e [flɔtɑ̃, -ɑ̃t] *adj* (*vêtement*) loose(-fitting)

flotte [flɔt] *nf* (*Navig*) fleet; (*fam: eau*) water; (*: pluie*) rain

flotter [flɔte] /1/ *vi* to float; (*nuage, odeur*) to drift; (*drapeau*) to fly; (*vêtements*) to hang loose ▷ *vb impers* (*fam: pleuvoir*): **il flotte** it's raining; **faire ~** to float; **flotteur** *nm* float

flou, e [flu] *adj* fuzzy, blurred; (*fig*) woolly (BRIT), vague

fluide [flyid] *adj* fluid; (*circulation etc*) flowing freely ▷ *nm* fluid

fluor [flyɔʀ] *nm*: **dentifrice au ~** fluoride toothpaste

fluorescent, e [flyɔʀesɑ̃, -ɑ̃t] *adj* fluorescent

flûte [flyt] *nf* (*aussi*: **~ traversière**) flute; (*verre*) flute glass; (*pain*) (thin) baguette; **~!** drat it!; **~ (à bec)** recorder

flux [fly] *nm* incoming tide; (*écoulement*) flow; **le ~ et le re~** the ebb and flow

foc [fɔk] *nm* jib

foi [fwa] *nf* faith; **digne de ~** reliable; **être de bonne/mauvaise ~** to be in good faith/not to be in good faith

foie [fwa] *nm* liver; **crise de ~** stomach upset

foin [fwɛ̃] *nm* hay; **faire du ~** (*fam*) to kick up a row

foire [fwaʀ] *nf* fair; (*fête foraine*) (fun)fair; **~ aux questions** (*Internet*) frequently asked questions; **faire la ~** to whoop it up; **~ (exposition)** trade fair

fois [fwa] *nf* time; **une/deux ~** once/twice; **deux ~ deux** twice two; **une ~** (*passé*) once; (*futur*) sometime; **une (bonne) ~ pour toutes** once and for all; **une ~ que c'est fait** once it's done; **des ~** (*parfois*) sometimes; **à la ~** (*ensemble*) (all) at once

fol [fɔl] *adj m voir* **fou**

folie [fɔli] *nf* (*d'une décision, d'un acte*) madness, folly; (*état*) madness, insanity; **la ~ des grandeurs** delusions of grandeur; **faire des ~s** (*en dépenses*) to be extravagant

folklorique [fɔlklɔʀik] *adj* folk *cpd*; (*fam*) weird

folle [fɔl] *adj f, nf voir* **fou**; **follement** *adv* (*très*) madly, wildly

foncé, e [fɔ̃se] *adj* dark

foncer [fɔ̃se] /3/ *vi* to go darker; (*fam: aller vite*) to tear *ou* belt along; **~ sur** to charge at

fonction [fɔ̃ksjɔ̃] *nf* function; (*emploi, poste*) post, position; **fonctions** *nfpl* (*professionnelles*) duties; **voiture de ~** company car; **en ~ de** (*par rapport à*) according to; **faire ~ de** to serve as; **la ~ publique** the state *ou* civil (BRIT) service; **fonctionnaire** *nm/f* state employee *ou* official; (*dans l'administration*) ≈ civil servant; **fonctionner** /1/ *vi* to work, function

fond [fɔ̃] *nm voir aussi* **fonds**; (*d'un récipient, trou*) bottom; (*d'une salle, scène*) back; (*d'un tableau, décor*) background; (*opposé à la forme*) content; (*Sport*): **le ~** long distance (running); **au ~ de** at the bottom of; at the back of; **à ~** (*connaître, soutenir*) thoroughly; (*appuyer, visser*) right down *ou* home; **à ~ (de train)** (*fam*) full tilt; **dans le ~, au ~** (*en somme*) basically, really; **de ~ en comble** from top to bottom; **~ de teint** foundation

fondamental, e, -aux [fɔ̃damɑ̃tal -o] *adj* fundamental

fondant, e [fɔ̃dɑ̃, -ɑ̃t] *adj* (*neige*) melting; (*poire*) that melts in the mouth

fondation [fɔ̃dasjɔ̃] *nf* founding; (*établissement*) foundation; **fondations** *nfpl* (*d'une maison*) foundations

fondé, e [fɔ̃de] *adj* (*accusation etc*) well-founded; **être ~ à croire** to have grounds for believing *ou* good reason to believe

fondement [fɔ̃dmɑ̃] *nm*: **sans ~** (*rumeur etc*) groundless, unfounded

fonder [fɔ̃de] /1/ *vt* to found; (*fig*): **~ qch sur** to base sth on; **se ~ sur** (*personne*) to base o.s. on

fonderie [fɔ̃dʀi] *nf* smelting works *sg*

fondre [fɔ̃dʀ] /41/ *vt* (*aussi*: **faire ~**) to melt; (*dans l'eau*) to dissolve; (*fig: mélanger*) to merge, blend ▷ *vi* (*à la chaleur*) to melt; to dissolve; (*fig*) to melt away; (*se précipiter*): **~ sur** to swoop down on; **~ en larmes** to dissolve into tears

fonds [fɔ̃] *nm* (*Comm*): **~ (de commerce)** business ▷ *nmpl* (*argent*) funds

fondu, e [fɔ̃dy] *adj* (*beurre, neige*) melted; (*métal*) molten ▷ *nf* (*Culin*) fondue

font [fɔ̃] *vb voir* **faire**
fontaine [fɔ̃tɛn] *nf* fountain; (*source*) spring
fonte [fɔ̃t] *nf* melting; (*métal*) cast iron; **la ~ des neiges** the (spring) thaw
foot [fut], **football** [futbol] *nm* football, soccer; **footballeur, -euse** *nm/f* footballer (BRIT), football *ou* soccer player
footing [futiŋ] *nm* jogging; **faire du ~** to go jogging
forain, e [fɔʀɛ̃, -ɛn] *adj* fairground *cpd* ▷ *nm* (*marchand*) stallholder; (*acteur etc*) fairground entertainer
forçat [fɔʀsa] *nm* convict
force [fɔʀs] *nf* strength; (*Physique, Mécanique*) force; **forces** *nfpl* (*physiques*) strength *sg*; (*Mil*) forces; **à ~ de faire** by dint of doing; **de ~** forcibly, by force; **dans la ~ de l'âge** in the prime of life; **les ~s de l'ordre** the police
forcé, e [fɔʀse] *adj* forced; **c'est ~!** it's inevitable!; **forcément** *adv* inevitably; **pas forcément** not necessarily
forcer [fɔʀse] /3/ *vt* to force; (*moteur, voix*) to strain ▷ *vi* (*Sport*) to overtax o.s.; **se ~ à faire qch** to force o.s. to do sth; **~ la dose/l'allure** to overdo it/increase the pace
forestier, -ière [fɔʀɛstje, -jɛʀ] *adj* forest *cpd*
forêt [fɔʀɛ] *nf* forest
forfait [fɔʀfɛ] *nm* (*Comm*) all-in deal *ou* price; **déclarer ~** to withdraw; **forfaitaire** *adj* inclusive
forge [fɔʀʒ] *nf* forge, smithy; **forgeron** *nm* (black)smith
formaliser [fɔʀmalize] /1/: **se formaliser** *vi*: **se ~ (de)** to take offence (at)
formalité [fɔʀmalite] *nf* formality; **simple ~** mere formality
format [fɔʀma] *nm* size; **formater** /1/ *vt* (*disque*) to format
formation [fɔʀmasjɔ̃] *nf* forming; training; **la ~ permanente** *ou* **continue** continuing education; **la ~ professionnelle** vocational training
forme [fɔʀm] *nf* (*gén*) form; (*d'un objet*) shape, form; **formes** *nfpl* (*bonnes manières*) proprieties; (*d'une femme*) figure *sg*; **en ~ de poire** pear-shaped, in the shape of a pear; **être en (bonne** *ou* **pleine) ~** (*Sport etc*) to be on form; **en bonne et due ~** in due form
formel, le [fɔʀmɛl] *adj* (*preuve, décision*) definite, positive; **formellement** *adv* (*interdit*) strictly; (*absolument*) positively
former [fɔʀme] /1/ *vt* to form; (*éduquer*) to train; **se former** *vi* to form
formidable [fɔʀmidabl] *adj* tremendous
formulaire [fɔʀmylɛʀ] *nm* form
formule [fɔʀmyl] *nf* (*gén*) formula; (*expression*) phrase; **~ de politesse** polite phrase; (*en fin de lettre*) letter ending
fort, e [fɔʀ, fɔʀt] *adj* strong; (*intensité, rendement*) high, great; (*corpulent*) large; (*doué*): **être ~ (en)** to be good (at) ▷ *adv* (*serrer, frapper*) hard; (*sonner*) loud(ly); (*beaucoup*) greatly, very much; (*très*) very ▷ *nm* (*édifice*) fort; (*point fort*) strong point, forte; **~e tête** rebel; **forteresse** *nf* fortress
fortifiant [fɔʀtifjɑ̃] *nm* tonic
fortune [fɔʀtyn] *nf* fortune; **faire ~** to make one's fortune; **de ~** makeshift; **fortuné, e** *adj* wealthy
forum [fɔʀɔm] *nm* forum; **~ de discussion** (*Internet*) message board
fosse [fos] *nf* (*grand trou*) pit; (*tombe*) grave
fossé [fose] *nm* ditch; (*fig*) gulf, gap
fossette [fosɛt] *nf* dimple
fossile [fosil] *nm* fossil ▷ *adj* fossilized, fossil *cpd*
fou (fol), folle [fu, fɔl] *adj* mad; (*déréglé etc*) wild, erratic; (*fam: extrême, très grand*) terrific, tremendous ▷ *nm/f* madman/woman ▷ *nm* (*du*

roi) jester; **être ~ de** to be mad *ou* crazy about; **avoir le ~ rire** to have the giggles
foudre [fudʀ] *nf*: **la ~** lightning
foudroyant, e [fudʀwajɑ̃, -ɑ̃t] *adj* (*progrès*) lightning *cpd*; (*succès*) stunning; (*maladie, poison*) violent
fouet [fwɛ] *nm* whip; (*Culin*) whisk; **de plein ~** *adv* (*se heurter*) head on; **fouetter** /1/ *vt* to whip; (*crème*) to whisk
fougère [fuʒɛʀ] *nf* fern
fougue [fug] *nf* ardour, spirit; **fougueux, -euse** *adj* fiery
fouille [fuj] *nf* search; **fouilles** *nfpl* (*archéologiques*) excavations; **fouiller** /1/ *vt* to search; (*creuser*) to dig ▷ *vi*: **fouiller dans/parmi** to rummage in/among; **fouillis** *nm* jumble, muddle
foulard [fulaʀ] *nm* scarf
foule [ful] *nf* crowd; **la ~** crowds *pl*; **une ~ de** masses of
foulée [fule] *nf* stride
fouler [fule] /1/ *vt* to press; (*sol*) to tread upon; **se ~ la cheville** to sprain one's ankle; **ne pas se ~** not to overexert o.s.; **il ne se foule pas** he doesn't put himself out; **foulure** *nf* sprain
four [fuʀ] *nm* oven; (*de potier*) kiln; (*Théât: échec*) flop
fourche [fuʀʃ] *nf* pitchfork
fourchette [fuʀʃɛt] *nf* fork; (*Statistique*) bracket, margin
fourgon [fuʀgɔ̃] *nm* van; (*Rail*) wag(g)on; **fourgonnette** *nf* (delivery) van
fourmi [fuʀmi] *nf* ant; **avoir des ~s dans les jambes/mains** to have pins and needles in one's legs/hands; **fourmilière** *nf* ant-hill; **fourmiller** /1/ *vi* to swarm
fourneau, x [fuʀno] *nm* stove
fourni, e [fuʀni] *adj* (*barbe, cheveux*) thick; (*magasin*): **bien ~ (en)** well stocked (with)
fournir [fuʀniʀ] /2/ *vt* to supply; (*preuve, exemple*) to provide, supply; (*effort*) to put in; **~ qch à qn** to supply sth to sb, supply *ou* provide sb with sth; **fournisseur, -euse** *nm/f* supplier; **fournisseur d'accès à Internet** (Internet) service provider, ISP; **fourniture** *nf* supply(ing); **fournitures scolaires** school stationery
fourrage [fuʀaʒ] *nm* fodder
fourré, e [fuʀe] *adj* (*bonbon, chocolat*) filled; (*manteau, botte*) fur-lined ▷ *nm* thicket
fourrer [fuʀe] /1/ *vt* (*fam*) to stick, shove; **se ~ dans/sous** to get into/under
fourrière [fuʀjɛʀ] *nf* pound
fourrure [fuʀyʀ] *nf* fur; (*sur l'animal*) coat
foutre [futʀ] *vt* (*fam!*) = **ficher**; **foutu, e** *adj* (*fam!*) = **fichu**
foyer [fwaje] *nm* (*de cheminée*) hearth; (*famille*) family; (*domicile*) home; (*local de réunion*) (social) club; (*résidence*) hostel; (*salon*) foyer; **lunettes à double ~** bi-focal glasses
fracassant, e [fʀakasɑ̃, -ɑ̃t] *adj* (*succès*) staggering
fraction [fʀaksjɔ̃] *nf* fraction
fracture [fʀaktyʀ] *nf* fracture; **~ du crâne** fractured skull; **fracturer** /1/ *vt* (*coffre, serrure*) to break open; (*os, membre*) to fracture; **se fracturer le crâne** to fracture one's skull
fragile [fʀaʒil] *adj* fragile, delicate; (*fig*) frail; **fragilité** *nf* fragility
fragment [fʀagmɑ̃] *nm* (*d'un objet*) fragment, piece
fraîche [fʀɛʃ] *adj f voir* **frais**; **fraîcheur** *nf* coolness; (*d'un aliment*) freshness; *voir* **frais**; **fraîchir** /2/ *vi* to get cooler; (*vent*) to freshen
frais, fraîche [fʀɛ, fʀɛʃ] *adj* (*air, eau, accueil*) cool; (*petit pois, œufs, nouvelles, couleur, troupes*) fresh ▷ *adv* (*récemment*) newly, fresh(ly) ▷ *nm*: **mettre au ~** to put in a cool place; **prendre le ~** to take a breath of cool air ▷ *nmpl* (*débours*) expenses; (*Comm*)

costs; **il fait ~** it's cool; **servir ~** serve chilled; **faire des ~** to go to a lot of expense; **~ généraux** overheads; **~ de scolarité** school fees (BRIT), tuition (US)

fraise [fʀɛz] *nf* strawberry; **~ des bois** wild strawberry

framboise [fʀɑ̃bwaz] *nf* raspberry

franc, franche [fʀɑ̃, fʀɑ̃ʃ] *adj* (*personne*) frank, straightforward; (*visage*) open; (*net: refus, couleur*) clear; (*: coupure*) clean; (*intensif*) downright ▷ *nm* franc

français, e [fʀɑ̃sɛ, -ɛz] *adj* French ▷ *nm* (*Ling*) French ▷ *nm/f*: **F~, e** Frenchman/woman

France [fʀɑ̃s] *nf*: **la ~** France; **~ 2, ~ 3** *public-sector television channels*

FRANCE TÉLÉVISION

France 2 and *France 3* are public-sector television channels. *France 2* is a national general interest and entertainment channel; *France 3* provides regional news and information as well as programmes for the national network.

franche [fʀɑ̃ʃ] *adj f voir* **franc**; **franchement** *adv* frankly; clearly; (*nettement*) definitely; (*tout à fait*) downright

franchir [fʀɑ̃ʃiʀ] /2/ *vt* (*obstacle*) to clear, get over; (*seuil, ligne, rivière*) to cross; (*distance*) to cover

franchise [fʀɑ̃ʃiz] *nf* frankness; (*douanière*) exemption; (*Assurances*) excess

franc-maçon [fʀɑ̃masɔ̃] *nm* Freemason

franco [fʀɑ̃ko] *adv* (*Comm*): **~ (de port)** postage paid

francophone [fʀɑ̃kɔfɔn] *adj* French-speaking

franc-parler [fʀɑ̃paʀle] *nm inv* outspokenness; **avoir son ~** to speak one's mind

frange [fʀɑ̃ʒ] *nf* fringe

frangipane [fʀɑ̃ʒipan] *nf* almond paste

frappant, e [fʀapɑ̃, -ɑ̃t] *adj* striking

frappé, e [fʀape] *adj* iced

frapper [fʀape] /1/ *vt* to hit, strike; (*étonner*) to strike; **~ dans ses mains** to clap one's hands; **frappé de stupeur** dumbfounded

fraternel, le [fʀatɛʀnɛl] *adj* brotherly, fraternal; **fraternité** *nf* brotherhood

fraude [fʀod] *nf* fraud; (*Scol*) cheating; **passer qch en ~** to smuggle sth in (*ou* out); **~ fiscale** tax evasion

frayeur [fʀɛjœʀ] *nf* fright

fredonner [fʀədɔne] /1/ *vt* to hum

freezer [fʀizœʀ] *nm* freezing compartment

frein [fʀɛ̃] *nm* brake; **mettre un ~ à** (*fig*) to put a brake on, check; **~ à main** handbrake; **freiner** /1/ *vi* to brake ▷ *vt* (*progrès etc*) to check

frêle [fʀɛl] *adj* frail, fragile

frelon [fʀəlɔ̃] *nm* hornet

frémir [fʀemiʀ] /2/ *vi* (*de froid, de peur*) to shudder; (*de colère*) to shake; (*de joie, feuillage*) to quiver

frêne [fʀɛn] *nm* ash (tree)

fréquemment [fʀekamɑ̃] *adv* frequently

fréquent, e [fʀekɑ̃, -ɑ̃t] *adj* frequent

fréquentation [fʀekɑ̃tasjɔ̃] *nf* frequenting; **fréquentations** *nfpl* (*relations*) company *sg*; **avoir de mauvaises ~s** to be in with the wrong crowd, keep bad company

fréquenté, e [fʀekɑ̃te] *adj*: **très ~** (very) busy; **mal ~** patronized by disreputable elements

fréquenter [fʀekɑ̃te] /1/ *vt* (*lieu*) to frequent; (*personne*) to see; **se fréquenter** to see a lot of each other

frère [fʀɛʀ] *nm* brother

fresque [fʀɛsk] *nf* (*Art*) fresco

fret [fʀɛ(t)] *nm* freight

f

friand, e [fʀijɑ̃, -ɑ̃d] *adj*: **~ de** very fond of ▷ *nm*: **~ au fromage** cheese puff
friandise [fʀijɑ̃diz] *nf* sweet
fric [fʀik] *nm* (*fam*) cash, bread
friche [fʀiʃ]: **en ~** *adj*, *adv* (lying) fallow
friction [fʀiksjɔ̃] *nf* (*massage*) rub, rub-down; (*Tech*, *fig*) friction
frigidaire® [fʀiʒidɛʀ] *nm* refrigerator
frigo [fʀigo] *nm* fridge
frigorifique [fʀigɔʀifik] *adj* refrigerating
frileux, -euse [fʀilø, -øz] *adj* sensitive to (the) cold
frimer [fʀime] /1/ *vi* (*fam*) to show off
fringale [fʀɛ̃gal] *nf* (*fam*): **avoir la ~** to be ravenous
fringues [fʀɛ̃g] *nfpl* (*fam*) clothes
fripé, e [fʀipe] *adj* crumpled
frire [fʀiʀ] *vt* to fry ▷ *vi* to fry
frisé, e [fʀize] *adj* (*cheveux*) curly; (*personne*) curly-haired
frisson [fʀisɔ̃] *nm* (*de froid*) shiver; (*de peur*) shudder; **frissonner** /1/ *vi* (*de fièvre*, *froid*) to shiver; (*d'horreur*) to shudder
frit, e [fʀi, fʀit] *pp de* **frire** ▷ *nf*: **(pommes) ~es** chips (BRIT), French fries; **friteuse** *nf* deep fryer, chip pan (BRIT); **friture** *nf* (*huile*) (deep) fat; (*plat*): **friture (de poissons)** fried fish
froid, e [fʀwa, fʀwad] *adj* ▷ *nm* cold; **il fait ~** it's cold; **avoir ~** to be cold; **prendre ~** to catch a chill *ou* cold; **être en ~ avec** to be on bad terms with; **froidement** *adv* (*accueillir*) coldly; (*décider*) coolly
froisser [fʀwase] /1/ *vt* to crumple (up), crease; (*fig*) to hurt, offend; **se froisser** *vi* to crumple, crease; (*personne*) to take offence (BRIT) *ou* offense (US); **se ~ un muscle** to strain a muscle
frôler [fʀole] /1/ *vt* to brush against; (*projectile*) to skim past; (*fig*) to come very close to, come within a hair's breadth of
fromage [fʀɔmaʒ] *nm* cheese; **~ blanc** soft white cheese
froment [fʀɔmɑ̃] *nm* wheat
froncer [fʀɔ̃se] /3/ *vt* to gather; **~ les sourcils** to frown
front [fʀɔ̃] *nm* forehead, brow; (*Mil*, *Météorologie*, *Pol*) front; **de ~** (*se heurter*) head-on; (*rouler*) together (2 *or* 3 *abreast*); (*simultanément*) at once; **faire ~ à** to face up to
frontalier, -ière [fʀɔ̃talje, -jɛʀ] *adj* border *cpd*, frontier *cpd* ▷ **(travailleurs) ~s** commuters from across the border
frontière [fʀɔ̃tjɛʀ] *nf* frontier, border
frotter [fʀɔte] /1/ *vi* to rub, scrape ▷ *vt* to rub; (*pommes de terre*, *plancher*) to scrub; **~ une allumette** to strike a match
fruit [fʀɥi] *nm* fruit *no pl*; **~s de mer** seafood(s); **~s secs** dried fruit *sg*; **fruité, e** [fʀɥite] *adj* fruity; **fruitier, -ière** *adj*: **arbre fruitier** fruit tree
frustrer [fʀystʀe] /1/ *vt* to frustrate
fuel(-oil) [fjul(ɔjl)] *nm* fuel oil; (*pour chauffer*) heating oil
fugace [fygas] *adj* fleeting
fugitif, -ive [fyʒitif, -iv] *adj* (*lueur*, *amour*) fleeting ▷ *nm/f* fugitive
fugue [fyg] *nf*: **faire une ~** to run away, abscond
fuir [fɥiʀ] /17/ *vt* to flee from; (*éviter*) to shun ▷ *vi* to run away; (*gaz*, *robinet*) to leak
fuite [fɥit] *nf* flight; (*divulgation*) leak; **être en ~** to be on the run; **mettre en ~** to put to flight
fulgurant, e [fylgyʀɑ̃, -ɑ̃t] *adj* lightning *cpd*, dazzling
fumé, e [fyme] *adj* (*Culin*) smoked; (*verre*) tinted ▷ *nf* smoke
fumer [fyme] /1/ *vi* to smoke; (*liquide*) to steam ▷ *vt* to smoke
fûmes [fym] *vb voir* **être**
fumeur, -euse [fymœʀ, -øz] *nm/f* smoker

fumier [fymje] *nm* manure
funérailles [fyneʀaj] *nfpl* funeral *sg*
fur [fyʀ]: **au ~ et à mesure** *adv* as one goes along; **au ~ et à mesure que** as
furet [fyʀɛ] *nm* ferret
fureter [fyʀ(ə)te] /5/ *vi* (*péj*) to nose about
fureur [fyʀœʀ] *nf* fury; **être en ~** to be infuriated; **faire ~** to be all the rage
furie [fyʀi] *nf* fury; (*femme*) shrew, vixen; **en ~** (*mer*) raging; **furieux, -euse** *adj* furious
furoncle [fyʀɔ̃kl] *nm* boil
furtif, -ive [fyʀtif, -iv] *adj* furtive
fus [fy] *vb voir* **être**
fusain [fyzɛ̃] *nm* (*Art*) charcoal
fuseau, x [fyzo] *nm* (*pantalon*) (ski-)pants *pl*; (*pour filer*) spindle; **~ horaire** time zone
fusée [fyze] *nf* rocket
fusible [fyzibl] *nm* (*Élec: fil*) fuse wire; (*: fiche*) fuse
fusil [fyzi] *nm* (*de guerre, à canon rayé*) rifle, gun; (*de chasse, à canon lisse*) shotgun, gun; **fusillade** *nf* gunfire *no pl*, shooting *no pl*; **fusiller** /1/ *vt* to shoot; **fusiller qn du regard** to look daggers at sb
fusionner [fyzjɔne] /1/ *vi* to merge
fût [fy] *vb voir* **être** ▷ *nm* (*tonneau*) barrel, cask
futé, e [fyte] *adj* crafty; **Bison ~®** *TV and radio traffic monitoring service*
futile [fytil] *adj* futile; (*frivole*) frivolous
futur, e [fytyʀ] *adj, nm* future
fuyard, e [fɥijaʀ, -aʀd] *nm/f* runaway

g

Gabon [gabɔ̃] *nm*: **le ~** Gabon
gâcher [gɑʃe] /1/ *vt* (*gâter*) to spoil; (*gaspiller*) to waste; **gâchis** *nm* waste *no pl*
gaffe [gaf] *nf* blunder; **faire ~** (*fam*) to watch out
gage [gaʒ] *nm* (*dans un jeu*) forfeit; (*fig: de fidélité*) token; **gages** *nmpl* (*salaire*) wages; **mettre en ~** to pawn
gagnant, e [gaɲɑ̃, -ɑ̃t] *adj*: **billet/numéro ~** winning ticket/number ▷ *nm/f* winner
gagne-pain [gaɲpɛ̃] *nm inv* job
gagner [gaɲe] /1/ *vt* to win; (*somme d'argent, revenu*) to earn; (*aller vers, atteindre*) to reach; (*s'emparer de*) to overcome; (*envahir*) to spread to ▷ *vi* to win; (*fig*) to gain; **~ du temps/de la place** to gain time/save space; **~ sa vie** to earn one's living
gai, e [ge] *adj* cheerful; (*un peu ivre*) merry; **gaiement** *adv* cheerfully;

gaieté *nf* cheerfulness; **de gaieté de cœur** with a light heart
gain [gɛ̃] *nm* (*revenu*) earnings *pl*; (*bénéfice*: *gén pl*) profits *pl*
gala [gala] *nm* official reception; **soirée de ~** gala evening
galant, e [galɑ̃, -ɑ̃t] *adj* (*courtois*) courteous, gentlemanly; (*entreprenant*) flirtatious, gallant; (*scène, rendez-vous*) romantic
galerie [galʀi] *nf* gallery; (*Théât*) circle; (*de voiture*) roof rack; (*fig*: *spectateurs*) audience; **~ marchande** shopping mall; **~ de peinture** (private) art gallery
galet [galɛ] *nm* pebble
galette [galɛt] *nf* flat pastry cake; **la ~ des Rois** *cake traditionally eaten on Twelfth Night*

GALETTE DES ROIS

A *galette des Rois* is a cake eaten on Twelfth Night containing a figurine. The person who finds it is the king (or queen) and gets a paper crown. They then choose someone else to be their queen (or king).

galipette [galipɛt] *nf* somersault
Galles [gal] *nfpl*: **le pays de ~** Wales; **gallois, e** *adj* Welsh ▷ *nm* (*Ling*) Welsh ▷ *nm/f*: **Gallois, e** Welshman(-woman)
galon [galɔ̃] *nm* (*Mil*) stripe; (*décoratif*) piece of braid
galop [galo] *nm* gallop; **galoper** /1/ *vi* to gallop
gambader [gɑ̃bade] /1/ *vi* (*animal, enfant*) to leap about
gamin, e [gamɛ̃, -in] *nm/f* kid ▷ *adj* mischievous
gamme [gam] *nf* (*Mus*) scale; (*fig*) range
gang [gɑ̃g] *nm* (*de criminels*) gang
gant [gɑ̃] *nm* glove; **~ de toilette** (face) flannel (BRIT), face cloth
garage [gaʀaʒ] *nm* garage; **garagiste** *nm/f* garage owner; (*mécanicien*) garage mechanic
garantie [gaʀɑ̃ti] *nf* guarantee; **(bon de) ~** guarantee *ou* warranty slip
garantir [gaʀɑ̃tiʀ] /2/ *vt* to guarantee; **je vous garantis que** I can assure you that
garçon [gaʀsɔ̃] *nm* boy; (*aussi*: **~ de café**) waiter; **vieux ~** (*célibataire*) bachelor; **~ de courses** messenger
garde [gaʀd] *nm* (*de prisonnier*) guard; (*de domaine etc*) warden; (*soldat, sentinelle*) guardsman ▷ *nf* (*soldats*) guard; **de ~** on duty; **monter la ~** to stand guard; **mettre en ~** to warn; **prendre ~ (à)** to be careful (of); **~ champêtre** *nm* rural policeman; **~ du corps** *nm* bodyguard; **~ à vue** *nf* (*Jur*) ≈ police custody; **garde-boue** *nm inv* mudguard; **garde-chasse** *nm* gamekeeper
garder [gaʀde] /1/ *vt* (*conserver*) to keep; (*surveiller*: *enfants*) to look after; (: *immeuble, lieu, prisonnier*) to guard; **se garder** *vi* (*aliment*: *se conserver*) to keep; **se ~ de faire** to be careful not to do; **~ le lit/la chambre** to stay in bed/indoors; **pêche/chasse gardée** private fishing/hunting (ground)
garderie [gaʀdəʀi] *nf* day nursery, crèche
garde-robe [gaʀdəʀɔb] *nf* wardrobe
gardien, ne [gaʀdjɛ̃, -ɛn] *nm/f* (*garde*) guard; (*de prison*) warder; (*de domaine, réserve*) warden; (*de musée etc*) attendant; (*de phare, cimetière*) keeper; (*d'immeuble*) caretaker; (*fig*) guardian; **~ de but** goalkeeper; **~ de nuit** night watchman; **~ de la paix** policeman
gare [gaʀ] *nf* (railway) station ▷ *excl*: **~ à ...** mind ...!; **~ à toi!** watch out!; **~ routière** bus station
garer [gaʀe] /1/ *vt* to park; **se garer** *vi* to park
garni, e [gaʀni] *adj* (*plat*) served with vegetables (*and chips, pasta or rice*)

garniture [gaʀnityʀ] *nf* (*Culin*) vegetables *pl*; **~ de frein** brake lining
gars [ga] *nm* guy
Gascogne [gaskɔɲ] *nf*: **la ~** Gascony; **le golfe de ~** the Bay of Biscay
gas-oil [gazɔjl] *nm* diesel oil
gaspiller [gaspije] /1/ *vt* to waste
gastronome [gastʀɔnɔm] *nm/f* gourmet; **gastronomique** *adj* gastronomic
gâteau, x [gɑto] *nm* cake; **~ sec** biscuit
gâter [gɑte] /1/ *vt* to spoil; **se gâter** *vi* (*dent, fruit*) to go bad; (*temps, situation*) to change for the worse
gâteux, -euse [gɑtø, -øz] *adj* senile
gauche [goʃ] *adj* left, left-hand; (*maladroit*) awkward, clumsy ▷ *nf* (*Pol*) left (wing); **le bras ~** the left arm; **le côté ~** the left-hand side; **à ~** on the left; (*direction*) (to the) left; **gaucher, -ère** *adj* left-handed; **gauchiste** *nm/f* leftist
gaufre [gofʀ] *nf* waffle
gaufrette [gofʀɛt] *nf* wafer
gaulois, e [golwa, -waz] *adj* Gallic ▷ *nm/f*: **G~, e** Gaul
gaz [gɑz] *nm inv* gas; **ça sent le ~** I can smell gas, there's a smell of gas
gaze [gɑz] *nf* gauze
gazette [gazɛt] *nf* news sheet
gazeux, -euse [gɑzø, -øz] *adj* (*eau*) sparkling; (*boisson*) fizzy
gazoduc [gɑzodyk] *nm* gas pipeline
gazon [gɑzɔ̃] *nm* (*herbe*) grass; (*pelouse*) lawn
geai [ʒɛ] *nm* jay
géant, e [ʒeɑ̃, -ɑ̃t] *adj* gigantic; (*Comm*) giant-size ▷ *nm/f* giant
geindre [ʒɛ̃dʀ] /52/ *vi* to groan, moan
gel [ʒɛl] *nm* frost; **~ douche** shower gel
gélatine [ʒelatin] *nf* gelatine
gelé, e [ʒəle] *adj* frozen ▷ *nf* jelly; (*gel*) frost
geler [ʒ(ə)le] /5/ *vt, vi* to freeze; **il gèle** it's freezing
gélule [ʒelyl] *nf* (*Méd*) capsule
Gémeaux [ʒemo] *nmpl*: **les ~** Gemini
gémir [ʒemiʀ] /2/ *vi* to groan, moan
gênant, e [ʒɛnɑ̃, -ɑ̃t] *adj* (*objet*) in the way; (*histoire, personne*) embarrassing
gencive [ʒɑ̃siv] *nf* gum
gendarme [ʒɑ̃daʀm] *nm* gendarme; **gendarmerie** *nf military police force in countryside and small towns; their police station or barracks*
gendre [ʒɑ̃dʀ] *nm* son-in-law
gêné, e [ʒene] *adj* embarrassed
gêner [ʒene] /1/ *vt* (*incommoder*) to bother; (*encombrer*) to be in the way of; (*embarrasser*): **~ qn** to make sb feel ill-at-ease; **se gêner** to put o.s. out; **ne vous gênez pas!** don't mind me!
général, e, -aux [ʒeneʀal, -o] *adj, nm* general; **en ~** usually, in general; **généralement** *adv* generally; **généraliser** /1/ *vt, vi* to generalize; **se généraliser** *vi* to become widespread; **généraliste** *nm/f* general practitioner, GP
génération [ʒeneʀasjɔ̃] *nf* generation
généreux, -euse [ʒeneʀø, -øz] *adj* generous
générique [ʒeneʀik] *nm* (*Ciné, TV*) credits *pl*
générosité [ʒeneʀozite] *nf* generosity
genêt [ʒ(ə)nɛ] *nm* (*Bot*) broom *no pl*
génétique [ʒenetik] *adj* genetic
Genève [ʒ(ə)nɛv] *n* Geneva
génial, e, -aux [ʒenjal, -o] *adj* of genius; (*fam: formidable*) fantastic, brilliant
génie [ʒeni] *nm* genius; (*Mil*): **le ~** ≈ the Engineers *pl*; **~ civil** civil engineering
genièvre [ʒənjɛvʀ] *nm* juniper (tree)
génisse [ʒenis] *nf* heifer
génital, e, -aux [ʒenital, -o] *adj* genital; **les parties ~es** the genitals
génois, e [ʒenwa, -waz] *adj* Genoese ▷ *nf* (*gâteau*) ≈ sponge cake
genou, x [ʒ(ə)nu] *nm* knee; **à ~x** on one's knees; **se mettre à ~x** to kneel down

genre [ʒɑ̃ʀ] *nm* kind, type, sort; (*Ling*) gender; **avoir bon ~** to look a nice sort; **avoir mauvais ~** to be coarse-looking; **ce n'est pas son ~** it's not like him
gens [ʒɑ̃] *nmpl* (*f in some phrases*) people *pl*
gentil, le [ʒɑ̃ti, -ij] *adj* kind; (*enfant: sage*) good; (*sympathique: endroit etc*) nice; **gentillesse** *nf* kindness; **gentiment** *adv* kindly
géographie [ʒeɔgʀafi] *nf* geography
géologie [ʒeɔlɔʒi] *nf* geology
géomètre [ʒeɔmɛtʀ] *nm*: **(arpenteur-)~** (land) surveyor
géométrie [ʒeɔmetʀi] *nf* geometry; **géométrique** *adj* geometric
géranium [ʒeʀanjɔm] *nm* geranium
gérant, e [ʒeʀɑ̃, -ɑ̃t] *nm/f* manager/ manageress; **~ d'immeuble** managing agent
gerbe [ʒɛʀb] *nf* (*de fleurs, d'eau*) spray; (*de blé*) sheaf
gercé, e [ʒɛʀse] *adj* chapped
gerçure [ʒɛʀsyʀ] *nf* crack
gérer [ʒeʀe] /6/ *vt* to manage
germain, e [ʒɛʀmɛ̃, -ɛn] *adj*: **cousin ~** first cousin
germe [ʒɛʀm] *nm* germ; **germer** /1/ *vi* to sprout; (*semence*) to germinate
geste [ʒɛst] *nm* gesture
gestion [ʒɛstjɔ̃] *nf* management
Ghana [gana] *nm*: **le ~** Ghana
gibier [ʒibje] *nm* (*animaux*) game
gicler [ʒikle] /1/ *vi* to spurt, squirt
gifle [ʒifl] *nf* slap (in the face); **gifler** /1/ *vt* to slap (in the face)
gigantesque [ʒigɑ̃tɛsk] *adj* gigantic
gigot [ʒigo] *nm* leg (of mutton *ou* lamb)
gigoter [ʒigɔte] /1/ *vi* to wriggle (about)
gilet [ʒilɛ] *nm* waistcoat; (*pull*) cardigan; **~ de sauvetage** life jacket
gin [dʒin] *nm* gin; **~-tonic** gin and tonic
gingembre [ʒɛ̃ʒɑ̃bʀ] *nm* ginger
girafe [ʒiʀaf] *nf* giraffe
giratoire [ʒiʀatwaʀ] *adj*: **sens ~** roundabout
girofle [ʒiʀɔfl] *nm*: **clou de ~** clove
girouette [ʒiʀwɛt] *nf* weather vane *ou* cock
gitan, e [ʒitɑ̃, -an] *nm/f* gipsy
gîte [ʒit] *nm* (*maison*) home; (*abri*) shelter; **~ (rural)** (country) holiday cottage *ou* apartment, gîte (*self-catering accommodation in the country*)
givre [ʒivʀ] *nm* (hoar) frost; **givré, e** *adj* covered in frost; (*fam: fou*) nuts; **citron givré/orange givrée** lemon/ orange sorbet (*served in fruit skin*)
glace [glas] *nf* ice; (*crème glacée*) ice cream; (*miroir*) mirror; (*de voiture*) window
glacé, e [glase] *adj* (*mains, vent, pluie*) freezing; (*lac*) frozen; (*boisson*) iced
glacer [glase] /3/ *vt* to freeze; (*gâteau*) to ice; **~ qn** (*intimider*) to chill sb; (*fig*) to make sb's blood run cold
glacial, e [glasjal] *adj* icy
glacier [glasje] *nm* (*Géo*) glacier; (*marchand*) ice-cream maker
glacière [glasjɛʀ] *nf* icebox
glaçon [glasɔ̃] *nm* icicle; (*pour boisson*) ice cube
glaïeul [glajœl] *nm* gladiola
glaise [glɛz] *nf* clay
gland [glɑ̃] *nm* acorn; (*décoration*) tassel
glande [glɑ̃d] *nf* gland
glissade [glisad] *nf* (*par jeu*) slide; (*chute*) slip; **faire des ~s** to slide
glissant, e [glisɑ̃, -ɑ̃t] *adj* slippery
glissement [glismɑ̃] *nm*: **~ de terrain** landslide
glisser [glise] /1/ *vi* (*avancer*) to glide *ou* slide along; (*coulisser, tomber*) to slide; (*déraper*) to slip; (*être glissant*) to be slippery ▷ *vt* to slip; **se ~ dans/ entre** to slip into/between
global, e, -aux [glɔbal, -o] *adj* overall
globe [glɔb] *nm* globe
globule [glɔbyl] *nm* (*du sang*): **~ blanc/rouge** white/red corpuscle

gloire [glwaʀ] *nf* glory
glousser [gluse] /1/ *vi* to cluck; (*rire*) to chuckle
glouton, ne [glutɔ̃, -ɔn] *adj* gluttonous
gluant, e [glyɑ̃, -ɑ̃t] *adj* sticky, gummy
glucose [glykoz] *nm* glucose
glycine [glisin] *nf* wisteria
GO *sigle fpl* (= *grandes ondes*) LW
goal [gol] *nm* goalkeeper
gobelet [gɔblɛ] *nm* (*en métal*) tumbler; (*en plastique*) beaker; (*à dés*) cup
goéland [gɔelɑ̃] *nm* (sea)gull
goélette [gɔelɛt] *nf* schooner
goinfre [gwɛ̃fʀ] *nm* glutton
golf [gɔlf] *nm* golf; (*terrain*) golf course; **~ miniature** crazy *ou* miniature golf
golfe [gɔlf] *nm* gulf; (*petit*) bay
gomme [gɔm] *nf* (*à effacer*) rubber (BRIT), eraser; **gommer** /1/ *vt* to rub out (BRIT), erase
gonflé, e [gɔ̃fle] *adj* swollen; **il est ~** (*fam: courageux*) he's got some nerve; (*: impertinent*) he's got a nerve
gonfler [gɔ̃fle] /1/ *vt* (*pneu, ballon*) to inflate, blow up; (*nombre, importance*) to inflate ▷ *vi* to swell (up); (*Culin: pâte*) to rise
gonzesse [gɔ̃zɛs] *nf* (*fam*) chick, bird (BRIT)
googler [gugle] /1/ *vt* to google
gorge [gɔʀʒ] *nf* (*Anat*) throat; (*Géo*) gorge
gorgé, e [gɔʀʒe] *adj*: **~ de** filled with ▷ *nf* (*petite*) sip; (*grande*) gulp
gorille [gɔʀij] *nm* gorilla; (*fam*) bodyguard
gosse [gɔs] *nm/f* kid
goudron [gudʀɔ̃] *nm* tar; **goudronner** /1/ *vt* to tar(mac) (BRIT), asphalt (US)
gouffre [gufʀ] *nm* abyss, gulf
goulot [gulo] *nm* neck; **boire au ~** to drink from the bottle
goulu, e [guly] *adj* greedy
gourde [guʀd] *nf* (*récipient*) flask; (*fam*) (clumsy) clot *ou* oaf ▷ *adj* oafish
gourdin [guʀdɛ̃] *nm* club, bludgeon
gourmand, e [guʀmɑ̃, -ɑ̃d] *adj* greedy; **gourmandise** *nf* greed; (*bonbon*) sweet
gousse [gus] *nf*: **~ d'ail** clove of garlic
goût [gu] *nm* taste; **de bon ~** tasteful; **de mauvais ~** tasteless; **avoir bon/mauvais ~** to taste nice/nasty; **prendre ~ à** to develop a taste *ou* a liking for
goûter [gute] /1/ *vt* (*essayer*) to taste; (*apprécier*) to enjoy ▷ *vi* to have (afternoon) tea ▷ *nm* (afternoon) tea; **je peux ~?** can I have a taste?
goutte [gut] *nf* drop; (*Méd*) gout; (*alcool*) nip (BRIT), drop (US); **tomber ~ à ~** to drip; **goutte-à-goutte** *nm inv* (*Méd*) drip
gouttière [gutjɛʀ] *nf* gutter
gouvernail [guvɛʀnaj] *nm* rudder; (*barre*) helm, tiller
gouvernement [guvɛʀnəmɑ̃] *nm* government
gouverner [guvɛʀne] /1/ *vt* to govern
grâce [gʀɑs] *nf* (*charme, Rel*) grace; (*faveur*) favour; (*Jur*) pardon; **faire ~ à qn de qch** to spare sb sth; **demander ~** to beg for mercy; **~ à** thanks to; **gracieux, -euse** *adj* graceful
grade [gʀad] *nm* rank; **monter en ~** to be promoted
gradin [gʀadɛ̃] *nm* tier; (*de stade*) step; **gradins** *nmpl* (*de stade*) terracing *no pl*
gradué, e [gʀadɥe] *adj*: **verre ~** measuring jug
graduel, le [gʀadɥɛl] *adj* gradual
graduer [gʀadɥe] /1/ *vt* (*effort etc*) to increase gradually; (*règle, verre*) to graduate
graffiti [gʀafiti] *nmpl* graffiti
grain [gʀɛ̃] *nm* (*gén*) grain; (*Navig*) squall; **~ de beauté** beauty spot; **~ de café** coffee bean; **~ de poivre** peppercorn

graine [gʀɛn] *nf* seed
graissage [gʀɛsaʒ] *nm* lubrication, greasing
graisse [gʀɛs] *nf* fat; (*lubrifiant*) grease; **graisser** /1/ *vt* to lubricate, grease; (*tacher*) to make greasy; **graisseux, -euse** *adj* greasy
grammaire [gʀamɛʀ] *nf* grammar
gramme [gʀam] *nm* gramme
grand, e [gʀɑ̃, gʀɑ̃d] *adj* (*haut*) tall; (*gros, vaste, large*) big, large; (*long*) long; (*plus âgé*) big; (*adulte*) grown-up; (*important, brillant*) great ▷ *adv*: **~ ouvert** wide open; **au ~ air** in the open (air); **les ~s blessés/brûlés** the severely injured/burned; **~ ensemble** housing scheme; **~ magasin** department store; **~e personne** grown-up; **~e surface** hypermarket; **~es écoles** *prestige university-level colleges with competitive entrance examinations*; **~es lignes** (*Rail*) main lines; **~es vacances** summer holidays (BRIT) *ou* vacation (US); **grand-chose** *nm/f inv*: **pas grand-chose** not much; **Grande-Bretagne** *nf*: **la Grande-Bretagne** (Great) Britain; **grandeur** *nf* (*dimension*) size; **grandeur nature** life-size; **grandiose** *adj* imposing; **grandir** /2/ *vi* to grow; grow ▷ *vt*: **grandir qn** (*vêtement, chaussure*) to make sb look taller; **grand-mère** *nf* grandmother; **grand-peine**: **à grand-peine** *adv* with (great) difficulty; **grand-père** *nm* grandfather; **grands-parents** *nmpl* grandparents
grange [gʀɑ̃ʒ] *nf* barn
granit [gʀanit] *nm* granite
graphique [gʀafik] *adj* graphic ▷ *nm* graph
grappe [gʀap] *nf* cluster; **~ de raisin** bunch of grapes
gras, se [gʀa, gʀɑs] *adj* (*viande, soupe*) fatty; (*personne*) fat; (*surface, main, cheveux*) greasy; (*plaisanterie*) coarse; (*Typo*) bold ▷ *nm* (*Culin*) fat; **faire la ~se matinée** to have a lie-in (BRIT), sleep late; **grassement** *adv*: **grassement payé** handsomely paid
gratifiant, e [gʀatifjɑ̃, -ɑ̃t] *adj* gratifying, rewarding
gratin [gʀatɛ̃] *nm* (*Culin*) cheese- (*ou* crumb-)topped dish (: *croûte*) topping; **tout le ~ parisien** all the best people of Paris; **gratiné** *adj* (*Culin*) au gratin
gratis [gʀatis] *adv* free
gratitude [gʀatityd] *nf* gratitude
gratte-ciel [gʀatsjɛl] *nm inv* skyscraper
gratter [gʀate] /1/ *vt* (*frotter*) to scrape; (*avec un ongle*) to scratch; (*enlever: avec un outil*) to scrape off; (: *avec un ongle*) to scratch off ▷ *vi* (*irriter*) to be scratchy; (*démanger*) to itch; **se gratter** to scratch o.s.
gratuit, e [gʀatɥi, -ɥit] *adj* (*entrée*) free; (*fig*) gratuitous
grave [gʀav] *adj* (*maladie, accident*) serious, bad; (*sujet, problème*) serious, grave; (*personne, air*) grave, solemn; (*voix, son*) deep, low-pitched; **gravement** *adv* seriously; (*parler, regarder*) gravely
graver [gʀave] /1/ *vt* (*plaque, nom*) to engrave; (*CD, DVD*) to burn
graveur [gʀavœʀ] *nm* engraver; **~ de CD/DVD** CD/DVD burner *or* writer
gravier [gʀavje] *nm* (loose) gravel *no pl*; **gravillons** *nmpl* gravel *sg*
gravir [gʀaviʀ] /2/ *vt* to climb (up)
gravité [gʀavite] *nf* (*de maladie, d'accident*) seriousness; (*de sujet, problème*) gravity
graviter [gʀavite] /1/ *vi* to revolve
gravure [gʀavyʀ] *nf* engraving; (*reproduction*) print
gré [gʀe] *nm*: **à son ~** to his liking; **contre le ~ de qn** against sb's will; **de son (plein) ~** of one's own free will; **de ~ ou de force** whether one likes it or not; **de bon ~** willingly; **bon ~ mal ~** like it or not; **savoir (bien) ~ à qn de qch** to be (most) grateful to sb for sth

grec, grecque [gʀɛk] *adj* Greek; (*classique: vase etc*) Grecian ▷ *nm* (*Ling*) Greek ▷ *nm/f*: **Grec, Grecque** Greek
Grèce [gʀɛs] *nf*: **la ~** Greece
greffe [gʀɛf] *nf* (*Bot, Méd: de tissu*) graft; (*Méd: d'organe*) transplant; **greffer** /1/ *vt* (*Bot, Méd: tissu*) to graft; (*Méd: organe*) to transplant
grêle [gʀɛl] *adj* (very) thin ▷ *nf* hail; **grêler** /1/ *vb impers*: **il grêle** it's hailing; **grêlon** *nm* hailstone
grelot [gʀəlo] *nm* little bell
grelotter [gʀəlɔte] /1/ *vi* to shiver
grenade [gʀənad] *nf* (*explosive*) grenade; (*Bot*) pomegranate; **grenadine** *nf* grenadine
grenier [gʀənje] *nm* attic; (*de ferme*) loft
grenouille [gʀənuj] *nf* frog
grès [gʀɛ] *nm* sandstone; (*poterie*) stoneware
grève [gʀɛv] *nf* (*d'ouvriers*) strike; (*plage*) shore; **se mettre en/faire ~** to go on/be on strike; **~ de la faim** hunger strike; **~ sauvage** wildcat strike
gréviste [gʀevist] *nm/f* striker
grièvement [gʀijɛvmɑ̃] *adv* seriously
griffe [gʀif] *nf* claw; (*d'un couturier, parfumeur*) label; **griffer** /1/ *vt* to scratch
grignoter [gʀiɲɔte] /1/ *vt* (*personne*) to nibble at; (*souris*) to gnaw at ▷ *vi* to nibble
gril [gʀil] *nm* steak *ou* grill pan; **grillade** *nf* grill
grillage [gʀijaʒ] *nm* (*treillis*) wire netting; (*clôture*) wire fencing
grille [gʀij] *nf* (*portail*) (metal) gate; (*clôture*) railings *pl*; (*d'égout*) (metal) grate; grid
grille-pain [gʀijpɛ̃] *nm inv* toaster
griller [gʀije] /1/ *vt* (*aussi*: **faire ~**) (*pain*) to toast; (*viande*) to grill; (*châtaignes*) to roast; (*fig: ampoule etc*) to burn out; **~ un feu rouge** to jump the lights
grillon [gʀijɔ̃] *nm* cricket
grimace [gʀimas] *nf* grimace; (*pour faire rire*): **faire des ~s** to pull *ou* make faces
grimper [gʀɛ̃pe] /1/ *vi, vt* to climb
grincer [gʀɛ̃se] /3/ *vi* (*porte, roue*) to grate; (*plancher*) to creak; **~ des dents** to grind one's teeth
grincheux, -euse [gʀɛ̃ʃø, -øz] *adj* grumpy
grippe [gʀip] *nf* flu, influenza; **~ A** swine flu; **~ aviaire** bird flu; **grippé, e** *adj*: **être grippé** to have (the) flu
gris, e [gʀi, gʀiz] *adj* grey; (*ivre*) tipsy
grisaille [gʀizaj] *nf* greyness, dullness
griser [gʀize] /1/ *vt* to intoxicate
grive [gʀiv] *nf* thrush
Groenland [gʀɔɛnlɑ̃d] *nm*: **le ~** Greenland
grogner [gʀɔɲe] /1/ *vi* to growl; (*fig*) to grumble; **grognon, ne** *adj* grumpy
grommeler [gʀɔmle] /4/ *vi* to mutter to o.s.
gronder [gʀɔ̃de] /1/ *vi* to rumble; (*fig: révolte*) to be brewing ▷ *vt* to scold; **se faire ~** to get a telling-off
gros, se [gʀo, gʀos] *adj* big, large; (*obèse*) fat; (*travaux, dégâts*) extensive; (*large*) thick; (*rhume, averse*) heavy ▷ *adv*: **risquer/gagner ~** to risk/win a lot ▷ *nm/f* fat man/woman ▷ *nm* (*Comm*): **le ~** the wholesale business; **prix de ~** wholesale price; **par ~ temps/~se mer** in rough weather/heavy seas; **le ~ de** the bulk of; **en ~** roughly; (*Comm*) wholesale; **~ lot** jackpot; **~ mot** swearword; **~ plan** (*Photo*) close-up; **~ sel** cooking salt; **~ titre** headline; **~se caisse** big drum
groseille [gʀozɛj] *nf*: **~ (rouge)/(blanche)** red/white currant; **~ à maquereau** gooseberry
grosse [gʀos] *adj f voir* **gros**; **grossesse** *nf* pregnancy; **grosseur** *nf* size; (*tumeur*) lump
grossier, -ière [gʀosje, -jɛʀ] *adj* coarse; (*insolent*) rude; (*dessin*)

g

rough; (*travail*) roughly done; (*imitation, instrument*) crude; (*évident*: *erreur*) gross; **grossièrement** *adv* (*vulgairement*) coarsely; (*sommairement*) roughly; crudely; (*en gros*) roughly; **grossièreté** *nf* rudeness; (*mot*): **dire des grossièretés** to use coarse language
grossir [gʀosiʀ] /2/ *vi* (*personne*) to put on weight ▷ *vt* (*exagérer*) to exaggerate; (*au microscope*) to magnify; (*vêtement*): **~ qn** to make sb look fatter
grossiste [gʀosist] *nm/f* wholesaler
grotesque [gʀɔtɛsk] *adj* (*extravagant*) grotesque; (*ridicule*) ludicrous
grotte [gʀɔt] *nf* cave
groupe [gʀup] *nm* group; **~ de parole** support group; **~ sanguin** blood group; **~ scolaire** school complex; **grouper** /1/ *vt* to group; **se grouper** *vi* to get together
grue [gʀy] *nf* crane
GSM [ʒeɛsɛm] *nm, adj* GSM
guenon [gənɔ̃] *nf* female monkey
guépard [gepaʀ] *nm* cheetah
guêpe [gɛp] *nf* wasp
guère [gɛʀ] *adv* (*avec adjectif, adverbe*): **ne ... ~** hardly; (*avec verbe: pas beaucoup*): **ne ... ~** (*tournure négative*) much; (*pas souvent*) hardly ever; (*tournure négative*) (very) long; **il n'y a ~ que/de** there's hardly anybody (*ou* anything) but/hardly any; **ce n'est ~ difficile** it's hardly difficult; **nous n'avons ~ de temps** we have hardly any time
guérilla [geʀija] *nf* guerrilla warfare
guérillero [geʀijeʀo] *nm* guerrilla
guérir [geʀiʀ] /2/ *vt* (*personne, maladie*) to cure; (*membre, plaie*) to heal ▷ *vi* (*personne, malade*) to recover, be cured; (*maladie*) to be cured; (*plaie, chagrin, blessure*) to heal; **guérison** *nf* (*de maladie*) curing; (*de membre, plaie*) healing; (*de malade*) recovery; **guérisseur, -euse** *nm/f* healer
guerre [gɛʀ] *nf* war; **en ~** at war; **faire la ~ à** to wage war against; **~ civile/mondiale** civil/world war; **guerrier, -ière** *adj* warlike ▷ *nm/f* warrior
guet [gɛ] *nm*: **faire le ~** to be on the watch *ou* look-out; **guet-apens** [gɛtapɑ̃] *nm* ambush; **guetter** /1/ *vt* (*épier*) to watch (intently); (*attendre*) to watch (out) for; (*: pour surprendre*) to be lying in wait for
gueule [gœl] *nf* (*d'animal*) mouth; (*fam: visage*) mug; (*: bouche*) gob (!), mouth; **ta ~!** (*fam*) shut up!; **avoir la ~ de bois** (*fam*) to have a hangover, be hung over; **gueuler** /1/ *vi* to bawl
gui [gi] *nm* mistletoe
guichet [giʃɛ] *nm* (*de bureau, banque*) counter; **les ~s** (*à la gare, au théâtre*) the ticket office
guide [gid] *nm* (*personne*) guide; (*livre*) guide(book) ▷ *nf* (*fille scout*) (girl) guide; **guider** /1/ *vt* to guide
guidon [gidɔ̃] *nm* handlebars *pl*
guignol [giɲɔl] *nm* ≈ Punch and Judy show; (*fig*) clown
guillemets [gijmɛ] *nmpl*: **entre ~** in inverted commas *ou* quotation marks
guindé, e [gɛ̃de] *adj* (*personne, air*) stiff, starchy; (*style*) stilted
Guinée [gine] *nf*: **la (République de) ~** (the Republic of) Guinea
guirlande [giʀlɑ̃d] *nf* (*fleurs*) garland; **~ de Noël** tinsel *no pl*
guise [giz] *nf*: **à votre ~** as you wish *ou* please; **en ~ de** by way of
guitare [gitaʀ] *nf* guitar
Guyane [gɥijan] *nf*: **la ~ (française)** (French) Guiana
gym [ʒim] *nf* (*exercices*) gym; **gymnase** *nm* gym(nasium); **gymnaste** *nm/f* gymnast; **gymnastique** *nf* gymnastics *sg*; (*au réveil etc*) keep-fit exercises *pl*
gynécologie [ʒinekɔlɔʒi] *nf* gynaecology; **gynécologique** *adj* gynaecological; **gynécologue** *nm/f* gynaecologist

h

habile [abil] *adj* skilful; (*malin*) clever;
habileté [abilte] *nf* skill, skilfulness; cleverness
habillé, e [abije] *adj* dressed; (*chic*) dressy
habiller [abije] /1/ *vt* to dress; (*fournir en vêtements*) to clothe; (*couvrir*) to cover; **s'habiller** *vi* to dress (o.s.); (*se déguiser, mettre des vêtements chic*) to dress up
habit [abi] *nm* outfit; **habits** *nmpl* (*vêtements*) clothes; **~ (de soirée)** evening dress; (*pour homme*) tails *pl*
habitant, e [abitɑ̃, -ɑ̃t] *nm/f* inhabitant; (*d'une maison*) occupant; **loger chez l'~** to stay with the locals
habitation [abitasjɔ̃] *nf* house; **~s à loyer modéré (HLM)** ≈ council flats
habiter [abite] /1/ *vt* to live in ▷ *vi*: **~ à/dans** to live in *ou* at/in
habitude [abityd] *nf* habit; **avoir l'~ de faire** to be in the habit of doing; (*expérience*) to be used to doing; **avoir l'~ des enfants** to be used to children; **d'~** usually; **comme d'~** as usual
habitué, e [abitɥe] *nm/f* (*de maison*) regular visitor; (*client*) regular (customer)
habituel, le [abitɥɛl] *adj* usual
habituer [abitɥe] /1/ *vt*: **~ qn à** to get sb used to; **s'habituer à** to get used to
'hache ['aʃ] *nf* axe
'hacher ['aʃe] /1/ *vt* (*viande*) to mince; (*persil*) to chop; **'hachis** *nm* mince *no pl*; **hachis Parmentier** ≈ shepherd's pie
'haie ['ɛ] *nf* hedge; (*Sport*) hurdle
'haillons ['ɑjɔ̃] *nmpl* rags
'haine ['ɛn] *nf* hatred
'haïr ['aiʀ] /10/ *vt* to detest, hate
'hâlé, e ['ɑle] *adj* (sun)tanned, sunburnt
haleine [alɛn] *nf* breath; **hors d'~** out of breath; **tenir en ~** (*attention*) to hold spellbound; (*en attente*) to keep in suspense; **de longue ~** long-term
'haleter ['alte] /5/ *vi* to pant
'hall ['ol] *nm* hall
'halle ['al] *nf* (covered) market; **'halles** *nfpl* (*d'une grande ville*) central food market *sg*
hallucination [alysinasjɔ̃] *nf* hallucination
'halte ['alt] *nf* stop, break; (*escale*) stopping place ▷ *excl* stop!; **faire ~** to stop
haltère [altɛʀ] *nm* dumbbell, barbell; **(poids et) ~s** (*activité*) weightlifting *sg*; **haltérophilie** *nf* weightlifting
'hamac ['amak] *nm* hammock
'hamburger ['ɑ̃buʀgœʀ] *nm* hamburger
'hameau, x ['amo] *nm* hamlet
hameçon [amsɔ̃] *nm* (fish) hook
'hamster ['amstɛʀ] *nm* hamster
'hanche ['ɑ̃ʃ] *nf* hip
'hand-ball ['ɑ̃dbal] *nm* handball

'handicapé, e ['ɑ̃dikape] *adj* disabled, handicapped ▷ *nm/f* handicapped person; **~ mental/physique** mentally/physically handicapped person; **~ moteur** person with a movement disorder
'hangar ['ɑ̃gaʀ] *nm* shed; (*Aviat*) hangar
'hanneton ['antɔ̃] *nm* cockchafer
'hanter ['ɑ̃te] /1/ *vt* to haunt
'hantise ['ɑ̃tiz] *nf* obsessive fear
'harceler ['aʀsəle] /5/ *vt* to harass; **~ qn de questions** to plague sb with questions
'hardi, e ['aʀdi] *adj* bold, daring
'hareng ['aʀɑ̃] *nm* herring; **~ saur** kipper, smoked herring
'hargne ['aʀɲ] *nf* aggressivity, aggressiveness; **'hargneux, -euse** *adj* aggressive
'haricot ['aʀiko] *nm* bean; **~ blanc/rouge** haricot/kidney bean; **~ vert** French (BRIT) *ou* green bean
harmonica [aʀmɔnika] *nm* mouth organ
harmonie [aʀmɔni] *nf* harmony; **harmonieux, -euse** *adj* harmonious; (*couleurs, couple*) well-matched
'harpe ['aʀp] *nf* harp
'hasard ['azaʀ] *nm*: **le ~** chance, fate; **un ~** a coincidence; **au ~** (*sans but*) aimlessly; (*à l'aveuglette*) at random; **par ~** by chance; **à tout ~** (*en espérant trouver ce qu'on cherche*) on the off chance; (*en cas de besoin*) just in case
'hâte ['ɑt] *nf* haste; **à la ~** hurriedly, hastily; **en ~** posthaste, with all possible speed; **avoir ~ de** to be eager *ou* anxious to; **'hâter** /1/ *vt* to hasten; **se 'hâter** to hurry; **'hâtif, -ive** *adj* (*travail*) hurried; (*décision*) hasty
'hausse ['os] *nf* rise, increase; **être en ~** to be going up; **'hausser** /1/ *vt* to raise; **hausser les épaules** to shrug (one's shoulders)
'haut, e ['o, 'ot] *adj* high; (*grand*) tall ▷ *adv* high ▷ *nm* top (part); **de 3 m de ~** 3 m high, 3 m in height; **en ~ lieu** in high places; **à ~e voix, (tout) ~** aloud, out loud; **des ~s et des bas** ups and downs; **du ~ de** from the top of; **de ~ en bas** from top to bottom; **plus ~** higher up, further up; (*dans un texte*) above; (*parler*) louder; **en ~** (*être/aller*) at (*ou* to) the top; (*dans une maison*) upstairs; **en ~ de** at the top of; **~ débit** broadband
'hautain, e ['otɛ̃, -ɛn] *adj* haughty
'hautbois ['obwɑ] *nm* oboe
'hauteur ['otœʀ] *nf* height; **à la ~ de** (*sur la même ligne*) level with; (*fig: tâche, situation*) equal to; **à la ~** (*fig*) up to it
'haut-parleur ['opaʀlœʀ] *nm* (loud) speaker
Hawaï [awai] *n* Hawaii; **les îles ~** the Hawaiian Islands
'Haye ['ɛ] *n*: **la '~** the Hague
hebdomadaire [ɛbdɔmadɛʀ] *adj*, *nm* weekly
hébergement [ebɛʀʒəmɑ̃] *nm* accommodation
héberger [ebɛʀʒe] /3/ *vt* (*touristes*) to accommodate, lodge; (*amis*) to put up; (*réfugiés*) to take in
hébergeur [ebɛʀʒœʀ] *nm* (*Internet*) host
hébreu, x [ebʀø] *adj m*, *nm* Hebrew
Hébrides [ebʀid] *nf*: **les ~** the Hebrides
hectare [ɛktaʀ] *nm* hectare
'hein ['ɛ̃] *excl* eh?
'hélas ['elɑs] *excl* alas! ▷ *adv* unfortunately
'héler ['ele] /6/ *vt* to hail
hélice [elis] *nf* propeller
hélicoptère [elikɔptɛʀ] *nm* helicopter
helvétique [ɛlvetik] *adj* Swiss
hématome [ematom] *nm* haematoma
hémisphère [emisfɛʀ] *nm*: **~ nord/sud** northern/southern hemisphere
hémorragie [emɔʀaʒi] *nf* bleeding *no pl*, haemorrhage

hémorroïdes [emɔʀɔid] *nfpl* piles, haemorrhoids
'hennir ['eniʀ] /2/ *vi* to neigh, whinny
hépatite [epatit] *nf* hepatitis
herbe [ɛʀb] *nf* grass; (*Culin, Méd*) herb; **~s de Provence** mixed herbs; **en ~** unripe; (*fig*) budding; **herbicide** *nm* weed-killer; **herboriste** *nm/f* herbalist
héréditaire [eʀeditɛʀ] *adj* hereditary
'hérisson ['eʀisɔ̃] *nm* hedgehog
héritage [eʀitaʒ] *nm* inheritance; (*coutumes, système*) heritage; legacy
hériter [eʀite] /1/ *vi*: **~ de qch (de qn)** to inherit sth (from sb); **héritier, -ière** *nm/f* heir/heiress
hermétique [ɛʀmetik] *adj* airtight; (*à l'eau*) watertight; (*fig: écrivain, style*) abstruse; (: *visage*) impenetrable
hermine [ɛʀmin] *nf* ermine
'hernie ['ɛʀni] *nf* hernia
héroïne [eʀɔin] *nf* heroine; (*drogue*) heroin
héroïque [eʀɔik] *adj* heroic
'héron ['eʀɔ̃] *nm* heron
'héros ['eʀo] *nm* hero
hésitant, e [ezitɑ̃, -ɑ̃t] *adj* hesitant
hésitation [ezitasjɔ̃] *nf* hesitation
hésiter [ezite] /1/ *vi*: **~ (à faire)** to hesitate (to do)
hétérosexuel, le [eteʀɔsɛksɥɛl] *adj* heterosexual
'hêtre ['ɛtʀ] *nm* beech
heure [œʀ] *nf* hour; (*Scol*) period; (*moment, moment fixé*) time; **c'est l'~** it's time; **quelle ~ est-il?** what time is it?; **2 ~s (du matin)** 2 o'clock (in the morning); **être à l'~** to be on time; (*montre*) to be right; **mettre à l'~** to set right; **à toute ~** at any time; **24 ~s sur 24** round the clock, 24 hours a day; **à l'~ qu'il est** at this time (of day); (*fig*) now; **à l'~ actuelle** at the present time; **sur l'~** at once; **à une ~ avancée (de la nuit)** at a late hour (of the night); **de bonne ~** early; **~ de pointe** rush hour; (*téléphone*) peak period; **~s de bureau** office hours; **~s supplémentaires** overtime *sg*
heureusement [œʀøzmɑ̃] *adv* (*par bonheur*) fortunately, luckily
heureux, -euse [œʀø, -øz] *adj* happy; (*chanceux*) lucky, fortunate
'heurt ['œʀ] *nm* (*choc*) collision
'heurter ['œʀte] /1/ *vt* (*mur*) to strike, hit; (*personne*) to collide with
hexagone [ɛgzagɔn] *nm* hexagon; **l'H~** (*la France*) France (*because of its roughly hexagonal shape*)
hiberner [ibɛʀne] /1/ *vi* to hibernate
'hibou, x ['ibu] *nm* owl
'hideux, -euse ['idø, -øz] *adj* hideous
hier [jɛʀ] *adv* yesterday; **~ matin/soir/midi** yesterday morning/evening/lunchtime; **toute la journée d'~** all day yesterday; **toute la matinée d'~** all yesterday morning
'hiérarchie ['jeʀaʀʃi] *nf* hierarchy
hindou, e [ɛ̃du] *adj* Hindu ▷ *nm/f*: **H~, e** Hindu; (*Indien*) Indian
hippique [ipik] *adj* equestrian, horse *cpd*; **un club ~** a riding centre; **un concours ~** a horse show; **hippisme** [ipism] *nm* (horse-)riding
hippodrome [ipɔdʀom] *nm* racecourse
hippopotame [ipɔpɔtam] *nm* hippopotamus
hirondelle [iʀɔ̃dɛl] *nf* swallow
'hisser ['ise] /1/ *vt* to hoist, haul up
histoire [istwaʀ] *nf* (*science, événements*) history; (*anecdote, récit, mensonge*) story; (*affaire*) business *no pl*; (*chichis: gén pl*) fuss *no pl*; **histoires** *nfpl* (*ennuis*) trouble *sg*; **~ géo** humanities *pl*; **historique** *adj* historical; (*important*) historic ▷ *nm*: **faire l'historique de** to give the background to
'hit-parade ['itpaʀad] *nm*: **le ~** the charts
hiver [ivɛʀ] *nm* winter; **hivernal, e, -aux** *adj* winter *cpd*; (*comme en hiver*) wintry; **hiverner** /1/ *vi* to winter

h

HLM *sigle m ou f (= habitations à loyer modéré) low-rent, state-owned housing*; **un(e) ~** ≈ a council flat (*ou* house)

'hobby ['ɔbi] *nm* hobby

'hocher ['ɔʃe] /1/ *vt*: **~ la tête** to nod; (*signe négatif ou dubitatif*) to shake one's head

'hockey ['ɔkɛ] *nm*: **~ (sur glace/ gazon)** (ice/field) hockey

'hold-up ['ɔldœp] *nm inv* hold-up

'hollandais, e ['ɔlɑ̃dɛ, -ɛz] *adj* Dutch ▷ *nm* (*Ling*) Dutch ▷ *nm/f*: **~, e** Dutchman/woman

'Hollande ['ɔlɑ̃d] *nf*: **la '~** Holland

'homard ['ɔmaʀ] *nm* lobster

homéopathique [ɔmeɔpatik] *adj* homoeopathic

homicide [ɔmisid] *nm* murder; **~ involontaire** manslaughter

hommage [ɔmaʒ] *nm* tribute; **rendre ~ à** to pay tribute *ou* homage to

homme [ɔm] *nm* man; **~ d'affaires** businessman; **~ d'État** statesman; **~ de main** hired man; **~ de paille** stooge; **~ politique** politician; **l'~ de la rue** the man in the street

homogène *adj* homogeneous

homologue *nm/f* counterpart

homologué, e *adj* (*Sport*) ratified; (*tarif*) authorized

homonyme *nm* (*Ling*) homonym; (*d'une personne*) namesake

homosexuel, le *adj* homosexual

'Hong-Kong ['ɔ̃gkɔ̃g] *n* Hong Kong

'Hongrie ['ɔ̃gʀi] *nf*: **la ~** Hungary; **'hongrois, e** *adj* Hungarian ▷ *nm* (*Ling*) Hungarian ▷ *nm/f*: **Hongrois, e** Hungarian

honnête [ɔnɛt] *adj* (*intègre*) honest; (*juste, satisfaisant*) fair; **honnêtement** *adv* honestly; **honnêteté** *nf* honesty

honneur [ɔnœʀ] *nm* honour; (*mérite*): **l'~ lui revient** the credit is his; **en l'~ de** (*personne*) in honour of; (*événement*) on the occasion of; **faire ~ à** (*engagements*) to honour; (*famille, professeur*) to be a credit to; (*fig: repas etc*) to do justice to

honorable [ɔnɔʀabl] *adj* worthy, honourable; (*suffisant*) decent

honoraire [ɔnɔʀɛʀ] *adj* honorary; **honoraires** *nmpl* fees; **professeur ~** professor emeritus

honorer [ɔnɔʀe] /1/ *vt* to honour; (*estimer*) to hold in high regard; (*faire honneur à*) to do credit to

'honte ['ɔ̃t] *nf* shame; **avoir honte de** to be ashamed of; **faire honte à qn** to make sb (feel) ashamed; **'honteux, -euse** *adj* ashamed; (*conduite, acte*) shameful, disgraceful

hôpital, -aux [ɔpital, -o] *nm* hospital; **où est l'~ le plus proche?** where is the nearest hospital?

'hoquet ['ɔkɛ] *nm*: **avoir le ~** to have (the) hiccups

horaire [ɔʀɛʀ] *adj* hourly ▷ *nm* timetable, schedule; **horaires** *nmpl* (*heures de travail*) hours; **~ flexible** *ou* **mobile** *ou* **à la carte** *ou* **souple** flex(i)time

horizon [ɔʀizɔ̃] *nm* horizon

horizontal, e, -aux *adj* horizontal

horloge [ɔʀlɔʒ] *nf* clock; **l'~ parlante** the speaking clock; **horloger, -ère** *nm/f* watchmaker; clockmaker

'hormis ['ɔʀmi] *prép* save

horoscope [ɔʀɔskɔp] *nm* horoscope

horreur [ɔʀœʀ] *nf* horror; **quelle ~!** how awful!; **avoir ~ de** to loathe *ou* detest; **horrible** *adj* horrible; **horrifier** /7/ *vt* to horrify

'hors ['ɔʀ] *prép*: **~ de** out of; **~ pair** outstanding; **~ de propos** inopportune; **~ service (HS), ~ d'usage** out of service; **être ~ de soi** to be beside o.s.; **'hors-bord** *nm inv* speedboat (with outboard motor); **'hors-d'œuvre** *nm inv* hors d'œuvre; **'hors-la-loi** *nm inv* outlaw; **'hors-taxe** *adj* (*boutique, marchandises*) duty-free

hortensia [ɔʀtɑ̃sja] *nm* hydrangea

hospice [ɔspis] *nm (de vieillards)* home
hospitalier, -ière [ɔspitalje, -jɛʀ] *adj (accueillant)* hospitable; *(Méd: service, centre)* hospital *cpd*
hospitaliser [ɔspitalize] /1/ *vt* to take (*ou* send) to hospital, hospitalize
hospitalité [ɔspitalite] *nf* hospitality
hostie [ɔsti] *nf* host
hostile [ɔstil] *adj* hostile; **hostilité** *nf* hostility
hôte [ot] *nm (maître de maison)* host ▷ *nm/f (invité)* guest
hôtel [otɛl] *nm* hotel; **aller à l'~** to stay in a hotel; **~ (particulier)** (private) mansion; **~ de ville** town hall; *see note* **"hôtels"**; **hôtellerie** [otɛlʀi] *nf* hotel business

HÔTELS

There are six categories of hotel in France, from zero ('non classé') to four stars and luxury four stars ('quatre étoiles luxe'). Prices include VAT but not breakfast. In some towns, guests pay a small additional tourist tax, the 'taxe de séjour'.

hôtesse [otɛs] *nf* hostess; **~ de l'air** flight attendant
'houblon ['ublɔ̃] *nm (Bot)* hop; *(pour la bière)* hops *pl*
'houille ['uj] *nf* coal; **~ blanche** hydroelectric power
'houle ['ul] *nf* swell; **'houleux, -euse** *adj* stormy
'hourra ['uʀa] *excl* hurrah!
'housse ['us] *nf* cover
'houx ['u] *nm* holly
hovercraft [ɔvœʀkʀaft] *nm* hovercraft
'hublot ['yblo] *nm* porthole
'huche ['yʃ] *nf*: **huche à pain** bread bin
'huer ['ɥe] /1/ *vt* to boo
huile [ɥil] *nf* oil
huissier [ɥisje] *nm* usher; *(Jur)* ≈ bailiff
'huit ['ɥi(t)] *num* eight; **samedi en ~** a week on Saturday; **dans ~ jours** in a week('s time); **'huitaine** ['ɥitɛn] *nf*: **une huitaine de jours** a week or so; **'huitième** *num* eighth
huître [ɥitʀ] *nf* oyster
humain, e [ymɛ̃, -ɛn] *adj* human; *(compatissant)* humane ▷ *nm* human (being); **humanitaire** *adj* humanitarian; **humanité** *nf* humanity
humble [œ̃bl] *adj* humble
'humer ['yme] /1/ *vt (parfum)* to inhale; *(pour sentir)* to smell
humeur [ymœʀ] *nf* mood; **de bonne/mauvaise ~** in a good/bad mood
humide [ymid] *adj* damp; *(main, yeux)* moist; *(climat, chaleur)* humid; *(saison, route)* wet
humilier [ymilje] /7/ *vt* to humiliate
humilité [ymilite] *nf* humility, humbleness
humoristique [ymɔʀistik] *adj* humorous
humour [ymuʀ] *nm* humour; **avoir de l'~** to have a sense of humour; **~ noir** sick humour
'huppé, e ['ype] *adj (fam)* posh
'hurlement ['yʀləmɑ̃] *nm* howling *no pl*, howl; yelling *no pl*, yell
'hurler ['yʀle] /1/ *vi* to howl, yell
'hutte ['yt] *nf* hut
hydratant, e [idʀatɑ̃, -ɑ̃t] *adj (crème)* moisturizing
hydraulique [idʀolik] *adj* hydraulic
hydravion [idʀavjɔ̃] *nm* seaplane
hydrogène [idʀɔʒɛn] *nm* hydrogen
hydroglisseur [idʀɔglisœʀ] *nm* hydroplane
hyène [jɛn] *nf* hyena
hygiène [iʒjɛn] *nf* hygiene
hygiénique [iʒenik] *adj* hygienic
hymne [imn] *nm* hymn
hyperlien [ipɛʀljɛ̃] *nm* hyperlink

hypermarché [ipɛʀmaʀʃe] *nm* hypermarket
hypermétrope [ipɛʀmetʀɔp] *adj* long-sighted
hypertension [ipɛʀtɑ̃sjɔ̃] *nf* high blood pressure
hypnose [ipnoz] *nf* hypnosis; **hypnotiser** /1/ *vt* to hypnotize
hypocrisie [ipɔkʀizi] *nf* hypocrisy; **hypocrite** *adj* hypocritical
hypothèque [ipɔtɛk] *nf* mortgage
hypothèse [ipɔtɛz] *nf* hypothesis
hystérique [isteʀik] *adj* hysterical

I

iceberg [isbɛʀg] *nm* iceberg
ici [isi] *adv* here; **jusqu'~** as far as this; (*temporel*) until now; **d'~ là** by then; **d'~ demain** by tomorrow; in the meantime; **d'~ peu** before long
icône [ikon] *nf* icon
idéal, e, -aux [ideal, -o] *adj* ideal ▷ *nm* ideal; **idéaliste** *adj* idealistic ▷ *nm/f* idealist
idée [ide] *nf* idea; **se faire des ~s** to imagine things, get ideas into one's head; **avoir dans l'~ que** to have an idea that; **~s noires** black *ou* dark thoughts; **~s reçues** accepted ideas *ou* wisdom
identifier [idɑ̃tifje] /7/ *vt* to identify; **s'identifier** *vi*: **s'~ avec** *ou* **à qn/qch** (*héros etc*) to identify with sb/sth
identique [idɑ̃tik] *adj*: **~ (à)** identical (to)
identité [idɑ̃tite] *nf* identity
idiot, e [idjo, idjɔt] *adj* idiotic ▷ *nm/f* idiot

idole [idɔl] *nf* idol
if [if] *nm* yew
ignoble [iɲɔbl] *adj* vile
ignorant, e [iɲɔʀɑ̃, -ɑ̃t] *adj* ignorant; **~ de** ignorant of, not aware of
ignorer [iɲɔʀe] /1/ *vt* not to know; (*personne*) to ignore
il [il] *pron* he; (*animal, chose, en tournure impersonnelle*) it; **il neige** it's snowing; **Pierre est-il arrivé?** has Pierre arrived?; **il a gagné** he won; *voir aussi* **avoir**
île [il] *nf* island; **l'~ Maurice** Mauritius; **les ~s anglo-normandes** the Channel Islands; **les ~s Britanniques** the British Isles
illégal, e, -aux [ilegal, -o] *adj* illegal
illimité, e [ilimite] *adj* unlimited
illisible [ilizibl] *adj* illegible; (*roman*) unreadable
illogique [ilɔʒik] *adj* illogical
illuminer [ilymine] /1/ *vt* to light up; (*monument, rue: pour une fête*) to illuminate; (*: au moyen de projecteurs*) floodlight
illusion [ilyzjɔ̃] *nf* illusion; **se faire des ~s** to delude o.s.; **faire ~** to delude *ou* fool people
illustration [ilystʀasjɔ̃] *nf* illustration
illustré, e [ilystʀe] *adj* illustrated ▷ *nm* comic
illustrer [ilystʀe] /1/ *vt* to illustrate; **s'illustrer** to become famous, win fame
ils [il] *pron* they
image [imaʒ] *nf* (*gén*) picture; (*comparaison, ressemblance*) image; **~ de marque** brand image; (*d'une personne*) (public) image; **imagé, e** *adj* (*texte*) full of imagery; (*langage*) colourful
imaginaire [imaʒinɛʀ] *adj* imaginary
imagination [imaʒinasjɔ̃] *nf* imagination; **avoir de l'~** to be imaginative
imaginer [imaʒine] /1/ *vt* to imagine; (*inventer: expédient, mesure*) to devise, think up; **s'imaginer** *vt* (*se figurer: scène etc*) to imagine, picture; **s'~ que** to imagine that
imam [imam] *nm* imam
imbécile [ɛ̃besil] *adj* idiotic ▷ *nm/f* idiot
imbu, e [ɛ̃by] *adj*: **~ de** full of
imitateur, -trice [imitatœʀ, -tʀis] *nm/f* (*gén*) imitator; (*Music-Hall*) impersonator
imitation [imitasjɔ̃] *nf* imitation; (*de personalité*) impersonation
imiter [imite] /1/ *vt* to imitate; (*contrefaire*) to forge; (*ressembler à*) to look like
immangeable [ɛ̃mɑ̃ʒabl] *adj* inedible
immatriculation [imatʀikylasjɔ̃] *nf* registration

IMMATRICULATION

The last two numbers on vehicle licence plates used to show which 'département' of France the vehicle was registered in. For example, a car registered in Paris had the number 75 on its licence plates. In 2009, a new alphanumeric system was introduced, in which the 'département' number no longer features. Displaying this number to the right of the plate is now optional.

immatriculer [imatʀikyle] /1/ *vt* to register; **faire/se faire ~** to register
immédiat, e [imedja, -at] *adj* immediate ▷ *nm*: **dans l'~** for the time being; **immédiatement** *adv* immediately
immense [imɑ̃s] *adj* immense
immerger [imɛʀʒe] /3/ *vt* to immerse, submerge
immeuble [imœbl] *nm* building; **~ locatif** block of rented flats
immigration [imigʀasjɔ̃] *nf* immigration

immigré, e [imigʀe] *nm/f* immigrant
imminent, e [iminɑ̃, -ɑ̃t] *adj* imminent
immobile [imɔbil] *adj* still, motionless
immobilier, -ière [imɔbilje, -jɛʀ] *adj* property *cpd* ▷ *nm*: **l'~** the property *ou* the real estate business
immobiliser [imɔbilize] /1/ *vt* (*gén*) to immobilize; (*circulation, véhicule, affaires*) to bring to a standstill; **s'immobiliser** (*personne*) to stand still; (*machine, véhicule*) to come to a halt *ou* a standstill
immoral, e, -aux [imɔʀal, -o] *adj* immoral
immortel, le [imɔʀtɛl] *adj* immortal
immunisé, e [im(m)ynize] *adj*: **~ contre** immune to
immunité [imynite] *nf* immunity
impact [ɛ̃pakt] *nm* impact
impair, e [ɛ̃pɛʀ] *adj* odd ▷ *nm* faux pas, blunder
impardonnable [ɛ̃paʀdɔnabl] *adj* unpardonable, unforgivable
imparfait, e [ɛ̃paʀfɛ, -ɛt] *adj* imperfect
impartial, e, -aux [ɛ̃paʀsjal, -o] *adj* impartial, unbiased
impasse [ɛ̃pɑs] *nf* dead-end, cul-de-sac; (*fig*) deadlock
impassible [ɛ̃pasibl] *adj* impassive
impatience [ɛ̃pasjɑ̃s] *nf* impatience
impatient, e [ɛ̃pasjɑ̃, -ɑ̃t] *adj* impatient; **impatienter** /1/: **s'impatienter** *vi* to get impatient
impeccable [ɛ̃pekabl] *adj* faultless; (*propre*) spotlessly clean; (*fam*) smashing
impensable [ɛ̃pɑ̃sabl] *adj* (*événement hypothétique*) unthinkable; (*événement qui a eu lieu*) unbelievable
impératif, -ive [ɛ̃peʀatif, -iv] *adj* imperative ▷ *nm* (*Ling*) imperative; **impératifs** *nmpl* (*exigences*: *d'une fonction, d'une charge*) requirements; (: *de la mode*) demands
impératrice [ɛ̃peʀatʀis] *nf* empress
imperceptible [ɛ̃pɛʀsɛptibl] *adj* imperceptible
impérial, e, -aux [ɛ̃peʀjal, -o] *adj* imperial
impérieux, -euse [ɛ̃peʀjø, -øz] *adj* (*caractère, ton*) imperious; (*obligation, besoin*) pressing, urgent
impérissable [ɛ̃peʀisabl] *adj* undying
imperméable [ɛ̃pɛʀmeabl] *adj* waterproof; (*fig*): **~ à** impervious to ▷ *nm* raincoat
impertinent, e [ɛ̃pɛʀtinɑ̃, -ɑ̃t] *adj* impertinent
impitoyable [ɛ̃pitwajabl] *adj* pitiless, merciless
implanter [ɛ̃plɑ̃te] /1/: **s'implanter dans** *vi* to be established in
impliquer [ɛ̃plike] /1/ *vt* to imply; **~ qn (dans)** to implicate sb (in)
impoli, e [ɛ̃pɔli] *adj* impolite, rude
impopulaire [ɛ̃pɔpylɛʀ] *adj* unpopular
importance [ɛ̃pɔʀtɑ̃s] *nf* importance; (*de somme*) size; **sans ~** unimportant
important, e [ɛ̃pɔʀtɑ̃, -ɑ̃t] *adj* important; (*en quantité*: *somme, retard*) considerable, sizeable; (: *gamme, dégâts*) extensive; (*péj*: *airs, ton*) self-important ▷ *nm*: **l'~** the important thing
importateur, -trice [ɛ̃pɔʀtatœʀ, -tʀis] *nm/f* importer
importation [ɛ̃pɔʀtasjɔ̃] *nf* (*produit*) import
importer [ɛ̃pɔʀte] /1/ *vt* (*Comm*) to import; (*maladies, plantes*) to introduce ▷ *vi* (*être important*) to matter; **il importe qu'il fasse** it is important that he should do; **peu m'importe** (*je n'ai pas de préférence*) I don't mind; (*je m'en moque*) I don't care; **peu importe (que)** it doesn't matter (if); *voir aussi* **n'importe**
importun, e [ɛ̃pɔʀtœ̃, -yn] *adj* irksome, importunate; (*arrivée, visite*)

inopportune, ill-timed ▷ *nm* intruder; **importuner** /1/ *vt* to bother
imposant, e [ɛ̃pozɑ̃, -ɑ̃t] *adj* imposing
imposer [ɛ̃poze] /1/ *vt* (*taxer*) to tax; **~ qch à qn** to impose sth on sb; **s'imposer** (*être nécessaire*) to be imperative; **en ~ à** to impress; **s'~ comme** to emerge as; **s'~ par** to win recognition through
impossible [ɛ̃pɔsibl] *adj* impossible; **il m'est ~ de le faire** it is impossible for me to do it, I can't possibly do it; **faire l'~ (pour que)** to do one's utmost (so that)
imposteur [ɛ̃pɔstœʀ] *nm* impostor
impôt [ɛ̃po] *nm* tax; **~ sur le chiffre d'affaires** corporation (BRIT) *ou* corporate (US) tax; **~ foncier** land tax; **~ sur le revenu** income tax; **~s locaux** rates, local taxes (US), ≈ council tax (BRIT)
impotent, e [ɛ̃pɔtɑ̃, -ɑ̃t] *adj* disabled
impraticable [ɛ̃pʀatikabl] *adj* (*projet*) impracticable, unworkable; (*piste*) impassable
imprécis, e [ɛ̃pʀesi, -iz] *adj* imprecise
imprégner [ɛ̃pʀeɲe] /6/ *vt*: **~ (de)** (*tissu, tampon*) to soak *ou* impregnate (with); (*lieu, air*) to fill (with); **s'imprégner de** (*fig*) to absorb
imprenable [ɛ̃pʀənabl] *adj* (*forteresse*) impregnable; **vue ~** unimpeded outlook
impression [ɛ̃pʀesjɔ̃] *nf* impression; (*d'un ouvrage, tissu*) printing; **faire bonne/mauvaise ~** to make a good/bad impression; **impressionnant, e** *adj* (*imposant*) impressive; (*bouleversant*) upsetting; **impressionner** /1/ *vt* (*frapper*) to impress; (*troubler*) to upset
imprévisible [ɛ̃pʀevizibl] *adj* unforeseeable
imprévu, e [ɛ̃pʀevy] *adj* unforeseen, unexpected ▷ *nm* (*incident*) unexpected incident; **des vacances pleines d'~** holidays full of surprises; **en cas d'~** if anything unexpected happens; **sauf ~** unless anything unexpected crops up
imprimante [ɛ̃pʀimɑ̃t] *nf* printer; **~ à laser** laser printer
imprimé [ɛ̃pʀime] *nm* (*formulaire*) printed form; (*Postes*) printed matter *no pl*; (*tissu*) printed fabric; **un ~ à fleurs/pois** (*tissu*) a floral/polka-dot print
imprimer [ɛ̃pʀime] /1/ *vt* to print; (*publier*) to publish; **imprimerie** *nf* printing; (*établissement*) printing works *sg*; **imprimeur** *nm* printer
impropre [ɛ̃pʀɔpʀ] *adj* inappropriate; **~ à** unsuitable for
improviser [ɛ̃pʀɔvize] /1/ *vt, vi* to improvize
improviste [ɛ̃pʀɔvist]: **à l'~** *adv* unexpectedly, without warning
imprudence [ɛ̃pʀydɑ̃s] *nf* (*d'une personne, d'une action*) carelessness *no pl*; (*d'une remarque*) imprudence *no pl*; **commettre une ~** to do something foolish
imprudent, e [ɛ̃pʀydɑ̃, -ɑ̃t] *adj* (*conducteur, geste, action*) careless; (*remarque*) unwise, imprudent; (*projet*) foolhardy
impuissant, e [ɛ̃pɥisɑ̃, -ɑ̃t] *adj* helpless; (*sans effet*) ineffectual; (*sexuellement*) impotent
impulsif, -ive [ɛ̃pylsif, -iv] *adj* impulsive
impulsion [ɛ̃pylsjɔ̃] *nf* (*Élec, instinct*) impulse; (*élan, influence*) impetus
inabordable [inabɔʀdabl] *adj* (*cher*) prohibitive
inacceptable [inaksɛptabl] *adj* unacceptable
inaccessible [inaksesibl] *adj* inaccessible; **~ à** impervious to
inachevé, e [inaʃve] *adj* unfinished
inactif, -ive [inaktif, -iv] *adj* inactive; (*remède*) ineffective; (*Bourse: marché*) slack

inadapté, e [inadapte] *adj* (*Psych*) maladjusted; **~ à** not adapted to, unsuited to
inadéquat, e [inadekwa, -wat] *adj* inadequate
inadmissible [inadmisibl] *adj* inadmissible
inadvertance [inadvɛʀtɑ̃s]: **par ~** *adv* inadvertently
inanimé, e [inanime] *adj* (*matière*) inanimate; (*évanoui*) unconscious; (*sans vie*) lifeless
inanition [inanisjɔ̃] *nf*: **tomber d'~** to faint with hunger (and exhaustion)
inaperçu, e [inapɛʀsy] *adj*: **passer ~** to go unnoticed
inapte [inapt] *adj*: **~ à** incapable of; (*Mil*) unfit for
inattendu, e [inatɑ̃dy] *adj* unexpected
inattentif, -ive [inatɑ̃tif, -iv] *adj* inattentive; **~ à** (*dangers, détails*) heedless of; **inattention** *nf* inattention; **faute d'inattention** careless mistake
inaugurer [inɔgyʀe] /1/ *vt* (*monument*) to unveil; (*exposition, usine*) to open; (*fig*) to inaugurate
inavouable [inavwabl] *adj* (*bénéfices*) undisclosable; (*honteux*) shameful
incalculable [ɛ̃kalkylabl] *adj* incalculable
incapable [ɛ̃kapabl] *adj* incapable; **~ de faire** incapable of doing; (*empêché*) unable to do
incapacité [ɛ̃kapasite] *nf* (*incompétence*) incapability; (*impossibilité*) incapacity; **être dans l'~ de faire** to be unable to do
incarcérer [ɛ̃kaʀseʀe] /6/ *vt* to incarcerate, imprison
incassable [ɛ̃kɑsabl] *adj* unbreakable
incendie [ɛ̃sɑ̃di] *nm* fire; **~ criminel** arson *no pl*; **~ de forêt** forest fire; **incendier** /7/ *vt* (*mettre le feu à*) to set fire to, set alight; (*brûler complètement*) to burn down
incertain, e [ɛ̃sɛʀtɛ̃, -ɛn] *adj* uncertain; (*temps*) unsettled; (*imprécis: contours*) indistinct, blurred; **incertitude** *nf* uncertainty
incessamment [ɛ̃sesamɑ̃] *adv* very shortly
incident [ɛ̃sidɑ̃] *nm* incident; **~ de parcours** minor hitch *ou* setback; **~ technique** technical difficulties *pl*
incinérer [ɛ̃sineʀe] /6/ *vt* (*ordures*) to incinerate; (*mort*) to cremate
incisif, -ive [ɛ̃sizif, -iv] *adj* incisive ▷ *nf* incisor
inciter [ɛ̃site] /1/ *vt*: **~ qn à (faire) qch** to prompt *ou* encourage sb to do sth; (*à la révolte etc*) to incite sb to do sth
incivilité [ɛ̃sivilite] *nf* (*grossièreté*) incivility; **incivilités** *nfpl* antisocial behaviour *sg*
inclinable [ɛ̃klinabl] *adj*: **siège à dossier ~** reclining seat
inclination [ɛ̃klinasjɔ̃] *nf* (*penchant*) inclination
incliner [ɛ̃kline] /1/ *vt* (*bouteille*) to tilt ▷ *vi*: **~ à qch/à faire** to incline towards sth/doing; **s'incliner** *vi* (*route*) to slope; **s'~ (devant)** to bow (before)
inclure [ɛ̃klyʀ] /35/ *vt* to include; (*joindre à un envoi*) to enclose
inclus, e [ɛ̃kly, -yz] *pp de* **inclure** ▷ *adj* included; (*joint à un envoi*) enclosed; (*compris: frais, dépense*) included; **jusqu'au 10 mars ~** until 10th March inclusive
incognito [ɛ̃kɔɲito] *adv* incognito ▷ *nm*: **garder l'~** to remain incognito
incohérent, e [ɛ̃kɔeʀɑ̃, -ɑ̃t] *adj* (*comportement*) inconsistent; (*geste, langage, texte*) incoherent
incollable [ɛ̃kɔlabl] *adj* (*riz*) that does not stick; (*fam*): **il est ~** he's got all the answers
incolore [ɛ̃kɔlɔʀ] *adj* colourless
incommoder [ɛ̃kɔmɔde] /1/ *vt*: **~ qn** (*chaleur, odeur*) to bother *ou* inconvenience sb

incomparable [ɛ̃kɔ̃paʀabl] *adj* incomparable
incompatible [ɛ̃kɔ̃patibl] *adj* incompatible
incompétent, e [ɛ̃kɔ̃petɑ̃, -ɑ̃t] *adj* incompetent
incomplet, -ète [ɛ̃kɔ̃plɛ, -ɛt] *adj* incomplete
incompréhensible [ɛ̃kɔ̃pʀeɑ̃sibl] *adj* incomprehensible
incompris, e [ɛ̃kɔ̃pʀi, -iz] *adj* misunderstood
inconcevable [ɛ̃kɔ̃svabl] *adj* inconceivable
inconfortable [ɛ̃kɔ̃fɔʀtabl] *adj* uncomfortable
incongru, e [ɛ̃kɔ̃gʀy] *adj* unseemly
inconnu, e [ɛ̃kɔny] *adj* unknown ▷ *nm/f* stranger ▷ *nm*: **l'~** the unknown ▷ *nf* unknown factor
inconsciemment [ɛ̃kɔ̃sjamɑ̃] *adv* unconsciously
inconscient, e [ɛ̃kɔ̃sjɑ̃, -ɑ̃t] *adj* unconscious; (*irréfléchi*) thoughtless, reckless; (*sentiment*) subconscious ▷ *nm* (*Psych*): **l'~** the unconscious; **~ de** unaware of
inconsidéré, e [ɛ̃kɔ̃sideʀe] *adj* ill-considered
inconsistant, e [ɛ̃kɔ̃sistɑ̃, -ɑ̃t] *adj* flimsy, weak
inconsolable [ɛ̃kɔ̃sɔlabl] *adj* inconsolable
incontestable [ɛ̃kɔ̃tɛstabl] *adj* indisputable
incontinent, e [ɛ̃kɔ̃tinɑ̃, -ɑ̃t] *adj* incontinent
incontournable [ɛ̃kɔ̃tuʀnabl] *adj* unavoidable
incontrôlable [ɛ̃kɔ̃tʀolabl] *adj* unverifiable; (*irrépressible*) uncontrollable
inconvénient [ɛ̃kɔ̃venjɑ̃] *nm* disadvantage, drawback; **si vous n'y voyez pas d'~** if you have no objections
incorporer [ɛ̃kɔʀpɔʀe] /1/ *vt*: **~ (à)** to mix in (with); **~ (dans)** (*paragraphe etc*) to incorporate (in); (*Mil*: *appeler*) to recruit (into); **il a très bien su s'~ à notre groupe** he was very easily incorporated into our group
incorrect, e [ɛ̃kɔʀɛkt] *adj* (*impropre, inconvenant*) improper; (*défectueux*) faulty; (*inexact*) incorrect; (*impoli*) impolite; (*déloyal*) underhand
incorrigible [ɛ̃kɔʀiʒibl] *adj* incorrigible
incrédule [ɛ̃kʀedyl] *adj* incredulous; (*Rel*) unbelieving
incroyable [ɛ̃kʀwajabl] *adj* incredible
incruster [ɛ̃kʀyste] /1/ *vt*; **s'incruster** *vi* (*invité*) to take root; **~ qch dans/qch de** (*Art*) to inlay sth into/sth with
inculpé, e [ɛ̃kylpe] *nm/f* accused
inculper [ɛ̃kylpe] /1/ *vt*: **~ (de)** to charge (with)
inculquer [ɛ̃kylke] /1/ *vt*: **~ qch à** to inculcate sth in, instil sth into
Inde [ɛ̃d] *nf*: **l'~** India
indécent, e [ɛ̃desɑ̃, -ɑ̃t] *adj* indecent
indécis, e [ɛ̃desi, -iz] *adj* (*par nature*) indecisive; (*perplexe*) undecided
indéfendable [ɛ̃defɑ̃dabl] *adj* indefensible
indéfini, e [ɛ̃defini] *adj* (*imprécis, incertain*) undefined; (*illimité, Ling*) indefinite; **indéfiniment** *adv* indefinitely; **indéfinissable** *adj* indefinable
indélébile [ɛ̃delebil] *adj* indelible
indélicat, e [ɛ̃delika, -at] *adj* tactless
indemne [ɛ̃dɛmn] *adj* unharmed; **indemniser** /1/ *vt*: **indemniser qn (de)** to compensate sb (for)
indemnité [ɛ̃dɛmnite] *nf* (*dédommagement*) compensation *no pl*; (*allocation*) allowance; **~ de licenciement** redundancy payment
indépendamment [ɛ̃depɑ̃damɑ̃] *adv* independently; **~ de** (*abstraction faite de*) irrespective of; (*en plus de*) over and above
indépendance [ɛ̃depɑ̃dɑ̃s] *nf* independence

i

indépendant, e [ɛ̃depɑ̃dɑ̃, -ɑ̃t] *adj* independent; **~ de** independent of; **travailleur ~** self-employed worker
indescriptible [ɛ̃dɛskʀiptibl] *adj* indescribable
indésirable [ɛ̃deziʀabl] *adj* undesirable
indestructible [ɛ̃dɛstʀyktibl] *adj* indestructible
indéterminé, e [ɛ̃detɛʀmine] *adj* (*date, cause, nature*) unspecified; (*forme, longueur, quantité*) indeterminate
index [ɛ̃dɛks] *nm* (*doigt*) index finger; (*d'un livre etc*) index; **mettre à l'~** to blacklist
indicateur [ɛ̃dikatœʀ] *nm* (*Police*) informer; (*Tech*) gauge; indicator ▷ *adj*: **poteau ~** signpost; **~ des chemins de fer** railway timetable; **~ de rues** street directory
indicatif, -ive [ɛ̃dikatif, -iv] *adj*: **à titre ~** for (your) information ▷ *nm* (*Ling*) indicative; (*d'une émission*) theme *ou* signature tune; (*Tél*) dialling code (BRIT), area code (US); **quel est l'~ de ...** what's the code for ...?
indication [ɛ̃dikasjɔ̃] *nf* indication; (*renseignement*) information *no pl*; **indications** *nfpl* (*directives*) instructions
indice [ɛ̃dis] *nm* (*marque, signe*) indication, sign; (*Police: lors d'une enquête*) clue; (*Jur: présomption*) piece of evidence; (*Science, Écon, Tech*) index; **~ de protection** (sun protection) factor
indicible [ɛ̃disibl] *adj* inexpressible
indien, ne [ɛ̃djɛ̃, -ɛn] *adj* Indian ▷ *nm/f*: **I~, ne** Indian
indifféremment [ɛ̃difeʀamɑ̃] *adv* (*sans distinction*) equally
indifférence [ɛ̃difeʀɑ̃s] *nf* indifference
indifférent, e [ɛ̃difeʀɑ̃, -ɑ̃t] *adj* (*peu intéressé*) indifferent; **ça m'est ~ (que ...)** it doesn't matter to me (whether ...); **elle m'est ~e** I am indifferent to her
indigène [ɛ̃diʒɛn] *adj* native, indigenous; (*de la région*) local ▷ *nm/f* native
indigeste [ɛ̃diʒɛst] *adj* indigestible
indigestion [ɛ̃diʒɛstjɔ̃] *nf* indigestion *no pl*; **avoir une ~** to have indigestion
indigne [ɛ̃diɲ] *adj*: **~ (de)** unworthy (of)
indigner [ɛ̃diɲe] /1/ *vt*; **s'indigner (de/contre)** to be (*ou* become) indignant (at)
indiqué, e [ɛ̃dike] *adj* (*date, lieu*) given; (*adéquat*) appropriate; (*conseillé*) advisable
indiquer [ɛ̃dike] /1/ *vt*: **~ qch/qn à qn** to point sth/sb out to sb; (*faire connaître: médecin, lieu, restaurant*) to tell sb of sth/sb; (*pendule, aiguille*) to show; (*étiquette, plan*) to show, indicate; (*renseigner sur*) to point out, tell; (*déterminer: date, lieu*) to give, state; (*dénoter*) to indicate, point to; **pourriez-vous m'~ les toilettes/l'heure?** could you direct me to the toilets/tell me the time?
indiscipliné, e [ɛ̃disipline] *adj* undisciplined
indiscret, -ète [ɛ̃diskʀɛ, -ɛt] *adj* indiscreet
indiscutable [ɛ̃diskytabl] *adj* indisputable
indispensable [ɛ̃dispɑ̃sabl] *adj* indispensable, essential
indisposé, e [ɛ̃dispoze] *adj* indisposed
indistinct, e [ɛ̃distɛ̃, -ɛ̃kt] *adj* indistinct; **indistinctement** *adv* (*voir, prononcer*) indistinctly; (*sans distinction*) indiscriminately
individu [ɛ̃dividy] *nm* individual; **individuel, le** *adj* (*gén*) individual; (*opinion, livret, contrôle, avantages*) personal; **chambre individuelle** single room; **maison individuelle** detached house; **propriété individuelle** personal *ou* private property

ndolore [ɛ̃dɔlɔʀ] *adj* painless
ndonésie [ɛ̃dɔnezi] *nf*: **l'~** Indonesia
ndu, e [ɛ̃dy] *adj*: **à une heure ~e** at some ungodly hour
ndulgent, e [ɛ̃dylʒɑ̃, -ɑ̃t] *adj* (*parent, regard*) indulgent; (*juge, examinateur*) lenient
ndustrialisé, e [ɛ̃dystʀijalize] *adj* industrialized
ndustrie [ɛ̃dystʀi] *nf* industry; **industriel, le** *adj* industrial ▷ *nm* industrialist
nébranlable [inebʀɑ̃labl] *adj* (*masse, colonne*) solid; (*personne, certitude, foi*) unwavering
nédit, e [inedi, -it] *adj* (*correspondance etc*) (hitherto) unpublished; (*spectacle, moyen*) novel, original; (*film*) unreleased
nefficace [inefikas] *adj* (*remède, moyen*) ineffective; (*machine, employé*) inefficient
négal, e, -aux [inegal, -o] *adj* unequal; (*irrégulier*) uneven; **inégalable** *adj* matchless; **inégalé, e** *adj* (*record*) unequalled; (*beauté*) unrivalled; **inégalité** *nf* inequality
népuisable [inepɥizabl] *adj* inexhaustible
nerte [inɛʀt] *adj* (*immobile*) lifeless; (*apathique*) passive
nespéré, e [inɛspeʀe] *adj* unhoped-for, unexpected
nestimable [inɛstimabl] *adj* priceless; (*fig: bienfait*) invaluable
névitable [inevitabl] *adj* unavoidable; (*fatal, habituel*) inevitable
nexact, e [inɛgzakt] *adj* inaccurate
nexcusable [inɛkskyzabl] *adj* unforgivable
nexplicable [inɛksplikabl] *adj* inexplicable
extremis [inɛkstʀemis] *adv* at the last minute ▷ *adj* last-minute
faillible [ɛ̃fajibl] *adj* infallible
farctus [ɛ̃faʀktys] *nm*: **~ (du myocarde)** coronary (thrombosis)

infatigable [ɛ̃fatigabl] *adj* tireless
infect, e [ɛ̃fɛkt] *adj* revolting; (*repas, vin*) revolting, foul; (*personne*) obnoxious; (*temps*) foul
infecter [ɛ̃fɛkte] /1/ *vt* (*atmosphère, eau*) to contaminate; (*Méd*) to infect; **s'infecter** to become infected *ou* septic; **infection** *nf* infection; (*puanteur*) stench
inférieur, e [ɛ̃feʀjœʀ] *adj* lower; (*en qualité, intelligence*) inferior ▷ *nm/f* inferior; **~ à** (*somme, quantité*) less *ou* smaller than; (*moins bon que*) inferior to
infernal, e, -aux [ɛ̃fɛʀnal, -o] *adj* (*insupportable: chaleur, rythme*) infernal; (*: enfant*) horrid; (*méchanceté, complot*) diabolical
infidèle [ɛ̃fidɛl] *adj* unfaithful
infiltrer [ɛ̃filtʀe] /1/: **s'infiltrer** *vi*: **s'~ dans** to penetrate into; (*liquide*) to seep into; (*fig: noyauter*) to infiltrate
infime [ɛ̃fim] *adj* minute, tiny
infini, e [ɛ̃fini] *adj* infinite ▷ *nm* infinity; **à l'~** endlessly; **infiniment** *adv* infinitely; **infinité** *nf*: **une infinité de** an infinite number of
infinitif, -ive [ɛ̃finitif, -iv] *nm* infinitive
infirme [ɛ̃fiʀm] *adj* disabled ▷ *nm/f* disabled person
infirmerie [ɛ̃fiʀməʀi] *nf* sick bay
infirmier, -ière [ɛ̃fiʀmje, -jɛʀ] *nm/f* nurse; **infirmière chef** sister
infirmité [ɛ̃fiʀmite] *nf* disability
inflammable [ɛ̃flamabl] *adj* (in)flammable
inflation [ɛ̃flasjɔ̃] *nf* inflation
influençable [ɛ̃flyɑ̃sabl] *adj* easily influenced
influence [ɛ̃flyɑ̃s] *nf* influence; **influencer** /3/ *vt* to influence; **influent, e** *adj* influential
informaticien, ne [ɛ̃fɔʀmatisjɛ̃, -ɛn] *nm/f* computer scientist
information [ɛ̃fɔʀmasjɔ̃] *nf* (*renseignement*) piece of information; (*Presse, TV: nouvelle*) item of

news; (*diffusion de renseignements*, *Inform*) information; (*Jur*) inquiry, investigation; **informations** *nfpl* (*TV*) news *sg*
informatique [ɛ̃fɔʀmatik] *nf* (*technique*) data processing; (*science*) computer science ▷ *adj* computer *cpd*; **informatiser** /1/ *vt* to computerize
informer [ɛ̃fɔʀme] /1/ *vt*: **~ qn (de)** to inform sb (of); **s'informer (sur)** to inform o.s. (about); **s'~ (de qch/ si)** to inquire *ou* find out (about sth/ whether *ou* if)
infos [ɛ̃fo] *nfpl* (= *informations*) news
infraction [ɛ̃fʀaksjɔ̃] *nf* offence; **~ à** violation *ou* breach of; **être en ~** to be in breach of the law
infranchissable [ɛ̃fʀɑ̃ʃisabl] *adj* impassable; (*fig*) insuperable
infrarouge [ɛ̃fʀaʀuʒ] *adj* infrared
infrastructure [ɛ̃fʀastʀyktyʀ] *nf* (*Aviat, Mil*) ground installations *pl*; (*Écon: touristique etc*) facilities *pl*
infuser [ɛ̃fyze] /1/ *vt* (*thé*) to brew; (*tisane*) to infuse ▷ *vi* to brew; to infuse; **infusion** *nf* (*tisane*) herb tea
ingénier [ɛ̃ʒenje] /7/: **s'ingénier** *vi*: **s'~ à faire** to strive to do
ingénierie [ɛ̃ʒeniʀi] *nf* engineering
ingénieur [ɛ̃ʒenjœʀ] *nm* engineer; **~ du son** sound engineer
ingénieux, -euse [ɛ̃ʒenjø, -øz] *adj* ingenious, clever
ingrat, e [ɛ̃gʀa, -at] *adj* (*personne*) ungrateful; (*travail, sujet*) thankless; (*visage*) unprepossessing
ingrédient [ɛ̃gʀedjɑ̃] *nm* ingredient
inhabité, e [inabite] *adj* uninhabited
inhabituel, le [inabitɥɛl] *adj* unusual
inhibition [inibisjɔ̃] *nf* inhibition
inhumain, e [inymɛ̃, -ɛn] *adj* inhuman
inimaginable [inimaʒinabl] *adj* unimaginable
ininterrompu, e [inɛ̃teʀɔ̃py] *adj* (*file, série*) unbroken; (*flot, vacarme*) uninterrupted, non-stop; (*effort*) unremitting, continuous; (*suite, ligne*) unbroken
initial, e, -aux [inisjal, -o] *adj* initial; **initiales** *nfpl* initials
initiation [inisjasjɔ̃] *nf*: **~ à** introduction to
initiative [inisjativ] *nf* initiative
initier [inisje] /7/ *vt*: **~ qn à** to initiate sb into; (*faire découvrir: art, jeu*) to introduce sb to
injecter [ɛ̃ʒɛkte] /1/ *vt* to inject; **injection** *nf* injection; **à injection** (*Auto*) fuel injection *cpd*
injure [ɛ̃ʒyʀ] *nf* insult, abuse *no pl*; **injurier** /7/ *vt* to insult, abuse; **injurieux, -euse** *adj* abusive, insulting
injuste [ɛ̃ʒyst] *adj* unjust, unfair; **injustice** [ɛ̃ʒystis] *nf* injustice
inlassable [ɛ̃lɑsabl] *adj* tireless
inné, e [ine] *adj* innate, inborn
innocent, e [inɔsɑ̃, -ɑ̃t] *adj* innocent; **innocenter** /1/ *vt* to clear, prove innocent
innombrable [inɔ̃bʀabl] *adj* innumerable
innover [inɔve] /1/ *vi*: **~ en matière d'art** to break new ground in the field of art
inoccupé, e [inɔkype] *adj* unoccupied
inodore [inɔdɔʀ] *adj* (*gaz*) odourless; (*fleur*) scentless
inoffensif, -ive [inɔfɑ̃sif, -iv] *adj* harmless, innocuous
inondation [inɔ̃dasjɔ̃] *nf* flood
inonder [inɔ̃de] /1/ *vt* to flood; **~ de** to flood *ou* swamp with
inopportun, e [inɔpɔʀtœ̃, -yn] *adj* ill-timed, untimely
inoubliable [inublijabl] *adj* unforgettable
inouï, e [inwi] *adj* unheard-of, extraordinary
inox [inɔks] *nm* stainless (steel)
inquiet, -ète [ɛ̃kjɛ, -ɛt] *adj* anxious; **inquiétant, e** *adj* worrying,

disturbing; **inquiéter** /6/ vt to worry; **s'inquiéter** to worry; **s'inquiéter de** to worry about; (*s'enquérir de*) to inquire about; **inquiétude** *nf* anxiety

insaisissable [ɛ̃sezisabl] *adj* (*fugitif, ennemi*) elusive; (*différence, nuance*) imperceptible

insalubre [ɛ̃salybʀ] *adj* insalubrious

insatisfait, e [ɛ̃satisfɛ, -ɛt] *adj* (*non comblé*) unsatisfied; (*mécontent*) dissatisfied

inscription [ɛ̃skʀipsjɔ̃] *nf* inscription; (*à une institution*) enrolment

inscrire [ɛ̃skʀiʀ] /39/ *vt* (*marquer: sur son calepin etc*) to note *ou* write down; (*: sur un mur, une affiche etc*) to write; (*: dans la pierre, le métal*) to inscribe; (*mettre: sur une liste, un budget etc*) to put down; **~ qn à** (*club, école etc*) to enrol sb at; **s'inscrire** (*pour une excursion etc*) to put one's name down; **s'~ (à)** (*club, parti*) to join; (*université*) to register *ou* enrol (at); (*examen, concours*) to register *ou* enter (for)

insecte [ɛ̃sɛkt] *nm* insect; **insecticide** *nm* insecticide

insensé, e [ɛ̃sɑ̃se] *adj* mad

insensible [ɛ̃sɑ̃sibl] *adj* (*nerf, membre*) numb; (*dur, indifférent*) insensitive

inséparable [ɛ̃sepaʀabl] *adj*: **~ (de)** inseparable (from) ▷ *nmpl*: **~s** (*oiseaux*) lovebirds

insigne [ɛ̃siɲ] *nm* (*d'un parti, club*) badge ▷ *adj* distinguished; **insignes** *nmpl* (*d'une fonction*) insignia *pl*

insignifiant, e [ɛ̃siɲifjɑ̃, -ɑ̃t] *adj* insignificant; trivial

insinuer [ɛ̃sinɥe] /1/ *vt* to insinuate; **s'insinuer dans** (*fig*) to worm one's way into

insipide [ɛ̃sipid] *adj* insipid

insister [ɛ̃siste] /1/ *vi* to insist; (*s'obstiner*) to keep on; **~ sur** (*détail, note*) to stress

insolation [ɛ̃sɔlasjɔ̃] *nf* (*Méd*) sunstroke *no pl*

insolent, e [ɛ̃sɔlɑ̃, -ɑ̃t] *adj* insolent

insolite [ɛ̃sɔlit] *adj* strange, unusual

insomnie [ɛ̃sɔmni] *nf* insomnia *no pl*; **avoir des ~s** to sleep badly

insouciant, e [ɛ̃susjɑ̃, -ɑ̃t] *adj* carefree; **~ du danger** heedless of (the) danger

insoupçonnable [ɛ̃supsɔnabl] *adj* unsuspected; (*personne*) above suspicion

insoupçonné, e [ɛ̃supsɔne] *adj* unsuspected

insoutenable [ɛ̃sutnabl] *adj* (*argument*) untenable; (*chaleur*) unbearable

inspecter [ɛ̃spɛkte] /1/ *vt* to inspect; **inspecteur, -trice** *nm/f* inspector; **inspecteur d'Académie** (regional) director of education; **inspecteur des finances** ≈ tax inspector (BRIT), ≈ Internal Revenue Service agent (US); **inspecteur (de police)** (police) inspector; **inspection** *nf* inspection

inspirer [ɛ̃spiʀe] /1/ *vt* (*gén*) to inspire ▷ *vi* (*aspirer*) to breathe in; **s'inspirer de** to be inspired by

instable [ɛ̃stabl] *adj* (*meuble, équilibre*) unsteady; (*population, temps*) unsettled; (*paix, régime, caractère*) unstable

installation [ɛ̃stalasjɔ̃] *nf* (*mise en place*) installation; **installations** *nfpl* installations; (*industrielles*) plant *sg*; (*de sport, dans un camping*) facilities; **l'~ électrique** wiring

installer [ɛ̃stale] /1/ *vt* to put; (*meuble*) to put in; (*rideau, étagère, tente*) to put up; (*appartement*) to fit out; **s'installer** (*s'établir: artisan, dentiste etc*) to set o.s. up; (*emménager*) to settle in; (*sur un siège, à un emplacement*) to settle (down); (*fig: maladie, grève*) to take a firm hold *ou* grip; **s'~ à l'hôtel/chez qn** to move into a hotel/in with sb

instance [ɛ̃stɑ̃s] *nf* (*Admin: autorité*) authority; **affaire en ~** matter pending; **être en ~ de divorce** to be awaiting a divorce

instant [ɛ̃stɑ̃] *nm* moment, instant; **dans un ~** in a moment; **à l'~** this instant; **je l'ai vu à l'~** I've just this minute seen him, I saw him a moment ago; **pour l'~** for the moment, for the time being

instantané, e [ɛ̃stɑ̃tane] *adj* (*lait, café*) instant; (*explosion, mort*) instantaneous ▷ *nm* snapshot

instar [ɛ̃staʀ]: **à l'~ de** *prép* following the example of, like

instaurer [ɛ̃stɔʀe] /1/ *vt* to institute; (*couvre-feu*) to impose; **s'instaurer** *vi* (*collaboration, paix etc*) to be established; (*doute*) to set in

instinct [ɛ̃stɛ̃] *nm* instinct; **instinctivement** *adv* instinctively

instituer [ɛ̃stitɥe] /1/ *vt* to establish

institut [ɛ̃stity] *nm* institute; **~ de beauté** beauty salon; **I~ universitaire de technologie (IUT)** ≈ Institute of technology

instituteur, -trice [ɛ̃stitytœʀ, -tʀis] *nm/f* (primary (BRIT) *ou* grade (US) school) teacher

institution [ɛ̃stitysjɔ̃] *nf* institution; (*collège*) private school; **institutions** *nfpl* (*structures politiques et sociales*) institutions

instructif, -ive [ɛ̃stʀyktif, -iv] *adj* instructive

instruction [ɛ̃stʀyksjɔ̃] *nf* (*enseignement, savoir*) education; (*Jur*) (preliminary) investigation and hearing; **instructions** *nfpl* (*mode d'emploi*) instructions; **~ civique** civics *sg*

instruire [ɛ̃stʀɥiʀ] /38/ *vt* (*élèves*) to teach; (*recrues*) to train; (*Jur: affaire*) to conduct the investigation for; **s'instruire** to educate o.s.; **instruit, e** *adj* educated

instrument [ɛ̃stʀymɑ̃] *nm* instrument; **~ à cordes/vent** stringed/wind instrument; **~ de mesure** measuring instrument; **~ de musique** musical instrument; **~ de travail** (working) tool

insu [ɛ̃sy] *nm*: **à l'~ de qn** without sb knowing

insuffisant, e [ɛ̃syfizɑ̃, -ɑ̃t] *adj* (*en quantité*) insufficient; (*en qualité*) inadequate; (*sur une copie*) poor

insulaire [ɛ̃sylɛʀ] *adj* island *cpd*; (*attitude*) insular

insuline [ɛ̃sylin] *nf* insulin

insulte [ɛ̃sylt] *nf* insult; **insulter** /1/ *vt* to insult

insupportable [ɛ̃sypɔʀtabl] *adj* unbearable

insurmontable [ɛ̃syʀmɔ̃tabl] *adj* (*difficulté*) insuperable; (*aversion*) unconquerable

intact, e [ɛ̃takt] *adj* intact

intarissable [ɛ̃taʀisabl] *adj* inexhaustible

intégral, e, -aux [ɛ̃tegʀal, -o] *adj* complete; **texte ~** unabridged version; **bronzage ~** all-over suntan; **intégralement** *adv* in full; **intégralité** *nf* whole (*ou* full) amount; **dans son intégralité** in its entirety; **intégrant, e** *adj*: **faire partie intégrante de** to be an integral part of

intègre [ɛ̃tɛgʀ] *adj* upright

intégrer [ɛ̃tegʀe] /6/: **s'intégrer** *vr*: **s'~ à** *ou* **dans** to become integrated into; **bien s'~** to fit in

intégrisme [ɛ̃tegʀism] *nm* fundamentalism

intellectuel, le [ɛ̃telɛktɥɛl] *adj, nm/f* intellectual; (*péj*) highbrow

intelligence [ɛ̃teliʒɑ̃s] *nf* intelligence; (*compréhension*): **l'~ de** the understanding of; (*complicité*): **regard d'~** glance of complicity; (*accord*): **vivre en bonne ~ avec qn** to be on good terms with sb

intelligent, e [ɛ̃teliʒɑ̃, -ɑ̃t] *adj* intelligent

intelligible [ɛ̃teliʒibl] *adj* intelligible

intempéries [ɛ̃tɑ̃peʀi] *nfpl* bad weather *sg*

intenable [ɛ̃tnabl] *adj* unbearable

intendant, e [ɛ̃tɑ̃dɑ̃, -ɑ̃t] *nm/f* (*Mil*) quartermaster; (*Scol*) bursar

intense [ɛ̃tɑ̃s] *adj* intense; **intensif, -ive** *adj* intensive; **cours intensif** crash course

intenter [ɛ̃tɑ̃te] /1/ *vt*: **~ un procès contre** *ou* **à qn** to start proceedings against sb

intention [ɛ̃tɑ̃sjɔ̃] *nf* intention; (*Jur*) intent; **avoir l'~ de faire** to intend to do; **à l'~ de** for; (*renseignement*) for the benefit *ou* information of; (*film, ouvrage*) aimed at; **à cette ~** with this aim in view; **intentionné, e** *adj*: **bien intentionné** well-meaning *ou* -intentioned; **mal intentionné** ill-intentioned

interactif, -ive [ɛ̃tɛʀaktif, -iv] *adj* (*aussi Inform*) interactive

intercepter [ɛ̃tɛʀsɛpte] /1/ *vt* to intercept; (*lumière, chaleur*) to cut off

interchangeable [ɛ̃tɛʀʃɑ̃ʒabl] *adj* interchangeable

interdiction [ɛ̃tɛʀdiksjɔ̃] *nf* ban; **~ de fumer** no smoking

interdire [ɛ̃tɛʀdiʀ] /37/ *vt* to forbid; (*Admin*) to ban, prohibit; (*: journal, livre*) to ban; **~ à qn de faire** to forbid sb to do; (*empêchement*) to prevent *ou* preclude sb from doing

interdit, e [ɛ̃tɛʀdi, -it] *pp de* **interdire** ▷ *adj* (*stupéfait*) taken aback; **film ~ aux moins de 18/12 ans** ≈ 18-/12A-rated film; **stationnement ~** no parking

intéressant, e [ɛ̃teʀesɑ̃, -ɑ̃t] *adj* interesting; (*avantageux*) attractive

intéressé, e [ɛ̃teʀese] *adj* (*parties*) involved, concerned; (*amitié, motifs*) self-interested

intéresser [ɛ̃teʀese] /1/ *vt* (*captiver*) to interest; (*toucher*) to be of interest *ou* concern to; (*Admin: concerner*) to affect, concern; **s'intéresser à** *vi* to take an interest in

intérêt [ɛ̃teʀɛ] *nm* interest; (*égoïsme*) self-interest; **tu as ~ à accepter** it's in your interest to accept; **tu as ~ à te dépêcher** you'd better hurry

intérieur, e [ɛ̃teʀjœʀ] *adj* (*mur, escalier, poche*) inside; (*commerce, politique*) domestic; (*cour, calme, vie*) inner; (*navigation*) inland ▷ *nm* (*d'une maison, d'un récipient etc*) inside; (*d'un pays, aussi décor, mobilier*) interior; **l'I~** (the Department of) the Interior, ≈ the Home Office (BRIT); **à l'~ (de)** inside; **intérieurement** *adv* inwardly

intérim [ɛ̃teʀim] *nm* interim period; **assurer l'~ (de)** to deputize (for); **président par ~** interim president; **faire de l'~** to temp

intérimaire [ɛ̃teʀimɛʀ] *adj* (*directeur, ministre*) acting; (*secrétaire, personnel*) temporary ▷ *nm/f* (*secrétaire etc*) temporary, temp (BRIT)

interlocuteur, -trice [ɛ̃tɛʀlɔkytœʀ, -tʀis] *nm/f* speaker; **son ~** the person he *ou* she was speaking to

intermédiaire [ɛ̃tɛʀmedjɛʀ] *adj* intermediate; (*solution*) temporary ▷ *nm/f* intermediary; (*Comm*) middleman; **sans ~** directly; **par l'~ de** through

interminable [ɛ̃tɛʀminabl] *adj* never-ending

intermittence [ɛ̃tɛʀmitɑ̃s] *nf*: **par ~** intermittently, sporadically

internat [ɛ̃tɛʀna] *nm* boarding school

international, e, -aux [ɛ̃tɛʀnasjɔnal, -o] *adj, nm/f* international

internaute [ɛ̃tɛʀnot] *nm/f* Internet user

interne [ɛ̃tɛʀn] *adj* internal ▷ *nm/f* (*Scol*) boarder; (*Méd*) houseman

Internet [ɛ̃tɛʀnɛt] *nm*: **l'~** the Internet

interpeller [ɛ̃tɛʀpele] /1/ *vt* (*appeler*) to call out to; (*apostropher*) to shout at; (*Police*) to take in for questioning; (*Pol*) to question; (*concerner*) to concern

interphone [ɛ̃tɛʀfɔn] *nm* intercom; (*d'immeuble*) entry phone

interposer [ɛ̃tɛʀpoze] /1/ *vt*; **s'interposer** to intervene; **par personnes interposées** through a third party
interprète [ɛ̃tɛʀpʀɛt] *nm/f* interpreter; (*porte-parole*) spokesman
interpréter [ɛ̃tɛʀpʀete] /6/ *vt* to interpret; (*jouer*) to play; (*chanter*) to sing
interrogatif, -ive [ɛ̃teʀɔgatif, -iv] *adj* (*Ling*) interrogative
interrogation [ɛ̃teʀɔgasjɔ̃] *nf* question; (*Scol*) (written *ou* oral) test
interrogatoire [ɛ̃teʀɔgatwaʀ] *nm* (*Police*) questioning *no pl*; (*Jur, aussi fig*) cross-examination
interroger [ɛ̃teʀɔʒe] /3/ *vt* to question; (*Inform*) to search; (*Scol*) to test
interrompre [ɛ̃teʀɔ̃pʀ] /41/ *vt* (*gén*) to interrupt; (*négociations*) to break off; (*match*) to stop; **s'interrompre** to break off; **interrupteur** *nm* switch; **interruption** *nf* interruption; (*pause*) break; **sans interruption** without a break; **interruption volontaire de grossesse** abortion
intersection [ɛ̃tɛʀsɛksjɔ̃] *nf* intersection
intervalle [ɛ̃tɛʀval] *nm* (*espace*) space; (*de temps*) interval; **dans l'~** in the meantime; **à deux jours d'~** two days apart
intervenir [ɛ̃tɛʀvəniʀ] /22/ *vi* (*gén*) to intervene; **~ auprès de/en faveur de qn** to intervene with/on behalf of sb; **intervention** *nf* intervention; (*discours*) speech; **intervention (chirurgicale)** operation
interview [ɛ̃tɛʀvju] *nf* interview
intestin, e [ɛ̃tɛstɛ̃, -in] *adj* internal ▷ *nm* intestine
intime [ɛ̃tim] *adj* intimate; (*vie, journal*) private; (*convictions*) inmost; (*dîner, cérémonie*) quiet ▷ *nm/f* close friend; **un journal ~** a diary
intimider [ɛ̃timide] /1/ *vt* to intimidate
intimité [ɛ̃timite] *nf*: **dans l'~** in private; (*sans formalités*) with only a few friends, quietly
intolérable [ɛ̃tɔleʀabl] *adj* intolerable
intox [ɛ̃tɔks] (*fam*) *nf* brainwashing
intoxication [ɛ̃tɔksikasjɔ̃] *nf*: **~ alimentaire** food poisoning
intoxiquer [ɛ̃tɔksike] /1/ *vt* to poison; (*fig*) to brainwash
intraitable [ɛ̃tʀɛtabl] *adj* inflexible, uncompromising
intransigeant, e [ɛ̃tʀɑ̃ziʒɑ̃, -ɑ̃t] *adj* intransigent
intrépide [ɛ̃tʀepid] *adj* dauntless
intrigue [ɛ̃tʀig] *nf* (*scénario*) plot; **intriguer** /1/ *vt* to puzzle, intrigue
introduction [ɛ̃tʀɔdyksjɔ̃] *nf* introduction
introduire [ɛ̃tʀɔdɥiʀ] /38/ *vt* to introduce; (*visiteur*) to show in; (*aiguille, clef*): **~ qch dans** to insert *ou* introduce sth into; **s'introduire** *vi* (*techniques, usages*) to be introduced; **s'~ dans** to gain entry into; (*dans un groupe*) to get o.s. accepted into
introuvable [ɛ̃tʀuvabl] *adj* which cannot be found; (*Comm*) unobtainable
intrus, e [ɛ̃tʀy, -yz] *nm/f* intruder
intuition [ɛ̃tɥisjɔ̃] *nf* intuition
inusable [inyzabl] *adj* hard-wearing
inutile [inytil] *adj* useless; (*superflu*) unnecessary; **inutilement** *adv* needlessly; **inutilisable** *adj* unusable
invalide [ɛ̃valid] *adj* disabled ▷ *nm/f*: **~ de guerre** disabled ex-serviceman
invariable [ɛ̃vaʀjabl] *adj* invariable
invasion [ɛ̃vazjɔ̃] *nf* invasion
inventaire [ɛ̃vɑ̃tɛʀ] *nm* inventory; (*Comm: liste*) stocklist; (*: opération*) stocktaking *no pl*
inventer [ɛ̃vɑ̃te] /1/ *vt* to invent; (*subterfuge*) to devise, invent; (*histoire, excuse*) to make up, invent; **inventeur, -trice** *nm/f* inventor; **inventif, -ive** *adj* inventive; **invention** *nf* invention

inverse [ɛ̃vɛʀs] *adj* opposite ▷ *nm* inverse; **l'~** the opposite; **dans l'ordre ~** in the reverse order; **dans le sens ~ des aiguilles d'une montre** anti-clockwise; **en sens ~** in (*ou* from) the opposite direction; **inversement** *adv* conversely; **inverser** /1/ *vt* to reverse, invert; (*Élec*) to reverse

investir [ɛ̃vɛstiʀ] /2/ *vt* to invest; **~ qn de** (*d'une fonction, d'un pouvoir*) to vest *ou* invest sb with; **s'investir** *vi* (*Psych*) to involve o.s.; **s'~ dans** to put a lot into; **investissement** *nm* investment

invisible [ɛ̃vizibl] *adj* invisible

invitation [ɛ̃vitasjɔ̃] *nf* invitation

invité, e [ɛ̃vite] *nm/f* guest

inviter [ɛ̃vite] /1/ *vt* to invite; **~ qn à faire qch** to invite sb to do sth

invivable [ɛ̃vivabl] *adj* unbearable

involontaire [ɛ̃vɔlɔ̃tɛʀ] *adj* (*mouvement*) involuntary; (*insulte*) unintentional; (*complice*) unwitting

invoquer [ɛ̃vɔke] /1/ *vt* (*Dieu, muse*) to call upon, invoke; (*prétexte*) to put forward (as an excuse); (*loi, texte*) to refer to

invraisemblable [ɛ̃vʀɛsɑ̃blabl] *adj* (*fait, nouvelle*) unlikely, improbable; (*bizarre*) incredible

iode [jɔd] *nm* iodine

irai *etc* [iʀe] *vb voir* **aller**

Irak [iʀak] *nm*: **l'~** Iraq *ou* Irak; **irakien, ne** *adj* Iraqi ▷ *nm/f*: **Irakien, ne** Iraqi

Iran [iʀɑ̃] *nm*: **l'~** Iran; **iranien, ne** *adj* Iranian ▷ *nm/f*: **Iranien, ne** Iranian

irions *etc* [iʀjɔ̃] *vb voir* **aller**

iris [iʀis] *nm* iris

irlandais, e [iʀlɑ̃dɛ, -ɛz] *adj* Irish ▷ *nm/f*: **I~, e** Irishman/woman

Irlande [iʀlɑ̃d] *nf*: **l'~** Ireland; **la République d'~** the Irish Republic; **~ du Nord** Northern Ireland; **la mer d'~** the Irish Sea

ironie [iʀɔni] *nf* irony; **ironique** *adj* ironical; **ironiser** /1/ *vi* to be ironical

irons *etc* [iʀɔ̃] *vb voir* **aller**

irradier [iʀadje] /7/ *vt* to irradiate

irraisonné, e [iʀɛzɔne] *adj* irrational

irrationnel, le [iʀasjɔnɛl] *adj* irrational

irréalisable [iʀealizabl] *adj* unrealizable; (*projet*) impracticable

irrécupérable [iʀekypeʀabl] *adj* beyond repair; (*personne*) beyond redemption *ou* recall

irréel, le [iʀeɛl] *adj* unreal

irréfléchi, e [iʀefleʃi] *adj* thoughtless

irrégularité [iʀegylaʀite] *nf* irregularity; (*de travail, d'effort, de qualité*) unevenness *no pl*

irrégulier, -ière [iʀegylje, -jɛʀ] *adj* irregular; (*travail, effort, qualité*) uneven; (*élève, athlète*) erratic

irrémédiable [iʀemedjabl] *adj* irreparable

irremplaçable [iʀɑ̃plasabl] *adj* irreplaceable

irréparable [iʀepaʀabl] *adj* beyond repair; (*fig*) irreparable

irréprochable [iʀepʀɔʃabl] *adj* irreproachable, beyond reproach; (*tenue, toilette*) impeccable

irrésistible [iʀezistibl] *adj* irresistible; (*preuve, logique*) compelling; (*amusant*) hilarious

irrésolu, e [iʀezɔly] *adj* irresolute

irrespectueux, -euse [iʀɛspɛktɥø, -øz] *adj* disrespectful

irresponsable [iʀɛspɔ̃sabl] *adj* irresponsible

irriguer [iʀige] /1/ *vt* to irrigate

irritable [iʀitabl] *adj* irritable

irriter [iʀite] /1/ *vt* to irritate

irruption [iʀypsjɔ̃] *nf*: **faire ~ chez qn** to burst in on sb

Islam [islam] *nm*: **l'~** Islam; **islamique** *adj* Islamic; **islamophobie** *nf* Islamophobia

Islande [islɑ̃d] *nf*: **l'~** Iceland

isolant, e [izɔlɑ̃, -ɑ̃t] *adj* insulating; (*insonorisant*) soundproofing

isolation [izɔlasjɔ̃] *nf* insulation; **~ acoustique** soundproofing

isolé, e [izɔle] *adj* isolated; (*contre le froid*) insulated
isoler [izɔle] /1/ *vt* to isolate; (*prisonnier*) to put in solitary confinement; (*ville*) to cut off, isolate; (*contre le froid*) to insulate; **s'isoler** *vi* to isolate o.s.
Israël [isʀaɛl] *nm*: **l'~** Israel; **israélien, ne** *adj* Israeli ▷ *nm/f*: **Israélien, ne** Israeli; **israélite** *adj* Jewish ▷ *nm/f*: **Israélite** Jew/Jewess
issu, e [isy] *adj*: **~ de** (*né de*) descended from; (*résultant de*) stemming from ▷ *nf* (*ouverture, sortie*) exit; (*solution*) way out, solution; (*dénouement*) outcome; **à l'~e de** at the conclusion *ou* close of; **voie sans ~e** dead end; **~e de secours** emergency exit
Italie [itali] *nf*: **l'~** Italy; **italien, ne** *adj* Italian ▷ *nm* (*Ling*) Italian ▷ *nm/f*: **Italien, ne** Italian
italique [italik] *nm*: **en ~(s)** in italics
itinéraire [itineʀɛʀ] *nm* itinerary, route; **~ bis** alternative route
IUT *sigle m* = **Institut universitaire de technologie**
IVG *sigle f* (= *interruption volontaire de grossesse*) abortion
ivoire [ivwaʀ] *nm* ivory
ivre [ivʀ] *adj* drunk; **~ de** (*colère*) wild with; **ivrogne** *nm/f* drunkard

J

j' [ʒ] *pron voir* **je**
jacinthe [ʒasɛ̃t] *nf* hyacinth
jadis [ʒadis] *adv* formerly
jaillir [ʒajiʀ] /2/ *vi* (*liquide*) to spurt out; (*cris, réponses*) to burst out
jais [ʒɛ] *nm* jet; **(d'un noir) de ~** jet-black
jalousie [ʒaluzi] *nf* jealousy; (*store*) (venetian) blind
jaloux, -ouse [ʒalu, -uz] *adj* jealous; **être ~ de qn/qch** to be jealous of sb/sth
jamaïquain, e [ʒamaikɛ̃, -ɛn] *adj* Jamaican ▷ *nm/f*: **J~, e** Jamaican
Jamaïque [ʒamaik] *nf*: **la ~** Jamaica
jamais [ʒamɛ] *adv* never; (*sans négation*) ever; **ne ... ~** never; **si ~ ...** if ever ...; **je ne suis ~ allé en Espagne** I've never been to Spain
jambe [ʒɑ̃b] *nf* leg
jambon [ʒɑ̃bɔ̃] *nm* ham
jante [ʒɑ̃t] *nf* (wheel) rim
janvier [ʒɑ̃vje] *nm* January

Japon [ʒapɔ̃] *nm*: **le ~** Japan; **japonais, e** *adj* Japanese ▷ *nm* (*Ling*) Japanese ▷ *nm/f*: **Japonais, e** Japanese

jardin [ʒaʀdɛ̃] *nm* garden; **~ d'enfants** nursery school; **jardinage** *nm* gardening; **jardiner** /1/ *vi* to garden; **jardinier, -ière** *nm/f* gardener ▷ *nf* (*de fenêtre*) window box; **jardinière (de légumes)** (*Culin*) mixed vegetables

jargon [ʒaʀgɔ̃] *nm* (*charabia*) gibberish; (*publicitaire, scientifique etc*) jargon

jarret [ʒaʀɛ] *nm* back of knee; (*Culin*) knuckle, shin

jauge [ʒoʒ] *nf* (*instrument*) gauge; **~ (de niveau) d'huile** (*Auto*) dipstick

jaune [ʒon] *adj, nm* yellow ▷ *adv* (*fam*): **rire ~** to laugh on the other side of one's face; **~ d'œuf** (egg) yolk; **jaunir** /2/ *vi, vt* to turn yellow; **jaunisse** *nf* jaundice

Javel [ʒavɛl] *nf voir* **eau**

javelot [ʒavlo] *nm* javelin

J.-C. *sigle m* = **Jésus-Christ**

je, j' [ʒə, ʒ] *pron* I

jean [dʒin] *nm* jeans *pl*

Jésus-Christ [ʒezykʀi(st)] *n* Jesus Christ; **600 avant/après ~** 600 B.C./A.D.

jet [ʒɛ] *nm* (*lancer: action*) throwing *no pl*; (*: résultat*) throw; (*jaillissement: d'eaux*) jet; (*: de sang*) spurt; **~ d'eau** spray

jetable [ʒətabl] *adj* disposable

jetée [ʒəte] *nf* jetty; (*grande*) pier

jeter [ʒəte] /4/ *vt* (*gén*) to throw; (*se défaire de*) to throw away *ou* out; **~ qch à qn** to throw sth to sb; (*de façon agressive*) to throw sth at sb; **~ un coup d'œil (à)** to take a look (at); **~ un sort à qn** to cast a spell on sb; **se ~ sur** to throw o.s. onto; **se ~ dans** (*fleuve*) to flow into

jeton [ʒətɔ̃] *nm* (*au jeu*) counter

jette *etc* [ʒɛt] *vb voir* **jeter**

jeu, x [ʒø] *nm* (*divertissement, Tech: d'une pièce*) play; (*Tennis: partie, Football etc: façon de jouer*) game; (*Théât etc*) acting; (*série d'objets, jouet*) set; (*Cartes*) hand; (*au casino*): **le ~** gambling; **en ~** at stake; **remettre en ~** to throw in; **entrer/mettre en ~** to come/bring into play; **~ de cartes** pack of cards; **~ d'échecs** chess set; **~ de hasard** game of chance; **~ de mots** pun; **~ de société** board game; **~ télévisé** television quiz; **~ vidéo** video game

jeudi [ʒødi] *nm* Thursday

jeun [ʒœ̃]: **à ~** *adv* on an empty stomach; **être à ~** to have eaten nothing; **rester à ~** not to eat anything

jeune [ʒœn] *adj* young; **les ~s** young people; **~ fille** girl; **~ homme** young man; **~s gens** young people

jeûne [ʒøn] *nm* fast

jeunesse [ʒœnɛs] *nf* youth; (*aspect*) youthfulness

joaillier, -ière [ʒɔaje, -jɛʀ] *nm/f* jeweller

jogging [dʒɔgiŋ] *nm* jogging; (*survêtement*) tracksuit; **faire du ~** to go jogging

joie [ʒwa] *nf* joy

joindre [ʒwɛ̃dʀ] /49/ *vt* to join; (*contacter*) to contact, get in touch with; **~ qch à** (*à une lettre*) to enclose sth with; **~ un fichier à un mail** (*Inform*) to attach a file to an email; **se ~ à qn** to join sb; **se ~ à qch** to join in sth

joint, e [ʒwɛ̃, -ɛ̃t] *adj*: **~ (à)** (*lettre, paquet*) attached (to), enclosed (with) ▷ *nm* joint; (*ligne*) join; **pièce ~e** (*de lettre*) enclosure; (*de mail*) attachment; **~ de culasse** cylinder head gasket

joli, e [ʒɔli] *adj* pretty, attractive; **une ~e somme/situation** a nice little sum/situation; **c'est du ~!** (*ironique*) that's very nice!; **tout ça, c'est bien ~ mais ...** that's all very well but ...

jonc [ʒɔ̃] *nm* (bul)rush

jonction [ʒɔ̃ksjɔ̃] *nf* junction

jongleur, -euse [ʒɔ̃glœʀ, -øz] *nm/f* juggler
jonquille [ʒɔ̃kij] *nf* daffodil
Jordanie [ʒɔʀdani] *nf*: **la ~** Jordan
joue [ʒu] *nf* cheek
jouer [ʒwe] /1/ *vt* to play; (*somme d'argent, réputation*) to stake, wager; (*simuler: sentiment*) to affect, feign ▷ *vi* to play; (*Théât, Ciné*) to act; (*au casino*) to gamble; (*bois, porte: se voiler*) to warp; (*clef, pièce: avoir du jeu*) to be loose; **~ sur** (*miser*) to gamble on; **~ de** (*Mus*) to play; **~ à** (*jeu, sport, roulette*) to play; **~ un tour à qn** to play a trick on sb; **~ la comédie** to put on an act; **~ serré** to play a close game; **à toi/nous de ~** it's your/our go *ou* turn; **bien joué!** well done!; **on joue Hamlet au théâtre X** Hamlet is on at the X theatre
jouet [ʒwɛ] *nm* toy; **être le ~ de** (*illusion etc*) to be the victim of
joueur, -euse [ʒwœʀ, -øz] *nm/f* player; **être beau/mauvais ~** to be a good/bad loser
jouir [ʒwiʀ] /2/ *vi* (*sexe: fam*) to come ▷ *vt*: **~ de** to enjoy
jour [ʒuʀ] *nm* day; (*opposé à la nuit*) day, daytime; (*clarté*) daylight; (*fig: aspect, ouverture*) opening; **sous un ~ favorable/nouveau** in a favourable/new light; **de ~** (*crème, service*) day *cpd*; **travailler de ~** to work during the day; **voyager de ~** to travel by day; **au ~ le ~** from day to day; **de nos ~s** these days; **du ~ au lendemain** overnight; **il fait ~** it's daylight; **au grand ~** (*fig*) in the open; **mettre au ~** to disclose; **mettre à ~** to bring up to date; **donner le ~ à** to give birth to; **voir le ~** to be born; **~ férié** public holiday; **le ~ J** D-day; **~ ouvrable** working day
journal, -aux [ʒuʀnal, -o] *nm* (news)paper; (*personnel*) journal; (*intime*) diary; **~ de bord** log; **~ parlé/télévisé** radio/television news *sg*
journalier, -ière [ʒuʀnalje, -jɛʀ] *adj* daily; (*banal*) everyday
journalisme [ʒuʀnalism] *nm* journalism; **journaliste** *nm/f* journalist
journée [ʒuʀne] *nf* day; **la ~ continue** the 9 to 5 working day (*with short lunch break*)
joyau, x [ʒwajo] *nm* gem, jewel
joyeux, -euse [ʒwajø, -øz] *adj* joyful, merry; **~ Noël!** Merry *ou* Happy Christmas!; **~ anniversaire!** many happy returns!
jubiler [ʒybile] /1/ *vi* to be jubilant, exult
judas [ʒyda] *nm* (*trou*) spy-hole
judiciaire [ʒydisjɛʀ] *adj* judicial
judicieux, -euse [ʒydisjø, -øz] *adj* judicious
judo [ʒydo] *nm* judo
juge [ʒyʒ] *nm* judge; **~ d'instruction** examining (BRIT) *ou* committing (US) magistrate; **~ de paix** justice of the peace
jugé [ʒyʒe]: **au ~** *adv* by guesswork
jugement [ʒyʒmɑ̃] *nm* judgment; (*Jur: au pénal*) sentence; (*: au civil*) decision
juger [ʒyʒe] /3/ *vt* to judge; (*estimer*) to consider; **~ qn/qch satisfaisant** to consider sb/sth (to be) satisfactory; **~ bon de faire** to consider it a good idea to do
juif, -ive [ʒɥif, -iv] *adj* Jewish ▷ *nm/f*: **J~, -ive** Jew/Jewess *ou* Jewish woman
juillet [ʒɥijɛ] *nm* July

LE 14 JUILLET

Le 14 juillet is a national holiday in France and commemorates the storming of the Bastille during the French Revolution. Throughout the country there are celebrations, which feature parades, music, dancing and firework displays. In Paris a military parade along the Champs-Élysées is attended by the President.

juin [ʒɥɛ̃] *nm* June
jumeau, -elle, x [ʒymo, -ɛl] *adj, nm/f* twin
jumeler [ʒymle] /4/ *vt* to twin
jumelle [ʒymɛl] *adj f, nf voir* **jumeau**
jument [ʒymɑ̃] *nf* mare
jungle [ʒɔ̃gl] *nf* jungle
jupe [ʒyp] *nf* skirt
jupon [ʒypɔ̃] *nm* waist slip *ou* petticoat
juré, e [ʒyʀe] *nm/f* juror ▷ *adj*: **ennemi ~** sworn *ou* avowed enemy
jurer [ʒyʀe] /1/ *vt* (*obéissance etc*) to swear, vow ▷ *vi* (*dire des jurons*) to swear, curse; (*dissoner*): **~ (avec)** to clash (with); **~ de faire/que** to swear *ou* vow to do/that; **~ de qch** (*s'en porter garant*) to swear to sth
juridique [ʒyʀidik] *adj* legal
juron [ʒyʀɔ̃] *nm* curse, swearword
jury [ʒyʀi] *nm* jury; (*Art, Sport*) panel of judges; (*Scol*) board (of examiners), jury
jus [ʒy] *nm* juice; (*de viande*) gravy, (meat) juice; **~ de fruits** fruit juice
jusque [ʒysk]: **jusqu'à** *prép* (*endroit*) as far as, (up) to; (*moment*) until, till; (*limite*) up to; **~ sur/dans** up to; (*y compris*) even on/in; **jusqu'à ce que** until; **jusqu'à présent** *ou* **maintenant** so far; **jusqu'où?** how far?
justaucorps [ʒystokɔʀ] *nm inv* leotard
juste [ʒyst] *adj* (*équitable*) just, fair; (*légitime*) just; (*exact, vrai*) right; (*pertinent*) apt; (*étroit*) tight; (*insuffisant*) on the short side ▷ *adv* right; (*chanter*) in tune; (*seulement*) just; **~ assez/au-dessus** just enough/above; **pouvoir tout ~ faire** to be only just able to do; **au ~** exactly; **le ~ milieu** the happy medium; **c'était ~** it was a close thing; **justement** *adv* justly; (*précisément*) just, precisely; **justesse** *nf* (*précision*) accuracy; (*d'une remarque*) aptness; (*d'une opinion*) soundness; **de justesse** only just
justice [ʒystis] *nf* (*équité*) fairness, justice; (*Admin*) justice; **rendre ~ à qn** to do sb justice
justificatif, -ive [ʒystifikatif, -iv] *adj* (*document etc*) supporting; **pièce justificative** written proof
justifier [ʒystifje] /7/ *vt* to justify; **~ de** to prove
juteux, -euse [ʒytø, -øz] *adj* juicy
juvénile [ʒyvenil] *adj* youthful

j

K

K [kɑ] *nm inv* K
kaki [kaki] *adj inv* khaki
kangourou [kɑ̃guʀu] *nm* kangaroo
karaté [kaʀate] *nm* karate
kascher [kaʃɛʀ] *adj inv* kosher
kayak [kajak] *nm* kayak; **faire du ~** to go kayaking
képi [kepi] *nm* kepi
kermesse [kɛʀmɛs] *nf* bazaar, (charity) fête; village fair
kidnapper [kidnape] /1/ *vt* to kidnap
kilo [kilo] *nm* kilo; **kilogramme** *nm* kilogramme; **kilométrage** *nm* number of kilometres travelled, ≈ mileage; **kilomètre** *nm* kilometre; **kilométrique** *adj* (*distance*) in kilometres
kinésithérapeute [kineziteʀapøt] *nm/f* physiotherapist
kiosque [kjɔsk] *nm* kiosk, stall
kir [kiʀ] *nm* kir (*white wine with blackcurrant liqueur*)
kit [kit] *nm* kit; **~ piéton** *ou* **mains libres** hands-free kit; **en ~** in kit form
kiwi [kiwi] *nm* kiwi
klaxon [klaksɔn] *nm* horn; **klaxonner** /1/ *vi, vt* to hoot (BRIT), honk (one's horn) (US)
km *abr* (= *kilomètre*) km
km/h *abr* (= *kilomètres/heure*) km/h, kph
K.-O. *adj inv* shattered, knackered
Kosovo [kɔsɔvo] *nm*: **le ~** Kosovo
Koweït, Kuweit [kɔwɛt] *nm*: **le ~** Kuwait
k-way® [kawɛ] *nm* (lightweight nylon) cagoule
kyste [kist] *nm* cyst

l' [l] *art déf voir* **le**

la [la] *art déf voir* **le** ▷ *nm (Mus)* A; *(en chantant la gamme)* la

là [la] *adv* there; *(ici)* here; *(dans le temps)* then; **elle n'est pas là** she isn't here; **c'est là que** this is where; **là où** where; **de là** *(fig)* hence; **par là** *(fig)* by that; *voir aussi* **-ci; celui; là-bas** *adv* there

labo [labo] *nm (= laboratoire)* lab

laboratoire [labɔʀatwaʀ] *nm* laboratory; **~ de langues/ d'analyses** language/(medical) analysis laboratory

laborieux, -euse [labɔʀjø, -øz] *adj (tâche)* laborious

labourer /1/ *vt* to plough

labyrinthe [labiʀɛ̃t] *nm* labyrinth, maze

lac [lak] *nm* lake

lacet [lasɛ] *nm (de chaussure)* lace; *(de route)* sharp bend; *(piège)* snare

lâche [lɑʃ] *adj (poltron)* cowardly; *(desserré)* loose, slack ▷ *nm/f* coward

lâcher [lɑʃe] /1/ *vt* to let go of; *(ce qui tombe, abandonner)* to drop; *(oiseau, animal: libérer)* to release, set free; *(fig: mot, remarque)* to let slip, come out with ▷ *vi (freins)* to fail; **~ les amarres** *(Navig)* to cast off (the moorings); **~ prise** to let go

lacrymogène [lakʀimɔʒɛn] *adj*: **grenade/gaz ~** tear gas grenade/ tear gas

lacune [lakyn] *nf* gap

là-dedans [ladədɑ̃] *adv* inside (there), in it; *(fig)* in that

là-dessous [ladsu] *adv* underneath, under there; *(fig)* behind that

là-dessus [ladsy] *adv* on there; *(fig: sur ces mots)* at that point; *(: à ce sujet)* about that

ladite [ladit] *adj f voir* **ledit**

lagune [lagyn] *nf* lagoon

là-haut [lao] *adv* up there

laid, e [lɛ, lɛd] *adj* ugly; **laideur** *nf* ugliness *no pl*

lainage [lɛnaʒ] *nm (vêtement)* woollen garment; *(étoffe)* woollen material

laine [lɛn] *nf* wool

laïque [laik] *adj* lay, civil; *(Scol)* state *cpd (as opposed to private and Roman Catholic)* ▷ *nm/f* layman(-woman)

laisse [lɛs] *nf (de chien)* lead, leash; **tenir en ~** to keep on a lead *ou* leash

laisser [lese] /1/ *vt* to leave ▷ *vb aux*: **~ qn faire** to let sb do; **se ~ aller** to let o.s. go; **laisse-toi faire** let me (*ou* him) do it; **laisser-aller** *nm* carelessness, slovenliness; **laissez-passer** *nm inv* pass

lait [lɛ] *nm* milk; **frère/sœur de ~** foster brother/sister; **~ écrémé/ entier/concentré/condensé** skimmed/full-fat/condensed/ evaporated milk; **laitage** *nm* dairy product; **laiterie** *nf* dairy; **laitier, -ière** *adj* dairy *cpd* ▷ *nm/f* milkman (dairywoman)

laiton [lɛtɔ̃] *nm* brass

laitue [lety] *nf* lettuce

lambeau, x [lɑ̃bo] *nm* scrap; **en ~x** in tatters, tattered
lame [lam] *nf* blade; (*vague*) wave; (*lamelle*) strip; **~ de fond** ground swell *no pl*; **~ de rasoir** razor blade; **lamelle** *nf* small blade
lamentable [lamɑ̃tabl] *adj* appalling
lamenter [lamɑ̃te] /1/: **se lamenter** *vi*: **se ~ (sur)** to moan (over)
lampadaire [lɑ̃padɛʀ] *nm* (*de salon*) standard lamp; (*dans la rue*) street lamp
lampe [lɑ̃p] *nf* lamp; (*Tech*) valve; **~ à pétrole** oil lamp; **~ à bronzer** sunlamp; **~ de poche** torch (BRIT), flashlight (US); **~ halogène** halogen lamp
lance [lɑ̃s] *nf* spear; **~ d'incendie** fire hose
lancée [lɑ̃se] *nf*: **être/continuer sur sa ~** to be under way/keep going
lancement [lɑ̃smɑ̃] *nm* launching *no pl*
lance-pierres [lɑ̃spjɛʀ] *nm inv* catapult
lancer [lɑ̃se] /3/ *nm* (*Sport*) throwing *no pl*, throw ▷ *vt* to throw; (*émettre, projeter*) to throw out, send out; (*produit, fusée, bateau, artiste*) to launch; (*injure*) to hurl, fling; **se lancer** *vi* (*prendre de l'élan*) to build up speed; (*se précipiter*): **se ~ sur** *ou* **contre** to rush at; **~ du poids** putting the shot; **~ qch à qn** to throw sth to sb; (*de façon agressive*) to throw sth at sb; **~ un cri** *ou* **un appel** to shout *ou* call out; **se ~ dans** (*discussion*) to launch into; (*aventure*) to embark on
landau [lɑ̃do] *nm* pram (BRIT), baby carriage (US)
lande [lɑ̃d] *nf* moor
langage [lɑ̃gaʒ] *nm* language
langouste [lɑ̃gust] *nf* crayfish *inv*; **langoustine** *nf* Dublin Bay prawn
langue [lɑ̃g] *nf* (*Anat, Culin*) tongue; (*Ling*) language; **tirer la ~ (à)** to stick out one's tongue (at); **de ~ française** French-speaking; **~ maternelle** native language, mother tongue; **~s vivantes** modern languages
langueur [lɑ̃gœʀ] *nf* languidness
languir [lɑ̃giʀ] /2/ *vi* to languish; (*conversation*) to flag; **faire ~ qn** to keep sb waiting
lanière [lanjɛʀ] *nf* (*de fouet*) lash; (*de valise, bretelle*) strap
lanterne [lɑ̃tɛʀn] *nf* (*portable*) lantern; (*électrique*) light, lamp; (*de voiture*) (side)light
laper [lape] /1/ *vt* to lap up
lapidaire [lapidɛʀ] *adj* (*fig*) terse
lapin [lapɛ̃] *nm* rabbit; (*peau*) rabbitskin; (*fourrure*) cony; **poser un ~ à qn** to stand sb up
Laponie [lapɔni] *nf*: **la ~** Lapland
laps [laps] *nm*: **~ de temps** space of time, time *no pl*
laque [lak] *nf* (*vernis*) lacquer; (*pour cheveux*) hair spray
laquelle [lakɛl] *pron voir* **lequel**
larcin [laʀsɛ̃] *nm* theft
lard [laʀ] *nm* (*graisse*) fat; (*bacon*) (streaky) bacon
lardon [laʀdɔ̃] *nm* piece of chopped bacon
large [laʀʒ] *adj* wide; broad; (*fig*) generous ▷ *adv*: **calculer/voir ~** to allow extra/think big ▷ *nm* (*largeur*): **5 m de ~** 5 m wide *ou* in width; (*mer*): **le ~** the open sea; **au ~ de** off; **~ d'esprit** broad-minded; **largement** *adv* widely; (*de loin*) greatly; (*amplement, au minimum*) easily; (*donner etc*) generously; **c'est largement suffisant** that's ample; **largesse** *nf* generosity; **largesses** *nfpl* (*dons*) liberalities; **largeur** *nf* (*qu'on mesure*) width; (*impression visuelle*) wideness, width; (*d'esprit*) broadness
larguer [laʀge] /1/ *vt* to drop; **~ les amarres** to cast off (the moorings)
larme [laʀm] *nf* tear; (*fig*): **une ~ de** a drop of; **en ~s** in tears; **larmoyer** /8/ *vi* (*yeux*) to water; (*se plaindre*) to whimper

larvé, e [laʀve] *adj (fig)* latent
laryngite [laʀɛ̃ʒit] *nf* laryngitis
las, lasse [lɑ, lɑs] *adj* weary
laser [lazɛʀ] *nm*: **(rayon) ~** laser (beam); **chaîne** *ou* **platine ~** compact disc (player); **disque ~** compact disc
lasse [lɑs] *adj f voir* **las**
lasser [lɑse] /1/ *vt* to weary, tire
latéral, e, -aux [lateʀal, -o] *adj* side *cpd*, lateral
latin, e [latɛ̃, -in] *adj* Latin ▷ *nm (Ling)* Latin ▷ *nm/f*: **L~, e** Latin
latitude [latityd] *nf* latitude
lauréat, e [lɔʀea, -at] *nm/f* winner
laurier [lɔʀje] *nm (Bot)* laurel; *(Culin)* bay leaves *pl*
lavable [lavabl] *adj* washable
lavabo [lavabo] *nm* washbasin; **lavabos** *nmpl* toilet *sg*
lavage [lavaʒ] *nm* washing *no pl*, wash; **~ de cerveau** brainwashing *no pl*
lavande [lavɑ̃d] *nf* lavender
lave [lav] *nf* lava *no pl*
lave-linge [lavlɛ̃ʒ] *nm inv* washing machine
laver [lave] /1/ *vt* to wash; *(tache)* to wash off; **se laver** *vi* to have a wash, wash; **se ~ les mains/dents** to wash one's hands/clean one's teeth; **~ la vaisselle/le linge** to wash the dishes/clothes; **~ qn de** *(accusation)* to clear sb of; **laverie** *nf*: **laverie (automatique)** Launderette® (BRIT), Laundromat® (US); **lavette** *nf* dish cloth; *(fam)* drip; **laveur, -euse** *nm/f* cleaner; **lave-vaisselle** *nm inv* dishwasher; **lavoir** *nm* wash house; *(évier)* sink
laxatif, -ive [laksatif, -iv] *adj, nm* laxative
layette [lɛjɛt] *nf* layette

MOT-CLÉ

le, la, l' [lə, la, l] *(pl* **les**) *art déf* **1** the; **le livre/la pomme/l'arbre** the book/the apple/the tree; **les étudiants** the students
2 *(noms abstraits)*: **le courage/ l'amour/la jeunesse** courage/ love/youth
3 *(indiquant la possession)*: **se casser la jambe** *etc* to break one's leg *etc*; **levez la main** put your hand up; **avoir les yeux gris/le nez rouge** to have grey eyes/a red nose
4 *(temps)*: **le matin/soir** in the morning/evening; mornings/ evenings; **le jeudi** *etc (d'habitude)* on Thursdays *etc*; *(ce jeudi-là etc)* on (the) Thursday
5 *(distribution, évaluation)* a, an; **trois euros le mètre/kilo** three euros a *ou* per metre/kilo; **le tiers/quart de** a third/quarter of
▶ *pron* **1** *(personne: mâle)* him; *(: femelle)* her; *(: pluriel)* them; **je le/ la/les vois** I can see him/her/them
2 *(animal, chose: singulier)* it; *(: pluriel)* them; **je le (ou la) vois** I can see it; **je les vois** I can see them
3 *(remplaçant une phrase)*: **je ne le savais pas** I didn't know (about it); **il était riche et ne l'est plus** he was once rich but no longer is

lécher [leʃe] /6/ *vt* to lick; *(laper: lait, eau)* to lick *ou* lap up; **se ~ les doigts/lèvres** to lick one's fingers/ lips; **lèche-vitrines** *nm inv*: **faire du lèche-vitrines** to go window-shopping
leçon [ləsɔ̃] *nf* lesson; **faire la ~ à** *(fig)* to give a lecture to; **~s de conduite** driving lessons; **~s particulières** private lessons *ou* tuition *sg* (BRIT)
lecteur, -trice [lɛktœʀ, -tʀis] *nm/f* reader; *(d'université)* (foreign language) assistant ▷ *nm (Tech)*: **~ de cassettes** cassette player; **~ de disquette(s)** disk drive; **~ de CD/DVD** CD/DVD player; **~ MP3** MP3 player
lecture [lɛktyʀ] *nf* reading

Attention à ne pas traduire *lecture* par le mot anglais *lecture*.

ledit, ladite [lədit, ladit] (*mpl* **lesdits**, *fpl* **lesdites**) *adj* the aforesaid

légal, e, -aux [legal, -o] *adj* legal; **légaliser** /1/ *vt* to legalize; **légalité** *nf* legality

légendaire [leʒɑ̃dɛʀ] *adj* legendary

légende [leʒɑ̃d] *nf* (*mythe*) legend; (*de carte, plan*) key; (*de dessin*) caption

léger, -ère [leʒe, -ɛʀ] *adj* light; (*bruit, retard*) slight; (*superficiel*) thoughtless; (*volage*) free and easy; **à la légère** (*parler, agir*) rashly, thoughtlessly; **légèrement** *adv* (*s'habiller, bouger*) lightly; **légèrement plus grand** slightly bigger; **manger légèrement** to eat a light meal; **légèreté** *nf* lightness; (*d'une remarque*) flippancy

législatif, -ive [leʒislatif, -iv] *adj* legislative; **législatives** *nfpl* general election *sg*

légitime [leʒitim] *adj* (*Jur*) lawful, legitimate; (*fig*) rightful, legitimate; **en état de ~ défense** in self-defence

legs [lɛg] *nm* legacy

léguer [lege] /6/ *vt*: **~ qch à qn** (*Jur*) to bequeath sth to sb

légume [legym] *nm* vegetable; **~s verts** green vegetables; **~s secs** pulses

lendemain [lɑ̃dmɛ̃] *nm*: **le ~** the next *ou* following day; **le ~ matin/soir** the next *ou* following morning/evening; **le ~ de** the day after

lent, e [lɑ̃, lɑ̃t] *adj* slow; **lentement** *adv* slowly; **lenteur** *nf* slowness *no pl*

lentille [lɑ̃tij] *nf* (*Optique*) lens *sg*; (*Bot*) lentil; **~s de contact** contact lenses

léopard [leɔpaʀ] *nm* leopard

lèpre [lɛpʀ] *nf* leprosy

MOT-CLÉ

lequel, laquelle [ləkɛl, lakɛl] (*mpl* **lesquels**, *fpl* **lesquelles**) (*à + lequel* = **auquel**, *de + lequel* = **duquel** *etc*)

pron **1** (*interrogatif*) which, which one; **lequel des deux?** which one?

2 (*relatif: personne: sujet*) who; (*: objet, après préposition*) whom; (*: chose*) which

▸ *adj*: **auquel cas** in which case

les [le] *art déf, pron voir* **le**

lesbienne [lɛsbjɛn] *nf* lesbian

lesdits, lesdites [ledi, ledit] *adj pl voir* **ledit**

léser [leze] /6/ *vt* to wrong

lésiner [lezine] /1/ *vi*: **ne pas ~ sur les moyens** (*pour mariage etc*) to push the boat out

lésion [lezjɔ̃] *nf* lesion, damage *no pl*

lessive [lesiv] *nf* (*poudre*) washing powder; (*linge*) washing *no pl*, wash; **lessiver** /1/ *vt* to wash; (*fam: fatiguer*) to tire out, exhaust

lest [lɛst] *nm* ballast

leste [lɛst] *adj* sprightly, nimble

lettre [lɛtʀ] *nf* letter; **lettres** *nfpl* (*étude, culture*) literature *sg*; (*Scol*) arts (subjects); **à la ~** literally; **en toutes ~s** in full; **~ piégée** letter bomb

leucémie [løsemi] *nf* leukaemia

MOT-CLÉ

leur [lœʀ] *adj poss* their; **leur maison** their house; **leurs amis** their friends

▸ *pron* **1** (*objet indirect*) (to) them; **je leur ai dit la vérité** I told them the truth; **je le leur ai donné** I gave it to them, I gave them it

2 (*possessif*): **le (la) leur, les leurs** theirs

levain [ləvɛ̃] *nm* leaven

levé, e [ləve] *adj*: **être ~** to be up; **levée** *nf* (*Postes*) collection

lever [ləve] /5/ *vt* (*vitre, bras etc*) to raise; (*soulever de terre, supprimer: interdiction, siège*) to lift; (*impôts, armée*) to levy ▹ *vi* to rise ▹ *nm*: **au ~** on getting up; **se lever** *vi* to get up; (*soleil*) to rise; (*jour*) to break;

(*brouillard*) to lift; **ça va se ~** (*temps*) it's going to clear up; **~ du jour** daybreak; **~ de soleil** sunrise
levier [ləvje] *nm* lever
lèvre [lɛvʀ] *nf* lip
lévrier [levʀije] *nm* greyhound
levure [ləvyʀ] *nf* yeast; **~ chimique** baking powder
lexique [lɛksik] *nm* vocabulary, lexicon; (*glossaire*) vocabulary
lézard [lezaʀ] *nm* lizard
lézarde [lezaʀd] *nf* crack
liaison [ljɛzɔ̃] *nf* (*rapport*) connection; (*Rail, Aviat etc*) link; (*amoureuse*) affair; (*Culin, Phonétique*) liaison; **entrer/être en ~ avec** to get/be in contact with
liane [ljan] *nf* creeper
liasse [ljas] *nf* wad, bundle
Liban [libɑ̃] *nm*: **le ~** (the) Lebanon
libeller [libele] /1/ *vt* (*chèque, mandat*): **~ (au nom de)** to make out (to); (*lettre*) to word
libellule [libelyl] *nf* dragonfly
libéral, e, -aux [libeʀal, -o] *adj, nm/f* liberal; **les professions ~es** liberal professions
libérer [libeʀe] /6/ *vt* (*délivrer*) to free, liberate (*Psych*) to liberate; (*relâcher: prisonnier*) to discharge, release; (*gaz, cran d'arrêt*) to release; **se libérer** *vi* (*de rendez-vous*) to get out of previous engagements
liberté [libɛʀte] *nf* freedom; (*loisir*) free time; **libertés** *nfpl* (*privautés*) liberties; **mettre/être en ~** to set/be free; **en ~ provisoire/surveillée/conditionnelle** on bail/probation/parole
libraire [libʀɛʀ] *nm/f* bookseller
librairie [libʀeʀi] *nf* bookshop

> Attention à ne pas traduire *librairie* par *library*.

libre [libʀ] *adj* free; (*route*) clear; (*place etc*) free; (*ligne*) not engaged; (*Scol*) non-state; **~ de qch/de faire** free from sth/to do; **~ arbitre** free will; **libre-échange** *nm* free trade; **libre-service** *nm inv* self-service store
Libye [libi] *nf*: **la ~** Libya
licence [lisɑ̃s] *nf* (*permis*) permit; (*diplôme*) (first) degree; (*liberté*) liberty; **licencié, e** *nm/f* (*Scol*): **licencié ès lettres/en droit** ≈ Bachelor of Arts/Law
licenciement [lisɑ̃simɑ̃] *nm* redundancy
licencier [lisɑ̃sje] /7/ *vt* (*renvoyer*) to dismiss; (*débaucher*) to make redundant
licite [lisit] *adj* lawful
lie [li] *nf* dregs *pl*, sediment
lié, e [lje] *adj*: **très ~ avec** very friendly with *ou* close to
Liechtenstein [liʃtɛnʃtajn] *nm*: **le ~** Liechtenstein
liège [ljɛʒ] *nm* cork
lien [ljɛ̃] *nm* (*corde, fig: affectif, culturel*) bond; (*rapport*) link, connection; **~ de parenté** family tie; **~ hypertexte** hyperlink
lier [lje] /7/ *vt* (*attacher*) to tie up; (*joindre*) to link up; (*fig: unir, engager*) to bind; **~ conversation (avec)** to strike up a conversation (with); **~ connaissance avec** to get to know
lierre [ljɛʀ] *nm* ivy
lieu, x [ljø] *nm* place; **lieux** *nmpl* (*locaux*) premises; (*endroit: d'un accident etc*) scene *sg*; **arriver/être sur les ~x** to arrive/be on the scene; **en premier ~** in the first place; **en dernier ~** lastly; **avoir ~** to take place; **tenir ~ de** to serve as; **donner ~ à** to give rise to; **au ~ de** instead of; **~ commun** commonplace; **lieu-dit** (*pl* **lieux-dits**) *nm* locality
lieutenant [ljøtnɑ̃] *nm* lieutenant
lièvre [ljɛvʀ] *nm* hare
ligament [ligamɑ̃] *nm* ligament
ligne [liɲ] *nf* (*gén*) line; (*Transports: liaison*) service; (*: trajet*) route; (*silhouette*) figure; **garder la ~** to keep one's figure; **en ~** (*Inform*) online; **entrer en ~ de compte** to be taken into account; **~ fixe** (*Tél*) landline

l

ligné, e [liɲe] *adj*: **papier ~** ruled paper ▷ *nf* line, lineage
ligoter [ligɔte] /1/ *vt* to tie up
ligue [lig] *nf* league
lilas [lila] *nm* lilac
limace [limas] *nf* slug
limande [limɑ̃d] *nf* dab
lime [lim] *nf* file; **~ à ongles** nail file; **limer** /1/ *vt* to file
limitation [limitasjɔ̃] *nf*: **~ de vitesse** speed limit
limite [limit] *nf* (*de terrain*) boundary; (*partie ou point extrême*) limit; **à la ~** (*au pire*) if the worst comes (*ou* came) to the worst; **vitesse/charge ~** maximum speed/load; **cas ~** borderline case; **date ~** deadline; **date ~ de vente/consommation** sell-by/best-before date; **limiter** /1/ *vt* (*restreindre*) to limit, restrict; (*délimiter*) to border; **limitrophe** *adj* border *cpd*
limoger [limɔʒe] /3/ *vt* to dismiss
limon [limɔ̃] *nm* silt
limonade [limɔnad] *nf* lemonade
lin [lɛ̃] *nm* (*tissu, toile*) linen
linceul [lɛ̃sœl] *nm* shroud
linge [lɛ̃ʒ] *nm* (*serviettes etc*) linen; (*aussi*: **~ de corps**) underwear; (*lessive*) washing; **lingerie** *nf* lingerie, underwear
lingot [lɛ̃go] *nm* ingot
linguistique [lɛ̃gɥistik] *adj* linguistic ▷ *nf* linguistics *sg*
lion, ne [ljɔ̃, ljɔn] *nm/f* lion (lioness); (*signe*): **le L~** Leo; **lionceau, x** *nm* lion cub
liqueur [likœʀ] *nf* liqueur
liquidation [likidasjɔ̃] *nf* (*vente*) sale, liquidation; (*Comm*) clearance (sale)
liquide [likid] *adj* liquid ▷ *nm* liquid; (*Comm*): **en ~** in ready money *ou* cash; **je n'ai pas de ~** I haven't got any cash; **liquider** /1/ *vt* to liquidate; (*Comm: articles*) to clear, sell off
lire [liʀ] /43/ *nf* (*monnaie*) lira ▷ *vt*, *vi* to read
lis *vb* [li] *voir* **lire** ▷ *nm* [lis] = **lys**
Lisbonne [lizbɔn] *n* Lisbon
lisible [lizibl] *adj* legible
lisière [lizjɛʀ] *nf* (*de forêt*) edge
lisons [lizɔ̃] *vb voir* **lire**
lisse [lis] *adj* smooth
lisseur [li:søʀ] *nm* straighteners
liste [list] *nf* list; **faire la ~ de** to list; **~ électorale** electoral roll; **~ de mariage** wedding (present) list; **listing** *nm* (*Inform*) printout
lit [li] *nm* bed; **petit ~, ~ à une place** single bed; **grand ~, ~ à deux places** double bed; **faire son ~** to make one's bed; **aller/se mettre au ~** to go to/get into bed; **~ de camp** camp bed ; **~ d'enfant** cot (BRIT), crib (US)
literie [litʀi] *nf* bedding, bedclothes *pl*
litige [litiʒ] *nm* dispute
litre [litʀ] *nm* litre
littéraire [liteʀɛʀ] *adj* literary ▷ *nm/f* arts student; **elle est très ~** she's very literary
littéral, e, -aux [liteʀal, -o] *adj* literal
littérature [liteʀatyʀ] *nf* literature
littoral, e, -aux [litɔʀal, -o] *nm* coast
livide [livid] *adj* livid, pallid
livraison [livʀɛzɔ̃] *nf* delivery
livre [livʀ] *nm* book ▷ *nf* (*poids, monnaie*) pound; **~ numérique** e-book; **~ de poche** paperback
livré, e [livʀe] *adj*: **~ à soi-même** left to oneself *ou* one's own devices
livrer [livʀe] /1/ *vt* (*Comm*) to deliver; (*otage, coupable*) to hand over; (*secret, information*) to give away; **se ~ à** (*se rendre*) to give o.s. up to; (*faire: pratiques, actes*) to indulge in; (*enquête*) to carry out
livret [livʀɛ] *nm* booklet; (*d'opéra*) libretto; **~ de caisse d'épargne** (savings) bank-book; **~ de famille** (official) family record book; **~ scolaire** (school) report book

livreur, -euse [livʀœʀ, -øz] *nm/f* delivery boy *ou* man/girl *ou* woman
local, e, -aux [lɔkal, -o] *adj* local ▷ *nm* (*salle*) premises *pl* ▷ *nmpl* premises; **localité** *nf* locality
locataire [lɔkatɛʀ] *nm/f* tenant; (*de chambre*) lodger
location [lɔkasjɔ̃] *nf* (*par le locataire*) renting; (*par le propriétaire*) renting out, letting; (*bureau*) booking office; **"~ de voitures"** "car hire (BRIT) *ou* rental (US)"; **habiter en ~** to live in rented accommodation; **prendre une ~ (pour les vacances)** to rent a house *etc* (for the holidays)

Attention à ne pas traduire *location* par le mot anglais *location*.

locomotive [lɔkɔmɔtiv] *nf* locomotive, engine
locution [lɔkysjɔ̃] *nf* phrase
loge [lɔʒ] *nf* (*Théât: d'artiste*) dressing room; (*: de spectateurs*) box; (*de concierge, franc-maçon*) lodge
logement [lɔʒmɑ̃] *nm* flat (BRIT), apartment (US); accommodation *no pl* (BRIT), accommodations *pl* (US); (*Pol, Admin*): **le ~** housing
loger [lɔʒe] /3/ *vt* to accommodate ▷ *vi* to live; **se loger** *vr*: **trouver à se ~** to find accommodation; **se ~ dans** (*balle, flèche*) to lodge itself in; **être logé, nourri** to have board and lodging; **logeur, -euse** *nm/f* landlord (landlady)
logiciel [lɔʒisjɛl] *nm* piece of software
logique [lɔʒik] *adj* logical ▷ *nf* logic
logo [lɔgo] *nm* logo
loi [lwa] *nf* law; **faire la ~** to lay down the law
loin [lwɛ̃] *adv* far; (*dans le temps: futur*) a long way off; (*: passé*) a long time ago; **plus ~** further; **~ de** far from; **~ d'ici** a long way from here; **au ~** far off; **de ~** from a distance; (*fig: de beaucoup*) by far
lointain, e [lwɛ̃tɛ̃, -ɛn] *adj* faraway, distant; (*dans le futur, passé*) distant; (*cause, parent*) remote, distant ▷ *nm*: **dans le ~** in the distance
loir [lwaʀ] *nm* dormouse
Loire [lwaʀ] *nf*: **la ~** the Loire
loisir [lwaziʀ] *nm*: **heures de ~** spare time; **loisirs** *nmpl* (*temps libre*) leisure *sg*; (*activités*) leisure activities; **avoir le ~ de faire** to have the time *ou* opportunity to do; **(tout) à ~** at leisure
londonien, ne [lɔ̃dɔnjɛ̃, -ɛn] *adj* London *cpd*, of London ▷ *nm/f*: **L~, ne** Londoner
Londres [lɔ̃dʀ] *n* London
long, longue [lɔ̃, lɔ̃g] *adj* long ▷ *adv*: **en savoir ~** to know a great deal ▷ *nm*: **de 3 m de ~** 3 m long, 3 m in length; **ne pas faire ~ feu** not to last long; **(tout) le ~ de** (all) along; **tout au ~ de** (*année, vie*) throughout; **de ~ en large** (*marcher*) to and fro, up and down
longer [lɔ̃ʒe] /3/ *vt* to go (*ou* walk *ou* drive) along(side); (*mur, route*) to border
longiligne [lɔ̃ʒiliɲ] *adj* long-limbed
longitude [lɔ̃ʒityd] *nf* longitude
longtemps [lɔ̃tɑ̃] *adv* (for) a long time, (for) long; **avant ~** before long; **pour/pendant ~** for a long time; **mettre ~ à faire** to take a long time to do; **il en a pour ~** he'll be a long time
longue [lɔ̃g] *adj f voir* **long** ▷ *nf*: **à la ~** in the end; **longuement** *adv* (*longtemps*) for a long time; (*en détail*) at length
longueur [lɔ̃gœʀ] *nf* length; **longueurs** *nfpl* (*fig: d'un film etc*) tedious parts; **en ~** lengthwise; **tirer en ~** to drag on; **à ~ de journée** all day long
loquet [lɔkɛ] *nm* latch
lorgner [lɔʀɲe] /1/ *vt* to eye; (*fig*) to have one's eye on
lors [lɔʀ]: **~ de** *prép* (*au moment de*) at the time of; (*pendant*) during; **~ même que** even though

lorsque [lɔʀsk] *conj* when, as
losange [lɔzɑ̃ʒ] *nm* diamond
lot [lo] *nm* (*part*) share; (*de loterie*) prize; (*fig: destin*) fate, lot; (*Comm, Inform*) batch; **le gros ~** the jackpot
loterie [lɔtʀi] *nf* lottery
lotion [losjɔ̃] *nf* lotion; **~ après rasage** after-shave (lotion)
lotissement [lɔtismɑ̃] *nm* housing development; (*parcelle*) (building) plot, lot
loto [lɔto] *nm* lotto
lotte [lɔt] *nf* monkfish
louange [lwɑ̃ʒ] *nf*: **à la ~ de** in praise of; **louanges** *nfpl* praise *sg*
loubar(d) [lubaʀ] *nm* (*fam*) lout
louche [luʃ] *adj* shady, fishy, dubious ▷ *nf* ladle; **loucher** /1/ *vi* to squint
louer [lwe] /1/ *vt* (*maison: propriétaire*) to let, rent (out); (*: locataire*) to rent; (*voiture etc: entreprise*) to hire out (BRIT), rent (out); (*: locataire*) to hire (BRIT), rent; (*réserver*) to book; (*faire l'éloge de*) to praise; **"à ~"** "to let" (BRIT), "for rent" (US)
loup [lu] *nm* wolf; **jeune ~** young go-getter
loupe [lup] *nf* magnifying glass; **à la ~** in minute detail
louper [lupe] /1/ *vt* (*fam: manquer*) to miss; (*examen*) to flunk
lourd, e [luʀ, luʀd] *adj* heavy; (*chaleur, temps*) sultry; **~ de** (*menaces*) charged with; (*conséquences*) fraught with; **lourdaud, e** *adj* clumsy; **lourdement** *adv* heavily
loutre [lutʀ] *nf* otter
louveteau, x [luvto] *nm* wolf-cub; (*scout*) cub (scout)
louvoyer [luvwaje] /8/ *vi* (*fig*) to hedge, evade the issue
loyal, e, -aux [lwajal, -o] *adj* (*fidèle*) loyal, faithful; (*fair-play*) fair; **loyauté** *nf* loyalty, faithfulness; fairness
loyer [lwaje] *nm* rent
lu, e [ly] *pp de* **lire**
lubie [lybi] *nf* whim, craze
lubrifiant [lybʀifjɑ̃] *nm* lubricant
lubrifier [lybʀifje] /7/ *vt* to lubricate
lubrique [lybʀik] *adj* lecherous
lucarne [lykaʀn] *nf* skylight
lucide [lysid] *adj* lucid; (*accidenté*) conscious
lucratif, -ive [lykʀatif, -iv] *adj* lucrative; profitable; **à but non ~** non profit-making
lueur [lɥœʀ] *nf* (*chatoyante*) glimmer *no pl*; (*pâle*) (faint) light; (*fig*) glimmer, gleam
luge [lyʒ] *nf* sledge (BRIT), sled (US)
lugubre [lygybʀ] *adj* gloomy; dismal

MOT-CLÉ

lui [lɥi] *pron* **1** (*objet indirect: mâle*) (to) him; (*: femelle*) (to) her; (*: chose, animal*) (to) it; **je lui ai parlé** I have spoken to him (*ou* to her); **il lui a offert un cadeau** he gave him (*ou* her) a present
2 (*après préposition, comparatif: personne*) him; (*: chose, animal*) it; **elle est contente de lui** she is pleased with him; **je la connais mieux que lui** I know her better than he does; I know her better than him; **cette voiture est à lui** this car belongs to him, this is HIS car; **c'est à lui de jouer** it's his turn *ou* go
3 (*sujet, forme emphatique*) he; **lui, il est à Paris** HE is in Paris; **c'est lui qui l'a fait** HE did it
4 (*objet, forme emphatique*) him; **c'est lui que j'attends** I'm waiting for HIM
5: **lui-même** himself; itself

luire [lɥiʀ] /38/ *vi* to shine; (*reflets chauds, cuivrés*) to glow
lumière [lymjɛʀ] *nf* light; **mettre en ~** (*fig*) to highlight; **~ du jour/soleil** day/sunlight
luminaire [luminɛʀ] *nm* lamp, light
lumineux, -euse [lyminø, -øz] *adj* luminous; (*éclairé*) illuminated; (*ciel, journée, couleur*) bright; (*rayon etc*) of light, light *cpd*; (*fig: regard*) radiant

lunatique [lynatik] *adj* whimsical, temperamental
lundi [lœ̃di] *nm* Monday; **on est ~** it's Monday; **le(s) ~(s)** on Mondays; **à ~!** see you (on) Monday!; **~ de Pâques** Easter Monday
lune [lyn] *nf* moon; **~ de miel** honeymoon
lunette [lynɛt] *nf*: **~s** glasses, spectacles; (*protectrices*) goggles; **~ arrière** (*Auto*) rear window; **~s noires** dark glasses; **~s de soleil** sunglasses
lustre [lystʀ] *nm* (*de plafond*) chandelier; (*fig: éclat*) lustre; **lustrer** /1/ *vt*: **lustrer qch** to make sth shine
luth [lyt] *nm* lute
lutin [lytɛ̃] *nm* imp, goblin
lutte [lyt] *nf* (*conflit*) struggle; (*Sport*): **la ~** wrestling; **lutter** /1/ *vi* to fight, struggle
luxe [lyks] *nm* luxury; **de ~** luxury *cpd*
Luxembourg [lyksɑ̃buʀ] *nm*: **le ~** Luxembourg
luxer [lykse] /1/ *vt*: **se ~ l'épaule** to dislocate one's shoulder
luxueux, -euse [lyksɥø, -øz] *adj* luxurious
lycée [lise] *nm* (state) secondary (BRIT) *ou* high (US) school; **lycéen, ne** *nm/f* secondary school pupil
Lyon [ljɔ̃] *n* Lyons
lyophilisé, e [ljɔfilize] *adj* (*café*) freeze-dried
lyrique [liʀik] *adj* lyrical; (*Opéra*) lyric; **artiste ~** opera singer
lys [lis] *nm* lily

m

m

M *abr* = **Monsieur**
m' [m] *pron voir* **me**
ma [ma] *adj poss voir* **mon**
macaron [makaʀɔ̃] *nm* (*gâteau*) macaroon; (*insigne*) (round) badge
macaroni(s) [makaʀɔni] *nm* (*pl*) macaroni *sg*; **~ au gratin** macaroni cheese (BRIT), macaroni and cheese (US)
Macédoine [masedwan] *nf* Macedonia
macédoine [masedwan] *nf*: **~ de fruits** fruit salad; **~ de légumes** mixed vegetables *pl*
macérer [maseʀe] /6/ *vi, vt* to macerate; (*dans du vinaigre*) to pickle
mâcher [mɑʃe] /1/ *vt* to chew; **ne pas ~ ses mots** not to mince one's words
machin [maʃɛ̃] *nm* (*fam*) thingamajig; (*personne*): **M~(e)** what's-his(*ou* her)-name

machinal, e, -aux [maʃinal, -o] *adj* mechanical, automatic
machination [maʃinasjɔ̃] *nf* frame-up
machine [maʃin] *nf* machine; (*locomotive*) engine; **~ à laver/coudre/tricoter** washing/sewing/knitting machine; **~ à sous** fruit machine
mâchoire [mɑʃwaʀ] *nf* jaw
mâchonner [mɑʃɔne] /1/ *vt* to chew (at)
maçon [masɔ̃] *nm* bricklayer; (*constructeur*) builder; **maçonnerie** *nf* (*murs*) brickwork; (: *de pierre*) masonry, stonework
Madagascar [madagaskaʀ] *nf* Madagascar
Madame [madam] (*pl* **Mesdames**) *nf*: **~ X** Mrs X; **occupez-vous de ~/Monsieur/Mademoiselle** please serve this lady/gentleman/(young) lady; **bonjour ~/Monsieur/Mademoiselle** good morning; (*ton déférent*) good morning Madam/Sir/Madam; (*le nom est connu*) good morning Mrs X/Mr X/Miss X; **~/Monsieur/Mademoiselle!** (*pour appeler*) excuse me!; **~/Monsieur/Mademoiselle** (*sur lettre*) Dear Madam/Sir/Madam; **chère ~/cher Monsieur/chère Mademoiselle** Dear Mrs X/Mr X/Miss X; **Mesdames** Ladies; **mesdames, mesdemoiselles, messieurs** ladies and gentlemen
madeleine [madlɛn] *nf* madeleine, ≈ sponge finger cake
Mademoiselle [madmwazɛl] (*pl* **Mesdemoiselles**) *nf* Miss; *voir aussi* **Madame**
Madère [madɛʀ] *nf* Madeira ▷ *nm*: **madère** Madeira (wine)
Madrid [madʀid] *n* Madrid
magasin [magazɛ̃] *nm* (*boutique*) shop; (*entrepôt*) warehouse; **en ~** (*Comm*) in stock

MAGASINS

French shops are usually open from 9am to noon and from 2pm to 7pm. Most shops are closed on Sunday and some do not open on Monday. In bigger towns and shopping centres, most shops are open throughout the day.

magazine [magazin] *nm* magazine
Maghreb [magʀɛb] *nm*: **le ~** North(-West) Africa; **maghrébin, e** *adj* North African ▷ *nm/f*: **Maghrébin, e** North African
magicien, ne [maʒisjɛ̃, -ɛn] *nm/f* magician
magie [maʒi] *nf* magic; **magique** *adj* magic; (*fig*) magical
magistral, e, -aux [maʒistʀal, -o] *adj* (*œuvre, adresse*) masterly; (*ton*) authoritative; **cours ~** lecture
magistrat [maʒistʀa] *nm* magistrate
magnétique [maɲetik] *adj* magnetic
magnétophone [maɲetɔfɔn] *nm* tape recorder; **~ à cassettes** cassette recorder
magnétoscope [maɲetɔskɔp] *nm*: **~ (à cassette)** video (recorder)
magnifique [maɲifik] *adj* magnificent
magret [magʀɛ] *nm*: **~ de canard** duck breast
mai [mɛ] *nm* May; *voir aussi* **juillet**

LE PREMIER MAI

Le premier mai is a public holiday in France and commemorates the trades union demonstrations in the United States in 1886 when workers demanded the right to an eight-hour working day. Sprigs of lily of the valley are traditionally exchanged. *Le 8 mai* is also a public holiday and

- commemorates the surrender of the German army to Eisenhower on 7 May, 1945. It is marked by parades of ex-servicemen and ex-servicewomen in most towns. The social upheavals of May and June 1968, with their student demonstrations, workers' strikes and general rioting, are usually referred to as 'les événements de mai 68'. De Gaulle's Government survived, but reforms in education and a move towards decentralization ensued.

maigre [mɛgʀ] *adj* (very) thin, skinny; (*viande*) lean; (*fromage*) low-fat; (*végétation*) thin, sparse; (*fig*) poor, meagre, skimpy; **jours ~s** days of abstinence, fish days; **maigreur** *nf* thinness; **maigrir** /2/ *vi* to get thinner, lose weight; **maigrir de 2 kilos** to lose 2 kilos
mail [mɛl] *nm* email
maille [maj] *nf* stitch; **~ à l'endroit/à l'envers** plain/purl stitch
maillet [majɛ] *nm* mallet
maillon [majɔ̃] *nm* link
maillot [majo] *nm* (*aussi*: **~ de corps**) vest; (*de sportif*) jersey; **~ de bain** swimming *ou* bathing (BRIT) costume, swimsuit; (*d'homme*) (swimming *ou* bathing (BRIT)) trunks *pl*
main [mɛ̃] *nf* hand; **à la ~** (*tenir, avoir*) in one's hand; (*faire, tricoter etc*) by hand; **se donner la ~** to hold hands; **donner** *ou* **tendre la ~ à qn** to hold out one's hand to sb; **se serrer la ~** to shake hands; **serrer la ~ à qn** to shake hands with sb; **sous la ~** to *ou* at hand; **haut les ~s!** hands up!; **attaque à ~ armée** armed attack; **à remettre en ~s propres** to be delivered personally; **mettre la dernière ~ à** to put the finishing touches to; **se faire/perdre la ~** to get one's hand in/lose one's touch; **avoir qch bien en ~** to have got the hang of sth; **main-d'œuvre** *nf* manpower, labour; **mainmise** *nf* (*fig*): **avoir la mainmise sur** to have a grip *ou* stranglehold on
mains-libres [mɛ̃libʀ] *adj inv* (*téléphone, kit*) hands-free
maint, e [mɛ̃, mɛ̃t] *adj* many a; **~s** many; **à ~es reprises** time and (time) again
maintenant [mɛ̃tnɑ̃] *adv* now; (*actuellement*) nowadays
maintenir [mɛ̃tniʀ] /22/ *vt* (*retenir, soutenir*) to support; (*contenir: foule etc*) to keep in check; (*conserver*) to maintain; **se maintenir** *vi* (*prix*) to keep steady; (*préjugé*) to persist
maintien [mɛ̃tjɛ̃] *nm* maintaining; (*attitude*) bearing
maire [mɛʀ] *nm* mayor; **mairie** *nf* (*bâtiment*) town hall; (*administration*) town council
mais [mɛ] *conj* but; **~ non!** of course not!; **~ enfin** but after all; (*indignation*) look here!
maïs [mais] *nm* maize (BRIT), corn (US)
maison [mɛzɔ̃] *nf* house; (*chez-soi*) home; (*Comm*) firm ▷ *adj inv* (*Culin*) home-made; (*Comm*) in-house, own; **à la ~** at home; (*direction*) home; **~ close** brothel; **~ des jeunes** ≈ youth club; **~ mère** parent company; **~ de passe** = **maison close**; **~ de repos** convalescent home; **~ de retraite** old people's home; **~ de santé** mental home
maître, -esse [mɛtʀ, mɛtʀɛs] *nm/f* master (mistress); (*Scol*) teacher, schoolmaster/-mistress ▷ *nm* (*peintre etc*) master; (*titre*): **M~ (Me)** Maître (*term of address for lawyers etc*) ▷ *adj* (*principal, essentiel*) main; **être ~ de** (*soi-même, situation*) to be in control of; **une maîtresse femme** a forceful woman; **~ chanteur** blackmailer; **~/maîtresse d'école** schoolmaster/-mistress; **~ d'hôtel**

(*domestique*) butler; (*d'hôtel*) head waiter; **~ nageur** lifeguard; **maîtresse de maison** hostess; (*ménagère*) housewife

maîtrise [metʀiz] *nf* (*aussi*: **~ de soi**) self-control, self-possession; (*habileté*) skill, mastery; (*suprématie*) mastery, command; (*diplôme*) ≈ master's degree; **maîtriser** /1/ *vt* (*cheval, incendie*) to (bring under) control; (*sujet*) to master; (*émotion*) to control, master; **se maîtriser** to control o.s.

majestueux, -euse [maʒɛstɥø, -øz] *adj* majestic

majeur, e [maʒœʀ] *adj* (*important*) major; (*Jur*) of age ▷ *nm* (*doigt*) middle finger; **en ~e partie** for the most part; **la ~e partie de** most of

majorer [maʒɔʀe] /1/ *vt* to increase

majoritaire [maʒɔʀitɛʀ] *adj* majority *cpd*

majorité [maʒɔʀite] *nf* (*gén*) majority; (*parti*) party in power; **en ~** (*composé etc*) mainly; **avoir la ~** to have the majority

majuscule [maʒyskyl] *adj, nf*: **(lettre) ~** capital (letter)

mal (*pl* **maux**) [mal, mo] *nm* (*opposé au bien*) evil; (*tort, dommage*) harm; (*douleur physique*) pain, ache; (*maladie*) illness, sickness *no pl* ▷ *adv* badly ▷ *adj*: **être ~ (à l'aise)** to be uncomfortable; **être ~ avec qn** to be on bad terms with sb; **il a ~ compris** he misunderstood; **se sentir** *ou* **se trouver ~** to feel ill *ou* unwell; **dire/penser du ~ de** to speak/think ill of; **avoir du ~ à faire qch** to have trouble doing sth; **se donner du ~ pour faire qch** to go to a lot of trouble to do sth; **ne voir aucun ~ à** to see no harm in, see nothing wrong in; **faire du ~ à qn** to hurt sb; **se faire ~** to hurt o.s.; **ça fait ~** it hurts; **j'ai ~ au dos** my back aches; **avoir ~ à la tête/à la gorge** to have a headache/a sore throat; **avoir ~ aux dents/à l'oreille** to have toothache/earache; **avoir le ~ du pays** to be homesick; **~ de mer** seasickness; **~ en point** in a bad state; *voir aussi* **cœur**

malade [malad] *adj* ill, sick; (*poitrine, jambe*) bad; (*plante*) diseased ▷ *nm/f* invalid, sick person; (*à l'hôpital etc*) patient; **tomber ~** to fall ill; **être ~ du cœur** to have heart trouble *ou* a bad heart; **~ mental** mentally sick *ou* ill person; **maladie** *nf* (*spécifique*) disease, illness; (*mauvaise santé*) illness, sickness; **maladif, -ive** *adj* sickly; (*curiosité, besoin*) pathological

maladresse [maladʀɛs] *nf* clumsiness *no pl*; (*gaffe*) blunder

maladroit, e [maladʀwa, -wat] *adj* clumsy

malaise [malɛz] *nm* (*Méd*) feeling of faintness; (*fig*) uneasiness, malaise; **avoir un ~** to feel faint *ou* dizzy

Malaisie [malɛzi] *nf*: **la ~** Malaysia

malaria [malaʀja] *nf* malaria

malaxer [malakse] /1/ *vt* (*pétrir*) to knead; (*mêler*) to mix

malbouffe [malbuf] *nf* (*fam*): **la ~** junk food

malchance [malʃɑ̃s] *nf* misfortune, ill luck *no pl*; **par ~** unfortunately; **malchanceux, -euse** *adj* unlucky

mâle [mɑl] *adj* (*Élec, Tech*) male; (*viril: voix, traits*) manly ▷ *nm* male

malédiction [malediksjɔ̃] *nf* curse

mal: malentendant, e *nm/f*: **les malentendants** the hard of hearing; **malentendu** *nm* misunderstanding; **il y a eu un malentendu** there's been a misunderstanding; **malfaçon** *nf* fault; **malfaisant, e** *adj* evil, harmful; **malfaiteur** *nm* lawbreaker, criminal; (*voleur*) burglar, thief; **malfamé, e** *adj* disreputable

malgache [malgaʃ] *adj* Malagasy, Madagascan ▷ *nm* (*Ling*) Malagasy ▷ *nm/f*: **M~** Malagasy, Madagascan

malgré [malgʀe] *prép* in spite of, despite; **~ tout** in spite of everything

malheur [malœʀ] *nm (situation)* adversity, misfortune; *(événement)* misfortune (*: plus fort*) disaster, tragedy; **faire un ~** to be a smash hit; **malheureusement** *adv* unfortunately; **malheureux, -euse** *adj (triste)* unhappy, miserable; *(infortuné, regrettable)* unfortunate; *(malchanceux)* unlucky; *(insignifiant)* wretched ▷ *nm/f* poor soul

malhonnête [malɔnɛt] *adj* dishonest; **malhonnêteté** *nf* dishonesty

malice [malis] *nf* mischievousness; *(méchanceté)*: **par ~** out of malice *ou* spite; **sans ~** guileless; **malicieux, -euse** *adj* mischievous

Attention à ne pas traduire *malicieux* par *malicious*.

malin, -igne [malɛ̃, -iɲ] *adj (futé)* (*f gén* **maline**) smart, shrewd; *(Méd)* malignant

malingre [malɛ̃gʀ] *adj* puny

malle [mal] *nf* trunk; **mallette** *nf* (small) suitcase; *(pour documents)* attaché case

malmener [malməne] /5/ *vt* to manhandle; *(fig)* to give a rough ride to

malodorant, e [malɔdɔʀɑ̃, -ɑ̃t] *adj* foul-smelling

malpoli, e [malpɔli] *adj* impolite

malsain, e [malsɛ̃, -ɛn] *adj* unhealthy

malt [malt] *nm* malt

Malte [malt] *nf* Malta

maltraiter [maltʀete] /1/ *vt* to manhandle, ill-treat

malveillance [malvɛjɑ̃s] *nf (animosité)* ill will; *(intention de nuire)* malevolence

malversation [malvɛʀsasjɔ̃] *nf* embezzlement

maman [mamɑ̃] *nf* mum(my)

mamelle [mamɛl] *nf* teat

mamelon [mamlɔ̃] *nm (Anat)* nipple

mamie [mami] *nf (fam)* granny

mammifère [mamifɛʀ] *nm* mammal

mammouth [mamut] *nm* mammoth

manche [mɑ̃ʃ] *nf (de vêtement)* sleeve; *(d'un jeu, tournoi)* round; *(Géo)*: **la M~** the (English) Channel ▷ *nm (d'outil, casserole)* handle; *(de pelle, pioche etc)* shaft; **à ~s courtes/longues** short-/long-sleeved; **~ à balai** broomstick; *(Aviat, Inform)* joystick *nm inv*

manchette [mɑ̃ʃɛt] *nf (de chemise)* cuff; *(coup)* forearm blow; *(titre)* headline

manchot [mɑ̃ʃo] *nm* one-armed man; armless man; *(Zool)* penguin

mandarine [mɑ̃daʀin] *nf* mandarin (orange), tangerine

mandat [mɑ̃da] *nm (postal)* postal *ou* money order; *(d'un député etc)* mandate; *(procuration)* power of attorney, proxy; *(Police)* warrant; **~ d'arrêt** warrant for arrest; **~ de perquisition** search warrant; **mandataire** *nm/f (représentant, délégué)* representative; *(Jur)* proxy

manège [manɛʒ] *nm* riding school; *(à la foire)* roundabout (BRIT), merry-go-round; *(fig)* game, ploy

manette [manɛt] *nf* lever, tap; **~ de jeu** joystick

mangeable [mɑ̃ʒabl] *adj* edible, eatable

mangeoire [mɑ̃ʒwaʀ] *nf* trough, manger

manger [mɑ̃ʒe] /3/ *vt* to eat; *(ronger: rouille etc)* to eat into *ou* away ▷ *vi* to eat; **donner à ~ à** *(enfant)* to feed

mangue [mɑ̃g] *nf* mango

maniable [manjabl] *adj (outil)* handy; *(voiture, voilier)* easy to handle

maniaque [manjak] *adj* finicky, fussy ▷ *nm/f (méticuleux)* fusspot; *(fou)* maniac

manie [mani] *nf* mania; *(tic)* odd habit; **avoir la ~ de** to be obsessive about

manier [manje] /7/ *vt* to handle

maniéré, e [manjeʀe] *adj* affected

manière [manjɛʀ] *nf* (*façon*) way, manner; **manières** *nfpl* (*attitude*) manners; (*chichis*) fuss *sg*; **de ~ à** so as to; **de cette ~** in this way *ou* manner; **d'une ~ générale** generally speaking, as a general rule; **de toute ~** in any case; **d'une certaine ~** in a (certain) way

manifestant, e [manifɛstɑ̃, -ɑ̃t] *nm/f* demonstrator

manifestation [manifɛstasjɔ̃] *nf* (*de joie, mécontentement*) expression, demonstration; (*symptôme*) outward sign; (*fête etc*) event; (*Pol*) demonstration

manifeste [manifɛst] *adj* obvious, evident ▷ *nm* manifesto; **manifester** /1/ *vt* (*volonté, intentions*) to show, indicate; (*joie, peur*) to express, show ▷ *vi* to demonstrate; **se manifester** *vi* (*émotion*) to show *ou* express itself; (*difficultés*) to arise; (*symptômes*) to appear

manigancer [manigɑ̃se] /3/ *vt* to plot

manipulation [manipylasjɔ̃] *nf* handling; (*Pol, génétique*) manipulation

manipuler [manipyle] /1/ *vt* to handle; (*fig*) to manipulate

manivelle [manivɛl] *nf* crank

mannequin [mankɛ̃] *nm* (*Couture*) dummy; (*Mode*) model

manœuvre [manœvʀ] *nf* (*gén*) manoeuvre (BRIT), maneuver (US) ▷ *nm* labourer; **manœuvrer** /1/ *vt* to manoeuvre (BRIT), maneuver (US); (*levier, machine*) to operate ▷ *vi* to manoeuvre *ou* maneuver

manoir [manwaʀ] *nm* manor *ou* country house

manque [mɑ̃k] *nm* (*insuffisance, vide*) emptiness, gap; (*Méd*) withdrawal; **~ de** lack of; **être en état de ~** to suffer withdrawal symptoms

manqué [mɑ̃ke] *adj* failed; **garçon ~** tomboy

manquer [mɑ̃ke] /1/ *vi* (*faire défaut*) to be lacking; (*être absent*) to be missing; (*échouer*) to fail ▷ *vt* to miss ▷ *vb impers*: **il (nous) manque encore 10 euros** we are still 10 euros short; **il manque des pages (au livre)** there are some pages missing *ou* some pages are missing (from the book); **~ à qn** (*absent etc*): **il/cela me manque** I miss him/that; **~ à** (*règles etc*) to be in breach of, fail to observe; **~ de** to lack; **ne pas ~ de faire: je ne manquerai pas de le lui dire** I'll be sure to tell him; **il a manqué (de) se tuer** he very nearly got killed

mansarde [mɑ̃saʀd] *nf* attic; **mansardé, e** *adj*: **chambre mansardée** attic room

manteau, x [mɑ̃to] *nm* coat

manucure [manykyʀ] *nf* manicuris

manuel, le [manɥɛl] *adj* manual ▷ *nm* (*ouvrage*) manual, handbook

manufacture [manyfaktyʀ] *nf* factory; **manufacturé, e** *adj* manufactured

manuscrit, e [manyskʀi, -it] *adj* handwritten ▷ *nm* manuscript

manutention [manytɑ̃sjɔ̃] *nf* (*Comm*) handling

mappemonde [mapmɔ̃d] *nf* (*plane*) map of the world; (*sphère*) globe

maquereau, x [makʀo] *nm* (*Zool*) mackerel *inv*; (*fam*) pimp

maquette [makɛt] *nf* (*d'un décor, bâtiment, véhicule*) (scale) model

maquillage [makijaʒ] *nm* making up; (*produits*) make-up

maquiller [makije] /1/ *vt* (*personne, visage*) to make up; (*truquer: passepor statistique*) to fake; (: *voiture volée*) to do over (*respray etc*); **se maquiller** *vi* to make o.s. up

maquis [maki] *nm* (*Géo*) scrub; (*Mil*) maquis, underground fighting *no pl*

maraîcher, -ère [maʀeʃe, maʀɛʃɛʀ] *adj*: **cultures maraîchères** market gardening *sg* ▷ *nm/f* market gardene

marais [maʀɛ] *nm* marsh, swamp

marasme [maʀasm] *nm* stagnatior sluggishness

marathon [maʀatɔ̃] *nm* marathon
marbre [maʀbʀ] *nm* marble
marc [maʀ] *nm* (*de raisin, pommes*) marc
marchand, e [maʀʃɑ̃, -ɑ̃d] *nm/f* shopkeeper, tradesman/-woman; (*au marché*) stallholder; **~ de charbon/vins** coal/wine merchant ▷ *adj*: **prix/valeur ~(e)** market price/value; **~/e de fruits** fruiterer (BRIT), fruit seller (US); **~/e de journaux** newsagent; **~/e de légumes** greengrocer (BRIT), produce dealer (US); **~/e de poisson** fishmonger (BRIT), fish seller (US); **marchander** /1/ *vi* to bargain, haggle; **marchandise** *nf* goods *pl*, merchandise *no pl*
marche [maʀʃ] *nf* (*d'escalier*) step; (*activité*) walking; (*promenade, trajet, allure*) walk; (*démarche*) walk, gait; (*Mil, Mus*) march; (*fonctionnement*) running; (*des événements*) course; **dans le sens de la ~** (*Rail*) facing the engine; **en ~** (*monter etc*) while the vehicle is moving *ou* in motion; **mettre en ~** to start; **se mettre en ~** (*personne*) to get moving; (*machine*) to start; **être en état de ~** to be in working order; **~ arrière** reverse (gear); **faire ~ arrière** to reverse; (*fig*) to backtrack, back-pedal; **~ à suivre** (correct) procedure
marché [maʀʃe] *nm* market; (*transaction*) bargain, deal; **faire du ~ noir** to buy and sell on the black market; **~ aux puces** flea market
marcher [maʀʃe] /1/ *vi* to walk; (*Mil*) to march; (*aller: voiture, train, affaires*) to go; (*prospérer*) to go well; (*fonctionner*) to work, run; (*fam: consentir*) to go along, agree; (*: croire naïvement*) to be taken in; **faire ~ qn** (*pour rire*) to pull sb's leg; (*pour tromper*) to lead sb up the garden path; **marcheur, -euse** *nm/f* walker
mardi [maʀdi] *nm* Tuesday; **M~ gras** Shrove Tuesday
mare [maʀ] *nf* pond; (*flaque*) pool
marécage [maʀekaʒ] *nm* marsh, swamp; **marécageux, -euse** *adj* marshy
maréchal, -aux [maʀeʃal, -o] *nm* marshal
marée [maʀe] *nf* tide; (*poissons*) fresh (sea) fish; **~ haute/basse** high/low tide; **~ noire** oil slick
marelle [maʀɛl] *nf*: **(jouer à) la ~** (to play) hopscotch
margarine [maʀgaʀin] *nf* margarine
marge [maʀʒ] *nf* margin; **en ~ de** (*fig*) on the fringe of; **~ bénéficiaire** profit margin
marginal, e, -aux [maʀʒinal, -o] *nm/f* (*original*) eccentric; (*déshérité*) dropout
marguerite [maʀgəʀit] *nf* marguerite, (oxeye) daisy; (*d'imprimante*) daisy-wheel
mari [maʀi] *nm* husband
mariage [maʀjaʒ] *nm* marriage; (*noce*) wedding; **~ civil/religieux** registry office (BRIT) *ou* civil/church wedding
marié, e [maʀje] *adj* married ▷ *nm/f* (bride)groom/bride; **les ~s** the bride and groom; **les (jeunes) ~s** the newly-weds
marier [maʀje] /7/ *vt* to marry; (*fig*) to blend; **se ~ (avec)** to marry, get married (to)
marin, e [maʀɛ̃, -in] *adj* sea *cpd*, marine ▷ *nm* sailor ▷ *nf* navy; **~e marchande** merchant navy
marine [maʀin] *adj f voir* **marin** ▷ *adj inv* navy (blue) ▷ *nm* (*Mil*) marine
mariner [maʀine] /1/ *vt* to marinate
marionnette [maʀjɔnɛt] *nf* puppet
maritalement [maʀitalmɑ̃] *adv*: **vivre ~** to live together (as husband and wife)
maritime [maʀitim] *adj* sea *cpd*, maritime
mark [maʀk] *nm* mark

marmelade [marmәlad] *nf* stewed fruit, compote; **~ d'oranges** (orange) marmalade
marmite [marmit] *nf* (cooking-) pot
marmonner [marmɔne] /1/ *vt, vi* to mumble, mutter
marmotter [marmɔte] /1/ *vt* to mumble
Maroc [marɔk] *nm*: **le ~** Morocco; **marocain, e** [marɔkɛ̃, -ɛn] *adj* Moroccan ▷ *nm/f*: **Marocain, e** Moroccan
maroquinerie [marɔkinri] *nf* (*commerce*) leather shop; (*articles*) fine leather goods *pl*
marquant, e [markɑ̃, -ɑ̃t] *adj* outstanding
marque [mark] *nf* mark; (*Comm: de nourriture*) brand; (*: de voiture, produits manufacturés*) make; (*: de disques*) label; **de ~** high-class; (*personnage, hôte*) distinguished; **~ déposée** registered trademark; **~ de fabrique** trademark; **une grande ~ de vin** a well-known brand of wine
marquer [marke] /1/ *vt* to mark; (*inscrire*) to write down; (*bétail*) to brand; (*Sport: but etc*) to score; (*: joueur*) to mark; (*accentuer: taille etc*) to emphasize; (*manifester: refus, intérêt*) to show ▷ *vi* (*événement, personnalité*) to stand out, be outstanding; (*Sport*) to score; **~ les points** to keep the score
marqueterie [marketri] *nf* inlaid work, marquetry
marquis, e [marki, -iz] *nm/f* marquis *ou* marquess (marchioness)
marraine [marɛn] *nf* godmother
marrant, e [marɑ̃, -ɑ̃t] *adj* (*fam*) funny
marre [mar] *adv* (*fam*): **en avoir ~ de** to be fed up with
marrer [mare] /1/: **se marrer** *vi* (*fam*) to have a (good) laugh
marron, ne [marɔ̃, -ɔn] *nm* (*fruit*) chestnut ▷ *adj inv* brown ▷ *adj* (*péj*) crooked; **~s glacés** marrons glacés; **marronnier** *nm* chestnut (tree)
mars [mars] *nm* March
Marseille [marsɛj] *n* Marseilles
marteau, x [marto] *nm* hammer; **être ~** (*fam*) to be nuts; **marteau-piqueur** *nm* pneumatic drill
marteler [martәle] /5/ *vt* to hammer
martien, ne [marsjɛ̃, -ɛn] *adj* Martian, of *ou* from Mars
martyr, e [martir] *nm/f* martyr ▷ *adj* martyred; **enfants ~s** battered children; **martyre** *nm* martyrdom; (*fig: sens affaibli*) agony, torture; **martyriser** /1/ *vt* (*Rel*) to martyr; (*fig*) to bully (*: enfant*) to batter
marxiste [marksist] *adj, nm/f* Marxist
mascara [maskara] *nm* mascara
masculin, e [maskylɛ̃, -in] *adj* masculine; (*sexe, population*) male; (*équipe, vêtements*) men's; (*viril*) manly ▷ *nm* masculine
masochiste [mazɔʃist] *adj* masochistic
masque [mask] *nm* mask; **~ de beauté** face pack; **~ de plongée** diving mask; **masquer** /1/ *vt* (*cacher: porte, goût*) to hide, conceal; (*dissimuler: vérité, projet*) to mask, obscure
massacre [masakr] *nm* massacre, slaughter; **massacrer** /1/ *vt* to massacre, slaughter; (*texte etc*) to murder
massage [masaʒ] *nm* massage
masse [mas] *nf* mass; (*Élec*) earth; (*maillet*) sledgehammer; **une ~ de** (*fam*) masses *ou* loads of; **la ~** (*péj*) the masses *pl*; **en ~** (*adv: en bloc*) in bulk; (*en foule*) en masse; *adj: exécutions, production*) mass *cpd*
masser [mase] /1/ *vt* (*assembler: gens*) to gather; (*pétrir*) to massage; **se masser** *vi* (*foule*) to gather; **masseur, -euse** *nm/f* masseur(-euse)
massif, -ive [masif, -iv] *adj* (*porte*) solid, massive; (*visage*) heavy, large;

(*bois, or*) solid; (*dose*) massive; (*déportations etc*) mass *cpd* ▷ *nm* (*montagneux*) massif; (*de fleurs*) clump, bank; **le M~ Central** the Massif Central
massue [masy] *nf* club, bludgeon
mastic [mastik] *nm* (*pour vitres*) putty; (*pour fentes*) filler
mastiquer [mastike] /1/ *vt* (*aliment*) to chew, masticate
mat, e [mat] *adj* (*couleur, métal*) mat(t); (*bruit, son*) dull ▷ *adj inv* (*Échecs*): **être ~** to be checkmate
mât [mɑ] *nm* (*Navig*) mast; (*poteau*) pole, post
match [matʃ] *nm* match; **faire ~ nul** to draw; **~ aller** first leg; **~ retour** second leg, return match
matelas [matla] *nm* mattress; **~ pneumatique** air bed *ou* mattress
matelot [matlo] *nm* sailor, seaman
mater [mate] /1/ *vt* (*personne*) to bring to heel, subdue; (*révolte*) to put down
matérialiser [mateʀjalize] /1/: **se matérialiser** *vi* to materialize
matérialiste [mateʀjalist] *adj* materialistic
matériau, x [mateʀjo] *nm* material; **matériaux** *nmpl* material(s)
matériel, le [mateʀjɛl] *adj* material ▷ *nm* equipment *no pl*; (*de camping etc*) gear *no pl*; (*Inform*) hardware
maternel, le [matɛʀnɛl] *adj* (*amour, geste*) motherly, maternal; (*grand-père, oncle*) maternal ▷ *nf* (*aussi*: **école maternelle**) (state) nursery school
maternité [matɛʀnite] *nf* (*établissement*) maternity hospital; (*état de mère*) motherhood, maternity; (*grossesse*) pregnancy; **congé de ~** maternity leave
mathématique [matematik] *adj* mathematical; **mathématiques** *nfpl* mathematics *sg*
maths [mat] *nfpl* maths
matière [matjɛʀ] *nf* matter; (*Comm, Tech*) material; matter *no pl*; (*fig: d'un livre etc*) subject matter, material; (*Scol*) subject; **en ~ de** as regards; **~s grasses** fat (content) *sg*; **~s premières** raw materials
Matignon [matiɲɔ̃] *nm*: **(l'hôtel) ~** *the French Prime Minister's residence*
matin [matɛ̃] *nm, adv* morning; **le ~** (*pendant le matin*) in the morning; **demain/hier/dimanche ~** tomorrow/yesterday/Sunday morning; **tous les ~s** every morning; **du ~ au soir** from morning till night; **une heure du ~** one o'clock in the morning; **de grand** *ou* **bon ~** early in the morning; **matinal, e, -aux** [matinal, -o] *adj* (*toilette, gymnastique*) morning *cpd*; **être matinal** (*personne*) to be up early; (*habituellement*) to be an early riser; **matinée** *nf* morning; (*spectacle*) matinée
matou [matu] *nm* tom(cat)
matraque [matʀak] *nf* (*de policier*) truncheon (BRIT), billy (US)
matricule [matʀikyl] *nm* (*Mil*) regimental number; (*Admin*) reference number
matrimonial, e, -aux [matʀimɔnjal, -o] *adj* marital, marriage *cpd*
maudit, e [modi, -it] *adj* (*fam: satané*) blasted, confounded
maugréer [mogʀee] /1/ *vi* to grumble
maussade [mosad] *adj* sullen; (*ciel, temps*) gloomy
mauvais, e [mɔvɛ, -ɛz] *adj* bad; (*méchant, malveillant*) malicious, spiteful; (*faux*): **le ~ numéro** the wrong number ▷ *adv*: **il fait ~** the weather is bad; **sentir ~** to have a nasty smell, smell bad *ou* nasty; **la mer est ~e** the sea is rough; **~e plaisanterie** nasty trick; **~ joueur** bad loser; **~e herbe** weed; **~e langue** gossip, scandalmonger (BRIT)
mauve [mov] *adj* mauve
maux [mo] *nmpl voir* **mal**

maximum [maksimɔm] *adj, nm* maximum; **au ~** (*le plus possible*) as much as one can; (*tout au plus*) at the (very) most *ou* maximum; **faire le ~** to do one's level best

mayonnaise [majɔnɛz] *nf* mayonnaise

mazout [mazut] *nm* (fuel) oil

me, m' [mə, m] *pron* (*direct: téléphoner, attendre etc*) me; (*indirect: parler, donner etc*) (to) me; (*réfléchi*) myself

mec [mɛk] *nm* (*fam*) guy, bloke (BRIT)

mécanicien, ne [mekanisjɛ̃, -ɛn] *nm/f* mechanic; (*Rail*) (train *ou* engine) driver

mécanique [mekanik] *adj* mechanical ▷ *nf* (*science*) mechanics *sg*; (*mécanisme*) mechanism; **ennui ~** engine trouble *no pl*

mécanisme [mekanism] *nm* mechanism

méchamment [meʃamɑ̃] *adv* nastily, maliciously; spitefully

méchanceté [meʃɑ̃ste] *nf* nastiness, maliciousness; **dire des ~s à qn** to say spiteful things to sb

méchant, e [meʃɑ̃, -ɑ̃t] *adj* nasty, malicious, spiteful; (*enfant: pas sage*) naughty; (*animal*) vicious

mèche [mɛʃ] *nf* (*de lampe, bougie*) wick; (*d'un explosif*) fuse; (*de cheveux*) lock; **se faire faire des ~s** to have highlights put in one's hair; **de ~ avec** in league with

méchoui [meʃwi] *nm whole sheep barbecue*

méconnaissable [mekɔnɛsabl] *adj* unrecognizable

méconnaître [mekɔnɛtʀ] /57/ *vt* (*ignorer*) to be unaware of; (*mésestimer*) to misjudge

mécontent, e [mekɔ̃tɑ̃, -ɑ̃t] *adj*: **~ (de)** discontented *ou* dissatisfied *ou* displeased (with); (*contrarié*) annoyed (at); **mécontentement** *nm* dissatisfaction, discontent, displeasure; (*irritation*) annoyance

Mecque [mɛk] *nf*: **la ~** Mecca

médaille [medaj] *nf* medal

médaillon [medajɔ̃] *nm* (*bijou*) locke

médecin [medsɛ̃] *nm* doctor

médecine [medsin] *nf* medicine

média [medja] *nmpl*: **les ~** the media; **médiatique** *adj* media *cpd*

médical, e, -aux [medikal, -o] *adj* medical; **passer une visite ~e** to have a medical

médicament [medikamɑ̃] *nm* medicine, drug

médiéval, e, -aux [medjeval, -o] *adj* medieval

médiocre [medjɔkʀ] *adj* mediocre, poor

méditer [medite] /1/ *vi* to meditate

Méditerranée [mediteʀane] *nf*: **la (mer) ~** the Mediterranean (Sea); **méditerranéen, ne** *adj* Mediterranean ▷ *nm/f*: **Méditerranéen, ne** Mediterranean

méduse [medyz] *nf* jellyfish

méfait [mefɛ] *nm* (*faute*) misdemeanour, wrongdoing; **méfaits** *nmpl* (*ravages*) ravages, damage *sg*

méfiance [mefjɑ̃s] *nf* mistrust, distrust

méfiant, e [mefjɑ̃, -ɑ̃t] *adj* mistrustful, distrustful

méfier [mefje] /7/: **se méfier** *vi* to be wary; (*faire attention*) to be careful; **se ~ de** to mistrust, distrust, be wary of

méga-octet [megaɔktɛ] *nm* megabyte

mégarde [megaʀd] *nf*: **par ~** (*accidentellement*) accidentally; (*par erreur*) by mistake

mégère [meʒɛʀ] *nf* shrew

mégot [mego] *nm* cigarette end *ou* butt

meilleur, e [mɛjœʀ] *adj, adv* better ▷ *nm*: **le ~** the best; **le ~ des deux** the better of the two; **il fait ~ qu'hier** it's better weather than yesterday; **~ marché** cheaper

mél [mɛl] *nm* email

mélancolie [melɑ̃kɔli] *nf* melancholy, gloom; **mélancolique** *adj* melancholy

mélange [melɑ̃ʒ] *nm* mixture; **mélanger** /3/ *vt* to mix; (*vins, couleurs*) to blend; (*mettre en désordre, confondre*) to mix up, muddle (up)

mêlée [mele] *nf* mêlée, scramble; (*Rugby*) scrum(mage)

mêler [mele] /1/ *vt* (*substances, odeurs, races*) to mix; (*embrouiller*) to muddle (up), mix up; **se mêler** *vi* to mix; **se ~ à** (*personne*) to join; (*s'associer à*) to mix with; **se ~ de** (*personne*) to meddle with, interfere in; **mêle-toi de tes affaires!** mind your own business!

mélodie [melɔdi] *nf* melody; **mélodieux, -euse** *adj* melodious

melon [məlɔ̃] *nm* (*Bot*) (honeydew) melon; (*aussi*: **chapeau ~**) bowler (hat)

membre [mɑ̃bʀ] *nm* (*Anat*) limb; (*personne, pays, élément*) member ▷ *adj* member *cpd*

mémé [meme] *nf* (*fam*) granny

MOT-CLÉ

même [mɛm] *adj* **1** (*avant le nom*) same; **en même temps** at the same time; **ils ont les mêmes goûts** they have the same *ou* similar tastes

2 (*après le nom, renforcement*): **il est la loyauté même** he is loyalty itself; **ce sont ses paroles/celles-là même** they are his very words/the very ones

▸ *pron*: **le (la) même** the same one

▸ *adv* **1** (*renforcement*): **il n'a même pas pleuré** he didn't even cry; **même lui l'a dit** even HE said it; **ici même** at this very place; **même si** even if

2: **à même: à même la bouteille** straight from the bottle; **à même la peau** next to the skin; **être à même de faire** to be in a position to do, be able to do

3: **de même** likewise; **faire de même** to do likewise *ou* the same; **lui de même** so does (*ou* did *ou* is) he; **de même que** just as; **il en va de même pour** the same goes for

mémoire [memwaʀ] *nf* memory ▷ *nm* (*Scol*) dissertation, paper; **à la ~ de** to the *ou* in memory of; **de ~** from memory; **~ morte** read-only memory, ROM; **~ vive** random access memory, RAM

mémoires [memwaʀ] *nmpl* memoirs

mémorable [memɔʀabl] *adj* memorable

menace [mənas] *nf* threat; **menacer** /3/ *vt* to threaten

ménage [menaʒ] *nm* (*travail*) housework; (*couple*) (married) couple; (*famille, Admin*) household; **faire le ~** to do the housework; **ménagement** *nm* care and attention

ménager[1] [menaʒe] *vt* (*traiter avec mesure*) to handle with tact; (*utiliser*) to use sparingly; (*prendre soin de*) to take (great) care of, look after; (*organiser*) to arrange

ménager[2]**, -ère** *adj* household *cpd*, domestic ▷ *nf* housewife

mendiant, e [mɑ̃djɑ̃, -ɑ̃t] *nm/f* beggar

mendier [mɑ̃dje] /7/ *vi* to beg ▷ *vt* to beg (for)

mener [məne] /5/ *vt* to lead; (*enquête*) to conduct; (*affaires*) to manage ▷ *vi*: **~ à/dans** (*emmener*) to take to/into; **~ qch à bonne fin** *ou* **à terme** *ou* **à bien** to see sth through (to a successful conclusion), complete sth successfully

meneur, -euse [mənœʀ, -øz] *nm/f* leader; (*péj*) ringleader

méningite [menɛ̃ʒit] *nf* meningitis *no pl*

ménopause [menopoz] *nf* menopause

menotte [mənɔt] *nf* (*langage enfantin*) handie; **menottes** *nfpl* handcuffs

m

mensonge [mɑ̃sɔ̃ʒ] *nm*: **le ~** lying *no pl*; **un ~** a lie; **mensonger, -ère** *adj* false
mensualité [mɑ̃sɥalite] *nf* (*somme payée*) monthly payment
mensuel, le [mɑ̃sɥɛl] *adj* monthly
mensurations [mɑ̃syʀasjɔ̃] *nfpl* measurements
mental, e, -aux [mɑ̃tal, -o] *adj* mental; **mentalité** *nf* mentality
menteur, -euse [mɑ̃tœʀ, -øz] *nm/f* liar
menthe [mɑ̃t] *nf* mint
mention [mɑ̃sjɔ̃] *nf* (*note*) note, comment; (*Scol*): **~ (très) bien/passable** (*very*) *good/satisfactory pass*; **"rayer la ~ inutile"** "delete as appropriate"; **mentionner** /1/ *vt* to mention
mentir [mɑ̃tiʀ] /16/ *vi* to lie
menton [mɑ̃tɔ̃] *nm* chin
menu, e [məny] *adj* (*mince*) slim, slight; (*frais, difficulté*) minor ▷ *adv* (*couper, hacher*) very fine ▷ *nm* menu; **~ touristique** popular *ou* tourist menu
menuiserie [mənɥizʀi] *nf* (*travail*) joinery, carpentry; (*d'amateur*) woodwork; **menuisier** *nm* joiner, carpenter
méprendre [mepʀɑ̃dʀ] /58/: **se méprendre** *vi*: **se ~ sur** to be mistaken about
mépris, e [mepʀi, -iz] *pp de* **méprendre** ▷ *nm* (*dédain*) contempt, scorn; **au ~ de** regardless of, in defiance of; **méprisable** *adj* contemptible, despicable; **méprisant, e** *adj* scornful; **méprise** *nf* mistake, error; **mépriser** /1/ *vt* to scorn, despise; (*gloire, danger*) to scorn, spurn
mer [mɛʀ] *nf* sea; (*marée*) tide; **en ~** at sea; **en haute** *ou* **pleine ~** off shore, on the open sea; **la ~ Morte** the Dead Sea; **la ~ Noire** the Black Sea; **la ~ du Nord** the North Sea; **la ~ Rouge** the Red Sea
mercenaire [mɛʀsənɛʀ] *nm* mercenary, hired soldier
mercerie [mɛʀsəʀi] *nf* (*boutique*) haberdasher's (shop) (BRIT), notions store (US)
merci [mɛʀsi] *excl* thank you ▷ *nf*: **à la ~ de qn/qch** at sb's mercy/the mercy of sth; **~ beaucoup** thank you very much; **~ de** *ou* **pour** thank you for; **sans ~** merciless; mercilessly
mercredi [mɛʀkʀədi] *nm* Wednesday; **~ des Cendres** Ash Wednesday; *voir aussi* **lundi**
mercure [mɛʀkyʀ] *nm* mercury
merde [mɛʀd] (!) *nf* shit (!) ▷ *excl* (bloody) hell (!)
mère [mɛʀ] *nf* mother ▷ *adj inv* mother *cpd*; **~ célibataire** single parent, unmarried mother; **~ de famille** housewife, mother
merguez [mɛʀgɛz] *nf spicy North African sausage*
méridional, e, -aux [meʀidjɔnal, -o] *adj* southern ▷ *nm/f* Southerner
meringue [məʀɛ̃g] *nf* meringue
mérite [meʀit] *nm* merit; **avoir du ~ (à faire qch)** to deserve credit (for doing sth); **mériter** /1/ *vt* to deserve
merle [mɛʀl] *nm* blackbird
merveille [mɛʀvɛj] *nf* marvel, wonder; **faire ~** *ou* **des ~s** to work wonders; **à ~** perfectly, wonderfully; **merveilleux, -euse** *adj* marvellous, wonderful
mes [me] *adj poss voir* **mon**
mésange [mezɑ̃ʒ] *nf* tit(mouse)
mésaventure [mezavɑ̃tyʀ] *nf* misadventure, misfortune
Mesdames [medam] *nfpl voir* **Madame**
Mesdemoiselles [medmwazɛl] *nfpl voir* **Mademoiselle**
mesquin, e [mɛskɛ̃, -in] *adj* mean, petty; **mesquinerie** *nf* meanness *no pl*; (*procédé*) mean trick
message [mesaʒ] *nm* message; **~ SMS** text message; **messager, -ère** *nm/f* messenger; **messagerie** *n*

(*Internet*): **messagerie électronique** email; **messagerie instantanée** instant messenger; **messagerie vocale** voice mail

nesse [mɛs] *nf* mass; **aller à la ~** to go to mass

Messieurs [mesjø] *nmpl voir* **Monsieur**

nesure [məzyʀ] *nf* (*évaluation, dimension*) measurement; (*étalon, récipient, contenu*) measure; (*Mus: cadence*) time, tempo; (*: division*) bar; (*retenue*) moderation; (*disposition*) measure, step; **sur ~** (*costume*) made-to-measure; **dans la ~ où** insofar as, inasmuch as; **dans une certaine ~** to some *ou* a certain extent; **à ~ que** as; **être en ~ de** to be in a position to

nesurer [məzyʀe] /1/ *vt* to measure; (*juger*) to weigh up, assess; (*modérer: ses paroles etc*) to moderate

nétal, -aux [metal, -o] *nm* metal; **métallique** *adj* metallic

nétéo [meteo] *nf* (*bulletin*) (weather) forecast

nétéorologie [meteɔʀɔlɔʒi] *nf* meteorology

néthode [metɔd] *nf* method; (*livre, ouvrage*) manual, tutor

néticuleux, -euse [metikylø, -øz] *adj* meticulous

nétier [metje] *nm* (*profession: gén*) job; (*: manuel*) trade; (*: artisanal*) craft; (*technique, expérience*) (acquired) skill *ou* technique; (*aussi*: **~ à tisser**) (weaving) loom

nétis, se [metis] *adj, nm/f* half-caste, half-breed

nétrage [metʀaʒ] *nm*: **long/ moyen/court ~** feature *ou* full-length/medium-length/short film

nètre [mɛtʀ] *nm* metre; (*règle*) metre rule; (*ruban*) tape measure; **métrique** *adj* metric

nétro [metʀo] *nm* underground (BRIT), subway (US)

nétropole [metʀɔpɔl] *nf* (*capitale*) metropolis; (*pays*) home country

mets [mɛ] *nm* dish

metteur [mɛtœʀ] *nm*: **~ en scène** (*Théât*) producer; (*Ciné*) director

MOT-CLÉ

mettre [mɛtʀ] /56/ *vt* **1** (*placer*) to put; **mettre en bouteille/en sac** to bottle/put in bags *ou* sacks

2 (*vêtements: revêtir*) to put on; (*: porter*) to wear; **mets ton gilet** put your cardigan on; **je ne mets plus mon manteau** I no longer wear my coat

3 (*faire fonctionner: chauffage, électricité*) to put on; (*: réveil, minuteur*) to set; (*installer: gaz, eau*) to put in, lay on; **mettre en marche** to start up

4 (*consacrer*): **mettre du temps/ deux heures à faire qch** to take time/two hours to do sth; **y mettre du sien** to pull one's weight

5 (*noter, écrire*) to say, put (down); **qu'est-ce qu'il a mis sur la carte?** what did he say *ou* write on the card?; **mettez au pluriel ...** put ... into the plural

6 (*supposer*): **mettons que ...** let's suppose *ou* say that ...

se mettre *vr* **1** (*se placer*): **vous pouvez vous mettre là** you can sit (*ou* stand) there; **où ça se met?** where does it go?; **se mettre au lit** to get into bed; **se mettre au piano** to sit down at the piano; **se mettre de l'encre sur les doigts** to get ink on one's fingers

2 (*s'habiller*): **se mettre en maillot de bain** to get into *ou* put on a swimsuit; **n'avoir rien à se mettre** to have nothing to wear

3: **se mettre à** to begin, start; **se mettre à faire** to begin *ou* start doing *ou* to do; **se mettre au piano** to start learning the piano; **se mettre au régime** to go on a diet; **se mettre au travail/à l'étude** to get down to work/one's studies

m

meuble [mœbl] *nm* piece of furniture; (*ameublement*) furniture *no pl*; **meublé** *nm* furnished flat (BRIT) *ou* apartment (US); **meubler** /1/ *vt* to furnish; **se meubler** to furnish one's house
meuf [mœf] *nf* (*fam*) woman
meugler [møgle] /1/ *vi* to low, moo
meule [møl] *nf* (*à broyer*) millstone; (*de foin, blé*) stack; (*de fromage*) round
meunier, -ière [mønje, -jɛʀ] *nm* miller ▷ *nf* miller's wife
meurs *etc* [mœʀ] *vb voir* **mourir**
meurtre [mœʀtʀ] *nm* murder; **meurtrier, -ière** *adj* (*arme, épidémie, combat*) deadly; (*fureur, instincts*) murderous ▷ *nm/f* murderer(-ess)
meurtrir [mœʀtʀiʀ] /2/ *vt* to bruise; (*fig*) to wound
meus *etc* [mœ] *vb voir* **mouvoir**
meute [møt] *nf* pack
mexicain, e [mɛksikɛ̃, -ɛn] *adj* Mexican ▷ *nm/f*: **M~, e** Mexican
Mexico [mɛksiko] *n* Mexico City
Mexique [mɛksik] *nm*: **le ~** Mexico
mi [mi] *nm* (*Mus*) E; (*en chantant la gamme*) mi
mi... [mi] *préfixe* half(-), mid-; **à la mi-janvier** in mid-January; **à mi-jambes/-corps** (up *ou* down) to the knees/waist; **à mi-hauteur/-pente** halfway up (*ou* down)/up (*ou* down) the hill
miauler [mjole] /1/ *vi* to miaow
miche [miʃ] *nf* round *ou* cob loaf
mi-chemin [miʃmɛ̃]: **à ~** *adv* halfway, midway
mi-clos, e [miklo, -kloz] *adj* half-closed
micro [mikʀo] *nm* mike, microphone; (*Inform*) micro
microbe [mikʀɔb] *nm* germ, microbe
micro: micro-onde *nf*: **four à micro-ondes** microwave oven; **micro-ordinateur** *nm* microcomputer; **microscope** *nm* microscope; **microscopique** *adj* microscopic
midi [midi] *nm* midday, noon; (*moment du déjeuner*) lunchtime; (*sud*) south; **le M~** the South (of France), the Midi; **à ~** at 12 (o'clock) *ou* midday *ou* noon
mie [mi] *nf* inside (of the loaf)
miel [mjɛl] *nm* honey; **mielleux, -euse** *adj* (*personne*) sugary, syrupy
mien, ne [mjɛ̃, mjɛn] *pron*: **le (la) ~(ne), les ~s** mine; **les ~s** my family
miette [mjɛt] *nf* (*de pain, gâteau*) crumb; (*fig: de la conversation etc*) scrap; **en ~s** in pieces *ou* bits

MOT-CLÉ

mieux [mjø] *adv* 1 (*d'une meilleure façon*): **mieux (que)** better (than); **elle travaille/mange mieux** she works/eats better; **aimer mieux** to prefer; **elle va mieux** she is better; **de mieux en mieux** better and better
2 (*de la meilleure façon*) best; **ce que je sais le mieux** what I know best; **les livres les mieux faits** the best made books
▶ *adj inv* 1 (*plus à l'aise, en meilleure forme*) better; **se sentir mieux** to feel better
2 (*plus satisfaisant*) better; **c'est mieux ainsi** it's better like this; **c'est le mieux des deux** it's the better of the two; **le/la mieux, les mieux** the best; **demandez-lui, c'est le mieux** ask him, it's the best thing
3 (*plus joli*) better-looking; **il est mieux que son frère** (*plus beau*) he's better-looking than his brother; (*plus gentil*) he's nicer than his brother; **il est mieux sans moustache** he looks better without a moustache
4: **au mieux** at best; **au mieux avec** on the best of terms with; **pour le mieux** for the best
▶ *nm* 1 (*progrès*) improvement
2: **de mon/ton mieux** as best I/you can (*ou* could); **faire de son mieux** to do one's best

mignon, ne [miɲɔ̃, -ɔn] *adj* sweet, cute
migraine [migʀɛn] *nf* headache; (*Méd*) migraine
mijoter [miʒɔte] /1/ *vt* to simmer; (*préparer avec soin*) to cook lovingly; (*affaire, projet*) to plot, cook up ▷ *vi* to simmer
milieu, x [miljø] *nm* (*centre*) middle; (*aussi:* **juste ~**) happy medium; (*Bio, Géo*) environment; (*entourage social*) milieu; (*familial*) background; (*pègre*): **le ~** the underworld; **au ~ de** in the middle of; **au beau** *ou* **en plein ~ (de)** right in the middle (of)
militaire [militɛʀ] *adj* military, army *cpd* ▷ *nm* serviceman
militant, e [militɑ̃, -ɑ̃t] *adj, nm/f* militant
militer [milite] /1/ *vi* to be a militant
mille [mil] *num* a *ou* one thousand ▷ *nm* (*mesure*): **~ (marin)** nautical mile; **mettre dans le ~** (*fig*) to be bang on (target); **millefeuille** *nm* cream *ou* vanilla slice; **millénaire** *nm* millennium ▷ *adj* thousand-year-old; (*fig*) ancient; **mille-pattes** *nm inv* centipede
millet [mijɛ] *nm* millet
milliard [miljaʀ] *nm* milliard, thousand million (BRIT), billion (US); **milliardaire** *nm/f* multimillionaire (BRIT), billionaire (US)
millier [milje] *nm* thousand; **un ~ (de)** a thousand or so, about a thousand; **par ~s** in (their) thousands, by the thousand
milligramme [miligʀam] *nm* milligramme
millimètre [milimɛtʀ] *nm* millimetre
million [miljɔ̃] *nm* million; **deux ~s de** two million; **millionnaire** *nm/f* millionaire
mime [mim] *nm/f* (*acteur*) mime(r) ▷ *nm* (*art*) mime, miming; **mimer** /1/ *vt* to mime; (*singer*) to mimic, take off
minable [minabl] *adj* (*personne*) shabby(-looking); (*travail*) pathetic
mince [mɛ̃s] *adj* thin; (*personne, taille*) slim, slender; (*fig: profit, connaissances*) slight, small; (*: prétexte*) weak ▷ *excl*: **~ (alors)!** darn it!; **minceur** *nf* thinness; (*d'une personne*) slimness, slenderness;
mincir /2/ *vi* to get slimmer *ou* thinner
mine [min] *nf* (*physionomie*) expression, look; (*extérieur*) exterior, appearance; (*de crayon*) lead; (*gisement, exploitation, explosif*) mine; **avoir bonne ~** (*personne*) to look well; (*ironique*) to look an utter idiot; **avoir mauvaise ~** to look unwell; **faire ~ de faire** to make a pretence of doing; **~ de rien** although you wouldn't think so
miner [mine] /1/ *vt* (*saper*) to undermine, erode; (*Mil*) to mine
minerai [minʀɛ] *nm* ore
minéral, e, -aux [mineʀal, -o] *adj* mineral
minéralogique [mineʀalɔʒik] *adj*: **plaque ~** number (BRIT) *ou* license (US) plate; **numéro ~** registration (BRIT) *ou* license (US) number
minet, te [minɛ, -ɛt] *nm/f* (*chat*) pussy-cat; (*péj*) young trendy
mineur, e [minœʀ] *adj* minor ▷ *nm/f* (*Jur*) minor ▷ *nm* (*travailleur*) miner
miniature [minjatyʀ] *adj, nf* miniature
minibus [minibys] *nm* minibus
minier, -ière [minje, -jɛʀ] *adj* mining
mini-jupe [miniʒyp] *nf* mini-skirt
minime [minim] *adj* minor, minimal
minimiser [minimize] /1/ *vt* to minimize; (*fig*) to play down
minimum [minimɔm] *adj, nm* minimum; **au ~** at the very least
ministère [ministɛʀ] *nm* (*cabinet*) government; (*département*) ministry; (*Rel*) ministry
ministre [ministʀ] *nm* minister (BRIT), secretary; (*Rel*) minister; **~ d'État** senior minister *ou* secretary

Minitel® [minitɛl] *nm videotext terminal and service*
minoritaire [minɔʀitɛʀ] *adj* minority *cpd*
minorité [minɔʀite] *nf* minority; **être en ~** to be in the *ou* a minority
minuit [minɥi] *nm* midnight
minuscule [minyskyl] *adj* minute, tiny ▷ *nf*: **(lettre) ~** small letter
minute [minyt] *nf* minute; **à la ~** (just) this instant; (*passé*) there and then; **minuter**/1/ *vt* to time; **minuterie** *nf* time switch
minutieux, -euse [minysjø, -øz] *adj* (*personne*) meticulous; (*travail*) requiring painstaking attention to detail
mirabelle [miʀabɛl] *nf* (cherry) plum
miracle [miʀɑkl] *nm* miracle
mirage [miʀaʒ] *nm* mirage
mire [miʀ] *nf*: **point de ~** (*fig*) focal point
miroir [miʀwaʀ] *nm* mirror
miroiter [miʀwate] /1/ *vi* to sparkle, shimmer; **faire ~ qch à qn** to paint sth in glowing colours for sb, dangle sth in front of sb's eyes
mis, e [mi, miz] *pp de* **mettre** ▷ *adj*: **bien ~** well dressed ▷ *nf* (*argent*: *au jeu*) stake; (*tenue*) clothing; attire; **être de ~e** to be acceptable *ou* in season; **~e de fonds** capital outlay; **~e à jour** update; **~e en plis** set; **~e au point** (*fig*) clarification; **~e en scène** production
miser [mize] /1/ *vt* (*enjeu*) to stake, bet; **~ sur** (*cheval, numéro*) to bet on; (*fig*) to bank *ou* count on
misérable [mizeʀabl] *adj* (*lamentable, malheureux*) pitiful, wretched; (*pauvre*) poverty-stricken; (*insignifiant, mesquin*) miserable ▷ *nm/f* wretch
misère [mizɛʀ] *nf* (extreme) poverty, destitution; **misères** *nfpl* (*malheurs*) woes, miseries; (*ennuis*) little troubles; **salaire de ~** starvation wage
missile [misil] *nm* missile
mission [misjɔ̃] *nf* mission; **partir en ~** (*Admin, Pol*) to go on an assignment; **missionnaire** *nm/f* missionary
mité, e [mite] *adj* moth-eaten
mi-temps [mitɑ̃] *nf inv* (*Sport*: *période*) half; (: *pause*) half-time; **à ~** part-time
miteux, -euse [mitø, -øz] *adj* seedy
mitigé, e [mitiʒe] *adj* (*sentiments*) mixed
mitoyen, ne [mitwajɛ̃, -ɛn] *adj* (*mur*) common, party *cpd*; **maisons ~nes** semi-detached houses; (*plus de deux*) terraced (BRIT) *ou* row (US) houses
mitrailler [mitʀɑje] /1/ *vt* to machine-gun; (*fig*: *photographier*) to snap away at; **~ qn de** to pelt *ou* bombard sb with; **mitraillette** *nf* submachine gun; **mitrailleuse** *nf* machine gun
mi-voix [mivwa]: **à ~** *adv* in a low *ou* hushed voice
mixage [miksaʒ] *nm* (*Ciné*) (sound) mixing
mixer [miksœʀ] *nm* (food) mixer
mixte [mikst] *adj* (*gén*) mixed; (*Scol*) mixed, coeducational; **cuisinière ~** combined gas and electric cooker
mixture [mikstyʀ] *nf* mixture; (*fig*) concoction
Mlle (*pl* **Mlles**) *abr* = **Mademoiselle**
MM *abr* = **Messieurs**
Mme (*pl* **Mmes**) *abr* = **Madame**
mobile [mɔbil] *adj* mobile; (*pièce de machine*) moving ▷ *nm* (*motif*) motive; (*œuvre d'art*) mobile; **(téléphone) ~** mobile (phone)
mobilier, -ière [mɔbilje, -jɛʀ] *nm* furniture
mobiliser [mɔbilize] /1/ *vt* to mobilize
mobylette® [mɔbilɛt] *nf* moped
mocassin [mɔkasɛ̃] *nm* moccasin
moche [mɔʃ] *adj* (*fam*: *laid*) ugly; (*mauvais, méprisable*) rotten
modalité [mɔdalite] *nf* form, mode
mode [mɔd] *nf* fashion ▷ *nm* (*manière*) form, mode; (*Ling*) mood; (*Inform*,

Mus) mode; **à la ~** fashionable, in fashion; **~ d'emploi** directions *pl* (for use); **~ de paiement** method of payment; **~ de vie** way of life

modèle [mɔdɛl] *adj* ▷ *nm* model; (*qui pose: de peintre*) sitter; **~ déposé** registered design; **~ réduit** small-scale model; **modeler** /5/ *vt* to model

modem [mɔdɛm] *nm* modem

modéré, e [mɔdeʀe] *adj, nm/f* moderate

modérer [mɔdeʀe] /6/ *vt* to moderate; **se modérer** *vi* to restrain o.s

moderne [mɔdɛʀn] *adj* modern ▷ *nm* (*Art*) modern style; (*ameublement*) modern furniture; **moderniser** /1/ *vt* to modernize

modeste [mɔdɛst] *adj* modest; **modestie** *nf* modesty

modifier [mɔdifje] /7/ *vt* to modify, alter; **se modifier** *vi* to alter

modique [mɔdik] *adj* modest

module [mɔdyl] *nm* module

moelle [mwal] *nf* marrow

moelleux, -euse [mwalø, -øz] *adj* soft; (*gâteau*) light and moist

mœurs [mœʀ] *nfpl* (*conduite*) morals; (*manières*) manners; (*pratiques sociales*) habits

moi [mwa] *pron* me; (*emphatique*): **~, je ...** for my part, I ..., I myself ...; **c'est ~ qui l'ai fait** I did it, it was me who did it; **apporte-le-~** bring it to me; **à ~** mine; (*dans un jeu*) my turn; **moi-même** *pron* myself; (*emphatique*) I myself

moindre [mwɛ̃dʀ] *adj* lesser; lower; **le (la) ~, les ~s** the least; the slightest; **c'est la ~ des choses** it's nothing at all

moine [mwan] *nm* monk, friar

moineau, x [mwano] *nm* sparrow

MOT-CLÉ

moins [mwɛ̃] *adv* **1** (*comparatif*): **moins (que)** less (than); **moins grand que** less tall than, not as tall as; **il a trois ans de moins que moi** he's three years younger than me; **moins je travaille, mieux je me porte** the less I work, the better I feel

2 (*superlatif*): **le moins** (the) least; **c'est ce que j'aime le moins** it's what I like (the) least; **le (la) moins doué(e)** the least gifted; **au moins, du moins** at least; **pour le moins** at the very least

3: **moins de** (*quantité*) less (than); (*nombre*) fewer (than); **moins de sable/d'eau** less sand/water; **moins de livres/gens** fewer books/people; **moins de deux ans** less than two years; **moins de midi** not yet midday

4: **de moins, en moins: 100 euros/3 jours de moins** 100 euros/3 days less; **trois livres en moins** three books fewer; three books too few; **de l'argent en moins** less money; **le soleil en moins** but for the sun, minus the sun; **de moins en moins** less and less

5: **à moins de, à moins que** unless; **à moins de faire** unless we do (*ou* he does *etc*); **à moins que tu ne fasses** unless you do; **à moins d'un accident** barring any accident

▸ *prép*: **quatre moins deux** four minus two; **dix heures moins cinq** five to ten; **il fait moins cinq** it's five (degrees) below (freezing), it's minus five; **il est moins cinq** it's five to

mois [mwa] *nm* month

moisi [mwazi] *nm* mould, mildew; **odeur de ~** musty smell; **moisir** /2/ *vi* to go mouldy; **moisissure** *nf* mould *no pl*

moisson [mwasɔ̃] *nf* harvest; **moissonner** /1/ *vt* to harvest, reap; **moissonneuse** *nf* (*machine*) harvester

moite [mwat] *adj* sweaty, sticky

moitié [mwatje] *nf* half; **la ~** half; **la ~ de** half (of); **la ~ du temps/des gens** half the time/the people; **à la ~ de** halfway through; **à ~** half (*avant le verbe*), half- (*avant l'adjectif*); **à ~ prix** (at) half price
molaire [mɔlɛʀ] *nf* molar
molester [mɔlɛste] /1/ *vt* to manhandle, maul (about)
molle [mɔl] *adj f voir* **mou**; **mollement** *adv* (*péj: travailler*) sluggishly; (*protester*) feebly
mollet [mɔlɛ] *nm* calf ▷ *adj m*: **œuf ~** soft-boiled egg
molletonné, e [mɔltɔne] *adj* fleece-lined
mollir [mɔliʀ] /2/ *vi* (*personne*) to relent; (*substance*) to go soft
mollusque [mɔlysk] *nm* mollusc
môme [mom] *nm/f* (*fam: enfant*) brat
moment [mɔmɑ̃] *nm* moment; **ce n'est pas le ~** this is not the right time; **au même ~** at the same time; (*instant*) at the same moment; **pour un bon ~** for a good while; **pour le ~** for the moment, for the time being; **au ~ de** at the time of; **au ~ où** as; **à tout ~** at any time *ou* moment; (*continuellement*) constantly, continually; **en ce ~** at the moment; (*aujourd'hui*) at present; **sur le ~** at the time; **par ~s** now and then, at times; **d'un ~ à l'autre** any time (now); **du ~ où** *ou* **que** seeing that, since; **momentané, e** *adj* temporary, momentary; **momentanément** *adv* for a while
momie [mɔmi] *nf* mummy
mon, ma (*pl* **mes**) [mɔ̃, ma, me] *adj poss* my
Monaco [mɔnako] *nm*: **le ~** Monaco
monarchie [mɔnaʀʃi] *nf* monarchy
monastère [mɔnastɛʀ] *nm* monastery
mondain, e [mɔ̃dɛ̃, -ɛn] *adj* (*soirée, vie*) society *cpd*
monde [mɔ̃d] *nm* world; **le ~** (*personnes mondaines*) (high) society; **il y a du ~** (*beaucoup de gens*) there are a lot of people; (*quelques personnes*) there are some people; **beaucoup/peu de ~** many/few people; **mettre au ~** to bring into the world; **pas le moins du ~** not in the least; **mondial, e, -aux** *adj* (*population*) world *cpd*; (*influence*) world-wide; **mondialement** *adv* throughout the world; **mondialisation** *nf* globalization
monégasque [mɔnegask] *adj* Monegasque, of *ou* from Monaco ▷ *nm/f*: **M~** Monegasque
monétaire [mɔnetɛʀ] *adj* monetary
moniteur, -trice [mɔnitœʀ, -tʀis] *nm/f* (*Sport*) instructor (instructress) (*de colonie de vacances*) supervisor ▷ *nm* (*écran*) monitor
monnaie [mɔnɛ] *nf* (*Écon: moyen d'échange*) currency; (*petites pièces*): **avoir de la ~** to have (some) change **faire de la ~** to get (some) change; **avoir/faire la ~ de 20 euros** to have change of/get change for 20 euros; **rendre à qn la ~ (sur 20 euros)** to give sb the change (from *ou* out of 20 euros)
monologue [mɔnɔlɔg] *nm* monologue, soliloquy; **monologuer** /1/ *vi* to soliloquize
monopole [mɔnɔpɔl] *nm* monopoly
monotone [mɔnɔtɔn] *adj* monotonous
Monsieur (*pl* **Messieurs**) [məsjø, mesjø] *nm* (*titre*) Mr; **un/le monsieur** (*homme quelconque*) a/the gentleman; **~, ...** (*en tête de lettre*) Dear Sir, ...; *voir aussi* **Madame**
monstre [mɔ̃stʀ] *nm* monster ▷ *adj* (*fam: effet, publicité*) massive; **un travail ~** a fantastic amount of work
monstrueux, -euse *adj* monstrous
mont [mɔ̃] *nm*: **par ~s et par vaux** up hill and down dale; **le M~ Blanc** Mont Blanc
montage [mɔ̃taʒ] *nm* (*d'une machine etc*) assembly; (*Photo*) photomontage; (*Ciné*) editing

montagnard, e [mɔ̃taɲaʀ, -aʀd] *adj* mountain *cpd* ▷ *nm/f* mountain-dweller

montagne [mɔ̃taɲ] *nf* (*cime*) mountain; (*région*): **la ~** the mountains *pl*; **~s russes** big dipper *sg*, switchback *sg*; **montagneux, -euse** *adj* mountainous; (*basse montagne*) hilly

montant, e [mɔ̃tɑ̃, -ɑ̃t] *adj* rising; (*robe, corsage*) high-necked ▷ *nm* (*somme, total*) (sum) total, (total) amount; (*de fenêtre*) upright; (*de lit*) post

monte-charge [mɔ̃tʃaʀʒ] *nm inv* goods lift, hoist

montée [mɔ̃te] *nf* rise; (*escalade*) climb; (*côte*) hill; **au milieu de la ~** halfway up

monter [mɔ̃te] /1/ *vt* (*escalier, côte*) to go (*ou* come) up; (*valise, paquet*) to take (*ou* bring) up; (*étagère*) to raise; (*tente, échafaudage*) to put up; (*machine*) to assemble; (*Ciné*) to edit; (*Théât*) to put on, stage; (*société, coup etc*) to set up ▷ *vi* to go (*ou* come) up; (*chemin, niveau, température, voix, prix*) to go up, rise; (*passager*) to get on; **~ à cheval** (*faire du cheval*) to ride (a horse); **~ sur** to climb up onto; **~ sur** *ou* **à un arbre/une échelle** to climb (up) a tree/ladder; **se ~ à** (*frais etc*) to add up to, come to

montgolfière [mɔ̃gɔlfjɛʀ] *nf* hot-air balloon

montre [mɔ̃tʀ] *nf* watch; **contre la ~** (*Sport*) against the clock

Montréal [mɔ̃ʀeal] *n* Montreal

montrer [mɔ̃tʀe] /1/ *vt* to show; **~ qch à qn** to show sb sth

monture [mɔ̃tyʀ] *nf* (*bête*) mount; (*d'une bague*) setting; (*de lunettes*) frame

monument [mɔnymɑ̃] *nm* monument; **~ aux morts** war memorial

moquer [mɔke] /1/: **se ~ de** *vt* to make fun of, laugh at; (*fam: se désintéresser de*) not to care about; (*tromper*): **se ~ de qn** to take sb for a ride

moquette [mɔkɛt] *nf* fitted carpet

moqueur, -euse [mɔkœʀ, -øz] *adj* mocking

moral, e, -aux [mɔʀal, -o] *adj* moral ▷ *nm* morale ▷ *nf* (*conduite*) morals *pl* (*règles*); (*valeurs*) moral standards *pl*, morality; (*d'une fable etc*) moral; **faire la ~e à** to lecture, preach at; **moralité** *nf* morality; (*conclusion, enseignement*) moral

morceau, x [mɔʀso] *nm* piece, bit; (*d'une œuvre*) passage, extract; (*Mus*) piece; (*Culin: de viande*) cut; (*: de sucre*) lump; **mettre en ~x** to pull to pieces *ou* bits; **manger un ~** to have a bite (to eat)

morceler [mɔʀsəle] /4/ *vt* to break up, divide up

mordant, e [mɔʀdɑ̃, -ɑ̃t] *adj* (*ton, remarque*) scathing, cutting; (*froid*) biting ▷ *nm* (*fougue*) bite, punch

mordiller [mɔʀdije] /1/ *vt* to nibble at, chew at

mordre [mɔʀdʀ] /41/ *vt* to bite ▷ *vi* (*poisson*) to bite; **~ sur** (*fig*) to go over into, overlap into; **~ à l'hameçon** to bite, rise to the bait

mordu, e [mɔʀdy] *nm/f* enthusiast; **un ~ du jazz/de la voile** a jazz/sailing fanatic *ou* buff

morfondre [mɔʀfɔ̃dʀ] /41/: **se morfondre** *vi* to mope

morgue [mɔʀg] *nf* (*arrogance*) haughtiness; (*lieu: de la police*) morgue; (*: à l'hôpital*) mortuary

morne [mɔʀn] *adj* dismal, dreary

morose [mɔʀoz] *adj* sullen, morose

mors [mɔʀ] *nm* bit

morse [mɔʀs] *nm* (*Zool*) walrus; (*Tél*) Morse (code)

morsure [mɔʀsyʀ] *nf* bite

mort[1] [mɔʀ] *nf* death

mort[2]**, e** [mɔʀ, mɔʀt] *pp de* **mourir** ▷ *adj* dead ▷ *nm/f* (*défunt*) dead man/woman; (*victime*): **il y a eu**

m

plusieurs ~s several people were killed, there were several killed; **~ de peur/fatigue** frightened to death/ dead tired
mortalité [mɔʀtalite] *nf* mortality, death rate
mortel, le [mɔʀtɛl] *adj* (*poison etc*) deadly, lethal; (*accident, blessure*) fatal; (*silence, ennemi*) deadly; (*danger, frayeur, péché*) mortal; (*ennui, soirée*) deadly (boring)
mort-né, e [mɔʀne] *adj* (*enfant*) stillborn
mortuaire [mɔʀtɥɛʀ] *adj*: **avis ~s** death announcements
morue [mɔʀy] *nf* (*Zool*) cod *inv*
mosaïque [mɔzaik] *nf* mosaic
Moscou [mɔsku] *n* Moscow
mosquée [mɔske] *nf* mosque
mot [mo] *nm* word; (*message*) line, note; **~ à ~** word for word; **~ de passe** password; **~s croisés** crossword (puzzle) *sg*
motard [mɔtaʀ] *nm* biker; (*policier*) motorcycle cop
motel [mɔtɛl] *nm* motel
moteur, -trice [mɔtœʀ, -tʀis] *adj* (*Anat, Physiol*) motor; (*Tech*) driving; (*Auto*): **à 4 roues motrices** 4-wheel drive ▷ *nm* engine, motor; **à ~** power-driven, motor *cpd*; **~ de recherche** search engine
motif [mɔtif] *nm* (*cause*) motive; (*décoratif*) design, pattern, motif; **sans ~** groundless
motivation [mɔtivasjɔ̃] *nf* motivation
motiver [mɔtive] /1/ *vt* (*justifier*) to justify, account for; (*Admin, Jur, Psych*) to motivate
moto [moto] *nf* (motor)bike; **motocycliste** *nm/f* motorcyclist
motorisé, e [mɔtɔʀize] *adj* (*personne*) having one's own transport
motrice [mɔtʀis] *adj f voir* **moteur**
motte [mɔt] *nf*: **~ de terre** lump of earth, clod (of earth); **~ de beurre** lump of butter
mou (mol), molle [mu, mɔl] *adj* soft; (*personne*) sluggish; (*résistance, protestations*) feeble ▷ *nm*: **avoir du ~** to be slack
mouche [muʃ] *nf* fly
moucher [muʃe] /1/: **se moucher** *vi* to blow one's nose
moucheron [muʃʀɔ̃] *nm* midge
mouchoir [muʃwaʀ] *nm* handkerchief, hanky; **~ en papier** tissue, paper hanky
moudre [mudʀ] /47/ *vt* to grind
moue [mu] *nf* pout; **faire la ~** to pout; (*fig*) to pull a face
mouette [mwɛt] *nf* (sea)gull
moufle [mufl] *nf* (*gant*) mitt(en)
mouillé, e [muje] *adj* wet
mouiller [muje] /1/ *vt* (*humecter*) to wet, moisten; (*tremper*): **~ qn/qch** to make sb/sth wet ▷ *vi* (*Navig*) to lie *ou* be at anchor; **se mouiller** to get wet; (*fam*: *prendre des risques*) to commit o.s
moulant, e [mulɑ̃, -ɑ̃t] *adj* figure-hugging
moule [mul] *nf* mussel ▷ *nm* (*Culin*) mould ; **~ à gâteau** *nm* cake tin (BRIT *ou* pan (US)
mouler [mule] /1/ *vt* (*vêtement*) to hug, fit closely round
moulin [mulɛ̃] *nm* mill; **~ à café** coffee mill; **~ à eau** watermill; **~ à légumes** (vegetable) shredder; **~ à paroles** (*fig*) chatterbox; **~ à poivre** pepper mill; **~ à vent** windmill
moulinet [mulinɛ] *nm* (*de canne à pêche*) reel; (*mouvement*): **faire des ~s avec qch** to whirl sth around
moulinette® [mulinɛt] *nf* (vegetable) shredder
moulu, e [muly] *pp de* **moudre**
mourant, e [muʀɑ̃, -ɑ̃t] *adj* dying
mourir [muʀiʀ] /1/ *vi* to die; (*civilisation*) to die out; **~ de froid/faim/vieillesse** to die of exposure/ hunger/old age; **~ de faim/d'ennui** (*fig*) to be starving/be bored to death; **~ d'envie de faire** to be dying to do

mousse [mus] *nf (Bot)* moss; *(de savon)* lather; *(écume: sur eau, bière)* froth, foam; *(Culin)* mousse ▷ *nm (Navig)* ship's boy; **~ à raser** shaving foam
mousseline [muslin] *nf* muslin; **pommes ~** creamed potatoes
mousser [muse] /1/ *vi (bière, détergent)* to foam; *(savon)* to lather; **mousseux, -euse** *adj* frothy ▷ *nm*: **(vin) mousseux** sparkling wine
mousson [musɔ̃] *nf* monsoon
moustache [mustaʃ] *nf* moustache; **moustaches** *nfpl (d'animal)* whiskers *pl*; **moustachu, e** *adj* with a moustache
moustiquaire [mustikɛʀ] *nf* mosquito net
moustique [mustik] *nm* mosquito
moutarde [mutaʀd] *nf* mustard
mouton [mutɔ̃] *nm* sheep *inv*; *(peau)* sheepskin; *(Culin)* mutton
mouvement [muvmɑ̃] *nm* movement; *(geste)* gesture; **avoir un bon ~** to make a nice gesture; **en ~** in motion; on the move; **mouvementé, e** *adj (vie, poursuite)* eventful; *(réunion)* turbulent
mouvoir [muvwaʀ] /27/: **se mouvoir** *vi* to move
moyen, ne [mwajɛ̃, -ɛn] *adj* average; *(tailles, prix)* medium; *(de grandeur moyenne)* medium-sized ▷ *nm (façon)* means *sg*, way ▷ *nf* average; *(Statistique)* mean; *(Scol: à l'examen)* pass mark; **moyens** *nmpl (capacités)* means; **très ~** *(résultats)* pretty poor; **je n'en ai pas les ~s** I can't afford it; **au ~ de** by means of; **par tous les ~s** by every possible means, every possible way; **par ses propres ~s** all by oneself; **~ âge** Middle Ages; **~ de transport** means of transport; **~ne d'âge** average age; **~ne entreprise** *(Comm)* medium-sized firm
moyennant [mwajɛnɑ̃] *prép (somme)* for; *(service, conditions)* in return for; *(travail, effort)* with
Moyen-Orient [mwajɛnɔʀjɑ̃] *nm*: **le ~** the Middle East
moyeu, x [mwajø] *nm* hub
MST *sigle f (= maladie sexuellement transmissible)* STD
mû, mue [my] *pp de* **mouvoir**
muer [mɥe] /1/ *vi (oiseau, mammifère)* to moult; *(serpent)* to slough (its skin); *(jeune garçon)*: **il mue** his voice is breaking
muet, te [mɥɛ, -ɛt] *adj* dumb; *(fig)*: **~ d'admiration** *etc* speechless with admiration *etc*; *(Ciné)* silent ▷ *nm/f* mute
mufle [myfl] *nm* muzzle; *(goujat)* boor
mugir [myʒiʀ] /2/ *vi (bœuf)* to bellow; *(vache)* to low; *(fig)* to howl
muguet [mygɛ] *nm* lily of the valley
mule [myl] *nf (Zool)* (she-)mule
mulet [mylɛ] *nm (Zool)* (he-)mule; *(poisson)* mullet
multinational, e, -aux [myltinasjɔnal, -o] *adj, nf* multinational
multiple [myltipl] *adj* multiple, numerous; *(varié)* many, manifold; **multiplication** *nf* multiplication; **multiplier** /7/ *vt* to multiply; **se multiplier** *vi* to multiply
municipal, e, -aux [mynisipal, -o] *adj (élections, stade)* municipal; *(conseil)* town *cpd*; **piscine/bibliothèque ~e** public swimming pool/library; **municipalité** *nf (corps municipal)* town council; *(commune)* municipality
munir [myniʀ] /2/ *vt*: **~ qn/qch de** to equip sb/sth with; **se ~ de** to provide o.s. with
munitions [mynisjɔ̃] *nfpl* ammunition *sg*
mur [myʀ] *nm* wall; **~ du son** sound barrier
mûr, e [myʀ] *adj* ripe; *(personne)* mature
muraille [myʀaj] *nf* (high) wall
mural, e, -aux [myʀal, -o] *adj* wall *cpd* ▷ *nm (Art)* mural

m

mûre [myʀ] *nf* blackberry
muret [myʀɛ] *nm* low wall
mûrir [myʀiʀ] /2/ *vi* (*fruit, blé*) to ripen; (*abcès, furoncle*) to come to a head; (*fig: idée, personne*) to mature ▷ *vt* (*personne*) to (make) mature; (*pensée, projet*) to nurture
murmure [myʀmyʀ] *nm* murmur; **murmurer** /1/ *vi* to murmur
muscade [myskad] *nf* (*aussi:* **noix (de)** ~) nutmeg
muscat [myska] *nm* (*raisin*) muscat grape; (*vin*) muscatel (wine)
muscle [myskl] *nm* muscle; **musclé, e** *adj* muscular; (*fig*) strong-arm *cpd*
museau, x [myzo] *nm* muzzle; (*Culin*) brawn
musée [myze] *nm* museum; (*de peinture*) art gallery
museler [myzle] /4/ *vt* to muzzle; **muselière** *nf* muzzle
musette [myzɛt] *nf* (*sac*) lunch bag
musical, e, -aux [myzikal, -o] *adj* musical
music-hall [myzikol] *nm* (*salle*) variety theatre; (*genre*) variety
musicien, ne [myzisjɛ̃, -ɛn] *adj* musical ▷ *nm/f* musician
musique [myzik] *nf* music
musulman, e [myzylmɑ̃, -an] *adj, nm/f* Moslem, Muslim
mutation [mytasjɔ̃] *nf* (*Admin*) transfer
muter [myte] /1/ *vt* to transfer, move
mutilé, e [mytile] *nm/f* disabled person (*through loss of limbs*)
mutiler [mytile] /1/ *vt* to mutilate, maim
mutin, e [mytɛ̃, -in] *adj* (*enfant, air, ton*) mischievous, impish ▷ *nm/f* (*Mil, Navig*) mutineer; **mutinerie** *nf* mutiny
mutisme [mytism] *nm* silence
mutuel, le [mytɥɛl] *adj* mutual ▷ *nf* mutual benefit society
myope [mjɔp] *adj* short-sighted
myosotis [mjɔzɔtis] *nm* forget-me-not
myrtille [miʀtij] *nf* blueberry
mystère [mistɛʀ] *nm* mystery; **mystérieux, -euse** *adj* mysterious
mystifier [mistifje] /7/ *vt* to fool
mythe [mit] *nm* myth
mythologie [mitɔlɔʒi] *nf* mythology

n

ı' [n] *adv voir* **ne**
ıacre [nakʀ] *nf* mother-of-pearl
ıage [naʒ] *nf* swimming; (*manière*) style of swimming, stroke; **traverser/s'éloigner à la ~** to swim across/away; **en ~** bathed in sweat; **nageoire** *nf* fin; **nager** /3/ *vi* to swim; **nageur, -euse** *nm/f* swimmer
ıaïf, -ïve [naif, naiv] *adj* naïve
ıain, e [nɛ̃, nɛn] *nm/f* dwarf
ıaissance [nɛsɑ̃s] *nf* birth; **donner ~ à** to give birth to; (*fig*) to give rise to; **lieu de ~** place of birth
ıaître [nɛtʀ] /59/ *vi* to be born; (*conflit, complications*): **~ de** to arise from, be born out of; **je suis né en 1960** I was born in 1960; **faire ~** (*fig*) to give rise to, arouse
ıaïveté [naivte] *nf* naivety
ıana [nana] *nf* (*fam: fille*) bird (BRIT), chick
ıappe [nap] *nf* tablecloth; (*de pétrole, gaz*) layer; **napperon** *nm* table-mat
narguer [naʀge] /1/ *vt* to taunt
narine [naʀin] *nf* nostril
natal, e [natal] *adj* native; **natalité** *nf* birth rate
natation [natasjɔ̃] *nf* swimming
natif, -ive [natif, -iv] *adj* native
nation [nasjɔ̃] *nf* nation; **national, e, -aux** *adj* national ▷ *nf*: **(route) nationale** ≈ A road (BRIT), ≈ state highway (US); **nationaliser** /1/ *vt* to nationalize; **nationalisme** *nm* nationalism; **nationalité** *nf* nationality
natte [nat] *nf* (*tapis*) mat; (*cheveux*) plait
naturaliser [natyʀalize] /1/ *vt* to naturalize
nature [natyʀ] *nf* nature ▷ *adj, adv* (*Culin*) plain, without seasoning or sweetening; (*café, thé*) black; without sugar; (*yaourt*) natural; **payer en ~** to pay in kind; **~ morte** still-life; **naturel, le** *adj* natural ▷ *nm* naturalness; (*caractère*) disposition, nature; **naturellement** *adv* naturally; (*bien sûr*) of course
naufrage [nofʀaʒ] *nm* (ship)wreck; **faire ~** to be shipwrecked
nausée [noze] *nf* nausea; **avoir la ~** to feel sick
nautique [notik] *adj* nautical, water *cpd*; **sports ~s** water sports
naval, e [naval] *adj* naval; (*industrie*) shipbuilding
navet [navɛ] *nm* turnip; (*péj: film*) third-rate film
navette [navɛt] *nf* shuttle; **faire la ~ (entre)** to go to and fro (between)
navigateur [navigatœʀ] *nm* (*Navig*) seafarer; (*Inform*) browser
navigation [navigasjɔ̃] *nf* navigation, sailing
naviguer [navige] /1/ *vi* to navigate, sail; **~ sur Internet** to browse the Internet
navire [naviʀ] *nm* ship
navrer [navʀe] /1/ *vt* to upset, distress; **je suis navré (de/de faire/que)** I'm so sorry (for/for doing/that)

ne, n' [nə, n] *adv voir* **pas¹**; **plus²**; **jamais** *etc*; (*sans valeur négative, non traduit*): **c'est plus loin que je ne le croyais** it's further than I thought
né, e [ne] *pp de* **naître**; **né en 1960** born in 1960; **née Scott** née Scott
néanmoins [neɑ̃mwɛ̃] *adv* nevertheless
néant [neɑ̃] *nm* nothingness; **réduire à ~** to bring to nought; (*espoir*) to dash
nécessaire [nesesɛʀ] *adj* necessary ▷ *nm* necessary; (*sac*) kit; **faire le ~** to do the necessary; **~ de couture** sewing kit; **~ de toilette** toilet bag; **nécessité** *nf* necessity; **nécessiter** /1/ *vt* to require
nectar [nɛktaʀ] *nm* nectar
néerlandais, e [neɛʀlɑ̃dɛ, -ɛz] *adj* Dutch
nef [nɛf] *nf* (*d'église*) nave
néfaste [nefast] *adj* (*nuisible*) harmful; (*funeste*) ill-fated
négatif, -ive [negatif, -iv] *adj* negative ▷ *nm* (*Photo*) negative
négligé, e [negliʒe] *adj* (*en désordre*) slovenly ▷ *nm* (*tenue*) negligee
négligeable [negliʒabl] *adj* negligible
négligent, e [negliʒɑ̃, -ɑ̃t] *adj* careless; negligent
négliger [negliʒe] /3/ *vt* (*épouse, jardin*) to neglect; (*tenue*) to be careless about; (*avis, précautions*) to disregard; **~ de faire** to fail to do, not bother to do
négociant, e [negɔsjɑ̃, -jɑ̃t] *nm/f* merchant
négociation [negɔsjasjɔ̃] *nf* negotiation
négocier [negɔsje] /7/ *vi, vt* to negotiate
nègre [nɛgʀ] *nm* (*péj*) Negro; (*écrivain*) ghost writer
neige [nɛʒ] *nf* snow; **neiger** /3/ *vi* to snow
nénuphar [nenyfaʀ] *nm* water-lily
néon [neɔ̃] *nm* neon
néo-zélandais, e [neɔzelɑ̃dɛ, -ɛz] *adj* New Zealand *cpd* ▷ *nm/f*: **N~, e** New Zealander
Népal [nepal] *nm*: **le ~** Nepal
nerf [nɛʀ] *nm* nerve; **être** *ou* **vivre sur les ~s** to live on one's nerves; **nerveux, -euse** *adj* nervous; (*irritable*) touchy, nervy; (*voiture*) nippy, responsive; **nervosité** *nf* excitability, tenseness
n'est-ce pas [nɛspa] *adv* isn't it?, won't you? *etc* (*selon le verbe qui précède*)
net, nette [nɛt] *adj* (*sans équivoque, distinct*) clear; (*amélioration, différence*) marked, distinct; (*propre*) neat, clean; (*Comm: prix, salaire, poids*) net ▷ *adv* (*refuser*) flatly ▷ *nm*: **mettre au ~** to copy out; **s'arrêter ~** to stop dead; **nettement** *adv* clearly; (*incontestablement*) decidedly; **netteté** *nf* clearness
nettoyage [netwajaʒ] *nm* cleaning; **~ à sec** dry cleaning
nettoyer [netwaje] /8/ *vt* to clean
neuf¹ [nœf] *num* nine
neuf², neuve [nœf, nœv] *adj* new; **remettre à ~** to do up (as good as new), refurbish; **quoi de ~?** what's new?
neutre [nøtʀ] *adj* (*Ling*) neuter
neuve [nœv] *adj f voir* **neuf²**
neuvième [nœvjɛm] *num* ninth
neveu, x [nəvø] *nm* nephew
New York [njujɔʀk] *n* New York
nez [ne] *nm* nose; **avoir du ~** to have flair; **~ à ~ avec** face to face with
ni [ni] *conj*: **ni ... ni** neither ... nor; **je n'aime ni les lentilles ni les épinards** I like neither lentils nor spinach; **il n'a dit ni oui ni non** he didn't say either yes or no; **elles ne sont venues ni l'une ni l'autre** neither of them came; **il n'a rien vu ni entendu** he didn't see or hear anything
niche [niʃ] *nf* (*du chien*) kennel; (*de mu*... recess, niche; **nicher** /1/ *vi* to nest

nid [ni] *nm* nest; **~ de poule** pothole
nièce [njɛs] *nf* niece
nier [nje] /7/ *vt* to deny
Nil [nil] *nm*: **le ~** the Nile
n'importe [nɛ̃pɔʀt] *adv*: **~ qui/quoi/où** anybody/anything/anywhere; **~ quand** any time; **~ quel/quelle** any; **~ lequel/laquelle** any (one); **~ comment** (*sans soin*) carelessly
niveau, x [nivo] *nm* level; (*des élèves, études*) standard; **~ de vie** standard of living
niveler [nivle] /4/ *vt* to level
noble [nɔbl] *adj* noble; **noblesse** *nf* nobility; (*d'une action etc*) nobleness
noce [nɔs] *nf* wedding; (*gens*) wedding party (*ou* guests *pl*); **faire la ~** (*fam*) to go on a binge; **~s d'or/d'argent/de diamant** golden/silver/diamond wedding
nocif, -ive [nɔsif, -iv] *adj* harmful
nocturne [nɔktyʀn] *adj* nocturnal ▷ *nf* late opening
Noël [nɔɛl] *nm* Christmas
nœud [nø] *nm* knot; (*ruban*) bow; **~ papillon** bow tie
noir, e [nwaʀ] *adj* black; (*obscur, sombre*) dark ▷ *nm/f* black man/woman ▷ *nm*: **dans le ~** in the dark ▷ *nf* (*Mus*) crotchet (BRIT), quarter note (US); **travailler au ~** to work on the side; **noircir** /2/ *vt, vi* to blacken
noisette [nwazɛt] *nf* hazelnut
noix [nwa] *nf* walnut; (*Culin*): **une ~ de beurre** a knob of butter; **à la ~** (*fam*) worthless; **~ de cajou** cashew nut; **~ de coco** coconut; **~ muscade** nutmeg
nom [nɔ̃] *nm* name; (*Ling*) noun; **~ de famille** surname; **~ de jeune fille** maiden name; **~ d'utilisateur** username
nomade [nɔmad] *nm/f* nomad
nombre [nɔ̃bʀ] *nm* number; **venir en ~** to come in large numbers; **depuis ~ d'années** for many years; **au ~ de mes amis** among my friends; **nombreux, -euse** *adj* many, numerous; (*avec nom sg: foule etc*) large; **peu nombreux** few; **de nombreux cas** many cases
nombril [nɔ̃bʀi(l)] *nm* navel
nommer [nɔme] /1/ *vt* to name; (*élire*) to appoint, nominate; **se nommer** *vr*: **il se nomme Pascal** his name's Pascal, he's called Pascal
non [nɔ̃] *adv* (*réponse*) no; (*suivi d'un adjectif, adverbe*) not; **Paul est venu, ~?** Paul came, didn't he?; **~ pas que** not that; **moi ~ plus** neither do I, I don't either; **je pense que ~** I don't think so; **~ alcoolisé** non-alcoholic
nonchalant, e [nɔ̃ʃalɑ̃, -ɑ̃t] *adj* nonchalant
non-fumeur, -euse [nɔ̃fymœʀ, -øz] *nm/f* non-smoker
non-sens [nɔ̃sɑ̃s] *nm* absurdity
nord [nɔʀ] *nm* North ▷ *adj* northern; north; **au ~** (*situation*) in the north; (*direction*) to the north; **au ~ de** to the north of; **nord-africain, e** *adj* North-African ▷ *nm/f*: **Nord-Africain, e** North African; **nord-est** *nm* North-East; **nord-ouest** *nm* North-West
normal, e, -aux [nɔʀmal, -o] *adj* normal ▷ *nf*: **la ~e** the norm, the average; **c'est tout à fait ~** it's perfectly natural; **vous trouvez ça ~?** does it seem right to you?; **normalement** *adv* (*en général*) normally
normand, e [nɔʀmɑ̃, -ɑ̃d] *adj* Norman ▷ *nm/f*: **N~, e** (*de Normandie*) Norman
Normandie [nɔʀmɑ̃di] *nf*: **la ~** Normandy
norme [nɔʀm] *nf* norm; (*Tech*) standard
Norvège [nɔʀvɛʒ] *nf*: **la ~** Norway; **norvégien, ne** *adj* Norwegian ▷ *nm* (*Ling*) Norwegian ▷ *nm/f*: **Norvégien, ne** Norwegian
nos [no] *adj poss voir* **notre**
nostalgie [nɔstalʒi] *nf* nostalgia; **nostalgique** *adj* nostalgic

n

notable [nɔtabl] *adj* notable, noteworthy; (*marqué*) noticeable, marked ▷ *nm* prominent citizen
notaire [nɔtɛʀ] *nm* solicitor
notamment [nɔtamɑ̃] *adv* in particular, among others
note [nɔt] *nf* (*écrite, Mus*) note; (*Scol*) mark (BRIT), grade; (*facture*) bill; **~ de service** memorandum
noter [nɔte] /1/ *vt* (*écrire*) to write down; (*remarquer*) to note, notice; (*devoir*) to mark, give a grade to
notice [nɔtis] *nf* summary, short article; (*brochure*): **~ explicative** explanatory leaflet, instruction booklet
notifier [nɔtifje] /7/ *vt*: **~ qch à qn** to notify sb of sth, notify sth to sb
notion [nosjɔ̃] *nf* notion, idea
notoire [nɔtwaʀ] *adj* widely known; (*en mal*) notorious
notre (*pl* **nos**) [nɔtʀ(ə), no] *adj poss* our
nôtre [notʀ] *adj* ours ▷ *pron*: **le/la ~** ours; **les ~s** ours; (*alliés etc*) our own people; **soyez des ~s** join us
nouer [nwe] /1/ *vt* to tie, knot; (*fig: alliance etc*) to strike up
noueux, -euse [nwø, -øz] *adj* gnarled
nourrice [nuʀis] *nf* ≈ child-minder
nourrir [nuʀiʀ] /2/ *vt* to feed; (*fig: espoir*) to harbour, nurse; **nourrissant, e** *adj* nourishing, nutritious; **nourrisson** *nm* (unweaned) infant; **nourriture** *nf* food
nous [nu] *pron* (*sujet*) we; (*objet*) us; **nous-mêmes** *pron* ourselves
nouveau (nouvel), -elle, x [nuvo, -ɛl] *adj* new ▷ *nm/f* new pupil (*ou* employee) ▷ *nm*: **il y a du ~** there's something new ▷ *nf* (piece of) news *sg*; (*Littérature*) short story; **nouvelles** *nfpl* (*Presse, TV*) news; **de ~ à ~** again; **je suis sans nouvelles de lui** I haven't heard from him; **Nouvel An** New Year; **~ venu, nouvelle venue** newcomer; **~x mariés** newly-weds; **nouveau-né, e** *nm/f* newborn (baby); **nouveauté** *nf* novelty; (*chose nouvelle*) something new
nouvelle: Nouvelle-Calédonie [nuvɛlkaledɔni] *nf*: **la Nouvelle-Calédonie** New Caledonia; **Nouvelle-Zélande** [nuvɛlzelɑ̃d] *nf*: **la Nouvelle-Zélande** New Zealand
novembre [nɔvɑ̃bʀ] *nm* November; *voir aussi* **juillet**

LE 11 NOVEMBRE

Le 11 novembre is a public holiday in France and commemorates the signing of the armistice, near Compiègne, at the end of the First World War.

noyade [nwajad] *nf* drowning *no pl*
noyau, x [nwajo] *nm* (*de fruit*) stone; (*Bio, Physique*) nucleus; (*fig: centre*) core
noyer [nwaje] /8/ *nm* walnut (tree); (*bois*) walnut ▷ *vt* to drown; (*moteur*) to flood; **se noyer** to be drowned, drown; (*suicide*) to drown o.s.
nu, e [ny] *adj* naked; (*membres*) naked, bare; (*chambre, fil, plaine*) bare ▷ *nm* (*Art*) nude; **tout nu** stark naked; **se mettre nu** to strip
nuage [nɥaʒ] *nm* cloud; **nuageux, -euse** *adj* cloudy
nuance [nɥɑ̃s] *nf* (*de couleur, sens*) shade; **il y a une ~ (entre)** there's a slight difference (between); **nuancer** /3/ *vt* (*pensée, opinion*) to qualify
nucléaire [nykleɛʀ] *adj* nuclear ▷ *nm*: **le ~** nuclear power
nudiste [nydist] *nm/f* nudist
nuée [nɥe] *nf*: **une ~ de** a cloud *ou* host *ou* swarm of
nuire [nɥiʀ] /38/ *vi* to be harmful; **~ à** to harm, do damage to; **nuisible** [nɥizibl] *adj* harmful; **(animal) nuisible** pest
nuit [nɥi] *nf* night; **il fait ~** it's dark; **cette ~** (*hier*) last night; (*aujourd'hui*)

tonight; **de ~** (*vol, service*) night *cpd*; **~ blanche** sleepless night

nul, nulle [nyl] *adj* (*aucun*) no; (*minime*) nil, non-existent; (*non valable*) null; (*péj*) useless, hopeless ▷ *pron* none, no one; **résultat ~, match ~** draw; **nulle part** nowhere; **nullement** *adv* by no means

numérique [nymeʀik] *adj* numerical; (*affichage, son, télévision*) digital

numéro [nymeʀo] *nm* number; (*spectacle*) act, turn; (*Presse*) issue, number; **~ de téléphone** (tele)phone number; **~ vert** ≈ Freefone® number (BRIT), ≈ toll-free number (US); **numéroter** /1/ *vt* to number

nuque [nyk] *nf* nape of the neck

nu-tête [nytɛt] *adj inv* bareheaded

nutritif, -ive [nytʀitif, -iv] *adj* (*besoins, valeur*) nutritional; (*aliment*) nutritious, nourishing

nylon [nilɔ̃] *nm* nylon

O

oasis [ɔazis] *nm ou f* oasis

obéir [ɔbeiʀ] /2/ *vi* to obey; **~ à** to obey; **obéissance** *nf* obedience; **obéissant, e** *adj* obedient

obèse [ɔbɛz] *adj* obese; **obésité** *nf* obesity

objecter [ɔbʒɛkte] /1/ *vt*: **~ (à qn) que** to object (to sb) that; **objecteur** *nm*: **objecteur de conscience** conscientious objector

objectif, -ive [ɔbʒɛktif, -iv] *adj* objective ▷ *nm* (*Optique, Photo*) lens *sg*; (*Mil, fig*) objective

objection [ɔbʒɛksjɔ̃] *nf* objection

objectivité [ɔbʒɛktivite] *nf* objectivity

objet [ɔbʒɛ] *nm* object; (*d'une discussion, recherche*) subject; **être** *ou* **faire l'~ de** (*discussion*) to be the subject of; (*soins*) to be given *ou* shown; **sans ~** purposeless; (*sans fondement*) groundless; **~ d'art** objet d'art; **~s personnels** personal items;

~s trouvés lost property *sg* (BRIT), lost-and-found *sg* (US); **~s de valeur** valuables

obligation [ɔbligasjɔ̃] *nf* obligation; (*Comm*) bond, debenture; **obligatoire** *adj* compulsory, obligatory; **obligatoirement** *adv* necessarily; (*fam: sans aucun doute*) inevitably

obliger [ɔbliʒe] /3/ *vt* (*contraindre*): **~ qn à faire** to force *ou* oblige sb to do; **je suis bien obligé (de le faire)** I have to (do it)

oblique [ɔblik] *adj* oblique; **en ~** diagonally

oblitérer [ɔblitere] /6/ *vt* (*timbre-poste*) to cancel

obnubiler [ɔbnybile] /1/ *vt* to obsess

obscène [ɔpsɛn] *adj* obscene

obscur, e [ɔpskyʀ] *adj* dark; (*raisons*) obscure; **obscurcir** /2/ *vt* to darken; (*fig*) to obscure; **s'obscurcir** *vi* to grow dark; **obscurité** *nf* darkness; **dans l'obscurité** in the dark, in darkness

obsédé, e [ɔpsede] *nm/f* fanatic; **~(e) sexuel(le)** sex maniac

obséder [ɔpsede] /6/ *vt* to obsess, haunt

obsèques [ɔpsɛk] *nfpl* funeral *sg*

observateur, -trice [ɔpsɛʀvatœʀ, -tʀis] *adj* observant, perceptive ▷ *nm/f* observer

observation [ɔpsɛʀvasjɔ̃] *nf* observation; (*d'un règlement etc*) observance; (*reproche*) reproof; **en ~** (*Méd*) under observation

observatoire [ɔpsɛʀvatwaʀ] *nm* observatory

observer [ɔpsɛʀve] /1/ *vt* (*regarder*) to observe, watch; (*scientifiquement, aussi: règlement, jeûne etc*) to observe; (*surveiller*) to watch; (*remarquer*) to observe, notice; **faire ~ qch à qn** (*dire*) to point out sth to sb

obsession [ɔpsesjɔ̃] *nf* obsession

obstacle [ɔpstakl] *nm* obstacle; (*Équitation*) jump, hurdle; **faire ~ à** (*projet*) to hinder, put obstacles in the path of

obstiné, e [ɔpstine] *adj* obstinate

obstiner [ɔpstine] /1/: **s'obstiner** *vi* to insist, dig one's heels in; **s'~ à faire** to persist (obstinately) in doing

obstruer [ɔpstʀye] /1/ *vt* to block, obstruct

obtenir [ɔptəniʀ] /22/ *vt* to obtain, get; (*résultat*) to achieve, obtain; **~ de pouvoir faire** to obtain permission to do

obturateur [ɔptyʀatœʀ] *nm* (*Photo*) shutter

obus [ɔby] *nm* shell

occasion [ɔkazjɔ̃] *nf* (*aubaine, possibilité*) opportunity; (*circonstance*) occasion; (*Comm: article non neuf*) secondhand buy; (*: acquisition avantageuse*) bargain; **à plusieurs ~s** on several occasions; **à l'~** sometimes, on occasions; **d'~** secondhand; **occasionnel, le** *adj* occasional

occasionner [ɔkazjɔne] /1/ *vt* to cause

occident [ɔksidɑ̃] *nm*: **l'O~** the West; **occidental, e, -aux** *adj* western; (*Pol*) Western ▷ *nm/f* Westerner

occupation [ɔkypasjɔ̃] *nf* occupation

occupé, e [ɔkype] *adj* (*Mil, Pol*) occupied; (*personne*) busy; (*place, sièges*) taken; (*toilettes*) engaged; **la ligne est ~e** the line's engaged (BRIT) *ou* busy (US)

occuper [ɔkype] /1/ *vt* to occupy; (*poste, fonction*) to hold; **s'~ (à qch)** to occupy o.s *ou* keep o.s. busy (with sth); **s'~ de** (*être responsable de*) to be in charge of; (*se charger de: affaire*) to take charge of, deal with; (*: clients etc*) to attend to

occurrence [ɔkyʀɑ̃s] *nf*: **en l'~** in this case

océan [ɔseɑ̃] *nm* ocean

octet [ɔktɛ] *nm* byte

octobre [ɔktɔbʀ] *nm* October

oculiste [ɔkylist] *nm/f* eye specialist
odeur [ɔdœʀ] *nf* smell
odieux, -euse [ɔdjø, -øz] *adj* hateful
odorant, e [ɔdɔʀɑ̃, -ɑ̃t] *adj* sweet-smelling, fragrant
odorat [ɔdɔʀa] *nm* (sense of) smell
œil [œj] (*pl* **yeux**) *nm* eye; **avoir un ~ poché** *ou* **au beurre noir** to have a black eye; **à l'~** (*fam*) for free; **à l'~ nu** with the naked eye; **fermer les yeux (sur)** (*fig*) to turn a blind eye (to); **les yeux fermés** (*aussi fig*) with one's eyes shut; **ouvrir l'~** (*fig*) to keep one's eyes open *ou* an eye out
œillères [œjɛʀ] *nfpl* blinkers (BRIT), blinders (US)
œillet [œjɛ] *nm* (*Bot*) carnation
œuf [œf] *nm* egg; **~ à la coque/dur/mollet** boiled/hard-boiled/soft-boiled egg; **~ au plat/poché** fried/poached egg; **~s brouillés** scrambled eggs; **~ de Pâques** Easter egg
œuvre [œvʀ] *nf* (*tâche*) task, undertaking; (*ouvrage achevé, livre, tableau etc*) work; (*ensemble de la production artistique*) works *pl* ▷ *nm* (*Constr*): **le gros ~** the shell; **mettre en ~** (*moyens*) to make use of; **~ d'art** work of art; **~s de bienfaisance** charitable works
offense [ɔfɑ̃s] *nf* insult; **offenser** /1/ *vt* to offend, hurt; **s'offenser de** *vi* to take offence (BRIT) *ou* offense (US) at
offert, e [ɔfɛʀ, -ɛʀt] *pp de* **offrir**
office [ɔfis] *nm* (*agence*) bureau, agency; (*Rel*) service ▷ *nm ou f* (*pièce*) pantry; **faire ~ de** to act as; **d'~** automatically; **~ du tourisme** tourist office
officiel, le [ɔfisjɛl] *adj, nm/f* official
officier [ɔfisje] /7/ *nm* officer
officieux, -euse [ɔfisjø, -øz] *adj* unofficial
offrande [ɔfʀɑ̃d] *nf* offering
offre [ɔfʀ] *nf* offer; (*aux enchères*) bid; (*Admin: soumission*) tender; (*Écon*): **l'~ et la demande** supply and demand; **~ d'emploi** job advertised; **"~s d'emploi"** "situations vacant"; **~ publique d'achat (OPA)** takeover bid
offrir [ɔfʀiʀ] /18/ *vt*: **~ (à qn)** to offer (to sb); (*faire cadeau*) to give to (sb); **s'offrir** *vt* (*vacances, voiture*) to treat o.s. to; **~ (à qn) de faire qch** to offer to do sth (for sb); **~ à boire à qn** (*chez soi*) to offer sb a drink; **je vous offre un verre** I'll buy you a drink
OGM *sigle m* (= *organisme génétiquement modifié*) GMO
oie [wa] *nf* (*Zool*) goose
oignon [ɔɲɔ̃] *nm* onion; (*de tulipe etc*) bulb
oiseau, x [wazo] *nm* bird; **~ de proie** bird of prey
oisif, -ive [wazif, -iv] *adj* idle
oléoduc [ɔleɔdyk] *nm* (oil) pipeline
olive [ɔliv] *nf* (*Bot*) olive; **olivier** *nm* olive (tree)
OLP *sigle f* (= *Organisation de libération de la Palestine*) PLO
olympique [ɔlɛ̃pik] *adj* Olympic
ombragé, e [ɔ̃bʀaʒe] *adj* shaded, shady
ombre [ɔ̃bʀ] *nf* (*espace non ensoleillé*) shade; (*ombre portée, tache*) shadow; **à l'~** in the shade; **dans l'~** (*fig*) in the dark; **~ à paupières** eye shadow
omelette [ɔmlɛt] *nf* omelette; **~ norvégienne** baked Alaska
omettre [ɔmɛtʀ] /56/ *vt* to omit, leave out
omoplate [ɔmɔplat] *nf* shoulder blade

O MOT-CLÉ

on [ɔ̃] *pron* **1** (*indéterminé*) you, one; **on peut le faire ainsi** you *ou* one can do it like this, it can be done like this
2 (*quelqu'un*): **on les a attaqués** they were attacked; **on vous demande au téléphone** there's a phone call for you, you're wanted on the phone
3 (*nous*) we; **on va y aller demain** we're going tomorrow

4 (*les gens*) they; **autrefois, on croyait …** they used to believe ..
5: **on ne peut plus** *adv*: **on ne peut plus stupide** as stupid as can be

oncle [ɔ̃kl] *nm* uncle
onctueux, -euse [ɔ̃ktɥø, -øz] *adj* creamy; smooth
onde [ɔ̃d] *nf* wave; **~s courtes (OC)** short wave *sg*; **~s moyennes (OM)** medium wave *sg*; **grandes ~s (GO), ~s longues (OL)** long wave *sg*
ondée [ɔ̃de] *nf* shower
on-dit [ɔ̃di] *nm inv* rumour
onduler [ɔ̃dyle] /1/ *vi* to undulate; (*cheveux*) to wave
onéreux, -euse [ɔneʀø, -øz] *adj* costly
ongle [ɔ̃gl] *nm* nail
ont [ɔ̃] *vb voir* **avoir**
ONU *sigle f* (= *Organisation des Nations unies*) UN(O)
onze ['ɔ̃z] *num* eleven; **onzième** *num* eleventh
OPA *sigle f* = **offre publique d'achat**
opaque [ɔpak] *adj* opaque
opéra [ɔpeʀa] *nm* opera; (*édifice*) opera house
opérateur, -trice [ɔpeʀatœʀ, -tʀis] *nm/f* operator; **~ (de prise de vues)** cameraman
opération [ɔpeʀasjɔ̃] *nf* operation; (*Comm*) dealing
opératoire [ɔpeʀatwaʀ] *adj* (*choc etc*) post-operative
opérer [ɔpeʀe] /6/ *vt* (*Méd*) to operate on; (*faire, exécuter*) to carry out, make ▷ *vi* (*remède: faire effet*) to act, work; (*Méd*) to operate; **s'opérer** *vi* (*avoir lieu*) to occur, take place; **se faire ~** to have an operation
opérette [ɔpeʀɛt] *nf* operetta, light opera
opinion [ɔpinjɔ̃] *nf* opinion; **l'~ (publique)** public opinion
opportun, e [ɔpɔʀtœ̃, -yn] *adj* timely, opportune; **opportuniste** [ɔpɔʀtynist] *nm/f* opportunist
opposant, e [ɔpozɑ̃, -ɑ̃t] *nm/f* opponent
opposé, e [ɔpoze] *adj* (*direction, rive*) opposite; (*faction*) opposing; (*opinions, intérêts*) conflicting; (*contre*): **~ à** opposed to, against ▷ *nm*: **l'~** the other *ou* opposite side (*ou* direction); (*contraire*) the opposite; **à l'~** (*fig*) on the other hand; **à l'~ de** (*fig*) contrary to, unlike
opposer [ɔpoze] /1/ *vt* (*personnes, armées, équipes*) to oppose; (*couleurs, termes, tons*) to contrast; **~ qch à** (*comme obstacle, défense*) to set sth against; (*comme objection*) to put sth forward against; **s'opposer** *vi* (*équipes*) to confront each other; (*opinions*) to conflict; (*couleurs, styles*) to contrast; **s'~ à** (*interdire, empêcher*) to oppose
opposition [ɔpozisjɔ̃] *nf* opposition; **par ~ à** as opposed to; **entrer en ~ avec** to come into conflict with; **faire ~ à un chèque** to stop a cheque
oppressant, e [ɔpʀesɑ̃, -ɑ̃t] *adj* oppressive
oppresser [ɔpʀese] /1/ *vt* to oppress; **oppression** *nf* oppression
opprimer [ɔpʀime] /1/ *vt* to oppress
opter [ɔpte] /1/ *vi*: **~ pour** to opt for; **~ entre** to choose between
opticien, ne [ɔptisjɛ̃, -ɛn] *nm/f* optician
optimisme [ɔptimism] *nm* optimism; **optimiste** [ɔptimist] *adj* optimistic ▷ *nm/f* optimist
option [ɔpsjɔ̃] *nf* option; **matière à ~** (*Scol*) optional subject
optique [ɔptik] *adj* (*nerf*) optic; (*verres*) optical ▷ *nf* (*fig: manière de voir*) perspective
or [ɔʀ] *nm* gold ▷ *conj* now, but; **en or** gold *cpd*; **une affaire en or** a real bargain; **il croyait gagner or il a perdu** he was sure he would win and yet he lost
orage [ɔʀaʒ] *nm* (thunder)storm; **orageux, -euse** *adj* stormy

oral, e, -aux [ɔʀal, -o] *adj* oral; (*Méd*): **par voie ~e** orally ▷ *nm* oral
orange [ɔʀɑ̃ʒ] *adj inv*, *nf* orange; **orangé, e** *adj* orangey, orange-coloured; **orangeade** *nf* orangeade; **oranger** *nm* orange tree
orateur [ɔʀatœʀ] *nm* speaker
orbite [ɔʀbit] *nf* (*Anat*) (eye-)socket; (*Physique*) orbit
Orcades [ɔʀkad] *nfpl*: **les ~** the Orkneys, the Orkney Islands
orchestre [ɔʀkɛstʀ] *nm* orchestra; (*de jazz, danse*) band; (*places*) stalls *pl* (BRIT), orchestra (US)
orchidée [ɔʀkide] *nf* orchid
ordinaire [ɔʀdinɛʀ] *adj* ordinary; (*modèle, qualité*) standard; (*péj: commun*) common ▷ *nm* ordinary; (*menus*) everyday fare ▷ *nf* (*essence*) ≈ two-star (petrol) (BRIT), ≈ regular (gas) (US); **d'~** usually, normally; **comme à l'~** as usual
ordinateur [ɔʀdinatœʀ] *nm* computer; **~ individuel** *ou* **personnel** personal computer; **~ portable** laptop (computer)
ordonnance [ɔʀdɔnɑ̃s] *nf* (*Méd*) prescription; (*Mil*) orderly, batman (BRIT)
ordonné, e [ɔʀdɔne] *adj* tidy, orderly
ordonner [ɔʀdɔne] /1/ *vt* (*agencer*) to organize, arrange; (*donner un ordre*): **~ à qn de faire** to order sb to do; (*Rel*) to ordain; (*Méd*) to prescribe
ordre [ɔʀdʀ] *nm* order; (*propreté et soin*) orderliness, tidiness; **à l'~ de** payable to; (*nature*): **d'~ pratique** of a practical nature; **ordres** *nmpl* (*Rel*) holy orders; **mettre en ~** to tidy (up), put in order; **par ~ alphabétique/d'importance** in alphabetical order/in order of importance; **être aux ~s de qn/sous les ~s de qn** to be at sb's disposal/under sb's command; **jusqu'à nouvel ~** until further notice; **de premier ~** first-rate; **~ du jour** (*d'une réunion*) agenda; **à l'~ du jour** (*fig*) topical; **~ public** law and order
ordure [ɔʀdyʀ] *nf* filth *no pl*; **ordures** *nfpl* (*balayures, déchets*) rubbish *sg*, refuse *sg*; **~s ménagères** household refuse
oreille [ɔʀɛj] *nf* ear; **avoir de l'~** to have a good ear (for music)
oreiller [ɔʀeje] *nm* pillow
oreillons [ɔʀɛjɔ̃] *nmpl* mumps *sg*
ores [ɔʀ]: **d'~ et déjà** *adv* already
orfèvrerie [ɔʀfɛvʀəʀi] *nf* goldsmith's (*ou* silversmith's) trade; (*ouvrage*) (silver *ou* gold) plate
organe [ɔʀgan] *nm* organ; (*porte-parole*) representative, mouthpiece
organigramme [ɔʀganigʀam] *nm* (*hiérarchique, structure*) organization chart; (*des opérations*) flow chart
organique [ɔʀganik] *adj* organic
organisateur, -trice [ɔʀganizatœʀ, -tʀis] *nm/f* organizer
organisation [ɔʀganizasjɔ̃] *nf* organization; **O~ des Nations unies (ONU)** United Nations (Organization) (UN(O))
organiser [ɔʀganize] /1/ *vt* to organize; (*mettre sur pied: service etc*) to set up; **s'organiser** to get organized
organisme [ɔʀganism] *nm* (*Bio*) organism; (*corps humain*) body; (*Admin, Pol etc*) body
organiste [ɔʀganist] *nm/f* organist
orgasme [ɔʀgasm] *nm* orgasm, climax
orge [ɔʀʒ] *nf* barley
orgue [ɔʀg] *nm* organ
orgueil [ɔʀgœj] *nm* pride; **orgueilleux, -euse** *adj* proud
oriental, e, -aux [ɔʀjɑ̃tal, -o] *adj* (*langue, produit*) oriental; (*frontière*) eastern
orientation [ɔʀjɑ̃tasjɔ̃] *nf* (*de recherches*) orientation; (*d'une maison etc*) aspect; (*d'un journal*) leanings *pl*; **avoir le sens de l'~** to have a (good) sense of direction; **~ professionnelle** careers advisory service
orienté, e [ɔʀjɑ̃te] *adj* (*fig: article, journal*) slanted; **bien/mal ~**

(*appartement*) well/badly positioned; **~ au sud** facing south, with a southern aspect
orienter [ɔʀjɑ̃te] /1/ *vt* (*tourner*: *antenne*) to direct, turn; (: *voyageur*, *touriste*, *recherches*) to direct; (*fig*: *élève*) to orientate; **s'orienter** (*se repérer*) to find one's bearings; **s'~ vers** (*fig*) to turn towards
origan [ɔʀigɑ̃] *nm* oregano
originaire [ɔʀiʒinɛʀ] *adj*: **être ~ de** to be a native of
original, e, -aux [ɔʀiʒinal, -o] *adj* original; (*bizarre*) eccentric ▷ *nm/f* eccentric ▷ *nm* (*document etc*, *Art*) original
origine [ɔʀiʒin] *nf* origin; **origines** *nfpl* (*d'une personne*) origins; **d'~** (*pays*) of origin; (*pneus etc*) original; **d'~ française** of French origin; **à l'~** originally; **originel, le** *adj* original
orme [ɔʀm] *nm* elm
ornement [ɔʀnəmɑ̃] *nm* ornament
orner [ɔʀne] /1/ *vt* to decorate, adorn
ornière [ɔʀnjɛʀ] *nf* rut
orphelin, e [ɔʀfəlɛ̃, -in] *adj* orphan(ed) ▷ *nm/f* orphan; **~ de père/mère** fatherless/motherless; **orphelinat** *nm* orphanage
orteil [ɔʀtɛj] *nm* toe; **gros ~** big toe
orthographe [ɔʀtɔgʀaf] *nf* spelling
ortie [ɔʀti] *nf* (stinging) nettle
os [ɔs] *nm* bone; **os à moelle** marrowbone
osciller [ɔsile] /1/ *vi* (*au vent etc*) to rock; (*fig*): **~ entre** to waver *ou* fluctuate between
osé, e [oze] *adj* daring, bold
oseille [ozɛj] *nf* sorrel
oser [oze] /1/ *vi*, *vt* to dare; **~ faire** to dare (to) do
osier [ozje] *nm* willow; **d'~, en ~** wicker(work) *cpd*
osseux, -euse [ɔsø, -øz] *adj* bony; (*tissu, maladie, greffe*) bone *cpd*
otage [ɔtaʒ] *nm* hostage; **prendre qn comme ~** to take sb hostage
OTAN *sigle f* (= *Organisation du traité de l'Atlantique Nord*) NATO
otarie [ɔtaʀi] *nf* sea-lion
ôter [ote] /1/ *vt* to remove; (*soustraire*) to take away; **~ qch à qn** to take sth (away) from sb; **~ qch de** to remove sth from
otite [ɔtit] *nf* ear infection
ou [u] *conj* or; **ou ... ou** either ... or; **ou bien** or (else)

MOT-CLÉ

où [u] *pron relatif* **1** (*position, situation*) where, that (*souvent omis*); **la chambre où il était** the room (that) he was in, the room where he was; **la ville où je l'ai rencontré** the town where I met him; **la pièce d'où il est sorti** the room he came out of; **le village d'où je viens** the village I come from; **les villes par où il est passé** the towns he went through
2 (*temps, état*) that (*souvent omis*); **le jour où il est parti** the day (that) he left; **au prix où c'est** at the price it is
▶ *adv* **1** (*interrogation*) where; **où est-il/va-t-il?** where is he/is he going?; **par où?** which way?; **d'où vient que ...?** how come ...?
2 (*position*) where; **je sais où il est** I know where he is; **où que l'on aille** wherever you go

ouate [wat] *nf* cotton wool (BRIT), cotton (US)
oubli [ubli] *nm* (*acte*): **l'~ de** forgetting; (*trou de mémoire*) lapse of memory; (*négligence*) omission, oversight; **tomber dans l'~** to sink into oblivion
oublier [ublije] /7/ *vt* to forget; (*ne pa[s] voir*: *erreurs etc*) to miss; (*laisser quelqu[e] part*: *chapeau etc*) to leave behind
ouest [wɛst] *nm* west ▷ *adj inv* west; (*région*) western; **à l'~** in the west; (*direction*) (to the) west, westwards; **à l'~ de** (to the) west of

ouf [uf] *excl* phew!
oui [wi] *adv* yes
ouï-dire ['widiʀ]: **par ~** *adv* by hearsay
ouïe [wi] *nf* hearing; **ouïes** *nfpl* (*de poisson*) gills
ouragan [uʀagɑ̃] *nm* hurricane
ourlet [uʀlɛ] *nm* hem
ours [uʀs] *nm* bear; **~ brun/blanc** brown/polar bear; **~ (en peluche)** teddy (bear)
oursin [uʀsɛ̃] *nm* sea urchin
ourson [uʀsɔ̃] *nm* (bear-)cub
ouste [ust] *excl* hop it!
outil [uti] *nm* tool; **outiller** /1/ *vt* to equip
outrage [utʀaʒ] *nm* insult; **~ à la pudeur** indecent behaviour *no pl*
outrance [utʀɑ̃s]: **à ~** *adv* excessively, to excess
outre [utʀ] *prép* besides ▷ *adv*: **passer ~ à** to disregard, take no notice of; **en ~** besides, moreover; **~ mesure** to excess; (*manger, boire*) immoderately; **outre-Atlantique** *adv* across the Atlantic; **outre-mer** *adv* overseas
ouvert, e [uvɛʀ, -ɛʀt] *pp de* **ouvrir** ▷ *adj* open; (*robinet, gaz etc*) on; **ouvertement** *adv* openly; **ouverture** *nf* opening; (*Mus*) overture; **ouverture d'esprit** open-mindedness; **heures d'ouverture** (*Comm*) opening hours
ouvrable [uvʀabl] *adj*: **jour ~** working day, weekday
ouvrage [uvʀaʒ] *nm* (*tâche, de tricot etc*) work *no pl*; (*texte, livre*) work
ouvre-boîte(s) [uvʀəbwat] *nm inv* tin (BRIT) *ou* can opener
ouvre-bouteille(s) [uvʀəbutɛj] *nm inv* bottle-opener
ouvreuse [uvʀøz] *nf* usherette
ouvrier, -ière [uvʀije, -jɛʀ] *nm/f* worker ▷ *adj* working-class; (*problèmes, conflit*) industrial; (*mouvement*) labour *cpd*; **classe ouvrière** working class
ouvrir [uvʀiʀ] /18/ *vt* (*gén*) to open; (*brèche, passage*) to open up; (*commencer l'exploitation de, créer*) to open (up); (*eau, électricité, chauffage, robinet*) to turn on; (*Méd: abcès*) to open up, cut open ▷ *vi* to open; to open up; **s'ouvrir** *vi* to open; **s'~ à qn (de qch)** to open one's heart to sb (about sth); **~ l'appétit à qn** to whet sb's appetite
ovaire [ɔvɛʀ] *nm* ovary
ovale [ɔval] *adj* oval
OVNI [ɔvni] *sigle m* (= *objet volant non identifié*) UFO
oxyder [ɔkside] /1/: **s'oxyder** *vi* to become oxidized
oxygéné, e [ɔksiʒene] *adj*: **eau ~e** hydrogen peroxide
oxygène [ɔksiʒɛn] *nm* oxygen
ozone [ozon] *nm* ozone; **trou dans la couche d'~** hole in the ozone layer

P

pacifique [pasifik] *adj* peaceful ▷ *nm*: **le P~, l'océan P~** the Pacific (Ocean)
pack [pak] *nm* pack
pacotille [pakɔtij] *nf* cheap junk *pl*
PACS *sigle m* (= *pacte civil de solidarité*) ≈ civil partnership; **pacser** /1/: **se pacser** *vi* ≈ to form a civil partnership
pacte [pakt] *nm* pact, treaty
pagaille [pagaj] *nf* mess, shambles *sg*
page [paʒ] *nf* page ▷ *nm* page (boy); **à la ~** (*fig*) up-to-date; **~ d'accueil** (*Inform*) home page; **~ Web** (*Inform*) web page
païen, ne [pajɛ̃, -ɛn] *adj, nm/f* pagan, heathen
paillasson [pajasɔ̃] *nm* doormat
paille [pɑj] *nf* straw
pain [pɛ̃] *nm* (*substance*) bread; (*unité*) loaf (of bread); (*morceau*): **~ de cire** *etc* bar of wax *etc*; **~ bis/complet** brown/wholemeal (BRIT) *ou* wholewheat (US) bread; **~ d'épice** ≈ gingerbread; **~ grillé** toast; **~ de mie** sandwich loaf; **~ au chocolat** pain au chocolat; **~ aux raisins** currant pastry
pair, e [pɛʀ] *adj* (*nombre*) even ▷ *nm* peer; **aller de ~ (avec)** to go hand in hand *ou* together (with); **jeune fille au ~** au pair; **paire** *nf* pair
paisible [pezibl] *adj* peaceful, quiet
paix [pɛ] *nf* peace; **faire la ~ avec** to make peace with; **fiche-lui la ~!** (*fam*) leave him alone!
Pakistan [pakistɑ̃] *nm*: **le ~** Pakistan
palais [palɛ] *nm* palace; (*Anat*) palate
pâle [pɑl] *adj* pale; **bleu ~** pale blue
Palestine [palɛstin] *nf*: **la ~** Palestine
palette [palɛt] *nf* (*de peintre*) palette; (*de produits*) range
pâleur [pɑlœʀ] *nf* paleness
palier [palje] *nm* (*d'escalier*) landing; (*fig*) level, plateau; **par ~s** in stages
pâlir [pɑliʀ] /2/ *vi* to turn *ou* go pale; (*couleur*) to fade
pallier [palje] /7/ *vt*: **~ à** to offset, make up for
palme [palm] *nf* (*de plongeur*) flipper; **palmé, e** [palme] *adj* (*pattes*) webbed
palmier [palmje] *nm* palm tree; (*gâteau*) *heart-shaped biscuit made of flaky pastry*
pâlot, te [pɑlo, -ɔt] *adj* pale, peaky
palourde [paluʀd] *nf* clam
palper [palpe] /1/ *vt* to feel, finger
palpitant, e [palpitɑ̃, -ɑ̃t] *adj* thrilling
palpiter [palpite] /1/ *vi* (*cœur, pouls*) to beat (*: plus fort*) to pound, throb
paludisme [palydism] *nm* malaria
pamphlet [pɑ̃flɛ] *nm* lampoon, satirical tract
pamplemousse [pɑ̃pləmus] *nm* grapefruit
pan [pɑ̃] *nm* section, piece ▷ *excl* bang!
panache [panaʃ] *nm* plume; (*fig*) spirit, panache
panaché, e [panaʃe] *nm* (*bière*) shandy; **glace ~e** mixed ice cream

pancarte [pɑ̃kaʀt] *nf* sign, notice
pancréas [pɑ̃kʀeas] *nm* pancreas
pandémie [pɑ̃demi] *nf* pandemic
pané, e [pane] *adj* fried in breadcrumbs
panier [panje] *nm* basket; **mettre au ~** to chuck away; **~ à provisions** shopping basket; **panier-repas** *nm* packed lunch
panique [panik] *adj* panicky ▷ *nf* panic; **paniquer** /1/ *vi* to panic
panne [pan] *nf* breakdown; **être/tomber en ~** to have broken down/break down; **être en ~ d'essence** *ou* **en ~ sèche** to have run out of petrol (BRIT) *ou* gas (US); **~ d'électricité** *ou* **de courant** power *ou* electrical failure
panneau, x [pano] *nm* (*écriteau*) sign, notice; **~ d'affichage** notice (BRIT) *ou* bulletin (US) board; **~ indicateur** signpost; **~ de signalisation** roadsign
panoplie [panɔpli] *nf* (*jouet*) outfit; (*d'armes*) display; (*fig*) array
panorama [panɔʀama] *nm* panorama
panse [pɑ̃s] *nf* paunch
pansement [pɑ̃smɑ̃] *nm* dressing, bandage; **~ adhésif** sticking plaster
pantacourt [pɑ̃takuʀ] *nm* cropped trousers *pl*
pantalon [pɑ̃talɔ̃] *nm* trousers *pl* (BRIT), pants *pl* (US), pair of trousers *ou* pants; **~ de ski** ski pants *pl*
panthère [pɑ̃tɛʀ] *nf* panther
pantin [pɑ̃tɛ̃] *nm* puppet
pantoufle [pɑ̃tufl] *nf* slipper
paon [pɑ̃] *nm* peacock
papa [papa] *nm* dad(dy)
pape [pap] *nm* pope
paperasse [papʀas] *nf* (*péj*) bumf *no pl*, papers *pl*; **paperasserie** *nf* (*péj*) red tape *no pl*; paperwork *no pl*
papeterie [papetʀi] *nf* (*magasin*) stationer's (shop) (BRIT)
papi [papi] *nm* (*fam*) granddad
papier [papje] *nm* paper; (*article*) article; **papiers** *nmpl* (*aussi*: **~s d'identité**) (identity) papers; **~ (d') aluminium** aluminium (BRIT) *ou* aluminum (US) foil, tinfoil; **~ calque** tracing paper; **~ hygiénique** *ou* **(de) toilette** toilet paper; **~ journal** newspaper; **~ à lettres** writing paper, notepaper; **~ peint** wallpaper; **~ de verre** sandpaper
papillon [papijɔ̃] *nm* butterfly; (*fam: contravention*) (parking) ticket; **~ de nuit** moth
papillote [papijɔt] *nf*: **en ~** cooked in tinfoil
papoter [papɔte] /1/ *vi* to chatter
paquebot [pakbo] *nm* liner
pâquerette [pɑkʀɛt] *nf* daisy
Pâques [pɑk] *nm, nfpl* Easter

PÂQUES

In France, Easter eggs are said to be brought by the Easter bells or *cloches de Pâques* which fly from Rome and drop them in people's gardens.

paquet [pakɛ] *nm* packet; (*colis*) parcel; (*fig: tas*): **~ de** pile *ou* heap of; **paquet-cadeau** *nm* gift-wrapped parcel
par [paʀ] *prép* by; **finir** *etc* **~** to end *etc* with; **~ amour** out of love; **passer ~ Lyon/la côte** to go via *ou* through Lyons/along by the coast; **~ la fenêtre** (*jeter, regarder*) out of the window; **trois ~ jour/personne** three a *ou* per day/head; **deux ~ deux** in twos; **~ ici** this way; (*dans le coin*) round here; **~-ci, ~-là** here and there; **~ temps de pluie** in wet weather
parabolique [paʀabɔlik] *adj*: **antenne ~** satellite dish
parachute [paʀaʃyt] *nm* parachute; **parachutiste** [paʀaʃytist] *nm/f* parachutist; (*Mil*) paratrooper
parade [paʀad] *nf* (*spectacle, défilé*) parade; (*Escrime, Boxe*) parry

paradis [paʀadi] *nm* heaven, paradise
paradoxe [paʀadɔks] *nm* paradox
paraffine [paʀafin] *nf* paraffin
parages [paʀaʒ] *nmpl*: **dans les ~ (de)** in the area *ou* vicinity (of)
paragraphe [paʀagʀaf] *nm* paragraph
paraître [paʀɛtʀ] /57/ *vb copule* to seem, look, appear ▷ *vi* to appear; (*être visible*) to show; (*Presse, Édition*) to be published, come out, appear ▷ *vb impers*: **il paraît que** it seems *ou* appears that
parallèle [paʀalɛl] *adj* parallel; (*police, marché*) unofficial ▷ *nm* (*comparaison*): **faire un ~ entre** to draw a parallel between ▷ *nf* parallel (line)
paralyser [paʀalize] /1/ *vt* to paralyze
paramédical, e, -aux [paʀamedikal, -o] *adj*: **personnel ~** paramedics *pl*, paramedical workers *pl*
paraphrase [paʀafʀɑz] *nf* paraphrase
parapluie [paʀaplɥi] *nm* umbrella
parasite [paʀazit] *nm* parasite; **parasites** *nmpl* (*Tél*) interference *sg*
parasol [paʀasɔl] *nm* parasol, sunshade
paratonnerre [paʀatɔnɛʀ] *nm* lightning conductor
parc [paʀk] *nm* (public) park, gardens *pl*; (*de château etc*) grounds *pl*; (*d'enfant*) playpen; **~ d'attractions** amusement park; **~ éolien** wind farm; **~ de stationnement** car park; **~ à thème** theme park
parcelle [paʀsɛl] *nf* fragment, scrap; (*de terrain*) plot, parcel
parce que [paʀsk] *conj* because
parchemin [paʀʃəmɛ̃] *nm* parchment
parc(o)mètre [paʀk(ɔ)mɛtʀ] *nm* parking meter
parcourir [paʀkuʀiʀ] /11/ *vt* (*trajet, distance*) to cover; (*article, livre*) to skim *ou* glance through; (*lieu*) to go all over, travel up and down; (*frisson, vibration*) to run through
parcours [paʀkuʀ] *nm* (*trajet*) journey; (*itinéraire*) route
par-dessous [paʀdəsu] *prép, adv* under(neath)
pardessus [paʀdəsy] *nm* overcoat
par-dessus [paʀdəsy] *prép* over (the top of) ▷ *adv* over (the top); **~ le marché** on top of it all; **~ tout** above all; **en avoir ~ la tête** to have had enough
par-devant [paʀdəvɑ̃] *adv* (*passer*) round the front
pardon [paʀdɔ̃] *nm* forgiveness *no pl* ▷ *excl* (I'm) sorry; (*pour interpeller etc*) excuse me; **demander ~ à qn (de)** to apologize to sb (for); **je vous demande ~** I'm sorry; (*pour interpeller*) excuse me; **pardonner** /1/ *vt* to forgive; **pardonner qch à qn** to forgive sb for sth
pare: pare-brise *nm inv* windscreen (BRIT), windshield (US); **pare-chocs** *nm inv* bumper; **pare-feu** *nm inv* (*de foyer*) fireguard; (*Inform*) firewall ▷ *adj inv*
pareil, le [paʀɛj] *adj* (*identique*) the same, alike; (*similaire*) similar; (*tel*): **un courage/livre ~** such courage/a book, courage/a book like this; **de ~s livres** such books; **faire ~** to do the same (thing); **~ à** the same as; similar to; **sans ~** unparalleled, unequalled
parent, e [paʀɑ̃, -ɑ̃t] *nm/f*: **un/une ~/e** a relative *ou* relation; **parents** *nmpl* (*père et mère*) parents; **parenté** *nf* (*lien*) relationship
parenthèse [paʀɑ̃tɛz] *nf* (*ponctuation*) bracket, parenthesis; (*digression*) parenthesis, digression; **entre ~s** in brackets; (*fig*) incidentally
paresse [paʀɛs] *nf* laziness; **paresseux, -euse** *adj* lazy
parfait, e [paʀfɛ, -ɛt] *adj* perfect ▷ *nm* (*Ling*) perfect (tense); **parfaitement** *adv* perfectly ▷ *excl* (most) certainly

parfois [paʀfwa] *adv* sometimes
parfum [paʀfœ̃] *nm* (*produit*) perfume, scent; (*odeur: de fleur*) scent, fragrance; (*goût*) flavour; **parfumé, e** *adj* (*fleur, fruit*) fragrant; (*femme*) perfumed; **parfumé au café** coffee-flavoured (BRIT) *ou* -flavored (US); **parfumer** /1/ *vt* (*odeur, bouquet*) to perfume; (*crème, gâteau*) to flavour; **parfumerie** *nf* (*produits*) perfumes; (*boutique*) perfume shop (BRIT) *ou* store (US)
pari [paʀi] *nm* bet; **parier** /7/ *vt* to bet
Paris [paʀi] *n* Paris; **parisien, ne** *adj* Parisian; (*Géo, Admin*) Paris *cpd* ▷ *nm/f*: **Parisien, ne** Parisian
parité [paʀite] *nf*: **~ hommes-femmes** (*Pol*) balanced representation of men and women
parjure [paʀʒyʀ] *nm* perjury
parking [paʀkiŋ] *nm* (*lieu*) car park (BRIT), parking lot (US)

Attention à ne pas traduire *parking* par le mot anglais *parking*.

parlant, e [paʀlɑ̃, -ɑ̃t] *adj* (*comparaison, preuve*) eloquent; (*Ciné*) talking
parlement [paʀləmɑ̃] *nm* parliament; **parlementaire** *adj* parliamentary ▷ *nm/f* ≈ Member of Parliament (BRIT) *ou* Congress (US)
parler [paʀle] /1/ *vi* to speak, talk; (*avouer*) to talk; **~ (à qn) de** to talk *ou* speak (to sb) about; **~ le/en français** to speak French/in French; **~ affaires** to talk business; **sans ~ de** (*fig*) not to mention, to say nothing of; **tu parles!** (*bien sûr*) you bet!
parloir [paʀlwaʀ] *nm* (*d'une prison, d'un hôpital*) visiting room
parmi [paʀmi] *prép* among(st)
paroi [paʀwa] *nf* wall; (*cloison*) partition
paroisse [paʀwas] *nf* parish
parole [paʀɔl] *nf* (*mot, promesse*) word; (*faculté*): **la ~** speech; **paroles** *nfpl* (*Mus*) words, lyrics; **tenir ~** to keep one's word; **prendre la ~** to speak; **demander la ~** to ask for permission to speak; **je le crois sur ~** I'll take his word for it
parquet [paʀkɛ] *nm* (parquet) floor; (*Jur*) public prosecutor's office; **le ~ (général)** ≈ the Bench
parrain [paʀɛ̃] *nm* godfather; **parrainer** /1/ *vt* (*nouvel adhérent*) to sponsor
pars [paʀ] *vb voir* **partir**
parsemer [paʀsəme] /5/ *vt* (*feuilles, papiers*) to be scattered over; **~ qch de** to scatter sth with
part [paʀ] *nf* (*qui revient à qn*) share; (*fraction, partie*) part; **prendre ~ à** (*débat etc*) to take part in; (*soucis, douleur de qn*) to share in; **faire ~ de qch à qn** to announce sth to sb, inform sb of sth; **pour ma ~** as for me, as far as I'm concerned; **à ~ entière** full; **de la ~ de** (*au nom de*) on behalf of; (*donné par*) from; **de toute(s) ~(s)** from all sides *ou* quarters; **de ~ et d'autre** on both sides, on either side; **d'une ~ ... d'autre ~** on the one hand ... on the other hand; **d'autre ~** (*de plus*) moreover; **à ~** *adv* separately; (*de côté*) aside; *prép* apart from, except for; **faire la ~ des choses** to make allowances
partage [paʀtaʒ] *nm* sharing (out) *no pl*, share-out; dividing up
partager [paʀtaʒe] /3/ *vt* to share; (*distribuer, répartir*) to share (out); (*morceler, diviser*) to divide (up); **se partager** *vt* (*héritage etc*) to share between themselves (*ou* ourselves *etc*)
partenaire [paʀtənɛʀ] *nm/f* partner
parterre [paʀtɛʀ] *nm* (*de fleurs*) (flower) bed; (*Théât*) stalls *pl*
parti [paʀti] *nm* (*Pol*) party; (*décision*) course of action; (*personne à marier*) match; **tirer ~ de** to take advantage of, turn to good account; **prendre ~ (pour/contre)** to take sides *ou* a stand (for/against); **~ pris** bias

P

partial, e, -aux [paʀsjal, -o] *adj* biased, partial
participant, e [paʀtisipɑ̃, -ɑ̃t] *nm/f* participant; (*à un concours*) entrant
participation [paʀtisipasjɔ̃] *nf* participation; (*financière*) contribution
participer [paʀtisipe] /1/: **~ à** *vt* (*course, réunion*) to take part in; (*frais etc*) to contribute to; (*chagrin, succès de qn*) to share (in)
particularité [paʀtikylaʀite] *nf* (*distinctive*) characteristic
particulier, -ière [paʀtikylje, -jɛʀ] *adj* (*personnel, privé*) private; (*étrange*) peculiar, odd; (*spécial*) special, particular; (*spécifique*) particular ▷ *nm* (*individu: Admin*) private individual; **~ à** peculiar to; **en ~** (*surtout*) in particular, particularly; (*en privé*) in private; **particulièrement** *adv* particularly
partie [paʀti] *nf* (*gén*) part; (*Jur etc: protagonistes*) party; (*de cartes, tennis etc*) game; **une ~ de campagne/de pêche** an outing in the country/a fishing party *ou* trip; **en ~** partly, in part; **faire ~ de** (*chose*) to be part of; **prendre qn à ~** to take sb to task; **en grande ~** largely, in the main; **~ civile** (*Jur*) *party claiming damages in a criminal case*
partiel, le [paʀsjɛl] *adj* partial ▷ *nm* (*Scol*) class exam
partir [paʀtiʀ] /16/ *vi* (*gén*) to go; (*quitter*) to go, leave; (*tache*) to go, come out; **~ de** (*lieu*) (*quitter*) to leave; (*commencer à*) to start from; **~ pour/à** (*lieu, pays etc*) to leave for/go off to; **à ~ de** from
partisan, e [paʀtizɑ̃, -an] *nm/f* partisan; **être ~ de qch/faire** to be in favour (BRIT) *ou* favor (US) of sth/doing
partition [paʀtisjɔ̃] *nf* (*Mus*) score
partout [paʀtu] *adv* everywhere; **~ où il allait** everywhere *ou* wherever he went

paru [paʀy] *pp de* **paraître**
parution [paʀysjɔ̃] *nf* publication
parvenir [paʀvəniʀ] /22/: **~ à** *vt* (*atteindre*) to reach; (*réussir*): **~ à faire** to manage to do, succeed in doing; **faire ~ qch à qn** to have sth sent to sb

MOT-CLÉ

pas¹ [pɑ] *adv* **1** (*en corrélation avec ne, non etc*) not; **il ne pleure pas** (*habituellement*) he does not *ou* doesn't cry; (*maintenant*) he's not *ou* isn't crying; **il n'a pas pleuré/ne pleurera pas** he did not *ou* didn't/will not *ou* won't cry; **ils n'ont pas de voiture/d'enfants** they haven't got a car/any children; **il m'a dit de ne pas le faire** he told me not to do it; **non pas que ...** not that ..
2 (*employé sans ne etc*): **pas moi** not me, I don't (*ou* can't *etc*); **elle travaille, (mais) lui pas** *ou* **pas lui** she works but he doesn't *ou* does not; **une pomme pas mûre** an apple which isn't ripe; **pas du tout** not at all; **pas de sucre, merci** no sugar, thanks; **ceci est à vous ou pas?** is this yours or not?, is this yours or isn't it?
3: **pas mal** (*joli: personne, maison*) not bad; **pas mal fait** not badly done *ou* made; **comment ça va? — pas mal** how are things? — not bad; **pas mal de** quite a lot of

pas² [pɑ] *nm* (*enjambée, Danse*) step; (*bruit*) (foot)step; (*trace*) footprint; (*allure, mesure*) pace; **~ à ~** step by step; **au ~** at a walking pace; **marcher à grands ~** to stride along; **à ~ de loup** stealthily; **faire les cent ~** to pace up and down; **faire les premiers ~** to make the first move; **sur le ~ de la porte** on the doorstep
passage [pɑsaʒ] *nm* (*fait de passer*); *voir* **passer**; (*lieu, prix de la traversée, extrait de livre etc*) passage; (*chemin*)

way; **de ~** (*touristes*) passing through; **~ clouté** pedestrian crossing; **"~ interdit"** "no entry"; **~ à niveau** level (BRIT) *ou* grade (*US*) crossing; **~ souterrain** subway (BRIT), underpass

passager, -ère [pasaʒe, -ɛʀ] *adj* passing ▷ *nm/f* passenger

passant, e [pasɑ̃, -ɑ̃t] *adj* (*rue, endroit*) busy ▷ *nm/f* passer-by; **remarquer qch en ~** to notice sth in passing

passe [pɑs] *nf* (*Sport*) pass; (*Navig*) channel; **être en ~ de faire** to be on the way to doing; **être dans une mauvaise ~** to be going through a bad patch

passé, e [pɑse] *adj* (*événement, temps*) past; (*dernier: semaine etc*) last; (*couleur, tapisserie*) faded ▷ *prép* after ▷ *nm* past; (*Ling*) past (tense); **~ de mode** out of fashion; **~ composé** perfect (tense); **~ simple** past historic

passe-partout [pɑspaʀtu] *nm inv* master *ou* skeleton key ▷ *adj inv* all-purpose

passeport [pɑspɔʀ] *nm* passport

passer [pɑse] /1/ *vi* (*se rendre, aller*) to go; (*voiture, piétons: défiler*) to pass (by), go by; (*facteur, laitier etc*) to come, call; (*pour rendre visite*) to call *ou* drop in; (*film, émission*) to be on; (*temps, jours*) to pass, go by; (*couleur, papier*) to fade; (*mode*) to die out; (*douleur*) to pass, go away; (*Scol*): **~ dans la classe supérieure** to go up (to the next class) ▷ *vt* (*frontière, rivière etc*) to cross; (*douane*) to go through; (*examen*) to sit, take; (*visite médicale etc*) to have; (*journée, temps*) to spend; **~ qch à qn** (*sel etc*) to pass sth to sb; (*prêter*) to lend sb sth; (*lettre, message*) to pass sth on to sb; (*tolérer*) to let sb get away with sth; (*enfiler: vêtement*) to slip on; (*film, pièce*) to show, put on; (*disque*) to play, put on; (*commande*) to place; (*marché, accord*) to agree on; **se passer** *vi* (*avoir lieu: scène, action*) to take place; (*se dérouler: entretien etc*) to go; (*arriver*): **que s'est-il passé?** what happened?; (*s'écouler: semaine etc*) to pass, go by; **se ~ de** to go *ou* do without; **~ par** to go through; **~ avant qch/qn** (*fig*) to come before sth/sb; **~ un coup de fil à qn** (*fam*) to give sb a ring; **laisser ~** (*air, lumière, personne*) to let through; (*occasion*) to let slip, miss; (*erreur*) to overlook; **~ à la radio/télévision** to be on the radio/on television; **~ à table** to sit down to eat; **~ au salon** to go through to *ou* into the sitting room; **~ son tour** to miss one's turn; **~ la seconde** (*Auto*) to change into second; **~ le balai/l'aspirateur** to sweep up/hoover; **je vous passe M. Dupont** (*je vous mets en communication avec lui*) I'm putting you through to Mr Dupont; (*je lui passe l'appareil*) here is Mr Dupont, I'll hand you over to Mr Dupont

passerelle [pɑsʀɛl] *nf* footbridge; (*de navire, avion*) gangway

passe-temps [pɑstɑ̃] *nm inv* pastime

passif, -ive [pasif, -iv] *adj* passive

passion [pasjɔ̃] *nf* passion; **passionnant, e** *adj* fascinating; **passionné, e** *adj* (*personne, tempérament*) passionate; (*description, récit*) impassioned; **être passionné de** *ou* **pour qch** to have a passion for sth; **passionner** /1/ *vt* (*personne*) to fascinate, grip

passoire [pɑswaʀ] *nf* sieve; (*à légumes*) colander; (*à thé*) strainer

pastèque [pastɛk] *nf* watermelon

pasteur [pastœʀ] *nm* (*protestant*) minister, pastor

pastille [pastij] *nf* (*à sucer*) lozenge, pastille

patate [patat] *nf* spud; **~ douce** sweet potato

patauger [patoʒe] /3/ *vi* to splash about

pâte [pɑt] *nf* (*à tarte*) pastry; (*à pain*) dough; (*à frire*) batter; **pâtes** *nfpl* (*macaroni etc*) pasta *sg*; **~ d'amandes** almond paste, marzipan; **~ brisée** shortcrust (BRIT) *ou* pie crust (US) pastry; **~ à choux/feuilletée** choux/ puff *ou* flaky (BRIT) pastry; **~ de fruits** crystallized fruit *no pl*; **~ à modeler** modelling clay, Plasticine® (BRIT)
pâté [pɑte] *nm* (*charcuterie*) pâté; (*tache*) ink blot; (*de sable*) sandpie; **~ (en croûte)** ≈ meat pie; **~ de maisons** block (of houses)
pâtée [pɑte] *nf* mash, feed
patente [patɑ̃t] *nf* (*Comm*) trading licence (BRIT) *ou* license (US)
paternel, le [patɛʀnɛl] *adj* (*amour, soins*) fatherly; (*ligne, autorité*) paternal
pâteux, -euse [pɑtø, -øz] *adj* pasty; **avoir la bouche** *ou* **langue pâteuse** to have a furred (BRIT) *ou* coated tongue
pathétique [patetik] *adj* moving
patience [pasjɑ̃s] *nf* patience
patient, e [pasjɑ̃, -ɑ̃t] *adj*, *nm/f* patient; **patienter** /1/ *vi* to wait
patin [patɛ̃] *nm* skate; (*sport*) skating; **~s (à glace)** (ice) skates; **~s à roulettes** roller skates
patinage [patinaʒ] *nm* skating
patiner [patine] /1/ *vi* to skate; (*roue, voiture*) to spin; **se patiner** *vi* (*meuble, cuir*) to acquire a sheen; **patineur, -euse** *nm/f* skater; **patinoire** *nf* skating rink, (ice) rink
pâtir [pɑtiʀ] /2/: **~ de** *vt* to suffer because of
pâtisserie [pɑtisʀi] *nf* (*boutique*) cake shop; (*à la maison*) pastry- *ou* cake-making, baking; **pâtisseries** *nfpl* (*gâteaux*) pastries, cakes; **pâtissier, -ière** *nm/f* pastrycook
patois [patwa] *nm* dialect, patois
patrie [patʀi] *nf* homeland
patrimoine [patʀimwan] *nm* (*culture*) heritage

JOURNÉES DU PATRIMOINE

Once a year, important public buildings are open to the public for a weekend. During these *Journées du Patrimoine*, there are guided visits and talks based on a particular theme.

patriotique [patʀijɔtik] *adj* patriotic
patron, ne [patʀɔ̃, -ɔn] *nm/f* boss; (*Rel*) patron saint ▷ *nm* (*Couture*) pattern; **patronat** *nm* employers *pl*; **patronner** /1/ *vt* to sponsor, support
patrouille [patʀuj] *nf* patrol
patte [pat] *nf* (*jambe*) leg; (*pied: de chien, chat*) paw; (*: d'oiseau*) foot
pâturage [pɑtyʀaʒ] *nm* pasture
paume [pom] *nf* palm
paumé, e [pome] *nm/f* (*fam*) drop-out
paupière [popjɛʀ] *nf* eyelid
pause [poz] *nf* (*arrêt*) break; (*en parlant, Mus*) pause; **~ de midi** lunch break
pauvre [povʀ] *adj* poor; **les ~s** the poor; **pauvreté** *nf* (*état*) poverty
pavé, e [pave] *adj* (*cour*) paved; (*rue*) cobbled ▷ *nm* (*bloc*) paving stone; cobblestone
pavillon [pavijɔ̃] *nm* (*de banlieue*) small (detached) house; pavilion; (*Navig*) flag
payant, e [pɛjɑ̃, -ɑ̃t] *adj* (*spectateurs etc*) paying; (*fig: entreprise*) profitable; (*effort*) which pays off; **c'est ~** you have to pay, there is a charge
paye [pɛj] *nf* pay, wages *pl*
payer [peje] /8/ *vt* (*créancier, employé, loyer*) to pay; (*achat, réparations, faute*) to pay for ▷ *vi* to pay; (*métier*) to be well-paid; (*effort, tactique etc*) to pay off; **il me l'a fait ~ 10 euros** he charged me 10 euros for it; **~ qch à qn** to buy sth for sb, buy sb sth; **se ~ la tête de qn** to take the mickey out of sb (BRIT)

pays [pei] *nm* country; (*région*) region; **du ~** local

paysage [peizaʒ] *nm* landscape

paysan, ne [peizɑ̃, -an] *nm/f* farmer; (*péj*) peasant ▷ *adj* (*rural*) country *cpd*; (*agricole*) farming

Pays-Bas [peiba] *nmpl*: **les ~** the Netherlands

PC *sigle m* (*Inform*: = *personal computer*) PC; = **permis de construire**; (= *prêt conventionné*) *type of loan for house purchase*

PDA *sigle m* (= *personal digital assistant*) PDA

PDG *sigle m* = **président directeur général**

péage [peaʒ] *nm* toll; (*endroit*) tollgate

peau, x [po] *nf* skin; **gants de ~** leather gloves; **être bien/mal dans sa ~** to be at ease/ill-at-ease; **~ de chamois** (*chiffon*) chamois leather, shammy

péché [peʃe] *nm* sin

pêche [pɛʃ] *nf* (*sport, activité*) fishing; (*poissons pêchés*) catch; (*fruit*) peach; **~ à la ligne** (*en rivière*) angling

pécher [peʃe] /6/ *vi* (*Rel*) to sin

pêcher [peʃe] /1/ *vi* to go fishing ▷ *vt* (*attraper*) to catch; (*chercher*) to fish for ▷ *nm* peach tree

pécheur, -eresse [peʃœʀ, peʃʀɛs] *nm/f* sinner

pêcheur [pɛʃœʀ] *nm voir* **pêcher** fisherman; (*à la ligne*) angler

pédagogie [pedagɔʒi] *nf* educational methods *pl*, pedagogy; **pédagogique** *adj* educational

pédale [pedal] *nf* pedal

pédalo [pedalo] *nm* pedal-boat

pédant, e [pedɑ̃, -ɑ̃t] *adj* (*péj*) pedantic ▷ *nm/f* pedant

pédestre [pedɛstʀ] *adj*: **randonnée ~** ramble; **sentier ~** pedestrian footpath

pédiatre [pedjatʀ] *nm/f* paediatrician , child specialist

pédicure [pedikyʀ] *nm/f* chiropodist

pègre [pɛgʀ] *nf* underworld

peigne [pɛɲ] *nm* comb; **peigner** /1/ *vt* to comb (the hair of); **se peigner** *vi* to comb one's hair; **peignoir** *nm* dressing gown; **peignoir de bain** bathrobe

peindre [pɛ̃dʀ] /52/ *vt* to paint; (*fig*) to portray, depict

peine [pɛn] *nf* (*affliction*) sorrow, sadness *no pl*; (*mal, effort*) trouble *no pl*, effort; (*difficulté*) difficulty; (*Jur*) sentence; **faire de la ~ à qn** to distress *ou* upset sb; **prendre la ~ de faire** to go to the trouble of doing; **se donner de la ~** to make an effort; **ce n'est pas la ~ de faire** there's no point in doing, it's not worth doing; **avoir de la ~** to be sad; **à ~** scarcely, barely; **à ~ ... que** hardly ... than, no sooner ... than; **~ capitale** capital punishment; **~ de mort** death sentence *ou* penalty; **peiner** [pene] /1/ *vi* to work hard; to struggle; (*moteur, voiture*) to labour (BRIT), labor (US) ▷ *vt* to grieve, sadden

peintre [pɛ̃tʀ] *nm* painter; **~ en bâtiment** painter and decorator

peinture [pɛ̃tyʀ] *nf* painting; (*couche de couleur, couleur*) paint; (*surfaces peintes: aussi*: **~s**) paintwork; **"~ fraîche"** "wet paint"

péjoratif, -ive [peʒɔʀatif, -iv] *adj* pejorative, derogatory

Pékin [pekɛ̃] *n* Beijing

pêle-mêle [pɛlmɛl] *adv* higgledy-piggledy

peler [pəle] /5/ *vt, vi* to peel

pèlerin [pɛlʀɛ̃] *nm* pilgrim

pèlerinage [pɛlʀinaʒ] *nm* pilgrimage

pelle [pɛl] *nf* shovel; (*d'enfant, de terrassier*) spade

pellicule [pelikyl] *nf* film; **pellicules** *nfpl* (*Méd*) dandruff *sg*

pelote [p(ə)lɔt] *nf* (*de fil, laine*) ball; **~ basque** pelota

peloton [p(ə)lɔtɔ̃] *nm* group; squad; (*Sport*) pack

pelotonner [p(ə)lɔtɔne] /1/: **se pelotonner** *vi* to curl (o.s.) up

P

pelouse [pəluz] *nf* lawn
peluche [pəlyʃ] *nf*: **animal en ~** soft toy, fluffy animal; **chien/lapin en ~** fluffy dog/rabbit
pelure [pəlyʀ] *nf* peeling, peel *no pl*
pénal, e, -aux [penal, -o] *adj* penal; **pénalité** *nf* penalty
penchant [pɑ̃ʃɑ̃] *nm*: **un ~ à faire/à qch** a tendency to do/to sth; **un ~ pour qch** a liking *ou* fondness for sth
pencher [pɑ̃ʃe] /1/ *vi* to tilt, lean over ▷ *vt* to tilt; **se pencher** *vi* to lean over; (*se baisser*) to bend down; **se ~ sur** (*fig: problème*) to look into; **~ pour** to be inclined to favour (BRIT) *ou* favor (US)
pendant, e [pɑ̃dɑ̃, -ɑ̃t] *adj* hanging (out) ▷ *prép* (*au cours de*) during; (*indiquant la durée*) for; **~ que** while
pendentif [pɑ̃dɑ̃tif] *nm* pendant
penderie [pɑ̃dʀi] *nf* wardrobe
pendre [pɑ̃dʀ] /41/ *vt, vi* to hang; **se ~ (à)** (*se suicider*) to hang o.s. (on); **~ qch à** (*mur*) to hang sth (up) on; (*plafond*) to hang sth (up) from
pendule [pɑ̃dyl] *nf* clock ▷ *nm* pendulum
pénétrer [penetʀe] /6/ *vi* to come *ou* get in ▷ *vt* to penetrate; **~ dans** to enter
pénible [penibl] *adj* (*astreignant*) hard; (*affligeant*) painful; (*personne, caractère*) tiresome; **péniblement** *adv* with difficulty
péniche [peniʃ] *nf* barge
pénicilline [penisilin] *nf* penicillin
péninsule [penɛ̃syl] *nf* peninsula
pénis [penis] *nm* penis
pénitence [penitɑ̃s] *nf* (*repentir*) penitence; (*peine*) penance; **pénitencier** *nm* penitentiary (US)
pénombre [penɔ̃bʀ] *nf* (*faible clarté*) half-light; (*obscurité*) darkness
pensée [pɑ̃se] *nf* thought; (*démarche, doctrine*) thinking *no pl*; (Bot) pansy; **en ~** in one's mind
penser [pɑ̃se] /1/ *vi* to think ▷ *vt* to think; **~ à** (*prévoir*) to think of; (*ami, vacances*) to think of *ou* about; **~ faire qch** to be thinking of doing sth, intend to do sth; **faire ~ à** to remind one of; **pensif, -ive** *adj* pensive, thoughtful
pension [pɑ̃sjɔ̃] *nf* (*allocation*) pension; (*prix du logement*) board and lodging, bed and board; (*école*) boarding school; **~ alimentaire** (*de divorcée*) maintenance allowance; alimony; **~ complète** full board; **~ de famille** boarding house, guesthouse; **pensionnaire** *nm/f* (*Scol*) boarder; **pensionnat** *nm* boarding school
pente [pɑ̃t] *nf* slope; **en ~** sloping
Pentecôte [pɑ̃tkot] *nf*: **la ~** Whitsun (BRIT), Pentecost
pénurie [penyʀi] *nf* shortage
pépé [pepe] *nm* (*fam*) grandad
pépin [pepɛ̃] *nm* (*Bot: graine*) pip; (*fam: ennui*) snag, hitch
pépinière [pepinjɛʀ] *nf* nursery
perçant, e [pɛʀsɑ̃, -ɑ̃t] *adj* (*vue, regard, yeux*) sharp; (*cri, voix*) piercing shrill
perce-neige [pɛʀsənɛʒ] *nm ou f inv* snowdrop
percepteur, -trice [pɛʀsɛptœʀ, -tʀis] *nm/f* tax collector
perception [pɛʀsɛpsjɔ̃] *nf* perception; (*bureau*) tax (collector's) office
percer [pɛʀse] /3/ *vt* to pierce; (*ouverture etc*) to make; (*mystère, énigme*) to penetrate ▷ *vi* to break through; **perceuse** *nf* drill
percevoir [pɛʀsəvwaʀ] /28/ *vt* (*distinguer*) to perceive, detect; (*taxe, impôt*) to collect; (*revenu, indemnité*) to receive
perche [pɛʀʃ] *nf* (*bâton*) pole
percher [pɛʀʃe] /1/ *vt* to perch; **se percher** *vi* to perch; **perchoir** *nm* perch
perçois *etc* [pɛʀswa] *vb voir* **percevoir**
perçu, e [pɛʀsy] *pp de* **percevoir**
percussion [pɛʀkysjɔ̃] *nf* percussion

percuter [pɛʀkyte] /1/ *vt* to strike; (*véhicule*) to crash into
perdant, e [pɛʀdɑ̃, -ɑ̃t] *nm/f* loser
perdre [pɛʀdʀ] /41/ *vt* to lose; (*gaspiller: temps, argent*) to waste; (*personne: moralement etc*) to ruin ▷ *vi* to lose; (*sur une vente etc*) to lose out; **se perdre** *vi* (*s'égarer*) to get lost, lose one's way; (*se gâter*) to go to waste; **je me suis perdu** (*et je le suis encore*) I'm lost; (*et je ne le suis plus*) I got lost
perdrix [pɛʀdʀi] *nf* partridge
perdu, e [pɛʀdy] *pp de* **perdre** ▷ *adj* (*isolé*) out-of-the-way; (*Comm: emballage*) non-returnable; (*malade*): **il est ~** there's no hope left for him; **à vos moments ~s** in your spare time
père [pɛʀ] *nm* father; **~ de famille** father; **le ~ Noël** Father Christmas
perfection [pɛʀfɛksjɔ̃] *nf* perfection; **à la ~** to perfection; **perfectionné, e** *adj* sophisticated; **perfectionner** /1/ *vt* to improve, perfect; **se perfectionner en anglais** to improve one's English
perforer [pɛʀfɔʀe] /1/ *vt* (*ticket, bande, carte*) to punch
performant, e [pɛʀfɔʀmɑ̃, -ɑ̃t] *adj*: **très ~** high-performance *cpd*
perfusion [pɛʀfyzjɔ̃] *nf*: **faire une ~ à qn** to put sb on a drip
péril [peʀil] *nm* peril
périmé, e [peʀime] *adj* (*Admin*) out-of-date, expired
périmètre [peʀimɛtʀ] *nm* perimeter
période [peʀjɔd] *nf* period; **périodique** *adj* periodic ▷ *nm* periodical; **garniture** *ou* **serviette périodique** sanitary towel (BRIT) *ou* napkin (US)
périphérique [peʀifeʀik] *adj* (*quartiers*) outlying ▷ *nm* (*Auto*): **(boulevard) ~** ring road (BRIT), beltway (US)
périr [peʀiʀ] /2/ *vi* to die, perish
périssable [peʀisabl] *adj* perishable
perle [pɛʀl] *nf* pearl; (*de plastique, métal, sueur*) bead
permanence [pɛʀmanɑ̃s] *nf* permanence; (*local*) (duty) office; **assurer une ~** (*service public, bureaux*) to operate *ou* maintain a basic service; **être de ~** to be on call *ou* duty; **en ~** continuously
permanent, e [pɛʀmanɑ̃, -ɑ̃t] *adj* permanent; (*spectacle*) continuous ▷ *nf* perm
perméable [pɛʀmeabl] *adj* (*terrain*) permeable; **~ à** (*fig*) receptive *ou* open to
permettre [pɛʀmɛtʀ] /56/ *vt* to allow, permit; **~ à qn de faire/qch** to allow sb to do/sth; **se ~ de faire qch** to take the liberty of doing sth
permis [pɛʀmi] *nm* permit, licence; **~ (de conduire)** (driving) licence (BRIT), (driver's) license (US); **~ de construire** planning permission (BRIT), building permit (US); **~ de séjour** residence permit; **~ de travail** work permit
permission [pɛʀmisjɔ̃] *nf* permission; (*Mil*) leave; **en ~** on leave; **avoir la ~ de faire** to have permission to do
Pérou [peʀu] *nm*: **le ~** Peru
perpétuel, le [pɛʀpetɥɛl] *adj* perpetual; **perpétuité** *nf*: **à perpétuité** for life; **être condamné à perpétuité** to be sentenced to life imprisonment
perplexe [pɛʀplɛks] *adj* perplexed, puzzled
perquisitionner [pɛʀkizisjɔne] /1/ *vi* to carry out a search
perron [peʀɔ̃] *nm* steps *pl* (*in front of mansion etc*)
perroquet [peʀɔkɛ] *nm* parrot
perruche [peʀyʃ] *nf* budgerigar (BRIT), budgie (BRIT), parakeet (US)
perruque [peʀyk] *nf* wig
persécuter [pɛʀsekyte] /1/ *vt* to persecute
persévérer [pɛʀseveʀe] /6/ *vi* to persevere
persil [pɛʀsi] *nm* parsley

Persique [pɛʀsik] *adj*: **le golfe ~** the (Persian) Gulf
persistant, e [pɛʀsistɑ̃, -ɑ̃t] *adj* persistent
persister [pɛʀsiste] /1/ *vi* to persist; **~ à faire qch** to persist in doing sth
personnage [pɛʀsɔnaʒ] *nm* (*notable*) personality; (*individu*) character, individual; (*de roman, film*) character; (*Peinture*) figure
personnalité [pɛʀsɔnalite] *nf* personality; (*personnage*) prominent figure
personne [pɛʀsɔn] *nf* person ▷ *pron* nobody, no one; (*avec négation en anglais*) anybody, anyone; **~ âgée** elderly person; **personnel, le** *adj* personal; (*égoïste*) selfish ▷ *nm* personnel; **personnellement** *adv* personally
perspective [pɛʀspɛktiv] *nf* (*Art*) perspective; (*vue, coup d'œil*) view; (*point de vue*) viewpoint, angle; (*chose escomptée, envisagée*) prospect; **en ~** in prospect
perspicace [pɛʀspikas] *adj* clear-sighted, gifted with (*ou* showing) insight; **perspicacité** *nf* insight
persuader [pɛʀsɥade] /1/ *vt*: **~ qn (de/de faire)** to persuade sb (of/to do); **persuasif, -ive** *adj* persuasive
perte [pɛʀt] *nf* loss; (*de temps*) waste; (*fig: morale*) ruin; **à ~ de vue** as far as the eye can (*ou* could) see; **~s blanches** (vaginal) discharge *sg*
pertinent, e [pɛʀtinɑ̃, -ɑ̃t] *adj* apt, relevant
perturbation [pɛʀtyʀbasjɔ̃] *nf*: **~ (atmosphérique)** atmospheric disturbance
perturber [pɛʀtyʀbe] /1/ *vt* to disrupt; (*Psych*) to perturb, disturb
pervers, e [pɛʀvɛʀ, -ɛʀs] *adj* perverted
pervertir [pɛʀvɛʀtiʀ] /2/ *vt* to pervert
pesant, e [pəzɑ̃, -ɑ̃t] *adj* heavy; (*fig: présence*) burdensome
pèse-personne [pɛzpɛʀsɔn] *nm* (bathroom) scales *pl*
peser [pəze] /5/ *vt* to weigh ▷ *vi* to be heavy; (*fig: avoir de l'importance*) to carry weight
pessimiste [pesimist] *adj* pessimistic ▷ *nm/f* pessimist
peste [pɛst] *nf* plague
pétale [petal] *nm* petal
pétanque [petɑ̃k] *nf type of bowls*

PÉTANQUE

Pétanque is a version of the game of 'boules', played on a variety of hard surfaces. Standing with their feet together, players throw steel bowls at a wooden jack. *Pétanque* originated in the South of France and is still very much associated with that area.

pétard [petaʀ] *nm* banger (BRIT), firecracker
péter [pete] /6/ *vi* (*fam: casser, sauter*) to bust; (*fam!*) to fart (!)
pétillant, e [petijɑ̃, -ɑ̃t] *adj* (*eau*) sparkling
pétiller [petije] /1/ *vi* (*flamme, bois*) to crackle; (*mousse, champagne*) to bubble; (*yeux*) to sparkle
petit, e [p(ə)ti, -it] *adj* small; (*avec nuance affective*) little; (*voyage*) short, little; (*bruit etc*) faint, slight ▷ *nm/f* (*petit enfant*) little one, child; **petits** *nmpl* (*d'un animal*) young *pl*; **faire des ~s** to have kittens (*ou* puppies *etc*); **la classe des ~s** the infant class; **les tout-~s** toddlers; **~ à ~** bit by bit, gradually; **~(e) ami(e)** boyfriend/girlfriend; **les ~es annonces** the small ads; **~ déjeuner** breakfast; **~ four** petit four; **~ pain** (bread) roll; **~s pois** garden peas; **petite-fille** *nf* granddaughter; **petit-fils** *nm* grandson
pétition [petisjɔ̃] *nf* petition
petits-enfants [pətizɑ̃fɑ̃] *nmpl* grandchildren

étrin [petʀɛ̃] *nm* (*fig*): **dans le ~** in a jam *ou* fix
étrir [petʀiʀ] /2/ *vt* to knead
étrole [petʀɔl] *nm* oil; (*pour lampe, réchaud etc*) paraffin; **pétrolier, -ière** *nm* oil tanker

Attention à ne pas traduire *pétrole* par le mot anglais *petrol*.

MOT-CLÉ

eu [pø] *adv* **1** (*modifiant verbe, adjectif, adverbe*): **il boit peu** he doesn't drink (very) much; **il est peu bavard** he's not very talkative; **peu avant/après** shortly before/afterwards
2 (*modifiant nom*): **peu de: peu de gens/d'arbres** few *ou* not (very) many people/trees; **il a peu d'espoir** he hasn't (got) much hope, he has little hope; **pour peu de temps** for (only) a short while
3: **peu à peu** little by little; **à peu près** just about, more or less; **à peu près 10 kg/10 euros** approximately 10 kg/10 euros
▸ *nm* **1**: **le peu de gens qui** the few people who; **le peu de sable qui** what little sand, the little sand which
2: **un peu** a little; **un petit peu** a little bit; **un peu d'espoir** a little hope; **elle est un peu bavarde** she's rather talkative; **un peu plus de** slightly more than; **un peu moins de** slightly less than; (*avec pluriel*) slightly fewer than
▸ *pron*: **peu le savent** few know (it); **de peu** (only) just

euple [pœpl] *nm* people; **peupler** /1/ *vt* (*pays, région*) to populate; (*étang*) to stock; (*hommes, poissons*) to inhabit
euplier [pøplije] *nm* poplar (tree)
eur [pœʀ] *nf* fear; **avoir ~ (de/de faire/que)** to be frightened *ou* afraid (of/of doing/that); **faire ~ à** to frighten; **de ~ de/que** for fear of/that; **peureux, -euse** *adj* fearful, timorous
peut [pø] *vb voir* **pouvoir**
peut-être [pøtɛtʀ] *adv* perhaps, maybe; **~ que** perhaps, maybe; **~ bien qu'il fera/est** he may well do/be
phare [faʀ] *nm* (*en mer*) lighthouse; (*de véhicule*) headlight
pharmacie [faʀmasi] *nf* (*magasin*) chemist's (BRIT), pharmacy; (*armoire*) medicine chest *ou* cupboard; **pharmacien, ne** *nm/f* pharmacist, chemist (BRIT)
phénomène [fenɔmɛn] *nm* phenomenon
philosophe [filɔzɔf] *nm/f* philosopher ▸ *adj* philosophical
philosophie [filɔzɔfi] *nf* philosophy
phobie [fɔbi] *nf* phobia
phoque [fɔk] *nm* seal
phosphorescent, e [fɔsfɔʀesɑ̃, -ɑ̃t] *adj* luminous
photo [fɔto] *nf* photo; **prendre en ~** to take a photo of; **aimer la/faire de la ~** to like taking/take photos; **~ d'identité** passport photo; **photocopie** *nf* photocopy; **photocopier** /7/ *vt* to photocopy
photocopieur [fɔtɔkɔpjœʀ] *nm*, **photocopieuse** [fɔtɔkɔpjøz] *nf* (photo)copier
photo: photographe *nm/f* photographer; **photographie** *nf* (*procédé, technique*) photography; (*cliché*) photograph; **photographier** /7/ *vt* to photograph
phrase [fʀɑz] *nf* sentence
physicien, ne [fizisjɛ̃, -ɛn] *nm/f* physicist
physique [fizik] *adj* physical ▸ *nm* physique ▸ *nf* physics *sg*; **au ~** physically; **physiquement** *adv* physically
pianiste [pjanist] *nm/f* pianist
piano [pjano] *nm* piano; **pianoter** /1/ *vi* to tinkle away (at the piano)
pic [pik] *nm* (*instrument*) pick(axe); (*montagne*) peak; (*Zool*) woodpecker;

P

à ~ vertically; (*fig*: *tomber, arriver*) just at the right time
pichet [piʃɛ] *nm* jug
picorer [pikɔʀe] /1/ *vt* to peck
pie [pi] *nf* magpie
pièce [pjɛs] *nf* (*d'un logement*) room; (*Théât*) play; (*de mécanisme, machine*) part; (*de monnaie*) coin; (*document*) document; (*de drap, fragment, d'une collection*) piece; **deux euros ~** two euros each; **vendre à la ~** to sell separately *ou* individually; **travailler/payer à la ~** to do piecework/pay piece rate; **un maillot une ~** a one-piece swimsuit; **un deux-~s cuisine** a two-room(ed) flat (BRIT) *ou* apartment (US) with kitchen; **~ à conviction** exhibit; **~ d'eau** ornamental lake *ou* pond; **~ d'identité: avez-vous une ~ d'identité?** have you got any (means of) identification?; **~ jointe** (*Inform*) attachment; **~ montée** tiered cake; **~ de rechange** spare (part); **~s détachées** spares, (spare) parts; **~s justificatives** supporting documents
pied [pje] *nm* foot; (*de table*) leg; (*de lampe*) base; **~s nus** barefoot; **à ~** on foot; **au ~ de la lettre** literally; **avoir ~** to be able to touch the bottom, not to be out of one's depth; **avoir le ~ marin** to be a good sailor; **sur ~** (*debout, rétabli*) up and about; **mettre sur ~** (*entreprise*) to set up; **c'est le ~!** (*fam*) it's brilliant!; **mettre les ~s dans le plat** (*fam*) to put one's foot in it; **il se débrouille comme un ~** (*fam*) he's completely useless; **pied-noir** *nm* Algerian-born Frenchman
piège [pjɛʒ] *nm* trap; **prendre au ~** to trap; **piéger** /3, 6/ *vt* (*avec une bombe*) to booby-trap; **lettre/voiture piégée** letter-/car-bomb
piercing [pjɛʀsiŋ] *nm* piercing
pierre [pjɛʀ] *nf* stone; **~ tombale** tombstone; **pierreries** *nfpl* gems, precious stones
piétiner [pjetine] /1/ *vi* (*trépigner*) to stamp (one's foot); (*fig*) to be at a standstill ▷ *vt* to trample on
piéton, ne [pjetɔ̃, -ɔn] *nm/f* pedestrian; **piétonnier, -ière** *adj* pedestrian *cpd*
pieu, x [pjø] *nm* post; (*pointu*) stake
pieuvre [pjœvʀ] *nf* octopus
pieux, -euse [pjø, -øz] *adj* pious
pigeon [piʒɔ̃] *nm* pigeon
piger [piʒe] /3/ *vi* (*fam*) to get it ▷ *vt* (*fam*) to get
pigiste [piʒist] *nm/f* freelance journalist (*paid by the line*)
pignon [piɲɔ̃] *nm* (*de mur*) gable
pile [pil] *nf* (*tas, pilier*) pile; (*Élec*) battery ▷ *adv* (*net, brusquement*) dea[d] **à deux heures ~** at two on the dot; **jouer à ~ ou face** to toss up (for it); **~ ou face?** heads or tails?
piler [pile] /1/ *vt* to crush, pound
pilier [pilje] *nm* pillar
piller [pije] /1/ *vt* to pillage, plunder, loot
pilote [pilɔt] *nm* pilot; (*de char, voiture*) driver ▷ *adj* pilot *cpd*; **~ de chasse/d'essai/de ligne** fighter/test/airline pilot; **~ de course** racing driver; **piloter** /1/ *vt* (*navire*) to pilot; (*avion*) to fly; (*automobile*) to drive
pilule [pilyl] *nf* pill; **prendre la ~** to be on the pill
piment [pimɑ̃] *nm* (*Bot*) pepper, capsicum; (*fig*) spice, piquancy; **~ rouge** (*Culin*) chilli; **pimenté, e** *a[dj]* (*plat*) hot and spicy
pin [pɛ̃] *nm* pine (tree)
pinard [pinaʀ] *nm* (*fam*) (cheap) wine, plonk (BRIT)
pince [pɛ̃s] *nf* (*outil*) pliers *pl*; (*de homard, crabe*) pincer, claw; (*Coutur[e]: pli*) dart; **~ à épiler** tweezers *pl*; **~ à linge** clothes peg (BRIT) *ou* pin (US)
pincé, e [pɛ̃se] *adj* (*air*) stiff
pinceau, x [pɛ̃so] *nm* (paint)brush
pincer [pɛ̃se] /3/ *vt* to pinch; (*fam*) to nab

inède [pinɛd] *nf* pinewood, pine forest
ingouin [pɛ̃gwɛ̃] *nm* penguin
ing-pong [piŋpɔ̃g] *nm* table tennis
inson [pɛ̃sɔ̃] *nm* chaffinch
intade [pɛ̃tad] *nf* guinea-fowl
ion, ne [pjɔ̃, pjɔn] *nm/f (Scol: péj) student paid to supervise schoolchildren* ▷ *nm (Échecs)* pawn; *(Dames)* piece
ionnier [pjɔnje] *nm* pioneer
ipe [pip] *nf* pipe; **fumer la** *ou* **une ~** to smoke a pipe
iquant, e [pikɑ̃, -ɑ̃t] *adj (barbe, rosier etc)* prickly; *(saveur, sauce)* hot, pungent; *(fig: détail)* titillating; *(: mordant, caustique)* biting ▷ *nm (épine)* thorn, prickle; *(fig)* spiciness, spice
ique [pik] *nf* pike; *(fig)*: **envoyer** *ou* **lancer des ~s à qn** to make cutting remarks to sb ▷ *nm (Cartes)* spades *pl*
ique-nique [piknik] *nm* picnic; **pique-niquer** /1/ *vi* to (have a) picnic
iquer [pike] /1/ *vt (percer)* to prick; *(Méd)* to give an injection to; *(: animal blessé etc)* to put to sleep; *(insecte, fumée, ortie)* to sting; *(moustique)* to bite; *(froid)* to bite; *(intérêt etc)* to arouse; *(fam: voler)* to pinch ▷ *vi (oiseau, avion)* to go into a dive
iquet [pikɛ] *nm (pieu)* post, stake; *(de tente)* peg
iqûre [pikyʀ] *nf (d'épingle)* prick; *(d'ortie)* sting; *(de moustique)* bite; *(Méd)* injection, shot *(us)*; **faire une ~ à qn** to give sb an injection
irate [piʀat] *adj* ▷ *nm* pirate; **~ de l'air** hijacker
ire [piʀ] *adj* worse; *(superlatif)*: **le (la) ~ ...** the worst ... ▷ *nm*: **le ~ (de)** the worst (of); **au ~** at (the very) worst
is [pi] *nm (de vache)* udder ▷ *adj, adv* worse; **de mal en ~** from bad to worse
iscine [pisin] *nf* (swimming) pool; **~ couverte** indoor (swimming) pool
issenlit [pisɑ̃li] *nm* dandelion
istache [pistaʃ] *nf* pistachio (nut)
piste [pist] *nf (d'un animal, sentier)* track, trail; *(indice)* lead; *(de stade, de magnétophone)* track; *(de cirque)* ring; *(de danse)* floor; *(de patinage)* rink; *(de ski)* run; *(Aviat)* runway; **~ cyclable** cycle track
pistolet [pistɔlɛ] *nm (arme)* pistol, gun; *(à peinture)* spray gun **pistolet-mitrailleur** *nm* submachine gun
piston [pistɔ̃] *nm (Tech)* piston; **avoir du ~** *(fam)* to have friends in the right places **pistonner** /1/ *vt (candidat)* to pull strings for
piteux, -euse [pitø, -øz] *adj* pitiful, sorry *(avant le nom)*; **en ~ état** in a sorry state
pitié [pitje] *nf* pity; **il me fait ~** I feel sorry for him; **avoir ~ de** *(compassion)* to pity, feel sorry for; *(merci)* to have pity *ou* mercy on
pitoyable [pitwajabl] *adj* pitiful
pittoresque [pitɔʀɛsk] *adj* picturesque
pizza [pidza] *nf* pizza
PJ *sigle f (= police judiciaire)* ≈ CID (BRIT), ≈ FBI (US)
placard [plakaʀ] *nm (armoire)* cupboard; *(affiche)* poster, notice
place [plas] *nf (emplacement, situation, classement)* place; *(de ville, village)* square; *(espace libre)* room, space; *(de parking)* space; *(siège: de train, cinéma, voiture)* seat; *(emploi)* job; **en ~** *(mettre)* in its place; **sur ~** on the spot; **faire ~ à** to give way to; **ça prend de la ~** it takes up a lot of room *ou* space; **à la ~ de** in place of, instead of; **à votre ~ ...** if I were you ...; **se mettre à la ~ de qn** to put o.s. in sb's place *ou* in sb's shoes
placé, e [plase] *adj*: **haut ~** *(fig)* high-ranking; **être bien/mal ~** to be well/badly placed; *(spectateur)* to have a good/bad seat; **il est bien ~ pour le savoir** he is in a position to know
placement [plasmɑ̃] *nm (Finance)* investment; **agence** *ou* **bureau de ~** employment agency

P

placer [plase] /3/ *vt* to place; (*convive, spectateur*) to seat; (*capital, argent*) to place, invest; **se ~ au premier rang** to go and stand (*ou* sit) in the first row
plafond [plafɔ̃] *nm* ceiling
plage [plaʒ] *nf* beach; **~ arrière** (*Auto*) parcel *ou* back shelf
plaider [plede] /1/ *vi* (*avocat*) to plead ▷ *vt* to plead; **~ pour** (*fig*) to speak for; **plaidoyer** *nm* (*Jur*) speech for the defence (BRIT) *ou* defense (US); (*fig*) plea
plaie [plɛ] *nf* wound
plaignant, e [plɛɲɑ̃, -ɑ̃t] *nm/f* plaintiff
plaindre [plɛ̃dʀ] /52/ *vt* to pity, feel sorry for; **se plaindre** *vi* (*gémir*) to moan; (*protester, rouspéter*): **se ~ (à qn) (de)** to complain (to sb) (about); **se ~ de** (*souffrir*) to complain of
plaine [plɛn] *nf* plain
plain-pied [plɛ̃pje] *adv*: **de ~ (avec)** on the same level (as)
plaint, e [plɛ̃, -ɛ̃t] *pp de* **plaindre** ▷ *nf* (*gémissement*) moan, groan; (*doléance*) complaint; **porter ~e** to lodge a complaint
plaire [plɛʀ] /54/ *vi* to be a success, be successful; **cela me plaît** I like it; **ça plaît beaucoup aux jeunes** it's very popular with young people; **se ~ quelque part** to like being somewhere; **s'il vous plaît, s'il te plaît** please
plaisance [plɛzɑ̃s] *nf* (*aussi*: **navigation de ~**) (pleasure) sailing, yachting
plaisant, e [plɛzɑ̃, -ɑ̃t] *adj* pleasant; (*histoire, anecdote*) amusing
plaisanter [plɛzɑ̃te] /1/ *vi* to joke; **plaisanterie** *nf* joke
plaisir [pleziʀ] *nm* pleasure; **faire ~ à qn** (*délibérément*) to be nice to sb, please sb; **ça me fait ~** I'm delighted *ou* very pleased with this; **j'espère que ça te fera ~** I hope you'll like it; **pour le** *ou* **pour son** *ou* **par ~** for pleasure
plaît [plɛ] *vb voir* **plaire**
plan, e [plɑ̃, -an] *adj* flat ▷ *nm* plan; (*fig*) level, plane; (*Ciné*) shot; **au premier/second ~** in the foreground, middle distance; **à l'arrière ~** in the background; **~ d'eau** lake
planche [plɑ̃ʃ] *nf* (*pièce de bois*) plank, (wooden) board; (*illustration*) plate; **~ à repasser** ironing board; **~ (à roulettes)** skateboard; **~ à voile** (*sport*) windsurfing
plancher [plɑ̃ʃe] /1/ *nm* floor; (*planches*) floorboards *pl* ▷ *vi* to work hard
planer [plane] /1/ *vi* to glide; (*fam*: *rêveur*) to have one's head in the clouds; **~ sur** (*danger*) to hang over
planète [planɛt] *nf* planet
planeur [planœʀ] *nm* glider
planifier [planifje] /7/ *vt* to plan
planning [planiŋ] *nm* programme, schedule; **~ familial** family planning
plant [plɑ̃] *nm* seedling, young plant
plante [plɑ̃t] *nf* plant; **~ d'appartement** house *ou* pot plant; **~ du pied** sole (of the foot); **~ verte** house plant
planter [plɑ̃te] /1/ *vt* (*plante*) to plant; (*enfoncer*) to hammer *ou* drive in; (*tente*) to put up, pitch; (*fam*: *mettre*) to dump; **se planter** *vi* (*fam*: *se tromper*) to get it wrong; (: *ordinateur*) to crash
plaque [plak] *nf* plate; (*de verglas, d'eczéma*) patch; (*avec inscription*) plaque; **~ chauffante** hotplate; **~ de chocolat** bar of chocolate; **~ tournante** (*fig*) centre
plaqué, e [plake] *adj*: **~ or/argent** gold-/silver-plated
plaquer [plake] /1/ *vt* (*Rugby*) to bring down; (*fam*: *laisser tomber*) to drop
plaquette [plakɛt] *nf* (*de chocolat*) bar; (*de beurre*) packet; **~ de frein** brake pad
plastique [plastik] *adj* ▷ *nm* plastic ▷ *nf* plastic arts *pl*; (*d'une statue*)

modelling; **plastiquer** /1/ *vt* to blow up

plat, e [pla, -at] *adj* flat; (*style*) flat, dull ▷ *nm* (*récipient, Culin*) dish; (*d'un repas*) course; **à ~ ventre** face down; **à ~** (*pneu, batterie*) flat; (*fam: fatigué*) dead beat; **~ cuisiné** pre-cooked meal (*ou* dish); **~ du jour** dish of the day; **~ principal** *ou* **de résistance** main course

platane [platan] *nm* plane tree

plateau, x [plato] *nm* (*support*) tray; (*Géo*) plateau; (*Ciné*) set; **~ à fromages** cheeseboard

plate-bande [platbɑ̃d] *nf* flower bed

plate-forme [platfɔʀm] *nf* platform; **~ de forage/pétrolière** drilling/oil rig

platine [platin] *nm* platinum ▷ *nf* (*d'un tourne-disque*) turntable; **~ laser** *ou* **compact-disc** compact disc (player)

plâtre [plɑtʀ] *nm* (*matériau*) plaster; (*statue*) plaster statue; (*Méd*) (plaster) cast; **avoir un bras dans le ~** to have an arm in plaster

plein, e [plɛ̃, -ɛn] *adj* full ▷ *nm*: **faire le ~ (d'essence)** to fill up (with petrol (BRIT) *ou* gas (US)); **à ~es mains** (*ramasser*) in handfuls; **à ~ temps** full-time; **en ~ air** in the open air; **en ~ soleil** in direct sunlight; **en ~e nuit/rue** in the middle of the night/street; **en ~ jour** in broad daylight

pleurer [plœʀe] /1/ *vi* to cry; (*yeux*) to water ▷ *vt* to mourn (for); **~ sur** to lament (over), bemoan

pleurnicher [plœʀniʃe] /1/ *vi* to snivel, whine

pleurs [plœʀ] *nmpl*: **en ~** in tears

pleut [plø] *vb voir* **pleuvoir**

pleuvoir [pløvwaʀ] /23/ *vb impers* to rain ▷ *vi* (*coups*) to rain down; (*critiques, invitations*) to shower down; **il pleut** it's raining; **il pleut des cordes** *ou* **à verse** *ou* **à torrents** it's pouring (down), it's raining cats and dogs

pli [pli] *nm* fold; (*de jupe*) pleat; (*de pantalon*) crease

pliant, e [plijɑ̃, -ɑ̃t] *adj* folding

plier [plije] /7/ *vt* to fold; (*pour ranger*) to fold up; (*genou, bras*) to bend ▷ *vi* to bend; (*fig*) to yield; **se ~ à** to submit to

plisser [plise] /1/ *vt* (*yeux*) to screw up; (*front*) to furrow; (*jupe*) to put pleats in

plomb [plɔ̃] *nm* (*métal*) lead; (*d'une cartouche*) (lead) shot; (*Pêche*) sinker; (*Élec*) fuse; **sans ~** (*essence*) unleaded

plomberie [plɔ̃bʀi] *nf* plumbing

plombier [plɔ̃bje] *nm* plumber

plonge [plɔ̃ʒ] *nf*: **faire la ~** to be a washer-up (BRIT) *ou* dishwasher (*person*)

plongeant, e [plɔ̃ʒɑ̃, -ɑ̃t] *adj* (*vue*) from above; (*tir, décolleté*) plunging

plongée [plɔ̃ʒe] *nf* (*Sport*) diving *no pl*; (*: sans scaphandre*) skin diving; **~ sous-marine** diving

plongeoir [plɔ̃ʒwaʀ] *nm* diving board

plongeon [plɔ̃ʒɔ̃] *nm* dive

plonger [plɔ̃ʒe] /3/ *vi* to dive ▷ *vt*: **~ qch dans** to plunge sth into; **se ~ dans** (*études, lecture*) to bury *ou* immerse o.s. in; **plongeur, -euse** [plɔ̃ʒœʀ, -øz] *nm/f* diver

plu [ply] *pp de* **plaire**; **pleuvoir**

pluie [plɥi] *nf* rain

plume [plym] *nf* feather; (*pour écrire*) (pen) nib; (*fig*) pen

plupart [plypaʀ]: **la ~** *pron* the majority, most (of them); **la ~ des** most, the majority of; **la ~ du temps/d'entre nous** most of the time/of us; **pour la ~** for the most part, mostly

pluriel [plyʀjɛl] *nm* plural

plus[1] [ply] *vb voir* **plaire**

MOT-CLÉ

plus[2] [ply] *adv* **1** (*forme négative*): **ne ... plus** no more, no longer; **je n'ai plus d'argent** I've got no more money *ou*

P

no money left; **il ne travaille plus** he's no longer working, he doesn't work any more
2 [ply, plyz + *voyelle*] (*comparatif*) more, ...+er; (*superlatif*): **le plus** the most, the ...+est; **plus grand/ intelligent (que)** bigger/more intelligent (than); **le plus grand/ intelligent** the biggest/most intelligent; **tout au plus** at the very most
3 [plys, plyz + *voyelle*] (*davantage*) more; **il travaille plus (que)** he works more (than); **plus il travaille, plus il est heureux** the more he works, the happier he is; **plus de 10 personnes/trois heures/quatre kilos** more than *ou* over 10 people/ three hours/four kilos; **trois heures de plus que** three hours more than; **de plus** what's more, moreover; **il a trois ans de plus que moi** he's three years older than me; **trois kilos en plus** three kilos more; **en plus de** in addition to; **de plus en plus** more and more; **plus ou moins** more or less; **ni plus ni moins** no more, no less
▸ *prép* [plys]: **quatre plus deux** four plus two

plusieurs [plyzjœʀ] *adj, pron* several; **ils sont ~** there are several of them
plus-value [plyvaly] *nf* (*bénéfice*) capital gain
plutôt [plyto] *adv* rather; **je ferais ~ ceci** I'd rather *ou* sooner do this; **~ que (de) faire** rather than *ou* instead of doing
pluvieux, -euse [plyvjø, -øz] *adj* rainy, wet
PME *sigle fpl* (= *petites et moyennes entreprises*) small businesses
PMU *sigle m* (= *pari mutuel urbain*) (*dans un café*) betting agency
PNB *sigle m* (= *produit national brut*) GNP
pneu [pnø] *nm* tyre (BRIT), tire (US)
pneumonie [pnømɔni] *nf* pneumonia
poche [pɔʃ] *nf* pocket; (*sous les yeux*) bag, pouch; **argent de ~** pocket money
pochette [pɔʃɛt] *nf* (*d'aiguilles etc*) case; (*de femme*) clutch bag; (*mouchoir*) breast pocket handkerchief; **~ de disque** record sleeve
podcast [pɔdkast] *nm* podcast; **podcaster** /1/ *vi* to podcast
poêle [pwal] *nm* stove ▸ *nf*: **~ (à frire)** frying pan
poème [pɔɛm] *nm* poem
poésie [pɔezi] *nf* (*poème*) poem; (*art*): **la ~** poetry
poète [pɔɛt] *nm* poet
poids [pwa] *nm* weight; (*Sport*) shot; **vendre au ~** to sell by weight; **perdre/prendre du ~** to lose/put on weight; **~ lourd** (*camion*) (big) lorry (BRIT), truck (US)
poignant, e [pwaɲɑ̃, -ɑ̃t] *adj* poignant
poignard [pwaɲaʀ] *nm* dagger; **poignarder** /1/ *vt* to stab, knife
poigne [pwaɲ] *nf* grip; **avoir de la ~** (*fig*) to rule with a firm hand
poignée [pwaɲe] *nf* (*de sel etc, fig*) handful; (*de couvercle, porte*) handle; **~ de main** handshake
poignet [pwaɲɛ] *nm* (*Anat*) wrist; (*de chemise*) cuff
poil [pwal] *nm* (*Anat*) hair; (*de pinceau, brosse*) bristle; (*de tapis, tissu*) strand; (*pelage*) coat; **à ~** (*fam*) starkers; **au ~** (*fam*) hunky-dory; **poilu, e** *adj* hairy
poinçonner [pwɛ̃sɔne] /1/ *vt* (*bijou etc*) to hallmark; (*billet, ticket*) to punch
poing [pwɛ̃] *nm* fist; **coup de ~** punc
point [pwɛ̃] *nm* dot; (*de ponctuation*) full stop, period (US); (*Couture, Tricot*) stitch ▸ *adv* = **pas**[1]; **faire le ~** (*fig*) to take stock (of the situation); **sur le ~ de faire** (just) about to do; **à tel ~ que** so much so that; **mettre au ~** (*mécanisme, procédé*) to develop;

(*affaire*) to settle; **à ~** (*Culin: viande*) medium; **à ~ (nommé)** just at the right time; **deux ~s** colon; **~ (de côté)** stitch (*pain*); **~ d'exclamation** exclamation mark; **~ faible** weak spot; **~ final** full stop, period (*US*); **~ d'interrogation** question mark; **~ mort**; **au ~ mort** (*Auto*) in neutral; **~ de repère** landmark; (*dans le temps*) point of reference; **~ de vente** retail outlet; **~ de vue** viewpoint; (*fig: opinion*) point of view; **~s cardinaux** cardinal points; **~s de suspension** suspension points

pointe [pwɛ̃t] *nf* point; (*clou*) tack; **une ~ d'ail/d'accent** a touch *ou* hint of garlic/of an accent; **être à la ~ de** (*fig*) to be in the forefront of; **sur la ~ des pieds** on tiptoe; **en ~** *adj* pointed, tapered; **de ~** (*technique etc*) leading; **heures/jours de ~** peak hours/days

pointer [pwɛ̃te] /1/ *vt* (*diriger: canon, longue-vue, doigt*): **~ vers qch, ~ sur qch** to point at sth ▷ *vi* (*employé*) to clock in *ou* on

pointeur, -euse [pwɛ̃tœʀ, -øz] *nf* timeclock ▷ *nm* (*Inform*) cursor

pointillé [pwɛ̃tije] *nm* (*trait*) dotted line

pointilleux, -euse [pwɛ̃tijø, -øz] *adj* particular, pernickety

pointu, e [pwɛ̃ty] *adj* pointed; (*voix*) shrill; (*analyse*) precise

pointure [pwɛ̃tyʀ] *nf* size

point-virgule [pwɛ̃viʀgyl] *nm* semi-colon

poire [pwaʀ] *nf* pear; (*fam, péj*) mug

poireau, x [pwaʀo] *nm* leek

poirier [pwaʀje] *nm* pear tree

pois [pwa] *nm* (*Bot*) pea; (*sur une étoffe*) dot, spot; **à ~** (*cravate etc*) spotted, polka-dot *cpd*; **~ chiche** chickpea

poison [pwazɔ̃] *nm* poison

poisseux, -euse [pwasø, -øz] *adj* sticky

poisson [pwasɔ̃] *nm* fish *gén inv*; **les P~s** (*Astrologie: signe*) Pisces; **~ d'avril** April fool; (*blague*) April fool's day trick; *see note* **"poisson d'avril"**; **~ rouge** goldfish; **poissonnerie** *nf* fishmonger's; **poissonnier, -ière** *nm/f* fishmonger (*BRIT*), fish merchant (*US*)

POISSON D'AVRIL

The traditional April Fools' Day prank in France involves attaching a cut-out paper fish, known as a 'poisson d'avril', to the back of one's victim, without being caught.

poitrine [pwatʀin] *nf* chest; (*seins*) bust, bosom; (*Culin*) breast

poivre [pwavʀ] *nm* pepper

poivron [pwavʀɔ̃] *nm* pepper, capsicum

polaire [pɔlɛʀ] *adj* polar

pôle [pol] *nm* (*Géo, Élec*) pole; **le ~ Nord/Sud** the North/South Pole

poli, e [pɔli] *adj* polite; (*lisse*) smooth

police [pɔlis] *nf* police; **~ judiciaire (PJ)** ≈ Criminal Investigation Department (CID) (*BRIT*), ≈ Federal Bureau of Investigation (FBI) (*US*); **~ secours** ≈ emergency services *pl* (*BRIT*), ≈ paramedics *pl* (*US*); **policier, -ière** *adj* police *cpd* ▷ *nm* policeman; (*aussi:* **roman policier**) detective novel

polir [pɔliʀ] /2/ *vt* to polish

politesse [pɔlitɛs] *nf* politeness

politicien, ne [pɔlitisjɛ̃, -ɛn] *nm/f* (*péj*) politician

politique [pɔlitik] *adj* political ▷ *nf* politics *sg*; (*principes, tactique*) policies *pl*

politiquement [pɔlitikmɑ̃] *adv* politically; **~ correct** politically correct

pollen [pɔlɛn] *nm* pollen

polluant, e [pɔlɥɑ̃, -ɑ̃t] *adj* polluting ▷ *nm* pollutant; **non ~** non-polluting

polluer [pɔlɥe] /1/ *vt* to pollute; **pollution** *nf* pollution
polo [pɔlo] *nm* (*tricot*) polo shirt
Pologne [pɔlɔɲ] *nf*: **la ~** Poland; **polonais, e** *adj* Polish ▷ *nm* (*Ling*) Polish ▷ *nm/f*: **Polonais, e** Pole
poltron, ne [pɔltʀɔ̃, -ɔn] *adj* cowardly
polycopier [pɔlikɔpje] /7/ *vt* to duplicate
Polynésie [pɔlinezi] *nf*: **la ~** Polynesia; **la ~ française** French Polynesia
polyvalent, e [pɔlivalɑ̃, -ɑ̃t] *adj* (*rôle*) varied; (*salle*) multi-purpose
pommade [pɔmad] *nf* ointment, cream
pomme [pɔm] *nf* apple; **tomber dans les ~s** (*fam*) to pass out; **~ d'Adam** Adam's apple; **~ de pin** pine *ou* fir cone; **~ de terre** potato; **~s vapeur** boiled potatoes
pommette [pɔmɛt] *nf* cheekbone
pommier [pɔmje] *nm* apple tree
pompe [pɔ̃p] *nf* pump; (*faste*) pomp (and ceremony); **~ à eau/essence** water/petrol pump; **~s funèbres** undertaker's *sg*, funeral parlour *sg*; **pomper** /1/ *vt* to pump; (*aspirer*) to pump up; (*absorber*) to soak up
pompeux, -euse [pɔ̃pø, -øz] *adj* pompous
pompier [pɔ̃pje] *nm* fireman
pompiste [pɔ̃pist] *nm/f* petrol (BRIT) *ou* gas (US) pump attendant
poncer [pɔ̃se] /3/ *vt* to sand (down)
ponctuation [pɔ̃ktɥasjɔ̃] *nf* punctuation
ponctuel, le [pɔ̃ktɥɛl] *adj* punctual
pondéré, e [pɔ̃deʀe] *adj* level-headed, composed
pondre [pɔ̃dʀ] /41/ *vt* to lay
poney [pɔnɛ] *nm* pony
pont [pɔ̃] *nm* bridge; (*Navig*) deck; **faire le ~** to take the extra day off; *see note* **"faire le pont"**; **~ suspendu** suspension bridge; **pont-levis** *nm* drawbridge

FAIRE LE PONT

The expression 'faire le pont' refers to the practice of taking a Monday or Friday off to make a long weekend if a public holiday falls on a Tuesday or Thursday. The French commonly take an extra day off work to give four consecutive days' holiday at 'l'Ascension', 'le 14 juillet' and le '15 août'.

pop [pɔp] *adj inv* pop
populaire [pɔpylɛʀ] *adj* popular; (*manifestation*) mass *cpd*; (*milieux, clientèle*) working-class; (*mot etc*) used by the lower classes (of society)
popularité [pɔpylaʀite] *nf* popularity
population [pɔpylasjɔ̃] *nf* population
populeux, -euse [pɔpylø, -øz] *adj* densely populated
porc [pɔʀ] *nm* pig; (*Culin*) pork
porcelaine [pɔʀsəlɛn] *nf* porcelain, china; (*objet*) piece of china(ware)
porc-épic [pɔʀkepik] *nm* porcupine
porche [pɔʀʃ] *nm* porch
porcherie [pɔʀʃəʀi] *nf* pigsty
pore [pɔʀ] *nm* pore
porno [pɔʀno] *adj* porno ▷ *nm* porn
port [pɔʀ] *nm* harbour, port; (*ville*) port; (*de l'uniforme etc*) wearing; (*pour lettre*) postage; (*pour colis, aussi: posture*) carriage; **~ d'arme** (*Jur*) carrying of a firearm; **~ payé** postage paid
portable [pɔʀtabl] *adj* (*portatif*) portable; (*téléphone*) mobile ▷ *nm* (*Inform*) laptop (computer); (*téléphone*) mobile (phone)
portail [pɔʀtaj] *nm* gate
portant, e [pɔʀtɑ̃, -ɑ̃t] *adj*: **bien/mal ~** in good/poor health
portatif, -ive [pɔʀtatif, -iv] *adj* portable
porte [pɔʀt] *nf* door; (*de ville, forteresse*) gate; **mettre à la ~** to throw out; **~ d'entrée** front door

porté, e [pɔʀte] *adj*: **être ~ à faire qch** to be apt to do sth; **être ~ sur qch** to be partial to sth
porte: porte-avions *nm inv* aircraft carrier; **porte-bagages** *nm inv* luggage rack (*ou* basket *etc*); **porte-bonheur** *nm inv* lucky charm; **porte-clefs** *nm inv* key ring; **porte-documents** *nm inv* attaché *ou* document case
portée [pɔʀte] *nf* (*d'une arme*) range; (*fig*: *importance*) impact, import; (: *capacités*) scope, capability; (*de chatte etc*) litter; (*Mus*) stave, staff; **à/hors de ~ (de)** within/out of reach (of); **à ~ de (la) main** within (arm's) reach; **à la ~ de qn** (*fig*) at sb's level, within sb's capabilities
porte: portefeuille *nm* wallet; **portemanteau, x** *nm* coat rack; (*cintre*) coat hanger; **porte-monnaie** *nm inv* purse; **porte-parole** *nm inv* spokesperson
porter [pɔʀte] /1/ *vt* to carry; (*sur soi*: *vêtement, barbe, bague*) to wear; (*fig*: *responsabilité etc*) to bear, carry; (*inscription, marque, titre, patronyme, fruits, fleurs*) to bear; (*coup*) to deal; (*attention*) to turn; (*apporter*): **~ qch quelque part/à qn** to take sth somewhere/to sb ▷ *vi* to carry; (*coup, argument*) to hit home; **se porter** *vi* (*se sentir*): **se ~ bien/mal** to be well/unwell; **~ sur** (*conférence etc*) to concern; **se faire ~ malade** to report sick
porteur, -euse [pɔʀtœʀ, -øz] *nm/f* ▷ *nm* (*de bagages*) porter; (*de chèque*) bearer
porte-voix [pɔʀtəvwa] *nm inv* megaphone
portier [pɔʀtje] *nm* doorman
portière [pɔʀtjɛʀ] *nf* door
portion [pɔʀsjɔ̃] *nf* (*part*) portion, share; (*partie*) portion, section
porto [pɔʀto] *nm* port (wine)
portrait [pɔʀtʀɛ] *nm* portrait; (*photographie*) photograph; **portrait-robot** *nm* Identikit® *ou* Photo-fit® (BRIT) picture
portuaire [pɔʀtɥɛʀ] *adj* port *cpd*, harbour *cpd*
portugais, e [pɔʀtygɛ, -ɛz] *adj* Portuguese ▷ *nm* (*Ling*) Portuguese ▷ *nm/f*: **P~, e** Portuguese
Portugal [pɔʀtygal] *nm*: **le ~** Portugal
pose [poz] *nf* (*de moquette*) laying; (*attitude, d'un modèle*) pose; (*Photo*) exposure
posé, e [poze] *adj* calm
poser [poze] /1/ *vt* (*place*) to put down, to put; (*déposer, installer*: *moquette, carrelage*) to lay; (*rideaux, papier peint*) to hang; (*question*) to ask; (*principe, conditions*) to lay *ou* set down; (*problème*) to formulate; (*difficulté*) to pose ▷ *vi* (*modèle*) to pose; **se poser** *vi* (*oiseau, avion*) to land; (*question*) to arise; **~ qch (sur)** to put sth down (on); **~ qn à** to drop sb at; **~ qch sur qch/quelque part** to put sth on sth/somewhere; **~ sa candidature à un poste** to apply for a post
positif, -ive [pozitif, -iv] *adj* positive
position [pozisjɔ̃] *nf* position; **prendre ~** (*fig*) to take a stand
posologie [pozɔlɔʒi] *nf* dosage
posséder [pɔsede] /6/ *vt* to own, possess; (*qualité, talent*) to have, possess; (*sexuellement*) to possess; **possession** *nf* ownership *no pl*, possession; **être en possession de qch** to be in possession of sth; **prendre possession de qch** to take possession of sth
possibilité [pɔsibilite] *nf* possibility; **possibilités** *nfpl* potential *sg*
possible [pɔsibl] *adj* possible; (*projet, entreprise*) feasible ▷ *nm*: **faire son ~** to do all one can, do one's utmost; **le plus/moins de livres ~** as many/few books as possible; **le plus vite ~** as quickly as possible; **dès que ~** as soon as possible

P

postal, e, -aux [pɔstal, -o] *adj* postal
poste¹ [pɔst] *nf* (*service*) post, postal service; (*administration, bureau*) post office; **mettre à la ~** to post; **~ restante (PR)** poste restante (BRIT), general delivery (US)
poste² [pɔst] *nm* (*fonction, Mil*) post; (*Tél*) extension; (*de radio etc*) set; **~ d'essence** filling station; **~ d'incendie** fire point; **~ de pilotage** cockpit, flight deck; **~ (de police)** police station; **~ de secours** first-aid post
poster /1/ *vt* [pɔste] to post ▷ *nm* [pɔstɛʀ] poster
postérieur, e [pɔsteʀjœʀ] *adj* (*date*) later; (*partie*) back ▷ *nm* (*fam*) behind
postuler [pɔstyle] /1/ *vi*: **~ à** *ou* **pour un emploi** to apply for a job
pot [po] *nm* (*en verre*) jar; (*en terre*) pot; (*en plastique, carton*) carton; (*en métal*) tin; (*fam: chance*) luck; **avoir du ~** to be lucky; **boire** *ou* **prendre un ~** (*fam*) to have a drink; **petit ~ (pour bébé)** (jar of) baby food; **~ catalytique** catalytic converter; **~ d'échappement** exhaust pipe
potable [pɔtabl] *adj*: **eau (non) ~** (not) drinking water
potage [pɔtaʒ] *nm* soup; **potager, -ère** *adj*: **(jardin) potager** kitchen *ou* vegetable garden
pot-au-feu [pɔtofø] *nm inv* (beef) stew
pot-de-vin [podvɛ̃] *nm* bribe
pote [pɔt] *nm* (*fam*) pal
poteau, x [pɔto] *nm* post; **~ indicateur** signpost
potelé, e [pɔtle] *adj* plump, chubby
potentiel, le [pɔtɑ̃sjɛl] *adj, nm* potential
poterie [pɔtʀi] *nf* pottery; (*objet*) piece of pottery
potier, -ière [pɔtje, -jɛʀ] *nm/f* potter
potiron [pɔtiʀɔ̃] *nm* pumpkin
pou, x [pu] *nm* louse
poubelle [pubɛl] *nf* (dust)bin
pouce [pus] *nm* thumb
poudre [pudʀ] *nf* powder; (*fard*) (face) powder; (*explosif*) gunpowder; **en ~: café en ~** instant coffee; **lait en ~** dried *ou* powdered milk
poudreux, -euse [pudʀø, -øz] *adj* dusty; (*neige*) powder *cpd*
poudre: poudrier [pudʀije] *nm* (powder) compact
pouffer [pufe] /1/ *vi*: **~ (de rire)** to burst out laughing
poulailler [pulɑje] *nm* henhouse
poulain [pulɛ̃] *nm* foal; (*fig*) protégé
poule [pul] *nf* hen; (*Culin*) (boiling) fowl; **~ mouillée** coward
poulet [pulɛ] *nm* chicken; (*fam*) cop
poulie [puli] *nf* pulley
pouls [pu] *nm* pulse; **prendre le ~ de qn** to take sb's pulse
poumon [pumɔ̃] *nm* lung
poupée [pupe] *nf* doll
pour [puʀ] *prép* for ▷ *nm*: **le ~ et le contre** the pros and cons; **~ faire** (so as) to do, in order to do; **~ avoir fait** for having done; **~ que** so that, in order that; **fermé ~ (cause de) travaux** closed for refurbishment *ou* alterations; **c'est ~ ça que ...** that's why ...; **~ quoi faire?** what for?; **~ 20 euros d'essence** 20 euros' worth of petrol; **~ cent** per cent; **~ ce qui est de** as for
pourboire [puʀbwaʀ] *nm* tip
pourcentage [puʀsɑ̃taʒ] *nm* percentage
pourchasser [puʀʃase] /1/ *vt* to pursue
pourparlers [puʀpaʀle] *nmpl* talks, negotiations
pourpre [puʀpʀ] *adj* crimson
pourquoi [puʀkwa] *adv, conj* why ▷ *nm inv*: **le ~ (de)** the reason (for)
pourrai *etc* [puʀe] *vb voir* **pouvoir**
pourri, e [puʀi] *adj* rotten
pourrir [puʀiʀ] /2/ *vi* to rot; (*fruit*) to go rotten *ou* bad ▷ *vt* to rot; (*fig*) to spoil thoroughly; **pourriture** *nf* rot

poursuite [puʀsɥit] *nf* pursuit, chase; **poursuites** *nfpl* (*Jur*) legal proceedings
poursuivre [puʀsɥivʀ] /40/ *vt* to pursue, chase (after); (*obséder*) to haunt; (*Jur*) to bring proceedings against, prosecute (: *au civil*) to sue; (*but*) to strive towards; (*voyage, études*) to carry on with, continue; **se poursuivre** *vi* to go on, continue
pourtant [puʀtɑ̃] *adv* yet; **c'est ~ facile** (and) yet it's easy
pourtour [puʀtuʀ] *nm* perimeter
pourvoir [puʀvwaʀ] /25/ *vt*: **~ qch/qn de** to equip sth/sb with ▷ *vi*: **~ à** to provide for; **pourvu, e** *adj*: **pourvu de** equipped with; **pourvu que** (*si*) provided that, so long as; (*espérons que*) let's hope (that)
pousse [pus] *nf* growth; (*bourgeon*) shoot
poussée [puse] *nf* thrust; (*d'acné*) eruption; (*fig: prix*) upsurge
pousser [puse] /1/ *vt* to push; (*émettre: cri etc*) to give; (*stimuler: élève*) to urge on; (*poursuivre: études, discussion*) to carry on ▷ *vi* to push; (*croître*) to grow; **se pousser** *vi* to move over; **~ qn à faire qch** (*inciter*) to urge *ou* press sb to do sth; **faire ~** (*plante*) to grow
poussette [pusɛt] *nf* pushchair (BRIT), stroller (US)
poussière [pusjɛʀ] *nf* dust; **poussiéreux, -euse** *adj* dusty
poussin [pusɛ̃] *nm* chick
poutre [putʀ] *nf* beam

MOT-CLÉ

pouvoir [puvwaʀ] /33/ *nm* power; (*dirigeants*): **le pouvoir** those in power; **les pouvoirs publics** the authorities; **pouvoir d'achat** purchasing power
▶*vb aux* **1** (*être en état de*) can, be able to; **je ne peux pas le réparer** I can't *ou* I am not able to repair it; **déçu de ne pas pouvoir le faire** disappointed not to be able to do it
2 (*avoir la permission*) can, may, be allowed to; **vous pouvez aller au cinéma** you can *ou* may go to the pictures
3 (*probabilité, hypothèse*) may, might, could; **il a pu avoir un accident** he may *ou* might *ou* could have had an accident; **il aurait pu le dire!** he might *ou* could have said (so)!
▶*vb impers* may, might, could; **il peut arriver que** it may *ou* might *ou* could happen that; **il pourrait pleuvoir** it might rain
▶*vt* can, be able to; **j'ai fait tout ce que j'ai pu** I did all I could; **je n'en peux plus** (*épuisé*) I'm exhausted; (*à bout*) I can't take any more
se pouvoir *vi*: **il se peut que** it may *ou* might be that; **cela se pourrait** that's quite possible

prairie [pʀeʀi] *nf* meadow
praline [pʀalin] *nf* sugared almond
praticable [pʀatikabl] *adj* passable; practicable
pratiquant, e [pʀatikɑ̃, -ɑ̃t] *nm/f* (regular) churchgoer
pratique [pʀatik] *nf* practice ▷ *adj* practical; **pratiquement** *adv* (*pour ainsi dire*) practically, virtually; **pratiquer** /1/ *vt* to practise; (*l'équitation, la pêche*) to go in for; (*le golf, football*) to play; (*intervention, opération*) to carry out
pré [pʀe] *nm* meadow
préalable [pʀealabl] *adj* preliminary; **au ~** beforehand
préambule [pʀeɑ̃byl] *nm* preamble; (*fig*) prelude; **sans ~** straight away
préau, x [pʀeo] *nm* (*d'une cour d'école*) covered playground
préavis [pʀeavi] *nm* notice
précaution [pʀekosjɔ̃] *nf* precaution; **avec ~** cautiously; **par ~** as a precaution
précédemment [pʀesedamɑ̃] *adv* before, previously

précédent, e [presedɑ̃, -ɑ̃t] *adj* previous ▷ *nm* precedent; **sans ~** unprecedented; **le jour ~** the day before, the previous day
précéder [presede] /6/ *vt* to precede
prêcher [preʃe] /1/ *vt* to preach
précieux, -euse [presjø, -øz] *adj* precious; (*collaborateur, conseils*) invaluable
précipice [presipis] *nm* drop, chasm
précipitamment [presipitamɑ̃] *adv* hurriedly, hastily
précipitation [presipitasjɔ̃] *nf* (*hâte*) haste
précipité, e [presipite] *adj* hurried; hasty
précipiter [presipite] /1/ *vt* (*hâter: départ*) to hasten; **se précipiter** *vi* to speed up; **~ qn/qch du haut de** (*faire tomber*) to throw *ou* hurl sb/sth off *ou* from; **se ~ sur/vers** to rush at/towards
précis, e [presi, -iz] *adj* precise; (*tir, mesures*) accurate, precise; **à 4 heures ~es** at 4 o'clock sharp; **précisément** *adv* precisely; **préciser** /1/ *vt* (*expliquer*) to be more specific about, clarify; (*spécifier*) to state, specify; **se préciser** *vi* to become clear(er); **précision** *nf* precision; (*détail*) point *ou* detail (*made clear or to be clarified*)
précoce [prekɔs] *adj* early; (*enfant*) precocious
préconçu, e [prekɔ̃sy] *adj* preconceived
préconiser [prekɔnize] /1/ *vt* to advocate
prédécesseur [predesesœr] *nm* predecessor
prédilection [predilɛksjɔ̃] *nf*: **avoir une ~ pour** to be partial to
prédire [predir] /37/ *vt* to predict
prédominer [predɔmine] /1/ *vi* to predominate
préface [prefas] *nf* preface
préfecture [prefɛktyr] *nf* prefecture; **~ de police** police headquarters
préférable [preferabl] *adj* preferable
préféré, e [prefere] *adj, nm/f* favourite
préférence [preferɑ̃s] *nf* preference; **de ~** preferably
préférer [prefere] /6/ *vt*: **~ qn/qch (à)** to prefer sb/sth (to), like sb/sth better (than); **~ faire** to prefer to do; **je préférerais du thé** I would rather have tea, I'd prefer tea
préfet [prefɛ] *nm* prefect
préhistorique [preistɔrik] *adj* prehistoric
préjudice [preʒydis] *nm* (*matériel*) loss; (*moral*) harm *no pl*; **porter ~ à** to harm, be detrimental to; **au ~ de** at the expense of
préjugé [preʒyʒe] *nm* prejudice; **avoir un ~ contre** to be prejudiced against
prélasser [prelɑse] /1/: **se prélasser** *vi* to lounge
prélèvement [prelɛvmɑ̃] *nm* (*montant*) deduction; **faire un ~ de sang** to take a blood sample
prélever [prelve] /5/ *vt* (*échantillon*) to take; **~ (sur)** (*argent*) to deduct (from); (*sur son compte*) to withdraw (from)
prématuré, e [prematyre] *adj* premature ▷ *nm* premature baby
premier, -ière [prəmje, -jɛr] *adj* first; (*rang*) front; (*fig: fondamental*) basic ▷ *nf* (*Rail, Aviat etc*) first class; (*Scol*) year 12 (BRIT), eleventh grade (US); **de ~ ordre** first-rate; **le ~ venu** the first person to come along; **P~ Ministre** Prime Minister; **premièrement** *adv* firstly
prémonition [premɔnisjɔ̃] *nf* premonition
prenant, e [prənɑ̃, -ɑ̃t] *adj* absorbing, engrossing
prénatal, e [prenatal] *adj* (*Méd*) antenatal
prendre [prɑ̃dr] /58/ *vt* to take; (*repas*) to have; (*aller chercher*) to

get; (*malfaiteur, poisson*) to catch; (*passager*) to pick up; (*personnel*) to take on; (*traiter: enfant, problème*) to handle; (*voix, ton*) to put on; (*ôter*): **~ qch à** to take sth from; (*coincer*): **se ~ les doigts dans** to get one's fingers caught in ▷ *vi* (*liquide, ciment*) to set; (*greffe, vaccin*) to take; (*feu: foyer*) to go; (*se diriger*): **~ à gauche** to turn (to the) left; **~ froid** to catch cold; **se ~ pour** to think one is; **s'en ~ à** to attack; **se ~ d'amitié/d'affection pour** to befriend/become fond of; **s'y ~** (*procéder*) to set about it

preneur [pʀənœʀ] *nm*: **être ~** to be willing to buy; **trouver ~** to find a buyer

prénom [pʀenɔ̃] *nm* first name

préoccupation [pʀeɔkypasjɔ̃] *nf* (*souci*) concern; (*idée fixe*) preoccupation

préoccuper [pʀeɔkype] /1/ *vt* (*tourmenter, tracasser*) to concern; (*absorber, obséder*) to preoccupy; **se ~ de qch** to be concerned about sth

préparatifs [pʀepaʀatif] *nmpl* preparations

préparation [pʀepaʀasjɔ̃] *nf* preparation

préparer [pʀepaʀe] /1/ *vt* to prepare; (*café, repas*) to make; (*examen*) to prepare for; (*voyage, entreprise*) to plan; **se préparer** *vi* (*orage, tragédie*) to brew, be in the air; **se ~ (à qch/à faire)** to prepare (o.s.) *ou* get ready (for sth/to do); **~ qch à qn** (*surprise etc*) to have sth in store for sb

prépondérant, e [pʀepɔ̃deʀɑ̃, -ɑ̃t] *adj* major, dominating

préposé, e [pʀepoze] *nm/f* employee; (*facteur*) postman/woman

préposition [pʀepozisjɔ̃] *nf* preposition

près [pʀɛ] *adv* near, close; **~ de** near (to), close to; (*environ*) nearly, almost; **de ~** closely; **à cinq kg ~** to within about five kg; **il n'est pas à 10 minutes ~** he can spare 10 minutes

présage [pʀezaʒ] *nm* omen

presbyte [pʀɛsbit] *adj* long-sighted

presbytère [pʀɛsbitɛʀ] *nm* presbytery

prescription [pʀɛskʀipsjɔ̃] *nf* prescription

prescrire [pʀɛskʀiʀ] /39/ *vt* to prescribe

présence [pʀezɑ̃s] *nf* presence; (*au bureau etc*) attendance

présent, e [pʀezɑ̃, -ɑ̃t] *adj, nm* present; **à ~ que** now that

présentation [pʀezɑ̃tasjɔ̃] *nf* presentation; (*de nouveau venu*) introduction; (*allure*) appearance; **faire les ~s** to do the introductions

présenter [pʀezɑ̃te] /1/ *vt* to present; (*invité, candidat*) to introduce; (*félicitations, condoléances*) to offer; **~ qn à** to introduce sb to ▷ *vi*: **~ mal/bien** to have an unattractive/a pleasing appearance; **se présenter** *vi* (*à une élection*) to stand; (*occasion*) to arise; **se ~ à un examen** to sit an exam; **je vous présente Nadine** this is Nadine

préservatif [pʀezɛʀvatif] *nm* condom, sheath

préserver [pʀezɛʀve] /1/ *vt*: **~ de** (*protéger*) to protect from

président [pʀezidɑ̃] *nm* (*Pol*) president; (*d'une assemblée, Comm*) chairman; **~ directeur général** chairman and managing director

présidentiel, le [pʀezidɑ̃sjɛl] *adj* presidential; **présidentielles** *nfpl* presidential election(s)

présider [pʀezide] /1/ *vt* to preside over; (*dîner*) to be the guest of honour (BRIT) *ou* honor (US) at

presque [pʀɛsk] *adv* almost, nearly; **~ rien** hardly anything; **~ pas** hardly (at all); **~ pas de** hardly any; **personne, ou ~** next to nobody, hardly anyone

presqu'île [pʀɛskil] *nf* peninsula

pressant, e [pʀɛsɑ̃, -ɑ̃t] *adj* urgent

presse [pʀɛs] *nf* press; (*affluence*): **heures de ~** busy times

pressé, e[prese] *adj* in a hurry; (*besogne*) urgent; **orange ~e** freshly squeezed orange juice
pressentiment[presɑ̃timɑ̃] *nm* foreboding, premonition
pressentir[presɑ̃tir] /16/ *vt* to sense
presse-papiers[prespapje] *nm inv* paperweight
presser[prese] /1/ *vt* (*fruit, éponge*) to squeeze; (*interrupteur, bouton*) to press; (*allure, affaire*) to speed up; (*inciter*): **~ qn de faire** to urge *ou* press sb to do ▷ *vi* to be urgent; **se presser** *vi* (*se hâter*) to hurry (up); **rien ne presse** there's no hurry; **se ~ contre qn** to squeeze up against sb; **le temps presse** there's not much time
pressing[presiŋ] *nm* (*magasin*) dry-cleaner's
pression[presjɔ̃] *nf* pressure; (*bouton*) press stud (BRIT), snap fastener (US); (*fam: bière*) draught beer; **faire ~ sur** to put pressure on; **sous ~** pressurized, under pressure; (*fig*) keyed up; **~ artérielle** blood pressure
prestataire[prɛstatɛr] *nm/f* person receiving benefits; **~ de services** provider of services
prestation[prɛstasjɔ̃] *nf* (*allocation*) benefit; (*d'une entreprise*) service provided; (*d'un joueur, artiste*) performance
prestidigitateur, -trice [prɛstidiʒitatœr, -tris] *nm/f* conjurer
prestige[prɛstiʒ] *nm* prestige; **prestigieux, -euse** *adj* prestigious
présumer[prezyme] /1/ *vt*: **~ que** to presume *ou* assume that
prêt, e[prɛ, prɛt] *adj* ready ▷ *nm* (*somme prêtée*) loan; **prêt-à-porter** *nm* ready-to-wear *ou* off-the-peg (BRIT) clothes *pl*
prétendre[pretɑ̃dr] /41/ *vt* (*affirmer*): **~ que** to claim that; **~ faire qch** (*avoir l'intention de*) to mean *ou* intend to do sth; **prétendu, e** *adj* (*supposé*) so-called

Attention à ne pas traduire *prétendre* par *to pretend*.

prétentieux, -euse[pretɑ̃sjø, -øz] *adj* pretentious
prétention[pretɑ̃sjɔ̃] *nf* pretentiousness; (*exigence, ambition*) claim
prêter[prete] /1/ *vt*: **~ qch à qn** (*livres, argent*) to lend sth to sb; (*caractère, propos*) to attribute sth to sb
prétexte[pretɛkst] *nm* pretext, excuse; **sous aucun ~** on no account; **prétexter**[pretɛkste] /1/ *vt* to give as a pretext *ou* an excuse
prêtre[prɛtr] *nm* priest
preuve[prœv] *nf* proof; (*indice*) proof, evidence *no pl*; **faire ~ de** to show; **faire ses ~s** to prove o.s. (*ou* itself)
prévaloir[prevalwar] /29/ *vi* to prevail
prévenant, e[prevnɑ̃, -ɑ̃t] *adj* thoughtful, kind
prévenir[prevnir] /22/ *vt* (*éviter: catastrophe etc*) to avoid, prevent; (*anticiper: désirs, besoins*) to anticipate; **~ qn (de)** (*avertir*) to warn sb (about); (*informer*) to tell *ou* inform sb (about)
préventif, -ive[prevɑ̃tif, -iv] *adj* preventive
prévention[prevɑ̃sjɔ̃] *nf* prevention; **~ routière** road safety
prévenu, e[prevny] *nm/f* (*Jur*) defendant, accused
prévision[previzjɔ̃] *nf*: **~s** predictions; (*météorologiques, économiques*) forecast *sg*; **en ~ de** in anticipation of; **~s météorologiques** *ou* **du temps** weather forecast *sg*
prévoir[prevwar] /24/ *vt* (*deviner*) to foresee; (*s'attendre à*) to expect, reckon on; (*organiser: voyage etc*) to plan; (*préparer, réserver*) to

allow; **comme prévu** as planned; **prévoyant, e** *adj* gifted with (*ou* showing) foresight; **prévu, e** *pp de* **prévoir**

prier [pʀije] /7/ *vi* to pray ▷ *vt* (*Dieu*) to pray to; (*implorer*) to beg; (*demander*): **~ qn de faire** to ask sb to do; **se faire ~** to need coaxing *ou* persuading; **je vous en prie** (*allez-y*) please do; (*de rien*) don't mention it; **prière** *nf* prayer; **"prière de faire ..."** "please do ..."

primaire [pʀimɛʀ] *adj* primary ▷ *nm* (*Scol*) primary education

prime [pʀim] *nf* (*bonification*) bonus; (*subside*) allowance; (*Comm: cadeau*) free gift; (*Assurances, Bourse*) premium ▷ *adj*: **de ~ abord** at first glance; **primer** /1/ *vt* (*récompenser*) to award a prize to ▷ *vi* to dominate

primevère [pʀimvɛʀ] *nf* primrose

primitif, -ive [pʀimitif, -iv] *adj* primitive; (*originel*) original

prince [pʀɛ̃s] *nm* prince; **princesse** *nf* princess

principal, e, -aux [pʀɛ̃sipal, -o] *adj* principal, main ▷ *nm* (*Scol*) head (teacher) (BRIT), principal (US); (*essentiel*) main thing

principe [pʀɛ̃sip] *nm* principle; **par ~** on principle; **en ~** (*habituellement*) as a rule; (*théoriquement*) in principle

printemps [pʀɛ̃tɑ̃] *nm* spring

priorité [pʀijɔʀite] *nf* priority; (*Auto*) **~ à droite** right of way to vehicles coming from the right

pris, e [pʀi, pʀiz] *pp de* **prendre** ▷ *adj* (*place*) taken; (*journée, mains*) full; (*personne*) busy; **avoir le nez/ la gorge ~(e)** to have a stuffy nose/a bad throat; **être ~ de peur/de fatigue/de panique** to be stricken with fear/overcome with fatigue/ panic-stricken

prise [pʀiz] *nf* (*d'une ville*) capture; (*Pêche, Chasse*) catch; (*point d'appui ou pour empoigner*) hold; (*Élec: fiche*) plug; (*: femelle*) socket; **être aux ~s avec** to be grappling with; **~ de courant** power point; **~ multiple** adaptor; **~ de sang** blood test

priser [pʀize] /1/ *vt* (*estimer*) to prize, value

prison [pʀizɔ̃] *nf* prison; **aller/être en ~** to go to/be in prison *ou* jail; **prisonnier, -ière** *nm/f* prisoner ▷ *adj* captive

privé, e [pʀive] *adj* private; (*en punition*): **tu es ~ de télé!** no TV for you! ▷ *nm* (*Comm*) private sector; **en ~** in private

priver [pʀive] /1/ *vt*: **~ qn de** to deprive sb of; **se ~ de** to go *ou* do without

privilège [pʀivilɛʒ] *nm* privilege

prix [pʀi] *nm* price; (*récompense, Scol*) prize; **hors de ~** exorbitantly priced; **à aucun ~** not at any price; **à tout ~** at all costs

probable [pʀɔbabl] *adj* likely, probable; **probablement** *adv* probably

problème [pʀɔblɛm] *nm* problem

procédé [pʀɔsede] *nm* (*méthode*) process; (*comportement*) behaviour *no pl*

procéder [pʀɔsede] /6/ *vi* to proceed; (*moralement*) to behave; **~ à** to carry out

procès [pʀɔsɛ] *nm* trial (*poursuites*) proceedings *pl*; **être en ~ avec** to be involved in a lawsuit with

processus [pʀɔsesys] *nm* process

procès-verbal, -aux [pʀɔsɛvɛʀbal, -o] *nm* (*de réunion*) minutes *pl*; (*aussi*. **PV**): **avoir un ~** to get a parking ticket

prochain, e [pʀɔʃɛ̃, -ɛn] *adj* next; (*proche: départ, arrivée*) impending ▷ *nm* fellow man; **la ~e fois/semaine ~e** next time/week; **prochainement** *adv* soon, shortly

proche [pʀɔʃ] *adj* nearby; (*dans le temps*) imminent; (*parent, ami*) close; **proches** *nmpl* (*parents*) close relatives; **être ~ (de)** to be near, be close (to)

P

proclamer [pʀɔklame] /1/ *vt* to proclaim
procuration [pʀɔkyʀasjɔ̃] *nf* proxy
procurer [pʀɔkyʀe] /1/ *vt* (*fournir*): **~ qch à qn** (*obtenir*) to get *ou* obtain sth for sb; (*plaisir etc*) to bring *ou* give sb sth; **se procurer** *vt* to get; **procureur** *nm* public prosecutor
prodige [pʀɔdiʒ] *nm* marvel, wonder; (*personne*) prodigy; **prodiguer** /1/ *vt* (*soins, attentions*): **prodiguer qch à qn** to lavish sth on sb
producteur, -trice [pʀɔdyktœʀ, -tʀis] *nm/f* producer
productif, -ive [pʀɔdyktif, -iv] *adj* productive
production [pʀɔdyksjɔ̃] *nf* production; (*rendement*) output
productivité [pʀɔdyktivite] *nf* productivity
produire [pʀɔdɥiʀ] /38/ *vt* to produce; **se produire** *vi* (*acteur*) to perform, appear; (*événement*) to happen, occur
produit, e [pʀɔdɥi, -it] *nm* product; **~ chimique** chemical; **~ d'entretien** cleaning product; **~s agricoles** farm produce *sg*; **~s de beauté** beauty products, cosmetics
prof [pʀɔf] *nm* (*fam*) teacher
proférer [pʀɔfeʀe] /6/ *vt* to utter
professeur, e [pʀɔfesœʀ] *nm/f* teacher; (*titulaire d'une chaire*) professor; **~ (de faculté)** (university) lecturer
profession [pʀɔfesjɔ̃] *nf* (*libérale*) profession; (*gén*) occupation; **"sans ~"** "unemployed"; **professionnel, le** *adj, nm/f* professional
profil [pʀɔfil] *nm* profile; **de ~** in profile
profit [pʀɔfi] *nm* (*avantage*) benefit, advantage; (*Comm, Finance*) profit; **au ~ de** in aid of; **tirer** *ou* **retirer ~ de** to profit from; **profitable** *adj* (*utile*) beneficial; (*lucratif*) profitable; **profiter** /1/ *vi*: **profiter de** (*situation, occasion*) to take advantage of; (*vacances, jeunesse etc*) to make the most of
profond, e [pʀɔfɔ̃, -ɔ̃d] *adj* deep; (*méditation, mépris*) profound; **profondément** *adv* deeply; **il dort profondément** he is sound asleep; **profondeur** *nf* depth; **l'eau a quelle profondeur?** how deep is the water?
programme [pʀɔgʀam] *nm* programme; (*Scol*) syllabus, curriculum; (*Inform*) program; **programmer** /1/ *vt* (*organiser, prévoir: émission*) to schedule; (*Inform*) to program; **programmeur, -euse** *nm/f* (computer) programmer
progrès [pʀɔgʀɛ] *nm* progress *no pl*; **faire des/être en ~** to make/be making progress; **progresser** /1/ *vi* to progress; **progressif, -ive** *adj* progressive
proie [pʀwɑ] *nf* prey *no pl*
projecteur [pʀɔʒɛktœʀ] *nm* projector; (*de théâtre, cirque*) spotlight
projectile [pʀɔʒɛktil] *nm* missile
projection [pʀɔʒɛksjɔ̃] *nf* projection; (*séance*) showing
projet [pʀɔʒɛ] *nm* plan; (*ébauche*) draft; **~ de loi** bill; **projeter** /4/ *vt* (*envisager*) to plan; (*film, photos*) to project; (*ombre, lueur*) to throw, cast; (*jeter*) to throw up (*ou* off *ou* out)
prolétaire [pʀɔletɛʀ] *adj, nm/f* proletarian
prolongement [pʀɔlɔ̃ʒmɑ̃] *nm* extension; **dans le ~ de** running on from
prolonger [pʀɔlɔ̃ʒe] /3/ *vt* (*débat, séjour*) to prolong; (*délai, billet, rue*) to extend; **se prolonger** *vi* to go on
promenade [pʀɔmnad] *nf* walk (*ou* drive *ou* ride); **faire une ~** to go for a walk; **une ~ (à pied)/en voiture/à vélo** a walk/drive/(bicycle) ride
promener [pʀɔmne] /5/ *vt* (*personne, chien*) to take out for a walk; (*doigts, regard*): **~ qch sur** to run sth over; **se promener** *vi* to go for (*ou* be out for) a walk
promesse [pʀɔmɛs] *nf* promise

promettre [pʀɔmɛtʀ] /56/ *vt* to promise ▷ *vi* to look promising; **~ à qn de faire** to promise sb that one will do
promiscuité [pʀɔmiskɥite] *nf* lack of privacy
promontoire [pʀɔmɔ̃twaʀ] *nm* headland
promoteur, -trice [pʀɔmɔtœʀ, -tʀis] *nm/f*: **~ (immobilier)** property developer (BRIT), real estate promoter (US)
promotion [pʀɔmosjɔ̃] *nf* promotion; **en ~** on (special) offer
promouvoir [pʀɔmuvwaʀ] /27/ *vt* to promote
prompt, e [pʀɔ̃, pʀɔ̃t] *adj* swift, rapid
prôner [pʀone] /1/ *vt* (*préconiser*) to advocate
pronom [pʀɔnɔ̃] *nm* pronoun
prononcer [pʀɔnɔ̃se] /3/ *vt* to pronounce; (*dire*) to utter; (*discours*) to deliver; **se prononcer** *vi* to be pronounced; **se ~ (sur)** (*se décider*) to reach a decision (on *ou* about), give a verdict (on); **ça se prononce comment?** how do you pronounce this?; **prononciation** *nf* pronunciation
pronostic [pʀɔnɔstik] *nm* (*Méd*) prognosis; (*fig*: *aussi*: **~s**) forecast
propagande [pʀɔpagɑ̃d] *nf* propaganda
propager [pʀɔpaʒe] /3/ *vt* to spread; **se propager** *vi* to spread
prophète, prophétesse [pʀɔfɛt, pʀɔfetɛs] *nm/f* prophet(ess)
prophétie [pʀɔfesi] *nf* prophecy
propice [pʀɔpis] *adj* favourable
proportion [pʀɔpɔʀsjɔ̃] *nf* proportion; **toute(s) ~(s) gardée(s)** making due allowance(s)
propos [pʀɔpo] *nm* (*paroles*) talk *no pl*, remark; (*intention, but*) intention, aim; (*sujet*): **à quel ~?** what about?; **à ~ de** about, regarding; **à tout ~** for no reason at all; **à ~** by the way; (*opportunément*) (just) at the right moment
proposer [pʀɔpoze] /1/ *vt* to propose; **~ qch (à qn)/de faire** (*suggérer*) to suggest sth (to sb)/ doing, propose sth (to sb)/(to) do; (*offrir*) to offer (sb) sth/to do; **se ~ (pour faire)** to offer one's services (to do); **proposition** *nf* suggestion; proposal; (*Ling*) clause
propre [pʀɔpʀ] *adj* clean; (*net*) neat, tidy; (*possessif*) own; (*sens*) literal; (*particulier*): **~ à** peculiar to; (*approprié*): **~ à** suitable *ou* appropriate for ▷ *nm*: **recopier au ~** to make a fair copy of; **proprement** *adv* (*avec propreté*) cleanly; **à proprement parler** strictly speaking; **le village proprement dit** the village itself; **propreté** *nf* cleanliness
propriétaire [pʀɔpʀijetɛʀ] *nm/f* owner; (*pour le locataire*) landlord(-lady)
propriété [pʀɔpʀijete] *nf* (*droit*) ownership; (*objet, immeuble etc*) property
propulser [pʀɔpylse] /1/ *vt* to propel
prose [pʀoz] *nf* prose (*style*)
prospecter [pʀɔspɛkte] /1/ *vt* to prospect; (*Comm*) to canvass
prospectus [pʀɔspɛktys] *nm* leaflet
prospère [pʀɔspɛʀ] *adj* prosperous; **prospérer** /6/ *vi* to thrive
prosterner [pʀɔstɛʀne] /1/: **se prosterner** *vi* to bow low, prostrate o.s.
prostituée [pʀɔstitɥe] *nf* prostitute
prostitution [pʀɔstitysjɔ̃] *nf* prostitution
protecteur, -trice [pʀɔtɛktœʀ, -tʀis] *adj* protective; (*air, ton*: *péj*) patronizing ▷ *nm/f* protector
protection [pʀɔtɛksjɔ̃] *nf* protection; (*d'un personnage influent*: *aide*) patronage
protéger [pʀɔteʒe] /6, 3/ *vt* to protect; **se ~ de/contre** to protect o.s. from
protège-slip [pʀɔtɛʒslip] *nm* panty liner

P

protéine [pʀɔtein] *nf* protein
protestant, e [pʀɔtɛstɑ̃, -ɑ̃t] *adj, nm/f* Protestant
protestation [pʀɔtɛstasjɔ̃] *nf* (*plainte*) protest
protester [pʀɔtɛste] /1/ *vi*: **~ (contre)** to protest (against *ou* about); **~ de** (*son innocence, sa loyauté*) to protest
prothèse [pʀɔtɛz] *nf*: **~ dentaire** denture
protocole [pʀɔtɔkɔl] *nm* (*fig*) etiquette
proue [pʀu] *nf* bow(s *pl*), prow
prouesse [pʀuɛs] *nf* feat
prouver [pʀuve] /1/ *vt* to prove
provenance [pʀɔvnɑ̃s] *nf* origin; **avion en ~ de** plane (arriving) from
provenir [pʀɔvniʀ] /22/: **~ de** *vt* to come from
proverbe [pʀɔvɛʀb] *nm* proverb
province [pʀɔvɛ̃s] *nf* province
proviseur [pʀɔvizœʀ] *nm* ≈ head (teacher) (BRIT), ≈ principal (US)
provision [pʀɔvizjɔ̃] *nf* (*réserve*) stock, supply; **provisions** *nfpl* (*vivres*) provisions, food *no pl*
provisoire [pʀɔvizwaʀ] *adj* temporary; **provisoirement** *adv* temporarily
provocant, e [pʀɔvɔkɑ̃, -ɑ̃t] *adj* provocative
provoquer [pʀɔvɔke] /1/ *vt* (*défier*) to provoke; (*causer*) to cause, bring about; (*inciter*): **~ qn à** to incite sb to
proxénète [pʀɔksenɛt] *nm* procurer
proximité [pʀɔksimite] *nf* nearness, closeness; (*dans le temps*) imminence, closeness; **à ~** near *ou* close by; **à ~ de** near (to), close to
prudemment [pʀydamɑ̃] *adv* carefully; wisely, sensibly
prudence [pʀydɑ̃s] *nf* carefulness; **avec ~** carefully; **par (mesure de) ~** as a precaution
prudent, e [pʀydɑ̃, -ɑ̃t] *adj* (*pas téméraire*) careful (*: en général*) safety-conscious; (*sage, conseillé*) wise, sensible; **c'est plus ~** it's wiser
prune [pʀyn] *nf* plum
pruneau, x [pʀyno] *nm* prune
prunier [pʀynje] *nm* plum tree
PS *sigle m* = **parti socialiste**; (= *post-scriptum*) PS
pseudonyme [psødɔnim] *nm* (*gén*) fictitious name; (*d'écrivain*) pseudonym, pen name
psychanalyse [psikanaliz] *nf* psychoanalysis
psychiatre [psikjatʀ] *nm/f* psychiatrist; **psychiatrique** *adj* psychiatric
psychique [psiʃik] *adj* psychological
psychologie [psikɔlɔʒi] *nf* psychology; **psychologique** *adj* psychological; **psychologue** *nm/f* psychologist
pu [py] *pp de* **pouvoir**
puanteur [pɥɑ̃tœʀ] *nf* stink, stench
pub [pyb] *nf* (*fam*) = **publicité**; **la ~** advertising
public, -ique [pyblik] *adj* public; (*école, instruction*) state *cpd* ▷ *nm* public; (*assistance*) audience; **en ~** in public
publicitaire [pyblisitɛʀ] *adj* advertising *cpd*; (*film, voiture*) publicity *cpd*
publicité [pyblisite] *nf* (*méthode, profession*) advertising; (*annonce*) advertisement; (*révélations*) publicity
publier [pyblije] /7/ *vt* to publish
publipostage [pyblipɔstaʒ] *nm* (mass) mailing
publique [pyblik] *adj f voir* **public**
puce [pys] *nf* flea; (*Inform*) chip; **carte à ~** smart card; **(marché aux) ~s** flea market *sg*
pudeur [pydœʀ] *nf* modesty; **pudique** *adj* (*chaste*) modest; (*discret*) discreet
puer [pɥe] /1/ (*péj*) *vi* to stink
puéricultrice [pɥeʀikyltʀis] *nf* ≈ paediatric nurse
puéril, e [pɥeʀil] *adj* childish
puis [pɥi] *vb voir* **pouvoir** ▷ *adv* then

puiser [pɥize] /1/ *vt*: **~ (dans)** to draw (from)
puisque [pɥisk] *conj* since
puissance [pɥisɑ̃s] *nf* power; **en ~** *adj* potential
puissant, e [pɥisɑ̃, -ɑ̃t] *adj* powerful
puits [pɥi] *nm* well
pull(-over) [pyl(ɔvœʀ)] *nm* sweater
pulluler [pylyle] /1/ *vi* to swarm
pulpe [pylp] *nf* pulp
pulvériser [pylveʀize] /1/ *vt* to pulverize; (*liquide*) to spray
punaise [pynɛz] *nf* (*Zool*) bug; (*clou*) drawing pin (BRIT), thumb tack (US)
punch [pɔ̃ʃ] *nm* (*boisson*) punch
punir [pyniʀ] /2/ *vt* to punish; **punition** *nf* punishment
pupille [pypij] *nf* (*Anat*) pupil ▷ *nm/f* (*enfant*) ward
pupitre [pypitʀ] *nm* (*Scol*) desk
pur, e [pyʀ] *adj* pure; (*vin*) undiluted; (*whisky*) neat; **en ~e perte** to no avail; **c'est de la folie ~e** it's sheer madness
purée [pyʀe] *nf*: **~ (de pommes de terre)** ≈ mashed potatoes *pl*; **~ de marrons** chestnut purée
purement [pyʀmɑ̃] *adv* purely
purgatoire [pyʀgatwaʀ] *nm* purgatory
purger [pyʀʒe] /3/ *vt* (*Méd*, *Pol*) to purge; (*Jur*: *peine*) to serve
pur-sang [pyʀsɑ̃] *nm inv* thoroughbred
pus [py] *nm* pus
putain [pytɛ̃] *nf* (*!*) whore (*!*)
puzzle [pœzl] *nm* jigsaw (puzzle)
PV *sigle m* = **procès-verbal**
pyjama [piʒama] *nm* pyjamas *pl* (BRIT), pajamas *pl* (US)
pyramide [piʀamid] *nf* pyramid
Pyrénées [piʀene] *nfpl*: **les ~** the Pyrenees

q

QI *sigle m* (= *quotient intellectuel*) IQ
quadragénaire [kadʀaʒenɛʀ] *nm/f* man/woman in his/her forties
quadruple [k(w)adʀypl] *nm*: **le ~ de** four times as much as
quai [ke] *nm* (*de port*) quay; (*de gare*) platform; **être à ~** (*navire*) to be alongside
qualification [kalifikasjɔ̃] *nf* qualification
qualifier [kalifje] /7/ *vt* to qualify; **~ qch/qn de** to describe sth/sb as; **se qualifier** *vi* to qualify
qualité [kalite] *nf* quality
quand [kɑ̃] *conj*, *adv* when; **~ je serai riche** when I'm rich; **~ même** all the same; **~ même, il exagère!** really, he overdoes it!; **~ bien même** even though
quant [kɑ̃]: **~ à** *prép* (*pour ce qui est de*) as for, as to; (*au sujet de*) regarding
quantité [kɑ̃tite] *nf* quantity, amount; **une** *ou* **des ~(s) de** (*grand nombre*) a great deal of

quarantaine [kaʀɑ̃tɛn] *nf* (*isolement*) quarantine; **une ~ (de)** forty or so, about forty; **avoir la ~** (*âge*) to be around forty
quarante [kaʀɑ̃t] *num* forty
quart [kaʀ] *nm* (*fraction*) quarter; (*surveillance*) watch; **un ~ de vin** a quarter litre of wine; **le ~ de** a quarter of; **~ d'heure** quarter of an hour; **~s de finale** quarter finals
quartier [kaʀtje] *nm* (*de ville*) district, area; (*de bœuf, de la lune*) quarter; (*de fruit, fromage*) piece; **cinéma/salle de ~** local cinema/hall; **avoir ~ libre** to be free; **~ général (QG)** headquarters (HQ)
quartz [kwaʀts] *nm* quartz
quasi [kazi] *adv* almost, nearly; **quasiment** *adv* almost, (very) nearly; **quasiment jamais** hardly ever
quatorze [katɔʀz] *num* fourteen
quatorzième [katɔʀzjɛm] *num* fourteenth
quatre [katʀ] *num* four; **à ~ pattes** on all fours; **se mettre en ~ pour qn** to go out of one's way for sb; **~ à ~** (*monter, descendre*) four at a time; **quatre-vingt-dix** *num* ninety; **quatre-vingts** *num* eighty; **quatrième** *num* fourth ▷ *nf* (*Scol*) year 9 (BRIT), eighth grade (US)
quatuor [kwatɥɔʀ] *nm* quartet(te)

MOT-CLÉ

que [kə] *conj* **1** (*introduisant complétive*) that; **il sait que tu es là** he knows (that) you're here; **je veux que tu acceptes** I want you to accept; **il a dit que oui** he said he would (*ou* it was *etc*)
2 (*reprise d'autres conjonctions*): **quand il rentrera et qu'il aura mangé** when he gets back and (when) he has eaten; **si vous y allez ou que vous ...** if you go there or if you ...
3 (*en tête de phrase, hypothèse, souhait etc*): **qu'il le veuille ou non** whether he likes it or not; **qu'il fasse ce qu'il voudra!** let him do as he pleases!
4 (*but*): **tenez-le qu'il ne tombe pas** hold it so (that) it doesn't fall
5 (*après comparatif*) than, as; *voir aussi* **plus²**, **aussi**, **autant** *etc*
6 (*seulement*): **ne ... que** only; **il ne boit que de l'eau** he only drinks water
7 (*temps*): **il y a quatre ans qu'il est parti** it is four years since he left, he left four years ago
▸ *adv* (*exclamation*): **qu'il** *ou* **qu'est-ce qu'il est bête/court vite!** he's so silly!/he runs so fast!; **que de livres!** what a lot of books!
▸ *pron* **1** (*relatif*: *personne*) whom; (*: chose*) that, which; **l'homme que je vois** the man (whom) I see; **le livre que tu vois** the book (that *ou* which) you see; **un jour que j'étais ...** a day when I was ...
2 (*interrogatif*) what; **que fais-tu?**, **qu'est-ce que tu fais?** what are you doing?; **qu'est-ce que c'est?** what is it?, what's that?; **que faire?** what can one do?

Québec [kebɛk] *nm*: **le ~** Quebec (Province)
québécois, e *adj* Quebec *cpd* ▷ *nm* (*Ling*) Quebec French ▷ *nm/f*: **Q~, e** Quebecois, Quebec(k)er

MOT-CLÉ

quel, quelle [kɛl] *adj* **1** (*interrogatif*: *personne*) who; (*: chose*) what; **quel est cet homme?** who is this man?; **quel est ce livre?** what is this book?; **quel livre/homme?** what book/man?; (*parmi un certain choix*) which book/man?; **quels acteurs préférez-vous?** which actors do you prefer?; **dans quels pays êtes-vous allé?** which *ou* what countries did you go to?
2 (*exclamatif*): **quelle surprise/**

coïncidence! what a surprise/ coincidence!
3: **quel que soit le coupable** whoever is guilty; **quel que soit votre avis** whatever your opinion (may be)

quelconque [kɛlkɔ̃k] *adj* (*médiocre*: *repas*) indifferent, poor; (*sans attrait*) ordinary, plain; (*indéfini*): **un ami/ prétexte ~** some friend/pretext or other

MOT-CLÉ

quelque [kɛlk] *adj* **1** (*au singulier*) some; (*au pluriel*) a few, some; (*tournure interrogative*) any; **quelque espoir** some hope; **il a quelques amis** he has a few *ou* some friends; **a-t-il quelques amis?** does he have any friends?; **les quelques livres qui** the few books which; **20 kg et quelque(s)** a bit over 20 kg
2: **quelque ... que: quelque livre qu'il choisisse** whatever (*ou* whichever) book he chooses
3: **quelque chose** something; (*tournure interrogative*) anything; **quelque chose d'autre** something else; anything else; **quelque part** somewhere; anywhere; **en quelque sorte** as it were
▸*adv* **1** (*environ*): **quelque 100 mètres** some 100 metres
2: **quelque peu** rather, somewhat

quelquefois [kɛlkəfwa] *adv* sometimes
quelques-uns, -unes [kɛlkəzœ̃, -yn] *pron* some, a few
quelqu'un [kɛlkœ̃] *pron* someone, somebody; (+ *tournure interrogative ou négative*) anyone, anybody; **~ d'autre** someone *ou* somebody else; anybody else
qu'en dira-t-on [kɑ̃diʀatɔ̃] *nm inv*: **le ~** gossip, what people say

querelle [kaʀɛl] *nf* quarrel; **quereller** /1/: **se quereller** *vi* to quarrel
qu'est-ce que [kɛskə] *voir* **que**
qu'est-ce qui [kɛski] *voir* **qui**
question [kɛstjɔ̃] *nf* question; (*fig*) matter; issue; **il a été ~ de** we (*ou* they) spoke about; **de quoi est-il ~?** what is it about?; **il n'en est pas ~** there's no question of it; **en ~** in question; **hors de ~** out of the question; **(re)mettre en ~** to question; **questionnaire** *nm* questionnaire; **questionner** /1/ *vt* to question
quête [kɛt] *nf* collection; (*recherche*) quest, search; **faire la ~** (*à l'église*) to take the collection; (*artiste*) to pass the hat round
quetsche [kwɛtʃ] *nf* damson
queue [kø] *nf* tail; (*fig*: *du classement*) bottom; (: *de poêle*) handle; (: *de fruit, feuille*) stalk; (: *de train, colonne, file*) rear; **faire la ~** to queue (up) (BRIT), line up (US); **~ de cheval** ponytail; **~ de poisson: faire une ~ de poisson à qn** (*Auto*) to cut in front of sb

MOT-CLÉ

qui [ki] *pron* **1** (*interrogatif*: *personne*) who; (: *chose*): **qu'est-ce qui est sur la table?** what is on the table?; **qui est-ce qui?** who?; **qui est-ce que?** who?; **à qui est ce sac?** whose bag is this?; **à qui parlais-tu?** who were you talking to?, to whom were you talking?; **chez qui allez-vous?** whose house are you going to?
2 (*relatif*: *personne*) who; (+*prép*) whom; **l'ami de qui je vous ai parlé** the friend I told you about; **la dame chez qui je suis allé** the lady whose house I went to
3 (*sans antécédent*): **amenez qui vous voulez** bring who you like; **qui que ce soit** whoever it may be

quiche [kiʃ] *nf* quiche

quiconque [kikɔ̃k] *pron (celui qui)* whoever, anyone who; *(n'importe qui, personne)* anyone, anybody
quille [kij] *nf*: **(jeu de) ~s** skittles *sg* (BRIT), bowling (US)
quincaillerie [kɛ̃kajʀi] *nf (ustensiles)* hardware; *(magasin)* hardware shop *ou* store (US)
quinquagénaire [kɛ̃kaʒenɛʀ] *nm/f* man/woman in his/her fifties
quinquennat [kɛ̃kena] *nm five year term of office (of French President)*
quinte [kɛ̃t] *nf*: **~ (de toux)** coughing fit
quintuple [kɛ̃typl] *nm*: **le ~ de** five times as much as
quinzaine [kɛ̃zɛn] *nf*: **une ~ (de)** about fifteen, fifteen or so; **une ~ (de jours)** a fortnight (BRIT), two weeks
quinze [kɛ̃z] *num* fifteen; **dans ~ jours** in a fortnight('s time) (BRIT), in two weeks(' time)
quinzième [kɛ̃zjɛm] *num* fifteenth
quittance [kitɑ̃s] *nf (reçu)* receipt
quitte [kit] *adj*: **être ~ envers qn** to be no longer in sb's debt; *(fig)* to be quits with sb; **~ à faire** even if it means doing
quitter [kite] /1/ *vt* to leave; *(vêtement)* to take off; **se quitter** *vi (couples, interlocuteurs)* to part; **ne quittez pas** *(au téléphone)* hold the line
qui-vive [kiviv] *nm inv*: **être sur le ~** to be on the alert

MOT-CLÉ

quoi [kwa] *pron interrog* **1** what; **~ de neuf?** what's new?; **~?** *(qu'est-ce que tu dis?)* what?
2 *(avec prép)*: **à ~ tu penses?** what are you thinking about?; **de ~ parlez-vous?** what are you talking about?; **à ~ bon?** what's the use?
▸*pron relatif*: **as-tu de ~ écrire?** do you have anything to write with?; **il n'y a pas de ~** (please) don't mention it; **il n'y a pas de ~ rire** there's nothing to laugh about
▸*pron (locutions)*: **~ qu'il arrive** whatever happens; **~ qu'il en soit** be that as it may; **~ que ce soit** anything at all
▸*excl* what!

quoique [kwak] *conj* (al)though
quotidien, ne [kɔtidjɛ̃, -ɛn] *adj* daily; *(banal)* everyday ▷ *nm (journal)* daily (paper); **quotidiennement** *adv* daily, every day

r

R, r *abr* = **route**; **rue**

ab [Rab] *nm* (*fam*: *nourriture*) extra; **est-ce qu'il y a du ~?** are there any seconds?

abâcher [Rabɑʃe] /1/ *vt* to keep on repeating

abais [Rabɛ] *nm* reduction, discount; **rabaisser** /1/ *vt* (*rabattre*: *prix*) to reduce; (*dénigrer*) to belittle

Rabat [Raba(t)] *n* Rabat

abattre [RabatR] /41/ *vt* (*couvercle, siège*) to pull down; (*déduire*) to reduce; **se rabattre** *vi* (*bords, couvercle*) to fall shut; (*véhicule, coureur*) to cut in; **se ~ sur** to fall back on

abbin [Rabɛ̃] *nm* rabbi

abougri, e [RabugRi] *adj* stunted

accommoder [Rakɔmɔde] /1/ *vt* to mend, repair

accompagner [Rakɔ̃paɲe] /1/ *vt* to take *ou* see back

accord [RakɔR] *nm* link; (*retouche*) touch-up; **raccorder** /1/ *vt* to join (up), link up; (*pont etc*) to connect, link

raccourci [RakuRsi] *nm* short cut

raccourcir [RakuRsiR] /2/ *vt* to shorten ▷ *vi* (*jours*) to grow shorter, draw in

raccrocher [RakRɔʃe] /1/ *vt* (*tableau, vêtement*) to hang back up; (*récepteur*) to put down ▷ *vi* (*Tél*) to hang up, ring off

race [Ras] *nf* race; (*d'animaux, fig*) breed; **de ~** purebred, pedigree

rachat [Raʃa] *nm* buying; (*du même objet*) buying back

racheter [Raʃte] /5/ *vt* (*article perdu*) to buy another; (*davantage*) to buy more; (*après avoir vendu*) to buy back; (*d'occasion*) to buy; (*Comm*: *part, firme*) to buy up; **se racheter** (*gén*) to make amends; **~ du lait/trois œufs** to buy more milk/another three eggs *ou* three more eggs

racial, e, -aux [Rasjal, -o] *adj* racial

racine [Rasin] *nf* root; **~ carrée/cubique** square/cube root

racisme [Rasism] *nm* racism

raciste [Rasist] *adj, nm/f* racist

racket [Rakɛt] *nm* racketeering *no pl*

raclée [Rɑkle] *nf* (*fam*) hiding, thrashing

racler [Rɑkle] /1/ *vt* (*os, plat*) to scrape; **se ~ la gorge** to clear one's throat

racontars [Rakɔ̃taR] *nmpl* stories, gossip *sg*

raconter [Rakɔ̃te] /1/ *vt*: **~ (à qn)** (*décrire*) to relate (to sb), tell (sb) about; (*dire*) to tell (sb); **~ une histoire** to tell a story

radar [RadaR] *nm* radar

rade [Rad] *nf* (natural) harbour; **rester en ~** (*fig*) to be left stranded

radeau, x [Rado] *nm* raft

radiateur [RadjatœR] *nm* radiator, heater; (*Auto*) radiator; **~ électrique/à gaz** electric/gas heater *ou* fire

radiation [Radjasjɔ̃] *nf* (*Physique*) radiation

radical, e, -aux [Radikal, -o] *adj* radical

radieux, -euse [ʀadjø, -øz] *adj* radiant
radin, e [ʀadɛ̃, -in] *adj* (*fam*) stingy
radio [ʀadjo] *nf* radio; (*Méd*) X-ray ▷ *nm* radio operator; **à la ~** on the radio; **radioactif, -ive** *adj* radioactive; **radiocassette** *nf* cassette radio; **radiographie** *nf* radiography; (*photo*) X-ray photograph; **radiophonique** *adj* radio *cpd*; **radio-réveil** (*pl* **radios-réveils**) *nm* radio alarm (clock)
radis [ʀadi] *nm* radish
radoter [ʀadɔte] /1/ *vi* to ramble on
radoucir [ʀadusiʀ] /2/: **se radoucir** *vi* (*se réchauffer*) to become milder; (*se calmer*) to calm down
rafale [ʀafal] *nf* (*vent*) gust (of wind); (*de balles, d'applaudissements*) burst
raffermir [ʀafɛʀmiʀ] /2/ *vt*, **se raffermir** *vi* to firm up
raffiner [ʀafine] /1/ *vt* to refine; **raffinerie** *nf* refinery
raffoler [ʀafɔle] /1/: **~ de** *vt* to be very keen on
rafle [ʀɑfl] *nf* (*de police*) raid; **rafler** /1/ *vt* (*fam*) to swipe, nick
rafraîchir [ʀafʀeʃiʀ] /2/ *vt* (*atmosphère, température*) to cool (down); (*boisson*) to chill; (*fig: rénover*) to brighten up; **se rafraîchir** *vi* to grow cooler; (*en se lavant*) to freshen up; (*en buvant etc*) to refresh o.s.; **rafraîchissant, e** *adj* refreshing; **rafraîchissement** *nm* (*boisson*) cool drink; **rafraîchissements** *nmpl* (*boissons, fruits etc*) refreshments
rage [ʀaʒ] *nf* (*Méd*): **la ~** rabies; (*fureur*) rage, fury; **faire ~** to rage; **~ de dents** (raging) toothache
ragot [ʀago] *nm* (*fam*) malicious gossip *no pl*
ragoût [ʀagu] *nm* stew
raide [ʀɛd] *adj* (*tendu*) taut, tight; (*escarpé*) steep; (*droit: cheveux*) straight; (*ankylosé, dur, guindé*) stiff; (*fam: sans argent*) flat broke; (*osé, licencieux*) daring ▷ *adv* (*en pente*) steeply; **~ mort** stone dead; **raideur** *nf* (*rigidité*) stiffness; **avec raideur** (*répondre*) stiffly, abruptly; **raidir** /2/ *vt* (*muscles*) to stiffen; **se raidir** *vi* to stiffen; (*personne*) to tense up; (: *se préparer moralement*) to brace o.s.; (*fig devenir intransigeant*) to harden
raie [ʀɛ] *nf* (*Zool*) skate, ray; (*rayure*) stripe; (*des cheveux*) parting
raifort [ʀɛfɔʀ] *nm* horseradish
rail [ʀɑj] *nm* rail; (*chemins de fer*) railways *pl*; **par ~** by rail
railler [ʀɑje] /1/ *vt* to scoff at, jeer at
rainure [ʀenyʀ] *nf* groove
raisin [ʀɛzɛ̃] *nm* (*aussi*: **~s**) grapes *pl*; **~s secs** raisins
raison [ʀɛzɔ̃] *nf* reason; **avoir ~** to be right; **donner ~ à qn** to agree with sb; (*fait*) to prove sb right; **se faire une ~** to learn to live with it; **perdre la ~** to become insane; **~ de plus** all the more reason; **à plus forte ~** all the more so; **sans ~** for no reason; **en ~ de** because of; **à ~ de** at the rate of; **~ sociale** corporate name; **raisonnable** *adj* reasonable, sensible
raisonnement [ʀɛzɔnmɑ̃] *nm* reasoning; argument
raisonner [ʀɛzɔne] /1/ *vi* (*penser*) to reason; (*argumenter, discuter*) to argue ▷ *vt* (*personne*) to reason with
rajeunir [ʀaʒœniʀ] /2/ *vt* (*en recrutant*) to inject new blood into ▷ *vi* to become (*ou* look) younger; **~ qn** (*coiffure, robe*) to make sb look younger
rajouter [ʀaʒute] /1/ *vt* to add
rajuster [ʀaʒyste] /1/ *vt* (*vêtement*) to straighten, tidy; (*salaires*) to adjust
ralenti [ʀalɑ̃ti] *nm*: **au ~** (*fig*) at a slower pace; **tourner au ~** (*Auto*) to tick over, idle
ralentir [ʀalɑ̃tiʀ] /2/ *vt, vi*, **se ralentir** *vi* to slow down
râler [ʀɑle] /1/ *vi* to groan; (*fam*) to grouse, moan (and groan)
rallier [ʀalje] /7/ *vt* (*rejoindre*) to rejoin; (*gagner à sa cause*) to win over

allonge [ralɔ̃ʒ] *nf* (*de table*) (extra) leaf
allonger [ralɔ̃ʒe] /3/ *vt* to lengthen
allye [rali] *nm* rally; (*Pol*) march
amassage [ramasaʒ] *nm*: **~ scolaire** school bus service
amasser [ramase] /1/ *vt* (*objet tombé ou par terre*) to pick up; (*recueillir: copies, ordures*) to collect; (*récolter*) to gather; **ramassis** *nm* (*péj: de voyous*) bunch; (*de choses*) jumble
ambarde [rɑ̃bard] *nf* guardrail
ame [ram] *nf* (*aviron*) oar; (*de métro*) train; (*de papier*) ream
ameau, x [ramo] *nm* (small) branch; **les R~x** (*Rel*) Palm Sunday *sg*
amener [ramne] /5/ *vt* to bring back; (*reconduire*) to take back; **~ qch à** (*réduire à*) to reduce sth to
amer [rame] /1/ *vi* to row
amollir [ramɔlir] /2/ *vt* to soften; **se ramollir** *vi* to get (*ou* go) soft
ampe [rɑ̃p] *nf* (*d'escalier*) banister(s *pl*); (*dans un garage, d'un terrain*) ramp; **la ~** (*Théât*) the footlights *pl*; **~ de lancement** launching pad
amper [rɑ̃pe] /1/ *vi* to crawl
ancard [rɑ̃kar] *nm* (*fam*) date
ancart [rɑ̃kar] *nm*: **mettre au ~** to scrap
ance [rɑ̃s] *adj* rancid
ancœur [rɑ̃kœr] *nf* rancour
ançon [rɑ̃sɔ̃] *nf* ransom
ancune [rɑ̃kyn] *nf* grudge, rancour; **garder ~ à qn (de qch)** to bear sb a grudge (for sth); **sans ~!** no hard feelings!; **rancunier, -ière** *adj* vindictive, spiteful
andonnée [rɑ̃dɔne] *nf* ride; (*à pied*) walk, ramble; (*en montagne*) hike, hiking *no pl*; **la ~** (*activité*) hiking, walking; **une ~ à cheval** a pony trek
ang [rɑ̃] *nm* (*rangée*) row; (*grade, condition sociale, classement*) rank; **rangs** *nmpl* (*Mil*) ranks; **se mettre en ~s/sur un ~** to get into *ou* form rows/a line; **au premier ~** in the first row; (*fig*) ranking first

rangé, e [rɑ̃ʒe] *adj* (*vie*) well-ordered; (*sérieux: personne*) steady
rangée [rɑ̃ʒe] *nf* row
ranger [rɑ̃ʒe] /3/ *vt* (*classer, grouper*) to order, arrange; (*mettre à sa place*) to put away; (*mettre de l'ordre dans*) to tidy up; (*fig: classer*): **~ qn/qch parmi** to rank sb/sth among; **se ranger** *vi* (*véhicule, conducteur*) to pull over *or* in; (*piéton*) to step aside; (*s'assagir*) to settle down; **se ~ à** (*avis*) to come round to
ranimer [ranime] /1/ *vt* (*personne évanouie*) to bring round; (*douleur, souvenir*) to revive; (*feu*) to rekindle
rapace [rapas] *nm* bird of prey
râpe [rɑp] *nf* (*Culin*) grater; **râper** /1/ *vt* (*Culin*) to grate
rapide [rapid] *adj* fast; (*prompt: intelligence, coup d'œil, mouvement*) quick ▷ *nm* express (train); (*de cours d'eau*) rapid; **rapidement** *adv* fast; quickly
rapiécer [rapjese] /3, 6/ *vt* to patch
rappel [rapɛl] *nm* (*Théât*) curtain call; (*Méd: vaccination*) booster; (*d'une aventure, d'un nom*) reminder; **rappeler** /4/ *vt* to call back; (*ambassadeur, Mil*) to recall; (*faire se souvenir*): **rappeler qch à qn** to remind sb of sth; **se rappeler** *vt* (*se souvenir de*) to remember, recall
rapport [rapɔr] *nm* (*compte rendu*) report; (*profit*) yield, return; (*lien, analogie*) relationship; (*corrélation*) connection; **rapports** *nmpl* (*entre personnes, pays*) relations; **avoir ~ à** to have something to do with; **être/se mettre en ~ avec qn** to be/get in touch with sb; **par ~ à** in relation to; **~s (sexuels)** (sexual) intercourse *sg*; **~ qualité-prix** value (for money)
rapporter [rapɔrte] /1/ *vt* (*rendre, ramener*) to bring back; (*investissement*) to yield; (*relater*) to report ▷ *vi* (*investissement*) to give a good return *ou* yield; (*activité*) to be very profitable; **se ~ à** to relate to

rapprochement [ʀapʀɔʃmɑ̃] *nm* (*de nations, familles*) reconciliation; (*analogie, rapport*) parallel

rapprocher [ʀapʀɔʃe] /1/ *vt* (*deux objets*) to bring closer together; (*ennemis, partis etc*) to bring together; (*comparer*) to establish a parallel between; (*chaise d'une table*): **~ qch (de)** to bring sth closer (to); **se rapprocher** *vi* to draw closer *ou* nearer; **se ~ de** to come closer to; (*présenter une analogie avec*) to be close to

raquette [ʀakɛt] *nf* (*de tennis*) racket; (*de ping-pong*) bat

rare [ʀɑʀ] *adj* rare; **se faire ~** to become scarce; **rarement** *adv* rarely, seldom

ras, e [ʀɑ, ʀɑz] *adj* (*tête, cheveux*) close-cropped; (*poil, herbe*) short ▷ *adv* short; **en ~e campagne** in open country; **à ~ bords** to the brim; **en avoir ~ le bol** (*fam*) to be fed up

raser [ʀɑze] /1/ *vt* (*barbe, cheveux*) to shave off; (*menton, personne*) to shave; (*fam: ennuyer*) to bore; (*démolir*) to raze (to the ground); (*frôler*) to graze, skim; **se raser** *vi* to shave; (*fam*) to be bored (to tears); **rasoir** *nm* razor

rassasier [ʀasazje] /7/ *vt*: **être rassasié** to be sated

rassemblement [ʀasɑ̃bləmɑ̃] *nm* (*groupe*) gathering; (*Pol*) union

rassembler [ʀasɑ̃ble] /1/ *vt* (*réunir*) to assemble, gather; (*documents, notes*) to gather together, collect; **se rassembler** *vi* to gather

rassurer [ʀasyʀe] /1/ *vt* to reassure; **se rassurer** *vi* to be reassured; **rassure-toi** don't worry

rat [ʀa] *nm* rat

rate [ʀat] *nf* spleen

raté, e [ʀate] *adj* (*tentative*) unsuccessful, failed ▷ *nm/f* (*fam: personne*) failure

râteau, x [ʀɑto] *nm* rake

rater [ʀate] /1/ *vi* (*affaire, projet etc*) to go wrong, fail ▷ *vt* (*cible, train, occasion*) to miss; (*démonstration, pla*[...]) to spoil; (*examen*) to fail

ration [ʀasjɔ̃] *nf* ration

RATP *sigle f* (= *Régie autonome des transports parisiens*) *Paris transport authority*

rattacher [ʀataʃe] /1/ *vt* (*animal, cheveux*) to tie up again; **~ qch à** (*reli*[...]) to link sth with

rattraper [ʀatʀape] /1/ *vt* (*fugitif*) t[...] recapture; (*retenir, empêcher de tombe*[...]) to catch (hold of); (*atteindre, rejoindr*[...]) to catch up with; (*réparer: erreur*) to make up for; **se rattraper** *vi* to mak[...] up for it; **se ~ (à)** (*se raccrocher*) to stop o.s. falling (by catching hold of[...])

rature [ʀatyʀ] *nf* deletion, erasure

rauque [ʀok] *adj* (*voix*) hoarse

ravages [ʀavaʒ] *nmpl*: **faire des ~** t[...] wreak havoc

ravi, e [ʀavi] *adj*: **être ~ de/que** to [...] delighted with/that

ravin [ʀavɛ̃] *nm* gully, ravine

ravir [ʀaviʀ] /2/ *vt* (*enchanter*) to delight; **à ~** *adv* beautifully

raviser [ʀavize] /1/: **se raviser** *vi* to change one's mind

ravissant, e [ʀavisɑ̃, -ɑ̃t] *adj* delightful

ravisseur, -euse [ʀavisœʀ, -øz] *nm/f* abductor, kidnapper

ravitailler [ʀavitaje] /1/ *vt* (*en vivres, munitions*) to provide with fresh supplies; (*véhicule*) to refuel; **se ravitailler** *vi* to get fresh supplies

raviver [ʀavive] /1/ *vt* (*feu*) to rekindle; (*douleur*) to revive; (*couleur*[...]) to brighten up

rayé, e [ʀeje] *adj* (*à rayures*) striped

rayer [ʀeje] /8/ *vt* (*érafler*) to scratch; (*barrer*) to cross *ou* score out; (*d'une liste*) to cross *ou* strike off

rayon [ʀɛjɔ̃] *nm* (*de soleil etc*) ray; (*Géom*) radius; (*de roue*) spoke; (*étagère*) shelf; (*de grand magasin*) department; **dans un ~ de** within a radius of; **~ de soleil** sunbeam; **~s X** X-rays

ayonnement [ʀɛjɔnmɑ̃] *nm* (*d'une culture*) influence
ayonner [ʀɛjɔne] /1/ *vi* (*fig*) to shine forth; (: *visage, personne*) to be radiant; (*touriste*) to go touring (*from one base*)
ayure [ʀɛjyʀ] *nf* (*motif*) stripe; (*éraflure*) scratch; **à ~s** striped
az-de-marée [ʀɑdmaʀe] *nm inv* tidal wave
é [ʀe] *nm* (*Mus*) D; (*en chantant la gamme*) re
éaction [ʀeaksjɔ̃] *nf* reaction
éadapter [ʀeadapte] /1/: **se ~ (à)** *vi* to readjust (to)
éagir [ʀeaʒiʀ] /2/ *vi* to react
éalisateur, -trice [ʀealizatœʀ, -tʀis] *nm/f* (*TV, Ciné*) director
éalisation [ʀealizasjɔ̃] *nf* realization; (*Ciné*) production; **en cours de ~** under way
éaliser [ʀealize] /1/ *vt* (*projet, opération*) to carry out, realize; (*rêve, souhait*) to realize, fulfil; (*exploit*) to achieve; (*film*) to produce; (*se rendre compte de*) to realize; **se réaliser** *vi* to be realized
éaliste [ʀealist] *adj* realistic
éalité [ʀealite] *nf* reality; **en ~** in (actual) fact; **dans la ~** in reality
éanimation [ʀeanimasjɔ̃] *nf* resuscitation; **service de ~** intensive care unit
ébarbatif, -ive [ʀebaʀbatif, -iv] *adj* forbidding
ebattu, e [ʀəbaty] *adj* hackneyed
ebelle [ʀəbɛl] *nm/f* rebel ▷ *adj* (*troupes*) rebel; (*enfant*) rebellious; (*mèche etc*) unruly
ebeller [ʀəbele] /1/: **se rebeller** *vi* to rebel
ebondir [ʀəbɔ̃diʀ] /2/ *vi* (*ballon: au sol*) to bounce; (: *contre un mur*) to rebound; (*fig*) to get moving again
ebord [ʀəbɔʀ] *nm* edge; **le ~ de la fenêtre** the windowsill
ebours [ʀəbuʀ]: **à ~** *adv* the wrong way

rebrousser [ʀəbʀuse] /1/ *vt*: **~ chemin** to turn back
rebuter [ʀəbyte] /1/ *vt* to put off
récalcitrant, e [ʀekalsitʀɑ̃, -ɑ̃t] *adj* refractory
récapituler [ʀekapityle] /1/ *vt* to recapitulate; to sum up
receler [ʀəsəle] /5/ *vt* (*produit d'un vol*) to receive; (*fig*) to conceal; **receleur, -euse** *nm/f* receiver
récemment [ʀesamɑ̃] *adv* recently
recensement [ʀəsɑ̃smɑ̃] *nm* census
recenser [ʀəsɑ̃se] /1/ *vt* (*population*) to take a census of; (*dénombrer*) to list
récent, e [ʀesɑ̃, -ɑ̃t] *adj* recent
récépissé [ʀesepise] *nm* receipt
récepteur, -trice [ʀesɛptœʀ, -tʀis] *adj* receiving ▷ *nm* receiver
réception [ʀesɛpsjɔ̃] *nf* receiving *no pl*; (*accueil*) reception, welcome; (*bureau*) reception (desk); (*réunion mondaine*) reception, party; **réceptionniste** *nm/f* receptionist
recette [ʀəsɛt] *nf* recipe; (*Comm*) takings *pl*; **recettes** *nfpl* (*Comm: rentrées*) receipts; **faire ~** (*spectacle, exposition*) to be a winner
recevoir [ʀəsvwaʀ] /28/ *vt* to receive; (*client, patient, représentant*) to see; **être reçu** (*à un examen*) to pass
rechange [ʀəʃɑ̃ʒ]: **de ~** *adj* (*pièces, roue*) spare; (*fig: solution*) alternative; **des vêtements de ~** a change of clothes
recharge [ʀəʃaʀʒ] *nf* refill; **rechargeable** *adj* (*stylo etc*) refillable; **recharger** /3/ *vt* (*briquet, stylo*) to refill; (*batterie*) to recharge
réchaud [ʀeʃo] *nm* (portable) stove
réchauffement [ʀeʃofmɑ̃] *nm* warming (up); **le ~ de la planète** global warming
réchauffer [ʀeʃofe] /1/ *vt* (*plat*) to reheat; (*mains, personne*) to warm; **se réchauffer** *vi* (*température*) to get warmer; (*personne*) to warm o.s. (up)
rêche [ʀɛʃ] *adj* rough
recherche [ʀəʃɛʀʃ] *nf* (*action*): **la ~ de** the search for; (*raffinement*) studied

elegance; (*scientifique etc*): **la ~** research; **recherches** *nfpl* (*de la police*) investigations; (*scientifiques*) research *sg*; **être/se mettre à la ~ de** to be/go in search of

recherché, e [ʀəʃɛʀʃe] *adj* (*rare, demandé*) much sought-after; (*raffiné*) affected; (*tenue*) elegant

rechercher [ʀəʃɛʀʃe] /1/ *vt* (*objet égaré, personne*) to look for; (*causes d'un phénomène, nouveau procédé*) to try to find; (*bonheur etc, l'amitié de qn*) to seek

rechute [ʀəʃyt] *nf* (*Méd*) relapse

récidiver [ʀesidive] /1/ *vi* to commit a second (*ou* subsequent) offence; (*fig*) to do it again

récif [ʀesif] *nm* reef

récipient [ʀesipjɑ̃] *nm* container

réciproque [ʀesipʀɔk] *adj* reciprocal

récit [ʀesi] *nm* story; **récital** *nm* recital; **réciter** /1/ *vt* to recite

réclamation [ʀeklamasjɔ̃] *nf* complaint; **réclamations** *nfpl* complaints department *sg*

réclame [ʀeklam] *nf*: **une ~** an ad(vertisement), an advert (BRIT); **article en ~** special offer; **réclamer** /1/ *vt* to ask for; (*revendiquer*) to claim, demand ▷ *vi* to complain

réclusion [ʀeklyzjɔ̃] *nf* imprisonment

recoin [ʀəkwɛ̃] *nm* nook, corner

reçois *etc* [ʀəswa] *vb voir* **recevoir**

récolte [ʀekɔlt] *nf* harvesting, gathering; (*produits*) harvest, crop; **récolter** /1/ *vt* to harvest, gather (in); (*fig*) to get

recommandé [ʀəkɔmɑ̃de] *nm* (*Postes*): **en ~** by registered mail

recommander [ʀəkɔmɑ̃de] /1/ *vt* to recommend; (*Postes*) to register

recommencer [ʀəkɔmɑ̃se] /3/ *vt* (*reprendre: lutte, séance*) to resume, start again; (*refaire: travail, explications*) to start afresh, start (over) again ▷ *vi* to start again; (*récidiver*) to do it again

récompense [ʀekɔ̃pɑ̃s] *nf* reward; (*prix*) award; **récompenser** /1/ *vt*: **récompenser qn (de** *ou* **pour)** to reward sb (for)

réconcilier [ʀekɔ̃silje] /7/ *vt* to reconcile; **se réconcilier (avec)** to be reconciled (with)

reconduire [ʀəkɔ̃dɥiʀ] /38/ *vt* (*raccompagner*) to take *ou* see back; (*renouveler*) to renew

réconfort [ʀekɔ̃fɔʀ] *nm* comfort; **réconforter** /1/ *vt* (*consoler*) to comfort

reconnaissance [ʀəkɔnɛsɑ̃s] *nf* (*action de reconnaître*) recognition; (*gratitude*) gratitude, gratefulness; (*Mil*) reconnaissance, recce; **reconnaissant, e** *adj* grateful; **je vous serais reconnaissant de bien vouloir** I should be most grateful if you would (kindly)

reconnaître [ʀəkɔnɛtʀ] /57/ *vt* to recognize; (*Mil: lieu*) to reconnoitre; (*Jur: enfant, dette, droit*) to acknowledge; **~ que** to admit *ou* acknowledge that; **~ qn/qch à** (*l'identifier grâce à*) to recognize sb/sth by; **reconnu, e** *adj* (*indiscuté, connu*) recognized

reconstituer [ʀəkɔ̃stitɥe] /1/ *vt* (*fresque, vase brisé*) to piece together, reconstitute; (*événement, accident*) to reconstruct

reconstruire [ʀəkɔ̃stʀɥiʀ] /38/ *vt* to rebuild

reconvertir [ʀəkɔ̃vɛʀtiʀ] /2/ *vt* to reconvert; **se ~ dans** (*un métier, une branche*) to move into

record [ʀəkɔʀ] *nm, adj* record

recoupement [ʀəkupmɑ̃] *nm*: **par ~** by cross-checking

recouper [ʀəkupe] /1/: **se recouper** *vi* (*témoignages*) to tie *ou* match up

recourber [ʀəkuʀbe] /1/: **se recourber** *vi* to curve (up), bend (up)

recourir [ʀəkuʀiʀ] /11/: **~ à** *vt* (*ami, agence*) to turn *ou* appeal to; (*force, ruse, emprunt*) to resort to

ecours [RəkuR] *nm*: **avoir ~ à** = **recourir à**; **en dernier ~** as a last resort
ecouvrer [RəkuvRe] /1/ *vt* (*vue, santé etc*) to recover, regain
ecouvrir [RəkuvRiR] /18/ *vt* (*couvrir à nouveau*) to re-cover; (*couvrir entièrement, aussi fig*) to cover
écréation [RekReasjɔ̃] *nf* (*Scol*) break
ecroqueviller [RəkRɔkvije] /1/: **se recroqueviller** *vi* (*personne*) to huddle up
ecrudescence [RəkRydesɑ̃s] *nf* fresh outbreak
ecruter [RəkRyte] /1/ *vt* to recruit
ectangle [Rɛktɑ̃gl] *nm* rectangle; **rectangulaire** *adj* rectangular
ectificatif, -ive [Rɛktifikatif, -iv] *adj* corrected ▷ *nm* correction
ectifier [Rɛktifje] /7/ *vt* (*calcul, adresse*) to correct; (*erreur, faute*) to rectify
ectiligne [Rɛktiliɲ] *adj* straight
ecto [Rɛkto] *nm* front (*of a sheet of paper*); **~ verso** on both sides (of the page)
eçu, e [Rəsy] *pp de* **recevoir** ▷ *adj* (*candidat*) successful; (*admis, consacré*) accepted ▷ *nm* (*Comm*) receipt
ecueil [Rəkœj] *nm* collection; **recueillir** /12/ *vt* to collect; (*voix, suffrages*) to win; (*accueillir: réfugiés, chat*) to take in; **se recueillir** *vi* to gather one's thoughts; to meditate
ecul [Rəkyl] *nm* (*déclin*) decline; (*éloignement*) distance; **avoir un mouvement de ~** to recoil; **prendre du ~** to stand back; **être en ~** to be on the decline; **avec le ~** in retrospect; **reculé, e** *adj* remote; **reculer** /1/ *vi* to move back, back away; (*Auto*) to reverse, back (up); (*fig*) to (be on the) decline ▷ *vt* to move back; (*véhicule*) to reverse, back (up); (*date, décision*) to postpone; **reculer devant** (*danger, difficulté*) to shrink from; **reculons**: **à reculons** *adv* backwards

récupérer [Rekypere] /6/ *vt* to recover, get back; (*déchets etc*) to salvage (for reprocessing); (*journée, heures de travail*) to make up ▷ *vi* to recover
récurer [RekyRe] /1/ *vt* to scour; **poudre à ~** scouring powder
reçus *etc* [Rəsy] *vb voir* **recevoir**
recycler [Rəsikle] /1/ *vt* (*matériau*) to recycle; **se recycler** *vi* to retrain
rédacteur, -trice [RedaktœR, -tRis] *nm/f* (*journaliste*) writer; subeditor; (*d'ouvrage de référence*) editor, compiler
rédaction [Redaksjɔ̃] *nf* writing; (*rédacteurs*) editorial staff; (*Scol: devoir*) essay, composition
redescendre [Rədesɑ̃dR] /41/ *vi* to go back down ▷ *vt* (*pente etc*) to go down
rédiger [Rediʒe] /3/ *vt* to write; (*contrat*) to draw up
redire [RədiR] /37/ *vt* to repeat; **trouver à ~ à** to find fault with
redoubler [Rəduble] /1/ *vi* (*tempête, violence*) to intensify; (*Scol*) to repeat a year; **~ de patience/prudence** to be doubly patient/careful
redoutable [Rədutabl] *adj* formidable, fearsome
redouter [Rədute] /1/ *vt* to dread
redressement [RədRɛsmɑ̃] *nm* (*économique*) recovery
redresser [RədRese] /1/ *vt* (*arbre, mât*) to set upright; (*pièce tordue*) to straighten out; (*situation, économie*) to put right; **se redresser** *vi* (*personne*) to sit (*ou* stand) up; (*pays, situation*) to recover
réduction [Redyksjɔ̃] *nf* reduction
réduire [RedɥiR] /38/ *vt* to reduce; (*prix, dépenses*) to cut; reduce; **réduit** *nm* tiny room
rééducation [Reedykasjɔ̃] *nf* (*d'un membre*) re-education; (*de délinquants, d'un blessé*) rehabilitation
réel, le [Reɛl] *adj* real; **réellement** *adv* really

réexpédier [Reɛkspedje] /7/ *vt* (*à l'envoyeur*) to return, send back; (*au destinataire*) to send on, forward
refaire [RəfɛR] /60/ *vt* to do again; (*sport*) to take up again; (*réparer, restaurer*) to do up
réfectoire [RefɛktwaR] *nm* refectory
référence [RefeRɑ̃s] *nf* reference; **références** *nfpl* (*recommandations*) reference *sg*
référer [RefeRe] /6/: **se ~ à** *vt* to refer to
refermer [RəfɛRme] /1/ *vt* to close again, shut again; **se refermer** *vi* (*porte*) to close *ou* shut (again)
refiler [Rəfile] /1/ *vt* (*fam*): **~ qch à qn** to palm (BRIT) *ou* fob sth off on sb
réfléchi, e [Refleʃi] *adj* (*caractère*) thoughtful; (*action*) well-thought-out; (*Ling*) reflexive; **c'est tout ~** my mind's made up
réfléchir [RefleʃiR] /2/ *vt* to reflect ▷ *vi* to think; **~ à** *ou* **sur** to think about
reflet [Rəflɛ] *nm* reflection; (*sur l'eau etc*) sheen *no pl*, glint; **refléter** /6/ *vt* to reflect; **se refléter** *vi* to be reflected
réflexe [Reflɛks] *adj, nm* reflex
réflexion [Reflɛksjɔ̃] *nf* (*de la lumière etc*) reflection; (*fait de penser*) thought; (*remarque*) remark; **~ faite, à la ~** on reflection; **délai de ~** cooling-off period; **groupe de ~** think tank
réflexologie [Reflɛksɔlɔʒi] *nf* reflexology
réforme [RefɔRm] *nf* reform; (*Rel*): **la R~** the Reformation; **réformer** /1/ *vt* to reform; (*Mil*) to declare unfit for service
refouler [Rəfule] /1/ *vt* (*envahisseurs*) to drive back; (*liquide, larmes*) to force back; (*désir, colère*) to repress
refrain [RəfRɛ̃] *nm* refrain, chorus
refréner /6/, **réfréner** [RəfRene, RefRene] *vt* to curb, check
réfrigérateur [RefRiʒeRatœR] *nm* refrigerator
refroidir [RəfRwadiR] /2/ *vt* to cool; (*personne*) to put off ▷ *vi* to cool (down); **se refroidir** *vi* (*temps*) to get cooler *ou* colder; (*fig: ardeur*) to cool (off); **refroidissement** *nm* (*grippe etc*) chill
refuge [Rəfyʒ] *nm* refuge; **réfugié, e** *adj, nm/f* refugee; **réfugier** /7/: **se réfugier** *vi* to take refuge
refus [Rəfy] *nm* refusal; **ce n'est pas de ~** I won't say no, it's very welcome
refuser /1/ *vt* to refuse; (*Scol: candidat*) to fail; **refuser qch à qn/de faire** to refuse sb sth/to do; **refuser du monde** to have to turn people away; **se refuser à qch** *ou* **à faire qch** to refuse to do sth
regagner [Rəgaɲe] /1/ *vt* (*argent, faveur*) to win back; (*lieu*) to get back t
régal [Regal] *nm* treat; **régaler** /1/ *vt*: **régaler qn de** to treat sb to; **se régaler** *vi* to have a delicious meal; (*fig*) to enjoy o.s.
regard [RəgaR] *nm* (*coup d'œil*) look, glance; (*expression*) look (in one's eye; **au ~ de** (*loi, morale*) from the point of view of; **en ~ de** in comparison with
regardant, e [RəgaRdɑ̃, -ɑ̃t] *adj*: **très/peu ~ (sur)** quite fussy/very free (about); (*économe*) very tight-fisted/quite generous (with)
regarder [RəgaRde] /1/ *vt* to look at; (*film, télévision, match*) to watch; (*concerner*) to concern ▷ *vi* to look; **ne pas ~ à la dépense** to spare no expense; **~ qn/qch comme** to regar sb/sth as
régie [Reʒi] *nf* (*Comm, Industrie*) state-owned company; (*Théât, Ciné*) production; (*Radio, TV*) control room
régime [Reʒim] *nm* (*Pol*) régime; (*Admin: carcéral, fiscal etc*) system; (*Méd*) diet; (*de bananes, dattes*) bunch **se mettre au/suivre un ~** to go on/ be on a diet
régiment [Reʒimɑ̃] *nm* regiment
région [Reʒjɔ̃] *nf* region; **régional, e, -aux** *adj* regional

régir [reʒir] /2/ *vt* to govern
régisseur [reʒisœr] *nm* (*d'un domaine*) steward; (*Ciné, TV*) assistant director; (*Théât*) stage manager
registre [rəʒistr] *nm* register
réglage [reglaʒ] *nm* adjustment
réglé, e [regle] *adj* well-ordered; (*arrangé*) settled
règle [rɛgl] *nf* (*instrument*) ruler; (*loi, prescription*) rule; **règles** *nfpl* (*Physiol*) period *sg*; **en ~** (*papiers d'identité*) in order; **en ~ générale** as a (general) rule
règlement [rɛgləmɑ̃] *nm* (*paiement*) settlement; (*arrêté*) regulation; (*règles, statuts*) regulations *pl*, rules *pl*; **réglementaire** *adj* conforming to the regulations; (*tenue, uniforme*) regulation *cpd*; **réglementation** *nf* (*règlements*) regulations *pl*; **réglementer** /1/ *vt* to regulate
régler [regle] /6/ *vt* (*mécanisme, machine*) to regulate, adjust; (*thermostat etc*) to set, adjust; (*question, conflit, facture, dette*) to settle; (*fournisseur*) to settle up with
réglisse [reglis] *nm ou f* liquorice
règne [rɛɲ] *nm* (*d'un roi etc, fig*) reign; **le ~ végétal/animal** the vegetable/animal kingdom; **régner** /6/ *vi* (*roi*) to rule, reign; (*fig*) to reign
regorger [rəgɔrʒe] /3/ *vi*: **~ de** to overflow with, be bursting with
regret [rəgrɛ] *nm* regret; **à ~** with regret; **sans ~** with no regrets; **regrettable** *adj* regrettable; **regretter** /1/ *vt* to regret; (*personne*) to miss; **non, je regrette** no, I'm sorry
regrouper [rəgrupe] /1/ *vt* (*grouper*) to group together; (*contenir*) to include, comprise; **se regrouper** *vi* to gather (together)
régulier, -ière [regylje, -jɛr] *adj* (*gén*) regular; (*vitesse, qualité*) steady; (*répartition, pression*) even; (*Transports: ligne, service*) scheduled, regular; (*légal, réglementaire*) lawful, in order; (*fam: correct*) straight, on the level; **régulièrement** *adv* regularly; evenly
rehausser [rəose] /1/ *vt* (*relever*) to heighten, raise; (*fig: souligner*) to set off, enhance
rein [rɛ̃] *nm* kidney; **reins** *nmpl* (*dos*) back *sg*
reine [rɛn] *nf* queen
reine-claude [rɛnklod] *nf* greengage
réinscriptible [reɛ̃skriptibl] *adj* (*CD, DVD*) rewritable
réinsertion [reɛ̃sɛrsjɔ̃] *nf* (*de délinquant*) reintegration, rehabilitation
réintégrer [reɛ̃tegre] /6/ *vt* (*lieu*) to return to; (*fonctionnaire*) to reinstate
rejaillir [rəʒajir] /2/ *vi* to splash up; **~ sur** (*fig*) (*scandale*) to rebound on; (*gloire*) to be reflected on
rejet [rəʒɛ] *nm* rejection; **rejeter** /4/ *vt* (*relancer*) to throw back; (*vomir*) to bring *ou* throw up; (*écarter*) to reject; (*déverser*) to throw out, discharge; **rejeter la responsabilité de qch sur qn** to lay the responsibility for sth at sb's door
rejoindre [rəʒwɛ̃dr] /49/ *vt* (*famille, régiment*) to rejoin, return to; (*lieu*) to get (back) to; (*route etc*) to meet, join; (*rattraper*) to catch up (with); **se rejoindre** *vi* to meet; **je te rejoins au café** I'll see *ou* meet you at the café
réjouir [reʒwir] /2/ *vt* to delight; **se ~ de qch/de faire** to be delighted about sth/to do; **réjouissances** *nfpl* (*fête*) festivities
relâche [rəlɑʃ]: **sans ~** *adv* without respite *ou* a break; **relâché, e** *adj* loose, lax; **relâcher** /1/ *vt* (*ressort, prisonnier*) to release; (*étreinte, cordes*) to loosen; **se relâcher** *vi* (*discipline*) to become slack *ou* lax; (*élève etc*) to slacken off
relais [rəlɛ] *nm* (*Sport*): **(course de) ~** relay (race); **prendre le ~ (de)** to take

r

over (from); **~ routier** ≈ transport café (BRIT), ≈ truck stop (US)

relancer [ʀəlɑ̃se] /3/ *vt* (*balle*) to throw back (again); (*moteur*) to restart; (*fig*) to boost, revive; (*personne*): **~ qn** to pester sb

relatif, -ive [ʀəlatif, -iv] *adj* relative

relation [ʀəlasjɔ̃] *nf* (*rapport*) relation(ship); (*connaissance*) acquaintance; **relations** *nfpl* (*rapports*) relations; (*connaissances*) connections; **être/entrer en ~(s) avec** to be in contact *ou* be dealing/ get in contact with

relaxer [ʀəlakse] /1/: **se relaxer** *vi* to relax

relayer [ʀəleje] /8/ *vt* (*collaborateur, coureur etc*) to relieve; **se relayer** *vi* (*dans une activité*) to take it in turns

reléguer [ʀəlege] /6/ *vt* to relegate

relevé, e [ʀəlve] *adj* (*manches*) rolled-up; (*sauce*) highly-seasoned ▷ *nm* (*lecture*) reading; **~ bancaire** *ou* **de compte** bank statement

relève [ʀəlɛv] *nf* (*personne*) relief; **prendre la ~** to take over

relever [ʀəlve] /5/ *vt* (*statue, meuble*) to stand up again; (*personne tombée*) to help up; (*vitre, plafond, niveau de vie*) to raise; (*col*) to turn up; (*style, conversation*) to elevate; (*plat, sauce*) to season; (*sentinelle, équipe*) to relieve; (*fautes, points*) to pick out; (*défi*) to accept, take up; (*noter: adresse etc*) to take down, note; (*: plan*) to sketch; (*compteur*) to read; (*ramasser: cahiers, copies*) to collect, take in ▷ *vi*: **~ de** (*maladie*) to be recovering from; (*être du ressort de*) to be a matter for; (*fig*) to pertain to; **se relever** *vi* (*se remettre debout*) to get up; **~ qn de** (*fonctions*) to relieve sb of; **~ la tête** to look up

relief [ʀəljɛf] *nm* relief; **mettre en ~** (*fig*) to bring out, highlight

relier [ʀəlje] /7/ *vt* to link up; (*livre*) to bind; **~ qch à** to link sth to

religieux, -euse [ʀəliʒjø, -øz] *adj* religious ▷ *nm* monk

religion [ʀəliʒjɔ̃] *nf* religion

relire [ʀəliʀ] /43/ *vt* (*à nouveau*) to reread, read again; (*vérifier*) to read over

reluire [ʀəlɥiʀ] /38/ *vi* to gleam

remanier [ʀəmanje] /7/ *vt* to reshape, recast; (*Pol*) to reshuffle

remarquable [ʀəmaʀkabl] *adj* remarkable

remarque [ʀəmaʀk] *nf* remark; (*écrite*) note

remarquer [ʀəmaʀke] /1/ *vt* (*voir*) to notice; **se remarquer** *vi* to be noticeable; **se faire ~** to draw attention to o.s.; **faire ~ (à qn) que** to point out (to sb) that; **faire ~ qch (à qn)** to point sth out (to sb); **remarquez, ...** mind you, ...

rembourrer [ʀɑ̃buʀe] /1/ *vt* to stuff

remboursement [ʀɑ̃buʀsəmɑ̃] *nm* (*de dette, d'emprunt*) repayment; (*de frais*) refund; **rembourser** /1/ *vt* to pay back, repay; (*frais, billet etc*) to refund; **se faire rembourser** to get a refund

remède [ʀəmɛd] *nm* (*médicament*) medicine; (*traitement, fig*) remedy, cure

remémorer [ʀəmemɔʀe] /1/: **se remémorer** *vt* to recall, recollect

remerciements [ʀəmɛʀsimɑ̃] *nmpl* thanks; **(avec) tous mes ~** (with) grateful *ou* many thanks

remercier [ʀəmɛʀsje] /7/ *vt* to thank; (*congédier*) to dismiss; **~ qn de/d'avoir fait** to thank sb for/for having done

remettre [ʀəmɛtʀ] /56/ *vt* (*vêtement*): **~ qch** to put sth back on; (*replacer*): **~ qch quelque part** to put sth back somewhere; (*ajouter*): **~ du sel/un sucre** to add more salt/ another lump of sugar; (*ajourner*): **~ qch (à)** to postpone sth *ou* put sth off (until); **se remettre** *vi* to get better; **~ qch à qn** (*donner*) to hand over sth to sb; (*prix, décoration*) to present sb with sth; **se ~ de** to recover from;

s'en ~ à to leave it (up) to; **se ~ à faire/qch** to start doing/sth again
mis, e [Rəmi, -iz] *pp de* **remettre** ▷ *nf* (*rabais*) discount; (*local*) shed; **~e en cause/question** calling into question/challenging; **~e en jeu** (*Football*) throw-in; **~e de peine** remission of sentence; **~e des prix** prize-giving
montant [Rəmɔ̃tɑ̃] *nm* tonic, pick-me-up
monte-pente [Rəmɔ̃tpɑ̃t] *nm* ski lift
monter [Rəmɔ̃te] /1/ *vi* to go back up; (*prix, température*) to go up again; (*en voiture*) to get back in ▷ *vt* (*pente*) to go up; (*fleuve*) to sail (*ou* swim etc) up; (*manches, pantalon*) to roll up; (*fam*) to turn up; (*niveau, limite*) to raise; (*fig: personne*) to buck up; (*moteur, meuble*) to put back together, reassemble; (*montre, mécanisme*) to wind up; **~ le moral à qn** to raise sb's spirits; **~ à** (*dater de*) to date *ou* go back to
mords [RəmɔR] *nm* remorse *no pl*; **avoir des ~** to feel remorse
morque [RəmɔRk] *nf* trailer;
emorquer /1/ *vt* to tow;
emorqueur *nm* tug(boat)
mous [Rəmu] *nm* (*d'un navire*) (back)wash *no pl*; (*de rivière*) swirl, eddy *pl*; (*fig*) stir *sg*
mparts [Rɑ̃paR] *nmpl* walls, ramparts
mplaçant, e [Rɑ̃plasɑ̃, -ɑ̃t] *nm/f* replacement, stand-in; (*Scol*) supply (BRIT) *ou* substitute (US) teacher
mplacement [Rɑ̃plasmɑ̃] *nm* replacement; **faire des ~s** (*professeur*) to do supply *ou* substitute teaching; (*secrétaire*) to temp
mplacer [Rɑ̃plase] /3/ *vt* to replace; **~ qch/qn par** to replace sth/sb with
mpli, e [Rɑ̃pli] *adj* (*emploi du temps*) full, busy; **~ de** full of, filled with

remplir [Rɑ̃pliR] /2/ *vt* to fill (up); (*questionnaire*) to fill out *ou* up; (*obligations, fonction, condition*) to fulfil; **se remplir** *vi* to fill up
remporter [Rɑ̃pɔRte] /1/ *vt* (*marchandise*) to take away; (*fig*) to win, achieve
remuant, e [Rəmɥɑ̃, -ɑ̃t] *adj* restless
remue-ménage [Rəmymenaʒ] *nm inv* commotion
remuer [Rəmɥe] /1/ *vt* to move; (*café, sauce*) to stir ▷ *vi* to move; **se remuer** *vi* to move; (*fam: s'activer*) to get a move on
rémunérer [RemyneRe] /6/ *vt* to remunerate
renard [RənaR] *nm* fox
renchérir [Rɑ̃ʃeRiR] /2/ *vi* (*fig*): **~ (sur)** (*en paroles*) to add something (to)
rencontre [Rɑ̃kɔ̃tR] *nf* meeting; (*imprévue*) encounter; **aller à la ~ de qn** to go and meet sb; **rencontrer** /1/ *vt* to meet; (*mot, expression*) to come across; (*difficultés*) to meet with; **se rencontrer** *vi* to meet
rendement [Rɑ̃dmɑ̃] *nm* (*d'un travailleur, d'une machine*) output; (*d'une culture, d'un champ*) yield
rendez-vous [Rɑ̃devu] *nm* appointment; (*d'amoureux*) date; (*lieu*) meeting place; **donner ~ à qn** to arrange to meet sb; **avoir/prendre ~ (avec)** to have/make an appointment (with)
rendre [Rɑ̃dR] /41/ *vt* (*livre, argent etc*) to give back, return; (*otages, visite, politesse, invitation*) to return; (*sang, aliments*) to bring up; (*exprimer, traduire*) to render; (*faire devenir*): **~ qn célèbre/qch possible** to make sb famous/sth possible; **se rendre** *vi* (*capituler*) to surrender, give o.s. up; (*aller*): **se ~ quelque part** to go somewhere; **se ~ compte de qch** to realize sth; **~ la monnaie** to give change
rênes [Rɛn] *nfpl* reins

renfermé, e [ʀɑ̃fɛʀme] *adj (fig)* withdrawn ▷ *nm*: **sentir le ~** to smell stuffy
renfermer [ʀɑ̃fɛʀme] /1/ *vt* to contain
renforcer [ʀɑ̃fɔʀse] /3/ *vt* to reinforce; **renfort** *nm*: **renforts** *nmpl* reinforcements; **à grand renfort de** with a great deal of
renfrogné, e [ʀɑ̃fʀɔɲe] *adj* sullen, scowling
renier [ʀənje] /7/ *vt (parents)* to disown, repudiate; *(foi)* to renounce
renifler [ʀənifle] /1/ *vi* to sniff ▷ *vt (odeur)* to sniff
renne [ʀɛn] *nm* reindeer *inv*
renom [ʀənɔ̃] *nm* reputation; *(célébrité)* renown; **renommé, e** *adj* celebrated, renowned ▷ *nf* fame
renoncer [ʀənɔ̃se] /3/: **~ à** *vt* to give up; **~ à faire** to give up the idea of doing
renouer [ʀənwe] /1/ *vt*: **~ avec** *(habitude)* to take up again
renouvelable [ʀ(ə)nuvlabl] *adj (contrat, bail, énergie)* renewable
renouveler [ʀənuvle] /4/ *vt* to renew; *(exploit, méfait)* to repeat; **se renouveler** *vi (incident)* to recur, happen again; **renouvellement** *nm* renewal
rénover [ʀenɔve] /1/ *vt (immeuble)* to renovate, do up; *(quartier)* to redevelop
renseignement [ʀɑ̃sɛɲmɑ̃] *nm* information *no pl*, piece of information; **(guichet des) ~s** information desk; **(service des) ~s** *(Tél)* directory inquiries (BRIT), information (US)
renseigner [ʀɑ̃seɲe] /1/ *vt*: **~ qn (sur)** to give information to sb (about); **se renseigner** *vi* to ask for information, make inquiries
rentabilité [ʀɑ̃tabilite] *nf* profitability
rentable [ʀɑ̃tabl] *adj* profitable
rente [ʀɑ̃t] *nf* income; *(pension)* pension
rentrée [ʀɑ̃tʀe] *nf*: **~ (d'argent)** ca *no pl* coming in; **la ~ (des classes ou scolaire)** the start of the new school year
rentrer [ʀɑ̃tʀe] /1/ *vi (entrer de nouveau)* to go (*ou* come) back in; *(entrer)* to go (*ou* come) in; *(revenir ch soi)* to go (*ou* come) (back) home; *(a clou: pénétrer)* to go in; *(revenu, argen* to come in ▷ *vt* to bring in; *(véhicule)* to put away; *(chemise dans pantalon etc)* to tuck in; *(griffes)* to draw in; **~ le ventre** to pull in one's stomach **~ dans** *(heurter)* to crash into; **~ dar l'ordre** to get back to normal; **~ da ses frais** to recover one's expenses (*ou* initial outlay)
renverse [ʀɑ̃vɛʀs]: **à la ~** *adv* backwards
renverser [ʀɑ̃vɛʀse] /1/ *vt (faire tomber: chaise, verre)* to knock over, overturn; *(: piéton)* to knock down; *(: liquide, contenu)* to spill, upset; *(retourner)* to turn upside down; *(: ordre des mots etc)* to reverse; *(fig: gouvernement etc)* to overthrow; *(stupéfier)* to bowl over; **se renvers** *vi (verre, vase)* to fall over; *(contenu)* to spill
renvoi [ʀɑ̃vwa] *nm (d'employé)* dismissal; *(d'élève)* expulsion; *(référence)* cross-reference; *(éructation)* belch; **renvoyer** /8/ *vt* to send back; *(congédier)* to dismiss; *(élève: définitivement)* to expel; *(lumière)* to reflect; *(ajourner)*: **renvoyer qch (à)** to postpone sth (until)
repaire [ʀəpɛʀ] *nm* den
répandre [ʀepɑ̃dʀ] /41/ *vt (renverser)* to spill; *(étaler, diffuser)* to spread; *(chaleur, odeur)* to give off; **se répandre** *vi* to spill; to spread; **répandu, e** *adj (opinion, usage)* widespread
réparateur, -trice [ʀeparatœʀ, -tʀis] *nm/f* repairer
réparation [ʀeparasjɔ̃] *nf* repair

réparer [repare] /1/ *vt* to repair; (*fig*: *offense*) to make up for, atone for; (: *oubli, erreur*) to put right
repartie [reparti] *nf* retort; **avoir de la ~** to be quick at repartee
repartir [rəpartir] /16/ *vi* to set off again; (*voyageur*) to leave again; (*fig*) to get going again; **~ à zéro** to start from scratch (again)
répartir [repartir] /2/ *vt* (*pour attribuer*) to share out; (*pour disperser, disposer*) to divide up; (*poids, chaleur*) to distribute; **se répartir** *vt* (*travail, rôles*) to share out between themselves; **répartition** *nf* (*des richesses etc*) distribution
repas [rəpa] *nm* meal
repassage [rəpasaʒ] *nm* ironing
repasser [rəpase] /1/ *vi* to come (*ou* go) back ▷ *vt* (*vêtement, tissu*) to iron; (*examen*) to retake, resit; (*film*) to show again; (*leçon, rôle*: *revoir*) to go over (again)
repentir [rəpɑ̃tir] /16/ *nm* repentance; **se repentir** *vi* to repent; **se ~ d'avoir fait qch** (*regretter*) to regret having done sth
répercussions [reperkysjɔ̃] *nfpl* repercussions
répercuter [reperkyte] /1/: **se répercuter** *vi* (*bruit*) to reverberate; (*fig*): **se ~ sur** to have repercussions on
repère [rəpɛr] *nm* mark; (*monument etc*) landmark
repérer [rəpere] /6/ *vt* (*erreur, connaissance*) to spot; (*abri, ennemi*) to locate; **se repérer** *vi* to get one's bearings
répertoire [repertwar] *nm* (*liste*) (alphabetical) list; (*carnet*) index notebook; (*Inform*) directory; (*d'un théâtre, artiste*) repertoire
répéter [repete] /6/ *vt* to repeat; (*préparer*: *leçon*) to learn, go over; (*Théât*) to rehearse; **se répéter** (*redire*) to repeat o.s.; (*se reproduire*) to be repeated, recur
répétition [repetisjɔ̃] *nf* repetition; (*Théât*) rehearsal; **~ générale** final dress rehearsal
répit [repi] *nm* respite; **sans ~** without letting up
replier [rəplije] /7/ *vt* (*rabattre*) to fold down *ou* over; **se replier** *vi* (*armée*) to withdraw, fall back; **se ~ sur soi-même** to withdraw into oneself
réplique [replik] *nf* (*repartie, fig*) reply; (*Théât*) line; (*copie*) replica; **répliquer** /1/ *vi* to reply; (*riposter*) to retaliate
répondeur [repɔ̃dœr] *nm*: **~ (automatique)** (*Tél*) answering machine
répondre [repɔ̃dr] /41/ *vi* to answer, reply; (*freins, mécanisme*) to respond; **~ à** to reply to, answer; (*affection, salut*) to return; (*provocation*) to respond to; (*correspondre à*) (*besoin*) to answer; (*conditions*) to meet; (*description*) to match; **~ à qn** (*avec impertinence*) to answer sb back; **~ de** to answer for
réponse [repɔ̃s] *nf* answer, reply; **en ~ à** in reply to
reportage [rəpɔrtaʒ] *nm* report
reporter[1] [rəpɔrtɛr] *nm* reporter
reporter[2] [rəpɔrte] *vt* (*ajourner*): **~ qch (à)** to postpone sth (until); (*transférer*): **~ qch sur** to transfer sth to; **se ~ à** (*époque*) to think back to; (*document*) to refer to
repos [rəpo] *nm* rest; (*fig*) peace (and quiet); (*Mil*): **~!** (stand) at ease!; **ce n'est pas de tout ~!** it's no picnic!
reposant, e [r(ə)pozɑ̃, -ɑ̃t] *adj* restful
reposer [rəpoze] /1/ *vt* (*verre, livre*) to put down; (*délasser*) to rest ▷ *vi*: **laisser ~** (*pâte*) to leave to stand
repoussant, e [rəpusɑ̃, -ɑ̃t] *adj* repulsive
repousser [rəpuse] /1/ *vi* to grow again ▷ *vt* to repel, repulse; (*offre*) to

r

turn down, reject; (*tiroir, personne*) to push back; (*différer*) to put back
reprendre [ʀəpʀɑ̃dʀ] /58/ *vt* (*prisonnier, ville*) to recapture; (*firme, entreprise*) to take over; (*emprunter: argument, idée*) to take up, use; (*refaire: article etc*) to go over again; (*jupe etc*) to alter; (*réprimander*) to tell off; (*corriger*) to correct; (*travail, promenade*) to resume; (*chercher*): **je viendrai te ~ à 4 h** I'll come and fetch you *ou* I'll come back for you at 4; (*se resservir de*): **~ du pain/un œuf** to take (*ou* eat) more bread/another egg ▷ *vi* (*classes, pluie*) to start (up) again; (*activités, travaux, combats*) to resume, start (up) again; (*affaires, industrie*) to pick up; (*dire*): **reprit-il** he went on; **~ des forces** to recover one's strength; **~ courage** to take new heart; **~ la route** to resume one's journey, set off again; **~ haleine** *ou* **son souffle** to get one's breath back
représentant, e [ʀəpʀezɑ̃tɑ̃, -ɑ̃t] *nm/f* representative
représentation [ʀəpʀezɑ̃tasjɔ̃] *nf* representation; (*spectacle*) performance
représenter [ʀəpʀezɑ̃te] /1/ *vt* to represent; (*donner: pièce, opéra*) to perform; **se représenter** *vt* (*se figurer*) to imagine
répression [ʀepʀesjɔ̃] *nf* repression
réprimer [ʀepʀime] /1/ *vt* (*émotions*) to suppress; (*peuple etc*) repress
repris, e [ʀəpʀi, -iz] *pp de* **reprendre** ▷ *nm*: **~ de justice** ex-prisoner, ex-convict
reprise [ʀəpʀiz] *nf* (*recommencement*) resumption; (*économique*) recovery; (*TV*) repeat; (*Comm*) trade-in, part exchange; (*raccommodage*) mend; **à plusieurs ~s** on several occasions
repriser [ʀəpʀize] /1/ *vt* (*chaussette, lainage*) to darn; (*tissu*) to mend
reproche [ʀəpʀɔʃ] *nm* (*remontrance*) reproach; **faire des ~s à qn** to reproach sb; **sans ~(s)** beyond *ou* above reproach; **reprocher** /1/ *vt*: **reprocher qch à qn** to reproach *ou* blame sb for sth; **reprocher qch à** (*machine, théorie*) to have sth against
reproduction [ʀəpʀɔdyksjɔ̃] *nf* reproduction
reproduire [ʀəpʀɔdɥiʀ] /38/ *vt* to reproduce; **se reproduire** *vi* (*Bio*) to reproduce; (*recommencer*) to recur, re-occur
reptile [ʀɛptil] *nm* reptile
république [ʀepyblik] *nf* republic
répugnant, e [ʀepyɲɑ̃, -ɑ̃t] *adj* repulsive
répugner [ʀepyɲe] /1/: **~ à** *vt*: **~ à qn** to repel *ou* disgust sb; **~ à faire** to be loath *ou* reluctant to do
réputation [ʀepytasjɔ̃] *nf* reputation; **réputé, e** *adj* renowned
requérir [ʀəkeʀiʀ] /21/ *vt* (*nécessiter*) to require, call for
requête [ʀəkɛt] *nf* request
requin [ʀəkɛ̃] *nm* shark
requis, e [ʀəki, -iz] *adj* required
RER *sigle m* (= *Réseau express régional*) *Greater Paris high-speed train service*
rescapé, e [ʀɛskape] *nm/f* survivor
rescousse [ʀɛskus] *nf*: **aller à la ~ de qn** to go to sb's aid *ou* rescue
réseau, x [ʀezo] *nm* network; **~ social** social network
réseautage [ʀezotaʒ] *nm* social networking
réservation [ʀezɛʀvasjɔ̃] *nf* reservation; booking
réserve [ʀezɛʀv] *nf* (*retenue*) reserve; (*entrepôt*) storeroom; (*restriction, aussi: d'Indiens*) reservation; (*de pêche, chasse*) preserve; **de ~** (*provisions etc*) in reserve
réservé, e [ʀezɛʀve] *adj* reserved; (*chasse, pêche*) private
réserver [ʀezɛʀve] /1/ *vt* to reserve; (*chambre, billet etc*) to book, reserve; (*mettre de côté, garder*): **~ qch pour** *ou* **à** to keep *ou* save sth for
réservoir [ʀezɛʀvwaʀ] *nm* tank

ésidence [Rezidɑ̃s] *nf* residence; **~ principale/secondaire** main/ second home; **~ universitaire** hall of residence (BRIT), dormitory (US); **résidentiel, le** *adj* residential; **résider** /1/ *vi*: **résider à** *ou* **dans** *ou* **en** to reside in; **résider dans** (*fig*) to lie in
ésidu [Rezidy] *nm* residue *no pl*
ésigner [Reziɲe] /1/: **se résigner** *vi*: **se ~ (à qch/à faire)** to resign o.s. (to sth/to doing)
ésilier [Rezilje] /7/ *vt* to terminate
ésistance [Rezistɑ̃s] *nf* resistance; (*de réchaud, bouilloire: fil*) element
ésistant, e [Rezistɑ̃, -ɑ̃t] *adj* (*personne*) robust, tough; (*matériau*) strong, hard-wearing
ésister [Reziste] /1/ *vi* to resist; **~ à** (*assaut, tentation*) to resist; (*matériau, plante*) to withstand; (*désobéir à*) to stand up to, oppose
ésolu, e [Rezɔly] *pp de* **résoudre** ▷ *adj*: **être ~ à qch/faire** to be set upon sth/doing
ésolution [Rezɔlysjɔ̃] *nf* (*fermeté, décision*) resolution; (*d'un problème*) solution
ésolvais *etc* [Rezɔlvɛ] *vb voir* **résoudre**
ésonner [Rezɔne] /1/ *vi* (*cloche, pas*) to reverberate, resound; (*salle*) to be resonant
ésorber [Rezɔrbe] /1/: **se résorber** *vi* (*Méd*) to be resorbed; (*fig*) to be absorbed
ésoudre [RezudR] /51/ *vt* to solve; **se ~ à faire** to bring o.s. to do
espect [Rɛspɛ] *nm* respect; **tenir en ~** to keep at bay; **présenter ses ~s à qn** to pay one's respects to sb; **respecter** /1/ *vt* to respect; **respectueux, -euse** *adj* respectful
espiration [Rɛspirasjɔ̃] *nf* breathing *no pl*
espirer [Rɛspire] /1/ *vi* to breathe; (*fig: se reposer*) to get one's breath; (*: être soulagé*) to breathe again ▷ *vt* to breathe (in), inhale; (*manifester: santé, calme etc*) to exude
resplendir [Rɛsplɑ̃diR] /2/ *vi* to shine; (*fig*): **~ (de)** to be radiant (with)
responsabilité [Rɛspɔ̃sabilite] *nf* responsibility; (*légale*) liability
responsable [Rɛspɔ̃sabl] *adj* responsible ▷ *nm/f* (*personne coupable*) person responsible; (*du ravitaillement etc*) person in charge; (*de parti, syndicat*) official; **~ de** responsible for
ressaisir [Rəsezir] /2/: **se ressaisir** *vi* to regain one's self-control
ressasser [Rəsase] /1/ *vt* to keep turning over
ressemblance [Rəsɑ̃blɑ̃s] *nf* resemblance, similarity, likeness
ressemblant, e [Rəsɑ̃blɑ̃, -ɑ̃t] *adj* (*portrait*) lifelike, true to life
ressembler [Rəsɑ̃ble] /1/: **~ à** *vt* to be like, resemble; (*visuellement*) to look like; **se ressembler** *vi* to be (*ou* look) alike
ressentiment [Rəsɑ̃timɑ̃] *nm* resentment
ressentir [Rəsɑ̃tiR] /16/ *vt* to feel; **se ~ de** to feel (*ou* show) the effects of
resserrer [RəseRe] /1/ *vt* (*nœud, boulon*) to tighten (up); (*fig: liens*) to strengthen
resservir [RəsɛRviR] /14/ *vi* to do *ou* serve again; **~ qn (d'un plat)** to give sb a second helping (of a dish); **se ~ de** (*plat*) to take a second helping of; (*outil etc*) to use again
ressort [Rəsɔr] *nm* (*pièce*) spring; (*force morale*) spirit; **en dernier ~** as a last resort; **être du ~ de** to fall within the competence of
ressortir [RəsɔRtiR] /16/ *vi* to go (*ou* come) out (again); (*contraster*) to stand out; **~ de: il ressort de ceci que** it emerges from this that; **faire ~** (*fig: souligner*) to bring out
ressortissant, e [RəsɔRtisɑ̃, -ɑ̃t] *nm/f* national
ressources [RəsuRs] *nfpl* resources

r

ressusciter [Resysite] /1/ *vt* (*fig*) to revive, bring back ▷ *vi* to rise (from the dead)
restant, e [Restɑ̃, -ɑ̃t] *adj* remaining ▷ *nm*: **le ~ (de)** the remainder (of); **un ~ de** (*de trop*) some leftover
restaurant [Restɔʀɑ̃] *nm* restaurant
restauration [Restɔʀasjɔ̃] *nf* restoration; (*hôtellerie*) catering; **~ rapide** fast food
restaurer [Restɔʀe] /1/ *vt* to restore; **se restaurer** *vi* to have something to eat
reste [Rɛst] *nm* (*restant*): **le ~ (de)** the rest (of); (*de trop*): **un ~ (de)** some leftover; **restes** *nmpl* leftovers; (*d'une cité etc, dépouille mortelle*) remains; **du ~, au ~** besides, moreover
rester [Reste] /1/ *vi* to stay, remain; (*subsister*) to remain, be left; (*durer*) to last, live on ▷ *vb impers*: **il reste du pain/deux œufs** there's some bread/there are two eggs left (over); **il me reste assez de temps** I have enough time left; **il ne me reste plus qu'à ...** I've just got to ...; **restons-en là** let's leave it at that
restituer [Restitɥe] /1/ *vt* (*objet, somme*): **~ qch (à qn)** to return *ou* restore sth (to sb)
restreindre [RɛstRɛ̃dR] /52/ *vt* to restrict, limit
restriction [RɛstRiksjɔ̃] *nf* restriction
résultat [Rezylta] *nm* result; (*d'élection etc*) results *pl*; **résultats** *nmpl* (*d'une enquête*) findings
résulter [Rezylte] /1/: **~ de** *vt* to result from, be the result of
résumé [Rezyme] *nm* summary, résumé; **en ~** in brief; (*pour conclure*) to sum up
résumer [Rezyme] /1/ *vt* (*texte*) to summarize; (*récapituler*) to sum up

> Attention à ne pas traduire *résumer* par *to resume*.

résurrection [RezyRɛksjɔ̃] *nf* resurrection
rétablir [RetabliR] /2/ *vt* to restore re-establish; **se rétablir** *vi* (*guérir*) to recover; (*silence, calme*) to return, be restored; **rétablissement** *nm* restoring; (*guérison*) recovery
retaper [Rətape] /1/ *vt* (*maison, voiture etc*) to do up; (*fam: revigorer*) to buck up
retard [RətaR] *nm* (*d'une personne attendue*) lateness *no pl*; (*sur l'horaire, un programme, une échéance*) delay; (*fig: scolaire, mental etc*) backwardness; **en ~ (de deux heures)** (two hours) late; **désolé d'être en ~** sorry I'm late; **avoir du ~** to be late; (*sur un programme*) to be behind (schedule); **prendre du ~** (*train, avion*) to be delayed; **sans ~** without delay
retardataire [RətaRdatɛR] *nm/f* latecomer
retardement [RətaRdəmɑ̃]: **à ~** *adj* delayed action *cpd*; **bombe à ~** time bomb
retarder [RətaRde] /1/ *vt* to delay; (*horloge*) to put back; **~ qn (d'une heure)** to delay sb (an hour); (*départ, date*): **~ qch (de deux jours)** to put sth back (two days) ▷ *vi* (*montre*) to be slow
retenir [Rətniʀ] /22/ *vt* (*garder, retarder*) to keep, detain; (*maintenir: objet qui glisse, colère, larmes, rire*) to hold back; (*se rappeler*) to retain; (*accepter*) to accept; (*fig: empêcher d'agir*): **~ qn (de faire)** to hold sb back (from doing); (*prélever*): **~ qch (sur)** to deduct sth (from); **se retenir** *vi* (*se raccrocher*): **se ~ à** to hold onto; (*se contenir*): **se ~ de faire** to restrain o. from doing; **~ son souffle** *ou* **haleine** to hold one's breath
retentir [Rətɑ̃tiR] /2/ *vi* to ring out
retentissant, e *adj* resounding
retenu, e [Rətny] *adj* (*place*) reserved ▷ *nf* (*prélèvement*) deduction; (*Scol*) detention; (*modération*) (self-) restraint

éticence [Retisɑ̃s] *nf* reticence *no pl*, reluctance *no pl*; **réticent, e** *adj* reticent, reluctant

étine [Retin] *nf* retina

etiré, e [RətiRe] *adj* (*solitaire*) secluded; (*éloigné*) remote

etirer [RətiRe] /1/ *vt* (*argent, plainte*) to withdraw; (*vêtement, lunettes*) to take off, remove; (*reprendre: bagages, billets*) to collect, pick up; (*extraire*): **~ qn/qch de** to take sb away from/sth out of, remove sb/sth from

etomber [Rətɔ̃be] /1/ *vi* (*à nouveau*) to fall again; (*atterrir: après un saut etc*) to land; (*échoir*): **~ sur qn** to fall on sb

étorquer [RetɔRke] /1/ *vt*: **~ (à qn) que** to retort (to sb) that

etouche [Rətuʃ] *nf* (*sur vêtement*) alteration; **retoucher** /1/ *vt* (*photographie, tableau*) to touch up; (*texte, vêtement*) to alter

etour [RətuR] *nm* return; **au ~** (*en route*) on the way back; **à mon/ton ~** on my/your return; **être de ~ (de)** to be back (from); **quand serons-nous de ~?** when do we get back?; **par ~ du courrier** by return of post

etourner [RətuRne] /1/ *vt* (*dans l'autre sens: matelas, crêpe*) to turn (over); (*: sac, vêtement*) to turn inside out; (*émouvoir*) to shake; (*renvoyer, restituer*): **~ qch à qn** to return sth to sb ▷ *vi* (*aller, revenir*): **~ quelque part/à** to go back *ou* return somewhere/to; **~ à** (*état, activité*) to return to, go back to; **se retourner** *vi* (*tourner la tête*) to turn round; **se ~ contre** (*fig*) to turn against

etrait [RətRɛ] *nm* (*d'argent*) withdrawal; **en ~** set back; **~ du permis (de conduire)** disqualification from driving (BRIT), revocation of driver's license (US)

etraite [RətRɛt] *nf* (*d'une armée, Rel.*) retreat; (*d'un employé*) retirement; (*revenu*) (retirement) pension; **prendre sa ~** to retire; **~ anticipée** early retirement; **retraité, e** *adj* retired ▷ *nm/f* (old age) pensioner

retrancher [RətRɑ̃ʃe] /1/ *vt*: **~ qch de** (*nombre, somme*) to take *ou* deduct sth from; **se ~ derrière/dans** to take refuge behind/in

rétrécir [RetResiR] /2/ *vt* (*vêtement*) to take in ▷ *vi* to shrink; **se rétrécir** (*route, vallée*) to narrow

rétro [RetRo] *adj inv*: **la mode ~** the nostalgia vogue

rétroprojecteur [RetRopRɔʒɛktœR] *nm* overhead projector

rétrospectif, -ive [RetRɔspɛktif, -iv] *adj* retrospective ▷ *nf* (*Art*) retrospective; (*Ciné*) season, retrospective; **rétrospectivement** *adv* in retrospect

retrousser [RətRuse] /1/ *vt* to roll up

retrouvailles [RətRuvɑj] *nfpl* reunion *sg*

retrouver [RətRuve] /1/ *vt* (*fugitif, objet perdu*) to find; (*calme, santé*) to regain; (*revoir*) to see again; (*rejoindre*) to meet (again), join; **se retrouver** *vi* to meet; (*s'orienter*) to find one's way; **se ~ quelque part** to find o.s. somewhere; **s'y ~** (*y voir clair*) to make sense of it; (*rentrer dans ses frais*) to break even

rétroviseur [RetRɔvizœR] *nm* (rear-view) mirror

réunion [Reynjɔ̃] *nf* (*séance*) meeting

réunir [ReyniR] /2/ *vt* (*rassembler*) to gather together; (*inviter: amis, famille*) to have round, have in; (*cumuler: qualités etc*) to combine; (*rapprocher: ennemis*) to bring together (again), reunite; (*rattacher: parties*) to join (together); **se réunir** *vi* (*se rencontrer*) to meet

réussi, e [Reysi] *adj* successful

réussir [ReysiR] /2/ *vi* to succeed, be successful; (*à un examen*) to pass ▷ *vt* to make a success of; **~ à faire** to succeed in doing; **~ à qn** (*être bénéfique à*) to agree with sb; **réussite** *nf* success; (*Cartes*) patience

revaloir [ʀəvalwaʀ] /29/ *vt*: **je vous revaudrai cela** I'll repay you some day; (*en mal*) I'll pay you back for this

revanche [ʀəvɑ̃ʃ] *nf* revenge; (*sport*) revenge match; **en ~** on the other hand

rêve [ʀɛv] *nm* dream; **de ~** dream *cpd*; **faire un ~** to have a dream

réveil [ʀevɛj] *nm* waking up *no pl*; (*fig*) awakening; (*pendule*) alarm (clock); **au ~** on waking (up); **réveiller** /1/ *vt* (*personne*) to wake up; (*fig*) to awaken, revive; **se réveiller** *vi* to wake up

réveillon [ʀevɛjɔ̃] *nm* Christmas Eve; (*de la Saint-Sylvestre*) New Year's Eve; **réveillonner** /1/ *vi* to celebrate Christmas Eve (*ou* New Year's Eve)

révélateur, -trice [ʀevelatœʀ, -tʀis] *adj*: **~ (de qch)** revealing (sth)

révéler [ʀevele] /6/ *vt* to reveal; **se révéler** *vi* to be revealed, reveal itself; **se ~ facile/faux** to prove (to be) easy/false

revenant, e [ʀəvnɑ̃, -ɑ̃t] *nm/f* ghost

revendeur, -euse [ʀəvɑ̃dœʀ, -øz] *nm/f* (*détaillant*) retailer; (*de drogue*) (drug-)dealer

revendication [ʀəvɑ̃dikasjɔ̃] *nf* claim, demand

revendiquer [ʀəvɑ̃dike] /1/ *vt* to claim, demand; (*responsabilité*) to claim

revendre [ʀəvɑ̃dʀ] /41/ *vt* (*d'occasion*) to resell; (*détailler*) to sell; **à ~** (*en abondance*) to spare

revenir [ʀəvniʀ] /22/ *vi* to come back; **faire ~** (*Culin*) to brown; **~ cher/à 100 euros (à qn)** to cost (sb) a lot/100 euros; **~ à** (*reprendre*: *études, projet*) to return to, go back to; (*équivaloir à*) to amount to; **~ à qn** (*part, honneur*) to go to sb, be sb's; (*souvenir, nom*) to come back to sb; **~ sur** (*question, sujet*) to go back over; (*engagement*) to go back on; **~ à soi** to come round; **je n'en reviens pas** I can't get over it; **~ sur ses pas** to retrace one's steps; **cela revient à dire que/au même** it amounts to saying that/to the same thing

revenu [ʀəvny] *nm* income; **revenus** *nmpl* income *sg*

rêver [ʀeve] /1/ *vi, vt* to dream; **~ de qch/de faire** to dream of sth/of doing; **~ à** to dream of

réverbère [ʀevɛʀbɛʀ] *nm* street lamp *ou* light; **réverbérer** /6/ *vt* to reflect

revers [ʀəvɛʀ] *nm* (*de feuille, main*) back; (*d'étoffe*) wrong side; (*de pièce, médaille*) back, reverse; (*Tennis, Ping-Pong*) backhand; (*de veston*) lapel; (*fig échec*) setback

revêtement [ʀəvɛtmɑ̃] *nm* (*des sols*) flooring; (*de chaussée*) surface

revêtir [ʀəvetiʀ] /20/ *vt* (*habit*) to don, put on; (*prendre*: *importance, apparence*) to take on; **~ qch de** to cover sth with

rêveur, -euse [ʀɛvœʀ, -øz] *adj* dreamy ▷ *nm/f* dreamer

revient [ʀəvjɛ̃] *vb voir* **revenir**

revigorer [ʀəvigɔʀe] /1/ *vt* (*air frais*) to invigorate, brace up; (*repas, boisson*) to revive, buck up

revirement [ʀəviʀmɑ̃] *nm* change of mind; (*d'une situation*) reversal

réviser [ʀevize] /1/ *vt* to revise; (*machine, installation, moteur*) to overhaul, service

révision [ʀevizjɔ̃] *nf* revision; (*de voiture*) servicing *no pl*

revivre [ʀəvivʀ] /46/ *vi* (*reprendre des forces*) to come alive again ▷ *vt* (*épreuve, moment*) to relive

revoir [ʀəvwaʀ] /30/ *vt* to see again ▷ *nm*: **au ~** goodbye

révoltant, e [ʀevɔltɑ̃, -ɑ̃t] *adj* revolting, appalling

révolte [ʀevɔlt] *nf* rebellion, revolt

révolter [ʀevɔlte] /1/ *vt* to revolt; **se révolter** *vi*: **se ~ (contre)** to rebel (against)

évolu, e [Revɔly] *adj* past; (*Admin*): **âgé de 18 ans ~s** over 18 years of age
évolution [Revɔlysjɔ̃] *nf* revolution; **révolutionnaire** *adj, nm/f* revolutionary
evolver [RevɔlvɛR] *nm* gun; (*à barillet*) revolver
évoquer [Revɔke] /1/ *vt* (*fonctionnaire*) to dismiss; (*arrêt, contrat*) to revoke
evu, e [Rəvy] *pp de* **revoir** ▷ *nf* review; (*périodique*) review, magazine; (*de music-hall*) variety show; **passer en ~** (*mentalement*) to go through
ez-de-chaussée [Redʃose] *nm inv* ground floor
F *sigle f* = **République française**
hin [Rɛ̃] *nm*: **le ~** the Rhine
hinocéros [RinɔseRɔs] *nm* rhinoceros
hône [Ron] *nm*: **le ~** the Rhone
hubarbe [RybaRb] *nf* rhubarb
hum [Rɔm] *nm* rum
humatisme [Rymatism] *nm* rheumatism *no pl*
hume [Rym] *nm* cold; **~ de cerveau** head cold; **le ~ des foins** hay fever
icaner [Rikane] /1/ *vi* (*avec méchanceté*) to snigger; (*bêtement, avec gêne*) to giggle
iche [Riʃ] *adj* rich; (*personne, pays*) rich, wealthy; **~ en** rich in; **richesse** *nf* wealth; (*fig: de sol, musée etc*) richness; **richesses** *nfpl* (*ressources, argent*) wealth *sg*; (*fig: trésors*) treasures
icochet [Rikɔʃɛ] *nm*: **faire des ~s** to skip stones
ide [Rid] *nf* wrinkle
ideau, x [Rido] *nm* curtain; **~ de fer** (*lit*) metal shutter
ider [Ride] /1/ *vt* to wrinkle; **se rider** *vi* to become wrinkled
idicule [Ridikyl] *adj* ridiculous ▷ *nm*: **le ~** ridicule; **ridiculiser** /1/ *vt* to ridicule; **se ridiculiser** *vi* to make a fool of o.s.

MOT-CLÉ

rien [Rjɛ̃] *pron* **1**: **(ne) ... rien** nothing; (*tournure négative*) anything; **qu'est-ce que vous avez? — rien** what have you got? — nothing; **il n'a rien dit/fait** he said/did nothing, he hasn't said/done anything; **n'avoir peur de rien** to be afraid *ou* frightened of nothing, not to be afraid *ou* frightened of anything; **il n'a rien** (*n'est pas blessé*) he's all right; **ça ne fait rien** it doesn't matter
2 (*quelque chose*): **a-t-il jamais rien fait pour nous?** has he ever done anything for us?
3: **rien de: rien d'intéressant** nothing interesting; **rien d'autre** nothing else; **rien du tout** nothing at all
4: **rien que** just, only; nothing but; **rien que pour lui faire plaisir** only *ou* just to please him; **rien que la vérité** nothing but the truth; **rien que cela** that alone
▸ *excl*: **de rien!** not at all!
▸ *nm*: **un petit rien** (*cadeau*) a little something; **des riens** trivia *pl*; **un rien de** a hint of; **en un rien de temps** in no time at all

rieur, -euse [RjœR, -øz] *adj* cheerful
rigide [Riʒid] *adj* stiff; (*fig*) rigid; (*moralement*) strict
rigoler [Rigɔle] /1/ *vi* (*rire*) to laugh; (*s'amuser*) to have (some) fun; (*plaisanter*) to be joking *ou* kidding; **rigolo, rigolote** *adj* funny ▷ *nm/f* comic; (*péj*) fraud, phoney
rigoureusement [RiguRøzmɑ̃] *adv* rigorously
rigoureux, -euse [RiguRø, -øz] *adj* rigorous; (*climat, châtiment*) harsh, severe
rigueur [RigœR] *nf* rigour; **"tenue de soirée de ~"** "evening dress (to be worn)"; **à la ~** at a pinch; **tenir ~ à qn de qch** to hold sth against sb

rillettes [ʀijɛt] *nfpl* ≈ potted meat *sg* (*made from pork or goose*)
rime [ʀim] *nf* rhyme
rinçage [ʀɛ̃saʒ] *nm* rinsing (out); (*opération*) rinse
rincer [ʀɛ̃se] /3/ *vt* to rinse; (*récipient*) to rinse out
ringard, e [ʀɛ̃gaʀ, -aʀd] *adj* old-fashioned
riposter [ʀipɔste] /1/ *vi* to retaliate ▷ *vt*: **~ que** to retort that
rire [ʀiʀ] /36/ *vi* to laugh; (*se divertir*) to have fun ▷ *nm* laugh; **le ~** laughter; **~ de** to laugh at; **pour ~** (*pas sérieusement*) for a joke *ou* a laugh
risible [ʀizibl] *adj* laughable
risque [ʀisk] *nm* risk; **le ~** danger; **à ses ~s et périls** at his own risk; **risqué, e** *adj* risky; (*plaisanterie*) risqué, daring; **risquer** /1/ *vt* to risk; (*allusion, question*) to venture, hazard; **se risquer** *vi*: **ça ne risque rien** it's quite safe; **il risque de se tuer** he could get *ou* risks getting himself killed; **ce qui risque de se produire** what might *ou* could well happen; **il ne risque pas de recommencer** there's no chance of him doing that again; **se risquer à faire** (*tenter*) to dare to do
rissoler [ʀisɔle] /1/ *vi, vt*: **(faire) ~** to brown
ristourne [ʀistuʀn] *nf* discount
rite [ʀit] *nm* rite; (*fig*) ritual
rivage [ʀivaʒ] *nm* shore
rival, e, -aux [ʀival, -o] *adj, nm/f* rival; **rivaliser** /1/ *vi*: **rivaliser avec** to rival, vie with; **rivalité** *nf* rivalry
rive [ʀiv] *nf* shore; (*de fleuve*) bank; **riverain, e** *nm/f* riverside (*ou* lakeside) resident; (*d'une route*) local *ou* roadside resident
rivière [ʀivjɛʀ] *nf* river
riz [ʀi] *nm* rice; **rizière** *nf* paddy field
RMI *sigle m* (= *revenu minimum d'insertion*) ≈ income support (BRIT), ≈ welfare (US)
RN *sigle f* = **route nationale**
robe [ʀɔb] *nf* dress; (*de juge, d'ecclésiastique*) robe; (*pelage*) coat; **~ de soirée/de mariée** evening/ wedding dress; **~ de chambre** dressing gown
robinet [ʀɔbinɛ] *nm* tap (BRIT), faucet (US)
robot [ʀɔbo] *nm* robot; **~ de cuisine** food processor
robuste [ʀɔbyst] *adj* robust, sturdy; **robustesse** *nf* robustness, sturdines
roc [ʀɔk] *nm* rock
rocade [ʀɔkad] *nf* bypass
rocaille [ʀɔkaj] *nf* loose stones *pl*; (*jardin*) rockery, rock garden
roche [ʀɔʃ] *nf* rock
rocher [ʀɔʃe] *nm* rock
rocheux, -euse [ʀɔʃø, -øz] *adj* rocky
rodage [ʀɔdaʒ] *nm*: **en ~** running *ou* breaking in
rôder [ʀode] /1/ *vi* to roam *ou* wander about; (*de façon suspecte*) to lurk (about *ou* around); **rôdeur, -euse** *nm/f* prowler
rogne [ʀɔɲ] *nf*: **être en ~** to be mad *ou* in a temper
rogner [ʀɔɲe] /1/ *vt* to trim; **~ sur** (*fig*) to cut down *ou* back on
rognons [ʀɔɲɔ̃] *nmpl* kidneys
roi [ʀwa] *nm* king; **le jour** *ou* **la fête des R~s** Twelfth Night
rôle [ʀol] *nm* role; part
rollers [ʀɔlœʀ] *nmpl* Rollerblades®
romain, e [ʀɔmɛ̃, -ɛn] *adj* Roman ▷ *nm/f*: **R~, e** Roman
roman, e [ʀɔmɑ̃, -an] *adj* (*Archit*) Romanesque ▷ *nm* novel; **~ policier** detective novel
romancer [ʀɔmɑ̃se] /3/ *vt* to romanticize; **romancier, -ière** *nm/f* novelist; **romanesque** *adj* (*amours, aventures*) storybook *cpd*; (*sentimental personne*) romantic
roman-feuilleton [ʀɔmɑ̃fœjtɔ̃] *nm* serialized novel
romanichel, le [ʀɔmaniʃɛl] *nm/f* gipsy
romantique [ʀɔmɑ̃tik] *adj* romanti

omarin [ʀɔmaʀɛ̃] *nm* rosemary
ome [ʀɔm] *n* Rome
mpre [ʀɔ̃pʀ] /41/ *vt* to break; *(entretien, fiançailles)* to break off ▷ *vi* *(fiancés)* to break it off; **se rompre** *vi* to break; **rompu, e** *adj (fourbu)* exhausted
nce [ʀɔ̃s] *nf* bramble branch; **ronces** *nfpl* brambles
nchonner [ʀɔ̃ʃɔne] /1/ *vi (fam)* to grouse, grouch
nd, e [ʀɔ̃, ʀɔ̃d] *adj* round; *(joues, mollets)* well-rounded; *(fam: ivre)* tight ▷ *nm (cercle)* ring; *(fam: sou)*: **je n'ai plus un ~** I haven't a penny left ▷ *nf (gén: de surveillance)* rounds *pl*, patrol; *(danse)* round (dance); *(Mus)* semibreve (BRIT), whole note (US); **en ~** *(s'asseoir, danser)* in a ring; **à la ~e** *(alentour)*: **à 10 km à la ~e** for 10 km round; **rondelet, te** *adj* plump
ndelle [ʀɔ̃dɛl] *nf (Tech)* washer; *(tranche)* slice, round
nd-point [ʀɔ̃pwɛ̃] *nm* roundabout
nflement [ʀɔ̃fləmɑ̃] *nm* snore
nfler [ʀɔ̃fle] /1/ *vi* to snore; *(moteur, poêle)* to hum
nger [ʀɔ̃ʒe] /3/ *vt* to gnaw (at); *(vers, rouille)* to eat into; **se ~ les sangs** to worry o.s. sick; **se ~ les ongles** to bite one's nails; **rongeur, -euse** [ʀɔ̃ʒœʀ, -øz] *nm/f* rodent
nronner [ʀɔ̃ʀɔne] /1/ *vi* to purr
sbif [ʀɔsbif] *nm*: **du ~** roasting beef; *(cuit)* roast beef
se [ʀoz] *nf* rose ▷ *adj* pink; **~ bonbon** *adj inv* candy pink
sé, e [ʀoze] *adj* pinkish; **(vin) ~** rosé (wine)
seau, x [ʀozo] *nm* reed
sée [ʀoze] *nf* dew
sier [ʀozje] *nm* rosebush, rose tree
ssignol [ʀɔsiɲɔl] *nm (Zool)* nightingale
tation [ʀɔtasjɔ̃] *nf* rotation
ter [ʀɔte] /1/ *vi (fam)* to burp, belch

rôti [ʀoti] *nm*: **du ~** roasting meat; *(cuit)* roast meat; **un ~ de bœuf/porc** a joint of beef/pork
rotin [ʀɔtɛ̃] *nm* rattan (cane); **fauteuil en ~** cane (arm)chair
rôtir [ʀotiʀ] /2/ *vt (aussi: **faire ~**)* to roast ▷ *vi* to roast; **rôtisserie** *nf (restaurant)* steakhouse; *(traiteur)* roast meat shop; **rôtissoire** *nf* (roasting) spit
rotule [ʀɔtyl] *nf* kneecap
rouage [ʀwaʒ] *nm* cog(wheel), gearwheel; **les ~s de l'État** the wheels of State
roue [ʀu] *nf* wheel; **~ de secours** spare wheel
rouer [ʀwe] /1/ *vt*: **~ qn de coups** to give sb a thrashing
rouge [ʀuʒ] *adj, nm/f* red ▷ *nm* red; **(vin) ~** red wine; **passer au ~** *(signal)* to go red; *(automobiliste)* to go through a red light; **sur la liste ~** ex-directory (BRIT), unlisted (US); **~ à joue** blusher; **~ (à lèvres)** lipstick; **rouge-gorge** *nm* robin (redbreast)
rougeole [ʀuʒɔl] *nf* measles *sg*
rougeoyer [ʀuʒwaje] /8/ *vi* to glow red
rouget [ʀuʒɛ] *nm* mullet
rougeur [ʀuʒœʀ] *nf* redness; **rougeurs** *nfpl (Méd)* red blotches
rougir [ʀuʒiʀ] /2/ *vi* to turn red; *(de honte, timidité)* to blush, flush; *(de plaisir, colère)* to flush
rouille [ʀuj] *nf* rust; **rouillé, e** *adj* rusty; **rouiller** /1/ *vt* to rust ▷ *vi* to rust, go rusty
roulant, e [ʀulɑ̃, -ɑ̃t] *adj (meuble)* on wheels; *(surface, trottoir, tapis)* moving; **escalier ~** escalator
rouleau, x [ʀulo] *nm* roll; *(à mise en plis, à peinture, vague)* roller; **~ à pâtisserie** rolling pin
roulement [ʀulmɑ̃] *nm (bruit)* rumbling *no pl*, rumble; *(rotation)* rotation; **par ~** on a rota (BRIT) *ou* rotation (US) basis; **~ (à billes)** ball bearings *pl*; **~ de tambour** drum roll

rouler [Rule] /1/ *vt* to roll; (*papier, tapis*) to roll up; (*Culin: pâte*) to roll out; (*fam: duper*) to do, con ▷ *vi* (*bille, boule*) to roll; (*voiture, train*) to go, run; (*automobiliste*) to drive; (*cycliste*) to ride; (*bateau*) to roll; **se ~ dans** (*boue*) to roll in; (*couverture*) to roll o.s. (up) in

roulette [Rulɛt] *nf* (*de table, fauteuil*) castor; (*de dentiste*) drill; (*jeu*): **la ~** roulette; **à ~s** on castors; **ça a marché comme sur des ~s** (*fam*) it went off very smoothly

roulis [Ruli] *nm* roll(ing)

roulotte [Rulɔt] *nf* caravan

roumain, e [Rumɛ̃, -ɛn] *adj* Rumanian ▷ *nm/f*: **R~, e** Rumanian

Roumanie [Rumani] *nf*: **la ~** Rumania

rouquin, e [Rukɛ̃, -in] *nm/f* (*péj*) redhead

rouspéter [Ruspete] /6/ *vi* (*fam*) to moan

rousse [Rus] *adj f voir* **roux**

roussir [RusiR] /2/ *vt* to scorch ▷ *vi* (*Culin*): **faire ~** to brown

route [Rut] *nf* road; (*fig: chemin*) way; (*itinéraire, parcours*) route; (*fig: voie*) road, path; **il y a trois heures de ~** it's a three-hour ride *ou* journey; **en ~** on the way; **en ~!** let's go!; **mettre en ~** to start up; **se mettre en ~** to set off; **~ nationale** ≈ A-road (BRIT), ≈ state highway (US); **routier, -ière** *adj* road *cpd* ▷ *nm* (*camionneur*) (long-distance) lorry (BRIT) *ou* truck (US) driver; (*restaurant*) ≈ transport café (BRIT), ≈ truck stop (US)

routine [Rutin] *nf* routine; **routinier, -ière** [Rutinje, -jɛR] *adj* (*péj: travail*) humdrum; (*: personne*) addicted to routine

rouvrir [RuvRiR] /18/ *vt, vi* to reopen, open again; **se rouvrir** *vi* to open up again

roux, rousse [Ru, Rus] *adj* red; (*personne*) red-haired ▷ *nm/f* redhead

royal, e, -aux [Rwajal, -o] *adj* royal; (*fig*) fit for a king

royaume [Rwajom] *nm* kingdom; (*fig*) realm

Royaume-Uni [Rwajomyni] *nm*: **le ~** the United Kingdom

royauté [Rwajote] *nf* (*régime*) monarchy

ruban [Rybɑ̃] *nm* ribbon; **~ adhésif** adhesive tape

rubéole [Rybeɔl] *nf* German measles *sg*, rubella

rubis [Rybi] *nm* ruby

rubrique [RybRik] *nf* (*titre, catégorie*) heading; (*Presse: article*) column

ruche [Ryʃ] *nf* hive

rude [Ryd] *adj* (*barbe, toile*) rough; (*métier, tâche*) hard, tough; (*climat*) severe, harsh; (*bourru*) harsh, rough; (*fruste: manières*) rugged, tough; (*fam: fameux*) jolly good; **rudement** *adv* (*très*) terribly

rudimentaire [Rydimɑ̃tɛR] *adj* rudimentary, basic

rudiments [Rydimɑ̃] *nmpl*: **avoir des ~ d'anglais** to have a smattering of English

rue [Ry] *nf* street

ruée [Rɥe] *nf* rush

ruelle [Rɥɛl] *nf* alley(way)

ruer [Rɥe] /1/ *vi* (*cheval*) to kick out; **se ruer** *vi*: **se ~ sur** to pounce on; **se ~ vers/dans/hors de** to rush *ou* dash towards/into/out of

rugby [Rygbi] *nm* rugby (football)

rugir [RyʒiR] /2/ *vi* to roar

rugueux, -euse [Rygø, -øz] *adj* rough

ruine [Rɥin] *nf* ruin; **ruiner** /1/ *vt* to ruin; **ruineux, -euse** *adj* ruinous

ruisseau, x [Rɥiso] *nm* stream, brook

ruisseler [Rɥisle] /4/ *vi* to stream

rumeur [RymœR] *nf* (*bruit confus*) rumbling; (*nouvelle*) rumour

ruminer [Rymine] /1/ *vt* (*herbe*) to ruminate; (*fig*) to ruminate on *ou* over, chew over

rupture [RyptyR] *nf* (*de négociations etc*) breakdown; (*de contrat*) breach;

(*dans continuité*) break; (*séparation, désunion*) break-up, split

rural, e, -aux [RyRal, -o] *adj* rural, country *cpd*

ruse [Ryz] *nf*: **la ~** cunning, craftiness; (*pour tromper*) trickery; **une ~** a trick, a ruse; **rusé, e** *adj* cunning, crafty

russe [Rys] *adj* Russian ▷ *nm* (*Ling*) Russian ▷ *nm/f*: **R~** Russian

Russie [Rysi] *nf*: **la ~** Russia

rustine [Rystin] *nf* repair patch (*for bicycle inner tube*)

rustique [Rystik] *adj* rustic

rythme [Ritm] *nm* rhythm; (*vitesse*) rate (*: de la vie*) pace, tempo; **rythmé, e** *adj* rhythmic(al)

S

s' [s] *pron voir* **se**

sa [sa] *adj poss voir* **son¹**

sable [sabl] *nm* sand

sablé [sable] *nm* shortbread biscuit

sabler [sable] /1/ *vt* (*contre le verglas*) to grit; **~ le champagne** to drink champagne

sabot [sabo] *nm* clog; (*de cheval, bœuf*) hoof; **~ de frein** brake shoe

saboter [sabɔte] /1/ *vt* (*travail, morceau de musique*) to botch, make a mess of; (*machine, installation, négociation etc*) to sabotage

sac [sak] *nm* bag; (*à charbon etc*) sack; **mettre à ~** to sack; **~ à provisions/ de voyage** shopping/travelling bag; **~ de couchage** sleeping bag; **~ à dos** rucksack; **~ à main** handbag

saccadé, e [sakade] *adj* jerky; (*respiration*) spasmodic

saccager [sakaʒe] /3/ *vt* (*piller*) to sack; (*dévaster*) to create havoc in

saccharine [sakaRin] *nf* saccharin(e)

sachet [saʃɛ] *nm* (small) bag; (*de lavande, poudre, shampooing*) sachet; **~ de thé** tea bag; **du potage en ~** packet soup
sacoche [sakɔʃ] *nf* (*gén*) bag; (*de bicyclette*) saddlebag
sacré, e [sakʀe] *adj* sacred; (*fam: satané*) blasted; (*: fameux*): **un ~ ...** a heck of a ...
sacrement [sakʀəmɑ̃] *nm* sacrament
sacrifice [sakʀifis] *nm* sacrifice; **sacrifier** /7/ *vt* to sacrifice
sacristie [sakʀisti] *nf* sacristy; (*culte protestant*) vestry
sadique [sadik] *adj* sadistic
safran [safʀɑ̃] *nm* saffron
sage [saʒ] *adj* wise; (*enfant*) good
sage-femme [saʒfam] *nf* midwife
sagesse [saʒɛs] *nf* wisdom
Sagittaire [saʒitɛʀ] *nm*: **le ~** Sagittarius
Sahara [saaʀa] *nm*: **le ~** the Sahara (Desert)
saignant, e [sɛɲɑ̃, -ɑ̃t] *adj* (*viande*) rare
saigner [seɲe] /1/ *vi* to bleed ▷ *vt* to bleed; (*animal*) to bleed to death; **~ du nez** to have a nosebleed
saillir [sajiʀ] /13/ *vi* to project, stick out; (*veine, muscle*) to bulge
sain, e [sɛ̃, sɛn] *adj* healthy; **~ et sauf** safe and sound, unharmed; **~ d'esprit** sound in mind, sane
saindoux [sɛ̃du] *nm* lard
saint, e [sɛ̃, sɛ̃t] *adj* holy ▷ *nm/f* saint; **la S~e Vierge** the Blessed Virgin
Saint-Esprit [sɛ̃tɛspʀi] *nm*: **le ~** the Holy Spirit *ou* Ghost
sainteté [sɛ̃tәte] *nf* holiness
Saint-Sylvestre [sɛ̃silvɛstʀ] *nf*: **la ~** New Year's Eve
sais *etc* [sɛ] *vb voir* **savoir**
saisie [sezi] *nf* seizure; **~ (de données)** (data) capture
saisir [seziʀ] /2/ *vt* to take hold of, grab; (*fig: occasion*) to seize; (*comprendre*) to grasp; (*entendre*) to get, catch; (*Inform*) to capture; (*Culin*) to fry quickly; (*Jur: biens, publication*) to seize; **saisissant, e** *adj* startling, striking
saison [sɛzɔ̃] *nf* season; **haute/basse/morte ~** high/low/slack season; **saisonnier, -ière** *adj* seasonal
salade [salad] *nf* (*Bot*) lettuce *etc* (*generic term*); (*Culin*) (green) salad; (*fam: confusion*) tangle, muddle; **~ composée** mixed salad; **~ de fruits** fruit salad; **~ verte** green salad; **saladier** *nm* (salad) bowl
salaire [salɛʀ] *nm* (*annuel, mensuel*) salary; (*hebdomadaire, journalier*) pay, wages *pl*; **~ minimum interprofessionnel de croissance** *index-linked guaranteed minimum wage*
salarié, e [salaʀje] *nm/f* salaried employee; wage-earner
salaud [salo] *nm* (*fam!*) sod (!), bastard (!)
sale [sal] *adj* dirty, filthy; (*fig: mauvais*) nasty
salé, e [sale] *adj* (*liquide, saveur, mer, goût*) salty; (*Culin: amandes, beurre etc*) salted; (*: gâteaux*) savoury; (*fig: grivois*) spicy; (*: note, facture*) steep
saler [sale] /1/ *vt* to salt
saleté [salte] *nf* (*état*) dirtiness; (*crasse*) dirt, filth; (*tache etc*) dirt *no pl*; (*fig: tour*) filthy trick; (*: chose sans valeur*) rubbish *no pl*; (*: obscénité*) filth *no pl*
salière [saljɛʀ] *nf* saltcellar
salir [saliʀ] /2/ *vt* to (make) dirty; (*fig*) to soil the reputation of; **se salir** *vi* to get dirty; **salissant, e** *adj* (*tissu*) which shows the dirt; (*métier*) dirty, messy
salle [sal] *nf* room; (*d'hôpital*) ward; (*de restaurant*) dining room; (*d'un cinéma*) auditorium (*: public*) audience; **~ d'attente** waiting room; **~ de bain(s)** bathroom; **~ de classe** classroom; **~ de concert** concert hall; **~ d'eau** shower-room;

~ d'embarquement (*à l'aéroport*) departure lounge; **~ de jeux** (*pour enfants*) playroom; **~ à manger** dining room; **~ des professeurs** staffroom; **~ de séjour** living room; **~ des ventes** saleroom

salon [salɔ̃] *nm* lounge, sitting room; (*mobilier*) lounge suite; (*exposition*) exhibition, show; **~ de coiffure** hairdressing salon; **~ de thé** tearoom

salope [salɔp] *nf* (*fam!*) bitch (*!*); **saloperie** *nf* (*fam!*: *action*) dirty trick; (*: chose sans valeur*) rubbish *no pl*

salopette [salɔpɛt] *nf* dungarees *pl*; (*d'ouvrier*) overall(s)

salsifis [salsifi] *nm* salsify

salubre [salybʀ] *adj* healthy, salubrious

saluer [salɥe] /1/ *vt* (*pour dire bonjour, fig*) to greet; (*pour dire au revoir*) to take one's leave; (*Mil*) to salute

salut [saly] *nm* (*sauvegarde*) safety; (*Rel*) salvation; (*geste*) wave; (*parole*) greeting; (*Mil*) salute ▷ *excl* (*fam: pour dire bonjour*) hi (there); (*: pour dire au revoir*) see you!, bye!

salutations [salytasjɔ̃] *nfpl* greetings; **recevez mes ~ distinguées** *ou* **respectueuses** yours faithfully

samedi [samdi] *nm* Saturday

SAMU [samy] *sigle m* (*= service d'assistance médicale d'urgence*) ≈ ambulance (service) (BRIT), ≈ paramedics (US)

sanction [sɑ̃ksjɔ̃] *nf* sanction; **sanctionner** /1/ *vt* (*loi, usage*) to sanction; (*punir*) to punish

sandale [sɑ̃dal] *nf* sandal

sandwich [sɑ̃dwitʃ] *nm* sandwich

sang [sɑ̃] *nm* blood; **en ~** covered in blood; **se faire du mauvais ~** to fret, get in a state; **sang-froid** *nm* calm, sangfroid; **de sang-froid** in cold blood; **sanglant, e** *adj* bloody

sangle [sɑ̃gl] *nf* strap

sanglier [sɑ̃glije] *nm* (wild) boar

sanglot [sɑ̃glo] *nm* sob; **sangloter** /1/ *vi* to sob

sangsue [sɑ̃sy] *nf* leech

sanguin, e [sɑ̃gɛ̃, -in] *adj* blood *cpd*

sanitaire [sanitɛʀ] *adj* health *cpd*; **sanitaires** *nmpl* (*salle de bain et w.-c.*) bathroom *sg*

sans [sɑ̃] *prép* without; **~ qu'il s'en aperçoive** without him *ou* his noticing; **un pull ~ manches** a sleeveless jumper; **~ faute** without fail; **~ arrêt** without a break; **~ ça** (*fam*) otherwise; **sans-abri** *nmpl* homeless; **sans-emploi** *nm/f inv* unemployed person; **les sans-emploi** the unemployed; **sans-gêne** *adj inv* inconsiderate

santé [sɑ̃te] *nf* health; **être en bonne ~** to be in good health; **boire à la ~ de qn** to drink (to) sb's health; **à ta** *ou* **votre ~!** cheers!

saoudien, ne [saudjɛ̃, -ɛn] *adj* Saudi (Arabian) ▷ *nm/f*: **S~, ne** Saudi (Arabian)

saoul, e [su, sul] *adj* = **soûl**

saper [sape] /1/ *vt* to undermine, sap

sapeur-pompier [sapœʀpɔ̃pje] *nm* fireman

saphir [safiʀ] *nm* sapphire

sapin [sapɛ̃] *nm* fir (tree); (*bois*) fir; **~ de Noël** Christmas tree

sarcastique [saʀkastik] *adj* sarcastic

Sardaigne [saʀdɛɲ] *nf*: **la ~** Sardinia

sardine [saʀdin] *nf* sardine

SARL [saʀl] *sigle f* (*= société à responsabilité limitée*) ≈ plc (BRIT), ≈ Inc. (US)

sarrasin [saʀazɛ̃] *nm* buckwheat

satané, e [satane] *adj* (*fam*) confounded

satellite [satelit] *nm* satellite

satin [satɛ̃] *nm* satin

satire [satiʀ] *nf* satire; **satirique** *adj* satirical

satisfaction [satisfaksjɔ̃] *nf* satisfaction

satisfaire [satisfɛʀ] /60/ *vt* to satisfy; **~ à** (*revendications, conditions*)

S

to meet; **satisfaisant, e** *adj* (*acceptable*) satisfactory; **satisfait, e** *adj* satisfied; **satisfait de** happy *ou* satisfied with

saturer [satyʀe] /1/ *vt* to saturate

sauce [sos] *nf* sauce; (*avec un rôti*) gravy; **~ tomate** tomato sauce; **saucière** *nf* sauceboat

saucisse [sosis] *nf* sausage

saucisson [sosisɔ̃] *nm* (slicing) sausage

sauf[1] [sof] *prép* except; **~ si** (*à moins que*) unless; **~ avis contraire** unless you hear to the contrary; **~ erreur** if I'm not mistaken

sauf[2]**, sauve** [sof, sov] *adj* unharmed, unhurt; (*fig: honneur*) intact, saved; **laisser la vie sauve à qn** to spare sb's life

sauge [soʒ] *nf* sage

saugrenu, e [sogʀəny] *adj* preposterous

saule [sol] *nm* willow (tree)

saumon [somɔ̃] *nm* salmon *inv*

saupoudrer [sopudʀe] /1/ *vt*: **~ qch de** to sprinkle sth with

saur [sɔʀ] *adj m*: **hareng ~** smoked *ou* red herring, kipper

saut [so] *nm* jump; (*discipline sportive*) jumping; **faire un ~ chez qn** to pop over to sb's (place); **~ en hauteur/longueur** high/long jump; **~ à la perche** pole vaulting; **~ à l'élastique** bungee jumping; **~ périlleux** somersault

sauter [sote] /1/ *vi* to jump, leap; (*exploser*) to blow up, explode; (*: fusibles*) to blow; (*se détacher*) to pop out (*ou* off) ▷ *vt* to jump (over), leap (over); (*fig: omettre*) to skip, miss (out); **faire ~** to blow up; (*Culin*) to sauté; **~ à la corde** to skip; **~ au cou de qn** to fly into sb's arms; **~ sur une occasion** to jump at an opportunity; **~ aux yeux** to be quite obvious

sauterelle [sotʀɛl] *nf* grasshopper

sautiller [sotije] /1/ *vi* (*oiseau*) to hop; (*enfant*) to skip

sauvage [sovaʒ] *adj* (*gén*) wild; (*peuplade*) savage; (*farouche*) unsociable; (*barbare*) wild, savage; (*non officiel*) unauthorized, unofficial; **faire du camping ~** to camp in the wild ▷ *nm/f* savage; (*timide*) unsociable type

sauve [sov] *adj f voir* **sauf**[2]

sauvegarde [sovgaʀd] *nf* safeguard; (*Inform*) backup; **sauvegarder** /1/ *vt* to safeguard; (*Inform: enregistrer*) to save; (*: copier*) to back up

sauve-qui-peut [sovkipø] *excl* run for your life!

sauver [sove] /1/ *vt* to save; (*porter secours à*) to rescue; (*récupérer*) to salvage, rescue; **se sauver** *vi* (*s'enfuir*) to run away; (*fam: partir*) to be off; **sauvetage** *nm* rescue; **sauveteur** *nm* rescuer; **sauvette**: **à la sauvette** *adv* (*se marier etc*) hastily, hurriedly; **sauveur** *nm* saviour (BRIT), savior (US)

savant, e [savɑ̃, -ɑ̃t] *adj* scholarly, learned ▷ *nm* scientist

saveur [savœʀ] *nf* flavour; (*fig*) savour

savoir [savwaʀ] /32/ *vt* to know; (*être capable de*): **il sait nager** he can swim ▷ *nm* knowledge; **se savoir** *vi* (*être connu*) to be known; **je n'en sais rien** I (really) don't know; **à ~ (que)** that is, namely; **faire ~ qch à qn** to let sb know sth; **pas que je sache** not as far as I know

savon [savɔ̃] *nm* (*produit*) soap; (*morceau*) bar *ou* tablet of soap; (*fam*): **passer un ~ à qn** to give sb a good dressing-down; **savonner** /1/ *vt* to soap; **savonnette** *nf* bar of soap

savourer [savuʀe] /1/ *vt* to savour; **savoureux, -euse** *adj* tasty; (*fig: anecdote*) spicy, juicy

saxo(phone) [saksɔ(fɔn)] *nm* sax(ophone)

scabreux, -euse [skabʀø, -øz] *adj* risky; (*indécent*) improper, shocking

scandale [skɑ̃dal] *nm* scandal; **faire un ~** (*scène*) to make a scene; (*Jur*) create a disturbance; **faire ~** to scandalize people; **scandaleux, -euse** *adj* scandalous, outrageous
scandinave [skɑ̃dinav] *adj* Scandinavian ▷*nm/f*: **S~** Scandinavian
Scandinavie [skɑ̃dinavi] *nf*: **la ~** Scandinavia
scarabée [skaʀabe] *nm* beetle
scarlatine [skaʀlatin] *nf* scarlet fever
scarole [skaʀɔl] *nf* endive
sceau, x [so] *nm* seal
sceller [sele] /1/ *vt* to seal
scénario [senaʀjo] *nm* scenario
scène [sɛn] *nf* (*gén*) scene; (*estrade*, *fig*: *théâtre*) stage; **entrer en ~** to come on stage; **mettre en ~** (*Théât*) to stage; (*Ciné*) to direct; **faire une ~ (à qn)** to make a scene (with sb); **~ de ménage** domestic fight *ou* scene
sceptique [sɛptik] *adj* sceptical
schéma [ʃema] *nm* (*diagramme*) diagram, sketch; **schématique** *adj* diagrammatic(al), schematic; (*fig*) oversimplified
sciatique [sjatik] *nf* sciatica
scie [si] *nf* saw
sciemment [sjamɑ̃] *adv* knowingly
science [sjɑ̃s] *nf* science; (*savoir*) knowledge; **~s humaines/sociales** social sciences; **~s naturelles** (*Scol*) natural science *sg*, biology *sg*; **~s po** political science *ou* studies *pl*; **science-fiction** *nf* science fiction; **scientifique** *adj* scientific ▷*nm/f* scientist; (*étudiant*) science student
scier [sje] /7/ *vt* to saw; (*retrancher*) to saw off; **scierie** *nf* sawmill
scintiller [sɛ̃tije] /1/ *vi* to sparkle; (*étoile*) to twinkle
sciure [sjyʀ] *nf*: **~ (de bois)** sawdust
sclérose [skleʀoz] *nf*: **~ en plaques (SEP)** multiple sclerosis (MS)
scolaire [skɔlɛʀ] *adj* school *cpd*; **scolariser** /1/ *vt* to provide with schooling (*ou* schools); **scolarité** *nf* schooling
scooter [skutœʀ] *nm* (motor) scooter
score [skɔʀ] *nm* score
scorpion [skɔʀpjɔ̃] *nm* (*signe*): **le S~** Scorpio
scotch [skɔtʃ] *nm* (*whisky*) scotch, whisky; **Scotch®** (*adhésif*) Sellotape® (BRIT), Scotch tape® (US)
scout, e [skut] *adj*, *nm* scout
script [skʀipt] *nm* (*écriture*) printing; (*Ciné*) (shooting) script
scrupule [skʀypyl] *nm* scruple
scruter [skʀyte] /1/ *vt* to scrutinize; (*l'obscurité*) to peer into
scrutin [skʀytɛ̃] *nm* (*vote*) ballot; (*ensemble des opérations*) poll
sculpter [skylte] /1/ *vt* to sculpt; (*érosion*) to carve; **sculpteur** *nm* sculptor; **sculpture** *nf* sculpture
SDF *sigle m* (= *sans domicile fixe*) homeless person; **les ~** the homeless

MOT-CLÉ

se, s' [sə, s] *pron* **1** (*emploi réfléchi*) oneself; (: *masc*) himself; (: *fém*) herself; (: *sujet non humain*) itself; (: *pl*) themselves; **se savonner** to soap o.s.
2 (*réciproque*) one another, each other; **ils s'aiment** they love one another *ou* each other
3 (*passif*): **cela se répare facilement** it is easily repaired
4 (*possessif*): **se casser la jambe/se laver les mains** to break one's leg/wash one's hands

séance [seɑ̃s] *nf* (*d'assemblée*) meeting, session; (*de tribunal*) sitting, session; (*musicale*, *Ciné*, *Théât*) performance
seau, x [so] *nm* bucket, pail
sec, sèche [sɛk, sɛʃ] *adj* dry; (*raisins*, *figues*) dried; (*insensible*: *cœur*, *personne*) hard, cold ▷*nm*: **tenir au ~** to keep in a dry place ▷*adv* hard; **je le**

S

bois ~ I drink it straight *ou* neat; **à ~** (*puits*) dried up

sécateur [sekatœʀ] *nm* secateurs *pl* (BRIT), shears *pl*

sèche [sɛʃ] *adj f voir* **sec**; **sèche-cheveux** *nm inv* hair-drier; **sèche-linge** *nm inv* tumble dryer; **sèchement** *adv* (*répliquer etc*) drily

sécher [seʃe] /6/ *vt* to dry; (*dessécher: peau, blé*) to dry (out); (*: étang*) to dry up; (*fam: classe, cours*) to skip ▷ *vi* to dry; to dry out; to dry up; (*fam: candidat*) to be stumped; **se sécher** *vi* (*après le bain*) to dry o.s.; **sécheresse** *nf* dryness; (*absence de pluie*) drought; **séchoir** *nm* drier

second, e [səgɔ̃, -ɔ̃d] *adj* second ▷ *nm* (*assistant*) second in command; (*Navig*) first mate ▷ *nf* second; (*Scol*) ≈ year 11 (BRIT), ≈ tenth grade (US); (*Aviat, Rail etc*) second class; **voyager en ~e** to travel second-class; **secondaire** *adj* secondary; **seconder** /1/ *vt* to assist

secouer [səkwe] /1/ *vt* to shake; (*passagers*) to rock; (*traumatiser*) to shake (up)

secourir [səkuʀiʀ] /11/ *vt* (*venir en aide à*) to assist, aid; **secourisme** *nm* first aid; **secouriste** *nm/f* first-aid worker

secours *nm* help, aid, assistance ▷ *nmpl* aid *sg*; **au ~!** help!; **appeler au ~** to shout *ou* call for help; **porter ~ à qn** to give sb assistance, help sb; **les premiers ~** first aid *sg*

ÉQUIPES DE SECOURS

Emergency phone numbers can be dialled free from public phones. For the police ('la police') dial 17; for medical services ('le SAMU') dial 15; for the fire brigade ('les sapeurs—pompiers') dial 18.

secousse [səkus] *nf* jolt, bump; (*électrique*) shock; (*fig: psychologique*) jolt, shock

secret, -ète [səkʀɛ, -ɛt] *adj* secret; (*fig: renfermé*) reticent, reserved ▷ *nm* secret; (*discrétion absolue*): **le ~** secrecy; **en ~** in secret, secretly; **~ professionnel** professional secrecy

secrétaire [səkʀetɛʀ] *nm/f* secretary ▷ *nm* (*meuble*) writing desk; **~ de direction** private *ou* personal secretary; **~ d'État** ≈ junior minister; **secrétariat** *nm* (*profession*) secretarial work; (*bureau*) (secretary's) office; (*: d'organisation internationale*) secretariat

secteur [sɛktœʀ] *nm* sector; (*Admin*) district; (*Élec*): **branché sur le ~** plugged into the mains (supply)

section [sɛksjɔ̃] *nf* section; (*de parcours d'autobus*) fare stage; (*Mil: unité*) platoon; **sectionner** /1/ *vt* to sever

sécu [seky] *nf* = **sécurité sociale**

sécurité [sekyʀite] *nf* (*absence de troubles*) security; (*absence de danger*) safety; **système de ~** security (*ou* safety) system; **être en ~** to be safe; **la ~ routière** road safety; **la ~ sociale** ≈ (the) Social Security (BRIT), ≈ (the) Welfare (US)

sédentaire [sedɑ̃tɛʀ] *adj* sedentary

séduction [sedyksjɔ̃] *nf* seduction; (*charme, attrait*) appeal, charm

séduire [sedɥiʀ] /38/ *vt* to charm; (*femme: abuser de*) to seduce; **séduisant, e** *adj* (*femme*) seductive; (*homme, offre*) very attractive

ségrégation [segʀegasjɔ̃] *nf* segregation

seigle [sɛgl] *nm* rye

seigneur [sɛɲœʀ] *nm* lord

sein [sɛ̃] *nm* breast; (*entrailles*) womb; **au ~ de** (*équipe, institution*) within

séisme [seism] *nm* earthquake

seize [sɛz] *num* sixteen; **seizième** *num* sixteenth

séjour [seʒuʀ] *nm* stay; (*pièce*) living room; **séjourner** /1/ *vi* to stay

sel [sɛl] *nm* salt; (*fig: piquant*) spice

sélection [selɛksjɔ̃] *nf* selection; **sélectionner** /1/ *vt* to select

elf [sɛlf] *nm (fam)* self-service
elf-service [sɛlfsɛʀvis] *adj* self-service ▷ *nm* self-service (restaurant)
elle [sɛl] *nf* saddle; **selles** *nfpl (Méd)* stools; **seller** /1/ *vt* to saddle
elon [səlɔ̃] *prép* according to; *(en se conformant à)* in accordance with; **~ moi** as I see it; **~ que** according to
emaine [səmɛn] *nf* week; **en ~** during the week, on weekdays
emblable [sɑ̃blabl] *adj* similar; *(de ce genre)*: **de ~s mésaventures** such mishaps ▷ *nm* fellow creature *ou* man; **~ à** similar to, like
emblant [sɑ̃blɑ̃] *nm*: **un ~ de vérité** a semblance of truth; **faire ~ (de faire)** to pretend (to do)
embler [sɑ̃ble] /1/ *vb copule* to seem ▷ *vb impers*: **il semble (bien) que/ inutile de** it (really) seems *ou* appears that/useless to; **il me semble (bien) que** it (really) seems to me that; **comme bon lui semble** as he sees fit
emelle [səmɛl] *nf* sole; *(intérieure)* insole, inner sole
emer [səme] /5/ *vt* to sow; *(fig: éparpiller)* to scatter; *(: confusion)* to spread; *(fam: poursuivants)* to lose, shake off; **semé de** *(difficultés)* riddled with
emestre [səmɛstʀ] *nm* half-year; *(Scol)* semester
éminaire [semінɛʀ] *nm* seminar
emi-remorque [səmiʀəmɔʀk] *nm* articulated lorry (BRIT), semi(trailer) *(US)*
emoule [səmul] *nf* semolina
énat [sena] *nm* senate; **sénateur** *nm* senator
énégal [senegal] *nm*: **le ~** Senegal
ens [sɑ̃s] *nm (Physiol)* sense; *(signification)* meaning, sense; *(direction)* direction; **à mon ~** to my mind; **dans le ~ des aiguilles d'une montre** clockwise; **dans le ~ contraire des aiguilles d'une montre** anticlockwise; **dans le mauvais ~** *(aller)* the wrong way; in the wrong direction; **bon ~** good sense; **~ dessus dessous** upside down; **~ interdit, ~ unique** one-way street
sensation [sɑ̃sasjɔ̃] *nf* sensation; **faire ~** to cause a sensation, create a stir; **à ~** *(péj)* sensational; **sensationnel, le** *adj* sensational, fantastic
sensé, e [sɑ̃se] *adj* sensible
sensibiliser [sɑ̃sibilize] /1/ *vt*: **~ qn (à)** to make sb sensitive (to)
sensibilité [sɑ̃sibilite] *nf* sensitivity
sensible [sɑ̃sibl] *adj* sensitive; *(aux sens)* perceptible; *(appréciable: différence, progrès)* appreciable, noticeable; **~ à** sensitive to; **sensiblement** *adv (à peu près)*: **ils ont sensiblement le même poids** they weigh approximately the same; **sensiblerie** *nf* sentimentality

> Attention à ne pas traduire *sensible* par le mot anglais *sensible*.

sensuel, le [sɑ̃sɥɛl] *adj (personne)* sensual; *(musique)* sensuous
sentence [sɑ̃tɑ̃s] *nf (jugement)* sentence
sentier [sɑ̃tje] *nm* path
sentiment [sɑ̃timɑ̃] *nm* feeling; **recevez mes ~s respectueux** *(personne nommée)* yours sincerely; *(personne non nommée)* yours faithfully; **sentimental, e, -aux** *adj* sentimental; *(vie, aventure)* love *cpd*
sentinelle [sɑ̃tinɛl] *nf* sentry
sentir [sɑ̃tiʀ] /16/ *vt (par l'odorat)* to smell; *(par le goût)* to taste; *(au toucher, fig)* to feel; *(répandre une odeur de)* to smell of *(: ressemblance)* to smell like ▷ *vi* to smell; **~ mauvais** to smell bad; **se ~ bien** to feel good; **se ~ mal** *(être indisposé)* to feel unwell *ou* ill; **se ~ le courage/la force de faire** to feel brave/strong enough to do; **il ne peut pas le ~** *(fam)* he can't stand him; **je ne me sens pas bien** I don't feel well

séparation [separasjɔ̃] *nf* separation; (*cloison*) division, partition
séparé, e [separe] *adj* (*appartements, pouvoirs*) separate; (*époux*) separated; **séparément** *adv* separately
séparer [separe] /1/ *vt* to separate; (*désunir*) to drive apart; (*détacher*): **~ qch de** to pull sth (off) from; **se séparer** *vi* (*époux*) to separate, part; (*prendre congé: amis etc*) to part; (*se diviser: route, tige etc*) to divide; **se ~ de** (*époux*) to separate *ou* part from; (*employé, objet personnel*) to part with
sept [sɛt] *num* seven; **septante** *num* (BELGIQUE, SUISSE) seventy
septembre [sɛptɑ̃bʀ] *nm* September
septicémie [sɛptisemi] *nf* blood poisoning, septicaemia
septième [sɛtjɛm] *num* seventh
séquelles [sekɛl] *nfpl* after-effects; (*fig*) aftermath *sg*
serbe [sɛʀb] *adj* Serbian
Serbie [sɛʀbi] *nf*: **la ~** Serbia
serein, e [səʀɛ̃, -ɛn] *adj* serene
sergent [sɛʀʒɑ̃] *nm* sergeant
série [seʀi] *nf* series *inv*; (*de clés, casseroles, outils*) set; (*catégorie: Sport*) rank; **en ~** in quick succession; (*Comm*) mass *cpd*; **de ~** (*voiture*) standard; **hors ~** (*Comm*) custom-built; **~ noire** (crime) thriller
sérieusement [seʀjøzmɑ̃] *adv* seriously
sérieux, -euse [seʀjø, -øz] *adj* serious; (*élève, employé*) reliable, responsible; (*client, maison*) reliable, dependable ▷ *nm* seriousness; (*d'une entreprise etc*) reliability; **garder son ~** to keep a straight face; **prendre qch/qn au ~** to take sth/sb seriously
serin [səʀɛ̃] *nm* canary
seringue [səʀɛ̃g] *nf* syringe
serment [sɛʀmɑ̃] *nm* (*juré*) oath; (*promesse*) pledge, vow
sermon [sɛʀmɔ̃] *nm* sermon
séropositif, -ive [seʀopozitif, -iv] *adj* HIV positive
serpent [sɛʀpɑ̃] *nm* snake; **serpenter** /1/ *vi* to wind
serpillière [sɛʀpijɛʀ] *nf* floorcloth
serre [sɛʀ] *nf* (*Agr*) greenhouse; **serres** *nfpl* (*griffes*) claws, talons
serré, e [seʀe] *adj* (*réseau*) dense; (*habits*) tight; (*fig: lutte, match*) tight, close-fought; (*passagers etc*) (tightly) packed; **avoir le cœur ~** to have a heavy heart
serrer [seʀe] /1/ *vt* (*tenir*) to grip *ou* hold tight; (*comprimer, coincer*) to squeeze; (*poings, mâchoires*) to clench; (*vêtement*) to be too tight for; (*ceinture, nœud, frein, vis*) to tighten ▷ *vi*: **~ à droite** to keep to the right
serrure [seʀyʀ] *nf* lock; **serrurier** *nm* locksmith
sers, sert [sɛʀ] *vb voir* **servir**
servante [sɛʀvɑ̃t] *nf* (maid)servant
serveur, -euse [sɛʀvœʀ, -øz] *nm/f* waiter (waitress)
serviable [sɛʀvjabl] *adj* obliging, willing to help
service [sɛʀvis] *nm* service; (*série de repas*): **premier ~** first sitting; (*assortiment de vaisselle*) set, service; (*bureau: de la vente etc*) department, section; **faire le ~** to serve; **rendre ~ à qn** to help sb; **rendre un ~ à qn** to do sb a favour; **être de ~** to be on duty; **être/mettre en ~** to be in/put into service *ou* operation; **~ compris/non compris** service included/not included; **hors ~** out of order; **~ après-vente** after-sales service; **~ militaire** military service; *see note* **"service militaire"**; **~ d'ordre** police (*ou* stewards) in charge of maintaining order; **~s secrets** secret service *sg*

SERVICE MILITAIRE

Until 1997, French men over the age of 18 who were passed as fit, and who were not in full-time higher education, were required to do ten months' 'service militaire'. Conscientious objectors were required to do two years' community service. Since 1997, military service has been suspended in France. However, all sixteen-year-olds, both male and female, are required to register for a compulsory one-day training course, the 'JDC' ('journée défense et citoyenneté'), which covers basic information on the principles and organization of defence in France, and also advises on career opportunities in the military and in the voluntary sector. Young people must attend the training day before their eighteenth birthday.

serviette [sɛʀvjɛt] *nf* (*de table*) (table) napkin, serviette; (*de toilette*) towel; (*porte-documents*) briefcase; **~ hygiénique** sanitary towel

servir [sɛʀviʀ] /14/ *vt* to serve; (*au restaurant*) to wait on; (*au magasin*) to serve, attend to ▷ *vi* (*Tennis*) to serve; (*Cartes*) to deal; **se servir** *vi* (*prendre d'un plat*) to help o.s.; **vous êtes servi?** are you being served?; **sers-toi!** help yourself!; **se ~ de** (*plat*) to help o.s. to; (*voiture, outil, relations*) to use; **~ à qn** (*diplôme, livre*) to be of use to sb; **~ à qch/à faire** (*outil etc*) to be used for sth/for doing; **ça ne sert à rien** it's no use; **~ (à qn) de ...** to serve as ... (for sb)

serviteur [sɛʀvitœʀ] *nm* servant

ses [se] *adj poss voir* **son¹**

seuil [sœj] *nm* doorstep; (*fig*) threshold

seul, e [sœl] *adj* (*sans compagnie*) alone; (*unique*): **un ~ livre** only one book, a single book; **le ~ livre** the only book ▷ *adv* (*vivre*) alone, on one's own; **faire qch (tout) ~** to do sth (all) on one's own *ou* (all) by oneself ▷ *nm/f*: **il en reste un(e) ~(e)** there's only one left; **à lui (tout) ~** single-handed, on his own; **se sentir ~** to feel lonely; **parler tout ~** to talk to oneself; **seulement** *adv* only; **non seulement ... mais aussi** *ou* **encore** not only ... but also

sève [sɛv] *nf* sap

sévère [sevɛʀ] *adj* severe

sexe [sɛks] *nm* sex; (*organe mâle*) member; **sexuel, le** *adj* sexual

shampooing [ʃɑ̃pwɛ̃] *nm* shampoo

Shetland [ʃɛtlɑ̃d] *n*: **les îles ~** the Shetland Islands, Shetland

shopping [ʃɔpiŋ] *nm*: **faire du ~** to go shopping

short [ʃɔʀt] *nm* (pair of) shorts *pl*

MOT-CLÉ

si [si] *adv* **1** (*oui*) yes; **"Paul n'est pas venu" — "si!"** "Paul hasn't come" — "Yes he has!"; **je vous assure que si** I assure you he did/she is *etc*
2 (*tellement*) so; **si gentil/rapidement** so kind/fast; **(tant et) si bien que** so much so that; **si rapide qu'il soit** however fast he may be
▸ *conj* if; **si tu veux** if you want; **je me demande si** I wonder if *ou* whether; **si seulement** if only
▸ *nm* (*Mus*) B; (: *en chantant la gamme*) ti

Sicile [sisil] *nf*: **la ~** Sicily

sida [sida] *nm* (= *syndrome immuno-déficitaire acquis*) AIDS *sg*

sidéré, e [sideʀe] *adj* staggered

sidérurgie [sideʀyʀʒi] *nf* steel industry

siècle [sjɛkl] *nm* century

siège [sjɛʒ] *nm* seat; (*d'entreprise*) head office; (*d'organisation*) headquarters *pl*; (*Mil*) siege; **~ social** registered office; **siéger** /3, 6/ *vi* to sit

sien, ne [sjɛ̃, sjɛn] *pron*: **le (la) ~(ne), les ~(ne)s** (*d'un homme*) his; (*d'une femme*) hers; (*d'une chose*) its

S

sieste [sjɛst] *nf* (afternoon) snooze *ou* nap; **faire la ~** to have a snooze *ou* nap
sifflement [sifləmɑ̃] *nm* whistle
siffler [sifle] /1/ *vi* (*gén*) to whistle; (*en respirant*) to wheeze; (*serpent, vapeur*) to hiss ▷ *vt* (*chanson*) to whistle; (*chien etc*) to whistle for; (*fille*) to whistle at; (*pièce, orateur*) to hiss, boo; (*fin du match, départ*) to blow one's whistle for; (*fam: verre, bouteille*) to guzzle
sifflet [siflɛ] *nm* whistle; **coup de ~** whistle
siffloter [siflɔte] /1/ *vi, vt* to whistle
sigle [sigl] *nm* acronym
signal, -aux [siɲal, -o] *nm* signal; (*indice, écriteau*) sign; **donner le ~ de** to give the signal for; **~ d'alarme** alarm signal; **signalement** *nm* description, particulars *pl*
signaler [siɲale] /1/ *vt* to indicate; (*vol, perte*) to report; (*personne, faire un signe*) to signal; **~ qch à qn/à qn que** to point out sth to sb/to sb that
signature [siɲatyʀ] *nf* signature; (*action*) signing
signe [siɲ] *nm* sign; (*Typo*) mark; **faire un ~ de la main/tête** to give a sign with one's hand/shake one's head; **faire ~ à qn** (*fig: contacter*) to get in touch with sb; **faire ~ à qn d'entrer** to motion (to) sb to come in; **signer** /1/ *vt* to sign; **se signer** *vi* to cross o.s.
significatif, -ive [siɲifikatif, -iv] *adj* significant
signification [siɲifikasjɔ̃] *nf* meaning
signifier [siɲifje] /7/ *vt* (*vouloir dire*) to mean; (*faire connaître*): **~ qch (à qn)** to make sth known (to sb)
silence [silɑ̃s] *nm* silence; (*Mus*) rest; **garder le ~ (sur qch)** to keep silent (about sth), say nothing (about sth); **silencieux, -euse** *adj* quiet, silent ▷ *nm* silencer
silhouette [silwɛt] *nf* outline, silhouette; (*figure*) figure
sillage [sijaʒ] *nm* wake
sillon [sijɔ̃] *nm* furrow; (*de disque*) groove; **sillonner** /1/ *vt* to criss-cross
simagrées [simagʀe] *nfpl* fuss *sg*
similaire [similɛʀ] *adj* similar; **similicuir** *nm* imitation leather; **similitude** *nf* similarity
simple [sɛ̃pl] *adj* simple; (*non multiple*) single; **~ messieurs/dames** *nm* (*Tennis*) men's/ladies' singles *sg*; **~ d'esprit** *nm/f* simpleton; **~ soldat** private
simplicité [sɛ̃plisite] *nf* simplicity; **en toute ~** quite simply
simplifier [sɛ̃plifje] /7/ *vt* to simplify
simuler [simyle] /1/ *vt* to sham, simulate
simultané, e [simyltane] *adj* simultaneous
sincère [sɛ̃sɛʀ] *adj* sincere; **sincèrement** *adv* sincerely; genuinely; **sincérité** *nf* sincerity
Singapour [sɛ̃gapuʀ] *nm*: Singapore
singe [sɛ̃ʒ] *nm* monkey; (*de grande taille*) ape; **singer** /3/ *vt* to ape, mimic; **singeries** *nfpl* antics
singulariser [sɛ̃gylaʀize] /1/: **se singulariser** *vi* to call attention to o.s.
singularité [sɛ̃gylaʀite] *nf* peculiarity
singulier, -ière [sɛ̃gylje, -jɛʀ] *adj* remarkable, singular ▷ *nm* singular
sinistre [sinistʀ] *adj* sinister ▷ *nm* (*incendie*) blaze; (*catastrophe*) disaster; (*Assurances*) damage (*giving rise to a claim*); **sinistré, e** *adj* disaster-stricken ▷ *nm/f* disaster victim
sinon [sinɔ̃] *conj* (*autrement, sans quoi*) otherwise, or else; (*sauf*) except, other than; (*si ce n'est*) if not
sinueux, -euse [sinɥø, -øz] *adj* winding
sinus [sinys] *nm* (*Anat*) sinus; (*Géom*) sine; **sinusite** *nf* sinusitis
sirène [siʀɛn] *nf* siren; **~ d'alarme** fire alarm; (*pendant la guerre*) air-raid siren

sirop [siʀo] *nm (à diluer: de fruit etc)* syrup; *(pharmaceutique)* syrup, mixture; **~ contre la toux** cough syrup *ou* mixture
siroter [siʀɔte] /1/ *vt* to sip
sismique [sismik] *adj* seismic
site [sit] *nm (paysage, environnement)* setting; *(d'une ville etc: emplacement)* site; **~ (pittoresque)** beauty spot; **~s touristiques** places of interest; **~ web** *(Inform)* website
sitôt [sito] *adv*: **~ parti** as soon as he *etc* had left; **pas de ~** not for a long time; **~ (après) que** as soon as
situation [sitɥasjɔ̃] *nf* situation; *(d'un édifice, d'une ville)* position; location; **~ de famille** marital status
situé, e [sitɥe] *adj*: **bien ~** well situated
situer [sitɥe] /1/ *vt* to site, situate; *(en pensée)* to set, place; **se situer** *vi*: **se ~ à/près de** to be situated at/near
six [sis] *num* six; **sixième** *num* sixth ▷ *nf (Scol)* year 7
skaï® [skaj] *nm* ≈ Leatherette®
skate[sket], **skate-board** [sketbɔʀd] *nm (sport)* skateboarding; *(planche)* skateboard
ski [ski] *nm (objet)* ski; *(sport)* skiing; **faire du ~** to ski; **~ de fond** cross-country skiing; **~ nautique** water-skiing; **~ de piste** downhill skiing; **~ de randonnée** cross-country skiing; **skier** /7/ *vi* to ski; **skieur, -euse** *nm/f* skier
slip [slip] *nm (sous-vêtement)* pants *pl* (BRIT), briefs *pl*; *(de bain: d'homme)* trunks *pl*; *(: du bikini)* (bikini) briefs *pl*
slogan [slɔgɑ̃] *nm* slogan
Slovaquie [slɔvaki] *nf*: **la ~** Slovakia
SMIC [smik] *sigle m* = **salaire minimum interprofessionnel de croissance**
smoking [smɔkiŋ] *nm* dinner *ou* evening suit
SMS *sigle m (= short message service) (service)* SMS; *(message)* text (message)
SNCF *sigle f (= Société nationale des chemins de fer français)* French railways
snob [snɔb] *adj* snobbish ▷ *nm/f* snob; **snobisme** *nm* snobbery, snobbishness
sobre [sɔbʀ] *adj (personne)* temperate, abstemious; *(élégance, style)* sober
sobriquet [sɔbʀikɛ] *nm* nickname
social, e, -aux [sɔsjal, -o] *adj* social
socialisme [sɔsjalism] *nm* socialism; **socialiste** *nm/f* socialist
société [sɔsjete] *nf* society; *(sportive)* club; *(Comm)* company; **la ~ d'abondance/de consommation** the affluent/consumer society; **~ anonyme** ≈ limited company (BRIT), ≈ incorporated company (US)
sociologie [sɔsjɔlɔʒi] *nf* sociology
socle [sɔkl] *nm (de colonne, statue)* plinth, pedestal; *(de lampe)* base
socquette [sɔkɛt] *nf* ankle sock
sœur [sœʀ] *nf* sister; *(religieuse)* nun, sister
soi [swa] *pron* oneself; **en ~** *(intrinsèquement)* in itself; **cela va de ~** that *ou* it goes without saying; **soi-disant** *adj inv* so-called ▷ *adv* supposedly
soie [swa] *nf* silk; **soierie** *nf (tissu)* silk
soif [swaf] *nf* thirst; **avoir ~** to be thirsty; **donner ~ à qn** to make sb thirsty
soigné, e [swaɲe] *adj (tenue)* well-groomed, neat; *(travail)* careful, meticulous
soigner [swaɲe] /1/ *vt (malade, maladie: docteur)* to treat; *(: infirmière, mère)* to nurse, look after; *(travail, détails)* to take care over; *(jardin, chevelure, invités)* to look after; **soigneux, -euse** *adj* tidy, neat; *(méticuleux)* painstaking, careful
soi-même [swamɛm] *pron* oneself
soin [swɛ̃] *nm (application)* care; *(propreté, ordre)* tidiness, neatness; **soins** *nmpl (à un malade, blessé)* treatment *sg*, medical attention *sg*; *(hygiène)* care *sg*; **avoir** *ou* **prendre ~**

S

de to take care of, look after; **avoir** *ou* **prendre ~ de faire** to take care to do; **les premiers ~s** first aid *sg*

soir [swaʀ] *nm* evening; **ce ~** this evening, tonight; **à ce ~!** see you this evening (*ou* tonight)!; **sept/dix heures du ~** seven in the evening/ ten at night; **demain ~** tomorrow evening, tomorrow night; **soirée** *nf* evening; (*réception*) party

soit [swa] *vb voir* **être** ▷ *conj* (*à savoir*) namely; (*ou*): **~ ... ~** either ... or ▷ *adv* so be it, very well; **~ que ... ~ que** *ou* **ou que** whether ... or whether

soixantaine [swasɑ̃tɛn] *nf*: **une ~ (de)** sixty or so, about sixty; **avoir la ~** (*âge*) to be around sixty

soixante [swasɑ̃t] *num* sixty; **soixante-dix** *num* seventy

soja [sɔʒa] *nm* soya; (*graines*) soya beans *pl*; **germes de ~** beansprouts

sol [sɔl] *nm* ground; (*de logement*) floor; (*Agr, Géo*) soil; (*Mus*) G (*: en chantant la gamme*) so(h)

solaire [sɔlɛʀ] *adj* (*énergie etc*) solar; (*crème etc*) sun *cpd*

soldat [sɔlda] *nm* soldier

solde [sɔld] *nf* pay ▷ *nm* (*Comm*) balance; **soldes** *nmpl ou nfpl* (*Comm*) sales; **en ~** at sale price; **solder** /1/ *vt* (*marchandise*) to sell at sale price, sell off

sole [sɔl] *nf* sole *inv* (*fish*)

soleil [sɔlɛj] *nm* sun; (*lumière*) sun(light); (*temps ensoleillé*) sun(shine); **il y a** *ou* **il fait du ~** it's sunny; **au ~** in the sun

solennel, le [sɔlanɛl] *adj* solemn

solfège [sɔlfɛʒ] *nm* rudiments *pl* of music

solidaire [sɔlidɛʀ] *adj*: **être ~s** (*personnes*) to show solidarity, stand *ou* stick together; **être ~ de** (*collègues*) to stand by; **solidarité** *nf* solidarity; **par solidarité (avec)** in sympathy (with)

solide [sɔlid] *adj* solid; (*mur, maison, meuble*) solid, sturdy; (*connaissances, argument*) sound; (*personne*) robust, sturdy ▷ *nm* solid

soliste [sɔlist] *nm/f* soloist

solitaire [sɔlitɛʀ] *adj* (*sans compagnie*) solitary, lonely; (*lieu*) lonely ▷ *nm/f* (*ermite*) recluse; (*fig: ours*) loner

solitude [sɔlityd] *nf* loneliness; (*paix*) solitude

solliciter [sɔlisite] /1/ *vt* (*personne*) to appeal to; (*emploi, faveur*) to seek

sollicitude [sɔlisityd] *nf* concern

soluble [sɔlybl] *adj* soluble

solution [sɔlysjɔ̃] *nf* solution; **~ de facilité** easy way out

solvable [sɔlvabl] *adj* solvent

sombre [sɔ̃bʀ] *adj* dark; (*fig*) gloomy; **sombrer** /1/ *vi* (*bateau*) to sink; **sombrer dans** (*misère, désespoir*) to sink into

sommaire [sɔmɛʀ] *adj* (*simple*) basic; (*expéditif*) summary ▷ *nm* summary

somme [sɔm] *nf* (*Math*) sum; (*fig*) amount; (*argent*) sum, amount ▷ *nm*: **faire un ~** to have a (short) nap; **en ~ ~ toute** all in all

sommeil [sɔmɛj] *nm* sleep; **avoir ~** to be sleepy; **sommeiller** /1/ *vi* to doze

sommet [sɔmɛ] *nm* top; (*d'une montagne*) summit, top; (*fig: de la perfection, gloire*) height

sommier [sɔmje] *nm* bed base

somnambule [sɔmnɑ̃byl] *nm/f* sleepwalker

somnifère [sɔmnifɛʀ] *nm* sleeping drug; sleeping pill *ou* tablet

somnoler [sɔmnɔle] /1/ *vi* to doze

somptueux, -euse [sɔ̃ptɥø, -øz] *adj* sumptuous

son[1], sa (*pl* **ses**) [sɔ̃, sa, se] *adj poss* (*antécédent humain: mâle*) his (*: femelle*) her; (*: valeur indéfinie*) one's, his (her); (*: non humain*) its

son[2] [sɔ̃] *nm* sound; (*de blé etc*) bran

sondage [sɔ̃daʒ] *nm*: **~ (d'opinion)** (opinion) poll

sonde [sɔ̃d] *nf* (*Navig*) lead *ou* sounding line; (*Méd*) probe; (*Tech: de forage, sondage*) drill
sonder [sɔ̃de] /1/ *vt* (*Navig*) to sound; (*Tech*) to bore, drill; (*fig: personne*) to sound out; **~ le terrain** (*fig*) to see how the land lies
songe [sɔ̃ʒ] *nm* dream; **songer** /3/ *vi*: **songer à** (*rêver à*) to think over; (*envisager*) to contemplate, think of; **songer que** to think that; **songeur, -euse** *adj* pensive
sonnant, e [sɔnɑ̃, -ɑ̃t] *adj*: **à huit heures ~es** on the stroke of eight
sonné, e [sɔne] *adj* (*fam*) cracked; **il est midi ~** it's gone twelve
sonner [sɔne] /1/ *vi* to ring ▷ *vt* (*cloche*) to ring; (*glas, tocsin*) to sound; (*portier, infirmière*) to ring for; **~ faux** (*instrument*) to sound out of tune; (*rire*) to ring false
sonnerie [sɔnʀi] *nf* (*son*) ringing; (*sonnette*) bell; (*de portable*) ringtone; **~ d'alarme** alarm bell
sonnette [sɔnɛt] *nf* bell; **~ d'alarme** alarm bell
sonore [sɔnɔʀ] *adj* (*voix*) sonorous, ringing; (*salle, métal*) resonant; (*ondes, film, signal*) sound *cpd*; **sonorisation** *nf* (*équipement: de salle de conférences*) public address system, P.A. system; (*: de discothèque*) sound system; **sonorité** *nf* (*de piano, violon*) tone; (*d'une salle*) acoustics *pl*
sophistiqué, e [sɔfistike] *adj* sophisticated
sorbet [sɔʀbɛ] *nm* water ice, sorbet
sorcier, -ière [sɔʀsje, -jɛʀ] *nm/f* sorcerer (witch *ou* sorceress)
sordide [sɔʀdid] *adj* (*lieu*) squalid; (*action*) sordid
sort [sɔʀ] *nm* (*fortune, destinée*) fate; (*condition, situation*) lot; (*magique*): **jeter un ~** to cast a spell; **tirer au ~** to draw lots
sorte [sɔʀt] *nf* sort, kind; **de la ~** in that way; **en quelque ~** in a way; **de (telle) ~ que** so that; **faire en ~ que** to see to it that
sortie [sɔʀti] *nf* (*issue*) way out, exit; (*verbale*) sally; (*promenade*) outing; (*le soir, au restaurant etc*) night out; (*Comm: d'un disque*) release; (*: d'un livre*) publication; (*: d'un modèle*) launching; **~ de bain** (*vêtement*) bathrobe; **~ de secours** emergency exit
sortilège [sɔʀtilɛʒ] *nm* (magic) spell
sortir [sɔʀtiʀ] /16/ *vi* (*gén*) to come out; (*partir, se promener, aller au spectacle etc*) to go out; (*bourgeon, plante, numéro gagnant*) to come up ▷ *vt* (*gén*) to take out; (*produit, ouvrage, modèle*) to bring out; (*fam: dire*) to come out with; **~ avec qn** to be going out with sb; **~ de** (*endroit*) to go (*ou* come) out of, leave; (*cadre, compétence*) to be outside; (*provenir de*) to come from; **s'en ~** (*malade*) to pull through; (*d'une difficulté etc*) to get through
sosie [sɔzi] *nm* double
sot, sotte [so, sɔt] *adj* silly, foolish ▷ *nm/f* fool; **sottise** *nf* silliness *no pl*, foolishness *no pl*; (*propos, acte*) silly *ou* foolish thing (to do *ou* say)
sou [su] *nm*: **près de ses ~s** tight-fisted; **sans le ~** penniless
soubresaut [subʀəso] *nm* start; (*cahot*) jolt
souche [suʃ] *nf* (*d'arbre*) stump; (*de carnet*) counterfoil (BRIT), stub
souci [susi] *nm* (*inquiétude*) worry; (*préoccupation*) concern; (*Bot*) marigold; **se faire du ~** to worry; **soucier** /7/: **se soucier de** *vt* to care about; **soucieux, -euse** *adj* concerned, worried
soucoupe [sukup] *nf* saucer; **~ volante** flying saucer
soudain, e [sudɛ̃, -ɛn] *adj* (*douleur, mort*) sudden ▷ *adv* suddenly, all of a sudden
Soudan [sudɑ̃] *nm*: **le ~** Sudan
soude [sud] *nf* soda

souder [sude] /1/ vt (*avec fil à souder*) to solder; (*par soudure autogène*) to weld; (*fig*) to bind *ou* knit together
soudure [sudyʀ] *nf* soldering; welding; (*joint*) soldered joint; weld
souffle [sufl] *nm* (*en expirant*) breath; (*en soufflant*) puff, blow; (*respiration*) breathing; (*d'explosion, de ventilateur*) blast; (*du vent*) blowing; **être à bout de ~** to be out of breath; **un ~ d'air** *ou* **de vent** a breath of air
soufflé, e [sufle] *adj* (*fam: ahuri, stupéfié*) staggered ▷ *nm* (*Culin*) soufflé
souffler [sufle] /1/ *vi* (*gén*) to blow; (*haleter*) to puff (and blow) ▷ *vt* (*feu, bougie*) to blow out; (*chasser: poussière etc*) to blow away; (*Tech: verre*) to blow; (*dire*): **~ qch à qn** to whisper sth to sb
souffrance [sufʀɑ̃s] *nf* suffering; **en ~** (*affaire*) pending
souffrant, e [sufʀɑ̃, -ɑ̃t] *adj* unwell
souffre-douleur [sufʀədulœʀ] *nm inv* butt, underdog
souffrir [sufʀiʀ] /18/ *vi* to suffer; (*éprouver des douleurs*) to be in pain ▷ *vt* to suffer, endure; (*supporter*) to bear, stand; **~ de** (*maladie, froid*) to suffer from; **elle ne peut pas le ~** she can't stand *ou* bear him
soufre [sufʀ] *nm* sulphur
souhait [swɛ] *nm* wish; **tous nos ~s pour la nouvelle année** (our) best wishes for the New Year; **souhaitable** *adj* desirable
souhaiter [swete] /1/ *vt* to wish for; **~ la bonne année à qn** to wish sb a happy New Year; **~ que** to hope that
soûl, e [su, sul] *adj* drunk ▷ *nm*: **tout son ~** to one's heart's content
soulagement [sulaʒmɑ̃] *nm* relief
soulager [sulaʒe] /3/ *vt* to relieve
soûler [sule] /1/ *vt*: **~ qn** to get sb drunk; (*boisson*) to make sb drunk; (*fig*) to make sb's head spin *ou* reel; **se soûler** *vi* to get drunk
soulever [sulve] /5/ *vt* to lift; (*vagues, poussière*) to send up; (*enthousiasme*) to arouse; (*question, débat, protestations, difficultés*) to raise; **se soulever** *vi* (*peuple*) to rise up; (*personne couchée*) to lift o.s. up
soulier [sulje] *nm* shoe
souligner [suliɲe] /1/ *vt* to underline; (*fig*) to emphasize, stress
soumettre [sumɛtʀ] /56/ *vt* (*pays*) to subject, subjugate; (*rebelles*) to put down, subdue; **~ qch à qn** (*projet etc*) to submit sth to sb; **se ~ (à)** to submit (to)
soumis, e [sumi, -iz] *adj* submissive
soumission *nf* submission
soupçon [supsɔ̃] *nm* suspicion; (*petite quantité*): **un ~ de** a hint *ou* touch of; **soupçonner** /1/ *vt* to suspect; **soupçonneux, -euse** *adj* suspicious
soupe [sup] *nf* soup
souper [supe] /1/ *vi* to have supper ▷ *nm* supper
soupeser [supəze] /5/ *vt* to weigh in one's hand(s); (*fig*) to weigh up
soupière [supjɛʀ] *nf* (soup) tureen
soupir [supiʀ] *nm* sigh; **pousser un ~ de soulagement** to heave a sigh of relief
soupirer [supiʀe] /1/ *vi* to sigh
souple [supl] *adj* supple; (*fig: règlement, caractère*) flexible; (*: démarche, taille*) lithe, supple; **souplesse** *nf* suppleness; (*de caractère*) flexibility
source [suʀs] *nf* (*point d'eau*) spring; (*d'un cours d'eau, fig*) source; **tenir qch de bonne ~/de ~ sûre** to have sth on good authority/from a reliable source
sourcil [suʀsij] *nm* (eye)brow; **sourciller** /1/ *vi*: **sans sourciller** without turning a hair *ou* batting an eyelid
sourd, e [suʀ, suʀd] *adj* deaf; (*bruit, voix*) muffled; (*douleur*) dull ▷ *nm/f* deaf person; **faire la ~e oreille** to turn a deaf ear; **sourdine** *nf* (*Mus*) mute; **en sourdine** softly, quietly; **sourd-muet, sourde-muette** *adj* deaf-and-dumb ▷ *nm/f* deaf-mute

souriant, e [suʀjɑ̃, -ɑ̃t] *adj* cheerful
sourire [suʀiʀ] /36/ *nm* smile ▷ *vi* to smile; **~ à qn** to smile at sb; (*fig: plaire à*) to appeal to sb; (*chance*) to smile on sb; **garder le ~** to keep smiling
souris [suʀi] *nf* mouse
sournois, e [suʀnwa, -waz] *adj* deceitful, underhand
sous [su] *prép* under; **~ la pluie/le soleil** in the rain/sunshine; **~ terre** underground; **~ peu** shortly, before long; **sous-bois** *nm inv* undergrowth
souscrire [suskʀiʀ] /39/: **~ à** *vt* to subscribe to
sous: sous-directeur, -trice *nm/f* assistant manager/manageress; **sous-entendre** /41/ *vt* to imply, infer; **sous-entendu, e** *adj* implied ▷ *nm* innuendo, insinuation; **sous-estimer** /1/ *vt* to underestimate; **sous-jacent, e** *adj* underlying; **sous-louer** /1/ *vt* to sublet; **sous-marin, e** *adj* (*flore, volcan*) submarine; (*navigation, pêche, explosif*) underwater ▷ *nm* submarine; **sous-pull** *nm* thin poloneck sweater; **soussigné, e** *adj*: **je soussigné** I the undersigned; **sous-sol** *nm* basement; **sous-titre** [sutitʀ] *nm* subtitle
soustraction [sustʀaksjɔ̃] *nf* subtraction
soustraire [sustʀɛʀ] /50/ *vt* to subtract, take away; (*dérober*): **~ qch à qn** to remove sth from sb; **se ~ à** (*autorité, obligation, devoir*) to elude, escape from
sous: sous-traitant *nm* subcontractor; **sous-traiter** /1/ *vt, vi* to subcontract; **sous-vêtement** *nm* item of underwear; **sous-vêtements** *nmpl* underwear *sg*
soutane [sutan] *nf* cassock, soutane
soute [sut] *nf* hold
soutenir [sutniʀ] /22/ *vt* to support; (*assaut, choc, regard*) to stand up to, withstand; (*intérêt, effort*) to keep up; (*assurer*): **~ que** to maintain that;
soutenu, e *adj* (*efforts*) sustained, unflagging; (*style*) elevated
souterrain, e [sutɛʀɛ̃, -ɛn] *adj* underground ▷ *nm* underground passage
soutien [sutjɛ̃] *nm* support; **soutien-gorge** *nm* bra
soutirer [sutiʀe] /1/ *vt*: **~ qch à qn** to squeeze *ou* get sth out of sb
souvenir [suvniʀ] /22/ *nm* (*réminiscence*) memory; (*cadeau*) souvenir ▷ *vb*: **se ~ de** to remember; **se ~ que** to remember that; **en ~ de** in memory *ou* remembrance of; **avec mes affectueux/meilleurs ~s, ...** with love from, .../regards, ...
souvent [suvɑ̃] *adv* often; **peu ~** seldom, infrequently
souverain, e [suvʀɛ̃, -ɛn] *nm/f* sovereign, monarch
soyeux, -euse [swajø, -øz] *adj* silky
spacieux, -euse [spasjø, -øz] *adj* spacious; roomy
spaghettis [spageti] *nmpl* spaghetti *sg*
sparadrap [spaʀadʀa] *nm* adhesive *ou* sticking (BRIT) plaster, bandaid® (US)
spatial, e, -aux [spasjal, -o] *adj* (*Aviat*) space *cpd*
speaker, ine [spikœʀ, -kʀin] *nm/f* announcer
spécial, e, -aux [spesjal, -o] *adj* special; (*bizarre*) peculiar; **spécialement** *adv* especially, particularly; (*tout exprès*) specially; **spécialiser** /1/: **se spécialiser** *vi* to specialize; **spécialiste** *nm/f* specialist; **spécialité** *nf* speciality; (*Scol*) special field
spécifier [spesifje] /7/ *vt* to specify, state
spécimen [spesimɛn] *nm* specimen
spectacle [spɛktakl] *nm* (*tableau, scène*) sight; (*représentation*) show; (*industrie*) show business; **spectaculaire** *adj* spectacular
spectateur, -trice [spɛktatœʀ, -tʀis] *nm/f* (*Ciné etc*) member of the

S

audience; (*Sport*) spectator; (*d'un événement*) onlooker, witness
spéculer [spekyle] /1/ *vi* to speculate
spéléologie [speleɔlɔʒi] *nf* potholing
sperme [spɛʀm] *nm* semen, sperm
sphère [sfɛʀ] *nf* sphere
spirale [spiʀal] *nf* spiral
spirituel, le [spiʀitɥɛl] *adj* spiritual; (*fin, piquant*) witty
splendide [splɑ̃did] *adj* splendid
spontané, e [spɔ̃tane] *adj* spontaneous; **spontanéité** *nf* spontaneity
sport [spɔʀ] *nm* sport ▷ *adj inv* (*vêtement*) casual; **faire du ~** to do sport; **~s d'hiver** winter sports; **sportif, -ive** *adj* (*journal, association, épreuve*) sports *cpd*; (*allure, démarche*) athletic; (*attitude, esprit*) sporting
spot [spɔt] *nm* (*lampe*) spot(light); (*annonce*): **~ (publicitaire)** commercial (break)
square [skwaʀ] *nm* public garden(s)
squelette [skəlɛt] *nm* skeleton; **squelettique** *adj* scrawny
SRAS [sʀas] *sigle m* (= *syndrome respiratoire aigu sévère*) SARS
Sri Lanka [sʀilɑ̃ka] *nm*: **le ~** Sri Lanka
stabiliser [stabilize] /1/ *vt* to stabilize
stable [stabl] *adj* stable, steady
stade [stad] *nm* (*Sport*) stadium; (*phase, niveau*) stage
stage [staʒ] *nm* (*cours*) training course; **~ de formation (professionnelle)** vocational (training) course; **~ de perfectionnement** advanced training course; **stagiaire** [staʒjɛʀ] *nm/f, adj* trainee

Attention à ne pas traduire *stage* par le mot anglais *stage*.

stagner [stagne] /1/ *vi* to stagnate
stand [stɑ̃d] *nm* (*d'exposition*) stand; (*de foire*) stall; **~ de tir** (*à la foire, Sport*) shooting range
standard [stɑ̃daʀ] *adj inv* standard ▷ *nm* switchboard; **standardiste** *nm/f* switchboard operator
standing [stɑ̃diŋ] *nm* standing; **de grand ~** luxury
starter [staʀtɛʀ] *nm* (*Auto*) choke
station [stasjɔ̃] *nf* station; (*de bus*) stop; (*de villégiature*) resort; **~ de ski** ski resort; **~ de taxis** taxi rank (BRIT) *ou* stand (US); **stationnement** *nm* parking; **stationner** /1/ *vi* to park; **station-service** *nf* service station
statistique [statistik] *nf* (*science*) statistics *sg*; (*rapport, étude*) statistic ▷ *adj* statistical
statue [staty] *nf* statue
statu quo [statykwo] *nm* status quo
statut [staty] *nm* status; **statuts** *nmpl* (*Jur, Admin*) statutes; **statutaire** *adj* statutory
Sté *abr* (= *société*) soc
steak [stɛk] *nm* steak; **~ haché** hamburger
sténo [steno] *nf* (*aussi*: **~graphie**) shorthand
stérile [steʀil] *adj* sterile
stérilet [steʀilɛ] *nm* coil, loop
stériliser [steʀilize] /1/ *vt* to sterilize
stimulant, e [stimylɑ̃, -ɑ̃t] *adj* stimulating ▷ *nm* (*Méd*) stimulant; (*fig*) stimulus, incentive
stimuler [stimyle] /1/ *vt* to stimulate
stipuler [stipyle] /1/ *vt* to stipulate
stock [stɔk] *nm* stock; **stocker** /1/ *vt* to stock
stop [stɔp] *nm* (*Auto: écriteau*) stop sign; (*: signal*) brake-light; **faire du ~** (*fam*) to hitch(hike); **stopper** /1/ *vt* to stop ▷ *vi* to stop, halt
store [stɔʀ] *nm* blind; (*de magasin*) shade, awning
strabisme [stʀabism] *nm* squint(ing)
strapontin [stʀapɔ̃tɛ̃] *nm* jump *ou* foldaway seat
stratégie [stʀateʒi] *nf* strategy; **stratégique** *adj* strategic

:ress [stʀɛs] *nm inv* stress; **stressant, e** *adj* stressful; **stresser** /1/ *vt*: **stresser qn** to make sb (feel) tense
:rict, e [stʀikt] *adj* strict; (*tenue, décor*) severe, plain; **le ~ nécessaire/ minimum** the bare essentials/ minimum
:rident, e [stʀidɑ̃, -ɑ̃t] *adj* shrill, strident
:rophe [stʀɔf] *nf* verse, stanza
:ructure [stʀyktyʀ] *nf* structure; **~s d'accueil/touristiques** reception/ tourist facilities
:udieux, -euse [stydjø, -øz] *adj* studious
:udio [stydjo] *nm* (*logement*) studio flat (BRIT) *ou* apartment (US); (*d'artiste, TV etc*) studio
:upéfait, e [stypefɛ, -ɛt] *adj* astonished
:upéfiant, e [stypefjɑ̃, -ɑ̃t] *adj* (*étonnant*) stunning, astonishing ▷ *nm* (*Méd*) drug, narcotic
:upéfier [stypefje] /7/ *vt* (*étonner*) to stun, astonish
:upeur [stypœʀ] *nf* astonishment
:upide [stypid] *adj* stupid; **stupidité** *nf* stupidity *no pl*; (*parole, acte*) stupid thing (to say *ou* do)
:yle [stil] *nm* style
:ylé, e [stile] *adj* well-trained
:yliste [stilist] *nm/f* designer
:ylo [stilo] *nm*: **~ (à encre)** (fountain) pen; **~ (à) bille** ballpoint pen
ı, e [sy] *pp de* **savoir** ▷ *nm*: **au su de** with the knowledge of
ıave [sɥav] *adj* sweet
ıbalterne [sybaltɛʀn] *adj* (*employé, officier*) junior; (*rôle*) subordinate, subsidiary ▷ *nm/f* subordinate
ıbconscient [sypkɔ̃sjɑ̃] *nm* subconscious
ıbir [sybiʀ] /2/ *vt* (*affront, dégâts, mauvais traitements*) to suffer; (*traitement, opération, châtiment*) to undergo
subit, e [sybi, -it] *adj* sudden; **subitement** *adv* suddenly, all of a sudden
subjectif, -ive [sybʒɛktif, -iv] *adj* subjective
subjonctif [sybʒɔ̃ktif] *nm* subjunctive
subjuguer [sybʒyge] /1/ *vt* to subjugate
submerger [sybmɛʀʒe] /3/ *vt* to submerge; (*fig*) to overwhelm
subordonné, e [sybɔʀdɔne] *adj, nm/f* subordinate
subrepticement [sybʀɛptismɑ̃] *adv* surreptitiously
subside [sypsid] *nm* grant
subsidiaire [sypsidjɛʀ] *adj*: **question ~** deciding question
subsister [sybziste] /1/ *vi* (*rester*) to remain, subsist; (*survivre*) to live on
substance [sypstɑ̃s] *nf* substance
substituer [sypstitɥe] /1/ *vt*: **~ qn/ qch à** to substitute sb/sth for; **se ~ à qn** (*évincer*) to substitute o.s. for sb
substitut [sypstity] *nm* (*succédané*) substitute
subterfuge [syptɛʀfyʒ] *nm* subterfuge
subtil, e [syptil] *adj* subtle
subvenir [sybvəniʀ] /22/: **~ à** *vt* to meet
subvention [sybvɑ̃sjɔ̃] *nf* subsidy, grant; **subventionner** /1/ *vt* to subsidize
suc [syk] *nm* (*Bot*) sap; (*de viande, fruit*) juice
succéder [syksede] /6/: **~ à** *vt* to succeed; **se succéder** *vi* (*accidents, années*) to follow one another
succès [syksɛ] *nm* success; **avoir du ~** to be a success, be successful; **à ~** successful; **~ de librairie** bestseller
successeur [syksesœʀ] *nm* successor
successif, -ive [syksesif, -iv] *adj* successive
succession [syksesjɔ̃] *nf* (*série, Pol*) succession; (*Jur: patrimoine*) estate, inheritance

succomber [sykɔ̃be] /1/ *vi* to die, succumb; (*fig*): **~ à** to succumb to
succulent, e [sykylɑ̃, -ɑ̃t] *adj* delicious
succursale [sykyʀsal] *nf* branch
sucer [syse] /3/ *vt* to suck; **sucette** *nf* (*bonbon*) lollipop; (*de bébé*) dummy (BRIT), pacifier (US)
sucre [sykʀ] *nm* (*substance*) sugar; (*morceau*) lump of sugar, sugar lump *ou* cube; **~ en morceaux/cristallisé/en poudre** lump *ou* cube/granulated/caster sugar; **~ glace** icing sugar (BRIT), confectioner's sugar (US); **~ d'orge** barley sugar; **sucré, e** *adj* (*produit alimentaire*) sweetened; (*au goût*) sweet; **sucrer** /1/ *vt* (*thé, café*) to sweeten, put sugar in; **sucrerie** *nf* sugar refinery; **sucreries** *nfpl* (*bonbons*) sweets, sweet things; **sucrier** *nm* (*récipient*) sugar bowl *ou* basin
sud [syd] *nm*: **le ~** the south ▷ *adj inv* south; (*côte*) south, southern; **au ~** (*situation*) in the south; (*direction*) to the south; **au ~ de** (to the) south of; **sud-africain, e** *adj* South African ▷ *nm/f*: **Sud-Africain, e** South African; **sud-américain, e** *adj* South American ▷ *nm/f*: **Sud-Américain, e** South American; **sud-est** *nm, adj inv* south-east; **sud-ouest** *nm, adj inv* south-west
Suède [sɥɛd] *nf*: **la ~** Sweden; **suédois, e** *adj* Swedish ▷ *nm* (*Ling*) Swedish ▷ *nm/f*: **Suédois, e** Swede
suer [sɥe] /1/ *vi* to sweat; (*suinter*) to ooze; **sueur** *nf* sweat; **en sueur** sweating, in a sweat; **avoir des sueurs froides** to be in a cold sweat
suffire [syfiʀ] /37/ *vi* (*être assez*): **~ (à qn/pour qch/pour faire)** to be enough *ou* sufficient (for sb/for sth/to do); **il suffit d'une négligence/qu'on oublie pour que ...** it only takes one act of carelessness/one only needs to forget for ...; **ça suffit!** that's enough!
suffisamment [syfizamɑ̃] *adv* sufficiently, enough; **~ de** sufficient enough
suffisant, e [syfizɑ̃, -ɑ̃t] *adj* sufficient; (*résultats*) satisfactory; (*vaniteux*) self-important, bumptious
suffixe [syfiks] *nm* suffix
suffoquer [syfɔke] /1/ *vt* to choke, suffocate; (*stupéfier*) to stagger, astound ▷ *vi* to choke, suffocate
suffrage [syfʀaʒ] *nm* (*Pol: voix*) vote
suggérer [sygʒeʀe] /6/ *vt* to sugge
suggestion *nf* suggestion
suicide [sɥisid] *nm* suicide; **suicide** /1/: **se suicider** *vi* to commit suicid
suie [sɥi] *nf* soot
suisse [sɥis] *adj* Swiss ▷ *nm/f*: **S~** Swiss *inv* ▷ *nf*: **la S~** Switzerland; **la S~ romande/allemande** French-speaking/German-speakin Switzerland
suite [sɥit] *nf* (*continuation: d'énumération etc*) rest, remainder; (*: de feuilleton*) continuation; (*: second film etc sur le même thème*) sequel; (*série*) series, succession; (*conséquence*) result; (*ordre, liaison logique*) coherence; (*appartement, Mus*) suite; (*escorte*) retinue, suite; **suites** *nfpl* (*d'une maladie etc*) effects **une ~ de** a series *ou* succession of; **prendre la ~ de** (*directeur etc*) to succeed, take over from; **donner ~ à** (*requête, projet*) to follow up; **faire ~ à** to follow; **(faisant) ~ à votre lettre du** further to your letter of the; **de ~** (*d'affilée*) in succession; (*immédiatement*) at once; **par la ~** afterwards, subsequently; **à la ~** or after the other; **à la ~ de** (*derrière*) behind; (*en conséquence de*) followin
suivant, e [sɥivɑ̃, -ɑ̃t] *adj* next, following ▷ *prép* (*selon*) according to **au ~!** next!
suivi, e [sɥivi] *adj* (*effort, qualité*) consistent; (*cohérent*) coherent; **trè peu ~** (*cours*) well-/poorly-attende

suivre [sɥivʀ] /40/ *vt* (*gén*) to follow; (*Scol*: *cours*) to attend; (: *programme*) to keep up with; (*Comm*: *article*) to continue to stock ▷ *vi* to follow; (*élève*: *assimiler le programme*) to keep up; **se suivre** *vi* (*accidents, personnes, voitures etc*) to follow one after the other; **faire ~** (*lettre*) to forward; **"à ~"** "to be continued"

sujet, te [syʒɛ, -ɛt] *adj*: **être ~ à** (*vertige etc*) to be liable *ou* subject to ▷ *nm/f* (*d'un souverain*) subject ▷ *nm* subject; **au ~ de** about; **~ de conversation** topic *ou* subject of conversation; **~ d'examen** (*Scol*) examination question

super [sypɛʀ] *adj inv* great, fantastic

superbe [sypɛʀb] *adj* magnificent, superb

superficie [sypɛʀfisi] *nf* (surface) area

superficiel, le [sypɛʀfisjɛl] *adj* superficial

superflu, e [sypɛʀfly] *adj* superfluous

supérieur, e [sypeʀjœʀ] *adj* (*lèvre, étages, classes*) upper; **~ (à)** (*plus élevé*: *température, niveau*) higher (than); (*meilleur*: *qualité, produit*) superior (to); (*excellent, hautain*) superior ▷ *nm/f* superior; **supériorité** *nf* superiority

supermarché [sypɛʀmaʀʃe] *nm* supermarket

superposer [sypɛʀpoze] /1/ *vt* (*faire chevaucher*) to superimpose; **lits superposés** bunk beds

superpuissance [sypɛʀpɥisɑ̃s] *nf* superpower

superstitieux, -euse [sypɛʀstisjø, -øz] *adj* superstitious

superviser [sypɛʀvize] /1/ *vt* to supervise

supplanter [syplɑ̃te] /1/ *vt* to supplant

suppléant, e [sypleɑ̃, -ɑ̃t] *adj* (*juge, fonctionnaire*) deputy *cpd*; (*professeur*) supply *cpd* (BRIT), substitute *cpd* (US) ▷ *nm/f* (*professeur*) supply *ou* substitute teacher

suppléer [syplee] /1/ *vt* (*ajouter*: *mot manquant etc*) to supply, provide; (*compenser*: *lacune*) to fill in; **~ à** to make up for

supplément [syplemɑ̃] *nm* supplement; **un ~ de travail** extra *ou* additional work; **un ~ de frites** *etc* an extra portion of chips *etc*; **le vin est en ~** wine is extra; **payer un ~** to pay an additional charge; **supplémentaire** *adj* additional, further; (*train, bus*) relief *cpd*, extra

supplication [syplikasjɔ̃] *nf* supplication; **supplications** *nfpl* pleas, entreaties

supplice [syplis] *nm* torture *no pl*

supplier [syplije] /7/ *vt* to implore, beseech

support [sypɔʀ] *nm* support; **~ audio-visuel** audio-visual aid; **~ publicitaire** advertising medium

supportable [sypɔʀtabl] *adj* (*douleur, température*) bearable

supporter[1] [sypɔʀtɛʀ] *nm* supporter, fan

supporter[2] [sypɔʀte] *vt* (*conséquences, épreuve*) to bear, endure; (*défauts, personne*) to tolerate, put up with; (*chose, chaleur etc*) to withstand; (*personne, chaleur, vin*) to take

Attention à ne pas traduire *supporter* par *to support*.

supposer [sypoze] /1/ *vt* to suppose; (*impliquer*) to presuppose; **en supposant** *ou* **à ~ que** supposing (that)

suppositoire [sypozitwaʀ] *nm* suppository

suppression [sypʀesjɔ̃] *nf* (*voir supprimer*) removal; deletion; cancellation

supprimer [sypʀime] /1/ *vt* (*cloison, cause, anxiété*) to remove; (*clause, mot*) to delete; (*congés, service d'autobus etc*) to cancel; (*emplois, privilèges, témoin gênant*) to do away with

suprême [sypʀɛm] *adj* supreme

MOT-CLÉ

sur [syʀ] *prép* **1** (*position*) on; (: *par-dessus*) over; (: *au-dessus*) above; **pose-le sur la table** put it on the table; **je n'ai pas d'argent sur moi** I haven't any money on me
2 (*direction*) towards; **en allant sur Paris** going towards Paris; **sur votre droite** on *ou* to your right
3 (*à propos de*) on, about; **un livre/ une conférence sur Balzac** a book/ lecture on *ou* about Balzac
4 (*proportion, mesures*) out of; **un sur 10** one in 10; (*Scol*) one out of 10; **4 m sur 2** 4 m by 2; **avoir accident sur accident** to have one accident after another

sûr, e [syʀ] *adj* sure, certain; (*digne de confiance*) reliable; (*sans danger*) safe; **~ de soi** self-assured, self-confident; **le plus ~ est de** the safest thing is to
surcharge [syʀʃaʀʒ] *nf* (*de passagers, marchandises*) excess load; **surcharger** /3/ *vt* to overload; (*décoration*) to overdo
surcroît [syʀkʀwa] *nm*: **~ de qch** additional sth; **par** *ou* **de ~** moreover; **en ~** in addition
surdité [syʀdite] *nf* deafness
sûrement [syʀmɑ̃] *adv* (*sans risques*) safely; (*certainement*) certainly
surenchère [syʀɑ̃ʃɛʀ] *nf* (*aux enchères*) higher bid; **surenchérir** /2/ *vi* to bid higher; (*fig*) to try and outbid each other
surestimer [syʀɛstime] /1/ *vt* to overestimate
sûreté [syʀte] *nf* (*exactitude: de renseignements etc*) reliability; (*sécurité*) safety; (*d'un geste*) steadiness; **mettre en ~** to put in a safe place; **pour plus de ~** as an extra precaution; to be on the safe side
surf [sœʀf] *nm* surfing
surface [syʀfas] *nf* surface; (*superficie*) surface area; **une grande ~** a supermarket; **faire ~** to surface; **en ~** near the surface; (*fig*) superficially
surfait, e [syʀfɛ, -ɛt] *adj* overrated
surfer [sœʀfe] /1/ *vi* to surf; **~ sur Internet** to surf *ou* browse the Internet
surgelé, e [syʀʒəle] *adj* (deep-)frozen ▷ *nm*: **les ~s** (deep-)frozen food
surgir [syʀʒiʀ] /2/ *vi* to appear suddenly; (*fig: problème, conflit*) to arise
sur: surhumain, e *adj* superhuman; **sur-le-champ** *adv* immediately; **surlendemain** *nm*: **le surlendemain (soir)** two days later (in the evening); **le surlendemain de** two days after; **surmenage** *nm* overwork; **surmener** /5/: **se surmener** *vi* to overwork
surmonter [syʀmɔ̃te] /1/ *vt* (*vaincre*) to overcome; (*être au-dessus de*) to top
surnaturel, le [syʀnatyʀɛl] *adj, nm* supernatural
surnom [syʀnɔ̃] *nm* nickname
surnombre [syʀnɔ̃bʀ] *nm*: **être en ~** to be too many (*ou* one too many)
surpeuplé, e [syʀpœple] *adj* overpopulated
surplace [syʀplas] *nm*: **faire du ~** to mark time
surplomber [syʀplɔ̃be] /1/ *vi* to be overhanging ▷ *vt* to overhang
surplus [syʀply] *nm* (*Comm*) surplus; (*reste*): **~ de bois** wood left over
surprenant, e [syʀpʀənɑ̃, -ɑ̃t] *adj* amazing
surprendre [syʀpʀɑ̃dʀ] /58/ *vt* (*étonner, prendre à l'improviste*) to amaze; (*tomber sur: intrus etc*) to catch; (*conversation*) to overhear
surpris, e [syʀpʀi, -iz] *adj*: **~ (de/ que)** amazed *ou* surprised (at/that); **surprise** *nf* surprise; **faire une surprise à qn** to give sb a surprise; **surprise-partie** *nf* party
sursaut [syʀso] *nm* start, jump; **~ de** (*énergie, indignation*) sudden fit *ou*

burst of; **en ~** with a start; **sursauter** /1/ *vi* to (give a) start, jump

ırsis [syʀsi] *nm* (*Jur: gén*) suspended sentence; (*aussi fig*) reprieve

ırtout [syʀtu] *adv* (*avant tout, d'abord*) above all; (*spécialement, particulièrement*) especially; **~, ne dites rien!** whatever you do, don't say anything!; **~ pas!** certainly *ou* definitely not!; **~ que ...** especially as ...

ırveillance [syʀvɛjɑ̃s] *nf* watch; (*Police, Mil*) surveillance; **sous ~ médicale** under medical supervision

ırveillant, e [syʀvɛjɑ̃, -ɑ̃t] *nm/f* (*de prison*) warder; (*Scol*) monitor

ırveiller [syʀveje] /1/ *vt* (*enfant, élèves, bagages*) to watch, keep an eye on; (*prisonnier, suspect*) to keep (a) watch on; (*territoire, bâtiment*) to (keep) watch over; (*travaux, cuisson*) to supervise; (*Scol: examen*) to invigilate; **~ son langage/sa ligne** to watch one's language/figure

ırvenir [syʀvəniʀ] /22/ *vi* (*incident, retards*) to occur, arise; (*événement*) to take place

ırvêt [syʀvɛt], **survêtement** [syʀvɛtmɑ̃] *nm* tracksuit

ırvie [syʀvi] *nf* survival; **survivant, e** *nm/f* survivor; **survivre** /46/ *vi* to survive; **survivre à** (*accident etc*) to survive

ırvoler [syʀvɔle] /1/ *vt* to fly over; (*fig. livre*) to skim through

ırvolté, e [syʀvɔlte] *adj* (*fig*) worked up

ıs [sy(s)]: **en ~ de** *prép* in addition to, over and above; **en ~** in addition

ısceptible [sysɛptibl] *adj* touchy, sensitive; **~ de faire** (*probabilité*) liable to do

ısciter [sysite] /1/ *vt* (*admiration*) to arouse; (*obstacles, ennuis*): **~ (à qn)** to create (for sb)

ıspect, e [syspɛ(kt), -ɛkt] *adj* suspicious; (*témoignage, opinions, vin etc*) suspect ▷ *nm/f* suspect;

suspecter /1/ *vt* to suspect; (*honnêteté de qn*) to question, have one's suspicions about

suspendre [syspɑ̃dʀ] /41/ *vt* (*interrompre, démettre*) to suspend; (*accrocher: vêtement*): **~ qch (à)** to hang sth up (on)

suspendu, e [syspɑ̃dy] *adj* (*accroché*): **~ à** hanging on (*ou* from); (*perché*): **~ au-dessus de** suspended over

suspens [syspɑ̃]: **en ~** *adv* (*affaire*) in abeyance; **tenir en ~** to keep in suspense

suspense [syspɑ̃s] *nm* suspense

suspension [syspɑ̃sjɔ̃] *nf* suspension; (*lustre*) pendant light fitting

suture [sytyʀ] *nf*: **point de ~** stitch

svelte [svɛlt] *adj* slender, svelte

SVP *abr* (= *s'il vous plaît*) please

sweat [swit] *nm* (*fam*) sweatshirt

sweat-shirt (*pl* **sweat-shirts**) [switʃœʀt] *nm* sweatshirt

syllabe [silab] *nf* syllable

symbole [sɛ̃bɔl] *nm* symbol; **symbolique** *adj* symbolic; (*geste, offrande*) token *cpd*; **symboliser** /1/ *vt* to symbolize

symétrique [simetʀik] *adj* symmetrical

sympa [sɛ̃pa] *adj inv* (*fam*) nice; **sois ~, prête-le moi** be a pal and lend it to me

sympathie [sɛ̃pati] *nf* (*inclination*) liking; (*affinité*) fellow feeling; (*condoléances*) sympathy; **avoir de la ~ pour qn** to like sb; **sympathique** *adj* nice, friendly

> Attention à ne pas traduire *sympathique* par *sympathetic*.

sympathisant, e [sɛ̃patizɑ̃, -ɑ̃t] *nm/f* sympathizer

sympathiser [sɛ̃patize] /1/ *vi* (*voisins etc: s'entendre*) to get on (BRIT) *ou* along (US) (well)

symphonie [sɛ̃fɔni] *nf* symphony

symptôme [sɛ̃ptom] *nm* symptom

S

synagogue [sinagɔg] *nf* synagogue
syncope [sɛ̃kɔp] *nf* (*Méd*) blackout; **tomber en ~** to faint, pass out
syndic [sɛ̃dik] *nm* managing agent
syndical, e, -aux [sɛ̃dikal, -o] *adj* (trade-)union *cpd*; **syndicaliste** *nm/f* trade unionist
syndicat [sɛ̃dika] *nm* (*d'ouvriers, employés*) (trade(s)) union; **~ d'initiative** tourist office *ou* bureau; **syndiqué, e** *adj* belonging to a (trade) union; **syndiquer** /1/: **se syndiquer** *vi* to form a trade union; (*adhérer*) to join a trade union
synonyme [sinɔnim] *adj* synonymous ▷ *nm* synonym; **~ de** synonymous with
syntaxe [sɛ̃taks] *nf* syntax
synthèse [sɛ̃tɛz] *nf* synthesis
synthétique [sɛ̃tetik] *adj* synthetic
Syrie [siʀi] *nf*: **la ~** Syria
systématique [sistematik] *adj* systematic
système [sistɛm] *nm* system; **le ~ D** resourcefulness

t

t' [t] *pron voir* **te**
ta [ta] *adj poss voir* **ton¹**
tabac [taba] *nm* tobacco; (*aussi*: **dé**… *ou* **bureau de ~**) tobacconist's (sho…
tabagisme [tabaʒism] *nm*: **~ pas**… passive smoking
table [tabl] *nf* table; **à ~!** dinner *etc* is ready!; **se mettre à ~** to sit down to eat; **mettre** *ou* **dresser/desservir la ~** to lay *ou* set/clear the table; **~ à repasser** ironing board; **~ de cuisson** hob; **~ des matières** (table of) contents *pl*; **~ de nuit** *ou* **de chevet** bedside table… **~ d'orientation** viewpoint indicat… **~ roulante** (tea) trolley (BRIT), tea wagon (US)
tableau, x [tablo] *nm* (*Art*) paintin… (*reproduction, fig*) picture; (*panneau*) board; (*schéma*) table, chart; **~ d'affichage** notice board; **~ de bord** dashboard; (*Aviat*) instrumen… panel; **~ noir** blackboard

ablette [tablɛt] *nf* (*planche*) shelf; **~ de chocolat** bar of chocolate; **~ tactile** (*Inform*) tablet
ablier [tablije] *nm* apron
abou [tabu] *nm* taboo
abouret [tabuʀɛ] *nm* stool
ac [tak] *nm*: **du ~ au ~** tit for tat
ache [taʃ] *nf* (*saleté*) stain, mark; (*Art, de couleur, lumière*) spot; **~ de rousseur** *ou* **de son** freckle
âche [tɑʃ] *nf* task
acher [taʃe] /1/ *vt* to stain, mark
âcher [tɑʃe] /1/ *vi*: **~ de faire** to try to do, endeavour (BRIT) *ou* endeavor (US) to do
acheté, e [taʃte] *adj*: **~ de** speckled *ou* spotted with
act [takt] *nm* tact; **avoir du ~** to be tactful
actique [taktik] *adj* tactical ▷ *nf* (*technique*) tactics *sg*; (*plan*) tactic
aie [tɛ] *nf*: **~ (d'oreiller)** pillowslip, pillowcase
aille [tɑj] *nf* cutting; (*d'arbre*) pruning; (*milieu du corps*) waist; (*hauteur*) height; (*grandeur*) size; **de ~ à faire** capable of doing; **de ~** sizeable
aille-crayon(s) [tɑjkʀɛjɔ̃] *nm inv* pencil sharpener
ailler [tɑje] /1/ *vt* (*pierre, diamant*) to cut; (*arbre, plante*) to prune; (*vêtement*) to cut out; (*crayon*) to sharpen
ailleur [tɑjœʀ] *nm* (*couturier*) tailor; (*vêtement*) suit; **en ~** (*assis*) cross-legged
aillis [taji] *nm* copse
aire [tɛʀ] /54/ *vi*: **faire ~ qn** to make sb be quiet; **se taire** *vi* to be silent *ou* quiet; **taisez-vous!** be quiet!
aiwan [tajwan] *nf* Taiwan
alc [talk] *nm* talc, talcum powder
alent [talɑ̃] *nm* talent
alkie-walkie [tɔkiwɔki] *nm* walkie-talkie
alon [talɔ̃] *nm* heel; (*de chèque, billet*) stub, counterfoil (BRIT); **~s plats/aiguilles** flat/stiletto heels
talus [taly] *nm* embankment
tambour [tɑ̃buʀ] *nm* (*Mus, Tech*) drum; (*musicien*) drummer; (*porte*) revolving door(s *pl*); **tambourin** *nm* tambourine
Tamise [tamiz] *nf*: **la ~** the Thames
tamisé, e [tamize] *adj* (*fig*) subdued, soft
tampon [tɑ̃pɔ̃] *nm* (*de coton, d'ouate*) pad; (*aussi*: **~ hygiénique** *ou* **périodique**) tampon; (*amortisseur, Inform*: *aussi*: **mémoire ~**) buffer; (*bouchon*) plug, stopper; (*cachet, timbre*) stamp; **tamponner** /1/ *vt* (*timbres*) to stamp; (*heurter*) to crash *ou* ram into; **tamponneuse** *adj f*: **autos tamponneuses** dodgems
tandem [tɑ̃dɛm] *nm* tandem
tandis [tɑ̃di]: **~ que** *conj* while
tanguer [tɑ̃ge] /1/ *vi* to pitch (and toss)
tant [tɑ̃] *adv* so much; **~ de** (*sable, eau*) so much; (*gens, livres*) so many; **~ que** as long as; **~ que** as much as; **~ mieux** that's great; (*avec une certaine réserve*) so much the better; **~ pis** too bad; (*conciliant*) never mind; **~ bien que mal** as well as can be expected
tante [tɑ̃t] *nf* aunt
tantôt [tɑ̃to] *adv* (*parfois*): **tantôt … tantôt** now … now; (*cet après-midi*) this afternoon
taon [tɑ̃] *nm* horsefly
tapage [tapaʒ] *nm* uproar, din
tapageur, -euse [tapaʒœʀ, -øz] *adj* noisy; (*voyant*) loud, flashy
tape [tap] *nf* slap
tape-à-l'œil [tapalœj] *adj inv* flashy, showy
taper [tape] /1/ *vt* (*porte*) to bang, slam; (*enfant*) to slap; (*dactylographier*) to type (out); (*fam*: *emprunter*): **~ qn de 10 euros** to touch sb for 10 euros ▷ *vi* (*soleil*) to beat down; **se taper** *vt* (*fam*: *travail*) to get landed with; (: *boire, manger*) to down; **~ sur qn** to thump sb; (*fig*) to run sb down; **~ sur qch** (*clou etc*) to hit sth; (*table etc*) to

bang on sth; **~ à** (*porte etc*) to knock on; **~ dans** (*se servir*) to dig into; **~ des mains/pieds** to clap one's hands/ stamp one's feet; **~ (à la machine)** to type
tapi, e [tapi] *adj*: **~ dans/derrière** (*caché*) hidden away in/behind
tapis [tapi] *nm* carpet; (*petit*) rug; **~ roulant** (*pour piétons*) moving walkway; (*pour bagages*) carousel; **~ de sol** (*de tente*) groundsheet; **~ de souris** (*Inform*) mouse mat
tapisser [tapise] /1/ *vt* (*avec du papier peint*) to paper; (*recouvrir*): **~ qch (de)** to cover sth (with); **tapisserie** *nf* (*tenture, broderie*) tapestry; (*papier peint*) wallpaper
tapissier, -ière [tapisje, -jɛʀ] *nm/f*: **~-décorateur** interior decorator
tapoter [tapɔte] /1/ *vt* (*joue, main*) to pat; (*objet*) to tap
taquiner [takine] /1/ *vt* to tease
tard [taʀ] *adv* late ▷ *nm*: **sur le ~** late in life; **plus ~** later (on); **au plus ~** at the latest; **il est trop ~** it's too late
tarder [taʀde] /1/ *vi* (*chose*) to be a long time coming; (*personne*): **~ à faire** to delay doing; **il me tarde d'être** I am longing to be; **sans (plus) ~** without (further) delay
tardif, -ive [taʀdif, -iv] *adj* late
tarif [taʀif] *nm*: **~ des consommations** price list; **~s postaux/douaniers** postal/ customs rates; **~ des taxis** taxi fares; **~ plein/réduit** (*train*) full/reduced fare; (*téléphone*) peak/off-peak rate
tarir [taʀiʀ] /2/ *vi* to dry up, run dry
tarte [taʀt] *nf* tart; **~ aux pommes/à la crème** apple/custard tart; **~ Tatin** ≈ apple upside-down tart
tartine [taʀtin] *nf* slice of bread (and butter (*ou* jam)); **~ de miel** slice of bread and honey; **tartiner** /1/ *vt* to spread; **fromage à tartiner** cheese spread
tartre [taʀtʀ] *nm* (*des dents*) tartar; (*de chaudière*) fur, scale
tas [tɑ] *nm* heap, pile; **un ~ de** (*fig*) heaps of, lots of; **en ~** in a heap *ou* pile; **formé sur le ~** trained on the jo
tasse [tɑs] *nf* cup; **~ à café/thé** coffee/teacup
tassé, e [tɑse] *adj*: **bien ~** (*café etc*) strong
tasser [tɑse] /1/ *vt* (*terre, neige*) to pack down; (*entasser*): **~ qch dans** t cram sth into; **se tasser** *vi* (*se serrer*) to squeeze up; (*s'affaisser*) to settle; (*personne*: *avec l'âge*) to shrink; (*fig*) to sort itself out, settle down
tâter [tɑte] /1/ *vt* to feel; (*fig*) to try out; **~ de** (*prison etc*) to have a taste of; **se tâter** (*hésiter*) to be in two minds
tatillon, ne [tatijɔ̃, -ɔn] *adj* pernickety
tâtonnement [tɑtɔnmɑ̃] *nm*: **par ~s** (*fig*) by trial and error
tâtonner [tɑtɔne] /1/ *vi* to grope one's way along
tâtons [tɑtɔ̃]: **à ~** *adv*: **chercher/ avancer à ~** to grope around for/ grope one's way forward
tatouage [tatwaʒ] *nm* tattoo
tatouer [tatwe] /1/ *vt* to tattoo
taudis [todi] *nm* hovel, slum
taule [tol] *nf* (*fam*) nick (BRIT), jail
taupe [top] *nf* mole
taureau, x [tɔʀo] *nm* bull; (*signe*): **le T~** Taurus
taux [to] *nm* rate; (*d'alcool*) level; **~ d'intérêt** interest rate
taxe [taks] *nf* tax; (*douanière*) duty; **toutes ~s comprises** inclusive of ta **la boutique hors ~s** the duty-free shop; **~ de séjour** tourist tax; **~ à** *ou* **sur la valeur ajoutée** value added tax
taxer [takse] /1/ *vt* (*personne*) to tax; (*produit*) to put a tax on, tax
taxi [taksi] *nm* taxi; (*chauffeur*: *fam*) taxi driver
Tchécoslovaquie [tʃekɔslɔvaki] *nf*: **la ~** Czechoslovakia; **tchèque** *adj* Czech ▷ *nm* (*Ling*) Czech ▷ *nm/f*:

Tchèque Czech; **la République tchèque** the Czech Republic
Tchétchénie [tʃetʃeni] *nf*: **la ~** Chechnya
te, t' [tə] *pron* you; (*réfléchi*) yourself
technicien, ne [tɛknisjɛ̃, -ɛn] *nm/f* technician
technico-commercial, e, -aux [tɛknikokɔmɛʀsjal, -o] *adj*: **agent ~** sales technician
technique [tɛknik] *adj* technical ▷ *nf* technique; **techniquement** *adv* technically
techno [tɛkno] *nf*: **la (musique) ~** techno (music)
technologie [tɛknɔlɔʒi] *nf* technology; **technologique** *adj* technological
teck [tɛk] *nm* teak
tee-shirt [tiʃœʀt] *nm* T-shirt, tee-shirt
teindre [tɛ̃dʀ] /52/ *vt* to dye; **se ~ (les cheveux)** to dye one's hair; **teint, e** *adj* dyed ▷ *nm* (*du visage*) complexion; (: *momentané*) colour ▷ *nf* shade; **grand teint** colourfast
teinté, e [tɛ̃te] *adj*: **~ de** (*fig*) tinged with
teinter [tɛ̃te] /1/ *vt* (*verre*) to tint; (*bois*) to stain
teinture [tɛ̃tyʀ] *nf* dye; **~ d'iode** tincture of iodine; **teinturerie** *nf* dry cleaner's; **teinturier, -ière** *nm/f* dry cleaner
tel, telle [tɛl] *adj* (*pareil*) such; (*comme*): **~ un/des ...** like a/like ...; (*indéfini*) such-and-such a; (*intensif*): **un ~/de ~s ...** such (a)/such ...; **venez ~ jour** come on such-and-such a day; **rien de ~** nothing like it; **~ que** like, such as; **~ quel** as it is *ou* stands (*ou* was *etc*)
télé [tele] *nf* (*fam*) TV; **à la ~** on TV *ou* telly; **télécabine** *nf* (*benne*) cable car; **télécarte** *nf* phonecard; **téléchargeable** *adj* downloadable; **téléchargement** *nm* (*action*) downloading; (*fichier*) download; **télécharger** /3/ *vt* (*recevoir*) to download; (*transmettre*) to upload; **télécommande** *nf* remote control; **télécopieur** *nm* fax (machine); **télédistribution** *nf* cable TV; **télégramme** *nm* telegram; **télégraphier** /7/ *vt* to telegraph, cable; **téléguider** /1/ *vt* to operate by remote control; **télématique** *nf* telematics *sg*; **téléobjectif** *nm* telephoto lens *sg*; **télépathie** *nf* telepathy; **téléphérique** *nm* cable-car
téléphone [telefɔn] *nm* telephone; **avoir le ~** to be on the (tele)phone; **au ~** on the phone; **~ sans fil** cordless (tele)phone; **téléphoner** /1/ *vi* to make a phone call; **téléphoner à** to phone, call up; **téléphonique** *adj* (tele)phone *cpd*
téléréalité [teleʀealite] *nf* reality TV
télescope [telɛskɔp] *nm* telescope
télescoper [telɛskɔpe] /1/ *vt* to smash up; **se télescoper** (*véhicules*) to concertina
télé: téléscripteur *nm* teleprinter; **télésiège** *nm* chairlift; **téléski** *nm* ski-tow; **téléspectateur, -trice** *nm/f* (television) viewer; **télétravail** *nm* telecommuting; **télévente** *nf* telesales; **téléviseur** *nm* television set; **télévision** *nf* television; **à la télévision** on television; **télévision numérique** digital TV; **télévision par câble/satellite** cable/satellite television
télex [telɛks] *nm* telex
telle [tɛl] *adj f voir* **tel**; **tellement** *adv* (*tant*) so much; (*si*) so; **tellement de** (*sable, eau*) so much; (*gens, livres*) so many; **il s'est endormi tellement il était fatigué** he was so tired (that) he fell asleep; **pas tellement** not really; **pas tellement fort/lentement** not (all) that strong/ slowly; **il ne mange pas tellement** he doesn't eat (all that) much
téméraire [temeʀɛʀ] *adj* reckless, rash

t

témoignage [temwaɲaʒ] *nm (Jur: déclaration)* testimony *no pl*, evidence *no pl*; *(rapport, récit)* account; *(fig: d'affection etc)* token, mark; *(geste)* expression

témoigner [temwaɲe] /1/ *vt (intérêt, gratitude)* to show ▷ *vi (Jur)* to testify, give evidence; **~ de** to bear witness to, testify to

témoin [temwɛ̃] *nm* witness ▷ *adj*: **appartement-~** show flat; **être ~ de** to witness; **~ oculaire** eyewitness

tempe [tɑ̃p] *nf* temple

tempérament [tɑ̃peʀamɑ̃] *nm* temperament, disposition; **à ~** *(vente)* on deferred (payment) terms; *(achat)* by instalments, hire purchase *cpd*

température [tɑ̃peʀatyʀ] *nf* temperature; **avoir** *ou* **faire de la ~** to be running *ou* have a temperature

tempête [tɑ̃pɛt] *nf* storm; **~ de sable/neige** sand/snowstorm

temple [tɑ̃pl] *nm* temple; *(protestant)* church

temporaire [tɑ̃pɔʀɛʀ] *adj* temporary

temps [tɑ̃] *nm (atmosphérique)* weather; *(durée)* time; *(époque)* time, times *pl*; *(Ling)* tense; *(Mus)* beat; *(Tech)* stroke; **un ~ de chien** *(fam)* rotten weather; **quel ~ fait-il?** what's the weather like?; **il fait beau/mauvais ~** the weather is fine/bad; **avoir le ~/tout le ~/juste le ~** to have time/plenty of time/just enough time; **en ~ de paix/guerre** in peacetime/wartime; **en ~ utile** *ou* **voulu** in due time *ou* course; **ces derniers ~** lately; **dans quelque ~** in a (little) while; **de ~ en ~, de ~ à autre** from time to time; **à ~** *(partir, arriver)* in time; **à ~ complet, à plein ~** *adv, adj* full-time; **à ~ partiel, à mi-~** *adv, adj* part-time; **dans le ~** at one time; **~ d'arrêt** pause, halt; **~ libre** free *ou* spare time; **~ mort** *(Comm)* slack period

tenable [tənabl] *adj* bearable

tenace [tənas] *adj* persistent

tenant, e [tənɑ̃, -ɑ̃t] *nm/f (Sport)*: **~ du titre** title-holder

tendance [tɑ̃dɑ̃s] *nf (opinions)* leanings *pl*, sympathies *pl*; *(inclination)* tendency; *(évolution)* trend; **avoir ~ à** to have a tendency to, tend to

tendeur [tɑ̃dœʀ] *nm (attache)* elastic strap

tendre [tɑ̃dʀ] /41/ *adj* tender; *(bois, roche, couleur)* soft ▷ *vt (élastique, peau)* to stretch; *(corde)* to tighten; *(muscle)* to tense; *(donner)*: **~ qch à qn** to hold sth out to sb; *(offrir)* to offer sb sth; *(fig: piège)* to set, lay; **se tendre** *vi (corde)* to tighten; *(relations)* to become strained; **~ à qch/à faire** to tend towards sth/to do; **~ l'oreille** to prick up one's ears; **~ la main/le bras** to hold out one's hand/stretch out one's arm; **tendrement** *adv* tenderly; **tendresse** *nf* tenderness

tendu, e [tɑ̃dy] *pp de* **tendre** ▷ *adj* *(corde)* tight; *(muscles)* tensed; *(relations)* strained

ténèbres [tenɛbʀ] *nfpl* darkness *sg*

teneur [tənœʀ] *nf* content; *(d'une lettre)* terms *pl*, content

tenir [təniʀ] /22/ *vt* to hold; *(magasin, hôtel)* to run; *(promesse)* to keep ▷ *vi* to hold; *(neige, gel)* to last; **se tenir** *vi (avoir lieu)* to be held, take place; *(être: personne)* to stand; **se ~ droit** to stand up *(ou* sit up) straight; **bien se ~** to behave well; **se ~ à qch** to hold on to sth; **s'en ~ à qch** to confine o.s. to sth; **~ à** *(personne, objet)* to be attached to, care about *(ou* for); *(réputation)* to care about; **~ à faire** to want to do; **~ de** *(ressembler à)* to take after; **ça ne tient qu'à lui** it is entirely up to him; **~ qn pour** to take sb for; **~ qch de qn** *(histoire)* to have heard *ou* learnt sth from sb; *(qualité, défaut)* to have inherited *ou* got sth from sb; **~ dans** to fit into; **~ compte de qch** to take sth into account; **~ les**

comptes to keep the books; **~ le coup** to hold out; **~ bon** to stand *ou* hold fast; **~ au chaud/à l'abri** to keep hot/under shelter *ou* cover; **un manteau qui tient chaud** a warm coat; **tiens (*ou* tenez), voilà le stylo** there's the pen!; **tiens, voilà Alain!** look, here's Alain!; **tiens?** (*surprise*) really?

tennis [tenis] *nm* tennis; (*aussi*: **court de ~**) tennis court ▷ *nmpl, nfpl* (*aussi*: **chaussures de ~**) tennis *ou* gym shoes; **~ de table** table tennis; **tennisman** *nm* tennis player

tension [tɑ̃sjɔ̃] *nf* tension; (*Méd*) blood pressure; **faire** *ou* **avoir de la ~** to have high blood pressure

tentation [tɑ̃tasjɔ̃] *nf* temptation

tentative [tɑ̃tativ] *nf* attempt

tente [tɑ̃t] *nf* tent

tenter [tɑ̃te] /1/ *vt* (*éprouver, attirer*) to tempt; (*essayer*): **~ qch/de faire** to attempt *ou* try sth/to do; **~ sa chance** to try one's luck

tenture [tɑ̃tyʀ] *nf* hanging

tenu, e [təny] *pp de* **tenir** ▷ *adj*: **bien ~** (*maison, comptes*) well-kept; **~ de faire** (*obligé*) under an obligation to do ▷ *nf* (*vêtements*) clothes *pl*; (*comportement*) manners *pl*, behaviour; (*d'une maison*) upkeep; **en petite ~e** scantily dressed *ou* clad

ter [tɛʀ] *adj*: **16 ~** 16b *ou* B

terme [tɛʀm] *nm* term; (*fin*) end; **être en bons/mauvais ~s avec qn** to be on good/bad terms with sb; **à court/long ~** *adj* short-/long-term *ou* -range; *adv* in the short/long term; **avant ~** (*Méd*) prematurely; **mettre un ~ à** to put an end *ou* a stop to

terminaison [tɛʀminɛzɔ̃] *nf* (*Ling*) ending

terminal, e, -aux [tɛʀminal, -o] *nm* terminal ▷ *nf* (*Scol*) ≈ year 13 (BRIT), ≈ twelfth grade (US)

terminer [tɛʀmine] /1/ *vt* to finish; **se terminer** *vi* to end

terne [tɛʀn] *adj* dull

ternir [tɛʀniʀ] /2/ *vt* to dull; (*fig*) to sully, tarnish; **se ternir** *vi* to become dull

terrain [teʀɛ̃] *nm* (*sol, fig*) ground; (*Comm: étendue de terre*) land *no pl*; (*: parcelle*) plot (of land); (*: à bâtir*) site; **sur le ~** (*fig*) on the field; **~ de football/rugby** football/rugby pitch (BRIT) *ou* field (US); **~ d'aviation** airfield; **~ de camping** campsite; **~ de golf** golf course; **~ de jeu** (*pour les petits*) playground; (*Sport*) games field; **~ de sport** sports ground; **~ vague** waste ground *no pl*

terrasse [teʀas] *nf* terrace; **à la ~** (*café*) outside; **terrasser** /1/ *vt* (*adversaire*) to floor; (*maladie etc*) to lay low

terre [tɛʀ] *nf* (*gén, aussi Élec*) earth; (*substance*) soil, earth; (*opposé à mer*) land *no pl*; (*contrée*) land; **terres** *nfpl* (*terrains*) lands, land *sg*; **en ~** (*pipe, poterie*) clay *cpd*; **à** *ou* **par ~** (*mettre, être, s'asseoir*) on the ground (*ou* floor); (*jeter, tomber*) to the ground, down; **~ à ~** *adj inv* down-to-earth; **~ cuite** terracotta; **la ~ ferme** dry land; **~ glaise** clay

terreau [teʀo] *nm* compost

terre-plein [tɛʀplɛ̃] *nm* platform; (*sur chaussée*) central reservation

terrestre [teʀɛstʀ] *adj* (*surface*) earth's, of the earth; (*Bot, Zool, Mil*) land *cpd*; (*Rel*) earthly

terreur [teʀœʀ] *nf* terror *no pl*

terrible [teʀibl] *adj* terrible, dreadful; (*fam*) terrific; **pas ~** nothing special

terrien, ne [teʀjɛ̃, -ɛn] *adj*: **propriétaire ~** landowner ▷ *nm/f* (*non martien etc*) earthling

terrier [teʀje] *nm* burrow, hole; (*chien*) terrier

terrifier [teʀifje] /7/ *vt* to terrify

terrine [teʀin] *nf* (*récipient*) terrine; (*Culin*) pâté

territoire [teʀitwaʀ] *nm* territory

terroriser [teʀɔʀize] /1/ *vt* to terrorize

terrorisme [tɛʀɔʀism] *nm* terrorism; **terroriste** [tɛʀɔʀist] *nm/f* terrorist
tertiaire [tɛʀsjɛʀ] *adj* tertiary ▷ *nm* (*Écon*) service industries *pl*
tes [te] *adj poss voir* **ton¹**
test [tɛst] *nm* test
testament [tɛstamɑ̃] *nm* (*Jur*) will; (*fig*) legacy; (*Rel*): **T~** Testament
tester [tɛste] /1/ *vt* to test
testicule [tɛstikyl] *nm* testicle
tétanos [tetanos] *nm* tetanus
têtard [tɛtaʀ] *nm* tadpole
tête [tɛt] *nf* head; (*cheveux*) hair *no pl*; (*visage*) face; **de ~** *adj* (*wagon etc*) front *cpd* ▷ *adv* (*calculer*) in one's head, mentally; **perdre la ~** (*fig*) (*s'affoler*) to lose one's head; (*devenir fou*) to go off one's head; **tenir ~ à qn** to stand up to *ou* defy sb; **la ~ en bas** with one's head down; **la ~ la première** (*tomber*) head-first; **faire une ~** (*Football*) to head the ball; **faire la ~** (*fig*) to sulk; **en ~** (*Sport*) in the lead; at the front *ou* head; **à la ~ de** at the head of; **à ~ reposée** in a more leisurely moment; **n'en faire qu'à sa ~** to do as one pleases; **en avoir par-dessus la ~** to be fed up; **en ~ à ~** in private, alone together; **de la ~ aux pieds** from head to toe; **~ de lecture** (playback) head; **~ de liste** (*Pol*) chief candidate; **~ de mort** skull and crossbones; **~ de série** (*Tennis*) seeded player, seed; **~ de Turc** (*fig*) whipping boy (BRIT), butt; **tête-à-queue** *nm inv*: **faire un tête-à-queue** to spin round; **tête-à-tête** *nm inv*: **en tête-à-tête** in private, alone together
téter [tete] /6/ *vt*: **~ (sa mère)** to suck at one's mother's breast, feed
tétine [tetin] *nf* teat; (*sucette*) dummy (BRIT), pacifier (US)
têtu, e [tety] *adj* stubborn, pigheaded
texte [tɛkst] *nm* text; (*morceau choisi*) passage
textile [tɛkstil] *adj* textile *cpd* ▷ *nm* textile; (*industrie*) textile industry
Texto® [tɛksto] *nm* text (message)
texture [tɛkstyʀ] *nf* texture
TGV *sigle m* = **train à grande vitesse**
thaïlandais, e [tailɑ̃dɛ, -ɛz] *adj* Thai ▷ *nm/f*: **T~, e** Thai
Thaïlande [tailɑ̃d] *nf*: **la ~** Thailand
thé [te] *nm* tea; **prendre le ~** to have tea; **~ au lait/citron** tea with milk/lemon; **faire le ~** to make the tea
théâtral, e, -aux [teɑtʀal, -o] *adj* theatrical
théâtre [teɑtʀ] *nm* theatre; (*péj*) playacting; (*fig: lieu*): **le ~ de** the scene of; **faire du ~** to act
théière [tejɛʀ] *nf* teapot
thème [tɛm] *nm* theme; (*Scol: traduction*) prose (composition)
théologie [teɔlɔʒi] *nf* theology
théorie [teɔʀi] *nf* theory; **théorique** *adj* theoretical
thérapie [teʀapi] *nf* therapy
thermal, e, -aux [tɛʀmal, -o] *adj*: **station ~e** spa; **cure ~e** water cure
thermomètre [tɛʀmɔmɛtʀ] *nm* thermometer
thermos® [tɛʀmos] *nm ou f*: **(bouteille) ~** vacuum *ou* Thermos® flask: BRIT *ou* bottle (US)
thermostat [tɛʀmɔsta] *nm* thermostat
thèse [tɛz] *nf* thesis
thon [tɔ̃] *nm* tuna (fish)
thym [tɛ̃] *nm* thyme
Tibet [tibɛ] *nm*: **le ~** Tibet
tibia [tibja] *nm* shin; shinbone, tibia
TIC *sigle fpl* (= *technologies de l'information et de la communication*) ICT *sg*
tic [tik] *nm* tic, (nervous) twitch; (*de langage etc*) mannerism
ticket [tikɛ] *nm* ticket; **~ de caisse** till receipt
tiède [tjɛd] *adj* lukewarm; (*vent, air*) mild, warm; **tiédir** /2/ *vi* (*se réchauffer*) to grow warmer; (*refroidir*) to cool
tien, tienne [tjɛ̃, tjɛn] *pron*: **le (la) ~(ne)** yours; **les ~(ne)s** yours; **à la ~ne!** cheers!

tiens [tjɛ̃] *vb, excl voir* **tenir**
tiercé [tjɛʀse] *nm system of forecast betting giving first three horses*
tiers, tierce [tjɛʀ, tjɛʀs] *adj* third ▷ *nm (Jur)* third party; (*fraction*) third; **le ~ monde** the third world
tige [tiʒ] *nf* stem; (*baguette*) rod
tignasse [tiɲas] *nf (péj)* shock *ou* mop of hair
tigre [tigʀ] *nm* tiger; **tigré, e** *adj* (*rayé*) striped; (*tacheté*) spotted; (*chat*) tabby; **tigresse** *nf* tigress
tilleul [tijœl] *nm* lime (tree), linden (tree); (*boisson*) lime(-blossom) tea
timbre [tɛ̃bʀ] *nm* (*tampon*) stamp; (*aussi*: **~-poste**) (postage) stamp; (*Mus: de voix, instrument*) timbre, tone
timbré, e [tɛ̃bʀe] *adj (fam)* cracked
timide [timid] *adj* shy; (*timoré*) timid; **timidement** *adv* shyly; timidly; **timidité** *nf* shyness; timidity
tintamarre [tɛ̃tamaʀ] *nm* din, uproar
tinter [tɛ̃te] /1/ *vi* to ring, chime; (*argent, clés*) to jingle
tique [tik] *nf* tick (*insect*)
tir [tiʀ] *nm* (*sport*) shooting; (*fait ou manière de tirer*) firing *no pl*; (*rafale*) fire; (*stand*) shooting gallery; **~ à l'arc** archery
tirage [tiʀaʒ] *nm* (*action*) printing; (*Photo*) print; (*de journal*) circulation; (*de livre*) (print-)run; edition; (*de loterie*) draw; **~ au sort** drawing lots
tire [tiʀ] *nf*: **vol à la ~** pickpocketing
tiré, e [tiʀe] *adj* (*visage, traits*) drawn; **~ par les cheveux** far-fetched
tire-bouchon [tiʀbuʃɔ̃] *nm* corkscrew
tirelire [tiʀliʀ] *nf* moneybox
tirer [tiʀe] /1/ *vt* (*gén*) to pull; (*ligne, trait*) to draw; (*rideau*) to draw; (*carte, conclusion, chèque*) to draw; (*en faisant feu: balle, coup*) to fire; (*: animal*) to shoot; (*journal, livre, photo*) to print; (*Football: corner etc*) to take ▷ *vi* (*faire feu*) to fire; (*faire du tir, Football*) to shoot; **se tirer** *vi (fam)* to push off; (*aussi*: **s'en ~**) (*éviter le pire*) to get off; (*survivre*) to pull through; (*se débrouiller*) to manage; (*extraire*): **~ qch de** to take *ou* pull sth out of; **~ sur** (*corde, poignée*) to pull on *ou* at; (*faire feu sur*) to shoot *ou* fire at; (*pipe*) to draw on; (*fig: avoisiner*) to verge *ou* border on; **~ qn de** (*embarras etc*) to help *ou* get sb out of; **~ à l'arc/la carabine** to shoot with a bow and arrow/with a rifle; **~ à sa fin** to be drawing to an end; **~ qch au clair** to clear sth up; **~ au sort** to draw lots; **~ parti de** to take advantage of; **~ profit de** to profit from; **~ les cartes** to read *ou* tell the cards
tiret [tiʀɛ] *nm* dash
tireur [tiʀœʀ] *nm* gunman; **~ d'élite** marksman
tiroir [tiʀwaʀ] *nm* drawer; **tiroir-caisse** *nm* till
tisane [tizan] *nf* herb tea
tisser [tise] /1/ *vt* to weave
tissu [tisy] *nm* fabric, material, cloth *no pl*; (*Anat, Bio*) tissue; **tissu-éponge** *nm* (terry) towelling *no pl*
titre [titʀ] *nm* (*gén*) title; (*de journal*) headline; (*diplôme*) qualification; (*Comm*) security; **en ~** (*champion, responsable*) official; **à juste ~** rightly; **à quel ~?** on what grounds?; **à aucun ~** on no account; **au même ~ (que)** in the same way (as); **à ~ d'information** for (your) information; **à ~ gracieux** free of charge; **à ~ d'essai** on a trial basis; **à ~ privé** in a private capacity; **~ de propriété** title deed; **~ de transport** ticket
tituber [titybe] /1/ *vi* to stagger *ou* reel (along)
titulaire [titylɛʀ] *adj (Admin)* with tenure ▷ *nm/f* (*de permis*) holder; **être ~ de** (*diplôme, permis*) to hold
toast [tost] *nm* slice *ou* piece of toast; (*de bienvenue*) (welcoming) toast; **porter un ~ à qn** to propose *ou* drink a toast to sb

toboggan [tɔbɔgɑ̃] *nm* slide; (*Auto*) flyover
toc [tɔk] *nm*: **en toc** imitation *cpd* ▷ *excl*: **toc, toc** knock knock
tocsin [tɔksɛ̃] *nm* alarm (bell)
tohu-bohu [tɔybɔy] *nm* commotion
toi [twa] *pron* you
toile [twal] *nf* (*tableau*) canvas; **de** *ou* **en ~** (*pantalon*) cotton; (*sac*) canvas; **~ d'araignée** cobweb; **la T~** (*Internet*) the Web; **~ cirée** oilcloth; **~ de fond** (*fig*) backdrop
toilette [twalɛt] *nf* (*habits*) outfit; **toilettes** *nfpl* toilet *sg*; **faire sa ~** to have a wash, get washed; **articles de ~** toiletries
toi-même [twamɛm] *pron* yourself
toit [twa] *nm* roof; **~ ouvrant** sun roof
toiture [twatyʀ] *nf* roof
Tokyo [tɔkjo] *n* Tokyo
tôle [tol] *nf* (*plaque*) steel (*ou* iron) sheet; **~ ondulée** corrugated iron
tolérable [tɔleʀabl] *adj* tolerable
tolérant, e [tɔleʀɑ̃, -ɑ̃t] *adj* tolerant
tolérer [tɔleʀe] /6/ *vt* to tolerate; (*Admin: hors taxe etc*) to allow
tollé [tɔle] *nm*: **un ~ (de protestations)** a general outcry
tomate [tɔmat] *nf* tomato; **~s farcies** stuffed tomatoes
tombe [tɔ̃b] *nf* (*sépulture*) grave; (*avec monument*) tomb
tombeau, x [tɔ̃bo] *nm* tomb
tombée [tɔ̃be] *nf*: **à la ~ du jour** *ou* **de la nuit** at nightfall
tomber [tɔ̃be] /1/ *vi* to fall; (*fièvre, vent*) to drop ▷ *vt*: **laisser ~** (*objet*) to drop; (*personne*) to let down; (*activité*) to give up; **laisse ~!** forget it!; **faire ~** to knock over; **~ sur** (*rencontrer*) to come across; **~ de fatigue/sommeil** to drop from exhaustion/be falling asleep on one's feet; **~ à l'eau** (*projet etc*) to fall through; **~ en panne** to break down; **~ en ruine** to fall into ruins; **ça tombe bien/mal** (*fig*) that's come at the right/wrong time; **il est bien/mal tombé** (*fig*) he's been lucky/unlucky
tombola [tɔ̃bɔla] *nf* raffle
tome [tɔm] *nm* volume
ton[1], ta (*pl* **tes**) [tɔ̃, ta, te] *adj poss* your
ton[2] [tɔ̃] *nm* (*gén*) tone; (*couleur*) shade, tone; **de bon ~** in good taste
tonalité [tɔnalite] *nf* (*au téléphone*) dialling tone
tondeuse [tɔ̃døz] *nf* (*à gazon*) (lawn) mower; (*du coiffeur*) clippers *pl*; (*pour la tonte*) shears *pl*
tondre [tɔ̃dʀ] /41/ *vt* (*pelouse, herbe*) to mow; (*haie*) to cut, clip; (*mouton, toison*) to shear; (*cheveux*) to crop
tongs [tɔ̃g] *nfpl* flip-flops
tonifier [tɔnifje] /7/ *vt* (*peau, organisme*) to tone up
tonique [tɔnik] *adj* fortifying ▷ *nm* tonic
tonne [tɔn] *nf* metric ton, tonne
tonneau, x [tɔno] *nm* (*à vin, cidre*) barrel; **faire des ~x** (*voiture, avion*) to roll over
tonnelle [tɔnɛl] *nf* bower, arbour
tonner [tɔne] /1/ *vi* to thunder; **il tonne** it is thundering, there's some thunder
tonnerre [tɔnɛʀ] *nm* thunder
tonus [tɔnys] *nm* energy
top [tɔp] *nm*: **au troisième ~** at the third stroke ▷ *adj*: **~ secret** top secret
topinambour [tɔpinɑ̃buʀ] *nm* Jerusalem artichoke
torche [tɔʀʃ] *nf* torch
torchon [tɔʀʃɔ̃] *nm* cloth; (*à vaisselle*) tea towel *ou* cloth
tordre [tɔʀdʀ] /41/ *vt* (*chiffon*) to wring; (*barre, fig: visage*) to twist; **se tordre** *vi*; **se ~ le poignet/la cheville** to twist one's wrist/ankle; **se ~ de douleur/rire** to writhe in pain/be doubled up with laughter; **tordu, e** *adj* (*fig*) twisted; (*fig*) crazy
tornade [tɔʀnad] *nf* tornado
torrent [tɔʀɑ̃] *nm* mountain stream

torsade [tɔʀsad] *nf*: **un pull à ~s** a cable sweater
torse [tɔʀs] *nm* chest; (*Anat, Sculpture*) torso; **~ nu** stripped to the waist
tort [tɔʀ] *nm* (*défaut*) fault; **torts** *nmpl* (*Jur*) fault *sg*; **avoir ~** to be wrong; **être dans son ~** to be in the wrong; **donner ~ à qn** to lay the blame on sb; **causer du ~ à** to harm; **à ~** wrongly; **à ~ et à travers** wildly
torticolis [tɔʀtikɔli] *nm* stiff neck
tortiller [tɔʀtije] /1/ *vt* to twist; (*moustache*) to twirl; **se tortiller** *vi* to wriggle; (*en dansant*) to wiggle
tortionnaire [tɔʀsjɔnɛʀ] *nm* torturer
tortue [tɔʀty] *nf* tortoise; (*d'eau douce*) terrapin; (*d'eau de mer*) turtle
tortueux, -euse [tɔʀtɥø, -øz] *adj* (*rue*) twisting; (*fig*) tortuous
torture [tɔʀtyʀ] *nf* torture; **torturer** /1/ *vt* to torture; (*fig*) to torment
tôt [to] *adv* early; **~ ou tard** sooner or later; **si ~** so early; (*déjà*) so soon; **au plus ~** at the earliest; **plus ~** earlier
total, e, -aux [tɔtal, -o] *adj, nm* total; **au ~** in total *ou* all; (*fig*) on the whole; **faire le ~** to work out the total; **totalement** *adv* totally; **totaliser** /1/ *vt* to total (up); **totalitaire** *adj* totalitarian; **totalité** *nf*: **la totalité de: la totalité des élèves** all (of) the pupils; **la totalité de la population/classe** the whole population/class; **en totalité** entirely
toubib [tubib] *nm* (*fam*) doctor
touchant, e [tuʃɑ̃, -ɑ̃t] *adj* touching
touche [tuʃ] *nf* (*de piano, de machine à écrire*) key; (*de téléphone*) button; (*Peinture etc*) stroke, touch; (*fig: de couleur, nostalgie*) touch; (*Football: aussi*: **remise en ~**) throw-in; (*aussi*: **ligne de ~**) touch-line; (*Escrime*) hit; **~ dièse** (*de téléphone, clavier*) hash key
toucher [tuʃe] /1/ *nm* touch ▷ *vt* to touch; (*palper*) to feel; (*atteindre: d'un coup de feu etc*) to hit; (*concerner*) to concern, affect; (*contacter*) to reach, contact; (*recevoir: récompense*) to receive, get; (*: salaire*) to draw, get; (*chèque*) to cash; (*aborder: problème, sujet*) to touch on; **au ~** to the touch; **~ à** to touch; (*traiter de, concerner*) to have to do with, concern; **je vais lui en ~ un mot** I'll have a word with him about it; **~ au but** (*fig*) to near one's goal; **~ à sa fin** to be drawing to a close
touffe [tuf] *nf* tuft
touffu, e [tufy] *adj* thick, dense
toujours [tuʒuʀ] *adv* always; (*encore*) still; (*constamment*) forever; **essaie ~** (you can) try anyway; **pour ~** forever; **~ est-il que** the fact remains that; **~ plus** more and more
toupie [tupi] *nf* (spinning) top
tour [tuʀ] *nf* tower; (*immeuble*) high-rise block (BRIT) *ou* building (US); (*Échecs*) castle, rook ▷ *nm* (*excursion: à pied*) stroll, walk; (*: en voiture etc*) run, ride; (*: plus long*) trip; (*Sport: aussi*: **~ de piste**) lap; (*d'être servi ou de jouer etc*) turn; (*de roue etc*) revolution; (*Pol: aussi*: **~ de scrutin**) ballot; (*ruse, de prestidigitation, de cartes*) trick; (*de potier*) wheel; (*à bois, métaux*) lathe; (*circonférence*): **de 3 m de ~** 3 m round, with a circumference *ou* girth of 3 m; **faire le ~ de** to go (a)round; (*à pied*) to walk (a)round; **faire un ~** to go for a walk; **c'est au ~ de Renée** it's Renée's turn; **à ~ de rôle, ~ à ~** in turn; **~ de taille/tête** *nm* waist/head measurement; **~ de chant** *nm* song recital; **~ de contrôle** *nf* control tower; **la ~ Eiffel** the Eiffel Tower; **le T~ de France** the Tour de France; **~ de force** *nm* tour de force; **~ de garde** *nm* spell of duty; **un 33 ~s** an LP; **un 45 ~s** a single; **~ d'horizon** *nm* (*fig*) general survey
tourbe [tuʀb] *nf* peat
tourbillon [tuʀbijɔ̃] *nm* whirlwind; (*d'eau*) whirlpool; (*fig*) whirl, swirl;

t

tourbillonner /1/ *vi* to whirl *ou* twirl round

tourelle [turɛl] *nf* turret

tourisme [turism] *nm* tourism; **agence de ~** tourist agency; **faire du ~** to go touring; (*en ville*) to go sightseeing; **touriste** *nm/f* tourist; **touristique** *adj* tourist *cpd*; (*région*) touristic (*péj*)

tourment [turmɑ̃] *nm* torment; **tourmenter** /1/ *vt* to torment; **se tourmenter** to fret, worry o.s.

tournage [turnaʒ] *nm* (*d'un film*) shooting

tournant, e [turnɑ̃, -ɑ̃t] *adj* (*feu, scène*) revolving ▷ *nm* (*de route*) bend; (*fig*) turning point

tournée [turne] *nf* (*du facteur etc*) round; (*d'artiste, politicien*) tour; (*au café*) round (of drinks)

tourner [turne] /1/ *vt* to turn; (*sauce, mélange*) to stir; (*Ciné: faire les prises de vues*) to shoot; (*: produire*) to make ▷ *vi* to turn; (*moteur*) to run; (*compteur*) to tick away; (*lait etc*) to turn (sour); **se tourner** *vi* to turn (a)round; **se ~ vers** to turn to; to turn towards; **mal ~** to go wrong; **~ autour de** to go (a)round; (*péj*) to hang (a)round; **~ à/en** to turn into; **~ en ridicule** to ridicule; **~ le dos à** (*mouvement*) to turn one's back on; (*position*) to have one's back to; **se ~ les pouces** to twiddle one's thumbs; **~ de l'œil** to pass out

tournesol [turnəsɔl] *nm* sunflower

tournevis [turnəvis] *nm* screwdriver

tournoi [turnwa] *nm* tournament

tournure [turnyr] *nf* (*Ling*) turn of phrase; **la ~ de qch** (*évolution*) the way sth is developing; **~ d'esprit** turn *ou* cast of mind

tourte [turt] *nf* pie

tourterelle [turtərɛl] *nf* turtledove

tous [tu, tus] *adj, pron voir* **tout**

Toussaint [tusɛ̃] *nf*: **la ~** All Saints' Day

TOUSSAINT

La Toussaint, 1 November, or All Saints' Day, is a public holiday in France. People traditionally visit the graves of friends and relatives to lay chrysanthemums on them.

tousser [tuse] /1/ *vi* to cough

MOT-CLÉ

tout, e (*mpl* **tous**, *fpl* **toutes**) [tu, tut, tus, tut] *adj* **1** (*avec article singulier*) all; **tout le lait** all the milk; **toute la nuit** all night, the whole night; **tout le livre** the whole book; **tout un pain** a whole loaf; **tout le temps** all the time, the whole time; **c'est tout le contraire** it's quite the opposite

2 (*avec article pluriel*) every; all; **tous les livres** all the books; **toutes les nuits** every night; **toutes les fois** every time; **toutes les trois/deux semaines** every third/other *ou* second week, every three/two weeks; **tous les deux** both *ou* each of us (*ou* them *ou* you); **toutes les trois** all three of us (*ou* them *ou* you)

3 (*sans article*): **à tout âge** at any age; **pour toute nourriture, il avait ...** his only food was ...

▶ *pron* everything, all; **il a tout fait** he's done everything; **je les vois tous** I can see them all *ou* all of them; **nous y sommes tous allés** all of us went, we all went; **c'est tout** that's all; **en tout** in all; **tout ce qu'il sait** all he knows

▶ *nm* whole; **le tout** all of it (*ou* them); **le tout est de ...** the main thing is to ...; **pas du tout** not at all

▶ *adv* **1** (*très, complètement*) very; **tout près** *ou* **à côté** very near; **le tout premier** the very first; **tout seul** all alone; **le livre tout entier** the whole book; **tout en haut** right at the top; **tout droit** straight ahead

2: **tout en** while; **tout en travaillant** while working, as he *etc* works
3: **tout d'abord** first of all; **tout à coup** suddenly; **tout à fait** absolutely; **tout à l'heure** a short while ago; (*futur*) in a short while, shortly; **à tout à l'heure!** see you later!; **tout de même** all the same; **tout le monde** everybody; **tout simplement** quite simply; **tout de suite** immediately, straight away

outefois [tutfwa] *adv* however
outes [tut] *adj, pron voir* **tout**
out-terrain [tuterɛ̃] *adj*: **vélo ~** mountain bike; **véhicule ~** four-wheel drive
oux [tu] *nf* cough
oxicomane [tɔksikɔman] *nm/f* drug addict
oxique [tɔksik] *adj* toxic
rac [tʀak] *nm* (*aux examens*) nerves *pl*; (*Théât*) stage fright; **avoir le ~** (*aux examens*) to get an attack of nerves; (*Théât*) to have stage fright
racasser [tʀakase] /1/ *vt* to worry, bother; **se tracasser** to worry (o.s.)
race [tʀas] *nf* (*empreintes*) tracks *pl*; (*marques, fig*) mark; (*restes, vestige*) trace; **~s de pas** footprints
racer [tʀase] /3/ *vt* to draw; (*piste*) to open up
ract [tʀakt] *nm* tract, pamphlet
racteur [tʀaktœʀ] *nm* tractor
raction [tʀaksjɔ̃] *nf*: **~ avant/arrière** front-wheel/rear-wheel drive
radition [tʀadisjɔ̃] *nf* tradition; **traditionnel, le** *adj* traditional
raducteur, -trice [tʀadyktœʀ, -tʀis] *nm/f* translator
raduction [tʀadyksjɔ̃] *nf* translation
raduire [tʀadɥiʀ] /38/ *vt* to translate; (*exprimer*) to convey; **~ en français** to translate into French; **~ en justice** to bring before the courts
rafic [tʀafik] *nm* traffic; **~ d'armes** arms dealing; **trafiquant, e** *nm/f* trafficker; (*d'armes*) dealer; **trafiquer** /1/ *vt* (*péj*: *vin*) to doctor; (: *moteur, document*) to tamper with
tragédie [tʀaʒedi] *nf* tragedy; **tragique** *adj* tragic
trahir [tʀaiʀ] /2/ *vt* to betray; **trahison** *nf* betrayal; (*Jur*) treason
train [tʀɛ̃] *nm* (*Rail*) train; (*allure*) pace; **être en ~ de faire qch** to be doing sth; **~ à grande vitesse** high-speed train; **~ d'atterrissage** undercarriage; **~ électrique** (*jouet*) (electric) train set; **~ de vie** style of living
traîne [tʀɛn] *nf* (*de robe*) train; **être à la ~** to lag behind
traîneau, x [tʀeno] *nm* sleigh, sledge
traîner [tʀene] /1/ *vt* (*remorque*) to pull; (*enfant, chien*) to drag *ou* trail along ▷ *vi* (*robe, manteau*) to trail; (*être en désordre*) to lie around; (*marcher lentement*) to dawdle (along); (*vagabonder*) to hang about; (*durer*) to drag on; **se traîner** *vi*: **se ~ par terre** to crawl (on the ground); **~ les pieds** to drag one's feet
train-train [tʀɛ̃tʀɛ̃] *nm* humdrum routine
traire [tʀɛʀ] /50/ *vt* to milk
trait, e [tʀɛ, -ɛt] *nm* (*ligne*) line; (*de dessin*) stroke; (*caractéristique*) feature, trait; **traits** *nmpl* (*du visage*) features; **d'un ~** (*boire*) in one gulp; **de ~** (*animal*) draught; **avoir ~ à** to concern; **~ d'union** hyphen
traitant, e [tʀɛtɑ̃, -ɑ̃t] *adj*: **votre médecin ~** your usual *ou* family doctor; **shampooing ~** medicated shampoo
traite [tʀɛt] *nf* (*Comm*) draft; (*Agr*) milking; **d'une (seule) ~** without stopping (once)
traité [tʀete] *nm* treaty
traitement [tʀɛtmɑ̃] *nm* treatment; (*salaire*) salary; **~ de données** *ou* **de l'information** data processing; **~ de texte** word processing; (*logiciel*) word processing package

traiter [tʀete] /1/ *vt* to treat; (*qualifier*): **~ qn d'idiot** to call sb a fool ▷ *vi* to deal; **~ de** to deal with
traiteur [tʀɛtœʀ] *nm* caterer
traître, -esse [tʀɛtʀ, -tʀɛs] *adj* (*dangereux*) treacherous ▷ *nm/f* traitor (traitress)
trajectoire [tʀaʒɛktwaʀ] *nf* path
trajet [tʀaʒɛ] *nm* (*parcours, voyage*) journey; (*itinéraire*) route; (*distance à parcourir*) distance; **il y a une heure de ~** the journey takes one hour
trampoline [tʀɑ̃pɔlin] *nm* trampoline
tramway [tʀamwɛ] *nm* tram(way); (*voiture*) tram(car) (BRIT), streetcar (US)
tranchant, e [tʀɑ̃ʃɑ̃, -ɑ̃t] *adj* sharp; (*fig*) peremptory ▷ *nm* (*d'un couteau*) cutting edge; (*de la main*) edge; **à double ~** double-edged
tranche [tʀɑ̃ʃ] *nf* (*morceau*) slice; (*arête*) edge; **~ d'âge/de salaires** age/wage bracket
tranché, e [tʀɑ̃ʃe] *adj* (*couleurs*) distinct; (*opinions*) clear-cut
trancher [tʀɑ̃ʃe] /1/ *vt* to cut, sever ▷ *vi* to be decisive; **~ avec** to contrast sharply with
tranquille [tʀɑ̃kil] *adj* quiet; (*rassuré*) easy in one's mind, with one's mind at rest; **se tenir ~** (*enfant*) to be quiet; **avoir la conscience ~** to have an easy conscience; **laisse-moi/laisse-ça ~** leave me/it alone; **tranquillisant** *nm* tranquillizer; **tranquillité** *nf* peace (and quiet); **tranquillité d'esprit** peace of mind
transférer [tʀɑ̃sfeʀe] /6/ *vt* to transfer; **transfert** *nm* transfer
transformation [tʀɑ̃sfɔʀmasjɔ̃] *nf* change, alteration; (*radicale*) transformation; (*Rugby*) conversion; **transformations** *nfpl* (*travaux*) alterations
transformer [tʀɑ̃sfɔʀme] /1/ *vt* to change; (*radicalement*) to transform; (*vêtement*) alter; (*matière première, appartement, Rugby*) to convert; **~ en** to turn into
transfusion [tʀɑ̃sfyzjɔ̃] *nf*: **~ sanguine** blood transfusion
transgénique [tʀɑ̃sʒenik] *adj* transgenic
transgresser [tʀɑ̃sgʀese] /1/ *vt* to contravene
transi, e [tʀɑ̃zi] *adj* numb (with cold), chilled to the bone
transiger [tʀɑ̃ziʒe] /3/ *vi* to compromise
transit [tʀɑ̃zit] *nm* transit; **transiter** /1/ *vi* to pass in transit
transition [tʀɑ̃zisjɔ̃] *nf* transition; **transitoire** *adj* transitional
transmettre [tʀɑ̃smɛtʀ] /56/ *vt* (*passer*): **~ qch à qn** to pass sth on to sb; (*Tech, Tél, Méd*) to transmit; (*TV, Radio*: *retransmettre*) to broadcast; **transmission** *nf* transmission
transparent, e [tʀɑ̃spaʀɑ̃, -ɑ̃t] *adj* transparent
transpercer [tʀɑ̃spɛʀse] /3/ *vt* (*froid, pluie*) to go through, pierce; (*balle*) to go through
transpiration [tʀɑ̃spiʀasjɔ̃] *nf* perspiration
transpirer [tʀɑ̃spiʀe] /1/ *vi* to perspire
transplanter [tʀɑ̃splɑ̃te] /1/ *vt* (*Méd, Bot*) to transplant
transport [tʀɑ̃spɔʀ] *nm* transport; **~s en commun** public transport *sg*; **transporter** /1/ *vt* to carry, move; (*Comm*) to transport, convey; **transporteur** *nm* haulage contractor (BRIT), trucker (US)
transvaser [tʀɑ̃svaze] /1/ *vt* to decant
transversal, e, -aux [tʀɑ̃svɛʀsal, -o] *adj* (*mur, chemin, rue*) running at right angles; **coupe ~e** cross section
trapèze [tʀapɛz] *nm* (*au cirque*) trapeze
trappe [tʀap] *nf* trap door
trapu, e [tʀapy] *adj* squat, stocky
traquenard [tʀaknaʀ] *nm* trap

traquer [tʀake] /1/ *vt* to track down; (*harceler*) to hound
traumatiser [tʀomatize] /1/ *vt* to traumatize
travail, -aux [tʀavaj, -o] *nm* (*gén*) work; (*tâche, métier*) work *no pl*, job; (*Écon, Méd*) labour; **travaux** *nmpl* (*de réparation, agricoles etc*) work *sg*; (*sur route*) roadworks; (*de construction*) building (work) *sg*; **être sans ~** (*employé*) to be out of work; **~ (au) noir** moonlighting; **travaux des champs** farmwork *sg*; **travaux dirigés** (*Scol*) supervised practical work *sg*; **travaux forcés** hard labour *sg*; **travaux manuels** (*Scol*) handicrafts; **travaux ménagers** housework *sg*; **travaux pratiques** (*gén*) practical work *sg*; (*en laboratoire*) lab work *sg*
travailler [tʀavaje] /1/ *vi* to work; (*bois*) to warp ▷ *vt* (*bois, métal*) to work; (*objet d'art, discipline*) to work on; **cela le travaille** it is on his mind; **travailleur, -euse** *adj* hard-working ▷ *nm/f* worker; **travailleur social** social worker; **travailliste** *adj* ≈ Labour *cpd*
travaux [tʀavo] *nmpl voir* **travail**
travers [tʀavɛʀ] *nm* fault, failing; **en ~ (de)** across; **au ~ (de)** through; **de ~** (*nez, bouche*) crooked; (*chapeau*) askew; **à ~** through; **regarder de ~** (*fig*) to look askance at; **comprendre de ~** to misunderstand
traverse [tʀavɛʀs] *nf* (*de voie ferrée*) sleeper; **chemin de ~** shortcut
traversée [tʀavɛʀse] *nf* crossing
traverser [tʀavɛʀse] /1/ *vt* (*gén*) to cross; (*ville, tunnel, aussi percer, fig*) to go through; (*ligne, trait*) to run across
traversin [tʀavɛʀsɛ̃] *nm* bolster
travesti [tʀavɛsti] *nm* transvestite
trébucher [tʀebyʃe] /1/ *vi*: **~ (sur)** to stumble (over), trip (over)
trèfle [tʀɛfl] *nm* (*Bot*) clover; (*Cartes: couleur*) clubs *pl*; (*: carte*) club; **~ à quatre feuilles** four-leaf clover

treize [tʀɛz] *num* thirteen; **treizième** *num* thirteenth
tréma [tʀema] *nm* diaeresis
tremblement [tʀɑ̃bləmɑ̃] *nm*: **~ de terre** earthquake
trembler [tʀɑ̃ble] /1/ *vi* to tremble, shake; **~ de** (*froid, fièvre*) to shiver *ou* tremble with; (*peur*) to shake *ou* tremble with; **~ pour qn** to fear for sb
trémousser [tʀemuse] /1/: **se trémousser** *vi* to jig about, wriggle about
trempé, e [tʀɑ̃pe] *adj* soaking (wet), drenched; (*Tech*): **acier ~** tempered steel
tremper [tʀɑ̃pe] /1/ *vt* to soak, drench; (*aussi*: **faire ~, mettre à ~**) to soak ▷ *vi* to soak; (*fig*): **~ dans** to be involved *ou* have a hand in; **se tremper** *vi* to have a quick dip
tremplin [tʀɑ̃plɛ̃] *nm* springboard; (*Ski*) ski jump
trentaine [tʀɑ̃tɛn] *nf* (*âge*): **avoir la ~** to be around thirty; **une ~ (de)** thirty or so, about thirty
trente [tʀɑ̃t] *num* thirty; **être/se mettre sur son ~ et un** to be wearing/put on one's Sunday best; **trentième** *num* thirtieth
trépidant, e [tʀepidɑ̃, -ɑ̃t] *adj* (*fig: rythme*) pulsating; (*: vie*) hectic
trépigner [tʀepiɲe] /1/ *vi* to stamp (one's feet)
très [tʀɛ] *adv* very; **~ beau/bien** very beautiful/well; **~ critiqué** much criticized; **~ industrialisé** highly industrialized
trésor [tʀezɔʀ] *nm* treasure; **~ (public)** public revenue; **trésorerie** *nf* (*gestion*) accounts *pl*; (*bureaux*) accounts department; **difficultés de trésorerie** cash problems, shortage of cash *ou* funds; **trésorier, -ière** *nm/f* treasurer
tressaillir [tʀesajiʀ] /13/ *vi* to shiver, shudder

tressauter [tʀesote] /1/ *vi* to start, jump
tresse [tʀɛs] *nf* braid, plait; **tresser** /1/ *vt* (*cheveux*) to braid, plait; (*fil, jonc*) to plait; (*corbeille*) to weave; (*corde*) to twist
tréteau, x [tʀeto] *nm* trestle
treuil [tʀœj] *nm* winch
trêve [tʀɛv] *nf* (*Mil, Pol*) truce; (*fig*) respite; **~ de ...** enough of this ...
tri [tʀi] *nm*: **faire le ~ (de)** to sort out; **le (bureau de) ~** (*Postes*) the sorting office
triangle [tʀijɑ̃gl] *nm* triangle; **triangulaire** *adj* triangular
tribord [tʀibɔʀ] *nm*: **à ~** to starboard, on the starboard side
tribu [tʀiby] *nf* tribe
tribunal, -aux [tʀibynal, -o] *nm* (*Jur*) court; (*Mil*) tribunal
tribune [tʀibyn] *nf* (*estrade*) platform, rostrum; (*débat*) forum; (*d'église, de tribunal*) gallery; (*de stade*) stand
tribut [tʀiby] *nm* tribute
tributaire [tʀibytɛʀ] *adj*: **être ~ de** to be dependent on
tricher [tʀiʃe] /1/ *vi* to cheat; **tricheur, -euse** *nm/f* cheat
tricolore [tʀikɔlɔʀ] *adj* three-coloured; (*français*) red, white and blue
tricot [tʀiko] *nm* (*technique, ouvrage*) knitting *no pl*; (*vêtement*) jersey, sweater; **~ de corps, ~ de peau** vest; **tricoter** /1/ *vt* to knit
tricycle [tʀisikl] *nm* tricycle
trier [tʀije] /7/ *vt* to sort (out); (*Postes, Inform, fruits*) to sort
trimestre [tʀimɛstʀ] *nm* (*Scol*) term; (*Comm*) quarter; **trimestriel, le** *adj* quarterly; (*Scol*) end-of-term
trinquer [tʀɛ̃ke] /1/ *vi* to clink glasses
triomphe [tʀijɔ̃f] *nm* triumph; **triompher** /1/ *vi* to triumph, win; **triompher de** to triumph over, overcome
tripes [tʀip] *nfpl* (*Culin*) tripe *sg*
triple [tʀipl] *adj* triple ▷ *nm*: **le ~ (de)** (*comparaison*) three times as much (as); **en ~ exemplaire** in triplicate; **tripler** /1/ *vi, vt* to triple, treble
triplés, -ées [tʀiple] *nm/f pl* triplets
tripoter [tʀipɔte] /1/ *vt* to fiddle with
triste [tʀist] *adj* sad; (*couleur, temps, journée*) dreary; (*péj*): **~ personnage/affaire** sorry individual/affair; **tristesse** *nf* sadness
trivial, e, -aux [tʀivjal, -o] *adj* coarse, crude; (*commun*) mundane
troc [tʀɔk] *nm* barter
trognon [tʀɔɲɔ̃] *nm* (*de fruit*) core; (*de légume*) stalk
trois [tʀwɑ] *num* three; **troisième** *num* third ▷ *nf* (*Scol*) year 10 (BRIT), ninth grade (US); **le troisième âge** (*période de vie*) one's retirement years; (*personnes âgées*) senior citizens *pl*
trombe [tʀɔ̃b] *nf*: **des ~s d'eau** a downpour; **en ~** like a whirlwind
trombone [tʀɔ̃bɔn] *nm* (*Mus*) trombone; (*de bureau*) paper clip
trompe [tʀɔ̃p] *nf* (*d'éléphant*) trunk; (*Mus*) trumpet, horn
tromper [tʀɔ̃pe] /1/ *vt* to deceive; (*vigilance, poursuivants*) to elude; **se tromper** *vi* to make a mistake, be mistaken; **se ~ de voiture/jour** to take the wrong car/get the day wrong; **se ~ de 3 cm/20 euros** to be out by 3 cm/20 euros
trompette [tʀɔ̃pɛt] *nf* trumpet; **en ~** (*nez*) turned-up
trompeur, -euse [tʀɔ̃pœʀ, -øz] *adj* deceptive
tronc [tʀɔ̃] *nm* (*Bot, Anat*) trunk; (*d'église*) collection box
tronçon [tʀɔ̃sɔ̃] *nm* section; **tronçonner** /1/ *vt* to saw up; **tronçonneuse** *nf* chainsaw
trône [tʀon] *nm* throne
trop [tʀo] *adv* too; (*avec verbe*) too much; (*aussi*: **~ nombreux**) too many; (*aussi*: **~ souvent**) too often; **~ peu (nombreux)** too few; **~ longtemps** (for) too long; **~ de**

(*nombre*) too many; (*quantité*) too much; **de ~, en ~: des livres en ~** a few books too many; **du lait en ~** too much milk; **trois livres/cinq euros de ~** three books too many/five euros too much; **ça coûte ~ cher** it's too expensive

tropical, e, -aux [tʀɔpikal, -o] *adj* tropical

tropique [tʀɔpik] *nm* tropic

trop-plein [tʀɔplɛ̃] *nm* (*tuyau*) overflow *ou* outlet (pipe); (*liquide*) overflow

troquer [tʀɔke] /1/ *vt*: **~ qch contre** to barter *ou* trade sth for; (*fig*) to swap sth for

trot [tʀo] *nm* trot; **trotter** /1/ *vi* to trot

trottinette [tʀɔtinɛt] *nf* (child's) scooter

trottoir [tʀɔtwaʀ] *nm* pavement (BRIT), sidewalk (US); **faire le ~** (*péj*) to walk the streets; **~ roulant** moving walkway, travelator

trou [tʀu] *nm* hole; (*fig*) gap; (*Comm*) deficit; **~ d'air** air pocket; **~ de mémoire** blank, lapse of memory

troublant, e [tʀublɑ̃, -ɑ̃t] *adj* disturbing

trouble [tʀubl] *adj* (*liquide*) cloudy; (*image, photo*) blurred; (*affaire*) shady, murky ▷ *adv*: **voir ~** to have blurred vision ▷ *nm* agitation; **troubles** *nmpl* (*Pol*) disturbances, troubles, unrest *sg*; (*Méd*) trouble *sg*, disorders; **trouble-fête** *nm/f inv* spoilsport

troubler [tʀuble] /1/ *vt* to disturb; (*liquide*) to make cloudy; (*intriguer*) to bother; **se troubler** *vi* (*personne*) to become flustered *ou* confused

trouer [tʀue] /1/ *vt* to make a hole (*ou* holes) in

trouille [tʀuj] *nf* (*fam*): **avoir la ~** to be scared stiff

troupe [tʀup] *nf* troop; **~ (de théâtre)** (theatrical) company

troupeau, x [tʀupo] *nm* (*de moutons*) flock; (*de vaches*) herd

trousse [tʀus] *nf* case, kit; (*d'écolier*) pencil case; **aux ~s de** (*fig*) on the heels *ou* tail of; **~ à outils** toolkit; **~ de toilette** toilet bag

trousseau, x [tʀuso] *nm* (*de mariée*) trousseau; **~ de clefs** bunch of keys

trouvaille [tʀuvaj] *nf* find

trouver [tʀuve] /1/ *vt* to find; (*rendre visite*): **aller/venir ~ qn** to go/come and see sb; **se trouver** *vi* (*être*) to be; **je trouve que** I find *ou* think that; **~ à boire/critiquer** to find something to drink/criticize; **se ~ mal** to pass out

truand [tʀyɑ̃] *nm* villain; **truander** /1/ *vt*: **se faire truander** to be swindled

truc [tʀyk] *nm* (*astuce*) way; (*de cinéma, prestidigitateur*) trick effect; (*chose*) thing; thingumajig; **avoir le ~** to have the knack; **c'est pas son (***ou* **mon** *etc***) ~** (*fam*) it's not really his (*ou* my *etc*) thing

truffe [tʀyf] *nf* truffle; (*nez*) nose

truffé, e [tʀyfe] *adj* (*Culin*) garnished with truffles

truie [tʀɥi] *nf* sow

truite [tʀɥit] *nf* trout *inv*

truquage [tʀykaʒ] *nm* special effects *pl*

truquer [tʀyke] /1/ *vt* (*élections, serrure, dés*) to fix

TSVP *abr* (= *tournez s'il vous plaît*) PTO

TTC *abr* (= *toutes taxes comprises*) inclusive of tax

tu[1] [ty] *pron* you ▷ *nm*: **employer le tu** to use the "tu" form

tu[2]**, e** [ty] *pp de* **taire**

tuba [tyba] *nm* (*Mus*) tuba; (*Sport*) snorkel

tube [tyb] *nm* tube; (*chanson, disque*) hit song *ou* record

tuberculose [tybɛʀkyloz] *nf* tuberculosis

tuer [tɥe] /1/ *vt* to kill; **se tuer** (*se suicider*) to kill o.s.; (*dans un accident*) to be killed; **se ~ au travail** (*fig*) to work o.s. to death; **tuerie** *nf* slaughter *no pl*

tue-tête [tytɛt]: **à ~** *adv* at the top of one's voice
tueur [tɥœʀ] *nm* killer; **~ à gages** hired killer
tuile [tɥil] *nf* tile; (*fam*) spot of bad luck, blow
tulipe [tylip] *nf* tulip
tuméfié, e [tymefje] *adj* puffy, swollen
tumeur [tymœʀ] *nf* growth, tumour
tumulte [tymylt] *nm* commotion; **tumultueux, -euse** *adj* stormy, turbulent
tunique [tynik] *nf* tunic
Tunis [tynis] *n* Tunis
Tunisie [tynizi] *nf*: **la ~** Tunisia; **tunisien, ne** *adj* Tunisian ▷ *nm/f*: **Tunisien, ne** Tunisian
tunnel [tynɛl] *nm* tunnel; **le ~ sous la Manche** the Channel Tunnel
turbulent, e [tyʀbylɑ̃, -ɑ̃t] *adj* boisterous, unruly
turc, turque [tyʀk] *adj* Turkish ▷ *nm* (*Ling*) Turkish ▷ *nm/f*: **Turc, Turque** Turk/Turkish woman
turf [tyʀf] *nm* racing; **turfiste** *nm/f* racegoer
Turquie [tyʀki] *nf*: **la ~** Turkey
turquoise [tyʀkwaz] *nf, adj inv* turquoise
tutelle [tytɛl] *nf* (*Jur*) guardianship; (*Pol*) trusteeship; **sous la ~ de** (*fig*) under the supervision of
tuteur, -trice [tytœʀ, -tʀis] *nm/f* (*Jur*) guardian; (*de plante*) stake, support
tutoyer [tytwaje] /8/ *vt*: **~ qn** to address sb as "tu"
tuyau, x [tɥijo] *nm* pipe; (*flexible*) tube; (*fam*) tip; **~ d'arrosage** hosepipe; **~ d'échappement** exhaust pipe; **tuyauterie** *nf* piping *no pl*
TVA *sigle f* (= *taxe à ou sur la valeur ajoutée*) VAT
tweet [twit] *nm* tweet
tympan [tɛ̃pɑ̃] *nm* (*Anat*) eardrum
type [tip] *nm* type; (*fam*) chap, guy ▷ *adj* typical, standard
typé, e [tipe] *adj* ethnic (*euphémisme*)
typique [tipik] *adj* typical
tyran [tiʀɑ̃] *nm* tyrant; **tyrannique** *adj* tyrannical
tzigane [dzigan] *adj* gipsy, tzigane

U

ulcère [ylsɛʀ] *nm* ulcer
ultérieur, e [ylteʀjœʀ] *adj* later, subsequent; **remis à une date ~e** postponed to a later date; **ultérieurement** *adv* later, subsequently
ultime [yltim] *adj* final

MOT-CLÉ

un, une [œ̃, yn] *art indéf* a; (*devant voyelle*) an; **un garçon/vieillard** a boy/an old man; **une fille** a girl
▸*pron* one; **l'un des meilleurs** one of the best; **l'un ..., l'autre** (the) one ..., the other; **les uns ..., les autres** some ..., others; **l'un et l'autre** both (of them); **l'un ou l'autre** either (of them); **l'un l'autre, les uns les autres** each other, one another; **pas un seul** not a single one; **un par un** one by one
▸*num* one; **une pomme seulement** one apple only, just one apple
▸*nf*: **la une** (*Presse*) the front page

unanime [ynanim] *adj* unanimous; **unanimité** *nf*: **à l'unanimité** unanimously
uni, e [yni] *adj* (*ton, tissu*) plain; (*surface*) smooth, even; (*famille*) close(-knit); (*pays*) united
unifier [ynifje] /7/ *vt* to unite, unify
uniforme [ynifɔʀm] *adj* uniform; (*surface, ton*) even ▹*nm* uniform; **uniformiser** /1/ *vt* (*systèmes*) to standardize
union [ynjɔ̃] *nf* union; **~ de consommateurs** consumers' association; **~ libre: vivre en ~ libre** (*en concubinage*) to cohabit; **l'U~ européenne** the European Union; **l'U~ soviétique** the Soviet Union
unique [ynik] *adj* (*seul*) only; (*exceptionnel*) unique; **un prix/système ~** a single price/system; **fils/fille ~** only son/daughter, only child; **sens ~** one-way street; **uniquement** *adv* only, solely; (*juste*) only, merely
unir [yniʀ] /2/ *vt* (*nations*) to unite; (*en mariage*) to unite, join together; **s'unir** *vi* to unite; (*en mariage*) to be joined together
unitaire [ynitɛʀ] *adj*: **prix ~** unit price
unité [ynite] *nf* (*harmonie, cohésion*) unity; (*Math*) unit
univers [ynivɛʀ] *nm* universe; **universel, le** *adj* universal
universitaire [ynivɛʀsitɛʀ] *adj* university *cpd*; (*diplôme, études*) academic, university *cpd* ▹*nm/f* academic
université [ynivɛʀsite] *nf* university
urbain, e [yʀbɛ̃, -ɛn] *adj* urban, city *cpd*, town *cpd*; **urbanisme** *nm* town planning
urgence [yʀʒɑ̃s] *nf* urgency; (*Méd etc*) emergency; **d'~** *adj* emergency *cpd* ▹*adv* as a matter of urgency; **service des ~s** emergency service

urgent, e [yʀʒɑ̃, -ɑ̃t] *adj* urgent
urine [yʀin] *nf* urine; **urinoir** *nm* (public) urinal
urne [yʀn] *nf* (*électorale*) ballot box; (*vase*) urn
urticaire [yʀtikɛʀ] *nf* nettle rash
us [ys] *nmpl*: **us et coutumes** (habits and) customs
usage [yzaʒ] *nm* (*emploi, utilisation*) use; (*coutume*) custom; **à l'~** with use; **à l'~ de** (*pour*) for (use of); **en ~** in use; **hors d'~** out of service; **à ~ interne** (*Méd*) to be taken (internally); **à ~ externe** (*Méd*) for external use only; **usagé, e** *adj* (*usé*) worn; **usager, -ère** *nm/f* user
usé, e [yze] *adj* worn (down *ou* out *ou* away); (*banal: argument etc*) hackneyed
user [yze] /1/ *vt* (*outil*) to wear down; (*vêtement*) to wear out; (*matière*) to wear away; (*consommer: charbon etc*) to use; **s'user** *vi* (*tissu, vêtement*) to wear out; **~ de** (*moyen, procédé*) to use, employ; (*droit*) to exercise
usine [yzin] *nf* factory
usité, e [yzite] *adj* common
ustensile [ystɑ̃sil] *nm* implement; **~ de cuisine** kitchen utensil
usuel, le [yzɥɛl] *adj* everyday, common
usure [yzyʀ] *nf* wear
utérus [yteʀys] *nm* uterus, womb
utile [ytil] *adj* useful
utilisation [ytilizasjɔ̃] *nf* use
utiliser [ytilize] /1/ *vt* to use
utilitaire [ytilitɛʀ] *adj* utilitarian
utilité [ytilite] *nf* usefulness *no pl*; **de peu d'~** of little use *ou* help
utopie [ytɔpi] *nf* utopia

V

va [va] *vb voir* **aller**
vacance [vakɑ̃s] *nf* (*Admin*) vacancy; **vacances** *nfpl* holiday(s) *pl* (BRIT), vacation *sg* (US); **les grandes ~s** the summer holidays *ou* vacation; **prendre des/ses ~s** to take a holiday *ou* vacation/one's holiday(s) *ou* vacation; **aller en ~s** to go on holiday *ou* vacation; **vacancier, -ière** *nm/f* holidaymaker
vacant, e [vakɑ̃, -ɑ̃t] *adj* vacant
vacarme [vakaʀm] *nm* row, din
vaccin [vaksɛ̃] *nm* vaccine; (*opération*) vaccination; **vaccination** *nf* vaccination; **vacciner** /1/ *vt* to vaccinate; **être vacciné** (*fig*) to be immune
vache [vaʃ] *nf* (*Zool*) cow; (*cuir*) cowhide ▷ *adj* (*fam*) rotten, mean; **vachement** *adv* (*fam*) really; **vacherie** *nf* (*action*) dirty trick; (*propos*) nasty remark

aciller [vasije] /1/ *vi* to sway, wobble; *(bougie, lumière)* to flicker; *(fig)* to be failing, falter
a-et-vient [vaevjɛ̃] *nm inv (de personnes, véhicules)* comings and goings *pl*, to-ings and fro-ings *pl*
agabond, e [vagabɔ̃, -ɔ̃d] *adj* wandering ▷ *nm (rôdeur)* tramp, vagrant; *(voyageur)* wanderer; **vagabonder** /1/ *vi* to roam, wander
agin [vaʒɛ̃] *nm* vagina
ague [vag] *nf* wave ▷ *adj* vague; *(regard)* faraway; *(manteau, robe)* loose(-fitting); *(quelconque)*: **un ~ bureau/cousin** some office/cousin or other; **~ de fond** ground swell; **~ de froid** cold spell
aillant, e [vajɑ̃, -ɑ̃t] *adj (courageux)* gallant; *(robuste)* hale and hearty
ain, e [vɛ̃, vɛn] *adj* vain; **en ~** in vain
aincre [vɛ̃kʀ] /42/ *vt* to defeat; *(fig)* to conquer, overcome; **vaincu, e** *nm/f* defeated party; **vainqueur** *nm* victor; *(Sport)* winner
aisseau, x [vɛso] *nm (Anat)* vessel; *(Navig)* ship, vessel; **~ spatial** spaceship
aisselier [vɛsəlje] *nm* dresser
aisselle [vɛsɛl] *nf (service)* crockery; *(plats etc à laver)* (dirty) dishes *pl*; **faire la ~** to do the washing-up (BRIT) *ou* the dishes
alable [valabl] *adj* valid; *(acceptable)* decent, worthwhile
alet [valɛ] *nm* valet; *(Cartes)* jack
aleur [valœʀ] *nf (gén)* value; *(mérite)* worth, merit; *(Comm: titre)* security; **valeurs** *nfpl (morales)* values; **mettre en ~** *(fig)* to highlight; to show off to advantage; **avoir de la ~** to be valuable; **prendre de la ~** to go up *ou* gain in value; **sans ~** worthless
alide [valid] *adj (en bonne santé)* fit; *(valable)* valid; **valider** /1/ *vt* to validate
alise [valiz] *nf* (suit)case; **faire sa ~** to pack one's (suit)case
allée [vale] *nf* valley

vallon [valɔ̃] *nm* small valley
valoir [valwaʀ] /29/ *vi (être valable)* to hold, apply ▷ *vt (prix, valeur, effort)* to be worth; *(causer)*: **~ qch à qn** to earn sb sth; **se valoir** to be of equal merit; *(péj)* to be two of a kind; **faire ~** *(droits, prérogatives)* to assert; **se faire ~** to make the most of o.s.; **à ~ sur** to be deducted from; **vaille que vaille** somehow or other; **cela ne me dit rien qui vaille** I don't like the look of it at all; **ce climat ne me vaut rien** this climate doesn't suit me; **~ la peine** to be worth the trouble, be worth it; **~ mieux: il vaut mieux se taire** it's better to say nothing; **ça ne vaut rien** it's worthless; **que vaut ce candidat?** how good is this applicant?
valse [vals] *nf* waltz
vandalisme [vɑ̃dalism] *nm* vandalism
vanille [vanij] *nf* vanilla
vanité [vanite] *nf* vanity; **vaniteux, -euse** *adj* vain, conceited
vanne [van] *nf* gate; *(fam)* dig
vannerie [vanʀi] *nf* basketwork
vantard, e [vɑ̃taʀ, -aʀd] *adj* boastful
vanter [vɑ̃te] /1/ *vt* to speak highly of, praise; **se vanter** *vi* to boast, brag; **se ~ de** to pride o.s. on; *(péj)* to boast of
vapeur [vapœʀ] *nf* steam; *(émanation)* vapour, fumes *pl*; **vapeurs** *nfpl (bouffées)* vapours; **à ~** steam-powered, steam *cpd*; **cuit à la ~** steamed; **vaporeux, -euse** *adj (flou)* hazy, misty; *(léger)* filmy; **vaporisateur** *nm* spray; **vaporiser** /1/ *vt (parfum etc)* to spray
varappe [vaʀap] *nf* rock climbing
vareuse [vaʀøz] *nf (blouson)* pea jacket; *(d'uniforme)* tunic
variable [vaʀjabl] *adj* variable; *(temps, humeur)* changeable; *(divers: résultats)* varied, various
varice [vaʀis] *nf* varicose vein
varicelle [vaʀisɛl] *nf* chickenpox

varié, e [vaʀje] *adj* varied; (*divers*) various; **hors-d'œuvre ~s** selection of hors d'œuvres
varier [vaʀje] /7/ *vi* to vary; (*temps, humeur*) to change ▷ *vt* to vary; **variété** *nf* variety; **spectacle de variétés** variety show
variole [vaʀjɔl] *nf* smallpox
Varsovie [vaʀsɔvi] *n* Warsaw
vas [va] *vb voir* **aller**; **~-y!** go on!
vase [vɑz] *nm* vase ▷ *nf* silt, mud; **vaseux, -euse** *adj* silty, muddy; (*fig: confus*) woolly, hazy; (*: fatigué*) peaky
vasistas [vazistas] *nm* fanlight
vaste [vast] *adj* vast, immense
vautour [votuʀ] *nm* vulture
vautrer [votʀe] /1/: **se vautrer** *vi*: **se ~ dans** to wallow in; **se ~ sur** to sprawl on
va-vite [vavit]: **à la ~** *adv* in a rush
VDQS *sigle m* (= *vin délimité de qualité supérieure*) *label guaranteeing quality of wine*
veau, x [vo] *nm* (*Zool*) calf; (*Culin*) veal; (*peau*) calfskin
vécu, e [veky] *pp de* **vivre**
vedette [vədɛt] *nf* (*artiste etc*) star; (*canot*) patrol boat; (*police*) launch
végétal, e, -aux [veʒetal, -o] *adj* vegetable ▷ *nm* vegetable, plant; **végétalien, ne** *adj, nm/f* vegan
végétarien, ne [veʒetaʀjɛ̃, -ɛn] *adj, nm/f* vegetarian
végétation [veʒetasjɔ̃] *nf* vegetation; **végétations** *nfpl* (*Méd*) adenoids
véhicule [veikyl] *nm* vehicle; **~ utilitaire** commercial vehicle
veille [vɛj] *nf* (*Psych*) wakefulness; (*jour*): **la ~** the day before; **la ~ au soir** the previous evening; **la ~ de** the day before; **la ~ de Noël** Christmas Eve; **la ~ du jour de l'An** New Year's Eve; **à la ~ de** on the eve of
veillée [veje] *nf* (*soirée*) evening; (*réunion*) evening gathering; **~ (funèbre)** wake
veiller [veje] /1/ *vi* to stay *ou* sit up ▷ *vt* (*malade, mort*) to watch over, sit up with; **~ à** to attend to, see to; **~ à ce que** to make sure that; **~ sur** to keep a watch *ou* an eye on; **veilleur** *nm*: **veilleur de nuit** night watchman; **veilleuse** *nf* (*lampe*) night light; (*Auto*) sidelight; (*flamme*) pilot light
veinard, e [vɛnaʀ, -aʀd] *nm/f* lucky devil
veine [vɛn] *nf* (*Anat, du bois etc*) vein; (*filon*) vein, seam; **avoir de la ~** (*fam*) (*chance*) to be lucky
véliplanchiste [veliplɑ̃ʃist] *nm/f* windsurfer
vélo [velo] *nm* bike, cycle; **faire du ~** to go cycling; **vélomoteur** *nm* moped
velours [v(ə)luʀ] *nm* velvet; **~ côtelé** corduroy; **velouté, e** *adj* velvety ▷ *nm*: **velouté d'asperges/de tomates** cream of asparagus/tomato soup
velu, e [vəly] *adj* hairy
vendange [vɑ̃dɑ̃ʒ] *nf* (*aussi*: **~s**) grape harvest; **vendanger** /3/ *vi* to harvest the grapes
vendeur, -euse [vɑ̃dœʀ, -øz] *nm/f* shop *ou* sales assistant ▷ *nm* (*Jur*) vendor, seller
vendre [vɑ̃dʀ] /41/ *vt* to sell; **~ qch à qn** to sell sb sth; **"à ~"** "for sale"
vendredi [vɑ̃dʀədi] *nm* Friday; **V~ saint** Good Friday
vénéneux, -euse [venenø, -øz] *adj* poisonous
vénérien, ne [veneʀjɛ̃, -ɛn] *adj* venereal
vengeance [vɑ̃ʒɑ̃s] *nf* vengeance *no pl*, revenge *no pl*
venger [vɑ̃ʒe] /3/ *vt* to avenge; **se venger** *vi* to avenge o.s.; **se ~ de qch** to avenge o.s. for sth; to take one's revenge for sth; **se ~ de qn** to take revenge on sb; **se ~ sur** to take revenge on

enimeux, -euse [vənimø, -øz] *adj* poisonous, venomous; (*fig: haineux*) venomous, vicious
enin [vənɛ̃] *nm* venom, poison
enir [v(ə)niʀ] /22/ *vi* to come; **~ de** to come from; **~ de faire: je viens d'y aller/de le voir** I've just been there/seen him; **s'il vient à pleuvoir** if it should rain; **où veux-tu en ~?** what are you getting at?; **faire ~** (*docteur, plombier*) to call (out)
ent [vɑ̃] *nm* wind; **il y a du ~** it's windy; **c'est du ~** it's all hot air; **dans le ~** (*fam*) trendy
ente [vɑ̃t] *nf* sale; **la ~** (*activité*) selling; (*secteur*) sales *pl*; **mettre en ~** to put on sale; (*objets personnels*) to put up for sale; **~ aux enchères** auction sale; **~ de charité** jumble (BRIT) *ou* rummage (US) sale
enteux, -euse [vɑ̃tø, -øz] *adj* windy
entilateur [vɑ̃tilatœʀ] *nm* fan
entiler [vɑ̃tile] /1/ *vt* to ventilate
entouse [vɑ̃tuz] *nf* (*de caoutchouc*) suction pad
entre [vɑ̃tʀ] *nm* (*Anat*) stomach; (*fig*) belly; **avoir mal au ~** to have (a) stomach ache
enu, e [v(ə)ny] *pp de* **venir** ▷ *adj*: **être mal ~ à** *ou* **de faire** to have no grounds for doing, be in no position to do; **mal ~** ill-timed; **bien ~** timely
er [vɛʀ] *nm* worm; (*des fruits etc*) maggot; (*du bois*) woodworm *no pl*; **~ luisant** glow-worm; **~ à soie** silkworm; **~ solitaire** tapeworm; **~ de terre** earthworm
erbe [vɛʀb] *nm* verb
erdâtre [vɛʀdɑtʀ] *adj* greenish
erdict [vɛʀdik(t)] *nm* verdict
erdir [vɛʀdiʀ] /2/ *vi, vt* to turn green; **verdure** *nf* greenery
éreux, -euse [veʀø, -øz] *adj* worm-eaten; (*malhonnête*) shady, corrupt
erge [vɛʀʒ] *nf* (*Anat*) penis
erger [vɛʀʒe] *nm* orchard

verglacé, e [vɛʀglase] *adj* icy, iced-over
verglas [vɛʀglɑ] *nm* (black) ice
véridique [veʀidik] *adj* truthful
vérification [veʀifikasjɔ̃] *nf* checking *no pl*, check
vérifier [veʀifje] /7/ *vt* to check; (*corroborer*) to confirm, bear out
véritable [veʀitabl] *adj* real; (*ami, amour*) true; **un ~ désastre** an absolute disaster
vérité [veʀite] *nf* truth; **en ~** to tell the truth
verlan [vɛʀlɑ̃] *nm* (back) slang
vermeil, le [vɛʀmɛj] *adj* ruby red
vermine [vɛʀmin] *nf* vermin *pl*
vermoulu, e [vɛʀmuly] *adj* worm-eaten
verni, e [vɛʀni] *adj* (*fam*) lucky; **cuir ~** patent leather
vernir [vɛʀniʀ] /2/ *vt* (*bois, tableau, ongles*) to varnish; (*poterie*) to glaze; **vernis** *nm* (*enduit*) varnish; glaze; (*fig*) veneer; **vernis à ongles** nail varnish (BRIT) *ou* polish; **vernissage** *nm* (*d'une exposition*) preview
vérole [veʀɔl] *nf* (*variole*) smallpox
verre [vɛʀ] *nm* glass; (*de lunettes*) lens *sg*; **boire** *ou* **prendre un ~** to have a drink; **~s de contact** contact lenses; **verrière** *nf* (*grand vitrage*) window; (*toit vitré*) glass roof
verrou [veʀu] *nm* (*targette*) bolt; **mettre qn sous les ~s** to put sb behind bars; **verrouillage** *nm* locking mechanism; **verrouillage central** *ou* **centralisé** central locking; **verrouiller** /1/ *vt* to bolt; to lock
verrue [veʀy] *nf* wart
vers [vɛʀ] *nm* line ▷ *nmpl* (*poésie*) verse *sg* ▷ *prép* (*en direction de*) toward(s); (*près de*) around (about); (*temporel*) about, around
versant [vɛʀsɑ̃] *nm* slopes *pl*, side
versatile [vɛʀsatil] *adj* fickle, changeable
verse [vɛʀs]: **à ~** *adv*: **il pleut à ~** it's pouring (with rain)

Verseau [vɛʀso] *nm*: **le ~** Aquarius
versement [vɛʀsəmɑ̃] *nm* payment; **en trois ~s** in three instalments
verser [vɛʀse] /1/ *vt* (*liquide, grains*) to pour; (*larmes, sang*) to shed; (*argent*) to pay; **~ sur un compte** to pay into an account
version [vɛʀsjɔ̃] *nf* version; (*Scol*) translation (*into the mother tongue*); **film en ~ originale** film in the original language
verso [vɛʀso] *nm* back; **voir au ~** see over(leaf)
vert, e [vɛʀ, vɛʀt] *adj* green; (*vin*) young; (*vigoureux*) sprightly ▷ *nm* green; **les V~s** (*Pol*) the Greens
vertèbre [vɛʀtɛbʀ] *nf* vertebra
vertement [vɛʀtəmɑ̃] *adv* (*réprimander*) sharply
vertical, e, -aux [vɛʀtikal, -o] *adj* vertical; **verticale** *nf* vertical; **à la verticale** vertically; **verticalement** *adv* vertically
vertige [vɛʀtiʒ] *nm* (*peur du vide*) vertigo; (*étourdissement*) dizzy spell; (*fig*) fever; **vertigineux, -euse** *adj* breathtaking
vertu [vɛʀty] *nf* virtue; **en ~ de** in accordance with; **vertueux, -euse** *adj* virtuous
verve [vɛʀv] *nf* witty eloquence; **être en ~** to be in brilliant form
verveine [vɛʀvɛn] *nf* (*Bot*) verbena, vervain; (*infusion*) verbena tea
vésicule [vezikyl] *nf* vesicle; **~ biliaire** gall-bladder
vessie [vesi] *nf* bladder
veste [vɛst] *nf* jacket; **~ droite/croisée** single-/double-breasted jacket
vestiaire [vɛstjɛʀ] *nm* (*au théâtre etc*) cloakroom; (*de stade etc*) changing-room (BRIT), locker-room (US)
vestibule [vɛstibyl] *nm* hall
vestige [vɛstiʒ] *nm* relic; (*fig*) vestige; **vestiges** *nmpl* (*d'une ville*) remains
vestimentaire [vɛstimɑ̃tɛʀ] *adj* (*détail*) of dress; (*élégance*) sartorial; **dépenses ~s** clothing expenditure
veston [vɛstɔ̃] *nm* jacket
vêtement [vɛtmɑ̃] *nm* garment, item of clothing; **vêtements** *nmpl* clothes
vétérinaire [veteʀinɛʀ] *nm/f* vet, veterinary surgeon
vêtir [vetiʀ] /20/ *vt* to clothe, dress
vêtu, e [vety] *pp de* **vêtir** ▷ *adj*: **~ de** dressed in, wearing
vétuste [vetyst] *adj* ancient, timeworn
veuf, veuve [vœf, vœv] *adj* widowe[d] ▷ *nm* widower ▷ *nf* widow
vexant, e [vɛksɑ̃, -ɑ̃t] *adj* (*contrariant*) annoying; (*blessant*) upsetting
vexation [vɛksasjɔ̃] *nf* humiliation
vexer [vɛkse] /1/ *vt* to hurt; **se vexe[r]** *vi* to be offended
viable [vjabl] *adj* viable; (*économie, industrie etc*) sustainable
viande [vjɑ̃d] *nf* meat; **je ne mange[ ] pas de ~** I don't eat meat
vibrer [vibʀe] /1/ *vi* to vibrate; (*son, voix*) to be vibrant; (*fig*) to be stirred; **faire ~** to (cause to) vibrate; to stir, thrill
vice [vis] *nm* vice; (*défaut*) fault; **~ de forme** legal flaw *ou* irregularity
vicié, e [visje] *adj* (*air*) polluted, tainted; (*Jur*) invalidated
vicieux, -euse [visjø, -øz] *adj* (*pervers*) dirty(-minded); (*méchant*) nasty ▷ *nm/f* lecher
vicinal, e, -aux [visinal, -o] *adj*: **chemin ~** byroad, byway
victime [viktim] *nf* victim; (*d'accident*) casualty
victoire [viktwaʀ] *nf* victory
victuailles [viktɥaj] *nfpl* provisions
vidange [vidɑ̃ʒ] *nf* (*d'un fossé, réservoir*) emptying; (*Auto*) oil change; (*de lavabo: bonde*) waste outlet; **vidanges** *nfpl* (*matières*) sewage *sg*; **vidanger** /3/ *vt* to empty

ide [vid] *adj* empty ▷ *nm* (*Physique*) vacuum; (*espace*) (empty) space, gap; (*futilité, néant*) void; **emballé sous ~** vacuum-packed; **avoir peur du ~** to be afraid of heights; **à ~** (*sans occupants*) empty; (*sans charge*) unladen

idéo [video] *nf* video; **cassette ~** video cassette; **vidéoclip** *nm* music video; **vidéoconférence** *nf* videoconference

ide-ordures [vidɔʀdyʀ] *nm inv* (rubbish) chute

ider [vide] /1/ *vt* to empty; (*Culin: volaille, poisson*) to gut, clean out; **se vider** *vi* to empty; **~ les lieux** to quit *ou* vacate the premises; **videur** *nm* (*de boîte de nuit*) bouncer

ie [vi] *nf* life; **être en ~** to be alive; **sans ~** lifeless; **à ~** for life; **que faites-vous dans la ~?** what do you do?

ieil [vjɛj] *adj m voir* **vieux**; **vieillard** *nm* old man; **vieille** *adj f, nf voir* **vieux**; **vieilleries** *nfpl* old things *ou* stuff *sg*; **vieillesse** *nf* old age; **vieillir** /2/ *vi* (*prendre de l'âge*) to grow old; (*population, vin*) to age; (*doctrine, auteur*) to become dated ▷ *vt* to age; **se vieillir** to make o.s. older; **vieillissement** *nm* growing old; ageing

ienne [vjɛn] *n* Vienna

iens [vjɛ̃] *vb voir* **venir**

ierge *adj* virgin; (*page*) clean, blank ▷ *nf* virgin; (*signe*): **la V~** Virgo

iêtnam, Vietnam [vjɛtnam] *nm*: **le ~** Vietnam; **vietnamien, ne** *adj* Vietnamese ▷ *nm/f*: **Vietnamien, ne** Vietnamese

ieux (vieil), vieille [vjø, vjɛj] *adj* old ▷ *nm/f* old man/woman ▷ *nmpl*: **les ~** the old, old people; **un petit ~** a little old man; **mon ~/ma vieille** (*fam*) old man/girl; **prendre un coup de ~** to put years on; **~ garçon** bachelor; **~ jeu** *adj inv* old-fashioned

vif, vive [vif, viv] *adj* (*animé*) lively; (*alerte*) sharp; (*lumière, couleur*) brilliant; (*air*) crisp; (*vent, émotion*) keen; (*fort: regret, déception*) great, deep; (*vivant*): **brûlé ~** burnt alive; **de vive voix** personally; **avoir l'esprit ~** to be quick-witted; **piquer qn au ~** to cut sb to the quick; **à ~** (*plaie*) open; **avoir les nerfs à ~** to be on edge

vigne [viɲ] *nf* (*plante*) vine; (*plantation*) vineyard; **vigneron** *nm* wine grower

vignette [viɲɛt] *nf* (*pour voiture*) ≈ (road) tax disc (BRIT), ≈ license plate sticker (US); (*sur médicament*) price label (*on medicines for reimbursement by Social Security*)

vignoble [viɲɔbl] *nm* (*plantation*) vineyard; (*vignes d'une région*) vineyards *pl*

vigoureux, -euse [viguʀø, -øz] *adj* vigorous, robust

vigueur [vigœʀ] *nf* vigour; **être/entrer en ~** to be in/come into force; **en ~** current

vilain, e [vilɛ̃, -ɛn] *adj* (*laid*) ugly; (*affaire, blessure*) nasty; (*pas sage: enfant*) naughty; **~ mot** bad word

villa [vila] *nf* (detached) house; **~ en multipropriété** time-share villa

village [vilaʒ] *nm* village; **villageois, e** *adj* village *cpd* ▷ *nm/f* villager

ville [vil] *nf* town; (*importante*) city; (*administration*): **la ~** ≈ the (town) council; **~ d'eaux** spa; **~ nouvelle** new town

vin [vɛ̃] *nm* wine; **avoir le ~ gai/triste** to get happy/miserable after a few drinks; **~ d'honneur** reception (*with wine and snacks*); **~ ordinaire** *ou* **de table** table wine; **~ de pays** local wine

vinaigre [vinɛgʀ] *nm* vinegar; **vinaigrette** *nf* vinaigrette, French dressing

vindicatif, -ive [vɛ̃dikatif, -iv] *adj* vindictive

vingt [vɛ̃, vɛ̃t] (*2nd pron used when followed by a vowel*) *num* twenty; **~-quatre heures sur ~-quatre** twenty-four hours a day, round the clock; **vingtaine** *nf*: **une vingtaine (de)** around twenty, twenty or so; **vingtième** *num* twentieth
vinicole [vinikɔl] *adj* wine *cpd*; wine-growing
vinyle [vinil] *nm* vinyl
viol [vjɔl] *nm* (*d'une femme*) rape; (*d'un lieu sacré*) violation
violacé, e [vjɔlase] *adj* purplish, mauvish
violemment [vjɔlamɑ̃] *adv* violently
violence [vjɔlɑ̃s] *nf* violence
violent, e [vjɔlɑ̃, -ɑ̃t] *adj* violent; (*remède*) drastic
violer [vjɔle] /1/ *vt* (*femme*) to rape; (*sépulture*) to desecrate; (*loi, traité*) to violate
violet, te [vjɔlɛ, -ɛt] *adj, nm* purple, mauve ▷ *nf* (*fleur*) violet
violon [vjɔlɔ̃] *nm* violin; (*fam*: *prison*) lock-up; **~ d'Ingres** (artistic) hobby; **violoncelle** *nm* cello; **violoniste** *nm/f* violinist
vipère [vipɛʀ] *nf* viper, adder
virage [viʀaʒ] *nm* (*d'un véhicule*) turn; (*d'une route, piste*) bend
virée [viʀe] *nf* run; (*à pied*) walk; (*longue*) hike
virement [viʀmɑ̃] *nm* (*Comm*) transfer
virer [viʀe] /1/ *vt* (*Comm*) to transfer; (*fam*: *renvoyer*) to sack ▷ *vi* to turn; (*Chimie*) to change colour (BRIT) *ou* color (US); **~ au bleu** to turn blue; **~ de bord** to tack
virevolter [viʀvɔlte] /1/ *vi* to twirl around
virgule [viʀgyl] *nf* comma; (*Math*) point
viril, e [viʀil] *adj* (*propre à l'homme*) masculine; (*énergique, courageux*) manly, virile
virtuel, le [viʀtɥɛl] *adj* potential; (*théorique*) virtual
virtuose [viʀtɥoz] *nm/f* (*Mus*) virtuoso; (*gén*) master
virus [viʀys] *nm* virus
vis *vb* [vi] *voir* **voir, vivre** ▷ *nf* [vis] screw
visa [viza] *nm* (*sceau*) stamp; (*validation de passeport*) visa
visage [vizaʒ] *nm* face
vis-à-vis [vizavi]: **~ de** *prép* toward[s] **en ~** facing *ou* opposite each other
visée [vize] *nf* aiming; **visées** *nfpl* (*intentions*) designs
viser [vize] /1/ *vi* to aim ▷ *vt* to aim at; (*concerner*) to be aimed *ou* directe[d] at; (*apposer un visa sur*) to stamp, visa; **~ à qch/faire** to aim at sth/at doing *ou* to do
visibilité [vizibilite] *nf* visibility
visible [vizibl] *adj* visible; (*disponible*) **est-il ~?** can he see me?, will he see visitors?
visière [vizjɛʀ] *nf* (*de casquette*) peak; (*qui s'attache*) eyeshade
vision [vizjɔ̃] *nf* vision; (*sens*) (eye)sight, vision; (*fait de voir*): **la ~ d[e]** the sight of; **visionneuse** *nf* viewer
visiophone [vizjɔfɔn] *nm* videophone
visite [vizit] *nf* visit; **~ médicale** medical examination; **~ accompagnée** *ou* **guidée** guided tour; **faire une ~ à qn** to call on sb, pay sb a visit; **rendre ~ à qn** to visit sb, pay sb a visit; **être en ~ (chez qn)** to be visiting (sb); **avoir de la ~** to have visitors; **heures de ~** (*hôpital, prison*) visiting hours
visiter [vizite] /1/ *vt* to visit; **visiteu[r], -euse** *nm/f* visitor
vison [vizɔ̃] *nm* mink
visser [vise] /1/ *vt*: **~ qch** (*fixer, serrer*) to screw sth on
visuel, le [vizɥɛl] *adj* visual
vital, e, -aux [vital, -o] *adj* vital
vitamine [vitamin] *nf* vitamin
vite [vit] *adv* (*rapidement*) quickly, fas[t]; (*sans délai*) quickly; soon; **~!** quick!; **faire ~** to be quick

tesse [vitɛs] *nf* speed; (*Auto: lispositif*) gear; **prendre de la ~** to ɔick up *ou* gather speed; **à toute ~** at 'ull *ou* top speed; **en ~** quickly

LIMITE DE VITESSE

The speed limit in France is 50 km/h in built-up areas, 90 km/h on main roads, and 130 km/h on motorways (110 km/h when it is raining).

ticulteur [vitikyltœʀ] *nm* wine grower

trage [vitʀaʒ] *nm*: **double ~** double glazing

trail, -aux [vitʀaj, -o] *nm* stained-glass window

tre [vitʀ] *nf* (window) pane; (*de ɔortière, voiture*) window; **vitré, e** *adj* glass *cpd*

trine [vitʀin] *nf* (shop) window; (*petite armoire*) display cabinet; **en ~** n the window

vable [vivabl] *adj* (*personne*) livable-with; (*maison*) fit to live in

vace [vivas] *adj* (*arbre, plante*) hardy; (*fig*) enduring

vacité [vivasite] *nf* liveliness, vivacity

vant, e [vivɑ̃, -ɑ̃t] *adj* (*qui vit*) living, alive; (*animé*) lively; (*preuve, exemple*) living ▷ *nm*: **du ~ de qn** in sb's lifetime; **les ~s et les morts** the living and the dead

ve [viv] *adj f voir* **vif** ▷ *vb voir* **vivre** ▷ *excl*: **~ le roi!** long live the king!; **vivement** *adv* sharply ▷ *excl*: **vivement les vacances!** roll on the holidays!

vier [vivje] *nm* (*au restaurant etc*) fish tank; (*étang*) fishpond

vifiant, e [vivifjɑ̃, -ɑ̃t] *adj* invigorating

voter [vivɔte] /1/ *vi* (*personne*) to scrape a living, get by; (*fig: affaire etc*) to struggle along

vivre [vivʀ] /46/ *vi, vt* to live; **vivres** *nmpl* provisions, food supplies; **il vit encore** he is still alive; **se laisser ~** to take life as it comes; **ne plus ~** (*être anxieux*) to live on one's nerves; **il a vécu** (*eu une vie aventureuse*) he has seen life; **être facile à ~** to be easy to get on with; **faire ~ qn** (*pourvoir à sa subsistance*) to provide (a living) for sb; **~ de** to live on

vlan [vlɑ̃] *excl* wham!, bang!

VO *sigle f* = **version originale**; **voir un film en VO** to see a film in its original language

vocabulaire [vɔkabylɛʀ] *nm* vocabulary

vocation [vɔkasjɔ̃] *nf* vocation, calling

vœu, x [vø] *nm* wish; (*à Dieu*) vow; **faire ~ de** to take a vow of; **avec tous nos ~x** with every good wish *ou* our best wishes

vogue [vɔg] *nf* fashion, vogue; **en ~** in fashion, in vogue

voici [vwasi] *prép* (*pour introduire, désigner*) here is (+ *sg*); here are (+ *pl*); **et ~ que ...** and now it (*ou* he) ...; *voir aussi* **voilà**

voie [vwa] *nf* way; (*Rail*) track, line; (*Auto*) lane; **par ~ buccale** *ou* **orale** orally; **être en bonne ~** to be shaping *ou* going well; **mettre qn sur la ~** to put sb on the right track; **être en ~ d'achèvement/de rénovation** to be nearing completion/in the process of renovation; **à ~ unique** single-track; **route à deux/trois ~s** two-/three-lane road; **~ express** expressway; **~ ferrée** track; railway line (BRIT), railroad (US); **~ de garage** (*Rail*) siding; **la ~ lactée** the Milky Way; **la ~ publique** the public highway

voilà [vwala] *prép* (*en désignant*) there is (+ *sg*); there are (+ *pl*); **les ~** *ou* **voici** here *ou* there they are; **en ~** *ou* **voici un** here's one, there's one; **voici mon frère et ~ ma sœur** this is my brother and that's my sister; **~** *ou* **voici deux ans** two years ago; **~** *ou* **voici deux ans que** it's two years since; **et ~!** there we are!; **~ tout** that's all; **"~** *ou* **voici"** *(en offrant etc)* "there ou here you are"; **tiens! ~ Paul** look! there's Paul

voile [vwal] *nm* veil; *(tissu léger)* net ▷ *nf* sail; *(sport)* sailing; **voiler** /1/ *vt* to veil; *(fausser: roue)* to buckle; *(: bois)* to warp; **se voiler** *vi (lune, regard)* to mist over; *(voix)* to become husky; *(roue, disque)* to buckle; *(planche)* to warp; **voilier** *nm* sailing ship; *(de plaisance)* sailing boat; **voilure** *nf (de voilier)* sails *pl*

voir [vwaʀ] /30/ *vi, vt* to see; **se voir**: **cela se voit** *(c'est visible)* that's obvious, it shows; **faire ~ qch à qn** to show sb sth; **en faire ~ à qn** *(fig)* to give sb a hard time; **ne pas pouvoir ~ qn** not to be able to stand sb; **voyons!** let's see now; *(indignation etc)* come (along) now!; **ça n'a rien à ~ avec lui** that has nothing to do with him

voire [vwaʀ] *adv* or even

voisin, e [vwazɛ̃, -in] *adj (proche)* neighbouring; next; *(ressemblant)* connected ▷ *nm/f* neighbour; **voisinage** *nm (proximité)* proximity; *(environs)* vicinity; *(quartier, voisins)* neighbourhood

voiture [vwatyʀ] *nf* car; *(wagon)* coach, carriage; **~ de course** racing car; **~ de sport** sports car

voix [vwa] *nf* voice; *(Pol)* vote; **à haute ~** aloud; **à ~ basse** in a low voice; **à deux/quatre ~** *(Mus)* in two/four parts; **avoir ~ au chapitre** to have a say in the matter

vol [vɔl] *nm (trajet, voyage, groupe d'oiseaux)* flight; *(mode d'appropriation)* theft, stealing; *(larcin)* theft; **à ~ d'oiseau** as the crow flies; **au ~: attraper qch au ~** to catch sth as it flies past; **en ~** in flight; **~ libre** hang-gliding; **~ à main armée** armed robbery; **~ régulier** scheduled fligh[t]; **~ à voile** gliding

volage [vɔlaʒ] *adj* fickle

volaille [vɔlɑj] *nf (oiseaux)* poultry *p[l]*; *(viande)* poultry *no pl*; *(oiseau)* fowl

volant, e [vɔlɑ̃, -ɑ̃t] *adj* flying ▷ *nm (d'automobile)* (steering) wheel; *(de commande)* wheel; *(objet lancé)* shuttlecock; *(bande de tissu)* flounce

volcan [vɔlkɑ̃] *nm* volcano

volée [vɔle] *nf (Tennis)* volley; **à la ~: rattraper à la ~** to catch in midair; **toute ~** *(sonner les cloches)* vigorous; *(lancer un projectile)* with full force

voler [vɔle] /1/ *vi (avion, oiseau, fig)* to fly; *(voleur)* to steal ▷ *vt (objet)* to steal; *(personne)* to rob; **~ qch à qn t[o]** steal sth from sb; **on m'a volé mo[n] portefeuille** my wallet (BRIT) *ou* billfold (US) has been stolen; **il ne l'[a] pas volé!** he asked for it!

volet [vɔlɛ] *nm (de fenêtre)* shutter; *(Aviat)* flap; *(de feuillet, document)* section; *(fig: d'un plan)* facet

voleur, -euse [vɔlœʀ, -øz] *nm/f* th[ief] ▷ *adj* thieving; **"au ~!"** "stop thief!"

volley [vɔlɛ], **volley-ball** [vɔlɛbo[l]] *nm* volleyball

volontaire [vɔlɔ̃tɛʀ] *adj (acte, activité)* voluntary; *(délibéré)* deliberate; *(caractère, personne: déci[dé])* self-willed ▷ *nm/f* volunteer

volonté [vɔlɔ̃te] *nf (faculté de vouloi[r])* will; *(énergie, fermeté)* will(power); *(souhait, désir)* wish; **se servir/boir[e] à ~** to take/drink as much as one likes; **bonne ~** goodwill, willingnes[s]; **mauvaise ~** lack of goodwill, unwillingness

volontiers [vɔlɔ̃tje] *adv (avec plaisi[r])* willingly, gladly; *(habituellement, souvent)* readily, willingly; **"~"** "with pleasure"

volt [vɔlt] *nm* volt

volte-face [vɔltəfas] *nf inv*: **faire ~** to do an about-turn

voltige [vɔltiʒ] *nf (Équitation)* trick riding; *(au cirque)* acrobatics *sg*;

voltiger [vɔltiʒe] /3/ *vi* to flutter (about)
volubile [vɔlybil] *adj* voluble
volume [vɔlym] *nm* volume; (*Géom: solide*) solid; **volumineux, -euse** *adj* voluminous, bulky
volupté [vɔlypte] *nf* sensual delight *ou* pleasure
vomi [vɔmi] *nm* vomit; **vomir** /2/ *vi* to vomit, be sick ▷ *vt* to vomit, bring up; (*fig*) to belch out, spew out; (*exécrer*) to loathe, abhor
vorace [vɔʀas] *adj* voracious
vos [vo] *adj poss voir* **votre**
vote [vɔt] *nm* vote; **~ par correspondance/procuration** postal/proxy vote; **voter** [vɔte] /1/ *vi* to vote ▷ *vt* (*loi, décision*) to vote for
votre [vɔtʀ] (*pl* **vos**) *adj poss* your
vôtre [votʀ] *pron*: **le ~, la ~, les ~s** yours; **les ~s** (*fig*) your family *ou* folks; **à la ~** (*toast*) your (good) health!
vouer [vwe] /1/ *vt*: **~ sa vie/son temps à** (*étude, cause etc*) to devote one's life/time to; **~ une haine/amitié éternelle à qn** to vow undying hatred/friendship to sb

MOT-CLÉ

vouloir [vulwaʀ] /31/ *vt* **1** (*exiger, désirer*) to want; **vouloir faire/que qn fasse** to want to do/sb to do; **voulez-vous du thé?** would you like *ou* do you want some tea?; **que me veut-il?** what does he want with me?; **sans le vouloir** (*involontairement*) without meaning to, unintentionally; **je voudrais ceci/faire** I would *ou* I'd like this/to do; **le hasard a voulu que ...** as fate would have it, ...; **la tradition veut que ...** tradition demands that ...
2 (*consentir*): **je veux bien** (*bonne volonté*) I'll be happy to; (*concession*) fair enough, that's fine; **oui, si on veut** (*en quelque sorte*) yes, if you like; **veuillez attendre** please wait; **veuillez agréer ...** (*formule épistolaire*) yours faithfully
3: **en vouloir à qn** to bear sb a grudge; **s'en vouloir (de)** to be annoyed with o.s. (for); **il en veut à mon argent** he's after my money
4: **vouloir de: l'entreprise ne veut plus de lui** the firm doesn't want him any more; **elle ne veut pas de son aide** she doesn't want his help
5: **vouloir dire** to mean
▶ *nm*: **le bon vouloir de qn** sb's goodwill; sb's pleasure

voulu, e [vuly] *pp de* **vouloir** ▷ *adj* (*requis*) required, requisite; (*délibéré*) deliberate, intentional
vous [vu] *pron* you; (*objet indirect*) (to) you; (*réfléchi: sg*) yourself; (*: pl*) yourselves; (*réciproque*) each other ▷ *nm*: **employer le ~** (*vouvoyer*) to use the "vous" form; **~-même** yourself; **~-mêmes** yourselves
vouvoyer [vuvwaje] /8/ *vt*: **~ qn** to address sb as "vous"
voyage [vwajaʒ] *nm* journey, trip; (*fait de voyager*): **le ~** travel(ling); **partir/être en ~** to go off/be away on a journey *ou* trip; **faire bon ~** to have a good journey; **~ d'agrément/d'affaires** pleasure/business trip; **~ de noces** honeymoon; **~ organisé** package tour
voyager [vwajaʒe] /3/ *vi* to travel; **voyageur, -euse** *nm/f* traveller; (*passager*) passenger; **voyageur (de commerce)** commercial traveller
voyant, e [vwajɑ̃, -ɑ̃t] *adj* (*couleur*) loud, gaudy ▷ *nm* (*signal*) (warning) light
voyelle [vwajɛl] *nf* vowel
voyou [vwaju] *nm* hoodlum
vrac [vʀak]: **en ~** *adv* loose; (*Comm*) in bulk
vrai, e [vʀɛ] *adj* (*véridique: récit, faits*) true; (*non factice, authentique*) real; **à ~ dire** to tell the truth; **vraiment** *adv* really;

vraisemblable *adj* likely; (*excuse*) plausible; **vraisemblablement** *adv* in all likelihood, very likely; **vraisemblance** *nf* likelihood; (*romanesque*) verisimilitude

vrombir [vRɔ̃biR] /2/ *vi* to hum

VRP *sigle m* (= *voyageur, représentant, placier*) (sales) rep (*fam*)

VTT *sigle m* (= *vélo tout-terrain*) mountain bike

vu[1] [vy] *prép* (*en raison de*) in view of; **vu que** in view of the fact that

vu[2]**, e** [vy] *pp de* **voir** ▷ *adj*: **bien/mal vu** (*personne*) well/poorly thought of

vue [vy] *nf* (*sens, faculté*) (eye)sight; (*panorama, image, photo*) view; **la ~ de** (*spectacle*) the sight of; **vues** *nfpl* (*idées*) views; (*dessein*) designs; **perdre la ~** to lose one's (eye)sight; **perdre de ~** to lose sight of; **hors de ~** out of sight; **à première ~** at first sight; **tirer à ~** to shoot on sight; **à ~ d'œil** visibly; **avoir ~ sur** to have a view of; **en ~** (*visible*) in sight; (*célèbre*) in the public eye; **en ~ de faire** with a view to doing; **~ d'ensemble** overall view

vulgaire [vylgɛR] *adj* (*grossier*) vulgar, coarse; (*trivial*) commonplace, mundane; (*péj: quelconque*): **de ~s touristes/chaises de cuisine** common tourists/kitchen chairs; (*Bot, Zool: non latin*) common; **vulgariser** /1/ *vt* to popularize

vulnérable [vylneRabl] *adj* vulnerable

W

wagon [vagɔ̃] *nm* (*de voyageurs*) carriage; (*de marchandises*) truck, wagon; **wagon-lit** *nm* sleeper, sleeping car; **wagon-restaurant** *nm* restaurant *ou* dining car

wallon, ne [walɔ̃, -ɔn] *adj* Walloon ▷ *nm* (*Ling*) Walloon ▷ *nm/f*: **W~, ne** Walloon

watt [wat] *nm* watt

WC [vese] *nmpl* toilet *sg*

Web [wɛb] *nm inv*: **le ~** the (World Wide) Web; **webcam** *nf* webcam; **webmaster, webmestre** *nm/f* webmaster

week-end [wikɛnd] *nm* weekend

western [wɛstɛRn] *nm* western

whisky [wiski] (*pl* **whiskies**) *nm* whisky

wifi [wifi] *nm inv* wifi

WWW *sigle m* (= *World Wide Web*) WWW

X

xénophobe [gzenɔfɔb] *adj* xenophobic ▷ *nm/f* xenophobe
xérès [gzeʀɛs] *nm* sherry
xylophone [gzilɔfɔn] *nm* xylophone

Y

y [i] *adv* (*à cet endroit*) there; (*dessus*) on it (*ou* them); (*dedans*) in it (*ou* them) ▷ *pron* (about *ou* on *ou* of) it (*vérifier la syntaxe du verbe employé*); **j'y pense** I'm thinking about it; **ça y est!** that's it!; *voir aussi* **aller, avoir**
yacht [jɔt] *nm* yacht
yaourt [jauʀt] *nm* yogurt; **~ nature/aux fruits** plain/fruit yogurt
yeux [jø] *nmpl de* **œil**
yoga [jɔga] *nm* yoga
yoghourt [jɔguʀt] *nm* = **yaourt**
yougoslave [jugɔslav] *adj* Yugoslav(ian) ▷ *nm/f*: **Y~** Yugoslav(ian)
Yougoslavie [jugɔslavi] *nf*: **la ~** Yugoslavia; **l'ex-~** the former Yugoslavia

Z

zapper [zape] /1/ *vi* to zap
zapping [zapiŋ] *nm*: **faire du ~** to flick through the channels
zèbre [zɛbʀ] *nm* (*Zool*) zebra; **zébré, e** *adj* striped, streaked
zèle [zɛl] *nm* zeal; **faire du ~** (*péj*) to be over-zealous; **zélé, e** *adj* zealous
zéro [zeʀo] *nm* zero, nought (BRIT); **au-dessous de ~** below zero (Centigrade), below freezing; **partir de ~** to start from scratch; **trois (buts) à ~** three (goals to) nil
zeste [zɛst] *nm* peel, zest
zézayer [zezeje] /8/ *vi* to have a lisp
zigzag [zigzag] *nm* zigzag; **zigzaguer** /1/ *vi* to zigzag (along)
Zimbabwe [zimbabwe] *nm*: **le ~** Zimbabwe
zinc [zɛ̃g] *nm* (*Chimie*) zinc
zipper [zipe] /1/ *vt* (*Inform*) to zip
zizi [zizi] *nm* (*fam*) willy
zodiaque [zɔdjak] *nm* zodiac
zona [zona] *nm* shingles *sg*
zone [zon] *nf* zone, area; (*quartiers pauvres*): **la ~** the slums; **~ bleue** ≈ restricted parking area; **~ industrielle (ZI)** industrial estate
zoo [zoo] *nm* zoo
zoologie [zɔɔlɔʒi] *nf* zoology; **zoologique** *adj* zoological
zut [zyt] *excl* dash (it)! (BRIT), nuts! (US)

Phrasefinder

Phrases utiles

TOPICS | THEMES

TOPICS | THEMES

MEETING PEOPLE | FAIRE CONNAISSANCE

Hello!	Bonjour!
Good evening!	Bonsoir!
Good night!	Bonne nuit!
Goodbye!	Au revoir!
What's your name?	Comment vous appelez-vous?
My name is ...	Je m'appelle ...
This is ...	Je vous présente ...
my wife.	*ma femme.*
my husband.	*mon mari.*
my partner.	*mon compagnon/ ma compagne.*
Where are you from?	D'où venez-vous?
I come from ...	Je suis de ...
How are you?	Comment allez-vous?
Fine, thanks.	Bien, merci.
And you?	Et vous?
Do you speak English?	Parlez-vous anglais?
I don't understand French.	Je ne comprends pas le français.
Thanks very much!	Merci beaucoup!

Asking the Way	Demander son chemin
Where is the nearest ...?	Où est le/la ... le/la plus proche?
How do I get to ...?	Comment est-ce qu'on va à/au/à la ...?
Is it far?	Est-ce que c'est loin?
How far is it from here?	C'est à combien d'ici?
Is this the right way to ...?	C'est la bonne direction pour aller à/au/à la ...?
I'm lost.	Je suis perdu.
Can you show me on the map?	Pouvez-vous me le montrer sur la carte?
You have to turn round.	Vous devez faire demi-tour.
Go straight on.	Allez tout droit.
Turn left/right.	Tournez à gauche/à droite.
Take the second street on the left/right.	Prenez la deuxième rue à gauche/à droite.

Car Hire	Location de voitures
I want to hire ...	Je voudrais louer ...
a car.	*une voiture.*
a moped.	*une mobylette.*
a motorbike.	*une moto.*
How much is it for ...?	C'est combien pour ...?
one day	*une journée*
a week	*une semaine*
What is included in the price?	Qu'est-ce qui est inclus dans le prix?
I'd like a child seat for a ...-year-old child.	Je voudrais un siège-auto pour un enfant de ... ans.
What do I do if I have an accident/if I break down?	Que dois-je faire en cas d'accident/de panne?

Breakdowns	Pannes
My car has broken down.	Je suis en panne.
Where is the next garage?	Où est le garage le plus proche?
The exhaust	*Le pot d'échappement*
The gearbox	*La boîte de vitesses*
The windscreen	*Le pare-brise*
... is broken.	... est cassé(e).
The brakes	*Les freins*
The headlights	*Les phares*
The windscreen wipers	*Les essuie-glace*
... are not working.	... ne fonctionnent pas.
The battery is flat.	La batterie est à plat .
The car won't start.	Le moteur ne démarre pas.
The engine is overheating.	Le moteur surchauffe.
I have a flat tyre.	J'ai un pneu à plat.
Can you repair it?	Pouvez-vous le réparer?
When will the car be ready?	Quand est-ce que la voiture sera prête?

Parking	Stationnement
Can I park here?	Je peux me garer ici?
Do I need to buy a (car-parking) ticket?	Est-ce qu'il faut acheter un ticket de stationnement?
Where is the ticket machine?	Où est l'horodateur?
The ticket machine isn't working.	L'horodateur ne fonctionne pas.

Petrol Station	Station-service
Where is the nearest petrol station?	Où est la station service la plus proche?
Fill it up, please.	Le plein, s'il vous plaît.

30 euros' worth of...	30 euros de ...
diesel.	*diesel.*
(unleaded) economy petrol.	*sans plomb.*
premium unleaded.	*super.*
Pump number ... please.	Pompe numéro ..., s'il vous plaît.
Please check ...	Pouvez-vous vérifier ...
the tyre pressure.	*la pression des pneus?*
the oil.	*le niveau de l'huile?*
the water.	*le niveau de l'eau?*

Accident | Accidents

Please call ...	Appelez ..., s'il vous plaît.
the police.	*la police*
an ambulance.	*une ambulance*
Here are my insurance details.	Voici les références de mon assurance.
Give me your insurance details, please.	Donnez-moi les références de votre assurance , s'il vous plaît.
Can you be a witness for me?	Pouvez-vous me servir de témoin?
You were driving too fast.	Vous conduisiez trop vite.
It wasn't your right of way.	Vous n'aviez pas la priorité.

Travelling by Car | Voyager en voiture

What's the best route to ...?	Quel est le meilleur chemin pour aller à ...?
I'd like a motorway tax sticker ...	Je voudrais un badge de télépéage ...
for a week.	*pour une semaine.*
for a year.	*pour un an.*
Do you have a road map of this area?	Avez-vous une carte de la région?

Cycling	À vélo
Where is the cycle path to ...?	Où est la piste cyclable pour aller à ...?
Can I keep my bike here?	Est-ce que je peux laisser mon vélo ici?
My bike has been stolen.	On m'a volé mon vélo.
Where is the nearest bike repair shop?	Où se trouve le réparateur de vélos le plus proche?
The brakes	*Les freins*
The gears	*Les vitesses*
... aren't working.	... ne marchent pas.
The chain is broken.	La chaîne est cassée.
I've got a flat tyre.	J'ai une crevaison.
I need a puncture repair kit.	J'ai besoin d'un kit de réparation.

Train	En train
How much is ...?	Combien coûte ...?
a single	*un aller simple*
a return	*un aller-retour*
A single to ..., please.	Un aller simple pour ..., s'il vous plaît.
I would like to travel first/ second class.	Je voudrais voyager en première/seconde classe.
Two returns to ..., please.	Deux allers-retours pour ..., s'il vous plaît.
Is there a reduction ...?	Il y a un tarif réduit ...?
for students	*pour les étudiants*
for pensioners	*pour les seniors*
for children	*pour les enfants*
with this pass	*avec cette carte*

I'd like to reserve a seat on the train to ... please.	Je voudrais faire une réservation pour le train qui va à ..., s'il vous plaît.
Non smoking/smoking, please.	Non-fumeurs/Fumeurs, s'il vous plaît.
I want to book a sleeper to ...	Je voudrais réserver une couchette pour ...
When is the next train to ...?	À quelle heure part le prochain train pour ...?
Is there a supplement to pay?	Est-ce qu'il faut payer un supplément?
Do I need to change?	Est-ce qu'il y a un changement?
Where do I change?	Où est-ce qu'il faut changer?
Which platform does the train for ... leave trom?	De quel quai part le train pour ...?
Is this the train for ...?	C'est bien le train pour ...?
Excuse me, that's my seat.	Excusez-moi, c'est ma place.
I have a reservation.	J'ai réservé.
Is this seat free?	La place est libre?
Please let me know when we get to ...	Pourriez-vous me prévenir lorsqu'on arrivera à ...?
Where is the buffet car?	Où est la voiture bar?
Where is coach number ...?	Où est la voiture numéro ...?

Ferry | En ferry

Is there a ferry to ...?	Est-ce qu'il y a un ferry pour ...?
When is the next/first/last ferry to ...?	Quand part le prochain/premier/dernier ferry pour ...?
How much is it for a camper/car with ... people?	Combien coûte la traversée pour un camping-car/une voiture avec ... personnes?

How long does the crossing take?	Combien de temps dure la traversée?
Where is ...?	Où est ...?
the restaurant	*le restaurant*
the bar	*le bar*
the duty-free shop	*le magasin hors taxe*
Where is cabin number ...?	Où est la cabine numéro ...?
Do you have anything for seasickness?	Avez-vous quelque chose pour le mal de mer?

Plane | En avion

Where is ...?	Où est ...?
the taxi rank	*la station de taxis*
the bus stop	*l'arrêt de bus*
the information office	*le bureau de renseignements*
Where do I check in for the flight to ...?	Où dois-je enregistrer pour le vol pour ...?
Which gate for the flight to ...?	À quelle porte faut-il embarquer pour le vol pour ...?
When is the latest I can check in?	Quelle est l'heure limite d'enregistrement?
When does boarding begin?	À quelle heure commence l'embarquement?
Window/aisle, please.	Hublot/couloir, s'il vous plaît.
I've lost my boarding pass/ my ticket.	J'ai perdu mon ticket d'embarquement/mon billet.
Where is the luggage for the flight from ...?	Où sont les bagages du vol provenant de...?
My luggage hasn't arrived.	Mes bagages ne sont pas arrivés.

Local Public Transport | Transports en commun

How do I get to ...?	Comment est-ce qu'on va à ...?
Where is the bus station?	Où est la gare routière?

Where is the nearest ...?	Où est ... le/la plus proche?
bus stop	*l'arrêt de bus*
underground station	*la station de métro*
A ticket to..., please.	Un ticket pour..., s'il vous plaît.
Is there a reduction ...?	Il y a un tarif réduit ...?
for students	*pour les étudiants*
for pensioners	*pour les seniors*
for children	*pour les enfants*
for the unemployed	*pour les chômeurs*
with this pass	*avec cette carte*
How does the (ticket) machine work?	Comment fonctionne le distributeur de billets?
Do you have a map of the underground?	Avez-vous un plan du métro?
Please tell me when to get off.	Pourriez-vous me prévenir quand je dois descendre?
What is the next stop?	Quel est le prochain arrêt?

Taxi | En taxi

Where can I get a taxi?	Où puis-je trouver un taxi?
Call me a taxi, please.	Pouvez-vous m'appeler un taxi, s'il vous plaît?
To the airport/station, please.	À l'aeroport/À la gare, s'il vous plaît.
To this address, please.	À cette adresse, s'il vous plaît.
I'm in a hurry.	Je suis pressé.
How much is it?	Combien est-ce?
I need a receipt.	Il me faut un reçu.
Keep the change.	Gardez la monnaie.
Stop here, please.	Arrêtez-moi ici, s'il vous plaît.

Camping	Camping
Is there a campsite here?	Est-ce qu'il y a un camping ici?
We'd like a site for ...	Nous voudrions un emplacement pour ...
a tent.	*une tente.*
a caravan.	*une caravane.*
We'd like to stay one night/ ... nights.	Nous voudrions rester une nuit/... nuits.
How much is it per night?	Combien est-ce par nuit?
Where are ...?	Où sont ...?
the toilets	*les toilettes*
the showers	*les douches*
Where is ...?	Où est ...?
the site office	*le bureau*
Can we camp/park here overnight?	Est-ce qu'on peut camper/ stationner ici pour la nuit?

Self-Catering	Location de vacances
Where do we get the key for the apartment/house?	Où est-ce qu'il faut aller chercher la clé de l'appartement/la maison?
Do we have to pay extra for electricity/gas?	Est-ce que l'électricité/le gaz est à payer en plus?
How does the heating work?	Comment fonctionne le chauffage?
Who do I contact if there are any problems?	Qui dois-je contacter en cas de problème?
We need ...	Il nous faut ...
a second key.	*un double de la clé.*
more sheets.	*des draps supplémentaires.*

The gas has run out.	Il n'y a plus de gaz.
There is no electricity.	Il n' y a pas d'électricité.
Do we have to clean the apartment/the house before we leave?	Est-ce qu'on doit nettoyer l'appartement/la maison avant de partir?

Hotel | Hôtel

Do you have a ... for tonight?	Avez-vous une ... pour ce soir?
single room	*chambre pour une personne*
double room	*chambre double*
Do you have a room ...?	Avez-vous une chambre ...?
with bath	*avec baignoire*
with shower	*avec douche*
I want to stay for one night/ ... nights.	Je voudrais rester une nuit/ ... nuits.
I booked a room in the name of ...	J'ai réservé une chambre au nom de ...
I'd like another room.	Je voudrais une autre chambre.
What time is breakfast?	On sert le petit déjeuner à quelle heure?
Can I have breakfast in my room?	Pouvez-vous me servir le petit déjeuner dans ma chambre?
Where is ...?	Où est ...?
the gym/the swimming pool	*la salle de sport/la piscine*
I'd like an alarm call for tomorrow morning at ...	Je voudrais qu'on me réveille demain matin à ...
I'd like to get these things washed/cleaned.	Pourriez-vous laver/faire nettoyer ceci?
Please bring me ...	S'il vous plaît, apportez-moi ...
The... doesn't work.	Le/la ... ne marche pas.
Room number ...	Chambre numéro ...
Are there any messages for me?	Est-ce que j'ai reçu des messages?

SHOPPING | ACHATS

I'd like ...	Je voudrais ...
Do you have ...?	Avez-vous ...?
Do you have this ...?	Avez-vous ceci ...?
in another size	*dans une autre taille*
in another colour	*dans une autre couleur*
I take size ...	Je fais du ...
My feet are a size 5½.	Je fais du trente-neuf.
I'll take it.	Je le prends.
Do you have anything else?	Avez-vous autre chose?
That's too expensive.	C'est trop cher.
I'm just looking.	Je regarde juste.
Do you take credit cards?	Acceptez-vous la carte de crédit?

Food shopping | Alimentation

Where is the nearest ...?	Où est ... le/la plus proche?
supermarket	*le supermarché*
baker's	*la boulangerie*
butcher's	*la boucherie*
Where is the market?	Où est le marché?
When is the market on?	Quand se tient le marché?
a kilo/pound of ...	un kilo/demi-kilo de ...
200 grams of ...	deux cents grammes de ...
... slices of ...	... tranches de ...
a litre of ...	un litre de ...
a bottle/packet of ...	une bouteille/un paquet de ...

Post Office | Poste

Where is the nearest post office?	Où est la poste la plus proche?
When does the post office open?	La poste ouvre à quelle heure?
Where can I buy stamps?	Où peut-on acheter des timbres?

I'd like ... stamps for postcards/letters to Britain/the United States.	Je voudrais ... timbres pour cartes postales/lettres pour la Grande-Bretagne/ les États-Unis.
I'd like to send ...	Je voudrais envoyer ...
this letter.	*cette lettre.*
this parcel.	*ce colis.*
by airmail/express mail/ registered mail	par avion/en courrier urgent/en recommandé
Is there any mail for me?	Est-ce que j'ai du courrier?
Where is the nearest postbox?	Où est la boîte aux lettres la plus proche?

Photos | Photographie

A colour/black and white film, please.	Une pellicule couleur/noir et blanc, s'il vous plaît.
My memory card is full.	Ma carte de mémoire est pleine.
Can I have batteries for this camera, please?	Je voudrais des piles pour cet appareil-photo, s'il vous plaît.
Where can I buy a digital camera?	Où est-ce que je peux acheter un appareil photo numérique?
Can you develop this film, please?	Pourriez-vous développer cette pellicule, s'il vous plaît?
I'd like the photos ...	Je voudrais les photos
matt/glossy.	*en mat/en brillant.*
ten by fifteen centimetres.	*en format dix sur quinze.*
Can I print my digital photos here?	Est-ce que je peux imprimer mes photos numériques ici?
How much do the photos cost?	Combien coûtent les photos?
Could you take a photo of us, please?	Pourriez-vous nous prendre en photo, s'il vous plaît?

Sightseeing	Visites touristiques
Where is the tourist office?	Où se trouve l'office de tourisme?
Do you have any leaflets about ...?	Avez-vous des dépliants sur ...?
Are there any sightseeing tours of the town?	Est-ce qu'il y a des visites guidées de la ville?
When is ... open?	À quelle heure ouvre ...?
the museum	*le musée*
the church	*l'église*
the castle	*le château*
How much does it cost to get in?	Combien coûte l'entrée?
Are there any reductions ...?	Il y a un tarif réduit ...?
for students	*pour les étudiants*
for children	*pour les enfants*
for pensioners	*pour les seniors*
for the unemployed	*pour les chômeurs*
Is there a guided tour in English?	Est-ce qu'il y a une visite guidée en anglais?
Can I take photos here?	Je peux prendre des photos ici?
Can I film here?	Je peux filmer ici?

Entertainment	Loisirs
What is there to do here?	Qu'est-ce qu'il y a à faire ici?
Where can we ...?	Où est-ce qu'on peut ...?
go dancing	*danser*
hear live music	*écouter de la musique live*
Where is there ...?	Où est-ce qu'il y a ... ?
a nice bar	*un bon bar*
a good club	*une bonne discothèque*
What's on tonight ...?	Qu'est-ce qu'il y a ce soir ...?
at the cinema	*au cinéma*

at the theatre	*au théâtre*
at the opera	*à l'opéra*
at the concert hall	*à la salle de concert*
Where can I buy tickets for ...?	Où est-ce que je peux acheter des places ...?
the theatre	*de théâtre*
the concert	*de concert*
the opera	*d'opéra*
the ballet	*pour le ballet*
How much is it to get in?	Combien coûte l'entrée?
I'd like a ticket/... tickets for ...	Je voudrais un billet/... billets pour ...
Are there any reductions ...?	Il y a un tarif réduit ...?
for children	*pour les enfants*
for pensioners	*pour les seniors*
for students	*pour les étudiants*
for the unemployed	*pour les chômeurs*

At the Beach | À la plage

Where is the nearest beach?	Où se trouve la plage la plus proche?
Is it safe to swim here?	Est-ce qu'on peut nager ici sans danger?
Is the water deep?	L'eau est-elle profonde?
Is there a lifeguard?	Est-ce qu'il y a un maître nageur?
Where can you ...?	Où peut-on ...?
go surfing	*faire du surf*
go waterskiing	*faire du ski nautique*
go diving	*faire de la plongée*
go paragliding	*faire du parapente*

I'd like to hire ...	Je voudrais louer ...
a deckchair.	*une chaise longue.*
a sunshade.	*un parasol.*
a surfboard.	*une planche de surf.*
a jet-ski.	*un scooter des mers.*
a rowing boat.	*une barque.*
a pedal boat.	*un pédalo.*

Sport | Sport

Where can we ...?	Où peut-on ...?
play tennis/golf	*jouer au tennis/golf*
go swimming	*aller nager*
go riding	*faire de l'équitation*
go fishing	*aller pêcher*
How much is it per hour?	Combien est-ce que ça coûte de l'heure?
Where can I book a court?	Où peut-on réserver un court
Where can I hire rackets?	Où peut-on louer des raquettes de tennis?
Where can I hire a rowing boat/a pedal boat?	Où peut-on louer une barque/ un pédalo?
Do you need a fishing permit?	Est-ce qu'il faut un permis de pêche?

Skiing | Ski

Where can I hire skiing equipment?	Où peut-on louer un équipement de ski?
I'd like to hire ...	Je voudrais louer ...
downhill skis.	*des skis de piste.*
cross-country skis.	*des skis de fond.*
ski boots.	*des chaussures de ski.*
ski poles.	*des bâtons de ski.*
Can you tighten my bindings, please?	Pourriez-vous resserrer mes fixations, s'il vous plaît?

Where can I buy a ski pass?	Où est-ce qu'on peut acheter un forfait?
I'd like a ski pass ...	Je voudrais un forfait ...
for a day.	*pour une journée.*
for five days.	*pour cinq jours.*
for a week.	*pour une semaine.*
How much is a ski pass?	Combien coûte le forfait?
When does the first/last chair-lift leave?	À quelle heure part le premier/ dernier télésiège?
Do you have a map of the ski runs?	Avez-vous une carte des pistes?
Where are the beginners' slopes?	Où sont les pistes pour débutants?
How difficult is this slope?	Quelle est la difficulté de cette piste?
Is there a ski school?	Y a-t-il une école de ski?
What's the weather forecast for today?	Quel est le temps prévu pour aujourd'hui?
What is the snow like?	Comment est la neige?
Is there a danger of avalanches?	Est-ce qu'il y a un risque d'avalanches?

FOOD AND DRINK | BOIRE ET MANGER

A table for ... people, please.	Une table pour ... personnes, s'il vous plaît.
The ... please.	La ..., s'il vous plaît.
menu	*carte*
wine list	*carte des vins*
What do you recommend?	Qu'est-ce que vous me conseillez?
Do you have ...?	Servez-vous ...?
any vegetarian dishes	*des plats végétariens*
children's portions	*des portions pour enfants*
Does that contain ...?	Est-ce que cela contient ...?
peanuts	*des cacahuètes*
alcohol	*de l'alcool*
Can you bring (more) ... please?	Vous pourriez m'apporter (plus de) ..., s'il vous plaît?
I'll have ...	Je vais prendre ...
The bill, please.	L'addition, s'il vous plaît.
All together, please.	Sur une seule note, s'il vous plaît.
Separate bills, please.	Sur des notes séparées, s'il vous plaît.
Keep the change.	Gardez la monnaie.
This isn't what I ordered.	Ce n'est pas ce que j'ai commandé.
The bill is wrong.	Il y a une erreur dans l'addition.
The food is cold/too salty.	C'est froid/trop salé.

Where can I make a phone call?	Où est-ce que je peux téléphoner?
Can I pay for a call using my credit card?	Est-ce que je peux payer pour mon appel avec ma carte?
I'd like a twenty-five euro phone card.	Je voudrais une carte téléphonique de vingt-cinq euros.
I'd like some coins for the phone, please.	Je voudrais de la monnaie pour téléphoner.
I'd like to make a reverse charge call.	Je voudrais téléphoner en PCV.
Hello.	Allô.
This is ...	C'est ...
Who's speaking, please?	Qui est à l'appareil?
Can I speak to Mr/Ms ..., please?	Puis-je parler à Monsieur/ Madame ... s'il vous plaît?
Extension ..., please.	Poste numéro ..., s'il vous plaît.
I'll phone back later.	Je rappellerai plus tard.
Can you text me your answer?	Pouvez-vous me répondre par SMS?
Where can I charge my mobile (phone)?	Où est-ce que je peux recharger mon portable?
I need a new battery.	Il me faut une pile neuve.
Where can I buy a top-up card?	Où est-ce que je peux acheter une carte prépayée?
I can't get a network.	Je n'ai pas de réseau.

Passport/Customs	Passeport/Douane
Here is ...	Voici ...
my passport.	*mon passeport.*
my identity card.	*ma carte d'identité.*
my driving licence.	*mon permis de conduire.*
Here are my vehicle documents.	Voici les documents de mon véhicule.
This is a present.	C'est un cadeau.
This is for my own personal use.	C'est pour mon usage personnel.

At the Bank	À la banque
Where can I change money?	Où puis-je changer de l'argent?
Is there a bank/bureau de change here?	Est-ce qu'il y a une banque/un bureau de change par ici?
When is the bank open?	La banque ouvre à quelle heure?
I'd like ... euros.	Je voudrais ... euros.
I'd like to cash these traveller's cheques.	Je voudrais encaisser ces chèques de voyage.
What's the commission?	Combien prenez-vous de commission?
Can I use my card to get cash?	Je peux me servir de ma carte pour retirer de l'argent?
Is there a cash machine here?	Il y a un distributeur par ici?
The cash machine swallowed my card.	Le distributeur m'a pris ma carte.

Repairs | Réparations

Where can I get this repaired?	Où puis-je faire réparer ceci?
Can you repair ...?	Pouvez-vous réparer ...?
these shoes	*ces chaussures*
this watch	*cette montre*
How much will the repairs cost?	Combien coûte la réparation?

Emergency Services | Urgences

Help!	Au secours!
Fire!	Au feu!
Please call ...	Pouvez-vous appeler ...
the emergency doctor.	*le médecin d'urgence.*
the fire brigade.	*les pompiers.*
the police.	*la police.*
I need to make an urgent phone call.	Je dois téléphoner d'urgence.
I need an interpreter.	J'ai besoin d'un interprète.
Where is the police station?	Où est le commissariat?
Where is the hospital?	Où est l'hôpital?
I want to report a theft.	Je voudrais signaler un vol.
... has been stolen.	On m'a volé ...
There's been an accident.	Il y a eu un accident.
There are ... people injured.	Il y a ... blessés.
I've been ...	On m'a ...
robbed.	*volé(e).*
attacked.	*attaqué(e).*
raped.	*violé(e).*
I'd like to phone my embassy.	Je voudrais appeler mon ambassade.

Pharmacy | Pharmacie

Where is the nearest pharmacy?	Où est la pharmacie la plus proche?
Which pharmacy provides emergency service?	Quelle est la pharmacie de garde?
I'd like something ...	Je voudrais quelque chose ...
for diarrhoea.	*contre la diarrhée.*
for a temperature.	*contre la fièvre.*
for travel sickness.	*contre le mal des transports.*
for a headache.	*contre le mal de tête.*
for a cold.	*contre le rhume.*
I'd like ...	Je voudrais ...
plasters.	*des pansements.*
a bandage.	*un bandage.*
some paracetamol.	*du paracétamol.*
I can't take ...	Je suis allergique à ...
aspirin.	*l'aspirine.*
penicillin.	*la pénicilline.*
Is it safe to give to children?	C'est sans danger pour les enfants?

At the Doctor's | Chez le médecin

I need a doctor.	J'ai besoin de voir un médecin.
Where is casualty?	Où sont les urgences?
I have a pain here.	J'ai mal ici.
I feel ...	J'ai ...
hot.	*chaud.*
cold.	*froid.*
I feel sick.	Je me sens mal.
I feel dizzy.	J'ai la tête qui tourne.
I'm allergic to ...	Je suis allergique à ...

I am ...	Je suis ...
pregnant.	*enceinte.*
diabetic.	*diabétique.*
HIV-positive.	*séropositif(-ive).*
I'm on this medication.	Je prends ces médicaments.
My blood group is ...	Mon groupe sanguin est ...

At the Hospital | À l'hôpital

Which ward is ... in?	Dans quelle salle se trouve ...?
When are visiting hours?	Quelles sont les heures de visite?
I'd like to speak to ...	Je voudrais parler à ...
a doctor.	*un médecin.*
a nurse.	*une infirmière.*
When will I be discharged?	Quand vais-je pouvoir sortir?

At the Dentist's | Chez le dentiste

I need a dentist.	J'ai besoin de voir un dentiste.
This tooth hurts.	J'ai mal à cette dent.
One of my fillings has fallen out.	J'ai perdu un de mes plombages.
I have an abscess.	J'ai un abcès.
Can you repair my dentures?	Pouvez-vous réparer mon dentier?
I need a receipt for the insurance.	J'ai besoin d'un reçu pour mon assurance.

Business Travel	Voyages d'affaires
I'd like to arrange a meeting with ...	Je voudrais organiser une réunion avec ...
I have an appointment with Mr/Ms ...	J'ai rendez-vous avec Monsieur/Madame ...
Here is my card.	Voici ma carte de visite.
I work for ...	Je travaille pour ...
How do I get to ...?	Où se trouve ...?
your office	*votre bureau*
Mr/Ms ...'s office	*le bureau de Monsieur/Madame ...*
I need an interpreter.	J'ai besoin d'un interprète.
May I use ...?	Je peux me servir ...?
your phone/computer/desk	*de votre téléphone/ordinateur/bureau*
Do you have an Internet connection/Wi-Fi?	Y a-t-il une connexion internet/wifi?

Disabled Travellers	Voyageurs handicapés
Is it possible to visit ... with a wheelchair?	Est-ce qu'on peut visiter ... en fauteuil roulant?
Where is the wheelchair-accessible entrance?	Où est l'entrée pour les fauteuils roulants?
Is your hotel accessible to wheelchairs?	Votre hôtel est-il accessible aux fauteuils roulants?
I need a room ...	Je voudrais une chambre ...
on the ground floor.	*au rez-de-chaussée.*
with wheelchair access.	*accessible aux fauteuils roulants*
Do you have a lift for wheelchairs?	Y a-t-il un ascenseur pour fauteuils roulants?
Where is the disabled toilet?	Où sont les toilettes pour handicapés?
Can you help me get on/off please?	Pouvez-vous m'aider à monter/descendre, s'il vous plaît?

Travelling with children	Voyager avec des enfants
Is it OK to bring children here?	Est-ce que les enfants sont admis?
Is there a reduction for children?	Il y a un tarif réduit pour les enfants?
Do you have children's portions?	Vous servez des portions pour enfants?
Do you have ...?	Avez-vous ...?
a high chair	*une chaise pour bébé*
a cot	*un lit de bébé*
a child's seat	*un siège pour enfant*
Where can I change the baby?	Où est-ce que je peux changer mon bébé?
Where can I breast-feed the baby?	Où est-ce que je peux allaiter mon bébé?
Can you warm this up, please?	Vous pouvez me réchauffer ceci, s'il vous plaît?
What is there for children to do?	Qu'est-ce qu'il y a à faire pour les enfants?
Where is the nearest playground?	Où est l'aire de jeux la plus proche?
Is there a child-minding service?	Est-ce qu'il y a un service de garderie?

COMPLAINTS | RÉCLAMATIONS

I'd like to make a complaint.	Je voudrais faire une réclamation.
To whom can I complain?	À qui dois-je m'adresser pour faire un réclamation?
I'd like to speak to the manager, please.	Je voudrais parler au responsable, s'il vous plaît.
The light	*La lumière*
The heating	*Le chauffage*
The shower	*La douche*
... doesn't work.	... ne marche pas.
The room is ...	La chambre est ...
dirty.	*sale.*
too small.	*trop petite.*
The room is too cold.	Il fait trop froid dans la chambre.
Can you clean the room, please?	Pourriez-vous nettoyer ma chambre, s'il vous plaît?
Can you turn down the TV/the radio, please?	Pourriez-vous baisser le son de votre télé/radio, s'il vous plaît?
The food is ...	C'est ...
cold.	*froid.*
too salty.	*trop salé.*
This isn't what I ordered.	Ce n'est pas ce que j'ai commandé.
We've been waiting for a very long time.	Nous attendons depuis très longtemps.
The bill is wrong.	La note n'est pas juste.
I want my money back.	Je veux qu'on me rembourse.
I'd like to exchange this.	Je voudrais échanger ceci.
I'm not satisfied with this.	Je ne suis pas satisfait(e).

ıgers and mash saucisses ɞêlées accompagnées de ɾrée de pommes de terre, ɔignons frits et de sauce au ; de viande

ıoffee pie pâte à tarte ɾnie d'un mélange de nanes, de caramel au urre et de crème

Γ (sandwich) bacon, salade ɾrte, tomate et mayonnaise tre deux tranches de pain

:ternut squash légume ɹne à la forme allongée et à saveur douce aux accents noisette, souvent préparé four

ɛsar salad grande salade mposée avec de la laitue, s légumes, des œufs, du ɾmesan et une vinaigrette éciale ; peut être servie en compagnement ou comme ɑt principal

ɔcolate brownie petit ɩteau carré au chocolat et ıx noix ou noisettes

ɔwder épaisse soupe de ɹits de mer

cken Kiev blanc de poulet ıné garni de beurre, d'ail et persil et cuit au four

cken nuggets petits ɔrceaux de poulet pané, frits ou cuits au four et servis comme menu enfant

club sandwich sandwich sur trois tranches de pain, généralement grillées; les garnitures les plus courantes sont la viande, le fromage, la salade, les tomates et les oignons

cottage pie viande de bœuf hachée et légumes recouverts de purée de pommes de terre et de fromage et cuits au four

cream tea goûter où l'on sert du thé et des scones avec de la crème et de la confiture

English breakfast œufs, bacon, saucisses, haricots blancs à la sauce tomate, pain à la poêle et champignons

filo pastry type de pâte feuilletée très fine

ginger ale, ginger beer *(Brit)* boisson gazeuse au gingembre

haggis plat écossais à base de hachis de cœur et de foie de mouton bouilli avec de l'avoine et des aromates dans une poche faite avec la panse de l'animal

hash browns pommes de terre cuites coupées en dés puis mélangées à de l'oignon haché et dorées à la poêle. On les sert souvent au petit-déjeuner
hotpot ragoût de viande et de légumes servi avec des pommes de terre en lamelles
Irish stew ragoût d'agneau, de pommes de terre et d'oignon
monkfish lotte
oatcake biscuit salé à base d'avoine que l'on mange souvent avec du fromage
pavlova grande meringue recouverte de fruits et de crème fouettée
ploughman's lunch en-cas à base de pain, de fromage et de pickles
purée purée épaisse et onctueuse de fruits ou de légumes cuits et passés
Quorn® protéine végétale employée comme substitut à la viande
savoy cabbage chou frisé de Milan
sea bass bar, loup
Scotch broth soupe chaude à la viande avec des petits légumes et de l'orge
Scotch egg œuf dur enrobé d'un mélange à base de cha à saucisse et recouvert de chapelure avant d'être plon dans l'huile de friture
spare ribs travers de porc
spring roll rouleau de printemps
Stilton fromage bleu au goû intense
sundae crème glacée recouverte d'un coulis, de noix, de crème etc
Thousand Island dressing sauce à base de ketchup, de mayonnaise, de sauce Worcester et de jus de citro souvent servie avec des crevettes
toad in the hole saucisses recouvertes de pâte et passées au four
Waldorf salad salade Waldc
Welsh rarebit mélange de fromage et d'œufs passé au grill et servi sur du pain grill
Yorkshire pudding mélang d'œufs, de lait et de farine cuit au four, servi avec du rô de bœuf

oli rich garlic mayonnaise erved on the side and giving s name to the dish it ccompanies: cold steamed sh and vegetables

nuse-bouche nibbles

choïade anchovy paste sually served on grilled rench bread

siette de pêcheur assorted sh or seafood

r sea bass

varois moulded cream and ustard pudding, usually erved with fruit

sque smooth, rich seafood oup

anquette white meat stew erved with a creamy white auce

andade de morue dried alt cod puréed with otatoes and olive oil

ochette, en cooked like a ebab (on a skewer)

lot welks

lamar/calmar squid

rvelle de Canut savoury ish of fromage frais, goat's heese, herbs and white wine

arlotte custard and fruit in ning of sponge fingers

afoutis cherry flan

coq au vin chicken and mushrooms cooked in red wine

coques cockles

crémant sparkling wine

crème pâtissière thick fresh custard used in tarts and desserts

daube meat casserole with wine, herbs, garlic, tomatoes and olives

daurade sea bream

filet mignon small pork fillet steak

fine de claire high-quality oyster

foie gras goose liver

fond d'artichaut artichoke heart

fougasse type of bread with various fillings (olives, anchovies)

gésier gizzard

gratin dauphinois potatoes cooked in cream, garlic and Swiss cheese

homard thermidor lobster grilled in its shell with cream sauce

îles flottantes soft meringues floating on fresh custard

loup de mer sea bass

noisettes d'agneau small round pieces of lamb

onglet cut of beef (steak)
pan-bagnat bread roll with egg, olives, salad, tuna, anchovies and olive oil
parfait rich ice cream
parmentier with potatoes
pignons pine nuts
pipérade tomato, pepper and onion omelette
pissaladière a kind of pizza made mainly in the Nice region, filled with onions, anchovies and black olives
pistou garlic, basil and olive oil sauce from Provence – similar to pesto
pommes mousseline potatoes mashed with cheese
quenelles poached balls of fish or meat mousse served in a sauce
rascasse scorpion fish
ratatouille tomatoes, aubergines, courgettes and garlic cooked in olive oil
ris de veau calf sweetbread
romaine cos lettuce
rouille spicy version of garlic mayonnaise (aïoli) served with fish stew or soup
salade lyonnaise vegetable salad, dressed with eggs, bacon and croutons
salade niçoise many variations on a famous theme: the basic ingredients are green beans, anchovies, black olives and green peppers
supreme de volaille breast of chicken in cream sauce
tapenade paste made of black olives, anchovies, capers and garlic in olive oil
tournedos Rossini thick fillet steak on fried bread with goose liver and truffles on top

a

[eɪ] *n* (*Mus*) la *m*

KEYWORD

[eɪ, ə] (*before vowel and silent h* **an**) *indef art* **1** un(e); **a book** un livre; **an apple** une pomme; **she's a doctor** elle est médecin
2 (*instead of the number "one"*) un(e); **a year ago** il y a un an; **a hundred/ thousand** *etc* **pounds** cent/mille *etc* livres
3 (*in expressing ratios, prices etc*): **three a day/week** trois par jour/semaine; **10 km an hour** 10 km à l'heure; **£5 a person** 5£ par personne; **30p a kilo** 30p le kilo

2 *n* (BRIT *Scol*) *deuxième partie de l'examen équivalent au baccalauréat*
.A. *n abbr* (BRIT: = *Automobile Association*) ≈ ACF *m*; (= *Alcoholics Anonymous*) AA

A.A.A. *n abbr* (= *American Automobile Association*) ≈ ACF *m*
aback [ə'bæk] *adv*: **to be taken ~** être décontenancé(e)
abandon [ə'bændən] *vt* abandonner
abattoir ['æbətwɑː*] *n* (BRIT) abattoir *m*
abbey ['æbɪ] *n* abbaye *f*
abbreviation [əbriːvɪ'eɪʃən] *n* abréviation *f*
abdomen ['æbdəmən] *n* abdomen *m*
abduct [æb'dʌkt] *vt* enlever
abide [ə'baɪd] *vt* souffrir, supporter; **I can't ~ it/him** je ne le supporte pas; **abide by** *vt fus* observer, respecter
ability [ə'bɪlɪtɪ] *n* compétence *f*; capacité *f*; (*skill*) talent *m*
able ['eɪbl] *adj* compétent(e); **to be ~ to do sth** pouvoir faire qch, être capable de faire qch
abnormal [æb'nɔːməl] *adj* anormal(e)
aboard [ə'bɔːd] *adv* à bord ▷ *prep* à bord de; (*train*) dans
abolish [ə'bɔlɪʃ] *vt* abolir
abolition [æbə'lɪʃən] *n* abolition *f*
abort [ə'bɔːt] *vt* (*Med*) faire avorter; (*Comput, fig*) abandonner; **abortion** [ə'bɔːʃən] *n* avortement *m*; **to have an abortion** se faire avorter

KEYWORD

about [ə'baut] *adv* **1** (*approximately*) environ, à peu près; **about a hundred/thousand** *etc* environ cent/mille *etc*, une centaine (de)/ un millier (de) *etc*; **it takes about 10 hours** ça prend environ *or* à peu près 10 heures; **at about 2 o'clock** vers 2 heures; **I've just about finished** j'ai presque fini
2 (*referring to place*) çà et là, de-ci de-là; **to run about** courir çà et là; **to walk about** se promener, aller et venir; **they left all their things lying about** ils ont laissé traîner toutes leurs affaires

3: **to be about to do sth** être sur le point de faire qch
▸*prep* 1 (*relating to*) au sujet de, à propos de; **a book about London** un livre sur Londres; **what is it about?** de quoi s'agit-il?; **we talked about it** nous en avons parlé; **what** *or* **how about doing this?** et si nous faisions ceci?
2 (*referring to place*) dans; **to walk about the town** se promener dans la ville

above [ə'bʌv] *adv* au-dessus ▹*prep* au-dessus de; (*more than*) plus de; **mentioned ~** mentionné ci-dessus; **~ all** par-dessus tout, surtout
abroad [ə'brɔ:d] *adv* à l'étranger
abrupt [ə'brʌpt] *adj* (*steep, blunt*) abrupt(e); (*sudden, gruff*) brusque
abscess ['æbsɪs] *n* abcès *m*
absence ['æbsəns] *n* absence *f*
absent ['æbsənt] *adj* absent(e); **absent-minded** *adj* distrait(e)
absolute ['æbsəlu:t] *adj* absolu(e); **absolutely** [æbsə'lu:tlɪ] *adv* absolument
absorb [əb'zɔ:b] *vt* absorber; **to be ~ed in a book** être plongé(e) dans un livre; **absorbent cotton** *n* (US) coton *m* hydrophile; **absorbing** *adj* absorbant(e); (*book, film etc*) captivant(e)
abstain [əb'steɪn] *vi*: **to ~ (from)** s'abstenir (de)
abstract ['æbstrækt] *adj* abstrait(e)
absurd [əb'sə:d] *adj* absurde
abundance [ə'bʌndəns] *n* abondance *f*
abundant [ə'bʌndənt] *adj* abondant(e)
abuse *n* [ə'bju:s] (*insults*) insultes *fpl*, injures *fpl*; (*ill-treatment*) mauvais traitements *mpl*; (*of power etc*) abus *m* ▹*vt* [ə'bju:z] (*insult*) insulter; (*ill-treat*) malmener; (*power etc*) abuser de; **abusive** *adj* grossier(-ière), injurieux(-euse)
abysmal [ə'bɪzməl] *adj* exécrable; (*ignorance etc*) sans bornes
academic [ækə'dɛmɪk] *adj* universitaire; (*person: scholarly*) intellectuel(le); (*pej: issue*) oiseux(-euse), purement théorique ▹*n* universitaire *m/f*; **academic yea[r]** *n* (*University*) année *f* universitaire; (*Scol*) année scolaire
academy [ə'kædəmɪ] *n* (*learned bod[y]*) académie *f*; (*school*) collège *m*; **~ of music** conservatoire *m*
accelerate [æk'sɛləreɪt] *vt, vi* accélérer; **acceleration** [æksɛlə'reɪʃən] *n* accélération *f*; **accelerator** *n* (BRIT) accélérateur *m*
accent ['æksɛnt] *n* accent *m*
accept [ək'sɛpt] *vt* accepter; **acceptable** *adj* acceptable; **acceptance** *n* acceptation *f*
access ['æksɛs] *n* accès *m*; **to have ~ to** (*information, library etc*) avoir accès à, pouvoir utiliser *or* consulter; (*person*) avoir accès auprès de; **accessible** [æk'sɛsəbl] *adj* accessib[le]
accessory [æk'sɛsərɪ] *n* accessoire *m*; **~ to** (*Law*) accessoire à
accident ['æksɪdənt] *n* accident *m*; (*chance*) hasard *m*; **I've had an ~** j'ai eu un accident; **by ~** (*by chance*) par hasard; (*not deliberately*) accidentellement; **accidental** [æksɪ'dɛntl] *adj* accidentel(le); **accidentally** [æksɪ'dɛntəlɪ] *adv* accidentellement; **Accident and Emergency Department** *n* (BRIT) service *m* des urgences; **accident insurance** *n* assurance *f* accident
acclaim [ə'kleɪm] *vt* acclamer ▹*n* acclamations *fpl*
accommodate [ə'kɔmədeɪt] *vt* loger, recevoir; (*oblige, help*) obliger; (*car etc*) contenir
accommodation, (US) **accommodations** [əkɔmə'deɪʃən(z)] *n, npl* logement *m*
accompaniment [ə'kʌmpənɪmənt] *n* accompagnement *m*

a

company [ə'kʌmpənɪ] *vt* ccompagner
complice [ə'kʌmplɪs] *n* complice 1/f
complish [ə'kʌmplɪʃ] *vt* ccomplir; **accomplishment** *n* skill: *gen pl*) talent *m*; (*completion*) ccomplissement *m*; (*achievement*) éussite *f*
cord [ə'kɔːd] *n* accord *m* ▷ *vt* ccorder; **of his own ~** de son lein gré; **accordance** *n*: **in** **ccordance with** conformément ; **according**: **according to** *prep* elon; **accordingly** *adv* (*appropriately*) n conséquence; (*as a result*) par onséquent
count [ə'kaunt] *n* (*Comm*) ompte *m*; (*report*) compte rendu, écit *m*; **accounts** *npl* (*Comm*: ecords) comptabilité *f*, comptes; **f no ~** sans importance; **on ~** en compte; **to buy sth on ~** acheter ch à crédit; **on no ~** en aucun cas; **n ~ of** à cause de; **to take into ~,** **ake ~ of** tenir compte de; **account** **or** *vt fus* (*explain*) expliquer, rendre ompte de; (*represent*) représenter; **ccountable** *adj*: **accountable** **for/to)** responsable (de/devant); **ccountant** *n* comptable *m/f*; **ccount number** *n* numéro *m* de ompte
cumulate [ə'kjuːmjuleɪt] *vt* ccumuler, amasser ▷ *vi* s'accumuler, amasser
curacy ['ækjurəsɪ] *n* exactitude précision *f*
curate ['ækjurɪt] *adj* exact(e), récis(e); (*device*) précis; **accurately** *dv* avec précision
cusation [ækju'zeɪʃən] *n* ccusation *f*
cuse [ə'kjuːz] *vt*: **to ~ sb (of sth)** ccuser qn (de qch); **accused** *n* (*Law*) ccusé(e)
customed [ə'kʌstəmd] *adj*: **~ to** abitué(e) *or* accoutumé(e) à

ace [eɪs] *n* as *m*
ache [eɪk] *n* mal *m*, douleur *f* ▷ *vi* (*be sore*) faire mal, être douloureux(-euse); **my head ~s** j'ai mal à la tête
achieve [ə'tʃiːv] *vt* (*aim*) atteindre; (*victory, success*) remporter, obtenir; **achievement** *n* exploit *m*, réussite *f*; (*of aims*) réalisation *f*
acid ['æsɪd] *adj, n* acide (*m*)
acknowledge [ək'nɔlɪdʒ] *vt* (*also*: **~ receipt of**) accuser réception de; (*fact*) reconnaître; **acknowledgement** *n* (*of letter*) accusé *m* de réception
acne ['æknɪ] *n* acné *m*
acorn ['eɪkɔːn] *n* gland *m*
acoustic [ə'kuːstɪk] *adj* acoustique
acquaintance [ə'kweɪntəns] *n* connaissance *f*
acquire [ə'kwaɪə^r] *vt* acquérir; **acquisition** [ækwɪ'zɪʃən] *n* acquisition *f*
acquit [ə'kwɪt] *vt* acquitter; **to ~ o.s. well** s'en tirer très honorablement
acre ['eɪkə^r] *n* acre *f* (= 4047 m^2)
acronym ['ækrənɪm] *n* acronyme *m*
across [ə'krɔs] *prep* (*on the other side*) de l'autre côté de; (*crosswise*) en travers de ▷ *adv* de l'autre côté; en travers; **to run/swim ~** traverser en courant/à la nage; **~ from** en face de
acrylic [ə'krɪlɪk] *adj, n* acrylique (*m*)
act [ækt] *n* acte *m*, action *f*; (*Theat*: *part of play*) acte; (: *of performer*) numéro *m*; (*Law*) loi *f* ▷ *vi* agir; (*Theat*) jouer; (*pretend*) jouer la comédie ▷ *vt* (*role*) jouer, tenir; **to catch sb in the ~** prendre qn sur le fait *or* en flagrant délit; **to ~ as** servir de; **act up** (*inf*) *vi* (*person*) se conduire mal; (*knee, back, injury*) jouer des tours; (*machine*) être capricieux(-ieuse); **acting** *adj* suppléant(e), par intérim ▷ *n* (*activity*): **to do some acting** faire du théâtre (*or* du cinéma)
action ['ækʃən] *n* action *f*; (*Mil*) combat(s) *m*(*pl*); (*Law*) procès *m*, action en justice; **out of ~** hors de

combat; (*machine etc*) hors d'usage; **to take ~** agir, prendre des mesures; **action replay** *n* (BRIT TV) ralenti *m*
activate ['æktɪveɪt] *vt* (*mechanism*) actionner, faire fonctionner
active ['æktɪv] *adj* actif(-ive); (*volcano*) en activité; **actively** *adv* activement; (*discourage*) vivement
activist ['æktɪvɪst] *n* activiste *m/f*
activity [æk'tɪvɪtɪ] *n* activité *f*; **activity holiday** *n* vacances actives
actor ['æktə^r] *n* acteur *m*
actress ['æktrɪs] *n* actrice *f*
actual ['æktjuəl] *adj* réel(le), véritable; (*emphatic use*) lui-même (elle-même)

Be careful not to translate *actual* by the French word *actuel*.

actually ['æktjuəlɪ] *adv* réellement, véritablement; (*in fact*) en fait

Be careful not to translate *actually* by the French word *actuellement*.

acupuncture ['ækjupʌŋktʃə^r] *n* acuponcture *f*
acute [ə'kju:t] *adj* aigu(ë); (*mind, observer*) pénétrant(e)
ad [æd] *n abbr* = **advertisement**
A.D. *adv abbr* (= *Anno Domini*) ap. J.-C.
adamant ['ædəmənt] *adj* inflexible
adapt [ə'dæpt] *vt* adapter ▷ *vi*: **to ~ (to)** s'adapter (à); **adapter, adaptor** *n* (*Elec*) adaptateur *m*; (*for several plugs*) prise *f* multiple
add [æd] *vt* ajouter; (*figures: also*: **to ~ up**) additionner; **it doesn't ~ up** (*fig*) cela ne rime à rien; **add up to** *vt fus* (*Math*) s'élever à; (*fig: mean*) signifier
addict ['ædɪkt] *n* toxicomane *m/f*; (*fig*) fanatique *m/f*; **addicted** [ə'dɪktɪd] *adj*: **to be addicted to** (*drink, drugs*) être adonné(e) à; (*fig: football etc*) être un(e) fanatique de; **addiction** [ə'dɪkʃən] *n* (*Med*) dépendance *f*; **addictive** [ə'dɪktɪv] *adj* qui crée une dépendance
addition [ə'dɪʃən] *n* (*adding up*) addition *f*; (*thing added*) ajout *m*; **in ~** de plus, de surcroît; **in ~ to** en plus de
additional *adj* supplémentaire
additive ['ædɪtɪv] *n* additif *m*
address [ə'drɛs] *n* adresse *f*; (*talk*) discours *m*, allocution *f* ▷ *vt* adresser; (*speak to*) s'adresser à; **my ~ is ...** mon adresse, c'est ...; **address book** *n* carnet *m* d'adresses
adequate ['ædɪkwɪt] *adj* (*enough*) suffisant(e); (*satisfactory*) satisfaisant(e)
adhere [əd'hɪə^r] *vi*: **to ~ to** adhérer à (*fig: rule, decision*) se tenir à
adhesive [əd'hi:zɪv] *n* adhésif *m*; **adhesive tape** *n* (BRIT) ruban *m* adhésif; (*US Med*) sparadrap *m*
adjacent [ə'dʒeɪsənt] *adj* adjacent(e), contigu(ë); **~ to** adjacent à
adjective ['ædʒɛktɪv] *n* adjectif *m*
adjoining [ə'dʒɔɪnɪŋ] *adj* voisin(e), adjacent(e), attenant(e)
adjourn [ə'dʒə:n] *vt* ajourner ▷ *vi* suspendre la séance; lever la séance; clore la session
adjust [ə'dʒʌst] *vt* (*machine*) ajuster, régler; (*prices, wages*) rajuster ▷ *vi*: **to ~ (to)** s'adapter (à); **adjustable** *adj* réglable; **adjustment** *n* (*of machine*) ajustage *m*, réglage *m*; (*of prices, wages*) rajustement *m*; (*of person*) adaptation *f*
administer [əd'mɪnɪstə^r] *vt* administrer; **administration** [ədmɪnɪs'treɪʃən] *n* (*management*) administration *f*; (*government*) gouvernement *m*; **administrative** [əd'mɪnɪstrətɪv] *adj* administratif(-ive)
administrator [əd'mɪnɪstreɪtə^r] *n* administrateur(-trice)
admiral ['ædmərəl] *n* amiral *m*
admiration [ædmə'reɪʃən] *n* admiration *f*
admire [əd'maɪə^r] *vt* admirer; **admirer** *n* (*fan*) admirateur(-trice)
admission [əd'mɪʃən] *n* admission *f*; (*to exhibition, night club etc*) entrée *f*; (*confession*) aveu *m*

admit [əd'mɪt] *vt* laisser entrer; admettre; (*agree*) reconnaître, admettre; (*crime*) reconnaître avoir commis; **"children not ~ted"** "entrée interdite aux enfants"; **admit to** *vt fus* reconnaître, avouer; **admittance** *n* admission *f*, (droit *m* d')entrée *f*; **admittedly** *adv* il faut en convenir

adolescent [ædəu'lɛsnt] *adj*, *n* adolescent(e)

adopt [ə'dɔpt] *vt* adopter; **adopted** *adj* adoptif(-ive), adopté(e); **adoption** [ə'dɔpʃən] *n* adoption *f*

adore [ə'dɔːʳ] *vt* adorer

adorn [ə'dɔːn] *vt* orner

Adriatic (Sea) [eɪdrɪ'ætɪk-] *n*: **the Adriatic (Sea)** la mer Adriatique, l'Adriatique *f*

adrift [ə'drɪft] *adv* à la dérive

ADSL *n abbr* (= *asymmetric digital subscriber line*) ADSL *m*

adult ['ædʌlt] *n* adulte *m/f* ▷ *adj* (*grown-up*) adulte; (*for adults*) pour adultes; **adult education** *n* éducation *f* des adultes

adultery [ə'dʌltərɪ] *n* adultère *m*

advance [əd'vɑːns] *n* avance *f* ▷ *vt* avancer ▷ *vi* s'avancer; **in ~** en avance, d'avance; **to make ~s to sb** (*amorously*) faire des avances à qn; **~ booking** location *f*; **~ notice, ~ warning** préavis *m*; (*verbal*) avertissement *m*; **do I need to book in ~?** est-ce qu'il faut réserver à l'avance?; **advanced** *adj* avancé(e); (*Scol: studies*) supérieur(e)

advantage [əd'vɑːntɪdʒ] *n* (*also Tennis*) avantage *m*; **to take ~ of** (*person*) exploiter; (*opportunity*) profiter de

advent ['ædvənt] *n* avènement *m*, venue *f*; **A~** (*Rel*) avent *m*

adventure [əd'vɛntʃəʳ] *n* aventure *f*; **adventurous** [əd'vɛntʃərəs] *adj* aventureux(-euse)

adverb ['ædvəːb] *n* adverbe *m*

adversary ['ædvəsərɪ] *n* adversaire *m/f*

adverse ['ædvəːs] *adj* adverse; (*effect*) négatif(-ive); (*weather, publicity*) mauvais(e); (*wind*) contraire

advert ['ædvəːt] *n abbr* (BRIT) = **advertisement**

advertise ['ædvətaɪz] *vi* faire de la publicité *or* de la réclame; (*in classified ads etc*) mettre une annonce ▷ *vt* faire de la publicité *or* de la réclame pour; (*in classified ads etc*) mettre une annonce pour vendre; **to ~ for** (*staff*) recruter par (voie d')annonce; **advertisement** [əd'vəːtɪsmənt] *n* publicité *f*, réclame *f*; (*in classified ads etc*) annonce *f*; **advertiser** *n* annonceur *m*; **advertising** *n* publicité *f*

advice [əd'vaɪs] *n* conseils *mpl*; (*notification*) avis *m*; **a piece of ~** un conseil; **to take legal ~** consulter un avocat

advisable [əd'vaɪzəbl] *adj* recommandable, indiqué(e)

advise [əd'vaɪz] *vt* conseiller; **to ~ sb of sth** aviser *or* informer qn de qch; **to ~ against sth/doing sth** déconseiller qch/conseiller de ne pas faire qch; **adviser, advisor** *n* conseiller(-ère); **advisory** *adj* consultatif(-ive)

advocate *n* ['ædvəkɪt] (*lawyer*) avocat (plaidant); (*upholder*) défenseur *m*, avocat(e) ▷ *vt* ['ædvəkeɪt] recommander, prôner; **to be an ~ of** être partisan(e) de

Aegean [iː'dʒiːən] *n*, *adj*: **the ~ (Sea)** la mer Égée, l'Égée *f*

aerial ['ɛərɪəl] *n* antenne *f* ▷ *adj* aérien(ne)

aerobics [ɛə'rəubɪks] *n* aérobic *m*

aeroplane ['ɛərəpleɪn] *n* (BRIT) avion *m*

aerosol ['ɛərəsɔl] *n* aérosol *m*

affair [ə'fɛəʳ] *n* affaire *f*; (*also*: **love ~**) liaison *f*; aventure *f*

affect [ə'fɛkt] *vt* affecter; (*subj: disease*) atteindre; **affected** *adj* affecté(e); **affection** *n* affection *f*; **affectionate** *adj* affectueux(-euse)

afflict ['ə'flɪkt] *vt* affliger
affluent ['æfluənt] *adj* aisé(e), riche; **the ~ society** la société d'abondance
afford [ə'fɔːd] *vt* (*behaviour*) se permettre; (*provide*) fournir, procurer; **can we ~ a car?** avons-nous de quoi acheter *or* les moyens d'acheter une voiture?; **affordable** *adj* abordable
Afghanistan [æf'gænɪstæn] *n* Afghanistan *m*
afraid [ə'freɪd] *adj* effrayé(e); **to be ~ of** *or* **to** avoir peur de; **I am ~ that** je crains que + *sub*; **I'm ~ so/not** oui/non, malheureusement
Africa ['æfrɪkə] *n* Afrique *f*; **African** *adj* africain(e) ▷ *n* Africain(e); **African-American** *adj* afro-américain(e) ▷ *n* Afro-Américain(e)
after ['ɑːftəʳ] *prep, adv* après ▷ *conj* après que; **it's quarter ~ two** (*US*) il est deux heures et quart; **~ having done/~ he left** après avoir fait/après son départ; **to name sb ~ sb** donner à qn le nom de qn; **to ask ~ sb** demander des nouvelles de qn; **what/who are you ~?** que/qui cherchez-vous?; **~ you!** après vous!; **~ all** après tout; **after-effects** *npl* (*of disaster, radiation, drink etc*) répercussions *fpl*; (*of illness*) séquelles *fpl*, suites *fpl*; **aftermath** *n* conséquences *fpl*; **afternoon** *n* après-midi *m/f*; **after-shave (lotion)** *n* lotion *f* après-rasage; **aftersun (cream/lotion)** *n* après-soleil *m inv*; **afterwards**, (*US*) **afterward** ['ɑːftəwəd(z)] *adv* après
again [ə'gɛn] *adv* de nouveau, encore (une fois); **to do sth ~** refaire qch; **~ and ~** à plusieurs reprises
against [ə'gɛnst] *prep* contre; (*compared to*) par rapport à
age [eɪdʒ] *n* âge *m* ▷ *vt, vi* vieillir; **he is 20 years of ~** il a 20 ans; **to come of ~** atteindre sa majorité; **it's been ~s since I saw you** ça fait une éternité que je ne t'ai pas vu
aged *adj* âgé(e); **~ 10** âgé de 10 ans
age: age group *n* tranche *f* d'âge; **age limit** *n* limite *f* d'âge
agency ['eɪdʒənsɪ] *n* agence *f*
agenda [ə'dʒɛndə] *n* ordre *m* du jour

> Be careful not to translate *agenda* by the French word *agenda*.

agent ['eɪdʒənt] *n* agent *m*; (*firm*) concessionnaire *m*
aggravate ['ægrəveɪt] *vt* (*situation*) aggraver; (*annoy*) exaspérer, agacer
aggression [ə'grɛʃən] *n* agression *f*
aggressive [ə'grɛsɪv] *adj* agressif(-ive)
agile ['ædʒaɪl] *adj* agile
AGM *n abbr* (= *annual general meeting*) AG f
ago [ə'gəu] *adv*: **two days ~** il y a deux jours; **not long ~** il n'y a pas longtemps; **how long ~?** il y a combien de temps (de cela)?
agony ['ægənɪ] *n* (*pain*) douleur *f* atroce; (*distress*) angoisse *f*; **to be in ~** souffrir le martyre
agree [ə'griː] *vt* (*price*) convenir de ▷ *vi*: **to ~ with** (*person*) être d'accord avec; (*statements etc*) concorder avec; (*Ling*) s'accorder avec; **to ~ to do** accepter de *or* consentir à faire; **to ~ to sth** consentir à qch; **to ~ that** (*admit*) convenir *or* reconnaître que; **garlic doesn't ~ with me** je ne supporte pas l'ail; **agreeable** *adj* (*pleasant*) agréable; (*willing*) consentant(e), d'accord; **agreed** *adj* (*time, place*) convenu(e); **agreement** *n* accord *m*; **in agreement** d'accord
agricultural [ægrɪ'kʌltʃərəl] *adj* agricole
agriculture ['ægrɪkʌltʃəʳ] *n* agriculture *f*
ahead [ə'hɛd] *adv* en avant; devant; **go right** *or* **straight ~** (*direction*) allez tout droit; **go ~!** (*permission*) allez-y!; **~ of** devant; (*fig: schedule etc*) en avance sur; **~ of time** en avance
aid [eɪd] *n* aide *f*; (*device*) appareil *m* ▷ *vt* aider; **in ~ of** en faveur de
aide [eɪd] *n* (*person*) assistant(e)

AIDS [eɪdz] *n abbr* (= *acquired immune (or immuno-)deficiency syndrome*) SIDA *m*
ailing ['eɪlɪŋ] *adj (person)* souffreteux(euse); *(economy)* malade
ailment ['eɪlmənt] *n* affection *f*
aim [eɪm] *n (objective)* but *m*; *(skill)*: **his ~ is bad** il vise mal ▷ *vi (also:* **to take ~***)* viser ▷ *vt*: **to ~ sth (at)** *(gun, camera)* braquer *or* pointer qch (sur); *(missile)* lancer qch (à *or* contre *or* en direction de); *(remark, blow)* destiner *or* adresser qch (à); **to ~ at** viser; *(fig)* viser (à); **to ~ to do** avoir l'intention de faire
ain't [eɪnt] *(inf)* = **am not; aren't; isn't**
air [ɛəʳ] *n* air *m* ▷ *vt* aérer; *(idea, grievance, views)* mettre sur le tapis ▷ *cpd (currents, attack etc)* aérien(ne); **to throw sth into the ~** *(ball etc)* jeter qch en l'air; **by ~** par avion; **to be on the ~** *(Radio, TV: programme)* être diffusé(e); *(: station)* émettre; **airbag** *n* airbag *m*; **airbed** *n* (BRIT) matelas *m* pneumatique; **airborne** *adj (plane)* en vol; **as soon as the plane was airborne** dès que l'avion eut décollé; **air-conditioned** *adj* climatisé(e), à air conditionné; **air conditioning** *n* climatisation *f*; **aircraft** *n inv* avion *m*; **airfield** *n* terrain *m* d'aviation; **Air Force** *n* Armée *f* de l'air; **air hostess** *n* (BRIT) hôtesse *f* de l'air; **airing cupboard** *n* (BRIT) *placard qui contient la chaudière et dans lequel on met le linge à sécher*; **airlift** *n* pont aérien; **airline** *n* ligne aérienne, compagnie aérienne; **airliner** *n* avion *m* de ligne; **airmail** *n*: **by airmail** par avion; **airplane** *n* (US) avion *m*; **airport** *n* aéroport *m*; **air raid** *n* attaque aérienne; **airsick** *adj*: **to be airsick** avoir le mal de l'air; **airspace** *n* espace *m* aérien; **airstrip** *n* terrain *m* d'atterrissage; **air terminal** *n* aérogare *f*; **airtight** *adj* hermétique; **air-traffic controller** *n* aiguilleur *m* du ciel; **airy** *adj* bien aéré(e); *(manners)* dégagé(e)
aisle [aɪl] *n (of church: central)* allée *f* centrale; *(: side)* nef *f* latérale, bas-côté *m*; *(in theatre, supermarket)* allée; *(on plane)* couloir *m*; **aisle seat** *n* place *f* côté couloir
ajar [ə'dʒɑːʳ] *adj* entrouvert(e)
à la carte [ælæ'kɑːt] *adv* à la carte
alarm [ə'lɑːm] *n* alarme *f* ▷ *vt* alarmer; **alarm call** *n* coup *m* de fil pour réveiller; **could I have an alarm call at 7 am, please?** pouvez-vous me réveiller à 7 heures, s'il vous plaît?; **alarm clock** *n* réveille-matin *m inv*, réveil *m*; **alarmed** *adj (frightened)* alarmé(e); *(protected by an alarm)* protégé(e) par un système d'alarme; **alarming** *adj* alarmant(e)
Albania [æl'beɪnɪə] *n* Albanie *f*
albeit [ɔːl'biːɪt] *conj* bien que + *sub*, encore que + *sub*
album ['ælbəm] *n* album *m*
alcohol ['ælkəhɔl] *n* alcool *m*; **alcohol-free** *adj* sans alcool; **alcoholic** [ælkə'hɔlɪk] *adj, n* alcoolique *(m/f)*
alcove ['ælkəuv] *n* alcôve *f*
ale [eɪl] *n* bière *f*
alert [ə'ləːt] *adj* alerte, vif (vive); *(watchful)* vigilant(e) ▷ *n* alerte *f* ▷ *vt* alerter; **on the ~** sur le qui-vive; *(Mil)* en état d'alerte
algebra ['ældʒɪbrə] *n* algèbre *m*
Algeria [æl'dʒɪərɪə] *n* Algérie *f*
Algerian [æl'dʒɪərɪən] *adj* algérien(ne) ▷ *n* Algérien(ne)
Algiers [æl'dʒɪəz] *n* Alger
alias ['eɪlɪəs] *adv* alias ▷ *n* faux nom, nom d'emprunt
alibi ['ælɪbaɪ] *n* alibi *m*
alien ['eɪlɪən] *n (from abroad)* étranger(-ère); *(from outer space)* extraterrestre ▷ *adj*: **~ (to)** étranger(-ère) (à); **alienate** *vt* aliéner; *(subj: person)* s'aliéner
alight [ə'laɪt] *adj* en feu ▷ *vi* mettre pied à terre; *(passenger)* descendre; *(bird)* se poser
align [ə'laɪn] *vt* aligner

alike [ə'laɪk] *adj* semblable, pareil(le) ▷ *adv* de même; **to look ~** se ressembler

alive [ə'laɪv] *adj* vivant(e); (*active*) plein(e) de vie

KEYWORD

all [ɔːl] *adj* (*singular*) tout(e); (*plural*) tous (toutes); **all day** toute la journée; **all night** toute la nuit; **all men** tous les hommes; **all five** tous les cinq; **all the books** tous les livres; **all his life** toute sa vie
▸ *pron* **1** tout; **I ate it all, I ate all of it** j'ai tout mangé; **all of us went** nous y sommes tous allés; **all of the boys went** tous les garçons y sont allés; **is that all?** c'est tout?; (*in shop*) ce sera tout?
2 (*in phrases*): **above all** surtout, par-dessus tout; **after all** après tout; **at all: not at all** (*in answer to question*) pas du tout; (*in answer to thanks*) je vous en prie!; **I'm not at all tired** je ne suis pas du tout fatigué(e); **anything at all will do** n'importe quoi fera l'affaire; **all in all** tout bien considéré, en fin de compte
▸ *adv*: **all alone** tout(e) seul(e); **it's not as hard as all that** ce n'est pas si difficile que ça; **all the more/the better** d'autant plus/mieux; **all but** presque, pratiquement; **the score is 2 all** le score est de 2 partout

Allah ['ælə] *n* Allah *m*

allegation [ælɪ'geɪʃən] *n* allégation *f*

alleged [ə'lɛdʒd] *adj* prétendu(e); **allegedly** *adv* à ce que l'on prétend, paraît-il

allegiance [ə'liːdʒəns] *n* fidélité *f*, obéissance *f*

allergic [ə'ləːdʒɪk] *adj*: **~ to** allergique à; **I'm ~ to penicillin** je suis allergique à la pénicilline

allergy ['ælədʒɪ] *n* allergie *f*

alleviate [ə'liːvɪeɪt] *vt* soulager, adoucir

alley ['ælɪ] *n* ruelle *f*

alliance [ə'laɪəns] *n* alliance *f*

allied ['ælaɪd] *adj* allié(e)

alligator ['ælɪgeɪtə^r] *n* alligator *m*

all-in ['ɔːlɪn] *adj, adv* (BRIT: *charge*) tout compris

allocate ['æləkeɪt] *vt* (*share out*) répartir, distribuer; **to ~ sth to** (*duties*) assigner *or* attribuer qch à; (*sum, time*) allouer qch à

allot [ə'lɔt] *vt* (*share out*) répartir, distribuer; **to ~ sth to** (*time*) allouer qch à; (*duties*) assigner qch à

all-out ['ɔːlaut] *adj* (*effort etc*) total(e)

allow [ə'lau] *vt* (*practice, behaviour*) permettre, autoriser; (*sum to spend etc*) accorder, allouer; (*sum, time estimated*) compter, prévoir; (*claim, goal*) admettre; (*concede*): **to ~ that** convenir que; **to ~ sb to do** permettre à qn de faire, autoriser qn à faire; **he is ~ed to ...** on lui permet de ...; **allow for** *vt fus* tenir compte de; **allowance** *n* (*money received*) allocation *f* (: *from parent etc*) subside *m*; (: *for expenses*) indemnité *f*; (*US*: *pocket money*) argent *m* de poche; (*Tax*) somme *f* déductible du revenu imposable, abattement *m*; **to make allowances for** (*person*) essayer de comprendre; (*thing*) tenir compte de

all right *adv* (*feel, work*) bien; (*as answer*) d'accord

ally ['ælaɪ] *n* allié *m* ▷ *vt* [ə'laɪ]: **to ~ o.s. with** s'allier avec

almighty [ɔːl'maɪtɪ] *adj* tout(e)-puissant(e); (*tremendous*) énorme

almond ['ɑːmənd] *n* amande *f*

almost ['ɔːlməust] *adv* presque

alone [ə'ləun] *adj, adv* seul(e); **to leave sb ~** laisser qn tranquille; **to leave sth ~** ne pas toucher à qch; **let ~ ...** sans parler de ...; encore moins

along [ə'lɔŋ] *prep* le long de ▷ *adv*: **is he coming ~ with us?** vient-il avec nous?; **he was hopping/limping ~**

il venait *or* avançait en sautillant/ boitant; **~ with** avec, en plus de; (*person*) en compagnie de; **all ~** (*all the time*) depuis le début; **alongside** *prep* (*along*) le long de; (*beside*) à côté de ▷ *adv* bord à bord; côte à côte

aloof [ə'lu:f] *adj* distant(e) ▷ *adv*: **to stand ~** se tenir à l'écart *or* à distance

aloud [ə'laud] *adv* à haute voix

alphabet ['ælfəbɛt] *n* alphabet *m*

Alps [ælps] *npl*; **the ~** les Alpes *fpl*

already [ɔ:l'rɛdɪ] *adv* déjà

alright ['ɔ:l'raɪt] *adv* (BRIT) = **all right**

also ['ɔ:lsəu] *adv* aussi

altar ['ɔltəʳ] *n* autel *m*

alter ['ɔltəʳ] *vt, vi* changer; **alteration** [ɔltə'reɪʃən] *n* changement *m*, modification *f*; **alterations** *npl* (*Sewing*) retouches *fpl*; (*Archit*) modifications *fpl*

alternate *adj* [ɔl'tə:nɪt] alterné(e), alternant(e), alternatif(-ive); (*US*) = **alternative** ▷ *vi* ['ɔltə:neɪt] alterner; **to ~ with** alterner avec; **on ~ days** un jour sur deux, tous les deux jours

alternative [ɔl'tə:nətɪv] *adj* (*solution, plan*) autre, de remplacement; (*lifestyle*) parallèle ▷ *n* (*choice*) alternative *f*; (*other possibility*) autre possibilité *f*; **~ medicine** médecine alternative, médecine douce; **alternatively** *adv*: **alternatively one could ...** une autre *or* l'autre solution serait de ...

although [ɔ:l'ðəu] *conj* bien que + *sub*

altitude ['æltɪtju:d] *n* altitude *f*

altogether [ɔ:ltə'gɛðəʳ] *adv* entièrement, tout à fait; (*on the whole*) tout compte fait; (*in all*) en tout

aluminium [ælju'mɪnɪəm], (*US*) **aluminum** [ə'lu:mɪnəm] *n* aluminium *m*

always ['ɔ:lweɪz] *adv* toujours

Alzheimer's (disease) ['æltshaɪməz-] *n* maladie *f* d'Alzheimer

am [æm] *vb see* **be**

a.m. *adv abbr* (= *ante meridiem*) du matin

amalgamate [ə'mælgəmeɪt] *vt, vi* fusionner

amass [ə'mæs] *vt* amasser

amateur ['æmətəʳ] *n* amateur *m*

amaze [ə'meɪz] *vt* stupéfier; **to be ~d (at)** être stupéfait(e) (de); **amazed** *adj* stupéfait(e); **amazement** *n* surprise *f*, étonnement *m*; **amazing** *adj* étonnant(e), incroyable; (*bargain, offer*) exceptionnel(le)

Amazon ['æməzən] *n* (*Geo*) Amazone *f*

ambassador [æm'bæsədəʳ] *n* ambassadeur *m*

amber ['æmbəʳ] *n* ambre *m*; **at ~** (BRIT *Aut*) à l'orange

ambiguous [æm'bɪgjuəs] *adj* ambigu(ë)

ambition [æm'bɪʃən] *n* ambition *f*; **ambitious** [æm'bɪʃəs] *adj* ambitieux(-euse)

ambulance ['æmbjuləns] *n* ambulance *f*; **call an ~!** appelez une ambulance!

ambush ['æmbuʃ] *n* embuscade *f* ▷ *vt* tendre une embuscade à

amen ['ɑ:'mɛn] *excl* amen

amend [ə'mɛnd] *vt* (*law*) amender; (*text*) corriger; **to make ~s** réparer ses torts, faire amende honorable; **amendment** *n* (*to law*) amendement *m*; (*to text*) correction *f*

amenities [ə'mi:nɪtɪz] *npl* aménagements *mpl*, équipements *mpl*

America [ə'mɛrɪkə] *n* Amérique *f*; **American** *adj* américain(e) ▷ *n* Américain(e); **American football** *n* (BRIT) football *m* américain

amicable ['æmɪkəbl] *adj* amical(e); (*Law*) à l'amiable

amid(st) [ə'mɪd(st)] *prep* parmi, au milieu de

ammunition [æmju'nɪʃən] *n* munitions *fpl*

amnesty ['æmnɪstɪ] *n* amnistie *f*

among(st) [ə'mʌŋ(st)] *prep* parmi, entre

amount [ə'maunt] *n (sum of money)* somme *f*; *(total)* montant *m*; *(quantity)* quantité *f*; nombre *m* ▷ *vi*: **to ~ to** *(total)* s'élever à; *(be same as)* équivaloir à, revenir à

amp(ère) ['æmp(ɛəʳ)] *n* ampère *m*

ample ['æmpl] *adj* ample, spacieux(-euse); *(enough)*: **this is ~** c'est largement suffisant; **to have ~ time/room** avoir bien assez de temps/place

amplifier ['æmplɪfaɪəʳ] *n* amplificateur *m*

amputate ['æmpjuteɪt] *vt* amputer

Amtrak ['æmtræk] *(US) n société mixte de transports ferroviaires interurbains pour voyageurs*

amuse [ə'mju:z] *vt* amuser; **amusement** *n* amusement *m*; *(pastime)* distraction *f*; **amusement arcade** *n* salle *f* de jeu; **amusement park** *n* parc *m* d'attractions

amusing [ə'mju:zɪŋ] *adj* amusant(e), divertissant(e)

an [æn, ən, n] *indef art see* **a**

anaemia, *(US)* **anemia** [ə'ni:mɪə] *n* anémie *f*

anaemic, *(US)* **anemic** [ə'ni:mɪk] *adj* anémique

anaesthetic, *(US)* **anesthetic** [ænɪs'θɛtɪk] *n* anesthésique *m*

analog(ue) ['ænəlɔg] *adj (watch, computer)* analogique

analogy [ə'nælədʒɪ] *n* analogie *f*

analyse, *(US)* **analyze** ['ænəlaɪz] *vt* analyser; **analysis** *(pl* **analyses***)* [ə'næləsɪs, -si:z] *n* analyse *f*; **analyst** ['ænəlɪst] *n (political analyst etc)* analyste *m/f*; *(US)* psychanalyste *m/f*

analyze ['ænəlaɪz] *vt (US)* = **analyse**

anarchy ['ænəkɪ] *n* anarchie *f*

anatomy [ə'nætəmɪ] *n* anatomie *f*

ancestor ['ænsɪstəʳ] *n* ancêtre *m*, aïeul *m*

anchor ['æŋkəʳ] *n* ancre *f* ▷ *vi (also:* **to drop ~***)* jeter l'ancre, mouiller ▷ *vt* mettre à l'ancre; *(fig)*: **to ~ sth to** fixer qch à

anchovy ['æntʃəvɪ] *n* anchois *m*

ancient ['eɪnʃənt] *adj* ancien(ne), antique; *(person)* d'un âge vénérable; *(car)* antédiluvien(ne)

and [ænd] *conj* et; **~ so on** et ainsi de suite; **try ~ come** tâchez de venir; **come ~ sit here** venez vous asseoir ici; **he talked ~ talked** il a parlé pendant des heures; **better ~ bette[r]** de mieux en mieux; **more ~ more** de plus en plus

Andorra [æn'dɔ:rə] *n (principauté f d')*Andorre *f*

anemia *etc* [ə'ni:mɪə] *n (US)* = **anaemia** *etc*

anesthetic [ænɪs'θɛtɪk] *n, adj (US)* = **anaesthetic**

angel ['eɪndʒəl] *n* ange *m*

anger ['æŋgəʳ] *n* colère *f*

angina [æn'dʒaɪnə] *n* angine *f* de poitrine

angle ['æŋgl] *n* angle *m*; **from their** de leur point de vue

angler ['æŋgləʳ] *n* pêcheur(-euse) à la ligne

Anglican ['æŋglɪkən] *adj, n* anglican(e)

angling ['æŋglɪŋ] *n* pêche *f* à la ligne

angrily ['æŋgrɪlɪ] *adv* avec colère

angry ['æŋgrɪ] *adj* en colère, furieux(-euse); *(wound)* enflammé(e); **to be ~ with sb/at sth** être furieux contre qn/de qch; **to get ~** se fâcher, se mettre en colère

anguish ['æŋgwɪʃ] *n* angoisse *f*

animal ['ænɪməl] *n* animal *m* ▷ *adj* animal(e)

animated ['ænɪmeɪtɪd] *adj* animé(e)

animation [ænɪ'meɪʃən] *n (of perso[n])* entrain *m*; *(of street, Cine)* animation *f*

aniseed ['ænɪsi:d] *n* anis *m*

ankle ['æŋkl] *n* cheville *f*

annex ['ænɛks] *n (BRIT: also:* **~e***)* annexe *f* ▷ *vt* [ə'nɛks] annexer

anniversary [ænɪ'və:sərɪ] *n* anniversaire *m*

announce [ə'nauns] *vt* annoncer; (*birth, death*) faire part de; **announcement** *n* annonce *f*; (*for births etc: in newspaper*) avis *m* de faire-part; (*: letter, card*) faire-part *m*; **announcer** *n* (*Radio, TV: between programmes*) speaker(ine); (*: in a programme*) présentateur(-trice)
annoy [ə'nɔɪ] *vt* agacer, ennuyer, contrarier; **don't get ~ed!** ne vous fâchez pas!; **annoying** *adj* agaçant(e), contrariant(e)
annual ['ænjuəl] *adj* annuel(le) ▷ *n* (*Bot*) plante annuelle; (*book*) album *m*; **annually** *adv* annuellement
annum ['ænəm] *n see* **per**
anonymous [ə'nɔnɪməs] *adj* anonyme
anorak ['ænəræk] *n* anorak *m*
anorexia [ænə'rɛksɪə] *n* (*also:* **~ nervosa**) anorexie *f*
anorexic [ænə'rɛksɪk] *adj, n* anorexique (*m/f*)
another [ə'nʌðə^r] *adj*: **~ book** (*one more*) un autre livre, encore un livre, un livre de plus; (*a different one*) un autre livre ▷ *pron* un(e) autre, encore un(e), un(e) de plus; *see also* **one**
answer ['ɑːnsə^r] *n* réponse *f*; (*to problem*) solution *f* ▷ *vi* répondre ▷ *vt* (*reply to*) répondre à; (*problem*) résoudre; (*prayer*) exaucer; **in ~ to your letter** suite à *or* en réponse à votre lettre; **to ~ the phone** répondre (au téléphone); **to ~ the bell** *or* **the door** aller *or* venir ouvrir (la porte); **answer back** *vi* répondre, répliquer; **answerphone** *n* (*esp* BRIT) répondeur *m* (téléphonique)
ant [ænt] *n* fourmi *f*
Antarctic [ænt'ɑːktɪk] *n*: **the ~** l'Antarctique *m*
antelope ['æntɪləup] *n* antilope *f*
antenatal ['æntɪ'neɪtl] *adj* prénatal(e)
antenna (*pl* **antennae**) [æn'tɛnə, -niː] *n* antenne *f*
anthem ['ænθəm] *n*: **national ~** hymne national
anthology [æn'θɔlədʒɪ] *n* anthologie *f*
anthropology [ænθrə'pɔlədʒɪ] *n* anthropologie *f*
anti ['æntɪ] *prefix* anti-; **antibiotic** ['æntɪbaɪ'ɔtɪk] *n* antibiotique *m*; **antibody** ['æntɪbɔdɪ] *n* anticorps *m*
anticipate [æn'tɪsɪpeɪt] *vt* s'attendre à, prévoir; (*wishes, request*) aller au devant de, devancer; **anticipation** [æntɪsɪ'peɪʃən] *n* attente *f*
anticlimax ['æntɪ'klaɪmæks] *n* déception *f*
anticlockwise ['æntɪ'klɔkwaɪz] (BRIT) *adv* dans le sens inverse des aiguilles d'une montre
antics ['æntɪks] *npl* singeries *fpl*
anti: antidote ['æntɪdəut] *n* antidote *m*, contrepoison *m*; **antifreeze** ['æntɪfriːz] *n* antigel *m*; **anti-globalization** *n* antimondialisation *f*; **antihistamine** [æntɪ'hɪstəmɪn] *n* antihistaminique *m*; **antiperspirant** [æntɪ'pəːspɪrənt] *n* déodorant *m*
antique [æn'tiːk] *n* (*ornament*) objet *m* d'art ancien; (*furniture*) meuble ancien ▷ *adj* ancien(ne); **antique shop** *n* magasin *m* d'antiquités
antiseptic [æntɪ'sɛptɪk] *adj, n* antiseptique (*m*)
antisocial ['æntɪ'səuʃəl] *adj* (*unfriendly*) insociable; (*against society*) antisocial(e)
antivirus [æntɪ'vaɪrəs] *adj* (*Comput*) antivirus *inv*; **~ software** (logiciel *m*) antivirus
antlers ['æntləz] *npl* bois *mpl*, ramure *f*
anxiety [æŋ'zaɪətɪ] *n* anxiété *f*; (*keenness*): **~ to do** grand désir *or* impatience *f* de faire
anxious ['æŋkʃəs] *adj* (très) inquiet(-ète); (*always worried*) anxieux(-euse); (*worrying*) angoissant(e); **~ to do/that** (*keen*)

qui tient beaucoup à faire/à ce que + *sub*; impatient(e) de faire/que + *sub*

KEYWORD

any ['enɪ] *adj* **1** (*in questions etc: singular*) du, de l', de la; (: *plural*) des; **do you have any butter/children/ink?** avez-vous du beurre/des enfants/de l'encre?
2 (*with negative*) de, d'; **I don't have any money/books** je n'ai pas d'argent/de livres
3 (*no matter which*) n'importe quel(le); (*each and every*) tout(e), chaque; **choose any book you like** vous pouvez choisir n'importe quel livre; **any teacher you ask will tell you** n'importe quel professeur vous le dira
4 (*in phrases*): **in any case** de toute façon; **any day now** d'un jour à l'autre; **at any moment** à tout moment, d'un instant à l'autre; **at any rate** en tout cas; **any time** n'importe quand; **he might come (at) any time** il pourrait venir n'importe quand; **come (at) any time** venez quand vous voulez
▸ *pron* **1** (*in questions etc*) en; **have you got any?** est-ce que vous en avez?; **can any of you sing?** est-ce que parmi vous il y en a qui savent chanter?
2 (*with negative*) en; **I don't have any (of them)** je n'en ai pas, je n'en ai aucun
3 (*no matter which one(s)*) n'importe lequel (*or* laquelle); (*anybody*) n'importe qui; **take any of those books (you like)** vous pouvez prendre n'importe lequel de ces livres
▸ *adv* **1** (*in questions etc*): **do you want any more soup/sandwiches?** voulez-vous encore de la soupe/des sandwichs?; **are you feeling any better?** est-ce que vous vous sentez mieux?
2 (*with negative*): **I can't hear him any more** je ne l'entends plus; **don't wait any longer** n'attendez pas plus longtemps; **anybody** *pron* n'importe qui; (*in interrogative sentences*) quelqu'un; (*in negative sentences*): **I don't see anybody** je ne vois personne; **if anybody should phone ...** si quelqu'un téléphone ...; **anyhow** *adv* quoi qu'il en soit; (*haphazardly*) n'importe comment; **do it anyhow you like** faites-le comme vous voulez; **she leaves things just anyhow** elle laisse tout traîner; **I shall go anyhow** j'irai de toute façon; **anyone** *pron* = **anybody**; **anything** *pron* (*no matter what*) n'importe quoi; (*in questions*) quelque chose; (*with negative*) ne ... rien; **can you see anything?** tu vois quelque chose?; **if anything happens to me ...** s'il m'arrive quoi que ce soit ...; **you can say anything you like** vous pouvez dire ce que vous voulez; **anything will do** n'importe quoi fera l'affaire; **he'll eat anything** il mange de tout; **anytime** *adv* (*at any moment*) d'un moment à l'autre; (*whenever*) n'importe quand; **anyway** *adv* de toute façon; **anyway, I couldn't come even if I wanted to** de toute façon, je ne pouvais pas venir même si je le voulais; **I shall go anyway** j'irai quand même; **why are you phoning, anyway?** au fait, pourquoi tu me téléphones?; **anywhere** *adv* n'importe où; (*in interrogative sentences*) quelque part; (*in negative sentences*): **I can't see him anywhere** je ne le vois nulle part; **can you see him anywhere?** tu le vois quelque part?; **put the books down anywhere** pose les livres n'importe où; **anywhere in the world** (*no matter where*) n'importe où dans le monde

apart [ə'pɑːt] *adv* (*to one side*) à part; de côté; à l'écart; (*separately*) séparément; **to take/pull ~** démonter; **10 miles/a long way ~** à 10 miles/très éloignés l'un de l'autre; **~ from** *prep* à part, excepté

partment [ə'pɑ:tmənt] *n* (*US*) appartement *m*, logement *m*; (*room*) chambre *f*; **apartment building** *n* (*US*) immeuble *m*; maison divisée en appartements

pathy ['æpəθɪ] *n* apathie *f*, indifférence *f*

pe [eɪp] *n* (grand) singe ▷ *vt* singer

peritif [ə'pɛrɪtɪf] *n* apéritif *m*

perture ['æpətʃjuə'] *n* orifice *m*, ouverture *f*; (*Phot*) ouverture (du diaphragme)

PEX ['eɪpɛks] *n abbr* (*Aviat: = advance purchase excursion*) APEX *m*

pologize [ə'pɒlədʒaɪz] *vi*: **to ~ (for sth to sb)** s'excuser (de qch auprès de qn), présenter des excuses (à qn pour qch)

pology [ə'pɒlədʒɪ] *n* excuses *fpl*

postrophe [ə'pɒstrəfɪ] *n* apostrophe *f*

pp *n abbr* (*inf: Comput: = application*) appli *f*

ppal, (*US*) **appall** [ə'pɔ:l] *vt* consterner, atterrer; horrifier; **appalling** *adj* épouvantable; (*stupidity*) consternant(e)

pparatus [æpə'reɪtəs] *n* appareil *m*, dispositif *m*; (*in gymnasium*) agrès *mpl*

pparent [ə'pærənt] *adj* apparent(e); **apparently** *adv* apparemment

ppeal [ə'pi:l] *vi* (*Law*) faire *or* interjeter appel ▷ *n* (*Law*) appel *m*; (*request*) appel; prière *f*; (*charm*) attrait *m*, charme *m*; **to ~ for** demander (instamment); implorer; **to ~ to** (*beg*) faire appel à; (*be attractive*) plaire à; **it doesn't ~ to me** cela ne m'attire pas; **appealing** *adj* (*attractive*) attrayant(e)

ppear [ə'pɪə'] *vi* apparaître, se montrer; (*Law*) comparaître; (*publication*) paraître, sortir, être publié(e); (*seem*) paraître, sembler; **it would ~ that** il semble que; **to ~ in Hamlet** jouer dans Hamlet; **to ~ on TV** passer à la télé; **appearance** *n* apparition *f*; parution *f*; (*look, aspect*) apparence *f*, aspect *m*

appendices [ə'pɛndɪsi:z] *npl of* **appendix**

appendicitis [əpɛndɪ'saɪtɪs] *n* appendicite *f*

appendix (*pl* **appendices**) [ə'pɛndɪks, -si:z] *n* appendice *m*

appetite ['æpɪtaɪt] *n* appétit *m*

appetizer ['æpɪtaɪzə'] *n* (*food*) amuse-gueule *m*; (*drink*) apéritif *m*

applaud [ə'plɔ:d] *vt, vi* applaudir

applause [ə'plɔ:z] *n* applaudissements *mpl*

apple ['æpl] *n* pomme *f*; **apple pie** *n* tarte *f* aux pommes

appliance [ə'plaɪəns] *n* appareil *m*

applicable [ə'plɪkəbl] *adj* applicable; **to be ~ to** (*relevant*) valoir pour

applicant ['æplɪkənt] *n*: **~ (for)** candidat(e) (à)

application [æplɪ'keɪʃən] *n* (*also Comput*) application *f*; (*for a job, a grant etc*) demande *f*; candidature *f*; **application form** *n* formulaire *m* de demande

apply [ə'plaɪ] *vt*: **to ~ (to)** (*paint, ointment*) appliquer (sur); (*law, etc*) appliquer (à) ▷ *vi*: **to ~ to** (*ask*) s'adresser à; (*be suitable for, relevant to*) s'appliquer à; **to ~ (for)** (*permit, grant*) faire une demande (en vue d'obtenir); (*job*) poser sa candidature (pour), faire une demande d'emploi (concernant); **to ~ o.s. to** s'appliquer à

appoint [ə'pɔɪnt] *vt* (*to post*) nommer, engager; (*date, place*) fixer, désigner; **appointment** *n* (*to post*) nomination *f*; (*job*) poste *m*; (*arrangement to meet*) rendez-vous *m*; **to have an appointment** avoir un rendez-vous; **to make an appointment (with)** prendre

rendez-vous (avec); **I'd like to make an appointment** je voudrais prendre rendez-vous
appraisal [əˈpreɪzl] *n* évaluation *f*
appreciate [əˈpriːʃɪeɪt] *vt* (*like*) apprécier, faire cas de; (*be grateful for*) être reconnaissant(e) de; (*be aware of*) comprendre, se rendre compte de ▷ *vi* (*Finance*) prendre de la valeur; **appreciation** [əpriːʃɪˈeɪʃən] *n* appréciation *f*; (*gratitude*) reconnaissance *f*; (*Finance*) hausse *f*, valorisation *f*
apprehension [æprɪˈhɛnʃən] *n* appréhension *f*, inquiétude *f*
apprehensive [æprɪˈhɛnsɪv] *adj* inquiet(-ète), appréhensif(-ive)
apprentice [əˈprɛntɪs] *n* apprenti *m*
approach [əˈprəutʃ] *vi* approcher ▷ *vt* (*come near*) approcher de; (*ask, apply to*) s'adresser à; (*subject, passer-by*) aborder ▷ *n* approche *f*; accès *m*, abord *m*; (*intellectual*) démarche *f*
appropriate *adj* [əˈprəuprɪɪt] (*tool etc*) qui convient, approprié(e); (*moment, remark*) opportun(e) ▷ *vt* [əˈprəuprɪeɪt] (*take*) s'approprier
approval [əˈpruːvəl] *n* approbation *f*; **on ~** (*Comm*) à l'examen
approve [əˈpruːv] *vt* approuver; **approve of** *vt fus* (*thing*) approuver; (*person*): **they don't ~ of her** ils n'ont pas bonne opinion d'elle
approximate [əˈprɔksɪmɪt] *adj* approximatif(-ive); **approximately** *adv* approximativement
Apr. *abbr* = **April**
apricot [ˈeɪprɪkɔt] *n* abricot *m*
April [ˈeɪprəl] *n* avril *m*; **April Fools' Day** *n* le premier avril

APRIL FOOLS' DAY

April Fools' Day est le 1er avril, à l'occasion duquel on fait des farces de toutes sortes. Les victimes de ces farces sont les "April fools". Traditionnellement, on n'est censé faire des farces que jusqu'à midi.

apron [ˈeɪprən] *n* tablier *m*
apt [æpt] *adj* (*suitable*) approprié(e); **~ to do** (*likely*) susceptible de faire; ayant tendance à faire
aquarium [əˈkwɛərɪəm] *n* aquarium *m*
Aquarius [əˈkwɛərɪəs] *n* le Verseau
Arab [ˈærəb] *n* Arabe *m/f* ▷ *adj* arabe
Arabia [əˈreɪbɪə] *n* Arabie *f*; **Arabian** *adj* arabe; **Arabic** [ˈærəbɪk] *adj, n* arabe (*m*)
arbitrary [ˈɑːbɪtrərɪ] *adj* arbitraire
arbitration [ɑːbɪˈtreɪʃən] *n* arbitrage *m*
arc [ɑːk] *n* arc *m*
arcade [ɑːˈkeɪd] *n* arcade *f*; (*passage with shops*) passage *m*, galerie *f*; (*with games*) salle *f* de jeu
arch [ɑːtʃ] *n* arche *f*; (*of foot*) cambrure *f*, voûte *f* plantaire ▷ *vt* arquer, cambrer
archaeology, (US) **archeology** [ɑːkɪˈɔlədʒɪ] *n* archéologie *f*
archbishop [ɑːtʃˈbɪʃəp] *n* archevêque *m*
archeology [ɑːkɪˈɔlədʒɪ] (US) *n* = **archaeology**
architect [ˈɑːkɪtɛkt] *n* architecte *m*; **architectural** [ɑːkɪˈtɛktʃərəl] *adj* architectural(e); **architecture** *n* architecture *f*
archive [ˈɑːkaɪv] *n* (*often pl*) archives *fpl*
Arctic [ˈɑːktɪk] *adj* arctique ▷ *n*: **the ~** l'Arctique *m*
are [ɑːʳ] *vb see* **be**
area [ˈɛərɪə] *n* (*Geom*) superficie *f*; (*zone*) région *f* (*: smaller*) secteur *m*; (*in room*) coin *m*; (*knowledge, research*) domaine *m*; **area code** (US) *n* (*Tel*) indicatif *m* de zone
arena [əˈriːnə] *n* arène *f*
aren't [ɑːnt] = **are not**
Argentina [ɑːdʒənˈtiːnə] *n* Argentine *f*; **Argentinian**

[ɑːdʒən'tɪnɪən] *adj* argentin(e) ▷ *n* Argentin(e)
arguably ['ɑːgjuəblɪ] *adv*: **it is ~ ...** on peut soutenir que c'est ...
argue ['ɑːgjuː] *vi* (*quarrel*) se disputer; (*reason*) argumenter; **to ~ that** objecter *or* alléguer que, donner comme argument que
argument ['ɑːgjumənt] *n* (*quarrel*) dispute *f*, discussion *f*; (*reasons*) argument *m*
Aries ['ɛərɪz] *n* le Bélier
arise (*pt* **arose**, *pp* **arisen**) [ə'raɪz, ə'rəuz, ə'rɪzn] *vi* survenir, se présenter
arithmetic [ə'rɪθmətɪk] *n* arithmétique *f*
arm [ɑːm] *n* bras *m* ▷ *vt* armer; **arms** *npl* (*weapons, Heraldry*) armes *fpl*; **~ in ~** bras dessus bras dessous; **armchair** ['ɑːmtʃɛəʳ] *n* fauteuil *m*
armed [ɑːmd] *adj* armé(e); **armed forces** *npl*; **the armed forces** les forces armées; **armed robbery** *n* vol *m* à main armée
armour, (US) **armor** ['ɑːməʳ] *n* armure *f*; (*Mil: tanks*) blindés *mpl*
armpit ['ɑːmpɪt] *n* aisselle *f*
armrest ['ɑːmrɛst] *n* accoudoir *m*
army ['ɑːmɪ] *n* armée *f*
A road *n* (BRIT) ≈ route nationale
aroma [ə'rəumə] *n* arôme *m*; **aromatherapy** *n* aromathérapie *f*
arose [ə'rəuz] *pt of* **arise**
around [ə'raund] *adv* (tout) autour; (*nearby*) dans les parages ▷ *prep* autour de; (*near*) près de; (*fig: about*) environ; (*: date, time*) vers; **is he ~?** est-il dans les parages *or* là?
arouse [ə'rauz] *vt* (*sleeper*) éveiller; (*curiosity, passions*) éveiller, susciter; (*anger*) exciter
arrange [ə'reɪndʒ] *vt* arranger; **to ~ to do sth** prévoir de faire qch; **arrangement** *n* arrangement *m*; **arrangements** *npl* (*plans etc*) arrangements *mpl*, dispositions *fpl*
array [ə'reɪ] *n* (*of objects*) déploiement *m*, étalage *m*
arrears [ə'rɪəz] *npl* arriéré *m*; **to be in ~ with one's rent** devoir un arriéré de loyer
arrest [ə'rɛst] *vt* arrêter; (*sb's attention*) retenir, attirer ▷ *n* arrestation *f*; **under ~** en état d'arrestation
arrival [ə'raɪvl] *n* arrivée *f*; **new ~** nouveau venu/nouvelle venue; (*baby*) nouveau-né(e)
arrive [ə'raɪv] *vi* arriver; **arrive at** *vt fus* (*decision, solution*) parvenir à
arrogance ['ærəgəns] *n* arrogance *f*
arrogant ['ærəgənt] *adj* arrogant(e)
arrow ['ærəu] *n* flèche *f*
arse [ɑːs] *n* (BRIT *inf!*) cul *m* (!)
arson ['ɑːsn] *n* incendie criminel
art [ɑːt] *n* art *m*; **Arts** *npl* (*Scol*) les lettres *fpl*; **art college** *n* école *f* des beaux-arts
artery ['ɑːtərɪ] *n* artère *f*
art gallery *n* musée *m* d'art; (*saleroom*) galerie *f* de peinture
arthritis [ɑː'θraɪtɪs] *n* arthrite *f*
artichoke ['ɑːtɪtʃəuk] *n* artichaut *m*; **Jerusalem ~** topinambour *m*
article ['ɑːtɪkl] *n* article *m*
articulate *adj* [ɑː'tɪkjulɪt] (*person*) qui s'exprime clairement et aisément; (*speech*) bien articulé(e), prononcé(e) clairement ▷ *vi* [ɑː'tɪkjuleɪt] articuler, parler distinctement ▷ *vt* articuler
artificial [ɑːtɪ'fɪʃəl] *adj* artificiel(le)
artist ['ɑːtɪst] *n* artiste *m/f*; **artistic** [ɑː'tɪstɪk] *adj* artistique
art school *n* ≈ école *f* des beaux-arts

KEYWORD

as [æz] *conj* **1** (*time: moment*) comme, alors que; à mesure que; **he came in as I was leaving** il est arrivé comme je partais; **as the years went by** à mesure que les années passaient; **as from tomorrow** à partir de demain
2 (*because*) comme, puisque; **he left early as he had to be home by**

10 comme il *or* puisqu'il devait être de retour avant 10h, il est parti de bonne heure
3 (*referring to manner, way*) comme; **do as you wish** faites comme vous voudrez; **as she said** comme elle disait
▸*adv* 1 (*in comparisons*): **as big as** aussi grand que; **twice as big as** deux fois plus grand que; **as much** *or* **many as** autant que; **as much money/many books as** autant d'argent/de livres que; **as soon as** dès que
2 (*concerning*): **as for** *or* **to that** quant à cela, pour ce qui est de cela
3: **as if** *or* **though** comme si; **he looked as if he was ill** il avait l'air d'être malade; *see also* **long; such; well**
▸*prep* (*in the capacity of*) en tant que, en qualité de; **he works as a driver** il travaille comme chauffeur; **as chairman of the company, he ...** en tant que président de la société, il ...; **he gave me it as a present** il me l'a offert, il m'en a fait cadeau

a.s.a.p. *abbr* = **as soon as possible**
asbestos [æz'bɛstəs] *n* asbeste *m*, amiante *m*
ascent [ə'sɛnt] *n* (*climb*) ascension *f*
ash [æʃ] *n* (*dust*) cendre *f*; (*also*: **~ tree**) frêne *m*
ashamed [ə'ʃeɪmd] *adj* honteux(-euse), confus(e); **to be ~ of** avoir honte de
ashore [ə'ʃɔːʳ] *adv* à terre
ashtray ['æʃtreɪ] *n* cendrier *m*
Ash Wednesday *n* mercredi *m* des Cendres
Asia ['eɪʃə] *n* Asie *f*; **Asian** *n* (*from Asia*) Asiatique *m/f*; (BRIT: *from Indian subcontinent*) Indo-Pakistanais(e) ▹*adj* asiatique; indo-pakistanais(e)
aside [ə'saɪd] *adv* de côté; à l'écart ▹*n* aparté *m*
ask [ɑːsk] *vt* demander; (*invite*) inviter; **to ~ sb sth/to do sth** demander à qn qch/de faire qch; **to ~ sb about sth** questionner qn au sujet de qch; se renseigner auprès de qn au sujet de qch; **to ~ (sb) a question** poser une question (à qn); **to ~ sb out to dinner** inviter qn au restaurant; **ask for** *vt fus* demander; **it's just ~ing for trouble** *or* **for it** ce serait cherche des ennuis
asleep [ə'sliːp] *adj* endormi(e); **to fal ~** s'endormir
AS level *n abbr* (= *Advanced Subsidiary level*) *première partie de l'examen équivalent au baccalauréat*
asparagus [əs'pærəgəs] *n* asperges *fpl*
aspect ['æspɛkt] *n* aspect *m*; (*direction in which a building etc faces*) orientation *f*, exposition *f*
aspire [əs'paɪəʳ] *vi*: **to ~ to** aspirer à
aspirin ['æsprɪn] *n* aspirine *f*
ass [æs] *n* âne *m*; (*inf*) imbécile *m/f*; (*US inf!*) cul *m* (*!*)
assassin [ə'sæsɪn] *n* assassin *m*; **assassinate** *vt* assassiner
assault [ə'sɔːlt] *n* (*Mil*) assaut *m*; (*gen: attack*) agression *f* ▹*vt* attaquer; (*sexually*) violenter
assemble [ə'sɛmbl] *vt* assembler ▹*vi* s'assembler, se rassembler
assembly [ə'sɛmblɪ] *n* (*meeting*) rassemblement *m*; (*parliament*) assemblée *f*; (*construction*) assemblage *m*
assert [ə'səːt] *vt* affirmer, déclarer; (*authority*) faire valoir; (*innocence*) protester de; **assertion** [ə'səːʃən] *n* assertion *f*, affirmation *f*
assess [ə'sɛs] *vt* évaluer, estimer; (*tax, damages*) établir *or* fixer le montant de; (*person*) juger la valeur de; **assessment** *n* évaluation *f*, estimation *f*; (*of tax*) fixation *f*
asset ['æsɛt] *n* avantage *m*, atout *m*; (*person*) atout; **assets** *npl* (*Comm*) capital *m*; avoir(s) *m(pl)*; actif *m*
assign [ə'saɪn] *vt* (*date*) fixer, arrêter; **to ~ sth to** (*task*) assigner

qch à; (*resources*) affecter qch à; **assignment** *n* (*task*) mission *f*; (*homework*) devoir *m*

assist [ə'sɪst] *vt* aider, assister; **assistance** *n* aide *f*, assistance *f*; **assistant** *n* assistant(e), adjoint(e); (BRIT: *also*: **shop assistant**) vendeur(-euse)

associate *adj*, *n* [ə'səuʃɪɪt] associé(e) ▷ *vt* [ə'səuʃɪeɪt] associer ▷ *vi* [ə'səuʃɪeɪt]: **to ~ with sb** fréquenter qn

association [əsəusɪ'eɪʃən] *n* association *f*

assorted [ə'sɔːtɪd] *adj* assorti(e)

assortment [ə'sɔːtmənt] *n* assortiment *m*; (*of people*) mélange *m*

assume [ə'sjuːm] *vt* supposer; (*responsibilities etc*) assumer; (*attitude, name*) prendre, adopter

assumption [ə'sʌmpʃən] *n* supposition *f*, hypothèse *f*; (*of power*) assomption *f*, prise *f*

assurance [ə'ʃuərəns] *n* assurance *f*

assure [ə'ʃuəʳ] *vt* assurer

asterisk ['æstərɪsk] *n* astérisque *m*

asthma ['æsmə] *n* asthme *m*

astonish [ə'stɔnɪʃ] *vt* étonner, stupéfier; **astonished** *adj* étonné(e); **to be astonished at** être étonné(e) de; **astonishing** *adj* étonnant(e), stupéfiant(e); **I find it astonishing that ...** je trouve incroyable que ... + *sub*; **astonishment** *n* (grand) étonnement, stupéfaction *f*

astound [ə'staund] *vt* stupéfier, sidérer

astray [ə'streɪ] *adv*: **to go ~** s'égarer; (*fig*) quitter le droit chemin; **to lead ~** (*morally*) détourner du droit chemin

astrology [əs'trɔlədʒɪ] *n* astrologie *f*

astronaut ['æstrənɔːt] *n* astronaute *m/f*

astronomer [əs'trɔnəməʳ] *n* astronome *m*

astronomical [æstrə'nɔmɪkl] *adj* astronomique

astronomy [əs'trɔnəmɪ] *n* astronomie *f*

astute [əs'tjuːt] *adj* astucieux(-euse), malin(-igne)

asylum [ə'saɪləm] *n* asile *m*; **asylum seeker** [-siːkəʳ] *n* demandeur(-euse) d'asile

KEYWORD

at [æt] *prep* **1** (*referring to position, direction*) à; **at the top** au sommet; **at home/school** à la maison *or* chez soi/à l'école; **at the baker's** à la boulangerie, chez le boulanger; **to look at sth** regarder qch

2 (*referring to time*): **at 4 o'clock** à 4 heures; **at Christmas** à Noël; **at night** la nuit; **at times** par moments, parfois

3 (*referring to rates, speed etc*) à; **at £1 a kilo** une livre le kilo; **two at a time** deux à la fois; **at 50 km/h** à 50 km/h

4 (*referring to manner*): **at a stroke** d'un seul coup; **at peace** en paix

5 (*referring to activity*): **to be at work** (*in the office etc*) être au travail; (*working*) travailler; **to play at cowboys** jouer aux cowboys; **to be good at sth** être bon en qch

6 (*referring to cause*): **shocked/surprised/annoyed at sth** choqué par/étonné de/agacé par qch; **I went at his suggestion** j'y suis allé sur son conseil

▶ *n* (*@ symbol*) arobase *f*

ate [eɪt] *pt of* **eat**

atheist ['eɪθɪɪst] *n* athée *m/f*

Athens ['æθɪnz] *n* Athènes

athlete ['æθliːt] *n* athlète *m/f*

athletic [æθ'lɛtɪk] *adj* athlétique; **athletics** *n* athlétisme *m*

Atlantic [ət'læntɪk] *adj* atlantique ▷ *n*: **the ~ (Ocean)** l'(océan *m*) Atlantique *m*

atlas ['ætləs] *n* atlas *m*

A.T.M. *n abbr* (= *Automated Telling Machine*) guichet *m* automatique

atmosphere ['ætməsfɪəʳ] *n (air)* atmosphère *f*; *(fig: of place etc)* atmosphère, ambiance *f*

atom ['ætəm] *n* atome *m*; **atomic** [ə'tɔmɪk] *adj* atomique; **atom(ic) bomb** *n* bombe *f* atomique

atrocity [ə'trɔsɪtɪ] *n* atrocité *f*

attach [ə'tætʃ] *vt (gen)* attacher; *(document, letter)* joindre; **to be ~ed to sb/sth** *(to like)* être attaché à qn/qch; **to ~ a file to an email** joindre un fichier à un e-mail; **attachment** *n (tool)* accessoire *m*; *(Comput)* fichier *m* joint; *(love)*: **attachment (to)** affection *f* (pour), attachement *m* (à)

attack [ə'tæk] *vt* attaquer; *(task etc)* s'attaquer à ▷ *n* attaque *f*; **heart ~** crise *f* cardiaque; **attacker** *n* attaquant *m*; agresseur *m*

attain [ə'teɪn] *vt (also: **to ~ to**)* parvenir à, atteindre; *(knowledge)* acquérir

attempt [ə'tɛmpt] *n* tentative *f* ▷ *vt* essayer, tenter

attend [ə'tɛnd] *vt (course)* suivre; *(meeting, talk)* assister à; *(school, church)* aller à, fréquenter; *(patient)* soigner, s'occuper de; **attend to** *vt fus (needs, affairs etc)* s'occuper de; *(customer)* s'occuper de, servir; **attendance** *n (being present)* présence *f*; *(people present)* assistance *f*; **attendant** *n* employé(e); gardien(ne) ▷ *adj* concomitant(e), qui accompagne *or* s'ensuit

> Be careful not to translate *attend* by the French word *attendre*.

attention [ə'tɛnʃən] *n* attention *f* ▷ *excl (Mil)* garde-à-vous!; **for the ~ of** *(Admin)* à l'attention de

attic ['ætɪk] *n* grenier *m*, combles *mpl*

attitude ['ætɪtju:d] *n* attitude *f*

attorney [ə'tə:nɪ] *n (US: lawyer)* avocat *m*; **Attorney General** *n (BRIT)* ≈ procureur général; *(US)* ≈ garde *m* des Sceaux, ministre *m* de la Justice

attract [ə'trækt] *vt* attirer; **attraction** [ə'trækʃən] *n (gen pl: pleasant things)* attraction *f*, attrait *m*; *(Physics)* attraction; *(fig: towards sb, sth)* attirance *f*; **attractive** *adj* séduisant(e), attrayant(e)

attribute *n* ['ætrɪbju:t] attribut *m* ▷ *vt* [ə'trɪbju:t]: **to ~ sth to** attribuer qch à

aubergine ['əubəʒi:n] *n* aubergine *f*

auburn ['ɔ:bən] *adj* auburn *inv*, châtain roux *inv*

auction ['ɔ:kʃən] *n (also: **sale by ~**)* vente *f* aux enchères ▷ *vt (also: **to sell by ~**)* vendre aux enchères

audible ['ɔ:dɪbl] *adj* audible

audience ['ɔ:dɪəns] *n (people)* assistance *f*, public *m*; *(on radio)* auditeurs *mpl*; *(at theatre)* spectateurs *mpl*; *(interview)* audience *f*

audit ['ɔ:dɪt] *vt* vérifier

audition [ɔ:'dɪʃən] *n* audition *f*

auditor ['ɔ:dɪtəʳ] *n* vérificateur *m* des comptes

auditorium [ɔ:dɪ'tɔ:rɪəm] *n* auditorium *m*, salle *f* de concert *or* de spectacle

Aug. *abbr* = **August**

August ['ɔ:gəst] *n* août *m*

aunt [ɑ:nt] *n* tante *f*; **auntie, aunty** *diminutive of* **aunt**

au pair ['əu'pɛəʳ] *n (also: **~ girl**)* jeune fille *f* au pair

aura ['ɔ:rə] *n* atmosphère *f*; *(of person)* aura *f*

austerity [ɔs'tɛrɪtɪ] *n* austérité *f*

Australia [ɔs'treɪlɪə] *n* Australie *f*; **Australian** *adj* australien(ne) ▷ *n* Australien(ne)

Austria ['ɔstrɪə] *n* Autriche *f*; **Austrian** *adj* autrichien(ne) ▷ *n* Autrichien(ne)

authentic [ɔ:'θɛntɪk] *adj* authentique

author ['ɔ:θəʳ] *n* auteur *m*

authority [ɔ:'θɔrɪtɪ] *n* autorité *f*; *(permission)* autorisation (formelle); **the authorities** les autorités *fpl*, l'administration *f*

authorize ['ɔ:θəraɪz] *vt* autoriser

auto ['ɔ:təu] *n* (US) auto *f*, voiture *f*; **autobiography** [ɔ:təbaɪ'ɔgrəfɪ] *n* autobiographie *f*; **autograph** ['ɔ:təgrɑ:f] *n* autographe *m* ▷ *vt* signer, dédicacer; **automatic** [ɔ:tə'mætɪk] *adj* automatique ▷ *n* (*gun*) automatique *m*; (*car*) voiture *f* à transmission automatique; **automatically** *adv* automatiquement; **automobile** ['ɔ:təməbi:l] *n* (US) automobile *f*; **autonomous** [ɔ:'tɔnəməs] *adj* autonome; **autonomy** [ɔ:'tɔnəmɪ] *n* autonomie *f*

autumn ['ɔ:təm] *n* automne *m*

auxiliary [ɔ:g'zɪlɪərɪ] *adj*, *n* auxiliaire (*m/f*)

avail [ə'veɪl] *vt*: **to ~ o.s. of** user de; profiter de ▷ *n*: **to no ~** sans résultat, en vain, en pure perte

availability [əveɪlə'bɪlɪtɪ] *n* disponibilité *f*

available [ə'veɪləbl] *adj* disponible

avalanche ['ævəlɑ:nʃ] *n* avalanche *f*

Ave. *abbr* = **avenue**

avenue ['ævənju:] *n* avenue *f*; (*fig*) moyen *m*

average ['ævərɪdʒ] *n* moyenne *f* ▷ *adj* moyen(ne) ▷ *vt* (*a certain figure*) atteindre *or* faire *etc* en moyenne; **on ~** en moyenne

avert [ə'və:t] *vt* (*danger*) prévenir, écarter; (*one's eyes*) détourner

avid ['ævɪd] *adj* avide

avocado [ævə'kɑ:dəu] *n* (BRIT: *also*: **~ pear**) avocat *m*

avoid [ə'vɔɪd] *vt* éviter

await [ə'weɪt] *vt* attendre

awake [ə'weɪk] (*pt* **awoke**, *pp* **awoken**) *adj* éveillé(e) ▷ *vt* éveiller ▷ *vi* s'éveiller; **to be ~** être réveillé(e)

award [ə'wɔ:d] *n* (*for bravery*) récompense *f*; (*prize*) prix *m*; (*Law*: *damages*) dommages-intérêts *mpl* ▷ *vt* (*prize*) décerner; (*Law*: *damages*) accorder

aware [ə'wɛə^r] *adj*: **~ of** (*conscious*) conscient(e) de; (*informed*) au courant de; **to become ~ of/that** prendre conscience de/que; se rendre compte de/que; **awareness** *n* conscience *f*, connaissance *f*

away [ə'weɪ] *adv* (au) loin; (*movement*): **she went ~** elle est partie ▷ *adj* (*not in*, *not here*) absent(e); **far ~** (au) loin; **two kilometres ~** à (une distance de) deux kilomètres, à deux kilomètres de distance; **two hours ~ by car** à deux heures de voiture *or* de route; **the holiday was two weeks ~** il restait deux semaines jusqu'aux vacances; **he's ~ for a week** il est parti (pour) une semaine; **to take sth ~ from sb** prendre qch à qn; **to take sth ~ from sth** (*subtract*) ôter qch de qch; **to work/pedal ~** travailler/pédaler à cœur joie; **to fade ~** (*colour*) s'estomper; (*sound*) s'affaiblir

awe [ɔ:] *n* respect mêlé de crainte, effroi mêlé d'admiration; **awesome** ['ɔ:səm] (US) *adj* (*inf*: *excellent*) génial(e)

awful ['ɔ:fəl] *adj* affreux(-euse); **an ~ lot of** énormément de; **awfully** *adv* (*very*) terriblement, vraiment

awkward ['ɔ:kwəd] *adj* (*clumsy*) gauche, maladroit(e); (*inconvenient*) peu pratique; (*embarrassing*) gênant

awoke [ə'wəuk] *pt of* **awake**

awoken [ə'wəukən] *pp of* **awake**

axe, (US) **ax** [æks] *n* hache *f* ▷ *vt* (*project etc*) abandonner; (*jobs*) supprimer

axle ['æksl] *n* essieu *m*

ay(e) [aɪ] *excl* (*yes*) oui

azalea [ə'zeɪlɪə] *n* azalée *f*

b

B [biː] *n* (*Mus*) si *m*
B.A. *abbr* (*Scol*) = **Bachelor of Arts**
baby [ˈbeɪbɪ] *n* bébé *m*; **baby carriage** *n* (*US*) voiture *f* d'enfant; **baby-sit** *vi* garder les enfants; **baby-sitter** *n* baby-sitter *m/f*; **baby wipe** *n* lingette *f* (*pour bébé*)
bachelor [ˈbætʃələʳ] *n* célibataire *m*; **B~ of Arts/Science (BA/BSc)** ≈ licencié(e) ès *or* en lettres/sciences
back [bæk] *n* (*of person, horse*) dos *m*; (*of hand*) dos, revers *m*; (*of house*) derrière *m*; (*of car, train*) arrière *m*; (*of chair*) dossier *m*; (*of page*) verso *m*; (*Football*) arrière *m* ▷ *vt* (*financially*) soutenir (financièrement); (*candidate*: *also*: **~ up**) soutenir, appuyer; (*horse*: *at races*) parier *or* miser sur; (*car*) (faire) reculer ▷ *vi* reculer; (*car etc*) faire marche arrière ▷ *adj* (*in compounds*) de derrière, à l'arrière ▷ *adv* (*not forward*) en arrière; (*returned*): **he's ~** il est rentré, il est de retour; **can the people at the ~ hear me properly?** est-ce que les gens du fond m'entendent?; **~ to front** à l'envers; **~ seat/wheel** (*Aut*) siège *m*/roue *f* arrière *inv*; **~ payments/rent** arriéré *m* de paiements/loyer; **~ garden/room** jardin/pièce sur l'arrière; **he ran ~** il est revenu en courant; **throw the ball ~** renvoie la balle; **can I have it ~?** puis-je le ravoir?, peux-tu me le rendre?; **he called ~** (*again*) il a rappelé; **back down** *vi* rabattre de ses prétentions; **back out** *vi* (*of promise*) se dédire; **back up** *vt* (*person*) soutenir; (*Comput*) faire une copie de sauvegarde de; **backache** *n* mal *m* au dos; **backbencher** *n* (BRIT) *membre du parlement sans portefeuille*; **backbone** *n* colonne vertébrale, épine dorsale; **back door** *n* porte *f* de derrière; **backfire** *vi* (*Aut*) pétarader; (*plans*) mal tourner; **backgammon** *n* trictrac *m*; **background** *n* arrière-plan *m*; (*of events*) situation *f*, conjoncture *f*; (*basic knowledge*) éléments *mpl* de base; (*experience*) formation *f*; **family background** milieu familial; **backing** *n* (*fig*) soutien *m*, appui *m*; **backlog** *n*: **backlog of work** travail *m* en retard; **backpack** *n* sac *m* à dos; **backpacker** *n* randonneur(-euse); **backslash** *n* barre oblique inversée; **backstage** *adv* dans les coulisses; **backstroke** *n* dos crawlé; **backup** *adj* (*train, plane*) supplémentaire, de réserve; (*Comput*) de sauvegarde ▷ *n* (*support*) appui *m*, soutien *m*; (*Comput*: *also*: **backup file**) sauvegarde *f*; **backward** *adj* (*movement*) en arrière; (*person, country*) arriéré(e), attardé(e); **backwards** *adv* (*move, go*) en arrière; (*read a list*) à l'envers, à rebours; (*fall*) à la renverse; (*walk*) à reculons; **backyard** *n* arrière-cour *f*
bacon [ˈbeɪkən] *n* bacon *m*, lard *m*
bacteria [bækˈtɪərɪə] *npl* bactéries *fpl*
bad [bæd] *adj* mauvais(e); (*child*) vilain(e); (*mistake, accident*) grave;

(meat, food) gâté(e), avarié(e); **his ~ leg** sa jambe malade; **to go ~** (meat, food) se gâter; (milk) tourner
bade [bæd] pt of **bid**
badge [bædʒ] n insigne m; (of policeman) plaque f; (stick-on, sew-on) badge m
badger ['bædʒəʳ] n blaireau m
badly ['bædlɪ] adv (work, dress etc) mal; **to reflect ~ on sb** donner une mauvaise image de qn; **~ wounded** grièvement blessé; **he needs it ~** il en a absolument besoin; **~ off** adj, adv dans la gêne
bad-mannered ['bæd'mænəd] adj mal élevé(e)
badminton ['bædmɪntən] n badminton m
bad-tempered ['bæd'tɛmpəd] adj (by nature) ayant mauvais caractère; (on one occasion) de mauvaise humeur
bag [bæg] n sac m; **~s of** (inf: lots of) des tas de; **baggage** n bagages mpl; **baggage allowance** n franchise f de bagages; **baggage reclaim** n (at airport) livraison f des bagages; **baggy** adj avachi(e), qui fait des poches; **bagpipes** npl cornemuse f
bail [beɪl] n caution f ▷ vt (prisoner: also: **grant ~ to**) mettre en liberté sous caution; (boat: also: **~ out**) écoper; **to be released on ~** être libéré(e) sous caution; **bail out** vt (prisoner) payer la caution de
bait [beɪt] n appât m ▷ vt appâter; (fig: tease) tourmenter
bake [beɪk] vt (faire) cuire au four ▷ vi (bread etc) cuire (au four); (make cakes etc) faire de la pâtisserie; **baked beans** npl haricots blancs à la sauce tomate; **baked potato** n pomme f de terre en robe des champs; **baker** n boulanger m; **bakery** n boulangerie f; **baking** n (process) cuisson f; **baking powder** n levure f (chimique)
balance ['bæləns] n équilibre m; (Comm: sum) solde m; (remainder) reste m; (scales) balance f ▷ vt mettre or faire tenir en équilibre; (pros and cons) peser; (budget) équilibrer; (account) balancer; (compensate) compenser, contrebalancer; **~ of trade/payments** balance commerciale/des comptes or paiements; **balanced** adj (personality, diet) équilibré(e); (report) objectif(-ive); **balance sheet** n bilan m
balcony ['bælkənɪ] n balcon m; **do you have a room with a ~?** avez-vous une chambre avec balcon?
bald [bɔːld] adj chauve; (tyre) lisse
ball [bɔːl] n boule f; (football) ballon m; (for tennis, golf) balle f; (dance) bal m; **to play ~** jouer au ballon (or à la balle); (fig) coopérer
ballerina [bælə'riːnə] n ballerine f
ballet ['bæleɪ] n ballet m; (art) danse f (classique); **ballet dancer** n danseur(-euse) de ballet
balloon [bə'luːn] n ballon m
ballot ['bælət] n scrutin m
ballpoint (pen) ['bɔːlpɔɪnt-] n stylo m à bille
ballroom ['bɔːlrum] n salle f de bal
Baltic [bɔːltɪk] n: **the ~ (Sea)** la (mer) Baltique
bamboo [bæm'buː] n bambou m
ban [bæn] n interdiction f ▷ vt interdire
banana [bə'nɑːnə] n banane f
band [bænd] n bande f; (at a dance) orchestre m; (Mil) musique f, fanfare f
bandage ['bændɪdʒ] n bandage m, pansement m ▷ vt (wound, leg) mettre un pansement or un bandage sur
Band-Aid® ['bændeɪd] n (US) pansement adhésif
B. & B. n abbr = **bed and breakfast**
bandit ['bændɪt] n bandit m
bang [bæŋ] n détonation f; (of door) claquement m; (blow) coup (violent) ▷ vt frapper (violemment); (door) claquer ▷ vi détoner; claquer
Bangladesh [bæŋglə'dɛʃ] n Bangladesh m

Bangladeshi [bæŋglə'dɛʃɪ] *adj* du Bangladesh ▷ *n* habitant(e) du Bangladesh
bangle ['bæŋgl] *n* bracelet *m*
bangs [bæŋz] *npl* (*US*: *fringe*) frange *f*
banish ['bænɪʃ] *vt* bannir
banister(s) ['bænɪstə(z)] *n(pl)* rampe *f* (d'escalier)
banjo ['bændʒəu] (*pl* **banjoes** *or* **banjos**) *n* banjo *m*
bank [bæŋk] *n* banque *f*; (*of river, lake*) bord *m*, rive *f*; (*of earth*) talus *m*, remblai *m* ▷ *vi* (*Aviat*) virer sur l'aile; **bank on** *vt fus* miser *or* tabler sur; **bank account** *n* compte *m* en banque; **bank balance** *n* solde *m* bancaire; **bank card** (BRIT) *n* carte *f* d'identité bancaire; **bank charges** *npl* (BRIT) frais *mpl* de banque; **banker** *n* banquier *m*; **bank holiday** *n* (BRIT) jour férié (*où les banques sont fermées*); *voir article* **"bank holiday"**; **banking** *n* opérations *fpl* bancaires; profession *f* de banquier; **bank manager** *n* directeur *m* d'agence (bancaire); **banknote** *n* billet *m* de banque

BANK HOLIDAY

Le terme *bank holiday* s'applique au Royaume-Uni aux jours fériés pendant lesquels banques et commerces sont fermés. Les principaux *bank holidays* à part Noël et Pâques se situent au mois de mai et fin août, et contrairement aux pays de tradition catholique, ne coïncident pas nécessairement avec une fête religieuse.

bankrupt ['bæŋkrʌpt] *adj* en faillite; **to go ~** faire faillite; **bankruptcy** *n* faillite *f*
bank statement *n* relevé *m* de compte
banner ['bænəʳ] *n* bannière *f*
bannister(s) ['bænɪstə(z)] *n(pl)* = **banister(s)**
banquet ['bæŋkwɪt] *n* banquet *m*, festin *m*
baptism ['bæptɪzəm] *n* baptême *m*
baptize [bæp'taɪz] *vt* baptiser
bar [bɑːʳ] *n* (*pub*) bar *m*; (*counter*) comptoir *m*, bar; (*rod*: *of metal etc*) barre *f*; (: *of window etc*) barreau *m*; (*of chocolate*) tablette *f*, plaque *f*; (*fig*: *obstacle*) obstacle *m*; (*prohibition*) mesure *f* d'exclusion; (*Mus*) mesure *f* ▷ *vt* (*road*) barrer; (*person*) exclure; (*activity*) interdire; **~ of soap** savonnette *f*; **behind ~s** (*prisoner*) derrière les barreaux; **the B~** (*Law*) le barreau; **~ none** sans exception
barbaric [bɑː'bærɪk] *adj* barbare
barbecue ['bɑːbɪkjuː] *n* barbecue *m*
barbed wire ['bɑːbd-] *n* fil *m* de fer barbelé
barber ['bɑːbəʳ] *n* coiffeur *m* (pour hommes); **barber's (shop)**, (*US*) **barber shop** *n* salon *m* de coiffure (pour hommes)
bar code *n* code *m* à barres, code-barre *m*
bare [bɛəʳ] *adj* nu(e) ▷ *vt* mettre à nu, dénuder; (*teeth*) montrer; **barefoot** *adj*, *adv* nu-pieds, (les) pieds nus; **barely** *adv* à peine
bargain ['bɑːgɪn] *n* (*transaction*) marché *m*; (*good buy*) affaire *f*, occasion *f* ▷ *vi* (*haggle*) marchander; (*negotiate*) négocier, traiter; **into the ~** par-dessus le marché; **bargain for** *vt fus* (*inf*): **he got more than he ~ed for!** il en a eu pour son argent!
barge [bɑːdʒ] *n* péniche *f*; **barge in** *vi* (*walk in*) faire irruption; (*interrupt talk*) intervenir mal à propos
bark [bɑːk] *n* (*of tree*) écorce *f*; (*of dog*) aboiement *m* ▷ *vi* aboyer
barley ['bɑːlɪ] *n* orge *f*
barmaid ['bɑːmeɪd] *n* serveuse *f* (de bar), barmaid *f*
barman ['bɑːmən] (*irreg*) *n* serveur (de bar), barman *m*
barn [bɑːn] *n* grange *f*

barometer [bə'rɔmɪtəʳ] *n* baromètre *m*
baron ['bærən] *n* baron *m*; **baroness** *n* baronne *f*
barracks ['bærəks] *npl* caserne *f*
barrage ['bærɑːʒ] *n* (*Mil*) tir *m* de barrage; (*dam*) barrage *m*; (*of criticism*) feu *m*
barrel ['bærəl] *n* tonneau *m*; (*of gun*) canon *m*
barren ['bærən] *adj* stérile
barrette [bə'rɛt] (US) *n* barrette *f*
barricade [bærɪ'keɪd] *n* barricade *f*
barrier ['bærɪəʳ] *n* barrière *f*
barring ['bɑːrɪŋ] *prep* sauf
barrister ['bærɪstəʳ] *n* (BRIT) avocat (plaidant)
barrow ['bærəu] *n* (*cart*) charrette *f* à bras
bartender ['bɑːtɛndəʳ] *n* (US) serveur *m* (*de bar*), barman *m*
base [beɪs] *n* base *f* ▷ *vt* (*opinion, belief*): **to ~ sth on** baser *or* fonder qch sur ▷ *adj* vil(e), bas(se)
baseball ['beɪsbɔːl] *n* base-ball *m*; **baseball cap** *n* casquette *f* de base-ball
Basel [bɑːl] *n* = **Basle**
basement ['beɪsmənt] *n* sous-sol *m*
bases ['beɪsiːz] *npl of* **basis**
bash [bæʃ] *vt* (*inf*) frapper, cogner
basic ['beɪsɪk] *adj* (*precautions, rules*) élémentaire; (*principles, research*) fondamental(e); (*vocabulary, salary*) de base; (*minimal*) réduit(e) au minimum, rudimentaire; **basically** *adv* (*in fact*) en fait; (*essentially*) fondamentalement; **basics** *npl*: **the basics** l'essentiel *m*
basil ['bæzl] *n* basilic *m*
basin ['beɪsn] *n* (*vessel, also Geo*) cuvette *f*, bassin *m*; (BRIT: *for food*) bol *m*; (*also*: **wash~**) lavabo *m*
basis (*pl* **bases**) ['beɪsɪs, -siːz] *n* base *f*; **on a part-time/trial ~** à temps partiel/à l'essai
basket ['bɑːskɪt] *n* corbeille *f*; (*with handle*) panier *m*; **basketball** *n* basket-ball *m*
Basle [bɑːl] *n* Bâle
Basque [bæsk] *adj* basque ▷ *n* Basque *m/f*; **the ~ Country** le Pays basque
bass [beɪs] *n* (*Mus*) basse *f*
bastard ['bɑːstəd] *n* enfant naturel(le), bâtard(e); (*inf!*) salaud *m* (!)
bat [bæt] *n* chauve-souris *f*; (*for baseball etc*) batte *f*; (BRIT: *for table tennis*) raquette *f* ▷ *vt*: **he didn't ~ an eyelid** il n'a pas sourcillé *or* bronché
batch [bætʃ] *n* (*of bread*) fournée *f*; (*of papers*) liasse *f*; (*of applicants, letters*) paquet *m*
bath (*pl* **baths**) [bɑːθ, bɑːðz] *n* bain *m*; (*bathtub*) baignoire *f* ▷ *vt* baigner, donner un bain à; **to have a ~** prendre un bain; *see also* **baths**
bathe [beɪð] *vi* se baigner ▷ *vt* baigner; (*wound etc*) laver
bathing ['beɪðɪŋ] *n* baignade *f*; **bathing costume**, (US) **bathing suit** *n* maillot *m* (de bain)
bath: bathrobe *n* peignoir *m* de bain; **bathroom** *n* salle *f* de bains; **baths** [bɑːðz] *npl* (BRIT: *also*: **swimming baths**) piscine *f*; **bath towel** *n* serviette *f* de bain; **bathtub** *n* baignoire *f*
baton ['bætən] *n* bâton *m*; (*Mus*) baguette *f*; (*club*) matraque *f*
batter ['bætəʳ] *vt* battre ▷ *n* pâte *f* à frire; **battered** *adj* (*hat, pan*) cabossé(e); **battered wife/child** épouse/enfant maltraité(e) *or* martyr(e)
battery ['bætərɪ] *n* (*for torch, radio*) pile *f*; (*Aut, Mil*) batterie *f*; **battery farming** *n* élevage *m* en batterie
battle ['bætl] *n* bataille *f*, combat *m* ▷ *vi* se battre, lutter; **battlefield** *n* champ *m* de bataille
bay [beɪ] *n* (*of sea*) baie *f*; (BRIT: *for parking*) place *f* de stationnement; (: *for loading*) aire *f* de chargement; **B~ of Biscay** golfe *m* de Gascogne; **to hold sb at ~** tenir qn à distance *or* en échec

bay leaf *n* laurier *m*
bazaar [bə'zɑːʳ] *n* (*shop, market*) bazar *m*; (*sale*) vente *f* de charité
BBC *n abbr* (= *British Broadcasting Corporation*) *office de la radiodiffusion et télévision britannique*
B.C. *adv abbr* (= *before Christ*) av. J.-C.

KEYWORD

be [biː] (*pt* **was**, **were**, *pp* **been**) *aux vb* **1** (*with present participle, forming continuous tenses*): **what are you doing?** que faites-vous?; **they're coming tomorrow** ils viennent demain; **I've been waiting for you for 2 hours** je t'attends depuis 2 heures
2 (*with pp, forming passives*) être; **to be killed** être tué(e); **the box had been opened** la boîte avait été ouverte; **he was nowhere to be seen** on ne le voyait nulle part
3 (*in tag questions*): **it was fun, wasn't it?** c'était drôle, n'est-ce pas?; **he's good-looking, isn't he?** il est beau, n'est-ce pas?; **she's back, is she?** elle est rentrée, n'est-ce pas *or* alors?
4 (+*to* +*infinitive*): **the house is to be sold** (*necessity*) la maison doit être vendue; (*future*) la maison va être vendue; **he's not to open it** il ne doit pas l'ouvrir
▸ *vb* + *complement* **1** (*gen*) être; **I'm English** je suis anglais(e); **I'm tired** je suis fatigué(e); **I'm hot/cold** j'ai chaud/froid; **he's a doctor** il est médecin; **be careful/good/quiet!** faites attention/soyez sages/taisez-vous!; **2 and 2 are 4** 2 et 2 font 4
2 (*of health*) aller; **how are you?** comment allez-vous?; **I'm better now** je vais mieux maintenant; **he's very ill** il est très malade
3 (*of age*) avoir; **how old are you?** quel âge avez-vous?; **I'm sixteen (years old)** j'ai seize ans
4 (*cost*) coûter; **how much was the meal?** combien a coûté le repas?; **that'll be £5, please** ça fera 5 livres, s'il vous plaît; **this shirt is £17** cette chemise coûte 17 livres
▸ *vi* **1** (*exist, occur etc*) être, exister; **the prettiest girl that ever was** la fille la plus jolie qui ait jamais existé; **is there a God?** y a-t-il un dieu?; **be that as it may** quoi qu'il en soit; **so be it** soit
2 (*referring to place*) être, se trouver; **I won't be here tomorrow** je ne serai pas là demain
3 (*referring to movement*) aller; **where have you been?** où êtes-vous allé(s)
▸ *impers vb* **1** (*referring to time*) être; **it's 5 o'clock** il est 5 heures; **it's the 28th of April** c'est le 28 avril
2 (*referring to distance*): **it's 10 km to the village** le village est à 10 km
3 (*referring to the weather*) faire; **it's too hot/cold** il fait trop chaud/froid; **it's windy today** il y a du vent aujourd'hui
4 (*emphatic*): **it's me/the postman** c'est moi/le facteur; **it was Maria who paid the bill** c'est Maria qui a payé la note

beach [biːtʃ] *n* plage *f* ▹ *vt* échouer
beacon ['biːkən] *n* (*lighthouse*) fanal *m*; (*marker*) balise *f*
bead [biːd] *n* perle *f*; (*of dew, sweat*) goutte *f*; **beads** *npl* (*necklace*) collier *m*
beak [biːk] *n* bec *m*
beam [biːm] *n* (*Archit*) poutre *f*; (*of light*) rayon *m* ▹ *vi* rayonner
bean [biːn] *n* haricot *m*; (*of coffee*) grain *m*; **beansprouts** *npl* pousses *fpl* *or* germes *mpl* de soja
bear [bɛəʳ] *n* ours *m* ▹ *vt* (*pt* **bore**, *pp* **borne**) porter; (*endure*) supporter; (*interest*) rapporter ▹ *vi*: **to ~ right/left** obliquer à droite/gauche, se diriger vers la droite/gauche
beard [bɪəd] *n* barbe *f*

earer ['bɛərə^r] *n* porteur *m*; (*of passport etc*) titulaire *m/f*
earing ['bɛərɪŋ] *n* maintien *m*, allure *f*; (*connection*) rapport *m*; **(ball) bearings** *npl* (*Tech*) roulement *m* (à billes)
east [bi:st] *n* bête *f*; (*inf: person*) brute *f*
eat [bi:t] *n* battement *m*; (*Mus*) temps *m*, mesure *f*; (*of policeman*) ronde *f* ▷ *vt, vi* (*pt* **beat**, *pp* **beaten**) battre; **off the ~en track** hors des chemins *or* sentiers battus; **to ~ it** (*inf*) ficher le camp; **beat up** *vt* (*inf: person*) tabasser; **beating** *n* raclée *f*
eautiful ['bju:tɪful] *adj* beau (belle); **beautifully** *adv* admirablement
eauty ['bju:tɪ] *n* beauté *f*; **beauty parlour**, (*US*) **beauty parlor** *n* institut *m* de beauté; **beauty salon** *n* institut *m* de beauté; **beauty spot** *n* (*on skin*) grain *m* de beauté; (*BRIT Tourism*) site naturel (d'une grande beauté)
eaver ['bi:və^r] *n* castor *m*
ecame [bɪ'keɪm] *pt of* **become**
ecause [bɪ'kɔz] *conj* parce que; **~ of** *prep* à cause de
eckon ['bɛkən] *vt* (*also*: **~ to**) faire signe (de venir) à
ecome [bɪ'kʌm] *vi* devenir; **to ~ fat/thin** grossir/maigrir; **to ~ angry** se mettre en colère
ed [bɛd] *n* lit *m*; (*of flowers*) parterre *m*; (*of coal, clay*) couche *f*; (*of sea, lake*) fond *m*; **to go to ~** aller se coucher; **bed and breakfast** *n* (*terms*) chambre et petit déjeuner; (*place*) ≈ chambre *f* d'hôte; *voir article* **"bed and breakfast"**; **bedclothes** *npl* couvertures *fpl* et draps *mpl*; **bedding** *n* literie *f*; **bed linen** *n* draps *mpl* de lit (et taies *fpl* d'oreillers), literie *f*; **bedroom** *n* chambre *f* (à coucher); **bedside** *n*: **at sb's bedside** au chevet de qn; **bedside lamp** *n* lampe *f* de chevet; **bedside table** *n* table *f* de chevet; **bedsit(ter)** *n* (*BRIT*) chambre meublée, studio *m*; **bedspread** *n* couvre-lit *m*, dessus-de-lit *m*; **bedtime** *n*: **it's bedtime** c'est l'heure de se coucher

BED AND BREAKFAST

Un *bed and breakfast* est une petite pension dans une maison particulière ou une ferme où l'on peut louer une chambre avec petit déjeuner compris pour un prix modique par rapport à ce que l'on paierait dans un hôtel. Ces établissements sont communément appelés "B & B", et sont signalés par une pancarte dans le jardin ou au-dessus de la porte.

bee [bi:] *n* abeille *f*
beech [bi:tʃ] *n* hêtre *m*
beef [bi:f] *n* bœuf *m*; **roast ~** rosbif *m*; **beefburger** *n* hamburger *m*
been [bi:n] *pp of* **be**
beer [bɪə^r] *n* bière *f*; **beer garden** *n* (*BRIT*) jardin *m* d'un pub (*où l'on peut emmener ses consommations*)
beet [bi:t] *n* (*vegetable*) betterave *f*; (*US: also*: **red ~**) betterave (potagère)
beetle ['bi:tl] *n* scarabée *m*, coléoptère *m*
beetroot ['bi:tru:t] *n* (*BRIT*) betterave *f*
before [bɪ'fɔ:^{r}] *prep* (*of time*) avant; (*of space*) devant ▷ *conj* avant que + *sub*; avant de ▷ *adv* avant; **~ going** avant de partir; **~ she goes** avant qu'elle (ne) parte; **the week ~** la semaine précédente *or* d'avant; **I've never seen it ~** c'est la première fois que je le vois; **beforehand** *adv* au préalable, à l'avance
beg [bɛg] *vi* mendier ▷ *vt* mendier; (*forgiveness, mercy etc*) demander; (*entreat*) supplier; **to ~ sb to do sth** supplier qn de faire qch; *see also* **pardon**

began [bɪ'gæn] *pt of* **begin**
beggar ['bɛgəʳ] *n* mendiant(e)
begin [bɪ'gɪn] (*pt* **began**, *pp* **begun**) *vt, vi* commencer; **to ~ doing** *or* **to do sth** commencer à faire qch; **beginner** *n* débutant(e); **beginning** *n* commencement *m*, début *m*
begun [bɪ'gʌn] *pp of* **begin**
behalf [bɪ'hɑ:f] *n* **on ~ of**, (*US*) **in ~ of** (*representing*) de la part de; (*for benefit of*) pour le compte de; **on my/his ~** de ma/sa part
behave [bɪ'heɪv] *vi* se conduire, se comporter; (*well: also:* **~ o.s.**) se conduire bien *or* comme il faut; **behaviour**, (*US*) **behavior** *n* comportement *m*, conduite *f*
behind [bɪ'haɪnd] *prep* derrière; (*time*) en retard sur; (*supporting*): **to be ~ sb** soutenir qn ▷ *adv* derrière; en retard ▷ *n* derrière *m*; **~ the scenes** dans les coulisses; **to be ~ (schedule) with sth** être en retard dans qch
beige [beɪʒ] *adj* beige
Beijing ['beɪ'dʒɪŋ] *n* Pékin
being ['bi:ɪŋ] *n* être *m*; **to come into ~** prendre naissance
belated [bɪ'leɪtɪd] *adj* tardif(-ive)
belch [bɛltʃ] *vi* avoir un renvoi, roter ▷ *vt* (*smoke etc: also:* **~ out**) vomir, cracher
Belgian ['bɛldʒən] *adj* belge, de Belgique ▷ *n* Belge *m/f*
Belgium ['bɛldʒəm] *n* Belgique *f*
belief [bɪ'li:f] *n* (*opinion*) conviction *f*; (*trust, faith*) foi *f*
believe [bɪ'li:v] *vt, vi* croire, estimer; **to ~ in** (*God*) croire en; (*ghosts, method*) croire à; **believer** *n* (*in idea, activity*) partisan(e); (*Rel*) croyant(e)
bell [bɛl] *n* cloche *f*; (*small*) clochette *f*, grelot *m*; (*on door*) sonnette *f*; (*electric*) sonnerie *f*
bellboy ['bɛlbɔɪ], (*US*) **bellhop** ['bɛlhɔp] *n* groom *m*, chasseur *m*
bellow ['bɛləu] *vi* (*bull*) meugler; (*person*) brailler
bell pepper *n* (*esp US*) poivron *m*
belly ['bɛlɪ] *n* ventre *m*; **belly button** (*inf*) *n* nombril *m*
belong [bɪ'lɔŋ] *vi*: **to ~ to** appartenir à; (*club etc*) faire partie de; **this book ~s here** ce livre va ici, la place de ce livre est ici; **belongings** *npl* affaires *fpl*, possessions *fpl*
beloved [bɪ'lʌvɪd] *adj* (bien-)aimé(e), chéri(e)
below [bɪ'ləu] *prep* sous, au-dessous de ▷ *adv* en dessous; en contre-bas; **see ~** voir plus bas *or* plus loin *or* ci-dessous
belt [bɛlt] *n* ceinture *f*; (*Tech*) courroie *f* ▷ *vt* (*thrash*) donner une raclée à; **beltway** *n* (*US Aut*) route *f* de ceinture; (*: motorway*) périphérique *m*
bemused [bɪ'mju:zd] *adj* médusé(e)
bench [bɛntʃ] *n* banc *m*; (*in workshop*) établi *m*; **the B~** (*Law: judges*) la magistrature, la Cour
bend [bɛnd] (*pt, pp* **bent**) *vt* courber; (*leg, arm*) plier ▷ *vi* se courber ▷ *n* (*in road*) virage *m*, tournant *m*; (*in pipe, river*) coude *m*; **bend down** *vi* se baisser; **bend over** *vi* se pencher
beneath [bɪ'ni:θ] *prep* sous, au-dessous de; (*unworthy of*) indigne de ▷ *adv* dessous, au-dessous, en bas
beneficial [bɛnɪ'fɪʃəl] *adj*: **~ (to)** salutaire (pour), bénéfique (à)
benefit ['bɛnɪfɪt] *n* avantage *m*, profit *m*; (*allowance of money*) allocation *f* ▷ *vt* faire du bien à, profiter à ▷ *vi*: **he'll ~ from it** cela lui fera du bien, il y gagnera *or* s'en trouvera bien
Benelux ['bɛnɪlʌks] *n* Bénélux *m*
benign [bɪ'naɪn] *adj* (*person, smile*) bienveillant(e), affable; (*Med*) bénin(-igne)
bent [bɛnt] *pt, pp of* **bend** ▷ *n* inclination *f*, penchant *m* ▷ *adj*: **to be ~ on** être résolu(e) à
bereaved [bɪ'ri:vd] *n*: **the ~** la famille du disparu
beret ['bɛreɪ] *n* béret *m*
Berlin [bə:'lɪn] *n* Berlin

b

rmuda [bəːˈmjuːdə] *n* Bermudes
ɔl
rn [bəːn] *n* Berne
rry [ˈbɛrɪ] *n* baie *f*
rth [bəːθ] *n* (*bed*) couchette *f*; (*for* *ɦip*) poste *m* d'amarrage, mouillage ɪ ▷ *vi* (*in harbour*) venir à quai; (*at* *ɦchor*) mouiller
side [bɪˈsaɪd] *prep* à côté de; *ɔompared with*) par rapport à; **that's the point** ça n'a rien à voir; **to be o.s. (with anger)** être hors de soi;
esides *adv* en outre, de plus ▷ *prep* n plus de; (*except*) excepté
st [bɛst] *adj* meilleur(e) ▷ *adv* le ɦieux; **the ~ part of** (*quantity*) le plus ɫair de, la plus grande partie de; **at** au mieux; **to make the ~ of sth** accommoder de qch (du mieux que ɔn peut); **to do one's ~** faire de son ɦieux; **to the ~ of my knowledge** ɔour autant que je sache; **to the ~ of ɦy ability** du mieux que je pourrai;
est-before date *n* date *f* de limite 'utilisation *or* de consommation;
est man (*irreg*) *n* garçon *m* 'honneur; **bestseller** *n* best-seller ɪ, succès *m* de librairie
t [bɛt] *n* pari *m* ▷ *vt*, *vi* (*pt* **bet**, *pp* **etted**) parier; **to ~ sb sth** parier ch à qn
tray [bɪˈtreɪ] *vt* trahir
tter [ˈbɛtəʳ] *adj* meilleur(e) ▷ *adv* ɦieux ▷ *vt* améliorer ▷ *n*: **to get the of** triompher de, l'emporter sur; **ou had ~ do it** vous feriez mieux e le faire; **he thought ~ of it** il s'est ɑvisé; **to get ~** (*Med*) aller mieux; *mprove*) s'améliorer
tting [ˈbɛtɪŋ] *n* paris *mpl*; **betting ɦop** *n* (BRIT) bureau *m* de paris
tween [bɪˈtwiːn] *prep* entre ▷ *adv* ɹ milieu, dans l'intervalle
verage [ˈbɛvərɪdʒ] *n* boisson *f* (*gén ɑns alcool*)
ware [bɪˈwɛəʳ] *vi*: **to ~ (of)** prendre ɑrde (à); **"~ of the dog"** "(attention) ɦien méchant"

bewildered [bɪˈwɪldəd] *adj* dérouté(e), ahuri(e)
beyond [bɪˈjɔnd] *prep* (*in space, time*) au-delà de; (*exceeding*) au-dessus de ▷ *adv* au-delà; **~ doubt** hors de doute; **~ repair** irréparable
bias [ˈbaɪəs] *n* (*prejudice*) préjugé *m*, parti pris; (*preference*) prévention *f*; **bias(s)ed** *adj* partial(e), montrant un parti pris
bib [bɪb] *n* bavoir *m*
Bible [ˈbaɪbl] *n* Bible *f*
bicarbonate of soda [baɪˈkɑːbənɪt-] *n* bicarbonate *m* de soude
biceps [ˈbaɪsɛps] *n* biceps *m*
bicycle [ˈbaɪsɪkl] *n* bicyclette *f*; **bicycle pump** *n* pompe *f* à vélo
bid [bɪd] *n* offre *f*; (*at auction*) enchère *f*; (*attempt*) tentative *f* ▷ *vi* (*pt*, *pp* **bid**) faire une enchère *or* offre ▷ *vt* (*pt* **bade**, *pp* **bidden**) faire une enchère *or* offre de; **to ~ sb good day** souhaiter le bonjour à qn; **bidder** *n*: **the highest bidder** le plus offrant
bidet [ˈbiːdeɪ] *n* bidet *m*
big [bɪg] *adj* (*in height*: *person, building, tree*) grand(e); (*in bulk, amount*: *person, parcel, book*) gros(se); **Big Apple** *n* *voir article* **"Big Apple"**; **bigheaded** *adj* prétentieux(-euse); **big toe** *n* gros orteil

BIG APPLE

Si l'on sait que "The Big Apple" désigne la ville de New York ("apple" est en réalité un terme d'argot signifiant "grande ville"), on connaît moins les surnoms donnés aux autres grandes villes américaines. Chicago est surnommée "Windy City" à cause des rafales soufflant du lac Michigan, La Nouvelle-Orléans doit son sobriquet de "Big Easy" à son style de vie décontracté, et l'industrie automobile a donné à Detroit son surnom de "Motown".

bike [baɪk] *n* vélo *m*; **bike lane** *n* piste *f* cyclable
bikini [bɪ'ki:nɪ] *n* bikini *m*
bilateral [baɪ'lætərl] *adj* bilatéral(e)
bilingual [baɪ'lɪŋgwəl] *adj* bilingue
bill [bɪl] *n* note *f*, facture *f*; (*in restaurant*) addition *f*, note *f*; (*Pol*) projet *m* de loi; (*US*: *banknote*) billet *m* (de banque); (*notice*) affiche *f*; (*of bird*) bec *m*; **put it on my ~** mettez-le sur mon compte; **"post no ~s"** "défense d'afficher"; **to fit** *or* **fill the ~** (*fig*) faire l'affaire; **billboard** *n* (*US*) panneau *m* d'affichage; **billfold** ['bɪlfəuld] *n* (*US*) portefeuille *m*
billiards ['bɪljədz] *n* (jeu *m* de) billard *m*
billion ['bɪljən] *n* (BRIT) billion *m* (*million de millions*); (*US*) milliard *m*
bin [bɪn] *n* boîte *f*; (BRIT: *also*: **dust~, litter ~**) poubelle *f*; (*for coal*) coffre *m*
bind (*pt, pp* **bound**) [baɪnd, baund] *vt* attacher; (*book*) relier; (*oblige*) obliger, contraindre ▷ *n* (*inf*: *nuisance*) scie *f*
binge [bɪndʒ] *n* (*inf*): **to go on a ~** faire la bringue
bingo ['bɪŋgəu] *n sorte de jeu de loto pratiqué dans des établissements publics*
binoculars [bɪ'nɔkjuləz] *npl* jumelles *fpl*
bio...: **biochemistry** [baɪə'kɛmɪstrɪ] *n* biochimie *f*; **biodegradable** ['baɪəudɪ'greɪdəbl] *adj* biodégradable; **biofuel** ['baɪəufjuəl] *n* biocarburant; **biography** [baɪ'ɔgrəfɪ] *n* biographie *f*; **biological** *adj* biologique; **biology** [baɪ'ɔlədʒɪ] *n* biologie *f*; **biometric** [baɪə'mɛtrɪk] *adj* biométrique
birch [bə:tʃ] *n* bouleau *m*
bird [bə:d] *n* oiseau *m*; (BRIT *inf*: *girl*) nana *f*; **bird flu** *n* grippe *f* aviaire; **bird of prey** *n* oiseau *m* de proie; **birdwatching** *n* ornithologie *f* (*d'amateur*)
Biro® ['baɪərəu] *n* stylo *m* à bille
birth [bə:θ] *n* naissance *f*; **to give ~ to** donner naissance à, mettre au monde; (*animal*) mettre bas; **birth certificate** *n* acte *m* de naissance; **birth control** *n* (*policy*) limitation *f* des naissances; (*methods*) méthode(s) contraceptive(s); **birthday** *n* anniversaire *m* ▷ *cpd* (*cake, card etc*) d'anniversaire; **birthmark** *n* envie *f*, tache *f* de vin; **birthplace** *n* lieu *m* de naissance
biscuit ['bɪskɪt] *n* (BRIT) biscuit *m*; (*US*) petit pain au lait
bishop ['bɪʃəp] *n* évêque *m*; (*Chess*) fou *m*
bistro ['bi:strəu] *n* petit restaurant *m*, bistrot *m*
bit [bɪt] *pt of* **bite** ▷ *n* morceau *m*; (*Comput*) bit *m*, élément *m* binaire; (*of tool*) mèche *f*; (*of horse*) mors *m*; **a ~ of** un peu de; **a ~ mad/dangerous** un peu fou/risqué; **~ by ~** petit à petit
bitch [bɪtʃ] *n* (*dog*) chienne *f*; (*inf!*) salope *f* (*!*), garce *f*
bite [baɪt] *vt, vi* (*pt* **bit**, *pp* **bitten**) mordre; (*insect*) piquer ▷ *n* morsure *f*; (*insect bite*) piqûre *f*; (*mouthful*) bouchée *f*; **let's have a ~ (to eat)** mangeons un morceau; **to ~ one's nails** se ronger les ongles
bitten ['bɪtn] *pp of* **bite**
bitter ['bɪtə^r] *adj* amer(-ère); (*criticism*) cinglant(e); (*icy*: *weather, wind*) glacial(e) ▷ *n* (BRIT: *beer*) bière (*à forte teneur en houblon*)
bizarre [bɪ'zɑ:^r] *adj* bizarre
black [blæk] *adj* noir(e) ▷ *n* (*colour*) noir *m*; (*person*): **B~** noir(e) ▷ *vt* (BRIT *Industry*) boycotter; **to give sb a ~ eye** pocher l'œil à qn, faire un œil au beurre noir à qn; **to be in the ~** (*in credit*) avoir un compte créditeur; **~ and blue** (*bruised*) couvert(e) de bleus; **black out** *vi* (*faint*) s'évanouir; **blackberry** *n* mûre *f*; **blackbird** *n* merle *m*; **blackboard** *n* tableau

noir; **black coffee** *n* café noir; **blackcurrant** *n* cassis *m*; **black ice** *n* verglas *m*; **blackmail** *n* chantage *m* ▷ *vt* faire chanter, soumettre au chantage; **black market** *n* marché noir; **blackout** *n* panne *f* d'électricité; (*in wartime*) black-out *m*; (*TV*) interruption *f* d'émission; (*fainting*) syncope *f*; **black pepper** *n* poivre noir; **black pudding** *n* boudin (noir); **Black Sea** *n*: **the Black Sea** la mer Noire

bladder ['blædəʳ] *n* vessie *f*

blade [bleɪd] *n* lame *f*; (*of propeller*) pale *f*; **a ~ of grass** un brin d'herbe

blame [bleɪm] *n* faute *f*, blâme *m* ▷ *vt*: **to ~ sb/sth for sth** attribuer à qn/qch la responsabilité de qch; reprocher qch à qn/qch; **I'm not to ~** ce n'est pas ma faute

bland [blænd] *adj* (*taste, food*) doux (douce), fade

blank [blæŋk] *adj* blanc (blanche); (*look*) sans expression, dénué(e) d'expression ▷ *n* espace *m* vide, blanc *m*; (*cartridge*) cartouche *f* à blanc; **his mind was a ~** il avait la tête vide

blanket ['blæŋkɪt] *n* couverture *f*; (*of snow, cloud*) couche *f*

blast [blɑːst] *n* explosion *f*; (*shock wave*) souffle *m*; (*of air, steam*) bouffée *f* ▷ *vt* faire sauter *or* exploser

blatant ['bleɪtənt] *adj* flagrant(e), criant(e)

blaze [bleɪz] *n* (*fire*) incendie *m*; (*fig*) flamboiement *m* ▷ *vi* (*fire*) flamber; (*fig*) flamboyer, resplendir ▷ *vt*: **to ~ a trail** (*fig*) montrer la voie; **in a ~ of publicity** à grand renfort de publicité

blazer ['bleɪzəʳ] *n* blazer *m*

bleach [bliːtʃ] *n* (*also*: **household ~**) eau *f* de Javel ▷ *vt* (*linen*) blanchir; **bleachers** *npl* (*US Sport*) gradins *mpl* (*en plein soleil*)

bleak [bliːk] *adj* morne, désolé(e); (*weather*) triste, maussade; (*smile*) lugubre; (*prospect, future*) morose

bled [blɛd] *pt, pp of* **bleed**

bleed (*pt, pp* **bled**) [bliːd, blɛd] *vt* saigner; (*brakes, radiator*) purger ▷ *vi* saigner; **my nose is ~ing** je saigne du nez

blemish ['blɛmɪʃ] *n* défaut *m*; (*on reputation*) tache *f*

blend [blɛnd] *n* mélange *m* ▷ *vt* mélanger ▷ *vi* (*colours etc*: *also*: **~ in**) se mélanger, se fondre, s'allier; **blender** *n* (*Culin*) mixeur *m*

bless (*pt, pp* **blessed** *or* **blest**) [blɛs, blɛst] *vt* bénir; **~ you!** (*after sneeze*) à tes souhaits!; **blessing** *n* bénédiction *f*; (*godsend*) bienfait *m*

blew [bluː] *pt of* **blow**

blight [blaɪt] *vt* (*hopes etc*) anéantir, briser

blind [blaɪnd] *adj* aveugle ▷ *n* (*for window*) store *m* ▷ *vt* aveugler; **the blind** *npl* les aveugles *mpl*; **blind alley** *n* impasse *f*; **blindfold** *n* bandeau *m* ▷ *adj, adv* les yeux bandés ▷ *vt* bander les yeux à

blink [blɪŋk] *vi* cligner des yeux; (*light*) clignoter

bliss [blɪs] *n* félicité *f*, bonheur *m* sans mélange

blister ['blɪstəʳ] *n* (*on skin*) ampoule *f*, cloque *f*; (*on paintwork*) boursouflure *f* ▷ *vi* (*paint*) se boursoufler, se cloquer

blizzard ['blɪzəd] *n* blizzard *m*, tempête *f* de neige

bloated ['bləutɪd] *adj* (*face*) bouffi(e); (*stomach, person*) gonflé(e)

blob [blɔb] *n* (*drop*) goutte *f*; (*stain, spot*) tache *f*

block [blɔk] *n* bloc *m*; (*in pipes*) obstruction *f*; (*toy*) cube *m*; (*of buildings*) pâté *m* (de maisons) ▷ *vt* bloquer; (*fig*) faire obstacle à; **the sink is ~ed** l'évier est bouché; **~ of flats** (BRIT) immeuble (locatif); **mental ~** blocage *m*; **block up** *vt* boucher; **blockade** [blɔ'keɪd] *n* blocus *m* ▷ *vt* faire le blocus de; **blockage** *n* obstruction *f*; **blockbuster** *n* (*film, book*) grand succès; **block capitals** *npl*

majuscules *fpl* d'imprimerie; **block letters** *npl* majuscules *fpl*
blog [blɔg] *n* blog *m* ▷ *vi* bloguer
blogger ['blɔgəʳ] *n* blogueur(-euse)
bloke [bləuk] *n* (BRIT *inf*) type *m*
blond(e) [blɔnd] *adj*, *n* blond(e)
blood [blʌd] *n* sang *m*; **blood donor** *n* donneur(-euse) de sang; **blood group** *n* groupe sanguin; **blood poisoning** *n* empoisonnement *m* du sang; **blood pressure** *n* tension (artérielle); **bloodshed** *n* effusion *f* de sang, carnage *m*; **bloodshot** *adj*: **bloodshot eyes** yeux injectés de sang; **bloodstream** *n* sang *m*, système sanguin; **blood test** *n* analyse *f* de sang; **blood transfusion** *n* transfusion *f* de sang; **blood type** *n* groupe sanguin; **blood vessel** *n* vaisseau sanguin; **bloody** *adj* sanglant(e); (BRIT *inf*!): **this bloody ...** ce foutu ..., ce putain de ... (!) ▷ *adv*: **bloody strong/good** (BRIT *inf*!) vachement *or* sacrément fort/bon
bloom [blu:m] *n* fleur *f* ▷ *vi* être en fleur
blossom ['blɔsəm] *n* fleur(s) *f(pl)* ▷ *vi* être en fleurs; (*fig*) s'épanouir
blot [blɔt] *n* tache *f* ▷ *vt* tacher; (*ink*) sécher
blouse [blauz] *n* (*feminine garment*) chemisier *m*, corsage *m*
blow [bləu] (*pt* **blew**, *pp* **blown**) *n* coup *m* ▷ *vi* souffler ▷ *vt* (*instrument*) jouer de; (*fuse*) faire sauter; **to ~ one's nose** se moucher; **blow away** *vi* s'envoler ▷ *vt* chasser, faire s'envoler; **blow out** *vi* (*fire, flame*) s'éteindre; (*tyre*) éclater; (*fuse*) sauter; **blow up** *vi* exploser, sauter ▷ *vt* faire sauter; (*tyre*) gonfler; (*Phot*) agrandir; **blow-dry** *n* (*hairstyle*) brushing *m*
blown [bləun] *pp of* **blow**
blue [blu:] *adj* bleu(e); (*depressed*) triste; **~ film/joke** film *m*/histoire *f* pornographique; **out of the ~** (*fig*) à l'improviste, sans qu'on s'y attende; **bluebell** *n* jacinthe *f* des bois; **blueberry** *n* myrtille *f*, airelle *f*; **blue cheese** *n* (fromage) bleu *m*; **blues** *npl*; **the blues** (*Mus*) le blues; **to have the blues** (*inf*: *feeling*) avoir le cafard
bluff [blʌf] *vi* bluffer ▷ *n* bluff *m*; **to call sb's ~** mettre qn au défi d'exécuter ses menaces
blunder ['blʌndəʳ] *n* gaffe *f*, bévue *f* ▷ *vi* faire une gaffe *or* une bévue
blunt [blʌnt] *adj* (*knife*) émoussé(e), peu tranchant(e); (*pencil*) mal taillé(e); (*person*) brusque, ne mâchant pas ses mots
blur [bləːʳ] *n* (*shape*): **to become a ~** devenir flou ▷ *vt* brouiller, rendre flou(e); **blurred** *adj* flou(e)
blush [blʌʃ] *vi* rougir ▷ *n* rougeur *f*; **blusher** *n* rouge *m* à joues
board [bɔ:d] *n* (*wooden*) planche *f*; (*on wall*) panneau *m*; (*for chess etc*) plateau *m*; (*cardboard*) carton *m*; (*committee*) conseil *m*, comité *m*; (*in firm*) conseil d'administration; (*Naut, Aviat*): **on ~** à bord ▷ *vt* (*ship*) monter à bord de; (*train*) monter dans; **full ~** (BRIT) pension complète; **half ~** (BRIT) demi-pension *f*; **~ and lodging** *n* chambre *f* avec pension; **to go by the ~** (*hopes, principles*) être abandonné(e); **board game** *n* jeu *m* de société; **boarding card** *n* (*Aviat, Naut*) carte *f* d'embarquement; **boarding pass** *n* (BRIT) = **boarding card**; **boarding school** *n* internat *m*, pensionnat *m*; **board room** *n* salle *f* du conseil d'administration
boast [bəust] *vi*: **to ~ (about** *or* **of)** se vanter (de)
boat [bəut] *n* bateau *m*; (*small*) canot *m*; barque *f*
bob [bɔb] *vi* (*boat, cork on water*: *also*: **~ up and down**) danser, se balancer
bobby pin ['bɔbɪ-] *n* (US) pince *f* à cheveux
body ['bɔdɪ] *n* corps *m*; (*of car*) carrosserie *f*; (*fig*: *society*) organe *m*, organisme *m*; **body-building** *n* body-building *m*, culturisme *m*; **bodyguard**

n garde m du corps; **bodywork** n carrosserie f
og [bɔg] n tourbière f ▷ vt: **to get ~ged down (in)** (fig) s'enliser (dans)
ogus ['bəugəs] adj bidon inv; fantôme
oil [bɔɪl] vt (faire) bouillir ▷ vi bouillir ▷ n (Med) furoncle m; **to come to the** or (US) **a ~** bouillir; **boil down** vi (fig): **to ~ down to** se réduire or ramener à; **boil over** vi déborder; **boiled egg** n œuf m à la coque; **boiler** n chaudière f; **boiling** ['bɔɪlɪŋ] adj: **I'm boiling (hot)** (inf) je crève de chaud; **boiling point** n point m d'ébullition
old [bəuld] adj hardi(e), audacieux(-euse); (pej) effronté(e); (outline, colour) franc (franche), tranché(e), marqué(e)
ollard ['bɔləd] n (BRIT Aut) borne lumineuse or de signalisation
olt [bəult] n verrou m; (with nut) boulon m ▷ adv: **~ upright** droit(e) comme un piquet ▷ vt (door) verrouiller; (food) engloutir ▷ vi se sauver, filer (comme une flèche); (horse) s'emballer
omb [bɔm] n bombe f ▷ vt bombarder; **bombard** [bɔm'bɑ:d] vt bombarder; **bomber** n (Aviat) bombardier m; (terrorist) poseur m de bombes; **bomb scare** n alerte f à la bombe
ond [bɔnd] n lien m; (binding promise) engagement m, obligation f; (Finance) obligation; **bonds** npl (chains) chaînes fpl; **in ~** (of goods) en entrepôt
one [bəun] n os m; (of fish) arête f ▷ vt désosser; ôter les arêtes de
onfire ['bɔnfaɪə^r] n feu m (de joie); (for rubbish) feu
onnet ['bɔnɪt] n bonnet m; (BRIT: of car) capot m
onus ['bəunəs] n (money) prime f; (advantage) avantage m
oo [bu:] excl hou!, peuh! ▷ vt huer
ook [buk] n livre m; (of stamps, tickets etc) carnet m ▷ vt (ticket) prendre; (seat, room) réserver; (football player) prendre le nom de, donner un carton à; **books** npl (Comm) comptes mpl, comptabilité f; **I ~ed a table in the name of ...** j'ai réservé une table au nom de ...; **book in** vi (BRIT: at hotel) prendre sa chambre; **book up** vt réserver; **the hotel is ~ed up** l'hôtel est complet; **bookcase** n bibliothèque f (meuble); **booking** n (BRIT) réservation f; **I confirmed my booking by fax/email** j'ai confirmé ma réservation par fax/e-mail; **booking office** n (BRIT) bureau m de location; **book-keeping** n comptabilité f; **booklet** n brochure f; **bookmaker** n bookmaker m; **bookmark** n (for book) marque-page m; (Comput) signet m; **bookseller** n libraire m/f; **bookshelf** n (single) étagère f (à livres); (bookcase) bibliothèque f; **bookshop, bookstore** n librairie f
boom [bu:m] n (noise) grondement m; (in prices, population) forte augmentation; (busy period) boom m, vague f de prospérité ▷ vi gronder; prospérer
boost [bu:st] n stimulant m, remontant m ▷ vt stimuler
boot [bu:t] n botte f; (for hiking) chaussure f (de marche); (ankle boot) bottine f; (BRIT: of car) coffre m ▷ vt (Comput) lancer, mettre en route; **to ~** (in addition) par-dessus le marché, en plus
booth [bu:ð] n (at fair) baraque (foraine); (of telephone etc) cabine f; (also: **voting ~**) isoloir m
booze [bu:z] (inf) n boissons fpl alcooliques, alcool m
border ['bɔ:də^r] n bordure f; bord m; (of a country) frontière f; **borderline** n (fig) ligne f de démarcation
bore [bɔ:^r] pt of **bear** ▷ vt (person) ennuyer, raser; (hole) percer; (well, tunnel) creuser ▷ n (person) raseur(-euse); (boring thing) barbe f;

(*of gun*) calibre *m*; **bored** *adj*: **to be bored** s'ennuyer; **boredom** *n* ennui *m*
boring ['bɔːrɪŋ] *adj* ennuyeux(-euse)
born [bɔːn] *adj*: **to be ~** naître; **I was ~ in 1960** je suis né en 1960
borne [bɔːn] *pp of* **bear**
borough ['bʌrə] *n* municipalité *f*
borrow ['bɔrəu] *vt*: **to ~ sth (from sb)** emprunter qch (à qn)
Bosnian ['bɔznɪən] *adj* bosniaque, bosnien(ne) ▷ *n* Bosniaque *m/f*, Bosnien(ne)
bosom ['buzəm] *n* poitrine *f*; (*fig*) sein *m*
boss [bɔs] *n* patron(ne) ▷ *vt* (*also*: **~ about, ~ around**) mener à la baguette; **bossy** *adj* autoritaire
both [bəuθ] *adj* les deux, l'un(e) et l'autre ▷ *pron*: **~ (of them)** les deux, tous (toutes) (les) deux, l'un(e) et l'autre; **~ of us went, we ~ went** nous y sommes allés tous les deux ▷ *adv*: **~ A and B** A et B
bother ['bɔðə^r] *vt* (*worry*) tracasser; (*needle, bait*) importuner, ennuyer; (*disturb*) déranger ▷ *vi* (*also*: **~ o.s.**) se tracasser, se faire du souci ▷ *n* (*trouble*) ennuis *mpl*; **to ~ doing** prendre la peine de faire; **don't ~** ce n'est pas la peine; **it's no ~** aucun problème
bottle ['bɔtl] *n* bouteille *f*; (*baby's*) biberon *m*; (*of perfume, medicine*) flacon *m* ▷ *vt* mettre en bouteille(s); **bottle bank** *n* conteneur *m* (de bouteilles); **bottle-opener** *n* ouvre-bouteille *m*
bottom ['bɔtəm] *n* (*of container, sea etc*) fond *m*; (*buttocks*) derrière *m*; (*of page, list*) bas *m*; (*of mountain, tree, hill*) pied *m* ▷ *adj* (*shelf, step*) du bas
bought [bɔːt] *pt, pp of* **buy**
boulder ['bəuldə^r] *n* gros rocher (*gén lisse, arrondi*)
bounce [bauns] *vi* (*ball*) rebondir; (*cheque*) être refusé (*étant sans provision*) ▷ *vt* faire rebondir ▷ *n* (*rebound*) rebond *m*; **bouncer** *n* (*inf: at dance, club*) videur *m*
bound [baund] *pt, pp of* **bind** ▷ *n* (*gen pl*) limite *f*; (*leap*) bond *m* ▷ *vi* (*leap*) bondir ▷ *vt* (*limit*) borner ▷ *adj*: **to be ~ to do sth** (*obliged*) être obligé(e) *or* avoir obligation de faire qch; **he's ~ to fail** (*likely*) il est sûr d'échouer, son échec est inévitable *or* assuré; **~ by** (*law, regulation*) engagé(e) par; **~ for** destination de; **out of ~s** dont l'accè[s] est interdit
boundary ['baundrɪ] *n* frontière *f*
bouquet ['bukeɪ] *n* bouquet *m*
bourbon ['buəbən] *n* (*US*: *also*: **~ whiskey**) bourbon *m*
bout [baut] *n* période *f*; (*of malaria etc*) accès *m*, crise *f*, attaque *f*; (*Boxing etc*) combat *m*, match *m*
boutique [buː'tiːk] *n* boutique *f*
bow¹ [bəu] *n* nœud *m*; (*weapon*) arc *m*; (*Mus*) archet *m*
bow² [bau] *n* (*with body*) révérence *f*, inclination *f* (du buste *or* corps); (*Naut*: *also*: **~s**) proue *f* ▷ *vi* faire une révérence, s'incliner
bowels [bauəlz] *npl* intestins *mpl*; (*fig*) entrailles *fpl*
bowl [bəul] *n* (*for eating*) bol *m*; (*for washing*) cuvette *f*; (*ball*) boule *f* ▷ *vi* (*Cricket*) lancer (la balle); **bowler** *n* (*Cricket*) lanceur *m* (de la balle); (BRIT: *also*: **bowler hat**) (chapeau *m*) melon *m*; **bowling** *n* (*game*) jeu *m* de boules, jeu de quilles; **bowling alley** *n* bowling *m*; **bowling green** *n* terrain *m* de boules (*gazonné et carré*); **bowls** *n* (jeu *m* de) boules *fpl*
bow tie [bəu-] *n* nœud *m* papillon
box [bɔks] *n* boîte *f*; (*also*: **cardboard ~**) carton *m*; (*Theat*) loge *f* ▷ *vt* mettre en boîte ▷ *vi* boxer, faire de la boxe; **boxer** ['bɔksə^r] *n* (*person*) boxeur *m*; **boxer shorts** *npl* caleçon *m*; **boxing** ['bɔksɪŋ] *n* (*sport*) boxe *f*; **Boxing Day** *n* (BRIT) *le lendemain de Noël*; *voir article* **"Boxing Day"**; **boxing gloves** *npl* gants *mpl* de boxe; **boxing ring** *n* ring *m*; **box office** *n* bureau *m* de location

BOXING DAY

Boxing Day est le lendemain de Noël, férié en Grande-Bretagne. Ce nom vient d'une coutume du XIXe siècle qui consistait à donner des cadeaux de Noël (dans des boîtes) à ses employés etc le 26 décembre.

oy [bɔɪ] *n* garçon *m*; **boy band** *n* boys band *m*

oycott ['bɔɪkɔt] *n* boycottage *m* ▷ *vt* boycotter

oyfriend ['bɔɪfrɛnd] *n* (petit) ami

ra [brɑː] *n* soutien-gorge *m*

race [breɪs] *n* (*support*) attache *f*, agrafe *f*; (BRIT: *also*: **~s** : *on teeth*) appareil *m* (dentaire); (*tool*) vilebrequin *m* ▷ *vt* (*support*) consolider, soutenir; **braces** *npl* (BRIT: *for trousers*) bretelles *fpl*; **to ~ o.s.** (*fig*) se préparer mentalement

racelet ['breɪslɪt] *n* bracelet *m*

racket ['brækɪt] *n* (*Tech*) tasseau *m*, support *m*; (*group*) classe *f*, tranche *f*; (*also*: **brace ~**) accolade *f*; (*also*: **round ~**) parenthèse *f*; (*also*: **square ~**) crochet *m* ▷ *vt* mettre entre parenthèses; **in ~s** entre parenthèses *or* crochets

rag [bræg] *vi* se vanter

raid [breɪd] *n* (*trimming*) galon *m*; (*of hair*) tresse *f*, natte *f*

rain [breɪn] *n* cerveau *m*; **brains** *npl* (*intellect, food*) cervelle *f*

raise [breɪz] *vt* braiser

rake [breɪk] *n* frein *m* ▷ *vt, vi* freiner; **brake light** *n* feu *m* de stop

ran [bræn] *n* son *m*

ranch [brɑːntʃ] *n* branche *f*; (*Comm*) succursale *f* (: *of bank*) agence *f*; **branch off** *vi* (*road*) bifurquer; **branch out** *vi* diversifier ses activités

rand [brænd] *n* marque (commerciale) ▷ *vt* (*cattle*) marquer (au fer rouge); **brand name** *n* nom *m* de marque; **brand-new** *adj* tout(e) neuf (neuve), flambant neuf (neuve)

brandy ['brændɪ] *n* cognac *m*

brash [bræʃ] *adj* effronté(e)

brass [brɑːs] *n* cuivre *m* (jaune), laiton *m*; **the ~** (*Mus*) les cuivres; **brass band** *n* fanfare *f*

brat [bræt] *n* (*pej*) mioche *m/f*, môme *m/f*

brave [breɪv] *adj* courageux(-euse), brave ▷ *vt* braver, affronter; **bravery** *n* bravoure *f*, courage *m*

brawl [brɔːl] *n* rixe *f*, bagarre *f*

Brazil [brə'zɪl] *n* Brésil *m*; **Brazilian** *adj* brésilien(ne) ▷ *n* Brésilien(ne)

breach [briːtʃ] *vt* ouvrir une brèche dans ▷ *n* (*gap*) brèche *f*; (*breaking*): **~ of contract** rupture *f* de contrat; **~ of the peace** attentat *m* à l'ordre public

bread [brɛd] *n* pain *m*; **breadbin** *n* (BRIT) boîte *f or* huche *f* à pain; **breadbox** *n* (US) boîte *f or* huche *f* à pain; **breadcrumbs** *npl* miettes *fpl* de pain; (*Culin*) chapelure *f*, panure *f*

breadth [brɛtθ] *n* largeur *f*

break [breɪk] (*pt* **broke**, *pp* **broken**) *vt* casser, briser; (*promise*) rompre; (*law*) violer ▷ *vi* se casser, se briser; (*weather*) tourner; (*storm*) éclater; (*day*) se lever ▷ *n* (*gap*) brèche *f*; (*fracture*) cassure *f*; (*rest*) interruption *f*, arrêt *m* (: *short*) pause *f*; (: *at school*) récréation *f*; (*chance*) chance *f*, occasion *f* favorable; **to ~ one's leg** *etc* se casser la jambe *etc*; **to ~ a record** battre un record; **to ~ the news to sb** annoncer la nouvelle à qn; **break down** *vt* (*door etc*) enfoncer; (*figures, data*) décomposer, analyser ▷ *vi* s'effondrer; (*Med*) faire une dépression (nerveuse); (*Aut*) tomber en panne; **my car has broken down** ma voiture est en panne; **break in** *vt* (*horse etc*) dresser ▷ *vi* (*burglar*) entrer par effraction; (*interrupt*) interrompre; **break into** *vt fus* (*house*) s'introduire *or* pénétrer par effraction dans; **break off** *vi* (*speaker*) s'interrompre; (*branch*) se rompre ▷ *vt* (*talks, engagement*) rompre; **break out** *vi* éclater, se déclarer; (*prisoner*) s'évader; **to ~ out in spots** se couvrir de boutons; **break up** *vi* (*partnership*) cesser, prendre fin; (*marriage*) se briser; (*crowd, meeting*) se séparer; (*ship*) se disloquer; (*Scol: pupils*) être en vacances; (*line*) couper ▷ *vt* fracasser, casser; (*fight etc*) interrompre, faire cesser; (*marriage*) désunir; **the line's** *or* **you're ~ing up** ça coupe; **breakdown** *n* (*Aut*) panne *f*; (*in communications, marriage*) rupture *f*; (*Med: also*: **nervous breakdown**) dépression (nerveuse); (*of figures*) ventilation *f*, répartition *f*; **breakdown van**, (*US*) **breakdown truck** *n* dépanneuse *f*

breakfast ['brɛkfəst] *n* petit déjeuner *m*; **what time is ~?** le petit déjeuner est à quelle heure?

break: break-in *n* cambriolage *m*; **breakthrough** *n* percée *f*

breast [brɛst] *n* (*of woman*) sein *m*; (*chest*) poitrine *f*; (*of chicken, turkey*) blanc *m*; **breast-feed** *vt, vi* (*irreg: like* **feed**) allaiter; **breast-stroke** *n* brasse *f*

breath [brɛθ] *n* haleine *f*, souffle *m*; **to take a deep ~** respirer à fond; **out of ~** à bout de souffle, essoufflé(e)

Breathalyser® ['brɛθəlaɪzə^r] (BRIT) *n* alcootest *m*

breathe [bri:ð] *vt, vi* respirer; **breathe in** *vi* inspirer ▷ *vt* aspirer; **breathe out** *vt, vi* expirer; **breathing** *n* respiration *f*

breath: breathless *adj* essoufflé(e), haletant(e); **breathtaking** *adj* stupéfiant(e), à vous couper le souffle; **breath test** *n* alcootest *m*

bred [brɛd] *pt, pp of* **breed**

breed [bri:d] (*pt, pp* **bred**) *vt* élever, faire l'élevage de ▷ *vi* se reproduire ▷ *n* race *f*, variété *f*

breeze [bri:z] *n* brise *f*

breezy ['bri:zɪ] *adj* (*day, weather*) venteux(-euse); (*manner*) désinvolte; (*person*) jovial(e)

brew [bru:] *vt* (*tea*) faire infuser; (*bee*r) brasser ▷ *vi* (*fig*) se préparer, couver; **brewery** *n* brasserie *f* (*fabrique*)

bribe [braɪb] *n* pot-de-vin *m* ▷ *vt* acheter; soudoyer; **bribery** *n* corruption *f*

bric-a-brac ['brɪkəbræk] *n* bric-à-brac *m*

brick [brɪk] *n* brique *f*; **bricklayer** *n* maçon *m*

bride [braɪd] *n* mariée *f*, épouse *f*; **bridegroom** *n* marié *m*, époux *m*; **bridesmaid** *n* demoiselle *f* d'honneu

bridge [brɪdʒ] *n* pont *m*; (*Naut*) passerelle *f* (de commandement); (*o*f *nose*) arête *f*; (*Cards, Dentistry*) bridge *m* ▷ *vt* (*gap*) combler

bridle ['braɪdl] *n* bride *f*

brief [bri:f] *adj* bref (brève) ▷ *n* (*Law*) dossier *m*, cause *f*; (*gen*) tâche *f* ▷ *vt* mettre au courant; **briefs** *npl* slip *m*; **briefcase** *n* serviette *f*; porte-documents *m inv*; **briefing** *n* instructions *fpl*; (*Press*) briefing *m*; **briefly** *adv* brièvement

brigadier [brɪgə'dɪə^r] *n* brigadier général

bright [braɪt] *adj* brillant(e); (*room, weather*) clair(e); (*person: clever*) intelligent(e), doué(e); (*: cheerful*) gai(e); (*idea*) génial(e); (*colour*) vif (vive)

brilliant ['brɪljənt] *adj* brillant(e); (*light, sunshine*) éclatant(e); (*inf: great*) super

brim [brɪm] *n* bord *m*

brine [braɪn] *n* (*Culin*) saumure *f*

bring (*pt, pp* **brought**) [brɪŋ, brɔ:t] *vt* (*thing*) apporter; (*person*) amener; **bring about** *vt* provoquer, entraîne**bring back** *vt* rapporter; (*person*) ramener; **bring down** *vt* (*lower*) abaisser; (*shoot down*) abattre; (*government*) faire s'effondrer; **bring in** *vt* (*person*) faire entrer; (*object*) rentrer; (*Pol: legislation*) introduire; (*produce: income*) rapporter; **bring on** *vt* (*illness, attack*) provoquer;

(*player, substitute*) amener; **bring out** *vt* sortir; (*meaning*) faire ressortir, mettre en relief; **bring up** *vt* élever; (*carry up*) monter; (*question*) soulever; (*food: vomit*) vomir, rendre

brink [brɪŋk] *n* bord *m*

brisk [brɪsk] *adj* vif (vive); (*abrupt*) brusque; (*trade etc*) actif(-ive)

bristle ['brɪsl] *n* poil *m* ▷ *vi* se hérisser

Brit [brɪt] *n abbr* (*inf: = British person*) Britannique *m/f*

Britain ['brɪtən] *n* (*also*: **Great ~**) la Grande-Bretagne

British ['brɪtɪʃ] *adj* britannique ▷ *npl*; **the ~** les Britanniques *mpl*; **British Isles** *npl*; **the British Isles** les îles *fpl* Britanniques

Briton ['brɪtən] *n* Britannique *m/f*

Brittany ['brɪtənɪ] *n* Bretagne *f*

brittle ['brɪtl] *adj* cassant(e), fragile

broad [brɔːd] *adj* large; (*distinction*) général(e); (*accent*) prononcé(e); **in ~ daylight** en plein jour

B road *n* (BRIT) ≈ route départementale

broad: broadband *n* transmission *f* à haut débit; **broad bean** *n* fève *f*; **broadcast** (*pt, pp* **broadcast**) *n* émission *f* ▷ *vt* (*Radio*) radiodiffuser; (*TV*) téléviser ▷ *vi* émettre; **broaden** *vt* élargir; **to broaden one's mind** élargir ses horizons ▷ *vi* s'élargir; **broadly** *adv* en gros, généralement; **broad-minded** *adj* large d'esprit

broccoli ['brɔkəlɪ] *n* brocoli *m*

brochure ['brəuʃjuə^r] *n* prospectus *m*, dépliant *m*

broil [brɔɪl] *vt* (US) rôtir

broke [brəuk] *pt of* **break** ▷ *adj* (*inf*) fauché(e)

broken ['brəukn] *pp of* **break** ▷ *adj* (*stick, leg etc*) cassé(e); (*machine: also*: **~ down**) fichu(e); **in ~ French/English** dans un français/anglais approximatif *or* hésitant

broker ['brəukə^r] *n* courtier *m*

bronchitis [brɔŋ'kaɪtɪs] *n* bronchite *f*

bronze [brɔnz] *n* bronze *m*

brooch [brəutʃ] *n* broche *f*

brood [bruːd] *n* couvée *f* ▷ *vi* (*person*) méditer (sombrement), ruminer

broom [brum] *n* balai *m*; (*Bot*) genêt *m*

Bros. *abbr* (*Comm: = brothers*) Frères

broth [brɔθ] *n* bouillon *m* de viande et de légumes

brothel ['brɔθl] *n* maison close, bordel *m*

brother ['brʌðə^r] *n* frère *m*; **brother-in-law** *n* beau-frère *m*

brought [brɔːt] *pt, pp of* **bring**

brow [brau] *n* front *m*; (*eyebrow*) sourcil *m*; (*of hill*) sommet *m*

brown [braun] *adj* brun(e), marron *inv*; (*hair*) châtain *inv*; (*tanned*) bronzé(e) ▷ *n* (*colour*) brun *m*, marron *m* ▷ *vt* brunir; (*Culin*) faire dorer, faire roussir; **brown bread** *n* pain *m* bis

Brownie ['braunɪ] *n* jeannette *f* éclaireuse (cadette)

brown rice *n* riz *m* complet

brown sugar *n* cassonade *f*

browse [brauz] *vi* (*in shop*) regarder (*sans acheter*); **to ~ through a book** feuilleter un livre; **browser** *n* (*Comput*) navigateur *m*

bruise [bruːz] *n* bleu *m*, ecchymose *f*, contusion *f* ▷ *vt* contusionner, meurtrir

brunette [bruː'nɛt] *n* (femme) brune

brush [brʌʃ] *n* brosse *f*; (*for painting*) pinceau *m*; (*for shaving*) blaireau *m*; (*quarrel*) accrochage *m*, prise *f* de bec ▷ *vt* brosser; (*also*: **~ past, ~ against**) effleurer, frôler

Brussels ['brʌslz] *n* Bruxelles

Brussels sprout *n* chou *m* de Bruxelles

brutal ['bruːtl] *adj* brutal(e)

B.Sc. *n abbr* = **Bachelor of Science**

BSE *n abbr* (= *bovine spongiform encephalopathy*) ESB *f*, BSE *f*

bubble ['bʌbl] *n* bulle *f* ▷ *vi* bouillonner, faire des bulles; (*sparkle, fig*) pétiller; **bubble bath** *n* bain moussant; **bubble gum** *n* chewing-gum *m*; **bubblejet printer** ['bʌbldʒɛt-] *n* imprimante *f* à bulle d'encre

buck [bʌk] *n* mâle *m* (*d'un lapin, lièvre, daim etc*); (*us inf*) dollar *m* ▷ *vi* ruer, lancer une ruade; **to pass the ~ (to sb)** se décharger de la responsabilité (sur qn)

bucket ['bʌkɪt] *n* seau *m*

buckle ['bʌkl] *n* boucle *f* ▷ *vt* (*belt etc*) boucler, attacher ▷ *vi* (*warp*) tordre, gauchir (: *wheel*) se voiler

bud [bʌd] *n* bourgeon *m*; (*of flower*) bouton *m* ▷ *vi* bourgeonner; (*flower*) éclore

Buddhism ['budɪzəm] *n* bouddhisme *m*

Buddhist ['budɪst] *adj* bouddhiste ▷ *n* Bouddhiste *m/f*

buddy ['bʌdɪ] *n* (*us*) copain *m*

budge [bʌdʒ] *vt* faire bouger ▷ *vi* bouger

budgerigar ['bʌdʒərɪgɑːʳ] *n* perruche *f*

budget ['bʌdʒɪt] *n* budget *m* ▷ *vi*: **to ~ for sth** inscrire qch au budget

budgie ['bʌdʒɪ] *n* = **budgerigar**

buff [bʌf] *adj* (couleur *f*) chamois *m* ▷ *n* (*inf*: *enthusiast*) mordu(e)

buffalo ['bʌfələu] (*pl* **buffalo** *or* **buffaloes**) *n* (BRIT) buffle *m*; (*us*) bison *m*

buffer ['bʌfəʳ] *n* tampon *m*; (*Comput*) mémoire *f* tampon

buffet *n* ['bufeɪ] (*food*, BRIT: *bar*) buffet *m* ▷ *vt* ['bʌfɪt] secouer, ébranler; **buffet car** *n* (BRIT *Rail*) voiture-bar *f*

bug [bʌg] *n* (*bedbug etc*) punaise *f*; (*esp us*: *any insect*) insecte *m*, bestiole *f*; (*fig*: *germ*) virus *m*, microbe *m*; (*spy device*) dispositif *m* d'écoute (électronique), micro clandestin; (*Comput*: *of program*) erreur *f* ▷ *vt* (*room*) poser des micros dans; (*inf*: *annoy*) embêter

buggy ['bʌgɪ] *n* poussette *f*

build [bɪld] *n* (*of person*) carrure *f*, charpente *f* ▷ *vt* (*pt*, *pp* **built**) construire, bâtir; **build up** *vt* accumuler, amasser; (*business*) développer; (*reputation*) bâtir; **builder** *n* entrepreneur *m*; **building** *n* (*trade*) construction *f*; (*structure*) bâtiment *m*, construction (: *residential*, *offices*) immeuble *m*; **building site** *n* chantier *m* (de construction); **building society** *n* (BRIT) société *f* de crédit immobilier

built [bɪlt] *pt*, *pp of* **build**; **built-in** *adj* (*cupboard*) encastré(e); (*device*) incorporé(e); intégré(e); **built-up** *adj*: **built-up area** zone urbanisée

bulb [bʌlb] *n* (*Bot*) bulbe *m*, oignon *m*; (*Elec*) ampoule *f*

Bulgaria [bʌl'gɛərɪə] *n* Bulgarie *f*; **Bulgarian** *adj* bulgare ▷ *n* Bulgare *m/f*

bulge [bʌldʒ] *n* renflement *m*, gonflement *m* ▷ *vi* faire saillie; présenter un renflement; (*pocket*, *file*): **to be bulging with** être plein(e) à craquer de

bulimia [bə'lɪmɪə] *n* boulimie *f*

bulimic [bjuː'lɪmɪk] *adj*, *n* boulimique *m/f*

bulk [bʌlk] *n* masse *f*, volume *m*; **in ~** (*Comm*) en gros, en vrac; **the ~ of** la plus grande *or* grosse partie de; **bulky** *adj* volumineux(-euse), encombrant(e)

bull [bul] *n* taureau *m*; (*male elephant*, *whale*) mâle *m*

bulldozer ['buldəuzəʳ] *n* bulldozer *m*

bullet ['bulɪt] *n* balle *f* (*de fusil etc*)

bulletin ['bulɪtɪn] *n* bulletin *m*, communiqué *m*; (*also*: **news ~**) (bulletin d')informations *fpl*; **bulletin board** *n* (*Comput*) messagerie *f* (électronique)

bullfight ['bulfaɪt] *n* corrida *f*, course *f* de taureaux; **bullfighter** *n* torero *m*; **bullfighting** *n* tauromachie *f*

bully ['bulɪ] *n* brute *f*, tyran *m* ▷ *vt* tyranniser, rudoyer

bum [bʌm] *n* (*inf*: BRIT: *backside*) derrière *m*; (*esp us*: *tramp*)

vagabond(e), traîne-savates *m/f inv*; (*idler*) glandeur *m*
umblebee ['bʌmblbi:] *n* bourdon *m*
ump [bʌmp] *n* (*blow*) coup *m*, choc *m*; (*jolt*) cahot *m*; (*on road etc, on head*) bosse *f* ▷ *vt* heurter, cogner; (*car*) emboutir; **bump into** *vt fus* rentrer dans, tamponner; (*inf: meet*) tomber sur; **bumper** *n* pare-chocs *m inv* ▷ *adj*: **bumper crop/harvest** récolte/ moisson exceptionnelle; **bumpy** *adj* (*road*) cahoteux(-euse); **it was a bumpy flight/ride** on a été secoués dans l'avion/la voiture
un [bʌn] *n* (*cake*) petit gâteau; (*bread*) petit pain au lait; (*of hair*) chignon *m*
unch [bʌntʃ] *n* (*of flowers*) bouquet *m*; (*of keys*) trousseau *m*; (*of bananas*) régime *m*; (*of people*) groupe *m*; **bunches** *npl* (*in hair*) couettes *fpl*; **~ of grapes** grappe *f* de raisin
undle ['bʌndl] *n* paquet *m* ▷ *vt* (*also*: **~ up**) faire un paquet de; (*put*): **to ~ sth/sb into** fourrer *or* enfourner qch/qn dans
ungalow ['bʌŋgələu] *n* bungalow *m*
ungee jumping ['bʌndʒi:'dʒʌmpɪŋ] *n* saut *m* à l'élastique
union ['bʌnjən] *n* oignon *m* (*au pied*)
unk [bʌŋk] *n* couchette *f*; **bunk beds** *npl* lits superposés
unker ['bʌŋkə^r] *n* (*coal store*) soute *f* à charbon; (*Mil, Golf*) bunker *m*
unny ['bʌnɪ] *n* (*also*: **~ rabbit**) lapin *m*
uoy [bɔɪ] *n* bouée *f*; **buoyant** *adj* (*ship*) flottable; (*carefree*) gai(e), plein(e) d'entrain; (*Comm: market, economy*) actif(-ive)
urden ['bə:dn] *n* fardeau *m*, charge *f* ▷ *vt* charger; (*oppress*) accabler, surcharger
ureau (*pl* **bureaux**) ['bjuərəu, -z] *n* (BRIT: *writing desk*) bureau *m*, secrétaire *m*; (US: *chest of drawers*) commode *f*; (*office*) bureau, office *m*
bureaucracy [bjuə'rɔkrəsɪ] *n* bureaucratie *f*
bureaucrat ['bjuərəkræt] *n* bureaucrate *m/f*, rond-de-cuir *m*
bureau de change [-də'ʃɑ̃ʒ] (*pl* **bureaux de change**) *n* bureau *m* de change
bureaux ['bjuərəuz] *npl of* **bureau**
burger ['bə:gə^r] *n* hamburger *m*
burglar ['bə:glə^r] *n* cambrioleur *m*; **burglar alarm** *n* sonnerie *f* d'alarme; **burglary** *n* cambriolage *m*
Burgundy ['bə:gəndɪ] *n* Bourgogne *f*
burial ['bɛrɪəl] *n* enterrement *m*
burn [bə:n] *vt, vi* (*pt* **burned**, *pp* **burnt**) brûler ▷ *n* brûlure *f*; **burn down** *vt* incendier, détruire par le feu; **burn out** *vt* (*writer etc*): **to ~ o.s. out** s'user (à force de travailler); **burning** *adj* (*building, forest*) en flammes; (*issue, question*) brûlant(e); (*ambition*) dévorant(e)
Burns' Night [bə:nz-] *n fête écossaise à la mémoire du poète Robert Burns*

BURNS' NIGHT

Burns' Night est une fête qui a lieu le 25 janvier, à la mémoire du poète écossais Robert Burns (1759–1796), à l'occasion de laquelle les Écossais partout dans le monde organisent un souper, en général arrosé de whisky. Le plat principal est toujours le haggis, servi avec de la purée de pommes de terre et de la purée de rutabagas. On apporte le haggis au son des cornemuses et au cours du repas on lit des poèmes de Burns et on chante ses chansons.

burnt [bə:nt] *pt, pp of* **burn**
burp [bə:p] (*inf*) *n* rot *m* ▷ *vi* roter
burrow ['bʌrəu] *n* terrier *m* ▷ *vi* (*rabbit*) creuser un terrier; (*rummage*) fouiller
burst [bə:st] (*pt, pp* **burst**) *vt* faire éclater; (*river: banks etc*) rompre ▷ *vi*

éclater; (*tyre*) crever ▷ *n* explosion *f*; (*also*: **~ pipe**) fuite *f* (*due à une rupture*); **a ~ of enthusiasm/energy** un accès d'enthousiasme/d'énergie; **to ~ into flames** s'enflammer soudainement; **to ~ out laughing** éclater de rire; **to ~ into tears** fondre en larmes; **to ~ open** *vi* s'ouvrir violemment *or* soudainement; **to be ~ing with** (*container*) être plein(e) (à craquer) de, regorger de; (*fig*) être débordant(e) de; **burst into** *vt fus* (*room etc*) faire irruption dans

bury ['bɛrɪ] *vt* enterrer

bus (*pl* **buses**) [bʌs, 'bʌsɪz] *n* (auto)bus *m*; **bus conductor** *n* receveur(-euse) *m/f* de bus

bush [buʃ] *n* buisson *m*; (*scrub land*) brousse *f*; **to beat about the ~** tourner autour du pot

business ['bɪznɪs] *n* (*matter, firm*) affaire *f*; (*trading*) affaires *fpl*; (*job, duty*) travail *m*; **to be away on ~** être en déplacement d'affaires; **it's none of my ~** cela ne me regarde pas, ce ne sont pas mes affaires; **he means ~** il ne plaisante pas, il est sérieux; **business class** *n* (*on plane*) classe *f* affaires; **businesslike** *adj* sérieux(-euse), efficace; **businessman** (*irreg*) *n* homme *m* d'affaires; **business trip** *n* voyage *m* d'affaires; **businesswoman** (*irreg*) *n* femme *f* d'affaires

busker ['bʌskə^r] *n* (BRIT) artiste ambulant(e)

bus: bus pass *n* carte *f* de bus; **bus shelter** *n* abribus *m*; **bus station** *n* gare routière; **bus stop** *n* arrêt *m* d'autobus

bust [bʌst] *n* buste *m*; (*measurement*) tour *m* de poitrine ▷ *adj* (*inf*: *broken*) fichu(e), fini(e); **to go ~** (*inf*) faire faillite

bustling ['bʌslɪŋ] *adj* (*town*) très animé(e)

busy ['bɪzɪ] *adj* occupé(e); (*shop, street*) très fréquenté(e); (*US*: *telephone, line*) occupé ▷ *vt*: **to ~ o.s** s'occuper; **busy signal** *n* (*US*) tonali *f* occupé *inv*

KEYWORD

but [bʌt] *conj* mais; **I'd love to com but I'm busy** j'aimerais venir mais je suis occupé; **he's not English but French** il n'est pas anglais mais français; **but that's far too expensive!** mais c'est bien trop che
▶ *prep* (*apart from, except*) sauf, excepté; **nothing but** rien d'autre que; **we've had nothing but trouble** nous n'avons eu que des ennuis; **no-one but him can do it** lui seul peut le faire; **who but a lunatic would do such a thing?** qui sinon un fou ferait une chose pareille?; **but for you/your help** sans toi/ton aide; **anything but that** tout sauf *or* excepté ça, tout mais pas ça
▶ *adv* (*just, only*) ne ... que; **she's bu a child** elle n'est qu'une enfant; **ha but known** si seulement j'avais su; **can but try** je peux toujours essaye **all but finished** pratiquement terminé

butcher ['butʃə^r] *n* boucher *m* ▷ *vt* massacrer; (*cattle etc for meat*) tuer; **butcher's (shop)** *n* boucherie *f*

butler ['bʌtlə^r] *n* maître *m* d'hôtel

butt [bʌt] *n* (*cask*) gros tonneau; (*of gun*) crosse *f*; (*of cigarette*) mégot *m*; (BRIT *fig*: *target*) cible *f* ▷ *vt* donner u coup de tête à

butter ['bʌtə^r] *n* beurre *m* ▷ *vt* beurrer; **buttercup** *n* bouton *m* d'o

butterfly ['bʌtəflaɪ] *n* papillon *m*; (*Swimming*: *also*: **~ stroke**) brasse *f* papillon

buttocks ['bʌtəks] *npl* fesses *fpl*

button ['bʌtn] *n* bouton *m*; (*US*: *badge*) pin *m* ▷ *vt* (*also*: **~ up**) boutonner ▷ *vi* se boutonner

b

buy [baɪ] (*pt, pp* **bought**) *vt* acheter ▷ *n* achat *m*; **to ~ sb sth/sth from sb** acheter qch à qn; **to ~ sb a drink** offrir un verre *or* à boire à qn; **can I ~ you a drink?** je vous offre un verre?; **where can I ~ some postcards?** où est-ce que je peux acheter des cartes postales?; **buy out** *vt* (*partner*) désintéresser; **buy up** *vt* acheter en bloc, rafler; **buyer** *n* acheteur(-euse) *m/f*

buzz [bʌz] *n* bourdonnement *m*; (*inf*: *phone call*): **to give sb a ~** passer un coup de fil à qn ▷ *vi* bourdonner; **buzzer** *n* timbre *m* électrique

KEYWORD

by [baɪ] *prep* **1** (*referring to cause, agent*) par, de; **killed by lightning** tué par la foudre; **surrounded by a fence** entouré d'une barrière; **a painting by Picasso** un tableau de Picasso
2 (*referring to method, manner, means*): **by bus/car** en autobus/voiture; **by train** par le *or* en train; **to pay by cheque** payer par chèque; **by moonlight/candlelight** à la lueur de la lune/d'une bougie; **by saving hard, he ...** à force d'économiser, il ...
3 (*via, through*) par; **we came by Dover** nous sommes venus par Douvres
4 (*close to, past*) à côté de; **the house by the school** la maison à côté de l'école; **a holiday by the sea** des vacances au bord de la mer; **she went by me** elle est passée à côté de moi; **I go by the post office every day** je passe devant la poste tous les jours
5 (*with time: not later than*) avant; (: *during*): **by daylight** à la lumière du jour; **by night** la nuit, de nuit; **by 4 o'clock** avant 4 heures; **by this time tomorrow** d'ici demain à la même heure; **by the time I got here it was too late** lorsque je suis arrivé il était déjà trop tard
6 (*amount*) à; **by the kilo/metre** au kilo/au mètre; **paid by the hour** payé à l'heure
7 (*Math: measure*): **to divide/multiply by 3** diviser/multiplier par 3; **a room 3 metres by 4** une pièce de 3 mètres sur 4; **it's broader by a metre** c'est plus large d'un mètre
8 (*according to*) d'après, selon; **it's 3 o'clock by my watch** il est 3 heures à ma montre; **it's all right by me** je n'ai rien contre
9: **(all) by oneself** *etc* tout(e) seul(e)
▶ *adv* **1** *see* **go; pass** *etc*
2: **by and by** un peu plus tard, bientôt; **by and large** dans l'ensemble

bye(-bye) ['baɪ-] *excl* au revoir!, salut!
by-election ['baɪɪlɛkʃən] *n* (BRIT) élection (législative) partielle
bypass ['baɪpɑːs] *n* rocade *f*; (*Med*) pontage *m* ▷ *vt* éviter
byte [baɪt] *n* (*Comput*) octet *m*

C

C [si:] *n* (*Mus*) do *m*
cab [kæb] *n* taxi *m*; (*of train, truck*) cabine *f*
cabaret ['kæbəreɪ] *n* (*show*) spectacle *m* de cabaret
cabbage ['kæbɪdʒ] *n* chou *m*
cabin ['kæbɪn] *n* (*house*) cabane *f*, hutte *f*; (*on ship*) cabine *f*; (*on plane*) compartiment *m*; **cabin crew** *n* (*Aviat*) équipage *m*
cabinet ['kæbɪnɪt] *n* (*Pol*) cabinet *m*; (*furniture*) petit meuble à tiroirs et rayons; (*also*: **display ~**) vitrine *f*, petite armoire vitrée; **cabinet minister** *n* ministre *m* (*membre du cabinet*)
cable ['keɪbl] *n* câble *m* ▷ *vt* câbler, télégraphier; **cable car** *n* téléphérique *m*; **cable television** *n* télévision *f* par câble
cactus (*pl* **cacti**) ['kæktəs, -taɪ] *n* cactus *m*
café ['kæfeɪ] *n* ≈ café(-restaurant) *m* (*sans alcool*)
cafeteria [kæfɪ'tɪərɪə] *n* cafétéria *f*
caffeine ['kæfi:n] *n* caféine *f*
cage [keɪdʒ] *n* cage *f*
cagoule [kə'gu:l] *n* K-way® *m*
Cairo ['kaɪərəʊ] *n* Le Caire
cake [keɪk] *n* gâteau *m*; **~ of soap** savonnette *f*
calcium ['kælsɪəm] *n* calcium *m*
calculate ['kælkjuleɪt] *vt* calculer; (*estimate*: *chances, effect*) évaluer; **calculation** [kælkju'leɪʃən] *n* calcul *m*; **calculator** *n* calculatrice *f*
calendar ['kæləndə[r]] *n* calendrier *m*
calf (*pl* **calves**) [kɑ:f, kɑ:vz] *n* (*of cow*) veau *m*; (*of other animals*) petit *m*; (*also*: **~skin**) veau *m*, vachette *f*; (*Anat* mollet *m*
calibre, (*US*) **caliber** ['kælɪbə[r]] *n* calibre *m*
call [kɔ:l] *vt* appeler; (*meeting*) convoquer ▷ *vi* appeler; (*visit*: *also*: **~ in, ~ round**) passer ▷ *n* (*shout*) appel *m*, cri *m*; (*also*: **telephone ~**) coup *m* de téléphone; **to be on ~** être de permanence; **to be ~ed** s'appeler; **can I make a ~ from here?** est-ce que je peux téléphoner d'ici?; **call back** *vi* (*return*) repasser; (*Tel*) rappeler ▷ *vt* (*Tel*) rappeler; **can you ~ back later?** pouvez-vous rappeler plus tard?; **call for** *vt fus* (*demand*) demander; (*fetch*) passer prendre; **call in** *vt* (*doctor, expert police*) appeler, faire venir; **call off** *vt* annuler; **call on** *vt fus* (*visit*) rendre visite à, passer voir; (*request*): **to ~ on sb to do** inviter qn à faire; **call out** *vi* pousser un cri *or* des cris; **call up** *vt* (*Mil*) appeler, mobiliser; (*Tel*) appeler; **call box** *n* (BRIT) cabine *f* téléphonique **call centre**, (*US*) **call center** *n* centre *m* d'appels; **caller** *n* (*Tel*) personne *f* qui appelle; (*visitor*) visiteur *m*
callous ['kæləs] *adj* dur(e), insensible
calm [kɑ:m] *adj* calme ▷ *n* calme *m* ▷ *vt* calmer, apaiser; **calm down** *vi* se calmer, s'apaiser ▷ *vt* calmer, apaiser
calmly ['kɑ:mlɪ] *adv* calmement, avec calme

Calor gas® ['kæləʳ-] *n* (BRIT) butane *m*, butagaz® *m*
calorie ['kælərɪ] *n* calorie *f*
calves [kɑːvz] *npl of* **calf**
Cambodia [kæm'bəudɪə] *n* Cambodge *m*
camcorder ['kæmkɔːdəʳ] *n* caméscope *m*
came [keɪm] *pt of* **come**
camel ['kæməl] *n* chameau *m*
camera ['kæmərə] *n* appareil photo *m*; (*Cine, TV*) caméra *f*; **in ~** à huis clos, en privé; **cameraman** (*irreg*) *n* caméraman *m*; **camera phone** *n* téléphone *m* avec appareil photo
camouflage ['kæməflɑːʒ] *n* camouflage *m* ▷ *vt* camoufler
camp [kæmp] *n* camp *m* ▷ *vi* camper ▷ *adj* (*man*) efféminé(e)
campaign [kæm'peɪn] *n* (*Mil, Pol*) campagne *f* ▷ *vi* (*also fig*) faire campagne; **campaigner** *n*: **campaigner for** partisan(e) de; **campaigner against** opposant(e) à
camp: camp bed *n* (BRIT) lit *m* de camp; **camper** *n* campeur(-euse); (*vehicle*) camping-car *m*; **camping** *n* camping *m*; **to go camping** faire du camping; **campsite** *n* (terrain *m* de) camping *m*
campus ['kæmpəs] *n* campus *m*
can¹ [kæn] *n* (*of milk, oil, water*) bidon *m*; (*tin*) boîte *f* (de conserve) ▷ *vt* mettre en conserve

KEYWORD

can² [kæn] (*negative* **cannot** *or* **can't**, *conditional, pt* **could**) *aux vb* **1** (*be able to*) pouvoir; **you can do it if you try** vous pouvez le faire si vous essayez; **I can't hear you** je ne t'entends pas
2 (*know how to*) savoir; **I can swim/ play tennis/drive** je sais nager/jouer au tennis/conduire; **can you speak French?** parlez-vous français?
3 (*may*) pouvoir; **can I use your phone?** puis-je me servir de votre téléphone?
4 (*expressing disbelief, puzzlement etc*): **it can't be true!** ce n'est pas possible!; **what CAN he want?** qu'est-ce qu'il peut bien vouloir?
5 (*expressing possibility, suggestion etc*): **he could be in the library** il est peut-être dans la bibliothèque; **she could have been delayed** il se peut qu'elle ait été retardée

Canada ['kænədə] *n* Canada *m*; **Canadian** [kə'neɪdɪən] *adj* canadien(ne) ▷ *n* Canadien(ne)
canal [kə'næl] *n* canal *m*
canary [kə'nɛərɪ] *n* canari *m*, serin *m*
cancel ['kænsəl] *vt* annuler; (*train*) supprimer; (*party, appointment*) décommander; (*cross out*) barrer, rayer; (*cheque*) faire opposition à; **I would like to ~ my booking** je voudrais annuler ma réservation; **cancellation** [kænsə'leɪʃən] *n* annulation *f*; suppression *f*
Cancer ['kænsəʳ] *n* (*Astrology*) le Cancer
cancer ['kænsəʳ] *n* cancer *m*
candidate ['kændɪdeɪt] *n* candidat(e)
candle ['kændl] *n* bougie *f*; (*in church*) cierge *m*; **candlestick** *n* (*also*: **candle holder**) bougeoir *m*; (*bigger, ornate*) chandelier *m*
candy ['kændɪ] *n* sucre candi; (US) bonbon *m*; **candy bar** (US) *n* barre *f* chocolatée; **candyfloss** *n* (BRIT) barbe *f* à papa
cane [keɪn] *n* canne *f*; (*for baskets, chairs etc*) rotin *m* ▷ *vt* (BRIT *Scol*) administrer des coups de bâton à
canister ['kænɪstəʳ] *n* boîte *f* (*gén en métal*); (*of gas*) bombe *f*
cannabis ['kænəbɪs] *n* (*drug*) cannabis *m*
canned ['kænd] *adj* (*food*) en boîte, en conserve; (*inf: music*) enregistré(e); (BRIT *inf: drunk*) bourré(e); (US *inf: worker*) mis(e) à la porte

cannon ['kænən] (*pl* **cannon** *or* **cannons**) *n* (*gun*) canon *m*
cannot ['kænɔt] = **can not**
canoe [kə'nu:] *n* pirogue *f*; (*Sport*) canoë *m*; **canoeing** *n* (*sport*) canoë *m*
canon ['kænən] *n* (*clergyman*) chanoine *m*; (*standard*) canon *m*
can-opener [-'əupnə^r] *n* ouvre-boîte *m*
can't [kɑ:nt] = **can not**
canteen [kæn'ti:n] *n* (*eating place*) cantine *f*; (BRIT: *of cutlery*) ménagère *f*
canter ['kæntə^r] *vi* aller au petit galop
canvas ['kænvəs] *n* toile *f*
canvass ['kænvəs] *vi* (*Pol*): **to ~ for** faire campagne pour ▷ *vt* (*citizens, opinions*) sonder
canyon ['kænjən] *n* cañon *m*, gorge (profonde)
cap [kæp] *n* casquette *f*; (*for swimming*) bonnet *m* de bain; (*of pen*) capuchon *m*; (*of bottle*) capsule *f*; (BRIT: *contraceptive*: *also*: **Dutch ~**) diaphragme *m* ▷ *vt* (*outdo*) surpasser; (*put limit on*) plafonner
capability [keɪpə'bɪlɪtɪ] *n* aptitude *f*, capacité *f*
capable ['keɪpəbl] *adj* capable
capacity [kə'pæsɪtɪ] *n* (*of container*) capacité *f*, contenance *f*; (*ability*) aptitude *f*
cape [keɪp] *n* (*garment*) cape *f*; (*Geo*) cap *m*
caper ['keɪpə^r] *n* (*Culin*: *gen pl*) câpre *f*; (*prank*) farce *f*
capital ['kæpɪtl] *n* (*also*: **~ city**) capitale *f*; (*money*) capital *m*; (*also*: **~ letter**) majuscule *f*; **capitalism** *n* capitalisme *m*; **capitalist** *adj*, *n* capitaliste *m/f*; **capital punishment** *n* peine capitale
Capitol ['kæpɪtl] *n*: **the ~** le Capitole
Capricorn ['kæprɪkɔ:n] *n* le Capricorne
capsize [kæp'saɪz] *vt* faire chavirer ▷ *vi* chavirer
capsule ['kæpsju:l] *n* capsule *f*
captain ['kæptɪn] *n* capitaine *m*
caption ['kæpʃən] *n* légende *f*
captivity [kæp'tɪvɪtɪ] *n* captivité *f*
capture ['kæptʃə^r] *vt* (*prisoner, animal*) capturer; (*town*) prendre; (*attention*) capter; (*Comput*) saisir ▷ *n* capture *f*; (*of data*) saisie *f* de données
car [kɑ:^r] *n* voiture *f*, auto *f*; (US *Rail*) wagon *m*, voiture
caramel ['kærəməl] *n* caramel *m*
carat ['kærət] *n* carat *m*
caravan ['kærəvæn] *n* caravane *f*; **caravan site** *n* (BRIT) camping *m* pour caravanes
carbohydrate [kɑ:bəu'haɪdreɪt] *n* hydrate *m* de carbone; (*food*) féculent *m*
carbon ['kɑ:bən] *n* carbone *m*; **carbon dioxide** [-daɪ'ɔksaɪd] *n* gaz *m* carbonique, dioxyde *m* de carbone; **carbon footprint** *n* empreinte *f* carbone; **carbon monoxide** [-mɔ'nɔksaɪd] *n* oxyde *m* de carbone
car boot sale *n voir article* **"car boot sale"**

CAR BOOT SALE

Type de brocante très populaire, où chacun vide sa cave ou son grenier. Les articles sont présentés dans des coffres de voitures et la vente a souvent lieu sur un parking ou dans un champ. Les brocanteurs d'un jour doivent s'acquitter d'une petite contribution pour participer à la vente.

carburettor, (US) **carburetor** [kɑ:bju'rɛtə^r] *n* carburateur *m*
card [kɑ:d] *n* carte *f*; (*material*) carton *m*; **cardboard** *n* carton *m*; **card game** *n* jeu *m* de cartes
cardigan ['kɑ:dɪgən] *n* cardigan *m*
cardinal ['kɑ:dɪnl] *adj* cardinal(e); (*importance*) capital(e) ▷ *n* cardinal *m*
cardphone ['kɑ:dfəun] *n* téléphone *m* à carte (magnétique)

are [kɛəʳ] *n* soin *m*, attention *f*; (*worry*) souci *m* ▷ *vi*: **to ~ about** (*feel interest for*) se soucier de, s'intéresser à; (*person: love*) être attaché(e) à; **in sb's ~** à la garde de qn, confié à qn; **~ of** (*on letter*) chez; **to take ~ (to do)** faire attention (à faire); **to take ~ of** *vt* s'occuper de; **I don't ~** ça m'est bien égal, peu m'importe; **I couldn't ~ less** cela m'est complètement égal, je m'en fiche complètement; **care for** *vt fus* s'occuper de; (*like*) aimer

areer [kəˈrɪəʳ] *n* carrière *f* ▷ *vi* (*also*: **~ along**) aller à toute allure

are: carefree *adj* sans souci, insouciant(e); **careful** *adj* soigneux(-euse); (*cautious*) prudent(e); **(be) careful!** (fais) attention!; **carefully** *adv* avec soin, soigneusement; prudemment; **caregiver** *n* (US) (*professional*) travailleur social; (*unpaid*) *personne qui s'occupe d'un proche qui est malade*; **careless** *adj* négligent(e); (*heedless*) insouciant(e); **carelessness** *n* manque *m* de soin, négligence *f*; insouciance *f*; **carer** [ˈkɛərəʳ] *n* (*professional*) travailleur social; (*unpaid*) *personne qui s'occupe d'un proche qui est malade*; **caretaker** *n* gardien(ne), concierge *m/f*

ar-ferry [ˈkɑːfɛrɪ] *n* (*on sea*) ferry(-boat) *m*; (*on river*) bac *m*

argo [ˈkɑːgəu] (*pl* **cargoes**) *n* cargaison *f*, chargement *m*

ar hire *n* (BRIT) location *f* de voitures

aribbean [kærɪˈbiːən] *adj*, *n*: **the ~ (Sea)** la mer des Antilles *or* des Caraïbes

aring [ˈkɛərɪŋ] *adj* (*person*) bienveillant(e); (*society, organization*) humanitaire

arnation [kɑːˈneɪʃən] *n* œillet *m*

arnival [ˈkɑːnɪvl] *n* (*public celebration*) carnaval *m*; (US: *funfair*) fête foraine

arol [ˈkærəl] *n*: **(Christmas) ~** chant *m* de Noël

carousel [kærəˈsɛl] *n* (*for luggage*) carrousel *m*; (US) manège *m*

car park (BRIT) *n* parking *m*, parc *m* de stationnement

carpenter [ˈkɑːpɪntəʳ] *n* charpentier *m*; (*joiner*) menuisier *m*

carpet [ˈkɑːpɪt] *n* tapis *m* ▷ *vt* recouvrir (d'un tapis); **fitted ~** (BRIT) moquette *f*

car rental *n* (US) location *f* de voitures

carriage [ˈkærɪdʒ] *n* (BRIT *Rail*) wagon *m*; (*horse-drawn*) voiture *f*; (*of goods*) transport *m* (: *cost*) port *m*; **carriageway** *n* (BRIT: *part of road*) chaussée *f*

carrier [ˈkærɪəʳ] *n* transporteur *m*, camionneur *m*; (*company*) entreprise *f* de transport; (*Med*) porteur(-euse); **carrier bag** *n* (BRIT) sac *m* en papier *or* en plastique

carrot [ˈkærət] *n* carotte *f*

carry [ˈkærɪ] *vt* (*subj: person*) porter; (: *vehicle*) transporter; (*involve: responsibilities etc*) comporter, impliquer; (*Med: disease*) être porteur de ▷ *vi* (*sound*) porter; **to get carried away** (*fig*) s'emballer, s'enthousiasmer; **carry on** *vi* (*continue*) continuer ▷ *vt* (*conduct: business*) diriger; (: *conversation*) entretenir; (*continue: business, conversation*) continuer; **to ~ on with sth/doing** continuer qch/à faire; **carry out** *vt* (*orders*) exécuter; (*investigation*) effectuer

cart [kɑːt] *n* charrette *f* ▷ *vt* (*inf*) transporter

carton [ˈkɑːtən] *n* (*box*) carton *m*; (*of yogurt*) pot *m* (en carton)

cartoon [kɑːˈtuːn] *n* (*Press*) dessin *m* (humoristique); (*satirical*) caricature *f*; (*comic strip*) bande dessinée; (*Cine*) dessin animé

cartridge [ˈkɑːtrɪdʒ] *n* (*for gun, pen*) cartouche *f*

carve [kɑːv] *vt* (*meat: also*: **~ up**) découper; (*wood, stone*) tailler, sculpter; **carving** *n* (*in wood etc*) sculpture *f*

car wash *n* station *f* de lavage (de voitures)

case [keɪs] *n* cas *m*; (*Law*) affaire *f*, procès *m*; (*box*) caisse *f*, boîte *f*; (*for glasses*) étui *m*; (BRIT: *also*: **suit~**) valise *f*; **in ~ of** en cas de; **in ~ he** au cas où il; **just in ~** à tout hasard; **in any ~** en tout cas, de toute façon

cash [kæʃ] *n* argent *m*; (*Comm*) (argent *m*) liquide *m* ▷ *vt* encaisser; **to pay (in) ~** payer (en argent) comptant *or* en espèces; **~ with order/on delivery** (*Comm*) payable *or* paiement à la commande/livraison; **I haven't got any ~** je n'ai pas de liquide; **cashback** *n* (*discount*) remise *f*; (*at supermarket etc*) retrait *m* (*à la caisse*); **cash card** *n* carte *f* de retrait; **cash desk** *n* (BRIT) caisse *f*; **cash dispenser** *n* distributeur *m* automatique de billets

cashew [kæˈʃuː] *n* (*also*: **~ nut**) noix *f* de cajou

cashier [kæˈʃɪəʳ] *n* caissier(-ère)

cashmere [ˈkæʃmɪəʳ] *n* cachemire *m*

cash point *n* distributeur *m* automatique de billets

cash register *n* caisse enregistreuse

casino [kəˈsiːnəu] *n* casino *m*

casket [ˈkɑːskɪt] *n* coffret *m*; (US: *coffin*) cercueil *m*

casserole [ˈkæsərəul] *n* (*pot*) cocotte *f*; (*food*) ragoût *m* (en cocotte)

cassette [kæˈsɛt] *n* cassette *f*; **cassette player** *n* lecteur *m* de cassettes

cast [kɑːst] (*vb*: *pt*, *pp* **cast**) *vt* (*throw*) jeter; (*shadow*: *lit*) projeter; (: *fig*) jeter; (*glance*) jeter ▷ *n* (*Theat*) distribution *f*; (*also*: **plaster ~**) plâtre *m*; **to ~ sb as Hamlet** attribuer à qn le rôle d'Hamlet; **to ~ one's vote** voter, exprimer son suffrage; **to ~ doubt on** jeter un doute sur; **cast off** *vi* (*Naut*) larguer les amarres; (*Knitting*) arrêter les mailles

castanets [kæstəˈnɛts] *npl* castagnettes *fpl*

caster sugar [ˈkɑːstə-] *n* (BRIT) sucre *m* semoule

cast-iron [ˈkɑːstaɪən] *adj* (*lit*) de *or* en fonte; (*fig*: *will*) de fer; (*alibi*) en béton

castle [ˈkɑːsl] *n* château *m*; (*fortress*) château-fort *m*; (*Chess*) tour *f*

casual [ˈkæʒjul] *adj* (*by chance*) de hasard, fait(e) au hasard, fortuit(e); (*irregular*: *work etc*) temporaire; (*unconcerned*) désinvolte; **~ wear** vêtements *mpl* sport *inv*

casualty [ˈkæʒjultɪ] *n* accidenté(e), blessé(e); (*dead*) victime *f*, mort(e); (BRIT *Med*: *department*) urgences *fpl*

cat [kæt] *n* chat *m*

Catalan [ˈkætəlæn] *adj* catalan(e)

catalogue, (US) **catalog** [ˈkætəlɔg] *n* catalogue *m* ▷ *vt* cataloguer

catalytic converter [kætəˈlɪtɪkkənˈvəːtəʳ] *n* pot *m* catalytique

cataract [ˈkætərækt] *n* (*also Med*) cataracte *f*

catarrh [kəˈtɑːʳ] *n* rhume *m* chronique, catarrhe *f*

catastrophe [kəˈtæstrəfɪ] *n* catastrophe *f*

catch [kætʃ] (*pt*, *pp* **caught**) *vt* attraper; (*person*: *by surprise*) prendre surprendre; (*understand*) saisir; (*get entangled*) accrocher ▷ *vi* (*fire*) prendre; (*get entangled*) s'accrocher ▷ *n* (*fish etc*) prise *f*; (*hidden problem*) attrape *f*; (*Tech*) loquet *m*; cliquet *m*; **to ~ sb's attention** *or* **eye** attirer l'attention de qn; **to ~ fire** prendre feu; **to ~ sight of** apercevoir; **catch up** *vi* (*with work*) se rattraper, combler son retard ▷ *vt* (*also*: **~ up with**) rattraper; **catching** [ˈkætʃɪŋ] *adj* (*Med*) contagieux(-euse)

category [ˈkætɪgərɪ] *n* catégorie *f*

cater [ˈkeɪtəʳ] *vi*: **to ~ for** (BRIT: *needs*) satisfaire, pourvoir à; (*readers, consumers*) s'adresser à, pourvoir aux besoins de; (*Comm*: *parties etc*) préparer des repas pour

caterpillar ['kætəpɪləʳ] *n* chenille *f*
cathedral [kə'θi:drəl] *n* cathédrale *f*
Catholic ['kæθəlɪk] (*Rel*) *adj* catholique ▷ *n* catholique *m/f*
cattle ['kætl] *npl* bétail *m*, bestiaux *mpl*
catwalk ['kætwɔ:k] *n* passerelle *f*; (*for models*) podium *m* (*de défilé de mode*)
caught [kɔ:t] *pt, pp of* **catch**
cauliflower ['kɔlɪflauəʳ] *n* chou-fleur *m*
cause [kɔ:z] *n* cause *f* ▷ *vt* causer
caution ['kɔ:ʃən] *n* prudence *f*; (*warning*) avertissement *m* ▷ *vt* avertir, donner un avertissement à; **cautious** *adj* prudent(e)
cave [keɪv] *n* caverne *f*, grotte *f*; **cave in** *vi* (*roof etc*) s'effondrer
caviar(e) ['kævɪɑ:ʳ] *n* caviar *m*
cavity ['kævɪtɪ] *n* cavité *f*; (*Med*) carie *f*
cc *abbr* (= *cubic centimetre*) cm³; (*on letter etc* = *carbon copy*) cc
CCTV *n abbr* = **closed-circuit television**
CD *n abbr* (= *compact disc*) CD *m*; **CD burner** *n* graveur *m* de CD; **CD player** *n* platine *f* laser; **CD-ROM** [si:di:'rɔm] *n abbr* (= *compact disc read-only memory*) CD-ROM *m inv*; **CD writer** *n* graveur *m* de CD
cease [si:s] *vt, vi* cesser; **ceasefire** *n* cessez-le-feu *m*
cedar ['si:dəʳ] *n* cèdre *m*
ceilidh ['keɪlɪ] *n* bal *m* folklorique écossais *or* irlandais
ceiling ['si:lɪŋ] *n* (*also fig*) plafond *m*
celebrate ['sɛlɪbreɪt] *vt, vi* célébrer; **celebration** [sɛlɪ'breɪʃən] *n* célébration *f*
celebrity [sɪ'lɛbrɪtɪ] *n* célébrité *f*
celery ['sɛlərɪ] *n* céleri *m* (en branches)
cell [sɛl] *n* (*gen*) cellule *f*; (*Elec*) élément *m* (*de pile*)
cellar ['sɛləʳ] *n* cave *f*
cello ['tʃɛləu] *n* violoncelle *m*
Cellophane® ['sɛləfeɪn] *n* cellophane® *f*
cellphone ['sɛlfəun] *n* (téléphone *m*) portable *m*, mobile *m*
Celsius ['sɛlsɪəs] *adj* Celsius *inv*
Celtic ['kɛltɪk, 'sɛltɪk] *adj* celte, celtique
cement [sə'mɛnt] *n* ciment *m*
cemetery ['sɛmɪtrɪ] *n* cimetière *m*
censor ['sɛnsəʳ] *n* censeur *m* ▷ *vt* censurer; **censorship** *n* censure *f*
census ['sɛnsəs] *n* recensement *m*
cent [sɛnt] *n* (*unit of dollar, euro*) cent *m* (= *un centième du dollar, de l'euro*); *see also* **per cent**
centenary [sɛn'ti:nərɪ], (*US*) **centennial** [sɛn'tɛnɪəl] *n* centenaire *m*
center ['sɛntəʳ] (*US*) = **centre**
centi... ['sɛntɪ]: **centigrade** *adj* centigrade; **centimetre**, (*US*) **centimeter** *n* centimètre *m*; **centipede** ['sɛntɪpi:d] *n* mille-pattes *m inv*
central ['sɛntrəl] *adj* central(e); **Central America** *n* Amérique centrale; **central heating** *n* chauffage central; **central reservation** *n* (BRIT *Aut*) terre-plein central
centre, (*US*) **center** ['sɛntəʳ] *n* centre *m* ▷ *vt* centrer; **centre-forward** *n* (*Sport*) avant-centre *m*; **centre-half** *n* (*Sport*) demi-centre *m*
century ['sɛntjurɪ] *n* siècle *m*; **in the twentieth ~** au vingtième siècle
CEO *n abbr* (*US*) = **chief executive officer**
ceramic [sɪ'ræmɪk] *adj* céramique
cereal ['si:rɪəl] *n* céréale *f*
ceremony ['sɛrɪmənɪ] *n* cérémonie *f*; **to stand on ~** faire des façons
certain ['sə:tən] *adj* certain(e); **to make ~ of** s'assurer de; **for ~** certainement, sûrement; **certainly** *adv* certainement; **certainty** *n* certitude *f*
certificate [sə'tɪfɪkɪt] *n* certificat *m*
certify ['sə:tɪfaɪ] *vt* certifier; (*award diploma to*) conférer un diplôme *etc*

à; (*declare insane*) déclarer malade mental(e)
cf. *abbr* (= *compare*) cf., voir
CFC *n abbr* (= *chlorofluorocarbon*) CFC *m*
chain [tʃeɪn] *n* (*gen*) chaîne *f* ▷ *vt* (*also*: **~ up**) enchaîner, attacher (avec une chaîne); **chain-smoke** *vi* fumer cigarette sur cigarette
chair [tʃɛəʳ] *n* chaise *f*; (*armchair*) fauteuil *m*; (*of university*) chaire *f*; (*of meeting*) présidence *f* ▷ *vt* (*meeting*) présider; **chairlift** *n* télésiège *m*; **chairman** (*irreg*) *n* président *m*; **chairperson** (*irreg*) *n* président(e); **chairwoman** (*irreg*) *n* présidente *f*
chalet [ˈʃæleɪ] *n* chalet *m*
chalk [tʃɔːk] *n* craie *f*
challenge [ˈtʃælɪndʒ] *n* défi *m* ▷ *vt* défier; (*statement, right*) mettre en question, contester; **to ~ sb to do** mettre qn au défi de faire; **challenging** *adj* (*task, career*) qui représente un défi *or* une gageure; (*tone, look*) de défi, provocateur(-trice)
chamber [ˈtʃeɪmbəʳ] *n* chambre *f*; (BRIT *Law*: *gen pl*) cabinet *m*; **~ of commerce** chambre de commerce; **chambermaid** *n* femme *f* de chambre
champagne [ʃæmˈpeɪn] *n* champagne *m*
champion [ˈtʃæmpɪən] *n* (*also of cause*) champion(ne); **championship** *n* championnat *m*
chance [tʃɑːns] *n* (*luck*) hasard *m*; (*opportunity*) occasion *f*, possibilité *f*; (*hope, likelihood*) chance *f*; (*risk*) risque *m* ▷ *vt* (*risk*) risquer ▷ *adj* fortuit(e), de hasard; **to take a ~** prendre un risque; **by ~** par hasard; **to ~ it** risquer le coup, essayer
chancellor [ˈtʃɑːnsələʳ] *n* chancelier *m*; **Chancellor of the Exchequer** [-ɪksˈtʃɛkəʳ] (BRIT) *n* chancelier *m* de l'Échiquier
chandelier [ʃændəˈlɪəʳ] *n* lustre *m*
change [tʃeɪndʒ] *vt* (*alter, replace*: *Comm*: *money*) changer; (*switch, substitute*: *hands, trains, clothes, one's name etc*) changer de ▷ *vi* (*gen*) changer; (*change clothes*) se changer; (*be transformed*): **to ~ into** se changer *or* transformer en ▷ *n* changement *m*; (*money*) monnaie *f*; **to ~ gear** (*Aut*) changer de vitesse; **to ~ one's mind** changer d'avis; **a ~ of clothes** des vêtements de rechange; **for a ~** pour changer; **do you have ~ for £10?** vous avez la monnaie de 10 livres?; **where can I ~ some money?** où est-ce que je peux changer de l'argent?; **keep the ~!** gardez la monnaie!; **change over** *vi* (*swap*) échanger; (*change*: *drivers etc*) changer; (*change sides*: *players etc*) changer de côté; **to ~ over from sth to sth** passer de qch à qch; **changeable** *adj* (*weather*) variable; **change machine** *n* distributeur *m* de monnaie; **changing room** *n* (BRIT: *in shop*) salon *m* d'essayage (: *Sport*) vestiaire *m*
channel [ˈtʃænl] *n* (*TV*) chaîne *f*; (*waveband, groove, fig*: *medium*) canal *m*; (*of river, sea*) chenal *m* ▷ *vt* canaliser; **the (English) C~** la Manche; **Channel Islands** *npl*; **the Channel Islands** les îles *fpl* Anglo-Normandes; **Channel Tunnel** *n*: **the Channel Tunnel** le tunnel sous la Manche
chant [tʃɑːnt] *n* chant *m*; (*Rel*) psalmodie *f* ▷ *vt* chanter, scander
chaos [ˈkeɪɔs] *n* chaos *m*
chaotic [keɪˈɔtɪk] *adj* chaotique
chap [tʃæp] *n* (BRIT *inf*: *man*) type *m*
chapel [ˈtʃæpl] *n* chapelle *f*
chapped [tʃæpt] *adj* (*skin, lips*) gercé(e)
chapter [ˈtʃæptəʳ] *n* chapitre *m*
character [ˈkærɪktəʳ] *n* caractère *m*; (*in novel, film*) personnage *m*; (*eccentric person*) numéro *m*, phénomène *m*; **characteristic** [ˈkærɪktəˈrɪstɪk] *adj*, *n* caractéristique (*f*); **characterize** [ˈkærɪktəraɪz] *vt* caractériser

charcoal ['tʃɑ:kəul] *n* charbon *m* de bois; (*Art*) charbon
charge [tʃɑ:dʒ] *n* (*accusation*) accusation *f*; (*Law*) inculpation *f*; (*cost*) prix (demandé) ▷ *vt* (*gun, battery, Mil: enemy*) charger; (*customer, sum*) faire payer ▷ *vi* foncer; **charges** *npl* (*costs*) frais *mpl*; **to reverse the ~s** (BRIT *Tel*) téléphoner en PCV; **to take ~ of** se charger de; **to be in ~ of** être responsable de, s'occuper de; **to ~ sb (with)** (*Law*) inculper qn (de); **charge card** *n* carte *f* de client (*émise par un grand magasin*); **charger** *n* (*also*: **battery charger**) chargeur *m*
charismatic [kærɪz'mætɪk] *adj* charismatique
charity ['tʃærɪtɪ] *n* charité *f*; (*organization*) institution *f* charitable *or* de bienfaisance, œuvre *f* (de charité); **charity shop** *n* (BRIT) *boutique vendant des articles d'occasion au profit d'une organisation caritative*
charm [tʃɑ:m] *n* charme *m*; (*on bracelet*) breloque *f* ▷ *vt* charmer, enchanter; **charming** *adj* charmant(e)
chart [tʃɑ:t] *n* tableau *m*, diagramme *m*; graphique *m*; (*map*) carte marine ▷ *vt* dresser *or* établir la carte de; (*sales, progress*) établir la courbe de; **charts** *npl* (*Mus*) hit-parade *m*; **to be in the ~s** (*record, pop group*) figurer au hit-parade
charter ['tʃɑ:tə^r] *vt* (*plane*) affréter ▷ *n* (*document*) charte *f*; **chartered accountant** *n* (BRIT) expert-comptable *m*; **charter flight** *n* charter *m*
chase [tʃeɪs] *vt* poursuivre, pourchasser; (*also*: **~ away**) chasser ▷ *n* poursuite *f*, chasse *f*
chat [tʃæt] *vi* (*also*: **have a ~**) bavarder, causer; (*on Internet*) chatter ▷ *n* conversation *f*; (*on Internet*) chat *m*; **chat up** *vt* (BRIT *inf*: *girl*) baratiner; **chat room** *n* (*Internet*) salon *m* de discussion; **chat show** *n* (BRIT) talk-show *m*
chatter ['tʃætə^r] *vi* (*person*) bavarder, papoter ▷ *n* bavardage *m*, papotage *m*; **my teeth are ~ing** je claque des dents
chauffeur ['ʃəufə^r] *n* chauffeur *m* (de maître)
chauvinist ['ʃəuvɪnɪst] *n* (*also*: **male ~**) phallocrate *m*, macho *m*; (*nationalist*) chauvin(e)
cheap [tʃi:p] *adj* bon marché *inv*, pas cher (chère); (*reduced*: *ticket*) à prix réduit; (: *fare*) réduit(e); (*joke*) facile, d'un goût douteux; (*poor quality*) à bon marché, de qualité médiocre ▷ *adv* à bon marché, pour pas cher; **can you recommend a ~ hotel/restaurant, please?** pourriez-vous m'indiquer un hôtel/restaurant bon marché?; **cheap day return** *n* billet *m* d'aller et retour réduit (*valable pour la journée*); **cheaply** *adv* à bon marché, à bon compte
cheat [tʃi:t] *vi* tricher; (*in exam*) copier ▷ *vt* tromper, duper; (*rob*): **to ~ sb out of sth** escroquer qch à qn ▷ *n* tricheur(-euse) *m/f*; escroc *m*; **cheat on** *vt fus* tromper
Chechnya [tʃɪtʃ'njɑ:] *n* Tchétchénie *f*
check [tʃɛk] *vt* vérifier; (*passport, ticket*) contrôler; (*halt*) enrayer; (*restrain*) maîtriser ▷ *vi* (*official etc*) se renseigner ▷ *n* vérification *f*; contrôle *m*; (*curb*) frein *m*; (BRIT: *bill*) addition *f*; (US) = **cheque**; (*pattern*: *gen pl*) carreaux *mpl*; **to ~ with sb** demander à qn; **check in** *vi* (*in hotel*) remplir sa fiche (d'hôtel); (*at airport*) se présenter à l'enregistrement ▷ *vt* (*luggage*) (faire) enregistrer; **check off** *vt* (*tick off*) cocher; **check out** *vi* (*in hotel*) régler sa note ▷ *vt* (*investigate*: *story*) vérifier; **check up** *vi*: **to ~ up (on sth)** vérifier (qch); **to ~ up on sb** se renseigner sur le compte de qn; **checkbook** *n* (US) = **chequebook**; **checked** *adj* (*pattern, cloth*) à carreaux; **checkers** *n* (US) jeu *m* de dames; **check-in** *n* (*at airport*: *also*:

c

check-in desk) enregistrement *m*; **checking account** *n* (*US*) compte courant; **checklist** *n* liste *f* de contrôle; **checkmate** *n* échec et mat *m*; **checkout** *n* (*in supermarket*) caisse *f*; **checkpoint** *n* contrôle *m*; **checkroom** (*US*) *n* consigne *f*; **checkup** *n* (*Med*) examen médical, check-up *m*

cheddar ['tʃedəʳ] *n* (*also*: **~ cheese**) cheddar *m*

cheek [tʃi:k] *n* joue *f*; (*impudence*) toupet *m*, culot *m*; **what a ~!** quel toupet!; **cheekbone** *n* pommette *f*; **cheeky** *adj* effronté(e), culotté(e)

cheer [tʃɪəʳ] *vt* acclamer, applaudir; (*gladden*) réjouir, réconforter ▷ *vi* applaudir ▷ *n* (*gen pl*) acclamations *fpl*, applaudissements *mpl*; bravos *mpl*, hourras *mpl*; **~s!** à la vôtre!; **cheer up** *vi* se dérider, reprendre courage ▷ *vt* remonter le moral à *or* de, dérider, égayer; **cheerful** *adj* gai(e), joyeux(-euse)

cheerio [tʃɪərɪ'əu] *excl* (*BRIT*) salut!, au revoir!

cheerleader ['tʃɪəli:dəʳ] *n membre d'un groupe de majorettes qui chantent et dansent pour soutenir leur équipe pendant les matchs de football américain*

cheese [tʃi:z] *n* fromage *m*; **cheeseburger** *n* cheeseburger *m*; **cheesecake** *n* tarte *f* au fromage

chef [ʃɛf] *n* chef (cuisinier)

chemical ['kɛmɪkl] *adj* chimique ▷ *n* produit *m* chimique

chemist ['kɛmɪst] *n* (*BRIT*: *pharmacist*) pharmacien(ne); (*scientist*) chimiste *m/f*; **chemistry** *n* chimie *f*; **chemist's (shop)** *n* (*BRIT*) pharmacie *f*

cheque, (*US*) **check** [tʃɛk] *n* chèque *m*; **chequebook**, (*US*) **checkbook** *n* chéquier *m*, carnet *m* de chèques; **cheque card** *n* (*BRIT*) carte *f* (d'identité) bancaire

cherry ['tʃɛrɪ] *n* cerise *f*; (*also*: **~ tree**) cerisier *m*

chess [tʃɛs] *n* échecs *mpl*

chest [tʃɛst] *n* poitrine *f*; (*box*) coffre *m*, caisse *f*

chestnut ['tʃɛsnʌt] *n* châtaigne *f*; (*also*: **~ tree**) châtaignier *m*

chest of drawers *n* commode *f*

chew [tʃu:] *vt* mâcher; **chewing gum** *n* chewing-gum *m*

chic [ʃi:k] *adj* chic *inv*, élégant(e)

chick [tʃɪk] *n* poussin *m*; (*inf*) fille *f*

chicken ['tʃɪkɪn] *n* poulet *m*; (*inf*: *coward*) poule mouillée; **chicken out** *vi* (*inf*) se dégonfler; **chickenpox** *n* varicelle *f*

chickpea ['tʃɪkpi:] *n* pois *m* chiche

chief [tʃi:f] *n* chef *m* ▷ *adj* principal(e); **chief executive**, (*US*) **chief executive officer** *n* directeur(-trice) général(e); **chiefly** *adv* principalement, surtout

child (*pl* **children**) [tʃaɪld, 'tʃɪldrən] *n* enfant *m/f*; **child abuse** *n* maltraitance *f* d'enfants; (*sexual*) abus *mpl* sexuels sur des enfants; **child benefit** *n* (*BRIT*) ≈ allocations familiales; **childbirth** *n* accouchement *m*; **childcare** *n* (*for working parents*) garde *f* des enfants (*pour les parents qui travaillent*); **childhood** *n* enfance *f*; **childish** *adj* puéril(e), enfantin(e); **child minder** *n* (*BRIT*) garde *f* d'enfants; **children** ['tʃɪldrən] *npl of* **child**

Chile ['tʃɪlɪ] *n* Chili *m*

chill [tʃɪl] *n* (*of water*) froid *m*; (*of air*) fraîcheur *f*; (*Med*) refroidissement *m*, coup *m* de froid ▷ *vt* (*person*) faire frissonner; (*Culin*) mettre au frais, rafraîchir; **chill out** *vi* (*inf*: *esp US*) se relaxer

chil(l)i ['tʃɪlɪ] *n* piment *m* (rouge)

chilly ['tʃɪlɪ] *adj* froid(e), glacé(e); (*sensitive to cold*) frileux(-euse)

chimney ['tʃɪmnɪ] *n* cheminée *f*

chimpanzee [tʃɪmpæn'zi:] *n* chimpanzé *m*

chin [tʃɪn] *n* menton *m*

China ['tʃaɪnə] *n* Chine *f*

china ['tʃaɪnə] *n (material)* porcelaine *f; (crockery)* (vaisselle *f* en) porcelaine
Chinese [tʃaɪ'niːz] *adj* chinois(e) ▷ *n (pl inv)* Chinois(e); *(Ling)* chinois *m*
chip [tʃɪp] *n (gen pl: Culin: BRIT)* frite *f*; (: *US: also:* **potato ~**) chip *m*; *(of wood)* copeau *m*; *(of glass, stone)* éclat *m*; *(also:* **micro~**) puce *f*; *(in gambling)* fiche *f* ▷ *vt (cup, plate)* ébrécher; **chip shop** *n (BRIT)* friterie *f*

CHIP SHOP

Un *chip shop*, que l'on appelle également un "fish-and-chip shop", est un magasin où l'on vend des plats à emporter. Les *chip shops* sont d'ailleurs à l'origine des "takeaways". On y achète en particulier du poisson frit et des frites, mais on y trouve également des plats traditionnels britanniques ("steak pies", saucisses, etc). Tous les plats étaient à l'origine emballés dans du papier journal. Dans certains de ces magasins, on peut s'asseoir pour consommer sur place.

hiropodist [kɪ'rɔpədɪst] *n (BRIT)* pédicure *m/f*
hisel ['tʃɪzl] *n* ciseau *m*
hives [tʃaɪvz] *npl* ciboulette *f*, civette *f*
hlorine ['klɔːriːn] *n* chlore *m*
hoc-ice ['tʃɔkaɪs] *n (BRIT)* esquimau® *m*
hocolate ['tʃɔklɪt] *n* chocolat *m*
hoice [tʃɔɪs] *n* choix *m* ▷ *adj* de choix
hoir ['kwaɪə^r] *n* chœur *m*, chorale *f*
hoke [tʃəuk] *vi* étouffer ▷ *vt* étrangler; étouffer; *(block)* boucher, obstruer ▷ *n (Aut)* starter *m*
holesterol [kə'lɛstərɔl] *n* cholestérol *m*
hook [tʃuk] *n (AUST, NZ inf)* poule *f*
hoose *(pt* **chose**, *pp* **chosen**) [tʃuːz, tʃəuz, 'tʃəuzn] *vt* choisir; **to ~ to do** décider de faire, juger bon de faire

chop [tʃɔp] *vt (wood)* couper (à la hache); *(Culin: also:* **~ up**) couper (fin), émincer, hacher (en morceaux) ▷ *n (Culin)* côtelette *f*; **chop down** *vt (tree)* abattre; **chop off** *vt* trancher; **chopsticks** ['tʃɔpstɪks] *npl* baguettes *fpl*
chord [kɔːd] *n (Mus)* accord *m*
chore [tʃɔː^r] *n* travail *m* de routine; **household ~s** travaux *mpl* du ménage
chorus ['kɔːrəs] *n* chœur *m*; *(repeated part of song, also fig)* refrain *m*
chose [tʃəuz] *pt of* **choose**
chosen ['tʃəuzn] *pp of* **choose**
Christ [kraɪst] *n* Christ *m*
christen ['krɪsn] *vt* baptiser; **christening** *n* baptême *m*
Christian ['krɪstɪən] *adj, n* chrétien(ne); **Christianity** [krɪstɪ'ænɪtɪ] *n* christianisme *m*; **Christian name** *n* prénom *m*
Christmas ['krɪsməs] *n* Noël *m or f*; **happy** *or* **merry ~!** joyeux Noël!; **Christmas card** *n* carte *f* de Noël; **Christmas carol** *n* chant *m* de Noël; **Christmas Day** *n* le jour de Noël; **Christmas Eve** *n* la veille de Noël; la nuit de Noël; **Christmas pudding** *n (esp BRIT)* Christmas *m* pudding; **Christmas tree** *n* arbre *m* de Noël
chrome [krəum] *n* chrome *m*
chronic ['krɔnɪk] *adj* chronique
chrysanthemum [krɪ'sænθəməm] *n* chrysanthème *m*
chubby ['tʃʌbɪ] *adj* potelé(e), rondelet(te)
chuck [tʃʌk] *vt (inf)* lancer, jeter; *(job)* lâcher; **chuck out** *vt (inf: person)* flanquer dehors *or* à la porte; (: *rubbish etc)* jeter
chuckle ['tʃʌkl] *vi* glousser
chum [tʃʌm] *n* copain (copine)
chunk [tʃʌŋk] *n* gros morceau
church [tʃəːtʃ] *n* église *f*; **churchyard** *n* cimetière *m*
churn [tʃəːn] *n (for butter)* baratte *f*; *(also:* **milk ~**) (grand) bidon à lait

chute [ʃu:t] *n* goulotte *f*; (*also*: **rubbish ~**) vide-ordures *m inv*; (BRIT: *children's slide*) toboggan *m*
chutney ['tʃʌtnɪ] *n* chutney *m*
CIA *n abbr* (= *Central Intelligence Agency*) CIA *f*
CID *n abbr* (= *Criminal Investigation Department*) ≈ P.J. *f*
cider ['saɪdəʳ] *n* cidre *m*
cigar [sɪ'gɑ:ʳ] *n* cigare *m*
cigarette [sɪgə'rɛt] *n* cigarette *f*; **cigarette lighter** *n* briquet *m*
cinema ['sɪnəmə] *n* cinéma *m*
cinnamon ['sɪnəmən] *n* cannelle *f*
circle ['sə:kl] *n* cercle *m*; (*in cinema*) balcon *m* ▷ *vi* faire *or* décrire des cercles ▷ *vt* (*surround*) entourer, encercler; (*move round*) faire le tour de, tourner autour de
circuit ['sə:kɪt] *n* circuit *m*; (*lap*) tour *m*
circular ['sə:kjuləʳ] *adj* circulaire ▷ *n* circulaire *f*; (*as advertisement*) prospectus *m*
circulate ['sə:kjuleɪt] *vi* circuler ▷ *vt* faire circuler; **circulation** [sə:kju'leɪʃən] *n* circulation *f*; (*of newspaper*) tirage *m*
circumstances ['sə:kəmstənsɪz] *npl* circonstances *fpl*; (*financial condition*) moyens *mpl*, situation financière
circus ['sə:kəs] *n* cirque *m*
cite [saɪt] *vt* citer
citizen ['sɪtɪzn] *n* (*Pol*) citoyen(ne); (*resident*): **the ~s of this town** les habitants de cette ville; **citizenship** *n* citoyenneté *f*; (BRIT *Scol*) ≈ éducation *f* civique
citrus fruits ['sɪtrəs-] *npl* agrumes *mpl*
city ['sɪtɪ] *n* (grande) ville *f*; **the C~** la Cité de Londres (*centre des affaires*); **city centre** *n* centre ville *m*; **city technology college** *n* (BRIT) établissement *m* d'enseignement technologique (*situé dans un quartier défavorisé*)
civic ['sɪvɪk] *adj* civique; (*authorities*) municipal(e)
civil ['sɪvɪl] *adj* civil(e); (*polite*) poli(e), civil(e); **civilian** [sɪ'vɪlɪən] *adj, n* civil(e)
civilization [sɪvɪlaɪ'zeɪʃən] *n* civilisation *f*
civilized ['sɪvɪlaɪzd] *adj* civilisé(e); (*fig*) où règnent les bonnes manières
civil: civil law *n* code civil; (*study*) droit civil; **civil rights** *npl* droits *mpl* civiques; **civil servant** *n* fonctionnaire *m/f*; **Civil Service** *n* fonction publique, administration *f*; **civil war** *n* guerre civile
CJD *n abbr* (= *Creutzfeldt-Jakob disease*) MCJ *f*
claim [kleɪm] *vt* (*rights etc*) revendiquer; (*compensation*) réclamer; (*assert*) déclarer, prétendre ▷ *vi* (*for insurance*) faire une déclaration de sinistre ▷ *n* revendication *f*; prétention *f*; (*right*) droit *m*; **(insurance) ~** demande *f* d'indemnisation, déclaration *f* de sinistre; **claim form** *n* (*gen*) formulaire *m* de demande
clam [klæm] *n* palourde *f*
clamp [klæmp] *n* crampon *m*; (*on workbench*) valet *m*; (*on car*) sabot *m* de Denver ▷ *vt* attacher; (*car*) mettre un sabot à; **clamp down on** *vt fus* sévir contre, prendre des mesures draconiennes à l'égard de
clan [klæn] *n* clan *m*
clap [klæp] *vi* applaudir
claret ['klærət] *n* (vin *m* de) bordeaux *m* (rouge)
clarify ['klærɪfaɪ] *vt* clarifier
clarinet [klærɪ'nɛt] *n* clarinette *f*
clarity ['klærɪtɪ] *n* clarté *f*
clash [klæʃ] *n* (*sound*) choc *m*, fracas *m*; (*with police*) affrontement *m*; (*fig*) conflit *m* ▷ *vi* se heurter; être *or* entrer en conflit; (*colours*) jurer; (*dates, events*) tomber en même temps
clasp [klɑ:sp] *n* (*of necklace, bag*) fermoir *m* ▷ *vt* serrer, étreindre

ass [klɑːs] *n* (*gen*) classe *f*; (*group,* *ategory*) catégorie *f* ▷ *vt* classer, :lassifier
assic ['klæsɪk] *adj* classique ▷ *n* *author, work*) classique *m*; **classical** *dj* classique
assification [klæsɪfɪ'keɪʃən] *n* lassification *f*
assify ['klæsɪfaɪ] *vt* classifier, lasser
assmate ['klɑːsmeɪt] *n* camarade ı/*f* de classe
assroom ['klɑːsrum] *n* (salle *f* 'e) classe *f*; **classroom assistant** *n* ssistant(e) d'éducation
assy ['klɑːsɪ] (*inf*) *adj* classe (*inf*)
atter ['klætəʳ] *n* cliquetis *m* ▷ *vi* 'iqueter
ause [klɔːz] *n* clause *f*; (*Ling*) roposition *f*
austrophobic [klɔːstrə'fəubɪk] *dj* (*person*) claustrophobe; (*place*) où on se sent claustrophobe
aw [klɔː] *n* griffe *f*; (*of bird of prey*) erre *f*; (*of lobster*) pince *f*
ay [kleɪ] *n* argile *f*
ean [kliːn] *adj* propre; (*clear, smooth*) et(te); (*record, reputation*) sans ache; (*joke, story*) correct(e) ▷ *vt* ettoyer; **clean up** *vt* nettoyer; (*fig*) emettre de l'ordre dans; **cleaner** *n* *erson*) nettoyeur(-euse), femme *f* e ménage; (*product*) détachant *m*; **leaner's** *n* (*also*: **dry cleaner's**) einturier *m*; **cleaning** *n* nettoyage *m*
anser ['klɛnzəʳ] *n* (*for face*) émaquillant *m*
ar [klɪəʳ] *adj* clair(e); (*glass,* *astic*) transparent(e); (*road, way*) bre, dégagé(e); (*profit, majority*) et(te); (*conscience*) tranquille; (*skin*) ais (fraîche); (*sky*) dégagé(e) ▷ *vt* *oad*) dégager, déblayer; (*table*) ébarrasser; (*room etc*: *of people*) ire évacuer; (*cheque*) compenser; *aw*: *suspect*) innocenter; (*obstacle*) anchir *or* sauter sans heurter ▷ *vi* *weather*) s'éclaircir; (*fog*) se dissiper ▷ *adv*: **~ of** à distance de, à l'écart de; **to ~ the table** débarrasser la table, desservir; **clear away** *vt* (*things, clothes etc*) enlever, retirer; **to ~ away the dishes** débarrasser la table; **clear up** *vt* ranger, mettre en ordre; (*mystery*) éclaircir, résoudre; **clearance** *n* (*removal*) déblayage *m*; (*permission*) autorisation *f*; **clear-cut** *adj* précis(e), nettement défini(e); **clearing** *n* (*in forest*) clairière *f*; **clearly** *adv* clairement; (*obviously*) de toute évidence; **clearway** *n* (BRIT) route *f* à stationnement interdit
clench [klɛntʃ] *vt* serrer
clergy ['kləːdʒɪ] *n* clergé *m*
clerk [klɑːk, US kləːrk] *n* (BRIT) employé(e) de bureau; (*US*: *salesman/woman*) vendeur(-euse)
clever ['klɛvəʳ] *adj* (*intelligent*) intelligent(e); (*skilful*) habile, adroit(e); (*device, arrangement*) ingénieux(-euse), astucieux(-euse)
cliché ['kliːʃeɪ] *n* cliché *m*
click [klɪk] *vi* (*Comput*) cliquer ▷ *vt*: **to ~ one's tongue** faire claquer sa langue; **to ~ one's heels** claquer des talons; **to ~ on an icon** cliquer sur une icône
client ['klaɪənt] *n* client(e)
cliff [klɪf] *n* falaise *f*
climate ['klaɪmɪt] *n* climat *m*; **climate change** *n* changement *m* climatique
climax ['klaɪmæks] *n* apogée *m*, point culminant; (*sexual*) orgasme *m*
climb [klaɪm] *vi* grimper, monter; (*plane*) prendre de l'altitude ▷ *vt* (*stairs*) monter; (*mountain*) escalader; (*tree*) grimper à ▷ *n* montée *f*, escalade *f*; **to ~ over a wall** passer par dessus un mur; **climb down** *vi* (re)descendre; (BRIT *fig*) rabattre de ses prétentions; **climber** *n* (*also*: **rock climber**) grimpeur(-euse), varappeur(-euse); (*plant*) plante grimpante; **climbing** *n* (*also*: **rock climbing**) escalade *f*, varappe *f*

clinch [klɪntʃ] *vt* (*deal*) conclure, sceller
cling (*pt*, *pp* **clung**) [klɪŋ, klʌŋ] *vi*: **to ~ (to)** se cramponner (à), s'accrocher (à); (*clothes*) coller (à)
Clingfilm® ['klɪŋfɪlm] *n* film *m* alimentaire
clinic ['klɪnɪk] *n* clinique *f*; centre médical
clip [klɪp] *n* (*for hair*) barrette *f*; (*also*: **paper ~**) trombone *m*; (*TV*, *Cine*) clip *m* ▷ *vt* (*also*: **~ together**: *papers*) attacher; (*hair*, *nails*) couper; (*hedge*) tailler; **clipping** *n* (*from newspaper*) coupure *f* de journal
cloak [kləuk] *n* grande cape ▷ *vt* (*fig*) masquer, cacher; **cloakroom** *n* (*for coats etc*) vestiaire *m*; (BRIT: *W.C.*) toilettes *fpl*
clock [klɔk] *n* (*large*) horloge *f*; (*small*) pendule *f*; **clock in, clock on** (BRIT) *vi* (*with card*) pointer (en arrivant); (*start work*) commencer à travailler; **clock off, clock out** (BRIT) *vi* (*with card*) pointer (en partant); (*leave work*) quitter le travail; **clockwise** *adv* dans le sens des aiguilles d'une montre; **clockwork** *n* rouages *mpl*, mécanisme *m*; (*of clock*) mouvement *m* (d'horlogerie) ▷ *adj* (*toy*, *train*) mécanique
clog [klɔg] *n* sabot *m* ▷ *vt* boucher, encrasser ▷ *vi* (*also*: **~ up**) se boucher, s'encrasser
clone [kləun] *n* clone *m* ▷ *vt* cloner
close[1] [kləus] *adj* (*contact*, *link*, *watch*) étroit(e); (*examination*) attentif(-ive), minutieux(-euse); (*contest*) très serré(e); (*weather*) lourd(e), étouffant(e); (*near*): **~ (to)** près (de), proche (de) ▷ *adv* près, à proximité; **~ to** *prep* près de; **~ by, ~ at hand** *adj*, *adv* tout(e) près; **a ~ friend** un ami intime; **to have a ~ shave** (*fig*) l'échapper belle
close[2] [kləuz] *vt* fermer ▷ *vi* (*shop etc*) fermer; (*lid*, *door etc*) se fermer; (*end*) se terminer, se conclure ▷ *n* (*end*) conclusion *f*; **what time do you ~?** à quelle heure fermez-vous?; **close down** *vi* fermer (*définitivement*); **closed** *adj* (*shop etc*) fermé(e)
closely ['kləuslɪ] *adv* (*examine*, *watc*[h]) de près
closet ['klɔzɪt] *n* (*cupboard*) placard *m*, réduit *m*
close-up ['kləusʌp] *n* gros plan
closing time *n* heure *f* de fermetur[e]
closure ['kləuʒə^r] *n* fermeture *f*
clot [klɔt] *n* (*of blood*, *milk*) caillot *m*; (*inf*: *person*) ballot *m* ▷ *vi* (*external bleeding*) se coaguler
cloth [klɔθ] *n* (*material*) tissu *m*, éto[ffe] *f*; (BRIT: *also*: **tea ~**) torchon *m*; lave[tte] *f*; (*also*: **table~**) nappe *f*
clothes [kləuðz] *npl* vêtements *m*[*pl*], habits *mpl*; **clothes line** *n* corde *f* (à linge); **clothes peg**, (US) **clothes pi**[**n**] *n* pince *f* à linge
clothing ['kləuðɪŋ] *n* = **clothes**
cloud [klaud] *n* nuage *m*; **cloud ove**[**r**] *vi* se couvrir; (*fig*) s'assombrir; **clou**[**dy**] *adj* nuageux(-euse), couvert(e); (*liquid*) trouble
clove [kləuv] *n* clou *m* de girofle; **a ~ of garlic** une gousse d'ail
clown [klaun] *n* clown *m* ▷ *vi* (*also*: **~ about, ~ around**) faire le clown
club [klʌb] *n* (*society*) club *m*; (*weapo*[*n*]) massue *f*, matraque *f*; (*also*: **golf ~**) c[lub] ▷ *vt* matraquer ▷ *vi*: **to ~ together** s'associer; **clubs** *npl* (*Cards*) trèfle *m*; **club class** *n* (*Aviat*) classe *f* club
clue [klu:] *n* indice *m*; (*in crosswords*) définition *f*; **I haven't a ~** je n'en ai pas la moindre idée
clump [klʌmp] *n*: **~ of trees** bouq[uet] *m* d'arbres
clumsy ['klʌmzɪ] *adj* (*person*) gauc[he], maladroit(e); (*object*) malcommod[e], peu maniable
clung [klʌŋ] *pt*, *pp of* **cling**
cluster ['klʌstə^r] *n* (petit) groupe; (*of flowers*) grappe *f* ▷ *vi* se rassembler
clutch [klʌtʃ] *n* (*Aut*) embrayage *m*; (*grasp*): **~es** étreinte *f*, prise *f* ▷ [*vt*]

(*grasp*) agripper; (*hold tightly*) serrer fort; (*hold on to*) se cramponner à
cm *abbr* (= *centimetre*) cm
Co. *abbr* = **company, county**
c/o *abbr* (= *care of*) c/o, aux bons soins de
coach [kəutʃ] *n* (*bus*) autocar *m*; (*horse-drawn*) diligence *f*; (*of train*) voiture *f*, wagon *m*; (*Sport: trainer*) entraîneur(-euse); (*school: tutor*) répétiteur(-trice) ▷ *vt* (*Sport*) entraîner; (*student*) donner des leçons particulières à; **coach station** (BRIT) *n* gare routière; **coach trip** *n* excursion *f* en car
coal [kəul] *n* charbon *m*
coalition [kəuə'lɪʃən] *n* coalition *f*
coarse [kɔːs] *adj* grossier(-ère), rude; (*vulgar*) vulgaire
coast [kəust] *n* côte *f* ▷ *vi* (*car, cycle*) descendre en roue libre; **coastal** *adj* côtier(-ère); **coastguard** *n* garde-côte *m*; **coastline** *n* côte *f*, littoral *m*
coat [kəut] *n* manteau *m*; (*of animal*) pelage *m*, poil *m*; (*of paint*) couche *f* ▷ *vt* couvrir, enduire; **coat hanger** *n* cintre *m*; **coating** *n* couche *f*, enduit *m*
coax [kəuks] *vt* persuader par des cajoleries
cob [kɔb] *n see* **corn**
cobbled ['kɔbld] *adj* pavé(e)
cobweb ['kɔbwɛb] *n* toile *f* d'araignée
cocaine [kə'keɪn] *n* cocaïne *f*
cock [kɔk] *n* (*rooster*) coq *m*; (*male bird*) mâle *m* ▷ *vt* (*gun*) armer; **cockerel** *n* jeune coq *m*
cockney ['kɔknɪ] *n* cockney *m/f* (*habitant des quartiers populaires de l'East End de Londres*), ≈ faubourien(ne)
cockpit ['kɔkpɪt] *n* (*in aircraft*) poste *m* de pilotage, cockpit *m*
cockroach ['kɔkrəutʃ] *n* cafard *m*, cancrelat *m*
cocktail ['kɔkteɪl] *n* cocktail *m*
cocoa ['kəukəu] *n* cacao *m*
coconut ['kəukənʌt] *n* noix *f* de coco
cod [kɔd] *n* morue fraîche, cabillaud *m*
C.O.D. *abbr* = **cash on delivery**
code [kəud] *n* code *m*; (*Tel: area code*) indicatif *m*
coeducational ['kəuɛdju'keɪʃənl] *adj* mixte
coffee ['kɔfɪ] *n* café *m*; **coffee bar** *n* (BRIT) café *m*; **coffee bean** *n* grain *m* de café; **coffee break** *n* pause-café *f*; **coffee maker** *n* cafetière *f*; **coffeepot** *n* cafetière *f*; **coffee shop** *n* café *m*; **coffee table** *n* (petite) table basse
coffin ['kɔfɪn] *n* cercueil *m*
cog [kɔg] *n* (*wheel*) roue dentée; (*tooth*) dent *f* (d'engrenage)
cognac ['kɔnjæk] *n* cognac *m*
coherent [kəu'hɪərənt] *adj* cohérent(e)
coil [kɔɪl] *n* rouleau *m*, bobine *f*; (*contraceptive*) stérilet *m* ▷ *vt* enrouler
coin [kɔɪn] *n* pièce *f* (de monnaie) ▷ *vt* (*word*) inventer
coincide [kəuɪn'saɪd] *vi* coïncider; **coincidence** [kəu'ɪnsɪdəns] *n* coïncidence *f*
Coke® [kəuk] *n* coca *m*
coke [kəuk] *n* (*coal*) coke *m*
colander ['kɔləndə^r] *n* passoire *f* (à légumes)
cold [kəuld] *adj* froid(e) ▷ *n* froid *m*; (*Med*) rhume *m*; **it's ~** il fait froid; **to be ~** (*person*) avoir froid; **to catch a ~** s'enrhumer, attraper un rhume; **in ~ blood** de sang-froid; **cold sore** *n* bouton *m* de fièvre
coleslaw ['kəulslɔː] *n sorte de salade de chou cru*
colic ['kɔlɪk] *n* colique(s) *f(pl)*
collaborate [kə'læbəreɪt] *vi* collaborer
collapse [kə'læps] *vi* s'effondrer, s'écrouler; (*Med*) avoir un malaise ▷ *n* effondrement *m*, écroulement *m*; (*of government*) chute *f*
collar ['kɔlə^r] *n* (*of coat, shirt*) col *m*; (*for dog*) collier *m*; **collarbone** *n* clavicule *f*
colleague ['kɔliːg] *n* collègue *m/f*

collect [kə'lɛkt] *vt* rassembler; (*pick up*) ramasser; (*as a hobby*) collectionner; (BRIT: *call for*) (passer) prendre; (*mail*) faire la levée de, ramasser; (*money owed*) encaisser; (*donations, subscriptions*) recueillir ▷ *vi* (*people*) se rassembler; (*dust, dirt*) s'amasser; **to call ~** (US *Tel*) téléphoner en PCV; **collection** [kə'lɛkʃən] *n* collection *f*; (*of mail*) levée *f*; (*for money*) collecte *f*, quête *f*; **collective** [kə'lɛktɪv] *adj* collectif(-ive); **collector** *n* collectionneur *m*

college ['kɔlɪdʒ] *n* collège *m*; (*of technology, agriculture etc*) institut *m*

collide [kə'laɪd] *vi*: **to ~ (with)** entrer en collision (avec)

collision [kə'lɪʒən] *n* collision *f*, heurt *m*

cologne [kə'ləun] *n* (*also*: **eau de ~**) eau *f* de cologne

colon ['kəulən] *n* (*sign*) deux-points *mpl*; (*Med*) côlon *m*

colonel ['kə:nl] *n* colonel *m*

colonial [kə'ləunɪəl] *adj* colonial(e)

colony ['kɔlənɪ] *n* colonie *f*

colour, (US) **color** ['kʌlə'] *n* couleur *f* ▷ *vt* colorer; (*dye*) teindre; (*paint*) peindre; (*with crayons*) colorier; (*news*) fausser, exagérer ▷ *vi* (*blush*) rougir; **I'd like a different ~** je le voudrais dans un autre coloris; **colour in** *vt* colorier; **colour-blind**, (US) **color-blind** *adj* daltonien(ne); **coloured**, (US) **colored** *adj* coloré(e); (*photo*) en couleur; **colour film**, (US) **color film** *n* (*for camera*) pellicule *f* (en) couleur; **colourful**, (US) **colorful** *adj* coloré(e), vif (vive); (*personality*) pittoresque, haut(e) en couleurs; **colouring**, (US) **coloring** *n* colorant *m*; (*complexion*) teint *m*; **colour television**, (US) **color television** *n* télévision *f* (en) couleur

column ['kɔləm] *n* colonne *f*; (*fashion column, sports column etc*) rubrique *f*

coma ['kəumə] *n* coma *m*

comb [kəum] *n* peigne *m* ▷ *vt* (*hair*) peigner; (*area*) ratisser, passer au peigne fin

combat ['kɔmbæt] *n* combat *m* ▷ *vt* combattre, lutter contre

combination [kɔmbɪ'neɪʃən] *n* (*gen*) combinaison *f*

combine [kəm'baɪn] *vt* combiner ▷ *vi* s'associer; (*Chem*) se combiner ▷ *n* ['kɔmbaɪn] (*Econ*) trust *m*; (*also*: **~ harvester**) moissonneuse-batteuse(-lieuse) *f*; **to ~ sth with sth** (*one quality with another*) joindre *ou* allier qch à qch

KEYWORD

come (*pt* **came**, *pp* **come**) [kʌm, keɪm] *vi* **1** (*movement towards*) venir; **to come running** arriver en courant; **he's come here to work** il est venu ici pour travailler; **come with me** suivez-moi

2 (*arrive*) arriver; **to come home** rentrer (chez soi *or* à la maison); **we've just come from Paris** nous arrivons de Paris

3 (*reach*): **to come to** (*decision etc*) parvenir à, arriver à; **the bill came to £40** la note s'est élevée à 40 livres

4 (*occur*): **an idea came to me** il m'est venu une idée

5 (*be, become*): **to come loose/undone** se défaire/desserrer; **I've come to like him** j'ai fini par bien l'aimer

come across *vt fus* rencontrer par hasard, tomber sur

come along *vi* (BRIT: *pupil, work*) faire des progrès, avancer

come back *vi* revenir

come down *vi* descendre; (*prices*) baisser; (*buildings*) s'écrouler; (: *be demolished*) être démoli(e)

come from *vt fus* (*source*) venir de; (*place*) venir de, être originaire de

come in *vi* entrer; (*train*) arriver;

(fashion) entrer en vogue; *(on deal etc)* participer
come off *vi (button)* se détacher; *(attempt)* réussir
come on *vi (lights, electricity)* s'allumer; *(central heating)* se mettre en marche; *(pupil, work, project)* faire des progrès, avancer; **come on!** viens!; allons!, allez!
come out *vi* sortir; *(sun)* se montrer; *(book)* paraître; *(stain)* s'enlever; *(strike)* cesser le travail, se mettre en grève
come round *vi (after faint, operation)* revenir à soi, reprendre connaissance
come to *vi* revenir à soi
come up *vi* monter; *(sun)* se lever; *(problem)* se poser; *(event)* survenir; *(in conversation)* être soulevé
come up with *vt fus (money)* fournir; **he came up with an idea** il a eu une idée, il a proposé quelque chose

omeback ['kʌmbæk] *n (Theat)* rentrée *f*
omedian [kə'mi:dɪən] *n (comic)* comique *m*; *(Theat)* comédien *m*
omedy ['kɔmɪdɪ] *n* comédie *f*; *(humour)* comique *m*
omet ['kɔmɪt] *n* comète *f*
omfort ['kʌmfət] *n* confort *m*, bien-être *m*; *(solace)* consolation *f*, réconfort *m* ▷ *vt* consoler, réconforter; **comfortable** *adj* confortable; *(person)* à l'aise; *(financially)* aisé(e); *(patient)* dont l'état est stationnaire; **comfort station** *n (US)* toilettes *fpl*
omic ['kɔmɪk] *adj (also:* **~al**) comique ▷ *n (person)* comique *m*; (BRIT: *magazine: for children)* magazine *m* de bandes dessinées *or* de BD; *(: for adults)* illustré *m*; **comic book** *n (US: for children)* magazine *m* de bandes dessinées *or* de BD; *(: for adults)* illustré *m*; **comic strip** *n* bande dessinée
omma ['kɔmə] *n* virgule *f*
ommand [kə'mɑ:nd] *n* ordre *m*, commandement *m*; *(Mil: authority)* commandement; *(mastery)* maîtrise *f* ▷ *vt (troops)* commander; **to ~ sb to do** donner l'ordre *or* commander à qn de faire; **commander** *n (Mil)* commandant *m*
commemorate [kə'mɛməreɪt] *vt* commémorer
commence [kə'mɛns] *vt, vi* commencer
commend [kə'mɛnd] *vt* louer; *(recommend)* recommander
comment ['kɔmɛnt] *n* commentaire *m* ▷ *vi*: **to ~ on** faire des remarques sur; **"no ~"** "je n'ai rien à déclarer"; **commentary** ['kɔməntərɪ] *n* commentaire *m*; *(Sport)* reportage *m* (en direct); **commentator** ['kɔmənteɪtə^r] *n* commentateur *m*; *(Sport)* reporter *m*
commerce ['kɔmə:s] *n* commerce *m*
commercial [kə'mə:ʃəl] *adj* commercial(e) ▷ *n (Radio, TV)* annonce *f* publicitaire, spot *m* (publicitaire); **commercial break** *n (Radio, TV)* spot *m* (publicitaire)
commission [kə'mɪʃən] *n (committee, fee)* commission *f* ▷ *vt (work of art)* commander, charger un artiste de l'exécution de; **out of ~** *(machine)* hors service; **commissioner** *n (Police)* préfet *m* (de police)
commit [kə'mɪt] *vt (act)* commettre; *(resources)* consacrer; *(to sb's care)* confier (à); **to ~ o.s. (to do)** s'engager (à faire); **to ~ suicide** se suicider; **commitment** *n* engagement *m*; *(obligation)* responsabilité(s) *f(pl)*
committee [kə'mɪtɪ] *n* comité *m*; commission *f*
commodity [kə'mɔdɪtɪ] *n* produit *m*, marchandise *f*, article *m*
common ['kɔmən] *adj (gen)* commun(e); *(usual)* courant(e) ▷ *n* terrain communal; **commonly** *adv* communément, généralement; couramment; **commonplace** *adj* banal(e), ordinaire; **Commons**

npl (*BRIT Pol*): **the (House of) Commons** la chambre des Communes; **common sense** *n* bon sens; **Commonwealth** *n*: **the Commonwealth** le Commonwealth
communal ['kɔmju:nl] *adj* (*life*) communautaire; (*for common use*) commun(e)
commune *n* ['kɔmju:n] (*group*) communauté *f* ▷ *vi* [kə'mju:n]: **to ~ with** (*nature*) communier avec
communicate [kə'mju:nɪkeɪt] *vt* communiquer, transmettre ▷ *vi*: **to ~ (with)** communiquer (avec)
communication [kəmju:nɪ'keɪʃən] *n* communication *f*
communion [kə'mju:nɪən] *n* (*also*: **Holy C~**) communion *f*
communism ['kɔmjunɪzəm] *n* communisme *m*; **communist** *adj, n* communiste *m/f*
community [kə'mju:nɪtɪ] *n* communauté *f*; **community centre**, (*US*) **community center** *n* foyer socio-éducatif, centre *m* de loisirs; **community service** *n* ≈ travail *m* d'intérêt général, TIG *m*
commute [kə'mju:t] *vi* faire le trajet journalier (*de son domicile à un lieu de travail assez éloigné*) ▷ *vt* (*Law*) commuer; **commuter** *n* banlieusard(e) (*qui fait un trajet journalier pour se rendre à son travail*)
compact *adj* [kəm'pækt] compact(e) ▷ *n* ['kɔmpækt] (*also*: **powder ~**) poudrier *m*; **compact disc** *n* disque compact; **compact disc player** *n* lecteur *m* de disques compacts
companion [kəm'pænjən] *n* compagnon (compagne)
company ['kʌmpənɪ] *n* compagnie *f*; **to keep sb ~** tenir compagnie à qn; **company car** *n* voiture *f* de fonction; **company director** *n* administrateur(-trice)
comparable ['kɔmpərəbl] *adj* comparable
comparative [kəm'pærətɪv] *adj* (*study*) comparatif(-ive); (*relative*) relatif(-ive); **comparatively** *adv* (*relatively*) relativement
compare [kəm'pɛə^r] *vt*: **to ~ sth/sb with** *or* **to** comparer qch/qn avec *or* à ▷ *vi*: **to ~ (with)** se comparer (à); être comparable (à); **comparison** [kəm'pærɪsn] *n* comparaison *f*
compartment [kəm'pɑ:tmənt] *n* (*also Rail*) compartiment *m*; **a non-smoking ~** un compartiment non-fumeurs
compass ['kʌmpəs] *n* boussole *f*; **compasses** *npl* (*Math*) compas *m*
compassion [kəm'pæʃən] *n* compassion *f*, humanité *f*
compatible [kəm'pætɪbl] *adj* compatible
compel [kəm'pɛl] *vt* contraindre, obliger; **compelling** *adj* (*fig*: *argument*) irrésistible
compensate ['kɔmpənseɪt] *vt* indemniser, dédommager ▷ *vi*: **to ~ for** compenser; **compensation** [kɔmpən'seɪʃən] *n* compensation *f*; (*money*) dédommagement *m*, indemnité *f*
compete [kəm'pi:t] *vi* (*take part*) concourir; (*vie*): **to ~ (with)** rivaliser (avec), faire concurrence (à)
competent ['kɔmpɪtənt] *adj* compétent(e), capable
competition [kɔmpɪ'tɪʃən] *n* (*contest*) compétition *f*, concours *m*; (*Econ*) concurrence *f*
competitive [kəm'pɛtɪtɪv] *adj* (*Econ*) concurrentiel(le); (*sports*) de compétition; (*person*) qui a l'esprit de compétition
competitor [kəm'pɛtɪtə^r] *n* concurrent(e)
complacent [kəm'pleɪsnt] *adj* (tro[p] content(e) de soi
complain [kəm'pleɪn] *vi*: **to ~ (about)** se plaindre (de); (*in shop etc*) réclamer (au sujet de); **complaint** *n*

plainte *f*; (*in shop etc*) réclamation *f*; (*Med*) affection *f*

omplement ['kɔmplɪmənt] *n* complément *m*; (*esp of ship's crew etc*) effectif complet ▷ *vt* (*enhance*) compléter; **complementary** [kɔmplɪ'mɛntərɪ] *adj* complémentaire

omplete [kəm'pli:t] *adj* complet(-ète); (*finished*) achevé(e) ▷ *vt* achever, parachever; (*set, group*) compléter; (*a form*) remplir; **completely** *adv* complètement; **completion** [kəm'pli:ʃən] *n* achèvement *m*; (*of contract*) exécution *f*

omplex ['kɔmplɛks] *adj* complexe ▷ *n* (*Psych, buildings etc*) complexe *m*

omplexion [kəm'plɛkʃən] *n* (*of face*) teint *m*

ompliance [kəm'plaɪəns] *n* (*submission*) docilité *f*; (*agreement*): **~ with** le fait de se conformer à; **in ~ with** en conformité avec, conformément à

omplicate ['kɔmplɪkeɪt] *vt* compliquer; **complicated** *adj* compliqué(e); **complication** [kɔmplɪ'keɪʃən] *n* complication *f*

ompliment *n* ['kɔmplɪmənt] compliment *m* ▷ *vt* ['kɔmplɪmɛnt] complimenter; **complimentary** [kɔmplɪ'mɛntərɪ] *adj* flatteur(-euse); (*free*) à titre gracieux

omply [kəm'plaɪ] *vi*: **to ~ with** se soumettre à, se conformer à

omponent [kəm'pəunənt] *adj* composant(e), constituant(e) ▷ *n* composant *m*, élément *m*

ompose [kəm'pəuz] *vt* composer; (*form*): **to be ~d of** se composer de; **to ~ o.s.** se calmer, se maîtriser; **composer** *n* (*Mus*) compositeur *m*; **composition** [kɔmpə'zɪʃən] *n* composition *f*

omposure [kəm'pəuʒə^r] *n* calme *m*, maîtrise *f* de soi

ompound ['kɔmpaund] *n* (*Chem, Ling*) composé *m*; (*enclosure*) enclos *m*, enceinte *f* ▷ *adj* composé(e); (*fracture*) compliqué(e)

comprehension [kɔmprɪ'hɛnʃən] *n* compréhension *f*

comprehensive [kɔmprɪ'hɛnsɪv] *adj* (très) complet(-ète); **~ policy** (*Insurance*) assurance *f* tous risques; **comprehensive (school)** *n* (BRIT) *école secondaire non sélective avec libre circulation d'une section à l'autre*, ≈ CES *m*

> Be careful not to translate *comprehensive* by the French word *compréhensif*.

compress *vt* [kəm'prɛs] comprimer; (*text, information*) condenser ▷ *n* ['kɔmprɛs] (*Med*) compresse *f*

comprise [kəm'praɪz] *vt* (*also*: **be ~d of**) comprendre; (*constitute*) constituer, représenter

compromise ['kɔmprəmaɪz] *n* compromis *m* ▷ *vt* compromettre ▷ *vi* transiger, accepter un compromis

compulsive [kəm'pʌlsɪv] *adj* (*Psych*) compulsif(-ive); (*book, film etc*) captivant(e)

compulsory [kəm'pʌlsərɪ] *adj* obligatoire

computer [kəm'pju:tə^r] *n* ordinateur *m*; **computer game** *n* jeu *m* vidéo; **computer-generated** *adj* de synthèse; **computerize** *vt* (*data*) traiter par ordinateur; (*system, office*) informatiser; **computer programmer** *n* programmeur(-euse); **computer programming** *n* programmation *f*; **computer science** *n* informatique *f*; **computer studies** *npl* informatique *f*; **computing** [kəm'pju:tɪŋ] *n* informatique *f*

con [kɔn] *vt* duper; (*cheat*) escroquer ▷ *n* escroquerie *f*

conceal [kən'si:l] *vt* cacher, dissimuler

concede [kən'si:d] *vt* concéder ▷ *vi* céder

conceited [kən'si:tɪd] *adj* vaniteux(-euse), suffisant(e)

conceive [kən'siːv] *vt, vi* concevoir
concentrate ['kɔnsəntreɪt] *vi* se concentrer ▷ *vt* concentrer
concentration [kɔnsən'treɪʃən] *n* concentration *f*
concept ['kɔnsɛpt] *n* concept *m*
concern [kən'səːn] *n* affaire *f*; (*Comm*) entreprise *f*, firme *f*; (*anxiety*) inquiétude *f*, souci *m* ▷ *vt* (*worry*) inquiéter; (*involve*) concerner; (*relate to*) se rapporter à; **to be ~ed (about)** s'inquiéter (de), être inquiet(-ète) (au sujet de); **concerning** *prep* en ce qui concerne, à propos de
concert ['kɔnsət] *n* concert *m*; **concert hall** *n* salle *f* de concert
concerto [kən'tʃəːtəu] *n* concerto *m*
concession [kən'sɛʃən] *n* (*compromise*) concession *f*; (*reduced price*) réduction *f*; **tax ~** dégrèvement fiscal; **"~s"** tarif réduit
concise [kən'saɪs] *adj* concis(e)
conclude [kən'kluːd] *vt* conclure; **conclusion** [kən'kluːʒən] *n* conclusion *f*
concrete ['kɔŋkriːt] *n* béton *m* ▷ *adj* concret(-ète); (*Constr*) en béton
concussion [kən'kʌʃən] *n* (*Med*) commotion (cérébrale)
condemn [kən'dɛm] *vt* condamner
condensation [kəndɛn'seɪʃən] *n* condensation *f*
condense [kən'dɛns] *vi* se condenser ▷ *vt* condenser
condition [kən'dɪʃən] *n* condition *f*; (*disease*) maladie *f* ▷ *vt* déterminer, conditionner; **on ~ that** à condition que + *sub*, à condition de; **conditional** [kən'dɪʃənl] *adj* conditionnel(le); **conditioner** *n* (*for hair*) baume démêlant; (*for fabrics*) assouplissant *m*
condo ['kɔndəu] *n* (*US inf*) = **condominium**
condom ['kɔndəm] *n* préservatif *m*
condominium [kɔndə'mɪnɪəm] *n* (*US: building*) immeuble *m* (en copropriété); (*: rooms*) appartement *m* (dans un immeuble en copropriété)
condone [kən'dəun] *vt* fermer les yeux sur, approuver (tacitement)
conduct *n* ['kɔndʌkt] conduite *f* ▷ *vt* [kən'dʌkt] conduire; (*manage*) mener, diriger; (*Mus*) diriger; **to ~ o.s.** se conduire, se comporter; **conductor** *n* (*of orchestra*) chef *m* d'orchestre; (*on bus*) receveur *m*; (*US: on train*) chef *m* de train; (*Elec*) conducteur *m*
cone [kəun] *n* cône *m*; (*for ice-cream*) cornet *m*; (*Bot*) pomme *f* de pin, cône
confectionery [kən'fɛkʃənrɪ] *n* (*sweets*) confiserie *f*
confer [kən'fəːʳ] *vt*: **to ~ sth on** conférer qch à ▷ *vi* conférer, s'entretenir
conference ['kɔnfərns] *n* conférence *f*
confess [kən'fɛs] *vt* confesser, avouer ▷ *vi* (*admit sth*) avouer; (*Rel*) se confesser; **confession** [kən'fɛʃən] *n* confession *f*
confide [kən'faɪd] *vi*: **to ~ in** s'ouvrir à, se confier à
confidence ['kɔnfɪdns] *n* confiance *f*; (*also*: **self-~**) assurance *f*, confiance en soi; (*secret*) confidence *f*; **in ~** (*speak, write*) en confidence, confidentiellement; **confident** *adj* (*self-assured*) sûr(e) de soi; (*sure*) sûr; **confidential** [kɔnfɪ'dɛnʃəl] *adj* confidentiel(le)
confine [kən'faɪn] *vt* limiter, borner; (*shut up*) confiner, enfermer; **confined** *adj* (*space*) restreint(e), réduit(e)
confirm [kən'fəːm] *vt* (*report, Rel*) confirmer; (*appointment*) ratifier; **confirmation** [kɔnfə'meɪʃən] *n* confirmation *f*; ratification *f*
confiscate ['kɔnfɪskeɪt] *vt* confisquer
conflict *n* ['kɔnflɪkt] conflit *m*, lutte *f* ▷ *vi* [kən'flɪkt] (*opinions*) s'opposer, se heurter
conform [kən'fɔːm] *vi*: **to ~ (to)** se conformer (à)

confront [kən'frʌnt] *vt (two people)* confronter; *(enemy, danger)* affronter, faire face à; *(problem)* faire face à; **confrontation** [kɔnfrən'teɪʃən] *n* confrontation *f*
confuse [kən'fju:z] *vt (person)* troubler; *(situation)* embrouiller; *(one thing with another)* confondre; **confused** *adj (person)* dérouté(e), désorienté(e); *(situation)* embrouillé(e); **confusing** *adj* peu clair(e), déroutant(e); **confusion** [kən'fju:ʒən] *n* confusion *f*
congestion [kən'dʒɛstʃən] *n (Med)* congestion *f*; *(fig: traffic)* encombrement *m*
congratulate [kən'grætjuleɪt] *vt*: **to ~ sb (on)** féliciter qn (de); **congratulations** [kəngrætju'leɪʃənz] *npl*: **congratulations (on)** félicitations *fpl* (pour) ▷ *excl*: **congratulations!** (toutes mes) félicitations!
congregation [kɔŋgrɪ'geɪʃən] *n* assemblée *f* (des fidèles)
congress ['kɔŋgrɛs] *n* congrès *m*; *(Pol)*: **C~** Congrès *m*; **congressman** *(irreg) n* membre *m* du Congrès; **congresswoman** *(irreg) n* membre *m* du Congrès
conifer ['kɔnɪfə^r] *n* conifère *m*
conjugate ['kɔndʒugeɪt] *vt* conjuguer
conjugation [kɔndʒə'geɪʃən] *n* conjugaison *f*
conjunction [kən'dʒʌŋkʃən] *n* conjonction *f*; **in ~ with** (conjointement) avec
conjure ['kʌndʒə^r] *vi* faire des tours de passe-passe
connect [kə'nɛkt] *vt* joindre, relier; *(Elec)* connecter; *(Tel: caller)* mettre en connexion; *(: subscriber)* brancher; *(fig)* établir un rapport entre, faire un rapprochement entre ▷ *vi (train)*: **to ~ with** assurer la correspondance avec; **to be ~ed with** avoir un rapport avec; *(have dealings with)* avoir des rapports avec, être en relation avec; **connecting flight** *n* (vol *m* de) correspondance *f*; **connection** [kə'nɛkʃən] *n* relation *f*, lien *m*; *(Elec)* connexion *f*; *(Tel)* communication *f*; *(train etc)* correspondance *f*
conquer ['kɔŋkə^r] *vt* conquérir; *(feelings)* vaincre, surmonter
conquest ['kɔŋkwɛst] *n* conquête *f*
cons [kɔnz] *npl see* **convenience; pro**
conscience ['kɔnʃəns] *n* conscience *f*
conscientious [kɔnʃɪ'ɛnʃəs] *adj* consciencieux(-euse)
conscious ['kɔnʃəs] *adj* conscient(e); *(deliberate: insult, error)* délibéré(e); **consciousness** *n* conscience *f*; *(Med)* connaissance *f*
consecutive [kən'sɛkjutɪv] *adj* consécutif(-ive); **on three ~ occasions** trois fois de suite
consensus [kən'sɛnsəs] *n* consensus *m*
consent [kən'sɛnt] *n* consentement *m* ▷ *vi*: **to ~ (to)** consentir (à)
consequence ['kɔnsɪkwəns] *n* suites *fpl*, conséquence *f*; *(significance)* importance *f*
consequently ['kɔnsɪkwəntlɪ] *adv* par conséquent, donc
conservation [kɔnsə'veɪʃən] *n* préservation *f*, protection *f*; *(also*: **nature ~***)* défense *f* de l'environnement
Conservative [kən'sə:vətɪv] *adj, n* (BRIT *Pol*) conservateur(-trice)
conservative *adj* conservateur(-trice); *(cautious)* prudent(e)
conservatory [kən'sə:vətrɪ] *n (room)* jardin *m* d'hiver; *(Mus)* conservatoire *m*
consider [kən'sɪdə^r] *vt (study)* considérer, réfléchir à; *(take into account)* penser à, prendre en considération; *(regard, judge)* considérer, estimer; **to ~ doing sth** envisager de faire qch; **considerable** *adj* considérable; **considerably** *adv* nettement; **considerate** *adj*

prévenant(e), plein(e) d'égards; **consideration** [kənsɪdə'reɪʃən] *n* considération *f*; (*reward*) rétribution *f*, rémunération *f*; **considering** *prep*: **considering (that)** étant donné (que)

consignment [kən'saɪnmənt] *n* arrivage *m*, envoi *m*

consist [kən'sɪst] *vi*: **to ~ of** consister en, se composer de

consistency [kən'sɪstənsɪ] *n* (*thickness*) consistance *f*; (*fig*) cohérence *f*

consistent [kən'sɪstənt] *adj* logique, cohérent(e)

consolation [kɔnsə'leɪʃən] *n* consolation *f*

console[1] [kən'səul] *vt* consoler

console[2] ['kɔnsəul] *n* console *f*

consonant ['kɔnsənənt] *n* consonne *f*

conspicuous [kən'spɪkjuəs] *adj* voyant(e), qui attire l'attention

conspiracy [kən'spɪrəsɪ] *n* conspiration *f*, complot *m*

constable ['kʌnstəbl] *n* (BRIT) ≈ agent *m* de police, gendarme *m*; **chief ~** ≈ préfet *m* de police

constant ['kɔnstənt] *adj* constant(e); incessant(e); **constantly** *adv* constamment, sans cesse

constipated ['kɔnstɪpeɪtɪd] *adj* constipé(e); **constipation** [kɔnstɪ'peɪʃən] *n* constipation *f*

constituency [kən'stɪtjuənsɪ] *n* (*Pol*: *area*) circonscription électorale; (: *electors*) électorat *m*

constitute ['kɔnstɪtju:t] *vt* constituer

constitution [kɔnstɪ'tju:ʃən] *n* constitution *f*

constraint [kən'streɪnt] *n* contrainte *f*

construct [kən'strʌkt] *vt* construire; **construction** [kən'strʌkʃən] *n* construction *f*; **constructive** *adj* constructif(-ive)

consul ['kɔnsl] *n* consul *m*; **consulate** ['kɔnsjulɪt] *n* consulat *m*

consult [kən'sʌlt] *vt* consulter; **consultant** *n* (*Med*) médecin consultant; (*other specialist*) consultant *m*, (expert-)conseil *m*; **consultation** [kɔnsəl'teɪʃən] *n* consultation *f*; **consulting room** *n* (BRIT) cabinet *m* de consultation

consume [kən'sju:m] *vt* consommer; (*subj*: *flames, hatred, desire*) consumer; **consumer** *n* consommateur(-trice)

consumption [kən'sʌmpʃən] *n* consommation *f*

cont. *abbr* (= *continued*) suite

contact ['kɔntækt] *n* contact *m*; (*person*) connaissance *f*, relation *f* ▷ *vt* se mettre en contact *or* en rapport avec; **~ number** numéro *m* de téléphone; **contact lenses** *npl* verres *mpl* de contact

contagious [kən'teɪdʒəs] *adj* contagieux(-euse)

contain [kən'teɪn] *vt* contenir; **to ~ o.s.** se contenir, se maîtriser; **container** *n* récipient *m*; (*for shipping etc*) conteneur *m*

contaminate [kən'tæmɪneɪt] *vt* contaminer

cont'd *abbr* (= *continued*) suite

contemplate ['kɔntəmpleɪt] *vt* contempler; (*consider*) envisager

contemporary [kən'tɛmpərərɪ] *adj* contemporain(e); (*design, wallpaper*) moderne ▷ *n* contemporain(e)

contempt [kən'tɛmpt] *n* mépris *m*, dédain *m*; **~ of court** (*Law*) outrage *m* à l'autorité de la justice

contend [kən'tɛnd] *vt*: **to ~ that** soutenir *or* prétendre que ▷ *vi*: **to ~ with** (*compete*) rivaliser avec; (*struggle*) lutter avec

content [kən'tɛnt] *adj* content(e), satisfait(e) ▷ *vt* contenter, satisfaire ▷ *n* ['kɔntɛnt] contenu *m*; (*of fat, moisture*) teneur *f*; **contents** *npl* (*of container etc*) contenu *m*; **(table of)**

s table f des matières; **contented**
dj content(e), satisfait(e)
ntest n ['kɔntɛst] combat m,
tte f; (competition) concours m
vt [kən'tɛst] contester, discuter;
ompete for) disputer; (Law) attaquer;
ontestant [kən'tɛstənt] n
ɔncurrent(e); (in fight) adversaire m/f
ntext ['kɔntɛkst] n contexte m
ntinent ['kɔntɪnənt] n
ɔntinent m; **the C~** (BRIT) l'Europe
ɔntinentale; **continental**
ɔntɪ'nɛntl] adj continental(e);
ontinental breakfast n café (or
ié) complet; **continental quilt** n
RIT) couette f
ntinual [kən'tɪnjuəl] adj
ɔntinuel(le); **continually** adv
ɔntinuellement, sans cesse
ntinue [kən'tɪnju:] vi continuer
vt continuer; (start again) reprendre
ntinuity [kɔntɪ'nju:ɪtɪ] n
ɔntinuité f; (TV) enchaînement m
ntinuous [kən'tɪnjuəs] adj
ɔntinu(e), permanent(e); (Ling)
rogressif(-ive); **continuous**
ssessment (BRIT) n contrôle
ɔntinu; **continuously** adv
epeatedly) continuellement;
ninterruptedly) sans interruption
ntour ['kɔntuə^r] n contour m,
rofil m; (also: **~ line**) courbe f de
veau
ntraception [kɔntrə'sɛpʃən] n
ɔntraception f
ntraceptive [kɔntrə'sɛptɪv]
j contraceptif(-ive),
nticonceptionnel(le) ▷ n
ɔntraceptif m
ntract n ['kɔntrækt] contrat
▷ vi [kən'trækt] (become smaller)
contracter, se resserrer ▷ vt
ɔntracter; (Comm): **to ~ to do sth**
engager (par contrat) à faire qch;
ɔntractor n entrepreneur m
ntradict [kɔntrə'dɪkt] vt
ɔntredire; **contradiction**
ɔntrə'dɪkʃən] n contradiction f

contrary¹ ['kɔntrərɪ] adj contraire, opposé(e) ▷ n contraire m; **on the ~** au contraire; **unless you hear to the ~** sauf avis contraire
contrary² [kən'trɛərɪ] adj (perverse) contrariant(e), entêté(e)
contrast n ['kɔntrɑ:st] contraste m ▷ vt [kən'trɑ:st] mettre en contraste, contraster; **in ~ to** or **with** contrairement à, par opposition à
contribute [kən'trɪbju:t] vi contribuer ▷ vt: **to ~ £10/an article to** donner 10 livres/un article à; **to ~ to** (gen) contribuer à; (newspaper) collaborer à; (discussion) prendre part à; **contribution** [kɔntrɪ'bju:ʃən] n contribution f; (BRIT: for social security) cotisation f; (to publication) article m; **contributor** n (to newspaper) collaborateur(-trice); (of money, goods) donateur(-trice)
control [kən'trəul] vt (process, machinery) commander; (temper) maîtriser; (disease) enrayer ▷ n maîtrise f; (power) autorité f; **controls** npl (of machine etc) commandes fpl; (on radio) boutons mpl de réglage; **to be in ~ of** être maître de, maîtriser; (in charge of) être responsable de; **everything is under ~** j'ai (or il a etc) la situation en main; **the car went out of ~** j'ai (or il a etc) perdu le contrôle du véhicule; **control tower** n (Aviat) tour f de contrôle
controversial [kɔntrə'və:ʃl] adj discutable, controversé(e)
controversy ['kɔntrəvə:sɪ] n controverse f, polémique f
convenience [kən'vi:nɪəns] n commodité f; **at your ~** quand or comme cela vous convient; **all modern ~s, all mod cons** (BRIT) avec tout le confort moderne, tout confort
convenient [kən'vi:nɪənt] adj commode
convent ['kɔnvənt] n couvent m

convention [kən'vɛnʃən] *n* convention *f*; (*custom*) usage *m*; **conventional** *adj* conventionnel(le)

conversation [kɔnvə'seɪʃən] *n* conversation *f*

conversely [kɔn'vəːslɪ] *adv* inversement, réciproquement

conversion [kən'vəːʃən] *n* conversion *f*; (BRIT: *of house*) transformation *f*, aménagement *m*; (*Rugby*) transformation *f*

convert *vt* [kən'vəːt] (*Rel*, *Comm*) convertir; (*alter*) transformer; (*house*) aménager ▷ *n* ['kɔnvəːt] converti(e); **convertible** *adj* convertible ▷ *n* (voiture *f*) décapotable *f*

convey [kən'veɪ] *vt* transporter; (*thanks*) transmettre; (*idea*) communiquer; **conveyor belt** *n* convoyeur *m* tapis roulant

convict *vt* [kən'vɪkt] déclarer (*or* reconnaître) coupable ▷ *n* ['kɔnvɪkt] forçat *m*, convict *m*; **conviction** [kən'vɪkʃən] *n* (*Law*) condamnation *f*; (*belief*) conviction *f*

convince [kən'vɪns] *vt* convaincre, persuader; **convinced** *adj*: **convinced of/that** convaincu(e) de/que; **convincing** *adj* persuasif(-ive), convaincant(e)

convoy ['kɔnvɔɪ] *n* convoi *m*

cook [kuk] *vt* (faire) cuire ▷ *vi* cuire; (*person*) faire la cuisine ▷ *n* cuisinier(-ière); **cookbook** *n* livre *m* de cuisine; **cooker** *n* cuisinière *f*; **cookery** *n* cuisine *f*; **cookery book** *n* (BRIT) = **cookbook**; **cookie** *n* (US) biscuit *m*, petit gâteau sec; **cooking** *n* cuisine *f*

cool [kuːl] *adj* frais (fraîche); (*not afraid*) calme; (*unfriendly*) froid(e); (*inf*: *trendy*) cool *inv* (*inf*); (*: great*) super *inv* (*inf*) ▷ *vt*, *vi* rafraîchir, refroidir; **cool down** *vi* refroidir; (*fig*: *person*, *situation*) se calmer; **cool off** *vi* (*become calmer*) se calmer; (*lose enthusiasm*) perdre son enthousiasme

cop [kɔp] *n* (*inf*) flic *m*

cope [kəup] *vi* s'en sortir, tenir le coup; **to ~ with** (*problem*) faire fac

copper ['kɔpəʳ] *n* cuivre *m*; (BRIT *in*; *policeman*) flic *m*

copy ['kɔpɪ] *n* copie *f*; (*book etc*) exemplaire *m* ▷ *vt* copier; (*imitate*) imiter; **copyright** *n* droit *m* d'aute copyright *m*

coral ['kɔrəl] *n* corail *m*

cord [kɔːd] *n* corde *f*; (*fabric*) velours côtelé; (*Elec*) cordon *m* (d'alimentation), fil *m* (électrique); **cords** *npl* (*trousers*) pantalon *m* de velours côtelé; **cordless** *adj* sans f

corduroy ['kɔːdərɔɪ] *n* velours côt

core [kɔːʳ] *n* (*of fruit*) trognon *m*, cœur *m*; (*fig*: *of problem etc*) cœur ▷ enlever le trognon *or* le cœur de

coriander [kɔrɪ'ændəʳ] *n* coriand

cork [kɔːk] *n* (*material*) liège *m*; (*of bottle*) bouchon *m*; **corkscrew** *n* tire-bouchon *m*

corn [kɔːn] *n* (BRIT: *wheat*) blé *m*; (US *maize*) maïs *m*; (*on foot*) cor *m*; **~ on cob** (*Culin*) épi *m* de maïs au nature

corned beef ['kɔːnd-] *n* corned-beef *m*

corner ['kɔːnəʳ] *n* coin *m*; (*in road*) tournant *m*, virage *m*; (*Football*) corner *m* ▷ *vt* (*trap*: *prey*) acculer; (f coincer; (*Comm*: *market*) accaparer ▷ *vi* prendre un virage; **corner sho** (BRIT) *n* magasin *m* du coin

cornflakes ['kɔːnfleɪks] *npl* cornflakes *mpl*

cornflour ['kɔːnflauəʳ] *n* (BRIT) fa *f* de maïs, maïzena® *f*

cornstarch ['kɔːnstɑːtʃ] *n* (US) fa *f* de maïs, maïzena® *f*

Cornwall ['kɔːnwəl] *n* Cornouaill

coronary ['kɔrənərɪ] *n*: **~ (thrombosis)** infarctus *m* (du myocarde), thrombose *f* coronaire

coronation [kɔrə'neɪʃən] *n* couronnement *m*

coroner ['kɔrənəʳ] *n* coroner *m*, *officier de police judiciaire chargé de déterminer les causes d'un décès*

orporal ['kɔ:pərl] *n* caporal *m*, brigadier *m* ▷ *adj*: **~ punishment** châtiment corporel
orporate ['kɔ:pərɪt] *adj* (*action, ownership*) en commun; (*Comm*) de la société
orporation [kɔ:pə'reɪʃən] *n* (*of town*) municipalité *f*, conseil municipal; (*Comm*) société *f*
orps (*pl* **corps**) [kɔ:ʳ, kɔ:z] *n* corps *m*; **the diplomatic ~** le corps diplomatique; **the press ~** la presse
orpse [kɔ:ps] *n* cadavre *m*
orrect [kə'rɛkt] *adj* (*accurate*) correct(e), exact(e); (*proper*) correct, convenable ▷ *vt* corriger; **correction** [kə'rɛkʃən] *n* correction *f*
orrespond [kɔrɪs'pɔnd] *vi* correspondre; **to ~ to sth** (*be equivalent to*) correspondre à qch; **correspondence** *n* correspondance *f*; **correspondent** *n* correspondant(e); **corresponding** *adj* correspondant(e)
orridor ['kɔrɪdɔ:ʳ] *n* couloir *m*, corridor *m*
orrode [kə'rəud] *vt* corroder, ronger ▷ *vi* se corroder
orrupt [kə'rʌpt] *adj* corrompu(e); (*Comput*) altéré(e) ▷ *vt* corrompre; (*Comput*) altérer; **corruption** *n* corruption *f*; (*Comput*) altération *f* (de données)
orsica ['kɔ:sɪkə] *n* Corse *f*
osmetic [kɔz'mɛtɪk] *n* produit *m* de beauté, cosmétique *m* ▷ *adj* (*fig: reforms*) symbolique, superficiel(le); **cosmetic surgery** *n* chirurgie *f* esthétique
osmopolitan [kɔzmə'pɔlɪtn] *adj* cosmopolite
ost [kɔst] (*pt, pp* **cost**) *n* coût *m* ▷ *vi* coûter ▷ *vt* établir *or* calculer le prix de revient de; **costs** *npl* (*Comm*) frais *mpl*; (*Law*) dépens *mpl*; **how much does it ~?** combien ça coûte?; **to ~ sb time/effort** demander du temps/un effort à qn; **it ~ him his life/job** ça lui a coûté la vie/son emploi; **at all ~s** coûte que coûte, à tout prix
co-star ['kəustɑ:ʳ] *n* partenaire *m/f*
costly ['kɔstlɪ] *adj* coûteux(-euse)
cost of living *n* coût *m* de la vie
costume ['kɔstju:m] *n* costume *m*; (BRIT: *also*: **swimming ~**) maillot *m* (de bain)
cosy, (US) **cozy** ['kəuzɪ] *adj* (*room, bed*) douillet(te); **to be ~** (*person*) être bien (au chaud)
cot [kɔt] *n* (BRIT: *child's*) lit *m* d'enfant, petit lit; (US: *campbed*) lit de camp
cottage ['kɔtɪdʒ] *n* petite maison (à la campagne), cottage *m*; **cottage cheese** *n* fromage blanc (*maigre*)
cotton ['kɔtn] *n* coton *m*; (*thread*) fil *m* (de coton); **cotton on** *vi* (*inf*): **to ~ on (to sth)** piger (qch); **cotton bud** (BRIT) *n* coton-tige® *m*; **cotton candy** (US) *n* barbe *f* à papa; **cotton wool** *n* (BRIT) ouate *f*, coton *m* hydrophile
couch [kautʃ] *n* canapé *m*; divan *m*
cough [kɔf] *vi* tousser ▷ *n* toux *f*; **I've got a ~** j'ai la toux; **cough mixture, cough syrup** *n* sirop *m* pour la toux
could [kud] *pt of* **can²**; **couldn't** = **could not**
council ['kaunsl] *n* conseil *m*; **city** *or* **town ~** conseil municipal; **council estate** *n* (BRIT) (quartier *m* or zone *f* de) logements loués à/par la municipalité; **council house** *n* (BRIT) maison *f* (à loyer modéré) louée par la municipalité; **councillor**, (US) **councilor** *n* conseiller(-ère); **council tax** *n* (BRIT) impôts locaux
counsel ['kaunsl] *n* conseil *m*; (*lawyer*) avocat(e) ▷ *vt*: **to ~ (sb to do sth)** conseiller (à qn de faire qch); **counselling**, (US) **counseling** *n* (*Psych*) aide psychosociale; **counsellor**, (US) **counselor** *n* conseiller(-ère); (US *Law*) avocat *m*
count [kaunt] *vt, vi* compter ▷ *n* compte *m*; (*nobleman*) comte *m*; **count in** *vt* (*inf*): **to ~ sb in on sth**

C

inclure qn dans qch; **count on** *vt fus* compter sur; **countdown** *n* compte *m* à rebours

counter ['kauntəʳ] *n* comptoir *m*; (*in post office, bank*) guichet *m*; (*in game*) jeton *m* ▷ *vt* aller à l'encontre de, opposer ▷ *adv*: **~ to** à l'encontre de; contrairement à; **counterclockwise** (US) *adv* en sens inverse des aiguilles d'une montre

counterfeit ['kauntəfɪt] *n* faux *m*, contrefaçon *f* ▷ *vt* contrefaire ▷ *adj* faux (fausse)

counterpart ['kauntəpɑːt] *n* (*of person*) homologue *m/f*

countess ['kauntɪs] *n* comtesse *f*

countless ['kauntlɪs] *adj* innombrable

country ['kʌntrɪ] *n* pays *m*; (*native land*) patrie *f*; (*as opposed to town*) campagne *f*; (*region*) région *f*, pays; **country and western (music)** *n* musique *f* country; **country house** *n* manoir *m*, (petit) château; **countryside** *n* campagne *f*

county ['kauntɪ] *n* comté *m*

coup (*pl* **coups**) [kuː, kuːz] *n* (*achievement*) beau coup; (*also*: **~ d'état**) coup d'État

couple ['kʌpl] *n* couple *m*; **a ~ of** (*two*) deux; (*a few*) deux ou trois

coupon ['kuːpɔn] *n* (*voucher*) bon *m* de réduction; (*detachable form*) coupon *m* détachable, coupon-réponse *m*

courage ['kʌrɪdʒ] *n* courage *m*; **courageous** [kə'reɪdʒəs] *adj* courageux(-euse)

courgette [kuə'ʒɛt] *n* (BRIT) courgette *f*

courier ['kurɪəʳ] *n* messager *m*, courrier *m*; (*for tourists*) accompagnateur(-trice)

course [kɔːs] *n* cours *m*; (*of ship*) route *f*; (*for golf*) terrain *m*; (*part of meal*) plat *m*; **of ~** *adv* bien sûr; **(no,) of ~ not!** bien sûr que non!, évidemment que non!; **~ of treatment** (*Med*) traitement *m*

court [kɔːt] *n* cour *f*; (*Law*) cour, tribunal *m*; (*Tennis*) court *m* ▷ *vt* (*woman*) courtiser, faire la cour à; **to take to ~** actionner *or* poursuivre en justice

courtesy ['kəːtəsɪ] *n* courtoisie *f*, politesse *f*; **(by) ~ of** avec l'aimable autorisation de; **courtesy bus, courtesy coach** *n* navette gratuite

court: court-house ['kɔːthaus] *n* (US) palais *m* de justice; **courtroom** ['kɔːtrum] *n* salle *f* de tribunal; **courtyard** ['kɔːtjɑːd] *n* cour *f*

cousin ['kʌzn] *n* cousin(e); **first ~** cousin(e) germain(e)

cover ['kʌvəʳ] *vt* couvrir; (*Press: report on*) faire un reportage sur; (*feelings, mistake*) cacher; (*include*) englober; (*discuss*) traiter ▷ *n* (*of book, Comm*) couverture *f*; (*of pan*) couvercle *m*; (*over furniture*) housse *f*; (*shelter*) abri *m*; **covers** *npl* (*on bed*) couvertures; **to take ~** se mettre à l'abri; **under ~** à l'abri; **under ~ of darkness** à la faveur de la nuit; **under separate ~** (*Comm*) sous pli séparé; **cover up** *vi*: **to ~ up for sb** (*fig*) couvrir qn; **coverage** *n* (*in media*) reportage *m*; **cover charge** *n* couvert *m* (*supplément à payer*); **cover-up** *n* tentative *f* pour étouffer une affaire

cow [kau] *n* vache *f* ▷ *vt* effrayer, intimider

coward ['kauəd] *n* lâche *m/f*; **cowardly** *adj* lâche

cowboy ['kaubɔɪ] *n* cow-boy *m*

cozy ['kəuzɪ] *adj* (US) = **cosy**

crab [kræb] *n* crabe *m*

crack [kræk] *n* (*split*) fente *f*, fissure *f*; (*in cup, bone*) fêlure *f*; (*in wall*) lézarde *f*; (*noise*) craquement *m*, cou (sec); (*Drugs*) crack *m* ▷ *vt* fendre, fissurer; fêler; lézarder; (*whip*) faire claquer; (*nut*) casser; (*problem*) résoudre; (*code*) déchiffrer ▷ *cpd* (*athlete*) de première classe, d'élite; **crack down on** *vt fus* (*crime*) sévir contre, réprimer; **cracked** *adj* (*cup,*

bone) fêlé(e); (*broken*) cassé(e); (*wall*) lézardé(e); (*surface*) craquelé(e); (*inf*) toqué(e), timbré(e); **cracker** *n* (*also*: **Christmas cracker**) pétard *m*; (*biscuit*) biscuit (salé), craquelin *m*
rackle ['krækl] *vi* crépiter, grésiller
radle ['kreɪdl] *n* berceau *m*
raft [krɑːft] *n* métier (artisanal); (*cunning*) ruse *f*, astuce *f*; (*boat*: *pl inv*) embarcation *f*, barque *f*; (*plane*: *pl inv*) appareil *m*; **craftsman** (*irreg*) *n* artisan *m* ouvrier (qualifié); **craftsmanship** *n* métier *m*, habileté *f*
ram [kræm] *vt*: **to ~ sth with** (*fill*) bourrer qch de; **to ~ sth into** (*put*) fourrer qch dans ▷ *vi* (*for exams*) bachoter
ramp [kræmp] *n* crampe *f*; **I've got ~ in my leg** j'ai une crampe à la jambe; **cramped** *adj* à l'étroit, très serré(e)
ranberry ['krænbərɪ] *n* canneberge *f*
rane [kreɪn] *n* grue *f*
rap [kræp] *n* (*inf!*: *nonsense*) conneries *fpl* (*!*); (: *excrement*) merde *f* (*!*)
rash [kræʃ] *n* (*noise*) fracas *m*; (*of car, plane*) collision *f*; (*of business*) faillite *f* ▷ *vt* (*plane*) écraser ▷ *vi* (*plane*) s'écraser; (*two cars*) se percuter, s'emboutir; (*business*) s'effondrer; **to ~ into** se jeter *or* se fracasser contre; **crash course** *n* cours intensif; **crash helmet** *n* casque (protecteur)
rate [kreɪt] *n* cageot *m*; (*for bottles*) caisse *f*
rave [kreɪv] *vt, vi*: **to ~ (for)** avoir une envie irrésistible de
rawl [krɔːl] *vi* ramper; (*vehicle*) avancer au pas ▷ *n* (*Swimming*) crawl *m*
rayfish ['kreɪfɪʃ] *n* (*pl inv*: *freshwater*) écrevisse *f*; (: *saltwater*) langoustine *f*
rayon ['kreɪən] *n* crayon *m* (de couleur)
raze [kreɪz] *n* engouement *m*
razy ['kreɪzɪ] *adj* fou (folle); **to be ~ about sb/sth** (*inf*) être fou de qn/qch
creak [kriːk] *vi* (*hinge*) grincer; (*floor, shoes*) craquer
cream [kriːm] *n* crème *f* ▷ *adj* (*colour*) crème *inv*; **cream cheese** *n* fromage *m* à la crème, fromage blanc; **creamy** *adj* crémeux(-euse)
crease [kriːs] *n* pli *m* ▷ *vt* froisser, chiffonner ▷ *vi* se froisser, se chiffonner
create [kriːˈeɪt] *vt* créer; **creation** [kriːˈeɪʃən] *n* création *f*; **creative** *adj* créatif(-ive); **creator** *n* créateur(-trice)
creature ['kriːtʃəʳ] *n* créature *f*
crèche [krɛʃ] *n* garderie *f*, crèche *f*
credentials [krɪˈdɛnʃlz] *npl* (*references*) références *fpl*; (*identity papers*) pièce *f* d'identité
credibility [krɛdɪˈbɪlɪtɪ] *n* crédibilité *f*
credible ['krɛdɪbl] *adj* digne de foi, crédible
credit ['krɛdɪt] *n* crédit *m*; (*recognition*) honneur *m*; (*Scol*) unité *f* de valeur ▷ *vt* (*Comm*) créditer; (*believe*: *also*: **give ~ to**) ajouter foi à, croire; **credits** *npl* (*Cine*) générique *m*; **to be in ~** (*person, bank account*) être créditeur(-trice); **to ~ sb with** (*fig*) prêter *or* attribuer à qn; **credit card** *n* carte *f* de crédit; **do you take credit cards?** acceptez-vous les cartes de crédit?; **credit crunch** *n* crise *f* du crédit
creek [kriːk] *n* (*inlet*) crique *f*, anse *f*; (*US*: *stream*) ruisseau *m*, petit cours d'eau
creep (*pt, pp* **crept**) [kriːp, krɛpt] *vi* ramper
cremate [krɪˈmeɪt] *vt* incinérer
crematorium (*pl* **crematoria**) [krɛməˈtɔːrɪəm, -ˈtɔːrɪə] *n* four *m* crématoire
crept [krɛpt] *pt, pp of* **creep**
crescent ['krɛsnt] *n* croissant *m*; (*street*) rue *f* (en arc de cercle)
cress [krɛs] *n* cresson *m*
crest [krɛst] *n* crête *f*; (*of coat of arms*) timbre *m*

C

crew [kru:] *n* équipage *m*; (*Cine*) équipe *f* (de tournage); **crew-neck** *n* col ras

crib [krɪb] *n* lit *m* d'enfant; (*for baby*) berceau *m* ▷ *vt* (*inf*) copier

cricket ['krɪkɪt] *n* (*insect*) grillon *m*, cri-cri *m inv*; (*game*) cricket *m*; **cricketer** *n* joueur *m* de cricket

crime [kraɪm] *n* crime *m*; **criminal** ['krɪmɪnl] *adj*, *n* criminel(le)

crimson ['krɪmzn] *adj* cramoisi(e)

cringe [krɪndʒ] *vi* avoir un mouvement de recul

cripple ['krɪpl] *n* boiteux(-euse), infirme *m/f* ▷ *vt* (*person*) estropier, paralyser; (*ship, plane*) immobiliser; (*production, exports*) paralyser

crisis (*pl* **crises**) ['kraɪsɪs, -si:z] *n* crise *f*

crisp [krɪsp] *adj* croquant(e); (*weather*) vif (vive); (*manner etc*) brusque; **crisps** (BRIT) *npl* (pommes *fpl*) chips *fpl*; **crispy** *adj* croustillant(e)

criterion (*pl* **criteria**) [kraɪ'tɪərɪən, -'tɪərɪə] *n* critère *m*

critic ['krɪtɪk] *n* critique *m/f*; **critical** *adj* critique; **criticism** ['krɪtɪsɪzəm] *n* critique *f*; **criticize** ['krɪtɪsaɪz] *vt* critiquer

Croat ['krəuæt] *adj*, *n* = **Croatian**

Croatia [krəu'eɪʃə] *n* Croatie *f*; **Croatian** *adj* croate ▷ *n* Croate *m/f*; (*Ling*) croate *m*

crockery ['krɔkərɪ] *n* vaisselle *f*

crocodile ['krɔkədaɪl] *n* crocodile *m*

crocus ['krəukəs] *n* crocus *m*

croissant ['krwasã] *n* croissant *m*

crook [kruk] *n* (*inf*) escroc *m*; (*of shepherd*) houlette *f*; **crooked** ['krukɪd] *adj* courbé(e), tordu(e); (*action*) malhonnête

crop [krɔp] *n* (*produce*) culture *f*; (*amount produced*) récolte *f*; (*riding crop*) cravache *f* ▷ *vt* (*hair*) tondre; **crop up** *vi* surgir, se présenter, survenir

cross [krɔs] *n* croix *f*; (*Biol*) croisement *m* ▷ *vt* (*street etc*) traverser; (*arms, legs, Biol*) croiser; (*cheque*) barrer ▷ *adj* en colère, fâché(e); **cross off, cross out** *vt* barrer, rayer; **cross over** *vi* traverser; **cross-Channel ferry** ['krɔs'tʃænl-] *n* ferry *m* qui fait la traversée de la Manche; **cross-country (race)** *n* cross(-country) *m*; **crossing** *n* (*sea passage*) traversée *f*; (*also*: **pedestrian crossing**) passage clouté; **how long does the crossing take?** combien de temps dure la traversée?; **crossing guard** *n* (US) *contractuel qui fait traverser la rue aux enfants*; **crossroads** *n* carrefour *m*; **crosswalk** *n* (US) passage clouté; **crossword** *n* mots *mpl* croisés

crotch [krɔtʃ] *n* (*of garment*) entrejambe *m*; (*Anat*) entrecuisse *m*

crouch [krautʃ] *vi* s'accroupir; (*hide*) se tapir; (*before springing*) se ramasser

crouton ['kru:tɔn] *n* croûton *m*

crow [krəu] *n* (*bird*) corneille *f*; (*of cock*) chant *m* du coq, cocorico *m* ▷ *vi* (*cock*) chanter

crowd [kraud] *n* foule *f* ▷ *vt* bourrer, remplir ▷ *vi* affluer, s'attrouper, s'entasser; **crowded** *adj* bondé(e)

crown [kraun] *n* couronne *f*; (*of head*) sommet *m* de la tête; (*of hill*) sommet *m* ▷ *vt* (*also tooth*) couronner; **crown jewels** *npl* joyaux *mpl* de la Couronne

crucial ['kru:ʃl] *adj* crucial(e), décisif(-ive)

crucifix ['kru:sɪfɪks] *n* crucifix *m*

crude [kru:d] *adj* (*materials*) brut(e); non raffiné(e); (*basic*) rudimentaire, sommaire; (*vulgar*) cru(e), grossier(-ière) ▷ *n* (*also*: **~ oil**) (pétrole *m*) brut *m*

cruel ['kruəl] *adj* cruel(le); **cruelty** *n* cruauté *f*

cruise [kru:z] *n* croisière *f* ▷ *vi* (*ship*) croiser; (*car*) rouler; (*aircraft*) voler

crumb [krʌm] *n* miette *f*

crumble ['krʌmbl] *vt* émietter ▷ *vi* (*plaster etc*) s'effriter; (*land, earth*) s'ébouler; (*building*) s'écrouler, crouler; (*fig*) s'effondrer

crumpet ['krʌmpɪt] *n* petite crêpe (épaisse)
crumple ['krʌmpl] *vt* froisser, friper
crunch [krʌntʃ] *vt* croquer; (*underfoot*) faire craquer, écraser; faire crisser ▷ *n* (*fig*) instant *m* or moment *m* critique, moment de vérité; **crunchy** *adj* croquant(e), croustillant(e)
crush [krʌʃ] *n* (*crowd*) foule *f*, cohue *f*; (*love*): **to have a ~ on sb** avoir le béguin pour qn; (*drink*): **lemon ~** citron pressé ▷ *vt* écraser; (*crumple*) froisser; (*grind, break up*: *garlic, ice*) piler; (: *grapes*) presser; (*hopes*) anéantir
crust [krʌst] *n* croûte *f*; **crusty** *adj* (*bread*) croustillant(e); (*inf*: *person*) revêche, bourru(e)
crutch [krʌtʃ] *n* béquille *f*; (*of garment*) entrejambe *m*; (*Anat*) entrecuisse *m*
cry [kraɪ] *vi* pleurer; (*shout*: *also*: **~ out**) crier ▷ *n* cri *m*; **cry out** *vi* (*call out, shout*) pousser un cri ▷ *vt* crier
crystal ['krɪstl] *n* cristal *m*
cub [kʌb] *n* petit *m* (*d'un animal*); (*also*: **~ scout**) louveteau *m*
Cuba ['kju:bə] *n* Cuba *m*
cube [kju:b] *n* cube *m* ▷ *vt* (*Math*) élever au cube
cubicle ['kju:bɪkl] *n* (*in hospital*) box *m*; (*at pool*) cabine *f*
cuckoo ['kuku:] *n* coucou *m*
cucumber ['kju:kʌmbə^r] *n* concombre *m*
cuddle ['kʌdl] *vt* câliner, caresser ▷ *vi* se blottir l'un contre l'autre
cue [kju:] *n* queue *f* de billard; (*Theat etc*) signal *m*
cuff [kʌf] *n* (BRIT: *of shirt, coat etc*) poignet *m*, manchette *f*; (US: *on trousers*) revers *m*; (*blow*) gifle *f*; **off the ~** *adv* à l'improviste; **cufflinks** *n* boutons *m* de manchette
cuisine [kwɪ'zi:n] *n* cuisine *f*
cul-de-sac ['kʌldəsæk] *n* cul-de-sac *m*, impasse *f*
cull [kʌl] *vt* sélectionner ▷ *n* (*of animals*) abattage sélectif
culminate ['kʌlmɪneɪt] *vi*: **to ~ in** finir *or* se terminer par; (*lead to*) mener à
culprit ['kʌlprɪt] *n* coupable *m/f*
cult [kʌlt] *n* culte *m*
cultivate ['kʌltɪveɪt] *vt* cultiver
cultural ['kʌltʃərəl] *adj* culturel(le)
culture ['kʌltʃə^r] *n* culture *f*
cumin ['kʌmɪn] *n* (*spice*) cumin *m*
cunning ['kʌnɪŋ] *n* ruse *f*, astuce *f* ▷ *adj* rusé(e), malin(-igne); (*clever*: *device, idea*) astucieux(-euse)
cup [kʌp] *n* tasse *f*; (*prize, event*) coupe *f*; (*of bra*) bonnet *m*
cupboard ['kʌbəd] *n* placard *m*
cup final *n* (BRIT *Football*) finale *f* de la coupe
curator [kjuə'reɪtə^r] *n* conservateur *m* (*d'un musée etc*)
curb [kə:b] *vt* refréner, mettre un frein à ▷ *n* (*fig*) frein *m*; (US) bord *m* du trottoir
curdle ['kə:dl] *vi* (se) cailler
cure [kjuə^r] *vt* guérir; (*Culin*: *salt*) saler; (: *smoke*) fumer; (: *dry*) sécher ▷ *n* remède *m*
curfew ['kə:fju:] *n* couvre-feu *m*
curiosity [kjuərɪ'ɔsɪtɪ] *n* curiosité *f*
curious ['kjuərɪəs] *adj* curieux(-euse); **I'm ~ about him** il m'intrigue
curl [kə:l] *n* boucle *f* (de cheveux) ▷ *vt, vi* boucler; (*tightly*) friser; **curl up** *vi* s'enrouler; (*person*) se pelotonner; **curler** *n* bigoudi *m*, rouleau *m*; **curly** *adj* bouclé(e); (*tightly curled*) frisé(e)
currant ['kʌrnt] *n* raisin *m* de Corinthe, raisin sec; (*fruit*) groseille *f*
currency ['kʌrnsɪ] *n* monnaie *f*; **to gain ~** (*fig*) s'accréditer
current ['kʌrnt] *n* courant *m* ▷ *adj* (*common*) courant(e); (*tendency, price, event*) actuel(le); **current account** *n* (BRIT) compte courant; **current affairs** *npl* (questions *fpl* d')actualité *f*; **currently** *adv* actuellement

curriculum (*pl* **curriculums** *or* **curricula**) [kəˈrɪkjuləm, -lə] *n* programme *m* d'études; **curriculum vitae** [-ˈviːtaɪ] *n* curriculum vitae (CV) *m*

curry [ˈkʌrɪ] *n* curry *m* ▷ *vt*: **to ~ favour with** chercher à gagner la faveur *or* à s'attirer les bonnes grâces de; **curry powder** *n* poudre *f* de curry

curse [kəːs] *vi* jurer, blasphémer ▷ *vt* maudire ▷ *n* (*spell*) malédiction *f*; (*problem, scourge*) fléau *m*; (*swearword*) juron *m*

cursor [ˈkəːsəʳ] *n* (*Comput*) curseur *m*

curt [kəːt] *adj* brusque, sec (sèche)

curtain [ˈkəːtn] *n* rideau *m*

curve [kəːv] *n* courbe *f*; (*in the road*) tournant *m*, virage *m* ▷ *vi* se courber; (*road*) faire une courbe; **curved** *adj* courbe

cushion [ˈkuʃən] *n* coussin *m* ▷ *vt* (*fall, shock*) amortir

custard [ˈkʌstəd] *n* (*for pouring*) crème anglaise

custody [ˈkʌstədɪ] *n* (*of child*) garde *f*; (*for offenders*): **to take sb into ~** placer qn en détention préventive

custom [ˈkʌstəm] *n* coutume *f*, usage *m*; (*Comm*) clientèle *f*

customer [ˈkʌstəməʳ] *n* client(e)

customized [ˈkʌstəmaɪzd] *adj* personnalisé(e); (*car etc*) construit(e) sur commande

customs [ˈkʌstəmz] *npl* douane *f*; **customs officer** *n* douanier *m*

cut [kʌt] (*pt, pp* **cut**) *vt* couper; (*meat*) découper; (*reduce*) réduire ▷ *vi* couper ▷ *n* (*gen*) coupure *f*; (*of clothes*) coupe *f*; (*in salary etc*) réduction *f*; (*of meat*) morceau *m*; **to ~ a tooth** percer une dent; **to ~ one's finger** se couper le doigt; **to get one's hair ~** se faire couper les cheveux; **I've ~ myself** je me suis coupé; **cut back** *vt* (*plants*) tailler; (*production, expenditure*) réduire; **cut down** *vt* (*tree*) abattre; (*reduce*) réduire; **cut off** *vt* couper; (*fig*) isoler; **cut out** *vt* (*picture etc*) découper; (*remove*) supprimer; **cut up** *vt* découper; **cutback** *n* réduction *f*

cute [kjuːt] *adj* mignon(ne), adorable

cutlery [ˈkʌtlərɪ] *n* couverts *mpl*

cutlet [ˈkʌtlɪt] *n* côtelette *f*

cut-price [ˈkʌtˈpraɪs], (*US*) **cut-rate** [ˈkʌtˈreɪt] *adj* au rabais, à prix réduit

cutting [ˈkʌtɪŋ] *adj* (*fig*) cinglant(e) ▷ *n* (BRIT: *from newspaper*) coupure *f* (de journal); (*from plant*) bouture *f*

CV *n abbr* = **curriculum vitae**

cyberbullying [ˈsaɪbəbulɪɪŋ] *n* harcèlement *m* virtuel

cyberspace [ˈsaɪbəspeɪs] *n* cyberespace *m*

cycle [ˈsaɪkl] *n* cycle *m*; (*bicycle*) bicyclette *f*, vélo *m* ▷ *vi* faire de la bicyclette; **cycle hire** *n* location *f* de vélos; **cycle lane, cycle path** *n* piste *f* cyclable; **cycling** *n* cyclisme *m*; **cyclist** *n* cycliste *m/f*

cyclone [ˈsaɪkləun] *n* cyclone *m*

cylinder [ˈsɪlɪndəʳ] *n* cylindre *m*

cymbals [ˈsɪmblz] *npl* cymbales *fpl*

cynical [ˈsɪnɪkl] *adj* cynique

Cypriot [ˈsɪprɪət] *adj* cypriote, chypriote ▷ *n* Cypriote *m/f*, Chypriote *m/f*

Cyprus [ˈsaɪprəs] *n* Chypre *f*

cyst [sɪst] *n* kyste *m*; **cystitis** [sɪsˈtaɪtɪs] *n* cystite *f*

czar [zɑːʳ] *n* tsar *m*

Czech [tʃɛk] *adj* tchèque ▷ *n* Tchèque *m/f*; (*Ling*) tchèque *m*; **Czech Republic** *n*: **the Czech Republic** la République tchèque

d

D [diː] *n* (*Mus*) ré *m*
dab [dæb] *vt* (*eyes, wound*) tamponner; (*paint, cream*) appliquer (par petites touches *or* rapidement)
dad, daddy [dæd, 'dædɪ] *n* papa *m*
daffodil ['dæfədɪl] *n* jonquille *f*
daft [dɑːft] *adj* (*inf*) idiot(e), stupide
dagger ['dægə^r] *n* poignard *m*
daily ['deɪlɪ] *adj* quotidien(ne), journalier(-ière) ▷ *adv* tous les jours
dairy ['dɛərɪ] *n* (*shop*) crémerie *f*, laiterie *f*; (*on farm*) laiterie; **dairy produce** *n* produits laitiers
daisy ['deɪzɪ] *n* pâquerette *f*
dam [dæm] *n* (*wall*) barrage *m*; (*water*) réservoir *m*, lac *m* de retenue ▷ *vt* endiguer
damage ['dæmɪdʒ] *n* dégâts *mpl*, dommages *mpl*; (*fig*) tort *m* ▷ *vt* endommager, abîmer; (*fig*) faire du tort à; **damages** *npl* (*Law*) dommages-intérêts *mpl*
damn [dæm] *vt* condamner; (*curse*) maudire ▷ *n* (*inf*): **I don't give a ~** je m'en fous ▷ *adj* (*inf*: *also*: **~ed**): **this ~ ...** ce sacré *or* foutu ...; **~ (it)!** zut!
damp [dæmp] *adj* humide ▷ *n* humidité *f* ▷ *vt* (*also*: **~en**: *cloth, rag*) humecter; (: *enthusiasm etc*) refroidir
dance [dɑːns] *n* danse *f*; (*ball*) bal *m* ▷ *vi* danser; **dance floor** *n* piste *f* de danse; **dancer** *n* danseur(-euse); **dancing** *n* danse *f*
dandelion ['dændɪlaɪən] *n* pissenlit *m*
dandruff ['dændrəf] *n* pellicules *fpl*
D & T *n abbr* (BRIT *Scol*) = **design and technology**
Dane [deɪn] *n* Danois(e)
danger ['deɪndʒə^r] *n* danger *m*; **~!** (*on sign*) danger!; **in ~** en danger; **he was in ~ of falling** il risquait de tomber; **dangerous** *adj* dangereux(-euse)
dangle ['dæŋgl] *vt* balancer ▷ *vi* pendre, se balancer
Danish ['deɪnɪʃ] *adj* danois(e) ▷ *n* (*Ling*) danois *m*
dare [dɛə^r] *vt*: **to ~ sb to do** défier qn *or* mettre qn au défi de faire ▷ *vi*: **to ~ (to) do sth** oser faire qch; **I ~ say he'll turn up** il est probable qu'il viendra; **daring** *adj* hardi(e), audacieux(-euse) ▷ *n* audace *f*, hardiesse *f*
dark [dɑːk] *adj* (*night, room*) obscur(e), sombre; (*colour, complexion*) foncé(e), sombre ▷ *n*: **in the ~** dans le noir; **to be in the ~ about** (*fig*) ignorer tout de; **after ~** après la tombée de la nuit; **darken** *vt* obscurcir, assombrir ▷ *vi* s'obscurcir, s'assombrir; **darkness** *n* obscurité *f*; **darkroom** *n* chambre noire
darling ['dɑːlɪŋ] *adj, n* chéri(e)
dart [dɑːt] *n* fléchette *f*; (*in sewing*) pince *f* ▷ *vi*: **to ~ towards** se précipiter *or* s'élancer vers; **dartboard** *n* cible *f* (de jeu de fléchettes); **darts** *n* jeu *m* de fléchettes
dash [dæʃ] *n* (*sign*) tiret *m*; (*small quantity*) goutte *f*, larme *f* ▷ *vt* (*throw*)

jeter *or* lancer violemment; (*hopes*) anéantir ▷ *vi*: **to ~ towards** se précipiter *or* se ruer vers
dashboard ['dæʃbɔ:d] *n* (*Aut*) tableau *m* de bord
data ['deɪtə] *npl* données *fpl*; **database** *n* base *f* de données; **data processing** *n* traitement *m* des données
date [deɪt] *n* date *f*; (*with sb*) rendez-vous *m*; (*fruit*) datte *f* ▷ *vt* dater; (*person*) sortir avec; **~ of birth** date de naissance; **to ~** *adv* à ce jour; **out of ~** périmé(e); **up to ~** à la page, mis(e) à jour, moderne; **dated** *adj* démodé(e)
daughter ['dɔ:təʳ] *n* fille *f*; **daughter-in-law** *n* belle-fille *f*, bru *f*
daunting ['dɔ:ntɪŋ] *adj* décourageant(e), intimidant(e)
dawn [dɔ:n] *n* aube *f*, aurore *f* ▷ *vi* (*day*) se lever, poindre; **it ~ed on him that ...** il lui vint à l'esprit que ...
day [deɪ] *n* jour *m*; (*as duration*) journée *f*; (*period of time, age*) époque *f*, temps *m*; **the ~ before** la veille, le jour précédent; **the ~ after, the following ~** le lendemain, le jour suivant; **the ~ before yesterday** avant-hier; **the ~ after tomorrow** après-demain; **by ~** de jour; **day-care centre** ['deɪkɛə-] *n* (*for elderly etc*) centre *m* d'accueil de jour; (*for children*) garderie *f*; **daydream** *vi* rêver (tout éveillé); **daylight** *n* (lumière *f* du) jour *m*; **day return** *n* (BRIT) billet *m* d'aller-retour (*valable pour la journée*); **daytime** *n* jour *m*, journée *f*; **day-to-day** *adj* (*routine, expenses*) journalier(-ière); **day trip** *n* excursion *f* (d'une journée)
dazed [deɪzd] *adj* abruti(e)
dazzle ['dæzl] *vt* éblouir, aveugler; **dazzling** *adj* (*light*) aveuglant(e), éblouissant(e); (*fig*) éblouissant(e)
DC *abbr* (*Elec*) = **direct current**
dead [dɛd] *adj* mort(e); (*numb*) engourdi(e), insensible; (*battery*) à plat ▷ *adv* (*completely*) absolument, complètement; (*exactly*) juste; **he was shot ~** il a été tué d'un coup de revolver; **~ tired** éreinté(e), complètement fourbu(e); **to stop ~** s'arrêter pile *or* net; **the line is ~** (*Tel*) la ligne est coupée; **dead end** *n* impasse *f*; **deadline** *n* date *f or* heure *f* limite; **deadly** *adj* mortel(le); (*weapon*) meurtrier(-ière); **Dead Sea** *n*: **the Dead Sea** la mer Morte
deaf [dɛf] *adj* sourd(e); **deafen** *vt* rendre sourd(e); **deafening** *adj* assourdissant(e)
deal [di:l] *n* affaire *f*, marché *m* ▷ *vt* (*pt, pp* **dealt**) (*blow*) porter; (*cards*) donner, distribuer; **a great ~ of** beaucoup de; **deal with** *vt fus* (*handle*) s'occuper *or* se charger de; (*be about*) traiter de; **dealer** *n* (*Comm*) marchand *m*; (*Cards*) donneur *m*; **dealings** *npl* (*in goods, shares*) opérations *fpl*, transactions *fpl*; (*relations*) relations *fpl*, rapports *mpl*
dealt [dɛlt] *pt, pp of* **deal**
dean [di:n] *n* (*Rel*, BRIT *Scol*) doyen *m*; (US *Scol*) conseiller principal (conseillère principale) d'éducation
dear [dɪəʳ] *adj* cher (chère); (*expensive*) cher, coûteux(-euse) ▷ *n*: **my ~** mon cher (ma chère) ▷ *excl*: **~ me!** mon Dieu!; **D~ Sir/Madam** (*in letter*) Monsieur/Madame; **D~ Mr/Mrs X** Cher Monsieur/Chère Madame X; **dearly** *adv* (*love*) tendrement; (*pay*) cher
death [dɛθ] *n* mort *f*; (*Admin*) décès *m*; **death penalty** *n* peine *f* de mort; **death sentence** *n* condamnation *f* à mort
debate [dɪ'beɪt] *n* discussion *f*, débat *m* ▷ *vt* discuter, débattre
debit ['dɛbɪt] *n* débit *m* ▷ *vt*: **to ~ a sum to sb** *or* **to sb's account** porter une somme au débit de qn, débiter qn d'une somme; **debit card** *n* carte *f* de paiement
debris ['dɛbri:] *n* débris *mpl*, décombres *mpl*

debt [dɛt] *n* dette *f*; **to be in ~** avoir des dettes, être endetté(e)
debug [di:'bʌg] *vt* (*Comput*) déboguer
debut ['deɪbju:] *n* début(s) *m*(*pl*)
Dec. *abbr* (= *December*) déc
decade ['dɛkeɪd] *n* décennie *f*, décade *f*
decaffeinated [dɪ'kæfɪneɪtɪd] *adj* décaféiné(e)
decay [dɪ'keɪ] *n* (*of food, wood etc*) décomposition *f*, pourriture *f*; (*of building*) délabrement *m*; (*also*: **tooth ~**) carie *f* (dentaire) ▷ *vi* (*rot*) se décomposer, pourrir; (*teeth*) se carier
deceased [dɪ'si:st] *n*: **the ~** le (la) défunt(e)
deceit [dɪ'si:t] *n* tromperie *f*, supercherie *f*; **deceive** [dɪ'si:v] *vt* tromper
December [dɪ'sɛmbə'] *n* décembre *m*
decency ['di:sənsɪ] *n* décence *f*
decent ['di:sənt] *adj* (*proper*) décent(e), convenable
deception [dɪ'sɛpʃən] *n* tromperie *f*
deceptive [dɪ'sɛptɪv] *adj* trompeur(-euse)
decide [dɪ'saɪd] *vt* (*subj: person*) décider; (*question, argument*) trancher, régler ▷ *vi* se décider, décider; **to ~ to do/that** décider de faire/que; **to ~ on** décider, se décider pour
decimal ['dɛsɪməl] *adj* décimal(e) ▷ *n* décimale *f*
decision [dɪ'sɪʒən] *n* décision *f*
decisive [dɪ'saɪsɪv] *adj* décisif(-ive); (*manner, person*) décidé(e), catégorique
deck [dɛk] *n* (*Naut*) pont *m*; (*of cards*) jeu *m*; (*record deck*) platine *f*; (*of bus*): **top ~** impériale *f*; **deckchair** *n* chaise longue
declaration [dɛklə'reɪʃən] *n* déclaration *f*
declare [dɪ'klɛə'] *vt* déclarer
decline [dɪ'klaɪn] *n* (*decay*) déclin *m*; (*lessening*) baisse *f* ▷ *vt* refuser, décliner ▷ *vi* décliner; (*business*) baisser
decorate ['dɛkəreɪt] *vt* (*adorn, give a medal to*) décorer; (*paint and paper*) peindre et tapisser; **decoration** [dɛkə'reɪʃən] *n* (*medal etc, adornment*) décoration *f*; **decorator** *n* peintre *m* en bâtiment
decrease *n* ['di:kri:s] diminution *f* ▷ *vt, vi* [di:'kri:s] diminuer
decree [dɪ'kri:] *n* (*Pol, Rel*) décret *m*; (*Law*) arrêt *m*, jugement *m*
dedicate ['dɛdɪkeɪt] *vt* consacrer; (*book etc*) dédier; **dedicated** *adj* (*person*) dévoué(e); (*Comput*) spécialisé(e), dédié(e); **dedicated word processor** station *f* de traitement de texte; **dedication** [dɛdɪ'keɪʃən] *n* (*devotion*) dévouement *m*; (*in book*) dédicace *f*
deduce [dɪ'dju:s] *vt* déduire, conclure
deduct [dɪ'dʌkt] *vt*: **to ~ sth (from)** déduire qch (de), retrancher qch (de); **deduction** [dɪ'dʌkʃən] *n* (*deducting, deducing*) déduction *f*; (*from wage etc*) prélèvement *m*, retenue *f*
deed [di:d] *n* action *f*, acte *m*; (*Law*) acte notarié, contrat *m*
deem [di:m] *vt* (*formal*) juger, estimer
deep [di:p] *adj* profond(e); (*voice*) grave ▷ *adv*: **spectators stood 20 ~** il y avait 20 rangs de spectateurs; **4 metres ~** de 4 mètres de profondeur; **how ~ is the water?** l'eau a quelle profondeur?; **deep-fry** *vt* faire frire (dans une friteuse); **deeply** *adv* profondément; (*regret, interested*) vivement
deer [dɪə'] *n* (*pl inv*): **(red) ~** cerf *m*; **(fallow) ~** daim *m*; **(roe) ~** chevreuil *m*
default [dɪ'fɔ:lt] *n* (*Comput: also*: **~ value**) valeur *f* par défaut; **by ~** (*Law*) par défaut, par contumace; (*Sport*) par forfait
defeat [dɪ'fi:t] *n* défaite *f* ▷ *vt* (*team, opponents*) battre
defect *n* ['di:fɛkt] défaut *m* ▷ *vi* [dɪ'fɛkt]: **to ~ to the enemy/the West** passer à l'ennemi/l'Ouest;

defective [dɪ'fɛktɪv] *adj* défectueux(-euse)
defence, (*US*) **defense** [dɪ'fɛns] *n* défense *f*
defend [dɪ'fɛnd] *vt* défendre; **defendant** *n* défendeur(-deresse); (*in criminal case*) accusé(e), prévenu(e); **defender** *n* défenseur *m*
defense [dɪ'fɛns] *n* (*US*) = **defence**
defensive [dɪ'fɛnsɪv] *adj* défensif(-ive) ▷ *n*: **on the ~** sur la défensive
defer [dɪ'fəːʳ] *vt* (*postpone*) différer, ajourner
defiance [dɪ'faɪəns] *n* défi *m*; **in ~ of** au mépris de; **defiant** [dɪ'faɪənt] *adj* provocant(e), de défi; (*person*) rebelle, intraitable
deficiency [dɪ'fɪʃənsɪ] *n* (*lack*) insuffisance *f* (: *Med*) carence *f*; (*flaw*) faiblesse *f*; **deficient** [dɪ'fɪʃənt] *adj* (*inadequate*) insuffisant(e); **to be deficient in** manquer de
deficit ['dɛfɪsɪt] *n* déficit *m*
define [dɪ'faɪn] *vt* définir
definite ['dɛfɪnɪt] *adj* (*fixed*) défini(e), (bien) déterminé(e); (*clear, obvious*) net(te), manifeste; (*certain*) sûr(e); **he was ~ about it** il a été catégorique; **definitely** *adv* sans aucun doute
definition [dɛfɪ'nɪʃən] *n* définition *f*; (*clearness*) netteté *f*
deflate [diː'fleɪt] *vt* dégonfler
deflect [dɪ'flɛkt] *vt* détourner, faire dévier
defraud [dɪ'frɔːd] *vt*: **to ~ sb of sth** escroquer qch à qn
defriend [diː'frɛnd] *vt* (*Internet*) supprimer de sa liste d'amis
defrost [diː'frɔst] *vt* (*fridge*) dégivrer; (*frozen food*) décongeler
defuse [diː'fjuːz] *vt* désamorcer
defy [dɪ'faɪ] *vt* défier; (*efforts etc*) résister à; **it defies description** cela défie toute description
degree [dɪ'griː] *n* degré *m*; (*Scol*) diplôme *m* (universitaire); **a (first) ~ in maths** (BRIT) une licence en maths; **by ~s** (*gradually*) par degrés; **to some ~** jusqu'à un certain point, dans une certaine mesure
dehydrated [diːhaɪ'dreɪtɪd] *adj* déshydraté(e); (*milk, eggs*) en poudre
de-icer ['diː'aɪsəʳ] *n* dégivreur *m*
delay [dɪ'leɪ] *vt* retarder; (*payment*) différer ▷ *vi* s'attarder ▷ *n* délai *m*, retard *m*; **to be ~ed** être en retard
delegate *n* ['dɛlɪgɪt] délégué(e) ▷ *vt* ['dɛlɪgeɪt] déléguer
delete [dɪ'liːt] *vt* rayer, supprimer; (*Comput*) effacer
deli ['dɛlɪ] *n* épicerie fine
deliberate *adj* [dɪ'lɪbərɪt] (*intentional*) délibéré(e); (*slow*) mesuré(e) ▷ *vi* [dɪ'lɪbəreɪt] délibérer, réfléchir; **deliberately** *adv* (*on purpose*) exprès, délibérément
delicacy ['dɛlɪkəsɪ] *n* délicatesse *f*; (*choice food*) mets fin *or* délicat, friandise *f*
delicate ['dɛlɪkɪt] *adj* délicat(e)
delicatessen [dɛlɪkə'tɛsn] *n* épicerie fine
delicious [dɪ'lɪʃəs] *adj* délicieux(-euse)
delight [dɪ'laɪt] *n* (grande) joie, grand plaisir ▷ *vt* enchanter; **she's a ~ to work with** c'est un plaisir de travailler avec elle; **to take ~ in** prendre grand plaisir à; **delighted** *adj*: **delighted (at** *or* **with sth)** ravi(e) (de qch); **to be delighted to do sth/that** être enchanté(e) *or* ravi(e) de faire qch/que; **delightful** *adj* (*person*) adorable (*meal, evening*) merveilleux(-euse)
delinquent [dɪ'lɪŋkwənt] *adj*, *n* délinquant(e)
deliver [dɪ'lɪvəʳ] *vt* (*mail*) distribuer; (*goods*) livrer; (*message*) remettre; (*speech*) prononcer; (*Med: baby*) mettre au monde; **delivery** *n* (*of mail*) distribution *f*; (*of goods*) livraison *f*; (*of speaker*) élocution *f*; (*Med*) accouchement *m*; **to take delivery of** prendre livraison de
delusion [dɪ'luːʒən] *n* illusion *f*
de luxe [də'lʌks] *adj* de luxe
delve [dɛlv] *vi*: **to ~ into** fouiller dans

demand [dɪ'mɑ:nd] *vt* réclamer, exiger ▷ *n* exigence *f*; (*claim*) revendication *f*; (*Econ*) demande *f*; **in ~** demandé(e), recherché(e); **on ~** sur demande; **demanding** *adj* (*person*) exigeant(e); (*work*) astreignant(e)

Be careful not to translate *to demand* by the French word *demander*.

demise [dɪ'maɪz] *n* décès *m*
demo ['dɛməu] *n abbr* (*inf*: = *demonstration*) (*protest*) manif *f*; (*Comput*) démonstration *f*
democracy [dɪ'mɔkrəsɪ] *n* démocratie *f*; **democrat** ['dɛməkræt] *n* démocrate *m/f*; **democratic** [dɛmə'krætɪk] *adj* démocratique
demolish [dɪ'mɔlɪʃ] *vt* démolir
demolition [dɛmə'lɪʃən] *n* démolition *f*
demon ['di:mən] *n* démon *m*
demonstrate ['dɛmənstreɪt] *vt* démontrer, prouver; (*show*) faire une démonstration de ▷ *vi*: **to ~ (for/against)** manifester (en faveur de/contre); **demonstration** [dɛmən'streɪʃən] *n* démonstration *f*; (*Pol etc*) manifestation *f*; **demonstrator** *n* (*Pol etc*) manifestant(e)
demote [dɪ'məut] *vt* rétrograder
den [dɛn] *n* (*of lion*) tanière *f*; (*room*) repaire *m*
denial [dɪ'naɪəl] *n* (*of accusation*) démenti *m*; (*of rights, guilt, truth*) dénégation *f*
denim ['dɛnɪm] *n* jean *m*; **denims** *npl* (blue-)jeans *mpl*
Denmark ['dɛnmɑ:k] *n* Danemark *m*
denomination [dɪnɔmɪ'neɪʃən] *n* (*money*) valeur *f*; (*Rel*) confession *f*
denounce [dɪ'nauns] *vt* dénoncer
dense [dɛns] *adj* dense; (*inf*: *stupid*) obtus(e)
density ['dɛnsɪtɪ] *n* densité *f*
dent [dɛnt] *n* bosse *f* ▷ *vt* (*also*: **make a ~ in**) cabosser
dental ['dɛntl] *adj* dentaire; **dental floss** [-flɔs] *n* fil *m* dentaire; **dental surgery** *n* cabinet *m* de dentiste
dentist ['dɛntɪst] *n* dentiste *m/f*
dentures ['dɛntʃəz] *npl* dentier *msg*
deny [dɪ'naɪ] *vt* nier; (*refuse*) refuser
deodorant [di:'əudərənt] *n* déodorant *m*
depart [dɪ'pɑ:t] *vi* partir; **to ~ from** (*fig*: *differ from*) s'écarter de
department [dɪ'pɑ:tmənt] *n* (*Comm*) rayon *m*; (*Scol*) section *f*; (*Pol*) ministère *m*, département *m*; **department store** *n* grand magasin
departure [dɪ'pɑ:tʃə^r] *n* départ *m*; **a new ~** une nouvelle voie; **departure lounge** *n* salle *f* de départ
depend [dɪ'pɛnd] *vi*: **to ~ (up)on** dépendre de; (*rely on*) compter sur; **it ~s** cela dépend; **~ing on the result ...** selon le résultat ...; **dependant** *n* personne *f* à charge; **dependent** *adj*: **to be dependent (on)** dépendre (de) ▷ *n* = **dependant**
depict [dɪ'pɪkt] *vt* (*in picture*) représenter; (*in words*) (dé)peindre, décrire
deport [dɪ'pɔ:t] *vt* déporter, expulser
deposit [dɪ'pɔzɪt] *n* (*Chem, Comm, Geo*) dépôt *m*; (*of ore, oil*) gisement *m*; (*part payment*) arrhes *fpl*, acompte *m*; (*on bottle etc*) consigne *f*; (*for hired goods etc*) cautionnement *m*, garantie *f* ▷ *vt* déposer; **deposit account** *n* compte *m* sur livret
depot ['dɛpəu] *n* dépôt *m*; (*US Rail*) gare *f*
depreciate [dɪ'pri:ʃɪeɪt] *vi* se déprécier, se dévaloriser
depress [dɪ'prɛs] *vt* déprimer; (*press down*) appuyer sur, abaisser; (*wages etc*) faire baisser; **depressed** *adj* (*person*) déprimé(e); (*area*) en déclin, touché(e) par le sous-emploi; **depressing** *adj* déprimant(e); **depression** [dɪ'prɛʃən] *n* dépression *f*
deprive [dɪ'praɪv] *vt*: **to ~ sb of** priver qn de; **deprived** *adj* déshérité(e)

dept. *abbr* (= *department*) dép, dépt
depth [dɛpθ] *n* profondeur *f*; **to be in the ~s of despair** être au plus profond du désespoir; **to be out of one's ~** (BRIT: *swimmer*) ne plus avoir pied; (*fig*) être dépassé(e), nager
deputy ['dɛpjutɪ] *n* (*second in command*) adjoint(e); (*Pol*) député *m*; (*US*: *also*: **~ sheriff**) shérif adjoint ▹ *adj*: **~ head** (*Scol*) directeur(-trice) adjoint(e), sous-directeur(-trice)
derail [dɪ'reɪl] *vt*: **to be ~ed** dérailler
derelict ['dɛrɪlɪkt] *adj* abandonné(e), à l'abandon
derive [dɪ'raɪv] *vt*: **to ~ sth from** tirer qch de; trouver qch dans ▹ *vi*: **to ~ from** provenir de, dériver de
descend [dɪ'sɛnd] *vt*, *vi* descendre; **to ~ from** descendre de, être issu(e) de; **to ~ to** s'abaisser à; **descendant** *n* descendant(e); **descent** *n* descente *f*; (*origin*) origine *f*
describe [dɪs'kraɪb] *vt* décrire; **description** [dɪs'krɪpʃən] *n* description *f*; (*sort*) sorte *f*, espèce *f*
desert *n* ['dɛzət] désert *m* ▹ *vt* [dɪ'zə:t] déserter, abandonner ▹ *vi* (*Mil*) déserter; **deserted** [dɪ'zə:tɪd] *adj* désert(e)
deserve [dɪ'zə:v] *vt* mériter
design [dɪ'zaɪn] *n* (*sketch*) plan *m*, dessin *m*; (*layout, shape*) conception *f*, ligne *f*; (*pattern*) dessin, motif(s) *m(pl)*; (*of dress, car*) modèle *m*; (*art*) design *m*, stylisme *m*; (*intention*) dessein *m* ▹ *vt* dessiner; (*plan*) concevoir; **design and technology** *n* (BRIT *Scol*) technologie *f*
designate *vt* ['dɛzɪgneɪt] désigner ▹ *adj* ['dɛzɪgnɪt] désigné(e)
designer [dɪ'zaɪnəʳ] *n* (*Archit, Art*) dessinateur(-trice); (*Industry*) concepteur *m*, designer *m*; (*Fashion*) styliste *m/f*
desirable [dɪ'zaɪərəbl] *adj* (*property, location, purchase*) attrayant(e)
desire [dɪ'zaɪəʳ] *n* désir *m* ▹ *vt* désirer, vouloir
desk [dɛsk] *n* (*in office*) bureau *m*; (*for pupil*) pupitre *m*; (BRIT: *in shop, restaurant*) caisse *f*; (*in hotel, at airport*) réception *f*; **desk-top publishing** ['dɛsktɔp-] *n* publication assistée par ordinateur, PAO *f*
despair [dɪs'pɛəʳ] *n* désespoir *m* ▹ *vi*: **to ~ of** désespérer de
despatch [dɪs'pætʃ] *n*, *vt* = **dispatch**
desperate ['dɛspərɪt] *adj* désespéré(e); (*fugitive*) prêt(e) à tout; **to be ~ for sth/to do sth** avoir désespérément besoin de qch/de faire qch; **desperately** *adv* désespérément; (*very*) terriblement, extrêmement; **desperation** [dɛspə'reɪʃən] *n* désespoir *m*; **in (sheer) desperation** en désespoir de cause
despise [dɪs'paɪz] *vt* mépriser
despite [dɪs'paɪt] *prep* malgré, en dépit de
dessert [dɪ'zə:t] *n* dessert *m*; **dessertspoon** *n* cuiller *f* à dessert
destination [dɛstɪ'neɪʃən] *n* destination *f*
destined ['dɛstɪnd] *adj*: **~ for London** à destination de Londres
destiny ['dɛstɪnɪ] *n* destinée *f*, destin *m*
destroy [dɪs'trɔɪ] *vt* détruire; (*injured horse*) abattre; (*dog*) faire piquer
destruction [dɪs'trʌkʃən] *n* destruction *f*
destructive [dɪs'trʌktɪv] *adj* destructeur(-trice)
detach [dɪ'tætʃ] *vt* détacher; **detached** *adj* (*attitude*) détaché(e); **detached house** *n* pavillon *m* maison(nette) (individuelle)
detail ['di:teɪl] *n* détail *m* ▹ *vt* raconter en détail, énumérer; **in ~** en détail; **detailed** *adj* détaillé(e)
detain [dɪ'teɪn] *vt* retenir; (*in captivity*) détenir
detect [dɪ'tɛkt] *vt* déceler, percevoir; (*Med, Police*) dépister; (*Mil, Radar, Tech*) détecter; **detection** [dɪ'tɛkʃən] *n*

découverte *f*; **detective** *n* policier *m*; **private detective** détective privé; **detective story** *n* roman policier
detention [dɪ'tɛnʃən] *n* détention *f*; (*Scol*) retenue *f*, consigne *f*
deter [dɪ'təːʳ] *vt* dissuader
detergent [dɪ'təːdʒənt] *n* détersif *m*, détergent *m*
deteriorate [dɪ'tɪərɪəreɪt] *vi* se détériorer, se dégrader
determination [dɪtəːmɪ'neɪʃən] *n* détermination *f*
determine [dɪ'təːmɪn] *vt* déterminer; **to ~ to do** résoudre de faire, se déterminer à faire; **determined** *adj* (*person*) déterminé(e), décidé(e); **determined to do** bien décidé à faire
deterrent [dɪ'tɛrənt] *n* effet *m* de dissuasion; force *f* de dissuasion
detest [dɪ'tɛst] *vt* détester, avoir horreur de
detour ['diːtuəʳ] *n* détour *m*; (*US Aut*: *diversion*) déviation *f*
detract [dɪ'trækt] *vt*: **to ~ from** (*quality, pleasure*) diminuer; (*reputation*) porter atteinte à
detrimental [dɛtrɪ'mɛntl] *adj*: **~ to** préjudiciable *or* nuisible à
devastating ['dɛvəsteɪtɪŋ] *adj* dévastateur(-trice); (*news*) accablant(e)
develop [dɪ'vɛləp] *vt* (*gen*) développer; (*disease*) commencer à souffrir de; (*resources*) mettre en valeur, exploiter; (*land*) aménager ▷ *vi* se développer; (*situation, disease: evolve*) évoluer; (*facts, symptoms: appear*) se manifester, se produire; **can you ~ this film?** pouvez-vous développer cette pellicule?; **developing country** *n* pays *m* en voie de développement; **development** *n* développement *m*; (*of land*) exploitation *f*; (*new fact, event*) rebondissement *m*, fait(s) nouveau(x)
device [dɪ'vaɪs] *n* (*apparatus*) appareil *m*, dispositif *m*
devil ['dɛvl] *n* diable *m*; démon *m*
devious ['diːvɪəs] *adj* (*person*) sournois(e), dissimulé(e)
devise [dɪ'vaɪz] *vt* imaginer, concevoir
devote [dɪ'vəut] *vt*: **to ~ sth to** consacrer qch à; **devoted** *adj* dévoué(e); **to be devoted to** être dévoué(e) *or* très attaché(e) à; (*book etc*) être consacré(e) à; **devotion** *n* dévouement *m*, attachement *m*; (*Rel*) dévotion *f*, piété *f*
devour [dɪ'vauəʳ] *vt* dévorer
devout [dɪ'vaut] *adj* pieux(-euse), dévot(e)
dew [djuː] *n* rosée *f*
diabetes [daɪə'biːtiːz] *n* diabète *m*
diabetic [daɪə'bɛtɪk] *n* diabétique *m/f* ▷ *adj* (*person*) diabétique
diagnose [daɪəg'nəuz] *vt* diagnostiquer
diagnosis (*pl* **diagnoses**) [daɪəg'nəusɪs, -siːz] *n* diagnostic *m*
diagonal [daɪ'ægənl] *adj* diagonal(e) ▷ *n* diagonale *f*
diagram ['daɪəgræm] *n* diagramme *m*, schéma *m*
dial ['daɪəl] *n* cadran *m* ▷ *vt* (*number*) faire, composer
dialect ['daɪəlɛkt] *n* dialecte *m*
dialling code ['daɪəlɪŋ-], (*US*) **dial code** *n* indicatif *m* (téléphonique); **what's the ~ for Paris?** quel est l'indicatif de Paris?
dialling tone ['daɪəlɪŋ-], (*US*) **dial tone** *n* tonalité *f*
dialogue, (*US*) **dialog** ['daɪəlɔg] *n* dialogue *m*
diameter [daɪ'æmɪtəʳ] *n* diamètre *m*
diamond ['daɪəmənd] *n* diamant *m*; (*shape*) losange *m*; **diamonds** *npl* (*Cards*) carreau *m*
diaper ['daɪəpəʳ] *n* (*US*) couche *f*
diarrhoea, (*US*) **diarrhea** [daɪə'riːə] *n* diarrhée *f*
diary ['daɪərɪ] *n* (*daily account*) journal *m*; (*book*) agenda *m*
dice [daɪs] *n* (*pl inv*) dé *m* ▷ *vt* (*Culin*) couper en dés *or* en cubes

d

dictate *vt* [dɪk'teɪt] dicter; **dictation** [dɪk'teɪʃən] *n* dictée *f*
dictator [dɪk'teɪtəʳ] *n* dictateur *m*
dictionary ['dɪkʃənrɪ] *n* dictionnaire *m*
did [dɪd] *pt of* **do**
didn't [dɪdnt] = **did not**
die [daɪ] *vi* mourir; **to be dying for sth** avoir une envie folle de qch; **to be dying to do sth** mourir d'envie de faire qch; **die down** *vi* se calmer, s'apaiser; **die out** *vi* disparaître, s'éteindre
diesel ['di:zl] *n* (*vehicle*) diesel *m*; (*also*: **~ oil**) carburant *m* diesel, gas-oil *m*
diet ['daɪət] *n* alimentation *f*; (*restricted food*) régime *m* ▷ *vi* (*also*: **be on a ~**) suivre un régime
differ ['dɪfəʳ] *vi*: **to ~ from sth** (*be different*) être différent(e) de qch, différer de qch; **to ~ from sb over sth** ne pas être d'accord avec qn au sujet de qch; **difference** *n* différence *f*; (*quarrel*) différend *m*, désaccord *m*; **different** *adj* différent(e); **differentiate** [dɪfə'rɛnʃɪeɪt] *vi*: **to differentiate between** faire une différence entre; **differently** *adv* différemment
difficult ['dɪfɪkəlt] *adj* difficile; **difficulty** *n* difficulté *f*
dig [dɪg] *vt* (*pt, pp* **dug**) (*hole*) creuser; (*garden*) bêcher ▷ *n* (*prod*) coup *m* de coude; (*fig: remark*) coup de griffe *or* de patte; (*Archaeology*) fouille *f*; **to ~ one's nails into** enfoncer ses ongles dans; **dig up** *vt* déterrer
digest *vt* [daɪ'dʒɛst] digérer ▷ *n* ['daɪdʒɛst] sommaire *m*, résumé *m*; **digestion** [dɪ'dʒɛstʃən] *n* digestion *f*
digit ['dɪdʒɪt] *n* (*number*) chiffre *m* (*de o à 9*); (*finger*) doigt *m*; **digital** *adj* (*system, recording, radio*) numérique, digital(e); (*watch*) à affichage numérique *or* digital; **digital camera** *n* appareil *m* photo numérique; **digital TV** *n* télévision *f* numérique
dignified ['dɪgnɪfaɪd] *adj* digne
dignity ['dɪgnɪtɪ] *n* dignité *f*
digs [dɪgz] *npl* (BRIT *inf*) piaule *f*, chambre meublée
dilemma [daɪ'lɛmə] *n* dilemme *m*
dill [dɪl] *n* aneth *m*
dilute [daɪ'lu:t] *vt* diluer
dim [dɪm] *adj* (*light, eyesight*) faible; (*memory, outline*) vague, indécis(e); (*room*) sombre; (*inf: stupid*) borné(e), obtus(e) ▷ *vt* (*light*) réduire, baisser; (US *Aut*) mettre en code, baisser
dime [daɪm] *n* (US) pièce *f* de 10 cents
dimension [daɪ'mɛnʃən] *n* dimension *f*
diminish [dɪ'mɪnɪʃ] *vt, vi* diminuer
din [dɪn] *n* vacarme *m*
dine [daɪn] *vi* dîner; **diner** *n* (*person*) dîneur(-euse); (US: *eating place*) petit restaurant
dinghy ['dɪŋgɪ] *n* youyou *m*; (*inflatable*) canot *m* pneumatique; (*also*: **sailing ~**) voilier *m*, dériveur *m*
dingy ['dɪndʒɪ] *adj* miteux(-euse), minable
dining car ['daɪnɪŋ-] *n* (BRIT) voiture-restaurant *f*, wagon-restaurant *m*
dining room ['daɪnɪŋ-] *n* salle *f* à manger
dining table [daɪnɪŋ-] *n* table *f* de (la) salle à manger
dinkum ['dɪŋkʌm] *adj* (AUST, NZ *inf*) vrai(e); **fair ~** vrai(e)
dinner ['dɪnəʳ] *n* (*evening meal*) dîner *m*; (*lunch*) déjeuner *m*; (*public*) banquet *m*; **dinner jacket** *n* smoking *m*; **dinner party** *n* dîner *m*; **dinner time** *n* (*evening*) heure *f* du dîner; (*midday*) heure du déjeuner
dinosaur ['daɪnəsɔ:ʳ] *n* dinosaure *m*
dip [dɪp] *n* (*slope*) déclivité *f*; (*in sea*) baignade *f*, bain *m*; (*Culin*) ≈ sauce *f* ▷ *vt* tremper, plonger; (BRIT *Aut*: *lights*) mettre en code, baisser ▷ *vi* plonger
diploma [dɪ'pləumə] *n* diplôme *m*
diplomacy [dɪ'pləuməsɪ] *n* diplomatie *f*

diplomat ['dɪpləmæt] *n* diplomate *m*; **diplomatic** [dɪplə'mætɪk] *adj* diplomatique

dipstick ['dɪpstɪk] *n* (BRIT *Aut*) jauge *f* de niveau d'huile

dire [daɪəʳ] *adj* (*poverty*) extrême; (*awful*) affreux(-euse)

direct [daɪ'rɛkt] *adj* direct(e) ▷ *vt* (*tell way*) diriger, orienter; (*letter, remark*) adresser; (*Cine, TV*) réaliser; (*Theat*) mettre en scène; (*order*): **to ~ sb to do sth** ordonner à qn de faire qch ▷ *adv* directement; **can you ~ me to ...?** pouvez-vous m'indiquer le chemin de ...?; **direct debit** *n* (BRIT *Banking*) prélèvement *m* automatique

direction [dɪ'rɛkʃən] *n* direction *f*; **directions** *npl* (*to a place*) indications *fpl*; **~s for use** mode *m* d'emploi; **sense of ~** sens *m* de l'orientation

directly [dɪ'rɛktlɪ] *adv* (*in straight line*) directement, tout droit; (*at once*) tout de suite, immédiatement

director [dɪ'rɛktəʳ] *n* directeur *m*; (*Theat*) metteur *m* en scène; (*Cine, TV*) réalisateur(-trice)

directory [dɪ'rɛktərɪ] *n* annuaire *m*; (*Comput*) répertoire *m*; **directory enquiries**, (US) **directory assistance** *n* (*Tel: service*) renseignements *mpl*

dirt [də:t] *n* saleté *f*; (*mud*) boue *f*; **dirty** *adj* sale; (*joke*) cochon(ne) ▷ *vt* salir

disability [dɪsə'bɪlɪtɪ] *n* invalidité *f*, infirmité *f*

disabled [dɪs'eɪbld] *adj* handicapé(e); (*maimed*) mutilé(e)

disadvantage [dɪsəd'vɑ:ntɪdʒ] *n* désavantage *m*, inconvénient *m*

disagree [dɪsə'gri:] *vi* (*differ*) ne pas concorder; (*be against, think otherwise*): **to ~ (with)** ne pas être d'accord (avec); **disagreeable** *adj* désagréable; **disagreement** *n* désaccord *m*, différend *m*

disappear [dɪsə'pɪəʳ] *vi* disparaître; **disappearance** *n* disparition *f*

disappoint [dɪsə'pɔɪnt] *vt* décevoir; **disappointed** *adj* déçu(e); **disappointing** *adj* décevant(e); **disappointment** *n* déception *f*

disapproval [dɪsə'pru:vəl] *n* désapprobation *f*

disapprove [dɪsə'pru:v] *vi*: **to ~ of** désapprouver

disarm [dɪs'ɑ:m] *vt* désarmer; **disarmament** [dɪs'ɑ:məmənt] *n* désarmement *m*

disaster [dɪ'zɑ:stəʳ] *n* catastrophe *f*, désastre *m*; **disastrous** *adj* désastreux(-euse)

disbelief ['dɪsbə'li:f] *n* incrédulité *f*

disc [dɪsk] *n* disque *m*; (*Comput*) = **disk**

discard [dɪs'kɑ:d] *vt* (*old things*) se débarrasser de; (*fig*) écarter, renoncer à

discharge *vt* [dɪs'tʃɑ:dʒ] (*duties*) s'acquitter de; (*waste etc*) déverser; décharger; (*patient*) renvoyer (chez lui); (*employee, soldier*) congédier, licencier ▷ *n* ['dɪstʃɑ:dʒ] (*Elec, Med*) émission *f*; (*dismissal*) renvoi *m* licenciement *m*

discipline ['dɪsɪplɪn] *n* discipline *f* ▷ *vt* discipliner; (*punish*) punir

disc jockey *n* disque-jockey *m* (DJ)

disclose [dɪs'kləuz] *vt* révéler, divulguer

disco ['dɪskəu] *n abbr* discothèque *f*

discoloured, (US) **discolored** [dɪs'kʌləd] *adj* décoloré(e), jauni(e)

discomfort [dɪs'kʌmfət] *n* malaise *m*, gêne *f*; (*lack of comfort*) manque *m* de confort

disconnect [dɪskə'nɛkt] *vt* (*Elec, Radio*) débrancher; (*gas, water*) couper

discontent [dɪskən'tɛnt] *n* mécontentement *m*

discontinue [dɪskən'tɪnju:] *vt* cesser, interrompre; **"~d"** (*Comm*) "fin de série"

discount *n* ['dɪskaunt] remise *f*, rabais *m* ▷ *vt* [dɪs'kaunt] (*report etc*) ne pas tenir compte de

discourage [dɪsˈkʌrɪdʒ] *vt* décourager
discover [dɪsˈkʌvəʳ] *vt* découvrir; **discovery** *n* découverte *f*
discredit [dɪsˈkrɛdɪt] *vt* (*idea*) mettre en doute; (*person*) discréditer
discreet [dɪˈskriːt] *adj* discret(-ète)
discrepancy [dɪˈskrɛpənsɪ] *n* divergence *f*, contradiction *f*
discretion [dɪˈskrɛʃən] *n* discrétion *f*; **at the ~ of** à la discrétion de
discriminate [dɪˈskrɪmɪneɪt] *vi*: **to ~ between** établir une distinction entre, faire la différence entre; **to ~ against** pratiquer une discrimination contre; **discrimination** [dɪskrɪmɪˈneɪʃən] *n* discrimination *f*; (*judgment*) discernement *m*
discuss [dɪˈskʌs] *vt* discuter de; (*debate*) discuter; **discussion** [dɪˈskʌʃən] *n* discussion *f*
disease [dɪˈziːz] *n* maladie *f*
disembark [dɪsɪmˈbɑːk] *vt, vi* débarquer
disgrace [dɪsˈgreɪs] *n* honte *f*; (*disfavour*) disgrâce *f* ▷ *vt* déshonorer, couvrir de honte; **disgraceful** *adj* scandaleux(-euse), honteux(-euse)
disgruntled [dɪsˈgrʌntld] *adj* mécontent(e)
disguise [dɪsˈgaɪz] *n* déguisement *m* ▷ *vt* déguiser; **in ~** déguisé(e)
disgust [dɪsˈgʌst] *n* dégoût *m*, aversion *f* ▷ *vt* dégoûter, écœurer
disgusted [dɪsˈgʌstɪd] *adj* dégoûté(e), écœuré(e)
disgusting [dɪsˈgʌstɪŋ] *adj* dégoûtant(e)
dish [dɪʃ] *n* plat *m*; **to do** *or* **wash the ~es** faire la vaisselle; **dishcloth** *n* (*for drying*) torchon *m*; (*for washing*) lavette *f*
dishonest [dɪsˈɔnɪst] *adj* malhonnête
dishtowel [ˈdɪʃtauəl] *n* (*US*) torchon *m* (à vaisselle)
dishwasher [ˈdɪʃwɔʃəʳ] *n* lave-vaisselle *m*
disillusion [dɪsɪˈluːʒən] *vt* désabuser, désenchanter
disinfectant [dɪsɪnˈfɛktənt] *n* désinfectant *m*
disintegrate [dɪsˈɪntɪgreɪt] *vi* se désintégrer
disk [dɪsk] *n* (*Comput*) disquette *f*; **single-/double-sided ~** disquette une face/double face; **disk drive** *n* lecteur *m* de disquette; **diskette** *n* (*Comput*) disquette *f*
dislike [dɪsˈlaɪk] *n* aversion *f*, antipathie *f* ▷ *vt* ne pas aimer
dislocate [ˈdɪsləkeɪt] *vt* disloquer, déboîter
disloyal [dɪsˈlɔɪəl] *adj* déloyal(e)
dismal [ˈdɪzml] *adj* (*gloomy*) lugubre, maussade; (*very bad*) lamentable
dismantle [dɪsˈmæntl] *vt* démonter
dismay [dɪsˈmeɪ] *n* consternation *f* ▷ *vt* consterner
dismiss [dɪsˈmɪs] *vt* congédier, renvoyer; (*idea*) écarter; (*Law*) rejeter; **dismissal** *n* renvoi *m*
disobedient [dɪsəˈbiːdɪənt] *adj* désobéissant(e), indiscipliné(e)
disobey [dɪsəˈbeɪ] *vt* désobéir à
disorder [dɪsˈɔːdəʳ] *n* désordre *m*; (*rioting*) désordres *mpl*; (*Med*) troubles *mpl*
disorganized [dɪsˈɔːgənaɪzd] *adj* désorganisé(e)
disown [dɪsˈəun] *vt* renier
dispatch [dɪsˈpætʃ] *vt* expédier, envoyer ▷ *n* envoi *m*, expédition *f*; (*Mil, Press*) dépêche *f*
dispel [dɪsˈpɛl] *vt* dissiper, chasser
dispense [dɪsˈpɛns] *vt* (*medicine*) préparer (et vendre); **dispense with** *vt fus* se passer de; **dispenser** *n* (*device*) distributeur *m*
disperse [dɪsˈpəːs] *vt* disperser ▷ *vi* se disperser
display [dɪsˈpleɪ] *n* (*of goods*) étalage *m*; affichage *m*; (*Comput*: *information*) visualisation *f*; (: *device*) visuel *m*; (*of feeling*) manifestation *f* ▷ *vt* montrer; (*goods*) mettre à l'étalage, exposer;

(results, departure times) afficher; *(pej)* faire étalage de

displease [dɪs'pli:z] *vt* mécontenter, contrarier

disposable [dɪs'pəuzəbl] *adj (pack etc)* jetable; *(income)* disponible

disposal [dɪs'pəuzl] *n (of rubbish)* évacuation *f*, destruction *f*; *(of property etc: by selling)* vente *f*; *(: by giving away)* cession *f*; **at one's ~** à sa disposition

dispose [dɪs'pəuz] *vi*: **to ~ of** *(unwanted goods)* se débarrasser de, se défaire de; *(problem)* expédier; **disposition** [dɪspə'zɪʃən] *n* disposition *f*; *(temperament)* naturel *m*

disproportionate [dɪsprə'pɔ:ʃənət] *adj* disproportionné(e)

dispute [dɪs'pju:t] *n* discussion *f*; *(also:* **industrial ~***)* conflit *m* ▷ *vt (question)* contester; *(matter)* discuter

disqualify [dɪs'kwɔlɪfaɪ] *vt (Sport)* disqualifier; **to ~ sb for sth/from doing** rendre qn inapte à qch/à faire

disregard [dɪsrɪ'gɑ:d] *vt* ne pas tenir compte de

disrupt [dɪs'rʌpt] *vt (plans, meeting, lesson)* perturber, déranger; **disruption** [dɪs'rʌpʃən] *n* perturbation *f*, dérangement *m*

dissatisfaction [dɪssætɪs'fækʃən] *n* mécontentement *m*, insatisfaction *f*

dissatisfied [dɪs'sætɪsfaɪd] *adj*: **~ (with)** insatisfait(e) (de)

dissect [dɪ'sɛkt] *vt* disséquer

dissent [dɪ'sɛnt] *n* dissentiment *m*, différence *f* d'opinion

dissertation [dɪsə'teɪʃən] *n (Scol)* mémoire *m*

dissolve [dɪ'zɔlv] *vt* dissoudre ▷ *vi* se dissoudre, fondre; **to ~ in(to) tears** fondre en larmes

distance ['dɪstns] *n* distance *f*; **in the ~** au loin

distant ['dɪstnt] *adj* lointain(e), éloigné(e); *(manner)* distant(e), froid(e)

distil, *(US)* **distill** [dɪs'tɪl] *vt* distiller; **distillery** *n* distillerie *f*

distinct [dɪs'tɪŋkt] *adj* distinct(e); *(clear)* marqué(e); **as ~ from** par opposition à; **distinction** [dɪs'tɪŋkʃən] *n* distinction *f*; *(in exam)* mention *f* très bien; **distinctive** *adj* distinctif(-ive)

distinguish [dɪs'tɪŋgwɪʃ] *vt* distinguer; **to ~ o.s.** se distinguer; **distinguished** *adj (eminent, refined)* distingué(e)

distort [dɪs'tɔ:t] *vt* déformer

distract [dɪs'trækt] *vt* distraire, déranger; **distracted** *adj (not concentrating)* distrait(e); *(worried)* affolé(e); **distraction** [dɪs'trækʃən] *n* distraction *f*

distraught [dɪs'trɔ:t] *adj* éperdu(e)

distress [dɪs'trɛs] *n* détresse *f* ▷ *vt* affliger; **distressing** *adj* douloureux(-euse), pénible

distribute [dɪs'trɪbju:t] *vt* distribuer; **distribution** [dɪstrɪ'bju:ʃən] *n* distribution *f*; **distributor** *n (gen, Tech)* distributeur *m*; *(Comm)* concessionnaire *m/f*

district ['dɪstrɪkt] *n (of country)* région *f*; *(of town)* quartier *m*; *(Admin)* district *m*; **district attorney** *n (US)* ≈ procureur *m* de la République

distrust [dɪs'trʌst] *n* méfiance *f*, doute *m* ▷ *vt* se méfier de

disturb [dɪs'tə:b] *vt* troubler; *(inconvenience)* déranger; **disturbance** *n* dérangement *m*; *(political etc)* troubles *mpl*; **disturbed** *adj (worried, upset)* agité(e), troublé(e); **to be emotionally disturbed** avoir des problèmes affectifs; **disturbing** *adj* troublant(e), inquiétant(e)

ditch [dɪtʃ] *n* fossé *m*; *(for irrigation)* rigole *f* ▷ *vt (inf)* abandonner; *(person)* plaquer

ditto ['dɪtəu] *adv* idem

dive [daɪv] *n* plongeon *m*; *(of submarine)* plongée *f* ▷ *vi* plonger; **to ~ into** *(bag etc)* plonger la main dans; *(place)* se précipiter dans; **diver** *n* plongeur *m*

diverse [daɪ'və:s] *adj* divers(e)
diversion [daɪ'və:ʃən] *n* (BRIT *Aut*) déviation *f*; (*distraction, Mil*) diversion *f*
diversity [daɪ'və:sɪtɪ] *n* diversité *f*, variété *f*
divert [daɪ'və:t] *vt* (BRIT: *traffic*) dévier; (*plane*) dérouter; (*train, river*) détourner
divide [dɪ'vaɪd] *vt* diviser; (*separate*) séparer ▷ *vi* se diviser; **divided highway** (US) *n* route *f* à quatre voies
divine [dɪ'vaɪn] *adj* divin(e)
diving ['daɪvɪŋ] *n* plongée (sous-marine); **diving board** *n* plongeoir *m*
division [dɪ'vɪʒən] *n* division *f*; (*separation*) séparation *f*; (*Comm*) service *m*
divorce [dɪ'vɔ:s] *n* divorce *m* ▷ *vt* divorcer d'avec; **divorced** *adj* divorcé(e); **divorcee** [dɪvɔ:'si:] *n* divorcé(e)
DIY *adj, n abbr* (BRIT) = **do-it-yourself**
dizzy ['dɪzɪ] *adj*: **I feel ~** la tête me tourne, j'ai la tête qui tourne
DJ *n abbr* = **disc jockey**
DNA *n abbr* (= *deoxyribonucleic acid*) ADN *m*

KEYWORD

do [du:] *n* (*inf: party etc*) soirée *f*, fête *f*
▶ *aux vb* (*pt* **did**, *pp* **done**) **1** (*in negative constructions*) *non traduit*; **I don't understand** je ne comprends pas
2 (*to form questions*) *non traduit*; **didn't you know?** vous ne le saviez pas?; **what do you think?** qu'en pensez-vous?
3 (*for emphasis, in polite expressions*): **people do make mistakes sometimes** on peut toujours se tromper; **she does seem rather late** je trouve qu'elle est bien en retard; **do sit down/help yourself** asseyez-vous/servez-vous je vous en prie; **do take care!** faites bien attention à vous!
4 (*used to avoid repeating vb*): **she swims better than I do** elle nage mieux que moi; **do you agree? — yes, I do/no I don't** vous êtes d'accord? — oui/non; **she lives in Glasgow — so do I** elle habite Glasgow — moi aussi; **he didn't like it and neither did we** il n'a pas aimé ça, et nous non plus; **who broke it? — I did** qui l'a cassé? — c'est moi; **he asked me to help him and I did** il m'a demandé de l'aider, et c'est ce que j'ai fait
5 (*in question tags*): **you like him, don't you?** vous l'aimez bien, n'est-ce pas?; **I don't know him, do I?** je ne crois pas le connaître
▶ *vt* (*pt* **did**, *pp* **done**) **1** (*gen: carry out, perform etc*) faire; (*visit: city, museum*) faire, visiter; **what are you doing tonight?** qu'est-ce que vous faites ce soir?; **what do you do?** (*job*) que faites-vous dans la vie?; **what can I do for you?** que puis-je faire pour vous?; **to do the cooking/washing-up** faire la cuisine/la vaisselle; **to do one's teeth/hair/nails** se brosser les dents/se coiffer/se faire les ongles
2 (*Aut etc: distance*) faire; (*: speed*) faire du; **we've done 200 km already** nous avons déjà fait 200 km; **the car was doing 100** la voiture faisait du 100 (à l'heure); **he can do 100 in that car** il peut faire du 100 (à l'heure) dans cette voiture-là
▶ *vi* (*pt* **did**, *pp* **done**) **1** (*act, behave*) faire; **do as I do** faites comme moi
2 (*get on, fare*) marcher; **the firm is doing well** l'entreprise marche bien; **he's doing well/badly at school** ça marche bien/mal pour lui à l'école; **how do you do?** comment allez-vous?; (*on being introduced*) enchanté(e)!
3 (*suit*) aller; **will it do?** est-ce que ça ira?
4 (*be sufficient*) suffire, aller; **will £10**

do? est-ce que 10 livres suffiront?; **that'll do** ça suffit, ça ira; **that'll do!** (*in annoyance*) ça va *or* suffit comme ça!; **to make do (with)** se contenter (de)
do up *vt* (*laces, dress*) attacher; (*buttons*) boutonner; (*zip*) fermer; (*renovate: room*) refaire; (*: house*) remettre à neuf
do with *vt fus* (*need*): **I could do with a drink/some help** quelque chose à boire/un peu d'aide ne serait pas de refus; **it could do with a wash** ça ne lui ferait pas de mal d'être lavé; (*be connected with*): **that has nothing to do with you** cela ne vous concerne pas; **I won't have anything to do with it** je ne veux pas m'en mêler
do without *vi* s'en passer; **if you're late for tea then you'll do without** si vous êtes en retard pour le dîner il faudra vous en passer ▷ *vt fus* se passer de; **I can do without a car** je peux me passer de voiture

ock [dɔk] *n* dock *m*; (*wharf*) quai *m*; (*Law*) banc *m* des accusés ▷ *vi* se mettre à quai; (*Space*) s'arrimer; **docks** *npl* (*Naut*) docks
octor ['dɔktəʳ] *n* médecin *m*, docteur *m*; (*PhD etc*) docteur ▷ *vt* (*drink*) frelater; **call a ~!** appelez un docteur *or* un médecin!; **Doctor of Philosophy** *n* (*degree*) doctorat *m*; (*person*) titulaire *m/f* d'un doctorat
ocument ['dɔkjumənt] *n* document *m*; **documentary** [dɔkju'mɛntərɪ] *adj, n* documentaire (*m*); **documentation** [dɔkjumən'teɪʃən] *n* documentation *f*
odge [dɔdʒ] *n* truc *m*; combine *f* ▷ *vt* esquiver, éviter
odgy ['dɔdʒɪ] *adj* (BRIT *inf: uncertain*) douteux(-euse); (*: shady*) louche
oes [dʌz] *vb see* **do**
oesn't ['dʌznt] = **does not**
og [dɔg] *n* chien(ne) ▷ *vt* (*follow closely*) suivre de près; (*fig: memory etc*) poursuivre, harceler; **doggy bag** ['dɔgɪ-] *n petit sac pour emporter les restes*
do-it-yourself ['du:ɪtjɔ:'sɛlf] *n* bricolage *m*
dole [dəul] *n* (BRIT: *payment*) allocation *f* de chômage; **on the ~** au chômage
doll [dɔl] *n* poupée *f*
dollar ['dɔləʳ] *n* dollar *m*
dolphin ['dɔlfɪn] *n* dauphin *m*
dome [dəum] *n* dôme *m*
domestic [də'mɛstɪk] *adj* (*duty, happiness*) familial(e); (*policy, affairs, flight*) intérieur(e); (*animal*) domestique
dominant ['dɔmɪnənt] *adj* dominant(e)
dominate ['dɔmɪneɪt] *vt* dominer
domino ['dɔmɪnəu] (*pl* **dominoes**) *n* domino *m*; **dominoes** *n* (*game*) dominos *mpl*
donate [də'neɪt] *vt* faire don de, donner; **donation** [də'neɪʃən] *n* donation *f*, don *m*
done [dʌn] *pp of* **do**
donkey ['dɔŋkɪ] *n* âne *m*
donor ['dəunəʳ] *n* (*of blood etc*) donneur(-euse); (*to charity*) donateur(-trice); **donor card** *n* carte *f* de don d'organes
don't [dəunt] = **do not**
donut ['dəunʌt] (US) *n* = **doughnut**
doodle ['du:dl] *vi* griffonner, gribouiller
doom [du:m] *n* (*fate*) destin *m* ▷ *vt*: **to be ~ed to failure** être voué(e) à l'échec
door [dɔ:ʳ] *n* porte *f*; (*Rail, car*) portière *f*; **doorbell** *n* sonnette *f*; **door handle** *n* poignée *f* de porte; (*of car*) poignée de portière; **doorknob** *n* poignée *f or* bouton *m* de porte; **doorstep** *n* pas *m* de (la) porte, seuil *m*; **doorway** *n* (embrasure *f* de) porte *f*
dope [dəup] *n* (*inf: drug*) drogue *f*; (*: person*) andouille *f* ▷ *vt* (*horse etc*) doper

dormitory ['dɔːmɪtrɪ] *n* (BRIT) dortoir *m*; (*US*: *hall of residence*) résidence *f* universitaire
DOS [dɔs] *n abbr* (= *disk operating system*) DOS *m*
dosage ['dəusɪdʒ] *n* dose *f*; dosage *m*; (*on label*) posologie *f*
dose [dəus] *n* dose *f*
dot [dɔt] *n* point *m*; (*on material*) pois *m* ▷ *vt*: **~ted with** parsemé(e) de; **on the ~** à l'heure tapante; **dotcom** *n* point com *m*, pointcom *m*; **dotted line** ['dɔtɪd-] *n* ligne pointillée; **to sign on the dotted line** signer à l'endroit indiqué *or* sur la ligne pointillée
double ['dʌbl] *adj* double ▷ *adv* (*twice*): **to cost ~ (sth)** coûter le double (de qch) *or* deux fois plus (que qch) ▷ *n* double *m*; (*Cine*) doublure *f* ▷ *vt* doubler; (*fold*) plier en deux ▷ *vi* doubler; **on the ~, at the ~** au pas de course; **double back** *vi* (*person*) revenir sur ses pas; **double bass** *n* contrebasse *f*; **double bed** *n* grand lit; **double-check** *vt, vi* revérifier; **double-click** *vi* (*Comput*) double-cliquer; **double-cross** *vt* doubler, trahir; **double-decker** *n* autobus *m* à impériale; **double glazing** *n* (BRIT) double vitrage *m*; **double room** *n* chambre *f* pour deux; **doubles** *n* (*Tennis*) double *m*; **double yellow lines** *npl* (BRIT *Aut*) *double bande jaune marquant l'interdiction de stationner*
doubt [daut] *n* doute *m* ▷ *vt* douter de; **no ~** sans doute; **to ~ that** douter que + *sub*; **doubtful** *adj* douteux(-euse); (*person*) incertain(e); **doubtless** *adv* sans doute, sûrement
dough [dəu] *n* pâte *f*; **doughnut**, (*US*) **donut** *n* beignet *m*
dove [dʌv] *n* colombe *f*
Dover ['dəuvəʳ] *n* Douvres
down [daun] *n* (*fluff*) duvet *m* ▷ *adv* en bas, vers le bas; (*on the ground*) par terre ▷ *prep* en bas de; (*along*) le long de ▷ *vt* (*inf*: *drink*) siffler; **to walk ~ a hill** descendre une colline; **to run ~ the street** descendre la rue en courant; **~ with X!** à bas X!; **down-and-out** *n* (*tramp*) clochard(e); **downfall** *n* chute *f*; ruine *f*; **downhill** *adv*: **to go downhill** descendre; (*business*) péricliter
Downing Street ['daunɪŋ-] *n* (BRIT): **10 ~** *résidence du Premier minist*

DOWNING STREET

Downing Street est une rue de Westminster (à Londres) où se trouvent la résidence officielle du Premier ministre et celle du ministre des Finances. Le nom *Downing Street* est souvent utilisé pour désigner le gouvernement britannique.

down: download *vt* (*Comput*) télécharger; **downloadable** *adj* (*Comput*) téléchargeable; **downrigh** *adj* (*lie etc*) effronté(e); (*refusal*) catégorique
Down's syndrome [daunz-] *n* trisomie *f*
down: downstairs *adv* (*on or to ground floor*) au rez-de-chaussée; (*on or to floor below*) à l'étage inférieur; **down-to-earth** *adj* terre à terre *inv*; **downtown** *adv* en ville; **down unde** *adv* en Australie *or* Nouvelle Zélande; **downward** ['daunwəd] *adj, adv* ve le bas; **downwards** ['daunwədz] *a* vers le bas
doz. *abbr* = **dozen**
doze [dəuz] *vi* sommeiller
dozen ['dʌzn] *n* douzaine *f*; **a ~ boo** une douzaine de livres; **~s of** des centaines de
Dr. *abbr* (= *doctor*) Dr; (*in street names*) = **drive**
drab [dræb] *adj* terne, morne
draft [drɑːft] *n* (*of letter, school work*) brouillon *m*; (*of literary work*) ébauch *f*; (*Comm*) traite *f*; (*US Mil*: *call-up*)

conscription *f* ▷ *vt* faire le brouillon de; (*Mil: send*) détacher; *see also* **draught**
rag [dræg] *vt* traîner; (*river*) draguer ▷ *vi* traîner ▷ *n* (*inf*) casse-pieds *m/f*; (*: women's clothing*): **in ~** (en) travesti; **to ~ and drop** (*Comput*) glisser-poser
ragonfly ['drægənflaɪ] *n* libellule *f*
rain [dreɪn] *n* égout *m*; (*on resources*) saignée *f* ▷ *vt* (*land, marshes*) assécher; (*vegetables*) égoutter; (*reservoir etc*) vider ▷ *vi* (*water*) s'écouler; **drainage** *n* (*system*) système *m* d'égouts; (*act*) drainage *m*; **drainpipe** *n* tuyau *m* d'écoulement
rama ['drɑːmə] *n* (*art*) théâtre *m*, art *m* dramatique; (*play*) pièce *f*; (*event*) drame *m*; **dramatic** [drə'mætɪk] *adj* (*Theat*) dramatique; (*impressive*) spectaculaire
rank [dræŋk] *pt of* **drink**
rape [dreɪp] *vt* draper; **drapes** *npl* (*US*) rideaux *mpl*
rastic ['dræstɪk] *adj* (*measures*) d'urgence, énergique; (*change*) radical(e)
raught, (*US*) **draft** [drɑːft] *n* courant *m* d'air; **on ~** (*beer*) à la pression; **draught beer** *n* bière *f* (à la) pression; **draughts** *n* (BRIT: *game*) (jeu *m* de) dames *fpl*
raw [drɔː] (*vb: pt* **drew**, *pp* **drawn**) *vt* tirer; (*picture*) dessiner; (*attract*) attirer; (*line, circle*) tracer; (*money*) retirer; (*wages*) toucher ▷ *vi* (*Sport*) faire match nul ▷ *n* match nul; (*lottery*) loterie *f*; (*picking of ticket*) tirage *m* au sort; **draw out** *vi* (*lengthen*) s'allonger ▷ *vt* (*money*) retirer; **draw up** *vi* (*stop*) s'arrêter ▷ *vt* (*document*) établir, dresser; (*plan*) formuler, dessiner; (*chair*) approcher; **drawback** *n* inconvénient *m*, désavantage *m*
rawer [drɔːʳ] *n* tiroir *m*
rawing ['drɔːɪŋ] *n* dessin *m*; **drawing pin** *n* (BRIT) punaise *f*; **drawing room** *n* salon *m*
drawn [drɔːn] *pp of* **draw**
dread [drɛd] *n* épouvante *f*, effroi *m* ▷ *vt* redouter, appréhender; **dreadful** *adj* épouvantable, affreux(-euse)
dream [driːm] *n* rêve *m* ▷ *vt, vi* (*pt* **dreamed**, *pp* **dreamt**) rêver; **dreamer** *n* rêveur(-euse)
dreamt [drɛmt] *pt, pp of* **dream**
dreary ['drɪərɪ] *adj* triste; monotone
drench [drɛntʃ] *vt* tremper
dress [drɛs] *n* robe *f*; (*clothing*) habillement *m*, tenue *f* ▷ *vt* habiller; (*wound*) panser ▷ *vi*: **to get ~ed** s'habiller; **dress up** *vi* s'habiller; (*in fancy dress*) se déguiser; **dress circle** *n* (BRIT) premier balcon; **dresser** *n* (*furniture*) vaisselier *m* (: *US*) coiffeuse *f*, commode *f*; **dressing** *n* (*Med*) pansement *m*; (*Culin*) sauce *f*, assaisonnement *m*; **dressing gown** *n* (BRIT) robe *f* de chambre; **dressing room** *n* (*Theat*) loge *f*; (*Sport*) vestiaire *m*; **dressing table** *n* coiffeuse *f*; **dressmaker** *n* couturière *f*
drew [druː] *pt of* **draw**
dribble ['drɪbl] *vi* (*baby*) baver ▷ *vt* (*ball*) dribbler
dried [draɪd] *adj* (*fruit, beans*) sec (sèche); (*eggs, milk*) en poudre
drier ['draɪəʳ] *n* = **dryer**
drift [drɪft] *n* (*of current etc*) force *f*; direction *f*; (*of snow*) rafale *f*; coulée *f*; (*on ground*) congère *f*; (*general meaning*) sens général ▷ *vi* (*boat*) aller à la dérive, dériver; (*sand, snow*) s'amonceler, s'entasser
drill [drɪl] *n* perceuse *f*; (*bit*) foret *m*; (*of dentist*) roulette *f*, fraise *f*; (*Mil*) exercice *m* ▷ *vt* percer; (*troops*) entraîner ▷ *vi* (*for oil*) faire un or des forage(s)
drink [drɪŋk] *n* boisson *f*; (*alcoholic*) verre *m* ▷ *vt, vi* (*pt* **drank**, *pp* **drunk**) boire; **to have a ~** boire quelque chose, boire un verre; **a ~ of water** un verre d'eau; **would you like a ~?** tu veux boire quelque chose?; **drink-driving** *n* conduite *f* en état d'ivresse;

d

drinker *n* buveur(-euse); **drinking water** *n* eau *f* potable
drip [drɪp] *n* (*drop*) goutte *f*; (*Med: device*) goutte-à-goutte *m inv*; (*: liquid*) perfusion *f* ▷ *vi* tomber goutte à goutte; (*tap*) goutter
drive [draɪv] (*pt* **drove**, *pp* **driven**) *n* promenade *f* or trajet *m* en voiture; (*also*: **~way**) allée *f*; (*energy*) dynamisme *m*, énergie *f*; (*push*) effort (concerté) campagne *f*; (*Comput: also*: **disk ~**) lecteur *m* de disquette ▷ *vt* conduire; (*nail*) enfoncer; (*push*) chasser, pousser; (*Tech: motor*) actionner; entraîner ▷ *vi* (*be at the wheel*) conduire; (*travel by car*) aller en voiture; **left-/right-hand ~** (*Aut*) conduite *f* à gauche/droite; **to ~ sb mad** rendre qn fou (folle); **drive out** *vt* (*force out*) chasser; **drive-in** *adj*, *n* (*esp US*) drive-in *m*
driven ['drɪvn] *pp of* **drive**
driver ['draɪvəʳ] *n* conducteur(-trice); (*of taxi, bus*) chauffeur *m*; **driver's license** *n* (*US*) permis *m* de conduire
driveway ['draɪvweɪ] *n* allée *f*
driving ['draɪvɪŋ] *n* conduite *f*; **driving instructor** *n* moniteur *m* d'auto-école; **driving lesson** *n* leçon *f* de conduite; **driving licence** *n* (BRIT) permis *m* de conduire; **driving test** *n* examen *m* du permis de conduire
drizzle ['drɪzl] *n* bruine *f*, crachin *m*
droop [druːp] *vi* (*flower*) commencer à se faner; (*shoulders, head*) tomber
drop [drɔp] *n* (*of liquid*) goutte *f*; (*fall*) baisse *f*; (*also*: **parachute ~**) saut *m* ▷ *vt* laisser tomber; (*voice, eyes, price*) baisser; (*passenger*) déposer ▷ *vi* tomber; **drop in** *vi* (*inf: visit*): **to ~ in (on)** faire un saut (chez), passer (chez); **drop off** *vi* (*sleep*) s'assoupir ▷ *vt* (*passenger*) déposer; **drop out** *vi* (*withdraw*) se retirer; (*student etc*) abandonner, décrocher
drought [draut] *n* sécheresse *f*
drove [drəuv] *pt of* **drive**
drown [draun] *vt* noyer ▷ *vi* se noyer
drowsy ['drauzɪ] *adj* somnolent(e)
drug [drʌg] *n* médicament *m*; (*narcotic*) drogue *f* ▷ *vt* droguer; **to be on ~s** se droguer; **drug addict** *n* toxicomane *m/f*; **drug dealer** *n* revendeur(-euse) de drogue; **druggist** *n* (*US*) pharmacien(ne)-droguiste; **drugstore** *n* (*US*) pharmacie-droguerie *f*, drugstore *m*
drum [drʌm] *n* tambour *m*; (*for oil, petrol*) bidon *m*; **drums** *npl* (*Mus*) batterie *f*; **drummer** *n* (joueur *m* de) tambour *m*
drunk [drʌŋk] *pp of* **drink** ▷ *adj* ivre, soûl(e) ▷ *n* (*also*: **~ard**) ivrogne *m/f*; **to get ~** se soûler; **drunken** *adj* ivre, soûl(e); (*rage, stupor*) ivrogne, d'ivrogne
dry [draɪ] *adj* sec (sèche); (*day*) sans pluie ▷ *vt* sécher; (*clothes*) faire sécher ▷ *vi* sécher; **dry off** *vi*, *vt* sécher; **dry up** *vi* (*river, supplies*) se tarir; **dry-cleaner's** *n* teinturerie *f*; **dry-cleaning** *n* (*process*) nettoyage *m* à sec; **dryer** *n* (*tumble-dryer*) sèche-linge *m inv*; (*for hair*) sèche-cheveux *m inv*
DSS *n abbr* (BRIT) = **Department of Social Security**
DTP *n abbr* (= *desktop publishing*) PAO
dual ['djuəl] *adj* double; **dual carriageway** *n* (BRIT) route *f* à quatre voies
dubious ['djuːbɪəs] *adj* hésitant(e), incertain(e); (*reputation, company*) douteux(-euse)
duck [dʌk] *n* canard *m* ▷ *vi* se baisser vivement, baisser subitement la têt[e]
due [djuː] *adj* (*money, payment*) dû (due); (*expected*) attendu(e); (*fitting*) qui convient ▷ *adv*: **~ north** droit ve[rs] le nord; **~ to** (*because of*) en raison d[e]; (*caused by*) dû à; **the train is ~ at 8 a.m.** le train est attendu à 8 h; **she is ~ back tomorrow** elle doit rentre[r] demain; **he is ~ £10** on lui doit 10 livres; **to give sb his *or* her ~** être juste envers qn

uel ['djuəl] *n* duel *m*
uet [dju:'ɛt] *n* duo *m*
ug [dʌg] *pt, pp of* **dig**
uke [dju:k] *n* duc *m*
ull [dʌl] *adj (boring)* ennuyeux(-euse); *(not bright)* morne, terne; *(sound, pain)* sourd(e); *(weather, day)* gris(e), maussade ▷ *vt (pain, grief)* atténuer; *(mind, senses)* engourdir
umb [dʌm] *adj* muet(te); *(stupid)* bête
ummy ['dʌmɪ] *n (tailor's model)* mannequin *m*; *(mock-up)* factice *m*, maquette *f*; *(BRIT: for baby)* tétine *f* ▷ *adj* faux (fausse), factice
ump [dʌmp] *n (also:* **rubbish ~**) décharge (publique); *(inf: place)* trou *m* ▷ *vt (put down)* déposer; déverser; *(get rid of)* se débarrasser de; *(Comput)* lister
umpling ['dʌmplɪŋ] *n* boulette *f* (de pâte)
une [dju:n] *n* dune *f*
ungarees [dʌŋgə'ri:z] *npl* bleu(s) *m(pl)*; *(for child, woman)* salopette *f*
ungeon ['dʌndʒən] *n* cachot *m*
uplex ['dju:plɛks] *n (US: also:* **~ apartment**) duplex *m*
uplicate *n* ['dju:plɪkət] double *m* ▷ *vt* ['dju:plɪkeɪt] faire un double de; *(on machine)* polycopier; **in ~** en deux exemplaires, en double
urable ['djuərəbl] *adj* durable; *(clothes, metal)* résistant(e), solide
uration [djuə'reɪʃən] *n* durée *f*
uring ['djuərɪŋ] *prep* pendant, au cours de
usk [dʌsk] *n* crépuscule *m*
ust [dʌst] *n* poussière *f* ▷ *vt (furniture)* essuyer, épousseter; *(cake etc)*: **to ~ with** saupoudrer de; **dustbin** *n (BRIT)* poubelle *f*; **duster** *n* chiffon *m*; **dustman** *(irreg) n (BRIT)* boueux *m*, éboueur *m*; **dustpan** *n* pelle *f* à poussière; **dusty** *adj* poussiéreux(-euse)
utch [dʌtʃ] *adj* hollandais(e), néerlandais(e) ▷ *n (Ling)* hollandais *m*, néerlandais *m* ▷ *adv*: **to go ~** *or* **dutch** *(inf)* partager les frais; **the Dutch** *npl* les Hollandais, les Néerlandais; **Dutchman** *(irreg) n* Hollandais *m*; **Dutchwoman** *(irreg) n* Hollandaise *f*
duty ['dju:tɪ] *n* devoir *m*; *(tax)* droit *m*, taxe *f*; **on ~** de service; *(at night etc)* de garde; **off ~** libre, pas de service *or* de garde; **duty-free** *adj* exempté(e) de douane, hors-taxe
duvet ['du:veɪ] *n (BRIT)* couette *f*
DVD *n abbr (= digital versatile or video disc)* DVD *m*; **DVD burner** *n* graveur *m* de DVD; **DVD player** *n* lecteur *m* de DVD; **DVD writer** *n* graveur *m* de DVD
dwarf *(pl* **dwarves**) [dwɔ:f, dwɔ:vz] *n* nain(e) ▷ *vt* écraser
dwell *(pt, pp* **dwelt**) [dwɛl, dwɛlt] *vi* demeurer; **dwell on** *vt fus* s'étendre sur
dwelt [dwɛlt] *pt, pp of* **dwell**
dwindle ['dwɪndl] *vi* diminuer, décroître
dye [daɪ] *n* teinture *f* ▷ *vt* teindre
dying ['daɪɪŋ] *adj* mourant(e), agonisant(e)
dynamic [daɪ'næmɪk] *adj* dynamique
dynamite ['daɪnəmaɪt] *n* dynamite *f*
dyslexia [dɪs'lɛksɪə] *n* dyslexie *f*
dyslexic [dɪs'lɛksɪk] *adj, n* dyslexique *m/f*

d

e

E [i:] *n* (*Mus*) mi *m*

each [i:tʃ] *adj* chaque ▷ *pron* chacun(e); **~ other** l'un l'autre; **they hate ~ other** ils se détestent (mutuellement); **they have 2 books ~** ils ont 2 livres chacun; **they cost £5 ~** ils coûtent 5 livres (la) pièce

eager ['i:gəʳ] *adj* (*person, buyer*) empressé(e); (*keen: pupil, worker*) enthousiaste; **to be ~ to do sth** (*impatient*) brûler de faire qch; (*keen*) désirer vivement faire qch; **to be ~ for** (*event*) désirer vivement; (*vengeance, affection, information*) être avide de

eagle ['i:gl] *n* aigle *m*

ear [ɪəʳ] *n* oreille *f*; (*of corn*) épi *m*; **earache** *n* mal *m* aux oreilles; **eardrum** *n* tympan *m*

earl [ə:l] *n* comte *m*

earlier ['ə:lɪəʳ] *adj* (*date etc*) plus rapproché(e); (*edition etc*) plus ancien(ne), antérieur(e) ▷ *adv* plus tôt

early ['ə:lɪ] *adv* tôt, de bonne heure; (*ahead of time*) en avance; (*near the beginning*) au début ▷ *adj* précoce, qui se manifeste (*or* se fait) tôt *or* de bonne heure; (*Christians, settlers*) premier(-ière); (*reply*) rapide; (*death*) prématuré(e); (*work*) de jeunesse; **to have an ~ night/start** se coucher/partir tôt *or* de bonne heure; **in the ~ or ~ in the spring/19th century** au début *or* commencement du printemps/19ème siècle; **early retirement** *n* retraite anticipée

earmark ['ɪəma:k] *vt*: **to ~ sth for** réserver *or* destiner qch à

earn [ə:n] *vt* gagner; (*Comm: yield*) rapporter; **to ~ one's living** gagner sa vie

earnest ['ə:nɪst] *adj* sérieux(-euse) ▷ *n*: **in ~** *adv* sérieusement, pour de bon

earnings ['ə:nɪŋz] *npl* salaire *m*; gains *mpl*; (*of company etc*) profits *mpl*, bénéfices *mpl*

ear: earphones *npl* écouteurs *mpl*; **earplugs** *npl* boules *fpl* Quiès®; (*to keep out water*) protège-tympans *mpl*; **earring** *n* boucle *f* d'oreille

earth [ə:θ] *n* (*gen, also* BRIT *Elec*) terre *f* ▷ *vt* (BRIT *Elec*) relier à la terre; **earthquake** *n* tremblement *m* de terre, séisme *m*

ease [i:z] *n* facilité *f*, aisance *f*; (*comfort*) bien-être *m* ▷ *vt* (*soothe: mind*) tranquilliser; (*reduce: pain, problem*) atténuer; (*: tension*) réduire; (*loosen*) relâcher, détendre; (*help pass*) **to ~ sth in/out** faire pénétrer/sortir qch délicatement *or* avec douceur, faciliter la pénétration/la sortie de qch; **at ~** à l'aise; (*Mil*) au repos

easily ['i:zɪlɪ] *adv* facilement; (*by far*) de loin

east [i:st] *n* est *m* ▷ *adj* (*wind*) d'est; (*side*) est *inv* ▷ *adv* à l'est, vers l'est; **the E~** l'Orient *m*; (*Pol*) les pays *mpl* d

l'Est; **eastbound** *adj* en direction de l'est; (*carriageway*) est *inv*
aster ['i:stəʳ] *n* Pâques *fpl*; **Easter egg** *n* œuf *m* de Pâques
astern ['i:stən] *adj* de l'est, oriental(e)
aster Sunday *n* le dimanche de Pâques
asy ['i:zɪ] *adj* facile; (*manner*) aisé(e) ▷ *adv*: **to take it** *or* **things ~** (*rest*) ne pas se fatiguer; (*not worry*) ne pas (trop) s'en faire; **easy-going** *adj* accommodant(e), facile à vivre
at (*pt* **ate**, *pp* **eaten**) [i:t, eɪt, 'i:tn] *vt*, *vi* manger; **can we have something to ~?** est-ce qu'on peut manger quelque chose?; **eat out** *vi* manger au restaurant
aten ['i:tn] *pp of* **eat**
avesdrop ['i:vzdrɔp] *vi*: **to ~ (on)** écouter de façon indiscrète
-book ['i:buk] *n* livre *m* électronique
-business ['i:bɪznɪs] *n* (*company*) entreprise *f* électronique; (*commerce*) commerce *m* électronique
ccentric [ɪk'sɛntrɪk] *adj*, *n* excentrique *m/f*
cho ['ɛkəu] (*pl* **echoes**) *n* écho *m* ▷ *vt* répéter ▷ *vi* résonner; faire écho
clipse [ɪ'klɪps] *n* éclipse *f*
co-friendly [i:kəu'frɛndlɪ] *adj* non nuisible à *or* qui ne nuit pas à l'environnement
cological [i:kə'lɔdʒɪkəl] *adj* écologique
cology [ɪ'kɔlədʒɪ] *n* écologie *f*
-commerce [i:kɔmə:s] *n* commerce *m* électronique
conomic [i:kə'nɔmɪk] *adj* économique; (*profitable*) rentable; **economical** *adj* économique; (*person*) économe; **economics** *n* (*Scol*) économie *f* politique ▷ *npl* (*of project etc*) côté *m or* aspect *m* économique
conomist [ɪ'kɔnəmɪst] *n* économiste *m/f*
conomize [ɪ'kɔnəmaɪz] *vi* économiser, faire des économies
economy [ɪ'kɔnəmɪ] *n* économie *f*; **economy class** *n* (*Aviat*) classe *f* touriste; **economy class syndrome** *n* syndrome *m* de la classe économique
ecstasy ['ɛkstəsɪ] *n* extase *f*; (*Drugs*) ecstasy *m*; **ecstatic** [ɛks'tætɪk] *adj* extatique, en extase
eczema ['ɛksɪmə] *n* eczéma *m*
edge [ɛdʒ] *n* bord *m*; (*of knife etc*) tranchant *m*, fil *m* ▷ *vt* border; **on ~** (*fig*) crispé(e), tendu(e)
edgy ['ɛdʒɪ] *adj* crispé(e), tendu(e)
edible ['ɛdɪbl] *adj* comestible; (*meal*) mangeable
Edinburgh ['ɛdɪnbərə] *n* Édimbourg; *voir article* **"Edinburgh Festival"**

EDINBURGH FESTIVAL

Le Festival d'Édimbourg, qui se tient chaque année durant trois semaines au mois d'août, est l'un des grands festivals européens. Il est réputé pour son programme officiel mais aussi pour son festival "off" (the Fringe) qui propose des spectacles aussi bien traditionnels que résolument d'avant-garde. Pendant la durée du Festival se tient par ailleurs, sur l'esplanade du château, un grand spectacle de musique militaire, le "Military Tattoo".

edit ['ɛdɪt] *vt* (*text*, *book*) éditer; (*report*) préparer; (*film*) monter; (*magazine*) diriger; (*newspaper*) être le rédacteur *or* la rédactrice en chef de; **edition** [ɪ'dɪʃən] *n* édition *f*; **editor** *n* (*of newspaper*) rédacteur(-trice), rédacteur(-trice) en chef; (*of sb's work*) éditeur(-trice); (*also*: **film editor**) monteur(-euse); **political/foreign editor** rédacteur politique/au service étranger; **editorial** [ɛdɪ'tɔ:rɪəl] *adj* de la rédaction, éditorial(e) ▷ *n* éditorial *m*

educate ['ɛdjukeɪt] *vt* (*teach*) instruire; (*bring up*) éduquer; **educated** ['ɛdjukeɪtɪd] *adj* (*person*) cultivé(e)
education [ɛdju'keɪʃən] *n* éducation *f*; (*studies*) études *fpl*; (*teaching*) enseignement *m*, instruction *f*; **educational** *adj* pédagogique; (*institution*) scolaire; (*game, toy*) éducatif(-ive)
eel [i:l] *n* anguille *f*
eerie ['ɪərɪ] *adj* inquiétant(e), spectral(e), surnaturel(le)
effect [ɪ'fɛkt] *n* effet *m* ▷ *vt* effectuer; **effects** *npl* (*property*) effets, affaires *fpl*; **to take ~** (*Law*) entrer en vigueur, prendre effet; (*drug*) agir, faire son effet; **in ~** en fait; **effective** *adj* efficace; (*actual*) véritable; **effectively** *adv* efficacement; (*in reality*) effectivement, en fait
efficiency [ɪ'fɪʃənsɪ] *n* efficacité *f*; (*of machine, car*) rendement *m*
efficient [ɪ'fɪʃənt] *adj* efficace; (*machine, car*) d'un bon rendement; **efficiently** *adv* efficacement
effort ['ɛfət] *n* effort *m*; **effortless** *adj* sans effort, aisé(e); (*achievement*) facile
e.g. *adv abbr* (*= exempli gratia*) par exemple, p. ex.
egg [ɛg] *n* œuf *m*; **hard-boiled/soft-boiled ~** œuf dur/à la coque; **eggcup** *n* coquetier *m*; **egg plant** (*US*) *n* aubergine *f*; **eggshell** *n* coquille *f* d'œuf; **egg white** *n* blanc *m* d'œuf; **egg yolk** *n* jaune *m* d'œuf
ego ['i:gəu] *n* (*self-esteem*) amour-propre *m*; (*Psych*) moi *m*
Egypt ['i:dʒɪpt] *n* Égypte *f*; **Egyptian** [ɪ'dʒɪpʃən] *adj* égyptien(ne) ▷ *n* Égyptien(ne)
Eiffel Tower ['aɪfəl-] *n* tour *f* Eiffel
eight [eɪt] *num* huit; **eighteen** *num* dix-huit; **eighteenth** *num* dix-huitième; **eighth** *num* huitième; **eightieth** ['eɪtɪɪθ] *num* quatre-vingtième
eighty ['eɪtɪ] *num* quatre-vingt(s)
Eire ['ɛərə] *n* République *f* d'Irlande
either ['aɪðə^r] *adj* l'un ou l'autre; (*both, each*) chaque ▷ *pron*: **~ (of them)** l'un ou l'autre ▷ *adv* non plus ▷ *conj*: **~ good or bad** soit bon soit mauvais; **on ~ side** de chaque côté; **I don't like ~** je n'aime ni l'un ni l'autre; **no, I don't ~** moi non plus; **which bike do you want? — ~ will do** quel vélo voulez-vous? — n'importe lequel; **answer with ~ yes or no** répondez par oui ou par non
eject [ɪ'dʒɛkt] *vt* (*tenant etc*) expulser; (*object*) éjecter
elaborate *adj* [ɪ'læbərɪt] compliqué(e), recherché(e), minutieux(-euse) ▷ *vt* [ɪ'læbəreɪt] élaborer ▷ *vi* entrer dans les détails
elastic [ɪ'læstɪk] *adj*, *n* élastique (*m*); **elastic band** *n* (BRIT) élastique *m*
elbow ['ɛlbəu] *n* coude *m*
elder ['ɛldə^r] *adj* aîné(e) ▷ *n* (*tree*) sureau *m*; **one's ~s** ses aînés; **elderly** *adj* âgé(e) ▷ *npl*; **the elderly** les personnes âgées
eldest ['ɛldɪst] *adj*, *n*: **the ~ (child)** l'aîné(e) (des enfants)
elect [ɪ'lɛkt] *vt* élire; (*choose*): **to ~ to do** choisir de faire ▷ *adj*: **the president ~** le président désigné; **election** *n* élection *f*; **electoral** *adj* électoral(e); **electorate** *n* électorat
electric [ɪ'lɛktrɪk] *adj* électrique; **electrical** *adj* électrique; **electric blanket** *n* couverture chauffante; **electric fire** *n* (BRIT) radiateur *m* électrique; **electrician** [ɪlɛk'trɪʃən] électricien *m*; **electricity** [ɪlɛk'trɪsɪt…] *n* électricité *f*; **electric shock** *n* choc *m* or décharge *f* électrique; **electrify** [ɪ'lɛktrɪfaɪ] *vt* (*Rail*) électrifier; (*audience*) électriser
electronic [ɪlɛk'trɔnɪk] *adj* électronique; **electronic mail** *n* courrier *m* électronique; **electronics** *n* électronique *f*
elegance ['ɛlɪgəns] *n* élégance *f*

legant ['ɛlɪgənt] *adj* élégant(e)
lement ['ɛlɪmənt] *n* (*gen*) élément *m*; (*of heater, kettle etc*) résistance *f*
lementary [ɛlɪ'mɛntərɪ] *adj* élémentaire; (*school, education*) primaire; **elementary school** *n* (*US*) école *f* primaire
lephant ['ɛlɪfənt] *n* éléphant *m*
levate ['ɛlɪveɪt] *vt* élever
levator ['ɛlɪveɪtə^r^] *n* (*in warehouse etc*) élévateur *m*, monte-charge *m inv*; (*US: lift*) ascenseur *m*
leven [ɪ'lɛvn] *num* onze; **eleventh** *num* onzième
ligible ['ɛlɪdʒəbl] *adj* éligible; (*for membership*) admissible; **an ~ young man** un beau parti; **to be ~ for sth** remplir les conditions requises pour qch
liminate [ɪ'lɪmɪneɪt] *vt* éliminer
m [ɛlm] *n* orme *m*
loquent ['ɛləkwənt] *adj* éloquent(e)
se [ɛls] *adv*: **something ~** quelque chose d'autre, autre chose; **somewhere ~** ailleurs, autre part; **everywhere ~** partout ailleurs; **everyone ~** tous les autres; **nothing ~** rien d'autre; **where ~?** à quel autre endroit?; **little ~** pas grand-chose d'autre; **elsewhere** *adv* ailleurs, autre part
lusive [ɪ'lu:sɪv] *adj* insaisissable
mail ['i:meɪl] *n abbr* (= *electronic mail*) (e-)mail *m*, courriel *m* ▷ *vt*: **to ~ sb** envoyer un (e-)mail *or* un courriel à qn; **email account** *n* compte *m* (e-)mail; **email address** *n* adresse *f* (e-)mail *or* électronique
mbankment [ɪm'bæŋkmənt] *n* (*of road, railway*) remblai *m*, talus *m*; (*of river*) berge *f*, quai *m*; (*dyke*) digue *f*
mbargo [ɪm'bɑ:gəu] (*pl* **embargoes**) *n* (*Comm, Naut*) embargo *m*; (*prohibition*) interdiction *f*
mbark [ɪm'bɑ:k] *vi* embarquer ▷ *vt* embarquer; **to ~ on** (*journey etc*) commencer, entreprendre; (*fig*) se lancer *or* s'embarquer dans

embarrass [ɪm'bærəs] *vt* embarrasser, gêner; **embarrassed** *adj* gêné(e); **embarrassing** *adj* gênant(e), embarrassant(e); **embarrassment** *n* embarras *m*, gêne *f*; (*embarrassing thing, person*) source *f* d'embarras
embassy ['ɛmbəsɪ] *n* ambassade *f*
embrace [ɪm'breɪs] *vt* embrasser, étreindre; (*include*) embrasser ▷ *vi* s'embrasser, s'étreindre ▷ *n* étreinte *f*
embroider [ɪm'brɔɪdə^r^] *vt* broder; **embroidery** *n* broderie *f*
embryo ['ɛmbrɪəu] *n* (*also fig*) embryon *m*
emerald ['ɛmərəld] *n* émeraude *f*
emerge [ɪ'mə:dʒ] *vi* apparaître; (*from room, car*) surgir; (*from sleep, imprisonment*) sortir
emergency [ɪ'mə:dʒənsɪ] *n* (*crisis*) cas *m* d'urgence; (*Med*) urgence *f*; **in an ~** en cas d'urgence; **state of ~** état *m* d'urgence; **emergency brake** (*US*) *n* frein *m* à main; **emergency exit** *n* sortie *f* de secours; **emergency landing** *n* atterrissage forcé; **emergency room** *n* (*US Med*) urgences *fpl*; **emergency services** *npl*; **the emergency services** (*fire, police, ambulance*) les services *mpl* d'urgence
emigrate ['ɛmɪgreɪt] *vi* émigrer; **emigration** [ɛmɪ'greɪʃən] *n* émigration *f*
eminent ['ɛmɪnənt] *adj* éminent(e)
emissions [ɪ'mɪʃənz] *npl* émissions *fpl*
emit [ɪ'mɪt] *vt* émettre
emoticon [ɪ'məutɪkɔn] *n* (*Comput*) émoticone *m*
emotion [ɪ'məuʃən] *n* sentiment *m*; **emotional** *adj* (*person*) émotif(-ive), très sensible; (*needs*) affectif(-ive); (*scene*) émouvant(e); (*tone, speech*) qui fait appel aux sentiments
emperor ['ɛmpərə^r^] *n* empereur *m*
emphasis (*pl* **emphases**) ['ɛmfəsɪs, -si:z] *n* accent *m*; **to lay** *or* **place**

~ on sth (*fig*) mettre l'accent sur, insister sur
emphasize ['ɛmfəsaɪz] *vt* (*syllable, word, point*) appuyer *or* insister sur; (*feature*) souligner, accentuer
empire ['ɛmpaɪəʳ] *n* empire *m*
employ [ɪm'plɔɪ] *vt* employer;
employee [ɪmplɔɪ'iː] *n* employé(e);
employer *n* employeur(-euse);
employment *n* emploi *m*;
employment agency *n* agence *f or* bureau *m* de placement
empower [ɪm'pauəʳ] *vt*: **to ~ sb to do** autoriser *or* habiliter qn à faire
empress ['ɛmprɪs] *n* impératrice *f*
emptiness ['ɛmptɪnɪs] *n* vide *m*; (*of area*) aspect *m* désertique
empty ['ɛmptɪ] *adj* vide; (*street, area*) désert(e); (*threat, promise*) en l'air, vain(e) ▷ *vt* vider ▷ *vi* se vider; (*liquid*) s'écouler; **empty-handed** *adj* les mains vides
EMU *n abbr* (= *European Monetary Union*) UME *f*
emulsion [ɪ'mʌlʃən] *n* émulsion *f*; (*also*: **~ paint**) peinture mate
enable [ɪ'neɪbl] *vt*: **to ~ sb to do** permettre à qn de faire
enamel [ɪ'næməl] *n* émail *m*; (*also*: **~ paint**) (peinture *f*) laque *f*
enchanting [ɪn'tʃɑːntɪŋ] *adj* ravissant(e), enchanteur(-eresse)
encl. *abbr* (*on letters etc*: = *enclosed*) ci-joint(e); (: = *enclosure*) PJ *f*
enclose [ɪn'kləuz] *vt* (*land*) clôturer; (*space, object*) entourer; (*letter etc*): **to ~ (with)** joindre (à); **please find ~d** veuillez trouver ci-joint
enclosure [ɪn'kləuʒəʳ] *n* enceinte *f*
encore [ɔŋ'kɔːʳ] *excl, n* bis (*m*)
encounter [ɪn'kauntəʳ] *n* rencontre *f* ▷ *vt* rencontrer
encourage [ɪn'kʌrɪdʒ] *vt* encourager
encouraging [ɪn'kʌrɪdʒɪŋ] *adj* encourageant(e)
encyclop(a)edia [ɛnsaɪkləu'piːdɪə] *n* encyclopédie *f*
end [ɛnd] *n* fin *f*; (*of table, street, rope etc*) bout *m*, extrémité *f* ▷ *vt* termine (*also*: **bring to an ~, put an ~ to**) mettre fin à ▷ *vi* se terminer, finir; **in the ~** finalement; **on ~** (*object*) debout, dressé(e); **to stand on ~** (*hair*) se dresser sur la tête; **for hours on ~** pendant des heures (et des heures); **end up** *vi*: **to ~ up in** (*condition*) finir *or* se terminer par; (*place*) finir *or* aboutir à
endanger [ɪn'deɪndʒəʳ] *vt* mettre e danger; **an ~ed species** une espèce en voie de disparition
endearing [ɪn'dɪərɪŋ] *adj* attachant(e)
endeavour, (*US*) **endeavor** [ɪn'dɛvəʳ] *n* effort *m*; (*attempt*) tentative *f* ▷ *vt*: **to ~ to do** tenter *or* s'efforcer de faire
ending ['ɛndɪŋ] *n* dénouement *m*, conclusion *f*; (*Ling*) terminaison *f*
endless ['ɛndlɪs] *adj* sans fin, interminable
endorse [ɪn'dɔːs] *vt* (*cheque*) endosser; (*approve*) appuyer, approuver, sanctionner;
endorsement *n* (*approval*) appui *m*, aval *m*; (BRIT: *on driving licence*) contravention *f* (*portée au permis de conduire*)
endurance [ɪn'djuərəns] *n* endurance *f*
endure [ɪn'djuəʳ] *vt* (*bear*) supporte endurer ▷ *vi* (*last*) durer
enemy ['ɛnəmɪ] *adj, n* ennemi(e)
energetic [ɛnə'dʒɛtɪk] *adj* énergique; (*activity*) très actif(-ive), qui fait se dépenser (physiquement)
energy ['ɛnədʒɪ] *n* énergie *f*
enforce [ɪn'fɔːs] *vt* (*law*) appliquer, faire respecter
engaged [ɪn'geɪdʒd] *adj* (BRIT: *busy, in use*) occupé(e); (*betrothed*) fiancé(e); **to get ~** se fiancer; **the line's ~** la ligne est occupée;
engaged tone *n* (BRIT *Tel*) tonalité *f* occupé *inv*

ngagement [ɪn'geɪdʒmənt] *n* (*undertaking*) obligation *f*, engagement *m*; (*appointment*) rendez-vous *m inv*; (*to marry*) fiançailles *fpl*; **engagement ring** *n* bague *f* de fiançailles
ngaging [ɪn'geɪdʒɪŋ] *adj* engageant(e), attirant(e)
ngine ['ɛndʒɪn] *n* (*Aut*) moteur *m*; (*Rail*) locomotive *f*

Be careful not to translate *engine* by the French word *engin*.

ngineer [ɛndʒɪ'nɪəʳ] *n* ingénieur *m*; (BRIT: *repairer*) dépanneur *m*; (*Navy*, US *Rail*) mécanicien *m*; **engineering** *n* engineering *m*, ingénierie *f*; (*of bridges, ships*) génie *m*; (*of machine*) mécanique *f*
ngland ['ɪŋglənd] *n* Angleterre *f*
nglish ['ɪŋglɪʃ] *adj* anglais(e) ▷ *n* (*Ling*) anglais *m*; **the ~** *npl* les Anglais; **English Channel** *n*: **the English Channel** la Manche; **Englishman** (*irreg*) *n* Anglais *m*; **Englishwoman** (*irreg*) *n* Anglaise *f*
ngrave [ɪn'greɪv] *vt* graver
ngraving [ɪn'greɪvɪŋ] *n* gravure *f*
nhance [ɪn'hɑ:ns] *vt* rehausser, mettre en valeur
njoy [ɪn'dʒɔɪ] *vt* aimer, prendre plaisir à; (*have benefit of*: *health, fortune*) jouir de; (: *success*) connaître; **to ~ o.s.** s'amuser; **enjoyable** *adj* agréable; **enjoyment** *n* plaisir *m*
nlarge [ɪn'lɑ:dʒ] *vt* accroître; (*Phot*) agrandir ▷ *vi*: **to ~ on** (*subject*) s'étendre sur; **enlargement** *n* (*Phot*) agrandissement *m*
nlist [ɪn'lɪst] *vt* recruter; (*support*) s'assurer ▷ *vi* s'engager
normous [ɪ'nɔ:məs] *adj* énorme
nough [ɪ'nʌf] *adj*: **~ time/books** assez *or* suffisamment de temps/livres ▷ *adv*: **big ~** assez *or* suffisamment grand ▷ *pron*: **have you got ~?** (en) avez-vous assez?; **~ to eat** assez à manger; **that's ~, thanks** cela suffit *or* c'est assez, merci; **I've had ~ of him** j'en ai assez de lui; **he has not worked ~** il n'a pas assez *or* suffisamment travaillé, il n'a pas travaillé assez *or* suffisamment; **... which, funnily** *or* **oddly** *or* **strangely ~ ...** qui, chose curieuse, ...
enquire [ɪn'kwaɪəʳ] *vt*, *vi* = **inquire**
enquiry [ɪn'kwaɪərɪ] *n* = **inquiry**
enrage [ɪn'reɪdʒ] *vt* mettre en fureur *or* en rage, rendre furieux(-euse)
enrich [ɪn'rɪtʃ] *vt* enrichir
enrol, (US) **enroll** [ɪn'rəul] *vt* inscrire ▷ *vi* s'inscrire; **enrolment**, (US) **enrollment** *n* inscription *f*
en route [ɔn'ru:t] *adv* en route, en chemin
en suite ['ɔnswi:t] *adj*: **with ~ bathroom** avec salle de bains en attenante
ensure [ɪn'ʃuəʳ] *vt* assurer, garantir
entail [ɪn'teɪl] *vt* entraîner, nécessiter
enter ['ɛntəʳ] *vt* (*room*) entrer dans, pénétrer dans; (*club, army*) entrer à; (*competition*) s'inscrire à *or* pour; (*sb for a competition*) (faire) inscrire; (*write down*) inscrire, noter; (*Comput*) entrer, introduire ▷ *vi* entrer
enterprise ['ɛntəpraɪz] *n* (*company, undertaking*) entreprise *f*; (*initiative*) (esprit *m* d')initiative *f*; **free ~** libre entreprise; **private ~** entreprise privée; **enterprising** *adj* entreprenant(e), dynamique; (*scheme*) audacieux(-euse)
entertain [ɛntə'teɪn] *vt* amuser, distraire; (*invite*) recevoir (à dîner); (*idea, plan*) envisager; **entertainer** *n* artiste *m/f* de variétés; **entertaining** *adj* amusant(e), distrayant(e); **entertainment** *n* (*amusement*) distraction *f*, divertissement *m*, amusement *m*; (*show*) spectacle *m*
enthusiasm [ɪn'θu:zɪæzəm] *n* enthousiasme *m*
enthusiast [ɪn'θu:zɪæst] *n* enthousiaste *m/f*; **enthusiastic** [ɪnθu:zɪ'æstɪk] *adj* enthousiaste;

to be enthusiastic about être enthousiasmé(e) par
entire [ɪn'taɪəʳ] *adj* (tout) entier(-ère); **entirely** *adv* entièrement, complètement
entitle [ɪn'taɪtl] *vt*: **to ~ sb to sth** donner droit à qch à qn; **entitled** *adj* (*book*) intitulé(e); **to be entitled to do** avoir le droit de faire
entrance *n* ['ɛntrns] entrée *f* ▷ *vt* [ɪn'trɑːns] enchanter, ravir; **where's the ~?** où est l'entrée?; **to gain ~ to** (*university etc*) être admis à; **entrance examination** *n* examen *m* d'entrée *or* d'admission; **entrance fee** *n* (*to museum etc*) prix *m* d'entrée; (*to join club etc*) droit *m* d'inscription; **entrance ramp** *n* (*US Aut*) bretelle *f* d'accès; **entrant** *n* (*in race etc*) participant(e), concurrent(e); (BRIT: *in exam*) candidat(e)
entrepreneur ['ɔntrəprə'nəːʳ] *n* entrepreneur *m*
entrust [ɪn'trʌst] *vt*: **to ~ sth to** confier qch à
entry ['ɛntrɪ] *n* entrée *f*; (*in register, diary*) inscription *f*; **"no ~"** "défense d'entrer", "entrée interdite"; (*Aut*) "sens interdit"; **entry phone** *n* (BRIT) interphone *m* (*à l'entrée d'un immeuble*)
envelope ['ɛnvələup] *n* enveloppe *f*
envious ['ɛnvɪəs] *adj* envieux(-euse)
environment [ɪn'vaɪərnmənt] *n* (*social, moral*) milieu *m*; (*natural world*): **the ~** l'environnement *m*; **environmental** [ɪnvaɪərn'mɛntl] *adj* (*of surroundings*) du milieu; (*issue, disaster*) écologique; **environmentally** [ɪnvaɪərn'mɛntlɪ] *adv*: **environmentally sound/friendly** qui ne nuit pas à l'environnement
envisage [ɪn'vɪzɪdʒ] *vt* (*foresee*) prévoir
envoy ['ɛnvɔɪ] *n* envoyé(e); (*diplomat*) ministre *m* plénipotentiaire
envy ['ɛnvɪ] *n* envie *f* ▷ *vt* envier; **to ~ sb sth** envier qch à qn
epic ['ɛpɪk] *n* épopée *f* ▷ *adj* épique
epidemic [ɛpɪ'dɛmɪk] *n* épidémie *f*
epilepsy ['ɛpɪlɛpsɪ] *n* épilepsie *f*; **epileptic** *adj, n* épileptique *m/f*; **epileptic fit** *n* crise *f* d'épilepsie
episode ['ɛpɪsəud] *n* épisode *m*
equal ['iːkwl] *adj* égal(e) ▷ *vt* égaler; **~ to** (*task*) à la hauteur de; **equality** [iː'kwɔlɪtɪ] *n* égalité *f*; **equalize** *vt, vi* (*Sport*) égaliser; **equally** *adv* également; (*share*) en parts égales; (*treat*) de la même façon; (*pay*) autant; (*just as*) tout aussi
equation [ɪ'kweɪʃən] *n* (*Math*) équation *f*
equator [ɪ'kweɪtəʳ] *n* équateur *m*
equip [ɪ'kwɪp] *vt* équiper; **to ~ sb/sth with** équiper *or* munir qn/qch de; **equipment** *n* équipement *m*; (*electrical etc*) appareillage *m*, installation *f*
equivalent [ɪ'kwɪvəlnt] *adj* équivalent(e) ▷ *n* équivalent *m*; **to be ~ to** équivaloir à, être équivalent(e) à
ER *abbr* (BRIT: = *Elizabeth Regina*) *la reine Élisabeth*; (US *Med*: = *emergency room*) urgences *fpl*
era ['ɪərə] *n* ère *f*, époque *f*
erase [ɪ'reɪz] *vt* effacer; **eraser** *n* gomme *f*
erect [ɪ'rɛkt] *adj* droit(e) ▷ *vt* construire; (*monument*) ériger, élever; (*tent etc*) dresser; **erection** [ɪ'rɛkʃən] *n* (*Physiol*) érection *f*; (*of building*) construction *f*
ERM *n abbr* (= *Exchange Rate Mechanism*) mécanisme *m* des taux de change
erode [ɪ'rəud] *vt* éroder; (*metal*) ronger
erosion [ɪ'rəuʒən] *n* érosion *f*
erotic [ɪ'rɔtɪk] *adj* érotique
errand ['ɛrnd] *n* course *f*, commission *f*
erratic [ɪ'rætɪk] *adj* irrégulier(-ière), inconstant(e)
error ['ɛrəʳ] *n* erreur *f*

rupt [ɪ'rʌpt] *vi* entrer en éruption; *(fig)* éclater; **eruption** [ɪ'rʌpʃən] *n* éruption *f*; *(of anger, violence)* explosion *f*

scalate ['ɛskəleɪt] *vi* s'intensifier; *(costs)* monter en flèche

scalator ['ɛskəleɪtəʳ] *n* escalier roulant

scape [ɪ'skeɪp] *n* évasion *f*, fuite *f*; *(of gas etc)* fuite ▷ *vi* s'échapper, fuir; *(from jail)* s'évader; *(fig)* s'en tirer; *(leak)* s'échapper ▷ *vt* échapper à; **to ~ from** *(person)* échapper à; *(place)* s'échapper de; *(fig)* fuir; **his name ~s me** son nom m'échappe

scort *vt* [ɪ'skɔːt] escorter ▷ *n* ['ɛskɔːt] *(Mil)* escorte *f*

specially [ɪ'spɛʃlɪ] *adv* *(particularly)* particulièrement; *(above all)* surtout

spionage ['ɛspɪənɑːʒ] *n* espionnage *m*

ssay ['ɛseɪ] *n* *(Scol)* dissertation *f*; *(Literature)* essai *m*

ssence ['ɛsns] *n* essence *f*; *(Culin)* extrait *m*

ssential [ɪ'sɛnʃl] *adj* essentiel(le); *(basic)* fondamental(e); **essentials** *npl* éléments essentiels; **essentially** *adv* essentiellement

stablish [ɪ'stæblɪʃ] *vt* établir; *(business)* fonder, créer; *(one's power etc)* asseoir, affermir; **establishment** *n* établissement *m*; *(founding)* création *f*; *(institution)* établissement; **the Establishment** les pouvoirs établis; l'ordre établi

state [ɪ'steɪt] *n* *(land)* domaine *m*, propriété *f*; *(Law)* biens *mpl*, succession *f*; (BRIT: *also*: **housing ~**) lotissement *m*; **estate agent** *n* (BRIT) agent immobilier; **estate car** *n* (BRIT) break *m*

stimate *n* ['ɛstɪmət] estimation *f*; *(Comm)* devis *m* ▷ *vt* ['ɛstɪmeɪt] estimer

tc *abbr* (= *et cetera*) etc

ternal [ɪ'təːnl] *adj* éternel(le)

ternity [ɪ'təːnɪtɪ] *n* éternité *f*

ethical ['ɛθɪkl] *adj* moral(e); **ethics** ['ɛθɪks] *n* éthique *f* ▷ *npl* moralité *f*

Ethiopia [iːθɪ'əupɪə] *n* Éthiopie *f*

ethnic ['ɛθnɪk] *adj* ethnique; *(clothes, food)* folklorique, exotique, *propre aux minorités ethniques non-occidentales*; **ethnic minority** *n* minorité *f* ethnique

e-ticket ['iːtɪkɪt] *n* billet *m* électronique

etiquette ['ɛtɪkɛt] *n* convenances *fpl*, étiquette *f*

EU *n abbr* (= *European Union*) UE *f*

euro ['juərəu] *n* *(currency)* euro *m*

Europe ['juərəp] *n* Europe *f*; **European** [juərə'piːən] *adj* européen(ne) ▷ *n* Européen(ne); **European Community** *n* Communauté européenne; **European Union** *n* Union européenne

Eurostar® ['juərəustɑːʳ] *n* Eurostar® *m*

evacuate [ɪ'vækjueɪt] *vt* évacuer

evade [ɪ'veɪd] *vt* échapper à; *(question etc)* éluder; *(duties)* se dérober à

evaluate [ɪ'væljueɪt] *vt* évaluer

evaporate [ɪ'væpəreɪt] *vi* s'évaporer; *(fig: hopes, fear)* s'envoler; *(anger)* se dissiper

eve [iːv] *n*: **on the ~ of** à la veille de

even ['iːvn] *adj* *(level, smooth)* régulier(-ière); *(equal)* égal(e); *(number)* pair(e) ▷ *adv* même; **~ if** même si + *indic*; **~ though** alors même que + *cond*; **~ more** encore plus; **~ faster** encore plus vite; **~ so** quand même; **not ~** pas même; **~ he was there** même lui était là; **~ on Sundays** même le dimanche; **to get ~ with sb** prendre sa revanche sur qn

evening ['iːvnɪŋ] *n* soir *m*; *(as duration, event)* soirée *f*; **in the ~** le soir; **evening class** *n* cours *m* du soir; **evening dress** *n* *(man's)* tenue *f* de soirée, smoking *m*; *(woman's)* robe *f* de soirée

event [ɪ'vɛnt] *n* événement *m*; (*Sport*) épreuve *f*; **in the ~ of** en cas de; **eventful** *adj* mouvementé(e)

eventual [ɪ'vɛntʃuəl] *adj* final(e)

> Be careful not to translate *eventual* by the French word *éventuel*.

eventually [ɪ'vɛntʃuəlɪ] *adv* finalement

> Be careful not to translate *eventually* by the French word *éventuellement*.

ever ['ɛvəʳ] *adv* jamais; (*at all times*) toujours; **why ~ not?** mais enfin, pourquoi pas?; **the best ~** le meilleur qu'on ait jamais vu; **have you ~ seen it?** l'as-tu déjà vu?, as-tu eu l'occasion *or* t'est-il arrivé de le voir?; **~ since** (*as adv*) depuis; (*as conj*) depuis que; **~ so pretty** si joli; **evergreen** *n* arbre *m* à feuilles persistantes

KEYWORD

every ['ɛvrɪ] *adj* **1** (*each*) chaque; **every one of them** tous (sans exception); **every shop in town was closed** tous les magasins en ville étaient fermés
2 (*all possible*) tous (toutes) les; **I gave you every assistance** j'ai fait tout mon possible pour vous aider; **I have every confidence in him** j'ai entièrement *or* pleinement confiance en lui; **we wish you every success** nous vous souhaitons beaucoup de succès
3 (*showing recurrence*) tous les; **every day** tous les jours, chaque jour; **every other car** une voiture sur deux; **every other/third day** tous les deux/trois jours; **every now and then** de temps en temps; **everybody** *pron* = **everyone**; **everyday** *adj* (*expression*) courant(e), d'usage courant; (*use*) courant; (*clothes, life*) de tous les jours; (*occurrence, problem*) quotidien(ne); **everyone** *pron* tout le monde, tous *pl*; **everything** *pron* tout; **everywhere** *adv* partout; **everywhere you go you meet ...** qu'on aille on rencontre ...

evict [ɪ'vɪkt] *vt* expulser

evidence ['ɛvɪdns] *n* (*proof*) preuve(s) *f*(*pl*); (*of witness*) témoignage *m*; (*sign*): **to show ~ of** donner des signes de; **to give ~** témoigner, déposer

evident ['ɛvɪdnt] *adj* évident(e); **evidently** *adv* de toute évidence; (*apparently*) apparemment

evil ['i:vl] *adj* mauvais(e) ▷ *n* mal *m*

evoke [ɪ'vəuk] *vt* évoquer

evolution [i:və'lu:ʃən] *n* évolution

evolve [ɪ'vɔlv] *vt* élaborer ▷ *vi* évoluer, se transformer

ewe [ju:] *n* brebis *f*

ex [ɛks] *n* (*inf*): **my ex** mon ex

ex- [ɛks] *prefix* ex-

exact [ɪg'zækt] *adj* exact(e) ▷ *vt*: **to ~ sth (from)** (*signature, confession*) extorquer qch (à); (*apology*) exiger q (de); **exactly** *adv* exactement

exaggerate [ɪg'zædʒəreɪt] *vt, vi* exagérer; **exaggeration** [ɪgzædʒə'reɪʃən] *n* exagération *f*

exam [ɪg'zæm] *n abbr* (*Scol*); = **examination**

examination [ɪgzæmɪ'neɪʃən] *n* (*Scol, Med*) examen *m*; **to take** *or* **sit an ~** (BRIT) passer un examen

examine [ɪg'zæmɪn] *vt* (*gen*) examiner; (*Scol, Law: person*) interroger; **examiner** *n* examinateur(-trice)

example [ɪg'zɑ:mpl] *n* exemple *m*; **for ~** par exemple

exasperated [ɪg'zɑ:spəreɪtɪd] *adj* exaspéré(e)

excavate ['ɛkskəveɪt] *vt* (*site*) fouiller, excaver; (*object*) mettre au jour

exceed [ɪk'si:d] *vt* dépasser; (*one's powers*) outrepasser; **exceedingly** *adv* extrêmement

xcel [ɪk'sɛl] *vi* exceller ▷ *vt* surpasser; **to ~ o.s.** se surpasser
xcellence ['ɛksələns] *n* excellence *f*
xcellent ['ɛksələnt] *adj* excellent(e)
xcept [ɪk'sɛpt] *prep* (*also*: **~ for, ~ing**) sauf, excepté, à l'exception de ▷ *vt* excepter; **~ if/when** sauf si/quand; **~ that** excepté que, si ce n'est que; **exception** [ɪk'sɛpʃən] *n* exception *f*; **to take exception to** s'offusquer de; **exceptional** [ɪk'sɛpʃənl] *adj* exceptionnel(le); **exceptionally** [ɪk'sɛpʃənəlɪ] *adv* exceptionnellement
xcerpt ['ɛksə:pt] *n* extrait *m*
xcess [ɪk'sɛs] *n* excès *m*; **excess baggage** *n* excédent *m* de bagages; **excessive** *adj* excessif(-ive)
xchange [ɪks'tʃeɪndʒ] *n* échange *m*; (*also*: **telephone ~**) central *m* ▷ *vt*: **to ~ (for)** échanger (contre); **could I ~ this, please?** est-ce que je peux échanger ceci, s'il vous plaît?; **exchange rate** *n* taux *m* de change
xcite [ɪk'saɪt] *vt* exciter; **excited** *adj* (tout) excité(e); **to get excited** s'exciter; **excitement** *n* excitation *f*; **exciting** *adj* passionnant(e)
xclaim [ɪk'skleɪm] *vi* s'exclamer; **exclamation** [ɛksklə'meɪʃən] *n* exclamation *f*; **exclamation mark**, (*US*) **exclamation point** *n* point *m* d'exclamation
xclude [ɪk'sklu:d] *vt* exclure
xcluding [ɪk'sklu:dɪŋ] *prep*: **~ VAT** la TVA non comprise
xclusion [ɪk'sklu:ʒən] *n* exclusion *f*
xclusive [ɪk'sklu:sɪv] *adj* exclusif(-ive); (*club, district*) sélect(e); (*item of news*) en exclusivité; **~ of VAT** TVA non comprise; **exclusively** *adv* exclusivement
xcruciating [ɪk'skru:ʃɪeɪtɪŋ] *adj* (*pain*) atroce, déchirant(e); (*embarrassing*) pénible
xcursion [ɪk'skə:ʃən] *n* excursion *f*
xcuse *n* [ɪk'skju:s] excuse *f* ▷ *vt* [ɪk'skju:z] (*forgive*) excuser; **to ~ sb from** (*activity*) dispenser qn de; **~ me!** excusez-moi!, pardon!; **now if you will ~ me, ...** maintenant, si vous (le) permettez ...
ex-directory ['ɛksdɪ'rɛktərɪ] *adj* (*BRIT*) sur la liste rouge
execute ['ɛksɪkju:t] *vt* exécuter; **execution** [ɛksɪ'kju:ʃən] *n* exécution *f*
executive [ɪg'zɛkjutɪv] *n* (*person*) cadre *m*; (*managing group*) bureau *m*; (*Pol*) exécutif *m* ▷ *adj* exécutif(-ive); (*position, job*) de cadre
exempt [ɪg'zɛmpt] *adj*: **~ from** exempté(e) *or* dispensé(e) de ▷ *vt*: **to ~ sb from** exempter *or* dispenser qn de
exercise ['ɛksəsaɪz] *n* exercice *m* ▷ *vt* exercer; (*patience etc*) faire preuve de; (*dog*) promener ▷ *vi* (*also*: **to take ~**) prendre de l'exercice; **exercise book** *n* cahier *m*
exert [ɪg'zə:t] *vt* exercer, employer; **to ~ o.s.** se dépenser; **exertion** [ɪg'zə:ʃən] *n* effort *m*
exhale [ɛks'heɪl] *vt* exhaler ▷ *vi* expirer
exhaust [ɪg'zɔ:st] *n* (*also*: **~ fumes**) gaz *mpl* d'échappement; (*also*: **~ pipe**) tuyau *m* d'échappement ▷ *vt* épuiser; **exhausted** *adj* épuisé(e); **exhaustion** [ɪg'zɔ:stʃən] *n* épuisement *m*; **nervous exhaustion** fatigue nerveuse
exhibit [ɪg'zɪbɪt] *n* (*Art*) objet exposé, pièce exposée; (*Law*) pièce à conviction ▷ *vt* (*Art*) exposer; (*courage, skill*) faire preuve de; **exhibition** [ɛksɪ'bɪʃən] *n* exposition *f*
exhilarating [ɪg'zɪləreɪtɪŋ] *adj* grisant(e), stimulant(e)
exile ['ɛksaɪl] *n* exil *m*; (*person*) exilé(e) ▷ *vt* exiler
exist [ɪg'zɪst] *vi* exister; **existence** *n* existence *f*; **existing** *adj* actuel(le)
exit ['ɛksɪt] *n* sortie *f* ▷ *vi* (*Comput, Theat*) sortir; **where's the ~?** où est la sortie?; **exit ramp** *n* (*US Aut*) bretelle *f* d'accès

exotic [ɪg'zɔtɪk] *adj* exotique
expand [ɪk'spænd] *vt* (*area*) agrandir; (*quantity*) accroître ▷ *vi* (*trade, etc*) se développer, s'accroître; (*gas, metal*) se dilater
expansion [ɪk'spænʃən] *n* (*territorial, economic*) expansion *f*; (*of trade, influence etc*) développement *m*; (*of production*) accroissement *m*; (*of population*) croissance *f*; (*of gas, metal*) expansion, dilatation *f*
expect [ɪk'spɛkt] *vt* (*anticipate*) s'attendre à, s'attendre à ce que + *sub*; (*count on*) compter sur, escompter; (*require*) demander, exiger; (*suppose*) supposer; (*await: also baby*) attendre ▷ *vi*: **to be ~ing** (*pregnant woman*) être enceinte; **expectation** [ɛkspɛk'teɪʃən] *n* (*hope*) attente *f*, espérance(s) *f*(*pl*); (*belief*) attente
expedition [ɛkspə'dɪʃən] *n* expédition *f*
expel [ɪk'spɛl] *vt* chasser, expulser; (*Scol*) renvoyer, exclure
expenditure [ɪk'spɛndɪtʃəʳ] *n* (*act of spending*) dépense *f*; (*money spent*) dépenses *fpl*
expense [ɪk'spɛns] *n* (*high cost*) coût *m*; (*spending*) dépense *f*, frais *mpl*; **expenses** *npl* frais *mpl*; dépenses; **at the ~ of** (*fig*) aux dépens de; **expense account** *n* (note *f* de) frais *mpl*
expensive [ɪk'spɛnsɪv] *adj* cher (chère), coûteux(-euse); **it's too ~** ça coûte trop cher
experience [ɪk'spɪərɪəns] *n* expérience *f* ▷ *vt* connaître; (*feeling*) éprouver; **experienced** *adj* expérimenté(e)
experiment [ɪk'spɛrɪmənt] *n* expérience *f* ▷ *vi* faire une expérience; **experimental** [ɪkspɛrɪ'mɛntl] *adj* expérimental(e)
expert ['ɛkspə:t] *adj* expert(e) ▷ *n* expert *m*; **expertise** [ɛkspə:'ti:z] *n* (grande) compétence
expire [ɪk'spaɪəʳ] *vi* expirer; **expiry** *n* expiration *f*; **expiry date** *n* date *f* d'expiration; (*on label*) à utiliser avant ...
explain [ɪk'spleɪn] *vt* expliquer; **explanation** [ɛksplə'neɪʃən] *n* explication *f*
explicit [ɪk'splɪsɪt] *adj* explicite; (*definite*) formel(le)
explode [ɪk'spləud] *vi* exploser
exploit *n* ['ɛksplɔɪt] exploit *m* ▷ *vt* [ɪk'splɔɪt] exploiter; **exploitation** [ɛksplɔɪ'teɪʃən] *n* exploitation *f*
explore [ɪk'splɔ:ʳ] *vt* explorer; (*possibilities*) étudier, examiner; **explorer** *n* explorateur(-trice)
explosion [ɪk'spləuʒən] *n* explosio *f*; **explosive** [ɪk'spləusɪv] *adj* explosif(-ive) ▷ *n* explosif *m*
export *vt* [ɛk'spɔ:t] exporter ▷ *n* ['ɛkspɔ:t] exportation *f* ▷ *cpd* ['ɛkspɔ:t] d'exportation; **exporter** *n* exportateur *m*
expose [ɪk'spəuz] *vt* exposer; (*unmask*) démasquer, dévoiler; **exposed** *adj* (*land, house*) exposé(e); **exposure** [ɪk'spəuʒəʳ] *n* exposition *f*; (*publicity*) couverture *f*; (*Phot: spee* (temps *m* de) pose *f*; (*: shot*) pose; **to die of exposure** (*Med*) mourir de fro
express [ɪk'sprɛs] *adj* (*definite*) formel(le), exprès(-esse); (*BRIT: lette etc*) exprès *inv* ▷ *n* (*train*) rapide *m* ▷ exprimer; **expression** [ɪk'sprɛʃən] expression *f*; **expressway** *n* (*US*) voi *f* express (à plusieurs files)
exquisite [ɛk'skwɪzɪt] *adj* exquis(e
extend [ɪk'stɛnd] *vt* (*visit, street*) prolonger; remettre; (*building*) agrandir; (*offer*) présenter, offrir; (*hand, arm*) tendre ▷ *vi* (*land*) s'étendre; **extension** *n* (*of visit, street*) prolongation *f*; (*building*) annexe *f*; (*telephone: in offices*) poste *m*; (*: in private house*) téléphone *m* supplémentaire; **extension cable, extension lead** *n* (*Elec*) rallonge *f*; **extensive** *adj* étendu(e), vaste; (*damage, alterations*) considérable; (*inquiries*) approfondi(e)

xtent [ɪk'stɛnt] *n* étendue *f*; **to some ~** dans une certaine mesure; **to the ~ of ...** au point de ...; **to what ~?** dans quelle mesure?, jusqu'à quel point?; **to such an ~ that ...** à tel point que ...
xterior [ɛk'stɪərɪəʳ] *adj* extérieur(e) ▷ *n* extérieur *m*
xternal [ɛk'stəːnl] *adj* externe
xtinct [ɪk'stɪŋkt] *adj (volcano)* éteint(e); *(species)* disparu(e); **extinction** *n* extinction *f*
xtinguish [ɪk'stɪŋgwɪʃ] *vt* éteindre
xtra ['ɛkstrə] *adj* supplémentaire, de plus ▷ *adv (in addition)* en plus ▷ *n* supplément *m*; *(perk)* à-coté *m*; *(Cine, Theat)* figurant(e)
xtract *vt* [ɪk'strækt] extraire; *(tooth)* arracher; *(money, promise)* soutirer ▷ *n* ['ɛkstrækt] extrait *m*
xtradite ['ɛkstrədaɪt] *vt* extrader
xtraordinary [ɪk'strɔːdnrɪ] *adj* extraordinaire
xtravagance [ɪk'strævəgəns] *n (excessive spending)* prodigalités *fpl*; *(thing bought)* folie *f*, dépense excessive; **extravagant** *adj* extravagant(e); *(in spending: person)* prodigue, dépensier(-ière); *(: tastes)* dispendieux(-euse)
xtreme [ɪk'striːm] *adj, n* extrême *(m)*; **extremely** *adv* extrêmement
xtremist [ɪk'striːmɪst] *adj, n* extrémiste *m/f*
xtrovert ['ɛkstrəvəːt] *n* extraverti(e)
ye [aɪ] *n* œil *m*; *(of needle)* trou *m*, chas *m* ▷ *vt* examiner; **to keep an ~ on** surveiller; **eyeball** *n* globe *m* oculaire; **eyebrow** *n* sourcil *m*; **eye drops** *npl* gouttes *fpl* pour les yeux; **eyelash** *n* cil *m*; **eyelid** *n* paupière *f*; **eyeliner** *n* eye-liner *m*; **eye shadow** *n* ombre *f* à paupières; **eyesight** *n* vue *f*; **eye witness** *n* témoin *m* oculaire

f

F [ɛf] *n (Mus)* fa *m*
fabric ['fæbrɪk] *n* tissu *m*
fabulous ['fæbjuləs] *adj* fabuleux(-euse); *(inf: super)* formidable, sensationnel(le)
face [feɪs] *n* visage *m*, figure *f*; *(expression)* air *m*; *(of clock)* cadran *m*; *(of cliff)* paroi *f*; *(of mountain)* face *f*; *(of building)* façade *f* ▷ *vt* faire face à; *(facts etc)* accepter; **~ down** *(person)* à plat ventre; *(card)* face en dessous; **to lose/save ~** perdre/sauver la face; **to pull a ~** faire une grimace; **in the ~ of** *(difficulties etc)* face à, devant; **on the ~ of it** à première vue; **~ to ~** face à face; **face up to** *vt fus* faire face à, affronter; **face cloth** *n* (BRIT) gant *m* de toilette; **face pack** *n* (BRIT) masque *m* (de beauté)
facial ['feɪʃl] *adj* facial(e) ▷ *n* soin complet du visage
facilitate [fə'sɪlɪteɪt] *vt* faciliter

facilities [fə'sɪlɪtɪz] *npl* installations *fpl*, équipement *m*; **credit ~** facilités de paiement
fact [fækt] *n* fait *m*; **in ~** en fait
faction ['fækʃən] *n* faction *f*
factor ['fæktəʳ] *n* facteur *m*; (*of sun cream*) indice *m* (de protection); **I'd like a ~ 15 suntan lotion** je voudrais une crème solaire d'indice 15
factory ['fæktərɪ] *n* usine *f*, fabrique *f*
factual ['fæktjuəl] *adj* basé(e) sur les faits
faculty ['fækəltɪ] *n* faculté *f*; (*US*: *teaching staff*) corps enseignant
fad [fæd] *n* (*personal*) manie *f*; (*craze*) engouement *m*
fade [feɪd] *vi* se décolorer, passer; (*light, sound*) s'affaiblir; (*flower*) se faner; **fade away** *vi* (*sound*) s'affaiblir
fag [fæg] *n* (BRIT *inf*: *cigarette*) clope *f*
Fahrenheit ['fɑːrənhaɪt] *n* Fahrenheit *m inv*
fail [feɪl] *vt* (*exam*) échouer à; (*candidate*) recaler; (*subj*: *courage, memory*) faire défaut à ▷ *vi* échouer; (*eyesight, health, light*: *also*: **be ~ing**) baisser, s'affaiblir; (*brakes*) lâcher; **to ~ to do sth** (*neglect*) négliger de *or* ne pas faire qch; (*be unable*) ne pas arriver *or* parvenir à faire qch; **without ~** à coup sûr; sans faute; **failing** *n* défaut *m* ▷ *prep* faute de; **failing that** à défaut, sinon; **failure** ['feɪljəʳ] *n* échec *m*; (*person*) raté(e); (*mechanical etc*) défaillance *f*
faint [feɪnt] *adj* faible; (*recollection*) vague; (*mark*) à peine visible ▷ *n* évanouissement *m* ▷ *vi* s'évanouir; **to feel ~** défaillir; **faintest** *adj*: **I haven't the faintest idea** je n'en ai pas la moindre idée; **faintly** *adv* faiblement; (*vaguely*) vaguement
fair [fɛəʳ] *adj* équitable, juste; (*hair*) blond(e); (*skin, complexion*) pâle, blanc (blanche); (*weather*) beau (belle); (*good enough*) assez bon(ne); (*sizeable*) considérable ▷ *adv*: **to play ~** jouer franc jeu ▷ *n* foire *f*; (BRIT: *funfair*) fête (foraine); **fairground** *n* champ *m* de foire; **fair-haired** *adj* (*person*) aux cheveux clairs, blond(e); **fairly** *adv* (*justly*) équitablement; (*quite*) assez; **fair trade** *n* commerce *m* équitable; **fairway** *n* (*Golf*) fairway *m*
fairy ['fɛərɪ] *n* fée *f*; **fairy tale** *n* conte *m* de fées
faith [feɪθ] *n* foi *f*; (*trust*) confiance *f*; (*sect*) culte *m*, religion *f*; **faithful** *adj* fidèle; **faithfully** *adv* fidèlement; **yours faithfully** (BRIT: *in letters*) veuillez agréer l'expression de mes salutations les plus distinguées
fake [feɪk] *n* (*painting etc*) faux *m*; (*person*) imposteur *m* ▷ *adj* faux (fausse) ▷ *vt* (*emotions*) simuler; (*painting*) faire un faux de
falcon ['fɔːlkən] *n* faucon *m*
fall [fɔːl] *n* chute *f*; (*decrease*) baisse *f*; (*US*: *autumn*) automne *m* ▷ *vi* (*pt* **fell**, *pp* **fallen**) tomber; (*price, temperature, dollar*) baisser; **falls** *npl* (*waterfall*) chute *f* d'eau, cascade *f*; **to ~ flat** *vi* (*on one's face*) tomber de tout son long, s'étaler; (*joke*) tomber à plat; (*plan*) échouer; **fall apart** *vi* (*object*) tomber en morceaux; **fall down** *vi* (*person*) tomber; (*building*) s'effondrer, s'écrouler; **fall for** *vt fus* (*trick*) se laisser prendre à; (*person*) tomber amoureux(-euse) de; **fall off** *vi* tomber; (*diminish*) baisser, diminuer; **fall out** *vi* (*friends etc*) se brouiller; (*hair, teeth*) tomber; **fall over** *vi* tomber (par terre); **fall through** *vi* (*plan, project*) tomber à l'eau
fallen ['fɔːlən] *pp of* **fall**
fallout ['fɔːlaut] *n* retombées (radioactives)
false [fɔːls] *adj* faux (fausse); **under ~ pretences** sous un faux prétexte; **false alarm** *n* fausse alerte; **false teeth** *npl* (BRIT) fausses dents, dentier *m*
fame [feɪm] *n* renommée *f*, renom *m*
familiar [fə'mɪlɪəʳ] *adj* familier(-ière); **to be ~ with sth** connaître qch;

familiarize [fəˈmɪlɪəraɪz] *vt*: **to familiarize o.s. with** se familiariser avec
family [ˈfæmɪlɪ] *n* famille *f*; **family doctor** *n* médecin *m* de famille; **family planning** *n* planning familial
famine [ˈfæmɪn] *n* famine *f*
famous [ˈfeɪməs] *adj* célèbre
fan [fæn] *n* (*folding*) éventail *m*; (*Elec*) ventilateur *m*; (*person*) fan *m*, admirateur(-trice); (*Sport*) supporter *m/f* ▷ *vt* éventer; (*fire, quarrel*) attiser
fanatic [fəˈnætɪk] *n* fanatique *m/f*
fan belt *n* courroie *f* de ventilateur
fan club *n* fan-club *m*
fancy [ˈfænsɪ] *n* (*whim*) fantaisie *f*, envie *f*; (*imagination*) imagination *f* ▷ *adj* (*luxury*) de luxe; (*elaborate: jewellery, packaging*) fantaisie *inv* ▷ *vt* (*feel like, want*) avoir envie de; (*imagine*) imaginer; **to take a ~ to** se prendre d'affection pour; s'enticher de; **he fancies her** elle lui plaît; **fancy dress** *n* déguisement *m*, travesti *m*
fan heater *n* (BRIT) radiateur soufflant
fantasize [ˈfæntəsaɪz] *vi* fantasmer
fantastic [fænˈtæstɪk] *adj* fantastique
fantasy [ˈfæntəsɪ] *n* imagination *f*, fantaisie *f*; (*unreality*) fantasme *m*
fanzine [ˈfænziːn] *n* fanzine *m*
FAQ *n abbr* (= *frequently asked question*) FAQ *f inv*, faq *f inv*
far [fɑːʳ] *adj* (*distant*) lointain(e), éloigné(e) ▷ *adv* loin; **the ~ side/end** l'autre côté/bout; **it's not ~ (from here)** ce n'est pas loin (d'ici); **~ away, ~ off** au loin, dans le lointain; **~ better** beaucoup mieux; **~ from** loin de; **by ~** de loin, de beaucoup; **go as ~ as the bridge** allez jusqu'au pont; **as ~ as I know** pour autant que je sache; **how ~ is it to ...?** combien y a-t-il jusqu'à ...?; **how ~ have you got with your work?** où en êtes-vous dans votre travail?
farce [fɑːs] *n* farce *f*
fare [fɛəʳ] *n* (*on trains, buses*) prix *m* du billet; (*in taxi*) prix de la course; (*food*) table *f*, chère *f*; **half ~** demi-tarif; **full ~** plein tarif
Far East *n*: **the ~** l'Extrême-Orient *m*
farewell [fɛəˈwɛl] *excl*, *n* adieu *m*
farm [fɑːm] *n* ferme *f* ▷ *vt* cultiver; **farmer** *n* fermier(-ière); **farmhouse** *n* (maison *f* de) ferme *f*; **farming** *n* agriculture *f*; (*of animals*) élevage *m*; **farmyard** *n* cour *f* de ferme
far-reaching [ˈfɑːˈriːtʃɪŋ] *adj* d'une grande portée
fart [fɑːt] (*inf!*) *vi* péter
farther [ˈfɑːðəʳ] *adv* plus loin ▷ *adj* plus éloigné(e), plus lointain(e)
farthest [ˈfɑːðɪst] *superlative of* **far**
fascinate [ˈfæsɪneɪt] *vt* fasciner, captiver
fascinating [ˈfæsɪneɪtɪŋ] *adj* fascinant(e)
fascination [fæsɪˈneɪʃən] *n* fascination *f*
fascist [ˈfæʃɪst] *adj*, *n* fasciste *m/f*
fashion [ˈfæʃən] *n* mode *f*; (*manner*) façon *f*, manière *f* ▷ *vt* façonner; **in ~** à la mode; **out of ~** démodé(e); **fashionable** *adj* à la mode; **fashion show** *n* défilé *m* de mannequins *or* de mode
fast [fɑːst] *adj* rapide; (*clock*): **to be ~** avancer; (*dye, colour*) grand *or* bon teint *inv* ▷ *adv* vite, rapidement; (*stuck, held*) solidement ▷ *n* jeûne *m* ▷ *vi* jeûner; **~ asleep** profondément endormi
fasten [ˈfɑːsn] *vt* attacher, fixer; (*coat*) attacher, fermer ▷ *vi* se fermer, s'attacher
fast food *n* fast food *m*, restauration *f* rapide
fat [fæt] *adj* gros(se) ▷ *n* graisse *f*; (*on meat*) gras *m*; (*for cooking*) matière grasse
fatal [ˈfeɪtl] *adj* (*mistake*) fatal(e); (*injury*) mortel(le); **fatality** [fəˈtælɪtɪ] *n* (*road death etc*) victime *f*, décès *m*;

fatally *adv* fatalement; (*injured*) mortellement
fate [feɪt] *n* destin *m*; (*of person*) sort *m*
father ['fɑːðəʳ] *n* père *m*; **Father Christmas** *n* le Père Noël; **father-in-law** *n* beau-père *m*
fatigue [fə'tiːg] *n* fatigue *f*
fattening ['fætnɪŋ] *adj* (*food*) qui fait grossir
fatty ['fætɪ] *adj* (*food*) gras(se) ▷ *n* (*inf*) gros (grosse)
faucet ['fɔːsɪt] *n* (*US*) robinet *m*
fault [fɔːlt] *n* faute *f*; (*defect*) défaut *m*; (*Geo*) faille *f* ▷ *vt* trouver des défauts à, prendre en défaut; **it's my ~** c'est de ma faute; **to find ~ with** trouver à redire *or* à critiquer à; **at ~** fautif(-ive), coupable; **faulty** *adj* défectueux(-euse)
fauna ['fɔːnə] *n* faune *f*
favour, (*US*) **favor** ['feɪvəʳ] *n* faveur *f*; (*help*) service *m* ▷ *vt* (*proposition*) être en faveur de; (*pupil etc*) favoriser; (*team, horse*) donner gagnant; **to do sb a ~** rendre un service à qn; **in ~ of** en faveur de; **to find ~ with sb** trouver grâce aux yeux de qn; **favourable**, (*US*) **favorable** *adj* favorable; **favourite**, (*US*) **favorite** ['feɪvrɪt] *adj*, *n* favori(te)
fawn [fɔːn] *n* (*deer*) faon *m* ▷ *adj* (*also*: **~-coloured**) fauve ▷ *vi*: **to ~ (up)on** flatter servilement
fax [fæks] *n* (*document*) télécopie *f*; (*machine*) télécopieur *m* ▷ *vt* envoyer par télécopie
FBI *n abbr* (*US*: = *Federal Bureau of Investigation*) FBI *m*
fear [fɪəʳ] *n* crainte *f*, peur *f* ▷ *vt* craindre; **for ~ of** de peur que + *sub or* de + *infinitive*; **fearful** *adj* craintif(-ive); (*sight, noise*) affreux(-euse), épouvantable; **fearless** *adj* intrépide
feasible ['fiːzəbl] *adj* faisable, réalisable
feast [fiːst] *n* festin *m*, banquet *m*; (*Rel*: *also*: **~ day**) fête *f* ▷ *vi* festoyer
feat [fiːt] *n* exploit *m*, prouesse *f*
feather ['fɛðəʳ] *n* plume *f*
feature ['fiːtʃəʳ] *n* caractéristique *f*; (*article*) chronique *f*, rubrique *f* ▷ *vt* (*film*) avoir pour vedette(s) ▷ *vi* figurer (en bonne place); **features** *npl* (*of face*) traits *mpl*; **a (special) ~ on sth/sb** un reportage sur qch/qn; **feature film** *n* long métrage
Feb. *abbr* (= *February*) fév
February ['fɛbruərɪ] *n* février *m*
fed [fɛd] *pt, pp of* **feed**
federal ['fɛdərəl] *adj* fédéral(e)
federation [fɛdə'reɪʃən] *n* fédération *f*
fed up *adj*: **to be ~ (with)** en avoir marre *or* plein le dos (de)
fee [fiː] *n* rémunération *f*; (*of doctor, lawyer*) honoraires *mpl*; (*of school, college etc*) frais *mpl* de scolarité; (*for examination*) droits *mpl*
feeble ['fiːbl] *adj* faible; (*attempt, excuse*) pauvre; (*joke*) piteux(-euse)
feed [fiːd] *n* (*of animal*) nourriture *f*, pâture *f*; (*on printer*) mécanisme *m* d'alimentation ▷ *vt* (*pt, pp* **fed**) (*person*) nourrir; (BRIT: *baby*: *breastfeed*) allaiter; (: *with bottle*) donner le biberon à; (*horse etc*) donner à manger à; (*machine*) alimenter; (*data etc*): **to ~ sth into** enregistrer qch dans; **feedback** *n* (*Elec*) effet *m* Larsen; (*from person*) réactions *fpl*
feel [fiːl] *n* (*sensation*) sensation *f*; (*impression*) impression *f* ▷ *vt* (*pt, pp* **felt**) (*touch*) toucher; (*explore*) tâter, palper; (*cold, pain*) sentir; (*grief, anger*) ressentir, éprouver; (*think, believe*): **to ~ (that)** trouver que; **to ~ hungry/cold** avoir faim/froid; **to ~ lonely/better** se sentir seul/mieux; **I don't ~ well** je ne me sens pas bien; **it ~s soft** c'est doux au toucher; **to ~ like** (*want*) avoir envie de; **feeling** *n* (*physical*) sensation *f*; (*emotion, impression*) sentiment *m*; **to hurt sb's feelings** froisser qn
feet [fiːt] *npl of* **foot**
fell [fɛl] *pt of* **fall** ▷ *vt* (*tree*) abattre

ellow ['fɛləu] *n* type *m*; (*comrade*) compagnon *m*; (*of learned society*) membre *m* ▷ *cpd*: **their ~ prisoners/students** leurs camarades prisonniers/étudiants; **fellow citizen** *n* concitoyen(ne); **fellow countryman** (*irreg*) *n* compatriote *m*; **fellow men** *npl* semblables *mpl*; **fellowship** *n* (*society*) association *f*; (*comradeship*) amitié *f*, camaraderie *f*; (*Scol*) *sorte de bourse universitaire*

elony ['fɛlənɪ] *n* crime *m*, forfait *m*

elt [fɛlt] *pt, pp of* **feel** ▷ *n* feutre *m*; **felt-tip** *n* (*also*: **felt-tip pen**) stylo-feutre *m*

emale ['fi:meɪl] *n* (*Zool*) femelle *f*; (*pej*: *woman*) bonne femme ▷ *adj* (*Biol*) femelle; (*sex, character*) féminin(e); (*vote etc*) des femmes

eminine ['fɛmɪnɪn] *adj* féminin(e)

eminist ['fɛmɪnɪst] *n* féministe *m/f*

ence [fɛns] *n* barrière *f* ▷ *vi* faire de l'escrime; **fencing** *n* (*sport*) escrime *m*

end [fɛnd] *vi*: **to ~ for o.s.** se débrouiller (tout seul); **fend off** *vt* (*attack etc*) parer; (*questions*) éluder

ender ['fɛndəʳ] *n* garde-feu *m inv*; (*on boat*) défense *f*; (US: *of car*) aile *f*

ennel ['fɛnl] *n* fenouil *m*

erment *vi* [fə'mɛnt] fermenter ▷ *n* ['fə:mɛnt] (*fig*) agitation *f*, effervescence *f*

ern [fə:n] *n* fougère *f*

erocious [fə'rəuʃəs] *adj* féroce

erret ['fɛrɪt] *n* furet *m*

erry ['fɛrɪ] *n* (*small*) bac *m*; (*large*: *also*: **~boat**) ferry(-boat *m*) *m* ▷ *vt* transporter

ertile ['fə:taɪl] *adj* fertile; (*Biol*) fécond(e); **fertilize** ['fə:tɪlaɪz] *vt* fertiliser; (*Biol*) féconder; **fertilizer** *n* engrais *m*

estival ['fɛstɪvəl] *n* (*Rel*) fête *f*; (*Art, Mus*) festival *m*

estive ['fɛstɪv] *adj* de fête; **the ~ season** (BRIT: *Christmas*) la période des fêtes

fetch [fɛtʃ] *vt* aller chercher; (BRIT: *sell for*) rapporter

fête [feɪt] *n* fête *f*, kermesse *f*

fetus ['fi:təs] *n* (US) = **foetus**

feud [fju:d] *n* querelle *f*, dispute *f*

fever ['fi:vəʳ] *n* fièvre *f*; **feverish** *adj* fiévreux(-euse), fébrile

few [fju:] *adj* (*not many*) peu de ▷ *pron* peu; **a ~** (*as adj*) quelques; (*as pron*) quelques-uns(-unes); **quite a ~ ...** *adj* un certain nombre de ..., pas mal de ...; **in the past ~ days** ces derniers jours; **fewer** *adj* moins de; **fewest** *adj* le moins nombreux

fiancé [fɪ'ɑ̃:ŋseɪ] *n* fiancé *m*; **fiancée** *n* fiancée *f*

fiasco [fɪ'æskəu] *n* fiasco *m*

fib [fɪb] *n* bobard *m*

fibre, (US) **fiber** ['faɪbəʳ] *n* fibre *f*; **fibreglass**, (US) **Fiberglass®** *n* fibre *f* de verre

fickle ['fɪkl] *adj* inconstant(e), volage, capricieux(-euse)

fiction ['fɪkʃən] *n* romans *mpl*, littérature *f* romanesque; (*invention*) fiction *f*; **fictional** *adj* fictif(-ive)

fiddle ['fɪdl] *n* (*Mus*) violon *m*; (*cheating*) combine *f*; escroquerie *f* ▷ *vt* (BRIT: *accounts*) falsifier, maquiller; **fiddle with** *vt fus* tripoter

fidelity [fɪ'dɛlɪtɪ] *n* fidélité *f*

fidget ['fɪdʒɪt] *vi* se trémousser, remuer

field [fi:ld] *n* champ *m*; (*fig*) domaine *m*, champ; (*Sport*: *ground*) terrain *m*; **field marshal** *n* maréchal *m*

fierce [fɪəs] *adj* (*look, animal*) féroce, sauvage; (*wind, attack, person*) (très) violent(e); (*fighting, enemy*) acharné(e)

fifteen [fɪf'ti:n] *num* quinze; **fifteenth** *num* quinzième

fifth [fɪfθ] *num* cinquième

fiftieth ['fɪftɪɪθ] *num* cinquantième

fifty ['fɪftɪ] *num* cinquante; **fifty-fifty** *adv* moitié-moitié ▷ *adj*: **to have a fifty-fifty chance (of success)** avoir une chance sur deux (de réussir)

fig [fɪg] *n* figue *f*
fight [faɪt] (*pt, pp* **fought**) *n* (*between persons*) bagarre *f*; (*argument*) dispute *f*; (*Mil*) combat *m*; (*against cancer etc*) lutte *f* ▷ *vt* se battre contre; (*cancer, alcoholism, emotion*) combattre, lutter contre; (*election*) se présenter à ▷ *vi* se battre; (*argue*) se disputer; (*fig*): **to ~ (for/against)** lutter (pour/contre); **fight back** *vi* rendre les coups; (*after illness*) reprendre le dessus ▷ *vt* (*tears*) réprimer; **fight off** *vt* repousser; (*disease, sleep, urge*) lutter contre; **fighting** *n* combats *mpl*; (*brawls*) bagarres *fpl*
figure ['fɪgəʳ] *n* (*Drawing, Geom*) figure *f*; (*number*) chiffre *m*; (*body, outline*) silhouette *f*; (*person's shape*) ligne *f*, formes *fpl*; (*person*) personnage *m* ▷ *vt* (US: *think*) supposer ▷ *vi* (*appear*) figurer; (US: *make sense*) s'expliquer; **figure out** *vt* (*understand*) arriver à comprendre; (*plan*) calculer
file [faɪl] *n* (*tool*) lime *f*; (*dossier*) dossier *m*; (*folder*) dossier, chemise *f* (: *binder*) classeur *m*; (*Comput*) fichier *m*; (*row*) file *f* ▷ *vt* (*nails, wood*) limer; (*papers*) classer; (*Law: claim*) faire enregistrer; déposer; **filing cabinet** *n* classeur *m* (*meuble*)
Filipino [fɪlɪ'piːnəu] *adj* philippin(e) ▷ *n* (*person*) Philippin(e)
fill [fɪl] *vt* remplir; (*vacancy*) pourvoir à ▷ *n*: **to eat one's ~** manger à sa faim; **to ~ with** remplir de; **fill in** *vt* (*hole*) boucher; (*form*) remplir; **fill out** *vt* (*form, receipt*) remplir; **fill up** *vt* remplir ▷ *vi* (*Aut*) faire le plein
fillet ['fɪlɪt] *n* filet *m*; **fillet steak** *n* filet *m* de bœuf, tournedos *m*
filling ['fɪlɪŋ] *n* (*Culin*) garniture *f*, farce *f*; (*for tooth*) plombage *m*; **filling station** *n* station-service *f*, station *f* d'essence
film [fɪlm] *n* film *m*; (*Phot*) pellicule *f*, film; (*of powder, liquid*) couche *f*, pellicule ▷ *vt* (*scene*) filmer ▷ *vi* tourner; **I'd like a 36-exposure ~** je voudrais une pellicule de 36 poses; **film star** *n* vedette *f* de cinéma
filter ['fɪltəʳ] *n* filtre *m* ▷ *vt* filtrer; **filter lane** *n* (BRIT *Aut: at traffic lights*) voie *f* de dégagement; (: *on motorway*) voie *f* de sortie
filth [fɪlθ] *n* saleté *f*; **filthy** *adj* sale, dégoûtant(e); (*language*) ordurier(-ière), grossier(-ière)
fin [fɪn] *n* (*of fish*) nageoire *f*; (*of shark*) aileron *m*; (*of diver*) palme *f*
final ['faɪnl] *adj* final(e), dernier(-ière); (*decision, answer*) définitif(-ive) ▷ *n* (BRIT *Sport*) finale *f*; **finals** *npl* (US) (*Scol*) examens *mpl* de dernière année; (*Sport*) finale *f*; **finale** [fɪ'nɑːlɪ] *n* finale *m*; **finalist** *n* (*Sport*) finaliste *m/f*; **finalize** *vt* mettre au point; **finally** *adv* (*eventually*) enfin, finalement; (*lastly*) en dernier lieu
finance [faɪ'næns] *n* finance *f* ▷ *vt* financer; **finances** *npl* finances *fpl*; **financial** [faɪ'nænʃəl] *adj* financier(-ière); **financial year** *n* année *f* budgétaire
find [faɪnd] *vt* (*pt, pp* **found**) trouver; (*lost object*) retrouver ▷ *n* trouvaille *f*, découverte *f*; **to ~ sb guilty** (*Law*) déclarer qn coupable; **find out** *vt* se renseigner sur; (*truth, secret*) découvrir; (*person*) démasquer ▷ *vi*: **to ~ out about** (*make enquiries*) se renseigner sur; (*by chance*) apprendre; **findings** *npl* (*Law*) conclusions *fpl*, verdict *m*; (*of report*) constatations *fpl*
fine [faɪn] *adj* (*weather*) beau (belle); (*excellent*) excellent(e); (*thin, subtle, not coarse*) fin(e); (*acceptable*) bien *inv* ▷ *adv* (*well*) très bien; (*small*) fin, finement ▷ *n* (*Law*) amende *f*; contravention *f* ▷ *vt* (*Law*) condamner à une amende; donner une contravention à; **he's ~** il va bien; **the weather is ~** il fait beau; **fine arts** *npl* beaux-arts *mpl*
finger ['fɪŋgəʳ] *n* doigt *m* ▷ *vt* palper, toucher; **index ~** index *m*; **fingernail** *n* ongle *m* (de la main); **fingerprint** *n*

empreinte digitale; **fingertip** *n* bout *m* du doigt

finish ['fɪnɪʃ] *n* fin *f*; (*Sport*) arrivée *f*; (*polish etc*) finition *f* ▷ *vt* finir, terminer ▷ *vi* finir, se terminer; **to ~ doing sth** finir de faire qch; **to ~ third** arriver *or* terminer troisième; **when does the show ~?** quand est-ce que le spectacle se termine?; **finish off** *vt* finir, terminer; (*kill*) achever; **finish up** *vi, vt* finir

Finland ['fɪnlənd] *n* Finlande *f*; **Finn** *n* Finnois(e), Finlandais(e); **Finnish** *adj* finnois(e), finlandais(e) ▷ *n* (*Ling*) finnois *m*

fir [fəːʳ] *n* sapin *m*

fire ['faɪəʳ] *n* feu *m*; (*accidental*) incendie *m*; (*heater*) radiateur *m* ▷ *vt* (*discharge*): **to ~ a gun** tirer un coup de feu; (*fig: interest*) enflammer, animer; (*inf: dismiss*) mettre à la porte, renvoyer ▷ *vi* (*shoot*) tirer, faire feu; **~!** au feu!; **on ~** en feu; **to set ~ to sth, set sth on ~** mettre le feu à qch; **fire alarm** *n* avertisseur *m* d'incendie; **firearm** *n* arme *f* à feu; **fire brigade** *n* (régiment *m* de sapeurs-)pompiers *mpl*; **fire engine** *n* (BRIT) pompe *f* à incendie; **fire escape** *n* escalier *m* de secours; **fire exit** *n* issue *f or* sortie *f* de secours; **fire extinguisher** *n* extincteur *m*; **fireman** (*irreg*) *n* pompier *m*; **fireplace** *n* cheminée *f*; **fire station** *n* caserne *f* de pompiers; **fire truck** *n* (US) = **fire engine**; **firewall** *n* (*Internet*) pare-feu *m*; **firewood** *n* bois *m* de chauffage; **fireworks** *npl* (*display*) feu(x) *m(pl)* d'artifice

firm [fəːm] *adj* ferme ▷ *n* compagnie *f*, firme *f*; **firmly** *adv* fermement

first [fəːst] *adj* premier(-ière) ▷ *adv* (*before other people*) le premier, la première; (*before other things*) en premier, d'abord; (*when listing reasons etc*) en premier lieu, premièrement; (*in the beginning*) au début ▷ *n* (*person: in race*) premier(-ière); (BRIT *Scol*) mention *f* très bien; (*Aut*) première *f*; **the ~ of January** le premier janvier; **at ~** au commencement, au début; **~ of all** tout d'abord, pour commencer; **first aid** *n* premiers secours *or* soins; **first-aid kit** *n* trousse *f* à pharmacie; **first-class** *adj* (*ticket etc*) de première classe; (*excellent*) excellent(e), exceptionnel(le); (*post*) en tarif prioritaire; **first-hand** *adj* de première main; **first lady** *n* (US) femme *f* du président; **firstly** *adv* premièrement, en premier lieu; **first name** *n* prénom *m*; **first-rate** *adj* excellent(e)

fiscal ['fɪskl] *adj* fiscal(e); **fiscal year** *n* exercice financier

fish [fɪʃ] *n* (*pl inv*) poisson *m* ▷ *vt, vi* pêcher; **~ and chips** poisson frit et frites; **fisherman** (*irreg*) *n* pêcheur *m*; **fish fingers** *npl* (BRIT) bâtonnets *mpl* de poisson (congelés); **fishing** *n* pêche *f*; **to go fishing** aller à la pêche; **fishing boat** *n* barque *f* de pêche; **fishing line** *n* ligne *f* (de pêche); **fishmonger** *n* (BRIT) marchand *m* de poisson; **fishmonger's (shop)** *n* (BRIT) poissonnerie *f*; **fish sticks** *npl* (US) = **fish fingers**; **fishy** *adj* (*inf*) suspect(e), louche

fist [fɪst] *n* poing *m*

fit [fɪt] *adj* (*Med, Sport*) en (bonne) forme; (*proper*) convenable; approprié(e) ▷ *vt* (*subj: clothes*) aller à; (*put in, attach*) installer, poser; (*equip*) équiper, garnir, munir; (*suit*) convenir à ▷ *vi* (*clothes*) aller; (*parts*) s'adapter; (*in space, gap*) entrer, s'adapter ▷ *n* (*Med*) accès *m*, crise *f*; (*of anger*) accès; (*of hysterics, jealousy*) crise; **~ to** (*ready to*) en état de; **~ for** (*worthy*) digne de; (*capable*) apte à; **to keep ~** se maintenir en forme; **this dress is a tight/good ~** cette robe est un peu juste/(me) va très bien; **a ~ of coughing** une quinte de toux; **by ~s and starts** par à-coups;

fit in *vi (add up)* cadrer; *(integrate)* s'intégrer; *(to new situation)* s'adapter; **fitness** *n (Med)* forme *f* physique; **fitted** *adj (jacket, shirt)* ajusté(e); **fitted carpet** *n* moquette *f*; **fitted kitchen** *n* (BRIT) cuisine équipée; **fitted sheet** *n* drap-housse *m*; **fitting** *adj* approprié(e) ▷ *n (of dress)* essayage *m*; *(of piece of equipment)* pose *f*, installation *f*; **fitting room** *n (in shop)* cabine *f* d'essayage; **fittings** *npl* installations *fpl*

five [faɪv] *num* cinq; **fiver** *n (inf: US)* billet de cinq dollars; (: BRIT) billet *m* de cinq livres

fix [fɪks] *vt (date, amount etc)* fixer; *(sort out)* arranger; *(mend)* réparer; *(make ready: meal, drink)* préparer ▷ *n*: **to be in a ~** être dans le pétrin; **fix up** *vt (meeting)* arranger; **to ~ sb up with sth** faire avoir qch à qn; **fixed** *adj (prices etc)* fixe; **fixture** *n* installation *f* (fixe); *(Sport)* rencontre *f* (au programme)

fizzy ['fɪzɪ] *adj* pétillant(e), gazeux(-euse)

flag [flæg] *n* drapeau *m*; *(also:* **~stone**) dalle *f* ▷ *vi* faiblir; fléchir; **flag down** *vt* héler, faire signe (de s'arrêter) à; **flagpole** *n* mât *m*

flair [flɛə^r] *n* flair *m*

flak [flæk] *n (Mil)* tir antiaérien; *(inf: criticism)* critiques *fpl*

flake [fleɪk] *n (of rust, paint)* écaille *f*; *(of snow, soap powder)* flocon *m* ▷ *vi (also:* **~ off**) s'écailler

flamboyant [flæm'bɔɪənt] *adj* flamboyant(e), éclatant(e); *(person)* haut(e) en couleur

flame [fleɪm] *n* flamme *f*

flamingo [flə'mɪŋgəu] *n* flamant *m* (rose)

flammable ['flæməbl] *adj* inflammable

flan [flæn] *n* (BRIT) tarte *f*

flank [flæŋk] *n* flanc *m* ▷ *vt* flanquer

flannel ['flænl] *n* (BRIT: *also*: **face ~**) gant *m* de toilette; *(fabric)* flanelle *f*

flap [flæp] *n (of pocket, envelope)* rabat *m* ▷ *vt (wings)* battre (de) ▷ *vi (sail, flag)* claquer

flare [flɛə^r] *n (signal)* signal lumineux; *(Mil)* fusée éclairante; *(in skirt etc)* évasement *m*; **flares** *npl (trousers)* pantalon *m* à pattes d'éléphant; **flare up** *vi* s'embraser; *(fig: person)* se mettre en colère, s'emporter; *(: revolt)* éclater

flash [flæʃ] *n* éclair *m*; *(also:* **news ~**) flash *m* (d'information); *(Phot)* flash ▷ *vt (switch on)* allumer (brièvement); *(direct)*: **to ~ sth at** braquer qch sur; *(send: message)* câbler; *(smile)* lancer ▷ *vi* briller; jeter des éclairs; *(light on ambulance etc)* clignoter; **a ~ of lightning** un éclair; **in a ~** en un clin d'œil; **to ~ one's headlights** faire un appel de phares; **he ~ed by** *or* **past** il passa (devant nous) comme un éclair; **flashback** *n* flashback *m*, retour *m* en arrière; **flashbulb** *n* ampoule *f* de flash; **flashlight** *n* lampe *f* de poche

flask [flɑːsk] *n* flacon *m*, bouteille *f*; *(also:* **vacuum ~**) bouteille *f* thermos®

flat [flæt] *adj* plat(e); *(tyre)* dégonflé(e), à plat; *(beer)* éventé(e); *(battery)* à plat; *(denial)* catégorique; *(Mus)* bémol *inv* (: *voice*) faux (fausse) ▷ *n* (BRIT: *apartment*) appartement *m*; *(Aut)* crevaison *f*, pneu crevé; *(Mus)* bémol *m*; **~ out** *(work)* sans relâche; *(race)* à fond; **flatten** *vt (also:* **flatten out**) aplatir; *(crop)* coucher; *(house, city)* raser

flatter ['flætə^r] *vt* flatter; **flattering** *adj* flatteur(-euse); *(clothes etc)* seyant(e)

flaunt [flɔːnt] *vt* faire étalage de

flavour, (US) **flavor** ['fleɪvə^r] *n* goût *m*, saveur *f*; *(of ice cream etc)* parfum *m* ▷ *vt* parfumer, aromatiser; **vanilla-~ed** à l'arôme de vanille, vanillé(e); **what ~s do you have?** quels parfums avez-vous?; **flavouring**, (US **flavoring** *n* arôme *m* (synthétique)

flaw [flɔː] *n* défaut *m*; **flawless** *adj* sans défaut
flea [fliː] *n* puce *f*; **flea market** *n* marché *m* aux puces
fled [flɛd] *pt, pp of* **flee**
flee (*pt, pp* **fled**) [fliː, flɛd] *vt* fuir, s'enfuir de ▷ *vi* fuir, s'enfuir
fleece [fliːs] *n* (*of sheep*) toison *f*; (*top*) (laine *f*) polaire *f* ▷ *vt* (*inf*) voler, filouter
fleet [fliːt] *n* flotte *f*; (*of lorries, cars etc*) parc *m*; convoi *m*
fleeting ['fliːtɪŋ] *adj* fugace, fugitif(-ive); (*visit*) très bref (brève)
Flemish ['flɛmɪʃ] *adj* flamand(e) ▷ *n* (*Ling*) flamand *m*; **the ~** *npl* les Flamands
flesh [flɛʃ] *n* chair *f*
flew [fluː] *pt of* **fly**
flex [flɛks] *n* fil *m or* câble *m* électrique (souple) ▷ *vt* (*knee*) fléchir; (*muscles*) bander; **flexibility** *n* flexibilité *f*; **flexible** *adj* flexible; (*person, schedule*) souple; **flexitime**, (*US*) **flextime** *n* horaire *m* variable *or* à la carte
flick [flɪk] *n* petit coup; (*with finger*) chiquenaude *f* ▷ *vt* donner un petit coup à; (*switch*) appuyer sur; **flick through** *vt fus* feuilleter
flicker ['flɪkə^r] *vi* (*light, flame*) vaciller
flies [flaɪz] *npl of* **fly**
flight [flaɪt] *n* vol *m*; (*escape*) fuite *f*; (*also*: **~ of steps**) escalier *m*; **flight attendant** *n* steward *m*, hôtesse *f* de l'air
flimsy ['flɪmzɪ] *adj* peu solide; (*clothes*) trop léger(-ère); (*excuse*) pauvre, mince
flinch [flɪntʃ] *vi* tressaillir; **to ~ from** se dérober à, reculer devant
fling [flɪŋ] *vt* (*pt, pp* **flung**) jeter, lancer
flint [flɪnt] *n* silex *m*; (*in lighter*) pierre *f* (à briquet)
flip [flɪp] *vt* (*throw*) donner une chiquenaude à; (*switch*) appuyer sur; (*US*: *pancake*) faire sauter; **to ~ sth over** retourner qch
flip-flops ['flɪpflɔps] *npl* (*esp* BRIT) tongs *fpl*
flipper ['flɪpə^r] *n* (*of animal*) nageoire *f*; (*for swimmer*) palme *f*
flirt [flәːt] *vi* flirter ▷ *n* flirteur(-euse)
float [flәut] *n* flotteur *m*; (*in procession*) char *m*; (*sum of money*) réserve *f* ▷ *vi* flotter
flock [flɔk] *n* (*of sheep*) troupeau *m*; (*of birds*) vol *m*; (*of people*) foule *f*
flood [flʌd] *n* inondation *f*; (*of letters, refugees etc*) flot *m* ▷ *vt* inonder ▷ *vi* (*place*) être inondé; (*people*): **to ~ into** envahir; **flooding** *n* inondation *f*; **floodlight** *n* projecteur *m*
floor [flɔː^r] *n* sol *m*; (*storey*) étage *m*; (*of sea, valley*) fond *m* ▷ *vt* (*knock down*) terrasser; (*baffle*) désorienter; **ground ~**, (*US*) **first ~** rez-de-chaussée *m*; **first ~**, (*US*) **second ~** premier étage; **what ~ is it on?** c'est à quel étage?; **floorboard** *n* planche *f* (*du plancher*); **flooring** *n* sol *m*; (*wooden*) plancher *m*; (*covering*) revêtement *m* de sol; **floor show** *n* spectacle *m* de variétés
flop [flɔp] *n* fiasco *m* ▷ *vi* (*fail*) faire fiasco; (*fall*) s'affaler, s'effondrer; **floppy** *adj* lâche, flottant(e) ▷ *n* (*Comput*: *also*: **floppy disk**) disquette *f*
flora ['flɔːrә] *n* flore *f*
floral ['flɔːrl] *adj* floral(e); (*dress*) à fleurs
florist ['flɔrɪst] *n* fleuriste *m/f*; **florist's (shop)** *n* magasin *m or* boutique *f* de fleuriste
flotation [flәu'teɪʃәn] *n* (*of shares*) émission *f*; (*of company*) lancement *m* (en Bourse)
flour ['flauә^r] *n* farine *f*
flourish ['flʌrɪʃ] *vi* prospérer ▷ *n* (*gesture*) moulinet *m*
flow [flәu] *n* (*of water, traffic etc*) écoulement *m*; (*tide, influx*) flux *m*; (*of blood, Elec*) circulation *f*; (*of river*) courant *m* ▷ *vi* couler; (*traffic*) s'écouler; (*robes, hair*) flotter

flower ['flauəʳ] *n* fleur *f* ▷ *vi* fleurir; **flower bed** *n* plate-bande *f*; **flowerpot** *n* pot *m* (à fleurs)
flown [fləun] *pp of* **fly**
fl. oz. *abbr* = **fluid ounce**
flu [flu:] *n* grippe *f*
fluctuate ['flʌktjueɪt] *vi* varier, fluctuer
fluent ['flu:ənt] *adj* (*speech, style*) coulant(e), aisé(e); **he speaks ~ French, he's ~ in French** il parle le français couramment
fluff [flʌf] *n* duvet *m*; (*on jacket, carpet*) peluche *f*; **fluffy** *adj* duveteux(-euse); (*toy*) en peluche
fluid ['flu:ɪd] *n* fluide *m*; (*in diet*) liquide *m* ▷ *adj* fluide; **fluid ounce** *n* (BRIT) = 0.028 *l*; 0.05 *pints*
fluke [flu:k] *n* coup *m* de veine
flung [flʌŋ] *pt, pp of* **fling**
fluorescent [fluə'rɛsnt] *adj* fluorescent(e)
fluoride ['fluəraɪd] *n* fluor *m*
flurry ['flʌrɪ] *n* (*of snow*) rafale *f*, bourrasque *f*; **a ~ of activity** un affairement soudain
flush [flʌʃ] *n* (*on face*) rougeur *f*; (*fig: of youth etc*) éclat *m* ▷ *vt* nettoyer à grande eau ▷ *vi* rougir ▷ *adj* (*level*): **~ with** au ras de, de niveau avec; **to ~ the toilet** tirer la chasse (d'eau)
flute [flu:t] *n* flûte *f*
flutter ['flʌtəʳ] *n* (*of panic, excitement*) agitation *f*; (*of wings*) battement *m* ▷ *vi* (*bird*) battre des ailes, voleter
fly [flaɪ] (*pt* **flew**, *pp* **flown**) *n* (*insect*) mouche *f*; (*on trousers: also:* **flies**) braguette *f* ▷ *vt* (*plane*) piloter; (*passengers, cargo*) transporter (par avion); (*distance*) parcourir ▷ *vi* voler; (*passengers*) aller en avion; (*escape*) s'enfuir, fuir; (*flag*) se déployer; **fly away, fly off** *vi* s'envoler; **fly-drive** *n* formule *f* avion plus voiture; **flying** *n* (*activity*) aviation *f*; (*action*) vol *m* ▷ *adj*: **flying visit** visite *f* éclair *inv*; **with flying colours** haut la main; **flying saucer** *n* soucoupe volante; **flyover** *n* (BRIT: *overpass*) pont routier
FM *abbr* (*Radio*: = *frequency modulation*) FM
foal [fəul] *n* poulain *m*
foam [fəum] *n* écume *f*; (*on beer*) mousse *f*; (*also:* **~ rubber**) caoutchouc *m* mousse ▷ *vi* (*liquid*) écumer; (*soapy water*) mousser
focus ['fəukəs] *n* (*pl* **focuses**) foyer *m*; (*of interest*) centre *m* ▷ *vt* (*field glasses etc*) mettre au point ▷ *vi*: **to ~ (on)** (*with camera*) régler la mise au point (sur); (*with eyes*) fixer son regard (sur); (*fig: concentrate*) se concentrer (sur); **out of/in ~** (*picture*) flou(e)/net(te); (*camera*) pas au point/au point
foetus, (US) **fetus** ['fi:təs] *n* fœtus *m*
fog [fɔg] *n* brouillard *m*; **foggy** *adj*: **it's foggy** il y a du brouillard; **fog lamp**, (US) **fog light** *n* (*Aut*) phare *m* anti-brouillard
foil [fɔɪl] *vt* déjouer, contrecarrer ▷ *n* feuille *f* de métal; (*kitchen foil*) papier *m* d'alu(minium); **to act as a ~ to** (*fig*) servir de repoussoir *or* de faire-valoir à
fold [fəuld] *n* (*bend, crease*) pli *m*; (*Agr*) parc *m* à moutons; (*fig*) bercail *m* ▷ *vt* plier; **to ~ one's arms** croiser les bras; **fold up** *vi* (*map etc*) se plier, se replier; (*business*) fermer boutique ▷ *vt* (*map etc*) plier, replier; **folder** *n* (*for papers*) chemise *f* (: *binder*) classeur *m*; (*Comput*) dossier *m*; **folding** *adj* (*chair, bed*) pliant(e)
foliage ['fəulɪɪdʒ] *n* feuillage *m*
folk [fəuk] *npl* gens *mpl* ▷ *cpd* folklorique; **folks** *npl* (*inf: parents*) famille *f*, parents *mpl*; **folklore** ['fəuklɔ:ʳ] *n* folklore *m*; **folk music** *n* musique *f* folklorique; (*contemporary*) musique folk, folk *m*; **folk song** *n* chanson *f* folklorique; (*contemporary*) chanson folk *inv*
follow ['fɔləu] *vt* suivre ▷ *vi* suivre; (*result*) s'ensuivre; **to ~ suit** (*fig*) faire

de même; **follow up** *vt* (*letter, offer*) donner suite à; (*case*) suivre; **follower** *n* disciple *m/f*, partisan(e); **following** *adj* suivant(e) ▷ *n* partisans *mpl*, disciples *mpl*; **follow-up** *n* suite *f*; (*on file, case*) suivi *m*

fond [fɔnd] *adj* (*memory, look*) tendre, affectueux(-euse); (*hopes, dreams*) un peu fou (folle); **to be ~ of** aimer beaucoup

food [fu:d] *n* nourriture *f*; **food mixer** *n* mixeur *m*; **food poisoning** *n* intoxication *f* alimentaire; **food processor** *n* robot *m* de cuisine; **food stamp** *n* (US) bon *m* de nourriture (*pour indigents*)

fool [fu:l] *n* idiot(e); (*Culin*) mousse *f* de fruits ▷ *vt* berner, duper; **fool about, fool around** *vi* (*pej*: *waste time*) traînailler, glandouiller; (: *behave foolishly*) faire l'idiot *or* l'imbécile; **foolish** *adj* idiot(e), stupide; (*rash*) imprudent(e); **foolproof** *adj* (*plan etc*) infaillible

foot (*pl* **feet**) [fut, fi:t] *n* pied *m*; (*of animal*) patte *f*; (*measure*) pied (= 30.48 *cm*; 12 *inches*) ▷ *vt* (*bill*) payer; **on ~** à pied; **footage** *n* (*Cine*: *length*) ≈ métrage *m*; (: *material*) séquences *fpl*; **foot-and-mouth (disease)** [futənd'mauθ-] *n* fièvre aphteuse; **football** *n* (*ball*) ballon *m* (de football); (*sport*: BRIT) football *m*; (: US) football américain; **footballer** *n* (BRIT) = **football player**; **football match** *n* (BRIT) match *m* de foot(ball); **football player** *n* footballeur(-euse), joueur(-euse) de football; (US) joueur(-euse) de football américain; **footbridge** *n* passerelle *f*; **foothills** *npl* contreforts *mpl*; **foothold** *n* prise *f* (de pied); **footing** *n* (*fig*) position *f*; **to lose one's footing** perdre pied; **footnote** *n* note *f* (en bas de page); **footpath** *n* sentier *m*; **footprint** *n* trace *f* (de pied); **footstep** *n* pas *m*; **footwear** *n* chaussures *fpl*

KEYWORD

for [fɔ:ʳ] *prep* **1** (*indicating destination, intention, purpose*) pour; **the train for London** le train pour (*or* à destination de) Londres; **he left for Rome** il est parti pour Rome; **he went for the paper** il est allé chercher le journal; **is this for me?** c'est pour moi?; **it's time for lunch** c'est l'heure du déjeuner; **what's it for?** ça sert à quoi?; **what for?** (*why?*) pourquoi?; (*to what end?*) pour quoi faire?, à quoi bon?; **for sale** à vendre; **to pray for peace** prier pour la paix

2 (*on behalf of, representing*) pour; **the MP for Hove** le député de Hove; **to work for sb/sth** travailler pour qn/qch; **I'll ask him for you** je vais lui demander pour toi; **G for George** G comme Georges

3 (*because of*) pour; **for this reason** pour cette raison; **for fear of being criticized** de peur d'être critiqué

4 (*with regard to*) pour; **it's cold for July** il fait froid pour juillet; **a gift for languages** un don pour les langues

5 (*in exchange for*): **I sold it for £5** je l'ai vendu 5 livres; **to pay 50 pence for a ticket** payer un billet 50 pence

6 (*in favour of*) pour; **are you for or against us?** êtes-vous pour ou contre nous?; **I'm all for it** je suis tout à fait pour; **vote for X** votez pour X

7 (*referring to distance*) pendant, sur; **there are roadworks for 5 km** il y a des travaux sur *or* pendant 5 km; **we walked for miles** nous avons marché pendant des kilomètres

8 (*referring to time*) pendant; depuis; pour; **he was away for 2 years** il a été absent pendant 2 ans; **she will be away for a month** elle sera absente (pendant) un mois; **it hasn't rained for 3 weeks** ça fait 3 semaines qu'il ne pleut pas, il ne pleut pas depuis 3 semaines; **I have known her for years** je la connais

depuis des années; **can you do it for tomorrow?** est-ce que tu peux le faire pour demain?
9 (*with infinitive clauses*): **it is not for me to decide** ce n'est pas à moi de décider; **it would be best for you to leave** le mieux serait que vous partiez; **there is still time for you to do it** vous avez encore le temps de le faire; **for this to be possible ...** pour que cela soit possible ..
10 (*in spite of*): **for all that** malgré cela, néanmoins; **for all his work/efforts** malgré tout son travail/tous ses efforts; **for all his complaints, he's very fond of her** il a beau se plaindre, il l'aime beaucoup
▶ *conj* (*since, as: formal*) car

forbid (*pt* **forbad** *or* **forbade**, *pp* **forbidden**) [fə'bɪd, -'bæd, -'bɪdn] *vt* défendre, interdire; **to ~ sb to do** défendre *or* interdire à qn de faire; **forbidden** *adj* défendu(e)

force [fɔːs] *n* force *f* ▷ *vt* forcer; (*push*) pousser (de force); **to ~ o.s. to do** se forcer à faire; **in ~** (*rule, law, prices*) en vigueur; (*in large numbers*) en force; **forced** *adj* forcé(e); **forceful** *adj* énergique

ford [fɔːd] *n* gué *m*

fore [fɔːʳ] *n*: **to the ~** en évidence; **forearm** *n* avant-bras *m inv*; **forecast** *n* prévision *f*; (*also*: **weather forecast**) prévisions *fpl* météorologiques, météo *f* ▷ *vt* (*irreg*: *like* **cast**) prévoir; **forecourt** *n* (*of garage*) devant *m*; **forefinger** *n* index *m*; **forefront** *n*: **in the forefront of** au premier rang *or* plan de; **foreground** *n* premier plan; **forehead** ['fɔrɪd] *n* front *m*

foreign ['fɔrɪn] *adj* étranger(-ère); (*trade*) extérieur(e); (*travel*) à l'étranger; **foreign currency** *n* devises étrangères; **foreigner** *n* étranger(-ère); **foreign exchange** *n* (*system*) change *m*; (*money*) devises *fpl*; **Foreign Office** *n* (BRIT) ministère *m* des Affaires étrangères; **Foreign Secretary** *n* (BRIT) ministre *m* des Affaires étrangères

fore: foreman (*irreg*) *n* (*in construction*) contremaître *m*; **foremost** *adj* le (la) plus en vue, premier(-ière) ▷ *adv*: **first and foremost** avant tout, tout d'abord; **forename** *n* prénom *m*

forensic [fə'rɛnsɪk] *adj*: **~ medicine** médecine légale

foresee (*pt* **foresaw**, *pp* **foreseen**) [fɔː'siː, -'sɔː, -'siːn] *vt* prévoir; **foreseeable** *adj* prévisible

foreseen [fɔː'siːn] *pp of* **foresee**

forest ['fɔrɪst] *n* forêt *f*; **forestry** *n* sylviculture *f*

forever [fə'rɛvəʳ] *adv* pour toujours; (*fig: endlessly*) continuellement

foreword ['fɔːwəːd] *n* avant-propos *m inv*

forfeit ['fɔːfɪt] *vt* perdre

forgave [fə'geɪv] *pt of* **forgive**

forge [fɔːdʒ] *n* forge *f* ▷ *vt* (*signature*) contrefaire; (*wrought iron*) forger; **to ~ money** (BRIT) fabriquer de la fausse monnaie; **forger** *n* faussaire *m*; **forgery** *n* faux *m*, contrefaçon *f*

forget (*pt* **forgot**, *pp* **forgotten**) [fə'gɛt, -'gɔt, -'gɔtn] *vt, vi* oublier; **I've forgotten my key/passport** j'ai oublié ma clé/mon passeport; **forgetful** *adj* distrait(e), étourdi(e)

forgive (*pt* **forgave**, *pp* **forgiven**) [fə'gɪv, -'geɪv, -'gɪvn] *vt* pardonner; **to ~ sb for sth/for doing sth** pardonner qch à qn/à qn de faire qch

forgot [fə'gɔt] *pt of* **forget**

forgotten [fə'gɔtn] *pp of* **forget**

fork [fɔːk] *n* (*for eating*) fourchette *f*; (*for gardening*) fourche *f*; (*of roads*) bifurcation *f* ▷ *vi* (*road*) bifurquer

forlorn [fə'lɔːn] *adj* (*deserted*) abandonné(e); (*hope, attempt*) désespéré(e)

form [fɔːm] *n* forme *f*; (*Scol*) classe *f*; (*questionnaire*) formulaire *m* ▷ *vt* former; (*habit*) contracter; **to ~ part**

of sth faire partie de qch; **on top ~** en pleine forme
formal ['fɔːməl] *adj* (*offer, receipt*) en bonne et due forme; (*person*) cérémonieux(-euse); (*occasion, dinner*) officiel(le); (*garden*) à la française; (*clothes*) de soirée; **formality** [fɔː'mælɪtɪ] *n* formalité *f*
format ['fɔːmæt] *n* format *m* ▷ *vt* (*Comput*) formater
formation [fɔː'meɪʃən] *n* formation *f*
former ['fɔːməʳ] *adj* ancien(ne); (*before n*) précédent(e); **the ~ ... the latter** le premier ... le second, celui-là ... celui-ci; **formerly** *adv* autrefois
formidable ['fɔːmɪdəbl] *adj* redoutable
formula ['fɔːmjulə] *n* formule *f*
fort [fɔːt] *n* fort *m*
forthcoming [fɔːθ'kʌmɪŋ] *adj* qui va paraître *or* avoir lieu prochainement; (*character*) ouvert(e), communicatif(-ive); (*available*) disponible
fortieth ['fɔːtɪɪθ] *num* quarantième
fortify ['fɔːtɪfaɪ] *vt* (*city*) fortifier; (*person*) remonter
fortnight ['fɔːtnaɪt] *n* (BRIT) quinzaine *f*, quinze jours *mpl*; **fortnightly** *adj* bimensuel(le) ▷ *adv* tous les quinze jours
fortress ['fɔːtrɪs] *n* forteresse *f*
fortunate ['fɔːtʃənɪt] *adj* heureux(-euse); (*person*) chanceux(-euse); **it is ~ that** c'est une chance que, il est heureux que; **fortunately** *adv* heureusement, par bonheur
fortune ['fɔːtʃən] *n* chance *f*; (*wealth*) fortune *f*; **fortune-teller** *n* diseuse *f* de bonne aventure
forty ['fɔːtɪ] *num* quarante
forum ['fɔːrəm] *n* forum *m*, tribune *f*
forward ['fɔːwəd] *adj* (*movement, position*) en avant, vers l'avant; (*not shy*) effronté(e); (*in time*) en avance ▷ *adv* (*also*: **~s**) en avant ▷ *n* (*Sport*) avant *m* ▷ *vt* (*letter*) faire suivre; (*parcel, goods*) expédier; (*fig*) promouvoir, favoriser; **to move ~** avancer; **forwarding address** *n* adresse *f* de réexpédition; **forward slash** *n* barre *f* oblique
fossick ['fɔsɪk] *vi* (AUST, NZ *inf*) chercher; **to ~ around for** fouiner (*inf*) pour trouver
fossil ['fɔsl] *adj, n* fossile *m*
foster ['fɔstəʳ] *vt* (*encourage*) encourager, favoriser; (*child*) élever (*sans adopter*); **foster child** *n* enfant élevé dans une famille d'accueil; **foster parent** *n* parent qui élève un enfant sans l'adopter
fought [fɔːt] *pt, pp of* **fight**
foul [faul] *adj* (*weather, smell, food*) infect(e); (*language*) ordurier(-ière) ▷ *n* (*Football*) faute *f* ▷ *vt* (*dirty*) salir, encrasser; **he's got a ~ temper** il a un caractère de chien; **foul play** *n* (*Law*) acte criminel
found [faund] *pt, pp of* **find** ▷ *vt* (*establish*) fonder; **foundation** [faun'deɪʃən] *n* (*act*) fondation *f*; (*base*) fondement *m*; (*also*: **foundation cream**) fond *m* de teint; **foundations** *npl* (*of building*) fondations *fpl*
founder ['faundəʳ] *n* fondateur *m* ▷ *vi* couler, sombrer
fountain ['fauntɪn] *n* fontaine *f*; **fountain pen** *n* stylo *m* (à encre)
four [fɔːʳ] *num* quatre; **on all ~s** à quatre pattes; **four-letter word** *n* obscénité *f*, gros mot; **four-poster** *n* (*also*: **four-poster bed**) lit *m* à baldaquin; **fourteen** *num* quatorze; **fourteenth** *num* quatorzième; **fourth** *num* quatrième ▷ *n* (*Aut*: *also*: **fourth gear**) quatrième *f*; **four-wheel drive** *n* (*Aut*: *car*) voiture *f* à quatre roues motrices
fowl [faul] *n* volaille *f*
fox [fɔks] *n* renard *m* ▷ *vt* mystifier
foyer ['fɔɪeɪ] *n* (*in hotel*) vestibule *m*; (*Theat*) foyer *m*
fraction ['frækʃən] *n* fraction *f*
fracture ['fræktʃəʳ] *n* fracture *f* ▷ *vt* fracturer

fragile ['frædʒaɪl] *adj* fragile
fragment ['frægmənt] *n* fragment *m*
fragrance ['freɪgrəns] *n* parfum *m*
frail [freɪl] *adj* fragile, délicat(e); (*person*) frêle
frame [freɪm] *n* (*of building*) charpente *f*; (*of human, animal*) charpente, ossature *f*; (*of picture*) cadre *m*; (*of door, window*) encadrement *m*, chambranle *m*; (*of spectacles*: *also*: **~s**) monture *f* ▷ *vt* (*picture*) encadrer; **~ of mind** disposition *f* d'esprit; **framework** *n* structure *f*
France [frɑ:ns] *n* la France
franchise ['fræntʃaɪz] *n* (*Pol*) droit *m* de vote; (*Comm*) franchise *f*
frank [fræŋk] *adj* franc (franche) ▷ *vt* (*letter*) affranchir; **frankly** *adv* franchement
frantic ['fræntɪk] *adj* (*hectic*) frénétique; (*distraught*) hors de soi
fraud [frɔ:d] *n* supercherie *f*, fraude *f*, tromperie *f*; (*person*) imposteur *m*
fraught [frɔ:t] *adj* (*tense*: *person*) très tendu(e); (: *situation*) pénible; **~ with** (*difficulties etc*) chargé(e) de, plein(e) de
fray [freɪ] *vt* effilocher ▷ *vi* s'effilocher
freak [fri:k] *n* (*eccentric person*) phénomène *m*; (*unusual event*) hasard *m* extraordinaire; (*pej*: *fanatic*): **health food ~** fana *m/f* or obsédé(e) de l'alimentation saine ▷ *adj* (*storm*) exceptionnel(le); (*accident*) bizarre
freckle ['frɛkl] *n* tache *f* de rousseur
free [fri:] *adj* libre; (*gratis*) gratuit(e) ▷ *vt* (*prisoner etc*) libérer; (*jammed object or person*) dégager; **is this seat ~?** la place est libre?; **~ (of charge)** gratuitement; **freedom** *n* liberté *f*; **Freefone®** *n* numéro vert; **free gift** *n* prime *f*; **free kick** *n* (*Sport*) coup franc; **freelance** *adj* (*journalist etc*) indépendant(e), free-lance *inv* ▷ *adv* en free-lance; **freely** *adv* librement; (*liberally*) libéralement; **Freepost®** *n* (BRIT) port payé; **free-range** *adj* (*egg*) de ferme; (*chicken*) fermier; **freeway** *n* (US) autoroute *f*; **free will** *n* libre arbitre *m*; **of one's own free will** de son plein gré
freeze [fri:z] (*pt* **froze**, *pp* **frozen**) *vi* geler ▷ *vt* geler; (*food*) congeler; (*prices, salaries*) bloquer, geler ▷ *n* gel *m*; (*of prices, salaries*) blocage *m*; **freezer** *n* congélateur *m*; **freezing** *adj*: **freezing (cold)** (*room etc*) glacial(e); (*person, hands*) gelé(e), glacé(e) ▷ *n*: **3 degrees below freezing** 3 degrés au-dessous de zéro; **it's freezing** il fait un froid glacial; **freezing point** *n* point *m* de congélation
freight [freɪt] *n* (*goods*) fret *m*, cargaison *f*; (*money charged*) fret, prix *m* du transport; **freight train** *n* (US) train *m* de marchandises
French [frɛntʃ] *adj* français(e) ▷ *n* (*Ling*) français *m*; **the ~** *npl* les Français; **what's the ~ (word) for ...?** comment dit-on ... en français?; **French bean** *n* (BRIT) haricot vert; **French bread** *n* pain *m* français; **French dressing** *n* (*Culin*) vinaigrette *f*; **French fried potatoes**, **French fries** (US) *npl* (pommes de terre *fpl*) frites *fpl*; **Frenchman** (*irreg*) *n* Français *m*; **French stick** *n* ≈ baguette *f*; **French window** *n* porte-fenêtre *f*; **Frenchwoman** (*irreg*) *n* Française *f*
frenzy ['frɛnzɪ] *n* frénésie *f*
frequency ['fri:kwənsɪ] *n* fréquence *f*
frequent *adj* ['fri:kwənt] fréquent(e) ▷ *vt* [frɪ'kwɛnt] fréquenter; **frequently** ['fri:kwəntlɪ] *adv* fréquemment
fresh [frɛʃ] *adj* frais (fraîche); (*new*) nouveau (nouvelle); (*cheeky*) familier(-ière), culotté(e); **freshen** *vi* (*wind, air*) fraîchir; **freshen up** *vi* faire un brin de toilette; **fresher** *n* (BRIT *University*: *inf*) bizuth *m*, étudiant(e) de première année; **freshly** *adv*

nouvellement, récemment;
freshman (*irreg*) *n* (US) = **fresher**;
freshwater *adj* (*fish*) d'eau douce
fret [frɛt] *vi* s'agiter, se tracasser
friction ['frɪkʃən] *n* friction *f*, frottement *m*
Friday ['fraɪdɪ] *n* vendredi *m*
fridge [frɪdʒ] *n* (BRIT) frigo *m*, frigidaire® *m*
fried [fraɪd] *adj* frit(e); **~ egg** œuf *m* sur le plat
friend [frɛnd] *n* ami(e) ▷ *vt* (*Internet*) ajouter comme ami(e); **friendly** *adj* amical(e); (*kind*) sympathique, gentil(le); (*place*) accueillant(e); (*Pol*: *country*) ami(e) ▷ *n* (*also*: **friendly match**) match amical; **friendship** *n* amitié *f*
fries [fraɪz] (*esp* US) *npl* = **chips**
frigate ['frɪgɪt] *n* frégate *f*
fright [fraɪt] *n* peur *f*, effroi *m*; **to give sb a ~** faire peur à qn; **to take ~** prendre peur, s'effrayer; **frighten** *vt* effrayer, faire peur à; **frightened** *adj*: **to be frightened (of)** avoir peur (de); **frightening** *adj* effrayant(e); **frightful** *adj* affreux(-euse)
frill [frɪl] *n* (*of dress*) volant *m*; (*of shirt*) jabot *m*
fringe [frɪndʒ] *n* (BRIT: *of hair*) frange *f*; (*edge*: *of forest etc*) bordure *f*
Frisbee® ['frɪzbɪ] *n* Frisbee® *m*
fritter ['frɪtəʳ] *n* beignet *m*
frivolous ['frɪvələs] *adj* frivole
fro [frəu] *adv see* **to**
frock [frɔk] *n* robe *f*
frog [frɔg] *n* grenouille *f*; **frogman** (*irreg*) *n* homme-grenouille *m*

KEYWORD

from [frɔm] *prep* **1** (*indicating starting place, origin etc*) de; **where do you come from?, where are you from?** d'où venez-vous?; **where has he come from?** d'où arrive-t-il?; **from London to Paris** de Londres à Paris; **to escape from sb/sth** échapper à qn/qch; **a letter/telephone call from my sister** une lettre/un appel de ma sœur; **to drink from the bottle** boire à (même) la bouteille; **tell him from me that ...** dites-lui de ma part que ...
2 (*indicating time*) (à partir) de; **from one o'clock to** *or* **until** *or* **till two** d'une heure à deux heures; **from January (on)** à partir de janvier
3 (*indicating distance*) de; **the hotel is one kilometre from the beach** l'hôtel est à un kilomètre de la plage
4 (*indicating price, number etc*) de; **prices range from £10 to £50** les prix varient entre 10 livres et 50 livres; **the interest rate was increased from 9% to 10%** le taux d'intérêt est passé de 9% à 10%
5 (*indicating difference*) de; **he can't tell red from green** il ne peut pas distinguer le rouge du vert; **to be different from sb/sth** être différent de qn/qch
6 (*because of, on the basis of*): **from what he says** d'après ce qu'il dit; **weak from hunger** affaibli par la faim

front [frʌnt] *n* (*of house, dress*) devant *m*; (*of coach, train*) avant *m*; (*promenade*: *also*: **sea ~**) bord *m* de mer; (*Mil, Pol, Meteorology*) front *m*; (*fig*: *appearances*) contenance *f*, façade *f* ▷ *adj* de devant; (*seat, wheel*) avant *inv* ▷ *vi*: **in ~ (of)** devant; **front door** *n* porte *f* d'entrée; (*of car*) portière *f* avant; **frontier** ['frʌntɪəʳ] *n* frontière *f*; **front page** *n* première page; **front-wheel drive** *n* traction *f* avant
frost [frɔst] *n* gel *m*, gelée *f*; (*also*: **hoar~**) givre *m*; **frostbite** *n* gelures *fpl*; **frosting** *n* (*esp* US: *on cake*) glaçage *m*; **frosty** *adj* (*window*) couvert(e) de givre; (*weather, welcome*) glacial(e)
froth [frɔθ] *n* mousse *f*; écume *f*

f

frown [fraun] *n* froncement *m* de sourcils ▷ *vi* froncer les sourcils
froze [frəuz] *pt of* **freeze**
frozen ['frəuzn] *pp of* **freeze** ▷ *adj* (*food*) congelé(e); (*person, also assets*) gelé(e)
fruit [fru:t] *n* (*pl inv*) fruit *m*; **fruit juice** *n* jus *m* de fruit; **fruit machine** *n* (BRIT) machine *f* à sous; **fruit salad** *n* salade *f* de fruits
frustrate [frʌs'treɪt] *vt* frustrer; **frustrated** *adj* frustré(e)
fry (*pt, pp* **fried**) [fraɪ, -d] *vt* (faire) frire ▷ *n*: **small ~** le menu fretin; **frying pan** *n* poêle *f* (à frire)
ft. *abbr* = **foot; feet**
fudge [fʌdʒ] *n* (*Culin*) *sorte de confiserie à base de sucre, de beurre et de lait*
fuel [fjuəl] *n* (*for heating*) combustible *m*; (*for engine*) carburant *m*; **fuel tank** *n* (*in vehicle*) réservoir *m* de *or* à carburant
fulfil, (*US*) **fulfill** [ful'fɪl] *vt* (*function, condition*) remplir; (*order*) exécuter; (*wish, desire*) satisfaire, réaliser
full [ful] *adj* plein(e); (*details, hotel, bus*) complet(-ète); (*busy: day*) chargé(e); (*skirt*) ample, large ▷ *adv*: **to know ~ well that** savoir fort bien que; **I'm ~ (up)** j'ai bien mangé; **~ employment/fare** plein emploi/tarif; **a ~ two hours** deux bonnes heures; **at ~ speed** à toute vitesse; **in ~** (*reproduce, quote, pay*) intégralement; (*write name etc*) en toutes lettres; **full-length** *adj* (*portrait*) en pied; (*coat*) long(ue); **full-length film** long métrage; **full moon** *n* pleine lune; **full-scale** *adj* (*model*) grandeur nature *inv*; (*search, retreat*) complet(-ète), total(e); **full stop** *n* point *m*; **full-time** *adj, adv* (*work*) à plein temps; **fully** *adv* entièrement, complètement
fumble ['fʌmbl] *vi* fouiller, tâtonner; **fumble with** *vt fus* tripoter
fume [fju:m] *vi* (*rage*) rager; **fumes** [fju:mz] *npl* vapeurs *fpl*, émanations *fpl*, gaz *mpl*
fun [fʌn] *n* amusement *m*, divertissement *m*; **to have ~** s'amuser; **for ~** pour rire; **to make ~ of** se moquer de
function ['fʌŋkʃən] *n* fonction *f*; (*reception, dinner*) cérémonie *f*, soirée officielle ▷ *vi* fonctionner
fund [fʌnd] *n* caisse *f*, fonds *m*; (*source, store*) source *f*, mine *f*; **funds** *npl* (*money*) fonds *mpl*
fundamental [fʌndə'mɛntl] *adj* fondamental(e)
funeral ['fju:nərəl] *n* enterrement *m*, obsèques *fpl* (*more formal occasion*); **funeral director** *n* entrepreneur *m* des pompes funèbres; **funeral parlour** *n* (BRIT) dépôt *m* mortuaire
funfair ['fʌnfɛə^r] *n* (BRIT) fête (foraine)
fungus (*pl* **fungi**) ['fʌŋgəs, -gaɪ] *n* champignon *m*; (*mould*) moisissure *f*
funnel ['fʌnl] *n* entonnoir *m*; (*of ship*) cheminée *f*
funny ['fʌnɪ] *adj* amusant(e), drôle; (*strange*) curieux(-euse), bizarre
fur [fə:^r] *n* fourrure *f*; (BRIT: *in kettle etc*) (dépôt *m* de) tartre *m*; **fur coat** *n* manteau *m* de fourrure
furious ['fjuərɪəs] *adj* furieux(-euse); (*effort*) acharné(e)
furnish ['fə:nɪʃ] *vt* meubler; (*supply*) fournir; **furnishings** *npl* mobilier *m*, articles *mpl* d'ameublement
furniture ['fə:nɪtʃə^r] *n* meubles *mpl*, mobilier *m*; **piece of ~** meuble *m*
furry ['fə:rɪ] *adj* (*animal*) à fourrure; (*toy*) en peluche
further ['fə:ðə^r] *adj* supplémentaire, autre; nouveau (nouvelle) ▷ *adv* plus loin; (*more*) davantage; (*moreover*) de plus ▷ *vt* faire avancer *or* progresser, promouvoir; **further education** *n* enseignement *m* postscolaire (*recyclage, formation professionnelle*); **furthermore** *adv* de plus, en outre
furthest ['fə:ðɪst] *superlative of* **far**
fury ['fjuərɪ] *n* fureur *f*

use, (*US*) **fuze** [fju:z] *n* fusible *m*; (*for bomb etc*) amorce *f*, détonateur *m* ▷ *vt*, *vi* (*metal*) fondre; (BRIT *Elec*): **to ~ the lights** faire sauter les fusibles *or* les plombs; **fuse box** *n* boîte *f* à fusibles
usion ['fju:ʒən] *n* fusion *f*
uss [fʌs] *n* (*anxiety, excitement*) chichis *mpl*, façons *fpl*; (*commotion*) tapage *m*; (*complaining, trouble*) histoire(s) *f*(*pl*); **to make a ~** faire des façons (*or* des histoires); **to make a ~ of sb** dorloter qn; **fussy** *adj* (*person*) tatillon(ne), difficile, chichiteux(-euse); (*dress, style*) tarabiscoté(e)
uture ['fju:tʃə^r] *adj* futur(e) ▷ *n* avenir *m*; (*Ling*) futur *m*; **futures** *npl* (*Comm*) opérations *fpl* à terme; **in (the) ~** à l'avenir
uze [fju:z] *n*, *vt*, *vi* (*US*) = **fuse**
uzzy ['fʌzɪ] *adj* (*Phot*) flou(e); (*hair*) crépu(e)
YI *abbr* = **for your information**

g

G [dʒi:] *n* (*Mus*) sol *m*
g. *abbr* (= *gram*) g
gadget ['gædʒɪt] *n* gadget *m*
Gaelic ['geɪlɪk] *adj*, *n* (*Ling*) gaélique (*m*)
gag [gæg] *n* (*on mouth*) bâillon *m*; (*joke*) gag *m* ▷ *vt* (*prisoner etc*) bâillonner
gain [geɪn] *n* (*improvement*) gain *m*; (*profit*) gain, profit *m* ▷ *vt* gagner ▷ *vi* (*watch*) avancer; **to ~ from/by** gagner de/à; **to ~ on sb** (*catch up*) rattraper qn; **to ~ 3lbs (in weight)** prendre 3 livres; **to ~ ground** gagner du terrain
gal. *abbr* = **gallon**
gala ['gɑ:lə] *n* gala *m*
galaxy ['gæləksɪ] *n* galaxie *f*
gale [geɪl] *n* coup *m* de vent
gall bladder ['gɔ:l-] *n* vésicule *f* biliaire
gallery ['gælərɪ] *n* (*also*: **art ~**) musée *m*; (*private*) galerie; (*in theatre*) dernier balcon

gallon ['gæln] *n* gallon *m* (*Brit* = 4.543 *l*; *US* = 3.785 *l*)
gallop ['gæləp] *n* galop *m* ▷ *vi* galoper
gallstone ['gɔːlstəun] *n* calcul *m* (biliaire)
gamble ['gæmbl] *n* pari *m*, risque calculé ▷ *vt*, *vi* jouer; **to ~ on** (*fig*) miser sur; **gambler** *n* joueur *m*; **gambling** *n* jeu *m*
game [geɪm] *n* jeu *m*; (*event*) match *m*; (*of tennis, chess, cards*) partie *f*; (*Hunting*) gibier *m* ▷ *adj* (*willing*): **to be ~ (for)** être prêt(e) (à *or* pour); **games** *npl* (*Scol*) sport *m*; (*sport event*) jeux; **big ~** gros gibier; **games console** ['geɪmz-] *n* console *f* de jeux vidéo; **game show** *n* jeu télévisé
gammon ['gæmən] *n* (*bacon*) quartier *m* de lard fumé; (*ham*) jambon fumé *or* salé
gang [gæŋ] *n* bande *f*; (*of workmen*) équipe *f*
gangster ['gæŋstəʳ] *n* gangster *m*, bandit *m*
gap [gæp] *n* trou *m*; (*in time*) intervalle *m*; (*difference*): **~ (between)** écart *m* (entre)
gape [geɪp] *vi* (*person*) être *or* rester bouche bée; (*hole, shirt*) être ouvert(e)
gap year *n année que certains étudiants prennent pour voyager ou pour travailler avant d'entrer à l'université*
garage ['gærɑːʒ] *n* garage *m*; **garage sale** *n* vide-grenier *m*
garbage ['gɑːbɪdʒ] *n* (*US*: *rubbish*) ordures *fpl*, détritus *mpl*; (*inf*: *nonsense*) âneries *fpl*; **garbage can** *n* (*US*) poubelle *f*, boîte *f* à ordures; **garbage collector** *n* (*US*) éboueur *m*
garden ['gɑːdn] *n* jardin *m*; **gardens** *npl* (*public*) jardin public; (*private*) parc *m*; **garden centre** (BRIT) *n* pépinière *f*, jardinerie *f*; **gardener** *n* jardinier *m*; **gardening** *n* jardinage *m*
garlic ['gɑːlɪk] *n* ail *m*
garment ['gɑːmənt] *n* vêtement *m*
garnish ['gɑːnɪʃ] (*Culin*) *vt* garnir ▷ *n* décoration *f*
garrison ['gærɪsn] *n* garnison *f*
gas [gæs] *n* gaz *m*; (*US*: *gasoline*) essence *f* ▷ *vt* asphyxier; **I can smell ~** ça sent le gaz; **gas cooker** *n* (BRIT) cuisinière *f* à gaz; **gas cylinder** *n* bouteille *f* de gaz; **gas fire** *n* (BRIT) radiateur *m* à gaz
gasket ['gæskɪt] *n* (*Aut*) joint *m* de culasse
gasoline ['gæsəliːn] *n* (*US*) essence *f*
gasp [gɑːsp] *n* halètement *m*; (*of shock etc*): **she gave a small ~ of pai**n la douleur lui coupa le souffle ▷ *vi* haleter; (*fig*) avoir le souffle coupé
gas: gas pedal *n* (*US*) accélérateur *m*; **gas station** *n* (*US*) station-service *f*; **gas tank** *n* (*US Aut*) réservoir *m* d'essence
gate [geɪt] *n* (*of garden*) portail *m*; (*of field, at level crossing*) barrière *f*; (*of building, town, at airport*) porte *f*
gateau (*pl* **gateaux**) ['gætəu, -z] *n* gros gâteau à la crème
gatecrash ['geɪtkræʃ] *vt* s'introduire sans invitation dans
gateway ['geɪtweɪ] *n* porte *f*
gather ['gæðəʳ] *vt* (*flowers, fruit*) cueillir; (*pick up*) ramasser; (*assemble objects*) rassembler; (: *people*) réunir; (: *information*) recueillir; (*understand*) comprendre; (*Sewing*) froncer ▷ *vi* (*assemble*) se rassembler; **to ~ speed** prendre de la vitesse; **gathering** *n* rassemblement *m*
gauge [geɪdʒ] *n* (*instrument*) jauge *f* ▷ *vt* jauger; (*fig*) juger de
gave [geɪv] *pt of* **give**
gay [geɪ] *adj* (*homosexual*) homosexuel(le); (*colour*) gai, vif (vive)
gaze [geɪz] *n* regard *m* fixe ▷ *vi*: **to ~ a**t fixer du regard
GB *abbr* = **Great Britain**
GCSE *n abbr* (BRIT: = *General Certificate of Secondary Education*) *examen passé à l'âge de 16 ans sanctionnant les connaissances de l'élève*
gear [gɪəʳ] *n* matériel *m*, équipement *m*; (*Tech*) engrenage *m*; (*Aut*) vitesse

▷ vt (*fig*: *adapt*) adapter; **top** *or*
us) **high/low ~** quatrième (*or*
inquième)/première vitesse; **in**
· en prise; **gear up** *vi*: **to ~ up (to**
lo) se préparer (à faire); **gear box**
ı boîte *f* de vitesse; **gear lever** *n*
evier *m* de vitesse; **gear shift** (US)
ı = **gear lever**; **gear stick** (BRIT) *n*
gear lever
ese [gi:s] *npl of* **goose**
l [dʒɛl] *n* gelée *f*
m [dʒɛm] *n* pierre précieuse
mini ['dʒɛmɪnaɪ] *n* les Gémeaux
npl
nder ['dʒɛndəʳ] *n* genre *m*; (*person's*
ex) sexe *m*
ne [dʒi:n] *n* (*Biol*) gène *m*
neral ['dʒɛnərl] *n* général *m*
· *adj* général(e); **in ~** en général;
general anaesthetic, (US)
general anesthetic *n* anesthésie
énérale; **general election** *n*
·lection(s) législative(s); **generalize**
ı généraliser; **generally** *adv*
énéralement; **general practitioner**
· généraliste *m/f*; **general store** *n*
·picerie *f*
nerate ['dʒɛnəreɪt] *vt* engendrer;
lectricity) produire
neration [dʒɛnə'reɪʃən] *n*
énération *f*; (*of electricity etc*)
·roduction *f*
nerator ['dʒɛnəreɪtəʳ] *n*
énérateur *m*
nerosity [dʒɛnə'rɔsɪtɪ] *n*
énérosité *f*
nerous ['dʒɛnərəs] *adj*
énéreux(-euse); (*copious*)
opieux(-euse)
netic [dʒɪ'nɛtɪk] *adj* génétique;
· **engineering** ingénierie *m*
énétique; **~ fingerprinting** système
ı d'empreinte génétique; **genetically**
nodified *adj* (*food etc*) génétiquement
ıodifié(e); **genetics** *n* génétique *f*
neva [dʒɪ'ni:və] *n* Genève
nitals ['dʒɛnɪtlz] *npl* organes
énitaux

genius ['dʒi:nɪəs] *n* génie *m*
gent [dʒɛnt] *n abbr* (BRIT *inf*):
= **gentleman**
gentle ['dʒɛntl] *adj* doux (douce); (*breeze, touch*) léger(-ère)
gentleman ['dʒɛntlmən] (*irreg*) *n* monsieur *m*; (*well-bred man*) gentleman *m*
gently ['dʒɛntlɪ] *adv* doucement
gents [dʒɛnts] *n* W.-C. *mpl* (pour hommes)
genuine ['dʒɛnjuɪn] *adj* véritable, authentique; (*person, emotion*) sincère; **genuinely** *adv* sincèrement, vraiment
geographic(al) [dʒɪə'græfɪk-] *adj* géographique
geography [dʒɪ'ɔgrəfɪ] *n* géographie *f*
geology [dʒɪ'ɔlədʒɪ] *n* géologie *f*
geometry [dʒɪ'ɔmətrɪ] *n* géométrie *f*
geranium [dʒɪ'reɪnɪəm] *n* géranium *m*
geriatric [dʒɛrɪ'ætrɪk] *adj* gériatrique ▷ *n* patient(e) gériatrique
germ [dʒə:m] *n* (*Med*) microbe *m*
German ['dʒə:mən] *adj* allemand(e) ▷ *n* Allemand(e); (*Ling*) allemand *m*;
German measles *n* rubéole *f*
Germany ['dʒə:mənɪ] *n* Allemagne *f*
gesture ['dʒɛstjəʳ] *n* geste *m*

KEYWORD

get [gɛt] (*pt, pp* **got**, (US) *pp* **gotten**)
vi **1** (*become, be*) devenir; **to get old/tired** devenir vieux/fatigué, vieillir/se fatiguer; **to get drunk** s'enivrer; **to get dirty** se salir; **to get married** se marier; **when do I get paid?** quand est-ce que je serai payé?; **it's getting late** il se fait tard
2 (*go*): **to get to/from** aller à/de; **to get home** rentrer chez soi; **how did you get here?** comment es-tu arrivé ici?
3 (*begin*) commencer *or* se mettre à; **to get to know sb** apprendre à

g

connaître qn; **I'm getting to like him** je commence à l'apprécier; **let's get going** *or* **started** allons-y
4 (*modal aux vb*): **you've got to do it** il faut que vous le fassiez; **I've got to tell the police** je dois le dire à la police
▸ *vt* 1: **to get sth done** (*do*) faire qch; (*have done*) faire faire qch; **to get sth/sb ready** préparer qch/qn; **to get one's hair cut** se faire couper les cheveux; **to get the car going** *or* **to go** (faire) démarrer la voiture; **to get sb to do sth** faire faire qch à qn
2 (*obtain: money, permission, results*) obtenir, avoir; (*buy*) acheter; (*find: job, flat*) trouver; (*fetch: person, doctor, object*) aller chercher; **to get sth for sb** procurer qch à qn; **get me Mr Jones, please** (*on phone*) passez-moi Mr Jones, s'il vous plaît; **can I get you a drink?** est-ce que je peux vous servir à boire?
3 (*receive: present, letter*) recevoir, avoir; (*acquire: reputation*) avoir; (*: prize*) obtenir; **what did you get for your birthday?** qu'est-ce que tu as eu pour ton anniversaire?; **how much did you get for the painting?** combien avez-vous vendu le tableau?
4 (*catch*) prendre, saisir, attraper; (*hit: target etc*) atteindre; **to get sb by the arm/throat** prendre *or* saisir *or* attraper qn par le bras/à la gorge; **get him!** arrête-le!; **the bullet got him in the leg** il a pris la balle dans la jambe
5 (*take, move*): **to get sth to sb** faire parvenir qch à qn; **do you think we'll get it through the door?** on arrivera à le faire passer par la porte?
6 (*catch, take: plane, bus etc*) prendre; **where do I get the train for Birmingham?** où prend-on le train pour Birmingham?
7 (*understand*) comprendre, saisir (*hear*) entendre; **I've got it!** j'ai compris!; **I don't get your meaning** je ne vois *or* comprends pas ce que vous voulez dire; **I didn't get your name** je n'ai pas entendu votre nom
8 (*have, possess*): **to have got** avoir; **how many have you got?** vous en avez combien?
9 (*illness*) avoir; **I've got a cold** j'ai le rhume; **she got pneumonia and died** elle a fait une pneumonie et elle en est morte

get away *vi* partir, s'en aller; (*escape*) s'échapper

get away with *vt fus* (*punishment*) en être quitte pour; (*crime etc*) se faire pardonner

get back *vi* (*return*) rentrer ▹ *vt* récupérer, recouvrer; **when do we get back?** quand serons-nous de retour?

get in *vi* entrer; (*arrive home*) rentrer; (*train*) arriver

get into *vt fus* entrer dans; (*car, train etc*) monter dans; (*clothes*) mettre, enfiler, endosser; **to get into bed/a rage** se mettre au lit/en colère

get off *vi* (*from train etc*) descendre; (*depart: person, car*) s'en aller ▹ *vt* (*remove: clothes, stain*) enlever ▹ *vt fus* (*train, bus*) descendre de; **where do I get off?** où est-ce que je dois descendre?

get on *vi* (*at exam etc*) se débrouiller; (*agree*): **to get on (with)** s'entendre (avec); **how are you getting on?** comment ça va? ▹ *vt fus* monter dans; (*horse*) monter sur

get out *vi* sortir; (*of vehicle*) descendre ▹ *vt* sortir

get out of *vt fus* sortir de; (*duty etc*) échapper à, se soustraire à

get over *vt fus* (*illness*) se remettre

get through *vi* (*Tel*) avoir la communication; **to get through to sb** atteindre qn

get up *vi* (*rise*) se lever ▹ *vt fus* monter

getaway ['gɛtəweɪ] *n* fuite *f*

hana ['gɑːnə] *n* Ghana *m*

hastly ['gɑːstlɪ] *adj* atroce, horrible

hetto ['gɛtəu] *n* ghetto *m*

host [gəust] *n* fantôme *m*, revenant *m*

iant ['dʒaɪənt] *n* géant(e) ▷ *adj* géant(e), énorme

ift [gɪft] *n* cadeau *m*; (*donation, talent*) don *m*; **gifted** *adj* doué(e); **gift shop**, (*US*) **gift store** *n* boutique *f* de cadeaux; **gift token, gift voucher** *n* chèque-cadeau *m*

ig [gɪg] *n* (*inf: concert*) concert *m*

igabyte ['dʒɪgəbaɪt] *n* gigaoctet *m*

igantic [dʒaɪ'gæntɪk] *adj* gigantesque

iggle ['gɪgl] *vi* pouffer, ricaner sottement

ills [gɪlz] *npl* (*of fish*) ouïes *fpl*, branchies *fpl*

ilt [gɪlt] *n* dorure *f* ▷ *adj* doré(e)

immick ['gɪmɪk] *n* truc *m*

in [dʒɪn] *n* gin *m*

inger ['dʒɪndʒəʳ] *n* gingembre *m*

ipsy ['dʒɪpsɪ] *n* = **gypsy**

iraffe [dʒɪ'rɑːf] *n* girafe *f*

irl [gəːl] *n* fille *f*, fillette *f*; (*young unmarried woman*) jeune fille; (*daughter*) fille; **an English ~** une jeune Anglaise; **girl band** *n* girls band *m*; **girlfriend** *n* (*of girl*) amie *f*; (*of boy*) petite amie; **Girl Guide** *n* (BRIT) éclaireuse *f*; (*Roman Catholic*) guide *f*; **Girl Scout** *n* (*US*) = **Girl Guide**

ist [dʒɪst] *n* essentiel *m*

ive [gɪv] (*pt* **gave**, *pp* **given**) *vt* donner ▷ *vi* (*break*) céder; (*stretch: fabric*) se prêter; **to ~ sb sth, ~ sth to sb** donner qch à qn; (*gift*) offrir qch à qn; (*message*) transmettre qch à qn; **to ~ sb a call/kiss** appeler/embrasser qn; **to ~ a cry/sigh** pousser un cri/un soupir; **give away** *vt* donner; (*give free*) faire cadeau de; (*betray*) donner, trahir; (*disclose*) révéler; **give back** *vt* rendre; **give in** *vi* céder ▷ *vt* donner; **give out** *vt* (*food etc*) distribuer; **give up** *vi* renoncer ▷ *vt* renoncer à; **to ~ up smoking** arrêter de fumer; **to ~ o.s. up** se rendre

given [gɪvn] *pp of* **give** ▷ *adj* (*fixed: time, amount*) donné(e), déterminé(e) ▷ *conj*: **~ the circumstances ...** étant donné les circonstances ..., vu les circonstances ...; **~ that ...** étant donné que ...

glacier ['glæsɪəʳ] *n* glacier *m*

glad [glæd] *adj* content(e); **gladly** ['glædlɪ] *adv* volontiers

glamorous ['glæmərəs] *adj* (*person*) séduisant(e); (*job*) prestigieux(-euse)

glamour, (*US*) **glamor** ['glæməʳ] *n* éclat *m*, prestige *m*

glance [glɑːns] *n* coup *m* d'œil ▷ *vi*: **to ~ at** jeter un coup d'œil à

gland [glænd] *n* glande *f*

glare [glɛəʳ] *n* (*of anger*) regard furieux; (*of light*) lumière éblouissante; (*of publicity*) feux *mpl* ▷ *vi* briller d'un éclat aveuglant; **to ~ at** lancer un regard *or* des regards furieux à; **glaring** *adj* (*mistake*) criant(e), qui saute aux yeux

glass [glɑːs] *n* verre *m*; **glasses** *npl* (*spectacles*) lunettes *fpl*

glaze [gleɪz] *vt* (*door*) vitrer; (*pottery*) vernir ▷ *n* vernis *m*

gleam [gliːm] *vi* luire, briller

glen [glɛn] *n* vallée *f*

glide [glaɪd] *vi* glisser; (*Aviat, bird*) planer; **glider** *n* (*Aviat*) planeur *m*

glimmer ['glɪməʳ] *n* lueur *f*

glimpse [glɪmps] *n* vision passagère, aperçu *m* ▷ *vt* entrevoir, apercevoir

glint [glɪnt] *vi* étinceler

glisten ['glɪsn] *vi* briller, luire

glitter ['glɪtəʳ] *vi* scintiller, briller

global ['gləubl] *adj* (*world-wide*) mondial(e); (*overall*) global(e); **globalization** *n* mondialisation *f*; **global warming** *n* réchauffement *m* de la planète

globe [gləub] *n* globe *m*

gloom [gluːm] *n* obscurité *f*; (*sadness*) tristesse *f*, mélancolie *f*; **gloomy**

g

adj (*person*) morose; (*place, outlook*) sombre
glorious ['glɔːrɪəs] *adj* glorieux(-euse); (*beautiful*) splendide
glory ['glɔːrɪ] *n* gloire *f*; splendeur *f*
gloss [glɔs] *n* (*shine*) brillant *m*, vernis *m*; (*also*: **~ paint**) peinture brillante *or* laquée
glossary ['glɔsərɪ] *n* glossaire *m*, lexique *m*
glossy ['glɔsɪ] *adj* brillant(e), luisant(e) ▷ *n* (*also*: **~ magazine**) revue *f* de luxe
glove [glʌv] *n* gant *m*; **glove compartment** *n* (*Aut*) boîte *f* à gants, vide-poches *m inv*
glow [gləu] *vi* rougeoyer; (*face*) rayonner; (*eyes*) briller
glucose ['gluːkəus] *n* glucose *m*
glue [gluː] *n* colle *f* ▷ *vt* coller
GM *abbr* (= *genetically modified*) génétiquement modifié(e)
gm *abbr* (= *gram*) g
GMO *n abbr* (= *genetically modified organism*) OGM *m*
GMT *abbr* (= *Greenwich Mean Time*) GMT
gnaw [nɔː] *vt* ronger
go [gəu] (*pt* **went**, *pp* **gone**) *vi* aller; (*depart*) partir, s'en aller; (*work*) marcher; (*break*) céder; (*time*) passer; (*be sold*): **to go for £10** se vendre 10 livres; (*become*): **to go pale/mouldy** pâlir/moisir ▷ *n* (*pl* **goes**): **to have a go (at)** essayer (de faire); **to be on the go** être en mouvement; **whose go is it?** à qui est-ce de jouer?; **he's going to do it** il va le faire, il est sur le point de le faire; **to go for a walk** aller se promener; **to go dancing/shopping** aller danser/ faire les courses; **to go and see sb, go to see sb** aller voir qn; **how did it go?** comment est-ce que ça s'est passé?; **to go round the back/by the shop** passer par derrière/devant le magasin; **... to go** (*us*: *food*) ... à emporter; **go ahead** *vi* (*take place*) avoir lieu; (*get going*) y aller; **go away** *vi* partir, s'en aller; **go back** *vi* rentrer; revenir; (*go again*) retourner; **go by** *vi* (*years, time*) passer, s'écouler ▷ *vt fus* s'en tenir à; (*believe*) en croire; **go down** *vi* descendre; (*number, price, amount*) baisser; (*ship*) couler; (*sun*) se coucher ▷ *vt fus* descendre; **go for** *vt fus* (*fetch*) aller chercher; (*like*) aimer; (*attack*) s'en prendre à; attaquer; **go in** *vi* entrer; **go into** *vt fus* entrer dans; (*investigate*) étudier, examiner; (*embark on*) se lancer dans; **go off** *vi* partir, s'en aller; (*food*) se gâter; (*milk*) tourner; (*bomb*) sauter; (*alarm clock*) sonner; (*alarm*) se déclencher; (*lights etc*) s'éteindre; (*event*) se dérouler ▷ *vt fus* ne plus aimer; **the gun went off** le coup est parti; **go on** *vi* continuer; (*happen*) se passer; (*lights*) s'allumer ▷ *vt fus*: **to go on doing** continuer à faire; **go out** *vi* sortir; (*fire, light*) s'éteindre; (*tide*) descendre; **to go out with sb** sortir avec qn; **go over** *vi*, *vt fus* (*check*) revoir, vérifier; **go past** *vt fus*: **to go past sth** passer devant qch; **go round** *vi* (*circulate: news, rumour*) circuler; (*revolve*) tourner; (*suffice*) suffire (pour tout le monde); (*visit*): **to go round to sb's** passer chez qn; aller chez qn; (*make a detour*): **to go round (by)** faire un détour (par); **go through** *vt fus* (*town etc*) traverser; (*search through*) fouiller; (*suffer*) subir; **go up** *vi* monter; (*price*) augmenter ▷ *vt fus* gravir; **go with** *vt fus* aller avec; **go without** *vt fus* se passer de
go-ahead ['gəuəhɛd] *adj* dynamique, entreprenant(e) ▷ *n* feu vert
goal [gəul] *n* but *m*; **goalkeeper** *n* gardien *m* de but; **goal-post** *n* poteau *m* de but
goat [gəut] *n* chèvre *f*
gobble ['gɔbl] *vt* (*also*: **~ down, ~ up**) engloutir
god [gɔd] *n* dieu *m*; **God** Dieu; **godchild** *n* filleul(e); **goddaughter**

n filleule *f*; **goddess** *n* déesse *f*; **godfather** *n* parrain *m*; **godmother** *n* marraine *f*; **godson** *n* filleul *m*

oggles ['gɔglz] *npl* (*for skiing etc*) lunettes (protectrices); (*for swimming*) lunettes de piscine

oing ['gəuɪŋ] *n* (*conditions*) état *m* du terrain ▷ *adj*: **the ~ rate** le tarif (en vigueur)

old [gəuld] *n* or *m* ▷ *adj* en or; (*reserves*) d'or; **golden** *adj* (*made of gold*) en or; (*gold in colour*) doré(e); **goldfish** *n* poisson *m* rouge; **goldmine** *n* mine *f* d'or; **gold-plated** *adj* plaqué(e) or *inv*

olf [gɔlf] *n* golf *m*; **golf ball** *n* balle *f* de golf; (*on typewriter*) boule *f*; **golf club** *n* club *m* de golf; (*stick*) club *m*, crosse *f* de golf; **golf course** *n* terrain *m* de golf; **golfer** *n* joueur(-euse) de golf

one [gɔn] *pp of* **go**

ong [gɔŋ] *n* gong *m*

ood [gud] *adj* bon(ne); (*kind*) gentil(le); (*child*) sage; (*weather*) beau (belle) ▷ *n* bien *m*; **goods** *npl* marchandise *f*, articles *mpl*; **~!** bon!, très bien!; **to be ~ at** être bon en; **to be ~ for** être bon pour; **it's no ~ complaining** cela ne sert à rien de se plaindre; **to make ~** (*deficit*) combler; (*losses*) compenser; **for ~** (*for ever*) pour de bon, une fois pour toutes; **would you be ~ enough to ...?** auriez-vous la bonté *or* l'amabilité de ...?; **is this any ~?** (*will it do?*) est-ce que ceci fera l'affaire?, est-ce que cela peut vous rendre service?; (*what's it like?*) qu'est-ce que ça vaut?; **a ~ deal (of)** beaucoup (de); **a ~ many** beaucoup (de); **~ morning/afternoon!** bonjour!; **~ evening!** bonsoir!; **~ night!** bonsoir!; (*on going to bed*) bonne nuit!; **goodbye** *excl* au revoir!; **to say goodbye to sb** dire au revoir à qn; **Good Friday** *n* Vendredi saint; **good-looking** *adj* beau (belle), bien *inv*; **good-natured** *adj* (*person*) qui a un bon naturel; **goodness** *n* (*of person*) bonté *f*; **for goodness sake!** je vous en prie!; **goodness gracious!** mon Dieu!; **goods train** *n* (BRIT) train *m* de marchandises; **goodwill** *n* bonne volonté

google ['gugl] *vi* faire une recheche Google® ▷ *vt* googler

goose (*pl* **geese**) [gu:s, gi:s] *n* oie *f*

gooseberry ['guzbərɪ] *n* groseille *f* à maquereau; **to play ~** (BRIT) tenir la chandelle

goose bumps, goose pimples *npl* chair *f* de poule

gorge [gɔ:dʒ] *n* gorge *f* ▷ *vt*: **to ~ o.s. (on)** se gorger (de)

gorgeous ['gɔ:dʒəs] *adj* splendide, superbe

gorilla [gə'rɪlə] *n* gorille *m*

gosh [gɔʃ] (*inf*) *excl* mince alors!

gospel ['gɔspl] *n* évangile *m*

gossip ['gɔsɪp] *n* (*chat*) bavardages *mpl*; (*malicious*) commérage *m*, cancans *mpl*; (*person*) commère *f* ▷ *vi* bavarder; cancaner, faire des commérages; **gossip column** *n* (*Press*) échos *mpl*

got [gɔt] *pt, pp of* **get**

gotten ['gɔtn] (US) *pp of* **get**

gourmet ['guəmeɪ] *n* gourmet *m*, gastronome *m/f*

govern ['gʌvən] *vt* gouverner; (*influence*) déterminer; **government** *n* gouvernement *m*; (BRIT: *ministers*) ministère *m*; **governor** *n* (*of colony, state, bank*) gouverneur *m*; (*of school, hospital etc*) administrateur(-trice); (BRIT: *of prison*) directeur(-trice)

gown [gaun] *n* robe *f*; (*of teacher*, BRIT: *of judge*) toge *f*

GP *n abbr* (*Med*) = **general practitioner**

GPS *n abbr* (= *global positioning system*) GPS *m*

grab [græb] *vt* saisir, empoigner ▷ *vi*: **to ~ at** essayer de saisir

grace [greɪs] *n* grâce *f* ▷ *vt* (*honour*) honorer; (*adorn*) orner; **5 days'**

~ un répit de 5 jours; **graceful** *adj* gracieux(-euse), élégant(e); **gracious** ['greɪʃəs] *adj* bienveillant(e)

grade [greɪd] *n* (*Comm: quality*) qualité *f*; (*: size*) calibre *m*; (*: type*) catégorie *f*; (*in hierarchy*) grade *m*, échelon *m*; (*Scol*) note *f*; (*US: school class*) classe *f*; (*: gradient*) pente *f* ▷ *vt* classer; (*by size*) calibrer; **grade crossing** *n* (*US*) passage *m* à niveau; **grade school** *n* (*US*) école *f* primaire

gradient ['greɪdɪənt] *n* inclinaison *f*, pente *f*

gradual ['grædjuəl] *adj* graduel(le), progressif(-ive); **gradually** *adv* peu à peu, graduellement

graduate *n* ['grædjuɪt] diplômé(e) d'université; (*US: of high school*) diplômé(e) de fin d'études ▷ *vi* ['grædjueɪt] obtenir un diplôme d'université (*or* de fin d'études); **graduation** [grædju'eɪʃən] *n* cérémonie *f* de remise des diplômes

graffiti [grə'fi:tɪ] *npl* graffiti *mpl*

graft [grɑ:ft] *n* (*Agr, Med*) greffe *f*; (*bribery*) corruption *f* ▷ *vt* greffer; **hard** ~ (BRIT *inf*) boulot acharné

grain [greɪn] *n* (*single piece*) grain *m*; (*no pl: cereals*) céréales *fpl*; (*US: corn*) blé *m*

gram [græm] *n* gramme *m*

grammar ['græmə^r] *n* grammaire *f*; **grammar school** *n* (BRIT) ≈ lycée *m*

gramme [græm] *n* = **gram**

gran [græn] (*inf*) *n* (BRIT) mamie *f* (*inf*), mémé *f* (*inf*)

grand [grænd] *adj* magnifique, splendide; (*gesture etc*) noble; **grandad** *n* (*inf*) = **granddad**; **grandchild** (*pl* **grandchildren**) *n* petit-fils *m*, petite-fille *f*; **grandchildren** *npl* petits-enfants; **granddad** *n* (*inf*) papy *m* (*inf*), papi *m* (*inf*), pépé *m* (*inf*); **granddaughter** *n* petite-fille *f*; **grandfather** *n* grand-père *m*; **grandma** *n* (*inf*) = **gran**; **grandmother** *n* grand-mère *f*; **grandpa** *n* (*inf*) = **granddad**; **grandparents** *npl* grands-parents *mpl*; **grand piano** *n* piano *m* à queue; **Grand Prix** ['grɑ̃:'pri:] *n* (*Aut*) grand prix automobile; **grandson** *n* petit-fils *m*

granite ['grænɪt] *n* granit *m*

granny ['grænɪ] *n* (*inf*) = **gran**

grant [grɑ:nt] *vt* accorder; (*a request*) accéder à; (*admit*) concéder ▷ *n* (*Scol*) bourse *f*; (*Admin*) subside *m*, subvention *f*; **to take sth for ~ed** considérer qch comme acquis; **to take sb for ~ed** considérer qn comme faisant partie du décor

grape [greɪp] *n* raisin *m*

grapefruit ['greɪpfru:t] *n* pamplemousse *m*

graph [grɑ:f] *n* graphique *m*, courbe *f*; **graphic** ['græfɪk] *adj* graphique; (*vivid*) vivant(e); **graphics** *n* (*art*) art *mpl* graphiques; (*process*) graphisme *m* ▷ *npl* (*drawings*) illustrations *fpl*

grasp [grɑ:sp] *vt* saisir ▷ *n* (*grip*) prise *f*; (*fig*) compréhension *f*, connaissance *f*

grass [grɑ:s] *n* herbe *f*; (*lawn*) gazon *m*; **grasshopper** *n* sauterelle *f*

grate [greɪt] *n* grille *f* de cheminée ▷ *vi* grincer ▷ *vt* (*Culin*) râper

grateful ['greɪtful] *adj* reconnaissant(e)

grater ['greɪtə^r] *n* râpe *f*

gratitude ['grætɪtju:d] *n* gratitude *f*

grave [greɪv] *n* tombe *f* ▷ *adj* grave, sérieux(-euse)

gravel ['grævl] *n* gravier *m*

gravestone ['greɪvstəun] *n* pierre tombale

graveyard ['greɪvjɑ:d] *n* cimetière *m*

gravity ['grævɪtɪ] *n* (*Physics*) gravité *f*; pesanteur *f*; (*seriousness*) gravité

gravy ['greɪvɪ] *n* jus *m* (de viande), sauce *f* (au jus de viande)

gray [greɪ] *adj* (*US*) = **grey**

graze [greɪz] *vi* paître, brouter ▷ *vt* (*touch lightly*) frôler, effleurer; (*scrape*) écorcher ▷ *n* écorchure *f*

ease [gri:s] *n (fat)* graisse *f*; *(lubricant)* lubrifiant *m* ▷ *vt* graisser; lubrifier; **greasy** *adj* gras(se), graisseux(-euse); *(hands, clothes)* graisseux

reat [greɪt] *adj* grand(e); *(heat, pain etc)* très fort(e), intense; *(inf)* formidable; **Great Britain** *n* Grande-Bretagne *f*; **great-grandfather** *n* arrière-grand-père *m*; **great-grandmother** *n* arrière-grand-mère *f*; **greatly** *adv* très, grandement; *(with verbs)* beaucoup

reece [gri:s] *n* Grèce *f*

reed [gri:d] *n (also:* **~iness***)* avidité *f*; *(for food)* gourmandise *f*; **greedy** *adj* avide; *(for food)* gourmand(e)

reek [gri:k] *adj* grec (grecque) ▷ *n* Grec (Grecque); *(Ling)* grec *m*

reen [gri:n] *adj* vert(e); *(inexperienced)* (bien) jeune, naïf(-ïve); *(ecological: product etc)* écologique ▷ *n (colour)* vert *m*; *(on golf course)* green *m*; *(stretch of grass)* pelouse *f*; **greens** *npl (vegetables)* légumes verts; **green card** *n (Aut)* carte verte; *(US: work permit)* permis *m* de travail; **greengage** *n* reine-claude *f*; **greengrocer** *n* (BRIT) marchand *m* de fruits et légumes; **greengrocer's (shop)** *n* magasin *m* de fruits et légumes; **greenhouse** *n* serre *f*; **greenhouse effect** *n*: **the greenhouse effect** l'effet *m* de serre

reenland ['gri:nlənd] *n* Groenland *m*

reen salad *n* salade verte

reet [gri:t] *vt* accueillir; **greeting** *n* salutation *f*; **Christmas/birthday greetings** souhaits *mpl* de Noël/de bon anniversaire; **greeting(s) card** *n* carte *f* de vœux

rew [gru:] *pt of* **grow**

rey, *(US)* **gray** [greɪ] *adj* gris(e); *(dismal)* sombre; **grey-haired**, *(US)* **gray-haired** *adj* aux cheveux gris; **greyhound** *n* lévrier *m*

grid [grɪd] *n* grille *f*; *(Elec)* réseau *m*; **gridlock** *n (traffic jam)* embouteillage *m*

grief [gri:f] *n* chagrin *m*, douleur *f*

grievance ['gri:vəns] *n* doléance *f*, grief *m*; *(cause for complaint)* grief

grieve [gri:v] *vi* avoir du chagrin; se désoler ▷ *vt* faire de la peine à, affliger; **to ~ for sb** pleurer qn

grill [grɪl] *n (on cooker)* gril *m*; *(also:* **mixed ~***)* grillade(s) *f(pl)* ▷ *vt (Culin)* griller; *(inf: question)* cuisiner

grille [grɪl] *n* grillage *m*; *(Aut)* calandre *f*

grim [grɪm] *adj* sinistre, lugubre; *(serious, stern)* sévère

grime [graɪm] *n* crasse *f*

grin [grɪn] *n* large sourire *m* ▷ *vi* sourire

grind [graɪnd] *(pt, pp* **ground***)* *vt* écraser; *(coffee, pepper etc)* moudre; *(US: meat)* hacher ▷ *n (work)* corvée *f*

grip [grɪp] *n (handclasp)* poigne *f*; *(control)* prise *f*; *(handle)* poignée *f*; *(holdall)* sac *m* de voyage ▷ *vt* saisir, empoigner; *(viewer, reader)* captiver; **to come to ~s with** se colleter avec, en venir aux prises avec; **to ~ the road** *(Aut)* adhérer à la route; **gripping** *adj* prenant(e), palpitant(e)

grit [grɪt] *n* gravillon *m*; *(courage)* cran *m* ▷ *vt (road)* sabler; **to ~ one's teeth** serrer les dents

grits [grɪts] *npl (US)* gruau *m* de maïs

groan [grəun] *n (of pain)* gémissement *m* ▷ *vi* gémir

grocer ['grəusə^r] *n* épicier *m*; **groceries** *npl* provisions *fpl*; **grocer's (shop)**, **grocery** *n* épicerie *f*

groin [grɔɪn] *n* aine *f*

groom [gru:m] *n (for horses)* palefrenier *m*; *(also:* **bride~***)* marié *m* ▷ *vt (horse)* panser; *(fig)*: **to ~ sb for** former qn pour

groove [gru:v] *n* sillon *m*, rainure *f*

grope [grəup] *vi* tâtonner; **to ~ for** chercher à tâtons

g

gross [grəus] *adj* grossier(-ière); (*Comm*) brut(e); **grossly** *adv* (*greatly*) très, grandement
grotesque [grəˈtɛsk] *adj* grotesque
ground [graund] *pt, pp of* **grind** ▷ *n* sol *m*, terre *f*; (*land*) terrain *m*, terres *fpl*; (*Sport*) terrain; (*reason: gen pl*) raison *f*; (*US: also:* **~ wire**) terre *f* ▷ *vt* (*plane*) empêcher de décoller, retenir au sol; (*US Elec*) équiper d'une prise de terre; **grounds** *npl* (*gardens etc*) parc *m*, domaine *m*; (*of coffee*) marc *m*; **on the ~, to the ~** par terre; **to gain/lose ~** gagner/perdre du terrain; **ground floor** *n* (BRIT) rez-de-chaussée *m*; **groundsheet** *n* (BRIT) tapis *m* de sol; **groundwork** *n* préparation *f*
group [gruːp] *n* groupe *m* ▷ *vt* (*also:* **~ together**) grouper ▷ *vi* (*also:* **~ together**) se grouper
grouse [graus] *n* (*pl inv: bird*) grouse *f* (*sorte de coq de bruyère*) ▷ *vi* (*complain*) rouspéter, râler
grovel [ˈgrɔvl] *vi* (*fig*): **to ~ (before)** ramper (devant)
grow (*pt* **grew**, *pp* **grown**) [grəu, gruː, grəun] *vi* (*plant*) pousser, croître; (*person*) grandir; (*increase*) augmenter, se développer; (*become*) devenir; **to ~ rich/weak** s'enrichir/ s'affaiblir ▷ *vt* cultiver, faire pousser; (*hair, beard*) laisser pousser; **grow on** *vt fus*: **that painting is ~ing on me** je finirai par aimer ce tableau; **grow up** *vi* grandir
growl [graul] *vi* grogner
grown [grəun] *pp of* **grow**; **grown-up** *n* adulte *m/f*, grande personne
growth [grəuθ] *n* croissance *f*, développement *m*; (*what has grown*) pousse *f*; poussée *f*; (*Med*) grosseur *f*, tumeur *f*
grub [grʌb] *n* larve *f*; (*inf: food*) bouffe *f*
grubby [ˈgrʌbɪ] *adj* crasseux(-euse)
grudge [grʌdʒ] *n* rancune *f* ▷ *vt*: **to ~ sb sth** (*in giving*) donner qch à qn à contre-cœur; (*resent*) reprocher qch à qn; **to bear sb a ~ (for)** garder rancune *or* en vouloir à qn (de)
gruelling, (*US*) **grueling** [ˈgruəlɪŋ] *adj* exténuant(e)
gruesome [ˈgruːsəm] *adj* horrible
grumble [ˈgrʌmbl] *vi* rouspéter, ronchonner
grumpy [ˈgrʌmpɪ] *adj* grincheux(-euse)
grunt [grʌnt] *vi* grogner
guarantee [gærənˈtiː] *n* garantie *f* ▷ *vt* garantir
guard [gɑːd] *n* garde *f*; (*one man*) garde *m*; (BRIT *Rail*) chef *m* de train; (*safety device: on machine*) dispositif *m* de sûreté; (*also:* **fire~**) garde-feu *m inv* ▷ *vt* garder, surveiller; (*protect*): **to ~ sb/sth (against** *or* **from)** protéger qn/qch (contre); **to be on one's ~** (*fig*) être sur ses gardes; **guardian** *n* gardien(ne); (*of minor*) tuteur(-trice)
guerrilla [gəˈrɪlə] *n* guérillero *m*
guess [gɛs] *vi* deviner ▷ *vt* deviner; (*estimate*) évaluer; (*US*) croire, penser ▷ *n* supposition *f*, hypothèse *f*; **to take** *or* **have a ~** essayer de deviner
guest [gɛst] *n* invité(e); (*in hotel*) client(e); **guest house** *n* pension *f*; **guest room** *n* chambre *f* d'amis
guidance [ˈgaɪdəns] *n* (*advice*) conseils *mpl*
guide [gaɪd] *n* (*person*) guide *m/f*; (*book*) guide *m*; (*also:* **Girl G~**) éclaireuse *f*; (*Roman Catholic*) guide *f* ▷ *vt* guider; **is there an English-speaking ~?** est-ce que l'un des guides parle anglais?; **guidebook** *n* guide *m*; **guide dog** *n* chien *m* d'aveugle; **guided tour** *n* visite guidée; **what time does the guided tour start?** la visite guidée commence à quelle heure?; **guidelines** *npl* (*advice*) instructions générales, conseils *mpl*
guild [gɪld] *n* (*Hist*) corporation *f*; (*sharing interests*) cercle *m*, association *f*

uilt [gɪlt] *n* culpabilité *f*; **guilty** *adj* coupable
uinea pig ['gɪnɪ-] *n* cobaye *m*
uitar [gɪ'tɑːʳ] *n* guitare *f*; **guitarist** *n* guitariste *m/f*
ulf [gʌlf] *n* golfe *m*; (*abyss*) gouffre *m*
ull [gʌl] *n* mouette *f*
ulp [gʌlp] *vi* avaler sa salive; (*from emotion*) avoir la gorge serrée, s'étrangler ▷ *vt* (*also*: **~ down**) avaler
um [gʌm] *n* (*Anat*) gencive *f*; (*glue*) colle *f*; (*also*: **chewing-~**) chewing-gum *m* ▷ *vt* coller
un [gʌn] *n* (*small*) revolver *m*, pistolet *m*; (*rifle*) fusil *m*, carabine *f*; (*cannon*) canon *m*; **gunfire** *n* fusillade *f*; **gunman** (*irreg*) *n* bandit armé; **gunpoint** *n*: **at gunpoint** sous la menace du pistolet (*or* fusil); **gunpowder** *n* poudre *f* à canon; **gunshot** *n* coup *m* de feu
ush [gʌʃ] *vi* jaillir; (*fig*) se répandre en effusions
ust [gʌst] *n* (*of wind*) rafale *f*
ut [gʌt] *n* intestin *m*, boyau *m*; **guts** *npl* (*inf*: *Anat*) boyaux *mpl*; (*: courage*) cran *m*
utter ['gʌtəʳ] *n* (*of roof*) gouttière *f*; (*in street*) caniveau *m*
uy [gaɪ] *n* (*inf*: *man*) type *m*; (*also*: **~rope**) corde *f*; (*figure*) *effigie de Guy Fawkes*
uy Fawkes' Night [gaɪ'fɔːks-] *n* *voir article* **"Guy Fawkes' Night"**

GUY FAWKES' NIGHT

Guy Fawkes' Night, que l'on appelle également "bonfire night", commémore l'échec du complot (le "Gunpowder Plot") contre James Ier et son parlement le 5 novembre 1605. L'un des conspirateurs, Guy Fawkes, avait été surpris dans les caves du parlement alors qu'il s'apprêtait à y mettre le feu. Chaque année pour le 5 novembre, les enfants préparent à l'avance une effigie de Guy Fawkes et ils demandent aux passants "un penny pour le guy" avec lequel ils pourront s'acheter des fusées de feu d'artifice. Beaucoup de gens font encore un feu dans leur jardin sur lequel ils brûlent le "guy".

gym [dʒɪm] *n* (*also*: **~nasium**) gymnase *m*; (*also*: **~nastics**) gym *f*; **gymnasium** *n* gymnase *m*; **gymnast** *n* gymnaste *m/f*; **gymnastics** *n*, *npl* gymnastique *f*; **gym shoes** *npl* chaussures *fpl* de gym(nastique)
gynaecologist, (*US*) **gynecologist** [gaɪnɪ'kɔlədʒɪst] *n* gynécologue *m/f*
gypsy ['dʒɪpsɪ] *n* gitan(e), bohémien(ne)

h

haberdashery [hæbəˈdæʃərɪ] *n* (BRIT) mercerie *f*
habit [ˈhæbɪt] *n* habitude *f*; (*costume: Rel*) habit *m*
habitat [ˈhæbɪtæt] *n* habitat *m*
hack [hæk] *vt* hacher, tailler ▷ *n* (*pej: writer*) nègre *m*; **hacker** *n* (*Comput*) pirate *m* (informatique)
had [hæd] *pt, pp of* **have**
haddock [ˈhædək] (*pl* **haddock** *or* **haddocks**) *n* églefin *m*; **smoked ~** haddock *m*
hadn't [ˈhædnt] = **had not**
haemorrhage, (US) **hemorrhage** [ˈhɛmərɪdʒ] *n* hémorragie *f*
haemorrhoids, (US) **hemorrhoids** [ˈhɛmərɔɪdz] *npl* hémorroïdes *fpl*
haggle [ˈhægl] *vi* marchander
Hague [heɪg] *n*: **The ~** La Haye
hail [heɪl] *n* grêle *f* ▷ *vt* (*call*) héler; (*greet*) acclamer ▷ *vi* grêler; **hailstone** *n* grêlon *m*
hair [hɛəʳ] *n* cheveux *mpl*; (*on body*) poils *mpl*; (*of animal*) pelage *m*; (*single hair: on head*) cheveu *m*; (*: on body, of animal*) poil *m*; **to do one's ~** se coiffer; **hairband** *n* (*elasticated*) bandeau *m*; (*plastic*) serre-tête *m*; **hairbrush** *n* brosse *f* à cheveux; **haircut** *n* coupe *f* (de cheveux); **hairdo** *n* coiffure *f*; **hairdresser** *n* coiffeur(-euse); **hairdresser's** *n* salon *m* de coiffure, coiffeur *m*; **hair dryer** *n* sèche-cheveux *m*, séchoir *m*; **hair gel** *n* gel *m* pour cheveux; **hair spray** *n* laque *f* (pour les cheveux); **hairstyle** *n* coiffure *f*; **hairy** *adj* poilu(e), chevelu(e); (*inf: frightening*) effrayant(e)
haka [ˈhɑːkə] *n* (NZ) haka *m*
hake [heɪk] (*pl* **hake** *or* **hakes**) *n* colin *m*, merlu *m*
half [hɑːf] *n* (*pl* **halves**) moitié *f*; (*of beer: also*: **~ pint**) ≈ demi *m*; (*Rail, bus also*: **~ fare**) demi-tarif *m*; (*Sport: of match*) mi-temps *f* ▷ *adj* demi(e) ▷ *adv* (à) moitié, à demi; **~ an hour** une demi-heure; **~ a dozen** une demi-douzaine; **~ a pound** une demi-livre ≈ 250 g; **two and a ~** deux et demi; **to cut sth in ~** couper qch en deux; **half board** *n* (BRIT: *in hotel*) demi-pension *f*; **half-brother** *n* demi-frère *m*; **half day** *n* demi-journée *f*; **half fare** *n* demi-tarif *m*; **half-hearted** *adj* tiède, sans enthousiasme; **half-hour** *n* demi-heure *f*; **half-price** *adj* à moitié prix ▷ *adv* (*also*: **at half-price**) à moitié prix; **half term** *n* (BRIT *Scol*) vacances *fpl* (*de demi-trimestre*); **half-time** *n* mi-temps *f*; **halfway** *adv* à mi-chemin; **halfway through sth** au milieu de qch
hall [hɔːl] *n* salle *f*; (*entrance way: big*) hall *m*; (*: small*) entrée *f*; (*US: corridor*) couloir *m*; (*mansion*) château *m*, manoir *m*
hallmark [ˈhɔːlmɑːk] *n* poinçon *m*; (*fig*) marque *f*
hallo [həˈləu] *excl* = **hello**

ll of residence *n* (BRIT) pavillon *m* r résidence *f* universitaire
allowe'en, Halloween hæləu'i:n] *n* veille *f* de la Toussaint

HALLOWE'EN

Selon la tradition, *Hallowe'en* est la nuit des fantômes et des sorcières. En Écosse et aux États-Unis surtout (et de plus en plus en Angleterre) les enfants, pour fêter *Hallowe'en*, se déguisent ce soir-là et ils vont ainsi de porte en porte en demandant de petits cadeaux (du chocolat, etc).

allucination [həlu:sɪ'neɪʃən] *n* allucination *f*
allway ['hɔ:lweɪ] *n* (*entrance*) vestibule *m*; (*corridor*) couloir *m*
alo ['heɪləu] *n* (*of saint etc*) auréole *f*
alt [hɔ:lt] *n* halte *f*, arrêt *m* ▷ *vt* faire arrêter; (*progress etc*) interrompre ▷ *vi* aire halte, s'arrêter
alve [hɑ:v] *vt* (*apple etc*) partager *or* diviser en deux; (*reduce by half*) réduire de moitié
alves [hɑ:vz] *npl of* **half**
am [hæm] *n* jambon *m*
amburger ['hæmbə:gə^r] *n* hamburger *m*
amlet ['hæmlɪt] *n* hameau *m*
ammer ['hæmə^r] *n* marteau *m* ▷ *vt* (*nail*) enfoncer; (*fig*) éreinter, démolir ▷ *vi* (*at door*) frapper à coups redoublés; **to ~ a point home to sb** faire rentrer qch dans la tête de qn
ammock ['hæmək] *n* hamac *m*
amper ['hæmpə^r] *vt* gêner ▷ *n* panier *m* (d'osier)
amster ['hæmstə^r] *n* hamster *m*
amstring ['hæmstrɪŋ] *n* (*Anat*) tendon *m* du jarret
and [hænd] *n* main *f*; (*of clock*) aiguille *f*; (*handwriting*) écriture *f*; (*at cards*) jeu *m*; (*worker*) ouvrier(-ière) ▷ *vt* passer, donner; **to give sb a ~** donner un coup de main à qn; **at ~** à portée de la main; **in ~** (*situation*) en main; (*work*) en cours; **to be on ~** (*person*) être disponible; (*emergency services*) se tenir prêt(e) (à intervenir); **to ~** (*information etc*) sous la main, à portée de la main; **on the one ~ ..., on the other ~** d'une part ..., d'autre part; **hand down** *vt* passer; (*tradition, heirloom*) transmettre; (*US: sentence, verdict*) prononcer; **hand in** *vt* remettre; **hand out** *vt* distribuer; **hand over** *vt* remettre; (*powers etc*) transmettre; **handbag** *n* sac *m* à main; **hand baggage** *n* = **hand luggage**; **handbook** *n* manuel *m*; **handbrake** *n* frein *m* à main; **handcuffs** *npl* menottes *fpl*; **handful** *n* poignée *f*
handicap ['hændɪkæp] *n* handicap *m* ▷ *vt* handicaper; **mentally/ physically ~ped** handicapé(e) mentalement/physiquement
handkerchief ['hæŋkətʃɪf] *n* mouchoir *m*
handle ['hændl] *n* (*of door etc*) poignée *f*; (*of cup etc*) anse *f*; (*of knife etc*) manche *m*; (*of saucepan*) queue *f*; (*for winding*) manivelle *f* ▷ *vt* toucher, manier; (*deal with*) s'occuper de; (*treat: people*) prendre; **"~ with care"** "fragile"; **to fly off the ~** s'énerver; **handlebar(s)** *n(pl)* guidon *m*
hand: hand luggage *n* bagages *mpl* à main; **handmade** *adj* fait(e) à la main; **handout** *n* (*money*) aide *f*, don *m*; (*leaflet*) prospectus *m*; (*at lecture*) polycopié *m*; **hands-free** *adj* mains libres *inv* ▷ *n* (*also*: **hands-free kit**) kit *m* mains libres *inv*
handsome ['hænsəm] *adj* beau (belle); (*profit*) considérable
handwriting ['hændraɪtɪŋ] *n* écriture *f*
handy ['hændɪ] *adj* (*person*) adroit(e); (*close at hand*) sous la main; (*convenient*) pratique
hang (*pt, pp* **hung**) [hæŋ, hʌŋ] *vt* accrocher; (*criminal*) pendre ▷ *vi*

h

pendre; (*hair, drapery*) tomber ▷ *n*: **to get the ~ of (doing) sth** (*inf*) attraper le coup pour faire qch; **hang about, hang around** *vi* traîner; **hang down** *vi* pendre; **hang on** *vi* (*wait*) attendre; **hang out** *vt* (*washing*) étendre (dehors) ▷ *vi* (*inf: live*) habiter, percher; (*: spend time*) traîner; **hang round** *vi* = **hang about**; **hang up** *vi* (*Tel*) raccrocher ▷ *vt* (*coat, painting etc*) accrocher, suspendre

hanger ['hæŋəʳ] *n* cintre *m*, portemanteau *m*

hang-gliding ['hæŋglaɪdɪŋ] *n* vol *m* libre *or* sur aile delta

hangover ['hæŋəuvəʳ] *n* (*after drinking*) gueule *f* de bois

hankie, hanky ['hæŋkɪ] *n abbr* = **handkerchief**

happen ['hæpən] *vi* arriver, se passer, se produire; **what's ~ing?** que se passe-t-il?; **she ~ed to be free** il s'est trouvé (*or* se trouvait) qu'elle était libre; **as it ~s** justement

happily ['hæpɪlɪ] *adv* heureusement; (*cheerfully*) joyeusement

happiness ['hæpɪnɪs] *n* bonheur *m*

happy ['hæpɪ] *adj* heureux(-euse); **~ with** (*arrangements etc*) satisfait(e) de; **to be ~ to do** faire volontiers; **~ birthday!** bon anniversaire!

harass ['hærəs] *vt* accabler, tourmenter; **harassment** *n* tracasseries *fpl*

harbour, (US) **harbor** ['hɑ:bəʳ] *n* port *m* ▷ *vt* héberger, abriter; (*hopes, suspicions*) entretenir

hard [hɑ:d] *adj* dur(e); (*question, problem*) difficile; (*facts, evidence*) concret(-ète) ▷ *adv* (*work*) dur; (*think, try*) sérieusement; **to look ~ at** regarder fixement; (*thing*) regarder de près; **no ~ feelings!** sans rancune!; **to be ~ of hearing** être dur(e) d'oreille; **to be ~ done by** être traité(e) injustement; **hardback** *n* livre relié; **hardboard** *n* Isorel® *m*; **hard disk** *n* (*Comput*) disque dur; **harden** *vt* durcir; (*fig*) endurcir ▷ *vi* (*substance*) durcir

hardly ['hɑ:dlɪ] *adv* (*scarcely*) à pein[e]; (*harshly*) durement; **~ anywhere/ever** presque nulle part/jamais

hard: hardship *n* (*difficulties*) épreuves *fpl*; (*deprivation*) privatio[ns] *fpl*; **hard shoulder** *n* (BRIT *Aut*) accotement stabilisé; **hard-up** *adj* (*inf*) fauché(e); **hardware** *n* quincaillerie *f*; (*Comput, Mil*) matériel *m*; **hardware shop**, (US) **hardware store** *n* quincaillerie [*f*]; **hard-working** *adj* travailleur(-eus[e]), consciencieux(-euse)

hardy ['hɑ:dɪ] *adj* robuste; (*plant*) résistant(e) au gel

hare [hɛəʳ] *n* lièvre *m*

harm [hɑ:m] *n* mal *m*; (*wrong*) tort *m* ▷ *vt* (*person*) faire du mal *or* du to[rt] à; (*thing*) endommager; **out of ~'s way** à l'abri du danger, en lieu sûr; **harmful** *adj* nuisible; **harmless** *ad[j]* inoffensif(-ive)

harmony ['hɑ:mənɪ] *n* harmonie *f*

harness ['hɑ:nɪs] *n* harnais *m* ▷ *vt* (*horse*) harnacher; (*resources*) exploiter

harp [hɑ:p] *n* harpe *f* ▷ *vi*: **to ~ on about** revenir toujours sur

harsh [hɑ:ʃ] *adj* (*hard*) dur(e); (*severe*) sévère; (*unpleasant: sound*) discordant(e); (*: light*) cru(e)

harvest ['hɑ:vɪst] *n* (*of corn*) moiss[on] *f*; (*of fruit*) récolte *f*; (*of grapes*) vendange *f* ▷ *vt* moissonner; récolt[er]; vendanger

has [hæz] *vb see* **have**

hasn't ['hæznt] = **has not**

hassle ['hæsl] *n* (*inf: fuss*) histoire(s) *f(pl)*

haste [heɪst] *n* hâte *f*, précipitation *f*; **hasten** ['heɪsn] *vt* hâter, accélér[er] ▷ *vi* se hâter, s'empresser; **hastily** *a[dv]* à la hâte; (*leave*) précipitamment; **hasty** *adj* (*decision, action*) hâtif(-ive); (*departure, escape*) précipité(e)

hat [hæt] *n* chapeau *m*

atch [hætʃ] *n* (*Naut*: *also*: **~way**) écoutille *f*; (BRIT: *also*: **service ~**) passe-plats *m inv* ▷ *vi* éclore
atchback ['hætʃbæk] *n* (*Aut*) modèle *m* avec hayon arrière
ate [heɪt] *vt* haïr, détester ▷ *n* haine *f*; **hatred** ['heɪtrɪd] *n* haine *f*
aul [hɔːl] *vt* traîner, tirer ▷ *n* (*of fish*) prise *f*; (*of stolen goods etc*) butin *m*
aunt [hɔːnt] *vt* (*subj*: *ghost, fear*) hanter; (: *person*) fréquenter ▷ *n* repaire *m*; **haunted** *adj* (*castle etc*) hanté(e); (*look*) égaré(e), hagard(e)

KEYWORD

ave [hæv] (*pt, pp* **had**) *aux vb*
1 (*gen*) avoir; être; **to have eaten/slept** avoir mangé/dormi; **to have arrived/gone** être arrivé(e)/allé(e); **having finished** *or* **when he had finished, he left** quand il a eu fini, il est parti; **we'd already eaten** nous avions déjà mangé
2 (*in tag questions*): **you've done it, haven't you?** vous l'avez fait, n'est-ce pas?
3 (*in short answers and questions*): **no I haven't!/yes we have!** mais non!/mais si!; **so I have!** ah oui!, oui c'est vrai!; **I've been there before, have you?** j'y suis déjà allé, et vous?
▸ *modal aux vb* (*be obliged*): **to have (got) to do sth** devoir faire qch, être obligé(e) de faire qch; **she has (got) to do it** elle doit le faire, il faut qu'elle le fasse; **you haven't to tell her** vous n'êtes pas obligé de le lui dire; (*must not*) ne le lui dites surtout pas; **do you have to book?** il faut réserver?
▸ *vt* 1 (*possess*) avoir; **he has (got) blue eyes/dark hair** il a les yeux bleus/les cheveux bruns
2 (*referring to meals etc*): **to have breakfast** prendre le petit déjeuner; **to have dinner/lunch** dîner/déjeuner; **to have a drink** prendre un verre; **to have a cigarette** fumer une cigarette
3 (*receive*) avoir, recevoir; (*obtain*) avoir; **may I have your address?** puis-je avoir votre adresse?; **you can have it for £5** vous pouvez l'avoir pour 5 livres; **I must have it for tomorrow** il me le faut pour demain; **to have a baby** avoir un bébé
4 (*maintain, allow*): **I won't have it!** ça ne se passera pas comme ça!; **we can't have that** nous ne tolérerons pas ça
5 (*by sb else*): **to have sth done** faire faire qch; **to have one's hair cut** se faire couper les cheveux; **to have sb do sth** faire faire qch à qn
6 (*experience, suffer*) avoir; **to have a cold/flu** avoir un rhume/la grippe; **to have an operation** se faire opérer; **she had her bag stolen** elle s'est fait voler son sac
7 (*+noun*): **to have a swim/walk** nager/se promener; **to have a bath/shower** prendre un bain/une douche; **let's have a look** regardons; **to have a meeting** se réunir; **to have a party** organiser une fête; **let me have a try** laissez-moi essayer

haven ['heɪvn] *n* port *m*; (*fig*) havre *m*
haven't ['hævnt] = **have not**
havoc ['hævək] *n* ravages *mpl*
Hawaii [hə'waɪː] *n* (îles *fpl*) Hawaï *m*
hawk [hɔːk] *n* faucon *m*
hawthorn ['hɔːθɔːn] *n* aubépine *f*
hay [heɪ] *n* foin *m*; **hay fever** *n* rhume *m* des foins; **haystack** *n* meule *f* de foin
hazard ['hæzəd] *n* (*risk*) danger *m*, risque *m* ▷ *vt* risquer, hasarder; **hazardous** *adj* hasardeux(-euse), risqué(e); **hazard warning lights** *npl* (*Aut*) feux *mpl* de détresse
haze [heɪz] *n* brume *f*
hazel [heɪzl] *n* (*tree*) noisetier *m* ▷ *adj* (*eyes*) noisette *inv*; **hazelnut** *n* noisette *f*

h

hazy ['heɪzɪ] *adj* brumeux(-euse); (*idea*) vague
he [hi:] *pron* il; **it is he who ...** c'est lui qui ...; **here he is** le voici
head [hɛd] *n* tête *f*; (*leader*) chef *m*; (*of school*) directeur(-trice); (*of secondary school*) proviseur *m* ▷ *vt* (*list*) être en tête de; (*group, company*) être à la tête de; **~s or tails** pile ou face; **~ first** la tête la première; **~ over heels in love** follement *or* éperdument amoureux(-euse); **to ~ the ball** faire une tête; **head for** *vt fus* se diriger vers; (*disaster*) aller à; **head off** *vt* (*threat, danger*) détourner; **headache** *n* mal *m* de tête; **to have a headache** avoir mal à la tête; **heading** *n* titre *m*; (*subject title*) rubrique *f*; **headlamp** (BRIT) *n* = **headlight**; **headlight** *n* phare *m*; **headline** *n* titre *m*; **head office** *n* siège *m*, bureau *m* central; **headphones** *npl* casque *m* (à écouteurs); **headquarters** *npl* (*of business*) bureau *or* siège central; (*Mil*) quartier général; **headroom** *n* (*in car*) hauteur *f* de plafond; (*under bridge*) hauteur limite; **headscarf** *n* foulard *m*; **headset** *n* = **headphones**; **headteacher** *n* directeur(-trice); (*of secondary school*) proviseur *m*; **head waiter** *n* maître *m* d'hôtel
heal [hi:l] *vt, vi* guérir
health [hɛlθ] *n* santé *f*; **health care** *n* services médicaux; **health centre** *n* (BRIT) centre *m* de santé; **health food** *n* aliment(s) naturel(s); **Health Service** *n*: **the Health Service** (BRIT) ≈ la Sécurité Sociale; **healthy** *adj* (*person*) en bonne santé; (*climate, food, attitude etc*) sain(e)
heap [hi:p] *n* tas *m* ▷ *vt* (*also*: **~ up**) entasser, amonceler; **she ~ed her plate with cakes** elle a chargé son assiette de gâteaux; **~s (of)** (*inf*: *lots*) des tas (de)
hear (*pt, pp* **heard**) [hɪəʳ, hə:d] *vt* entendre; (*news*) apprendre ▷ *vi* entendre; **to ~ about** entendre parler de; (*have news of*) avoir des nouvelles de; **to ~ from sb** recevoir des nouvelles de qn
heard [hə:d] *pt, pp of* **hear**
hearing ['hɪərɪŋ] *n* (*sense*) ouïe *f*; (*of witnesses*) audition *f*; (*of a case*) audience *f*; **hearing aid** *n* appareil *m* acoustique
hearse [hə:s] *n* corbillard *m*
heart [hɑ:t] *n* cœur *m*; **hearts** *npl* (*Cards*) cœur; **at ~** au fond; **by ~** (*learn, know*) par cœur; **to lose/take ~** perdre/prendre courage; **heart attack** *n* crise *f* cardiaque; **heartbeat** *n* battement *m* de cœur; **heartbroken** *adj*: **to be heartbroken** avoir beaucoup de chagrin; **heartburn** *n* brûlures *fpl* d'estomac; **heart disease** *n* maladie *f* cardiaque
hearth [hɑ:θ] *n* foyer *m*, cheminée *f*
heartless ['hɑ:tlɪs] *adj* (*person*) sans cœur, insensible; (*treatment*) cruel(le)
hearty ['hɑ:tɪ] *adj* chaleureux(-euse); (*appetite*) solide; (*dislike*) cordial(e); (*meal*) copieux(-euse)
heat [hi:t] *n* chaleur *f*; (*Sport*: *also*: **qualifying ~**) éliminatoire *f* ▷ *vt* chauffer; **heat up** *vi* (*liquid*) chauffer; (*room*) se réchauffer ▷ *vt* réchauffer; **heated** *adj* chauffé(e); (*fig*) passionné(e), échauffé(e), excité(e); **heater** *n* appareil *m* de chauffage; radiateur *m*; (*in car*) chauffage *m*; (*water heater*) chauffe-eau *m*
heather ['hɛðəʳ] *n* bruyère *f*
heating ['hi:tɪŋ] *n* chauffage *m*
heatwave ['hi:tweɪv] *n* vague *f* de chaleur
heaven ['hɛvn] *n* ciel *m*, paradis *m*; (*fig*) paradis; **heavenly** *adj* céleste, divin(e)
heavily ['hɛvɪlɪ] *adv* lourdement; (*drink, smoke*) beaucoup; (*sleep, sigh*) profondément
heavy ['hɛvɪ] *adj* lourd(e); (*work, rain, user, eater*) gros(se); (*drinker, smoker*) grand(e); (*schedule, week*) chargé(e)

ebrew ['hi:bru:] *adj* hébraïque ▷ *n* (*Ling*) hébreu *m*
ebrides ['hɛbrɪdi:z] *npl*; **the ~** les Hébrides *fpl*
ectare ['hɛktɑ:ʳ] *n* (BRIT) hectare *m*
ectic ['hɛktɪk] *adj* (*schedule*) très chargé(e); (*day*) mouvementé(e); (*lifestyle*) trépidant(e)
e'd [hi:d] = **he would; he had**
edge [hɛdʒ] *n* haie *f* ▷ *vi* se dérober ▷ *vt*: **to ~ one's bets** (*fig*) se couvrir
edgehog ['hɛdʒhɔg] *n* hérisson *m*
eed [hi:d] *vt* (*also*: **take ~ of**) tenir compte de, prendre garde à
eel [hi:l] *n* talon *m* ▷ *vt* retalonner
efty ['hɛftɪ] *adj* (*person*) costaud(e); (*parcel*) lourd(e); (*piece, price*) gros(se)
eight [haɪt] *n* (*of person*) taille *f*, grandeur *f*; (*of object*) hauteur *f*; (*of plane, mountain*) altitude *f*; (*high ground*) hauteur, éminence *f*; (*fig*: *of glory, fame, power*) sommet *m*; (: *of luxury, stupidity*) comble *m*; **at the ~ of summer** au cœur de l'été;
heighten *vt* hausser, surélever; (*fig*) augmenter
eir [ɛəʳ] *n* héritier *m*; **heiress** *n* héritière *f*
eld [hɛld] *pt, pp of* **hold**
elicopter ['hɛlɪkɔptəʳ] *n* hélicoptère *m*
ell [hɛl] *n* enfer *m*; **oh ~!** (*inf*) merde!
e'll [hi:l] = **he will; he shall**
ello [hə'ləu] *excl* bonjour!; (*to attract attention*) hé!; (*surprise*) tiens!
elmet ['hɛlmɪt] *n* casque *m*
elp [hɛlp] *n* aide *f*; (*cleaner etc*) femme *f* de ménage ▷ *vt, vi* aider; **~!** au secours!; **~ yourself** servez-vous; **can you ~ me?** pouvez-vous m'aider?; **can I ~ you?** (*in shop*) vous désirez?; **he can't ~ it** il n'y peut rien; **help out** *vi* aider ▷ *vt*: **to ~ sb out** aider qn; **helper** *n* aide *m/f*, assistant(e); **helpful** *adj* serviable, obligeant(e); (*useful*) utile; **helping** *n* portion *f*; **helpless** *adj* impuissant(e); (*baby*) sans défense; **helpline** *n* service *m* d'assistance téléphonique; (*free*) ≈ numéro vert
hem [hɛm] *n* ourlet *m* ▷ *vt* ourler
hemisphere ['hɛmɪsfɪəʳ] *n* hémisphère *m*
hemorrhage ['hɛmərɪdʒ] *n* (US) = **haemorrhage**
hemorrhoids ['hɛmərɔɪdz] *npl* (US) = **haemorrhoids**
hen [hɛn] *n* poule *f*; (*female bird*) femelle *f*
hence [hɛns] *adv* (*therefore*) d'où, de là; **2 years ~** d'ici 2 ans
hen night, hen party *n* soirée *f* entre filles (*avant le mariage de l'une d'elles*)
hepatitis [hɛpə'taɪtɪs] *n* hépatite *f*
her [hə:ʳ] *pron* (*direct*) la, l' + *vowel or h mute*; (*indirect*) lui; (*stressed, after prep*) elle ▷ *adj* son (sa), ses *pl*; *see also* **me, my**
herb [hə:b] *n* herbe *f*; **herbal** *adj* à base de plantes; **herbal tea** *n* tisane *f*
herd [hə:d] *n* troupeau *m*
here [hɪəʳ] *adv* ici; (*time*) alors ▷ *excl* tiens!, tenez!; **~!** (*present*) présent!; **~ is, ~ are** voici; **~ he/she is** le (la) voici
hereditary [hɪ'rɛdɪtrɪ] *adj* héréditaire
heritage ['hɛrɪtɪdʒ] *n* héritage *m*, patrimoine *m*
hernia ['hə:nɪə] *n* hernie *f*
hero ['hɪərəu] (*pl* **heroes**) *n* héros *m*; **heroic** [hɪ'rəuɪk] *adj* héroïque
heroin ['hɛrəuɪn] *n* héroïne *f* (*drogue*)
heroine ['hɛrəuɪn] *n* héroïne *f* (*femme*)
heron ['hɛrən] *n* héron *m*
herring ['hɛrɪŋ] *n* hareng *m*
hers [hə:z] *pron* le sien(ne), les siens (siennes); *see also* **mine¹**
herself [hə:'sɛlf] *pron* (*reflexive*) se; (*emphatic*) elle-même; (*after prep*) elle; *see also* **oneself**
he's [hi:z] = **he is; he has**
hesitant ['hɛzɪtənt] *adj* hésitant(e), indécis(e)

hesitate ['hɛzɪteɪt] *vi*: **to ~ (about/to do)** hésiter (sur/à faire); **hesitation** [hɛzɪ'teɪʃən] *n* hésitation *f*

heterosexual ['hɛtərəu'sɛksjuəl] *adj, n* hétérosexuel(le)

hexagon ['hɛksəgən] *n* hexagone *m*

hey [heɪ] *excl* hé!

heyday ['heɪdeɪ] *n*: **the ~ of** l'âge *m* d'or de, les beaux jours de

HGV *n abbr* = **heavy goods vehicle**

hi [haɪ] *excl* salut!; (*to attract attention*) hé!

hibernate ['haɪbəneɪt] *vi* hiberner

hiccough, hiccup ['hɪkʌp] *vi* hoqueter ▷ *n*: **to have (the) ~s** avoir le hoquet

hid [hɪd] *pt of* **hide**

hidden ['hɪdn] *pp of* **hide** ▷ *adj*: **~ agenda** intentions non déclarées

hide [haɪd] (*pt* **hid**, *pp* **hidden**) *n* (*skin*) peau *f* ▷ *vt* cacher ▷ *vi*: **to ~ (from sb)** se cacher (de qn)

hideous ['hɪdɪəs] *adj* hideux(-euse), atroce

hiding ['haɪdɪŋ] *n* (*beating*) correction *f*, volée *f* de coups; **to be in ~** (*concealed*) se tenir caché(e)

hi-fi ['haɪfaɪ] *adj, n abbr* (= *high fidelity*) hi-fi *f inv*

high [haɪ] *adj* haut(e); (*speed, respect, number*) grand(e); (*price*) élevé(e); (*wind*) fort(e), violent(e); (*voice*) aigu(ë) ▷ *adv* haut, en haut; **20 m ~** haut(e) de 20 m; **~ in the air** haut dans le ciel; **highchair** *n* (*child's*) chaise haute; **high-class** *adj* (*neighbourhood, hotel*) chic *inv*, de grand standing; **higher education** *n* études supérieures; **high heels** *npl* talons hauts, hauts talons; **high jump** *n* (*Sport*) saut *m* en hauteur; **highlands** ['haɪləndz] *npl* région montagneuse; **the Highlands** (*in Scotland*) les Highlands *mpl*; **highlight** *n* (*fig: of event*) point culminant ▷ *vt* (*emphasize*) faire ressortir, souligner; **highlights** *npl* (*in hair*) reflets *mpl*; **highlighter** *n* (*pen*) surligneur (lumineux); **highly** *adv* extrêmement, très; (*unlikely*) fort; (*recommended, skilled, qualified*) hautement; **to speak highly of** dire beaucoup de bien de; **highness** *n*: **His/Her Highness** son Altesse *f*; **high-rise** *n* (*also*: **high-rise block, high-rise building**) tour *f* (d'habitation); **high school** *n* lycée *m*; (*US*) établissement *m* d'enseignement supérieur; **high season** *n* (*BRIT*) haute saison; **high street** *n* (*BRIT*) grand-rue *f*; **high-tech** (*inf*) *adj* de pointe; **highway** *n* (*BRIT*) route *f*; (*US*) route nationale; **Highway Code** *n* (*BRIT*) code *m* de la route

hijack ['haɪdʒæk] *vt* détourner (*par la force*); **hijacker** *n* auteur *m* d'un détournement d'avion, pirate *m* de l'air

hike [haɪk] *vi* faire des excursions à pied ▷ *n* excursion *f* à pied, randonnée *f*; **hiker** *n* promeneur(-euse), excursionniste *m/f*; **hiking** *n* excursions *fpl* à pied, randonnée *f*

hilarious [hɪ'lɛərɪəs] *adj* (*behaviour, event*) désopilant(e)

hill [hɪl] *n* colline *f*; (*fairly high*) montagne *f*; (*on road*) côte *f*; **hillside** *n* (flanc *m* de) coteau *m*; **hill walking** *n* randonnée *f* de basse montagne; **hilly** *adj* vallonné(e), montagneux(-euse)

him [hɪm] *pron* (*direct*) le, l' + *vowel or h mute*; (*stressed, indirect, after prep*) lui; *see also* **me**; **himself** *pron* (*reflexive*) se; (*emphatic*) lui-même; (*after prep*) lui; *see also* **oneself**

hind [haɪnd] *adj* de derrière

hinder ['hɪndəʳ] *vt* gêner; (*delay*) retarder

hindsight ['haɪndsaɪt] *n*: **with (the benefit of) ~** avec du recul, rétrospectivement

Hindu ['hɪndu:] *n* Hindou(e); **Hinduism** *n* (*Rel*) hindouisme *m*

nge [hɪndʒ] *n* charnière *f* ▷ *vi* (*fig*): **to ~ on** dépendre de
nt [hɪnt] *n* allusion *f*; (*advice*) conseil *m*; (*clue*) indication *f* ▷ *vt*: **to ~ that** insinuer que ▷ *vi*: **to ~ at** faire une allusion à
p [hɪp] *n* hanche *f*
ppie, hippy ['hɪpɪ] *n* hippie *m/f*
ppo ['hɪpəu] (*pl* **hippos**) *n* hippopotame *m*
ppopotamus (*pl* **hippopotamuses** *or* **hippopotami**) [hɪpə'pɔtəməs, hɪpə'pɔtəmaɪ] *n* hippopotame *m*
ppy ['hɪpɪ] *n* = **hippie**
re ['haɪə^r] *vt* (BRIT: *car, equipment*) louer; (*worker*) embaucher, engager ▷ *n* location *f*; **for ~** à louer; (*taxi*) libre; **I'd like to ~ a car** je voudrais louer une voiture; **hire(d) car** *n* (BRIT) voiture *f* de location; **hire purchase** *n* (BRIT) achat *m* (*or* vente *f*) à tempérament *or* crédit
s [hɪz] *pron* le sien(ne), les siens (siennes) ▷ *adj* son (sa), ses *pl*; **mine¹**; **my**
spanic [hɪs'pænɪk] *adj* (*in US*) hispano-américain(e) ▷ *n* Hispano-Américain(e)
ss [hɪs] *vi* siffler
storian [hɪ'stɔːrɪən] *n* historien(ne)
storic(al) [hɪ'stɔrɪk(l)] *adj* historique
story ['hɪstərɪ] *n* histoire *f*
t [hɪt] *vt* (*pt, pp* **hit**) frapper; (*reach: target*) atteindre, toucher; (*collide with: car*) entrer en collision avec, heurter; (*fig: affect*) toucher ▷ *n* coup *m*; (*success*) succès *m*; (*song*) tube *m*; (*to website*) visite *f*; (*on search engine*) résultat *m* de recherche; **to ~ it off with sb** bien s'entendre avec qn; **hit back** *vi*: **to ~ back at sb** prendre sa revanche sur qn
tch [hɪtʃ] *vt* (*fasten*) accrocher, attacher; (*also*: **~ up**) remonter d'une saccade ▷ *vi* faire de l'autostop ▷ *n* (*difficulty*) anicroche *f*, contretemps *m*; **to ~ a lift** faire du stop; **hitch-hike** *vi* faire de l'auto-stop; **hitch-hiker** *n* auto-stoppeur(-euse); **hitch-hiking** *n* auto-stop *m*, stop *m* (*inf*)
hi-tech ['haɪ'tɛk] *adj* de pointe
hitman ['hɪtmæn] (*irreg*) *n* (*inf*) tueur *m* à gages
HIV *n abbr* (= *human immunodeficiency virus*) HIV *m*, VIH *m*; **~-negative** séronégatif(-ive); **~-positive** séropositif(-ive)
hive [haɪv] *n* ruche *f*
hoard [hɔːd] *n* (*of food*) provisions *fpl*, réserves *fpl*; (*of money*) trésor *m* ▷ *vt* amasser
hoarse [hɔːs] *adj* enroué(e)
hoax [həuks] *n* canular *m*
hob [hɔb] *n* plaque chauffante
hobble ['hɔbl] *vi* boitiller
hobby ['hɔbɪ] *n* passe-temps favori
hobo ['həubəu] *n* (US) vagabond *m*
hockey ['hɔkɪ] *n* hockey *m*; **hockey stick** *n* crosse *f* de hockey
hog [hɔg] *n* porc (châtré) ▷ *vt* (*fig*) accaparer; **to go the whole ~** aller jusqu'au bout
Hogmanay [hɔgmə'neɪ] *n* réveillon *m* du jour de l'An, Saint-Sylvestre *f*

HOGMANAY

La Saint-Sylvestre ou "New Year's Eve" se nomme *Hogmanay* en Écosse. En cette occasion, la famille et les amis se réunissent pour entendre sonner les douze coups de minuit et pour fêter le "first-footing", une coutume qui veut qu'on se rende chez ses amis et voisins en apportant quelque chose à boire (du whisky en général) et un morceau de charbon en gage de prospérité pour la nouvelle année.

hoist [hɔɪst] *n* palan *m* ▷ *vt* hisser
hold [həuld] (*pt, pp* **held**) *vt* tenir; (*contain*) contenir; (*meeting*)

h

tenir; (*keep back*) retenir; (*believe*) considérer; (*possess*) avoir ▷ *vi* (*withstand pressure*) tenir (bon); (*be valid*) valoir; (*on telephone*) attendre ▷ *n* prise *f*; (*find*) influence *f*; (*Naut*) cale *f*; **to catch** *or* **get (a) ~ of** saisir; **to get ~ of** (*find*) trouver; **~ the line!** (*Tel*) ne quittez pas!; **to ~ one's own** (*fig*) (bien) se défendre; **hold back** *vt* retenir; (*secret*) cacher; **hold on** *vi* tenir bon; (*wait*) attendre; **~ on!** (*Tel*) ne quittez pas!; **to ~ on to sth** (*grasp*) se cramponner à qch; (*keep*) conserver *or* garder qch; **hold out** *vt* offrir ▷ *vi* (*resist*): **to ~ out (against)** résister (devant), tenir bon (devant); **hold up** *vt* (*raise*) lever; (*support*) soutenir; (*delay*) retarder (: *traffic*) ralentir; (*rob*) braquer; **holdall** *n* (BRIT) fourre-tout *m inv*; **holder** *n* (*container*) support *m*; (*of ticket, record*) détenteur(-trice); (*of office, title, passport etc*) titulaire *m/f*

hole [həul] *n* trou *m*

holiday ['hɔlədɪ] *n* (BRIT: *vacation*) vacances *fpl*; (*day off*) jour *m* de congé; (*public*) jour férié; **to be on ~** être en vacances; **I'm here on ~** je suis ici en vacances; **holiday camp** *n* (*also*: **holiday centre**) camp *m* de vacances; **holiday job** *n* (BRIT) boulot *m* (*inf*) de vacances; **holiday-maker** *n* (BRIT) vacancier(-ière); **holiday resort** *n* centre *m* de villégiature *or* de vacances

Holland ['hɔlənd] *n* Hollande *f*

hollow ['hɔləu] *adj* creux(-euse); (*fig*) faux (fausse) ▷ *n* creux *m*; (*in land*) dépression *f* (de terrain), cuvette *f* ▷ *vt*: **to ~ out** creuser, évider

holly ['hɔlɪ] *n* houx *m*

holocaust ['hɔləkɔ:st] *n* holocauste *m*

holy ['həulɪ] *adj* saint(e); (*bread, water*) bénit(e); (*ground*) sacré(e)

home [həum] *n* foyer *m*, maison *f*; (*country*) pays natal, patrie *f*; (*institution*) maison ▷ *adj* de famille; (*Econ, Pol*) national(e), intérieur(e); (*Sport: team*) qui reçoit; (: *match, win*) sur leur (*or* notre) terrain ▷ *adv* chez soi, à la maison; au pays natal; (*right in: nail etc*) à fond; **at ~** chez soi, à la maison; **to go** (*or* **come**) **~** rentrer (chez soi), rentrer à la maison (*or* au pays); **make yourself at ~** faites comme chez vous; **home address** *n* domicile permanent; **homeland** *n* patrie *f*; **homeless** *adj* sans foyer, sans abri; **homely** *adj* (*plain*) simple, sans prétention; (*welcoming*) accueillant(e); **home-made** *adj* fait(e) à la maison; **home match** *n* match *m* à domicile; **Home Office** *n* (BRIT) ministère *m* de l'Intérieur; **home owner** *n* propriétaire occupant; **home page** *n* (*Comput*) page *f* d'accueil; **Home Secretary** *n* (BRIT) ministre *m* de l'Intérieur; **homesick** *adj*: **to be homesick** avoir le mal du pays; (*missing one's family*) s'ennuyer de sa famille; **hometown** *n* ville natale; **homework** *n* devoirs *mpl*

homicide ['hɔmɪsaɪd] *n* (US) homicide *m*

homoeopathic, (US) **homeopathic** [həumɪəu'pæθɪk] *adj* (*medicine*) homéopathique; (*doctor*) homéopathe

homoeopathy, (US) **homeopathy** [həumɪ'ɔpəθɪ] *n* homéopathie *f*

homosexual [hɔməu'sɛksjuəl] *adj, n* homosexuel(le)

honest ['ɔnɪst] *adj* honnête; (*sincere*) franc (franche); **honestly** *adv* honnêtement; franchement; **honesty** *n* honnêteté *f*

honey ['hʌnɪ] *n* miel *m*; **honeymoon** *n* lune *f* de miel, voyage *m* de noces; **we're on honeymoon** nous sommes en voyage de noces; **honeysuckle** *n* chèvrefeuille *m*

Hong Kong ['hɔŋ'kɔŋ] *n* Hong Kong

honorary ['ɔnərərɪ] *adj* honoraire; (*duty, title*) honorifique; **~ degree** diplôme *m* honoris causa

honour, (US) **honor** ['ɔnəʳ] *vt* honorer ▷ *n* honneur *m*; **to graduate with ~s** obtenir sa licence avec mention; **honourable**, (US) **honorable** *adj* honorable; **honours degree** *n* (*Scol*) ≈ licence *f* avec mention
hood [hud] *n* capuchon *m*; (*of cooker*) hotte *f*; (BRIT *Aut*) capote *f*; (US *Aut*) capot *m*; **hoodie** ['hudı] *n* (*top*) sweat *m* à capuche
hoof (*pl* **hoofs** *or* **hooves**) [hu:f, hu:vz] *n* sabot *m*
hook [huk] *n* crochet *m*; (*on dress*) agrafe *f*; (*for fishing*) hameçon *m* ▷ *vt* accrocher; **off the ~** (*Tel*) décroché
hooligan ['hu:lıgən] *n* voyou *m*
hoop [hu:p] *n* cerceau *m*
hoot [hu:t] *vi* (BRIT *Aut*) klaxonner; (*siren*) mugir; (*owl*) hululer
Hoover® ['hu:vəʳ] (BRIT) *n* aspirateur *m* ▷ *vt*: **to hoover** (*room*) passer l'aspirateur dans; (*carpet*) passer l'aspirateur sur
hooves [hu:vz] *npl of* **hoof**
hop [hɔp] *vi* sauter; (*on one foot*) sauter à cloche-pied; (*bird*) sautiller
hope [həup] *vt, vi* espérer ▷ *n* espoir *m*; **I ~ so** je l'espère; **I ~ not** j'espère que non; **hopeful** *adj* (*person*) plein(e) d'espoir; (*situation*) prometteur(-euse), encourageant(e); **hopefully** *adv* (*expectantly*) avec espoir, avec optimisme; (*one hopes*) avec un peu de chance; **hopeless** *adj* désespéré(e); (*useless*) nul(le)
hops [hɔps] *npl* houblon *m*
horizon [hə'raızn] *n* horizon *m*; **horizontal** [hɔrı'zɔntl] *adj* horizontal(e)
hormone ['hɔ:məun] *n* hormone *f*
horn [hɔ:n] *n* corne *f*; (*Mus*) cor *m*; (*Aut*) klaxon *m*
horoscope ['hɔrəskəup] *n* horoscope *m*
horrendous [hə'rɛndəs] *adj* horrible, affreux(-euse)
horrible ['hɔrıbl] *adj* horrible, affreux(-euse)
horrid ['hɔrıd] *adj* (*person*) détestable; (*weather, place, smell*) épouvantable
horrific [hɔ'rıfık] *adj* horrible
horrifying ['hɔrıfaııŋ] *adj* horrifiant(e)
horror ['hɔrəʳ] *n* horreur *f*; **horror film** *n* film *m* d'épouvante
hors d'œuvre [ɔ:'də:vrə] *n* hors d'œuvre *m*
horse [hɔ:s] *n* cheval *m*; **horseback**: **on horseback** *adj, adv* à cheval; **horse chestnut** *n* (*nut*) marron *m* (d'Inde); (*tree*) marronnier *m* (d'Inde); **horsepower** *n* puissance *f* (en chevaux); (*unit*) cheval-vapeur *m* (CV); **horse-racing** *n* courses *fpl* de chevaux; **horseradish** *n* raifort *m*; **horse riding** *n* (BRIT) équitation *f*
hose [həuz] *n* tuyau *m*; (*also*: **garden ~**) tuyau d'arrosage; **hosepipe** *n* tuyau *m*; (*in garden*) tuyau d'arrosage
hospital ['hɔspıtl] *n* hôpital *m*; **in ~** à l'hôpital; **where's the nearest ~?** où est l'hôpital le plus proche?
hospitality [hɔspı'tælıtı] *n* hospitalité *f*
host [həust] *n* hôte *m*; (*TV, Radio*) présentateur(-trice); (*large number*): **a ~ of** une foule de; (*Rel*) hostie *f*
hostage ['hɔstıdʒ] *n* otage *m*
hostel ['hɔstl] *n* foyer *m*; (*also*: **youth ~**) auberge *f* de jeunesse
hostess ['həustıs] *n* hôtesse *f*; (BRIT: *also*: **air ~**) hôtesse de l'air; (*TV, Radio*) présentatrice *f*
hostile ['hɔstaıl] *adj* hostile
hostility [hɔ'stılıtı] *n* hostilité *f*
hot [hɔt] *adj* chaud(e); (*as opposed to only warm*) très chaud; (*spicy*) fort(e); (*fig*: *contest*) acharné(e); (*topic*) brûlant(e); (*temper*) violent(e), passionné(e); **to be ~** (*person*) avoir chaud; (*thing*) être (très) chaud; **it's ~** (*weather*) il fait chaud; **hot dog** *n* hot-dog *m*
hotel [həu'tɛl] *n* hôtel *m*

hotspot ['hɔtspɔt] *n* (*Comput*: *also*: **wireless ~**) borne *f* wifi, hotspot *m*
hot-water bottle [hɔt'wɔ:tə-] *n* bouillotte *f*
hound [haund] *vt* poursuivre avec acharnement ▷ *n* chien courant
hour ['auəʳ] *n* heure *f*; **hourly** *adj* toutes les heures; (*rate*) horaire
house *n* [haus] maison *f*; (*Pol*) chambre *f*; (*Theat*) salle *f*; auditoire *m* ▷ *vt* [hauz] (*person*) loger, héberger; **on the ~** (*fig*) aux frais de la maison; **household** *n* (*Admin etc*) ménage *m*; (*people*) famille *f*, maisonnée *f*; **householder** *n* propriétaire *m/f*; (*head of house*) chef *m* de famille; **housekeeper** *n* gouvernante *f*; **housekeeping** *n* (*work*) ménage *m*; **housewife** (*irreg*) *n* ménagère *f*; femme *f* au foyer; **house wine** *n* cuvée *f* maison *or* du patron; **housework** *n* (travaux *mpl* du) ménage *m*
housing ['hauzɪŋ] *n* logement *m*; **housing development, housing estate** (BRIT) *n* (*blocks of flats*) cité *f*; (*houses*) lotissement *m*
hover ['hɔvəʳ] *vi* planer; **hovercraft** *n* aéroglisseur *m*, hovercraft *m*
how [hau] *adv* comment; **~ are you?** comment allez-vous?; **~ do you do?** bonjour; (*on being introduced*) enchanté(e); **~ long have you been here?** depuis combien de temps êtes-vous là?; **~ lovely/awful!** que *or* comme c'est joli/affreux!; **~ much time/many people?** combien de temps/gens?; **~ much does it cost?** ça coûte combien?; **~ old are you?** quel âge avez-vous?; **~ tall is he?** combien mesure-t-il?; **~ is school?** ça va à l'école?; **~ was the film?** comment était le film?
however [hau'ɛvəʳ] *conj* pourtant, cependant ▷ *adv*: **~ I do it** de quelque manière que je m'y prenne; **~ cold it is** même s'il fait très froid; **~ did you do it?** comment y êtes-vous donc arrivé?
howl [haul] *n* hurlement *m* ▷ *vi* hurler; (*wind*) mugir
H.P. *n abbr* (BRIT) = **hire purchase**
h.p. *abbr* (*Aut*) = **horsepower**
HQ *n abbr* (= *headquarters*) QG *m*
hr *abbr* (= *hour*) h
hrs *abbr* (= *hours*) h
HTML *n abbr* (= *hypertext markup language*) HTML *m*
hubcap [hʌbkæp] *n* (*Aut*) enjoliveur *m*
huddle ['hʌdl] *vi*: **to ~ together** se blottir les uns contre les autres
huff [hʌf] *n*: **in a ~** fâché(e)
hug [hʌg] *vt* serrer dans ses bras; (*shore, kerb*) serrer ▷ *n*: **to give sb a ~** serrer qn dans ses bras
huge [hju:dʒ] *adj* énorme, immense
hull [hʌl] *n* (*of ship*) coque *f*
hum [hʌm] *vt* (*tune*) fredonner ▷ *vi* fredonner; (*insect*) bourdonner; (*plane, tool*) vrombir
human ['hju:mən] *adj* humain(e) ▷ *n* (*also*: **~ being**) être humain
humane [hju:'meɪn] *adj* humain(e), humanitaire
humanitarian [hju:mænɪ'tɛərɪən] *adj* humanitaire
humanity [hju:'mænɪtɪ] *n* humanité *f*
human rights *npl* droits *mpl* de l'homme
humble ['hʌmbl] *adj* humble, modeste
humid ['hju:mɪd] *adj* humide; **humidity** [hju:'mɪdɪtɪ] *n* humidité *f*
humiliate [hju:'mɪlɪeɪt] *vt* humilier
humiliating [hju:'mɪlɪeɪtɪŋ] *adj* humiliant(e)
humiliation [hju:mɪlɪ'eɪʃən] *n* humiliation *f*
hummus ['huməs] *n* houm(m)ous *m*
humorous ['hju:mərəs] *adj* humoristique
humour, (US) **humor** ['hju:məʳ] *n* humour *m*; (*mood*) humeur *f* ▷ *vt* (*person*) faire plaisir à; se prêter aux caprices de

ıump [hʌmp] *n* bosse *f*
ıunch [hʌntʃ] *n* (*premonition*) intuition *f*
ıundred ['hʌndrəd] *num* cent; **~s of** des centaines de; **hundredth** ['hʌndrədɪdθ] *num* centième
ıung [hʌŋ] *pt, pp of* **hang**
Hungarian [hʌŋ'gɛərɪən] *adj* hongrois(e) ▷ *n* Hongrois(e); (*Ling*) hongrois *m*
Hungary ['hʌŋgərɪ] *n* Hongrie *f*
ıunger ['hʌŋgəʳ] *n* faim *f* ▷ *vi*: **to ~ for** avoir faim de, désirer ardemment
ıungry ['hʌŋgrɪ] *adj* affamé(e); **to be ~** avoir faim; **~ for** (*fig*) avide de
ıunt [hʌnt] *vt* (*seek*) chercher; (*Sport*) chasser ▷ *vi* (*search*): **to ~ for** chercher (partout); (*Sport*) chasser ▷ *n* (*Sport*) chasse *f*; **hunter** *n* chasseur *m*; **hunting** *n* chasse *f*
ıurdle ['hə:dl] *n* (*Sport*) haie *f*; (*fig*) obstacle *m*
ıurl [hə:l] *vt* lancer (avec violence); (*abuse, insults*) lancer
ıurrah, hurray [hu'rɑ:, hu'reɪ] *excl* hourra!
ıurricane ['hʌrɪkən] *n* ouragan *m*
ıurry ['hʌrɪ] *n* hâte *f*, précipitation *f* ▷ *vi* se presser, se dépêcher ▷ *vt* (*person*) faire presser, faire se dépêcher; (*work*) presser; **to be in a ~** être pressé(e); **to do sth in a ~** faire qch en vitesse; **hurry up** *vi* se dépêcher
ıurt [hə:t] (*pt, pp* **hurt**) *vt* (*cause pain to*) faire mal à; (*injure, fig*) blesser ▷ *vi* faire mal ▷ *adj* blessé(e); **my arm ~s** j'ai mal au bras; **to ~ o.s.** se faire mal
ıusband ['hʌzbənd] *n* mari *m*
ıush [hʌʃ] *n* calme *m*, silence *m* ▷ *vt* faire taire; **~!** chut!
ıusky ['hʌskɪ] *adj* (*voice*) rauque ▷ *n* chien *m* esquimau *or* de traîneau
ıut [hʌt] *n* hutte *f*; (*shed*) cabane *f*
ıyacinth ['haɪəsɪnθ] *n* jacinthe *f*
ıydrofoil ['haɪdrəfɔɪl] *n* hydrofoil *m*
ıydrogen ['haɪdrədʒən] *n* hydrogène *m*
hygiene ['haɪdʒi:n] *n* hygiène *f*; **hygienic** [haɪ'dʒi:nɪk] *adj* hygiénique
hymn [hɪm] *n* hymne *m*; cantique *m*
hype [haɪp] *n* (*inf*) matraquage *m* publicitaire *or* médiatique
hyperlink ['haɪpəlɪŋk] *n* hyperlien *m*
hypermarket ['haɪpəmɑ:kɪt] (BRIT) *n* hypermarché *m*
hyphen ['haɪfn] *n* trait *m* d'union
hypnotize ['hɪpnətaɪz] *vt* hypnotiser
hypocrite ['hɪpəkrɪt] *n* hypocrite *m/f*
hypocritical [hɪpə'krɪtɪkl] *adj* hypocrite
hypothesis (*pl* **hypotheses**) [haɪ'pɔθɪsɪs, -si:z] *n* hypothèse *f*
hysterical [hɪ'stɛrɪkl] *adj* hystérique; (*funny*) hilarant(e)
hysterics [hɪ'stɛrɪks] *npl*; **to be in/have ~** (*anger, panic*) avoir une crise de nerfs; (*laughter*) attraper un fou rire

h

I

I [aɪ] *pron* je; (*before vowel*) j'; (*stressed*) moi

ice [aɪs] *n* glace *f*; (*on road*) verglas *m* ▷ *vt* (*cake*) glacer ▷ *vi* (*also*: **~ over**) geler; (*also*: **~ up**) se givrer; **iceberg** *n* iceberg *m*; **ice cream** *n* glace *f*; **ice cube** *n* glaçon *m*; **ice hockey** *n* hockey *m* sur glace

Iceland ['aɪslənd] *n* Islande *f*; **Icelander** *n* Islandais(e); **Icelandic** [aɪs'lændɪk] *adj* islandais(e) ▷ *n* (*Ling*) islandais *m*

ice: ice lolly *n* (BRIT) esquimau *m*; **ice rink** *n* patinoire *f*; **ice skating** *n* patinage *m* (sur glace)

icing ['aɪsɪŋ] *n* (*Culin*) glaçage *m*; **icing sugar** *n* (BRIT) sucre *m* glace

icon ['aɪkɔn] *n* icône *f*

ICT *n abbr* (BRIT *Scol*: = *information and communications technology*) TIC *fpl*

icy ['aɪsɪ] *adj* glacé(e); (*road*) verglacé(e); (*weather, temperature*) glacial(e)

I'd [aɪd] = **I would; I had**

ID card *n* carte *f* d'identité

idea [aɪ'dɪə] *n* idée *f*

ideal [aɪ'dɪəl] *n* idéal *m* ▷ *adj* idéal(e); **ideally** [aɪ'dɪəlɪ] *adv* (*preferably*) dans l'idéal; (*perfectly*): **he is ideally suited to the job** il est parfait pour ce poste

identical [aɪ'dɛntɪkl] *adj* identique

identification [aɪdɛntɪfɪ'keɪʃən] *n* identification *f*; **means of ~** pièce *f* d'identité

identify [aɪ'dɛntɪfaɪ] *vt* identifier

identity [aɪ'dɛntɪtɪ] *n* identité *f*; **identity card** *n* carte *f* d'identité; **identity theft** *n* usurpation *f* d'identité

ideology [aɪdɪ'ɔlədʒɪ] *n* idéologie *f*

idiom ['ɪdɪəm] *n* (*phrase*) expression *f* idiomatique; (*style*) style *m*

idiot ['ɪdɪət] *n* idiot(e), imbécile *m/f*

idle ['aɪdl] *adj* (*doing nothing*) sans occupation, désœuvré(e); (*lazy*) oisif(-ive), paresseux(-euse); (*unemployed*) au chômage; (*machinery*) au repos; (*question, pleasures*) vain(e), futile ▷ *vi* (*engine*) tourner au ralenti

idol ['aɪdl] *n* idole *f*

idyllic [ɪ'dɪlɪk] *adj* idyllique

i.e. *abbr* (= *id est: that is*) c. à d., c'est-à-dire

if [ɪf] *conj* si; **if necessary** si nécessaire, le cas échéant; **if so** si c'est le cas; **if not** sinon; **if only I could!** si seulement je pouvais!; *see also* **as; even**

ignite [ɪg'naɪt] *vt* mettre le feu à, enflammer ▷ *vi* s'enflammer

ignition [ɪg'nɪʃən] *n* (*Aut*) allumage *m*; **to switch on/off the ~** mettre/couper le contact

ignorance ['ɪgnərəns] *n* ignorance *f*

ignorant ['ɪgnərənt] *adj* ignorant(e); **to be ~ of** (*subject*) ne rien connaître en; (*events*) ne pas être au courant de

ignore [ɪg'nɔː*] *vt* ne tenir aucun compte de; (*mistake*) ne pas relever;

(*person*: *pretend to not see*) faire semblant de ne pas reconnaître; (: *pay no attention to*) ignorer

ill [ɪl] *adj* (*sick*) malade; (*bad*) mauvais(e) ▷ *n* mal *m* ▷ *adv*: **to speak/think ~ of sb** dire/penser du mal de qn; **to be taken ~** tomber malade

I'll [aɪl] = **I will; I shall**

illegal [ɪ'li:gl] *adj* illégal(e)

illegible [ɪ'lɛdʒɪbl] *adj* illisible

illegitimate [ɪlɪ'dʒɪtɪmət] *adj* illégitime

ill health *n* mauvaise santé

illiterate [ɪ'lɪtərət] *adj* illettré(e)

illness ['ɪlnɪs] *n* maladie *f*

illuminate [ɪ'lu:mɪneɪt] *vt* (*room*, *street*) éclairer; (*for special effect*) illuminer

illusion [ɪ'lu:ʒən] *n* illusion *f*

illustrate ['ɪləstreɪt] *vt* illustrer

illustration [ɪlə'streɪʃən] *n* illustration *f*

I'm [aɪm] = **I am**

image ['ɪmɪdʒ] *n* image *f*; (*public face*) image de marque

imaginary [ɪ'mædʒɪnərɪ] *adj* imaginaire

imagination [ɪmædʒɪ'neɪʃən] *n* imagination *f*

imaginative [ɪ'mædʒɪnətɪv] *adj* imaginatif(-ive); (*person*) plein(e) d'imagination

imagine [ɪ'mædʒɪn] *vt* s'imaginer; (*suppose*) imaginer, supposer

imbalance [ɪm'bæləns] *n* déséquilibre *m*

imitate ['ɪmɪteɪt] *vt* imiter; **imitation** [ɪmɪ'teɪʃən] *n* imitation *f*

immaculate [ɪ'mækjulət] *adj* impeccable; (*Rel*) immaculé(e)

immature [ɪmə'tjuə^r] *adj* (*fruit*) qui n'est pas mûr(e); (*person*) qui manque de maturité

immediate [ɪ'mi:dɪət] *adj* immédiat(e); **immediately** *adv* (*at once*) immédiatement; **immediately next to** juste à côté de

immense [ɪ'mɛns] *adj* immense, énorme

immerse [ɪ'mə:s] *vt* immerger, plonger; **to be ~d in** (*fig*) être plongé dans

immigrant ['ɪmɪgrənt] *n* immigrant(e); (*already established*) immigré(e); **immigration** [ɪmɪ'greɪʃən] *n* immigration *f*

imminent ['ɪmɪnənt] *adj* imminent(e)

immoral [ɪ'mɔrl] *adj* immoral(e)

immortal [ɪ'mɔ:tl] *adj*, *n* immortel(le)

immune [ɪ'mju:n] *adj*: **~ (to)** immunisé(e) (contre); **immune system** *n* système *m* immunitaire

immunize ['ɪmjunaɪz] *vt* immuniser

impact ['ɪmpækt] *n* choc *m*, impact *m*; (*fig*) impact

impair [ɪm'pɛə^r] *vt* détériorer, diminuer

impartial [ɪm'pɑ:ʃl] *adj* impartial(e)

impatience [ɪm'peɪʃəns] *n* impatience *f*

impatient [ɪm'peɪʃənt] *adj* impatient(e); **to get** *or* **grow ~** s'impatienter

impeccable [ɪm'pɛkəbl] *adj* impeccable, parfait(e)

impending [ɪm'pɛndɪŋ] *adj* imminent(e)

imperative [ɪm'pɛrətɪv] *adj* (*need*) urgent(e), pressant(e); (*tone*) impérieux(-euse) ▷ *n* (*Ling*) impératif *m*

imperfect [ɪm'pə:fɪkt] *adj* imparfait(e); (*goods etc*) défectueux(-euse) ▷ *n* (*Ling*: *also*: **~ tense**) imparfait *m*

imperial [ɪm'pɪərɪəl] *adj* impérial(e); (*BRIT*: *measure*) légal(e)

impersonal [ɪm'pə:sənl] *adj* impersonnel(le)

impersonate [ɪm'pə:səneɪt] *vt* se faire passer pour; (*Theat*) imiter

impetus ['ɪmpətəs] *n* impulsion *f*; (*of runner*) élan *m*

implant [ɪm'plɑːnt] *vt* (*Med*) implanter; (*fig*: *idea, principle*) inculquer
implement *n* ['ɪmplɪmənt] outil *m*, instrument *m*; (*for cooking*) ustensile *m* ▷ *vt* ['ɪmplɪmɛnt] exécuter
implicate ['ɪmplɪkeɪt] *vt* impliquer, compromettre
implication [ɪmplɪ'keɪʃən] *n* implication *f*; **by ~** indirectement
implicit [ɪm'plɪsɪt] *adj* implicite; (*complete*) absolu(e), sans réserve
imply [ɪm'plaɪ] *vt* (*hint*) suggérer, laisser entendre; (*mean*) indiquer, supposer
impolite [ɪmpə'laɪt] *adj* impoli(e)
import *vt* [ɪm'pɔːt] importer ▷ *n* ['ɪmpɔːt] (*Comm*) importation *f*; (*meaning*) portée *f*, signification *f*
importance [ɪm'pɔːtns] *n* importance *f*
important [ɪm'pɔːtnt] *adj* important(e); **it's not ~** c'est sans importance, ce n'est pas important
importer [ɪm'pɔːtə^r] *n* importateur(-trice)
impose [ɪm'pəuz] *vt* imposer ▷ *vi*: **to ~ on sb** abuser de la gentillesse de qn; **imposing** *adj* imposant(e), impressionnant(e)
impossible [ɪm'pɔsɪbl] *adj* impossible
impotent ['ɪmpətnt] *adj* impuissant(e)
impoverished [ɪm'pɔvərɪʃt] *adj* pauvre, appauvri(e)
impractical [ɪm'præktɪkl] *adj* pas pratique; (*person*) qui manque d'esprit pratique
impress [ɪm'prɛs] *vt* impressionner, faire impression sur; (*mark*) imprimer, marquer; **to ~ sth on sb** faire bien comprendre qch à qn
impression [ɪm'prɛʃən] *n* impression *f*; (*of stamp, seal*) empreinte *f*; (*imitation*) imitation *f*; **to be under the ~ that** avoir l'impression que
impressive [ɪm'prɛsɪv] *adj* impressionnant(e)
imprison [ɪm'prɪzn] *vt* emprisonner, mettre en prison; **imprisonment** *n* emprisonnement *m*; (*period*): **to sentence sb to 10 years' imprisonment** condamner qn à 10 ans de prison
improbable [ɪm'prɔbəbl] *adj* improbable; (*excuse*) peu plausible
improper [ɪm'prɔpə^r] *adj* (*unsuitable*) déplacé(e), de mauvais goût; (*indecent*) indécent(e); (*dishonest*) malhonnête
improve [ɪm'pruːv] *vt* améliorer ▷ *vi* s'améliorer; (*pupil etc*) faire des progrès; **improvement** *n* amélioration *f*; (*of pupil etc*) progrès *m*
improvise ['ɪmprəvaɪz] *vt, vi* improviser
impulse ['ɪmpʌls] *n* impulsion *f*; **on ~** impulsivement, sur un coup de tête; **impulsive** [ɪm'pʌlsɪv] *adj* impulsif(-ive)

KEYWORD

in [ɪn] *prep* **1** (*indicating place, position*) dans; **in the house/the fridge** dans la maison/le frigo; **in the garden** dans le *or* au jardin; **in town** en ville; **in the country** à la campagne; **in school** à l'école; **in here/there** ici/là
2 (*with place names, of town, region, country*): **in London** à Londres; **in England** en Angleterre; **in Japan** au Japon; **in the United States** aux États-Unis
3 (*indicating time: during*): **in spring** au printemps; **in summer** en été; **in May/2005** en mai/2005; **in the afternoon** (dans) l'après-midi; **at 4 o'clock in the afternoon** à 4 heures de l'après-midi
4 (*indicating time: in the space of*) en; (*: future*) dans; **I did it in 3 hours/days** je l'ai fait en 3 heures/jours; **I'll**

see you in 2 weeks *or* **in 2 weeks' time** je te verrai dans 2 semaines
5 (*indicating manner etc*) à; **in a loud/soft voice** à voix haute/basse; **in pencil** au crayon; **in writing** par écrit; **in French** en français; **the boy in the blue shirt** le garçon à *or* avec la chemise bleue
6 (*indicating circumstances*): **in the sun** au soleil; **in the shade** à l'ombre; **in the rain** sous la pluie; **a change in policy** un changement de politique
7 (*indicating mood, state*): **in tears** en larmes; **in anger** sous le coup de la colère; **in despair** au désespoir; **in good condition** en bon état; **to live in luxury** vivre dans le luxe
8 (*with ratios, numbers*): **1 in 10 households, 1 household in 10** 1 ménage sur 10; **20 pence in the pound** 20 pence par livre sterling; **they lined up in twos** ils se mirent en rangs (deux) par deux; **in hundreds** par centaines
9 (*referring to people, works*) chez; **the disease is common in children** c'est une maladie courante chez les enfants; **in (the works of) Dickens** chez Dickens, dans (l'œuvre de) Dickens
10 (*indicating profession etc*) dans; **to be in teaching** être dans l'enseignement
11 (*after superlative*) de; **the best pupil in the class** le meilleur élève de la classe
12 (*with present participle*): **in saying this** en disant ceci
▸*adv*: **to be in** (*person*: *at home, work*) être là; (*train, ship, plane*) être arrivé(e); (*in fashion*) être à la mode; **to ask sb in** inviter qn à entrer; **to run/limp** *etc* **in** entrer en courant/boitant *etc*
▸*n*: **the ins and outs (of)** (*of proposal, situation etc*) les tenants et aboutissants (de)

inability [ɪnəˈbɪlɪtɪ] *n* incapacité *f*; **~ to pay** incapacité de payer
inaccurate [ɪnˈækjurət] *adj* inexact(e); (*person*) qui manque de précision
inadequate [ɪnˈædɪkwət] *adj* insuffisant(e), inadéquat(e)
inadvertently [ɪnədˈvəːtntlɪ] *adv* par mégarde
inappropriate [ɪnəˈprəuprɪət] *adj* inopportun(e), mal à propos; (*word, expression*) impropre
inaugurate [ɪˈnɔːgjureɪt] *vt* inaugurer; (*president, official*) investir de ses fonctions
Inc. *abbr* = **incorporated**
incapable [ɪnˈkeɪpəbl] *adj*: **~ (of)** incapable (de)
incense *n* [ˈɪnsɛns] encens *m* ▹*vt* [ɪnˈsɛns] (*anger*) mettre en colère
incentive [ɪnˈsɛntɪv] *n* encouragement *m*, raison *f* de se donner de la peine
inch [ɪntʃ] *n* pouce *m* (*= 25 mm; 12 in a foot*); **within an ~ of** à deux doigts de; **he wouldn't give an ~** (*fig*) il n'a pas voulu céder d'un pouce
incidence [ˈɪnsɪdns] *n* (*of crime, disease*) fréquence *f*
incident [ˈɪnsɪdnt] *n* incident *m*
incidentally [ɪnsɪˈdɛntəlɪ] *adv* (*by the way*) à propos
inclination [ɪnklɪˈneɪʃən] *n* inclination *f*; (*desire*) envie *f*
incline *n* [ˈɪnklaɪn] pente *f*, plan incliné ▹*vt* [ɪnˈklaɪn] incliner ▹*vi* (*surface*) s'incliner; **to be ~d to do** (*have a tendency to do*) avoir tendance à faire
include [ɪnˈkluːd] *vt* inclure, comprendre; **service is/is not ~d** le service est compris/n'est pas compris; **including** *prep* y compris; **inclusion** *n* inclusion *f*; **inclusive** *adj* inclus(e), compris(e); **inclusive of tax** taxes comprises
income [ˈɪnkʌm] *n* revenu *m*; (*from property etc*) rentes *fpl*; **income**

support *n* (BRIT) ≈ revenu *m* minimum d'insertion, RMI *m*; **income tax** *n* impôt *m* sur le revenu
incoming ['ɪnkʌmɪŋ] *adj* (*passengers, mail*) à l'arrivée; (*government, tenant*) nouveau (nouvelle)
incompatible [ɪnkəm'pætɪbl] *adj* incompatible
incompetence [ɪn'kɔmpɪtns] *n* incompétence *f*, incapacité *f*
incompetent [ɪn'kɔmpɪtnt] *adj* incompétent(e), incapable
incomplete [ɪnkəm'pliːt] *adj* incomplet(-ète)
inconsistent [ɪnkən'sɪstnt] *adj* qui manque de constance; (*work*) irrégulier(-ière); (*statement*) peu cohérent(e); **~ with** en contradiction avec
inconvenience [ɪnkən'viːnjəns] *n* inconvénient *m*; (*trouble*) dérangement *m* ▷ *vt* déranger
inconvenient [ɪnkən'viːnjənt] *adj* malcommode; (*time, place*) mal choisi(e), qui ne convient pas; (*visitor*) importun(e)
incorporate [ɪn'kɔːpəreɪt] *vt* incorporer; (*contain*) contenir
incorporated [ɪn'kɔːpəreɪtɪd] *adj*: **~ company** (US) ≈ société *f* anonyme
incorrect [ɪnkə'rɛkt] *adj* incorrect(e); (*opinion, statement*) inexact(e)
increase *n* ['ɪnkriːs] augmentation *f* ▷ *vi, vt* [ɪn'kriːs] augmenter; **increasingly** *adv* de plus en plus
incredible [ɪn'krɛdɪbl] *adj* incroyable; **incredibly** *adv* incroyablement
incur [ɪn'kəːʳ] *vt* (*expenses*) encourir; (*anger, risk*) s'exposer à; (*debt*) contracter; (*loss*) subir
indecent [ɪn'diːsnt] *adj* indécent(e), inconvenant(e)
indeed [ɪn'diːd] *adv* (*confirming, agreeing*) en effet, effectivement; (*for emphasis*) vraiment; (*furthermore*) d'ailleurs; **yes ~!** certainement!
indefinitely [ɪn'dɛfɪnɪtlɪ] *adv* (*wait*) indéfiniment
independence [ɪndɪ'pɛndns] *n* indépendance *f*; **Independence Day** *n* (US) *fête de l'Indépendance américaine*

INDEPENDENCE DAY

L'*Independence Day* est la fête nationale aux États-Unis, le 4 juillet. Il commémore l'adoption de la déclaration d'Indépendance, en 1776, écrite par Thomas Jefferson et proclamant la séparation des 13 colonies américaines de la Grande-Bretagne.

independent [ɪndɪ'pɛndnt] *adj* indépendant(e); (*radio*) libre; **independent school** *n* (BRIT) école privée
index ['ɪndɛks] *n* (*pl* **indexes**) (*in book*) index *m*; (*in library etc*) catalogue *m*; (*pl* **indices**) (*ratio, sign*) indice *m*
India ['ɪndɪə] *n* Inde *f*; **Indian** *adj* indien(ne) ▷ *n* Indien(ne); **(American) Indian** Indien(ne) (d'Amérique)
indicate ['ɪndɪkeɪt] *vt* indiquer ▷ *vi* (BRIT *Aut*): **to ~ left/right** mettre son clignotant à gauche/à droite; **indication** [ɪndɪ'keɪʃən] *n* indication *f*, signe *m*; **indicative** [ɪn'dɪkətɪv] *adj*: **to be indicative of sth** être symptomatique de qch ▷ *n* (*Ling*) indicatif *m*; **indicator** *n* (*sign*) indicateur *m*; (*Aut*) clignotant *m*
indices ['ɪndɪsiːz] *npl of* **index**
indict [ɪn'daɪt] *vt* accuser; **indictment** *n* accusation *f*
indifference [ɪn'dɪfrəns] *n* indifférence *f*
indifferent [ɪn'dɪfrənt] *adj* indifférent(e); (*poor*) médiocre, quelconque
indigenous [ɪn'dɪdʒɪnəs] *adj* indigène

ndigestion [ɪndɪ'dʒɛstʃən] *n* indigestion *f*, mauvaise digestion
ndignant [ɪn'dɪgnənt] *adj*: **~ (at sth/with sb)** indigné(e) (de qch/ contre qn)
ndirect [ɪndɪ'rɛkt] *adj* indirect(e)
ndispensable [ɪndɪ'spɛnsəbl] *adj* indispensable
ndividual [ɪndɪ'vɪdjuəl] *n* individu *m* ▷ *adj* individuel(le); (*characteristic*) particulier(-ière), original(e); **individually** *adv* individuellement
ndonesia [ɪndə'ni:zɪə] *n* Indonésie *f*
ndoor ['ɪndɔ:ʳ] *adj* d'intérieur; (*plant*) d'appartement; (*swimming pool*) couvert(e); (*sport, games*) pratiqué(e) en salle; **indoors** [ɪn'dɔ:z] *adv* à l'intérieur
nduce [ɪn'dju:s] *vt* (*persuade*) persuader; (*bring about*) provoquer; (*labour*) déclencher
ndulge [ɪn'dʌldʒ] *vt* (*whim*) céder à, satisfaire; (*child*) gâter ▷ *vi*: **to ~ in sth** (*luxury*) s'offrir qch, se permettre qch; (*fantasies etc*) se livrer à qch; **indulgent** *adj* indulgent(e)
ndustrial [ɪn'dʌstrɪəl] *adj* industriel(le); (*injury*) du travail; (*dispute*) ouvrier(-ière); **industrial estate** *n* (BRIT) zone industrielle; **industrialist** *n* industriel *m*; **industrial park** *n* (US) zone industrielle
ndustry ['ɪndəstrɪ] *n* industrie *f*; (*diligence*) zèle *m*, application *f*
nefficient [ɪnɪ'fɪʃənt] *adj* inefficace
nequality [ɪnɪ'kwɔlɪtɪ] *n* inégalité *f*
nevitable [ɪn'ɛvɪtəbl] *adj* inévitable; **inevitably** *adv* inévitablement, fatalement
nexpensive [ɪnɪk'spɛnsɪv] *adj* bon marché *inv*
nexperienced [ɪnɪk'spɪərɪənst] *adj* inexpérimenté(e)
nexplicable [ɪnɪk'splɪkəbl] *adj* inexplicable
nfamous ['ɪnfəməs] *adj* infâme, abominable
infant ['ɪnfənt] *n* (*baby*) nourrisson *m*; (*young child*) petit(e) enfant
infantry ['ɪnfəntrɪ] *n* infanterie *f*
infant school *n* (BRIT) classes *fpl* préparatoires (*entre 5 et 7 ans*)
infect [ɪn'fɛkt] *vt* (*wound*) infecter; (*person, blood*) contaminer; **infection** [ɪn'fɛkʃən] *n* infection *f*; (*contagion*) contagion *f*; **infectious** [ɪn'fɛkʃəs] *adj* infectieux(-euse); (*also fig*) contagieux(-euse)
infer [ɪn'fə:ʳ] *vt*: **to ~ (from)** conclure (de), déduire (de)
inferior [ɪn'fɪərɪəʳ] *adj* inférieur(e); (*goods*) de qualité inférieure ▷ *n* inférieur(e); (*in rank*) subalterne *m/f*
infertile [ɪn'fə:taɪl] *adj* stérile
infertility [ɪnfə:'tɪlɪtɪ] *n* infertilité *f*, stérilité *f*
infested [ɪn'fɛstɪd] *adj*: **~ (with)** infesté(e) (de)
infinite ['ɪnfɪnɪt] *adj* infini(e); (*time, money*) illimité(e); **infinitely** *adv* infiniment
infirmary [ɪn'fə:mərɪ] *n* hôpital *m*; (*in school, factory*) infirmerie *f*
inflamed [ɪn'fleɪmd] *adj* enflammé(e)
inflammation [ɪnflə'meɪʃən] *n* inflammation *f*
inflatable [ɪn'fleɪtəbl] *adj* gonflable
inflate [ɪn'fleɪt] *vt* (*tyre, balloon*) gonfler; (*fig: exaggerate*) grossir; (*: increase*) gonfler; **inflation** [ɪn'fleɪʃən] *n* (*Econ*) inflation *f*
inflexible [ɪn'flɛksɪbl] *adj* inflexible, rigide
inflict [ɪn'flɪkt] *vt*: **to ~ on** infliger à
influence ['ɪnfluəns] *n* influence *f* ▷ *vt* influencer; **under the ~ of alcohol** en état d'ébriété; **influential** [ɪnflu'ɛnʃl] *adj* influent(e)
influenza [ɪnflu'ɛnzə] *n* grippe *f*
influx ['ɪnflʌks] *n* afflux *m*
info ['ɪnfəu] (*inf*) *n* (= *information*) renseignements *mpl*
inform [ɪn'fɔ:m] *vt*: **to ~ sb (of)** informer *or* avertir qn (de) ▷ *vi*: **to**

~ on sb dénoncer qn, informer contre qn
informal [ɪn'fɔ:ml] *adj* (*person, manner, party*) simple; (*visit, discussion*) dénué(e) de formalités; (*announcement, invitation*) non officiel(le); (*colloquial*) familier(-ère)
information [ɪnfə'meɪʃən] *n* information(s) *f(pl)*; renseignements *mpl*; (*knowledge*) connaissances *fpl*; **a piece of ~** un renseignement; **information office** *n* bureau *m* de renseignements; **information technology** *n* informatique *f*
informative [ɪn'fɔ:mətɪv] *adj* instructif(-ive)
infra-red [ɪnfrə'rɛd] *adj* infrarouge
infrastructure ['ɪnfrəstrʌktʃə^r] *n* infrastructure *f*
infrequent [ɪn'fri:kwənt] *adj* peu fréquent(e), rare
infuriate [ɪn'fjuərɪeɪt] *vt* mettre en fureur
infuriating [ɪn'fjuərɪeɪtɪŋ] *adj* exaspérant(e)
ingenious [ɪn'dʒi:njəs] *adj* ingénieux(-euse)
ingredient [ɪn'gri:dɪənt] *n* ingrédient *m*; (*fig*) élément *m*
inhabit [ɪn'hæbɪt] *vt* habiter; **inhabitant** *n* habitant(e)
inhale [ɪn'heɪl] *vt* inhaler; (*perfume*) respirer; (*smoke*) avaler ▷ *vi* (*breathe in*) aspirer; (*in smoking*) avaler la fumée; **inhaler** *n* inhalateur *m*
inherent [ɪn'hɪərənt] *adj*: **~ (in** *or* **to)** inhérent(e) (à)
inherit [ɪn'hɛrɪt] *vt* hériter (de); **inheritance** *n* héritage *m*
inhibit [ɪn'hɪbɪt] *vt* (*Psych*) inhiber; (*growth*) freiner; **inhibition** [ɪnhɪ'bɪʃən] *n* inhibition *f*
initial [ɪ'nɪʃl] *adj* initial(e) ▷ *n* initiale *f* ▷ *vt* parafer; **initials** *npl* initiales *fpl*; (*as signature*) parafe *m*; **initially** *adv* initialement, au début
initiate [ɪ'nɪʃɪeɪt] *vt* (*start*) entreprendre; amorcer; (*enterprise*) lancer; (*person*) initier; **to ~ proceedings against sb** (*Law*) intenter une action à qn, engager des poursuites contre qn
initiative [ɪ'nɪʃətɪv] *n* initiative *f*
inject [ɪn'dʒɛkt] *vt* injecter; (*person*): **to ~ sb with sth** faire une piqûre de qch à qn; **injection** [ɪn'dʒɛkʃən] *n* injection *f*, piqûre *f*
injure ['ɪndʒə^r] *vt* blesser; (*damage: reputation etc*) compromettre; **to ~ o.s.** se blesser; **injured** *adj* (*person, leg etc*) blessé(e); **injury** *n* blessure *f*; (*wrong*) tort *m*
injustice [ɪn'dʒʌstɪs] *n* injustice *f*
ink [ɪŋk] *n* encre *f*; **ink-jet printer** ['ɪŋkdʒɛt-] *n* imprimante *f* à jet d'encre
inland *adj* ['ɪnlənd] intérieur(e) ▷ *adv* [ɪn'lænd] à l'intérieur, dans les terres; **Inland Revenue** *n* (BRIT) fisc *m*
in-laws ['ɪnlɔ:z] *npl* beaux-parents *mpl*; belle famille
inmate ['ɪnmeɪt] *n* (*in prison*) détenu(e); (*in asylum*) interné(e)
inn [ɪn] *n* auberge *f*
inner ['ɪnə^r] *adj* intérieur(e); **inner-city** *adj* (*schools, problems*) de quartiers déshérités
inning ['ɪnɪŋ] *n* (US *Baseball*) tour *m* de batte; **innings** *npl* (*Cricket*) tour de batte
innocence ['ɪnəsns] *n* innocence *f*
innocent ['ɪnəsnt] *adj* innocent(e)
innovation [ɪnəu'veɪʃən] *n* innovation *f*
innovative ['ɪnəu'veɪtɪv] *adj* novateur(-trice); (*product*) innovant(e)
in-patient ['ɪnpeɪʃənt] *n* malade hospitalisé(e)
input ['ɪnput] *n* (*contribution*) contribution *f*; (*resources*) ressources *fpl*; (*Comput*) entrée *f* (de données) (: *data*) données *fpl* ▷ *vt* (*Comput*) introduire, entrer
inquest ['ɪnkwɛst] *n* enquête (criminelle); (*coroner's*) enquête judiciaire

nquire [ɪn'kwaɪəʳ] *vi* demander ▷ *vt* demander; **to ~ about** s'informer de, se renseigner sur; **to ~ when/where/whether** demander quand/où/si; **inquiry** *n* demande *f* de renseignements; (*Law*) enquête *f*, investigation *f*; **"inquiries"** "renseignements"

ns. *abbr* = **inches**

nsane [ɪn'seɪn] *adj* fou (folle); (*Med*) aliéné(e)

nsanity [ɪn'sænɪtɪ] *n* folie *f*; (*Med*) aliénation (mentale)

nsect ['ɪnsɛkt] *n* insecte *m*; **insect repellent** *n* crème *f* anti-insectes

nsecure [ɪnsɪ'kjuəʳ] *adj* (*person*) anxieux(-euse); (*job*) précaire; (*building etc*) peu sûr(e)

nsecurity [ɪnsɪ'kjuərɪtɪ] *n* insécurité *f*

nsensitive [ɪn'sɛnsɪtɪv] *adj* insensible

nsert *vt* [ɪn'sə:t] insérer ▷ *n* ['ɪnsə:t] insertion *f*

nside ['ɪn'saɪd] *n* intérieur *m* ▷ *adj* intérieur(e) ▷ *adv* à l'intérieur, dedans ▷ *prep* à l'intérieur de; (*of time*): **~ 10 minutes** en moins de 10 minutes; **to go ~** rentrer; **inside lane** *n* (*Aut: in Britain*) voie *f* de gauche; (*: in US, Europe*) voie *f* de droite; **inside out** *adv* à l'envers; (*know*) à fond; **to turn sth inside out** retourner qch

nsight ['ɪnsaɪt] *n* perspicacité *f*; (*glimpse, idea*) aperçu *m*

nsignificant [ɪnsɪg'nɪfɪknt] *adj* insignifiant(e)

nsincere [ɪnsɪn'sɪəʳ] *adj* hypocrite

nsist [ɪn'sɪst] *vi* insister; **to ~ on doing** insister pour faire; **to ~ on sth** exiger qch; **to ~ that** insister pour que + *sub*, (*claim*) maintenir *or* soutenir que; **insistent** *adj* insistant(e), pressant(e); (*noise, action*) ininterrompu(e)

nsomnia [ɪn'sɔmnɪə] *n* insomnie *f*

nspect [ɪn'spɛkt] *vt* inspecter; (BRIT: *ticket*) contrôler; **inspection** [ɪn'spɛkʃən] *n* inspection *f*; (BRIT: *of tickets*) contrôle *m*; **inspector** *n* inspecteur(-trice); (BRIT: *on buses, trains*) contrôleur(-euse)

inspiration [ɪnspə'reɪʃən] *n* inspiration *f*; **inspire** [ɪn'spaɪəʳ] *vt* inspirer; **inspiring** *adj* inspirant(e)

instability [ɪnstə'bɪlɪtɪ] *n* instabilité *f*

install, (US) **instal** [ɪn'stɔ:l] *vt* installer; **installation** [ɪnstə'leɪʃən] *n* installation *f*

instalment, (US) **installment** [ɪn'stɔ:lmənt] *n* (*payment*) acompte *m*, versement partiel; (*of TV serial etc*) épisode *m*; **in ~s** (*pay*) à tempérament; (*receive*) en plusieurs fois

instance ['ɪnstəns] *n* exemple *m*; **for ~** par exemple; **in the first ~** tout d'abord, en premier lieu

instant ['ɪnstənt] *n* instant *m* ▷ *adj* immédiat(e), urgent(e); (*coffee, food*) instantané(e), en poudre; **instantly** *adv* immédiatement, tout de suite; **instant messaging** *n* messagerie *f* instantanée

instead [ɪn'stɛd] *adv* au lieu de cela; **~ of** au lieu de; **~ of sb** à la place de qn

instinct ['ɪnstɪŋkt] *n* instinct *m*; **instinctive** *adj* instinctif(-ive)

institute ['ɪnstɪtju:t] *n* institut *m* ▷ *vt* instituer, établir; (*inquiry*) ouvrir; (*proceedings*) entamer

institution [ɪnstɪ'tju:ʃən] *n* institution *f*; (*school*) établissement *m* (scolaire); (*for care*) établissement (psychiatrique *etc*)

instruct [ɪn'strʌkt] *vt*: **to ~ sb in sth** enseigner qch à qn; **to ~ sb to do** charger qn *or* ordonner à qn de faire; **instruction** [ɪn'strʌkʃən] *n* instruction *f*; **instructions** *npl* (*orders*) directives *fpl*; **instructions for use** mode *m* d'emploi; **instructor** *n* professeur *m*; (*for skiing, driving*) moniteur *m*

instrument ['ɪnstrumənt] *n* instrument *m*; **instrumental**

[ɪnstru'mɛntl] *adj* (*Mus*) instrumental(e); **to be instrumental in sth/in doing sth** contribuer à qch/à faire qch

insufficient [ɪnsə'fɪʃənt] *adj* insuffisant(e)

insulate ['ɪnsjuleɪt] *vt* isoler; (*against sound*) insonoriser; **insulation** [ɪnsju'leɪʃən] *n* isolation *f*; (*against sound*) insonorisation *f*

insulin ['ɪnsjulɪn] *n* insuline *f*

insult *n* ['ɪnsʌlt] insulte *f*, affront *m* ▷ *vt* [ɪn'sʌlt] insulter, faire un affront à; **insulting** *adj* insultant(e), injurieux(-euse)

insurance [ɪn'ʃuərəns] *n* assurance *f*; **fire/life ~** assurance-incendie/-vie; **insurance company** *n* compagnie *f* or société *f* d'assurances; **insurance policy** *n* police *f* d'assurance

insure [ɪn'ʃuəʳ] *vt* assurer; **to ~ (o.s.) against** (*fig*) parer à

intact [ɪn'tækt] *adj* intact(e)

intake ['ɪnteɪk] *n* (*Tech*) admission *f*; (*consumption*) consommation *f*; (BRIT *Scol*): **an ~ of 200 a year** 200 admissions par an

integral ['ɪntɪgrəl] *adj* (*whole*) intégral(e); (*part*) intégrant(e)

integrate ['ɪntɪgreɪt] *vt* intégrer ▷ *vi* s'intégrer

integrity [ɪn'tɛgrɪtɪ] *n* intégrité *f*

intellect ['ɪntəlɛkt] *n* intelligence *f*; **intellectual** [ɪntə'lɛktjuəl] *adj*, *n* intellectuel(le)

intelligence [ɪn'tɛlɪdʒəns] *n* intelligence *f*; (*Mil*) informations *fpl*, renseignements *mpl*

intelligent [ɪn'tɛlɪdʒənt] *adj* intelligent(e)

intend [ɪn'tɛnd] *vt* (*gift etc*): **to ~ sth for** destiner qch à; **to ~ to do** avoir l'intention de faire

intense [ɪn'tɛns] *adj* intense; (*person*) véhément(e)

intensify [ɪn'tɛnsɪfaɪ] *vt* intensifier

intensity [ɪn'tɛnsɪtɪ] *n* intensité *f*

intensive [ɪn'tɛnsɪv] *adj* intensif(-ive); **intensive care** *n*: **to be in intensive care** être en réanimation; **intensive care unit** *n* service *m* de réanimation

intent [ɪn'tɛnt] *n* intention *f* ▷ *adj* attentif(-ive), absorbé(e); **to all ~s and purposes** en fait, pratiquement; **to be ~ on doing sth** être (bien) décidé à faire qch

intention [ɪn'tɛnʃən] *n* intention *f*; **intentional** *adj* intentionnel(le), délibéré(e)

interact [ɪntər'ækt] *vi* avoir une action réciproque; (*people*) communiquer; **interaction** [ɪntər'ækʃən] *n* interaction *f*; **interactive** *adj* (*Comput*) interactif, conversationnel(le)

intercept [ɪntə'sɛpt] *vt* intercepter; (*person*) arrêter au passage

interchange *n* ['ɪntətʃeɪndʒ] (*exchange*) échange *m*; (*on motorway*) échangeur *m*

intercourse ['ɪntəkɔːs] *n*: **sexual ~** rapports sexuels

interest ['ɪntrɪst] *n* intérêt *m*; (*Comm: stake, share*) participation *f*, intérêts *mpl* ▷ *vt* intéresser; **interested** *adj* intéressé(e); **to be interested in sth** s'intéresser à qch; **I'm interested in going** ça m'intéresse d'y aller; **interesting** *adj* intéressant(e); **interest rate** *n* taux *m* d'intérêt

interface ['ɪntəfeɪs] *n* (*Comput*) interface *f*

interfere [ɪntə'fɪəʳ] *vi*: **to ~ in** (*quarrel*) s'immiscer dans; (*other people's business*) se mêler de; **to ~ with** (*object*) tripoter, toucher à; (*plans*) contrecarrer; (*duty*) être en conflit avec; **interference** *n* (*gen*) ingérence *f*; (*Radio, TV*) parasites *mpl*

interim ['ɪntərɪm] *adj* provisoire; (*post*) intérimaire ▷ *n*: **in the ~** dans l'intérim

interior [ɪn'tɪərɪəʳ] *n* intérieur *m* ▷ *adj* intérieur(e); (*minister, department*)

de l'intérieur; **interior design** *n* architecture *f* d'intérieur
intermediate [ɪntə'mi:dɪət] *adj* intermédiaire; (*Scol: course, level*) moyen(ne)
intermission [ɪntə'mɪʃən] *n* pause *f*; (*Theat, Cine*) entracte *m*
intern *vt* [ɪn'tə:n] interner ▷ *n* ['ɪntə:n] (US) interne *m/f*
internal [ɪn'tə:nl] *adj* interne; (*dispute, reform etc*) intérieur(e); **Internal Revenue Service** *n* (US) fisc *m*
international [ɪntə'næʃənl] *adj* international(e) ▷ *n* (BRIT *Sport*) international *m*
Internet [ɪntə'nɛt] *n*: **the ~** l'Internet *m*; **Internet café** *n* cybercafé *m*; **Internet Service Provider** *n* fournisseur *m* d'accès à Internet; **Internet user** *n* internaute *m/f*
interpret [ɪn'tə:prɪt] *vt* interpréter ▷ *vi* servir d'interprète; **interpretation** [ɪntə:prɪ'teɪʃən] *n* interprétation *f*; **interpreter** *n* interprète *m/f*; **could you act as an interpreter for us?** pourriez-vous nous servir d'interprète?
interrogate [ɪn'tɛrəugeɪt] *vt* interroger; (*suspect etc*) soumettre à un interrogatoire; **interrogation** [ɪntɛrəu'geɪʃən] *n* interrogation *f*; (*by police*) interrogatoire *m*
interrogative [ɪntə'rɔgətɪv] *adj* interrogateur(-trice) ▷ *n* (*Ling*) interrogatif *m*
interrupt [ɪntə'rʌpt] *vt, vi* interrompre; **interruption** [ɪntə'rʌpʃən] *n* interruption *f*
intersection [ɪntə'sɛkʃən] *n* (*of roads*) croisement *m*
interstate ['ɪntərsteɪt] (US) *n* autoroute *f* (qui relie plusieurs États)
interval ['ɪntəvl] *n* intervalle *m*; (BRIT: *Theat*) entracte *m*; (: *Sport*) mi-temps *f*; **at ~s** par intervalles
intervene [ɪntə'vi:n] *vi* (*time*) s'écouler (entre-temps); (*event*) survenir; (*person*) intervenir
interview ['ɪntəvju:] *n* (*Radio, TV*) interview *f*; (*for job*) entrevue *f* ▷ *vt* interviewer, avoir une entrevue avec; **interviewer** *n* (*Radio, TV*) interviewer *m*
intimate *adj* ['ɪntɪmət] intime; (*friendship*) profond(e); (*knowledge*) approfondi(e) ▷ *vt* ['ɪntɪmeɪt] suggérer, laisser entendre; (*announce*) faire savoir
intimidate [ɪn'tɪmɪdeɪt] *vt* intimider
intimidating [ɪn'tɪmɪdeɪtɪŋ] *adj* intimidant(e)
into ['ɪntu] *prep* dans; **~ pieces/French** en morceaux/français
intolerant [ɪn'tɔlərnt] *adj*: **~ (of)** intolérant(e) (de)
intranet [ɪn'trənɛt] *n* intranet *m*
intransitive [ɪn'trænsɪtɪv] *adj* intransitif(-ive)
intricate ['ɪntrɪkət] *adj* complexe, compliqué(e)
intrigue [ɪn'tri:g] *n* intrigue *f* ▷ *vt* intriguer; **intriguing** *adj* fascinant(e)
introduce [ɪntrə'dju:s] *vt* introduire; (*TV show etc*) présenter; **to ~ sb (to sb)** présenter qn (à qn); **to ~ sb to** (*pastime, technique*) initier qn à; **introduction** [ɪntrə'dʌkʃən] *n* introduction *f*; (*of person*) présentation *f*; (*to new experience*) initiation *f*; **introductory** [ɪntrə'dʌktərɪ] *adj* préliminaire, introductif(-ive)
intrude [ɪn'tru:d] *vi* (*person*) être importun(e); **to ~ on** *or* **into** (*conversation etc*) s'immiscer dans; **intruder** *n* intrus(e)
intuition [ɪntju:'ɪʃən] *n* intuition *f*
inundate ['ɪnʌndeɪt] *vt*: **to ~ with** inonder de
invade [ɪn'veɪd] *vt* envahir
invalid *n* ['ɪnvəlɪd] malade *m/f*; (*with disability*) invalide *m/f* ▷ *adj* [ɪn'vælɪd] (*not valid*) invalide, non valide
invaluable [ɪn'væljuəbl] *adj* inestimable, inappréciable

invariably [ɪn'vɛərɪəblɪ] *adv* invariablement; **she is ~ late** elle est toujours en retard
invasion [ɪn'veɪʒən] *n* invasion *f*
invent [ɪn'vɛnt] *vt* inventer; **invention** [ɪn'vɛnʃən] *n* invention *f*; **inventor** *n* inventeur(-trice)
inventory ['ɪnvəntrɪ] *n* inventaire *m*
inverted commas [ɪn'və:tɪd-] *npl* (BRIT) guillemets *mpl*
invest [ɪn'vɛst] *vt* investir ▷ *vi*: **to ~ in** placer de l'argent *or* investir dans; (*fig: acquire*) s'offrir, faire l'acquisition de
investigate [ɪn'vɛstɪgeɪt] *vt* étudier, examiner; (*crime*) faire une enquête sur; **investigation** [ɪnvɛstɪ'geɪʃən] *n* (*of crime*) enquête *f*, investigation *f*
investigator [ɪn'vɛstɪgeɪtə^r] *n* investigateur(-trice); **private ~** détective privé
investment [ɪn'vɛstmənt] *n* investissement *m*, placement *m*
investor [ɪn'vɛstə^r] *n* épargnant(e); (*shareholder*) actionnaire *m/f*
invisible [ɪn'vɪzɪbl] *adj* invisible
invitation [ɪnvɪ'teɪʃən] *n* invitation *f*
invite [ɪn'vaɪt] *vt* inviter; (*opinions etc*) demander; **inviting** *adj* engageant(e), attrayant(e)
invoice ['ɪnvɔɪs] *n* facture *f* ▷ *vt* facturer
involve [ɪn'vɔlv] *vt* (*entail*) impliquer; (*concern*) concerner; (*require*) nécessiter; **to ~ sb in** (*theft etc*) impliquer qn dans; (*activity, meeting*) faire participer qn à; **involved** *adj* (*complicated*) complexe; **to be involved in** (*take part*) participer à; **involvement** *n* (*personal role*) rôle *m*; (*participation*) participation *f*; (*enthusiasm*) enthousiasme *m*
inward ['ɪnwəd] *adj* (*movement*) vers l'intérieur; (*thought, feeling*) profond(e), intime ▷ *adv* = **inwards**; **inwards** *adv* vers l'intérieur
iPod® ['aɪpɔd] *n* iPod® *m*
IQ *n abbr* (= *intelligence quotient*) Q.I. *m*
IRA *n abbr* (= *Irish Republican Army*) IRA
Iran [ɪ'rɑ:n] *n* Iran *m*; **Iranian** [ɪ'reɪnɪən] *adj* iranien(ne) ▷ *n* Iranien(ne)
Iraq [ɪ'rɑ:k] *n* Irak *m*; **Iraqi** *adj* irakien(ne) ▷ *n* Irakien(ne)
Ireland ['aɪələnd] *n* Irlande *f*
iris, irises ['aɪrɪs, -ɪz] *n* iris *m*
Irish ['aɪrɪʃ] *adj* irlandais(e) ▷ *npl*: **the ~** les Irlandais; **Irishman** (*irreg*) *n* Irlandais *m*; **Irishwoman** (*irreg*) *n* Irlandaise *f*
iron ['aɪən] *n* fer *m*; (*for clothes*) fer *m* à repasser ▷ *adj* de *or* en fer ▷ *vt* (*clothes*) repasser
ironic(al) [aɪ'rɔnɪk(l)] *adj* ironique; **ironically** *adv* ironiquement
ironing ['aɪənɪŋ] *n* (*activity*) repassage *m*; (*clothes: ironed*) linge repassé; (*: to be ironed*) linge à repasser; **ironing board** *n* planche *f* à repasser
irony ['aɪrənɪ] *n* ironie *f*
irrational [ɪ'ræʃənl] *adj* irrationnel(le); (*person*) qui n'est pas rationnel
irregular [ɪ'rɛgjulə^r] *adj* irrégulier(-ière); (*surface*) inégal(e); (*action, event*) peu orthodoxe
irrelevant [ɪ'rɛləvənt] *adj* sans rapport, hors de propos
irresistible [ɪrɪ'zɪstɪbl] *adj* irrésistible
irresponsible [ɪrɪ'spɔnsɪbl] *adj* (*act*) irréfléchi(e); (*person*) qui n'a pas le sens des responsabilités
irrigation [ɪrɪ'geɪʃən] *n* irrigation *f*
irritable ['ɪrɪtəbl] *adj* irritable
irritate ['ɪrɪteɪt] *vt* irriter; **irritating** *adj* irritant(e); **irritation** [ɪrɪ'teɪʃən] *n* irritation *f*
IRS *n abbr* (US) = **Internal Revenue Service**
is [ɪz] *vb see* **be**
ISDN *n abbr* (= *Integrated Services Digital Network*) RNIS *m*
Islam ['ɪzlɑ:m] *n* Islam *m*; **Islamic** [ɪz'lɑ:mɪk] *adj* islamique

island ['aɪlənd] *n* île *f*; (*also*: **traffic ~**) refuge *m* (pour piétons); **islander** *n* habitant(e) d'une île, insulaire *m/f*
isle [aɪl] *n* île *f*
isn't ['ɪznt] = **is not**
isolated ['aɪsəleɪtɪd] *adj* isolé(e)
isolation [aɪsə'leɪʃən] *n* isolement *m*
ISP *n abbr* = **Internet Service Provider**
Israel ['ɪzreɪl] *n* Israël *m*; **Israeli** [ɪz'reɪlɪ] *adj* israélien(ne) ▷ *n* Israélien(ne)
issue ['ɪʃu:] *n* question *f*, problème *m*; (*of banknotes*) émission *f*; (*of newspaper*) numéro *m*; (*of book*) publication *f*, parution *f* ▷ *vt* (*rations, equipment*) distribuer; (*orders*) donner; (*statement*) publier, faire; (*certificate, passport*) délivrer; (*banknotes, cheques, stamps*) émettre, mettre en circulation; **at ~** en jeu, en cause; **to take ~ with sb (over sth)** exprimer son désaccord avec qn (sur qch)
IT *n abbr* = **information technology**

KEYWORD

it [ɪt] *pron* **1** (*specific: subject*) il (elle); (*: direct object*) le (la, l'); (*: indirect object*) lui; **it's on the table** c'est *or* il (*or* elle) est sur la table; **I can't find it** je n'arrive pas à le trouver; **give it to me** donne-le-moi
2 (*after prep*): **about/from/of it** en; **I spoke to him about it** je lui en ai parlé; **what did you learn from it?** qu'est-ce que vous en avez retiré?; **I'm proud of it** j'en suis fier; **in/to it** y; **put the book in it** mettez-y le livre; **he agreed to it** il y a consenti; **did you go to it?** (*party, concert etc*) est-ce que vous y êtes allé(s)?
3 (*impersonal*) il; ce, cela, ça; **it's Friday tomorrow** demain, c'est vendredi *or* nous sommes vendredi; **it's 6 o'clock** il est 6 heures; **how far is it? — it's 10 miles** c'est loin? — c'est à 10 miles; **who is it? — it's me** qui est-ce? — c'est moi; **it's raining** il pleut

Italian [ɪ'tæljən] *adj* italien(ne) ▷ *n* Italien(ne); (*Ling*) italien *m*
italics [ɪ'tælɪks] *npl* italique *m*
Italy ['ɪtəlɪ] *n* Italie *f*
itch [ɪtʃ] *n* démangeaison *f* ▷ *vi* (*person*) éprouver des démangeaisons; (*part of body*) démanger; **I'm ~ing to do** l'envie me démange de faire; **itchy** *adj*: **my back is itchy** j'ai le dos qui me démange
it'd ['ɪtd] = **it would; it had**
item ['aɪtəm] *n* (*gen*) article *m*; (*on agenda*) question *f*, point *m*; (*also*: **news ~**) nouvelle *f*
itinerary [aɪ'tɪnərərɪ] *n* itinéraire *m*
it'll ['ɪtl] = **it will; it shall**
its [ɪts] *adj* son (sa), ses *pl*
it's [ɪts] = **it is; it has**
itself [ɪt'sɛlf] *pron* (*reflexive*) se; (*emphatic*) lui-même (elle-même)
ITV *n abbr* (BRIT: = *Independent Television*) *chaîne de télévision commerciale*
I've [aɪv] = **I have**
ivory ['aɪvərɪ] *n* ivoire *m*
ivy ['aɪvɪ] *n* lierre *m*

j

jab [dʒæb] *vt*: **to ~ sth into** enfoncer *or* planter qch dans ▷ *n* (*Med*: *inf*) piqûre *f*

jack [dʒæk] *n* (*Aut*) cric *m*; (*Cards*) valet *m*

jacket ['dʒækɪt] *n* veste *f*, veston *m*; (*of book*) couverture *f*, jaquette *f*; **jacket potato** *n* pomme *f* de terre en robe des champs

jackpot ['dʒækpɔt] *n* gros lot

Jacuzzi® [dʒə'ku:zɪ] *n* jacuzzi® *m*

jagged ['dʒægɪd] *adj* dentelé(e)

jail [dʒeɪl] *n* prison *f* ▷ *vt* emprisonner, mettre en prison; **jail sentence** *n* peine *f* de prison

jam [dʒæm] *n* confiture *f*; (*also*: **traffic ~**) embouteillage *m* ▷ *vt* (*passage etc*) encombrer, obstruer; (*mechanism, drawer etc*) bloquer, coincer; (*Radio*) brouiller ▷ *vi* (*mechanism, sliding part*) se coincer, se bloquer; (*gun*) s'enrayer; **to be in a ~** (*inf*) être dans le pétrin; **to ~ sth into** (*stuff*) entasser *or* comprimer qch dans; (*thrust*) enfoncer qch dans

Jamaica [dʒə'meɪkə] *n* Jamaïque *f*

jammed [dʒæmd] *adj* (*window etc*) coincé(e)

janitor ['dʒænɪtə^r] *n* (*caretaker*) concierge *m*

January ['dʒænjuərɪ] *n* janvier *m*

Japan [dʒə'pæn] *n* Japon *m*; **Japanese** [dʒæpə'ni:z] *adj* japonais(e) ▷ *n* (*pl inv*) Japonais(e); (*Ling*) japonais *m*

jar [dʒɑ:^r] *n* (*stone, earthenware*) pot *m*; (*glass*) bocal *m* ▷ *vi* (*sound*) produire un son grinçant *or* discordant; (*colours etc*) détonner, jurer

jargon ['dʒɑ:gən] *n* jargon *m*

javelin ['dʒævlɪn] *n* javelot *m*

jaw [dʒɔ:] *n* mâchoire *f*

jazz [dʒæz] *n* jazz *m*

jealous ['dʒɛləs] *adj* jaloux(-ouse); **jealousy** *n* jalousie *f*

jeans [dʒi:nz] *npl* jean *m*

Jello® ['dʒɛləu] (*US*) *n* gelée *f*

jelly ['dʒɛlɪ] *n* (*dessert*) gelée *f*; (*US*: *jam*) confiture *f*; **jellyfish** *n* méduse *f*

jeopardize ['dʒɛpədaɪz] *vt* mettre en danger *or* péril

jerk [dʒə:k] *n* secousse *f*, saccade *f*; (*of muscle*) spasme *m*; (*inf*) pauvre type *m* ▷ *vt* (*shake*) donner une secousse à; (*pull*) tirer brusquement ▷ *vi* (*vehicles*) cahoter

jersey ['dʒə:zɪ] *n* tricot *m*; (*fabric*) jersey *m*

Jesus ['dʒi:zəs] *n* Jésus

jet [dʒɛt] *n* (*of gas, liquid*) jet *m*; (*Aviat*) avion *m* à réaction, jet *m*; **jet lag** *n* décalage *m* horaire; **jet-ski** *vi* faire du jet-ski *or* scooter des mers

jetty ['dʒɛtɪ] *n* jetée *f*, digue *f*

Jew [dʒu:] *n* Juif *m*

jewel ['dʒu:əl] *n* bijou *m*, joyau *m*; (*in watch*) rubis *m*; **jeweller**, (*US*) **jeweler** *n* bijoutier(-ière), joaillier *m*; **jeweller's (shop)** *n* (*BRIT*) bijouterie *f*, joaillerie *f*; **jewellery**, (*US*) **jewelry** *n* bijoux *mpl*

Jewish ['dʒu:ɪʃ] *adj* juif (juive)

jigsaw ['dʒɪgsɔː] *n* (*also*: **~ puzzle**) puzzle *m*
job [dʒɔb] *n* (*chore, task*) travail *m*, tâche *f*; (*employment*) emploi *m*, poste *m*, place *f*; **it's a good ~ that ...** c'est heureux *or* c'est une chance que ... + *sub*; **just the ~!** (c'est) juste *or* exactement ce qu'il faut!; **job centre** (BRIT) *n* ≈ ANPE *f*, ≈ Agence nationale pour l'emploi; **jobless** *adj* sans travail, au chômage
jockey ['dʒɔkɪ] *n* jockey *m* ▷ *vi*: **to ~ for position** manœuvrer pour être bien placé
jog [dʒɔg] *vt* secouer ▷ *vi* (*Sport*) faire du jogging; **to ~ sb's memory** rafraîchir la mémoire de qn; **jogging** *n* jogging *m*
join [dʒɔɪn] *vt* (*put together*) unir, assembler; (*become member of*) s'inscrire à; (*meet*) rejoindre, retrouver; (*queue*) se joindre à ▷ *vi* (*roads, rivers*) se rejoindre, se rencontrer ▷ *n* raccord *m*; **join in** *vi* se mettre de la partie ▷ *vt fus* se mêler à; **join up** *vi* (*meet*) se rejoindre; (*Mil*) s'engager
joiner ['dʒɔɪnəʳ] (BRIT) *n* menuisier *m*
joint [dʒɔɪnt] *n* (*Tech*) jointure *f*; joint *m*; (*Anat*) articulation *f*, jointure; (BRIT *Culin*) rôti *m*; (*inf: place*) boîte *f*; (*of cannabis*) joint ▷ *adj* commun(e); (*committee*) mixte, paritaire; (*winner*) ex aequo; **joint account** *n* compte joint; **jointly** *adv* ensemble, en commun
joke [dʒəuk] *n* plaisanterie *f*; (*also*: **practical ~**) farce *f* ▷ *vi* plaisanter; **to play a ~ on** jouer un tour à, faire une farce à; **joker** *n* (*Cards*) joker *m*
jolly ['dʒɔlɪ] *adj* gai(e), enjoué(e); (*enjoyable*) amusant(e), plaisant(e) ▷ *adv* (BRIT *inf*) rudement, drôlement
jolt [dʒəult] *n* cahot *m*, secousse *f*; (*shock*) choc *m* ▷ *vt* cahoter, secouer
Jordan [dʒɔːdən] *n* (*country*) Jordanie *f*
journal ['dʒəːnl] *n* journal *m*;
journalism *n* journalisme *m*;
journalist *n* journaliste *m/f*
journey ['dʒəːnɪ] *n* voyage *m*; (*distance covered*) trajet *m*; **the ~ takes two hours** le trajet dure deux heures; **how was your ~?** votre voyage s'est bien passé?
joy [dʒɔɪ] *n* joie *f*; **joyrider** *n* voleur(-euse) de voiture (*qui fait une virée dans le véhicule volé*); **joy stick** *n* (*Aviat*) manche *m* à balai; (*Comput*) manche à balai, manette *f* (de jeu)
Jr *abbr* = **junior**
judge [dʒʌdʒ] *n* juge *m* ▷ *vt* juger; (*estimate: weight, size etc*) apprécier; (*consider*) estimer
judo ['dʒuːdəu] *n* judo *m*
jug [dʒʌg] *n* pot *m*, cruche *f*
juggle ['dʒʌgl] *vi* jongler; **juggler** *n* jongleur *m*
juice [dʒuːs] *n* jus *m*; **juicy** *adj* juteux(-euse)
July [dʒuː'laɪ] *n* juillet *m*
jumble ['dʒʌmbl] *n* fouillis *m* ▷ *vt* (*also*: **~ up, ~ together**) mélanger, brouiller; **jumble sale** *n* (BRIT) vente *f* de charité

JUMBLE SALE

Les *jumble sales* ont lieu dans les églises, salles des fêtes ou halls d'écoles, et l'on y vend des articles de toutes sortes, en général bon marché et surtout d'occasion, pour collecter des fonds pour une œuvre de charité, une école (par exemple, pour acheter des ordinateurs), ou encore une église (pour réparer un toit etc).

jumbo ['dʒʌmbəu] *adj* (*also*: **~ jet**) (avion) gros porteur (à réaction)
jump [dʒʌmp] *vi* sauter, bondir; (*with fear etc*) sursauter; (*increase*) monter en flèche ▷ *vt* sauter, franchir ▷ *n* saut *m*, bond *m*; (*with fear etc*) sursaut *m*; (*fence*) obstacle *m*; **to ~ the queue** (BRIT) passer avant son tour

jumper ['dʒʌmpə^r] *n* (BRIT: *pullover*) pull-over *m*; (US: *pinafore dress*) robe-chasuble *f*

jump leads, (US) **jumper cables** *npl* câbles *mpl* de démarrage

Jun. *abbr* = **June; junior**

junction ['dʒʌŋkʃən] *n* (BRIT: *of roads*) carrefour *m*; (*of rails*) embranchement *m*

June [dʒu:n] *n* juin *m*

jungle ['dʒʌŋgl] *n* jungle *f*

junior ['dʒu:nɪə^r] *adj, n*: **he's ~ to me (by two years), he's my ~ (by two years)** il est mon cadet (de deux ans), il est plus jeune que moi (de deux ans); **he's ~ to me** (*seniority*) il est en dessous de moi (dans la hiérarchie), j'ai plus d'ancienneté que lui; **junior high school** *n* (US) ≈ collège *m* d'enseignement secondaire; *see also* **high school**; **junior school** *n* (BRIT) école *f* primaire

junk [dʒʌŋk] *n* (*rubbish*) camelote *f*; (*cheap goods*) bric-à-brac *m inv*; **junk food** *n* snacks vite prêts (*sans valeur nutritive*)

junkie ['dʒʌŋkɪ] *n* (*inf*) junkie *m*, drogué(e)

junk mail *n* prospectus *mpl*; (*Comput*) messages *mpl* publicitaires

Jupiter ['dʒu:pɪtə^r] *n* (*planet*) Jupiter *f*

jurisdiction [dʒuərɪs'dɪkʃən] *n* juridiction *f*; **it falls** *or* **comes within/outside our ~** cela est/n'est pas de notre compétence *or* ressort

jury ['dʒuərɪ] *n* jury *m*

just [dʒʌst] *adj* juste ▷ *adv*: **he's ~ done it/left** il vient de le faire/partir; **~ right/two o'clock** exactement *or* juste ce qu'il faut/deux heures; **we were ~ going** nous partions; **I was ~ about to phone** j'allais téléphoner; **~ as he was leaving** au moment *or* à l'instant précis où il partait; **~ before/enough/here** juste avant/assez/là; **it's ~ me/a mistake** ce n'est que moi/(rien) qu'une erreur; **~ missed/caught** manqué/attrapé de justesse; **~ listen to this!** écoute un peu ça!; **she's ~ as clever as you** elle est tout aussi intelligente que vous; **it's ~ as well that you ...** heureusement que vous ...; **~ a minute!, ~ one moment!** un instant (s'il vous plaît)!

justice ['dʒʌstɪs] *n* justice *f*; (US: *judge*) juge *m* de la Cour suprême

justification [dʒʌstɪfɪ'keɪʃən] *n* justification *f*

justify ['dʒʌstɪfaɪ] *vt* justifier

jut [dʒʌt] *vi* (*also*: **~ out**) dépasser, faire saillie

juvenile ['dʒu:vənaɪl] *adj* juvénile; (*court, books*) pour enfants ▷ *n* adolescent(e)

K

, k [keɪ] *abbr* (= *one thousand*) K
angaroo [kæŋɡəˈruː] *n* kangourou *m*
araoke [kɑːrəˈəukɪ] *n* karaoké *m*
arate [kəˈrɑːtɪ] *n* karaté *m*
ebab [kəˈbæb] *n* kebab *m*
eel [kiːl] *n* quille *f*; **on an even ~** (*fig*) à flot
een [kiːn] *adj* (*eager*) plein(e) d'enthousiasme; (*interest, desire, competition*) vif (vive); (*eye, intelligence*) pénétrant(e); (*edge*) effilé(e); **to be ~ to do** *or* **on doing sth** désirer vivement faire qch, tenir beaucoup à faire qch; **to be ~ on sth/sb** aimer beaucoup qch/qn
eep [kiːp] (*pt, pp* **kept**) *vt* (*retain, preserve*) garder; (*hold back*) retenir; (*shop, accounts, promise, diary*) tenir; (*support*) entretenir; (*chickens, bees, pigs etc*) élever ▷ *vi* (*food*) se conserver; (*remain: in a certain state or place*) rester ▷ *n* (*of castle*) donjon *m*; (*food etc*): **enough for his ~** assez pour (assurer) sa subsistance; **to ~ doing sth** (*continue*) continuer à faire qch; (*repeatedly*) ne pas arrêter de faire qch; **to ~ sb from doing/sth from happening** empêcher qn de faire *or* que qn (ne) fasse/que qch (n')arrive; **to ~ sb happy/a place tidy** faire que qn soit content/qu'un endroit reste propre; **to ~ sth to o.s.** garder qch pour soi, tenir qch secret; **to ~ sth from sb** cacher qch à qn; **to ~ time** (*clock*) être à l'heure, ne pas retarder; **for ~s** (*inf*) pour de bon, pour toujours; **keep away** *vt*: **to ~ sth/sb away from sb** tenir qch/qn éloigné de qn ▷ *vi*: **to ~ away (from)** ne pas s'approcher (de); **keep back** *vt* (*crowds, tears, money*) retenir; (*conceal: information*): **to ~ sth back from sb** cacher qch à qn ▷ *vi* rester en arrière; **keep off** *vt* (*dog, person*) éloigner ▷ *vi*: **if the rain ~s off** s'il ne pleut pas; **~ your hands off!** pas touche! (*inf*); **"~ off the grass"** "pelouse interdite"; **keep on** *vi* continuer; **to ~ on doing** continuer à faire; **don't ~ on about it!** arrête (d'en parler)!; **keep out** *vt* empêcher d'entrer ▷ *vi* (*stay out*) rester en dehors; **"~ out"** "défense d'entrer"; **keep up** *vi* (*fig: in comprehension*) suivre ▷ *vt* continuer, maintenir; **to ~ up with sb** (*in work etc*) se maintenir au même niveau que qn; (*in race etc*) aller aussi vite que qn; **keeper** *n* gardien(ne); **keep-fit** *n* gymnastique *f* (d'entretien); **keeping** *n* (*care*) garde *f*; **in keeping with** en harmonie avec
kennel [ˈkɛnl] *n* niche *f*; **kennels** *npl* (*for boarding*) chenil *m*
Kenya [ˈkɛnjə] *n* Kenya *m*
kept [kɛpt] *pt, pp of* **keep**
kerb [kəːb] *n* (BRIT) bordure *f* du trottoir
kerosene [ˈkɛrəsiːn] *n* kérosène *m*
ketchup [ˈkɛtʃəp] *n* ketchup *m*
kettle [ˈkɛtl] *n* bouilloire *f*
key [kiː] *n* (*gen, Mus*) clé *f*; (*of piano, typewriter*) touche *f*; (*on map*) légende *f* ▷ *adj* (*factor, role, area*) clé *inv* ▷ *vt*

(*also*: **~ in**) (*text*) saisir; **can I have my ~?** je peux avoir ma clé?; **a ~ issue** un problème fondamental; **keyboard** *n* clavier *m*; **keyhole** *n* trou *m* de la serrure; **keyring** *n* porte-clés *m*

kg *abbr* (= *kilogram*) K

khaki ['kɑːkɪ] *adj*, *n* kaki *m*

kick [kɪk] *vt* donner un coup de pied à ▷ *vi* (*horse*) ruer ▷ *n* coup *m* de pied; (*inf*: *thrill*): **he does it for ~s** il le fait parce que ça l'excite, il le fait pour le plaisir; **to ~ the habit** (*inf*) arrêter; **kick off** *vi* (*Sport*) donner le coup d'envoi; **kick-off** *n* (*Sport*) coup *m* d'envoi

kid [kɪd] *n* (*inf*: *child*) gamin(e), gosse *m/f*; (*animal*, *leather*) chevreau *m* ▷ *vi* (*inf*) plaisanter, blaguer

kidnap ['kɪdnæp] *vt* enlever, kidnapper; **kidnapping** *n* enlèvement *m*

kidney ['kɪdnɪ] *n* (*Anat*) rein *m*; (*Culin*) rognon *m*; **kidney bean** *n* haricot *m* rouge

kill [kɪl] *vt* tuer ▷ *n* mise *f* à mort; **to ~ time** tuer le temps; **killer** *n* tueur(-euse); (*murderer*) meurtrier(-ière); **killing** *n* meurtre *m*; (*of group of people*) tuerie *f*, massacre *m*; (*inf*): **to make a killing** se remplir les poches, réussir un beau coup

kiln [kɪln] *n* four *m*

kilo ['kiːləu] *n* kilo *m*; **kilobyte** *n* (*Comput*) kilo-octet *m*; **kilogram(me)** *n* kilogramme *m*; **kilometre**, (*US*) **kilometer** ['kɪləmiːtə^r] *n* kilomètre *m*; **kilowatt** *n* kilowatt *m*

kilt [kɪlt] *n* kilt *m*

kin [kɪn] *n see* **next-of-kin**

kind [kaɪnd] *adj* gentil(le), aimable ▷ *n* sorte *f*, espèce *f*; (*species*) genre *m*; **to be two of a ~** se ressembler; **in ~** (*Comm*) en nature; **~ of** (*inf*: *rather*) plutôt; **a ~ of** une sorte de; **what ~ of ...?** quelle sorte de ...?

kindergarten ['kɪndəgɑːtn] *n* jardin *m* d'enfants

kindly ['kaɪndlɪ] *adj* bienveillant(e), plein(e) de gentillesse ▷ *adv* avec bonté; **will you ~ ...** auriez-vous la bonté *or* l'obligeance de ...

kindness ['kaɪndnɪs] *n* (*quality*) bonté *f*, gentillesse *f*

king [kɪŋ] *n* roi *m*; **kingdom** *n* royaume *m*; **kingfisher** *n* martin-pêcheur *m*; **king-size(d) bed** *n* grand lit (*de 1,95 m de large*)

kiosk ['kiːɔsk] *n* kiosque *m*; (BRIT: *also* **telephone ~**) cabine *f* (téléphonique)

kipper ['kɪpə^r] *n* hareng fumé et salé

kiss [kɪs] *n* baiser *m* ▷ *vt* embrasser; **to ~ (each other)** s'embrasser; **kiss of life** *n* (BRIT) bouche à bouche *m*

kit [kɪt] *n* équipement *m*, matériel *m*; (*set of tools etc*) trousse *f*; (*for assembly*) kit *m*

kitchen ['kɪtʃɪn] *n* cuisine *f*

kite [kaɪt] *n* (*toy*) cerf-volant *m*

kitten ['kɪtn] *n* petit chat, chaton *m*

kitty ['kɪtɪ] *n* (*money*) cagnotte *f*

kiwi ['kiːwiː] *n* (*also*: **~ fruit**) kiwi *m*

km *abbr* (= *kilometre*) km

km/h *abbr* (= *kilometres per hour*) km/h

knack [næk] *n*: **to have the ~ (of doing)** avoir le coup (pour faire)

knee [niː] *n* genou *m*; **kneecap** *n* rotule *f*

kneel (*pt*, *pp* **knelt**) [niːl, nɛlt] *vi* (*also* **~ down**) s'agenouiller

knelt [nɛlt] *pt*, *pp of* **kneel**

knew [njuː] *pt of* **know**

knickers ['nɪkəz] *npl* (BRIT) culotte *f* (de femme)

knife (*pl* **knives**) [naɪf, naɪvz] *n* couteau *m* ▷ *vt* poignarder, frapper d'un coup de couteau

knight [naɪt] *n* chevalier *m*; (*Chess*) cavalier *m*

knit [nɪt] *vt* tricoter ▷ *vi* tricoter; (*broken bones*) se ressouder; **to ~ one's brows** froncer les sourcils; **knitting** *n* tricot *m*; **knitting needle** *n* aiguille *f* à tricoter; **knitwear** *n* tricots *mpl*, lainages *mpl*

knives [naɪvz] *npl of* **knife**

knob [nɔb] *n* bouton *m*; (BRIT): **a ~ of butter** une noix de beurre

knock [nɔk] *vt* frapper; (*bump into*) heurter; (*inf*: *fig*) dénigrer ▷ *vi* (*at door* *etc*): **to ~ at/on** frapper à/sur ▷ *n* coup *m*; **knock down** *vt* renverser; (*price*) réduire; **knock off** *vi* (*inf: finish*) s'arrêter (de travailler) ▷ *vt* (*vase, object*) faire tomber; (*inf: steal*) piquer; (*fig: from price etc*): **to ~ off £10** faire une remise de 10 livres; **knock out** *vt* assommer; (*Boxing*) mettre k.-o.; (*in competition*) éliminer; **knock over** *vt* (*object*) faire tomber; (*pedestrian*) renverser; **knockout** *n* (*Boxing*) knock-out *m*, K.-O. *m*; **knockout competition** (BRIT) compétition *f* avec épreuves éliminatoires

not [nɔt] *n* (*gen*) nœud *m* ▷ *vt* nouer

now [nəu] (*pt* **knew**, *pp* **known**) *vt* savoir; (*person, place*) connaître; **to ~ that** savoir que; **to ~ how to do** savoir faire; **to ~ how to swim** savoir nager; **to ~ about/of sth** (*event*) être au courant de qch; (*subject*) connaître qch; **I don't ~** je ne sais pas; **do you ~ where I can ...?** savez-vous où je peux ...?; **know-all** *n* (BRIT *pej*) je-sais-tout *m/f*; **know-how** *n* savoir-faire *m*, technique *f*, compétence *f*; **knowing** *adj* (*look etc*) entendu(e); **knowingly** *adv* (*on purpose*) sciemment; (*smile, look*) d'un air entendu; **know-it-all** *n* (US) = **know-all**

nowledge ['nɔlɪdʒ] *n* connaissance *f*; (*learning*) connaissances, savoir *m*; **without my ~** à mon insu; **knowledgeable** *adj* bien informé(e)

nown [nəun] *pp of* **know** ▷ *adj* (*thief, facts*) notoire; (*expert*) célèbre

nuckle ['nʌkl] *n* articulation *f* (des phalanges), jointure *f*

oala [kəu'ɑːlə] *n* (*also*: **~ bear**) koala *m*

oran [kɔ'rɑːn] *n* Coran *m*

orea [kə'rɪə] *n* Corée *f*; **Korean** *adj* coréen(ne) ▷ *n* Coréen(ne)

osher ['kəuʃə^r] *adj* kascher *inv*

osovar, Kosovan ['kɔsəvɑː^r, 'kɔsəvən] *adj* kosovar(e)

osovo ['kɔsɔvəu] *n* Kosovo *m*

uwait [ku'weɪt] *n* Koweït *m*

L *abbr* (BRIT *Aut*: = *learner*) *signale un conducteur débutant*

l. *abbr* (= *litre*) l

lab [læb] *n abbr* (= *laboratory*) labo *m*

label ['leɪbl] *n* étiquette *f*; (*brand: of record*) marque *f* ▷ *vt* étiqueter

labor *etc* ['leɪbə^r] (US) *n* = **labour**

laboratory [lə'bɔrətərɪ] *n* laboratoire *m*

Labor Day *n* (US, CANADA) fête *f* du travail (*le premier lundi de septembre*)

LABOR DAY

Labor Day aux États-Unis et au Canada est fixée au premier lundi de septembre. Instituée par le Congrès en 1894 après avoir été réclamée par les mouvements ouvriers pendant douze ans, elle a perdu une grande partie de son caractère politique pour devenir un jour férié assez ordinaire et l'occasion de partir pour un long week-end avant la rentrée des classes.

labor union *n* (*US*) syndicat *m*
Labour ['leɪbəʳ] *n* (BRIT *Pol*: *also*: **the ~ Party**) le parti travailliste, les travaillistes *mpl*
labour, (*US*) **labor** ['leɪbəʳ] *n* (*work*) travail *m*; (*workforce*) main-d'œuvre *f* ▷ *vi*: **to ~ (at)** travailler dur (à), peiner (sur) ▷ *vt*: **to ~ a point** insister sur un point; **in ~** (*Med*) en travail; **labourer**, (*US*) **laborer** *n* manœuvre *m*; **farm labourer** ouvrier *m* agricole
lace [leɪs] *n* dentelle *f*; (*of shoe etc*) lacet *m* ▷ *vt* (*shoe*: *also*: **~ up**) lacer
lack [læk] *n* manque *m* ▷ *vt* manquer de; **through** *or* **for ~ of** faute de, par manque de; **to be ~ing** manquer, faire défaut; **to be ~ing in** manquer de
lacquer ['lækəʳ] *n* laque *f*
lacy ['leɪsɪ] *adj* (*made of lace*) en dentelle; (*like lace*) comme de la dentelle
lad [læd] *n* garçon *m*, gars *m*
ladder ['lædəʳ] *n* échelle *f*; (BRIT: *in tights*) maille filée ▷ *vt*, *vi* (BRIT: *tights*) filer
ladle ['leɪdl] *n* louche *f*
lady ['leɪdɪ] *n* dame *f*; **"ladies and gentlemen ..."** "Mesdames (et) Messieurs ..."; **young ~** jeune fille *f*; (*married*) jeune femme *f*; **the ladies' (room)** les toilettes *fpl* des dames; **ladybird**, (*US*) **ladybug** *n* coccinelle *f*
lag [læg] *n* retard *m* ▷ *vi* (*also*: **~ behind**) rester en arrière, traîner; (*fig*) rester à la traîne ▷ *vt* (*pipes*) calorifuger
lager ['lɑ:gəʳ] *n* bière blonde
lagoon [lə'gu:n] *n* lagune *f*
laid [leɪd] *pt*, *pp of* **lay**; **laid back** *adj* (*inf*) relaxe, décontracté(e)
lain [leɪn] *pp of* **lie**
lake [leɪk] *n* lac *m*
lamb [læm] *n* agneau *m*
lame [leɪm] *adj* (*also fig*) boiteux(-euse)
lament [lə'mɛnt] *n* lamentation *f* ▷ *vt* pleurer, se lamenter sur
lamp [læmp] *n* lampe *f*; **lamppost** *n* (BRIT) réverbère *m*; **lampshade** *n* abat-jour *m inv*
land [lænd] *n* (*as opposed to sea*) terre *f* (ferme); (*country*) pays *m*; (*soil*) terre; (*piece of land*) terrain *m*; (*estate*) terre(s), domaine(s) *m*(*pl*) ▷ *vi* (*from ship*) débarquer; (*Aviat*) atterrir; (*fig*: *fall*) (re)tomber ▷ *vt* (*passengers*, *goods*) débarquer; (*obtain*) décrocher; **to ~ sb with sth** (*inf*) coller qch à qn; **landing** *n* (*from ship*) débarquement *m*; (*Aviat*) atterrissage *m*; (*of staircase*) palier *m*; **landing card** *n* carte *f* de débarquement; **landlady** *n* propriétaire *f*, logeuse *f*; (*of pub*) patronne *f*; **landline** *n* ligne *f* fixe; **landlord** *n* propriétaire *m*, logeur *m*; (*of pub etc*) patron *m*; **landmark** *n* (point *m* de) repère *m*; **to be a landmark** (*fig*) faire date *or* époque; **landowner** *n* propriétaire foncier *or* terrien; **landscape** *n* paysage *m*; **landslide** *n* (*Geo*) glissement *m* (de terrain); (*fig*: *Pol*) raz-de-marée (électoral)
lane [leɪn] *n* (*in country*) chemin *m*; (*Aut*: *of road*) voie *f*; (: *line of traffic*) file *f*; (*in race*) couloir *m*
language ['læŋgwɪdʒ] *n* langue *f*; (*way one speaks*) langage *m*; **what ~s do you speak?** quelles langues parlez-vous?; **bad ~** grossièretés *fpl*, langage grossier; **language laboratory** *n* laboratoire *m* de langues; **language school** *n* école *f* de langue
lantern ['læntn] *n* lanterne *f*
lap [læp] *n* (*of track*) tour *m* (de piste); (*of body*): **in** *or* **on one's ~** sur les genoux ▷ *vt* (*also*: **~ up**) laper ▷ *vi* (*waves*) clapoter
lapel [lə'pɛl] *n* revers *m*
lapse [læps] *n* défaillance *f*; (*in behaviour*) écart *m* (de conduite)

▷ *vi* (*Law*) cesser d'être en vigueur; (*contract*) expirer; **to ~ into bad habits** prendre de mauvaises habitudes; **~ of time** laps *m* de temps, intervalle *m*
laptop (computer) ['læptɔp-] *n* (ordinateur *m*) portable *m*
lard [lɑ:d] *n* saindoux *m*
larder ['lɑ:dəʳ] *n* garde-manger *m inv*
large [lɑ:dʒ] *adj* grand(e); (*person, animal*) gros (grosse); **at ~** (*free*) en liberté; (*generally*) en général; pour la plupart; *see also* **by**; **largely** *adv* en grande partie; (*principally*) surtout; **large-scale** *adj* (*map, drawing etc*) à grande échelle; (*fig*) important(e)
lark [lɑ:k] *n* (*bird*) alouette *f*; (*joke*) blague *f*, farce *f*
larrikin ['lærɪkɪn] *n* (AUST, NZ *inf*) fripon *m* (*inf*)
laryngitis [lærɪn'dʒaɪtɪs] *n* laryngite *f*
lasagne [lə'zænjə] *n* lasagne *f*
laser ['leɪzəʳ] *n* laser *m*; **laser printer** *n* imprimante *f* laser
lash [læʃ] *n* coup *m* de fouet; (*also*: **eye~**) cil *m* ▷ *vt* fouetter; (*tie*) attacher; **lash out** *vi*: **to ~ out (at** *or* **against sb/sth)** attaquer violemment (qn/qch)
lass [læs] (BRIT) *n* (jeune) fille *f*
last [lɑ:st] *adj* dernier(-ière) ▷ *adv* en dernier; (*most recently*) la dernière fois; (*finally*) finalement ▷ *vi* durer; **~ week** la semaine dernière; **~ night** (*evening*) hier soir; (*night*) la nuit dernière; **at ~** enfin; **~ but one** avant-dernier(-ière); **lastly** *adv* en dernier lieu, pour finir; **last-minute** *adj* de dernière minute
latch [lætʃ] *n* loquet *m*; **latch onto** *vt fus* (*cling to: person, group*) s'accrocher à; (*: idea*) se mettre en tête
late [leɪt] *adj* (*not on time*) en retard; (*far on in day etc*) tardif(-ive) (*: edition, delivery*) dernier(-ière); (*dead*) défunt(e) ▷ *adv* tard; (*behind time, schedule*) en retard; **to be 10 minutes ~** avoir 10 minutes de retard; **sorry I'm ~** désolé d'être en retard; **it's too ~** il est trop tard; **of ~** dernièrement; **in ~ May** vers la fin (du mois) de mai, fin mai; **the ~ Mr X** feu M. X; **latecomer** *n* retardataire *m/f*; **lately** *adv* récemment; **later** *adj* (*date etc*) ultérieur(e); (*version etc*) plus récent(e) ▷ *adv* plus tard; **latest** ['leɪtɪst] *adj* tout(e) dernier(-ière); **at the latest** au plus tard
lather ['lɑ:ðəʳ] *n* mousse *f* (de savon) ▷ *vt* savonner
Latin ['lætɪn] *n* latin *m* ▷ *adj* latin(e); **Latin America** *n* Amérique latine; **Latin American** *adj* latino-américain(e), d'Amérique latine ▷ *n* Latino-Américain(e)
latitude ['lætɪtju:d] *n* (*also fig*) latitude *f*
latter ['lætəʳ] *adj* deuxième, dernier(-ière) ▷ *n*: **the ~** ce dernier, celui-ci
laugh [lɑ:f] *n* rire *m* ▷ *vi* rire; **(to do sth) for a ~** (faire qch) pour rire; **laugh at** *vt fus* se moquer de; (*joke*) rire de; **laughter** *n* rire *m*; (*of several people*) rires *mpl*
launch [lɔ:ntʃ] *n* lancement *m*; (*also*: **motor ~**) vedette *f* ▷ *vt* (*ship, rocket, plan*) lancer; **launch into** *vt fus* se lancer dans
launder ['lɔ:ndəʳ] *vt* laver; (*fig: money*) blanchir
Launderette® [lɔ:n'drɛt], (US) **Laundromat®** ['lɔ:ndrəmæt] *n* laverie *f* (automatique)
laundry ['lɔ:ndrɪ] *n* (*clothes*) linge *m*; (*business*) blanchisserie *f*; (*room*) buanderie *f*; **to do the ~** faire la lessive
lava ['lɑ:və] *n* lave *f*
lavatory ['lævətərɪ] *n* toilettes *fpl*
lavender ['lævəndəʳ] *n* lavande *f*
lavish ['lævɪʃ] *adj* (*amount*) copieux(-euse); (*person: giving freely*): **~ with** prodigue de ▷ *vt*: **to ~ sth on sb** prodiguer qch à qn; (*money*) dépenser qch sans compter pour qn

law [lɔ:] *n* loi *f*; (*science*) droit *m*; **lawful** *adj* légal(e), permis(e); **lawless** *adj* (*action*) illégal(e); (*place*) sans loi

lawn [lɔ:n] *n* pelouse *f*; **lawnmower** *n* tondeuse *f* à gazon

lawsuit ['lɔ:su:t] *n* procès *m*

lawyer ['lɔ:jəʳ] *n* (*consultant, with company*) juriste *m*; (*for sales, wills etc*) ≈ notaire *m*; (*partner, in court*) ≈ avocat *m*

lax [læks] *adj* relâché(e)

laxative ['læksətɪv] *n* laxatif *m*

lay [leɪ] *pt of* **lie** ▷ *adj* laïque; (*not expert*) profane ▷ *vt* (*pt, pp* **laid**) poser, mettre; (*eggs*) pondre; (*trap*) tendre; (*plans*) élaborer; **to ~ the table** mettre la table; **lay down** *vt* poser; (*rules etc*) établir; **to ~ down the law** (*fig*) faire la loi; **lay off** *vt* (*workers*) licencier; **lay on** *vt* (*provide: meal etc*) fournir; **lay out** *vt* (*design*) dessiner, concevoir; (*display*) disposer; (*spend*) dépenser; **lay-by** *n* (BRIT) aire *f* de stationnement (sur le bas-côté)

layer ['leɪəʳ] *n* couche *f*

layman ['leɪmən] (*irreg*) *n* (*Rel*) laïque *m*; (*non-expert*) profane *m*

layout ['leɪaut] *n* disposition *f*, plan *m*, agencement *m*; (*Press*) mise *f* en page

lazy ['leɪzɪ] *adj* paresseux(-euse)

lb. *abbr* (*weight*) = **pound**

lead[1] (*pt, pp* **led**) [li:d, lɛd] *n* (*front position*) tête *f*; (*distance, time ahead*) avance *f*; (*clue*) piste *f*; (*Elec*) fil *m*; (*for dog*) laisse *f*; (*Theat*) rôle principal ▷ *vt* (*guide*) mener, conduire; (*be leader of*) être à la tête de ▷ *vi* (*Sport*) mener, être en tête; **to ~ to** (*road, pipe*) mener à, conduire à; (*result in*) conduire à; aboutir à; **to be in the ~** (*Sport*) (*in race*) mener, être en tête; (*in match*) mener (à la marque); **to ~ sb to do sth** amener qn à faire qch; **to ~ the way** montrer le chemin; **lead up to** *vt* conduire à; (*in conversation*) en venir à

lead[2] [lɛd] *n* (*metal*) plomb *m*; (*in pencil*) mine *f*

leader ['li:dəʳ] *n* (*of team*) chef *m*; (*of party etc*) dirigeant(e), leader *m*; (*Sport: in league*) leader; (*: in race*) coureur *m* de tête; **leadership** *n* (*position*) direction *f*; **under the leadership of ...** sous la direction d ...; **qualities of leadership** qualité *fpl* de chef *or* de meneur

lead-free ['lɛdfri:] *adj* sans plomb

leading ['li:dɪŋ] *adj* de premier plan (*main*) principal(e); (*in race*) de tête

lead singer [li:d-] *n* (*in pop group*) (chanteur *m*) vedette *f*

leaf (*pl* **leaves**) [li:f, li:vz] *n* feuille *f*; (*of table*) rallonge *f*; **to turn over a new ~** (*fig*) changer de conduite *or* d'existence; **leaf through** *vt* (*book*) feuilleter

leaflet ['li:flɪt] *n* prospectus *m*, brochure *f*; (*Pol, Rel*) tract *m*

league [li:g] *n* ligue *f*; (*Football*) championnat *m*; **to be in ~ with** avoir partie liée avec, être de mèche avec

leak [li:k] *n* (*lit, fig*) fuite *f* ▷ *vi* (*pipe, liquid etc*) fuir; (*shoes*) prendre l'eau; (*ship*) faire eau ▷ *vt* (*liquid*) répandre (*information*) divulguer

lean (*pt, pp* **leaned** *or* **leant**) [li:n, lɛnt] *adj* maigre ▷ *vt*: **to ~ sth on** appuyer qch sur ▷ *vi* (*slope*) pencher (*rest*): **to ~ against** s'appuyer contre; être appuyé(e) contre; **to ~ on** s'appuyer sur; **lean forward** *vi* se pencher en avant; **lean over** *vi* se pencher; **leaning** *n*: **leaning (towards)** penchant *m* (pour)

leant [lɛnt] *pt, pp of* **lean**

leap (*pt, pp* **leaped** *or* **leapt**) [li:p, lɛ *n* bond *m*, saut *m* ▷ *vi* bondir, sauter

leapt [lɛpt] *pt, pp of* **leap**

leap year *n* année *f* bissextile

learn (*pt, pp* **learned** *or* **learnt**) [lə:r lə:nt] *vt, vi* apprendre; **to ~ (how) to do sth** apprendre à faire qch; **to ~ about sth** (*Scol*) étudier qch; (*hear, read*) apprendre qch; **learner** *n* débutant(e); (BRIT: *also*: **learner**

driver) (conducteur(-trice)) débutant(e); **learning** *n* savoir *m*
earnt [lə:nt] *pp of* **learn**
ease [li:s] *n* bail *m* ▷ *vt* louer à bail
eash [li:ʃ] *n* laisse *f*
east [li:st] *adj*: **the ~** (+ *noun*) le (la) plus petit(e), le (la) moindre; (*smallest amount of*) le moins de ▷ *pron*: **(the) ~** le moins ▷ *adv* (+ *verb*) le moins; (+ *adj*): **the ~** le (la) moins; **the ~ money** le moins d'argent; **the ~ expensive** le (la) moins cher (chère) **the ~ possible effort** le moins d'effort possible; **at ~** au moins; (*or rather*) du moins; **you could at ~ have written** tu aurais au moins pu écrire; **not in the ~** pas le moins du monde
eather ['lɛðə^r] *n* cuir *m*
eave (*pt, pp* **left**) [li:v, lɛft] *vt* laisser; (*go away from*) quitter; (*forget*) oublier ▷ *vi* partir, s'en aller ▷ *n* (*time off*) congé *m*; (*Mil, also consent*) permission *f*; **what time does the train/bus ~?** le train/le bus part à quelle heure?; **to ~ sth to sb** (*money etc*) laisser qch à qn; **to be left** rester; **there's some milk left over** il reste du lait; **~ it to me!** laissez-moi faire!, je m'en occupe!; **on ~** en permission; **leave behind** *vt* (*also fig*) laisser; (*forget*) laisser, oublier; **leave out** *vt* oublier, omettre
eaves [li:vz] *npl of* **leaf**
.ebanon ['lɛbənən] *n* Liban *m*
ecture ['lɛktʃə^r] *n* conférence *f*; (*Scol*) cours (magistral) ▷ *vi* donner des cours; enseigner ▷ *vt* (*scold*) sermonner, réprimander; **to give a ~ (on)** faire une conférence (sur), faire un cours (sur); **lecture hall** *n* amphithéâtre *m*; **lecturer** *n* (*speaker*) conférencier(-ière); (BRIT: *at university*) professeur *m* (d'université), prof *m/f* de fac (*inf*); **lecture theatre** *n* = **lecture hall**

Be careful not to translate *lecture* by the French word *lecture*.

ed [lɛd] *pt, pp of* **lead**[1]

ledge [lɛdʒ] *n* (*of window, on wall*) rebord *m*; (*of mountain*) saillie *f*, corniche *f*
leek [li:k] *n* poireau *m*
left [lɛft] *pt, pp of* **leave** ▷ *adj* gauche ▷ *adv* à gauche ▷ *n* gauche *f*; **there are two ~** il en reste deux; **on the ~, to the ~** à gauche; **the L~** (*Pol*) la gauche; **left-hand** *adj*: **the left-hand side** la gauche, le côté gauche; **left-hand drive** *n* (*vehicle*) véhicule *m* avec la conduite à gauche; **left-handed** *adj* gaucher(-ère); (*scissors etc*) pour gauchers; **left-luggage locker** *n* (BRIT) (casier *m* à) consigne *f* automatique; **left-luggage (office)** *n* (BRIT) consigne *f*; **left-overs** *npl* restes *mpl*; **left-wing** *adj* (*Pol*) de gauche
leg [lɛg] *n* jambe *f*; (*of animal*) patte *f*; (*of furniture*) pied *m*; (*Culin: of chicken*) cuisse *f*; (*of journey*) étape *f*; **1st/2nd ~** (*Sport*) match *m* aller/retour; **~ of lamb** (*Culin*) gigot *m* d'agneau
legacy ['lɛgəsɪ] *n* (*also fig*) héritage *m*, legs *m*
legal ['li:gl] *adj* (*permitted by law*) légal(e); (*relating to law*) juridique; **legal holiday** (US) *n* jour férié; **legalize** *vt* légaliser; **legally** *adv* légalement
legend ['lɛdʒənd] *n* légende *f*; **legendary** ['lɛdʒəndərɪ] *adj* légendaire
leggings ['lɛgɪŋz] *npl* caleçon *m*
legible ['lɛdʒəbl] *adj* lisible
legislation [lɛdʒɪs'leɪʃən] *n* législation *f*
legislative ['lɛdʒɪslətɪv] *adj* législatif(-ive)
legitimate [lɪ'dʒɪtɪmət] *adj* légitime
leisure ['lɛʒə^r] *n* (*free time*) temps libre, loisirs *mpl*; **at ~** (tout) à loisir; **at your ~** (*later*) à tête reposée; **leisure centre** *n* (BRIT) centre *m* de loisirs; **leisurely** *adj* tranquille, fait(e) sans se presser

lemon ['lɛmən] *n* citron *m*; **lemonade** *n* (*fizzy*) limonade *f*; **lemon tea** *n* thé *m* au citron

lend (*pt, pp* **lent**) [lɛnd, lɛnt] *vt*: **to ~ sth (to sb)** prêter qch (à qn); **could you ~ me some money?** pourriez-vous me prêter de l'argent?

length [lɛŋθ] *n* longueur *f*; (*section: of road, pipe etc*) morceau *m*, bout *m*; **~ of time** durée *f*; **it is 2 metres in ~** cela fait 2 mètres de long; **at ~** (*at last*) enfin, à la fin; (*lengthily*) longuement; **lengthen** *vt* allonger, prolonger ▷ *vi* s'allonger; **lengthways** *adv* dans le sens de la longueur, en long; **lengthy** *adj* (très) long (longue)

lens [lɛnz] *n* lentille *f*; (*of spectacles*) verre *m*; (*of camera*) objectif *m*

Lent [lɛnt] *n* carême *m*

lent [lɛnt] *pt, pp of* **lend**

lentil ['lɛntl] *n* lentille *f*

Leo ['li:əu] *n* le Lion

leopard ['lɛpəd] *n* léopard *m*

leotard ['li:ətɑ:d] *n* justaucorps *m*

leprosy ['lɛprəsɪ] *n* lèpre *f*

lesbian ['lɛzbɪən] *n* lesbienne *f* ▷ *adj* lesbien(ne)

less [lɛs] *adj* moins de ▷ *pron, adv* moins ▷ *prep*: **~ tax/10% discount** avant impôt/moins 10% de remise; **~ than that/you** moins que cela/vous; **~ than half** moins de la moitié; **~ than ever** moins que jamais; **~ and ~** de moins en moins; **the ~ he works ...** moins il travaille ...; **lessen** *vi* diminuer, s'amoindrir, s'atténuer ▷ *vt* diminuer, réduire, atténuer; **lesser** ['lɛsə^r] *adj* moindre; **to a lesser extent** *or* **degree** à un degré moindre

lesson ['lɛsn] *n* leçon *f*; **to teach sb a ~** (*fig*) donner une bonne leçon à qn

let (*pt, pp* **let**) [lɛt] *vt* laisser; (*BRIT: lease*) louer; **to ~ sb do sth** laisser qn faire qch; **to ~ sb know sth** faire savoir qch à qn, prévenir qn de qch; **to ~ go** lâcher prise; **to ~ go of sth, to ~ sth go** lâcher qch; **~'s go** allons-y; **~ him come** qu'il vienne; **"to ~"** (*BRIT*) "à louer"; **let down** *vt* (*lower*) baisser; (*BRIT: tyre*) dégonfler; (*disappoint*) décevoir; **let in** *vt* laisser entrer; (*visitor etc*) faire entrer; **let off** *vt* (*allow to leave*) laisser partir; (*not punish*) ne pas punir; (*firework etc*) faire partir; (*bomb*) faire exploser; **let out** *vt* laisser sortir; (*scream*) laisser échapper; (*BRIT: rent out*) louer

lethal ['li:θl] *adj* mortel(le), fatal(e); (*weapon*) meurtrier(-ère)

letter ['lɛtə^r] *n* lettre *f*; **letterbox** *n* (*BRIT*) boîte *f* aux *or* à lettres

lettuce ['lɛtɪs] *n* laitue *f*, salade *f*

leukaemia, (*US*) **leukemia** [lu:'ki:mɪə] *n* leucémie *f*

level ['lɛvl] *adj* (*flat*) plat(e), plan(e), uni(e); (*horizontal*) horizontal(e) ▷ *n* niveau *m* ▷ *vt* niveler, aplanir; **A ~s** *npl* (*BRIT*) ≈ baccalauréat *m*; **to be ~ with** être au même niveau que; **to draw ~ with** (*runner, car*) arriver à la hauteur de, rattraper; **on the ~** (*fig: honest*) régulier(-ière); **level crossing** *n* (*BRIT*) passage *m* à niveau

lever ['li:və^r] *n* levier *m*; **leverage** *n* (*influence*): **leverage (on** *or* **with)** prise *f* (sur)

levy ['lɛvɪ] *n* taxe *f*, impôt *m* ▷ *vt* (*tax*) lever; (*fine*) infliger

liability [laɪə'bɪlətɪ] *n* responsabilité *f*; (*handicap*) handicap *m*

liable ['laɪəbl] *adj* (*subject*): **~ to** sujet(te) à, passible de; (*responsible*): **~ (for)** responsable (de); (*likely*): **~ to do** susceptible de faire

liaise [li:'eɪz] *vi*: **to ~ with** assurer la liaison avec

liar ['laɪə^r] *n* menteur(-euse)

libel ['laɪbl] *n* diffamation *f*; (*document*) écrit *m* diffamatoire ▷ *vt* diffamer

liberal ['lɪbərl] *adj* libéral(e); (*generous*): **~ with** prodigue de, généreux(-euse) avec ▷ *n*: **L~** (*Pol*) libéral(e); **Liberal Democrat** *n* (*BRIT*) libéral(e)-démocrate *m/f*

liberate ['lɪbəreɪt] *vt* libérer

iberation [lɪbəˈreɪʃən] *n* libération *f*
iberty [ˈlɪbətɪ] *n* liberté *f*; **to be at ~** (*criminal*) être en liberté; **at ~ to do** libre de faire; **to take the ~ of** prendre la liberté de, se permettre de
ibra [ˈliːbrə] *n* la Balance
ibrarian [laɪˈbrɛərɪən] *n* bibliothécaire *m/f*
ibrary [ˈlaɪbrərɪ] *n* bibliothèque *f*

> Be careful not to translate *library* by the French word *librairie*.

ibya [ˈlɪbɪə] *n* Libye *f*
ce [laɪs] *npl of* **louse**
icence, (*US*) **license** [ˈlaɪsns] *n* autorisation *f*, permis *m*; (*Comm*) licence *f*; (*Radio, TV*) redevance *f*; **driving ~**, (*US*) **driver's license** permis *m* (de conduire)
cense [ˈlaɪsns] *n* (*US*) = **licence**; **licensed** *adj* (*for alcohol*) patenté(e) pour la vente des spiritueux, qui a une patente de débit de boissons; (*car*) muni(e) de la vignette; **license plate** *n* (*US Aut*) plaque *f* minéralogique; **licensing hours** (BRIT) *npl* heures *fpl* d'ouvertures (*des pubs*)
ck [lɪk] *vt* lécher; (*inf*: *defeat*) écraser, flanquer une piquette *or* raclée à; **to ~ one's lips** (*fig*) se frotter les mains
id [lɪd] *n* couvercle *m*; (*eyelid*) paupière *f*
e [laɪ] *n* mensonge *m* ▷ *vi* (*pt, pp* **lied**) (*tell lies*) mentir; (*pt*, **lay**, *pp* **lain**) (*rest*) être étendu(e) *or* allongé(e) *or* couché(e) (: *object*: *be situated*) se trouver, être; **to ~ low** (*fig*) se cacher, rester caché(e); **to tell ~s** mentir; **lie about, lie around** *vi* (*things*) traîner; (BRIT: *person*) traînasser, flemmarder; **lie down** *vi* se coucher, s'étendre
iechtenstein [ˈlɪktənstaɪn] *n* Liechtenstein *m*
e-in [ˈlaɪɪn] *n* (BRIT): **to have a ~** faire la grasse matinée
eutenant [lɛfˈtɛnənt, US luːˈtɛnənt] *n* lieutenant *m*
fe (*pl* **lives**) [laɪf, laɪvz] *n* vie *f*; **to come to ~** (*fig*) s'animer; **life assurance** *n* (BRIT) = **life insurance**; **lifeboat** *n* canot *m or* chaloupe *f* de sauvetage; **lifeguard** *n* surveillant *m* de baignade; **life insurance** *n* assurance-vie *f*; **life jacket** *n* gilet *m or* ceinture *f* de sauvetage; **lifelike** *adj* qui semble vrai(e) *or* vivant(e), ressemblant(e); (*painting*) réaliste; **life preserver** *n* (*US*) gilet *m or* ceinture *f* de sauvetage; **life sentence** *n* condamnation *f* à vie *or* à perpétuité; **lifestyle** *n* style *m* de vie; **lifetime** *n*: **in his lifetime** de son vivant
lift [lɪft] *vt* soulever, lever; (*end*) supprimer, lever ▷ *vi* (*fog*) se lever ▷ *n* (BRIT: *elevator*) ascenseur *m*; **to give sb a ~** (BRIT) emmener *or* prendre qn en voiture; **can you give me a ~ to the station?** pouvez-vous m'emmener à la gare?; **lift up** *vt* soulever; **lift-off** *n* décollage *m*
light [laɪt] *n* lumière *f*; (*lamp*) lampe *f*; (*Aut*: *rear light*) feu *m*; (: *headlamp*) phare *m*; (*for cigarette etc*): **have you got a ~?** avez-vous du feu? ▷ *vt* (*pt, pp* **lit**) (*candle, cigarette, fire*) allumer; (*room*) éclairer ▷ *adj* (*room, colour*) clair(e); (*not heavy, also fig*) léger(-ère); (*not strenuous*) peu fatigant(e); **lights** *npl* (*traffic lights*) feux *mpl*; **to come to ~** être dévoilé(e) *or* découvert(e); **in the ~ of** à la lumière de; étant donné; **light up** *vi* s'allumer; (*face*) s'éclairer; (*smoke*) allumer une cigarette *or* une pipe *etc* ▷ *vt* (*illuminate*) éclairer, illuminer; **light bulb** *n* ampoule *f*; **lighten** *vt* (*light up*) éclairer; (*make lighter*) éclaircir; (*make less heavy*) alléger; **lighter** *n* (*also*: **cigarette lighter**) briquet *m*; **light-hearted** *adj* gai(e), joyeux(-euse), enjoué(e); **lighthouse** *n* phare *m*; **lighting** *n* éclairage *m*; (*in theatre*) éclairages; **lightly** *adv* légèrement; **to get off lightly** s'en tirer à bon compte
lightning [ˈlaɪtnɪŋ] *n* foudre *f*; (*flash*) éclair *m*

lightweight ['laɪtweɪt] *adj* (*suit*) léger(-ère) ▷ *n* (*Boxing*) poids léger
like [laɪk] *vt* aimer (bien) ▷ *prep* comme ▷ *adj* semblable, pareil(le) ▷ *n*: **the ~** (*pej*) (d')autres du même genre *or* acabit; **his ~s and dislikes** ses goûts *mpl or* préférences *fpl*; **I would ~, I'd ~** je voudrais, j'aimerais; **would you ~ a coffee?** voulez-vous du café?; **to be/look ~ sb/sth** ressembler à qn/qch; **what's he ~?** comment est-il?; **what does it look ~?** de quoi est-ce que ça a l'air?; **what does it taste ~?** quel goût est-ce que ça a?; **that's just ~ him** c'est bien de lui, ça lui ressemble; **do it ~ this** fais-le comme ceci; **it's nothing ~ ...** ce n'est pas du tout comme ...; **likeable** *adj* sympathique, agréable
likelihood ['laɪklɪhud] *n* probabilité *f*
likely ['laɪklɪ] *adj* (*result, outcome*) probable; (*excuse*) plausible; **he's ~ to leave** il va sûrement partir, il risque fort de partir; **not ~!** (*inf*) pas de danger!
likewise ['laɪkwaɪz] *adv* de même, pareillement
liking ['laɪkɪŋ] *n* (*for person*) affection *f*; (*for thing*) penchant *m*, goût *m*; **to be to sb's ~** être au goût de qn, plaire à qn
lilac ['laɪlək] *n* lilas *m*
Lilo® ['laɪləu] *n* matelas *m* pneumatique
lily ['lɪlɪ] *n* lis *m*; **~ of the valley** muguet *m*
limb [lɪm] *n* membre *m*
limbo ['lɪmbəu] *n*: **to be in ~** (*fig*) être tombé(e) dans l'oubli
lime [laɪm] *n* (*tree*) tilleul *m*; (*fruit*) citron vert, lime *f*; (*Geo*) chaux *f*
limelight ['laɪmlaɪt] *n*: **in the ~** (*fig*) en vedette, au premier plan
limestone ['laɪmstəun] *n* pierre *f* à chaux; (*Geo*) calcaire *m*
limit ['lɪmɪt] *n* limite *f* ▷ *vt* limiter; **limited** *adj* limité(e), restreint(e); **to be limited to** se limiter à, ne concerner que
limousine ['lɪməzi:n] *n* limousine *f*
limp [lɪmp] *n*: **to have a ~** boiter ▷ *vi* boiter ▷ *adj* mou (molle)
line [laɪn] *n* (*gen*) ligne *f*; (*stroke*) trait *m*; (*wrinkle*) ride *f*; (*rope*) corde *f*; (*wire*) fil *m*; (*of poem*) vers *m*; (*row, series*) rangée *f*; (*of people*) file *f*, queue *f*; (*railway track*) voie *f*; (*Comm*: *series of goods*) article(s) *m*(*pl*), ligne de produits; (*work*) métier *m* ▷ *vt* (*subj*: *trees, crowd*) border; **to ~ (with)** (*clothes*) doubler (de); (*box*) garnir *or* tapisser (de); **to stand in ~** (*US*) faire la queue; **in his ~ of business** dans sa partie, dans son rayon; **to be in ~ for sth** (*fig*) être en lice pour qch; **in ~ with** en accord avec, en conformité avec; **in a ~** aligné(e); **line up** *vi* s'aligner, se mettre en rang(s); (*in queue*) faire la queue ▷ *vt* aligner; (*event*) prévoir; (*find*) trouver; **to have sb/sth ~d up** avoir qn/qch en vue *or* de prévu(e)
linear ['lɪnɪə^r] *adj* linéaire
linen ['lɪnɪn] *n* linge *m* (de corps *or* de maison); (*cloth*) lin *m*
liner ['laɪnə^r] *n* (*ship*) paquebot *m* de ligne; (*for bin*) sac-poubelle *m*
line-up ['laɪnʌp] *n* (*US*: *queue*) file *f*; (*also*: **police ~**) parade *f* d'identification; (*Sport*) (composition *f* de l')équipe *f*
linger ['lɪŋgə^r] *vi* s'attarder; traîner; (*smell, tradition*) persister
lingerie ['lænʒəri:] *n* lingerie *f*
linguist ['lɪŋgwɪst] *n* linguiste *m/f*; **to be a good ~** être doué(e) pour les langues; **linguistic** *adj* linguistique
lining ['laɪnɪŋ] *n* doublure *f*; (*of brakes*) garniture *f*
link [lɪŋk] *n* (*connection*) lien *m*, rapport *m*; (*Internet*) lien; (*of a chain*) maillon *m* ▷ *vt* relier, lier, unir; **links** *npl* (*Golf*) (terrain *m* de) golf *m*; **link up** *vt* relier ▷ *vi* (*people*) se rejoindre; (*companies etc*) s'associer

on ['laɪən] *n* lion *m*; **lioness** *n* lionne *f*
p [lɪp] *n* lèvre *f*; (*of cup etc*) rebord *m*;
ip-read *vi* (*irreg: like* **read**) lire sur les lèvres; **lip salve** [-sælv] *n* pommade *f* pour les lèvres, pommade rosat;
ipstick *n* rouge *m* à lèvres
queur [lɪ'kjuəʳ] *n* liqueur *f*
uid ['lɪkwɪd] *n* liquide *m* ▷ *adj* liquide; **liquidizer** ['lɪkwɪdaɪzəʳ] *n* (BRIT *Culin*) mixer *m*
uor ['lɪkəʳ] *n* spiritueux *m*, alcool *m*;
iquor store (US) *n* magasin *m* de vins et spiritueux
sbon ['lɪzbən] *n* Lisbonne
p [lɪsp] *n* zézaiement *m* ▷ *vi* zézayer
t [lɪst] *n* liste *f* ▷ *vt* (*write down*) inscrire; (*make list of*) faire la liste de; (*enumerate*) énumérer
ten ['lɪsn] *vi* écouter; **to ~ to** écouter; **listener** *n* auditeur(-trice)
[lɪt] *pt, pp of* **light**
er ['li:təʳ] *n* (US) = **litre**
eracy ['lɪtərəsɪ] *n* degré *m* d'alphabétisation, fait *m* de savoir lire et écrire; (BRIT *Scol*) enseignement *m* de la lecture et de l'écriture
eral ['lɪtərl] *adj* littéral(e); **literally** *adv* littéralement; (*really*) réellement
erary ['lɪtərərɪ] *adj* littéraire
erate ['lɪtərət] *adj* qui sait lire et écrire; (*educated*) instruit(e)
erature ['lɪtrɪtʃəʳ] *n* littérature *f*; (*brochures etc*) copie *f* publicitaire, prospectus *mpl*
re, (US) **liter** ['li:təʳ] *n* litre *m*
ter ['lɪtəʳ] *n* (*rubbish*) détritus *mpl*; (*dirtier*) ordures *fpl*; (*young animals*) portée *f*; **litter bin** *n* (BRIT) poubelle *f*
tle ['lɪtl] *adj* (*small*) petit(e); (*not much*): **~ milk** peu de lait ▷ *adv* peu; **a ~** un peu (de); **a ~ milk** un peu de lait; **a ~ bit** un peu; **as ~ as possible** le moins possible; **~ by ~** petit à petit, peu à peu; **little finger** *n* auriculaire *m*, petit doigt
e¹ [laɪv] *adj* (*animal*) vivant(e), en vie; (*wire*) sous tension; (*broadcast*) (transmis(e)) en direct; (*unexploded*) non explosé(e)
live² [lɪv] *vi* vivre; (*reside*) vivre, habiter; **to ~ in London** habiter (à) Londres; **where do you ~?** où habitez-vous?; **live together** *vi* vivre ensemble, cohabiter; **live up to** *vt fus* se montrer à la hauteur de
livelihood ['laɪvlɪhud] *n* moyens *mpl* d'existence
lively ['laɪvlɪ] *adj* vif (vive), plein(e) d'entrain; (*place, book*) vivant(e)
liven up ['laɪvn-] *vt* (*room etc*) égayer; (*discussion, evening*) animer ▷ *vi* s'animer
liver ['lɪvəʳ] *n* foie *m*
lives [laɪvz] *npl of* **life**
livestock ['laɪvstɔk] *n* cheptel *m*, bétail *m*
living ['lɪvɪŋ] *adj* vivant(e), en vie ▷ *n*: **to earn** *or* **make a ~** gagner sa vie; **living room** *n* salle *f* de séjour
lizard ['lɪzəd] *n* lézard *m*
load [ləud] *n* (*weight*) poids *m*; (*thing carried*) chargement *m*, charge *f*; (*Elec, Tech*) charge ▷ *vt* charger; (*also*: **~ up**): **to ~ (with)** (*lorry, ship*) charger (de); (*gun, camera*) charger (avec); **a ~ of, ~s of** (*fig*) un *or* des tas de, des masses de; **to talk a ~ of rubbish** (*inf*) dire des bêtises; **loaded** *adj* (*dice*) pipé(e); (*question*) insidieux(-euse); (*inf: rich*) bourré(e) de fric
loaf (*pl* **loaves**) [ləuf, ləuvz] *n* pain *m*, miche *f* ▷ *vi* (*also*: **~ about, ~ around**) fainéanter, traîner
loan [ləun] *n* prêt *m* ▷ *vt* prêter; **on ~** prêté(e), en prêt
loathe [ləuð] *vt* détester, avoir en horreur
loaves [ləuvz] *npl of* **loaf**
lobby ['lɔbɪ] *n* hall *m*, entrée *f*; (*Pol*) groupe *m* de pression, lobby *m* ▷ *vt* faire pression sur
lobster ['lɔbstəʳ] *n* homard *m*
local ['ləukl] *adj* local(e) ▷ *n* (BRIT: *pub*) pub *m* *or* café *m* du coin; **the locals** *npl* les gens *mpl* du pays *or* du

coin; **local anaesthetic**, (US) **local anesthetic** *n* anesthésie locale; **local authority** *n* collectivité locale, municipalité *f*; **local government** *n* administration locale *or* municipale; **locally** ['ləukəlɪ] *adv* localement; dans les environs *or* la région

locate [ləu'keɪt] *vt* (*find*) trouver, repérer; (*situate*) situer; **to be ~d in** être situé à *or* en

location [ləu'keɪʃən] *n* emplacement *m*; **on ~** (*Cine*) en extérieur

> Be careful not to translate *location* by the French word *location*.

loch [lɔx] *n* lac *m*, loch *m*

lock [lɔk] *n* (*of door, box*) serrure *f*; (*of canal*) écluse *f*; (*of hair*) mèche *f*, boucle *f* ▷ *vt* (*with key*) fermer à clé ▷ *vi* (*door etc*) fermer à clé; (*wheels*) se bloquer; **lock in** *vt* enfermer; **lock out** *vt* enfermer dehors; (*on purpose*) mettre à la porte; **lock up** *vt* (*person*) enfermer; (*house*) fermer à clé ▷ *vi* tout fermer (à clé)

locker ['lɔkə^r] *n* casier *m*; (*in station*) consigne *f* automatique; **locker-room** ['lɔkə^rru:m] (US) *n* (*Sport*) vestiaire *m*

locksmith ['lɔksmɪθ] *n* serrurier *m*

locomotive [ləukə'məutɪv] *n* locomotive *f*

locum ['ləukəm] *n* (*Med*) suppléant(e) de médecin *etc*

lodge [lɔdʒ] *n* pavillon *m* (de gardien); (*also*: **hunting ~**) pavillon de chasse ▷ *vi* (*person*): **to ~ with** être logé(e) chez, être en pension chez; (*bullet*) se loger ▷ *vt* (*appeal etc*) présenter; déposer; **to ~ a complaint** porter plainte; **lodger** *n* locataire *m/f*; (*with room and meals*) pensionnaire *m/f*

lodging ['lɔdʒɪŋ] *n* logement *m*

loft [lɔft] *n* grenier *m*; (*apartment*) grenier aménagé (en appartement) (*gén dans ancien entrepôt ou fabrique*)

log [lɔg] *n* (*of wood*) bûche *f*; (*Naut*) livre *m or* journal *m* de bord; (*of car*) ≈ carte grise ▷ *vt* enregistrer; **log in, log on** *vi* (*Comput*) ouvrir une sessio[n], entrer dans le système; **log off, log out** *vi* (*Comput*) clore une session, sortir du système

logic ['lɔdʒɪk] *n* logique *f*; **logical** *adj* logique

login ['lɔgɪn] *n* (*Comput*) identifiant

Loire [lwa:] *n*: **the (River) ~** la Loire

lollipop ['lɔlɪpɔp] *n* sucette *f*; **lollipop man/lady** (*irreg*) (BRIT) *n* *contractuel(le) qui fait traverser la rue aux enfants*

lolly ['lɔlɪ] *n* (*inf: ice*) esquimau *m*; (*: lollipop*) sucette *f*

London ['lʌndən] *n* Londres; **Londoner** *n* Londonien(ne)

lone [ləun] *adj* solitaire

loneliness ['ləunlɪnɪs] *n* solitude *f*, isolement *m*

lonely ['ləunlɪ] *adj* seul(e); (*childhood etc*) solitaire; (*place*) solitaire, isolé(e)

long [lɔŋ] *adj* long (longue) ▷ *adv* longtemps ▷ *vi*: **to ~ for sth/to do sth** avoir très envie de qch/de faire qch, attendre qch avec impatience, attendre avec impatience de faire qch; **how ~ is this river/course?** quelle est la longueur de ce fleuve/ la durée de ce cours?; **6 metres ~** (long) de 6 mètres; **6 months ~** qui dure 6 mois, de 6 mois; **all night ~** toute la nuit; **he no ~er comes** il ne vient plus; **I can't stand it any ~er** [je] ne peux plus le supporter; **~ before** longtemps avant; **before ~** (+ *futur*[e]) avant peu, dans peu de temps; (+ *past*) peu de temps après; **don't be ~!** fais vite!, dépêche-toi!; **I shan't [be] ~** je n'en ai pas pour longtemps; **at last** enfin; **so** *or* **as ~ as** à condition que + *sub*; **long-distance** *adj* (*race*) [de] fond; (*call*) interurbain(e); **long-ha[ul]** *adj* (*flight*) long-courrier; **longing** *n* désir *m*, envie *f*; (*nostalgia*) nostalgi[e] ▷ *adj* plein(e) d'envie *or* de nostalgie

longitude ['lɔŋgɪtju:d] *n* longitud[e]

long: long jump *n* saut *m* en longueur; **long-life** *adj* (*batteries etc*) longue durée *inv*; (*milk*) longue conservation; **long-sighted** *adj* (BRIT) presbyte; (*fig*) prévoyant(e); **long-standing** *adj* de longue date; **long-term** *adj* à long terme

loo [lu:] *n* (BRIT *inf*) w.-c. *mpl*, petit coin

look [luk] *vi* regarder; (*seem*) sembler, paraître, avoir l'air; (*building etc*): **to ~ south/on to the sea** donner au sud/sur la mer ▷ *n* regard *m*; (*appearance*) air *m*, allure *f*, aspect *m*; **looks** *npl* (*good looks*) physique *m*, beauté *f*; **to ~ like** ressembler à; **to have a ~** regarder; **to have a ~ at sth** jeter un coup d'œil à qch; **~ (here)!** (*annoyance*) écoutez!; **look after** *vt fus* s'occuper de; (*luggage etc*: *watch over*) garder, surveiller; **look around** *vi* regarder autour de soi; **look at** *vt fus* regarder; (*problem etc*) examiner; **look back** *vi*: **to ~ back at sth/sb** se retourner pour regarder qch/qn; **to ~ back on** (*event, period*) évoquer, repenser à; **look down on** *vt fus* (*fig*) regarder de haut, dédaigner; **look for** *vt fus* chercher; **we're ~ing for a hotel/restaurant** nous cherchons un hôtel/restaurant; **look forward to** *vt fus* attendre avec impatience; **~ing forward to hearing from you** (*in letter*) dans l'attente de vous lire; **look into** *vt fus* (*matter, possibility*) examiner, étudier; **look out** *vi* (*beware*): **to ~ out (for)** prendre garde (à), faire attention (à); **~ out!** attention!; **look out for** *vt fus* (*seek*) être à la recherche de; (*try to spot*) guetter; **look round** *vt fus* (*house, shop*) faire le tour de ▷ *vi* (*turn*) regarder derrière soi, se retourner; **look through** *vt fus* (*papers, book*) examiner (: *briefly*) parcourir; **look up** *vi* lever les yeux; (*improve*) s'améliorer ▷ *vt* (*word*) chercher; **look up to** *vt fus* avoir du respect pour; **lookout** *n* (*tower etc*) poste *m* de guet; (*person*) guetteur *m*; **to be on the lookout (for)** guetter

loom [lu:m] *vi* (*also*: **~ up**) surgir; (*event*) paraître imminent(e); (*threaten*) menacer

loony ['lu:nɪ] *adj, n* (*inf*) timbré(e), cinglé(e) *m/f*

loop [lu:p] *n* boucle *f* ▷ *vt*: **to ~ sth round sth** passer qch autour de qch; **loophole** *n* (*fig*) porte *f* de sortie; échappatoire *f*

loose [lu:s] *adj* (*knot, screw*) desserré(e); (*clothes*) vague, ample, lâche; (*hair*) dénoué(e), épars(e); (*not firmly fixed*) pas solide; (*morals, discipline*) relâché(e); (*translation*) approximatif(-ive) ▷ *n*: **to be on the ~** être en liberté; **~ connection** (*Elec*) mauvais contact; **to be at a ~ end** *or* (US) **at ~ ends** (*fig*) ne pas trop savoir quoi faire; **loosely** *adv* sans serrer; (*imprecisely*) approximativement; **loosen** *vt* desserrer, relâcher, défaire

loot [lu:t] *n* butin *m* ▷ *vt* piller

lop-sided ['lɔp'saɪdɪd] *adj* de travers, asymétrique

lord [lɔ:d] *n* seigneur *m*; **L~ Smith** lord Smith; **the L~** (*Rel*) le Seigneur; **my L~** (*to noble*) Monsieur le comte/le baron; (*to judge*) Monsieur le juge; (*to bishop*) Monseigneur; **good L~!** mon Dieu!; **Lords** *npl* (BRIT *Pol*): **the (House of) Lords** la Chambre des Lords

lorry ['lɔrɪ] *n* (BRIT) camion *m*; **lorry driver** *n* (BRIT) camionneur *m*, routier *m*

lose (*pt, pp* **lost**) [lu:z, lɔst] *vt* perdre ▷ *vi* perdre; **I've lost my wallet/passport** j'ai perdu mon portefeuille/passeport; **to ~ (time)** (*clock*) retarder; **lose out** *vi* être perdant(e); **loser** *n* perdant(e)

loss [lɔs] *n* perte *f*; **to make a ~** enregistrer une perte; **to be at a ~** être perplexe *or* embarrassé(e)

lost [lɔst] *pt, pp of* **lose** ▷ *adj* perdu(e); **to get ~** *vi* se perdre;

l

I'm ~ je me suis perdu; **~ and found property** *n* (*US*) objets trouvés; **~ and found** *n* (*US*) (bureau *m* des) objets trouvés; **lost property** *n* (BRIT) objets trouvés; **lost property office** *or* **department** (bureau *m* des) objets trouvés

lot [lɔt] *n* (*at auctions, set*) lot *m*; (*destiny*) sort *m*, destinée *f*; **the ~** (*everything*) le tout; (*everyone*) tous *mpl*, toutes *fpl*; **a ~** beaucoup; **a ~ of** beaucoup de; **~s of** des tas de; **to draw ~s (for sth)** tirer (qch) au sort

lotion ['ləuʃən] *n* lotion *f*

lottery ['lɔtəri] *n* loterie *f*

loud [laud] *adj* bruyant(e), sonore; (*voice*) fort(e); (*condemnation etc*) vigoureux(-euse); (*gaudy*) voyant(e), tapageur(-euse) ▷ *adv* (*speak etc*) fort; **out ~** tout haut; **loudly** *adv* fort, bruyamment; **loudspeaker** *n* haut-parleur *m*

lounge [laundʒ] *n* salon *m*; (*of airport*) salle *f*; (BRIT: *also*: **~ bar**) (salle de) café *m or* bar *m* ▷ *vi* (*also*: **~ about, ~ around**) se prélasser, paresser

louse (*pl* **lice**) [laus, laɪs] *n* pou *m*

lousy ['lauzi] (*inf*) *adj* (*bad quality*) infect(e), moche; **I feel ~** je suis mal fichu(e)

love [lʌv] *n* amour *m* ▷ *vt* aimer; (*caringly, kindly*) aimer beaucoup; **I ~ chocolate** j'adore le chocolat; **to ~ to do** aimer beaucoup *or* adorer faire; **"15 ~"** (*Tennis*) "15 à rien *or* zéro"; **to be/fall in ~ with** être/tomber amoureux(-euse) de; **to make ~** faire l'amour; **~ from Anne, ~, Anne** affectueusement, Anne; **I ~ you** je t'aime; **love affair** *n* liaison (amoureuse); **love life** *n* vie sentimentale

lovely ['lʌvli] *adj* (*pretty*) ravissant(e); (*friend, wife*) charmant(e); (*holiday, surprise*) très agréable, merveilleux(-euse)

lover ['lʌvə^r] *n* amant *m*; (*person in love*) amoureux(-euse); (*amateur*): **a ~ of** un(e) ami(e) de, un(e) amoureux(-euse) de

loving ['lʌvɪŋ] *adj* affectueux(-euse), tendre, aimant(e)

low [ləu] *adj* bas (basse); (*quality*) mauvais(e), inférieur(e) ▷ *adv* bas ▷ *n* (*Meteorology*) dépression *f*; **to feel ~** se sentir déprimé(e); **he's very ~** (*ill*) il est bien bas *or* très affaibli; **to turn (down) ~** *vt* baisser; **to be ~ on** (*supplies etc*) être à court de; **to reach a new** *or* **an all-time ~** tomber au niveau le plus bas; **low-alcohol** *adj* à faible teneur en alcool, peu alcoolisé(e); **low-calorie** *adj* hypocalorique

lower ['ləuə^r] *adj* inférieur(e) ▷ *vt* baisser; (*resistance*) diminuer; **to ~ o.s. to** s'abaisser à

low-fat ['ləu'fæt] *adj* maigre

loyal ['lɔɪəl] *adj* loyal(e), fidèle; **loyalty** *n* loyauté *f*, fidélité *f*; **loyalty card** *n* carte *f* de fidélité

L-plates ['ɛlpleɪts] *npl* (BRIT) plaques *fpl* (obligatoires) d'apprenti conducteur

Lt *abbr* (= *lieutenant*) Lt.

Ltd *abbr* (*Comm*: = *limited*) ≈ SA

luck [lʌk] *n* chance *f*; **bad ~** malchance *f*, malheur *m*; **good ~!** bonne chance!; **bad** *or* **hard** *or* **tough ~!** pas de chance!; **luckily** *adv* heureusement, par bonheur; **lucky** *adj* (*person*) qui a de la chance; (*coincidence*) heureux(-euse); (*number etc*) qui porte bonheur

lucrative ['lu:krətɪv] *adj* lucratif(-ive), rentable, qui rapporte

ludicrous ['lu:dɪkrəs] *adj* ridicule, absurde

luggage ['lʌgɪdʒ] *n* bagages *mpl*; **our ~ hasn't arrived** nos bagages ne sont pas arrivés; **could you send someone to collect our ~?** pourriez-vous envoyer quelqu'un chercher nos bagages?; **luggage rack** *n* (*in train*) porte-bagages *m inv*; (*on car*) galerie *f*

lukewarm ['lu:kwɔ:m] *adj* tiède

ıll [lʌl] *n* accalmie *f*; (*in conversation*) pause *f* ▷ *vt*: **to ~ sb to sleep** bercer qn pour qu'il s'endorme; **to be ~ed into a false sense of security** s'endormir dans une fausse sécurité
ıllaby ['lʌləbaɪ] *n* berceuse *f*
ımber ['lʌmbəʳ] *n* (*wood*) bois *m* de charpente; (*junk*) bric-à-brac *m inv* ▷ *vt* (BRIT *inf*): **to ~ sb with sth/sb** coller *or* refiler qch/qn à qn
ıminous ['lu:mɪnəs] *adj* lumineux(-euse)
ımp [lʌmp] *n* morceau *m*; (*in sauce*) grumeau *m*; (*swelling*) grosseur *f* ▷ *vt* (*also*: **~ together**) réunir, mettre en tas; **lump sum** *n* somme globale *or* forfaitaire; **lumpy** *adj* (*sauce*) qui a des grumeaux; (*bed*) défoncé(e), peu confortable
ınatic ['lu:nətɪk] *n* fou (folle), dément(e) ▷ *adj* fou (folle), dément(e)
ınch [lʌntʃ] *n* déjeuner *m* ▷ *vi* déjeuner; **lunch break, lunch hour** *n* pause *f* de midi, heure *f* du déjeuner; **lunchtime** *n*: **it's lunchtime** c'est l'heure du déjeuner
ıng [lʌŋ] *n* poumon *m*
ıre [luəʳ] *n* (*attraction*) attrait *m*, charme *m*; (*in hunting*) appât *m*, leurre *m* ▷ *vt* attirer *or* persuader par la ruse
ırk [lə:k] *vi* se tapir, se cacher
ısh [lʌʃ] *adj* luxuriant(e)
ıst [lʌst] *n* (*sexual*) désir (sexuel); (*Rel*) luxure *f*; (*fig*): **~ for** soif *f* de
ıxembourg ['lʌksəmbə:g] *n* Luxembourg *m*
ıxurious [lʌg'zjuərɪəs] *adj* luxueux(-euse)
ıxury ['lʌkʃərɪ] *n* luxe *m* ▷ *cpd* de luxe
ycra® ['laɪkrə] *n* Lycra® *m*
ing ['laɪɪŋ] *n* mensonge(s) *m(pl)* ▷ *adj* (*statement, story*) mensonger(-ère), faux (fausse); (*person*) menteur(-euse)
ons ['ljɔ̃] *n* Lyon
rics ['lɪrɪks] *npl* (*of song*) paroles *fpl*

m

m. *abbr* (= *metre*) m; (= *million*) M; (= *mile*) mi
ma [mɑ:] (*inf*) *n* maman *f*
M.A. *n abbr* (*Scol*) = **Master of Arts**
mac [mæk] *n* (BRIT) imper(méable *m*) *m*
macaroni [mækə'rəunɪ] *n* macaronis *mpl*
Macedonia [mæsɪ'dəunɪə] *n* Macédoine *f*; **Macedonian** [mæsɪ'dəunɪən] *adj* macédonien(ne) ▷ *n* Macédonien(ne); (*Ling*) macédonien *m*
machine [mə'ʃi:n] *n* machine *f* ▷ *vt* (*dress etc*) coudre à la machine; (*Tech*) usiner; **machine gun** *n* mitrailleuse *f*; **machinery** *n* machinerie *f*, machines *fpl*; (*fig*) mécanisme(s) *m(pl)*; **machine washable** *adj* (*garment*) lavable en machine
macho ['mætʃəu] *adj* macho *inv*
mackerel ['mækrl] *n* (*pl inv*) maquereau *m*
mackintosh ['mækɪntɔʃ] *n* (BRIT) imperméable *m*

mad [mæd] *adj* fou (folle); (*foolish*) insensé(e); (*angry*) furieux(-euse); **to be ~ (keen) about** *or* **on sth** (*inf*) être follement passionné de qch, être fou de qch
Madagascar [mædə'gæskəʳ] *n* Madagascar *m*
madam ['mædəm] *n* madame *f*
mad cow disease *n* maladie *f* des vaches folles
made [meɪd] *pt, pp of* **make**; **made-to-measure** *adj* (BRIT) fait(e) sur mesure; **made-up** ['meɪdʌp] *adj* (*story*) inventé(e), fabriqué(e)
madly ['mædlɪ] *adv* follement; **~ in love** éperdument amoureux(-euse)
madman ['mædmən] (*irreg*) *n* fou *m*, aliéné *m*
madness ['mædnɪs] *n* folie *f*
Madrid [mə'drɪd] *n* Madrid
Mafia ['mæfɪə] *n* maf(f)ia *f*
mag [mæg] *n abbr* (BRIT *inf*: = *magazine*) magazine *m*
magazine [mægə'zi:n] *n* (*Press*) magazine *m*, revue *f*; (*Radio, TV*) magazine
maggot ['mægət] *n* ver *m*, asticot *m*
magic ['mædʒɪk] *n* magie *f* ▷ *adj* magique; **magical** *adj* magique; (*experience, evening*) merveilleux(-euse); **magician** [mə'dʒɪʃən] *n* magicien(ne)
magistrate ['mædʒɪstreɪt] *n* magistrat *m*; juge *m*
magnet ['mægnɪt] *n* aimant *m*; **magnetic** [mæg'nɛtɪk] *adj* magnétique
magnificent [mæg'nɪfɪsnt] *adj* superbe, magnifique; (*splendid*: *robe, building*) somptueux(-euse), magnifique
magnify ['mægnɪfaɪ] *vt* grossir; (*sound*) amplifier; **magnifying glass** *n* loupe *f*
magpie ['mægpaɪ] *n* pie *f*
mahogany [mə'hɔgənɪ] *n* acajou *m*
maid [meɪd] *n* bonne *f*; (*in hotel*) femme *f* de chambre; **old ~** (*pej*) vieille fille
maiden name *n* nom *m* de jeune fill
mail [meɪl] *n* poste *f*; (*letters*) courrie *m* ▷ *vt* envoyer (par la poste); **by ~** p la poste; **mailbox** *n* (US, *also Comput* boîte *f* aux lettres; **mailing list** *n* list *f* d'adresses; **mailman** (*irreg*) *n* (US) facteur *m*; **mail-order** *n* vente *f* or achat *m* par correspondance
main [meɪn] *adj* principal(e) ▷ *n* (*pip* conduite principale, canalisation *f*; **the ~s** (*Elec*) le secteur; **the ~ thing** l'essentiel *m*; **in the ~** dans l'ensemble; **main course** *n* (*Culin*) plat *m* de résistance; **mainland** *n* continent *m*; **mainly** *adv* principalement, surtout; **main road** *n* grand axe, route nationale; **mainstream** *n* (*fig*) courant principa **main street** *n* rue *f* principale
maintain [meɪn'teɪn] *vt* entretenir (*continue*) maintenir, préserver; (*affirm*) soutenir; **maintenance** ['meɪntənəns] *n* entretien *m*; (*Law*: *alimony*) pension *f* alimentaire
maisonette [meɪzə'nɛt] *n* (BRIT) appartement *m* en duplex
maize [meɪz] *n* (BRIT) maïs *m*
majesty ['mædʒɪstɪ] *n* majesté *f*; (*title*): **Your M~** Votre Majesté
major ['meɪdʒəʳ] *n* (*Mil*) commanda *m* ▷ *adj* (*important*) important(e); (*most important*) principal(e); (*Mus*) majeur(e) ▷ *vi* (US *Scol*): **to ~ (in)** se spécialiser (en)
Majorca [mə'jɔ:kə] *n* Majorque *f*
majority [mə'dʒɔrɪtɪ] *n* majorité *f*
make [meɪk] *vt* (*pt, pp* **made**) faire; (*manufacture*) faire, fabriquer; (*earn*) gagner; (*decision*) prendre; (*friend*) se faire; (*speech*) faire, prononcer; (*cause to be*): **to ~ sb sad** *etc* rendre qn triste *etc*; (*force*): **to ~ sb do sth** obliger qn à faire qch, faire faire qch à qn; (*equal*): **2 and 2 ~ 4** 2 et 2 font 4 ▷ *n* (*manufacture*) fabrication *f*; (*brand*) marque *f*; **to ~ the bed** faire le lit; **to ~ a fool of sb** (*ridicule*) ridiculiser qn; (*trick*) avoir *or* duper

qn; **to ~ a profit** faire un *or* des bénéfice(s); **to ~ a loss** essuyer une perte; **to ~ it** (*in time etc*) y arriver; (*succeed*) réussir; **what time do you ~ it?** quelle heure avez-vous?; **I ~ it £249** d'après mes calculs ça fait 249 livres; **to be made of** être en; **to ~ do with** se contenter de; se débrouiller avec; **make off** *vi* filer; **make out** *vt* (*write out: cheque*) faire; (*decipher*) déchiffrer; (*understand*) comprendre; (*see*) distinguer; (*claim, imply*) prétendre, vouloir faire croire; **make up** *vt* (*invent*) inventer, imaginer; (*constitute*) constituer; (*parcel, bed*) faire ▷ *vi* se réconcilier; (*with cosmetics*) se maquiller, se farder; **to be made up of** se composer de; **make up for** *vt fus* compenser; (*lost time*) rattraper; **makeover** ['meɪkəuvəʳ] *n* (*by beautician*) soins *mpl* de maquillage; (*change of image*) changement *m* d'image; **maker** *n* fabricant *m*; (*of film, programme*) réalisateur(-trice); **makeshift** *adj* provisoire, improvisé(e); **make-up** *n* maquillage *m*

naking ['meɪkɪŋ] *n* (*fig*): **in the ~** en formation *or* gestation; **to have the ~s of** (*actor, athlete*) avoir l'étoffe de

nalaria [mə'lɛərɪə] *n* malaria *f*, paludisme *m*

Ialaysia [mə'leɪzɪə] *n* Malaisie *f*

nale [meɪl] *n* (*Biol, Elec*) mâle *m* ▷ *adj* (*sex, attitude*) masculin(e); (*animal*) mâle; (*child etc*) du sexe masculin

nalicious [mə'lɪʃəs] *adj* méchant(e), malveillant(e)

> Be careful not to translate *malicious* by the French word *malicieux*.

nalignant [mə'lɪgnənt] *adj* (*Med*) malin(-igne)

nall [mɔːl] *n* (*also*: **shopping ~**) centre commercial

nallet ['mælɪt] *n* maillet *m*

nalnutrition [mælnjuː'trɪʃən] *n* malnutrition *f*

malpractice [mæl'præktɪs] *n* faute professionnelle; négligence *f*

malt [mɔːlt] *n* malt *m* ▷ *cpd* (*whisky*) pur malt

Malta ['mɔːltə] *n* Malte *f*; **Maltese** [mɔː'tiːz] *adj* maltais(e) ▷ *n* (*pl inv*) Maltais(e)

mammal ['mæml] *n* mammifère *m*

mammoth ['mæməθ] *n* mammouth *m* ▷ *adj* géant(e), monstre

man (*pl* **men**) [mæn, mɛn] *n* homme *m*; (*Sport*) joueur *m*; (*Chess*) pièce *f* ▷ *vt* (*Naut: ship*) garnir d'hommes; (*machine*) assurer le fonctionnement de; (*Mil: gun*) servir; (*: post*) être de service à; **an old ~** un vieillard; **~ and wife** mari et femme

manage ['mænɪdʒ] *vi* se débrouiller; (*succeed*) y arriver, réussir ▷ *vt* (*business*) gérer; (*team, operation*) diriger; (*control: ship*) manier, manœuvrer; (*: person*) savoir s'y prendre avec; **to ~ to do** se débrouiller pour faire; (*succeed*) réussir à faire; **manageable** *adj* maniable; (*task etc*) faisable; (*number*) raisonnable; **management** *n* (*running*) administration *f*, direction *f*; (*people in charge: of business, firm*) dirigeants *mpl*, cadres *mpl*; (*: of hotel, shop, theatre*) direction; **manager** *n* (*of business*) directeur *m*; (*of institution etc*) administrateur *m*; (*of department, unit*) responsable *m/f*, chef *m*; (*of hotel etc*) gérant *m*; (*Sport*) manager *m*; (*of artist*) impresario *m*; **manageress** *n* directrice *f*; (*of hotel etc*) gérante *f*; **managerial** [mænɪ'dʒɪərɪəl] *adj* directorial(e); (*skills*) de cadre, de gestion; **managing director** *n* directeur général

mandarin ['mændərɪn] *n* (*also*: **~ orange**) mandarine *f*

mandate ['mændeɪt] *n* mandat *m*

mandatory ['mændətərɪ] *adj* obligatoire

mane [meɪn] *n* crinière *f*

maneuver [mə'nu:vər] (*US*) *n* = **manoeuvre**
mangetout ['mɔnʒ'tu:] *n* mange-tout *m inv*
mango ['mæŋgəu] (*pl* **mangoes**) *n* mangue *f*
man: manhole *n* trou *m* d'homme; **manhood** *n* (*age*) âge *m* d'homme; (*manliness*) virilité *f*
mania ['meɪnɪə] *n* manie *f*; **maniac** ['meɪnɪæk] *n* maniaque *m/f*; (*fig*) fou (folle)
manic ['mænɪk] *adj* maniaque
manicure ['mænɪkjuər] *n* manucure *f*
manifest ['mænɪfɛst] *vt* manifester ▷ *adj* manifeste, évident(e)
manifesto [mænɪ'fɛstəu] *n* (*Pol*) manifeste *m*
manipulate [mə'nɪpjuleɪt] *vt* manipuler; (*system, situation*) exploiter
man: mankind [mæn'kaɪnd] *n* humanité *f*, genre humain; **manly** *adj* viril(e); **man-made** *adj* artificiel(le); (*fibre*) synthétique
manner ['mænər] *n* manière *f*, façon *f*; (*behaviour*) attitude *f*, comportement *m*; **manners** *npl*; **(good) ~s** (bonnes) manières; **bad ~s** mauvaises manières; **all ~ of** toutes sortes de
manoeuvre, (*US*) **maneuver** [mə'nu:vər] *vt* (*move*) manœuvrer; (*manipulate: person*) manipuler; (*: situation*) exploiter ▷ *n* manœuvre *f*
manpower ['mænpauər] *n* main-d'œuvre *f*
mansion ['mænʃən] *n* château *m*, manoir *m*
manslaughter ['mænslɔ:tər] *n* homicide *m* involontaire
mantelpiece ['mæntlpi:s] *n* cheminée *f*
manual ['mænjuəl] *adj* manuel(le) ▷ *n* manuel *m*
manufacture [mænju'fæktʃər] *vt* fabriquer ▷ *n* fabrication *f*; **manufacturer** *n* fabricant *m*
manure [mə'njuər] *n* fumier *m*; (*artificial*) engrais *m*
manuscript ['mænjuskrɪpt] *n* manuscrit *m*
many ['mɛnɪ] *adj* beaucoup de, de nombreux(-euses) ▷ *pron* beaucoup, un grand nombre; **a great ~** un grand nombre (de); **~ a ...** bien des ..., plus d'un(e) ...
map [mæp] *n* carte *f*; (*of town*) plan *m*; **can you show it to me on the ~?** pouvez-vous me l'indiquer sur la carte?; **map out** *vt* tracer; (*fig: task*) planifier
maple ['meɪpl] *n* érable *m*
mar [mɑ:r] *vt* gâcher, gâter
marathon ['mærəθən] *n* marathon *m*
marble ['mɑ:bl] *n* marbre *m*; (*toy*) bille *f*
March [mɑ:tʃ] *n* mars *m*
march [mɑ:tʃ] *vi* marcher au pas; (*demonstrators*) défiler ▷ *n* marche *f*; (*demonstration*) manifestation *f*
mare [mɛər] *n* jument *f*
margarine [mɑ:dʒə'ri:n] *n* margarine *f*
margin ['mɑ:dʒɪn] *n* marge *f*; **marginal** *adj* marginal(e); **marginal seat** (*Pol*) siège disputé; **marginally** *adv* très légèrement, sensiblement
marigold ['mærɪgəuld] *n* souci *m*
marijuana [mærɪ'wɑ:nə] *n* marijuana *f*
marina [mə'ri:nə] *n* marina *f*
marinade *n* [mærɪ'neɪd] marinade
marinate ['mærɪneɪt] *vt* (faire) mariner
marine [mə'ri:n] *adj* marin(e) ▷ *n* fusilier marin; (*US*) marine *m*
marital ['mærɪtl] *adj* matrimonial(e); **marital status** *n* situation *f* de famille
maritime ['mærɪtaɪm] *adj* maritime
marjoram ['mɑ:dʒərəm] *n* marjolaine *f*
mark [mɑ:k] *n* marque *f*; (*of skid etc*) trace *f*; (*BRIT Scol*) note *f*; (*oven*

temperature): **(gas) ~ 4** thermostat m 4 ▷ vt (also Sport: player) marquer; (stain) tacher; (BRIT Scol) corriger, noter; **to ~ time** marquer le pas; **marked** adj (obvious) marqué(e), net(te); **marker** n (sign) jalon m; (bookmark) signet m

market ['mɑːkɪt] n marché m ▷ vt (Comm) commercialiser; **marketing** n marketing m; **marketplace** n place f du marché; (Comm) marché m; **market research** n étude f de marché

marmalade ['mɑːməleɪd] n confiture f d'oranges

maroon [mə'ruːn] vt: **to be ~ed** être abandonné(e); (fig) être bloqué(e) ▷ adj (colour) bordeaux inv

marquee [mɑː'kiː] n chapiteau m

marriage ['mærɪdʒ] n mariage m; **marriage certificate** n extrait m d'acte de mariage

married ['mærɪd] adj marié(e); (life, love) conjugal(e)

marrow ['mærəu] n (of bone) moelle f; (vegetable) courge f

marry ['mærɪ] vt épouser, se marier avec; (subj: father, priest etc) marier ▷ vi (also: **get married**) se marier

Mars [mɑːz] n (planet) Mars f

Marseilles [mɑː'seɪ] n Marseille

marsh [mɑːʃ] n marais m, marécage m

marshal ['mɑːʃl] n maréchal m; (US: fire, police) ≈ capitaine m; (for demonstration, meeting) membre m du service d'ordre ▷ vt rassembler

martyr ['mɑːtəʳ] n martyr(e)

marvel ['mɑːvl] n merveille f ▷ vi: **to ~ (at)** s'émerveiller (de); **marvellous**, (US) **marvelous** adj merveilleux(-euse)

Marxism ['mɑːksɪzəm] n marxisme m

Marxist ['mɑːksɪst] adj, n marxiste (m/f)

marzipan ['mɑːzɪpæn] n pâte f d'amandes

mascara [mæs'kɑːrə] n mascara m

mascot ['mæskət] n mascotte f

masculine ['mæskjulɪn] adj masculin(e) ▷ n masculin m

mash [mæʃ] vt (Culin) faire une purée de; **mashed potato(es)** n(pl) purée f de pommes de terre

mask [mɑːsk] n masque m ▷ vt masquer

mason ['meɪsn] n (also: **stone~**) maçon m; (also: **free~**) franc-maçon m; **masonry** n maçonnerie f

mass [mæs] n multitude f, masse f; (Physics) masse; (Rel) messe f ▷ cpd (communication) de masse; (unemployment) massif(-ive) ▷ vi se masser; **masses** npl; **the ~es** les masses; **~es of** (inf) des tas de

massacre ['mæsəkəʳ] n massacre m

massage ['mæsɑːʒ] n massage m ▷ vt masser

massive ['mæsɪv] adj énorme, massif(-ive)

mass media npl mass-media mpl

mass-produce ['mæsprə'djuːs] vt fabriquer en série

mast [mɑːst] n mât m; (Radio, TV) pylône m

master ['mɑːstəʳ] n maître m; (in secondary school) professeur m; (in primary school) instituteur m; (title for boys): **M~ X** Monsieur X ▷ vt maîtriser; (learn) apprendre à fond; **M~ of Arts/Science (MA/MSc)** n ≈ titulaire m/f d'une maîtrise (en lettres/science); **M~ of Arts/Science degree (MA/MSc)** n ≈ maîtrise f; **mastermind** n esprit supérieur ▷ vt diriger, être le cerveau de; **masterpiece** n chef-d'œuvre m

masturbate ['mæstəbeɪt] vi se masturber

mat [mæt] n petit tapis; (also: **door~**) paillasson m; (also: **table~**) set m de table ▷ adj = **matt**

match [mætʃ] n allumette f; (game) match m, partie f; (fig) égal(e) ▷ vt (also: **~ up**) assortir; (go well with)

m

aller bien avec, s'assortir à; (*equal*) égaler, valoir ▷ *vi* être assorti(e); **to be a good ~** être bien assorti(e); **matchbox** *n* boîte *f* d'allumettes; **matching** *adj* assorti(e)
mate [meɪt] *n* (*inf*) copain (copine); (*animal*) partenaire *m/f*, mâle (femelle); (*in merchant navy*) second *m* ▷ *vi* s'accoupler
material [mə'tɪərɪəl] *n* (*substance*) matière *f*, matériau *m*; (*cloth*) tissu *m*, étoffe *f*; (*information, data*) données *fpl* ▷ *adj* matériel(le); (*relevant: evidence*) pertinent(e); **materials** *npl* (*equipment*) matériaux *mpl*
materialize [mə'tɪərɪəlaɪz] *vi* se matérialiser, se réaliser
maternal [mə'tə:nl] *adj* maternel(le)
maternity [mə'tə:nɪtɪ] *n* maternité *f*; **maternity hospital** *n* maternité *f*; **maternity leave** *n* congé *m* de maternité
math [mæθ] *n* (US: = *mathematics*) maths *fpl*
mathematical [mæθə'mætɪkl] *adj* mathématique
mathematician [mæθəmə'tɪʃən] *n* mathématicien(ne)
mathematics [mæθə'mætɪks] *n* mathématiques *fpl*
maths [mæθs] *n abbr* (BRIT: = *mathematics*) maths *fpl*
matinée ['mætɪneɪ] *n* matinée *f*
matron ['meɪtrən] *n* (*in hospital*) infirmière-chef *f*; (*in school*) infirmière *f*
matt [mæt] *adj* mat(e)
matter ['mætə^r] *n* question *f*; (*Physics*) matière *f*, substance *f*; (*Med: pus*) pus *m* ▷ *vi* importer; **matters** *npl* (*affairs, situation*) la situation; **it doesn't ~** cela n'a pas d'importance; (*I don't mind*) cela ne fait rien; **what's the ~?** qu'est-ce qu'il y a?, qu'est-ce qui ne va pas?; **no ~ what** quoi qu'il arrive; **as a ~ of course** tout naturellement; **as a ~ of fact** en fait; **reading ~** (BRIT) de quoi lire, de la lecture
mattress ['mætrɪs] *n* matelas *m*
mature [mə'tjuə^r] *adj* mûr(e); (*cheese*) fait(e); (*wine*) arrivé(e) à maturité ▷ *vi* mûrir; (*cheese, wine*) se faire; **mature student** *n* étudiant(e) plus âgé(e) que la moyenne; **maturity** *n* maturité *f*
maul [mɔ:l] *vt* lacérer
mauve [məuv] *adj* mauve
max *abbr* = **maximum**
maximize ['mæksɪmaɪz] *vt* (*profits etc, chances*) maximiser
maximum (*pl* **maxima**) ['mæksɪməm, -mə] *adj* maximum ▷ *n* maximum *m*
May [meɪ] *n* mai *m*
may [meɪ] (*conditional* **might**) *vi* (*indicating possibility*): **he ~ come** il se peut qu'il vienne; (*be allowed to*): **~ I smoke?** puis-je fumer?; (*wishes*): **~ God bless you!** (que) Dieu vous bénisse!; **you ~ as well go** vous ferie[z] aussi bien d'y aller
maybe ['meɪbi:] *adv* peut-être; **~ he'll ...** peut-être qu'il ...
May Day *n* le Premier mai
mayhem ['meɪhɛm] *n* grabuge *m*
mayonnaise [meɪə'neɪz] *n* mayonnaise *f*
mayor [mɛə^r] *n* maire *m*; **mayoress** (*female mayor*) maire *m*; (*wife of mayor*) épouse *f* du maire
maze [meɪz] *n* labyrinthe *m*, dédale *m*
MD *n abbr* (*Comm*) = **managing director**
me [mi:] *pron* me, m' + *vowel or h mute*; (*stressed, after prep*) moi; **it's me** c'est moi; **he heard me** il m'a entendu; **give me a book** donnez-moi un livre; **it's for me** c'est pour moi
meadow ['mɛdəu] *n* prairie *f*, pré *m*
meagre, (US) **meager** ['mi:gə^r] *adj* maigre
meal [mi:l] *n* repas *m*; (*flour*) farine *f*; **mealtime** *n* heure *f* du repas
mean [mi:n] *adj* (*with money*) avare, radin(e); (*unkind*) mesquin(e), méchant(e); (*shabby*) misérable;

(*average*) moyen(ne) ▷ *vt* (*pt, pp* **meant**) (*signify*) signifier, vouloir dire; (*refer to*) faire allusion à, parler de; (*intend*): **to ~ to do** avoir l'intention de faire ▷ *n* moyenne *f*; **means** *npl* (*way, money*) moyens *mpl*; **to be ~t for** être destiné(e) à; **do you ~ it?** vous êtes sérieux?; **what do you ~?** que voulez-vous dire?; **by ~s of** (*instrument*) au moyen de; **by all ~s** je vous en prie

meaning ['mi:nɪŋ] *n* signification *f*, sens *m*; **meaningful** *adj* significatif(-ive); (*relationship*) valable; **meaningless** *adj* dénué(e) de sens

meant [mɛnt] *pt, pp of* **mean**

meantime ['mi:ntaɪm] *adv* (*also*: **in the ~**) pendant ce temps

meanwhile ['mi:nwaɪl] *adv* = **meantime**

measles ['mi:zlz] *n* rougeole *f*

measure ['mɛʒəʳ] *vt, vi* mesurer ▷ *n* mesure *f*; (*ruler*) règle (graduée)

measurements ['mɛʒəməntz] *npl* mesures *fpl*; **chest/hip ~** tour *m* de poitrine/hanches

meat [mi:t] *n* viande *f*; **I don't eat ~** je ne mange pas de viande; **cold ~s** (BRIT) viandes froides; **meatball** *n* boulette *f* de viande

Mecca ['mɛkə] *n* la Mecque

mechanic [mɪ'kænɪk] *n* mécanicien *m*; **can you send a ~?** pouvez-vous nous envoyer un mécanicien?; **mechanical** *adj* mécanique

mechanism ['mɛkənɪzəm] *n* mécanisme *m*

medal ['mɛdl] *n* médaille *f*; **medallist**, (US) **medalist** *n* (*Sport*) médaillé(e)

meddle ['mɛdl] *vi*: **to ~ in** se mêler de, s'occuper de; **to ~ with** toucher à

media ['mi:dɪə] *npl* media *mpl* ▷ *npl of* **medium**

mediaeval [mɛdɪ'i:vl] *adj* = **medieval**

mediate ['mi:dɪeɪt] *vi* servir d'intermédiaire

medical ['mɛdɪkl] *adj* médical(e) ▷ *n* (*also*: **~ examination**) visite médicale; (*private*) examen médical; **medical certificate** *n* certificat médical

medicated ['mɛdɪkeɪtɪd] *adj* traitant(e), médicamenteux(-euse)

medication [mɛdɪ'keɪʃən] *n* (*drugs etc*) médication *f*

medicine ['mɛdsɪn] *n* médecine *f*; (*drug*) médicament *m*

medieval [mɛdɪ'i:vl] *adj* médiéval(e)

mediocre [mi:dɪ'əukəʳ] *adj* médiocre

meditate ['mɛdɪteɪt] *vi*: **to ~ (on)** méditer (sur)

meditation [mɛdɪ'teɪʃən] *n* méditation *f*

Mediterranean [mɛdɪtə'reɪnɪən] *adj* méditerranéen(ne); **the ~ (Sea)** la (mer) Méditerranée

medium ['mi:dɪəm] *adj* moyen(ne) ▷ *n* (*pl* **media**) (*means*) moyen *m*; (*person*) médium *m*; **the happy ~** le juste milieu; **medium-sized** *adj* de taille moyenne; **medium wave** *n* (*Radio*) ondes moyennes, petites ondes

meek [mi:k] *adj* doux (douce), humble

meet (*pt, pp* **met**) [mi:t, mɛt] *vt* rencontrer; (*by arrangement*) retrouver, rejoindre; (*for the first time*) faire la connaissance de; (*go and fetch*): **I'll ~ you at the station** j'irai te chercher à la gare; (*opponent, danger, problem*) faire face à; (*requirements*) satisfaire à, répondre à ▷ *vi* (*friends*) se rencontrer; se retrouver; (*in session*) se réunir; (*join: lines, roads*) se joindre; **nice ~ing you** ravi d'avoir fait votre connaissance; **meet up** *vi*: **to ~ up with sb** rencontrer qn; **meet with** *vt fus* (*difficulty*) rencontrer; **to ~ with success** être couronné(e) de succès; **meeting** *n* (*of group of people*) réunion *f*; (*between individuals*) rendez-vous *m*; **she's at** *or* **in a meeting** (*Comm*) elle est en réunion; **meeting place** *n* lieu

m de (la) réunion; (*for appointment*) lieu de rendez-vous
megabyte ['mɛgəbaɪt] *n* (*Comput*) méga-octet *m*
megaphone ['mɛgəfəun] *n* porte-voix *m inv*
megapixel ['mɛgəpɪksl] *n* mégapixel *m*
melancholy ['mɛlənkəlɪ] *n* mélancolie *f* ▷ *adj* mélancolique
melody ['mɛlədɪ] *n* mélodie *f*
melon ['mɛlən] *n* melon *m*
melt [mɛlt] *vi* fondre ▷ *vt* faire fondre
member ['mɛmbə^r] *n* membre *m*; **M~ of the European Parliament** eurodéputé m; **M~ of Parliament** (BRIT) député m; **membership** *n* (*becoming a member*) adhésion *f*; admission *f*; (*members*) membres *mpl*, adhérents *mpl*; **membership card** *n* carte *f* de membre
memento [mə'mɛntəu] *n* souvenir *m*
memo ['mɛməu] *n* note *f* (de service)
memorable ['mɛmərəbl] *adj* mémorable
memorandum (*pl* **memoranda**) [mɛmə'rændəm, -də] *n* note *f* (de service)
memorial [mɪ'mɔːrɪəl] *n* mémorial *m* ▷ *adj* commémoratif(-ive)
memorize ['mɛməraɪz] *vt* apprendre *or* retenir par cœur
memory ['mɛmərɪ] *n* (*also Comput*) mémoire *f*; (*recollection*) souvenir *m*; **in ~ of** à la mémoire de; **memory card** *n* (*for digital camera*) carte *f* mémoire; **memory stick** *n* (*Comput*: *flash pen*) clé *f* USB; (: *card*) carte *f* mémoire
men [mɛn] *npl of* **man**
menace ['mɛnɪs] *n* menace *f*; (*inf*: *nuisance*) peste *f*, plaie *f* ▷ *vt* menacer
mend [mɛnd] *vt* réparer; (*darn*) raccommoder, repriser ▷ *n*: **on the ~** en voie de guérison; **to ~ one's ways** s'amender
meningitis [mɛnɪn'dʒaɪtɪs] *n* méningite *f*
menopause ['mɛnəupɔːz] *n* ménopause *f*
men's room (US) *n*: **the ~** les toilettes *fpl* pour hommes
menstruation [mɛnstru'eɪʃən] *n* menstruation *f*
menswear ['mɛnzwɛə^r] *n* vêtements *mpl* d'hommes
mental ['mɛntl] *adj* mental(e); **mental hospital** *n* hôpital *m* psychiatrique; **mentality** [mɛn'tælɪtɪ] *n* mentalité *f*; **mentally** *adv*: **to be mentally handicapped** être handicapé(e) mental(e); **the mentally ill** les malades mentaux
menthol ['mɛnθɔl] *n* menthol *m*
mention ['mɛnʃən] *n* mention *f* ▷ *vt* mentionner, faire mention de; **don't ~ it!** je vous en prie, il n'y a pas de quoi
menu ['mɛnjuː] *n* (*set menu*, *Comput*) menu *m*; (*list of dishes*) carte *f*
MEP *n abbr* = **Member of the European Parliament**
mercenary ['məːsɪnərɪ] *adj* (*person*) intéressé(e), mercenaire ▷ *n* mercenaire *m*
merchandise ['məːtʃəndaɪz] *n* marchandises *fpl*
merchant ['məːtʃənt] *n* négociant *m*, marchand *m*; **merchant bank** *n* (BRIT) banque *f* d'affaires; **merchant navy**, (US) **merchant marine** *n* marine marchande
merciless ['məːsɪlɪs] *adj* impitoyable, sans pitié
mercury ['məːkjurɪ] *n* mercure *m*
mercy ['məːsɪ] *n* pitié *f*, merci *f*; (*Rel*) miséricorde *f*; **at the ~ of** à la merci de
mere [mɪə^r] *adj* simple; (*chance*) pur(e); **a ~ two hours** seulement deux heures; **merely** *adv* simplement, purement
merge [məːdʒ] *vt* unir; (*Comput*) fusionner, interclasser ▷ *vi* (*colours*, *shapes*, *sounds*) se mêler; (*roads*) se

joindre; (*Comm*) fusionner; **merger** *n* (*Comm*) fusion *f*
meringue [mə'ræŋ] *n* meringue *f*
merit ['mɛrɪt] *n* mérite *m*, valeur *f* ▷ *vt* mériter
mermaid ['mə:meɪd] *n* sirène *f*
merry ['mɛrɪ] *adj* gai(e); **M~ Christmas!** joyeux Noël!; **merry-go-round** *n* manège *m*
mesh [mɛʃ] *n* mailles *fpl*
mess [mɛs] *n* désordre *m*, fouillis *m*, pagaille *f*; (*muddle: of life*) gâchis *m*; (: *of economy*) pagaille *f*; (*dirt*) saleté *f*; (*Mil*) mess *m*, cantine *f*; **to be (in) a ~** être en désordre; **to be/get o.s. in a ~** (*fig*) être/se mettre dans le pétrin; **mess about, mess around** (*inf*) *vi* perdre son temps; **mess up** *vt* (*inf: dirty*) salir; (*spoil*) gâcher; **mess with** (*inf*) *vt fus* (*challenge, confront*) se frotter à; (*interfere with*) toucher à
message ['mɛsɪdʒ] *n* message *m*; **can I leave a ~?** est-ce que je peux laisser un message?; **are there any ~s for me?** est-ce que j'ai des messages?
messenger ['mɛsɪndʒə^r] *n* messager *m*
Messrs, Messrs. ['mɛsəz] *abbr* (*on letters: = messieurs*) MM
messy ['mɛsɪ] *adj* (*dirty*) sale; (*untidy*) en désordre
met [mɛt] *pt, pp of* **meet**
metabolism [mɛ'tæbəlɪzəm] *n* métabolisme *m*
metal ['mɛtl] *n* métal *m* ▷ *cpd* en métal; **metallic** [mɛ'tælɪk] *adj* métallique
metaphor ['mɛtəfə^r] *n* métaphore *f*
meteor ['mi:tɪə^r] *n* météore *m*; **meteorite** ['mi:tɪəraɪt] *n* météorite *m/f*
meteorology [mi:tɪə'rɔlədʒɪ] *n* météorologie *f*
meter ['mi:tə^r] *n* (*instrument*) compteur *m*; (*also*: **parking ~**) parc(o)mètre *m*; (*US: unit*) = **metre** ▷ *vt* (*US Post*) affranchir à la machine
method ['mɛθəd] *n* méthode *f*; **methodical** [mɪ'θɔdɪkl] *adj* méthodique
methylated spirit ['mɛθɪleɪtɪd-] *n* (BRIT) alcool *m* à brûler
meticulous [mɛ'tɪkjuləs] *adj* méticuleux(-euse)
metre, (*US*) **meter** ['mi:tə^r] *n* mètre *m*
metric ['mɛtrɪk] *adj* métrique
metro ['metrəu] *n* métro *m*
metropolitan [mɛtrə'pɔlɪtən] *adj* métropolitain(e); **the M~ Police** (BRIT) la police londonienne
Mexican ['mɛksɪkən] *adj* mexicain(e) ▷ *n* Mexicain(e)
Mexico ['mɛksɪkəu] *n* Mexique *m*
mg *abbr* (= *milligram*) mg
mice [maɪs] *npl of* **mouse**
micro... [maɪkrəu] *prefix* micro...; **microchip** *n* (*Elec*) puce *f*; **microphone** *n* microphone *m*; **microscope** *n* microscope *m*
mid [mɪd] *adj*: **~ May** la mi-mai; **~ afternoon** le milieu de l'après-midi; **in ~ air** en plein ciel; **he's in his ~ thirties** il a dans les trente-cinq ans; **midday** *n* midi *m*
middle ['mɪdl] *n* milieu *m*; (*waist*) ceinture *f*, taille *f* ▷ *adj* du milieu; (*average*) moyen(ne); **in the ~ of the night** au milieu de la nuit; **middle-aged** *adj* d'un certain âge, ni vieux ni jeune; **Middle Ages** *npl*; **the Middle Ages** le moyen âge; **middle class(es)** *n(pl)*: **the middle class(es)** ≈ les classes moyennes; **middle-class** *adj* bourgeois(e); **Middle East** *n*: **the Middle East** le Proche-Orient, le Moyen-Orient; **middle name** *n* second prénom; **middle school** *n* (*US*) *école pour les enfants de 12 à 14 ans* ≈ collège *m*; (BRIT) *école pour les enfants de 8 à 14 ans*
midge [mɪdʒ] *n* moucheron *m*
midget ['mɪdʒɪt] *n* nain(e)
midnight ['mɪdnaɪt] *n* minuit *m*
midst [mɪdst] *n*: **in the ~ of** au milieu de

midsummer [mɪd'sʌmə^r] *n* milieu *m* de l'été
midway [mɪd'weɪ] *adj, adv*: **~ (between)** à mi-chemin (entre); **~ through ...** au milieu de ..., en plein(e) ...
midweek [mɪd'wi:k] *adv* au milieu de la semaine, en pleine semaine
midwife (*pl* **midwives**) ['mɪdwaɪf, -vz] *n* sage-femme *f*
midwinter [mɪd'wɪntə^r] *n* milieu *m* de l'hiver
might [maɪt] *vb see* **may** ▷ *n* puissance *f*, force *f*; **mighty** *adj* puissant(e)
migraine ['mi:greɪn] *n* migraine *f*
migrant ['maɪgrənt] *n* (*bird, animal*) migrateur *m*; (*person*) migrant(e) ▷ *adj* migrateur(-trice); migrant(e); (*worker*) saisonnier(-ière)
migrate [maɪ'greɪt] *vi* migrer
migration [maɪ'greɪʃən] *n* migration *f*
mike [maɪk] *n abbr* (= *microphone*) micro *m*
mild [maɪld] *adj* doux (douce); (*reproach, infection*) léger(-ère); (*illness*) bénin(-igne); (*interest*) modéré(e); (*taste*) peu relevé(e); **mildly** ['maɪldlɪ] *adv* doucement; légèrement; **to put it mildly** (*inf*) c'est le moins qu'on puisse dire
mile [maɪl] *n* mil(l)e *m* (= *1609 m*); **mileage** *n* distance *f* en milles, ≈ kilométrage *m*; **mileometer** [maɪ'lɔmɪtə^r] *n* compteur *m* kilométrique; **milestone** *n* borne *f*; (*fig*) jalon *m*
military ['mɪlɪtərɪ] *adj* militaire
militia [mɪ'lɪʃə] *n* milice *f*
milk [mɪlk] *n* lait *m* ▷ *vt* (*cow*) traire; (*fig: person*) dépouiller, plumer; (*: situation*) exploiter à fond; **milk chocolate** *n* chocolat *m* au lait; **milkman** (*irreg*) *n* laitier *m*; **milky** *adj* (*drink*) au lait; (*colour*) laiteux(-euse)
mill [mɪl] *n* moulin *m*; (*factory*) usine *f*, fabrique *f*; (*spinning mill*) filature *f*; (*flour mill*) minoterie *f* ▷ *vt* moudre, broyer ▷ *vi* (*also*: **~ about**) grouiller
millennium (*pl* **millenniums** *or* **millennia**) [mɪ'lɛnɪəm, -'lɛnɪə] *n* millénaire *m*
milli... ['mɪlɪ] *prefix* milli...; **milligram(me)** *n* milligramme *m*; **millilitre**, (*US*) **milliliter** *n* millilitre *m*; **millimetre**, (*US*) **millimeter** *n* millimètre *m*
million ['mɪljən] *n* million *m*; **a ~ pounds** un million de livres sterling; **millionaire** [mɪljə'nɛə^r] *n* millionnaire *m*; **millionth** [mɪljə'nθ] *num* millionième
milometer [maɪ'lɔmɪtə^r] *n* = **mileometer**
mime [maɪm] *n* mime *m* ▷ *vt, vi* mimer
mimic ['mɪmɪk] *n* imitateur(-trice) ▷ *vt, vi* imiter, contrefaire
min. *abbr* (= *minute(s)*) mn.; (= *minimum*) min.
mince [mɪns] *vt* hacher ▷ *n* (BRIT *Culin*) viande hachée, hachis *m*; **mincemeat** *n hachis de fruits secs utilisés en pâtisserie*; (*US*) viande hachée, hachis *m*; **mince pie** *n sorte de tarte aux fruits secs*
mind [maɪnd] *n* esprit *m* ▷ *vt* (*attend to, look after*) s'occuper de; (*be careful*) faire attention à; (*object to*): **I don't ~ the noise** je ne crains pas le bruit, le bruit ne me dérange pas; **it is on my ~** cela me préoccupe; **to change one's ~** changer d'avis; **to my ~** à mon avis, selon moi; **to bear sth in ~** tenir compte de qch; **to have sb/sth in ~** avoir qn/qch en tête; **to make up one's ~** se décider; **do you ~ if ...?** est-ce que cela vous gêne si ...?; **I don't ~** cela ne me dérange pas; (*don't care*) ça m'est égal; **~ you, ...** remarquez, ...; **never ~** peu importe, ça ne fait rien; (*don't worry*) ne vous en faites pas; **"~ the step"** "attention à la marche"; **mindless** *adj* irréfléchi(e); (*violence, crime*) insensé(e); (*boring: job*) idiot(e)

mine¹ [maɪn] *pron* le (la) mien(ne), les miens (miennes); **a friend of ~** un de mes amis, un ami à moi; **this book is ~** ce livre est à moi

mine² [maɪn] *n* mine *f* ▷ *vt* (*coal*) extraire; (*ship, beach*) miner;
minefield *n* champ *m* de mines;
miner *n* mineur *m*

mineral ['mɪnərəl] *adj* minéral(e) ▷ *n* minéral *m*; **mineral water** *n* eau minérale

mingle ['mɪŋgl] *vi*: **to ~ with** se mêler à

miniature ['mɪnətʃə^r] *adj* (en) miniature ▷ *n* miniature *f*

minibar ['mɪnɪbɑː^r] *n* minibar *m*

minibus ['mɪnɪbʌs] *n* minibus *m*

minicab ['mɪnɪkæb] *n* (BRIT) taxi *m* indépendant

minimal ['mɪnɪml] *adj* minimal(e)

minimize ['mɪnɪmaɪz] *vt* (*reduce*) réduire au minimum; (*play down*) minimiser

minimum ['mɪnɪməm] *n* (*pl* **minima**) minimum *m* ▷ *adj* minimum

mining ['maɪnɪŋ] *n* exploitation minière

miniskirt ['mɪnɪskəːt] *n* mini-jupe *f*

minister ['mɪnɪstə^r] *n* (BRIT Pol) ministre *m*; (*Rel*) pasteur *m*

ministry ['mɪnɪstrɪ] *n* (BRIT Pol) ministère *m*; (*Rel*): **to go into the ~** devenir pasteur

minor ['maɪnə^r] *adj* petit(e), de peu d'importance; (*Mus, poet, problem*) mineur(e) ▷ *n* (*Law*) mineur(e)

minority [maɪ'nɔrɪtɪ] *n* minorité *f*

mint [mɪnt] *n* (*plant*) menthe *f*; (*sweet*) bonbon *m* à la menthe ▷ *vt* (*coins*) battre; **the (Royal) M~, the (US) M~** ≈ l'hôtel *m* de la Monnaie; **in ~ condition** à l'état de neuf

minus ['maɪnəs] *n* (*also*: **~ sign**) signe *m* moins ▷ *prep* moins; **12 ~ 6 equals 6** 12 moins 6 égal 6; **~ 24°C** moins 24°C

minute¹ ['mɪnɪt] *n* minute *f*;
minutes *npl* (*of meeting*) procès-verbal *m*, compte rendu; **wait a ~!** (attendez) un instant!; **at the last ~** à la dernière minute

minute² [maɪ'njuːt] *adj* minuscule; (*detailed*) minutieux(-euse); **in ~ detail** par le menu

miracle ['mɪrəkl] *n* miracle *m*

miraculous [mɪ'rækjuləs] *adj* miraculeux(-euse)

mirage ['mɪrɑːʒ] *n* mirage *m*

mirror ['mɪrə^r] *n* miroir *m*, glace *f*; (*in car*) rétroviseur *m*

misbehave [mɪsbɪ'heɪv] *vi* mal se conduire

misc. *abbr* = **miscellaneous**

miscarriage ['mɪskærɪdʒ] *n* (*Med*) fausse couche; **~ of justice** erreur *f* judiciaire

miscellaneous [mɪsɪ'leɪnɪəs] *adj* (*items, expenses*) divers(es); (*selection*) varié(e)

mischief ['mɪstʃɪf] *n* (*naughtiness*) sottises *fpl*; (*playfulness*) espièglerie *f*; (*harm*) mal *m*, dommage *m*; (*maliciousness*) méchanceté *f*;
mischievous ['mɪstʃɪvəs] *adj* (*playful, naughty*) coquin(e), espiègle

misconception ['mɪskən'sɛpʃən] *n* idée fausse

misconduct [mɪs'kɔndʌkt] *n* inconduite *f*; **professional ~** faute professionnelle

miser ['maɪzə^r] *n* avare *m/f*

miserable ['mɪzərəbl] *adj* (*person, expression*) malheureux(-euse); (*conditions*) misérable; (*weather*) maussade; (*offer, donation*) minable; (*failure*) pitoyable

misery ['mɪzərɪ] *n* (*unhappiness*) tristesse *f*; (*pain*) souffrances *fpl*; (*wretchedness*) misère *f*

misfortune [mɪs'fɔːtʃən] *n* malchance *f*, malheur *m*

misgiving [mɪs'gɪvɪŋ] *n* (*apprehension*) craintes *fpl*; **to have ~s about sth** avoir des doutes quant à qch

misguided [mɪs'gaɪdɪd] *adj* malavisé(e)

mishap ['mɪshæp] *n* mésaventure *f*
misinterpret [mɪsɪn'tə:prɪt] *vt* mal interpréter
misjudge [mɪs'dʒʌdʒ] *vt* méjuger, se méprendre sur le compte de
mislay [mɪs'leɪ] *vt* (*irreg: like* **lay**) égarer
mislead [mɪs'li:d] *vt* (*irreg: like* **lead**[1]) induire en erreur; **misleading** *adj* trompeur(-euse)
misplace [mɪs'pleɪs] *vt* égarer; **to be ~d** (*trust etc*) être mal placé(e)
misprint ['mɪsprɪnt] *n* faute *f* d'impression
misrepresent [mɪsrɛprɪ'zɛnt] *vt* présenter sous un faux jour
Miss [mɪs] *n* Mademoiselle
miss [mɪs] *vt* (*fail to get, attend, see*) manquer, rater; (*regret the absence of*): **I ~ him/it** il/cela me manque ▷ *vi* manquer ▷ *n* (*shot*) coup manqué; **we ~ed our train** nous avons raté notre train; **you can't ~ it** vous ne pouvez pas vous tromper; **miss out** *vt* (BRIT) oublier; **miss out on** *vt fus* (*fun, party*) rater, manquer; (*chance, bargain*) laisser passer
missile ['mɪsaɪl] *n* (*Aviat*) missile *m*; (*object thrown*) projectile *m*
missing ['mɪsɪŋ] *adj* manquant(e); (*after escape, disaster: person*) disparu(e); **to go ~** disparaître; **~ in action** (*Mil*) porté(e) disparu(e)
mission ['mɪʃən] *n* mission *f*; **on a ~ to sb** en mission auprès de qn; **missionary** *n* missionnaire *m/f*
misspell ['mɪs'spɛl] *vt* (*irreg: like* **spell**) mal orthographier
mist [mɪst] *n* brume *f* ▷ *vi* (*also:* **~ over, ~ up**) devenir brumeux(-euse); (BRIT: *windows*) s'embuer
mistake [mɪs'teɪk] *n* erreur *f*, faute *f* ▷ *vt* (*irreg: like* **take**) (*meaning*) mal comprendre; (*intentions*) se méprendre sur; **to ~ for** prendre pour; **by ~** par erreur, par inadvertance; **to make a ~** (*in writing*) faire une faute; (*in calculating etc*) faire une erreur; **there must be some ~** il doit y avoir une erreur, se tromper; **mistaken** *pp of* **mistake** ▷ *adj* (*idea etc*) erroné(e); **to be mistaken** faire erreur, se tromper
mister ['mɪstə^r] *n* (*inf*) Monsieur *m*; *see* **Mr**
mistletoe ['mɪsltəu] *n* gui *m*
mistook [mɪs'tuk] *pt of* **mistake**
mistress ['mɪstrɪs] *n* maîtresse *f*; (BRIT: *in primary school*) institutrice *f*; (: *in secondary school*) professeur *m*
mistrust [mɪs'trʌst] *vt* se méfier de
misty ['mɪstɪ] *adj* brumeux(-euse); (*glasses, window*) embué(e)
misunderstand [mɪsʌndə'stænd] *vt, vi* (*irreg: like* **understand**) mal comprendre; **misunderstanding** *n* méprise *f*, malentendu *m*; **there's been a misunderstanding** il y a eu un malentendu
misunderstood [mɪsʌndə'stud] *pt, pp of* **misunderstand** ▷ *adj* (*person*) incompris(e)
misuse *n* [mɪs'ju:s] mauvais emploi; (*of power*) abus *m* ▷ *vt* [mɪs'ju:z] mal employer; abuser de
mitt(en) ['mɪt(n)] *n* moufle *f*; (*fingerless*) mitaine *f*
mix [mɪks] *vt* mélanger; (*sauce, drink etc*) préparer ▷ *vi* se mélanger; (*socialize*): **he doesn't ~ well** il est peu sociable ▷ *n* mélange *m*; **to ~ sth with sth** mélanger qch à qch; **cake ~** préparation *f* pour gâteau; **mix up** *vt* mélanger; (*confuse*) confondre; **to be ~ed up in sth** être mêlé(e) à qch or impliqué(e) dans qch; **mixed** *adj* (*feelings, reactions*) contradictoire; (*school, marriage*) mixte; **mixed grill** *n* (BRIT) assortiment *m* de grillades; **mixed salad** *n* salade *f* de crudités; **mixed-up** *adj* (*person*) désorienté(e), embrouillé(e); **mixer** *n* (*for food*) batteur *m*, mixeur *m*; (*drink*) boisson gazeuse (*servant à couper un alcool*); (*person*): **he is a good mixer** il est très sociable; **mixture** *n* assortiment

m, mélange m; (*Med*) préparation f; **mix-up** n: **there was a mix-up** il y a eu confusion

ml *abbr* (= *millilitre(s)*) ml

mm *abbr* (= *millimetre*) mm

moan [məun] n gémissement m ▷ vi gémir; (*inf: complain*): **to ~ (about)** se plaindre (de)

moat [məut] n fossé m, douves fpl

mob [mɔb] n foule f; (*disorderly*) cohue f ▷ vt assaillir

mobile ['məubaɪl] *adj* mobile ▷ n (*Art*) mobile m; (BRIT *inf: phone*) (téléphone m) portable m, mobile m; **mobile home** n caravane f; **mobile phone** n (téléphone m) portable m, mobile m

mobility [məu'bɪlɪtɪ] n mobilité f

mobilize ['məubɪlaɪz] vt, vi mobiliser

mock [mɔk] vt ridiculiser; (*laugh at*) se moquer de ▷ *adj* faux (fausse); **mocks** npl (BRIT *Scol*) examens blancs; **mockery** n moquerie f, raillerie f

mod cons ['mɔd'kɔnz] *npl abbr* (BRIT) = **modern conveniences**; *see* **convenience**

mode [məud] n mode m; (*of transport*) moyen m

model ['mɔdl] n modèle m; (*person: for fashion*) mannequin m; (*: for artist*) modèle ▷ vt (*with clay etc*) modeler ▷ vi travailler comme mannequin ▷ *adj* (*railway: toy*) modèle réduit *inv*; (*child, factory*) modèle; **to ~ clothes** présenter des vêtements; **to ~ o.s. on** imiter

modem ['məudɛm] n modem m

moderate ['mɔdərət] *adj* modéré(e); (*amount, change*) peu important(e) ▷ vi ['mɔdəreɪt] se modérer, se calmer ▷ vt ['mɔdəreɪt] modérer

moderation [mɔdə'reɪʃən] n modération f, mesure f; **in ~** à dose raisonnable, pris(e) *or* pratiqué(e) modérément

modern ['mɔdən] *adj* moderne; **modernize** vt moderniser; **modern languages** npl langues vivantes

modest ['mɔdɪst] *adj* modeste; **modesty** n modestie f

modification [mɔdɪfɪ'keɪʃən] n modification f

modify ['mɔdɪfaɪ] vt modifier

module ['mɔdju:l] n module m

mohair ['məuhɛə^r] n mohair m

Mohammed [mə'hæmɛd] n Mahomet m

moist [mɔɪst] *adj* humide, moite; **moisture** ['mɔɪstʃə^r] n humidité f; (*on glass*) buée f; **moisturizer** ['mɔɪstʃəraɪzə^r] n crème hydratante

mold *etc* [məuld] (US) n = **mould**

mole [məul] n (*animal, spy*) taupe f; (*spot*) grain m de beauté

molecule ['mɔlɪkju:l] n molécule f

molest [məu'lɛst] vt (*assault sexually*) attenter à la pudeur de

molten ['məultən] *adj* fondu(e); (*rock*) en fusion

mom [mɔm] n (US) = **mum**

moment ['məumənt] n moment m, instant m; **at the ~** en ce moment; **momentarily** *adv* momentanément; (US: *soon*) bientôt; **momentary** *adj* momentané(e), passager(-ère); **momentous** [məu'mɛntəs] *adj* important(e), capital(e)

momentum [məu'mɛntəm] n élan m, vitesse acquise; (*fig*) dynamique f; **to gather ~** prendre de la vitesse; (*fig*) gagner du terrain

mommy ['mɔmɪ] n (US: *mother*) maman f

Monaco ['mɔnəkəu] n Monaco f

monarch ['mɔnək] n monarque m; **monarchy** n monarchie f

monastery ['mɔnəstərɪ] n monastère m

Monday ['mʌndɪ] n lundi m

monetary ['mʌnɪtərɪ] *adj* monétaire

money ['mʌnɪ] n argent m; **to make ~** (*person*) gagner de l'argent; (*business*) rapporter; **money belt** n ceinture-portefeuille f; **money order** n mandat m

mongrel ['mʌŋgrəl] n (*dog*) bâtard m

monitor ['mɔnɪtəʳ] *n (TV, Comput)* écran *m*, moniteur *m* ▷ *vt* contrôler; (*foreign station*) être à l'écoute de; (*progress*) suivre de près
monk [mʌŋk] *n* moine *m*
monkey ['mʌŋkɪ] *n* singe *m*
monologue ['mɔnəlɔg] *n* monologue *m*
monopoly [mə'nɔpəlɪ] *n* monopole *m*
monosodium glutamate [mɔnə'səudɪəm 'glu:təmeɪt] *n* glutamate *m* de sodium
monotonous [mə'nɔtənəs] *adj* monotone
monsoon [mɔn'su:n] *n* mousson *f*
monster ['mɔnstəʳ] *n* monstre *m*
month [mʌnθ] *n* mois *m*; **monthly** *adj* mensuel(le) ▷ *adv* mensuellement
Montreal [mɔntrɪ'ɔ:l] *n* Montréal
monument ['mɔnjumənt] *n* monument *m*
mood [mu:d] *n* humeur *f*, disposition *f*; **to be in a good/bad ~** être de bonne/mauvaise humeur; **moody** *adj* (*variable*) d'humeur changeante, lunatique; (*sullen*) morose, maussade
moon [mu:n] *n* lune *f*; **moonlight** *n* clair *m* de lune
moor [muəʳ] *n* lande *f* ▷ *vt* (*ship*) amarrer ▷ *vi* mouiller
moose [mu:s] *n* (*pl inv*) élan *m*
mop [mɔp] *n* balai *m* à laver; (*for dishes*) lavette *f* à vaisselle ▷ *vt* éponger, essuyer; **~ of hair** tignasse *f*; **mop up** *vt* éponger
mope [məup] *vi* avoir le cafard, se morfondre
moped ['məupɛd] *n* cyclomoteur *m*
moral ['mɔrl] *adj* moral(e) ▷ *n* morale *f*; **morals** *npl* moralité *f*
morale [mɔ'rɑ:l] *n* moral *m*
morality [mə'rælɪtɪ] *n* moralité *f*
morbid ['mɔ:bɪd] *adj* morbide

KEYWORD

more [mɔ:ʳ] *adj* **1** (*greater in number etc*) plus (de), davantage (de); **more people/work (than)** plus de gens/de travail (que)
2 (*additional*) encore (de); **do you want (some) more tea?** voulez-vous encore du thé?; **is there any more wine?** reste-t-il du vin?; **I have no** *or* **I don't have any more money** je n'ai plus d'argent; **it'll take a few more weeks** ça prendra encore quelques semaines
▸ *pron* plus, davantage; **more than 10** plus de 10; **it cost more than we expected** cela a coûté plus que prévu; **I want more** j'en veux plus *or* davantage; **is there any more?** est-ce qu'il en reste?; **there's no more** il n'y en a plus; **a little more** un peu plus; **many/much more** beaucoup plus, bien davantage
▸ *adv* plus; **more dangerous/easily (than)** plus dangereux/facilement (que); **more and more expensive** de plus en plus cher; **more or less** plus ou moins; **more than ever** plus que jamais; **once more** encore une fois, une fois de plus

moreover [mɔ:'rəuvəʳ] *adv* de plus
morgue [mɔ:g] *n* morgue *f*
morning ['mɔ:nɪŋ] *n* matin *m*; (*as duration*) matinée *f* ▷ *cpd* matinal(e); (*paper*) du matin; **in the ~** le matin; **7 o'clock in the ~** 7 heures du matin; **morning sickness** *n* nausées matinales
Moroccan [mə'rɔkən] *adj* marocain(e) ▷ *n* Marocain(e)
Morocco [mə'rɔkəu] *n* Maroc *m*
moron ['mɔ:rɔn] *n* idiot(e), minus *m/f*
morphine ['mɔ:fi:n] *n* morphine *f*
morris dancing ['mɔrɪs-] *n* (BRIT) *danses folkloriques anglaises*

MORRIS DANCING

Le *morris dancing* est une danse folklorique anglaise traditionnellement réservée aux

- hommes. Habillés tout en blanc
- et portant des clochettes, ils
- exécutent différentes figures avec
- des mouchoirs et de longs bâtons.
- Cette danse est très populaire dans
- les fêtes de village.

Morse [mɔːs] *n* (*also:* **~ code**) morse *m*
mortal ['mɔːtl] *adj, n* mortel(le)
mortar ['mɔːtəʳ] *n* mortier *m*
mortgage ['mɔːgɪdʒ] *n* hypothèque *f*; (*loan*) prêt *m* (*or* crédit *m*) hypothécaire ▷ *vt* hypothéquer
mortician [mɔː'tɪʃən] *n* (US) entrepreneur *m* de pompes funèbres
mortified ['mɔːtɪfaɪd] *adj* mort(e) de honte
mortuary ['mɔːtjuərɪ] *n* morgue *f*
mosaic [məu'zeɪɪk] *n* mosaïque *f*
Moscow ['mɔskəu] *n* Moscou
Moslem ['mɔzləm] *adj, n* = **Muslim**
mosque [mɔsk] *n* mosquée *f*
mosquito [mɔs'kiːtəu] (*pl* **mosquitoes**) *n* moustique *m*
moss [mɔs] *n* mousse *f*
most [məust] *adj* (*majority of*) la plupart de; (*greatest amount of*) le plus de ▷ *pron* la plupart ▷ *adv* le plus; (*very*) très, extrêmement; **the ~** le plus; **~ fish** la plupart des poissons; **the ~ beautiful woman in the world** la plus belle femme du monde; **~ of** (*with plural*) la plupart de; (*with singular*) la plus grande partie de; **~ of them** la plupart d'entre eux; **~ of the time** la plupart du temps; **I saw ~** (*a lot but not all*) j'en ai vu la plupart; (*more than anyone else*) c'est moi qui en ai vu le plus; **at the (very) ~** au plus; **to make the ~ of** profiter au maximum de; **mostly** *adv* (*chiefly*) surtout, principalement; (*usually*) généralement
MOT *n abbr* (BRIT: = *Ministry of Transport*): **the ~ (test)** *visite technique (annuelle) obligatoire des véhicules à moteur*
motel [məu'tɛl] *n* motel *m*
moth [mɔθ] *n* papillon *m* de nuit; (*in clothes*) mite *f*
mother ['mʌðəʳ] *n* mère *f* ▷ *vt* (*pamper, protect*) dorloter; **motherhood** *n* maternité *f*; **mother-in-law** *n* belle-mère *f*; **mother-of-pearl** *n* nacre *f*; **Mother's Day** *n* fête *f* des Mères; **mother-to-be** *n* future maman; **mother tongue** *n* langue maternelle
motif [məu'tiːf] *n* motif *m*
motion ['məuʃən] *n* mouvement *m*; (*gesture*) geste *m*; (*at meeting*) motion *f* ▷ *vt, vi*: **to ~ (to) sb to do** faire signe à qn de faire; **motionless** *adj* immobile, sans mouvement; **motion picture** *n* film *m*
motivate ['məutɪveɪt] *vt* motiver
motivation [məutɪ'veɪʃən] *n* motivation *f*
motive ['məutɪv] *n* motif *m*, mobile *m*
motor ['məutəʳ] *n* moteur *m*; (BRIT *inf: vehicle*) auto *f*; **motorbike** *n* moto *f*; **motorboat** *n* bateau *m* à moteur; **motorcar** *n* (BRIT) automobile *f*; **motorcycle** *n* moto *f*; **motorcyclist** *n* motocycliste *m/f*; **motoring** (BRIT) *n* tourisme *m* automobile; **motorist** *n* automobiliste *m/f*; **motor racing** *n* (BRIT) course *f* automobile; **motorway** *n* (BRIT) autoroute *f*
motto ['mɔtəu] (*pl* **mottoes**) *n* devise *f*
mould, (US) **mold** [məuld] *n* moule *m*; (*mildew*) moisissure *f* ▷ *vt* mouler, modeler; (*fig*) façonner; **mouldy**, (US) **moldy** *adj* moisi(e); (*smell*) de moisi
mound [maund] *n* monticule *m*, tertre *m*
mount [maunt] *n* (*hill*) mont *m*, montagne *f*; (*horse*) monture *f*; (*for picture*) carton *m* de montage ▷ *vt* monter; (*horse*) monter à; (*bike*) monter sur; (*picture*) monter sur carton ▷ *vi* (*inflation, tension*) augmenter; **mount up** *vi* s'élever, monter; (*bills, problems, savings*) s'accumuler

mountain ['mauntɪn] *n* montagne *f* ▷ *cpd* de (la) montagne; **mountain bike** *n* VTT *m*, vélo *m* tout terrain; **mountaineer** *n* alpiniste *m/f*; **mountaineering** *n* alpinisme *m*; **mountainous** *adj* montagneux(-euse); **mountain range** *n* chaîne *f* de montagnes

mourn [mɔ:n] *vt* pleurer ▷ *vi*: **to ~ for sb** pleurer qn; **to ~ for sth** se lamenter sur qch; **mourner** *n* parent(e) *or* ami(e) du défunt; personne *f* en deuil *or* venue rendre hommage au défunt; **mourning** *n* deuil *m*; **in mourning** en deuil

mouse (*pl* **mice**) [maus, maɪs] *n* (*also Comput*) souris *f*; **mouse mat** *n* (*Comput*) tapis *m* de souris

moussaka [mu'sɑ:kə] *n* moussaka *f*

mousse [mu:s] *n* mousse *f*

moustache, (US) **mustache** [məs'tɑ:ʃ] *n* moustache(s) *f(pl)*

mouth (*pl* **mouths**) [mauθ, mauðz] *n* bouche *f*; (*of dog, cat*) gueule *f*; (*of river*) embouchure *f*; (*of hole, cave*) ouverture *f*; **mouthful** *n* bouchée *f*; **mouth organ** *n* harmonica *m*; **mouthpiece** *n* (*of musical instrument*) bec *m*, embouchure *f*; (*spokesperson*) porte-parole *m inv*; **mouthwash** *n* eau *f* dentifrice

move [mu:v] *n* (*movement*) mouvement *m*; (*in game*) coup *m* (*: turn to play*) tour *m*; (*change of house*) déménagement *m*; (*change of job*) changement *m* d'emploi ▷ *vt* déplacer, bouger; (*emotionally*) émouvoir; (*Pol: resolution etc*) proposer ▷ *vi* (*gen*) bouger, remuer; (*traffic*) circuler; (*also*: **~ house**) déménager; (*in game*) jouer; **can you ~ your car, please?** pouvez-vous déplacer votre voiture, s'il vous plaît?; **to ~ sb to do sth** pousser *or* inciter qn à faire qch; **to get a ~ on** se dépêcher, se remuer; **move back** *vi* revenir, retourner; **move in** *vi* (*to a house*) emménager; (*police, soldiers*) intervenir; **move off** *vi* s'éloigner, s'en aller; **move on** *vi* se remettre en route; **move out** *vi* (*of house*) déménager; **move over** *vi* se pousser, se déplacer; **move up** *vi* avancer; (*employee*) avoir de l'avancement; (*pupil*) passer dans la classe supérieure; **movement** *n* mouvement *m*

movie ['mu:vɪ] *n* film *m*; **movies** *npl*; **the ~s** le cinéma; **movie theater** (US) *n* cinéma *m*

moving ['mu:vɪŋ] *adj* en mouvement; (*touching*) émouvant(e)

mow (*pt* **mowed**, *pp* **mowed** *or* **mown**) [məu, -d, -n] *vt* faucher; (*lawn*) tondre; **mower** *n* (*also*: **lawnmower**) tondeuse *f* à gazon

mown [məun] *pp of* **mow**

Mozambique [məuzəm'bi:k] *n* Mozambique *m*

MP *n abbr* (BRIT) = **Member of Parliament**

MP3 *n* mp3 *m*; **MP3 player** *n* baladeur *m* numérique, lecteur *m* mp3

mpg *n abbr* = **miles per gallon** (*30 mpg = 9,4 l. aux 100 km*)

m.p.h. *abbr* = **miles per hour** (*60 mph = 96 km/h*)

Mr, (US) **Mr.** ['mɪstəʳ] *n*: **~ X** Monsieur X, M. X

Mrs, (US) **Mrs.** ['mɪsɪz] *n*: **~ X** Madame X, Mme X

Ms, (US) **Ms.** [mɪz] *n* (*Miss or Mrs*): **~ X** Madame X, Mme X

MSP *n abbr* (*= Member of the Scottish Parliament*) député *m* au Parlement écossais

Mt *abbr* (*Geo*: *= mount*) Mt

much [mʌtʃ] *adj* beaucoup de ▷ *adv*, *n*, *pron* beaucoup; **we don't have ~ time** nous n'avons pas beaucoup de temps; **how ~ is it?** combien est-ce que ça coûte?; **it's not ~** ce n'est pas beaucoup; **too ~** trop (de); **so ~** tant (de); **I like it very/so ~** j'aime beaucoup/tellement ça; **as ~**

as autant de; **that's ~ better** c'est beaucoup mieux

muck ['mʌk] *n* (*mud*) boue *f*; (*dirt*) ordures *fpl*; **muck up** *vt* (*inf: ruin*) gâcher, esquinter; (*dirty*) salir; (*exam, interview*) se planter à; **mucky** *adj* (*dirty*) boueux(-euse), sale

mucus ['mju:kəs] *n* mucus *m*

mud [mʌd] *n* boue *f*

muddle ['mʌdl] *n* (*mess*) pagaille *f*, fouillis *m*; (*mix-up*) confusion *f* ▷ *vt* (*also*: **~ up**) brouiller, embrouiller; **to get in a ~** (*while explaining etc*) s'embrouiller

muddy ['mʌdɪ] *adj* boueux(-euse)

mudguard ['mʌdgɑ:d] *n* garde-boue *m inv*

muesli ['mju:zlɪ] *n* muesli *m*

muffin ['mʌfɪn] *n* (*roll*) *petit pain rond et plat*; (*cake*) *petit gâteau au chocolat ou aux fruits*

muffled ['mʌfld] *adj* étouffé(e), voilé(e)

muffler ['mʌflə^r] *n* (*scarf*) cache-nez *m inv*; (*US Aut*) silencieux *m*

mug [mʌg] *n* (*cup*) tasse *f* (*sans soucoupe*); (: *for beer*) chope *f*; (*inf: face*) bouille *f*; (: *fool*) poire *f* ▷ *vt* (*assault*) agresser; **mugger** ['mʌgə^r] *n* agresseur *m*; **mugging** *n* agression *f*

muggy ['mʌgɪ] *adj* lourd(e), moite

mule [mju:l] *n* mule *f*

multicoloured, (*US*) **multicolored** ['mʌltɪkʌləd] *adj* multicolore

multimedia ['mʌltɪ'mi:dɪə] *adj* multimédia *inv*

multinational [mʌltɪ'næʃənl] *n* multinationale *f* ▷ *adj* multinational(e)

multiple ['mʌltɪpl] *adj* multiple ▷ *n* multiple *m*; **multiple choice (test)** *n* QCM *m*, questionnaire *m* à choix multiple; **multiple sclerosis** [-sklɪ'rəusɪs] *n* sclérose *f* en plaques

multiplex (cinema) ['mʌltɪplɛks-] *n* (cinéma *m*) multisalles *m*

multiplication [mʌltɪplɪ'keɪʃən] *n* multiplication *f*

multiply ['mʌltɪplaɪ] *vt* multiplier ▷ *vi* se multiplier

multistorey ['mʌltɪ'stɔ:rɪ] *adj* (BRIT: *building*) à étages; (: *car park*) à étages *or* niveaux multiples

mum [mʌm] *n* (BRIT) maman *f* ▷ *adj*: **to keep ~** ne pas souffler mot

mumble ['mʌmbl] *vt, vi* marmotter, marmonner

mummy ['mʌmɪ] *n* (BRIT: *mother*) maman *f*; (*embalmed*) momie *f*

mumps [mʌmps] *n* oreillons *mpl*

munch [mʌntʃ] *vt, vi* mâcher

municipal [mju:'nɪsɪpl] *adj* municipal(e)

mural ['mjuərl] *n* peinture murale

murder ['mə:də^r] *n* meurtre *m*, assassinat *m* ▷ *vt* assassiner; **murderer** *n* meurtrier *m*, assassin *m*

murky ['mə:kɪ] *adj* sombre, ténébreux(-euse); (*water*) trouble

murmur ['mə:mə^r] *n* murmure *m* ▷ *vt, vi* murmurer

muscle ['mʌsl] *n* muscle *m*; (*fig*) force *f*; **muscular** ['mʌskjulə^r] *adj* musculaire; (*person, arm*) musclé(e)

museum [mju:'zɪəm] *n* musée *m*

mushroom ['mʌʃrum] *n* champignon *m* ▷ *vi* (*fig*) pousser comme un (*or* des) champignon(s)

music ['mju:zɪk] *n* musique *f*; **musical** *adj* musical(e); (*person*) musicien(ne) ▷ *n* (*show*) comédie musicale; **musical instrument** *n* instrument *m* de musique; **musician** [mju:'zɪʃən] *n* musicien(ne)

Muslim ['mʌzlɪm] *adj, n* musulman(e)

muslin ['mʌzlɪn] *n* mousseline *f*

mussel ['mʌsl] *n* moule *f*

must [mʌst] *aux vb* (*obligation*): **I ~ do it** je dois le faire, il faut que je le fasse; (*probability*): **he ~ be there by now** il doit y être maintenant, il y est probablement maintenant; (*suggestion, invitation*): **you ~ come and see me** il faut que vous veniez me voir ▷ *n* nécessité *f*, impératif *m*;

it's a ~ c'est indispensable; **I ~ have made a mistake** j'ai dû me tromper
mustache ['mʌstæʃ] *n* (*US*) = **moustache**
mustard ['mʌstəd] *n* moutarde *f*
mustn't ['mʌsnt] = **must not**
mute [mjuːt] *adj, n* muet(te)
mutilate ['mjuːtɪleɪt] *vt* mutiler
mutiny ['mjuːtɪnɪ] *n* mutinerie *f* ▷ *vi* se mutiner
mutter ['mʌtə^r] *vt, vi* marmonner, marmotter
mutton ['mʌtn] *n* mouton *m*
mutual ['mjuːtʃuəl] *adj* mutuel(le), réciproque; (*benefit, interest*) commun(e)
muzzle ['mʌzl] *n* museau *m*; (*protective device*) muselière *f*; (*of gun*) gueule *f* ▷ *vt* museler
my [maɪ] *adj* mon (ma), mes *pl*; **my house/car/gloves** ma maison/ma voiture/mes gants; **I've washed my hair/cut my finger** je me suis lavé les cheveux/coupé le doigt; **is this my pen or yours?** c'est mon stylo ou c'est le vôtre?
myself [maɪ'sɛlf] *pron* (*reflexive*) me; (*emphatic*) moi-même; (*after prep*) moi; *see also* **oneself**
mysterious [mɪs'tɪərɪəs] *adj* mystérieux(-euse)
mystery ['mɪstərɪ] *n* mystère *m*
mystical ['mɪstɪkl] *adj* mystique
mystify ['mɪstɪfaɪ] *vt* (*deliberately*) mystifier; (*puzzle*) ébahir
myth [mɪθ] *n* mythe *m*; **mythology** [mɪ'θɔlədʒɪ] *n* mythologie *f*

n/a *abbr* (= *not applicable*) n.a.
nag [næg] *vt* (*scold*) être toujours après, reprendre sans arrêt
nail [neɪl] *n* (*human*) ongle *m*; (*metal*) clou *m* ▷ *vt* clouer; **to ~ sth to sth** clouer qch à qch; **to ~ sb down to a date/price** contraindre qn à accepter *or* donner une date/un prix; **nailbrush** *n* brosse *f* à ongles; **nailfile** *n* lime *f* à ongles; **nail polish** *n* vernis *m* à ongles; **nail polish remover** *n* dissolvant *m*; **nail scissors** *npl* ciseaux *mpl* à ongles; **nail varnish** *n* (BRIT) = **nail polish**
naïve [naɪ'iːv] *adj* naïf(-ïve)
naked ['neɪkɪd] *adj* nu(e)
name [neɪm] *n* nom *m*; (*reputation*) réputation *f* ▷ *vt* nommer; (*identify: accomplice etc*) citer; (*price, date*) fixer, donner; **by ~** par son nom; de nom; **in the ~ of** au nom de; **what's your ~?** comment vous appelez-vous?, quel est votre nom?; **namely** *adv* à savoir
nanny ['nænɪ] *n* bonne *f* d'enfants

nap [næp] *n (sleep)* (petit) somme
napkin ['næpkɪn] *n* serviette *f* (de table)
nappy ['næpɪ] *n* (BRIT) couche *f*
narcotics [nɑː'kɔtɪkz] *npl (illegal drugs)* stupéfiants *mpl*
narrative ['nærətɪv] *n* récit *m* ▷ *adj* narratif(-ive)
narrator [nə'reɪtəʳ] *n* narrateur(-trice)
narrow ['nærəu] *adj* étroit(e); *(fig)* restreint(e), limité(e) ▷ *vi (road)* devenir plus étroit, se rétrécir; *(gap, difference)* se réduire; **to have a ~ escape** l'échapper belle; **narrow down** *vt* restreindre; **narrowly** *adv*: **he narrowly missed injury/the tree** il a failli se blesser/rentrer dans l'arbre; **he only narrowly missed the target** il a manqué la cible de peu *or* de justesse; **narrow-minded** *adj* à l'esprit étroit, borné(e); *(attitude)* borné(e)
nasal ['neɪzl] *adj* nasal(e)
nasty ['nɑːstɪ] *adj (person: malicious)* méchant(e); *(: rude)* très désagréable; *(smell)* dégoûtant(e); *(wound, situation)* mauvais(e), vilain(e)
nation ['neɪʃən] *n* nation *f*
national ['næʃənl] *adj* national(e) ▷ *n (abroad)* ressortissant(e); *(when home)* national(e); **national anthem** *n* hymne national; **national dress** *n* costume national; **National Health Service** *n* (BRIT) *service national de santé,* ≈ Sécurité Sociale; **National Insurance** *n* (BRIT) ≈ Sécurité Sociale; **nationalist** *adj, n* nationaliste *m/f*; **nationality** [næʃə'nælɪtɪ] *n* nationalité *f*; **nationalize** *vt* nationaliser; **national park** *n* parc national; **National Trust** *n* (BRIT) ≈ Caisse *f* nationale des monuments historiques et des sites

NATIONAL TRUST

Le *National Trust* est un organisme indépendant, à but non lucratif, dont la mission est de protéger et de mettre en valeur les monuments et les sites britanniques en raison de leur intérêt historique ou de leur beauté naturelle.

nationwide ['neɪʃənwaɪd] *adj* s'étendant à l'ensemble du pays; *(problem)* à l'échelle du pays entier
native ['neɪtɪv] *n* habitant(e) du pays, autochtone *m/f* ▷ *adj* du pays, indigène; *(country)* natal(e); *(language)* maternel(le); *(ability)* inné(e); **Native American** *n* Indien(ne) d'Amérique ▷ *adj* amérindien(ne); **native speaker** *n* locuteur natif
NATO ['neɪtəu] *n abbr (= North Atlantic Treaty Organization)* OTAN *f*
natural ['nætʃrəl] *adj* naturel(le); **natural gas** *n* gaz naturel; **natural history** *n* histoire naturelle; **naturally** *adv* naturellement; **natural resources** *npl* ressources naturelles
nature ['neɪtʃəʳ] *n* nature *f*; **by ~** par tempérament, de nature; **nature reserve** *n* (BRIT) réserve naturelle
naughty ['nɔːtɪ] *adj (child)* vilain(e), pas sage
nausea ['nɔːsɪə] *n* nausée *f*
naval ['neɪvl] *adj* naval(e)
navel ['neɪvl] *n* nombril *m*
navigate ['nævɪgeɪt] *vt (steer)* diriger, piloter ▷ *vi* naviguer; *(Aut)* indiquer la route à suivre; **navigation** [nævɪ'geɪʃən] *n* navigation *f*
navy ['neɪvɪ] *n* marine *f*
navy-blue ['neɪvɪ'bluː] *adj* bleu marine *inv*
Nazi ['nɑːtsɪ] *n* Nazi(e)
NB *abbr (= nota bene)* NB
near [nɪəʳ] *adj* proche ▷ *adv* près ▷ *prep (also:* **~ to***)* près de ▷ *vt* approcher de; **in the ~ future** dans un proche avenir; **nearby** [nɪə'baɪ] *adj* proche ▷ *adv* tout près, à proximité; **nearly** *adv* presque; **I nearly fell** j'ai failli tomber; **it's not**

nearly big enough ce n'est vraiment pas assez grand, c'est loin d'être assez grand; **near-sighted** *adj* myope
neat [ni:t] *adj (person, work)* soigné(e); *(room etc)* bien tenu(e) *or* rangé(e); *(solution, plan)* habile; *(spirits)* pur(e); **neatly** *adv* avec soin *or* ordre; *(skilfully)* habilement
necessarily ['nɛsɪsərɪlɪ] *adv* nécessairement; **not ~** pas nécessairement *or* forcément
necessary ['nɛsɪsrɪ] *adj* nécessaire; **if ~** si besoin est, le cas échéant
necessity [nɪ'sɛsɪtɪ] *n* nécessité *f*; chose nécessaire *or* essentielle
neck [nɛk] *n* cou *m*; *(of horse, garment)* encolure *f*; *(of bottle)* goulot *m*; **~ and ~** à égalité; **necklace** ['nɛklɪs] *n* collier *m*; **necktie** ['nɛktaɪ] *n (esp US)* cravate *f*
nectarine ['nɛktərɪn] *n* brugnon *m*, nectarine *f*
need [ni:d] *n* besoin *m* ▷ *vt* avoir besoin de; **to ~ to do** devoir faire; avoir besoin de faire; **you don't ~ to go** vous n'avez pas besoin *or* vous n'êtes pas obligé de partir; **a signature is ~ed** il faut une signature; **there's no ~ to do ....** il n'y a pas lieu de faire ..., il n'est pas nécessaire de faire ...
needle ['ni:dl] *n* aiguille *f* ▷ *vt (inf)* asticoter, tourmenter
needless ['ni:dlɪs] *adj* inutile; **~ to say, ...** inutile de dire que ...
needlework ['ni:dlwə:k] *n (activity)* travaux *mpl* d'aiguille; *(object)* ouvrage *m*
needn't ['ni:dnt] = **need not**
needy ['ni:dɪ] *adj* nécessiteux(-euse)
negative ['nɛgətɪv] *n (Phot, Elec)* négatif *m*; *(Ling)* terme *m* de négation ▷ *adj* négatif(-ive)
neglect [nɪ'glɛkt] *vt* négliger; *(garden)* ne pas entretenir; *(duty)* manquer à ▷ *n (of person, duty, garden)* le fait de négliger; **(state of) ~** abandon *m*; **to ~ to do sth** négliger *or* omettre de faire qch; **to ~ one's appearance** se négliger
negotiate [nɪ'gəuʃɪeɪt] *vi* négocier ▷ *vt* négocier; *(obstacle)* franchir, négocier; **to ~ with sb for sth** négocier avec qn en vue d'obtenir qch
negotiation [nɪgəuʃɪ'eɪʃən] *n* négociation *f*, pourparlers *mpl*
negotiator [nɪ'gəuʃɪeɪtə^r] *n* négociateur(-trice)
neighbour, *(US)* **neighbor** ['neɪbə^r] *n* voisin(e); **neighbourhood**, *(US)* **neighborhood** *n (place)* quartier *m*; *(people)* voisinage *m*; **neighbouring**, *(US)* **neighboring** *adj* voisin(e), avoisinant(e)
neither ['naɪðə^r] *adj, pron* aucun(e) (des deux), ni l'un(e) ni l'autre ▷ *conj*: **~ do I** moi non plus ▷ *adv*: **~ good nor bad** ni bon ni mauvais; **~ of them** ni l'un ni l'autre
neon ['ni:ɔn] *n* néon *m*
Nepal [nɪ'pɔ:l] *n* Népal *m*
nephew ['nɛvju:] *n* neveu *m*
nerve [nə:v] *n* nerf *m*; *(bravery)* sang-froid *m*, courage *m*; *(cheek)* aplomb *m*, toupet *m*; **nerves** *npl (nervousness)* nervosité *f*; **he gets on my ~s** il m'énerve
nervous ['nə:vəs] *adj* nerveux(-euse) *(anxious)* inquiet(-ète), plein(e) d'appréhension; *(timid)* intimidé(e); **nervous breakdown** *n* dépression nerveuse
nest [nɛst] *n* nid *m* ▷ *vi* (se) nicher, faire son nid
Net [nɛt] *n (Comput)*: **the ~** *(Internet)* le Net
net [nɛt] *n* filet *m*; *(fabric)* tulle *f* ▷ *adj* net(te) ▷ *vt (fish etc)* prendre au filet; **netball** *n* netball *m*
Netherlands ['nɛðələndz] *npl*; **the ~** les Pays-Bas *mpl*
nett [nɛt] *adj* = **net**
nettle ['nɛtl] *n* ortie *f*
network ['nɛtwə:k] *n* réseau *m*; **there's no ~ coverage here** *(Tel)* il n'y a pas de réseau ici

neurotic [njuə'rɔtɪk] *adj* névrosé(e)
neuter ['nju:tə^r] *adj* neutre ▷ *vt* (*cat etc*) châtrer, couper
neutral ['nju:trəl] *adj* neutre ▷ *n* (*Aut*) point mort
never ['nɛvə^r] *adv* (ne ...) jamais; **I ~ went** je n'y suis pas allé; **I've ~ been to Spain** je ne suis jamais allé en Espagne; **~ again** plus jamais; **~ in my life** jamais de ma vie; *see also* **mind**; **never-ending** *adj* interminable; **nevertheless** [nɛvəðə'lɛs] *adv* néanmoins, malgré tout
new [nju:] *adj* nouveau (nouvelle); (*brand new*) neuf (neuve); **New Age** *n* New Age *m*; **newborn** *adj* nouveau-né(e); **newcomer** ['nju:kʌmə^r] *n* nouveau venu (nouvelle venue); **newly** *adv* nouvellement, récemment
news [nju:z] *n* nouvelle(s) *f(pl)*; (*Radio, TV*) informations *fpl*, actualités *fpl*; **a piece of ~** une nouvelle; **news agency** *n* agence *f* de presse; **newsagent** *n* (BRIT) marchand *m* de journaux; **newscaster** *n* (*Radio, TV*) présentateur(-trice); **newsletter** *n* bulletin *m*; **newspaper** *n* journal *m*; **newsreader** *n* = **newscaster**
newt [nju:t] *n* triton *m*
New Year *n* Nouvel An; **Happy ~!** Bonne Année!; **New Year's Day** *n* le jour de l'An; **New Year's Eve** *n* la Saint-Sylvestre
New York [-'jɔ:k] *n* New York
New Zealand [-'zi:lənd] *n* Nouvelle-Zélande *f*; **New Zealander** *n* Néo-Zélandais(e)
next [nɛkst] *adj* (*in time*) prochain(e); (*seat, room*) voisin(e), d'à côté; (*meeting, bus stop*) suivant(e) ▷ *adv* la fois suivante; la prochaine fois; (*afterwards*) ensuite; **~ to** *prep* à côté de; **~ to nothing** presque rien; **~ time** *adv* la prochaine fois; **the ~ day** le lendemain, le jour suivant *or* d'après; **~ year** l'année prochaine; **~ please!** (*at doctor's etc*) au suivant!; **the week after ~** dans deux semaines; **next door** *adv* à côté ▷ *adj* (*neighbour*) d'à côté; **next-of-kin** *n* parent *m* le plus proche
NHS *n abbr* (BRIT) = **National Health Service**
nibble ['nɪbl] *vt* grignoter
nice [naɪs] *adj* (*holiday, trip, taste*) agréable; (*flat, picture*) joli(e); (*person*) gentil(le); (*distinction, point*) subtil(e); **nicely** *adv* agréablement; joliment; gentiment; subtilement
niche [ni:ʃ] *n* (*Archit*) niche *f*
nick [nɪk] *n* (*indentation*) encoche *f*; (*wound*) entaille *f*; (BRIT *inf*): **in good ~** en bon état ▷ *vt* (*cut*): **to ~ o.s.** se couper; (BRIT *inf*: *steal*) faucher, piquer; **in the ~ of time** juste à temps
nickel ['nɪkl] *n* nickel *m*; (US) pièce *f* de 5 cents
nickname ['nɪkneɪm] *n* surnom *m* ▷ *vt* surnommer
nicotine ['nɪkəti:n] *n* nicotine *f*
niece [ni:s] *n* nièce *f*
Nigeria [naɪ'dʒɪərɪə] *n* Nigéria *m/f*
night [naɪt] *n* nuit *f*; (*evening*) soir *m*; **at ~** la nuit; **by ~** de nuit; **last ~** (*evening*) hier soir; (*night-time*) la nuit dernière; **night club** *n* boîte *f* de nuit; **nightdress** *n* chemise *f* de nuit; **nightie** ['naɪtɪ] *n* chemise *f* de nuit; **nightlife** *n* vie *f* nocturne; **nightly** *adj* (*news*) du soir; (*by night*) nocturne ▷ *adv* (*every evening*) tous les soirs; (*every night*) toutes les nuits; **nightmare** *n* cauchemar *m*; **night school** *n* cours *mpl* du soir; **night shift** *n* équipe *f* de nuit; **night-time** *n* nuit *f*
nil [nɪl] *n* (BRIT *Sport*) zéro *m*
nine [naɪn] *num* neuf; **nineteen** *num* dix-neuf; **nineteenth** [naɪn'ti:nθ] *num* dix-neuvième; **ninetieth** ['naɪntɪɪθ] *num* quatre-vingt-dixième; **ninety** *num* quatre-vingt-dix
ninth [naɪnθ] *num* neuvième
nip [nɪp] *vt* pincer ▷ *vi* (BRIT *inf*): **to ~ out/down/up** sortir/descendre/monter en vitesse

nipple ['nɪpl] *n* (*Anat*) mamelon *m*, bout *m* du sein
nitrogen ['naɪtrədʒən] *n* azote *m*

KEYWORD

no [nəu] *adv* (*opposite of "yes"*) non; **are you coming? — no (I'm not)** est-ce que vous venez? — non; **would you like some more? — no thank you** vous en voulez encore? — non merci
▶ *adj* (*not any*) (ne ...) pas de, (ne ...) aucun(e); **I have no money/ books** je n'ai pas d'argent/de livres; **no student would have done it** aucun étudiant ne l'aurait fait; **"no smoking"** "défense de fumer"; **"no dogs"** "les chiens ne sont pas admis"
▶ *n* (*pl* **noes**) non *m*

nobility [nəu'bɪlɪtɪ] *n* noblesse *f*
noble ['nəubl] *adj* noble
nobody ['nəubədɪ] *pron* (ne ...) personne
nod [nɔd] *vi* faire un signe de (la) tête (*affirmatif ou amical*); (*sleep*) somnoler ▷ *vt*: **to ~ one's head** faire un signe de (la) tête; (*in agreement*) faire signe que oui ▷ *n* signe *m* de (la) tête; **nod off** *vi* s'assoupir
noise [nɔɪz] *n* bruit *m*; **I can't sleep for the ~** je n'arrive pas à dormir à cause du bruit; **noisy** *adj* bruyant(e)
nominal ['nɔmɪnl] *adj* (*rent, fee*) symbolique; (*value*) nominal(e)
nominate ['nɔmɪneɪt] *vt* (*propose*) proposer; (*appoint*) nommer; **nomination** [nɔmɪ'neɪʃən] *n* nomination *f*; **nominee** [nɔmɪ'ni:] *n* candidat agréé; personne nommée
none [nʌn] *pron* aucun(e); **~ of you** aucun d'entre vous, personne parmi vous; **I have ~ left** je n'en ai plus; **he's ~ the worse for it** il ne s'en porte pas plus mal
nonetheless ['nʌnðə'lɛs] *adv* néanmoins
non-fiction [nɔn'fɪkʃən] *n* littérature *f* non romanesque
nonsense ['nɔnsəns] *n* absurdités *fpl*, idioties *fpl*; **~!** ne dites pas d'idioties!
non: non-smoker *n* non-fumeur *m*; **non-smoking** *adj* non-fumeur; **non-stick** *adj* qui n'attache pas
noodles ['nu:dlz] *npl* nouilles *fpl*
noon [nu:n] *n* midi *m*
no-one ['nəuwʌn] *pron* = **nobody**
nor [nɔ:ʳ] *conj* = **neither** ▷ *adv see* **neither**
norm [nɔ:m] *n* norme *f*
normal ['nɔ:ml] *adj* normal(e); **normally** *adv* normalement
Normandy ['nɔ:məndɪ] *n* Normandie *f*
north [nɔ:θ] *n* nord *m* ▷ *adj* nord *inv*; (*wind*) du nord ▷ *adv* au *or* vers le nord; **North Africa** *n* Afrique *f* du Nord; **North African** *adj* nord-africain(e), d'Afrique du Nord ▷ *n* Nord-Africain(e); **North America** *n* Amérique *f* du Nord; **North American** *n* Nord-Américain(e) ▷ *adj* nord-américain(e), d'Amérique du Nord; **northbound** ['nɔ:θbaund] *adj* (*traffic*) en direction du nord; (*carriageway*) nord *inv*; **north-east** *n* nord-est *m*; **northern** ['nɔ:ðən] *adj* du nord, septentrional(e); **Northern Ireland** *n* Irlande *f* du Nord; **North Korea** *n* Corée *f* du Nord; **North Pole** *n*: **the North Pole** le pôle Nord **North Sea** *n*: **the North Sea** la mer du Nord; **north-west** *n* nord-ouest *m*
Norway ['nɔ:weɪ] *n* Norvège *f*; **Norwegian** [nɔ:'wi:dʒən] *adj* norvégien(ne) ▷ *n* Norvégien(ne); (*Ling*) norvégien *m*
nose [nəuz] *n* nez *m*; (*of dog, cat*) museau *m*; (*fig*) flair *m*; **nose about, nose around** *vi* fouiner *or* fureter (partout); **nosebleed** *n* saignement *m* de nez; **nosey** *adj* (*inf*) curieux(-euse)
nostalgia [nɔs'tældʒɪə] *n* nostalgie *f*
nostalgic [nɔs'tældʒɪk] *adj* nostalgique

nostril ['nɔstrɪl] *n* narine *f*; (*of horse*) naseau *m*
nosy ['nəuzɪ] (*inf*) *adj* = **nosey**
not [nɔt] *adv* (ne ...) pas; **he is ~** *or* **isn't here** il n'est pas ici; **you must ~** *or* **mustn't do that** tu ne dois pas faire ça; **I hope ~** j'espère que non; **~ at all** pas du tout; (*after thanks*) de rien; **it's too late, isn't it?** c'est trop tard, n'est-ce pas?; **~ yet/now** pas encore/maintenant; *see also* **only**
notable ['nəutəbl] *adj* notable; **notably** *adv* (*particularly*) en particulier; (*markedly*) spécialement
notch [nɔtʃ] *n* encoche *f*
note [nəut] *n* note *f*; (*letter*) mot *m*; (*banknote*) billet *m* ▷ *vt* (*also:* **~ down**) noter; (*notice*) constater; **notebook** *n* carnet *m*; (*for shorthand etc*) bloc-notes *m*; **noted** ['nəutɪd] *adj* réputé(e); **notepad** *n* bloc-notes *m*; **notepaper** *n* papier *m* à lettres
nothing ['nʌθɪŋ] *n* rien *m*; **he does ~** il ne fait rien; **~ new** rien de nouveau; **for ~** (*free*) pour rien, gratuitement; (*in vain*) pour rien; **~ at all** rien du tout; **~ much** pas grand-chose
notice ['nəutɪs] *n* (*announcement, warning*) avis *m* ▷ *vt* remarquer, s'apercevoir de; **advance ~** préavis *m*; **at short ~** dans un délai très court; **until further ~** jusqu'à nouvel ordre; **to give ~, hand in one's ~** (*employee*) donner sa démission, démissionner; **to take ~ of** prêter attention à; **to bring sth to sb's ~** porter qch à la connaissance de qn; **noticeable** *adj* visible
notice board *n* (BRIT) panneau *m* d'affichage
notify ['nəutɪfaɪ] *vt*: **to ~ sb of sth** avertir qn de qch
notion ['nəuʃən] *n* idée *f*; (*concept*) notion *f*; **notions** *npl* (US: *haberdashery*) mercerie *f*
notorious [nəu'tɔ:rɪəs] *adj* notoire (*souvent en mal*)
notwithstanding [nɔtwɪθ'stændɪŋ] *adv* néanmoins ▷ *prep* en dépit de
nought [nɔ:t] *n* zéro *m*
noun [naun] *n* nom *m*
nourish ['nʌrɪʃ] *vt* nourrir; **nourishment** *n* nourriture *f*
Nov. *abbr* (= *November*) nov
novel ['nɔvl] *n* roman *m* ▷ *adj* nouveau (nouvelle), original(e); **novelist** *n* romancier *m*; **novelty** *n* nouveauté *f*
November [nəu'vɛmbə[r]] *n* novembre *m*
novice ['nɔvɪs] *n* novice *m/f*
now [nau] *adv* maintenant ▷ *conj*: **~ (that)** maintenant (que); **right ~** tout de suite; **by ~** à l'heure qu'il est; **that's the fashion just ~** c'est la mode en ce moment *or* maintenant; **~ and then, ~ and again** de temps en temps; **from ~ on** dorénavant; **nowadays** ['nauədeɪz] *adv* de nos jours
nowhere ['nəuwɛə[r]] *adv* (ne ...) nulle part
nozzle ['nɔzl] *n* (*of hose*) jet *m*, lance *f*; (*of vacuum cleaner*) suceur *m*
nr *abbr* (BRIT) = **near**
nuclear ['nju:klɪə[r]] *adj* nucléaire
nucleus (*pl* **nuclei**) ['nju:klɪəs, 'nju:klɪaɪ] *n* noyau *m*
nude [nju:d] *adj* nu(e) ▷ *n* (*Art*) nu *m*; **in the ~** (tout(e)) nu(e)
nudge [nʌdʒ] *vt* donner un (petit) coup de coude à
nudist ['nju:dɪst] *n* nudiste *m/f*
nudity ['nju:dɪtɪ] *n* nudité *f*
nuisance ['nju:sns] *n*: **it's a ~** c'est (très) ennuyeux *or* gênant; **he's a ~** il est assommant *or* casse-pieds; **what a ~!** quelle barbe!
numb [nʌm] *adj* engourdi(e); (*with fear*) paralysé(e)
number ['nʌmbə[r]] *n* nombre *m*; (*numeral*) chiffre *m*; (*of house, car, telephone, newspaper*) numéro *m* ▷ *vt* numéroter; (*amount to*) compter;

a ~ of un certain nombre de; **they were seven in ~** ils étaient (au nombre de) sept; **to be ~ed among** compter parmi; **number plate** *n* (BRIT *Aut*) plaque *f* minéralogique *or* d'immatriculation; **Number Ten** *n* (BRIT: *10 Downing Street*) *résidence du Premier ministre*

numerical [nju:ˈmɛrɪkl] *adj* numérique

numerous [ˈnju:mərəs] *adj* nombreux(-euse)

nun [nʌn] *n* religieuse *f*, sœur *f*

nurse [nə:s] *n* infirmière *f*; (*also*: **~maid**) bonne *f* d'enfants ▷ *vt* (*patient, cold*) soigner

nursery [ˈnə:sərɪ] *n* (*room*) nursery *f*; (*institution*) crèche *f*, garderie *f*; (*for plants*) pépinière *f*; **nursery rhyme** *n* comptine *f*, chansonnette *f* pour enfants; **nursery school** *n* école maternelle; **nursery slope** *n* (BRIT *Ski*) piste *f* pour débutants

nursing [ˈnə:sɪŋ] *n* (*profession*) profession *f* d'infirmière; (*care*) soins *mpl*; **nursing home** *n* clinique *f*; (*for convalescence*) maison *f* de convalescence *or* de repos; (*for old people*) maison de retraite

nurture [ˈnə:tʃə^r] *vt* élever

nut [nʌt] *n* (*of metal*) écrou *m*; (*fruit*: *walnut*) noix *f*; (: *hazelnut*) noisette *f*; (: *peanut*) cacahuète *f* (*terme générique en anglais*)

nutmeg [ˈnʌtmɛg] *n* (noix *f*) muscade *f*

nutrient [ˈnju:trɪənt] *n* substance nutritive

nutrition [nju:ˈtrɪʃən] *n* nutrition *f*, alimentation *f*

nutritious [nju:ˈtrɪʃəs] *adj* nutritif(-ive), nourrissant(e)

nuts [nʌts] (*inf*) *adj* dingue

NVQ *n abbr* (BRIT) = **National Vocational Qualification**

nylon [ˈnaɪlɔn] *n* nylon *m* ▷ *adj* de *or* en nylon

O

oak [əuk] *n* chêne *m* ▷ *cpd* de *or* en (bois de) chêne

O.A.P. *n abbr* (BRIT) = **old age pensioner**

oar [ɔ:^r] *n* aviron *m*, rame *f*

oasis (*pl* **oases**) [əuˈeɪsɪs, əuˈeɪsi:z] *n* oasis *f*

oath [əuθ] *n* serment *m*; (*swear word*) juron *m*; **on** (BRIT) *or* **under ~** sous serment; assermenté(e)

oatmeal [ˈəutmi:l] *n* flocons *mpl* d'avoine

oats [əuts] *n* avoine *f*

obedience [əˈbi:dɪəns] *n* obéissance *f*

obedient [əˈbi:dɪənt] *adj* obéissant(e)

obese [əuˈbi:s] *adj* obèse

obesity [əuˈbi:sɪtɪ] *n* obésité *f*

obey [əˈbeɪ] *vt* obéir à; (*instructions, regulations*) se conformer à ▷ *vi* obéir

obituary [əˈbɪtjuərɪ] *n* nécrologie *f*

object *n* [ˈɔbdʒɪkt] objet *m*; (*purpose*) but *m*, objet; (*Ling*) complément *m* d'objet ▷ *vi* [əb'dʒɛkt]: **to ~ to** (*attitude*) désapprouver; (*proposal*) protester contre, élever une objection contre; **I ~!** je proteste!; **he ~ed that ...** il a fait valoir *or* a objecté que ...; **money is no ~** l'argent n'est pas un problème; **objection** [əb'dʒɛkʃən] *n* objection *f*; **if you have no objection** si vous n'y voyez pas d'inconvénient; **objective** *n* objectif *m* ▷ *adj* objectif(-ive)

bligation [ɔblɪ'geɪʃən] *n* obligation *f*, devoir *m*; (*debt*) dette *f* (de reconnaissance)

bligatory [ə'blɪgətərɪ] *adj* obligatoire

blige [ə'blaɪdʒ] *vt* (*force*): **to ~ sb to do** obliger *or* forcer qn à faire; (*do a favour*) rendre service à, obliger; **to be ~d to sb for sth** être obligé(e) à qn de qch

blique [ə'bli:k] *adj* oblique; (*allusion*) indirect(e)

bliterate [ə'blɪtəreɪt] *vt* effacer

blivious [ə'blɪvɪəs] *adj*: **~ of** oublieux(-euse) de

blong ['ɔblɔŋ] *adj* oblong(ue) ▷ *n* rectangle *m*

bnoxious [əb'nɔkʃəs] *adj* odieux(-euse); (*smell*) nauséabond(e)

boe ['əubəu] *n* hautbois *m*

bscene [əb'si:n] *adj* obscène

bscure [əb'skjuə^r] *adj* obscur(e) ▷ *vt* obscurcir; (*hide*: *sun*) cacher

bservant [əb'zə:vnt] *adj* observateur(-trice)

bservation [ɔbzə'veɪʃən] *n* observation *f*; (*by police etc*) surveillance *f*

bservatory [əb'zə:vətrɪ] *n* observatoire *m*

bserve [əb'zə:v] *vt* observer; (*remark*) faire observer *or* remarquer; **observer** *n* observateur(-trice)

bsess [əb'sɛs] *vt* obséder; **obsession** [əb'sɛʃən] *n* obsession *f*; **obsessive** *adj* obsédant(e)

bsolete ['ɔbsəli:t] *adj* dépassé(e), périmé(e)

obstacle ['ɔbstəkl] *n* obstacle *m*

obstinate ['ɔbstɪnɪt] *adj* obstiné(e); (*pain, cold*) persistant(e)

obstruct [əb'strʌkt] *vt* (*block*) boucher, obstruer; (*hinder*) entraver; **obstruction** [əb'strʌkʃən] *n* obstruction *f*; (*to plan, progress*) obstacle *m*

obtain [əb'teɪn] *vt* obtenir

obvious ['ɔbvɪəs] *adj* évident(e), manifeste; **obviously** *adv* manifestement; **obviously!** bien sûr!; **obviously not!** évidemment pas!, bien sûr que non!

occasion [ə'keɪʒən] *n* occasion *f*; (*event*) événement *m*; **occasional** *adj* pris(e) (*or* fait(e) *etc*) de temps en temps; (*worker, spending*) occasionnel(le); **occasionally** *adv* de temps en temps, quelquefois

occult [ɔ'kʌlt] *adj* occulte ▷ *n*: **the ~** le surnaturel

occupant ['ɔkjupənt] *n* occupant *m*

occupation [ɔkju'peɪʃən] *n* occupation *f*; (*job*) métier *m*, profession *f*

occupy ['ɔkjupaɪ] *vt* occuper; **to ~ o.s. with** *or* **by doing** s'occuper à faire

occur [ə'kə:^r] *vi* se produire; (*difficulty, opportunity*) se présenter; (*phenomenon, error*) se rencontrer; **to ~ to sb** venir à l'esprit de qn; **occurrence** [ə'kʌrəns] *n* (*existence*) présence *f*, existence *f*; (*event*) cas *m*, fait *m*

ocean ['əuʃən] *n* océan *m*

o'clock [ə'klɔk] *adv*: **it is 5 ~** il est 5 heures

Oct. *abbr* (= *October*) oct

October [ɔk'təubə^r] *n* octobre *m*

octopus ['ɔktəpəs] *n* pieuvre *f*

odd [ɔd] *adj* (*strange*) bizarre, curieux(-euse); (*number*) impair(e); (*not of a set*) dépareillé(e); **60-~** 60 et quelques; **at ~ times** de temps en temps; **the ~ one out** l'exception *f*; **oddly** *adv* bizarrement, curieusement; **odds** *npl* (*in betting*) cote *f*; **it makes no odds** cela n'a pas d'importance; **odds and ends** de petites choses; **at odds** en désaccord

odometer [ɔ'dɔmɪtəʳ] *n* (*US*) odomètre *m*

odour, (*US*) **odor** ['əudəʳ] *n* odeur *f*

KEYWORD

of [ɔv, əv] *prep* **1** (*gen*) de; **a friend of ours** un de nos amis; **a boy of 10** un garçon de 10 ans; **that was kind of you** c'était gentil de votre part
2 (*expressing quantity, amount, dates etc*) de; **a kilo of flour** un kilo de farine; **how much of this do you need?** combien vous en faut-il?; **there were three of them** (*people*) ils étaient 3; (*objects*) il y en avait 3; **three of us went** 3 d'entre nous y sont allé(e)s; **the 5th of July** le 5 juillet; **a quarter of 4** (*US*) 4 heures moins le quart
3 (*from, out of*) en, de; **a statue of marble** une statue de *or* en marbre; **made of wood** (fait) en bois

off [ɔf] *adj, adv* (*engine*) coupé(e); (*light, TV*) éteint(e); (*tap*) fermé(e); (BRIT: *food*) mauvais(e), avancé(e); (: *milk*) tourné(e); (*absent*) absent(e); (*cancelled*) annulé(e); (*removed*): **the lid was ~** le couvercle était retiré *or* n'était pas mis; (*away*): **to run/drive ~** partir en courant/en voiture ▷ *prep* de; **to be ~** (*to leave*) partir, s'en aller; **to be ~ sick** être absent pour cause de maladie; **a day ~** un jour de congé; **to have an ~ day** n'être pas en forme; **he had his coat ~** il avait enlevé son manteau; **10% ~** (*Comm*) 10% de rabais; **5 km ~ (the road)** à 5 km (de la route); **~ the coast** au large de la côte; **it's a long way ~** c'est loin (d'ici); **I'm ~ meat** je ne mange plus de viande; je n'aime plus la viande; **on the ~ chance** à tout hasard; **~ and on, on and ~** de temps à autre

offence, (*US*) **offense** [ə'fɛns] *n* (*crime*) délit *m*, infraction *f*; **to take ~ at** se vexer de, s'offenser de

offend [ə'fɛnd] *vt* (*person*) offenser, blesser; **offender** *n* délinquant(e); (*against regulations*) contrevenant(e)

offense [ə'fɛns] *n* (*US*) = **offence**

offensive [ə'fɛnsɪv] *adj* offensant(e), choquant(e); (*smell etc*) très déplaisant(e); (*weapon*) offensif(-ive) ▷ *n* (*Mil*) offensive *f*

offer ['ɔfəʳ] *n* offre *f*, proposition *f* ▷ *vt* offrir, proposer; **"on ~"** (*Comm*) "en promotion"

offhand [ɔf'hænd] *adj* désinvolte ▷ *adv* spontanément

office ['ɔfɪs] *n* (*place*) bureau *m*; (*position*) charge *f*, fonction *f*; **doctor's ~** (*US*) cabinet (médical); **to take ~** entrer en fonctions; **office block**, (*US*) **office building** *n* immeuble *m* de bureaux; **office hours** *npl* heures *fpl* de bureau; (*US Med*) heures de consultation

officer ['ɔfɪsəʳ] *n* (*Mil etc*) officier *m*; (*also*: **police ~**) agent *m* (de police); (*of organization*) membre *m* du bureau directeur

office worker *n* employé(e) de bureau

official [ə'fɪʃl] *adj* (*authorized*) officiel(le) ▷ *n* officiel *m*; (*civil servant*) fonctionnaire *m/f*; (*of railways, post office, town hall*) employé(e)

off: **off-licence** *n* (BRIT: *shop*) débit *m* de vins et de spiritueux; **off-line** *adj* (*Comput*) (en mode) autonome (: *switched off*) non connecté(e); **off-peak** *adj* aux heures creuses; (*electricity, ticket*) au tarif heures creuses; **off-putting** *adj* (BRIT) (*remark*) rébarbatif(-ive); (*person*) rebutant(e), peu engageant(e); **off-season** *adj, adv* hors-saison *inv*

offset ['ɔfsɛt] *vt* (*irreg*: *like* **set**) (*counteract*) contrebalancer, compenser

offshore ['ɔf'ʃɔːʳ] *adj* (*breeze*) de terre; (*island*) proche du littoral; (*fishing*) côtier(-ière)
offside ['ɔf'saɪd] *adj* (*Sport*) hors jeu; (*Aut: in Britain*) de droite; (*: in US, Europe*) de gauche
offspring ['ɔfsprɪŋ] *n* progéniture *f*
often ['ɔfn] *adv* souvent; **how ~ do you go?** vous y allez tous les combien?; **every so ~** de temps en temps, de temps à autre
oh [əu] *excl* ô!, oh!, ah!
oil [ɔɪl] *n* huile *f*; (*petroleum*) pétrole *m*; (*for central heating*) mazout *m* ▷ *vt* (*machine*) graisser; **oil filter** *n* (*Aut*) filtre *m* à huile; **oil painting** *n* peinture *f* à l'huile; **oil refinery** *n* raffinerie *f* de pétrole; **oil rig** *n* derrick *m*; (*at sea*) plate-forme pétrolière; **oil slick** *n* nappe *f* de mazout; **oil tanker** *n* (*ship*) pétrolier *m*; (*truck*) camion-citerne *m*; **oil well** *n* puits *m* de pétrole; **oily** *adj* huileux(-euse); (*food*) gras(se)
ointment ['ɔɪntmənt] *n* onguent *m*
O.K., okay ['əu'keɪ] (*inf*) *excl* d'accord! ▷ *vt* approuver, donner son accord à ▷ *adj* (*not bad*) pas mal; **is it ~?, are you ~?** ça va?
old [əuld] *adj* vieux (vieille); (*person*) vieux, âgé(e); (*former*) ancien(ne), vieux; **how ~ are you?** quel âge avez-vous?; **he's 10 years ~** il a 10 ans, il est âgé de 10 ans; **~er brother/sister** frère/sœur aîné(e); **old age** *n* vieillesse *f*; **old-age pensioner** *n* (BRIT) retraité(e); **old-fashioned** *adj* démodé(e); (*person*) vieux jeu *inv*; **old people's home** *n* (*esp* BRIT) maison *f* de retraite
olive ['ɔlɪv] *n* (*fruit*) olive *f*; (*tree*) olivier *m* ▷ *adj* (*also*: **~-green**) (vert) olive *inv*; **olive oil** *n* huile *f* d'olive
Olympic [əu'lɪmpɪk] *adj* olympique; **the ~ Games, the ~s** les Jeux *mpl* olympiques
omelet(te) ['ɔmlɪt] *n* omelette *f*
omen ['əumən] *n* présage *m*
ominous ['ɔmɪnəs] *adj* menaçant(e), inquiétant(e); (*event*) de mauvais augure
omit [əu'mɪt] *vt* omettre

KEYWORD

on [ɔn] *prep* **1** (*indicating position*) sur; **on the table** sur la table; **on the wall** sur le *or* au mur; **on the left** à gauche
2 (*indicating means, method, condition etc*): **on foot** à pied; **on the train/plane** (*be*) dans le train/l'avion; (*go*) en train/avion; **on the telephone/radio/television** au téléphone/à la radio/à la télévision; **to be on drugs** se droguer; **on holiday**, (US) **on vacation** en vacances
3 (*referring to time*): **on Friday** vendredi; **on Fridays** le vendredi; **on June 20th** le 20 juin; **a week on Friday** vendredi en huit; **on arrival** à l'arrivée; **on seeing this** en voyant cela
4 (*about, concerning*) sur, de; **a book on Balzac/physics** un livre sur Balzac/de physique
▶ *adv* **1** (*referring to dress*): **to have one's coat on** avoir (mis) son manteau; **to put one's coat on** mettre son manteau; **what's she got on?** qu'est-ce qu'elle porte?
2 (*referring to covering*): **screw the lid on tightly** vissez bien le couvercle
3 (*further, continuously*): **to walk** *etc* **on** continuer à marcher *etc*; **from that day on** depuis ce jour
▶ *adj* **1** (*in operation: machine*) en marche; (*: radio, TV, light*) allumé(e); (*: tap, gas*) ouvert(e); (*: brakes*) mis(e); **is the meeting still on?** (*not cancelled*) est-ce que la réunion a bien lieu?; **when is this film on?** quand passe ce film?
2 (*inf*): **that's not on!** (*not acceptable*) cela ne se fait pas!; (*not possible*) pas question!

once [wʌns] *adv* une fois; (*formerly*) autrefois ▷ *conj* une fois que + *sub*; **~ he had left/it was done** une fois qu'il fut parti/ que ce fut terminé; **at ~** tout de suite, immédiatement; (*simultaneously*) à la fois; **all at ~** *adv* tout d'un coup; **~ a week** une fois par semaine; **~ more** encore une fois; **~ and for all** une fois pour toutes; **~ upon a time there was ...** il y avait une fois ..., il était une fois ...

oncoming ['ɔnkʌmɪŋ] *adj* (*traffic*) venant en sens inverse

KEYWORD

one [wʌn] *num* un(e); **one hundred and fifty** cent cinquante; **one by one** un(e) à *or* par un(e); **one day** un jour

▶ *adj* 1 (*sole*) seul(e), unique; **the one book which** l'unique *or* le seul livre qui; **the one man who** le seul (homme) qui

2 (*same*) même; **they came in the one car** ils sont venus dans la même voiture

▶ *pron* 1: **this one** celui-ci (celle-ci); **that one** celui-là (celle-là); **I've already got one/a red one** j'en ai déjà un(e)/un(e) rouge; **which one do you want?** lequel voulez-vous?

2: **one another** l'un(e) l'autre; **to look at one another** se regarder

3 (*impersonal*) on; **one never knows** on ne sait jamais; **to cut one's finger** se couper le doigt; **one needs to eat** il faut manger

one-off [wʌn'ɔf] *n* (BRIT *inf*) exemplaire *m* unique

oneself [wʌn'sɛlf] *pron* se; (*after prep, also emphatic*) soi-même; **to hurt ~** se faire mal; **to keep sth for ~** garder qch pour soi; **to talk to ~** se parler à soi-même; **by ~** tout seul

one: one-shot [wʌn'ʃɔt] (US) *n* = **one-off**; **one-sided** *adj* (*argument, decision*) unilatéral(e); **one-to-one** *adj* (*relationship*) univoque; **one-way** *adj* (*street, traffic*) à sens unique

ongoing ['ɔngəuɪŋ] *adj* en cours; (*relationship*) suivi(e)

onion ['ʌnjən] *n* oignon *m*

on-line ['ɔnlaɪn] *adj* (*Comput*) en ligne; (*: switched on*) connecté(e)

onlooker ['ɔnlukə*] *n* spectateur(-trice)

only ['əunlɪ] *adv* seulement ▷ *adj* seul(e), unique ▷ *conj* seulement, mais; **an ~ child** un enfant unique; **not ~ ... but also** non seulement ... mais aussi; **I ~ took one** j'en ai seulement pris un, je n'en ai pris qu'un

on-screen [ɔn'skri:n] *adj* à l'écran

onset ['ɔnsɛt] *n* début *m*; (*of winter, old age*) approche *f*

onto ['ɔntu] *prep* sur

onward(s) ['ɔnwəd(z)] *adv* (*move*) en avant; **from that time ~** à partir de ce moment

oops [ups] *excl* houp!

ooze [u:z] *vi* suinter

opaque [əu'peɪk] *adj* opaque

open ['əupn] *adj* ouvert(e); (*car*) découvert(e); (*road, view*) dégagé(e); (*meeting*) public(-ique); (*admiration*) manifeste ▷ *vt* ouvrir ▷ *vi* (*flower, eyes, door, debate*) s'ouvrir; (*shop, bank, museum*) ouvrir; (*book etc: commence*) commencer, débuter; **is it ~ to public?** est-ce ouvert au public?; **what time do you ~?** à quelle heure ouvrez-vous?; **in the ~ (air)** en plein air; **open up** *vt* ouvrir; (*blocked road*) dégager ▷ *vi* s'ouvrir; **open-air** *adj* en plein air; **opening** *n* ouverture *f*; (*opportunity*) occasion *f*; (*work*) débouché *m*; (*job*) poste vacant; **opening hours** *npl* heures *fpl* d'ouverture; **open learning** *n* *enseignement universitaire à la carte, notamment par correspondance*; (*distance learning*) télé-enseignement *m*; **openly** *adv* ouvertement; **open-minded** *adj* à l'esprit ouvert;

open-necked *adj* à col ouvert; **open-plan** *adj* sans cloisons; **Open University** *n* (BRIT) *cours universitaires par correspondance*

OPEN UNIVERSITY

L'*Open University* a été fondée en 1969. L'enseignement comprend des cours (certaines plages horaires sont réservées à cet effet à la télévision et à la radio), des devoirs qui sont envoyés par l'étudiant à son directeur ou sa directrice d'études, et un séjour obligatoire en université d'été. Il faut préparer un certain nombre d'unités de valeur pendant une période de temps déterminée et obtenir la moyenne à un certain nombre d'entre elles pour recevoir le diplôme visé.

opera ['ɔpərə] *n* opéra *m*; **opera house** *n* opéra *m*; **opera singer** *n* chanteur(-euse) d'opéra

operate ['ɔpəreɪt] *vt* (*machine*) faire marcher, faire fonctionner ▷ *vi* fonctionner; **to ~ on sb (for)** (*Med*) opérer qn (de)

operating room *n* (*US Med*) salle *f* d'opération

operating theatre *n* (BRIT *Med*) salle *f* d'opération

operation [ɔpə'reɪʃən] *n* opération *f*; (*of machine*) fonctionnement *m*; **to have an ~ (for)** se faire opérer (de); **to be in ~** (*machine*) être en service; (*system*) être en vigueur; **operational** *adj* opérationnel(le); (*ready for use*) en état de marche

operative ['ɔpərətɪv] *adj* (*measure*) en vigueur ▷ *n* (*in factory*) ouvrier(-ière)

operator ['ɔpəreɪtə^r] *n* (*of machine*) opérateur(-trice); (*Tel*) téléphoniste *m/f*

opinion [ə'pɪnjən] *n* opinion *f*, avis *m*; **in my ~** à mon avis; **opinion poll** *n* sondage *m* d'opinion

opponent [ə'pəunənt] *n* adversaire *m/f*

opportunity [ɔpə'tjuːnɪtɪ] *n* occasion *f*; **to take the ~ to do** *or* **of doing** profiter de l'occasion pour faire

oppose [ə'pəuz] *vt* s'opposer à; **to be ~d to sth** être opposé(e) à qch; **as ~d to** par opposition à

opposite ['ɔpəzɪt] *adj* opposé(e); (*house etc*) d'en face ▷ *adv* en face ▷ *prep* en face de ▷ *n* opposé *m*, contraire *m*; (*of word*) contraire

opposition [ɔpə'zɪʃən] *n* opposition *f*

oppress [ə'prɛs] *vt* opprimer

opt [ɔpt] *vi*: **to ~ for** opter pour; **to ~ to do** choisir de faire; **opt out** *vi*: **to ~ out of** choisir de ne pas participer à *or* de ne pas faire

optician [ɔp'tɪʃən] *n* opticien(ne)

optimism ['ɔptɪmɪzəm] *n* optimisme *m*

optimist ['ɔptɪmɪst] *n* optimiste *m/f*; **optimistic** [ɔptɪ'mɪstɪk] *adj* optimiste

optimum ['ɔptɪməm] *adj* optimum

option ['ɔpʃən] *n* choix *m*, option *f*; (*Scol*) matière *f* à option; **optional** *adj* facultatif(-ive)

or [ɔː^r] *conj* ou; (*with negative*): **he hasn't seen or heard anything** il n'a rien vu ni entendu; **or else** sinon; ou bien

oral ['ɔːrəl] *adj* oral(e) ▷ *n* oral *m*

orange ['ɔrɪndʒ] *n* (*fruit*) orange *f* ▷ *adj* orange *inv*; **orange juice** *n* jus *m* d'orange

orbit ['ɔːbɪt] *n* orbite *f* ▷ *vt* graviter autour de

orchard ['ɔːtʃəd] *n* verger *m*

orchestra ['ɔːkɪstrə] *n* orchestre *m*; (*US: seating*) (fauteuils *mpl* d')orchestre

orchid ['ɔːkɪd] *n* orchidée *f*

ordeal [ɔː'diːl] *n* épreuve *f*

order ['ɔːdə^r] *n* ordre *m*; (*Comm*) commande *f* ▷ *vt* ordonner; (*Comm*) commander; **in ~** en ordre; (*document*) en règle; **out of ~** (*not in correct order*) en désordre;

O

(*machine*) hors service; (*telephone*) en dérangement; **a machine in working ~** une machine en état de marche; **in ~ to do/that** pour faire/que + *sub*; **could I ~ now, please?** je peux commander, s'il vous plaît?; **to be on ~** être en commande; **to ~ sb to do** ordonner à qn de faire; **order form** *n* bon *m* de commande; **orderly** *n* (*Mil*) ordonnance *f*; (*Med*) garçon *m* de salle ▷ *adj* (*room*) en ordre; (*mind*) méthodique; (*person*) qui a de l'ordre

ordinary ['ɔːdnrɪ] *adj* ordinaire, normal(e); (*pej*) ordinaire, quelconque; **out of the ~** exceptionnel(le)

ore [ɔːʳ] *n* minerai *m*

oregano [ɔrɪ'gɑːnəu] *n* origan *m*

organ ['ɔːgən] *n* organe *m*; (*Mus*) orgue *m*, orgues *fpl*; **organic** [ɔː'gænɪk] *adj* organique; (*crops etc*) biologique, naturel(le); **organism** *n* organisme *m*

organization [ɔːgənaɪ'zeɪʃən] *n* organisation *f*

organize ['ɔːgənaɪz] *vt* organiser; **organized** ['ɔːgənaizd] *adj* (*planned*) organisé(e); (*efficient*) bien organisé; **organizer** *n* organisateur(-trice)

orgasm ['ɔːgæzəm] *n* orgasme *m*

orgy ['ɔːdʒɪ] *n* orgie *f*

oriental [ɔːrɪ'ɛntl] *adj* oriental(e)

orientation [ɔːrıen'teɪʃən] *n* (*attitudes*) tendance *f*; (*in job*) orientation *f*; (*of building*) orientation, exposition *f*

origin ['ɔrɪdʒɪn] *n* origine *f*

original [ə'rɪdʒɪnl] *adj* original(e); (*earliest*) originel(le) ▷ *n* original *m*; **originally** *adv* (*at first*) à l'origine

originate [ə'rɪdʒɪneɪt] *vi*: **to ~ from** être originaire de; (*suggestion*) provenir de; **to ~ in** (*custom*) prendre naissance dans, avoir son origine dans

Orkney ['ɔːknɪ] *n* (*also*: **the ~s, the ~ Islands**) les Orcades *fpl*

ornament ['ɔːnəmənt] *n* ornement *m*; (*trinket*) bibelot *m*; **ornamental** [ɔːnə'mɛntl] *adj* décoratif(-ive); (*garden*) d'agrément

ornate [ɔː'neɪt] *adj* très orné(e)

orphan ['ɔːfn] *n* orphelin(e)

orthodox ['ɔːθədɔks] *adj* orthodoxe

orthopaedic, (*US*) **orthopedic** [ɔːθə'piːdɪk] *adj* orthopédique

osteopath ['ɔstɪəpæθ] *n* ostéopathe *m/f*

ostrich ['ɔstrɪtʃ] *n* autruche *f*

other ['ʌðəʳ] *adj* autre ▷ *pron*: **the ~ (one)** l'autre; **~s** (*other people*) d'autres ▷ *adv*: **~ than** autrement que; à part; **the ~ day** l'autre jour; **otherwise** *adv, conj* autrement

Ottawa ['ɔtəwə] *n* Ottawa

otter ['ɔtəʳ] *n* loutre *f*

ouch [autʃ] *excl* aïe!

ought [ɔːt] *aux vb*: **I ~ to do it** je devrais le faire, il faudrait que je le fasse; **this ~ to have been corrected** cela aurait dû être corrigé; **he ~ to win** (*probability*) il devrait gagner

ounce [auns] *n* once *f* (*28.35g; 16 in a pound*)

our ['auəʳ] *adj* notre, nos *pl*; *see also* **my**; **ours** *pron* le (la) nôtre, les nôtres; *see also* **mine**[1]; **ourselves** *pl pron* (*reflexive, after preposition*) nous; (*emphatic*) nous-mêmes; *see also* **oneself**

oust [aust] *vt* évincer

out [aut] *adv* dehors; (*published, not at home etc*) sorti(e); (*light, fire*) éteint(e); **~ there** là-bas; **he's ~** (*absent*) il est sorti; **to be ~ in one's calculations** s'être trompé dans ses calculs; **to run/back** *etc* **~** sortir en courant/en reculant *etc*; **~ loud** *adv* à haute voix; **~ of** *prep* (*outside*) en dehors de; (*because of*: *anger etc*) par; (*from among*): **10 ~ of 10** 10 sur 10; (*without*): **~ of petrol** sans essence, à court d'essence; **~ of order** (*machine*) en panne; (*Tel*: *line*) en dérangement; **outback** *n* (*in Australia*) intérieur *m*; **outbound** *adj*: **outbound (from/for)** en partance (de/pour); **outbreak** *n* (*of violence*) éruption *f*, explosion *f*; (*of disease*) de nombreux cas; **the outbreak of war south of the border** la guerre qui s'est déclarée au sud de la frontière; **outburst** *n* explosion *f*, accès *m*; **outcast** *n* exilé(e); (*socially*) paria *m*; **outcome** *n* issue *f*, résultat *m*; **outcry** *n* tollé (général); **outdated** *adj* démodé(e); **outdoor** *adj* de *or* en plein air; **outdoors** *adv* dehors; au grand air

outer ['autəʳ] *adj* extérieur(e); **outer space** *n* espace *m* cosmique

outfit ['autfɪt] *n* (*clothes*) tenue *f*

out: outgoing *adj* (*president, tenant*) sortant(e); (*character*) ouvert(e), extraverti(e); **outgoings** *npl* (BRIT: *expenses*) dépenses *fpl*; **outhouse** *n* appentis *m*, remise *f*

outing ['autɪŋ] *n* sortie *f*; excursion *f*

out: outlaw *n* hors-la-loi *m inv* ▷ *vt* (*person*) mettre hors la loi; (*practice*) proscrire; **outlay** *n* dépenses *fpl*; (*investment*) mise *f* de fonds; **outlet** *n* (*for liquid etc*) issue *f*, sortie *f*; (*for emotion*) exutoire *m*; (*also*: **retail outlet**) point *m* de vente; (*US Elec*) prise *f* de courant; **outline** *n* (*shape*) contour *m*; (*summary*) esquisse *f*, grandes lignes ▷ *vt* (*fig: theory, plan*) exposer à grands traits; **outlook** *n* perspective *f*; (*point of view*) attitude *f*; **outnumber** *vt* surpasser en nombre; **out-of-date** *adj* (*passport, ticket*) périmé(e); (*theory, idea*) dépassé(e); (*custom*) désuet(-ète); (*clothes*) démodé(e); **out-of-doors** *adv* = **outdoors**; **out-of-the-way** *adj* loin de tout; **out-of-town** *adj* (*shopping centre etc*) en périphérie; **outpatient** *n* malade *m/f* en consultation externe; **outpost** *n* avant-poste *m*; **output** *n* rendement *m*, production *f*; (*Comput*) sortie *f* ▷ *vt* (*Comput*) sortir

outrage ['autreɪdʒ] *n* (*anger*) indignation *f*; (*violent act*) atrocité *f*, acte *m* de violence; (*scandal*) scandale *m* ▷ *vt* outrager; **outrageous** [aut'reɪdʒəs] *adj* atroce; (*scandalous*) scandaleux(-euse)

outright *adv* [aut'raɪt] complètement; (*deny, refuse*) catégoriquement; (*ask*) carrément; (*kill*) sur le coup ▷ *adj* ['autraɪt] complet(-ète); catégorique

outset ['autsɛt] *n* début *m*

outside [aut'saɪd] *n* extérieur *m* ▷ *adj* extérieur(e) ▷ *adv* (au) dehors, à l'extérieur ▷ *prep* hors de, à l'extérieur de; (*in front of*) devant; **at the ~** (*fig*) au plus *or* maximum; **outside lane** *n* (*Aut: in Britain*) voie *f* de droite; (: *in US, Europe*) voie de gauche; **outside line** *n* (*Tel*) ligne extérieure; **outsider** *n* (*stranger*) étranger(-ère)

out: outsize *adj* énorme; (*clothes*) grande taille *inv*; **outskirts** *npl* faubourgs *mpl*; **outspoken** *adj* très franc (franche); **outstanding** *adj* remarquable, exceptionnel(le); (*unfinished: work, business*) en suspens, en souffrance; (*debt*) impayé(e); (*problem*) non réglé(e)

outward ['autwəd] *adj* (*sign, appearances*) extérieur(e); (*journey*) (d')aller; **outwards** *adv* (*esp* BRIT) = **outward**

outweigh [aut'weɪ] *vt* l'emporter sur

oval ['əuvl] *adj, n* ovale *m*

ovary ['əuvərɪ] *n* ovaire *m*

oven ['ʌvn] *n* four *m*; **oven glove** *n* gant *m* de cuisine; **ovenproof** *adj* allant au four; **oven-ready** *adj* prêt(e) à cuire

over ['əuvəʳ] *adv* (par-)dessus ▷ *adj* (*finished*) fini(e), terminé(e); (*too much*) en plus ▷ *prep* sur; par-dessus; (*above*) au-dessus de; (*on the other side of*) de l'autre côté de; (*more than*) plus de; (*during*) pendant; (*about, concerning*): **they fell out ~ money/ her** ils se sont brouillés pour des questions d'argent/à cause d'elle; **~ here** ici; **~ there** là-bas; **all ~** *(everywhere)* partout; **~ and ~ (again)** à plusieurs reprises; **~ and above** en plus de; **to ask sb ~** inviter qn (à passer); **to fall ~** tomber; **to turn sth ~** retourner qch

overall ['əuvərɔːl] *adj (length)* total(e); *(study, impression)* d'ensemble ▷ *n* (BRIT) blouse *f* ▷ *adv* [əuvər'ɔːl] dans l'ensemble, en général; **overalls** *npl (boiler suit)* bleus *mpl* (de travail)

overboard ['əuvəbɔːd] *adv (Naut)* par-dessus bord

overcame [əuvə'keɪm] *pt of* **overcome**

overcast ['əuvəkɑːst] *adj* couvert(e)

overcharge [əuvə'tʃɑːdʒ] *vt*: **to ~ sb for sth** faire payer qch trop cher à qn

overcoat ['əuvəkəut] *n* pardessus *m*

overcome [əuvə'kʌm] *vt (irreg: like* **come***) (defeat)* triompher de; *(difficulty)* surmonter ▷ *adj (emotionally)* bouleversé(e); **~ with grief** accablé(e) de douleur

over: overcrowded *adj* bondé(e); *(city, country)* surpeuplé(e); **overdo** *vt (irreg: like* **do***)* exagérer; *(overcook)* trop cuire; **to overdo it, to overdo things** *(work too hard)* en faire trop, se surmener; **overdone** [əuvə'dʌn] *adj (vegetables, steak)* trop cuit(e); **overdose** *n* dose excessive; **overdraft** *n* découvert *m*; **overdrawn** *adj (account)* à découvert; **overdue** *adj* en retard; *(bill)* impayé(e); *(change)* qui tarde; **overestimate** *vt* surestimer

overflow *vi* [əuvə'fləu] déborder ▷ *n* ['əuvəfləu] *(also:* **~ pipe***)* tuyau *m* d'écoulement, trop-plein *m*

overgrown [əuvə'grəun] *adj (garden)* envahi(e) par la végétation

overhaul *vt* [əuvə'hɔːl] réviser ▷ *n* ['əuvəhɔːl] révision *f*

overhead *adv* [əuvə'hɛd] au-dessus ▷ *adj* ['əuvəhɛd] aérien(ne); *(lighting)* vertical(e) ▷ *n* ['əuvəhɛd] (US) = **overheads**; **overhead projector** *n* rétroprojecteur *m*; **overheads** *npl* (BRIT) frais généraux

over: overhear *vt (irreg: like* **hear***)* entendre (par hasard); **overheat** *vi (engine)* chauffer; **overland** *adj, adv* par voie de terre; **overlap** *vi* se chevaucher; **overleaf** *adv* au verso; **overload** *vt* surcharger; **overlook** *vt (have view of)* donner sur; *(miss)* oublier, négliger; *(forgive)* fermer les yeux sur

overnight *adv* [əuvə'naɪt] *(happen)* durant la nuit; *(fig)* soudain ▷ *adj* ['əuvənaɪt] d'une *(or* de) nuit; soudain(e); **to stay ~ (with sb)** passer la nuit (chez qn); **overnight bag** *n* nécessaire *m* de voyage

overpass ['əuvəpɑːs] *n (US: for cars)* pont autoroutier; *(for pedestrians)* passerelle *f*, pont *m*

overpower [əuvə'pauəʳ] *vt* vaincre; *(fig)* accabler; **overpowering** *adj* irrésistible; *(heat, stench)* suffocant(e)

over: overreact [əuvəriː'ækt] *vi* réagir de façon excessive; **overrule** *vt (decision)* annuler; *(claim)* rejeter; *(person)* rejeter l'avis de; **overrun** *vt (irreg: like* **run***) (Mil: country etc)* occuper; *(time limit etc)* dépasser ▷ *vi* dépasser le temps imparti

overseas [əuvə'siːz] *adv* outre-mer; *(abroad)* à l'étranger ▷ *adj (trade)* extérieur(e); *(visitor)* étranger(-ère)

oversee [əuvə'siː] *vt (irreg: like* **see***)* surveiller

overshadow [əuvə'ʃædəu] *vt (fig)* éclipser

oversight ['əuvəsaɪt] *n* omission *f*, oubli *m*

oversleep [əuvə'sliːp] *vi (irreg: like* **sleep***)* se réveiller (trop) tard

overspend [əuvə'spɛnd] *vi (irreg: like* **spend***)* dépenser de trop

overt [əu'vəːt] *adj* non dissimulé(e)

overtake [əuvə'teɪk] *vt (irreg: like* **take***)* dépasser; (BRIT *Aut*) dépasser, doubler

ver: overthrow *vt* (*irreg*: *like* **throw**) (*government*) renverser; **overtime** *n* heures *fpl* supplémentaires; **overturn** *vt* renverser; (*decision, plan*) annuler ▷ *vi* se retourner; **overweight** *adj* (*person*) trop gros(se); **overwhelm** *vt* (*subj*: *emotion*) accabler, submerger; (*enemy, opponent*) écraser; **overwhelming** *adj* (*victory, defeat*) écrasant(e); (*desire*) irrésistible

we [əu] *vt* devoir; **to ~ sb sth, to ~ sth to sb** devoir qch à qn; **how much do I ~ you?** combien est-ce que je vous dois?; **owing to** *prep* à cause de, en raison de

wl [aul] *n* hibou *m*

wn [əun] *vt* posséder ▷ *adj* propre; **a room of my ~** une chambre à moi, ma propre chambre; **to get one's ~ back** prendre sa revanche; **on one's ~** tout(e) seul(e); **own up** *vi* avouer; **owner** *n* propriétaire *m/f*; **ownership** *n* possession *f*

x (*pl* **oxen**) [ɔks, 'ɔksn] *n* bœuf *m*

Oxbridge ['ɔksbrɪdʒ] *n* (BRIT) *les universités d'Oxford et de Cambridge*

xen ['ɔksən] *npl of* **ox**

xygen ['ɔksɪdʒən] *n* oxygène *m*

yster ['ɔɪstəʳ] *n* huître *f*

z. *abbr* = **ounce; ounces**

zone ['əuzəun] *n* ozone *m*; **ozone friendly** *adj* qui n'attaque pas *or* qui préserve la couche d'ozone; **ozone layer** *n* couche *f* d'ozone

p

p *abbr* (BRIT) = **penny; pence**

P.A. *n abbr* = **personal assistant; public address system**

p.a. *abbr* = **per annum**

pace [peɪs] *n* pas *m*; (*speed*) allure *f*; vitesse *f* ▷ *vi*: **to ~ up and down** faire les cent pas; **to keep ~ with** aller à la même vitesse que; (*events*) se tenir au courant de; **pacemaker** *n* (*Med*) stimulateur *m* cardiaque; (*Sport*: *also*: **pacesetter**) meneur(-euse) de train

Pacific [pə'sɪfɪk] *n*: **the ~ (Ocean)** le Pacifique, l'océan *m* Pacifique

pacifier ['pæsɪfaɪəʳ] *n* (*us*: *dummy*) tétine *f*

pack [pæk] *n* paquet *m*; (*of hounds*) meute *f*; (*of thieves, wolves etc*) bande *f*; (*of cards*) jeu *m*; (*us*: *of cigarettes*) paquet; (*back pack*) sac *m* à dos ▷ *vt* (*goods*) empaqueter, emballer; (*in suitcase etc*) emballer; (*box*) remplir; (*cram*) entasser ▷ *vi*: **to ~ (one's bags)** faire ses bagages; **pack in** (BRIT

P

inf) *vi* (*machine*) tomber en panne ▷ *vt* (*boyfriend*) plaquer; **~ it in!** laisse tomber!; **pack off** *vt*: **to ~ sb off to** expédier qn à; **pack up** *vi* (BRIT *inf*: *machine*) tomber en panne; (*person*) se tirer ▷ *vt* (*belongings*) ranger; (*goods, presents*) empaqueter, emballer

package ['pækɪdʒ] *n* paquet *m*; (*also*: **~ deal**) (*agreement*) marché global; (*purchase*) forfait *m*; (*Comput*) progiciel *m* ▷ *vt* (*goods*) conditionner; **package holiday** *n* (BRIT) vacances organisées; **package tour** *n* voyage organisé

packaging ['pækɪdʒɪŋ] *n* (*wrapping materials*) emballage *m*

packed [pækt] *adj* (*crowded*) bondé(e); **packed lunch** (BRIT) *n* repas froid

packet ['pækɪt] *n* paquet *m*

packing ['pækɪŋ] *n* emballage *m*

pact [pækt] *n* pacte *m*, traité *m*

pad [pæd] *n* bloc(-notes *m*) *m*; (*to prevent friction*) tampon *m* ▷ *vt* rembourrer; **padded** *adj* (*jacket*) matelassé(e); (*bra*) rembourré(e)

paddle ['pædl] *n* (*oar*) pagaie *f*; (*US*: *for table tennis*) raquette *f* de ping-pong ▷ *vi* (*with feet*) barboter, faire trempette ▷ *vt*: **to ~ a canoe** *etc* pagayer; **paddling pool** *n* petit bassin

paddock ['pædək] *n* enclos *m*; (*Racing*) paddock *m*

padlock ['pædlɔk] *n* cadenas *m*

paedophile, (*US*) **pedophile** ['pi:dəufaɪl] *n* pédophile *m*

page [peɪdʒ] *n* (*of book*) page *f*; (*also*: **~ boy**) groom *m*, chasseur *m*; (*at wedding*) garçon *m* d'honneur ▷ *vt* (*in hotel etc*) (faire) appeler

pager ['peɪdʒəʳ] *n* bip *m* (*inf*), Alphapage® *m*

paid [peɪd] *pt*, *pp of* **pay** ▷ *adj* (*work, official*) rémunéré(e); (*holiday*) payé(e); **to put ~ to** (BRIT) mettre fin à, mettre par terre

pain [peɪn] *n* douleur *f*; (*inf*: *nuisance*) plaie *f*; **to be in ~** souffrir, avoir mal; **to take ~s to do** se donner du mal pour faire; **painful** *adj* douloureux(-euse); (*difficult*) difficile pénible; **painkiller** *n* calmant *m*, analgésique *m*; **painstaking** ['peɪnzteɪkɪŋ] *adj* (*person*) soigneux(-euse); (*work*) soigné(e)

paint [peɪnt] *n* peinture *f* ▷ *vt* peindre; **to ~ the door blue** peindre la porte en bleu; **paintbrush** *n* pinceau *m*; **painter** *n* peintre *m*; **painting** *n* peinture *f*; (*picture*) tableau *m*

pair [pɛəʳ] *n* (*of shoes, gloves etc*) paire *f*; (*of people*) couple *m*; **~ of scissors** (paire de) ciseaux *mpl*; **~ of trousers** pantalon *m*

pajamas [pə'dʒɑ:məz] *npl* (*US*) pyjama *m*

Pakistan [pɑ:kɪ'stɑ:n] *n* Pakistan *m*; **Pakistani** *adj* pakistanais(e) ▷ *n* Pakistanais(e)

pal [pæl] *n* (*inf*) copain (copine)

palace ['pæləs] *n* palais *m*

pale [peɪl] *adj* pâle; **~ blue** *adj* bleu pâle *inv*

Palestine ['pælɪstaɪn] *n* Palestine *f*; **Palestinian** [pælɪs'tɪnɪən] *adj* palestinien(ne) ▷ *n* Palestinien(ne)

palm [pɑ:m] *n* (*Anat*) paume *f*; (*also*: **~ tree**) palmier *m* ▷ *vt*: **to ~ sth off on sb** (*inf*) refiler qch à qn

pamper ['pæmpəʳ] *vt* gâter, dorloter

pamphlet ['pæmflət] *n* brochure *f*

pan [pæn] *n* (*also*: **sauce~**) casserole *f*; (*also*: **frying ~**) poêle *f*

pancake ['pænkeɪk] *n* crêpe *f*

panda ['pændə] *n* panda *m*

pandemic [pæn'dɛmɪk] *n* pandémie *f*

pane [peɪn] *n* carreau *m* (de fenêtre) vitre *f*

panel ['pænl] *n* (*of wood, cloth etc*) panneau *m*; (*Radio, TV*) panel *m*, invités *mpl*; (*for interview, exams*) jury

panhandler ['pænhændləʳ] *n* (*US inf*) mendiant(e)

panic ['pænɪk] *n* panique *f*, affolement *m* ▷ *vi* s'affoler, paniquer

panorama [pænə'rɑ:mə] *n* panorama *m*
pansy ['pænzɪ] *n* (*Bot*) pensée *f*
pant [pænt] *vi* haleter
panther ['pænθə^r] *n* panthère *f*
panties ['pæntɪz] *npl* slip *m*, culotte *f*
pantomime ['pæntəmaɪm] *n* (BRIT) spectacle *m* de Noël

PANTOMIME

Une *pantomime* (à ne pas confondre avec le mot tel qu'on l'utilise en français), que l'on appelle également de façon familière "panto", est un genre de farce où le personnage principal est souvent un jeune garçon et où il y a toujours une "dame", c'est-à-dire une vieille femme jouée par un homme, et un méchant. La plupart du temps, l'histoire est basée sur un conte de fées comme Cendrillon ou Le Chat botté, et le public est encouragé à participer en prévenant le héros d'un danger imminent. Ce genre de spectacle, qui s'adresse surtout aux enfants, vise également un public d'adultes au travers des nombreuses plaisanteries faisant allusion à des faits d'actualité.

pants [pænts] *npl* (BRIT: *woman's*) culotte *f*, slip *m*; (: *man's*) slip, caleçon *m*; (US: *trousers*) pantalon *m*
pantyhose ['pæntɪhəuz] *npl* (US) collant *m*
paper ['peɪpə^r] *n* papier *m*; (*also*: **wall~**) papier peint; (*also*: **news~**) journal *m*; (*academic essay*) article *m*; (*exam*) épreuve écrite ▷ *adj* en *or* de papier ▷ *vt* tapisser (de papier peint); **papers** *npl* (*also*: **identity ~s**) papiers *mpl* (d'identité); **paperback** *n* livre broché *or* non relié; (*small*) livre *m* de poche; **paper bag** *n* sac *m* en papier; **paper clip** *n* trombone *m*; **paper shop** *n* (BRIT) marchand *m* de journaux; **paperwork** *n* papiers *mpl*; (*pej*) paperasserie *f*
paprika ['pæprɪkə] *n* paprika *m*
par [pɑ:^r] *n* pair *m*; (*Golf*) normale *f* du parcours; **on a ~ with** à égalité avec, au même niveau que
paracetamol [pærə'si:təmɔl] *n* (BRIT) paracétamol *m*
parachute ['pærəʃu:t] *n* parachute *m*
parade [pə'reɪd] *n* défilé *m* ▷ *vt* (*fig*) faire étalage de ▷ *vi* défiler
paradise ['pærədaɪs] *n* paradis *m*
paradox ['pærədɔks] *n* paradoxe *m*
paraffin ['pærəfɪn] *n* (BRIT): **~ (oil)** pétrole (lampant)
paragraph ['pærəgrɑ:f] *n* paragraphe *m*
parallel ['pærəlɛl] *adj*: **~ (with** *or* **to)** parallèle (à); (*fig*) analogue (à) ▷ *n* (*line*) parallèle *f*; (*fig*, *Geo*) parallèle *m*
paralysed ['pærəlaɪzd] *adj* paralysé(e)
paralysis (*pl* **paralyses**) [pə'rælɪsɪs, -si:z] *n* paralysie *f*
paramedic [pærə'mɛdɪk] *n* auxiliaire *m/f* médical(e)
paranoid ['pærənɔɪd] *adj* (*Psych*) paranoïaque; (*neurotic*) paranoïde
parasite ['pærəsaɪt] *n* parasite *m*
parcel ['pɑ:sl] *n* paquet *m*, colis *m* ▷ *vt* (*also*: **~ up**) empaqueter
pardon ['pɑ:dn] *n* pardon *m*; (*Law*) grâce *f* ▷ *vt* pardonner à; (*Law*) gracier; **~!** pardon!; **~ me!** (*after burping etc*) excusez-moi!; **I beg your ~!** (*I'm sorry*) pardon!, je suis désolé!; **(I beg your) ~?**, (US) **~ me?** (*what did you say?*) pardon?
parent ['pɛərənt] *n* (*father*) père *m*; (*mother*) mère *f*; **parents** *npl* parents *mpl*; **parental** [pə'rɛntl] *adj* parental(e), des parents
Paris ['pærɪs] *n* Paris
parish ['pærɪʃ] *n* paroisse *f*; (BRIT: *civil*) ≈ commune *f*
Parisian [pə'rɪzɪən] *adj* parisien(ne), de Paris ▷ *n* Parisien(ne)

P

park [pɑːk] *n* parc *m*, jardin public ▷ *vt* garer ▷ *vi* se garer; **can I ~ here?** est-ce que je peux me garer ici?

parking ['pɑːkɪŋ] *n* stationnement *m*; **"no ~"** "stationnement interdit"; **parking lot** *n* (*US*) parking *m*, parc *m* de stationnement; **parking meter** *n* parc(o)mètre *m*; **parking ticket** *n* P.-V. *m*

Be careful not to translate *parking* by the French word *parking*.

parkway ['pɑːkweɪ] *n* (*US*) route *f* express (*en site vert ou aménagé*)

parliament ['pɑːləmənt] *n* parlement *m*; **parliamentary** [pɑːlə'mɛntərɪ] *adj* parlementaire

Parmesan [pɑːmɪ'zæn] *n* (*also*: **~ cheese**) Parmesan *m*

parole [pə'rəul] *n*: **on ~** en liberté conditionnelle

parrot ['pærət] *n* perroquet *m*

parsley ['pɑːslɪ] *n* persil *m*

parsnip ['pɑːsnɪp] *n* panais *m*

parson ['pɑːsn] *n* ecclésiastique *m*; (*Church of England*) pasteur *m*

part [pɑːt] *n* partie *f*; (*of machine*) pièce *f*; (*Theat*) rôle *m*; (*of serial*) épisode *m*; (*US*: *in hair*) raie *f* ▷ *adv* = **partly** ▷ *vt* séparer ▷ *vi* (*people*) se séparer; (*crowd*) s'ouvrir; **to take ~ in** participer à, prendre part à; **to take sb's ~** prendre le parti de qn, prendre parti pour qn; **for my ~** en ce qui me concerne; **for the most ~** en grande partie; dans la plupart des cas; **in ~** en partie; **to take sth in good/bad ~** prendre qch du bon/mauvais côté; **part with** *vt fus* (*person*) se séparer de; (*possessions*) se défaire de

partial ['pɑːʃl] *adj* (*incomplete*) partiel(le); **to be ~ to** aimer, avoir un faible pour

participant [pɑː'tɪsɪpənt] *n* (*in competition, campaign*) participant(e)

participate [pɑː'tɪsɪpeɪt] *vi*: **to ~ (in)** participer (à), prendre part (à)

particle ['pɑːtɪkl] *n* particule *f*; (*of dust*) grain *m*

particular [pə'tɪkjulə^r] *adj* (*specific*) particulier(-ière); (*special*) particulier, spécial(e); (*fussy*) difficile, exigeant(e); (*careful*) méticuleux(-euse); **in ~** en particulier, surtout; **particularly** *adv* particulièrement; (*in particular*) en particulier; **particulars** *npl* détails *mpl*; (*information*) renseignements *mpl*

parting ['pɑːtɪŋ] *n* séparation *f*; (BRIT: *in hair*) raie *f*

partition [pɑː'tɪʃən] *n* (*Pol*) partition *f*, division *f*; (*wall*) cloison *f*

partly ['pɑːtlɪ] *adv* en partie, partiellement

partner ['pɑːtnə^r] *n* (*Comm*) associé(e); (*Sport*) partenaire *m/f*; (*spouse*) conjoint(e); (*lover*) ami(e); (*at dance*) cavalier(-ière); **partnership** *n* association *f*

partridge ['pɑːtrɪdʒ] *n* perdrix *f*

part-time ['pɑː't'taɪm] *adj, adv* à mi-temps, à temps partiel

party ['pɑːtɪ] *n* (*Pol*) parti *m*; (*celebration*) fête *f*; (: *formal*) réception *f*; (: *in evening*) soirée *f*; (*group*) groupe *m*; (*Law*) partie *f*

pass [pɑːs] *vt* (*time, object*) passer; (*place*) passer devant; (*friend*) croiser; (*exam*) être reçu(e) à, réussir; (*overtake*) dépasser; (*approve*) approuver, accepter ▷ *vi* passer; (*Scol*) être reçu(e) *or* admis(e), réussir ▷ *n* (*permit*) laissez-passer *m inv*; (*membership card*) carte *f* d'accès *or* d'abonnement; (*in mountains*) col *m*; (*Sport*) passe *f*; (*Scol*: *also*: **~ mark**); **to get a ~** être reçu(e) (sans mention); **to ~ sb sth** passer qch à qn; **could you ~ the salt/oil, please?** pouvez-vous me passer le sel/l'huile, s'il vous plaît?; **to make a ~ at sb** (*inf*) faire des avances à qn; **pass away** *vi* mourir; **pass by** *vi* passer ▷ *vt* (*ignore*) négliger; **pass on** *vt* (*hand on*): **to ~ on (to)** transmettre (à); **pass out** *vi* s'évanouir; **pass over** *vt* (*ignore*) passer sous silence; **pass up** *vt* (*opportunity*) laisser passer;

passable *adj* (*road*) praticable; (*work*) acceptable

> Be careful not to translate *to pass an exam* by the French expression *passer un examen*.

passage ['pæsɪdʒ] *n* (*also*: **~way**) couloir *m*; (*gen, in book*) passage *m*; (*by boat*) traversée *f*

passenger ['pæsɪndʒə^r] *n* passager(-ère)

passer-by [pɑːsə'baɪ] *n* passant(e)

passing place *n* (*Aut*) aire *f* de croisement

passion ['pæʃən] *n* passion *f*; **passionate** *adj* passionné(e); **passion fruit** *n* fruit *m* de la passion

passive ['pæsɪv] *adj* (*also*: *Ling*) passif(-ive)

passport ['pɑːspɔːt] *n* passeport *m*; **passport control** *n* contrôle *m* des passeports; **passport office** *n* bureau *m* de délivrance des passeports

password ['pɑːswəːd] *n* mot *m* de passe

past [pɑːst] *prep* (*in front of*) devant; (*further than*) au delà de, plus loin que; après; (*later than*) après ▷ *adv*: **to run ~** passer en courant ▷ *adj* passé(e); (*president etc*) ancien(ne) ▷ *n* passé *m*; **he's ~ forty** il a dépassé la quarantaine, il a plus de *or* passé quarante ans; **ten/quarter ~ eight** (BRIT) huit heures dix/un *or* et quart; **for the ~ few/3 days** depuis quelques/3 jours; ces derniers/3 derniers jours

pasta ['pæstə] *n* pâtes *fpl*

paste [peɪst] *n* pâte *f*; (*Culin*: *meat*) pâté *m* (à tartiner); (: *tomato*) purée *f*, concentré *m*; (*glue*) colle *f* (de pâte) ▷ *vt* coller

pastel ['pæstl] *adj* pastel *inv* ▷ *n* (*Art*: *pencil*) (crayon *m*) pastel *m*; (: *drawing*) (dessin *m* au) pastel; (*colour*) ton *m* pastel *inv*

pasteurized ['pæstəraɪzd] *adj* pasteurisé(e)

pastime ['pɑːstaɪm] *n* passe-temps *m inv*, distraction *f*

pastor ['pɑːstə^r] *n* pasteur *m*

pastry ['peɪstrɪ] *n* pâte *f*; (*cake*) pâtisserie *f*

pasture ['pɑːstʃə^r] *n* pâturage *m*

pasty[1] *n* ['pæstɪ] petit pâté (en croûte)

pasty[2] ['peɪstɪ] *adj* (*complexion*) terreux(-euse)

pat [pæt] *vt* donner une petite tape à; (*dog*) caresser

patch [pætʃ] *n* (*of material*) pièce *f*; (*eye patch*) cache *m*; (*spot*) tache *f*; (*of land*) parcelle *f*; (*on tyre*) rustine *f* ▷ *vt* (*clothes*) rapiécer; **a bad ~** (BRIT) une période difficile; **patchy** *adj* inégal(e); (*incomplete*) fragmentaire

pâté ['pæteɪ] *n* pâté *m*, terrine *f*

patent ['peɪtnt, US 'pætnt] *n* brevet *m* (d'invention) ▷ *vt* faire breveter ▷ *adj* patent(e), manifeste

paternal [pə'təːnl] *adj* paternel(le)

paternity leave [pə'təːnɪtɪ-] *n* congé *m* de paternité

path [pɑːθ] *n* chemin *m*, sentier *m*; (*in garden*) allée *f*; (*of missile*) trajectoire *f*

pathetic [pə'θetɪk] *adj* (*pitiful*) pitoyable; (*very bad*) lamentable, minable

pathway ['pɑːθweɪ] *n* chemin *m*, sentier *m*; (*in garden*) allée *f*

patience ['peɪʃns] *n* patience *f*; (BRIT *Cards*) réussite *f*

patient ['peɪʃnt] *n* malade *m/f*; (*of dentist etc*) patient(e) ▷ *adj* patient(e)

patio ['pætɪəu] *n* patio *m*

patriotic [pætrɪ'ɔtɪk] *adj* patriotique; (*person*) patriote

patrol [pə'trəul] *n* patrouille *f* ▷ *vt* patrouiller dans; **patrol car** *n* voiture *f* de police

patron ['peɪtrən] *n* (*in shop*) client(e); (*of charity*) patron(ne); **~ of the arts** mécène *m*

patronizing ['pætrənaɪzɪŋ] *adj* condescendant(e)

P

pattern ['pætən] *n* (*Sewing*) patron *m*; (*design*) motif *m*; **patterned** *adj* à motifs

pause [pɔːz] *n* pause *f*, arrêt *m* ▷ *vi* faire une pause, s'arrêter

pave [peɪv] *vt* paver, daller; **to ~ the way for** ouvrir la voie à

pavement ['peɪvmənt] *n* (BRIT) trottoir *m*; (US) chaussée *f*

pavilion [pə'vɪlɪən] *n* pavillon *m*; (*Sport*) stand *m*

paving ['peɪvɪŋ] *n* (*material*) pavé *m*, dalle *f*

paw [pɔː] *n* patte *f*

pawn [pɔːn] *n* (*Chess, also fig*) pion *m* ▷ *vt* mettre en gage; **pawnbroker** *n* prêteur *m* sur gages

pay [peɪ] (*pt, pp* **paid**) *n* salaire *m*; (*of manual worker*) paie *f* ▷ *vt* payer ▷ *vi* payer; (*be profitable*) être rentable; **can I ~ by credit card?** est-ce que je peux payer par carte de crédit?; **to ~ attention (to)** prêter attention (à); **to ~ sb a visit** rendre visite à qn; **to ~ one's respects to sb** présenter ses respects à qn; **pay back** *vt* rembourser; **pay for** *vt fus* payer; **pay in** *vt* verser; **pay off** *vt* (*debts*) régler, acquitter; (*person*) rembourser ▷ *vi* (*scheme, decision*) se révéler payant(e); **pay out** *vt* (*money*) payer, sortir de sa poche; **pay up** *vt* (*amount*) payer; **payable** *adj* payable; **to make a cheque payable to sb** établir un chèque à l'ordre de qn; **pay-as-you-go** *adj* (*mobile phone*) à carte prépayée; **payday** *n* jour *m* de paie; **pay envelope** *n* (US) paie *f*; **payment** *n* paiement *m*; (*of bill*) règlement *m*; (*of deposit, cheque*) versement *m*; **monthly payment** mensualité *f*; **payout** *n* (*from insurance*) dédommagement *m*; (*in competition*) prix *m*; **pay packet** *n* (BRIT) paie *f*; **pay phone** *n* cabine *f* téléphonique, téléphone public; **pay raise** *n* (US) = **pay rise**; **pay rise** *n* (BRIT) augmentation *f* (de salaire); **payroll** *n* registre *m* du personnel; **pay slip** *n* (BRIT) bulletin *m* de paie, feuille *f* de paie; **pay television** *n* chaînes *fpl* payantes

PC *n abbr* = **personal computer**; (BRIT) = **police constable** ▷ *adj abbr* = **politically correct**

p.c. *abbr* = **per cent**

pcm *n abbr* (= *per calendar month*) par mois

PDA *n abbr* (= *personal digital assistant*) agenda *m* électronique

PE *n abbr* (= *physical education*) EPS *f*

pea [piː] *n* (petit) pois

peace [piːs] *n* paix *f*; (*calm*) calme *m*, tranquillité *f*; **peaceful** *adj* paisible, calme

peach [piːtʃ] *n* pêche *f*

peacock ['piːkɔk] *n* paon *m*

peak [piːk] *n* (*mountain*) pic *m*, cime *f*; (*of cap*) visière *f*; (*fig: highest level*) maximum *m*; (*: of career, fame*) apogée *m*; **peak hours** *npl* heures *fpl* d'affluence *or* de pointe

peanut ['piːnʌt] *n* arachide *f*, cacahuète *f*; **peanut butter** *n* beurre *m* de cacahuète

pear [pɛəʳ] *n* poire *f*

pearl [pəːl] *n* perle *f*

peasant ['pɛznt] *n* paysan(ne)

peat [piːt] *n* tourbe *f*

pebble ['pɛbl] *n* galet *m*, caillou *m*

peck [pɛk] *vt* (*also*: **~ at**) donner un coup de bec à; (*food*) picorer ▷ *n* coup *m* de bec; (*kiss*) bécot *m*; **peckish** *adj* (BRIT *inf*): **I feel peckish** je mangerais bien quelque chose, j'ai la dent

peculiar [pɪ'kjuːlɪəʳ] *adj* (*odd*) étrange, bizarre, curieux(-euse); (*particular*) particulier(-ière); **~ to** particulier à

pedal ['pɛdl] *n* pédale *f* ▷ *vi* pédaler

pedestal ['pɛdəstl] *n* piédestal *m*

pedestrian [pɪ'dɛstrɪən] *n* piéton *m*; **pedestrian crossing** *n* (BRIT) passage clouté; **pedestrianized** *adj*: **a pedestrianized street** une rue piétonne; **pedestrian precinct**,

(US)**pedestrian zone** *n* (BRIT) zone piétonne
edigree ['pɛdɪgri:] *n* ascendance *f*; (*of animal*) pedigree *m* ▷ *cpd* (*animal*) de race
edophile ['pi:dəufaɪl] (US) *n* = **paedophile**
ee [pi:] *vi* (*inf*) faire pipi, pisser
eek [pi:k] *vi* jeter un coup d'œil (furtif)
eel [pi:l] *n* pelure *f*, épluchure *f*; (*of orange, lemon*) écorce *f* ▷ *vt* peler, éplucher ▷ *vi* (*paint etc*) s'écailler; (*wallpaper*) se décoller; (*skin*) peler
eep [pi:p] *n* (*look*) coup d'œil furtif; (*sound*) pépiement *m* ▷ *vi* jeter un coup d'œil (furtif)
eer [pɪəʳ] *vi*: **to ~ at** regarder attentivement, scruter ▷ *n* (*noble*) pair *m*; (*equal*) pair, égal(e)
eg [pɛg] *n* (*for coat etc*) patère *f*; (BRIT: *also*: **clothes ~**) pince *f* à linge
elican ['pɛlɪkən] *n* pélican *m*; **pelican crossing** *n* (BRIT Aut) feu *m* à commande manuelle
elt [pɛlt] *vt*: **to ~ sb (with)** bombarder qn (de) ▷ *vi* (*rain*) tomber à seaux; (*inf*: *run*) courir à toutes jambes ▷ *n* peau *f*
elvis ['pɛlvɪs] *n* bassin *m*
en [pɛn] *n* (*for writing*) stylo *m*; (*for sheep*) parc *m*
enalty ['pɛnltɪ] *n* pénalité *f*; sanction *f*; (*fine*) amende *f*; (*Sport*) pénalisation *f*; (*Football*) penalty *m*; (*Rugby*) pénalité *f*
ence [pɛns] *npl of* **penny**
encil ['pɛnsl] *n* crayon *m*; **pencil in** *vt* noter provisoirement; **pencil case** *n* trousse *f* (d'écolier); **pencil sharpener** *n* taille-crayon(s) *m inv*
endant ['pɛndnt] *n* pendentif *m*
ending ['pɛndɪŋ] *prep* en attendant ▷ *adj* en suspens
enetrate ['pɛnɪtreɪt] *vt* pénétrer dans; (*enemy territory*) entrer en
en friend *n* (BRIT) correspondant(e)
enguin ['pɛŋgwɪn] *n* pingouin *m*
penicillin [pɛnɪ'sɪlɪn] *n* pénicilline *f*
peninsula [pə'nɪnsjulə] *n* péninsule *f*
penis ['pi:nɪs] *n* pénis *m*, verge *f*
penitentiary [pɛnɪ'tɛnʃərɪ] *n* (US) prison *f*
penknife ['pɛnnaɪf] *n* canif *m*
penniless ['pɛnɪlɪs] *adj* sans le sou
penny (*pl* **pennies** *or* **pence**) ['pɛnɪ, 'pɛnɪz, pɛns] *n* (BRIT) penny *m*; (US) cent *m*
pen pal *n* correspondant(e)
pension ['pɛnʃən] *n* (*from company*) retraite *f*; **pensioner** *n* (BRIT) retraité(e)
pentagon ['pɛntəgən] *n*: **the P~** (US *Pol*) le Pentagone
penthouse ['pɛnthaus] *n* appartement *m* (de luxe) en attique
penultimate [pɪ'nʌltɪmət] *adj* pénultième, avant-dernier(-ière)
people ['pi:pl] *npl* gens *mpl*; personnes *fpl*; (*inhabitants*) population *f*; (*Pol*) peuple *m* ▷ *n* (*nation, race*) peuple *m*; **several ~ came** plusieurs personnes sont venues; **~ say that ...** on dit *or* les gens disent que ...
pepper ['pɛpəʳ] *n* poivre *m*; (*vegetable*) poivron *m* ▷ *vt* (*Culin*) poivrer; **peppermint** *n* (*sweet*) pastille *f* de menthe
per [pə:ʳ] *prep* par; **~ hour** (*miles etc*) à l'heure; (*fee*) (de) l'heure; **~ kilo** *etc* le kilo *etc*; **~ day/person** par jour/ personne; **~ annum** per an
perceive [pə'si:v] *vt* percevoir; (*notice*) remarquer, s'apercevoir de
per cent *adv* pour cent
percentage [pə'sɛntɪdʒ] *n* pourcentage *m*
perception [pə'sɛpʃən] *n* perception *f*; (*insight*) sensibilité *f*
perch [pə:tʃ] *n* (*fish*) perche *f*; (*for bird*) perchoir *m* ▷ *vi* (se) percher
percussion [pə'kʌʃən] *n* percussion *f*
perennial [pə'rɛnɪəl] *n* (*Bot*) (plante *f*) vivace *f*, plante pluriannuelle

perfect ['pə:fɪkt] *adj* parfait(e) ▷ *n* (*also*: **~ tense**) parfait *m* ▷ *vt* [pə'fɛkt] (*technique, skill, work of art*) parfaire; (*method, plan*) mettre au point; **perfection** [pə'fɛkʃən] *n* perfection *f*; **perfectly** ['pə:fɪktlɪ] *adv* parfaitement

perform [pə'fɔ:m] *vt* (*carry out*) exécuter; (*concert etc*) jouer, donner ▷ *vi* (*actor, musician*) jouer; **performance** *n* représentation *f*, spectacle *m*; (*of an artist*) interprétation *f*; (*Sport: of car, engine*) performance *f*; (*of company, economy*) résultats *mpl*; **performer** *n* artiste *m/f*

perfume ['pə:fju:m] *n* parfum *m*

perhaps [pə'hæps] *adv* peut-être

perimeter [pə'rɪmɪtə^r] *n* périmètre *m*

period ['pɪərɪəd] *n* période *f*; (*Hist*) époque *f*; (*Scol*) cours *m*; (*full stop*) point *m*; (*Med*) règles *fpl* ▷ *adj* (*costume, furniture*) d'époque; **periodical** [pɪərɪ'ɔdɪkl] *n* périodique *m*; **periodically** *adv* périodiquement

perish ['pɛrɪʃ] *vi* périr, mourir; (*decay*) se détériorer

perjury ['pə:dʒərɪ] *n* (*Law: in court*) faux témoignage; (*breach of oath*) parjure *m*

perk [pə:k] *n* (*inf*) avantage *m*, à-côté *m*

perm [pə:m] *n* (*for hair*) permanente *f*

permanent ['pə:mənənt] *adj* permanent(e); **permanently** *adv* de façon permanente; (*move abroad*) définitivement; (*open, closed*) en permanence; (*tired, unhappy*) constamment

permission [pə'mɪʃən] *n* permission *f*, autorisation *f*

permit *n* ['pə:mɪt] permis *m*

perplex [pə'plɛks] *vt* (*person*) rendre perplexe

persecute ['pə:sɪkju:t] *vt* persécuter

persecution [pə:sɪ'kju:ʃən] *n* persécution *f*

persevere [pə:sɪ'vɪə^r] *vi* persévérer

Persian ['pə:ʃən] *adj* persan(e); **the ~ Gulf** le golfe Persique

persist [pə'sɪst] *vi*: **to ~ (in doing)** persister (à faire), s'obstiner (à faire); **persistent** *adj* persistant(e), tenace

person ['pə:sn] *n* personne *f*; **in ~** en personne; **personal** *adj* personnel(le); **personal assistant** *n* secrétaire personnel(le); **personal computer** *n* ordinateur individuel, PC *m*; **personality** [pə:sə'nælɪtɪ] *n* personnalité *f*; **personally** *adv* personnellement; **to take sth personally** se sentir visé(e) par qch; **personal organizer** *n* agenda (personnel); (*electronic*) agenda électronique; **personal stereo** *n* Walkman® *m*, baladeur *m*

personnel [pə:sə'nɛl] *n* personnel *m*

perspective [pə'spɛktɪv] *n* perspective *f*

perspiration [pə:spɪ'reɪʃən] *n* transpiration *f*

persuade [pə'sweɪd] *vt*: **to ~ sb to do sth** persuader qn de faire qch, amener *or* décider qn à faire qch

persuasion [pə'sweɪʒən] *n* persuasion *f*; (*creed*) conviction *f*

persuasive [pə'sweɪsɪv] *adj* persuasif(-ive)

perverse [pə'və:s] *adj* pervers(e); (*contrary*) entêté(e), contrariant(e)

pervert *n* ['pə:və:t] perverti(e) ▷ *vt* [pə'və:t] pervertir; (*words*) déformer

pessimism ['pɛsɪmɪzəm] *n* pessimisme *m*

pessimist ['pɛsɪmɪst] *n* pessimiste *m/f*; **pessimistic** [pɛsɪ'mɪstɪk] *adj* pessimiste

pest [pɛst] *n* animal *m* (*or* insecte *m*) nuisible; (*fig*) fléau *m*

pester ['pɛstə^r] *vt* importuner, harceler

pesticide ['pɛstɪsaɪd] *n* pesticide *m*

pet [pɛt] *n* animal familier ▷ *cpd* (*favourite*) favori(e) ▷ *vt* (*stroke*) caresser, câliner; **teacher's ~**

chouchou *m* du professeur; **~ hate** bête noire

petal ['pɛtl] *n* pétale *m*

petite [pə'ti:t] *adj* menu(e)

petition [pə'tɪʃən] *n* pétition *f*

petrified ['pɛtrɪfaɪd] *adj* (*fig*) mort(e) de peur

petrol ['pɛtrəl] *n* (BRIT) essence *f*; **I've run out of ~** je suis en panne d'essence

Be careful not to translate *petrol* by the French word *pétrole*.

petroleum [pə'trəulɪəm] *n* pétrole *m*

petrol: petrol pump *n* (BRIT: *in car, at garage*) pompe *f* à essence; **petrol station** *n* (BRIT) station-service *f*; **petrol tank** *n* (BRIT) réservoir *m* d'essence

petticoat ['pɛtɪkəut] *n* jupon *m*

petty ['pɛtɪ] *adj* (*mean*) mesquin(e); (*unimportant*) insignifiant(e), sans importance

pew [pju:] *n* banc *m* (d'église)

pewter ['pju:tə[r]] *n* étain *m*

phantom ['fæntəm] *n* fantôme *m*

pharmacist ['fɑ:məsɪst] *n* pharmacien(ne)

pharmacy ['fɑ:məsɪ] *n* pharmacie *f*

phase [feɪz] *n* phase *f*, période *f*; **phase in** *vt* introduire progressivement; **phase out** *vt* supprimer progressivement

Ph.D. *abbr* = **Doctor of Philosophy**

pheasant ['fɛznt] *n* faisan *m*

phenomena [fə'nɔmɪnə] *npl of* **phenomenon**

phenomenal [fɪ'nɔmɪnl] *adj* phénoménal(e)

phenomenon (*pl* **phenomena**) [fə'nɔmɪnən, -nə] *n* phénomène *m*

Philippines ['fɪlɪpi:nz] *npl* (*also*: **Philippine Islands**): **the ~** les Philippines *fpl*

philosopher [fɪ'lɔsəfə[r]] *n* philosophe *m*

philosophical [fɪlə'sɔfɪkl] *adj* philosophique

philosophy [fɪ'lɔsəfɪ] *n* philosophie *f*

phlegm [flɛm] *n* flegme *m*

phobia ['fəubjə] *n* phobie *f*

phone [fəun] *n* téléphone *m* ▷ *vt* téléphoner à ▷ *vi* téléphoner; **to be on the ~** avoir le téléphone; (*be calling*) être au téléphone; **phone back** *vt, vi* rappeler; **phone up** *vt* téléphoner à ▷ *vi* téléphoner; **phone book** *n* annuaire *m*; **phone box**, (*US*) **phone booth** *n* cabine *f* téléphonique; **phone call** *n* coup *m* de fil *or* de téléphone; **phonecard** *n* télécarte *f*; **phone number** *n* numéro *m* de téléphone

phonetics [fə'nɛtɪks] *n* phonétique *f*

phoney ['fəunɪ] *adj* faux (fausse), factice; (*person*) pas franc (franche)

photo ['fəutəu] *n* photo *f*; **photo album** *n* album *m* de photos; **photocopier** *n* copieur *m*; **photocopy** *n* photocopie *f* ▷ *vt* photocopier

photograph ['fəutəgræf] *n* photographie *f* ▷ *vt* photographier; **photographer** [fə'tɔgrəfə[r]] *n* photographe *m/f*; **photography** [fə'tɔgrəfɪ] *n* photographie *f*

phrase [freɪz] *n* expression *f*; (*Ling*) locution *f* ▷ *vt* exprimer; **phrase book** *n* recueil *m* d'expressions (pour touristes)

physical ['fɪzɪkl] *adj* physique; **physical education** *n* éducation *f* physique; **physically** *adv* physiquement

physician [fɪ'zɪʃən] *n* médecin *m*

physicist ['fɪzɪsɪst] *n* physicien(ne)

physics ['fɪzɪks] *n* physique *f*

physiotherapist [fɪzɪəu'θɛrəpɪst] *n* kinésithérapeute *m/f*

physiotherapy [fɪzɪəu'θɛrəpɪ] *n* kinésithérapie *f*

physique [fɪ'zi:k] *n* (*appearance*) physique *m*; (*health etc*) constitution *f*

pianist ['pi:ənɪst] *n* pianiste *m/f*

piano [pɪ'ænəu] *n* piano *m*

pick [pɪk] *n* (*tool: also*: **~-axe**) pic *m*, pioche *f* ▷ *vt* choisir; (*gather*) cueillir;

P

(*remove*) prendre; (*lock*) forcer; **take your ~** faites votre choix; **the ~ of** le meilleur(e) de; **to ~ one's nose** se mettre les doigts dans le nez; **to ~ one's teeth** se curer les dents; **to ~ a quarrel with sb** chercher noise à qn; **pick on** *vt fus* (*person*) harceler; **pick out** *vt* choisir; (*distinguish*) distinguer; **pick up** *vi* (*improve*) remonter, s'améliorer ▷ *vt* ramasser; (*collect*) passer prendre; (*Aut: give lift to*) prendre; (*learn*) apprendre; (*Radio*) capter; **to ~ up speed** prendre de la vitesse; **to ~ o.s. up** se relever

pickle ['pɪkl] *n* (*also*: **~s**) (*as condiment*) pickles *mpl* ▷ *vt* conserver dans du vinaigre *or* dans de la saumure; **in a ~** (*fig*) dans le pétrin

pickpocket ['pɪkpɔkɪt] *n* pickpocket *m*

pick-up ['pɪkʌp] *n* (*also*: **~ truck**) pick-up *m inv*

picnic ['pɪknɪk] *n* pique-nique *m* ▷ *vi* pique-niquer; **picnic area** *n* aire *f* de pique-nique

picture ['pɪktʃəʳ] *n* (*also TV*) image *f*; (*painting*) peinture *f*, tableau *m*; (*photograph*) photo(graphie) *f*; (*drawing*) dessin *m*; (*film*) film *m*; (*fig: description*) description *f* ▷ *vt* (*imagine*) se représenter; **pictures** *npl*; **the ~s** (BRIT) le cinéma; **to take a ~ of sb/sth** prendre qn/qch en photo; **would you take a ~ of us, please?** pourriez-vous nous prendre en photo, s'il vous plaît?; **picture frame** *n* cadre *m*; **picture messaging** *n* picture messaging *m*, messagerie *f* d'images

picturesque [pɪktʃə'rɛsk] *adj* pittoresque

pie [paɪ] *n* tourte *f*; (*of fruit*) tarte *f*; (*of meat*) pâté *m* en croûte

piece [pi:s] *n* morceau *m*; (*item*): **a ~ of furniture/advice** un meuble/conseil ▷ *vt*: **to ~ together** rassembler; **to take to ~s** démonter

pie chart *n* graphique *m* à secteurs, camembert *m*

pier [pɪəʳ] *n* jetée *f*

pierce [pɪəs] *vt* percer, transpercer; **pierced** *adj* (*ears*) percé(e)

pig [pɪg] *n* cochon *m*, porc *m*; (*pej: unkind person*) mufle *m*; (*: greedy person*) goinfre *m*

pigeon ['pɪdʒən] *n* pigeon *m*

piggy bank ['pɪgɪ-] *n* tirelire *f*

pigsty ['pɪgstaɪ] *n* porcherie *f*

pigtail ['pɪgteɪl] *n* natte *f*, tresse *f*

pike [paɪk] *n* (*fish*) brochet *m*

pilchard ['pɪltʃəd] *n* pilchard *m* (*sorte de sardine*)

pile [paɪl] *n* (*pillar, of books*) pile *f*; (*heap*) tas *m*; (*of carpet*) épaisseur *f*; **pile up** *vi* (*accumulate*) s'entasser, s'accumuler ▷ *vt* (*put in heap*) empiler, entasser; (*accumulate*) accumuler; **piles** *npl* hémorroïdes *fpl*; **pile-up** *n* (*Aut*) télescopage *m*, collision *f* en série

pilgrim ['pɪlgrɪm] *n* pèlerin *m*; *voir article* **"Pilgrim Fathers"**

PILGRIM FATHERS

Les *Pilgrim Fathers* ("Pères pèlerins") sont un groupe de puritains qui quittèrent l'Angleterre en 1620 pour fuir les persécutions religieuses. Ayant traversé l'Atlantique à bord du "Mayflower", ils fondèrent New Plymouth en Nouvelle-Angleterre, dans ce qui est aujourd'hui le Massachusetts. Ces Pères pèlerins sont considérés comme les fondateurs des États-Unis, et l'on commémore chaque année, le jour de "Thanksgiving", la réussite de leur première récolte.

pilgrimage ['pɪlgrɪmɪdʒ] *n* pèlerinage *m*

pill [pɪl] *n* pilule *f*; **the ~** la pilule

pillar ['pɪləʳ] *n* pilier *m*

pillow ['pɪləu] *n* oreiller *m*; **pillowcase, pillowslip** *n* taie *f* d'oreiller

ilot ['paɪlət] *n* pilote *m* ▷ *cpd* (*scheme etc*) pilote, expérimental(e) ▷ *vt* piloter; **pilot light** *n* veilleuse *f*
imple ['pɪmpl] *n* bouton *m*
IN *n abbr* (= *personal identification number*) code *m* confidentiel
in [pɪn] *n* épingle *f*; (*Tech*) cheville *f* ▷ *vt* épingler; **~s and needles** fourmis *fpl*; **to ~ sb down** (*fig*) coincer qn; **to ~ sth on sb** (*fig*) mettre qch sur le dos de qn
inafore ['pɪnəfɔːʳ] *n* tablier *m*
inch [pɪntʃ] *n* pincement *m*; (*of salt etc*) pincée *f* ▷ *vt* pincer; (*inf: steal*) piquer, chiper ▷ *vi* (*shoe*) serrer; **at a ~** à la rigueur
ine [paɪn] *n* (*also*: **~ tree**) pin *m* ▷ *vi*: **to ~ for** aspirer à, désirer ardemment
ineapple ['paɪnæpl] *n* ananas *m*
ing [pɪŋ] *n* (*noise*) tintement *m*; **ping-pong®** *n* ping-pong® *m*
ink [pɪŋk] *adj* rose ▷ *n* (*colour*) rose *m*
inpoint ['pɪnpɔɪnt] *vt* indiquer (avec précision)
int [paɪnt] *n* pinte *f* (*Brit* = 0,57 *l*; *US* = 0,47 *l*); (BRIT *inf*) ≈ demi *m*, ≈ pot *m*
ioneer [paɪə'nɪəʳ] *n* pionnier *m*
ious ['paɪəs] *adj* pieux(-euse)
ip [pɪp] *n* (*seed*) pépin *m*; **pips** *npl*: **the ~s** (BRIT: *time signal on radio*) le top
ipe [paɪp] *n* tuyau *m*, conduite *f*; (*for smoking*) pipe *f* ▷ *vt* amener par tuyau; **pipeline** *n* (*for gas*) gazoduc *m*, pipeline *m*; (*for oil*) oléoduc *m*, pipeline; **piper** *n* (*flautist*) joueur(-euse) de pipeau; (*of bagpipes*) joueur(-euse) de cornemuse
irate ['paɪərət] *n* pirate *m* ▷ *vt* (*CD, video, book*) pirater
isces ['paɪsiːz] *n* les Poissons *mpl*
iss [pɪs] *vi* (*inf!*) pisser (!); **pissed** *adj* (*inf!*: BRIT: *drunk*) bourré(e); (: US: *angry*) furieux(-euse)
istol ['pɪstl] *n* pistolet *m*
iston ['pɪstən] *n* piston *m*
it [pɪt] *n* trou *m*, fosse *f*; (*also*: **coal ~**) puits *m* de mine; (*also*: **orchestra ~**) fosse d'orchestre; (US: *fruit stone*) noyau *m* ▷ *vt*: **to ~ o.s.** *or* **one's wits against** se mesurer à
pitch [pɪtʃ] *n* (BRIT *Sport*) terrain *m*; (*Mus*) ton *m*; (*fig: degree*) degré *m*; (*tar*) poix *f* ▷ *vt* (*throw*) lancer; (*tent*) dresser ▷ *vi* (*fall*): **to ~ into/off** tomber dans/de; **pitch-black** *adj* noir(e) comme poix
pitfall ['pɪtfɔːl] *n* piège *m*
pith [pɪθ] *n* (*of orange etc*) intérieur *m* de l'écorce
pitiful ['pɪtɪful] *adj* (*touching*) pitoyable; (*contemptible*) lamentable
pity ['pɪtɪ] *n* pitié *f* ▷ *vt* plaindre; **what a ~!** quel dommage!
pizza ['piːtsə] *n* pizza *f*
placard ['plækɑːd] *n* affiche *f*; (*in march*) pancarte *f*
place [pleɪs] *n* endroit *m*, lieu *m*; (*proper position, job, rank, seat*) place *f*; (*home*): **at/to his ~** chez lui ▷ *vt* (*position*) placer, mettre; (*identify*) situer; reconnaître; **to take ~** avoir lieu; **to change ~s with sb** changer de place avec qn; **out of ~** (*not suitable*) déplacé(e), inopportun(e); **in the first ~** d'abord, en premier; **place mat** *n* set *m* de table; (*in linen etc*) napperon *m*; **placement** *n* (*during studies*) stage *m*
placid ['plæsɪd] *adj* placide
plague [pleɪg] *n* (*Med*) peste *f* ▷ *vt* (*fig*) tourmenter
plaice [pleɪs] *n* (*pl inv*) carrelet *m*
plain [pleɪn] *adj* (*in one colour*) uni(e); (*clear*) clair(e), évident(e); (*simple*) simple; (*not handsome*) quelconque, ordinaire ▷ *adv* franchement, carrément ▷ *n* plaine *f*; **plain chocolate** *n* chocolat *m* à croquer; **plainly** *adv* clairement; (*frankly*) carrément, sans détours
plaintiff ['pleɪntɪf] *n* plaignant(e)
plait [plæt] *n* tresse *f*, natte *f*
plan [plæn] *n* plan *m*; (*scheme*) projet *m* ▷ *vt* (*think in advance*) projeter; (*prepare*) organiser ▷ *vi* faire des projets; **to ~ to do** projeter de faire

plane [pleɪn] *n* (*Aviat*) avion *m*; (*also*: **~ tree**) platane *m*; (*tool*) rabot *m*; (*Art, Math etc*) plan *m*; (*fig*) niveau *m*, plan ▷ *vt* (*with tool*) raboter
planet ['plænɪt] *n* planète *f*
plank [plæŋk] *n* planche *f*
planning ['plænɪŋ] *n* planification *f*; **family ~** planning familial
plant [plɑ:nt] *n* plante *f*; (*machinery*) matériel *m*; (*factory*) usine *f* ▷ *vt* planter; (*bomb*) déposer, poser; (*microphone, evidence*) cacher
plantation [plæn'teɪʃən] *n* plantation *f*
plaque [plæk] *n* plaque *f*
plaster ['plɑ:stə^r] *n* plâtre *m*; (*also*: **~ of Paris**) plâtre à mouler; (BRIT: *also*: **sticking ~**) pansement adhésif ▷ *vt* plâtrer; (*cover*): **to ~ with** couvrir de; **plaster cast** *n* (*Med*) plâtre *m*; (*model, statue*) moule *m*
plastic ['plæstɪk] *n* plastique *m* ▷ *adj* (*made of plastic*) en plastique; **plastic bag** *n* sac *m* en plastique; **plastic surgery** *n* chirurgie *f* esthétique
plate [pleɪt] *n* (*dish*) assiette *f*; (*sheet of metal, on door, Phot*) plaque *f*; (*in book*) gravure *f*; (*dental*) dentier *m*
plateau (*pl* **plateaus** *or* **plateaux**) ['plætəu, -z] *n* plateau *m*
platform ['plætfɔ:m] *n* (*at meeting*) tribune *f*; (*stage*) estrade *f*; (*Rail*) quai *m*; (*Pol*) plateforme *f*
platinum ['plætɪnəm] *n* platine *m*
platoon [plə'tu:n] *n* peloton *m*
platter ['plætə^r] *n* plat *m*
plausible ['plɔ:zɪbl] *adj* plausible; (*person*) convaincant(e)
play [pleɪ] *n* jeu *m*; (*Theat*) pièce *f* (de théâtre) ▷ *vt* (*game*) jouer à; (*team, opponent*) jouer contre; (*instrument*) jouer de; (*part, piece of music, note*) jouer; (*CD etc*) passer ▷ *vi* jouer; **to ~ safe** ne prendre aucun risque; **play back** *vt* repasser, réécouter; **play up** *vi* (*cause trouble*) faire des siennes; **player** *n* joueur(-euse); (*Mus*) musicien(ne); **playful** *adj* enjoué(e); **playground** *n* cour *f* de récréation; (*in park*) aire *f* de jeux; **playgroup** *n* garderie *f*; **playing card** *n* carte *f* à jouer; **playing field** *n* terrain *m* de sport; **playschool** *n* = **playgroup**; **playtime** *n* (*Scol*) récréation *f*; **playwright** *n* dramaturge *m*
plc *abbr* (BRIT: = *public limited company*) ≈ SARL *f*
plea [pli:] *n* (*request*) appel *m*; (*Law*) défense *f*
plead [pli:d] *vt* plaider; (*give as excuse*) invoquer ▷ *vi* (*Law*) plaider; (*beg*): **to ~ with sb (for sth)** implorer qn (d'accorder qch); **to ~ guilty/not guilty** plaider coupable/non coupable
pleasant ['plɛznt] *adj* agréable
please [pli:z] *excl* s'il te (*or* vous) plaît ▷ *vt* plaire à ▷ *vi* (*think fit*): **do as you ~** faites comme il vous plaira; **~ yourself!** (*inf*) (faites) comme vous voulez!; **pleased** *adj*: **pleased (with)** content(e) (de); **pleased to meet you** enchanté (de faire votre connaissance)
pleasure ['plɛʒə^r] *n* plaisir *m*; **"it's a ~"** "je vous en prie"
pleat [pli:t] *n* pli *m*
pledge [plɛdʒ] *n* (*promise*) promesse *f* ▷ *vt* promettre
plentiful ['plɛntɪful] *adj* abondant(e), copieux(-euse)
plenty ['plɛntɪ] *n*: **~ of** beaucoup de; (*sufficient*) (bien) assez de
pliers ['plaɪəz] *npl* pinces *fpl*
plight [plaɪt] *n* situation *f* critique
plod [plɔd] *vi* avancer péniblement; (*fig*) peiner
plonk [plɔŋk] (*inf*) *n* (BRIT: *wine*) pinard *m*, piquette *f* ▷ *vt*: **to ~ sth down** poser brusquement qch
plot [plɔt] *n* complot *m*, conspiration *f*; (*of story, play*) intrigue *f*; (*of land*) lot *m* de terrain, lopin *m* ▷ *vt* (*mark out*) tracer point par point; (*Naut*) pointer; (*make graph of*) faire le graphique de; (*conspire*) comploter ▷ *vi* comploter

plough, (US) **plow** [plau] *n* charrue *f* ▷ *vt* (*earth*) labourer; **to ~ money into** investir dans
ploy [plɔɪ] *n* stratagème *m*
pls *abbr* (= *please*) SVP *m*
pluck [plʌk] *vt* (*fruit*) cueillir; (*musical instrument*) pincer; (*bird*) plumer; **to ~ one's eyebrows** s'épiler les sourcils; **to ~ up courage** prendre son courage à deux mains
plug [plʌg] *n* (*stopper*) bouchon *m*, bonde *f*; (*Elec*) prise *f* de courant; (*Aut*: *also*: **spark(ing) ~**) bougie *f* ▷ *vt* (*hole*) boucher; (*inf*: *advertise*) faire du battage pour, matraquer; **plug in** *vt* (*Elec*) brancher; **plughole** *n* (BRIT) trou *m* (d'écoulement)
plum [plʌm] *n* (*fruit*) prune *f*
plumber ['plʌmə^r] *n* plombier *m*
plumbing ['plʌmɪŋ] *n* (*trade*) plomberie *f*; (*piping*) tuyauterie *f*
plummet ['plʌmɪt] *vi* (*person, object*) plonger; (*sales, prices*) dégringoler
plump [plʌmp] *adj* rondelet(te), dodu(e), bien en chair; **plump for** *vt fus* (*inf*: *choose*) se décider pour
plunge [plʌndʒ] *n* plongeon *m*; (*fig*) chute *f* ▷ *vt* plonger ▷ *vi* (*fall*) tomber, dégringoler; (*dive*) plonger; **to take the ~** se jeter à l'eau
pluperfect [plu:'pə:fɪkt] *n* (*Ling*) plus-que-parfait *m*
plural ['pluərl] *adj* pluriel(le) ▷ *n* pluriel *m*
plus [plʌs] *n* (*also*: **~ sign**) signe *m* plus; (*advantage*) atout *m* ▷ *prep* plus; **ten/twenty ~** plus de dix/vingt
ply [plaɪ] *n* (*of wool*) fil *m* ▷ *vt* (*a trade*) exercer ▷ *vi* (*ship*) faire la navette; **to ~ sb with drink** donner continuellement à boire à qn; **plywood** *n* contreplaqué *m*
P.M. *n abbr* (BRIT) = **prime minister**
p.m. *adv abbr* (= *post meridiem*) de l'après-midi
PMS *n abbr* (= *premenstrual syndrome*) syndrome prémenstruel
PMT *n abbr* (= *premenstrual tension*) syndrome prémenstruel
pneumatic drill [nju:'mætɪk-] *n* marteau-piqueur *m*
pneumonia [nju:'məunɪə] *n* pneumonie *f*
poach [pəutʃ] *vt* (*cook*) pocher; (*steal*) pêcher (*or* chasser) sans permis ▷ *vi* braconner; **poached** *adj* (*egg*) poché(e)
P.O. Box *n abbr* = **post office box**
pocket ['pɔkɪt] *n* poche *f* ▷ *vt* empocher; **to be (£5) out of ~** (BRIT) en être de sa poche (pour 5 livres); **pocketbook** *n* (US: *wallet*) portefeuille *m*; **pocket money** *n* argent *m* de poche
pod [pɔd] *n* cosse *f*
podcast ['pɔdka:st] *n* podcast *m* ▷ *vi* podcaster
podiatrist [pɔ'di:ətrɪst] *n* (US) pédicure *m/f*
poem ['pəuɪm] *n* poème *m*
poet ['pəuɪt] *n* poète *m*; **poetic** [pəu'ɛtɪk] *adj* poétique; **poetry** *n* poésie *f*
poignant ['pɔɪnjənt] *adj* poignant(e)
point [pɔɪnt] *n* point *m*; (*tip*) pointe *f*; (*in time*) moment *m*; (*in space*) endroit *m*; (*subject, idea*) point, sujet *m*; (*purpose*) but *m*; (*also*: **decimal ~**): **2 ~ 3 (2.3)** 2 virgule 3 (2,3); (BRIT *Elec*: *also*: **power ~**) prise *f* (de courant) ▷ *vt* (*show*) indiquer; (*gun etc*): **to ~ sth at** braquer *or* diriger qch sur ▷ *vi*: **to ~ at** montrer du doigt; **points** *npl* (*Rail*) aiguillage *m*; **to make a ~ of doing sth** ne pas manquer de faire qch; **to get/miss the ~** comprendre/ne pas comprendre; **to come to the ~** en venir au fait; **there's no ~ (in doing)** cela ne sert à rien (de faire); **to be on the ~ of doing sth** être sur le point de faire qch; **point out** *vt* (*mention*) faire remarquer, souligner; **point-blank** *adv* (*fig*) catégoriquement; (*also*: **at point-blank range**) à bout portant; **pointed** *adj* (*shape*)

pointu(e); (*remark*) plein(e) de sous-entendus; **pointer** *n* (*needle*) aiguille *f*; (*clue*) indication *f*; (*advice*) tuyau *m*; **pointless** *adj* inutile, vain(e); **point of view** *n* point *m* de vue

poison ['pɔɪzn] *n* poison *m* ▷ *vt* empoisonner; **poisonous** *adj* (*snake*) venimeux(-euse); (*substance, plant*) vénéneux(-euse); (*fumes*) toxique

poke [pəuk] *vt* (*jab with finger, stick etc*) piquer; pousser du doigt; (*put*): **to ~ sth in(to)** fourrer *or* enfoncer qch dans; **poke about** *vi* fureter; **poke out** *vi* (*stick out*) sortir

poker ['pəukə^r] *n* tisonnier *m*; (*Cards*) poker *m*

Poland ['pəulənd] *n* Pologne *f*

polar ['pəulə^r] *adj* polaire; **polar bear** *n* ours blanc

Pole [pəul] *n* Polonais(e)

pole [pəul] *n* (*of wood*) mât *m*, perche *f*; (*Elec*) poteau *m*; (*Geo*) pôle *m*; **pole bean** *n* (US) haricot *m* (à rames); **pole vault** *n* saut *m* à la perche

police [pə'li:s] *npl* police *f* ▷ *vt* maintenir l'ordre dans; **police car** *n* voiture *f* de police; **police constable** *n* (BRIT) agent *m* de police; **police force** *n* police *f*, forces *fpl* de l'ordre; **policeman** (*irreg*) *n* agent *m* de police, policier *m*; **police officer** *n* agent *m* de police; **police station** *n* commissariat *m* de police; **policewoman** (*irreg*) *n* femme-agent *f*

policy ['pɔlɪsɪ] *n* politique *f*; (*also*: **insurance ~**) police *f* (d'assurance)

polio ['pəulɪəu] *n* polio *f*

Polish ['pəulɪʃ] *adj* polonais(e) ▷ *n* (*Ling*) polonais *m*

polish ['pɔlɪʃ] *n* (*for shoes*) cirage *m*; (*for floor*) cire *f*, encaustique *f*; (*for nails*) vernis *m*; (*shine*) éclat *m*, poli *m*; (*fig: refinement*) raffinement *m* ▷ *vt* (*put polish on: shoes, wood*) cirer; (*make shiny*) astiquer, faire briller; **polish off** *vt* (*food*) liquider; **polished** *adj* (*fig*) raffiné(e)

polite [pə'laɪt] *adj* poli(e); **politeness** *n* politesse *f*

political [pə'lɪtɪkl] *adj* politique; **politically** *adv* politiquement; **politically correct** politiquement correct(e)

politician [pɔlɪ'tɪʃən] *n* homme/femme politique, politicien(ne)

politics ['pɔlɪtɪks] *n* politique *f*

poll [pəul] *n* scrutin *m*, vote *m*; (*also*: **opinion ~**) sondage *m* (d'opinion) ▷ *vt* (*votes*) obtenir

pollen ['pɔlən] *n* pollen *m*

polling station *n* (BRIT) bureau *m* de vote

pollute [pə'lu:t] *vt* polluer

pollution [pə'lu:ʃən] *n* pollution *f*

polo ['pəuləu] *n* polo *m*; **polo-neck** *adj* à col roulé ▷ *n* (*sweater*) pull *m* à col roulé; **polo shirt** *n* polo *m*

polyester [pɔlɪ'ɛstə^r] *n* polyester *m*

polystyrene [pɔlɪ'staɪri:n] *n* polystyrène *m*

polythene ['pɔlɪθi:n] *n* (BRIT) polyéthylène *m*; **polythene bag** *n* sac *m* en plastique

pomegranate ['pɔmɪgrænɪt] *n* grenade *f*

pompous ['pɔmpəs] *adj* pompeux(-euse)

pond [pɔnd] *n* étang *m*; (*stagnant*) mare *f*

ponder ['pɔndə^r] *vt* considérer, peser

pony ['pəunɪ] *n* poney *m*; **ponytail** *n* queue *f* de cheval; **pony trekking** *n* (BRIT) randonnée *f* équestre *or* à cheval

poodle ['pu:dl] *n* caniche *m*

pool [pu:l] *n* (*of rain*) flaque *f*; (*pond*) mare *f*; (*artificial*) bassin *m*; (*also*: **swimming ~**) piscine *f*; (*sth shared*) fonds commun; (*billiards*) poule *f* ▷ *vt* mettre en commun; **pools** *npl* (*football*) ≈ loto sportif

poor [puə^r] *adj* pauvre; (*mediocre*) médiocre, faible, mauvais(e) ▷ *npl*: **the ~** les pauvres *mpl*; **poorly** *adv*

badly) mal, médiocrement ▷ *adj* souffrant(e), malade
op [pɔp] *n* (*noise*) bruit sec; (*Mus*) musique *f* pop; (*inf: drink*) soda *m*; (*US inf: father*) papa *m* ▷ *vt* (*put*) fourrer, mettre (rapidement) ▷ *vi* éclater; (*cork*) sauter; **pop in** *vi* entrer en passant; **pop out** *vi* sortir; **popcorn** *n* pop-corn *m*
ope [pəup] *n* pape *m*
oplar ['pɔplə^r] *n* peuplier *m*
opper ['pɔpə^r] *n* (BRIT) bouton-pression *m*
oppy ['pɔpɪ] *n* (*wild*) coquelicot *m*; (*cultivated*) pavot *m*
opsicle® ['pɔpsɪkl] *n* (US) esquimau *m* (*glace*)
op star *n* pop star *f*
opular ['pɔpjulə^r] *adj* populaire; (*fashionable*) à la mode; **popularity** [pɔpju'lærɪtɪ] *n* popularité *f*
opulation [pɔpju'leɪʃən] *n* population *f*
op-up *adj* (*Comput: menu, window*) pop up *inv* ▷ *n* pop up *m inv*, fenêtre pop up
orcelain ['pɔːslɪn] *n* porcelaine *f*
orch [pɔːtʃ] *n* porche *m*; (*US*) véranda *f*
ore [pɔː^r] *n* pore *m* ▷ *vi*: **to ~ over** absorber dans, être plongé(e) dans
ork [pɔːk] *n* porc *m*; **pork chop** *n* côte *f* de porc; **pork pie** *n* pâté *m* de porc en croûte
orn [pɔːn] *adj* (*inf*) porno ▷ *n* (*inf*) porno *m*; **pornographic** [pɔːnə'græfɪk] *adj* pornographique; **pornography** [pɔː'nɔgrəfɪ] *n* pornographie *f*
orridge ['pɔrɪdʒ] *n* porridge *m*
ort [pɔːt] *n* (*harbour*) port *m*; (*Naut: left side*) bâbord *m*; (*wine*) porto *m*; (*Comput*) port *m*, accès *m*; **~ of call** port d'escale *f*
ortable ['pɔːtəbl] *adj* portatif(-ive)
orter ['pɔːtə^r] *n* (*for luggage*) porteur *m*; (*doorkeeper*) gardien(ne); portier *m*

portfolio [pɔːt'fəulɪəu] *n* portefeuille *m*; (*of artist*) portfolio *m*
portion ['pɔːʃən] *n* portion *f*, part *f*
portrait ['pɔːtreɪt] *n* portrait *m*
portray [pɔː'treɪ] *vt* faire le portrait de; (*in writing*) dépeindre, représenter; (*subj: actor*) jouer
Portugal ['pɔːtjugl] *n* Portugal *m*
Portuguese [pɔːtju'giːz] *adj* portugais(e) ▷ *n* (*pl inv*) Portugais(e); (*Ling*) portugais *m*
pose [pəuz] *n* pose *f* ▷ *vi* poser; (*pretend*): **to ~ as** se faire passer pour ▷ *vt* poser; (*problem*) créer
posh [pɔʃ] *adj* (*inf*) chic *inv*
position [pə'zɪʃən] *n* position *f*; (*job, situation*) situation *f* ▷ *vt* mettre en place *or* en position
positive ['pɔzɪtɪv] *adj* positif(-ive); (*certain*) sûr(e), certain(e); (*definite*) formel(le), catégorique; **positively** *adv* (*affirmatively, enthusiastically*) de façon positive; (*inf: really*) carrément
possess [pə'zɛs] *vt* posséder; **possession** [pə'zɛʃən] *n* possession *f*; **possessions** *npl* (*belongings*) affaires *fpl*; **possessive** *adj* possessif(-ive)
possibility [pɔsɪ'bɪlɪtɪ] *n* possibilité *f*; (*event*) éventualité *f*
possible ['pɔsɪbl] *adj* possible; **as big as ~** aussi gros que possible; **possibly** *adv* (*perhaps*) peut-être; **I cannot possibly come** il m'est impossible de venir
post [pəust] *n* (BRIT: *mail*) poste *f*; (*: letters, delivery*) courrier *m*; (*job, situation*) poste *m*; (*pole*) poteau *m*; (*Internet*) post ▷ *vt* (*Internet*) poster; (BRIT: *send by post*) poster; (*appoint*): **to ~ to** affecter à; **where can I ~ these cards?** où est-ce que je peux poster ces cartes postales?; **postage** *n* tarifs *mpl* d'affranchissement; **postal** *adj* postal(e); **postal order** *n* mandat(-poste *m*) *m*; **postbox** *n* (BRIT) boîte *f* aux lettres (*publique*); **postcard** *n* carte postale; **postcode** *n* (BRIT) code postal

poster ['pəustəʳ] *n* affiche *f*
postgraduate ['pəust'grædjuət] *n* ≈ étudiant(e) de troisième cycle
postman ['pəustmən] (*irreg*) (BRIT) *n* facteur *m*
postmark ['pəustmɑ:k] *n* cachet *m* (de la poste)
post-mortem [pəust'mɔ:təm] *n* autopsie *f*
post office *n* (*building*) poste *f*; (*organization*): **the Post Office** les postes *fpl*
postpone [pəs'pəun] *vt* remettre (à plus tard), reculer
posture ['pɒstʃəʳ] *n* posture *f*; (*fig*) attitude *f*
postwoman [pəust'wumən] (*irreg*) (BRIT) *n* factrice *f*
pot [pɒt] *n* (*for cooking*) marmite *f*; casserole *f*; (*teapot*) théière *f*; (*for coffee*) cafetière *f*; (*for plants, jam*) pot *m*; (*inf: marijuana*) herbe *f* ▷ *vt* (*plant*) mettre en pot; **to go to ~** (*inf*) aller à vau-l'eau
potato [pə'teɪtəu] (*pl* **potatoes**) *n* pomme *f* de terre; **potato peeler** *n* épluche-légumes *m*
potent ['pəutnt] *adj* puissant(e); (*drink*) fort(e), très alcoolisé(e); (*man*) viril
potential [pə'tɛnʃl] *adj* potentiel(le) ▷ *n* potentiel *m*
pothole ['pɒthəul] *n* (*in road*) nid *m* de poule; (BRIT: *underground*) gouffre *m*, caverne *f*
pot plant *n* plante *f* d'appartement
potter ['pɒtəʳ] *n* potier *m* ▷ *vi* (BRIT): **to ~ around** *or* **about** bricoler; **pottery** *n* poterie *f*
potty ['pɒtɪ] *n* (*child's*) pot *m*
pouch [pautʃ] *n* (*Zool*) poche *f*; (*for tobacco*) blague *f*; (*for money*) bourse *f*
poultry ['pəultrɪ] *n* volaille *f*
pounce [pauns] *vi*: **to ~ (on)** bondir (sur), fondre (sur)
pound [paund] *n* livre *f* (*weight* = 453g, 16 *ounces*; *money* = 100 *pence*); (*for dogs, cars*) fourrière *f* ▷ *vt* (*beat*) bourrer de coups, marteler; (*crush*) piler, pulvériser ▷ *vi* (*heart*) battre violemment, taper; **pound sterling** *n* livre *f* sterling
pour [pɔ:ʳ] *vt* verser ▷ *vi* couler à flot; (*rain*) pleuvoir à verse; **to ~ sb a dri**[nk] verser *or* servir à boire à qn; **pour in** (*people*) affluer, se précipiter; (*news, letters*) arriver en masse; **pour out** *vi* (*people*) sortir en masse ▷ *vt* vider; (*fig*) déverser; (*serve: a drink*) verser; **pouring** *adj*: **pouring rain** pluie torrentielle
pout [paut] *vi* faire la moue
poverty ['pɒvətɪ] *n* pauvreté *f*, misè[re]
powder ['paudəʳ] *n* poudre *f* ▷ *vt* poudrer; **powdered milk** *n* lait *m* en poudre
power ['pauəʳ] *n* (*strength, nation*) puissance *f*, force *f*; (*ability, Pol: of party, leader*) pouvoir *m*; (*of speech, thought*) faculté *f*; (*Elec*) courant *m*; **to be in ~** être au pouvoir; **power cut** *n* (BRIT) coupure *f* de courant; **power failure** *n* panne *f* d[e] courant; **powerful** *adj* puissant(e); (*performance etc*) très fort(e); **powerless** *adj* impuissant(e); **pow**[er] **point** *n* (BRIT) prise *f* de courant; **power station** *n* centrale *f* électriq[ue]
p.p. *abbr* (= *per procurationem: by proxy*) p.p.
PR *n abbr* = **public relations**
practical ['præktɪkl] *adj* pratique; **practical joke** *n* farce *f*; **practicall**[y] *adv* (*almost*) pratiquement
practice ['præktɪs] *n* pratique *f*; (*of profession*) exercice *m*; (*at football et*[c]) entraînement *m*; (*business*) cabinet ▷ *vt, vi* (US) = **practise**; **in ~** (*in realit*[y]) en pratique; **out of ~** rouillé(e)
practise, (US) **practice** ['præktɪs] *vt* (*work at: piano, backhand etc*) s'exercer à, travailler; (*train for: spor*[t]) s'entraîner à; (*a sport, religion, meth*[od]) pratiquer; (*profession*) exercer ▷ *vi* s'exercer, travailler; (*train*) s'entraîn[er]; (*lawyer, doctor*) exercer; **practising**

(US) **practicing** *adj* (*Christian etc*) pratiquant(e); (*lawyer*) en exercice
practitioner [præk'tɪʃənəʳ] *n* praticien(ne)
pragmatic [præg'mætɪk] *adj* pragmatique
prairie ['prɛərɪ] *n* savane *f*
praise [preɪz] *n* éloge(s) *m(pl)*, louange(s) *f(pl)* ▷ *vt* louer, faire l'éloge de
pram [præm] *n* (BRIT) landau *m*, voiture *f* d'enfant
prank [præŋk] *n* farce *f*
prawn [prɔ:n] *n* crevette *f* (rose); **prawn cocktail** *n* cocktail *m* de crevettes
pray [preɪ] *vi* prier; **prayer** [prɛəʳ] *n* prière *f*
preach [pri:tʃ] *vi* prêcher; **preacher** *n* prédicateur *m*; (*US: clergyman*) pasteur *m*
precarious [prɪ'kɛərɪəs] *adj* précaire
precaution [prɪ'kɔ:ʃən] *n* précaution *f*
precede [prɪ'si:d] *vt*, *vi* précéder; **precedent** ['prɛsɪdənt] *n* précédent *m*; **preceding** [prɪ'si:dɪŋ] *adj* qui précède (*or* précédait)
precinct ['pri:sɪŋkt] *n* (*US: district*) circonscription *f*, arrondissement *m*; **pedestrian ~** (BRIT) zone piétonnière; **shopping ~** (BRIT) centre commercial
precious ['prɛʃəs] *adj* précieux(-euse)
precise [prɪ'saɪs] *adj* précis(e); **precisely** *adv* précisément
precision [prɪ'sɪʒən] *n* précision *f*
predator ['prɛdətəʳ] *n* prédateur *m*, rapace *m*
predecessor ['pri:dɪsɛsəʳ] *n* prédécesseur *m*
predicament [prɪ'dɪkəmənt] *n* situation *f* difficile
predict [prɪ'dɪkt] *vt* prédire; **predictable** *adj* prévisible; **prediction** [prɪ'dɪkʃən] *n* prédiction *f*
predominantly [prɪ'dɔmɪnəntlɪ] *adv* en majeure partie; (*especially*) surtout
preface ['prɛfəs] *n* préface *f*
prefect ['pri:fɛkt] *n* (BRIT: *in school*) *élève chargé de certaines fonctions de discipline*
prefer [prɪ'fə:ʳ] *vt* préférer; **preferable** ['prɛfrəbl] *adj* préférable; **preferably** ['prɛfrəblɪ] *adv* de préférence; **preference** ['prɛfrəns] *n* préférence *f*
prefix ['pri:fɪks] *n* préfixe *m*
pregnancy ['prɛgnənsɪ] *n* grossesse *f*
pregnant ['prɛgnənt] *adj* enceinte; (*animal*) pleine
prehistoric ['pri:hɪs'tɔrɪk] *adj* préhistorique
prejudice ['prɛdʒudɪs] *n* préjugé *m*; **prejudiced** *adj* (*person*) plein(e) de préjugés; (*in a matter*) partial(e)
preliminary [prɪ'lɪmɪnərɪ] *adj* préliminaire
prelude ['prɛlju:d] *n* prélude *m*
premature ['prɛmətʃuəʳ] *adj* prématuré(e)
premier ['prɛmɪəʳ] *adj* premier(-ière), principal(e) ▷ *n* (*Pol: Prime Minister*) premier ministre; (*Pol: President*) chef *m* de l'État
premiere ['prɛmɪɛəʳ] *n* première *f*
Premier League *n* première division
premises ['prɛmɪsɪz] *npl* locaux *mpl*; **on the ~** sur les lieux; sur place
premium ['pri:mɪəm] *n* prime *f*; **to be at a ~** (*fig: housing etc*) être très demandé(e), être rarissime
premonition [prɛmə'nɪʃən] *n* prémonition *f*
preoccupied [pri:'ɔkjupaɪd] *adj* préoccupé(e)
prepaid [pri:'peɪd] *adj* payé(e) d'avance
preparation [prɛpə'reɪʃən] *n* préparation *f*; **preparations** *npl* (*for trip, war*) préparatifs *mpl*
preparatory school *n* (BRIT) école primaire privée; (US) lycée privé
prepare [prɪ'pɛəʳ] *vt* préparer ▷ *vi*: **to ~ for** se préparer à

P

prepared [prɪ'pɛəd] *adj*: **~ for** préparé(e) à; **~ to** prêt(e) à
preposition [prɛpə'zɪʃən] *n* préposition *f*
prep school *n* = **preparatory school**
prerequisite [pri:'rɛkwɪzɪt] *n* condition *f* préalable
preschool ['pri:'sku:l] *adj* préscolaire; (*child*) d'âge préscolaire
prescribe [prɪ'skraɪb] *vt* prescrire
prescription [prɪ'skrɪpʃən] *n* (*Med*) ordonnance *f* (*: medicine*) médicament *m* (obtenu sur ordonnance); **could you write me a ~?** pouvez-vous me faire une ordonnance?
presence ['prɛzns] *n* présence *f*; **in sb's ~** en présence de qn; **~ of mind** présence d'esprit
present ['prɛznt] *adj* présent(e); (*current*) présent, actuel(le) ▷ *n* cadeau *m*; (*actuality*) présent *m* ▷ *vt* [prɪ'zɛnt] présenter; (*prize, medal*) remettre; (*give*): **to ~ sb with sth** offrir qch à qn; **at ~** en ce moment; **to give sb a ~** offrir un cadeau à qn; **presentable** [prɪ'zɛntəbl] *adj* présentable; **presentation** [prɛzn'teɪʃən] *n* présentation *f*; (*ceremony*) remise *f* du cadeau (*or* de la médaille *etc*); **present-day** *adj* contemporain(e), actuel(le); **presenter** [prɪ'zɛntə^r] *n* (BRIT *Radio, TV*) présentateur(-trice); **presently** *adv* (*soon*) tout à l'heure, bientôt; (*with verb in past*) peu après; (*at present*) en ce moment
preservation [prɛzə'veɪʃən] *n* préservation *f*, conservation *f*
preservative [prɪ'zə:vətɪv] *n* agent *m* de conservation
preserve [prɪ'zə:v] *vt* (*keep safe*) préserver, protéger; (*maintain*) conserver, garder; (*food*) mettre en conserve ▷ *n* (*for game, fish*) réserve *f*; (*often pl: jam*) confiture *f*
preside [prɪ'zaɪd] *vi* présider
president ['prɛzɪdənt] *n* président(e); **presidential** [prɛzɪ'dɛnʃl] *adj* présidentiel(le)
press [prɛs] *n* (*tool, machine, newspapers*) presse *f*; (*for wine*) pressoir *m* ▷ *vt* (*push*) appuyer sur; (*squeeze*) presser, serrer; (*clothes: iron*) repasser; (*insist*): **to ~ sth on sb** presser qn d'accepter qch; (*urge, entreat*): **to ~ sb to do** *or* **into doing sth** pousser qn à faire qch ▷ *vi* appuyer; **we are ~ed for time** le temps nous manque; **to ~ for sth** faire pression pour obtenir qch; **press conference** *n* conférence *f* de presse; **pressing** *adj* urgent(e), pressant(e); **press stud** *n* (BRIT) bouton-pression *m*; **press-up** *n* (BRIT) traction *f*
pressure ['prɛʃə^r] *n* pression *f*; (*stress*) tension *f*; **to put ~ on sb (to do sth)** faire pression sur qn (pour qu'il fasse qch); **pressure cooker** *n* cocotte-minute® *f*; **pressure group** *n* groupe *m* de pression
prestige [prɛs'ti:ʒ] *n* prestige *m*
prestigious [prɛs'tɪdʒəs] *adj* prestigieux(-euse)
presumably [prɪ'zju:məblɪ] *adv* vraisemblablement
presume [prɪ'zju:m] *vt* présumer, supposer
pretence, (US) **pretense** [prɪ'tɛns] *n* (*claim*) prétention *f*; **under false ~s** sous des prétextes fallacieux
pretend [prɪ'tɛnd] *vt* (*feign*) feindre, simuler ▷ *vi* (*feign*) faire semblant
pretense [prɪ'tɛns] *n* (US) = **pretence**
pretentious [prɪ'tɛnʃəs] *adj* prétentieux(-euse)
pretext ['pri:tɛkst] *n* prétexte *m*
pretty ['prɪtɪ] *adj* joli(e) ▷ *adv* assez
prevail [prɪ'veɪl] *vi* (*win*) l'emporter, prévaloir; (*be usual*) avoir cours; **prevailing** *adj* (*widespread*) courant(e), répandu(e); (*wind*) dominant(e)
prevalent ['prɛvələnt] *adj* répandu(e), courant(e)
prevent [prɪ'vɛnt] *vt*: **to ~ (from doing)** empêcher (de faire); **prevention** [prɪ'vɛnʃən]

: prévention f; **preventive** *adj* ɔréventif(-ive)
eview ['pri:vju:] *n (of film)* avant-ɔremière *f*
evious ['pri:vɪəs] *adj (last)* ɔrécédent(e); *(earlier)* antérieur(e); **reviously** *adv* précédemment, auparavant
ey [preɪ] *n* proie *f* ▷ *vi*: **to ~ on** 'attaquer à; **it was ~ing on his mind** ça le rongeait *or* minait
ice [praɪs] *n* prix *m* ▷ *vt (goods)* fixer e prix de; **priceless** *adj* sans prix, nestimable; **price list** *n* tarif *m*
ick [prɪk] *n (sting)* piqûre *f* ▷ *vt* ɔiquer; **to ~ up one's ears** dresser *or* endre l'oreille
ickly ['prɪklɪ] *adj* piquant(e), épineux(-euse); *(fig: person)* irritable
ide [praɪd] *n* fierté *f*; *(pej)* orgueil n ▷ *vt*: **to ~ o.s. on** se flatter de; 'enorgueillir de
iest [pri:st] *n* prêtre *m*
imarily ['praɪmərɪlɪ] *adv* ɔrincipalement, essentiellement
imary ['praɪmərɪ] *adj* primaire; *first in importance)* premier(-ière), ɔrimordial(e) ▷ *n (US: election)* élection *f*) primaire *f*; **primary chool** *n (BRIT)* école *f* primaire
ime [praɪm] *adj* primordial(e), ondamental(e); *(excellent)* excellent(e) ▷ *vt (fig)* mettre au courant ▷ *n*: **in the ~ of life** dans a fleur de l'âge; **Prime Minister** *n* remier ministre
imitive ['prɪmɪtɪv] *adj* primitif(-ive)
imrose ['prɪmrəuz] *n* primevère *f*
ince [prɪns] *n* prince *m*
incess [prɪn'sɛs] *n* princesse *f*
incipal ['prɪnsɪpl] *adj* principal(e) > *n (head teacher)* directeur *m*, ɔrincipal *m*; **principally** *adv* ɔrincipalement
inciple ['prɪnsɪpl] *n* principe *m*; **in ~** en principe; **on ~** par principe
int [prɪnt] *n (mark)* empreinte , *(letters)* caractères *mpl*; *(fabric)* imprimé *m*; *(Art)* gravure *f*, estampe *f*; *(Phot)* épreuve *f* ▷ *vt* imprimer; *(publish)* publier; *(write in capitals)* écrire en majuscules; **out of ~** épuisé(e); **print out** *vt (Comput)* imprimer; **printer** *n (machine)* imprimante *f*; *(person)* imprimeur *m*; **printout** *n (Comput)* sortie *f* imprimante
prior ['praɪə^r] *adj* antérieur(e), précédent(e); *(more important)* prioritaire ▷ *adv*: **~ to doing** avant de faire
priority [praɪ'ɔrɪtɪ] *n* priorité *f*; **to have** *or* **take ~ over sth/sb** avoir la priorité sur qch/qn
prison ['prɪzn] *n* prison *f* ▷ *cpd* pénitentiaire; **prisoner** *n* prisonnier(-ière); **prisoner of war** *n* prisonnier(-ière) de guerre
pristine ['prɪsti:n] *adj* virginal(e)
privacy ['prɪvəsɪ] *n* intimité *f*, solitude *f*
private ['praɪvɪt] *adj (not public)* privé(e); *(personal)* personnel(le); *(house, car, lesson)* particulier(-ière); *(quiet: place)* tranquille ▷ *n* soldat *m* de deuxième classe; **"~"** *(on envelope)* "personnelle"; *(on door)* "privé"; **in ~** en privé; **privately** *adv* en privé; *(within oneself)* intérieurement; **private property** *n* propriété privée; **private school** *n* école privée
privatize ['praɪvɪtaɪz] *vt* privatiser
privilege ['prɪvɪlɪdʒ] *n* privilège *m*
prize [praɪz] *n* prix *m* ▷ *adj (example, idiot)* parfait(e); *(bull, novel)* primé(e) ▷ *vt* priser, faire grand cas de; **prize-giving** *n* distribution *f* des prix; **prizewinner** *n* gagnant(e)
pro [prəu] *n (inf: Sport)* professionnel(le) ▷ *prep* pro; **pros** *npl*; **the ~s and cons** le pour et le contre
probability [prɔbə'bɪlɪtɪ] *n* probabilité *f*; **in all ~** très probablement
probable ['prɔbəbl] *adj* probable
probably ['prɔbəblɪ] *adv* probablement

P

probation [prə'beɪʃən] *n*: **on ~** (*employee*) à l'essai; (*Law*) en liberté surveillée
probe [prəub] *n* (*Med, Space*) sonde *f*; (*enquiry*) enquête *f*, investigation *f* ▷ *vt* sonder, explorer
problem ['prɔbləm] *n* problème *m*
procedure [prə'si:dʒəʳ] *n* (*Admin, Law*) procédure *f*; (*method*) marche *f* à suivre, façon *f* de procéder
proceed [prə'si:d] *vi* (*go forward*) avancer; (*act*) procéder; (*continue*): **to ~ (with)** continuer, poursuivre; **to ~ to do** se mettre à faire; **proceedings** *npl* (*measures*) mesures *fpl*; (*Law: against sb*) poursuites *fpl*; (*meeting*) réunion *f*, séance *f*; (*records*) compte rendu; actes *mpl*; **proceeds** ['prəusi:dz] *npl* produit *m*, recette *f*
process ['prəusɛs] *n* processus *m*; (*method*) procédé *m* ▷ *vt* traiter
procession [prə'sɛʃən] *n* défilé *m*, cortège *m*; **funeral ~** (*on foot*) cortège funèbre; (*in cars*) convoi *m* mortuaire
proclaim [prə'kleɪm] *vt* déclarer, proclamer
prod [prɔd] *vt* pousser
produce *n* ['prɔdju:s] (*Agr*) produits *mpl* ▷ *vt* [prə'dju:s] produire; (*show*) présenter; (*cause*) provoquer, causer; (*Theat*) monter, mettre en scène; (*TV: programme*) réaliser; (*: play, film*) mettre en scène; (*Radio: programme*) réaliser; (*: play*) mettre en ondes; **producer** *n* (*Theat*) metteur *m* en scène; (*Agr, Comm, Cine*) producteur *m*; (*TV: of programme*) réalisateur *m*; (*: of play, film*) metteur en scène; (*Radio: of programme*) réalisateur; (*: of play*) metteur en ondes
product ['prɔdʌkt] *n* produit *m*; **production** [prə'dʌkʃən] *n* production *f*; (*Theat*) mise *f* en scène; **productive** [prə'dʌktɪv] *adj* productif(-ive); **productivity** [prɔdʌk'tɪvɪtɪ] *n* productivité *f*
Prof. [prɔf] *abbr* (= *professor*) Prof
profession [prə'fɛʃən] *n* profession *f*; **professional** *n* professionnel(le) ▷ *adj* professionnel(le); (*work*) de professionnel
professor [prə'fɛsəʳ] *n* professeur *m* (*titulaire d'une chaire*); (*US: teacher*) professeur *m*
profile ['prəufaɪl] *n* profil *m*
profit ['prɔfɪt] *n* (*from trading*) bénéfice *m*; (*advantage*) profit *m* ▷ *vi*: **to ~ (by** *or* **from)** profiter (de); **profitable** *adj* lucratif(-ive), rentab
profound [prə'faund] *adj* profond(
programme, (*US*) **program** ['prəugræm] *n* (*Comput*) programme *m*; (*Radio, TV*) émission *f* ▷ *vt* programmer; **programmer** *n* programmeur(-euse); **programming**, (*US*) **programing** *r* programmation *f*
progress *n* ['prəugrɛs] progrès *m*(*p* ▷ *vi* [prə'grɛs] progresser, avancer; **~ en cours**; **progressive** [prə'grɛsɪ *adj* progressif(-ive); (*person*) progressiste
prohibit [prə'hɪbɪt] *vt* interdire, défendre
project *n* ['prɔdʒɛkt] (*plan*) projet *m*, plan *m*; (*venture*) opération *f*, entreprise *f*; (*Scol: research*) étude *f*, dossier *m* ▷ *vt* [prə'dʒɛkt] projeter ▷ *vi* [prə'dʒɛkt] (*stick out*) faire sailli s'avancer; **projection** [prə'dʒɛkʃən *n* projection *f*; (*overhang*) saillie *f*; **projector** [prə'dʒɛktəʳ] *n* projecteur *m*
prolific [prə'lɪfɪk] *adj* prolifique
prolong [prə'lɔŋ] *vt* prolonger
prom [prɔm] *n abbr* = **promenade**; (*US: ball*) bal *m* d'étudiants; **the P~s** *série de concerts de musique classique*

PROM

En Grande-Bretagne, un *promena* *concert* ou *prom* est un concert de musique classique, ainsi appelé car, à l'origine, le public restait debout et se promenait au lieu de rester assis. De nos jours, une partie du public reste debout, mais il y a également des places assises (plus chères). Les *Proms* les plus connus sont les Proms londoniens. La dernière séance (the "Last Night of the Proms") est un grand événement médiatique où se jouent des airs traditionnels et patriotiques. Aux États-Unis et au Canada, le *prom* ou *promenade* est un bal organisé par le lycée.

omenade [prɔmə'nɑ:d] *n* (*by sea*) splanade *f*, promenade *f*
ominent ['prɔmɪnənt] *adj* *standing out*) proéminent(e); *mportant*) important(e)
omiscuous [prə'mɪskjuəs] *adj* *sexually*) de mœurs légères
omise ['prɔmɪs] *n* promesse *f* *vt, vi* promettre; **promising** *adj* rometteur(-euse)
omote [prə'məut] *vt* promouvoir; *new product*) lancer; **promotion** prə'məuʃən] *n* promotion *f*
ompt [prɔmpt] *adj* rapide ▷ *n* *Comput*) message *m* (de guidage) ▷ *vt* *cause*) entraîner, provoquer; (*Theat*) ouffler (son rôle *or* ses répliques) à; **t 8 o'clock ~** à 8 heures précises; **o ~ sb to do** inciter *or* pousser n à faire; **promptly** *adv* (*quickly*) apidement, sans délai; (*on time*) onctuellement
one [prəun] *adj* (*lying*) couché(e) ace contre terre); (*liable*): **~ to** nclin(e) à
ong [prɔŋ] *n* (*of fork*) dent *f*
onoun ['prəunaun] *n* pronom *m*
onounce [prə'nauns] *vt* rononcer; **how do you ~ it?** omment est-ce que ça se prononce?
onunciation [prənʌnsɪ'eɪʃən] *n* rononciation *f*
oof [pru:f] *n* preuve *f* ▷ *adj*: **against** à l'épreuve de

prop [prɔp] *n* support *m*, étai *m*; (*fig*) soutien *m* ▷ *vt* (*also*: **~ up**) étayer, soutenir; **props** *npl* accessoires *mpl*
propaganda [prɔpə'gændə] *n* propagande *f*
propeller [prə'pɛlə^r] *n* hélice *f*
proper ['prɔpə^r] *adj* (*suited, right*) approprié(e), bon (bonne); (*seemly*) correct(e), convenable; (*authentic*) vrai(e), véritable; (*referring to place*): **the village ~** le village proprement dit; **properly** *adv* correctement, convenablement; **proper noun** *n* nom *m* propre
property ['prɔpətɪ] *n* (*possessions*) biens *mpl*; (*house etc*) propriété *f*; (*land*) terres *fpl*, domaine *m*
prophecy ['prɔfɪsɪ] *n* prophétie *f*
prophet ['prɔfɪt] *n* prophète *m*
proportion [prə'pɔ:ʃən] *n* proportion *f*; (*share*) part *f*; partie *f*; **proportions** *npl* (*size*) dimensions *fpl*; **proportional, proportionate** *adj* proportionnel(le)
proposal [prə'pəuzl] *n* proposition *f*, offre *f*; (*plan*) projet *m*; (*of marriage*) demande *f* en mariage
propose [prə'pəuz] *vt* proposer, suggérer ▷ *vi* faire sa demande en mariage; **to ~ to do** avoir l'intention de faire
proposition [prɔpə'zɪʃən] *n* proposition *f*
proprietor [prə'praɪətə^r] *n* propriétaire *m/f*
prose [prəuz] *n* prose *f*; (*Scol*: *translation*) thème *m*
prosecute ['prɔsɪkju:t] *vt* poursuivre; **prosecution** [prɔsɪ'kju:ʃən] *n* poursuites *fpl* judiciaires; (*accusing side*: *in criminal case*) accusation *f*; (: *in civil case*) la partie plaignante; **prosecutor** *n* (*lawyer*) procureur *m*; (*also*: **public prosecutor**) ministère public; (*US*: *plaintiff*) plaignant(e)
prospect *n* ['prɔspɛkt] perspective *f*; (*hope*) espoir *m*, chances *fpl* ▷ *vt, vi*

P

[prə'spɛkt] prospecter; **prospects** *npl* (*for work etc*) possibilités *fpl* d'avenir, débouchés *mpl*; **prospective** [prə'spɛktɪv] *adj* (*possible*) éventuel(le); (*future*) futur(e)
prospectus [prə'spɛktəs] *n* prospectus *m*
prosper ['prɔspəʳ] *vi* prospérer; **prosperity** [prɔ'spɛrɪtɪ] *n* prospérité *f*; **prosperous** *adj* prospère
prostitute ['prɔstɪtju:t] *n* prostituée *f*; **male ~** prostitué *m*
protect [prə'tɛkt] *vt* protéger; **protection** [prə'tɛkʃən] *n* protection *f*; **protective** *adj* protecteur(-trice); (*clothing*) de protection
protein ['prəuti:n] *n* protéine *f*
protest *n* ['prəutɛst] protestation *f* ▷ *vi* [prə'tɛst]: **to ~ against/about** protester contre/à propos de; **to ~ (that)** protester que
Protestant ['prɔtɪstənt] *adj*, *n* protestant(e)
protester, protestor [prə'tɛstəʳ] *n* (*in demonstration*) manifestant(e)
protractor [prə'træktəʳ] *n* (*Geom*) rapporteur *m*
proud [praud] *adj* fier(-ère); (*pej*) orgueilleux(-euse)
prove [pru:v] *vt* prouver, démontrer ▷ *vi*: **to ~ correct** *etc* s'avérer juste *etc*; **to ~ o.s.** montrer ce dont on est capable
proverb ['prɔvə:b] *n* proverbe *m*
provide [prə'vaɪd] *vt* fournir; **to ~ sb with sth** fournir qch à qn; **provide for** *vt fus* (*person*) subvenir aux besoins de; (*future event*) prévoir; **provided** *conj*: **provided (that)** à condition que + *sub*; **providing** [prə'vaɪdɪŋ] *conj* à condition que + *sub*
province ['prɔvɪns] *n* province *f*; (*fig*) domaine *m*; **provincial** [prə'vɪnʃəl] *adj* provincial(e)
provision [prə'vɪʒən] *n* (*supplying*) fourniture *f*; approvisionnement *m*; (*stipulation*) disposition *f*; **provisions** *npl* (*food*) provisions *fpl*; **provisiona**[l] *adj* provisoire
provocative [prə'vɔkətɪv] *adj* provocateur(-trice), provocant(e)
provoke [prə'vəuk] *vt* provoquer
prowl [praul] *vi* (*also*: **~ about, ~ around**) rôder
proximity [prɔk'sɪmɪtɪ] *n* proximi[té]
proxy ['prɔksɪ] *n*: **by ~** par procuration
prudent ['pru:dnt] *adj* prudent(e)
prune [pru:n] *n* pruneau *m* ▷ *vt* élaguer
pry [praɪ] *vi*: **to ~ into** fourrer son nez dans
PS *n abbr* (= *postscript*) PS *m*
pseudonym ['sju:dənɪm] *n* pseudonyme *m*
PSHE *n abbr* (BRIT *Scol*: = *personal, so[cial] and health education*) *cours d'éducati[on] personnelle, sanitaire et sociale préparant à la vie adulte*
psychiatric [saɪkɪ'ætrɪk] *adj* psychiatrique
psychiatrist [saɪ'kaɪətrɪst] *n* psychiatre *m/f*
psychic ['saɪkɪk] *adj* (*also*: **~al**) (méta)psychique; (*person*) doué(e) télépathie *or* d'un sixième sens
psychoanalysis (*pl* **psychoanalyses**) [saɪkəuə'nælɪs -si:z] *n* psychanalyse *f*
psychological [saɪkə'lɔdʒɪkl] *adj* psychologique
psychologist [saɪ'kɔlədʒɪst] *n* psychologue *m/f*
psychology [saɪ'kɔlədʒɪ] *n* psychologie *f*
psychotherapy [saɪkəu'θɛrəpɪ] *n* psychothérapie *f*
pt *abbr* = **pint; pints; point; points**
PTO *abbr* (= *please turn over*) TSVP
PTV *abbr* (US) = **pay television**
pub [pʌb] *n abbr* (= *public house*) pu[b]
puberty ['pju:bətɪ] *n* puberté *f*
public ['pʌblɪk] *adj* public(-ique) ▷ public *m*; **in ~** en public; **to make ~** rendre public

publication [pʌblɪ'keɪʃən] *n* publication *f*

public: public company *n* société *f* anonyme; **public convenience** *n* (BRIT) toilettes *fpl*; **public holiday** *n* (BRIT) jour férié; **public house** *n* (BRIT) pub *m*

publicity [pʌb'lɪsɪtɪ] *n* publicité *f*

publicize ['pʌblɪsaɪz] *vt* (*make known*) faire connaître, rendre public; (*advertise*) faire de la publicité pour

public: public limited company *n* ≈ société *f* anonyme (SA) (*cotée en Bourse*); **publicly** *adv* publiquement, en public; **public opinion** *n* opinion publique; **public relations** *n or npl* relations publiques (RP); **public school** *n* (BRIT) école privée; (US) école publique; **public transport**, (US) **public transportation** *n* transports *mpl* en commun

publish ['pʌblɪʃ] *vt* publier; **publisher** *n* éditeur *m*; **publishing** *n* (*industry*) édition *f*

pub lunch *n* repas *m* de bistrot

pudding ['pudɪŋ] *n* (BRIT: *dessert*) dessert *m*, entremets *m*; (*sweet dish*) pudding *m*, gâteau *m*

puddle ['pʌdl] *n* flaque *f* d'eau

puff [pʌf] *n* bouffée *f* ▷ *vt* (*also*: ~ **out**: *sails, cheeks*) gonfler ▷ *vi* (*pant*) haleter; **puff pastry**, (US) **puff paste** *n* pâte feuilletée

pull [pul] *n* (*tug*): **to give sth a ~** tirer sur qch ▷ *vt* tirer; (*trigger*) presser; (*strain*: *muscle, tendon*) se claquer ▷ *vi* tirer; **to ~ to pieces** mettre en morceaux; **to ~ one's punches** (*also fig*) ménager son adversaire; **to ~ one's weight** y mettre du sien; **to ~ o.s. together** se ressaisir; **to ~ sb's leg** (*fig*) faire marcher qn; **pull apart** *vt* (*break*) mettre en pièces, démantibuler; **pull away** *vi* (*vehicle*: *move off*) partir; (*draw back*) s'éloigner; **pull back** *vt* (*lever etc*) tirer sur; (*curtains*) ouvrir ▷ *vi* (*refrain*) s'abstenir; (*Mil*: *withdraw*) se retirer; **pull down** *vt* baisser, abaisser; (*house*) démolir; **pull in** *vi* (*Aut*) se ranger; (*Rail*) entrer en gare; **pull off** *vt* enlever, ôter; (*deal etc*) conclure; **pull out** *vi* démarrer, partir; (*Aut*: *come out of line*) déboîter ▷ *vt* (*from bag, pocket*) sortir; (*remove*) arracher; **pull over** *vi* (*Aut*) se ranger; **pull up** *vi* (*stop*) s'arrêter ▷ *vt* remonter; (*uproot*) déraciner, arracher

pulley ['pulɪ] *n* poulie *f*

pullover ['puləuvəʳ] *n* pull-over *m*, tricot *m*

pulp [pʌlp] *n* (*of fruit*) pulpe *f*; (*for paper*) pâte *f* à papier

pulpit ['pulpɪt] *n* chaire *f*

pulse [pʌls] *n* (*of blood*) pouls *m*; (*of heart*) battement *m*; **pulses** *npl* (*Culin*) légumineuses *fpl*

puma ['pju:mə] *n* puma *m*

pump [pʌmp] *n* pompe *f*; (*shoe*) escarpin *m* ▷ *vt* pomper; **pump up** *vt* gonfler

pumpkin ['pʌmpkɪn] *n* potiron *m*, citrouille *f*

pun [pʌn] *n* jeu *m* de mots, calembour *m*

punch [pʌntʃ] *n* (*blow*) coup *m* de poing; (*tool*) poinçon *m*; (*drink*) punch *m* ▷ *vt* (*make a hole in*) poinçonner, perforer; (*hit*): **to ~ sb/sth** donner un coup de poing à qn/sur qch; **punch-up** *n* (BRIT *inf*) bagarre *f*

punctual ['pʌŋktjuəl] *adj* ponctuel(le)

punctuation [pʌŋktju'eɪʃən] *n* ponctuation *f*

puncture ['pʌŋktʃəʳ] *n* (BRIT) crevaison *f* ▷ *vt* crever

punish ['pʌnɪʃ] *vt* punir; **punishment** *n* punition *f*, châtiment *m*

punk [pʌŋk] *n* (*person*: *also*: ~ **rocker**) punk *m/f*; (*music*: *also*: ~ **rock**) le punk; (US *inf*: *hoodlum*) voyou *m*

pup [pʌp] *n* chiot *m*

pupil ['pju:pl] *n* élève *m/f*; (*of eye*) pupille *f*

P

puppet ['pʌpɪt] *n* marionnette *f*, pantin *m*
puppy ['pʌpɪ] *n* chiot *m*, petit chien
purchase ['pəːtʃɪs] *n* achat *m* ▷ *vt* acheter
pure [pjuəʳ] *adj* pur(e); **purely** *adv* purement
purify ['pjuərɪfaɪ] *vt* purifier, épurer
purity ['pjuərɪtɪ] *n* pureté *f*
purple ['pəːpl] *adj* violet(te); (*face*) cramoisi(e)
purpose ['pəːpəs] *n* intention *f*, but *m*; **on ~** exprès
purr [pəːʳ] *vi* ronronner
purse [pəːs] *n* (BRIT: *for money*) porte-monnaie *m inv*; (US: *handbag*) sac *m* (à main) ▷ *vt* serrer, pincer
pursue [pə'sjuː] *vt* poursuivre
pursuit [pə'sjuːt] *n* poursuite *f*; (*occupation*) occupation *f*, activité *f*
pus [pʌs] *n* pus *m*
push [puʃ] *n* poussée *f* ▷ *vt* pousser; (*button*) appuyer sur; (*fig: product*) mettre en avant, faire de la publicité pour ▷ *vi* pousser; **to ~ for** (*better pay, conditions*) réclamer; **push in** *vi* s'introduire de force; **push off** *vi* (*inf*) filer, ficher le camp; **push on** *vi* (*continue*) continuer; **push over** *vt* renverser; **push through** *vi* (*in crowd*) se frayer un chemin; **pushchair** *n* (BRIT) poussette *f*; **pusher** *n* (*also*: **drug pusher**) revendeur(-euse) (de drogue), ravitailleur(-euse) (en drogue); **push-up** *n* (US) traction *f*
pussy(-cat) ['pusɪ-] *n* (*inf*) minet *m*
put (*pt, pp* **put**) [put] *vt* mettre; (*place*) poser, placer; (*say*) dire, exprimer; (*a question*) poser; (*case, view*) exposer, présenter; (*estimate*) estimer; **put aside** *vt* mettre de côté; **put away** *vt* (*store*) ranger; **put back** *vt* (*replace*) remettre, replacer; (*postpone*) remettre; **put by** *vt* (*money*) mettre de côté, économiser; **put down** *vt* (*parcel etc*) poser, déposer; (*in writing*) mettre par écrit, inscrire; (*suppress: revolt etc*) réprimer, écraser; (*attribute*) attribuer; (*animal*) abattre; (*cat, dog*) faire piquer; **put forward** *vt* (*ideas*) avancer, proposer; **put in** *vt* (*complaint*) soumettre; (*time, effort*) consacrer; **put off** *vt* (*postpone*) remettre à plus tard, ajourner; (*discourage*) dissuader; **put on** *vt* (*clothes, lipstick, CD*) mettre; (*light etc*) allumer; (*play etc*) monter; (*weight*) prendre; (*assume: accent, manner*) prendre; **put out** *vt* (*take outside*) mettre dehors; (*one's hand*) tendre; (*light etc*) éteindre; (*person: inconvenience*) déranger, gêner; **put through** *vt* (*Tel: caller*) mettre en communication; (*: call*) passer; (*plan*) faire accepter; **put together** *vt* mettre ensemble; (*assemble: furniture*) monter, assembler; (*: meal*) préparer; **put up** *vt* (*raise*) lever, relever, remonter; (*hang*) accrocher; (*build*) construire, ériger; (*increase*) augmenter; (*accommodate*) loger; **put up with** *vt fus* supporter
putt [pʌt] *n* putt *m*; **putting green** *n* green *m*
puzzle ['pʌzl] *n* énigme *f*, mystère *m*; (*game*) jeu *m*, casse-tête *m*; (*jigsaw*) puzzle *m*; (*also*: **crossword ~**) mots croisés ▷ *vt* intriguer, rendre perplexe ▷ *vi*: **to ~ over** chercher à comprendre; **puzzled** *adj* perplexe; **puzzling** *adj* déconcertant(e), inexplicable
pyjamas [pɪ'dʒɑːməz] *npl* (BRIT) pyjama *m*
pylon ['paɪlən] *n* pylône *m*
pyramid ['pɪrəmɪd] *n* pyramide *f*
Pyrenees [pɪrə'niːz] *npl* Pyrénées *fpl*

q

ack [kwæk] *n* (*of duck*) coin-coin *m*
ɪv; (*pej*: *doctor*) charlatan *m*
adruple [kwɔ'dru:pl] *vt*, *vi*
uadrupler
ail [kweɪl] *n* (*Zool*) caille *f* ▷ *vi*: **to ~**
t *or* **before** reculer devant
aint [kweɪnt] *adj* bizarre; (*old-*
ɪshioned) désuet(-ète); (*picturesque*)
u charme vieillot, pittoresque
ake [kweɪk] *vi* trembler ▷ *n abbr*
earthquake
alification [kwɔlɪfɪ'keɪʃən] *n*
ɔften pl: *degree etc*) diplôme *m*;
:raining) qualification(s) *f*(*pl*); (*ability*)
ompétence(s) *f*(*pl*); (*limitation*)
éserve *f*, restriction *f*
alified ['kwɔlɪfaɪd] *adj* (*trained*)
ualifié(e); (*professionally*) diplômé(e);
ït, *competent*) compétent(e),
ualifié(e); (*limited*) conditionnel(le)
alify ['kwɔlɪfaɪ] *vt* qualifier;
nodify) atténuer, nuancer ▷ *vi*: **to ~**
as) obtenir son diplôme (de); **to ~**
(for) remplir les conditions requises (pour); (*Sport*) se qualifier (pour)

quality ['kwɔlɪtɪ] *n* qualité *f*

qualm [kwɑ:m] *n* doute *m*; scrupule *m*

quantify ['kwɔntɪfaɪ] *vt* quantifier

quantity ['kwɔntɪtɪ] *n* quantité *f*

quarantine ['kwɔrnti:n] *n* quarantaine *f*

quarrel ['kwɔrl] *n* querelle *f*, dispute *f* ▷ *vi* se disputer, se quereller

quarry ['kwɔrɪ] *n* (*for stone*) carrière *f*; (*animal*) proie *f*, gibier *m*

quart [kwɔ:t] *n* ≈ litre *m*

quarter ['kwɔ:tə[r]] *n* quart *m*; (*of year*) trimestre *m*; (*district*) quartier *m*; (US, CANADA: *25 cents*) (pièce *f* de) vingt-cinq cents *mpl* ▷ *vt* partager en quartiers *or* en quatre; (*Mil*) caserner, cantonner; **quarters** *npl* logement *m*; (*Mil*) quartiers *mpl*, cantonnement *m*; **a ~ of an hour** un quart d'heure; **quarter final** *n* quart *m* de finale; **quarterly** *adj* trimestriel(le) ▷ *adv* tous les trois mois

quartet(te) [kwɔ:'tɛt] *n* quatuor *m*; (*jazz players*) quartette *m*

quartz [kwɔ:ts] *n* quartz *m*

quay [ki:] *n* (*also*: **~side**) quai *m*

queasy ['kwi:zɪ] *adj*: **to feel ~** avoir mal au cœur

Quebec [kwɪ'bɛk] *n* (*city*) Québec; (*province*) Québec *m*

queen [kwi:n] *n* (*gen*) reine *f*; (*Cards etc*) dame *f*

queer [kwɪə[r]] *adj* étrange, curieux(-euse); (*suspicious*) louche ▷ *n* (*offensive*) homosexuel *m*

quench [kwɛntʃ] *vt*: **to ~ one's thirst** se désaltérer

query ['kwɪərɪ] *n* question *f* ▷ *vt* (*disagree with*, *dispute*) mettre en doute, questionner

quest [kwɛst] *n* recherche *f*, quête *f*

question ['kwɛstʃən] *n* question *f* ▷ *vt* (*person*) interroger; (*plan*, *idea*) mettre en question *or* en doute; **beyond ~** sans aucun doute; **out of the ~** hors de question; **questionable** *adj* discutable; **question mark** *n* point *m* d'interrogation; **questionnaire** [kwɛstʃə'nɛəʳ] *n* questionnaire *m*

queue [kju:] (BRIT) *n* queue *f*, file *f* ▷ *vi* (*also*: **~ up**) faire la queue

quiche [ki:ʃ] *n* quiche *f*

quick [kwɪk] *adj* rapide; (*mind*) vif (vive); (*agile*) agile, vif (vive) ▷ *n*: **cut to the ~** (*fig*) touché(e) au vif; **be ~!** dépêche-toi!; **quickly** *adv* (*fast*) vite, rapidement; (*immediately*) tout de suite

quid [kwɪd] *n* (*pl inv*: BRIT *inf*) livre *f*

quiet ['kwaɪət] *adj* tranquille, calme; (*voice*) bas(se); (*ceremony, colour*) discret(-ète) ▷ *n* tranquillité *f*, calme *m*; (*silence*) silence *m*; **quietly** *adv* tranquillement; (*silently*) silencieusement; (*discreetly*) discrètement

quilt [kwɪlt] *n* édredon *m*; (*continental quilt*) couette *f*

quirky ['kwɜ:kɪ] *adj* singulier(-ère)

quit [kwɪt] (*pt, pp* **quit** *or* **quitted**) *vt* quitter ▷ *vi* (*give up*) abandonner, renoncer; (*resign*) démissionner

quite [kwaɪt] *adv* (*rather*) assez, plutôt; (*entirely*) complètement, tout à fait; **~ a few of them** un assez grand nombre d'entre eux; **that's not ~ right** ce n'est pas tout à fait juste; **~ (so)!** exactement!

quits [kwɪts] *adj*: **~ (with)** quitte (envers); **let's call it ~** restons-en là

quiver ['kwɪvəʳ] *vi* trembler, frémir

quiz [kwɪz] *n* (*on TV*) jeu-concours *m* (télévisé); (*in magazine etc*) test *m* de connaissances ▷ *vt* interroger

quota ['kwəutə] *n* quota *m*

quotation [kwəu'teɪʃən] *n* citation *f*; (*estimate*) devis *m*; **quotation marks** *npl* guillemets *mpl*

quote [kwəut] *n* citation *f*; (*estimate*) devis *m* ▷ *vt* (*sentence, author*) citer; (*price*) donner, soumettre ▷ *vi*: **to ~ from** citer; **quotes** *npl* (*inverted commas*) guillemets *mpl*

r

rabbi ['ræbaɪ] *n* rabbin *m*

rabbit ['ræbɪt] *n* lapin *m*

rabies ['reɪbi:z] *n* rage *f*

RAC *n abbr* (BRIT: = *Royal Automobile Club*) ≈ ACF *m*

rac(c)oon [rə'ku:n] *n* raton *m* lave

race [reɪs] *n* (*species*) race *f*; (*competition, rush*) course *f* ▷ *vt* (*person*) faire la course avec ▷ *vi* (*compete*) faire la course, courir; (*pulse*) battre très vite; **race car** *n* (= **racing car**; **racecourse** *n* cham de courses; **racehorse** *n* cheval *m* course; **racetrack** *n* piste *f*

racial ['reɪʃl] *adj* racial(e)

racing ['reɪsɪŋ] *n* courses *fpl*; **racin car** *n* (BRIT) voiture *f* de course; **racing driver** *n* (BRIT) pilote *m* de course

racism ['reɪsɪzəm] *n* racisme *m*; **racist** ['reɪsɪst] *adj*, *n* raciste *m/f*

rack [ræk] *n* (*for guns, tools*) râtelier *m*; (*for clothes*) portant *m*; (*for bottle* casier *m*; (*also*: **luggage ~**) filet *m* à bagages; (*also*: **roof ~**) galerie *f*; (*also*: **dish ~**) égouttoir *m* ▷ *vt* tourmenter; **to ~ one's brains** se creuser la cervelle

racket ['rækɪt] *n* (*for tennis*) raquette *f*; (*noise*) tapage *m*, vacarme *m*; (*swindle*) escroquerie *f*

racquet ['rækɪt] *n* raquette *f*

radar ['reɪdɑːʳ] *n* radar *m*

radiation [reɪdɪ'eɪʃən] *n* rayonnement *m*; (*radioactive*) radiation *f*

radiator ['reɪdɪeɪtəʳ] *n* radiateur *m*

radical ['rædɪkl] *adj* radical(e)

radio ['reɪdɪəu] *n* radio *f* ▷ *vt* (*person*) appeler par radio; **on the ~** à la radio; **radioactive** *adj* radioactif(-ive); **radio station** *n* station *f* de radio

radish ['rædɪʃ] *n* radis *m*

RAF *n abbr* (BRIT) = **Royal Air Force**

raffle ['ræfl] *n* tombola *f*

raft [rɑːft] *n* (*craft*: *also*: **life ~**) radeau *m*; (*logs*) train *m* de flottage

rag [ræg] *n* chiffon *m*; (*pej*: *newspaper*) feuille *f*, torchon *m*; (*for charity*) *attractions organisées par les étudiants au profit d'œuvres de charité*; **rags** *npl* haillons *mpl*

rage [reɪdʒ] *n* (*fury*) rage *f*, fureur *f* ▷ *vi* (*person*) être fou (folle) de rage; (*storm*) faire rage, être déchaîné(e); **it's all the ~** cela fait fureur

ragged ['rægɪd] *adj* (*edge*) inégal(e), qui accroche; (*clothes*) en loques; (*appearance*) déguenillé(e)

raid [reɪd] *n* (*Mil*) raid *m*; (*criminal*) hold-up *m inv*; (*by police*) descente *f*, rafle *f* ▷ *vt* faire un raid sur *or* un hold-up dans *or* une descente dans

rail [reɪl] *n* (*on stair*) rampe *f*; (*on bridge, balcony*) balustrade *f*; (*of ship*) bastingage *m*; (*for train*) rail *m*; **railcard** *n* (BRIT) carte *f* de chemin de fer; **railing(s)** *n*(*pl*) grille *f*; **railway**, (US) **railroad** *n* chemin *m* de fer; (*track*) voie *f* ferrée; **railway line** *n* (BRIT) ligne *f* de chemin de fer; (*track*) voie ferrée; **railway station** *n* (BRIT) gare *f*

rain [reɪn] *n* pluie *f* ▷ *vi* pleuvoir; **in the ~** sous la pluie; **it's ~ing** il pleut; **rainbow** *n* arc-en-ciel *m*; **raincoat** *n* imperméable *m*; **raindrop** *n* goutte *f* de pluie; **rainfall** *n* chute *f* de pluie; (*measurement*) hauteur *f* des précipitations; **rainforest** *n* forêt tropicale; **rainy** *adj* pluvieux(-euse)

raise [reɪz] *n* augmentation *f* ▷ *vt* (*lift*) lever; hausser; (*increase*) augmenter; (*morale*) remonter; (*standards*) améliorer; (*a protest, doubt*) provoquer, causer; (*a question*) soulever; (*cattle, family*) élever; (*crop*) faire pousser; (*army, funds*) rassembler; (*loan*) obtenir; **to ~ one's voice** élever la voix

raisin ['reɪzn] *n* raisin sec

rake [reɪk] *n* (*tool*) râteau *m*; (*person*) débauché *m* ▷ *vt* (*garden*) ratisser

rally ['rælɪ] *n* (*Pol etc*) meeting *m*, rassemblement *m*; (*Aut*) rallye *m*; (*Tennis*) échange *m* ▷ *vt* rassembler, rallier; (*support*) gagner ▷ *vi* (*sick person*) aller mieux; (*Stock Exchange*) reprendre

RAM [ræm] *n abbr* (*Comput*: = *random access memory*) mémoire vive

ram [ræm] *n* bélier *m* ▷ *vt* (*push*) enfoncer; (*crash into*: *vehicle*) emboutir; (: *lamppost etc*) percuter

Ramadan [ræmə'dæn] *n* Ramadan *m*

ramble ['ræmbl] *n* randonnée *f* ▷ *vi* (*walk*) se promener, faire une randonnée; (*pej*: *also*: **~ on**) discourir, pérorer; **rambler** *n* promeneur(-euse), randonneur(-euse); **rambling** *adj* (*speech*) décousu(e); (*house*) plein(e) de coins et de recoins; (*Bot*) grimpant(e)

ramp [ræmp] *n* (*incline*) rampe *f*; (*Aut*) dénivellation *f*; (*in garage*) pont *m*; **on/off ~** (*US Aut*) bretelle *f* d'accès

rampage ['ræmpeɪdʒ] *n*: **to be on the ~** se déchaîner

r

ran [ræn] *pt of* **run**
ranch [rɑːntʃ] *n* ranch *m*
random ['rændəm] *adj* fait(e) *or* établi(e) au hasard; (*Comput, Math*) aléatoire ▷ *n*: **at ~** au hasard
rang [ræŋ] *pt of* **ring**
range [reɪndʒ] *n* (*of mountains*) chaîne *f*; (*of missile, voice*) portée *f*; (*of products*) choix *m*, gamme *f*; (*also*: **shooting ~**) champ *m* de tir; (*also*: **kitchen ~**) fourneau *m* (de cuisine) ▷ *vt* (*place*) mettre en rang, placer ▷ *vi*: **to ~ over** couvrir; **to ~ from ... to** aller de ... à
ranger ['reɪndʒə^r] *n* garde *m* forestier
rank [ræŋk] *n* rang *m*; (*Mil*) grade *m*; (BRIT: *also*: **taxi ~**) station *f* de taxis ▷ *vi*: **to ~ among** compter *or* se classer parmi ▷ *adj* (*smell*) nauséabond(e); **the ~ and file** (*fig*) la masse, la base
ransom ['rænsəm] *n* rançon *f*; **to hold sb to ~** (*fig*) exercer un chantage sur qn
rant [rænt] *vi* fulminer
rap [ræp] *n* (*music*) rap *m* ▷ *vt* (*door*) frapper sur *or* à; (*table etc*) taper sur
rape [reɪp] *n* viol *m*; (*Bot*) colza *m* ▷ *vt* violer
rapid ['ræpɪd] *adj* rapide; **rapidly** *adv* rapidement; **rapids** *npl* (*Geo*) rapides *mpl*
rapist ['reɪpɪst] *n* auteur *m* d'un viol
rapport [ræ'pɔː^r] *n* entente *f*
rare [rɛə^r] *adj* rare; (*Culin*: *steak*) saignant(e); **rarely** *adv* rarement
rash [ræʃ] *adj* imprudent(e), irréfléchi(e) ▷ *n* (*Med*) rougeur *f*, éruption *f*; (*of events*) série *f* (noire)
rasher ['ræʃə^r] *n* fine tranche (de lard)
raspberry ['rɑːzbərɪ] *n* framboise *f*
rat [ræt] *n* rat *m*
rate [reɪt] *n* (*ratio*) taux *m*, pourcentage *m*; (*speed*) vitesse *f*, rythme *m*; (*price*) tarif *m* ▷ *vt* (*price*) évaluer, estimer; (*people*) classer; **rates** *npl* (BRIT: *property tax*) impôts locaux; **to ~ sb/sth as** considérer qn/qch comme
rather ['rɑːðə^r] *adv* (*somewhat*) assez plutôt; (*to some extent*) un peu; **it's ~ expensive** c'est assez cher; (*too much*) c'est un peu cher; **there's ~ a lot** il y en a beaucoup; **I would** *or* **I'd ~ go** j'aimerais mieux *or* je préférerai partir; **or ~** (*more accurately*) ou plutôt
rating ['reɪtɪŋ] *n* (*assessment*) évaluation *f*; (*score*) classement *m*; (*Finance*) cote *f*; **ratings** *npl* (*Radio*) indice(s) *m(pl)* d'écoute; (*TV*) Audimat® *m*
ratio ['reɪʃɪəu] *n* proportion *f*; **in the ~ of 100 to 1** dans la proportion de 100 contre 1
ration ['ræʃən] *n* ration *f* ▷ *vt* rationner; **rations** *npl* (*food*) vivres *mpl*
rational ['ræʃənl] *adj* raisonnable, sensé(e); (*solution, reasoning*) logique (*Med*: *person*) lucide
rat race *n* foire *f* d'empoigne
rattle ['rætl] *n* (*of door, window*) battement *m*; (*of coins, chain*) cliquetis *m*; (*of train, engine*) bruit *m* de ferraille; (*for baby*) hochet *m* ▷ *vi* cliqueter; (*car, bus*): **to ~ along** rouler en faisant un bruit de ferraille ▷ *vt* agiter (bruyamment); (*inf*: *disconcert*) décontenancer
rave [reɪv] *vi* (*in anger*) s'emporter; (*with enthusiasm*) s'extasier; (*Med*) délirer ▷ *n* (*inf*: *party*) rave *f*, soirée *f* techno
raven ['reɪvən] *n* grand corbeau
ravine [rə'viːn] *n* ravin *m*
raw [rɔː] *adj* (*uncooked*) cru(e); (*not processed*) brut(e); (*sore*) à vif, irrité(e) (*inexperienced*) inexpérimenté(e); **~ materials** matières premières
ray [reɪ] *n* rayon *m*; **~ of hope** lueur *f* d'espoir
razor ['reɪzə^r] *n* rasoir *m*; **razor blade** *n* lame *f* de rasoir
Rd *abbr* = **road**

E *n abbr* (BRIT: = *religious education*) instruction religieuse
[riː] *prep* concernant
ach [riːtʃ] *n* portée *f*, atteinte *f*; (*of river etc*) étendue *f* ▷ *vt* atteindre, arriver à; (*conclusion, decision*) parvenir à ▷ *vi* s'étendre; **out of/within ~** (*object*) hors de/à portée; **each out** *vt* tendre ▷ *vi*: **to ~ out (for)** allonger le bras (pour prendre)
act [riːˈækt] *vi* réagir; **reaction** [riːˈækʃən] *n* réaction *f*; **reactor** [riːˈæktəʳ] *n* réacteur *m*
ad (*pt, pp* **read**) [riːd, rɛd] *vi* lire ▷ *vt* lire; (*understand*) comprendre, interpréter; (*study*) étudier; (*meter*) relever; (*subj: instrument etc*) indiquer, marquer; **read out** *vt* lire à haute voix; **reader** *n* lecteur(-trice)
adily [ˈrɛdɪlɪ] *adv* volontiers, avec empressement; (*easily*) facilement
ading [ˈriːdɪŋ] *n* lecture *f*; (*understanding*) interprétation *f*; (*on instrument*) indications *fpl*
ady [ˈrɛdɪ] *adj* prêt(e); (*willing*) prêt, disposé(e); (*available*) disponible ▷ *n*: **at the ~** (*Mil*) prêt à faire feu; **when will my photos be ~?** quand est-ce que mes photos seront prêtes?; **to get ~** (*as vi*) se préparer; (*as vt*) préparer; **ready-cooked** *adj* précuit(e); **ready-made** *adj* tout(e) faite(e)
al [rɪəl] *adj* (*world, life*) réel(le); (*genuine*) véritable; (*proper*) vrai(e) ▷ *adv* (*US inf: very*) vraiment; **real ale** bière traditionnelle; **real estate** biens fonciers *or* immobiliers;
ealistic [rɪəˈlɪstɪk] *adj* réaliste;
eality [riːˈælɪtɪ] *n* réalité *f*; **reality TV** *n* téléréalité *f*
alization [rɪəlaɪˈzeɪʃən] *n* (*awareness*) prise *f* de conscience; (*fulfilment, also: of asset*) réalisation *f*
alize [ˈrɪəlaɪz] *vt* (*understand*) se rendre compte de, prendre conscience de; (*a project, Comm: asset*) réaliser

really [ˈrɪəlɪ] *adv* vraiment; **~?** vraiment?, c'est vrai?
realm [rɛlm] *n* royaume *m*; (*fig*) domaine *m*
realtor [ˈrɪəltɔːʳ] *n* (*US*) agent immobilier
reappear [riːəˈpɪəʳ] *vi* réapparaître, reparaître
rear [rɪəʳ] *adj* de derrière, arrière *inv*; (*Aut: wheel etc*) arrière ▷ *n* arrière *m* ▷ *vt* (*cattle, family*) élever ▷ *vi* (*also:* **~ up**: *animal*) se cabrer
rearrange [riːəˈreɪndʒ] *vt* réarranger
rear: rear-view mirror *n* (*Aut*) rétroviseur *m*; **rear-wheel drive** *n* (*Aut*) traction *f* arrière
reason [ˈriːzn] *n* raison *f* ▷ *vi*: **to ~ with sb** raisonner qn, faire entendre raison à qn; **it stands to ~ that** il va sans dire que; **reasonable** *adj* raisonnable; (*not bad*) acceptable; **reasonably** *adv* (*behave*) raisonnablement; (*fairly*) assez; **reasoning** *n* raisonnement *m*
reassurance [riːəˈʃuərəns] *n* (*factual*) assurance *f*, garantie *f*; (*emotional*) réconfort *m*
reassure [riːəˈʃuəʳ] *vt* rassurer
rebate [ˈriːbeɪt] *n* (*on tax etc*) dégrèvement *m*
rebel *n* [ˈrɛbl] rebelle *m/f* ▷ *vi* [rɪˈbɛl] se rebeller, se révolter; **rebellion** [rɪˈbɛljən] *n* rébellion *f*, révolte *f*; **rebellious** [rɪˈbɛljəs] *adj* rebelle
rebuild [riːˈbɪld] *vt* (*irreg: like* **build**) reconstruire
recall *vt* [rɪˈkɔːl] rappeler; (*remember*) se rappeler, se souvenir de ▷ *n* [ˈriːkɔl] rappel *m*; (*ability to remember*) mémoire *f*
receipt [rɪˈsiːt] *n* (*document*) reçu *m*; (*for parcel etc*) accusé *m* de réception; (*act of receiving*) réception *f*; **receipts** *npl* (*Comm*) recettes *fpl*; **can I have a ~, please?** je peux avoir un reçu, s'il vous plaît?
receive [rɪˈsiːv] *vt* recevoir; (*guest*) recevoir, accueillir; **receiver** *n* (*Tel*)

r

récepteur *m*, combiné *m*; (*Radio*) récepteur; (*of stolen goods*) receleur *m*; (*for bankruptcies*) administrateur *m* judiciaire
recent ['ri:snt] *adj* récent(e); **recently** *adv* récemment
reception [rɪ'sɛpʃən] *n* réception *f*; (*welcome*) accueil *m*, réception; **reception desk** *n* réception *f*; **receptionist** *n* réceptionniste *m/f*
recession [rɪ'sɛʃən] *n* (*Econ*) récession *f*
recharge [ri:'tʃɑ:dʒ] *vt* (*battery*) recharger
recipe ['rɛsɪpɪ] *n* recette *f*
recipient [rɪ'sɪpɪənt] *n* (*of payment*) bénéficiaire *m/f*; (*of letter*) destinataire *m/f*
recital [rɪ'saɪtl] *n* récital *m*
recite [rɪ'saɪt] *vt* (*poem*) réciter
reckless ['rɛkləs] *adj* (*driver etc*) imprudent(e); (*spender etc*) insouciant(e)
reckon ['rɛkən] *vt* (*count*) calculer, compter; (*consider*) considérer, estimer; (*think*): **I ~ (that) ...** je pense (que) ..., j'estime (que) ...
reclaim [rɪ'kleɪm] *vt* (*land: from sea*) assécher; (*demand back*) réclamer (le remboursement *or* la restitution de); (*waste materials*) récupérer
recline [rɪ'klaɪn] *vi* être allongé(e) *or* étendu(e)
recognition [rɛkəg'nɪʃən] *n* reconnaissance *f*; **transformed beyond ~** méconnaissable
recognize ['rɛkəgnaɪz] *vt*: **to ~ (by/as)** reconnaître (à/comme étant)
recollection [rɛkə'lɛkʃən] *n* souvenir *m*
recommend [rɛkə'mɛnd] *vt* recommander; **can you ~ a good restaurant?** pouvez-vous me conseiller un bon restaurant?; **recommendation** [rɛkəmɛn'deɪʃən] *n* recommandation *f*
reconcile ['rɛkənsaɪl] *vt* (*two people*) réconcilier; (*two facts*) concilier, accorder; **to ~ o.s. to** se résigner à
reconsider [ri:kən'sɪdə[r]] *vt* reconsidérer
reconstruct [ri:kən'strʌkt] *vt* (*building*) reconstruire; (*crime, system*) reconstituer
record *n* ['rɛkɔ:d] rapport *m*, récit *m*; (*of meeting etc*) procès-verbal *m*; (*register*) registre *m*; (*file*) dossier *m*; (*Comput*) article *m*; (*also*: **police ~**) casier *m* judiciaire; (*Mus: disc*) disque *m*; (*Sport*) record *m* ▷ *adj* ['rɛkɔ:d] record *inv* ▷ *vt* [rɪ'kɔ:d] (*set down*) noter; (*Mus: song etc*) enregistrer; **public ~s** archives *fpl*; **in ~ time** dans un temps record; **recorded delivery** *n* (BRIT *Post*): **to send sth recorded delivery** ≈ envoyer qch en recommandé; **recorder** *n* (*Mus*) flûte *f* à bec; **recording** *n* (*Mus*) enregistrement *m*; **record player** *n* tourne-disque *m*
recount [rɪ'kaunt] *vt* raconter
recover [rɪ'kʌvə[r]] *vt* récupérer ▷ *vi* (*from illness*) se rétablir; (*from shock*) remettre; **recovery** *n* récupération *f*; rétablissement *m*; (*Econ*) redressement *m*
recreate [ri:krɪ'eɪt] *vt* recréer
recreation [rɛkrɪ'eɪʃən] *n* (*leisure*) récréation *f*, détente *f*; **recreational drug** *n* drogue récréative; **recreational vehicle** *n* (US) camping-car *m*
recruit [rɪ'kru:t] *n* recrue *f* ▷ *vt* recruter; **recruitment** *n* recrutement *m*
rectangle ['rɛktæŋgl] *n* rectangle *m*; **rectangular** [rɛk'tæŋgjulə[r]] *adj* rectangulaire
rectify ['rɛktɪfaɪ] *vt* (*error*) rectifier, corriger
rector ['rɛktə[r]] *n* (*Rel*) pasteur *m*
recur [rɪ'kə:[r]] *vi* se reproduire; (*idea, opportunity*) se retrouver; (*symptoms*) réapparaître; **recurring** *adj* (*problem*) périodique, fréquent(e); (*Math*) périodique
recyclable [ri:'saɪkləbl] *adj* recyclable

recycle [riː'saɪkl] *vt, vi* recycler
recycling [riː'saɪklɪŋ] *n* recyclage *m*
red [rɛd] *n* rouge *m*; (*Pol: pej*) rouge *m/f* ▷ *adj* rouge; (*hair*) roux (rousse); **in the ~** (*account*) à découvert; (*business*) en déficit; **Red Cross** *n* Croix-Rouge *f*; **redcurrant** *n* groseille *f* (rouge)
redeem [rɪ'diːm] *vt* (*debt*) rembourser; (*sth in pawn*) dégager; (*fig, also Rel*) racheter
red: red-haired *adj* roux (rousse); **redhead** *n* roux (rousse); **red-hot** *adj* chauffé(e) au rouge, brûlant(e); **red light** *n*: **to go through a red light** (*Aut*) brûler un feu rouge; **red-light district** *n* quartier mal famé
red meat *n* viande *f* rouge
reduce [rɪ'djuːs] *vt* réduire; (*lower*) abaisser; **"~ speed now"** (*Aut*) "ralentir"; **to ~ sb to tears** faire pleurer qn; **reduced** *adj* réduit(e); **"greatly reduced prices"** "gros rabais"; **at a reduced price** (*goods*) au rabais; (*ticket etc*) à prix réduit; **reduction** [rɪ'dʌkʃən] *n* réduction *f*; (*of price*) baisse *f*; (*discount*) rabais *m*; réduction; **is there a reduction for children/students?** y a-t-il une réduction pour les enfants/les étudiants?
redundancy [rɪ'dʌndənsɪ] *n* (BRIT) licenciement *m*, mise *f* au chômage
redundant [rɪ'dʌndnt] *adj* (BRIT: *worker*) licencié(e), mis(e) au chômage; (*detail, object*) superflu(e); **to be made ~** (*worker*) être licencié, être mis au chômage
reed [riːd] *n* (*Bot*) roseau *m*
reef [riːf] *n* (*at sea*) récif *m*, écueil *m*
reel [riːl] *n* bobine *f*; (*Fishing*) moulinet *m*; (*Cine*) bande *f*; (*dance*) quadrille écossais ▷ *vi* (*sway*) chanceler
ref [rɛf] *n abbr* (*inf*: = *referee*) arbitre *m*
refectory [rɪ'fɛktərɪ] *n* réfectoire *m*
refer [rɪ'fəːʳ] *vt*: **to ~ sb to** (*inquirer, patient*) adresser qn à; (*reader: to text*) renvoyer qn à ▷ *vi*: **to ~ to** (*allude to*) parler de, faire allusion à; (*consult*) se reporter à; (*apply to*) s'appliquer à
referee [rɛfə'riː] *n* arbitre *m*; (BRIT: *for job application*) répondant(e) ▷ *vt* arbitrer
reference ['rɛfrəns] *n* référence *f*, renvoi *m*; (*mention*) allusion *f*, mention *f*; (*for job application: letter*) références; lettre *f* de recommandation; **with ~ to** en ce qui concerne; (*Comm: in letter*) me référant à; **reference number** *n* (*Comm*) numéro *m* de référence
refill *vt* [riː'fɪl] remplir à nouveau; (*pen, lighter etc*) recharger ▷ *n* ['riːfɪl] (*for pen etc*) recharge *f*
refine [rɪ'faɪn] *vt* (*sugar, oil*) raffiner; (*taste*) affiner; (*idea, theory*) peaufiner; **refined** *adj* (*person, taste*) raffiné(e); **refinery** *n* raffinerie *f*
reflect [rɪ'flɛkt] *vt* (*light, image*) réfléchir, refléter ▷ *vi* (*think*) réfléchir, méditer; **it ~s badly on him** cela le discrédite; **it ~s well on him** c'est tout à son honneur; **reflection** [rɪ'flɛkʃən] *n* réflexion *f*; (*image*) reflet *m*; **on reflection** réflexion faite
reflex ['riːflɛks] *adj, n* réflexe (*m*)
reform [rɪ'fɔːm] *n* réforme *f* ▷ *vt* réformer
refrain [rɪ'freɪn] *vi*: **to ~ from doing** s'abstenir de faire ▷ *n* refrain *m*
refresh [rɪ'frɛʃ] *vt* rafraîchir; (*subj: food, sleep etc*) redonner des forces à; **refreshing** *adj* (*drink*) rafraîchissant(e); (*sleep*) réparateur(-trice); **refreshments** *npl* rafraîchissements *mpl*
refrigerator [rɪ'frɪdʒəreɪtəʳ] *n* réfrigérateur *m*, frigidaire *m*
refuel [riː'fjuəl] *vi* se ravitailler en carburant
refuge ['rɛfjuːdʒ] *n* refuge *m*; **to take ~ in** se réfugier dans; **refugee** [rɛfju'dʒiː] *n* réfugié(e)
refund *n* ['riːfʌnd] remboursement *m* ▷ *vt* [rɪ'fʌnd] rembourser
refurbish [riː'fəːbɪʃ] *vt* remettre à neuf

refusal [rɪ'fju:zəl] *n* refus *m*; **to have first ~ on sth** avoir droit de préemption sur qch
refuse[1] ['rɛfju:s] *n* ordures *fpl*, détritus *mpl*
refuse[2] [rɪ'fju:z] *vt*, *vi* refuser; **to ~ to do sth** refuser de faire qch
regain [rɪ'geɪn] *vt* (*lost ground*) regagner; (*strength*) retrouver
regard [rɪ'gɑ:d] *n* respect *m*, estime *f*, considération *f* ▷ *vt* considérer; **to give one's ~s to** faire ses amitiés à; **"with kindest ~s"** "bien amicalement"; **as ~s, with ~ to** en ce qui concerne; **regarding** *prep* en ce qui concerne; **regardless** *adv* quand même; **regardless of** sans se soucier de
regenerate [rɪ'dʒɛnəreɪt] *vt* régénérer ▷ *vi* se régénérer
reggae ['rɛgeɪ] *n* reggae *m*
regiment ['rɛdʒɪmənt] *n* régiment *m*
region ['ri:dʒən] *n* région *f*; **in the ~ of** (*fig*) aux alentours de; **regional** *adj* régional(e)
register ['rɛdʒɪstə[r]] *n* registre *m*; (*also*: **electoral ~**) liste électorale ▷ *vt* enregistrer, inscrire; (*birth*) déclarer; (*vehicle*) immatriculer; (*letter*) envoyer en recommandé; (*subj*: *instrument*) marquer ▷ *vi* s'inscrire; (*at hotel*) signer le registre; (*make impression*) être (bien) compris(e); **registered** *adj* (BRIT: *letter*) recommandé(e); **registered trademark** *n* marque déposée
registrar ['rɛdʒɪstrɑ:[r]] *n* officier *m* de l'état civil
registration [rɛdʒɪs'treɪʃən] *n* (*act*) enregistrement *m*; (*of student*) inscription *f*; (BRIT *Aut*: *also*: **~ number**) numéro *m* d'immatriculation
registry office ['rɛdʒɪstrɪ-] *n* (BRIT) bureau *m* de l'état civil; **to get married in a ~** ≈ se marier à la mairie
regret [rɪ'grɛt] *n* regret *m* ▷ *vt* regretter; **regrettable** *adj* regrettable, fâcheux(-euse)
regular ['rɛgjulə[r]] *adj* régulier(-ière); (*usual*) habituel(le), normal(e); (*soldier*) de métier; (*Comm*: *size*) ordinaire ▷ *n* (*client etc*) habitué(e); **regularly** *adv* régulièrement
regulate ['rɛgjuleɪt] *vt* régler; **regulation** [rɛgju'leɪʃən] *n* (*rule*) règlement *m*; (*adjustment*) réglage *m*
rehabilitation ['ri:əbɪlɪ'teɪʃən] *n* (*of offender*) réhabilitation *f*; (*of addict*) réadaptation *f*
rehearsal [rɪ'hə:səl] *n* répétition *f*
rehearse [rɪ'hə:s] *vt* répéter
reign [reɪn] *n* règne *m* ▷ *vi* régner
reimburse [ri:ɪm'bə:s] *vt* rembourser
rein [reɪn] *n* (*for horse*) rêne *f*
reincarnation [ri:ɪnkɑ:'neɪʃən] *n* réincarnation *f*
reindeer ['reɪndɪə[r]] *n* (*pl inv*) renne *m*
reinforce [ri:ɪn'fɔ:s] *vt* renforcer; **reinforcements** *npl* (*Mil*) renfort(s) *m*(*pl*)
reinstate [ri:ɪn'steɪt] *vt* rétablir, réintégrer
reject *n* ['ri:dʒɛkt] (*Comm*) article *m* de rebut ▷ *vt* [rɪ'dʒɛkt] refuser; (*idea*) rejeter; **rejection** [rɪ'dʒɛkʃən] *n* rejet *m*, refus *m*
rejoice [rɪ'dʒɔɪs] *vi*: **to ~ (at** *or* **over)** se réjouir (de)
relate [rɪ'leɪt] *vt* (*tell*) raconter; (*connect*) établir un rapport entre ▷ *vi*: **to ~ to** (*connect*) se rapporter à; **to ~ to sb** (*interact*) entretenir des rapports avec qn; **related** *adj* apparenté(e); **related to** (*subject*) lié(e) à; **relating to** *prep* concernant
relation [rɪ'leɪʃən] *n* (*person*) parent(e); (*link*) rapport *m*, lien *m*; **relations** *npl* (*relatives*) famille *f*; **relationship** *n* rapport *m*, lien *m*; (*personal ties*) relations *fpl*, rapports; (*also*: **family relationship**) lien de parenté; (*affair*) liaison *f*

[re]lative ['rɛlətɪv] *n* parent(e) ▷ *adj* [r]elatif(-ive); (*respective*) respectif(-[i]ve); **relatively** *adv* relativement
[re]lax [rɪ'læks] *vi* (*muscle*) se relâcher; [(]*person: unwind*) se détendre ▷ *vt* [r]elâcher; (*mind, person*) détendre; **relaxation** [ri:læk'seɪʃən] *n* [r]elâchement *m*; (*of mind*) détente *f*; [(]*recreation*) détente, délassement *m*; **[r]elaxed** *adj* relâché(e); détendu(e); **[r]elaxing** *adj* délassant(e)
[re]lay ['ri:leɪ] *n* (*Sport*) course *f* de relais [▷] *vt* (*message*) retransmettre, relayer
[re]lease [rɪ'li:s] *n* (*from prison,* [o]*bligation*) libération *f*; (*of gas etc*) [é]mission *f*; (*of film etc*) sortie *f*; (*new* [r]*ecording*) disque *m* ▷ *vt* (*prisoner*) [l]ibérer; (*book, film*) sortir; (*report,* [n]*ews*) rendre public, publier; (*gas etc*) [é]mettre, dégager; (*free: from wreckage* [e]*tc*) dégager; (*Tech: catch, spring etc*) [d]éclencher; (*let go: person, animal*) [r]elâcher; (*: hand, object*) lâcher; (*: grip,* [b]*rake*) desserrer
[re]legate ['rɛləgeɪt] *vt* reléguer; (BRIT [S]*port*): **to be ~d** descendre dans une [d]ivision inférieure
[re]lent [rɪ'lɛnt] *vi* se laisser fléchir; **[r]elentless** *adj* implacable; (*non-stop*) [c]ontinuel(le)
[re]levant ['rɛləvənt] *adj* (*question*) [p]ertinent(e); (*corresponding*) [a]pproprié(e); (*fact*) significatif(-ive); (*information*) utile
[re]liable [rɪ'laɪəbl] *adj* (*person, firm*) [s]érieux(-euse), fiable; (*method,* [m]*achine*) fiable; (*news, information*) [s]ûr(e)
[re]lic ['rɛlɪk] *n* (*Rel*) relique *f*; (*of the* [p]*ast*) vestige *m*
[re]lief [rɪ'li:f] *n* (*from pain, anxiety*) [s]oulagement *m*; (*help, supplies*) [s]ecours *m(pl)*; (*Art, Geo*) relief *m*
[re]lieve [rɪ'li:v] *vt* (*pain, patient*) [s]oulager; (*fear, worry*) dissiper; (*bring* [h]*elp*) secourir; (*take over from: gen*) [r]elayer; (*: guard*) relever; **to ~ sb of** **[s]th** débarrasser qn de qch; **to ~ o.s.** (*euphemism*) se soulager, faire ses besoins; **relieved** *adj* soulagé(e)
religion [rɪ'lɪdʒən] *n* religion *f*
religious [rɪ'lɪdʒəs] *adj* religieux(-euse); (*book*) de piété; **religious education** *n* instruction religieuse
relish ['rɛlɪʃ] *n* (*Culin*) condiment *m*; (*enjoyment*) délectation *f* ▷ *vt* (*food etc*) savourer; **to ~ doing** se délecter à faire
relocate [ri:ləu'keɪt] *vt* (*business*) transférer ▷ *vi* se transférer, s'installer *or* s'établir ailleurs
reluctance [rɪ'lʌktəns] *n* répugnance *f*
reluctant [rɪ'lʌktənt] *adj* peu disposé(e), qui hésite; **reluctantly** *adv* à contrecœur, sans enthousiasme
rely on [rɪ'laɪ-] *vt fus* (*be dependent on*) dépendre de; (*trust*) compter sur
remain [rɪ'meɪn] *vi* rester; **remainder** *n* reste *m*; (*Comm*) fin *f* de série; **remaining** *adj* qui reste; **remains** *npl* restes *mpl*
remand [rɪ'mɑ:nd] *n*: **on ~** en détention préventive ▷ *vt*: **to be ~ed in custody** être placé(e) en détention préventive
remark [rɪ'mɑ:k] *n* remarque *f*, observation *f* ▷ *vt* (faire) remarquer, dire; **remarkable** *adj* remarquable
remarry [ri:'mærɪ] *vi* se remarier
remedy ['rɛmədɪ] *n*: **~ (for)** remède *m* (contre *or* à) ▷ *vt* remédier à
remember [rɪ'mɛmbə[r]] *vt* se rappeler, se souvenir de; (*send greetings*): **~ me to him** saluez-le de ma part; **Remembrance Day** [rɪ'mɛmbrəns-] *n* (BRIT) ≈ (le jour de) l'Armistice *m*, ≈ le 11 novembre

REMEMBRANCE DAY

Remembrance Day ou *Remembrance Sunday* est le dimanche le plus proche du 11 novembre, jour où la Première Guerre mondiale

r

a officiellement pris fin. Il rend hommage aux victimes des deux guerres mondiales. À cette occasion, on observe deux minutes de silence à 11h, heure de la signature de l'armistice avec l'Allemagne en 1918; certaines membres de la famille royale et du gouvernement déposent des gerbes de coquelicots au cénotaphe de Whitehall, et des couronnes sont placées sur les monuments aux morts dans toute la Grande-Bretagne; par ailleurs, les gens portent des coquelicots artificiels fabriqués et vendus par des membres de la légion britannique blessés au combat, au profit des blessés de guerre et de leur famille.

remind [rɪˈmaɪnd] *vt*: **to ~ sb of sth** rappeler qch à qn; **to ~ sb to do** faire penser à qn à faire, rappeler à qn qu'il doit faire; **reminder** *n* (*Comm: letter*) rappel *m*; (*note etc*) pense-bête *m*; (*souvenir*) souvenir *m*
reminiscent [rɛmɪˈnɪsnt] *adj*: **~ of** qui rappelle, qui fait penser à
remnant [ˈrɛmnənt] *n* reste *m*, restant *m*; (*of cloth*) coupon *m*
remorse [rɪˈmɔːs] *n* remords *m*
remote [rɪˈməut] *adj* éloigné(e), lointain(e); (*person*) distant(e); (*possibility*) vague; **remote control** *n* télécommande *f*; **remotely** *adv* au loin; (*slightly*) très vaguement
removal [rɪˈmuːvəl] *n* (*taking away*) enlèvement *m*; suppression *f*; (BRIT: *from house*) déménagement *m*; (*from office: dismissal*) renvoi *m*; (*of stain*) nettoyage *m*; (*Med*) ablation *f*; **removal man** (*irreg*) *n* (BRIT) déménageur *m*; **removal van** *n* (BRIT) camion *m* de déménagement
remove [rɪˈmuːv] *vt* enlever, retirer; (*employee*) renvoyer; (*stain*) faire partir; (*abuse*) supprimer; (*doubt*) chasser
Renaissance [rɪˈneɪsɑ̃ns] *n*: **the ~** Renaissance
rename [riːˈneɪm] *vt* rebaptiser
render [ˈrɛndəʳ] *vt* rendre
rendezvous [ˈrɔndɪvuː] *n* rendez-vous *m inv*
renew [rɪˈnjuː] *vt* renouveler; (*negotiations*) reprendre; (*acquaintance*) renouer; **renewable** *adj* (*energy*) renouvelable
renovate [ˈrɛnəveɪt] *vt* rénover; (*work of art*) restaurer
renowned [rɪˈnaund] *adj* renommé(e)
rent [rɛnt] *n* loyer *m* ▷ *vt* louer; **rental** *n* (*for television, car*) (prix *m* de) location *f*
reorganize [riːˈɔːgənaɪz] *vt* réorganiser
rep [rɛp] *n abbr* (*Comm*) = **representative**
repair [rɪˈpɛəʳ] *n* réparation *f* ▷ *vt* réparer; **in good/bad ~** en bon/mauvais état; **where can I get this ~ed?** où est-ce que je peux faire réparer ceci?; **repair kit** *n* trousse *f* de réparations
repay [riːˈpeɪ] *vt* (*irreg: like* **pay**) (*money, creditor*) rembourser; (*sb's efforts*) récompenser; **repayment** *n* remboursement *m*
repeat [rɪˈpiːt] *n* (*Radio, TV*) reprise *f* ▷ *vt* répéter; (*promise, attack, also Comm: order*) renouveler; (*Scol: a class*) redoubler ▷ *vi* répéter; **can you ~ that, please?** pouvez-vous répéter, s'il vous plaît?; **repeatedly** *adv* souvent, à plusieurs reprises; **repeat prescription** *n* (BRIT): **I'd like a repeat prescription** je voudrais renouveler mon ordonnance
repellent [rɪˈpɛlənt] *adj* repoussant(e) ▷ *n*: **insect ~** insectifuge *m*
repercussions [riːpəˈkʌʃənz] *npl* répercussions *fpl*
repetition [rɛpɪˈtɪʃən] *n* répétition

epetitive [rɪ'pɛtɪtɪv] *adj* (*movement, work*) répétitif(-ive); (*speech*) plein(e) de redites
'eplace [rɪ'pleɪs] *vt* (*put back*) remettre, replacer; (*take the place of*) remplacer; **replacement** *n* (*substitution*) remplacement *m*; (*person*) remplaçant(e)
'eplay ['ri:pleɪ] *n* (*of match*) match rejoué; (*of tape, film*) répétition *f*
'eplica ['rɛplɪkə] *n* réplique *f*, copie exacte
'eply [rɪ'plaɪ] *n* réponse *f* ▷ *vi* répondre
'eport [rɪ'pɔ:t] *n* rapport *m*; (*Press etc*) reportage *m*; (BRIT: *also*: **school ~**) bulletin *m* (scolaire); (*of gun*) détonation *f* ▷ *vt* rapporter, faire un compte rendu de; (*Press etc*) faire un reportage sur; (*notify*: *accident*) signaler; (: *culprit*) dénoncer ▷ *vi* (*make a report*) faire un rapport; **I'd like to ~ a theft** je voudrais signaler un vol; **to ~ (to sb)** (*present o.s.*) se présenter (chez qn); **report card** *n* (US, SCOTTISH) bulletin *m* (scolaire); **reportedly** *adv*: **she is reportedly living in Spain** elle habiterait en Espagne; **he reportedly told them to ...** il leur aurait dit de ...; **reporter** *n* reporter *m*
epresent [rɛprɪ'zɛnt] *vt* représenter; (*view, belief*) présenter, expliquer; (*describe*): **to ~ sth as** présenter *or* décrire qch comme; **representation** [rɛprɪzɛn'teɪʃən] *n* représentation *f*; **representative** *n* représentant(e); (US *Pol*) député *m* ▷ *adj* représentatif(-ive), caractéristique
epress [rɪ'prɛs] *vt* réprimer; **repression** [rɪ'prɛʃən] *n* répression *f*
eprimand ['rɛprɪmɑ:nd] *n* réprimande *f* ▷ *vt* réprimander
eproduce [ri:prə'dju:s] *vt* reproduire ▷ *vi* se reproduire; **reproduction** [ri:prə'dʌkʃən] *n* reproduction *f*
reptile ['rɛptaɪl] *n* reptile *m*
republic [rɪ'pʌblɪk] *n* république *f*; **republican** *adj*, *n* républicain(e)
reputable ['rɛpjutəbl] *adj* de bonne réputation; (*occupation*) honorable
reputation [rɛpju'teɪʃən] *n* réputation *f*
request [rɪ'kwɛst] *n* demande *f*; (*formal*) requête *f* ▷ *vt*: **to ~ (of** *or* **from sb)** demander (à qn); **request stop** *n* (BRIT: *for bus*) arrêt facultatif
require [rɪ'kwaɪə^r] *vt* (*need*: *subj*: *person*) avoir besoin de; (: *thing, situation*) nécessiter, demander; (*want*) exiger; (*order*): **to ~ sb to do sth/sth of sb** exiger que qn fasse qch/qch de qn; **requirement** *n* (*need*) exigence *f*; besoin *m*; (*condition*) condition *f* (requise)
resat [ri:'sæt] *pt, pp of* **resit**
rescue ['rɛskju:] *n* (*from accident*) sauvetage *m*; (*help*) secours *mpl* ▷ *vt* sauver
research [rɪ'sə:tʃ] *n* recherche(s) *f*(*pl*) ▷ *vt* faire des recherches sur
resemblance [rɪ'zɛmbləns] *n* ressemblance *f*
resemble [rɪ'zɛmbl] *vt* ressembler à
resent [rɪ'zɛnt] *vt* être contrarié(e) par; **resentful** *adj* irrité(e), plein(e) de ressentiment; **resentment** *n* ressentiment *m*
reservation [rɛzə'veɪʃən] *n* (*booking*) réservation *f*; **to make a ~ (in an hotel/a restaurant/on a plane)** réserver *or* retenir une chambre/une table/une place; **reservation desk** *n* (US: *in hotel*) réception *f*
reserve [rɪ'zə:v] *n* réserve *f*; (*Sport*) remplaçant(e) ▷ *vt* (*seats etc*) réserver, retenir; **reserved** *adj* réservé(e)
reservoir ['rɛzəvwɑ:^r] *n* réservoir *m*
reshuffle ['ri:ʃʌfl] *n*: **Cabinet ~** (*Pol*) remaniement ministériel
residence ['rɛzɪdəns] *n* résidence *f*; **residence permit** *n* (BRIT) permis *m* de séjour

resident ['rɛzɪdənt] *n (of country)* résident(e); *(of area, house)* habitant(e); *(in hotel)* pensionnaire ▷ *adj* résidant(e); **residential** [rɛzɪ'dɛnʃəl] *adj* de résidence; *(area)* résidentiel(le); *(course)* avec hébergement sur place

residue ['rɛzɪdju:] *n* reste *m*; *(Chem, Physics)* résidu *m*

resign [rɪ'zaɪn] *vt (one's post)* se démettre de ▷ *vi* démissionner; **to ~ o.s. to** *(endure)* se résigner à; **resignation** [rɛzɪg'neɪʃən] *n (from post)* démission *f*; *(state of mind)* résignation *f*

resin ['rɛzɪn] *n* résine *f*

resist [rɪ'zɪst] *vt* résister à; **resistance** *n* résistance *f*

resit *vt* [ri:'sɪt] *(irreg: like* **sit***)* (BRIT: *exam)* repasser ▷ *n* ['ri:sɪt] deuxième session *f (d'un examen)*

resolution [rɛzə'lu:ʃən] *n* résolution *f*

resolve [rɪ'zɔlv] *n* résolution *f* ▷ *vt (problem)* résoudre; *(decide)*: **to ~ to do** résoudre *or* décider de faire

resort [rɪ'zɔ:t] *n (seaside town)* station *f* balnéaire; *(for skiing)* station de ski; *(recourse)* recours *m* ▷ *vi*: **to ~ to** avoir recours à; **in the last ~** en dernier ressort

resource [rɪ'sɔ:s] *n* ressource *f*; **resourceful** *adj* ingénieux(-euse), débrouillard(e)

respect [rɪs'pɛkt] *n* respect *m* ▷ *vt* respecter; **respectable** *adj* respectable; *(quite good: result etc)* honorable; **respectful** *adj* respectueux(-euse); **respective** *adj* respectif(-ive); **respectively** *adv* respectivement

respite ['rɛspaɪt] *n* répit *m*

respond [rɪs'pɔnd] *vi* répondre; *(react)* réagir; **response** [rɪs'pɔns] *n* réponse *f*; *(reaction)* réaction *f*

responsibility [rɪspɔnsɪ'bɪlɪtɪ] *n* responsabilité *f*

responsible [rɪs'pɔnsɪbl] *adj (liable)*: **~ (for)** responsable (de); *(person)* digne de confiance; *(job)* qui comporte des responsabilités; **responsibly** *adv* avec sérieux

responsive [rɪs'pɔnsɪv] *adj (student, audience)* réceptif(-ive); *(brakes, steering)* sensible

rest [rɛst] *n* repos *m*; *(stop)* arrêt *m*, pause *f*; *(Mus)* silence *m*; *(support)* support *m*, appui *m*; *(remainder)* reste *m*, restant *m* ▷ *vi* se reposer; *(be supported)*: **to ~ on** appuyer *or* reposer sur ▷ *vt (lean)*: **to ~ sth on/against** appuyer qch sur/contre; **the ~ of them** les autres

restaurant ['rɛstərɔŋ] *n* restaurant *m*; **restaurant car** *n* (BRIT *Rail)* wagon-restaurant *m*

restless ['rɛstlɪs] *adj* agité(e)

restoration [rɛstə'reɪʃən] *n (of building)* restauration *f*; *(of stolen goods)* restitution *f*

restore [rɪ'stɔ:ʳ] *vt (building)* restaurer; *(sth stolen)* restituer; *(peace, health)* rétablir; **to ~ to** *(former state)* ramener à

restrain [rɪs'treɪn] *vt (feeling)* contenir; *(person)*: **to ~ (from doing)** retenir (de faire); **restraint** *n (restriction)* contrainte *f*; *(moderation)* retenue *f*; *(of style)* sobriété *f*

restrict [rɪs'trɪkt] *vt* restreindre, limiter; **restriction** [rɪs'trɪkʃən] *n* restriction *f*, limitation *f*

rest room *n* (US) toilettes *fpl*

restructure [ri:'strʌktʃəʳ] *vt* restructurer

result [rɪ'zʌlt] *n* résultat *m* ▷ *vi*: **to ~ in** aboutir à, se terminer par; **as a ~ of** à la suite de

resume [rɪ'zju:m] *vt (work, journey)* reprendre ▷ *vi (work etc)* reprendre

résumé ['reɪzju:meɪ] *n (summary)* résumé *m*; (US: *curriculum vitae)* curriculum vitae *m inv*

resuscitate [rɪ'sʌsɪteɪt] *vt (Med)* réanimer

retail ['ri:teɪl] *adj* de *or* au détail ▷ *adv* au détail; **retailer** *n* détaillant(e)

retain [rɪ'teɪn] *vt* (*keep*) garder, conserver
retaliation [rɪtælɪ'eɪʃən] *n* représailles *fpl*, vengeance *f*
retarded [rɪ'tɑ:dɪd] *adj* retardé(e)
retire [rɪ'taɪəʳ] *vi* (*give up work*) prendre sa retraite; (*withdraw*) se retirer, partir; (*go to bed*) (aller) se coucher; **retired** *adj* (*person*) retraité(e); **retirement** *n* retraite *f*
retort [rɪ'tɔ:t] *vi* riposter
retreat [rɪ'tri:t] *n* retraite *f* ▷ *vi* battre en retraite
retrieve [rɪ'tri:v] *vt* (*sth lost*) récupérer; (*situation, honour*) sauver; (*error, loss*) réparer; (*Comput*) rechercher
retrospect ['rɛtrəspɛkt] *n*: **in ~** rétrospectivement, après coup; **retrospective** [rɛtrə'spɛktɪv] *adj* rétrospectif(-ive); (*law*) rétroactif(-ive) ▷ *n* (*Art*) rétrospective *f*
return [rɪ'tə:n] *n* (*going or coming back*) retour *m*; (*of sth stolen etc*) restitution *f*; (*Finance: from land, shares*) rapport *m* ▷ *cpd* (*journey*) de retour; (BRIT: *ticket*) aller et retour; (*match*) retour ▷ *vi* (*person etc: come back*) revenir; (: *go back*) retourner ▷ *vt* rendre; (*bring back*) rapporter; (*send back*) renvoyer; (*put back*) remettre; (*Pol: candidate*) élire; **returns** *npl* (*Comm*) recettes *fpl*; (*Finance*) bénéfices *mpl*; **many happy ~s (of the day)!** bon anniversaire!; **by ~ (of post)** par retour (du courrier); **in ~ (for)** en échange (de); **a ~ (ticket) for ...** un billet aller et retour pour ...; **return ticket** *n* (*esp* BRIT) billet *m* aller-retour
reunion [ri:'ju:nɪən] *n* réunion *f*
reunite [ri:ju:'naɪt] *vt* réunir
revamp [ri:'væmp] *vt* (*house*) retaper; (*firm*) réorganiser
reveal [rɪ'vi:l] *vt* (*make known*) révéler; (*display*) laisser voir; **revealing** *adj* révélateur(-trice); (*dress*) au décolleté généreux *or* suggestif
revel ['rɛvl] *vi*: **to ~ in sth/in doing** se délecter de qch/à faire
revelation [rɛvə'leɪʃən] *n* révélation *f*
revenge [rɪ'vɛndʒ] *n* vengeance *f*; (*in game etc*) revanche *f* ▷ *vt* venger; **to take ~ (on)** se venger (sur)
revenue ['rɛvənju:] *n* revenu *m*
Reverend ['rɛvərənd] *adj* (*in titles*): **the ~ John Smith** (*Anglican*) le révérend John Smith; (*Catholic*) l'abbé (John) Smith; (*Protestant*) le pasteur (John) Smith
reversal [rɪ'və:sl] *n* (*of opinion*) revirement *m*; (*of order*) renversement *m*; (*of direction*) changement *m*
reverse [rɪ'və:s] *n* contraire *m*, opposé *m*; (*back*) dos *m*, envers *m*; (*of paper*) verso *m*; (*of coin*) revers *m*; (*Aut*: *also*: **~ gear**) marche *f* arrière ▷ *adj* (*order, direction*) opposé(e), inverse ▷ *vt* (*order, position*) changer, inverser; (*direction, policy*) changer complètement de; (*decision*) annuler; (*roles*) renverser ▷ *vi* (BRIT *Aut*) faire marche arrière; **reversing lights** *npl* (BRIT *Aut*) feux *mpl* de marche arrière *or* de recul
revert [rɪ'və:t] *vi*: **to ~ to** revenir à, retourner à
review [rɪ'vju:] *n* revue *f*; (*of book, film*) critique *f*; (*of situation, policy*) examen *m*, bilan *m*; (US: *examination*) examen ▷ *vt* passer en revue; faire la critique de; examiner
revise [rɪ'vaɪz] *vt* réviser, modifier; (*manuscript*) revoir, corriger ▷ *vi* (*study*) réviser; **revision** [rɪ'vɪʒən] *n* révision *f*
revival [rɪ'vaɪvəl] *n* reprise *f*; (*recovery*) rétablissement *m*; (*of faith*) renouveau *m*
revive [rɪ'vaɪv] *vt* (*person*) ranimer; (*custom*) rétablir; (*economy*) relancer; (*hope, courage*) raviver, faire renaître; (*play, fashion*) reprendre ▷ *vi* (*person*) reprendre connaissance (: *from ill health*) se rétablir; (*hope etc*) renaître; (*activity*) reprendre

r

revolt [rɪ'vəult] *n* révolte *f* ▷ *vi* se révolter, se rebeller ▷ *vt* révolter, dégoûter; **revolting** *adj* dégoûtant(e)

revolution [rɛvə'lu:ʃən] *n* révolution *f*; (*of wheel etc*) tour *m*, révolution; **revolutionary** *adj*, *n* révolutionnaire (*m/f*)

revolve [rɪ'vɔlv] *vi* tourner

revolver [rɪ'vɔlvə^r] *n* revolver *m*

reward [rɪ'wɔ:d] *n* récompense *f* ▷ *vt*: **to ~ (for)** récompenser (de); **rewarding** *adj* (*fig*) qui (en) vaut la peine, gratifiant(e)

rewind [ri:'waɪnd] *vt* (*irreg*: *like* **wind²**) (*tape*) réembobiner

rewritable [ri:'raɪtəbl] *adj* (*CD, DVD*) réinscriptible

rewrite [ri:'raɪt] (*irreg*: *like* **write**) *vt* récrire

rheumatism ['ru:mətɪzəm] *n* rhumatisme *m*

Rhine [raɪn] *n*: **the (River) ~** le Rhin

rhinoceros [raɪ'nɔsərəs] *n* rhinocéros *m*

rhubarb ['ru:bɑ:b] *n* rhubarbe *f*

rhyme [raɪm] *n* rime *f*; (*verse*) vers *mpl*

rhythm ['rɪðm] *n* rythme *m*

rib [rɪb] *n* (*Anat*) côte *f*

ribbon ['rɪbən] *n* ruban *m*; **in ~s** (*torn*) en lambeaux

rice [raɪs] *n* riz *m*; **rice pudding** *n* riz *m* au lait

rich [rɪtʃ] *adj* riche; (*gift, clothes*) somptueux(-euse); **to be ~ in sth** être riche en qch

rid [rɪd] (*pt, pp* **rid**) *vt*: **to ~ sb of** débarrasser qn de; **to get ~ of** se débarrasser de

ridden ['rɪdn] *pp of* **ride**

riddle ['rɪdl] *n* (*puzzle*) énigme *f* ▷ *vt*: **to be ~d with** être criblé(e) de; (*fig*) être en proie à

ride [raɪd] (*pt* **rode**, *pp* **ridden**) *n* promenade *f*, tour *m*; (*distance covered*) trajet *m* ▷ *vi* (*as sport*) monter (à cheval), faire du cheval; (*go somewhere*: *on horse, bicycle*) aller (à cheval *or* bicyclette *etc*); (*travel*: *on bicycle, motor cycle, bus*) rouler ▷ *vt* (*a horse*) monter; (*distance*) parcourir, faire; **to ~ a horse/bicycle** monter à cheval/à bicyclette; **to take sb for a ~** (*fig*) faire marcher qn; (*cheat*) rouler qn; **rider** *n* cavalier(-ière); (*in race*) jockey *m*; (*on bicycle*) cycliste *m/f*; (*on motorcycle*) motocycliste *m/f*

ridge [rɪdʒ] *n* (*of hill*) faîte *m*; (*of roof, mountain*) arête *f*; (*on object*) strie *f*

ridicule ['rɪdɪkju:l] *n* ridicule *m*; dérision *f* ▷ *vt* ridiculiser, tourner en dérision; **ridiculous** [rɪ'dɪkjuləs] *adj* ridicule

riding ['raɪdɪŋ] *n* équitation *f*; **riding school** *n* manège *m*, école *f* d'équitation

rife [raɪf] *adj* répandu(e); **~ with** abondant(e) en

rifle ['raɪfl] *n* fusil *m* (à canon rayé) ▷ *vt* vider, dévaliser

rift [rɪft] *n* fente *f*, fissure *f*; (*fig*: *disagreement*) désaccord *m*

rig [rɪg] *n* (*also*: **oil ~**: *on land*) derrick *m*; (: *at sea*) plate-forme pétrolière ▷ *vt* (*election etc*) truquer

right [raɪt] *adj* (*true*) juste, exact(e); (*correct*) bon (bonne); (*suitable*) approprié(e), convenable; (*just*) juste, équitable; (*morally good*) bien *inv*; (*not left*) droit(e) ▷ *n* (*moral good*) bien *m*; (*title, claim*) droit *m*; (*not left*) droite *f* ▷ *adv* (*answer*) correctement; (*treat*) bien, comme il faut; (*not on the left*) à droite ▷ *vt* redresser ▷ *excl* bon!; **do you have the ~ time?** avez-vous l'heure juste *or* exacte?; **to be ~** (*person*) avoir raison; (*answer*) être juste *or* correct(e); **by ~s** en toute justice; **on the ~** à droite; **to be in the ~** avoir raison; **~ in the middle** en plein milieu; **~ away** immédiatement; **right angle** *n* (*Math*) angle droit; **rightful** *adj* (*heir*) légitime; **right-hand** *adj*: **the right-hand side** la droite; **right-hand drive** *n* conduite *f* à droite; (*vehicle*) véhicule *m* avec la conduite à droite; **right-handed** *adj* (*person*) droitier(-ière); **rightly** *adv* bien, correctement; (*with reason*) à juste titre; **right of way** *n* (*on path etc*) droit *m* de passage; (*Aut*) priorité *f*; **right-wing** *adj* (*Pol*) de droite

gid ['rɪdʒɪd] *adj* rigide; (*principle, control*) strict(e)

gorous ['rɪgərəs] *adj* rigoureux(-euse)

m [rɪm] *n* bord *m*; (*of spectacles*) monture *f*; (*of wheel*) jante *f*

ind [raɪnd] *n* (*of bacon*) couenne *f*; (*of lemon etc*) écorce *f*, zeste *m*; (*of cheese*) croûte *f*

ng [rɪŋ] *n* anneau *m*; (*on finger*) bague *f*; (*also*: **wedding ~**) alliance *f*; (*of people, objects*) cercle *m*; (*of spies*) réseau *m*; (*of smoke etc*) rond *m*; (*arena*) piste *f*, arène *f*; (*for boxing*) ring *m*; (*sound of bell*) sonnerie *f* ▷ *vi* (*pt* **rang**, *pp* **rung**) (*telephone, bell*) sonner; (*person*: *by telephone*) téléphoner; (*ears*) bourdonner; (*also*: **~ out**: *voice, words*) retentir ▷ *vt* (*also*: **~ up**) téléphoner à, appeler; **to ~ the bell** sonner; **to give sb a ~** (*Tel*) passer un coup de téléphone *or* de fil à qn; **ring back** *vt, vi* (BRIT *Tel*) rappeler; **ring off** *vi* (BRIT *Tel*) raccrocher; **ring up** *vt* (BRIT *Tel*) téléphoner à, appeler; **ringing tone** *n* (BRIT *Tel*) tonalité *f* d'appel; **ringleader** *n* (*of gang*) chef *m*, meneur *m*; **ring road** *n* (BRIT) rocade *f*; (*motorway*) périphérique *m*; **ringtone** *n* (*on mobile*) sonnerie *f* (*de téléphone portable*)

nk [rɪŋk] *n* (*also*: **ice ~**) patinoire *f*

nse [rɪns] *n* rinçage *m* ▷ *vt* rincer

ot ['raɪət] *n* émeute *f*, bagarres *fpl* ▷ *vi* (*demonstrators*) manifester avec violence; (*population*) se soulever, se révolter; **to run ~** se déchaîner

p [rɪp] *n* déchirure *f* ▷ *vt* déchirer ▷ *vi* se déchirer; **rip off** *vt* (*inf*: *cheat*) arnaquer; **rip up** *vt* déchirer

ripe [raɪp] *adj* (*fruit*) mûr(e); (*cheese*) fait(e)

rip-off ['rɪpɔf] *n* (*inf*): **it's a ~!** c'est du vol manifeste!, c'est de l'arnaque!

ripple ['rɪpl] *n* ride *f*, ondulation *f*; (*of applause, laughter*) cascade *f* ▷ *vi* se rider, onduler

rise [raɪz] *n* (*slope*) côte *f*, pente *f*; (*hill*) élévation *f*; (*increase*: *in wages*: BRIT) augmentation *f*; (: *in prices, temperature*) hausse *f*, augmentation; (*fig*: *to power etc*) ascension *f* ▷ *vi* (*pt* **rose**, *pp* **risen**) s'élever, monter; (*prices, numbers*) augmenter, monter; (*waters, river*) monter; (*sun, wind, person*: *from chair, bed*) se lever; (*also*: **~ up**: *tower, building*) s'élever; (: *rebel*) se révolter; se rebeller; (*in rank*) s'élever; **to give ~ to** donner lieu à; **to ~ to the occasion** se montrer à la hauteur; **risen** ['rɪzn] *pp of* **rise**; **rising** *adj* (*increasing*: *number, prices*) en hausse; (*tide*) montant(e); (*sun, moon*) levant(e)

risk [rɪsk] *n* risque *m* ▷ *vt* risquer; **to take** *or* **run the ~ of doing** courir le risque de faire; **at ~** en danger; **at one's own ~** à ses risques et périls; **risky** *adj* risqué(e)

rite [raɪt] *n* rite *m*; **the last ~s** les derniers sacrements

ritual ['rɪtjuəl] *adj* rituel(le) ▷ *n* rituel *m*

rival ['raɪvl] *n* rival(e); (*in business*) concurrent(e) ▷ *adj* rival(e); qui fait concurrence ▷ *vt* (*match*) égaler; **rivalry** *n* rivalité *f*; (*in business*) concurrence *f*

river ['rɪvə[r]] *n* rivière *f*; (*major*: *also fig*) fleuve *m* ▷ *cpd* (*port, traffic*) fluvial(e); **up/down ~** en amont/aval; **riverbank** *n* rive *f*, berge *f*

rivet ['rɪvɪt] *n* rivet *m* ▷ *vt* (*fig*) river, fixer

Riviera [rɪvɪ'ɛərə] *n*: **the (French) ~** la Côte d'Azur

road [rəud] *n* route *f*; (*in town*) rue *f*; (*fig*) chemin, voie *f* ▷ *cpd* (*accident*)

r

de la route; **major/minor ~** route principale *or* à priorité/voie secondaire; **which ~ do I take for ...?** quelle route dois-je prendre pour aller à ...?; **roadblock** *n* barrage routier; **road map** *n* carte routière; **road rage** *n comportement très agressif de certains usagers de la route*; **road safety** *n* sécurité routière; **roadside** *n* bord *m* de la route, bas-côté *m*; **road sign** *n* panneau *m* de signalisation; **road tax** *n* (BRIT *Aut*) taxe *f* sur les automobiles; **roadworks** *npl* travaux *mpl* (de réfection des routes)

roam [rəum] *vi* errer, vagabonder

roar [rɔːʳ] *n* rugissement *m*; (*of crowd*) hurlements *mpl*; (*of vehicle, thunder, storm*) grondement *m* ▷ *vi* rugir; hurler; gronder; **to ~ with laughter** rire à gorge déployée

roast [rəust] *n* rôti *m* ▷ *vt* (*meat*) (faire) rôtir; (*coffee*) griller, torréfier; **roast beef** *n* rôti *m* de bœuf, rosbif *m*

rob [rɔb] *vt* (*person*) voler; (*bank*) dévaliser; **to ~ sb of sth** voler *or* dérober qch à qn; (*fig*: *deprive*) priver qn de qch; **robber** *n* bandit *m*, voleur *m*; **robbery** *n* vol *m*

robe [rəub] *n* (*for ceremony etc*) robe *f*; (*also*: **bath~**) peignoir *m*; (*US*: *rug*) couverture *f* ▷ *vt* revêtir (d'une robe)

robin ['rɔbɪn] *n* rouge-gorge *m*

robot ['rəubɔt] *n* robot *m*

robust [rəu'bʌst] *adj* robuste; (*material, appetite*) solide

rock [rɔk] *n* (*substance*) roche *f*, roc *m*; (*boulder*) rocher *m*, roche; (*US*: *small stone*) caillou *m*; (BRIT: *sweet*) ≈ sucre *m* d'orge ▷ *vt* (*swing gently*: *cradle*) balancer; (: *child*) bercer; (*shake*) ébranler, secouer ▷ *vi* se balancer, être ébranlé(e) *or* secoué(e); **on the ~s** (*drink*) avec des glaçons; (*marriage etc*) en train de craquer; **rock and roll** *n* rock (and roll) *m*, rock'n'roll *m*; **rock climbing** *n* varappe *f*

rocket ['rɔkɪt] *n* fusée *f*; (*Mil*) fusée, roquette *f*; (*Culin*) roquette

rocking chair ['rɔkɪŋ-] *n* fauteuil *m* à bascule

rocky ['rɔkɪ] *adj* (*hill*) rocheux(-euse) (*path*) rocailleux(-euse)

rod [rɔd] *n* (*metallic*) tringle *f*; (*Tech*) tige *f*; (*wooden*) baguette *f*; (*also*: **fishing ~**) canne *f* à pêche

rode [rəud] *pt of* **ride**

rodent ['rəudnt] *n* rongeur *m*

rogue [rəug] *n* coquin(e)

role [rəul] *n* rôle *m*; **role-model** *n* modèle *m* à émuler

roll [rəul] *n* rouleau *m*; (*of banknotes*) liasse *f*; (*also*: **bread ~**) petit pain; (*register*) liste *f*; (*sound*: *of drums etc*) roulement *m* ▷ *vt* rouler; (*also*: **~ up**) (*string*) enrouler; (*also*: **~ out**: *pastry*) étendre au rouleau, abaisser ▷ *vi* rouler; **roll over** *vi* se retourner; **roll up** *vi* (*inf*: *arrive*) arriver, s'amener ▷ *v*[t] (*carpet, cloth, map*) rouler; (*sleeves*) retrousser; **roller** *n* rouleau *m*; (*wheel*) roulette *f*; (*for road*) rouleau compresseur; (*for hair*) bigoudi *m*; **roller coaster** *n* montagnes *fpl* russes; **roller skates** *npl* patins *mpl* [à] roulettes; **roller-skating** *n* patin *m* à roulettes; **to go roller-skating** faire du patin à roulettes; **rolling pin** *n* rouleau *m* à pâtisserie

ROM [rɔm] *n abbr* (*Comput*: = *read-on*[ly] *memory*) mémoire morte, ROM *f*

Roman ['rəumən] *adj* romain(e) ▷ *n* Romain(e); **Roman Catholic** *adj*, *n* catholique (*m/f*)

romance [rə'mæns] *n* (*love affair*) idylle *f*; (*charm*) poésie *f*; (*novel*) roma[n] *m* à l'eau de rose

Romania [rəu'meɪnɪə] *n* = **Rumani**[a]

Roman numeral *n* chiffre romain

romantic [rə'mæntɪk] *adj* romantique; (*novel, attachment*) sentimental(e)

Rome [rəum] *n* Rome

roof [ruːf] *n* toit *m*; (*of tunnel, cave*) plafond *m* ▷ *vt* couvrir (d'un toit); **th**[e] **~ of the mouth** la voûte du palais; **roof rack** *n* (*Aut*) galerie *f*

rook [rʊk] *n* (*bird*) freux *m*; (*Chess*) tour *f*

room [ru:m] *n* (*in house*) pièce *f*; (*also*: **bed~**) chambre *f* (à coucher); (*in school etc*) salle *f*; (*space*) place *f*; **roommate** *n* camarade *m/f* de chambre; **room service** *n* service *m* des chambres (*dans un hôtel*); **roomy** *adj* spacieux(-euse); (*garment*) ample

rooster ['ru:stəʳ] *n* coq *m*

root [ru:t] *n* (*Bot, Math*) racine *f*; (*fig*: *of problem*) origine *f*, fond *m* ▷ *vi* (*plant*) s'enraciner

rope [rəup] *n* corde *f*; (*Naut*) cordage *m* ▷ *vt* (*tie up or together*) attacher; (*climbers*: *also*: **~ together**) encorder; (*area*: *also*: **~ off**) interdire l'accès de; (: *divide off*) séparer; **to know the ~s** (*fig*) être au courant, connaître les ficelles

rort [rɔ:t] *n* (AUST, NZ *inf*) arnaque *f* (*inf*) ▷ *vt* escroquer

rose [rəuz] *pt of* **rise** ▷ *n* rose *f*; (*also*: **~bush**) rosier *m*

rosé ['rəuzeɪ] *n* rosé *m*

rosemary ['rəuzmərɪ] *n* romarin *m*

rosy ['rəuzɪ] *adj* rose; **a ~ future** un bel avenir

rot [rɔt] *n* (*decay*) pourriture *f*; (*fig*: *pej*: *nonsense*) idioties *fpl*, balivernes *fpl* ▷ *vt, vi* pourrir

rota ['rəutə] *n* liste *f*, tableau *m* de service

rotate [rəu'teɪt] *vt* (*revolve*) faire tourner; (*change round*: *crops*) alterner; (: *jobs*) faire à tour de rôle ▷ *vi* (*revolve*) tourner

rotten ['rɔtn] *adj* (*decayed*) pourri(e); (*dishonest*) corrompu(e); (*inf*: *bad*) mauvais(e), moche; **to feel ~** (*ill*) être mal fichu(e)

rough [rʌf] *adj* (*cloth, skin*) rêche, rugueux(-euse); (*terrain*) accidenté(e); (*path*) rocailleux(-euse); (*voice*) rauque, rude; (*person, manner*: *coarse*) rude, fruste; (: *violent*) brutal(e); (*district, weather*) mauvais(e); (*sea*) houleux(-euse); (*plan*) ébauché(e); (*guess*) approximatif(-ive) ▷ *n* (*Golf*) rough *m* ▷ *vt*: **to ~ it** vivre à la dure; **to sleep ~** (BRIT) coucher à la dure; **roughly** *adv* (*handle*) rudement, brutalement; (*speak*) avec brusquerie; (*make*) grossièrement; (*approximately*) à peu près, en gros

roulette [ru:'lɛt] *n* roulette *f*

round [raund] *adj* rond(e) ▷ *n* rond *m*, cercle *m*; (BRIT: *of toast*) tranche *f*; (*duty*: *of policeman, milkman etc*) tournée *f*; (: *of doctor*) visites *fpl*; (*game*: *of cards, in competition*) partie *f*; (*Boxing*) round *m*; (*of talks*) série *f* ▷ *vt* (*corner*) tourner ▷ *prep* autour de ▷ *adv*: **right ~, all ~** tout autour; **~ of ammunition** cartouche *f*; **~ of applause** applaudissements *mpl*; **~ of drinks** tournée *f*; **~ of sandwiches** (BRIT) sandwich *m*; **the long way ~** (par) le chemin le plus long; **all (the) year ~** toute l'année; **it's just ~ the corner** (*fig*) c'est tout près; **to go ~ to sb's (house)** aller chez qn; **go ~ the back** passez par derrière; **enough to go ~** assez pour tout le monde; **she arrived ~ (about) noon** (BRIT) elle est arrivée vers midi; **~ the clock** 24 heures sur 24; **round off** *vt* (*speech etc*) terminer; **round up** *vt* rassembler; (*criminals*) effectuer une rafle de; (*prices*) arrondir (au chiffre supérieur); **roundabout** *n* (BRIT: *Aut*) rond-point *m* (à sens giratoire); (: *at fair*) manège *m* (de chevaux de bois) ▷ *adj* (*route, means*) détourné(e); **round trip** *n* (voyage *m*) aller et retour *m*; **roundup** *n* rassemblement *m*; (*of criminals*) rafle *f*

rouse [rauz] *vt* (*wake up*) réveiller; (*stir up*) susciter, provoquer; (*interest*) éveiller; (*suspicions*) susciter, éveiller

route [ru:t] *n* itinéraire *m*; (*of bus*) parcours *m*; (*of trade, shipping*) route *f*

routine [ru:'ti:n] *adj* (*work*) ordinaire, courant(e); (*procedure*) d'usage ▷ *n* (*habits*) habitudes *fpl*; (*pej*) train-train *m*; (*Theat*) numéro *m*

row¹ [rəu] *n (line)* rangée *f*; *(of people, seats, Knitting)* rang *m*; *(behind one another: of cars, people)* file *f* ▷ *vi (in boat)* ramer; *(as sport)* faire de l'aviron ▷ *vt (boat)* faire aller à la rame *or* à l'aviron; **in a ~** *(fig)* d'affilée

row² [rau] *n (noise)* vacarme *m*; *(dispute)* dispute *f*, querelle *f*; *(scolding)* réprimande *f*, savon *m* ▷ *vi (also:* **to have a ~***)* se disputer, se quereller

rowboat ['rəubəut] *n (US)* canot *m* (à rames)

rowing ['rəuɪŋ] *n* canotage *m*; *(as sport)* aviron *m*; **rowing boat** *n (BRIT)* canot *m* (à rames)

royal ['rɔɪəl] *adj* royal(e); **royalty** *n (royal persons)* (membres *mpl* de la) famille royale; *(payment: to author)* droits *mpl* d'auteur; *(: to inventor)* royalties *fpl*

rpm *abbr (= revolutions per minute)* t/mn *(= tours/minute)*

R.S.V.P. *abbr (= répondez s'il vous plaît)* RSVP

Rt. Hon. *abbr (BRIT: = Right Honourable) titre donné aux députés de la Chambre des communes*

rub [rʌb] *n*: **to give sth a ~** donner un coup de chiffon *or* de torchon à qch ▷ *vt* frotter; *(person)* frictionner; *(hands)* se frotter; **to ~ sb up** *(BRIT) or* **to ~ sb** *(US)* **the wrong way** prendre qn à rebrousse-poil; **rub in** *vt (ointment)* faire pénétrer; **rub off** *vi* partir; **rub out** *vt* effacer

rubber ['rʌbəʳ] *n* caoutchouc *m*; *(BRIT: eraser)* gomme *f* (à effacer); **rubber band** *n* élastique *m*; **rubber gloves** *npl* gants *mpl* en caoutchouc

rubbish ['rʌbɪʃ] *n (from household)* ordures *fpl*; *(fig: pej)* choses *fpl* sans valeur; camelote *f*; *(nonsense)* bêtises *fpl*, idioties *fpl*; **rubbish bin** *n (BRIT)* boîte *f* à ordures, poubelle *f*; **rubbish dump** *n (BRIT: in town)* décharge publique, dépotoir *m*

rubble ['rʌbl] *n* décombres *mpl*; *(smaller)* gravats *mpl*; *(Constr)* blocage *m*

ruby ['ru:bɪ] *n* rubis *m*

rucksack ['rʌksæk] *n* sac *m* à dos

rudder ['rʌdəʳ] *n* gouvernail *m*

rude [ru:d] *adj (impolite: person)* impoli(e); *(: word, manners)* grossier(-ière); *(shocking)* indécent(e), inconvenant(e)

ruffle ['rʌfl] *vt (hair)* ébouriffer; *(clothes)* chiffonner; *(fig: person)*: **to get ~d** s'énerver

rug [rʌg] *n* petit tapis; *(BRIT: blanket)* couverture *f*

rugby ['rʌgbɪ] *n (also:* **~ football***)* rugby *m*

rugged ['rʌgɪd] *adj (landscape)* accidenté(e); *(features, character)* rude

ruin ['ru:ɪn] *n* ruine *f* ▷ *vt* ruiner; *(spoil: clothes)* abîmer; *(: event)* gâcher; **ruins** *npl (of building)* ruine(s)

rule [ru:l] *n* règle *f*; *(regulation)* règlement *m*; *(government)* autorité *f*, gouvernement *m* ▷ *vt (country)* gouverner; *(person)* dominer; *(decide)* décider ▷ *vi* commander; **as a ~** normalement, en règle générale; **rule out** *vt* exclure; **ruler** *n (sovereign)* souverain(e); *(leader)* chef *m* (d'État); *(for measuring)* règle *f*; **ruling** *adj (party)* au pouvoir; *(class)* dirigeant(e) ▷ *n (Law)* décision *f*

rum [rʌm] *n* rhum *m*

Rumania [ru:'meɪnɪə] *n* Roumanie *f*; **Rumanian** *adj* roumain(e) ▷ *n* Roumain(e); *(Ling)* roumain *m*

rumble ['rʌmbl] *n* grondement *m*; *(of stomach, pipe)* gargouillement *m* ▷ *vi* gronder; *(stomach, pipe)* gargouiller

rumour, *(US)* **rumor** ['ru:məʳ] *n* rumeur *f*, bruit *m* (qui court) ▷ *vt*: **it is ~ed that** le bruit court que

rump steak *n* romsteck *m*

run [rʌn] *(pt* **ran**, *pp* **run***)* *n (race)* course *f*; *(outing)* tour *m or* promenade *f* (en voiture); *(distance travelled)* parcours *m*, trajet *m*; *(series)* suite *f*, série *f*; (*Theat*) série de représentations; (*Ski*) piste *f*; (*Cricket, Baseball*) point *m*; (*in tights, stockings*) maille filée, échelle *f* ▷ *vt* (*business*) diriger; (*competition, course*) organiser; (*hotel, house*) tenir; (*race*) participer à; (*Comput: program*) exécuter; (*to pass: hand, finger*): **to ~ sth over** promener *or* passer qch sur; (*water, bath*) faire couler; (*Press: feature*) publier ▷ *vi* courir; (*pass: road etc*) passer; (*work: machine, factory*) marcher; (*bus, train*) circuler; (*continue: play*) se jouer, être à l'affiche; (*: contract*) être valide *or* en vigueur; (*flow: river, bath, nose*) couler; (*colours, washing*) déteindre; (*in election*) être candidat, se présenter; **at a ~** au pas de course; **to go for a ~** aller courir *or* faire un peu de course à pied; (*in car*) faire un tour *or* une promenade (en voiture); **there was a ~ on** (*meat, tickets*) les gens se sont rués sur; **in the long ~** à la longue; **on the ~** en fuite; **I'll ~ you to the station** je vais vous emmener *or* conduire à la gare; **to ~ a risk** courir un risque; **run after** *vt fus* (*to catch up*) courir après; (*chase*) poursuivre; **run away** *vi* s'enfuir; **run down** *vt* (*Aut: knock over*) renverser; (BRIT: *reduce: production*) réduire progressivement; (*: factory/shop*) réduire progressivement la production/ l'activité de; (*criticize*) critiquer, dénigrer; **to be ~ down** (*tired*) être fatigué(e) *or* à plat; **run into** *vt fus* (*meet: person*) rencontrer par hasard; (*: trouble*) se heurter à; (*collide with*) heurter; **run off** *vi* s'enfuir ▷ *vt* (*water*) laisser s'écouler; (*copies*) tirer; **run out** *vi* (*person*) sortir en courant; (*liquid*) couler; (*lease*) expirer; (*money*) être épuisé(e); **run out of** *vt fus* se trouver à court de; **run over** *vt* (*Aut*) écraser ▷ *vt fus* (*revise*) revoir, reprendre; **run through** *vt fus* (*recap*) reprendre, revoir; (*play*) répéter; **run up** *vi*: **to ~ up against** (*difficulties*) se heurter à; **runaway** *adj* (*horse*) emballé(e); (*truck*) fou (folle); (*person*) fugitif(-ive); (*child*) fugueur(-euse)

rung [rʌŋ] *pp of* **ring** ▷ *n* (*of ladder*) barreau *m*

runner ['rʌnə^r] *n* (*in race: person*) coureur(-euse); (*: horse*) partant *m*; (*on sledge*) patin *m*; (*for drawer etc*) coulisseau *m*; **runner bean** *n* (BRIT) haricot *m* (à rames); **runner-up** *n* second(e)

running ['rʌnɪŋ] *n* (*in race etc*) course *f*; (*of business, organization*) direction *f*, gestion *f* ▷ *adj* (*water*) courant(e); (*commentary*) suivi(e); **6 days ~** 6 jours de suite; **to be in/out of the ~ for sth** être/ne pas être sur les rangs pour qch

runny ['rʌnɪ] *adj* qui coule

run-up ['rʌnʌp] *n* (BRIT): **~ to sth** période *f* précédant qch

runway ['rʌnweɪ] *n* (*Aviat*) piste *f* (d'envol *or* d'atterrissage)

rupture ['rʌptʃə^r] *n* (*Med*) hernie *f*

rural ['ruərl] *adj* rural(e)

rush [rʌʃ] *n* (*of crowd, Comm: sudden demand*) ruée *f*; (*hurry*) hâte *f*; (*of anger, joy*) accès *m*; (*current*) flot *m*; (*Bot*) jonc *m* ▷ *vt* (*hurry*) transporter *or* envoyer d'urgence ▷ *vi* se précipiter; **to ~ sth off** (*do quickly*) faire qch à la hâte; **rush hour** *n* heures *fpl* de pointe *or* d'affluence

Russia ['rʌʃə] *n* Russie *f*; **Russian** *adj* russe ▷ *n* Russe *m/f*; (*Ling*) russe *m*

rust [rʌst] *n* rouille *f* ▷ *vi* rouiller

rusty ['rʌstɪ] *adj* rouillé(e)

ruthless ['ru:θlɪs] *adj* sans pitié, impitoyable

RV *n abbr* (US) = **recreational vehicle**

rye [raɪ] *n* seigle *m*

r

S

Sabbath ['sæbəθ] *n* (*Jewish*) sabbat *m*; (*Christian*) dimanche *m*
sabotage ['sæbətɑːʒ] *n* sabotage *m* ▷ *vt* saboter
saccharin(e) ['sækərɪn] *n* saccharine *f*
sachet ['sæʃeɪ] *n* sachet *m*
sack [sæk] *n* (*bag*) sac *m* ▷ *vt* (*dismiss*) renvoyer, mettre à la porte; (*plunder*) piller, mettre à sac; **to get the ~** être renvoyé(e) *or* mis(e) à la porte
sacred ['seɪkrɪd] *adj* sacré(e)
sacrifice ['sækrɪfaɪs] *n* sacrifice *m* ▷ *vt* sacrifier
sad [sæd] *adj* (*unhappy*) triste; (*deplorable*) triste, fâcheux(-euse); (*inf*: *pathetic*: *thing*) triste, lamentable; (: *person*) minable
saddle ['sædl] *n* selle *f* ▷ *vt* (*horse*) seller; **to be ~d with sth** (*inf*) avoir qch sur les bras
sadistic [sə'dɪstɪk] *adj* sadique
sadly ['sædlɪ] *adv* tristement; (*unfortunately*) malheureusement; (*seriously*) fort
sadness ['sædnɪs] *n* tristesse *f*
s.a.e. *n abbr* (BRIT: *= stamped addressed envelope*) *enveloppe affranchie pour la réponse*
safari [sə'fɑːrɪ] *n* safari *m*
safe [seɪf] *adj* (*out of danger*) hors de danger, en sécurité; (*not dangerous*) sans danger; (*cautious*) prudent(e); (*sure*: *bet*) assuré(e) ▷ *n* coffre-fort *m*; **~ and sound** sain(e) et sauf; **(just) to be on the ~ side** pour plus de sûreté, par précaution; **safely** *adv* (*assume, say*) sans risque d'erreur; (*drive, arrive*) sans accident; **safe sex** *n* rapports sexuels protégés
safety ['seɪftɪ] *n* sécurité *f*; **safety belt** *n* ceinture *f* de sécurité; **safety pin** *n* épingle *f* de sûreté *or* de nourrice
saffron ['sæfrən] *n* safran *m*
sag [sæg] *vi* s'affaisser, fléchir; (*hem, breasts*) pendre
sage [seɪdʒ] *n* (*herb*) sauge *f*; (*person*) sage *m*
Sagittarius [sædʒɪ'tɛərɪəs] *n* le Sagittaire
Sahara [sə'hɑːrə] *n*: **the ~ (Desert)** le (désert du) Sahara *m*
said [sɛd] *pt, pp of* **say**
sail [seɪl] *n* (*on boat*) voile *f*; (*trip*): **to go for a ~** faire un tour en bateau ▷ *vt* (*boat*) manœuvrer, piloter ▷ *vi* (*travel*: *ship*) avancer, naviguer; (*set off*) partir, prendre la mer; (*Sport*) faire de la voile; **they ~ed into Le Havre** ils sont entrés dans le port du Havre; **sailboat** *n* (US) bateau *m* à voiles, voilier *m*; **sailing** *n* (*Sport*) voile *f*; **to go sailing** faire de la voile; **sailing boat** *n* bateau *m* à voiles, voilier *m*; **sailor** *n* marin *m*, matelot *m*
saint [seɪnt] *n* saint(e)
sake [seɪk] *n*: **for the ~ of** (*out of concern for*) pour (l'amour de), dans

l'intérêt de; (*out of consideration for*) par égard pour
salad ['sæləd] *n* salade *f*; **salad cream** *n* (BRIT) (sorte *f* de) mayonnaise *f*; **salad dressing** *n* vinaigrette *f*
salami [sə'lɑ:mɪ] *n* salami *m*
salary ['sælərɪ] *n* salaire *m*, traitement *m*
sale [seɪl] *n* vente *f*; (*at reduced prices*) soldes *mpl*; **sales** *npl* (*total amount sold*) chiffre *m* de ventes; **"for ~"** "à vendre"; **on ~** en vente; **sales assistant**, (US) **sales clerk** *n* vendeur(-euse); **salesman** (*irreg*) *n* (*in shop*) vendeur *m*; **salesperson** (*irreg*) *n* (*in shop*) vendeur(-euse); **sales rep** *n* (*Comm*) représentant(e) *m/f*; **saleswoman** (*irreg*) *n* (*in shop*) vendeuse *f*
saline ['seɪlaɪn] *adj* salin(e)
saliva [sə'laɪvə] *n* salive *f*
salmon ['sæmən] *n* (*pl inv*) saumon *m*
salon ['sælɔn] *n* salon *m*
saloon [sə'lu:n] *n* (US) bar *m*; (BRIT *Aut*) berline *f*; (*ship's lounge*) salon *m*
salt [sɔ:lt] *n* sel *m* ▷ *vt* saler; **saltwater** *adj* (*fish etc*) (d'eau) de mer; **salty** *adj* salé(e)
salute [sə'lu:t] *n* salut *m*; (*of guns*) salve *f* ▷ *vt* saluer
salvage ['sælvɪdʒ] *n* (*saving*) sauvetage *m*; (*things saved*) biens sauvés *or* récupérés ▷ *vt* sauver, récupérer
Salvation Army [sæl'veɪʃən-] *n* Armée *f* du Salut
same [seɪm] *adj* même ▷ *pron*: **the ~** le (la) même, les mêmes; **the ~ book as** le même livre que; **at the ~ time** en même temps; (*yet*) néanmoins; **all** *or* **just the ~** tout de même, quand même; **to do the ~** faire de même, en faire autant; **to do the ~ as sb** faire comme qn; **and the ~ to you!** et à vous de même!; (*after insult*) toi-même!
sample ['sɑ:mpl] *n* échantillon *m*; (*Med*) prélèvement *m* ▷ *vt* (*food, wine*) goûter
sanction ['sæŋkʃən] *n* approbation *f*, sanction *f* ▷ *vt* cautionner, sanctionner; **sanctions** *npl* (*Pol*) sanctions
sanctuary ['sæŋktjuərɪ] *n* (*holy place*) sanctuaire *m*; (*refuge*) asile *m*; (*for wildlife*) réserve *f*
sand [sænd] *n* sable *m* ▷ *vt* (*also*: **~ down**: *wood etc*) poncer
sandal ['sændl] *n* sandale *f*
sand: sandbox *n* (US: *for children*) tas *m* de sable; **sand castle** *n* château *m* de sable; **sand dune** *n* dune *f* de sable; **sandpaper** *n* papier *m* de verre; **sandpit** *n* (BRIT: *for children*) tas *m* de sable; **sands** *npl* plage *f* (de sable); **sandstone** ['sændstəun] *n* grès *m*
sandwich ['sændwɪtʃ] *n* sandwich *m* ▷ *vt* (*also*: **~ in**) intercaler; **~ed between** pris en sandwich entre; **cheese/ham ~** sandwich au fromage/jambon
sandy ['sændɪ] *adj* sablonneux(-euse); (*colour*) sable *inv*, blond roux *inv*
sane [seɪn] *adj* (*person*) sain(e) d'esprit; (*outlook*) sensé(e), sain(e)
sang [sæŋ] *pt of* **sing**
sanitary towel, (US) **sanitary napkin** ['sænɪtərɪ-] *n* serviette *f* hygiénique
sanity ['sænɪtɪ] *n* santé mentale; (*common sense*) bon sens
sank [sæŋk] *pt of* **sink**
Santa Claus [sæntə'klɔ:z] *n* le Père Noël
sap [sæp] *n* (*of plants*) sève *f* ▷ *vt* (*strength*) saper, miner
sapphire ['sæfaɪə[r]] *n* saphir *m*
sarcasm ['sɑ:kæzm] *n* sarcasme *m*, raillerie *f*
sarcastic [sɑ:'kæstɪk] *adj* sarcastique
sardine [sɑ:'di:n] *n* sardine *f*

SASE *n abbr* (*US*: = *self-addressed stamped envelope*) *enveloppe affranchie pour la réponse*
sat [sæt] *pt, pp of* **sit**
Sat. *abbr* (= *Saturday*) sa
satchel ['sætʃl] *n* cartable *m*
satellite ['sætəlaɪt] *n* satellite *m*; **satellite dish** *n* antenne *f* parabolique; **satellite navigation system** *n* système *m* de navigation par satellite; **satellite television** *n* télévision *f* par satellite
satin ['sætɪn] *n* satin *m* ▷ *adj* en *or* de satin, satiné(e)
satire ['sætaɪə^r] *n* satire *f*
satisfaction [sætɪs'fækʃən] *n* satisfaction *f*
satisfactory [sætɪs'fæktərɪ] *adj* satisfaisant(e)
satisfied ['sætɪsfaɪd] *adj* satisfait(e); **to be ~ with sth** être satisfait de qch
satisfy ['sætɪsfaɪ] *vt* satisfaire, contenter; (*convince*) convaincre, persuader
Saturday ['sætədɪ] *n* samedi *m*
sauce [sɔːs] *n* sauce *f*; **saucepan** *n* casserole *f*
saucer ['sɔːsə^r] *n* soucoupe *f*
Saudi Arabia ['saudɪ-] *n* Arabie *f* Saoudite
sauna ['sɔːnə] *n* sauna *m*
sausage ['sɔsɪdʒ] *n* saucisse *f*; (*salami etc*) saucisson *m*; **sausage roll** *n* friand *m*
sautéed ['səuteɪd] *adj* sauté(e)
savage ['sævɪdʒ] *adj* (*cruel, fierce*) brutal(e), féroce; (*primitive*) primitif(-ive), sauvage ▷ *n* sauvage *m/f* ▷ *vt* attaquer férocement
save [seɪv] *vt* (*person, belongings*) sauver; (*money*) mettre de côté, économiser; (*time*) (faire) gagner; (*keep*) garder; (*Comput*) sauvegarder; (*Sport: stop*) arrêter; (*avoid: trouble*) éviter ▷ *vi* (*also*: **~ up**) mettre de l'argent de côté ▷ *n* (*Sport*) arrêt *m* (du ballon) ▷ *prep* sauf, à l'exception de
saving ['seɪvɪŋ] *n* économie *f*; **savings** *npl* économies *fpl*
savings account *n* compte *m* d'épargne
savings and loan association (*US*) *n* ≈ société *f* de crédit immobilier
savoury, (*US*) **savory** ['seɪvərɪ] *adj* savoureux(-euse); (*dish: not sweet*) salé(e)
saw [sɔː] *pt of* **see** ▷ *n* (*tool*) scie *f* ▷ *vt* (*pt* **sawed**, *pp* **sawed** *or* **sawn**) scier; **sawdust** *n* sciure *f*
sawn [sɔːn] *pp of* **saw**
saxophone ['sæksəfəun] *n* saxophone *m*
say [seɪ] *vt* (*pt, pp* **said**) dire ▷ *n*: **to have one's ~** dire ce qu'on a à dire; **to have a ~** avoir voix au chapitre; **could you ~ that again?** pourriez-vous répéter ce que vous venez de dire?; **to ~ yes/no** dire oui/non; **my watch ~s 3 o'clock** ma montre indique 3 heures, il est 3 heures à ma montre; **that is to ~** c'est-à-dire; **that goes without ~ing** cela va sans dire, cela va de soi; **saying** *n* dicton *m*, proverbe *m*
scab [skæb] *n* croûte *f*; (*pej*) jaune *m*
scaffolding ['skæfəldɪŋ] *n* échafaudage *m*
scald [skɔːld] *n* brûlure *f* ▷ *vt* ébouillanter
scale [skeɪl] *n* (*of fish*) écaille *f*; (*Mus*) gamme *f*; (*of ruler, thermometer etc*) graduation *f*, échelle (graduée); (*of salaries, fees etc*) barème *m*; (*of map, also size, extent*) échelle ▷ *vt* (*mountain*) escalader; **scales** *npl* balance *f*; (*larger*) bascule *f*; (*also*: **bathroom ~s**) pèse-personne *m inv*; **~ of charges** tableau *m* des tarifs; **on a large ~** sur une grande échelle, en grand
scallion ['skæljən] *n* (*US*: *salad onion*) ciboule *f*
scallop ['skɔləp] *n* coquille *f* Saint-Jacques; (*Sewing*) feston *m*
scalp [skælp] *n* cuir chevelu ▷ *vt* scalper

calpel ['skælpl] *n* scalpel *m*
cam [skæm] *n (inf)* arnaque *f*
campi ['skæmpɪ] *npl* langoustines (frites), scampi *mpl*
can [skæn] *vt (examine)* scruter, examiner; *(glance at quickly)* parcourir; *(TV, Radar)* balayer ▷ *n (Med)* scanographie *f*
candal ['skændl] *n* scandale *m*; *(gossip)* ragots *mpl*
candinavia [skændɪ'neɪvɪə] *n* Scandinavie *f*; **Scandinavian** *adj* scandinave ▷ *n* Scandinave *m/f*
canner ['skænəʳ] *n (Radar, Med)* scanner *m*, scanographe *m*; *(Comput)* scanner
capegoat ['skeɪpgəut] *n* bouc *m* émissaire
car [skɑːʳ] *n* cicatrice *f* ▷ *vt* laisser une cicatrice *or* une marque à
carce [skɛəs] *adj* rare, peu abondant(e); **to make o.s. ~** *(inf)* se sauver; **scarcely** *adv* à peine, presque pas
care [skɛəʳ] *n* peur *f*, panique *f* ▷ *vt* effrayer, faire peur à; **to ~ sb stiff** faire une peur bleue à qn; **bomb ~** alerte *f* à la bombe; **scarecrow** *n* épouvantail *m*; **scared** *adj*: **to be scared** avoir peur
carf *(pl* **scarves***)* [skɑːf, skɑːvz] *n (long)* écharpe *f*; *(square)* foulard *m*
carlet ['skɑːlɪt] *adj* écarlate
carves [skɑːvz] *npl of* **scarf**
cary ['skɛərɪ] *adj (inf)* effrayant(e); *(film)* qui fait peur
catter ['skætəʳ] *vt* éparpiller, répandre; *(crowd)* disperser ▷ *vi* se disperser
cenario [sɪ'nɑːrɪəu] *n* scénario *m*
cene [siːn] *n (Theat, fig etc)* scène *f*; *(of crime, accident)* lieu(x) *m(pl)*, endroit *m*; *(sight, view)* spectacle *m*, vue *f*; **scenery** *n (Theat)* décor(s) *m(pl)*; *(landscape)* paysage *m*; **scenic** *adj* offrant de beaux paysages *or* panoramas
cent [sɛnt] *n* parfum *m*, odeur *f*; *(fig: track)* piste *f*
sceptical, *(US)* **skeptical** ['skɛptɪkl] *adj* sceptique
schedule ['ʃɛdjuːl, *US* 'skɛdjuːl] *n* programme *m*, plan *m*; *(of trains)* horaire *m*; *(of prices etc)* barème *m*, tarif *m* ▷ *vt* prévoir; **on ~** à l'heure (prévue); à la date prévue; **to be ahead of/behind ~** avoir de l'avance/du retard; **scheduled flight** *n* vol régulier
scheme [skiːm] *n* plan *m*, projet *m*; *(plot)* complot *m*, combine *f*; *(arrangement)* arrangement *m*, classification *f*; *(pension scheme etc)* régime *m* ▷ *vt, vi* comploter, manigancer
schizophrenic [skɪtsə'frɛnɪk] *adj* schizophrène
scholar ['skɔləʳ] *n* érudit(e); *(pupil)* boursier(-ère); **scholarship** *n* érudition *f*; *(grant)* bourse *f* (d'études)
school [skuːl] *n (gen)* école *f*; *(secondary school)* collège *m*; lycée *m*; *(in university)* faculté *f*; *(US: university)* université *f* ▷ *cpd* scolaire; **schoolbook** *n* livre *m* scolaire *or* de classe; **schoolboy** *n* écolier *m*; *(at secondary school)* collégien *m*; lycéen *m*; **schoolchildren** *npl* écoliers *mpl*; *(at secondary school)* collégiens *mpl*; lycéens *mpl*; **schoolgirl** *n* écolière *f*; *(at secondary school)* collégienne *f*; lycéenne *f*; **schooling** *n* instruction *f*, études *fpl*; **schoolteacher** *n (primary)* instituteur(-trice); *(secondary)* professeur *m*
science ['saɪəns] *n* science *f*; **science fiction** *n* science-fiction *f*; **scientific** [saɪən'tɪfɪk] *adj* scientifique; **scientist** *n* scientifique *m/f*; *(eminent)* savant *m*
sci-fi ['saɪfaɪ] *n abbr (inf: = science fiction)* SF *f*
scissors ['sɪzəz] *npl* ciseaux *mpl*; **a pair of ~** une paire de ciseaux
scold [skəuld] *vt* gronder
scone [skɔn] *n sorte de petit pain rond au lait*

scoop [sku:p] *n* pelle *f* (à main); (*for ice cream*) boule *f* à glace; (*Press*) reportage exclusif *or* à sensation

scooter ['sku:tə^r] *n* (*motor cycle*) scooter *m*; (*toy*) trottinette *f*

scope [skəup] *n* (*capacity: of plan, undertaking*) portée *f*, envergure *f*; (: *of person*) compétence *f*, capacités *fpl*; (*opportunity*) possibilités *fpl*

scorching ['skɔ:tʃɪŋ] *adj* torride, brûlant(e)

score [skɔ:^r] *n* score *m*, décompte *m* des points; (*Mus*) partition *f* ▷ *vt* (*goal, point*) marquer; (*success*) remporter; (*cut: leather, wood, card*) entailler, inciser ▷ *vi* marquer des points; (*Football*) marquer un but; (*keep score*) compter les points; **on that ~** sur ce chapitre, à cet égard; **a ~ of** (*twenty*) vingt; **~s of** (*fig*) des tas de; **to ~ 6 out of 10** obtenir 6 sur 10; **score out** *vt* rayer, barrer, biffer; **scoreboard** *n* tableau *m*; **scorer** *n* (*Football*) auteur *m* du but; buteur *m*; (*keeping score*) marqueur *m*

scorn [skɔ:n] *n* mépris *m*, dédain *m*

Scorpio ['skɔ:pɪəu] *n* le Scorpion

scorpion ['skɔ:pɪən] *n* scorpion *m*

Scot [skɔt] *n* Écossais(e)

Scotch [skɔtʃ] *n* whisky *m*, scotch *m*

Scotch tape® (*us*) *n* scotch® *m*, ruban adhésif

Scotland ['skɔtlənd] *n* Écosse *f*

Scots [skɔts] *adj* écossais(e); **Scotsman** (*irreg*) *n* Écossais *m*; **Scotswoman** (*irreg*) *n* Écossaise *f*; **Scottish** ['skɔtɪʃ] *adj* écossais(e); **the Scottish Parliament** le Parlement écossais

scout [skaut] *n* (*Mil*) éclaireur *m*; (*also*: **boy ~**) scout *m*; **girl ~** (*us*) guide *f*

scowl [skaul] *vi* se renfrogner, avoir l'air maussade; **to ~ at** regarder de travers

scramble ['skræmbl] *n* (*rush*) bousculade *f*, ruée *f* ▷ *vi* grimper/descendre tant bien que mal; **to ~ for** se bousculer *or* se disputer pour (avoir); **to go scrambling** (*Sport*) faire du trial; **scrambled eggs** *npl* œufs brouillés

scrap [skræp] *n* bout *m*, morceau *m*; (*fight*) bagarre *f*; (*also*: **~ iron**) ferraille *f* ▷ *vt* jeter, mettre au rebut; (*fig*) abandonner, laisser tomber ▷ *vi* se bagarrer; **scraps** *npl* (*waste*) déchets *mpl*; **scrapbook** *n* album *m*

scrape [skreɪp] *vt, vi* gratter, racler ▷ *n*: **to get into a ~** s'attirer des ennuis; **scrape through** *vi* (*exam etc*) réussir de justesse

scrap paper *n* papier *m* brouillon

scratch [skrætʃ] *n* égratignure *f*, rayure *f*; (*on paint*) éraflure *f*; (*from claw*) coup *m* de griffe ▷ *vt* (*rub*) (se) gratter; (*paint etc*) érafler; (*with claw, nail*) griffer ▷ *vi* (se) gratter; **to start from ~** partir de zéro; **to be up to ~** être à la hauteur; **scratch card** *n* carte *f* à gratter

scream [skri:m] *n* cri perçant, hurlement *m* ▷ *vi* crier, hurler

screen [skri:n] *n* écran *m*; (*in room*) paravent *m*; (*fig*) écran, rideau *m* ▷ *vt* masquer, cacher; (*from the wind etc*) abriter, protéger; (*film*) projeter; (*candidates etc*) filtrer; **screening** *n* (*of film*) projection *f*; (*Med*) test *m* (*or tests*) de dépistage; **screenplay** *n* scénario *m*; **screen saver** *n* (*Comput*) économiseur *m* d'écran

screw [skru:] *n* vis *f* ▷ *vt* (*also*: **~ in**) visser; **screw up** *vt* (*paper etc*) froisser; **to ~ up one's eyes** se plisser les yeux; **screwdriver** *n* tournevis *m*

scribble ['skrɪbl] *n* gribouillage *m* ▷ gribouiller, griffonner

script [skrɪpt] *n* (*Cine etc*) scénario *m*, texte *m*; (*writing*) (écriture *f*) script *m*

scroll [skrəul] *n* rouleau *m* ▷ *vt* (*Comput*) faire défiler (sur l'écran)

scrub [skrʌb] *n* (*land*) broussailles *fpl* ▷ *vt* (*floor*) nettoyer à la brosse; (*pan*) récurer; (*washing*) frotter

scruffy ['skrʌfɪ] *adj* débraillé(e)

scrum(mage) ['skrʌm(ɪdʒ)] *n* mêlée *f*
scrutiny ['skru:tɪnɪ] *n* examen minutieux
scuba diving ['sku:bə-] *n* plongée sous-marine
sculptor ['skʌlptəʳ] *n* sculpteur *m*
sculpture ['skʌlptʃəʳ] *n* sculpture *f*
scum [skʌm] *n* écume *f*, mousse *f*; (*pej: people*) rebut *m*, lie *f*
scurry ['skʌrɪ] *vi* filer à toute allure; **to ~ off** détaler, se sauver
sea [si:] *n* mer *f* ▷ *cpd* marin(e), de (la) mer, maritime; **by** *or* **beside the ~** (*holiday, town*) au bord de la mer; **by ~** par mer, en bateau; **out to ~** au large; **(out) at ~** en mer; **to be all at ~** (*fig*) nager complètement; **seafood** *n* fruits *mpl* de mer; **sea front** *n* bord *m* de mer; **seagull** *n* mouette *f*
seal [si:l] *n* (*animal*) phoque *m*; (*stamp*) sceau *m*, cachet *m* ▷ *vt* sceller; (*envelope*) coller (: *with seal*) cacheter; **seal off** *vt* (*forbid entry to*) interdire l'accès de
sea level *n* niveau *m* de la mer
seam [si:m] *n* couture *f*; (*of coal*) veine *f*, filon *m*
search [sə:tʃ] *n* (*for person, thing, Comput*) recherche(s) *f(pl)*; (*of drawer, pockets*) fouille *f*; (*Law: at sb's home*) perquisition *f* ▷ *vt* fouiller; (*examine*) examiner minutieusement; scruter ▷ *vi*: **to ~ for** chercher; **in ~ of** à la recherche de; **search engine** *n* (*Comput*) moteur *m* de recherche; **search party** *n* expédition *f* de secours
sea: seashore *n* rivage *m*, plage *f*, bord *m* de (la) mer; **seasick** *adj*: **to be seasick** avoir le mal de mer; **seaside** *n* bord *m* de mer; **seaside resort** *n* station *f* balnéaire
season ['si:zn] *n* saison *f* ▷ *vt* assaisonner, relever; **to be in/out of ~** être/ne pas être de saison; **seasonal** *adj* saisonnier(-ière); **seasoning** *n* assaisonnement *m*; **season ticket** *n* carte *f* d'abonnement
seat [si:t] *n* siège *m*; (*in bus, train: place*) place *f*; (*buttocks*) postérieur *m*; (*of trousers*) fond *m* ▷ *vt* faire asseoir, placer; (*have room for*) avoir des places assises pour, pouvoir accueillir; **to be ~ed** être assis; **seat belt** *n* ceinture *f* de sécurité; **seating** *n* sièges *fpl*, places assises
sea: sea water *n* eau *f* de mer; **seaweed** *n* algues *fpl*
sec. *abbr* (= *second*) sec
secluded [sɪ'klu:dɪd] *adj* retiré(e), à l'écart
second ['sɛkənd] *num* deuxième, second(e) ▷ *adv* (*in race etc*) en seconde position ▷ *n* (*unit of time*) seconde *f*; (*Aut: also*: **~ gear**) seconde; (*Comm: imperfect*) article *m* de second choix; (BRIT *Scol*) ≈ licence *f* avec mention ▷ *vt* (*motion*) appuyer; **seconds** *npl* (*inf: food*) rab *m* (*inf*); **secondary** *adj* secondaire; **secondary school** *n* (*age 11 to 15*) collège *m*; (*age 15 to 18*) lycée *m*; **second-class** *adj* de deuxième classe; (*Rail*) de seconde (classe); (*Post*) au tarif réduit; (*pej*) de qualité inférieure ▷ *adv* (*Rail*) en seconde; (*Post*) au tarif réduit; **secondhand** *adj* d'occasion; (*information*) de seconde main; **secondly** *adv* deuxièmement; **second-rate** *adj* de deuxième ordre, de qualité inférieure; **second thoughts** *npl*; **to have second thoughts** changer d'avis; **on second thoughts** *or* (*US*) **thought** à la réflexion
secrecy ['si:krəsɪ] *n* secret *m*
secret ['si:krɪt] *adj* secret(-ète) ▷ *n* secret *m*; **in ~** *adv* en secret, secrètement, en cachette
secretary ['sɛkrətrɪ] *n* secrétaire *m/f*; **S~ of State (for)** (*Pol*) ministre *m* (de)
secretive ['si:krətɪv] *adj* réservé(e); (*pej*) cachottier(-ière), dissimulé(e)

S

secret service *n* services secrets
sect [sɛkt] *n* secte *f*
section ['sɛkʃən] *n* section *f*; (*Comm*) rayon *m*; (*of document*) section, article *m*, paragraphe *m*; (*cut*) coupe *f*
sector ['sɛktə^r] *n* secteur *m*
secular ['sɛkjulə^r] *adj* laïque
secure [sɪ'kjuə^r] *adj* (*free from anxiety*) sans inquiétude, sécurisé(e); (*firmly fixed*) solide, bien attaché(e) (*or* fermé(e) *etc*); (*in safe place*) en lieu sûr, en sûreté ▷ *vt* (*fix*) fixer, attacher; (*get*) obtenir, se procurer
security [sɪ'kjuərɪtɪ] *n* sécurité *f*, mesures *fpl* de sécurité; (*for loan*) caution *f*, garantie *f*; **securities** *npl* (*Stock Exchange*) valeurs *fpl*, titres *mpl*; **security guard** *n* garde chargé de la sécurité; (*transporting money*) convoyeur *m* de fonds
sedan [sə'dæn] *n* (*US Aut*) berline *f*
sedate [sɪ'deɪt] *adj* calme; posé(e) ▷ *vt* donner des sédatifs à
sedative ['sɛdɪtɪv] *n* calmant *m*, sédatif *m*
seduce [sɪ'dju:s] *vt* séduire; **seductive** [sɪ'dʌktɪv] *adj* séduisant(e); (*smile*) séducteur(-trice); (*fig: offer*) alléchant(e)
see [si:] (*pt* **saw**, *pp* **seen**) *vt* (*gen*) voir; (*accompany*): **to ~ sb to the door** reconduire *or* raccompagner qn jusqu'à la porte ▷ *vi* voir; **to ~ that** (*ensure*) veiller à ce que + *sub*, faire en sorte que + *sub*, s'assurer que; **~ you soon/later/tomorrow!** à bientôt/plus tard/demain!; **see off** *vt* accompagner (à l'aéroport *etc*); **see out** *vt* (*take to door*) raccompagner à la porte; **see through** *vt* mener à bonne fin ▷ *vt fus* voir clair dans; **see to** *vt fus* s'occuper de, se charger de
seed [si:d] *n* graine *f*; (*fig*) germe *m*; (*Tennis etc*) tête *f* de série; **to go to ~** (*plant*) monter en graine; (*fig*) se laisser aller
seeing ['si:ɪŋ] *conj*: **~ (that)** vu que, étant donné que
seek [si:k] (*pt, pp* **sought**) *vt* chercher, rechercher
seem [si:m] *vi* sembler, paraître; **there ~s to be ...** il semble qu'il y a ..., on dirait qu'il y a ...; **seemingly** *adv* apparemment
seen [si:n] *pp of* **see**
seesaw ['si:sɔ:] *n* (jeu *m* de) bascule *f*
segment ['sɛgmənt] *n* segment *m*; (*of orange*) quartier *m*
segregate ['sɛgrɪgeɪt] *vt* séparer, isoler
Seine [seɪn] *n*: **the (River) ~** la Seine
seize [si:z] *vt* (*grasp*) saisir, attraper; (*take possession of*) s'emparer de; (*opportunity*) saisir
seizure ['si:ʒə^r] *n* (*Med*) crise *f*, attaque *f*; (*of power*) prise *f*
seldom ['sɛldəm] *adv* rarement
select [sɪ'lɛkt] *adj* choisi(e), d'élite; (*hotel, restaurant, club*) chic *inv*, sélect *inv* ▷ *vt* sélectionner, choisir; **selection** *n* sélection *f*, choix *m*; **selective** *adj* sélectif(-ive); (*school*) à recrutement sélectif
self (*pl* **selves**) [sɛlf, sɛlvz] *n*: **the ~** le moi *inv* ▷ *prefix* auto-; **self-assured** *adj* sûr(e) de soi, plein(e) d'assurance; **self-catering** *adj* (BRIT: *flat*) avec cuisine, où l'on peut faire sa cuisine; (: *holiday*) en appartement (*or* chalet *etc*) loué; **self-centred**, (US) **self-centered** *adj* égocentrique; **self-confidence** *n* confiance *f* en soi; **self-confident** *adj* sûr(e) de soi, plein(e) d'assurance; **self-conscious** *adj* timide, qui manque d'assurance; **self-contained** *adj* (BRIT: *flat*) avec entrée particulière, indépendant(e); **self-control** *n* maîtrise *f* de soi; **self-defence**, (US) **self-defense** *n* autodéfense *f*; (*Law*) légitime défense *f*; **self-drive** *adj* (BRIT): **self-drive car** voiture *f* de location; **self-employed** *adj* qui travaille à son compte; **self-esteem** *n* amour-propre *m*; **self-indulgent** *adj* qui ne se refuse rien; **self-interest** *n* intérêt personnel;

selfish *adj* égoïste; **self-pity** *n* apitoiement *m* sur soi-même; **self-raising** [sɛlfˈreɪzɪŋ], (US) **self-rising** [sɛlfˈraɪzɪŋ] *adj*: **self-raising flour** farine *f* pour gâteaux (*avec levure incorporée*); **self-respect** *n* respect *m* de soi, amour-propre *m*; **self-service** *adj, n* libre-service (*m*), self-service (*m*)

sell (*pt, pp* **sold**) [sɛl, səuld] *vt* vendre ▷ *vi* se vendre; **to ~ at** *or* **for 10 euros** se vendre 10 euros; **sell off** *vt* liquider; **sell out** *vi*: **to ~ out (of sth)** (*use up stock*) vendre tout son stock (de qch); **sell-by date** *n* date *f* limite de vente; **seller** *n* vendeur(-euse), marchand(e)

Sellotape® [ˈsɛləuteɪp] *n* (BRIT) scotch® *m*

selves [sɛlvz] *npl of* **self**

semester [sɪˈmɛstəʳ] *n* (*esp* US) semestre *m*

semi... [ˈsɛmɪ] *prefix* semi-, demi-; à demi, à moitié; **semicircle** *n* demi-cercle *m*; **semidetached (house)** *n* (BRIT) maison jumelée *or* jumelle; **semi-final** *n* demi-finale *f*

seminar [ˈsɛmɪnɑːʳ] *n* séminaire *m*

semi-skimmed [ˈsɛmɪˈskɪmd] *adj* demi-écrémé(e)

senate [ˈsɛnɪt] *n* sénat *m*; (US): **the S~** le Sénat; **senator** *n* sénateur *m*

send (*pt, pp* **sent**) [sɛnd, sɛnt] *vt* envoyer; **send back** *vt* renvoyer; **send for** *vt fus* (*by post*) se faire envoyer, commander par correspondance; **send in** *vt* (*report, application, resignation*) remettre; **send off** *vt* (*goods*) envoyer, expédier; (BRIT *Sport: player*) expulser *or* renvoyer du terrain; **send on** *vt* (BRIT: *letter*) faire suivre; (*luggage etc: in advance*) (faire) expédier à l'avance; **send out** *vt* (*invitation*) envoyer (par la poste); (*emit: light, heat, signal*) émettre; **send up** *vt* (*person, price*) faire monter; (BRIT: *parody*) mettre en boîte, parodier; **sender** *n* expéditeur(-trice); **send-off** *n*: **a good send-off** des adieux chaleureux

senile [ˈsiːnaɪl] *adj* sénile

senior [ˈsiːnɪəʳ] *adj* (*high-ranking*) de haut niveau; (*of higher rank*): **to be ~ to sb** être le supérieur de qn; **senior citizen** *n* personne *f* du troisième âge; **senior high school** *n* (US) ≈ lycée *m*

sensation [sɛnˈseɪʃən] *n* sensation *f*; **sensational** *adj* qui fait sensation; (*marvellous*) sensationnel(le)

sense [sɛns] *n* sens *m*; (*feeling*) sentiment *m*; (*meaning*) sens, signification *f*; (*wisdom*) bon sens ▷ *vt* sentir, pressentir; **it makes ~** c'est logique; **senseless** *adj* insensé(e), stupide; (*unconscious*) sans connaissance; **sense of humour**, (US) **sense of humor** *n* sens *m* de l'humour

sensible [ˈsɛnsɪbl] *adj* sensé(e), raisonnable; (*shoes etc*) pratique

> Be careful not to translate *sensible* by the French word *sensible*.

sensitive [ˈsɛnsɪtɪv] *adj*: **~ (to)** sensible (à)

sensual [ˈsɛnsjuəl] *adj* sensuel(le)

sensuous [ˈsɛnsjuəs] *adj* voluptueux(-euse), sensuel(le)

sent [sɛnt] *pt, pp of* **send**

sentence [ˈsɛntns] *n* (*Ling*) phrase *f*; (*Law: judgment*) condamnation *f*, sentence *f*; (*: punishment*) peine *f* ▷ *vt*: **to ~ sb to death/to 5 years** condamner qn à mort/à 5 ans

sentiment [ˈsɛntɪmənt] *n* sentiment *m*; (*opinion*) opinion *f*, avis *m*; **sentimental** [sɛntɪˈmɛntl] *adj* sentimental(e)

separate *adj* [ˈsɛprɪt] séparé(e); (*organization*) indépendant(e); (*day, occasion, issue*) différent(e) ▷ *vt* [ˈsɛpəreɪt] séparer; (*distinguish*) distinguer ▷ *vi* [ˈsɛpəreɪt] se séparer; **separately** *adv* séparément; **separates** *npl* (*clothes*) coordonnés *mpl*; **separation** [sɛpəˈreɪʃən] *n* séparation *f*

September [sɛp'tɛmbəʳ] *n* septembre *m*
septic ['sɛptɪk] *adj* (*wound*) infecté(e); **septic tank** *n* fosse *f* septique
sequel ['si:kwl] *n* conséquence *f*; séquelles *fpl*; (*of story*) suite *f*
sequence ['si:kwəns] *n* ordre *m*, suite *f*; (*in film*) séquence *f*; (*dance*) numéro *m*
sequin ['si:kwɪn] *n* paillette *f*
Serb [sə:b] *adj*, *n* = **Serbian**
Serbia ['sə:bɪə] *n* Serbie *f*
Serbian ['sə:bɪən] *adj* serbe ▷ *n* Serbe *m/f*; (*Ling*) serbe *m*
sergeant ['sɑ:dʒənt] *n* sergent *m*; (*Police*) brigadier *m*
serial ['sɪərɪəl] *n* feuilleton *m*; **serial killer** *n* meurtrier *m* tuant en série; **serial number** *n* numéro *m* de série
series ['sɪərɪz] *n* série *f*; (*Publishing*) collection *f*
serious ['sɪərɪəs] *adj* sérieux(-euse); (*accident etc*) grave; **seriously** *adv* sérieusement; (*hurt*) gravement
sermon ['sə:mən] *n* sermon *m*
servant ['sə:vənt] *n* domestique *m/f*; (*fig*) serviteur (servante)
serve [sə:v] *vt* (*employer etc*) servir, être au service de; (*purpose*) servir à; (*customer, food, meal*) servir; (*subj: train*) desservir; (*apprenticeship*) faire, accomplir; (*prison term*) faire; purger ▷ *vi* (*Tennis*) servir; (*be useful*): **to ~ as/for/to do** servir de/à/à faire ▷ *n* (*Tennis*) service *m*; **it ~s him right** c'est bien fait pour lui; **server** *n* (*Comput*) serveur *m*
service ['sə:vɪs] *n* (*gen*) service *m*; (*Aut*) révision *f*; (*Rel*) office *m* ▷ *vt* (*car etc*) réviser; **services** *npl* (*Econ: tertiary sector*) (secteur *m*) tertiaire *m*, secteur des services; (BRIT: *on motorway*) station-service *f*; (*Mil*): **the S~s** *npl* les forces armées; **to be of ~ to sb, to do sb a ~** rendre service à qn; **~ included/not included** service compris/non compris; **service area** *n* (*on motorway*) aire *f* de services; **service charge** *n* (BRIT) service *m*; **serviceman** (*irreg*) *n* militaire *m*; **service station** *n* station-service *f*
serviette [sə:vɪ'ɛt] *n* (BRIT) serviette *f* (de table)
session ['sɛʃən] *n* (*sitting*) séance *f*; **to be in ~** siéger, être en session *or* en séance
set [sɛt] (*pt*, *pp* **set**) *n* série *f*, assortiment *m*; (*of tools etc*) jeu *m*; (*Radio, TV*) poste *m*; (*Tennis*) set *m*; (*group of people*) cercle *m*, milieu *m*; (*Cine*) plateau *m*; (*Theat: stage*) scène *f*; (*: scenery*) décor *m*; (*Math*) ensemble *m*; (*Hairdressing*) mise *f* en plis ▷ *adj* (*fixed*) fixe, déterminé(e); (*ready*) prêt(e) ▷ *vt* (*place*) mettre, poser, placer; (*fix, establish*) fixer (*: record*) établir; (*assign: task, homework*) donner; (*exam*) composer; (*adjust*) régler; (*decide: rules etc*) fixer, choisir ▷ *vi* (*sun*) se coucher; (*jam, jelly, concrete*) prendre; (*bone*) se ressouder; **to be ~ on doing** être résolu(e) à faire; **to ~ to music** mettre en musique; **to ~ on fire** mettre le feu à; **to ~ free** libérer; **to ~ sth going** déclencher qch; **to ~ sail** partir, prendre la mer; **set aside** *vt* mettre de côté; (*time*) garder; **set down** *vt* (*subj: bus, train*) déposer; **set in** *vi* (*infection, bad weather*) s'installer; (*complications*) survenir, surgir; **set off** *vi* se mettre en route, partir ▷ *vt* (*bomb*) faire exploser; (*cause to start*) déclencher; (*show up well*) mettre en valeur, faire valoir; **set out** *vi*: **to ~ out (from)** partir (de) ▷ *vt* (*arrange*) disposer; (*state*) présenter, exposer; **to ~ out to do** entreprendre de faire; avoir pour but *or* intention de faire; **set up** *vt* (*organization*) fonder, créer; **setback** *n* (*hitch*) revers *m*, contretemps *m*; **set menu** *n* menu *m*
settee [sɛ'ti:] *n* canapé *m*
setting ['sɛtɪŋ] *n* cadre *m*; (*of jewel*) monture *f*; (*position: of controls*) réglage *m*

settle ['sɛtl] *vt* (*argument, matter, account*) régler; (*problem*) résoudre; (*Med: calm*) calmer ▷ *vi* (*bird, dust etc*) se poser; **to ~ for sth** accepter qch, se contenter de qch; **to ~ on sth** opter *or* se décider pour qch; **settle down** *vi* (*get comfortable*) s'installer; (*become calmer*) se calmer; se ranger; **settle in** *vi* s'installer; **settle up** *vi*: **to ~ up with sb** régler (ce que l'on doit à) qn; **settlement** *n* (*payment*) règlement *m*; (*agreement*) accord *m*; (*village etc*) village *m*, hameau *m*

setup ['sɛtʌp] *n* (*arrangement*) manière *f* dont les choses sont organisées; (*situation*) situation *f*, allure *f* des choses

seven ['sɛvn] *num* sept; **seventeen** *num* dix-sept; **seventeenth** [sevn'ti:nθ] *num* dix-septième; **seventh** *num* septième; **seventieth** ['sevntɪɪθ] *num* soixante-dixième; **seventy** *num* soixante-dix

sever ['sɛvəʳ] *vt* couper, trancher; (*relations*) rompre

several ['sɛvərl] *adj, pron* plusieurs *pl*; **~ of us** plusieurs d'entre nous

severe [sɪ'vɪəʳ] *adj* (*stern*) sévère, strict(e); (*serious*) grave, sérieux(-euse); (*plain*) sévère, austère

sew (*pt* **sewed**, *pp* **sewn**) [səu, səud, səun] *vt, vi* coudre

sewage ['su:ɪdʒ] *n* vidange(s) *f(pl)*

sewer ['suːəʳ] *n* égout *m*

sewing ['səuɪŋ] *n* couture *f*; (*item(s)*) ouvrage *m*; **sewing machine** *n* machine *f* à coudre

sewn [səun] *pp of* **sew**

sex [sɛks] *n* sexe *m*; **to have ~ with** avoir des rapports (sexuels) avec; **sexism** ['sɛksɪzəm] *n* sexisme *m*; **sexist** *adj* sexiste; **sexual** ['sɛksjuəl] *adj* sexuel(le); **sexual intercourse** *n* rapports sexuels; **sexuality** [sɛksju'ælɪtɪ] *n* sexualité *f*; **sexy** *adj* sexy *inv*

shabby ['ʃæbɪ] *adj* miteux(-euse); (*behaviour*) mesquin(e), méprisable

shack [ʃæk] *n* cabane *f*, hutte *f*

shade [ʃeɪd] *n* ombre *f*; (*for lamp*) abat-jour *m inv*; (*of colour*) nuance *f*, ton *m*; (*US: window shade*) store *m*; (*small quantity*): **a ~ of** un soupçon de ▷ *vt* abriter du soleil, ombrager; **shades** *npl* (*US: sunglasses*) lunettes *fpl* de soleil; **in the ~** à l'ombre; **a ~ smaller** un tout petit peu plus petit

shadow ['ʃædəu] *n* ombre *f* ▷ *vt* (*follow*) filer; **shadow cabinet** *n* (BRIT *Pol*) *cabinet parallèle formé par le parti qui n'est pas au pouvoir*

shady ['ʃeɪdɪ] *adj* ombragé(e); (*fig: dishonest*) louche, véreux(-euse)

shaft [ʃɑ:ft] *n* (*of arrow, spear*) hampe *f*; (*Aut, Tech*) arbre *m*; (*of mine*) puits *m*; (*of lift*) cage *f*; (*of light*) rayon *m*, trait *m*

shake [ʃeɪk] (*pt* **shook**, *pp* **shaken**) *vt* secouer; (*bottle, cocktail*) agiter; (*house, confidence*) ébranler ▷ *vi* trembler; **to ~ one's head** (*in refusal etc*) dire *or* faire non de la tête; (*in dismay*) secouer la tête; **to ~ hands with sb** serrer la main à qn; **shake off** *vt* secouer; (*pursuer*) se débarrasser de; **shake up** *vt* secouer; **shaky** *adj* (*hand, voice*) tremblant(e); (*building*) branlant(e), peu solide

shall [ʃæl] *aux vb*: **I ~ go** j'irai; **~ I open the door?** j'ouvre la porte?; **I'll get the coffee, ~ I?** je vais chercher le café, d'accord?

shallow ['ʃæləu] *adj* peu profond(e); (*fig*) superficiel(le), qui manque de profondeur

sham [ʃæm] *n* frime *f*

shambles ['ʃæmblz] *n* confusion *f*, pagaïe *f*, fouillis *m*

shame [ʃeɪm] *n* honte *f* ▷ *vt* faire honte à; **it is a ~ (that/to do)** c'est dommage (que + *sub*/de faire); **what a ~!** quel dommage!; **shameful** *adj* honteux(-euse), scandaleux(-euse); **shameless** *adj* éhonté(e), effronté(e)

shampoo [ʃæm'pu:] *n* shampooing *m* ▷ *vt* faire un shampooing à

shandy ['ʃændɪ] *n* bière panachée

S

shan't [ʃɑːnt] = **shall not**
shape [ʃeɪp] *n* forme *f* ▷ *vt* façonner, modeler; (*sb's ideas, character*) former; (*sb's life*) déterminer ▷ *vi* (*also*: **~ up**: *events*) prendre tournure; (: *person*) faire des progrès, s'en sortir; **to take ~** prendre forme *or* tournure
share [ʃɛəʳ] *n* part *f*; (*Comm*) action *f* ▷ *vt* partager; (*have in common*) avoir en commun; **to ~ out (among** *or* **between)** partager (entre); **shareholder** *n* (BRIT) actionnaire *m/f*
shark [ʃɑːk] *n* requin *m*
sharp [ʃɑːp] *adj* (*razor, knife*) tranchant(e), bien aiguisé(e); (*point, voice*) aigu(ë); (*nose, chin*) pointu(e); (*outline, increase*) net(te); (*cold, pain*) vif (vive); (*taste*) piquant(e), âcre; (*Mus*) dièse; (*person*: *quick-witted*) vif (vive), éveillé(e); (: *unscrupulous*) malhonnête ▷ *n* (*Mus*) dièse *m* ▷ *adv*: **at 2 o'clock ~** à 2 heures pile *or* tapantes; **sharpen** *vt* aiguiser; (*pencil*) tailler; (*fig*) aviver; **sharpener** *n* (*also*: **pencil sharpener**) taille-crayon(s) *m inv*; **sharply** *adv* (*turn, stop*) brusquement; (*stand out*) nettement; (*criticize, retort*) sèchement, vertement
shatter [ˈʃætəʳ] *vt* briser; (*fig*: *upset*) bouleverser; (: *ruin*) briser, ruiner ▷ *vi* voler en éclats, se briser; **shattered** *adj* (*overwhelmed, grief-stricken*) bouleversé(e); (*inf*: *exhausted*) éreinté(e)
shave [ʃeɪv] *vt* raser ▷ *vi* se raser ▷ *n*: **to have a ~** se raser; **shaver** *n* (*also*: **electric shaver**) rasoir *m* électrique
shaving cream *n* crème *f* à raser
shaving foam *n* mousse *f* à raser
shavings [ˈʃeɪvɪŋz] *npl* (*of wood etc*) copeaux *mpl*
shawl [ʃɔːl] *n* châle *m*
she [ʃiː] *pron* elle
sheath [ʃiːθ] *n* gaine *f*, fourreau *m*, étui *m*; (*contraceptive*) préservatif *m*
shed [ʃɛd] *n* remise *f*, resserre *f* ▷ *vt* (*pt, pp* **shed**) (*leaves, fur etc*) perdre; (*tears*) verser, répandre; (*workers*) congédier
she'd [ʃiːd] = **she had; she would**
sheep [ʃiːp] *n* (*pl inv*) mouton *m*; **sheepdog** *n* chien *m* de berger; **sheepskin** *n* peau *f* de mouton
sheer [ʃɪəʳ] *adj* (*utter*) pur(e), pur et simple; (*steep*) à pic, abrupt(e); (*almost transparent*) extrêmement fin(e) ▷ *adv* à pic, abruptement
sheet [ʃiːt] *n* (*on bed*) drap *m*; (*of paper*) feuille *f*; (*of glass, metal etc*) feuille, plaque *f*
sheik(h) [ʃeɪk] *n* cheik *m*
shelf (*pl* **shelves**) [ʃɛlf, ʃɛlvz] *n* étagère *f*, rayon *m*
shell [ʃɛl] *n* (*on beach*) coquillage *m*; (*of egg, nut etc*) coquille *f*; (*explosive*) obus *m*; (*of building*) carcasse *f* ▷ *vt* (*peas*) écosser; (*Mil*) bombarder (d'obus)
she'll [ʃiːl] = **she will; she shall**
shellfish [ˈʃɛlfɪʃ] *n* (*pl inv*: *crab etc*) crustacé *m*; (: *scallop etc*) coquillage *m* ▷ *npl* (*as food*) fruits *mpl* de mer
shelter [ˈʃɛltəʳ] *n* abri *m*, refuge *m* ▷ *vt* abriter, protéger; (*give lodging to*) donner asile à ▷ *vi* s'abriter, se mettre à l'abri; **sheltered** *adj* (*life*) retiré(e), à l'abri des soucis; (*spot*) abrité(e)
shelves [ʃɛlvz] *npl of* **shelf**
shelving [ˈʃɛlvɪŋ] *n* (*shelves*) rayonnage(s) *m(pl)*
shepherd [ˈʃɛpəd] *n* berger *m* ▷ *vt* (*guide*) guider, escorter; **shepherd's pie** *n* ≈ hachis *m* Parmentier
sheriff [ˈʃɛrɪf] (US) *n* shérif *m*
sherry [ˈʃɛrɪ] *n* xérès *m*, sherry *m*
she's [ʃiːz] = **she is; she has**
Shetland [ˈʃɛtlənd] *n* (*also*: **the ~s, the ~ Isles** *or* **Islands**) les îles *fpl* Shetland
shield [ʃiːld] *n* bouclier *m*; (*protection*) écran *m* de protection ▷ *vt*: **to ~ (from)** protéger (de *or* contre)
shift [ʃɪft] *n* (*change*) changement *m*; (*work period*) période *f* de travail; (*of workers*) équipe *f*, poste *m* ▷ *vt*

déplacer, changer de place; (*remove*) enlever ▷ *vi* changer de place, bouger
shin [ʃɪn] *n* tibia *m*
shine [ʃaɪn] *n* éclat *m*, brillant *m* ▷ *vi* (*pt, pp* **shone**) briller ▷ *vt* (*pt, pp* **shined**) (*polish*) faire briller *or* reluire; **to ~ sth on sth** (*torch*) braquer qch sur qch
shingles [ˈʃɪŋglz] *n* (*Med*) zona *m*
shiny [ˈʃaɪnɪ] *adj* brillant(e)
ship [ʃɪp] *n* bateau *m*; (*large*) navire *m* ▷ *vt* transporter (par mer); (*send*) expédier (par mer); **shipment** *n* cargaison *f*; **shipping** *n* (*ships*) navires *mpl*; (*traffic*) navigation *f*; (*the industry*) industrie navale; (*transport*) transport *m*; **shipwreck** *n* épave *f*; (*event*) naufrage *m* ▷ *vt*: **to be shipwrecked** faire naufrage; **shipyard** *n* chantier naval
shirt [ʃəːt] *n* chemise *f*; (*woman's*) chemisier *m*; **in ~ sleeves** en bras de chemise
shit [ʃɪt] *excl* (*inf!*) merde (*!*)
shiver [ˈʃɪvəʳ] *n* frisson *m* ▷ *vi* frissonner
shock [ʃɔk] *n* choc *m*; (*Elec*) secousse *f*, décharge *f*; (*Med*) commotion *f*, choc ▷ *vt* (*scandalize*) choquer, scandaliser; (*upset*) bouleverser; **shocking** *adj* (*outrageous*) choquant(e), scandaleux(-euse); (*awful*) épouvantable
shoe [ʃuː] *n* chaussure *f*, soulier *m*; (*also*: **horse~**) fer *m* à cheval ▷ *vt* (*pt, pp* **shod**) (*horse*) ferrer; **shoelace** *n* lacet *m* (de soulier); **shoe polish** *n* cirage *m*; **shoeshop** *n* magasin *m* de chaussures
shone [ʃɔn] *pt, pp of* **shine**
shonky [ˈʃɔŋkɪ] *adj* (AUST, NZ *inf*: *untrustworthy*) louche
shook [ʃuk] *pt of* **shake**
shoot [ʃuːt] (*pt, pp* **shot**) *n* (*on branch, seedling*) pousse *f* ▷ *vt* (*game: hunt*) chasser; (*: aim at*) tirer; (*: kill*) abattre; (*person*) blesser/tuer d'un coup de fusil (*or* de revolver); (*execute*) fusiller; (*arrow*) tirer; (*gun*) tirer un coup de; (*Cine*) tourner ▷ *vi* (*with gun, bow*): **to ~ (at)** tirer (sur); (*Football*) shooter, tirer; **shoot down** *vt* (*plane*) abattre; **shoot up** *vi* (*fig: prices etc*) monter en flèche; **shooting** *n* (*shots*) coups *mpl* de feu; (*attack*) fusillade *f*; (*murder*) homicide *m* (*à l'aide d'une arme à feu*); (*Hunting*) chasse *f*
shop [ʃɔp] *n* magasin *m*; (*workshop*) atelier *m* ▷ *vi* (*also*: **go ~ping**) faire ses courses *or* ses achats; **shop assistant** *n* (BRIT) vendeur(-euse); **shopkeeper** *n* marchand(e), commerçant(e); **shoplifting** *n* vol *m* à l'étalage; **shopping** *n* (*goods*) achats *mpl*, provisions *fpl*; **shopping bag** *n* sac *m* (à provisions); **shopping centre**, (US) **shopping center** *n* centre commercial; **shopping mall** *n* centre commercial; **shopping trolley** *n* (BRIT) Caddie® *m*; **shop window** *n* vitrine *f*
shore [ʃɔːʳ] *n* (*of sea, lake*) rivage *m*, rive *f* ▷ *vt*: **to ~ (up)** étayer; **on ~** à terre
short [ʃɔːt] *adj* (*not long*) court(e); (*soon finished*) court, bref (brève); (*person, step*) petit(e); (*curt*) brusque, sec (sèche); (*insufficient*) insuffisant(e) ▷ *n* (*also*: **~ film**) court métrage; (*Elec*) court-circuit *m*; **to be ~ of sth** être à court de *or* manquer de qch; **in ~** bref; en bref; **~ of doing** à moins de faire; **everything ~ of** tout sauf; **it is ~ for** c'est l'abréviation *or* le diminutif de; **to cut ~** (*speech, visit*) abréger, écourter; **to fall ~ of** ne pas être à la hauteur de; **to run ~ of** arriver à court de, venir à manquer de; **to stop ~** s'arrêter net; **to stop ~ of** ne pas aller jusqu'à; **shortage** *n* manque *m*, pénurie *f*; **shortbread** *n* ≈ sablé *m*; **shortcoming** *n* défaut *m*; **short(crust) pastry** *n* (BRIT) pâte brisée; **shortcut** *n* raccourci *m*; **shorten** *vt* raccourcir; (*text, visit*) abréger; **shortfall** *n* déficit *m*; **shorthand** *n* (BRIT) sténo(graphie)

f; **shortlist** *n* (BRIT: *for job*) liste *f* des candidats sélectionnés; **short-lived** *adj* de courte durée; **shortly** *adv* bientôt, sous peu; **shorts** *npl*; **(a pair of) shorts** un short; **short-sighted** *adj* (BRIT) myope; (*fig*) qui manque de clairvoyance; **short-sleeved** *adj* à manches courtes; **short story** *n* nouvelle *f*; **short-tempered** *adj* qui s'emporte facilement; **short-term** *adj* (*effect*) à court terme

shot [ʃɔt] *pt, pp of* **shoot** ▷ *n* coup *m* (de feu); (*try*) coup, essai *m*; (*injection*) piqûre *f*; (*Phot*) photo *f*; **to be a good/poor ~** (*person*) tirer bien/mal; **like a ~** comme une flèche; (*very readily*) sans hésiter; **shotgun** *n* fusil *m* de chasse

should [ʃud] *aux vb*: **I ~ go now** je devrais partir maintenant; **he ~ be there now** il devrait être arrivé maintenant; **I ~ go if I were you** si j'étais vous j'irais; **I ~ like to** volontiers, j'aimerais bien

shoulder ['ʃəuldə^r] *n* épaule *f* ▷ *vt* (*fig*) endosser, se charger de; **shoulder blade** *n* omoplate *f*

shouldn't ['ʃudnt] = **should not**

shout [ʃaut] *n* cri *m* ▷ *vt* crier ▷ *vi* crier, pousser des cris

shove [ʃʌv] *vt* pousser; (*inf: put*): **to ~ sth in** fourrer *or* ficher qch dans ▷ *n* poussée *f*

shovel ['ʃʌvl] *n* pelle *f* ▷ *vt* pelleter, enlever (*or* enfourner) à la pelle

show [ʃəu] (*pt* **showed**, *pp* **shown**) *n* (*of emotion*) manifestation *f*, démonstration *f*; (*semblance*) semblant *m*, apparence *f*; (*exhibition*) exposition *f*, salon *m*; (*Theat, TV*) spectacle *m*; (*Cine*) séance *f* ▷ *vt* montrer; (*film*) passer; (*courage etc*) faire preuve de, manifester; (*exhibit*) exposer ▷ *vi* se voir, être visible; **can you ~ me where it is, please?** pouvez-vous me montrer où c'est?; **to be on ~** être exposé(e); **it's just for ~** c'est juste pour l'effet; **show in** *vt* faire entrer; **show off** *vi* (*pej*) crâner ▷ *vt* (*display*) faire valoir; (*pej*) faire étalage de; **show out** *vt* reconduire à la porte; **show up** *vi* (*stand out*) ressortir; (*inf: turn up*) se montrer ▷ *vt* (*unmask*) démasquer, dénoncer; (*flaw*) faire ressortir; **show business** *n* le monde du spectacle

shower ['ʃauə^r] *n* (*for washing*) douche *f*; (*rain*) averse *f*; (*of stones etc*) pluie *f*, grêle *f*; (US: *party*) *réunion organisée pour la remise de cadeaux* ▷ *vi* prendre une douche, se doucher ▷ *vt*: **to ~ sb with** (*gifts etc*) combler qn de; **to have** *or* **take a ~** prendre une douche, se doucher; **shower cap** *n* bonnet *m* de douche; **shower gel** *n* gel *m* douche

showing ['ʃəuɪŋ] *n* (*of film*) projection *f*

show jumping [-dʒʌmpɪŋ] *n* concours *m* hippique

shown [ʃəun] *pp of* **show**

show: show-off *n* (*inf: person*) crâneur(-euse), m'as-tu-vu(e); **showroom** *n* magasin *m* *or* salle *f* d'exposition

shrank [ʃræŋk] *pt of* **shrink**

shred [ʃrɛd] *n* (*gen pl*) lambeau *m*, petit morceau; (*fig: of truth, evidence*) parcelle *f* ▷ *vt* mettre en lambeaux, déchirer; (*documents*) détruire; (*Culin: grate*) râper; (*: lettuce etc*) couper en lanières

shrewd [ʃru:d] *adj* astucieux(-euse), perspicace; (*business person*) habile

shriek [ʃri:k] *n* cri perçant *or* aigu, hurlement *m* ▷ *vt, vi* hurler, crier

shrimp [ʃrɪmp] *n* crevette grise

shrine [ʃraɪn] *n* (*place*) lieu *m* de pèlerinage

shrink (*pt* **shrank**, *pp* **shrunk**) [ʃrɪŋk, ʃræŋk, ʃrʌŋk] *vi* rétrécir; (*fig*) diminuer; (*also*: **~ away**) reculer ▷ *vt* (*wool*) (faire) rétrécir ▷ *n* (*inf, pej*) psychanalyste *m/f*; **to ~ from (doing) sth** reculer devant (la pensée de faire) qch

hrivel ['ʃrɪvl], **shrivel up** *vt* ratatiner, flétrir ▷ *vi* se ratatiner, se flétrir
hroud [ʃraud] *n* linceul *m* ▷ *vt*: **~ed in mystery** enveloppé(e) de mystère
hrove Tuesday ['ʃrəuv-] *n* (le) Mardi gras
hrub [ʃrʌb] *n* arbuste *m*
hrug [ʃrʌg] *n* haussement *m* d'épaules ▷ *vt, vi*: **to ~ (one's shoulders)** hausser les épaules; **shrug off** *vt* faire fi de
hrunk [ʃrʌŋk] *pp of* **shrink**
hudder ['ʃʌdəʳ] *n* frisson *m*, frémissement *m* ▷ *vi* frissonner, frémir
huffle ['ʃʌfl] *vt* (*cards*) battre; **to ~ (one's feet)** traîner les pieds
hun [ʃʌn] *vt* éviter, fuir
hut (*pt, pp* **shut**) [ʃʌt] *vt* fermer ▷ *vi* (se) fermer; **shut down** *vt* fermer définitivement ▷ *vi* fermer définitivement; **shut up** *vi* (*inf: keep quiet*) se taire ▷ *vt* (*close*) fermer; (*silence*) faire taire; **shutter** *n* volet *m*; (*Phot*) obturateur *m*
huttle ['ʃʌtl] *n* navette *f*; (*also*: **~ service**) (service *m* de) navette *f*; **shuttlecock** *n* volant *m* (*de badminton*)
hy [ʃaɪ] *adj* timide
blings ['sɪblɪŋz] *npl* (*formal*) frères et sœurs *mpl* (*de mêmes parents*)
icily ['sɪsɪlɪ] *n* Sicile *f*
ck [sɪk] *adj* (*ill*) malade; (BRIT: *humour*) noir(e), macabre; (*vomiting*): **to be ~** vomir; **to feel ~** avoir envie de vomir, avoir mal au cœur; **to be ~ of** (*fig*) en avoir assez de; **sickening** *adj* (*fig*) écœurant(e), révoltant(e), répugnant(e); **sick leave** *n* congé *m* de maladie; **sickly** *adj* maladif(-ive), souffreteux(-euse); (*causing nausea*) écœurant(e); **sickness** *n* maladie *f*; (*vomiting*) vomissement(s) *m(pl)*
de [saɪd] *n* côté *m*; (*of lake, road*) bord *m*; (*of mountain*) versant *m*; (*fig: aspect*) côté, aspect *m*; (*team: Sport*) équipe *f*; (*TV: channel*) chaîne *f* ▷ *adj* (*door, entrance*) latéral(e) ▷ *vi*: **to ~ with sb** prendre le parti de qn, se ranger du côté de qn; **by the ~ of** au bord de; **~ by ~** côte à côte; **to rock from ~ to ~** se balancer; **to take ~s (with)** prendre parti (pour); **sideboard** *n* buffet *m*; **sideboards**, (US) **sideburns** *npl* (*whiskers*) pattes *fpl*; **side effect** *n* effet *m* secondaire; **sidelight** *n* (*Aut*) veilleuse *f*; **sideline** *n* (*Sport*) (ligne *f* de) touche *f*; (*fig*) activité *f* secondaire; **side order** *n* garniture *f*; **side road** *n* petite route, route transversale; **side street** *n* rue transversale; **sidetrack** *vt* (*fig*) faire dévier de son sujet; **sidewalk** *n* (US) trottoir *m*; **sideways** *adv* de côté
siege [si:dʒ] *n* siège *m*
sieve [sɪv] *n* tamis *m*, passoire *f* ▷ *vt* tamiser, passer (au tamis)
sift [sɪft] *vt* passer au tamis *or* au crible; (*fig*) passer au crible
sigh [saɪ] *n* soupir *m* ▷ *vi* soupirer, pousser un soupir
sight [saɪt] *n* (*faculty*) vue *f*; (*spectacle*) spectacle *m* ▷ *vt* apercevoir; **in ~** visible; (*fig*) en vue; **out of ~** hors de vue; **sightseeing** *n* tourisme *m*; **to go sightseeing** faire du tourisme
sign [saɪn] *n* (*gen*) signe *m*; (*with hand etc*) signe, geste *m*; (*notice*) panneau *m*, écriteau *m*; (*also*: **road ~**) panneau de signalisation ▷ *vt* signer; **where do I ~?** où dois-je signer?; **sign for** *vt fus* (*item*) signer le reçu pour; **sign in** *vi* signer le registre (en arrivant); **sign on** *vi* (BRIT: *as unemployed*) s'inscrire au chômage; (*enrol*) s'inscrire ▷ *vt* (*employee*) embaucher; **sign over** *vt*: **to ~ sth over to sb** céder qch par écrit à qn; **sign up** *vi* (*Mil*) s'engager; (*for course*) s'inscrire
signal ['sɪgnl] *n* signal *m* ▷ *vi* (*Aut*) mettre son clignotant ▷ *vt* (*person*) faire signe à; (*message*) communiquer par signaux
signature ['sɪgnətʃəʳ] *n* signature *f*

significance [sɪɡ'nɪfɪkəns] *n* signification *f*; importance *f*
significant [sɪɡ'nɪfɪkənt] *adj* significatif(-ive); (*important*) important(e), considérable
signify ['sɪɡnɪfaɪ] *vt* signifier
sign language *n* langage *m* par signes
signpost ['saɪnpəust] *n* poteau indicateur
Sikh [siːk] *adj*, *n* Sikh *m/f*
silence ['saɪlns] *n* silence *m* ▷ *vt* faire taire, réduire au silence
silent ['saɪlnt] *adj* silencieux(-euse); (*film*) muet(te); **to keep** *or* **remain ~** garder le silence, ne rien dire
silhouette [sɪluː'ɛt] *n* silhouette *f*
silicon chip ['sɪlɪkən-] *n* puce *f* électronique
silk [sɪlk] *n* soie *f* ▷ *cpd* de *or* en soie
silly ['sɪlɪ] *adj* stupide, sot(te), bête
silver ['sɪlvə^r] *n* argent *m*; (*money*) monnaie *f* (en pièces d'argent); (*also:* **~ware**) argenterie *f* ▷ *adj* (*made of silver*) d'argent, en argent; (*in colour*) argenté(e); **silver-plated** *adj* plaqué(e) argent
SIM card ['sɪm-] *abbr* (*Tel*) carte *f* SIM
similar ['sɪmɪlə^r] *adj*: **~ (to)** semblable (à); **similarity** [sɪmɪ'lærɪtɪ] *n* ressemblance *f*, similarité *f*; **similarly** *adv* de la même façon, de même
simmer ['sɪmə^r] *vi* cuire à feu doux, mijoter
simple ['sɪmpl] *adj* simple; **simplicity** [sɪm'plɪsɪtɪ] *n* simplicité *f*; **simplify** ['sɪmplɪfaɪ] *vt* simplifier; **simply** *adv* simplement; (*without fuss*) avec simplicité; (*absolutely*) absolument
simulate ['sɪmjuleɪt] *vt* simuler, feindre
simultaneous [sɪməl'teɪnɪəs] *adj* simultané(e); **simultaneously** *adv* simultanément
sin [sɪn] *n* péché *m* ▷ *vi* pécher
since [sɪns] *adv*, *prep* depuis ▷ *conj* (*time*) depuis que; (*because*) puisque, étant donné que, comme; **~ then, ever ~** depuis ce moment-là
sincere [sɪn'sɪə^r] *adj* sincère; **sincerely** *adv* sincèrement; **yours sincerely** (*at end of letter*) veuillez agréer, Monsieur (*or* Madame) l'expression de mes sentiments distingués *or* les meilleurs
sing (*pt* **sang**, *pp* **sung**) [sɪŋ, sæŋ, sʌ-] *vt*, *vi* chanter
Singapore [sɪŋɡə'pɔː^r] *n* Singapour *m*
singer ['sɪŋə^r] *n* chanteur(-euse)
singing ['sɪŋɪŋ] *n* (*of person, bird*) chant *m*
single ['sɪŋɡl] *adj* seul(e), unique; (*unmarried*) célibataire; (*not double*) simple ▷ *n* (BRIT: *also:* **~ ticket**) aller (simple); (*record*) 45 tours *m*; **singles** *npl* (*Tennis*) simple *m*; **every ~ day** chaque jour sans exception; **single out** *vt* choisir; (*distinguish*) distingue[r]; **single bed** *n* lit *m* d'une personne *or* une place; **single file** *n*: **in single fi[le]** en file indienne; **single-handed** *adv* tout(e) seul(e), sans (aucune) aide; **single-minded** *adj* résolu(e), tenac[e]; **single parent** *n* parent unique (*or* célibataire); **single-parent family** famille monoparentale; **single room** *n* chambre *f* à un lit *or* pour un[e] personne
singular ['sɪŋɡjulə^r] *adj* singulier(-ière); (*odd*) singulier, étrange; (*outstanding*) remarquable; (*Ling*) (au) singulier, du singulier ▷ *n* (*Ling*) singulier *m*
sinister ['sɪnɪstə^r] *adj* sinistre
sink [sɪŋk] (*pt* **sank**, *pp* **sunk**) *n* évier *m*; (*washbasin*) lavabo *m* ▷ *vt* (*ship*) (faire) couler, faire sombrer; (*foundations*) creuser ▷ *vi* couler, sombrer; (*ground etc*) s'affaisser; **to ~ into sth** (*chair*) s'enfoncer dans qch; **sink in** *vi* (*explanation*) rentrer (*inf*), être compris

sinus ['saɪnəs] *n* (*Anat*) sinus *m inv*
sip [sɪp] *n* petite gorgée ▷ *vt* boire à petites gorgées
sir [səʳ] *n* monsieur *m*; **S~ John Smith** sir John Smith; **yes ~** oui Monsieur
siren ['saɪərn] *n* sirène *f*
sirloin ['səːlɔɪn] *n* (*also*: **~ steak**) aloyau *m*
sister ['sɪstəʳ] *n* sœur *f*; (*nun*) religieuse *f*, (bonne) sœur; (BRIT: *nurse*) infirmière *f* en chef; **sister-in-law** *n* belle-sœur *f*
sit (*pt, pp* **sat**) [sɪt, sæt] *vi* s'asseoir; (*be sitting*) être assis(e); (*assembly*) être en séance, siéger; (*for painter*) poser ▷ *vt* (*exam*) passer, se présenter à; **sit back** *vi* (*in seat*) bien s'installer, se carrer; **sit down** *vi* s'asseoir; **sit on** *vt fus* (*jury, committee*) faire partie de; **sit up** *vi* s'asseoir; (*straight*) se redresser; (*not go to bed*) rester debout, ne pas se coucher
sitcom ['sɪtkɔm] *n abbr* (*TV*: = *situation comedy*) sitcom *f*, comédie *f* de situation
site [saɪt] *n* emplacement *m*, site *m*; (*also*: **building ~**) chantier *m*; (*Internet*) site *m* web ▷ *vt* placer
sitting ['sɪtɪŋ] *n* (*of assembly etc*) séance *f*; (*in canteen*) service *m*; **sitting room** *n* salon *m*
situated ['sɪtjueɪtɪd] *adj* situé(e)
situation [sɪtju'eɪʃən] *n* situation *f*; **"~s vacant/wanted"** (BRIT) "offres/demandes d'emploi"
six [sɪks] *num* six; **sixteen** *num* seize; **sixteenth** [sɪks'tiːnθ] *num* seizième; **sixth** ['sɪksθ] *num* sixième; **sixth form** *n* (BRIT) ≈ classes *fpl* de première et de terminale; **sixth-form college** *n lycée n'ayant que des classes de première et de terminale*; **sixtieth** ['sɪkstɪɪθ] *num* soixantième; **sixty** *num* soixante
size [saɪz] *n* dimensions *fpl*; (*of person*) taille *f*; (*of clothing*) taille; (*of shoes*) pointure *f*; (*of problem*) ampleur *f*; (*glue*) colle *f*; **sizeable** *adj* assez grand(e); (*amount, problem, majority*) assez important(e)
sizzle ['sɪzl] *vi* grésiller
skate [skeɪt] *n* patin *m*; (*fish*: *pl inv*) raie *f* ▷ *vi* patiner; **skateboard** *n* skateboard *m*, planche *f* à roulettes; **skateboarding** *n* skateboard *m*; **skater** *n* patineur(-euse); **skating** *n* patinage *m*; **skating rink** *n* patinoire *f*
skeleton ['skɛlɪtn] *n* squelette *m*; (*outline*) schéma *m*
skeptical ['skɛptɪkl] (US) *adj* = **sceptical**
sketch [skɛtʃ] *n* (*drawing*) croquis *m*, esquisse *f*; (*outline plan*) aperçu *m*; (*Theat*) sketch *m*, saynète *f* ▷ *vt* esquisser, faire un croquis *or* une esquisse de; (*plan etc*) esquisser
skewer ['skjuːəʳ] *n* brochette *f*
ski [skiː] *n* ski *m* ▷ *vi* skier, faire du ski; **ski boot** *n* chaussure *f* de ski
skid [skɪd] *n* dérapage *m* ▷ *vi* déraper
ski: skier *n* skieur(-euse); **skiing** *n* ski *m*; **to go skiing** (aller) faire du ski
skilful, (US) **skillful** ['skɪlful] *adj* habile, adroit(e)
ski lift *n* remonte-pente *m inv*
skill [skɪl] *n* (*ability*) habileté *f*, adresse *f*, talent *m*; (*requiring training*) compétences *fpl*; **skilled** *adj* habile, adroit(e); (*worker*) qualifié(e)
skim [skɪm] *vt* (*soup*) écumer; (*glide over*) raser, effleurer ▷ *vi*: **to ~ through** (*fig*) parcourir; **skimmed milk**, (US) **skim milk** *n* lait écrémé
skin [skɪn] *n* peau *f* ▷ *vt* (*fruit etc*) éplucher; (*animal*) écorcher; **skinhead** *n* skinhead *m*; **skinny** *adj* maigre, maigrichon(ne)
skip [skɪp] *n* petit bond *or* saut; (BRIT: *container*) benne *f* ▷ *vi* gambader, sautiller; (*with rope*) sauter à la corde ▷ *vt* (*pass over*) sauter
ski: ski pass *n* forfait-skieur(s) *m*; **ski pole** *n* bâton *m* de ski
skipper ['skɪpəʳ] *n* (*Naut, Sport*) capitaine *m*; (*in race*) skipper *m*

skipping rope ['skɪpɪŋ-], (*US*)**skip rope** *n* corde *f* à sauter
skirt [skəːt] *n* jupe *f* ▷ *vt* longer, contourner
skirting board ['skəːtɪŋ-] *n* (BRIT) plinthe *f*
ski slope *n* piste *f* de ski
ski suit *n* combinaison *f* de ski
skull [skʌl] *n* crâne *m*
skunk [skʌŋk] *n* mouffette *f*
sky [skaɪ] *n* ciel *m*;**skyscraper** *n* gratte-ciel *m inv*
slab [slæb] *n* (*of stone*) dalle *f*; (*of meat, cheese*) tranche épaisse
slack [slæk] *adj* (*loose*) lâche, desserré(e); (*slow*) stagnant(e); (*careless*) négligent(e), peu sérieux(-euse) *or* consciencieux(-euse); **slacks** *npl* pantalon *m*
slain [sleɪn] *pp of* **slay**
slam [slæm] *vt* (*door*) (faire) claquer; (*throw*) jeter violemment, flanquer; (*inf: criticize*) éreinter, démolir ▷ *vi* claquer
slander ['slɑːndəʳ] *n* calomnie *f*; (*Law*) diffamation *f*
slang [slæŋ] *n* argot *m*
slant [slɑːnt] *n* inclinaison *f*; (*fig*) angle *m*, point *m* de vue
slap [slæp] *n* claque *f*, gifle *f*; (*on the back*) tape *f* ▷ *vt* donner une claque *or* une gifle (*or* une tape) à ▷ *adv* (*directly*) tout droit, en plein; **to ~ on** (*paint*) appliquer rapidement
slash [slæʃ] *vt* entailler, taillader; (*fig: prices*) casser
slate [sleɪt] *n* ardoise *f* ▷ *vt* (*fig: criticize*) éreinter, démolir
slaughter ['slɔːtəʳ] *n* carnage *m*, massacre *m*; (*of animals*) abattage *m* ▷ *vt* (*animal*) abattre; (*people*) massacrer;**slaughterhouse** *n* abattoir *m*
Slav [slɑːv] *adj* slave
slave [sleɪv] *n* esclave *m/f* ▷ *vi* (*also*: **~ away**) trimer, travailler comme un forçat;**slavery** *n* esclavage *m*
slay (*pt* **slew**, *pp* **slain**) [sleɪ, sluː, sleɪn] *vt* (*literary*) tuer
sleazy ['sliːzɪ] *adj* miteux(-euse), minable
sled [slɛd] (*US*) *n* = **sledge**
sledge [slɛdʒ] *n* luge *f*
sleek [sliːk] *adj* (*hair, fur*) brillant(e), luisant(e); (*car, boat*) aux lignes pures *or* élégantes
sleep [sliːp] *n* sommeil *m* ▷ *vi* (*pt, pp* **slept**) dormir; **to go to ~** s'endormir; **sleep in** *vi* (*oversleep*) se réveiller trop tard; (*on purpose*) faire la grasse matinée;**sleep together** *vi* (*have sex*) coucher ensemble;**sleeper** *n* (*person*) dormeur(-euse); (BRIT *Rail: on track*) traverse *f*; (*: train*) train-couchettes *m*; (*: berth*) couchette *f*;**sleeping bag** ['sliːpɪŋ-] *n* sac *m* de couchage; **sleeping car** *n* wagon-lits *m*, voiture-lits *f*;**sleeping pill** *n* somnifère *m*; **sleepover** *n* nuit *f* chez un copain *or* une copine; **we're having a sleepover at Jo's** nous allons passer la nuit chez Jo;**sleepwalk** *vi* marcher en dormant;**sleepy** *adj* (*fig*) endormi(e)
sleet [sliːt] *n* neige fondue
sleeve [sliːv] *n* manche *f*; (*of record*) pochette *f*;**sleeveless** *adj* (*garment*) sans manches
sleigh [sleɪ] *n* traîneau *m*
slender ['slɛndəʳ] *adj* svelte, mince; (*fig*) faible, ténu(e)
slept [slɛpt] *pt, pp of* **sleep**
slew [sluː] *pt of* **slay**
slice [slaɪs] *n* tranche *f*; (*round*) rondelle *f*; (*utensil*) spatule *f*; (*also*: **fish ~**) pelle *f* à poisson ▷ *vt* couper en tranches (*or* en rondelles)
slick [slɪk] *adj* (*skilful*) bien ficelé(e); (*salesperson*) qui a du bagout ▷ *n* (*also*: **oil ~**) nappe *f* de pétrole, marée noire
slide (*pt, pp* **slid**) [slaɪd, slɪd] *n* (*in playground*) toboggan *m*; (*Phot*) diapositive *f*; (BRIT: *also*: **hair ~**) barrette *f*; (*in prices*) chute *f*, baisse *f*

▷ *vt* (faire) glisser ▷ *vi* glisser; **sliding** *adj* (*door*) coulissant(e)

slight [slaɪt] *adj* (*slim*) mince, menu(e); (*frail*) frêle; (*trivial*) faible, insignifiant(e); (*small*) petit(e), léger(-ère) *before n* ▷ *n* offense *f*, affront *m* ▷ *vt* (*offend*) blesser, offenser; **not in the ~est** pas le moins du monde, pas du tout; **slightly** *adv* légèrement, un peu

slim [slɪm] *adj* mince ▷ *vi* maigrir; (*diet*) suivre un régime amaigrissant; **slimming** *n* amaigrissement *m* ▷ *adj* (*diet, pills*) amaigrissant(e), pour maigrir; (*food*) qui ne fait pas grossir

slimy ['slaɪmɪ] *adj* visqueux(-euse), gluant(e)

sling [slɪŋ] *n* (*Med*) écharpe *f*; (*for baby*) porte-bébé *m*; (*weapon*) fronde *f*, lance-pierre *m* ▷ *vt* (*pt, pp* **slung**) lancer, jeter

slip [slɪp] *n* faux pas; (*mistake*) erreur *f*, bévue *f*; (*underskirt*) combinaison *f*; (*of paper*) petite feuille, fiche *f* ▷ *vt* (*slide*) glisser ▷ *vi* (*slide*) glisser; (*decline*) baisser; (*move smoothly*): **to ~ into/out of** se glisser *or* se faufiler dans/hors de; **to ~ sth on/off** enfiler/enlever qch; **to give sb the ~** fausser compagnie à qn; **a ~ of the tongue** un lapsus; **slip up** *vi* faire une erreur, gaffer

slipped disc [slɪpt-] *n* déplacement *m* de vertèbre

slipper ['slɪpəʳ] *n* pantoufle *f*

slippery ['slɪpərɪ] *adj* glissant(e)

slip road *n* (BRIT: *to motorway*) bretelle *f* d'accès

slit [slɪt] *n* fente *f*; (*cut*) incision *f* ▷ *vt* (*pt, pp* **slit**) fendre; couper, inciser

slog [slɔg] *n* (BRIT: *effort*) gros effort; (*work*) tâche fastidieuse ▷ *vi* travailler très dur

slogan ['sləugən] *n* slogan *m*

slope [sləup] *n* pente *f*, côte *f*; (*side of mountain*) versant *m*; (*slant*) inclinaison *f* ▷ *vi*: **to ~ down** être *or* descendre en pente; **to ~ up** monter; **sloping** *adj* en pente, incliné(e); (*handwriting*) penché(e)

sloppy ['slɔpɪ] *adj* (*work*) peu soigné(e), bâclé(e); (*appearance*) négligé(e), débraillé(e)

slot [slɔt] *n* fente *f* ▷ *vt*: **to ~ sth into** encastrer *or* insérer qch dans; **slot machine** *n* (BRIT: *vending machine*) distributeur *m* (automatique), machine *f* à sous; (*for gambling*) appareil *m or* machine à sous

Slovakia [sləu'vækɪə] *n* Slovaquie *f*

Slovene [sləu'viːn] *adj* slovène ▷ *n* Slovène *m/f*; (*Ling*) slovène *m*

Slovenia [sləu'viːnɪə] *n* Slovénie *f*; **Slovenian** *adj, n* = **Slovene**

slow [sləu] *adj* lent(e); (*watch*): **to be ~** retarder ▷ *adv* lentement ▷ *vt, vi* ralentir; **"~"** (*road sign*) "ralentir"; **slow down** *vi* ralentir; **slowly** *adv* lentement; **slow motion** *n*: **in slow motion** au ralenti

slug [slʌg] *n* limace *f*; (*bullet*) balle *f*; **sluggish** *adj* (*person*) mou (molle), lent(e); (*stream, engine, trading*) lent(e)

slum [slʌm] *n* (*house*) taudis *m*; **slums** *npl* (*area*) quartiers *mpl* pauvres

slump [slʌmp] *n* baisse soudaine, effondrement *m*; (*Econ*) crise *f* ▷ *vi* s'effondrer, s'affaisser

slung [slʌŋ] *pt, pp of* **sling**

slur [sləːʳ] *n* (*smear*): **~ (on)** atteinte *f* (à); insinuation *f* (contre) ▷ *vt* mal articuler

slush [slʌʃ] *n* neige fondue

sly [slaɪ] *adj* (*person*) rusé(e); (*smile, expression, remark*) sournois(e)

smack [smæk] *n* (*slap*) tape *f*; (*on face*) gifle *f* ▷ *vt* donner une tape à; (*on face*) gifler; (*on bottom*) donner la fessée à ▷ *vi*: **to ~ of** avoir des relents de, sentir

small [smɔːl] *adj* petit(e); **small ads** *npl* (BRIT) petites annonces; **small change** *n* petite *or* menue monnaie

smart [smɑːt] *adj* élégant(e), chic *inv*; (*clever*) intelligent(e); (*quick*) vif (vive), prompt(e) ▷ *vi* faire mal, brûler;

S

smart card *n* carte *f* à puce; **smart phone** *n* smartphone *m*

smash [smæʃ] *n* (*also*: **~-up**) collision *f*, accident *m*; (*Mus*) succès foudroyant ▷ *vt* casser, briser, fracasser; (*opponent*) écraser; (*Sport*: *record*) pulvériser ▷ *vi* se briser, se fracasser; s'écraser; **smashing** *adj* (*inf*) formidable

smear [smɪəʳ] *n* (*stain*) tache *f*; (*mark*) trace *f*; (*Med*) frottis *m* ▷ *vt* enduire; (*make dirty*) salir; **smear test** *n* (BRIT *Med*) frottis *m*

smell [smɛl] (*pt*, *pp* **smelt** *or* **smelled**) *n* odeur *f*; (*sense*) odorat *m* ▷ *vt* sentir ▷ *vi* (*pej*) sentir mauvais; **smelly** *adj* qui sent mauvais, malodorant(e)

smelt [smɛlt] *pt*, *pp of* **smell**

smile [smaɪl] *n* sourire *m* ▷ *vi* sourire

smirk [smə:k] *n* petit sourire suffisant *or* affecté

smog [smɔg] *n* brouillard mêlé de fumée

smoke [sməuk] *n* fumée *f* ▷ *vt*, *vi* fumer; **do you mind if I ~?** ça ne vous dérange pas que je fume?; **smoke alarm** *n* détecteur *m* de fumée; **smoked** *adj* (*bacon*, *glass*) fumé(e); **smoker** *n* (*person*) fumeur(-euse); (*Rail*) wagon *m* fumeurs; **smoking** *n*: **"no smoking"** (*sign*) "défense de fumer"; **smoky** *adj* enfumé(e); (*taste*) fumé(e)

smooth [smu:ð] *adj* lisse; (*sauce*) onctueux(-euse); (*flavour*, *whisky*) moelleux(-euse); (*movement*) régulier(-ière), sans à-coups *or* heurts; (*flight*) sans secousses; (*pej*: *person*) doucereux(-euse), mielleux(-euse) ▷ *vt* (*also*: **~ out**) lisser, défroisser; (*creases*, *difficulties*) faire disparaître

smother ['smʌðəʳ] *vt* étouffer

SMS *n abbr* (= *short message service*) SMS *m*; **SMS message** *n* (message *m*) SMS *m*

smudge [smʌdʒ] *n* tache *f*, bavure *f* ▷ *vt* salir, maculer

smug [smʌg] *adj* suffisant(e), content(e) de soi

smuggle ['smʌgl] *vt* passer en contrebande *or* en fraude; **smuggling** *n* contrebande *f*

snack [snæk] *n* casse-croûte *m inv*; **snack bar** *n* snack(-bar) *m*

snag [snæg] *n* inconvénient *m*, difficulté *f*

snail [sneɪl] *n* escargot *m*

snake [sneɪk] *n* serpent *m*

snap [snæp] *n* (*sound*) claquement *m*, bruit sec; (*photograph*) photo *f*, instantané *m* ▷ *adj* subit(e), fait(e) sans réfléchir ▷ *vt* (*fingers*) faire claquer; (*break*) casser net ▷ *vi* se casser net *or* avec un bruit sec; (*speak sharply*) parler d'un ton brusque; **to ~ open/shut** s'ouvrir/se refermer brusquement; **snap at** *vt fus* (*subj*: *dog*) essayer de mordre; **snap up** *vt* sauter sur, saisir; **snapshot** *n* photo *f* instantané *m*

snarl [sna:l] *vi* gronder

snatch [snætʃ] *n* ▷ *vt* saisir (*d'un geste vif*); (*steal*) voler; **to ~ some sleep** arriver à dormir un peu

sneak [sni:k] (*US*: *pt*, *pp* **snuck**) *vi*: **to ~ in/out** entrer/sortir furtivement *or* à la dérobée ▷ *n* (*inf*: *pej*: *informer*) faux jeton; **to ~ up on sb** s'approcher de qn sans faire de bruit; **sneakers** *npl* tennis *mpl*, baskets *fpl*

sneer [snɪəʳ] *vi* ricaner; **to ~ at sb/sth** se moquer de qn/qch avec mépris

sneeze [sni:z] *vi* éternuer

sniff [snɪf] *vi* renifler ▷ *vt* renifler, flairer; (*glue*, *drug*) sniffer, respirer

snigger ['snɪgəʳ] *vi* ricaner

snip [snɪp] *n* (*cut*) entaille *f*; (BRIT *inf*: *bargain*) (bonne) occasion *or* affaire ▷ *vt* couper

sniper ['snaɪpəʳ] *n* tireur embusqué

snob [snɔb] *n* snob *m/f*

snooker ['snu:kəʳ] *n sorte de jeu de billard*

snoop [snu:p] *vi*: **to ~ about** fureter

snooze [snu:z] *n* petit somme ▷ *vi* faire un petit somme

snore [snɔ:ʳ] *vi* ronfler ▷ *n* ronflement *m*

snorkel ['snɔ:kl] *n* (*of swimmer*) tuba *m*

snort [snɔ:t] *n* grognement *m* ▷ *vi* grogner; (*horse*) renâcler

snow [snəu] *n* neige *f* ▷ *vi* neiger; **snowball** *n* boule *f* de neige; **snowdrift** *n* congère *f*; **snowman** (*irreg*) *n* bonhomme *m* de neige; **snowplough**, (US) **snowplow** *n* chasse-neige *m inv*; **snowstorm** *n* tempête *f* de neige

snub [snʌb] *vt* repousser, snober ▷ *n* rebuffade *f*

snuck [snsʌk] (US) *pt, pp of* **sneak**

snug [snʌg] *adj* douillet(te), confortable; (*person*) bien au chaud

KEYWORD

so [səu] *adv* **1** (*thus, likewise*) ainsi, de cette façon; **if so** si oui; **so do** *or* **have I** moi aussi; **it's 5 o'clock — so it is!** il est 5 heures — en effet! *or* c'est vrai!; **I hope/think so** je l'espère/ le crois; **so far** jusqu'ici, jusqu'à maintenant; (*in past*) jusque-là
2 (*in comparisons etc: to such a degree*) si, tellement; **so big (that)** si *or* tellement grand (que); **she's not so clever as her brother** elle n'est pas aussi intelligente que son frère
3: **so much** *adj, adv* tant (de); **I've got so much work** j'ai tant de travail; **I love you so much** je vous aime tant; **so many** tant (de)
4 (*phrases*): **10 or so** à peu près *or* environ 10; **so long!** (*inf: goodbye*) au revoir!, à un de ces jours!; **so (what)?** (*inf*) (bon) et alors?, et après?
▸ *conj* **1** (*expressing purpose*): **so as to do** pour faire, afin de faire; **so (that)** pour que *or* afin que + *sub*
2 (*expressing result*) donc, par conséquent; **so that** si bien que; **so that's the reason!** c'est donc (pour) ça!; **so you see, I could have gone** alors tu vois, j'aurais pu y aller

soak [səuk] *vt* faire *or* laisser tremper; (*drench*) tremper ▷ *vi* tremper; **soak up** *vt* absorber; **soaking** *adj* (*also:* **soaking wet**) trempé(e)

so-and-so ['səuənsəu] *n* (*somebody*) un(e) tel(le)

soap [səup] *n* savon *m*; **soap opera** *n* feuilleton télévisé (*quotidienneté réaliste ou embellie*); **soap powder** *n* lessive *f*, détergent *m*

soar [sɔ:ʳ] *vi* monter (en flèche), s'élancer; (*building*) s'élancer

sob [sɔb] *n* sanglot *m* ▷ *vi* sangloter

sober ['səubəʳ] *adj* qui n'est pas (*or* plus) ivre; (*serious*) sérieux(-euse), sensé(e); (*colour, style*) sobre, discret(-ète); **sober up** *vi* se dégriser

so-called ['səu'kɔ:ld] *adj* soi-disant *inv*

soccer ['sɔkəʳ] *n* football *m*

sociable ['səuʃəbl] *adj* sociable

social ['səuʃl] *adj* social(e); (*sociable*) sociable ▷ *n* (petite) fête; **socialism** *n* socialisme *m*; **socialist** *adj, n* socialiste (*m/f*); **socialize** *vi*: **to socialize with** (*meet often*) fréquenter; (*get to know*) lier connaissance *or* parler avec; **social life** *n* vie sociale; **socially** *adv* socialement, en société; **social media** *npl* médias *mpl* sociaux; **social networking** *n* réseaux *mpl* sociaux; **social networking site** *n* site *m* de réseautage; **social security** *n* aide sociale; **social services** *npl* services sociaux; **social work** *n* assistance sociale; **social worker** *n* assistant(e) sociale(e)

society [sə'saɪətɪ] *n* société *f*; (*club*) société, association *f*; (*also:* **high ~**) (haute) société, grand monde

sociology [səusɪ'ɔlədʒɪ] *n* sociologie *f*

sock [sɔk] *n* chaussette *f*

S

socket ['sɔkɪt] *n* cavité *f*; (*Elec*: *also*: **wall ~**) prise *f* de courant
soda ['səudə] *n* (*Chem*) soude *f*; (*also*: **~ water**) eau *f* de Seltz; (*US*: *also*: **~ pop**) soda *m*
sodium ['səudɪəm] *n* sodium *m*
sofa ['səufə] *n* sofa *m*, canapé *m*; **sofa bed** *n* canapé-lit *m*
soft [sɔft] *adj* (*not rough*) doux (douce); (*not hard*) doux, mou (molle); (*not loud*) doux, léger(-ère); (*kind*) doux, gentil(le); **soft drink** *n* boisson non alcoolisée; **soft drugs** *npl* drogues douces; **soften** ['sɔfn] *vt* (r)amollir; (*fig*) adoucir ▷ *vi* se ramollir; (*fig*) s'adoucir; **softly** *adv* doucement; (*touch*) légèrement; (*kiss*) tendrement; **software** *n* (*Comput*) logiciel *m*, software *m*
soggy ['sɔgɪ] *adj* (*clothes*) trempé(e); (*ground*) détrempé(e)
soil [sɔɪl] *n* (*earth*) sol *m*, terre *f* ▷ *vt* salir; (*fig*) souiller
solar ['səulə^r] *adj* solaire; **solar power** *n* énergie *f* solaire; **solar system** *n* système *m* solaire
sold [səuld] *pt, pp of* **sell**
soldier ['səuldʒə^r] *n* soldat *m*, militaire *m*
sold out *adj* (*Comm*) épuisé(e)
sole [səul] *n* (*of foot*) plante *f*; (*of shoe*) semelle *f*; (*fish*: *pl inv*) sole *f* ▷ *adj* seul(e), unique; **solely** *adv* seulement, uniquement
solemn ['sɔləm] *adj* solennel(le); (*person*) sérieux(-euse), grave
solicitor [sə'lɪsɪtə^r] *n* (*BRIT*: *for wills etc*) ≈ notaire *m*; (: *in court*) ≈ avocat *m*
solid ['sɔlɪd] *adj* (*not liquid*) solide; (*not hollow*: *mass*) compact(e); (: *metal, rock, wood*) massif(-ive) ▷ *n* solide *m*
solitary ['sɔlɪtərɪ] *adj* solitaire
solitude ['sɔlɪtju:d] *n* solitude *f*
solo ['səuləu] *n* solo *m* ▷ *adv* (*fly*) en solitaire; **soloist** *n* soliste *m/f*
soluble ['sɔljubl] *adj* soluble
solution [sə'lu:ʃən] *n* solution *f*
solve [sɔlv] *vt* résoudre
solvent ['sɔlvənt] *adj* (*Comm*) solvable ▷ *n* (*Chem*) (dis)solvant *m*
sombre, (*US*) **somber** ['sɔmbə^r] *adj* sombre, morne

KEYWORD

some [sʌm] *adj* **1** (*a certain amount or number of*): **some tea/water/ice cream** du thé/de l'eau/de la glace; **some children/apples** des enfants/ pommes; **I've got some money but not much** j'ai de l'argent mais pas beaucoup
2 (*certain*: *in contrasts*): **some people say that ...** il y a des gens qui disent que ...; **some films were excellent, but most were mediocre** certains films étaient excellents, mais la plupart étaient médiocres
3 (*unspecified*): **some woman was asking for you** il y avait une dame qu vous demandait; **he was asking for some book (or other)** il demandait un livre quelconque; **some day** un de ces jours; **some day next week** un jour la semaine prochaine
▶ *pron* **1** (*a certain number*) quelques-un(e)s, certain(e)s; **I've got some** (*books etc*) j'en ai (quelques-uns); **some (of them) have been sold** certains ont été vendus
2 (*a certain amount*) un peu; **I've got some** (*money, milk*) j'en ai (un peu); **would you like some?** est-ce que vous en voulez?, en voulez-vous?; **could I have some of that cheese?** pourrais-je avoir un peu de ce fromage?; **I've read some of the book** j'ai lu une partie du livre
▶ *adv*: **some 10 people** quelque 10 personnes, 10 personnes environ;

somebody ['sʌmbədɪ] *pron* = **someone**; **somehow** *adv* d'une façon ou d'une autre; (*for some reason*) pour une raison ou une autre; **someone** *pron* quelqu'un; **someplace** *adv* (*US*) = **somewhere**;

something *pron* quelque chose *m*; **something interesting** quelque chose d'intéressant; **something to do** quelque chose à faire; **sometime** *adv* (*in future*) un de ces jours, un jour ou l'autre; (*in past*): **sometime last month** au cours du mois dernier; **sometimes** *adv* quelquefois, parfois; **somewhat** *adv* quelque peu, un peu; **somewhere** *adv* quelque part; **somewhere else** ailleurs, autre part

son [sʌn] *n* fils *m*
song [sɔŋ] *n* chanson *f*; (*of bird*) chant *m*
son-in-law ['sʌnɪnlɔ:] *n* gendre *m*, beau-fils *m*
soon [su:n] *adv* bientôt; (*early*) tôt; **~ afterwards** peu après; *see also* **as**; **sooner** *adv* (*time*) plus tôt; (*preference*): **I would sooner do that** j'aimerais autant *or* je préférerais faire ça; **sooner or later** tôt ou tard
soothe [su:ð] *vt* calmer, apaiser
sophisticated [sə'fɪstɪkeɪtɪd] *adj* raffiné(e), sophistiqué(e); (*machinery*) hautement perfectionné(e), très complexe
sophomore ['sɔfəmɔ:ʳ] *n* (*US*) étudiant(e) de seconde année
soprano [sə'prɑ:nəu] *n* (*singer*) soprano *m/f*
sorbet ['sɔ:beɪ] *n* sorbet *m*
sordid ['sɔ:dɪd] *adj* sordide
sore [sɔ:ʳ] *adj* (*painful*) douloureux(-euse), sensible ▷ *n* plaie *f*
sorrow ['sɔrəu] *n* peine *f*, chagrin *m*
sorry ['sɔrɪ] *adj* désolé(e); (*condition, excuse, tale*) triste, déplorable; **~!** pardon!, excusez-moi!; **~?** pardon?; **to feel ~ for sb** plaindre qn
sort [sɔ:t] *n* genre *m*, espèce *f*, sorte *f*; (*make: of coffee, car etc*) marque *f* ▷ *vt* (*also:* **~ out**: *select which to keep*) trier; (*classify*) classer; (*tidy*) ranger; **sort out** *vt* (*problem*) résoudre, régler
SOS *n* SOS *m*
so-so ['səusəu] *adv* comme ci comme ça
sought [sɔ:t] *pt, pp of* **seek**
soul [səul] *n* âme *f*
sound [saund] *adj* (*healthy*) en bonne santé, sain(e); (*safe, not damaged*) solide, en bon état; (*reliable, not superficial*) sérieux(-euse), solide; (*sensible*) sensé(e) ▷ *adv*: **~ asleep** profondément endormi(e) ▷ *n* (*noise, volume*) son *m*; (*louder*) bruit *m*; (*Geo*) détroit *m*, bras *m* de mer ▷ *vt* (*alarm*) sonner ▷ *vi* sonner, retentir; (*fig: seem*) sembler (être); **to ~ like** ressembler à; **sound bite** *n* phrase toute faite (*pour être citée dans les médias*); **soundtrack** *n* (*of film*) bande *f* sonore
soup [su:p] *n* soupe *f*, potage *m*
sour ['sauəʳ] *adj* aigre; **it's ~ grapes** c'est du dépit
source [sɔ:s] *n* source *f*
south [sauθ] *n* sud *m* ▷ *adj* sud *inv*; (*wind*) du sud ▷ *adv* au sud, vers le sud; **South Africa** *n* Afrique *f* du Sud; **South African** *adj* sud-africain(e) ▷ *n* Sud-Africain(e); **South America** *n* Amérique *f* du Sud; **South American** *adj* sud-américain(e) ▷ *n* Sud-Américain(e); **southbound** *adj* en direction du sud; (*carriageway*) sud *inv*; **south-east** *n* sud-est *m*; **southern** ['sʌðən] *adj* (du) sud; méridional(e); **South Korea** *n* Corée *f* du Sud; **South of France** *n*: **the South of France** le Sud de la France, le Midi; **South Pole** *n*: **the South Pole** le Pôle Sud; **southward(s)** *adv* vers le sud; **south-west** *n* sud-ouest *m*
souvenir [su:və'nɪəʳ] *n* souvenir *m* (*objet*)
sovereign ['sɔvrɪn] *adj, n* souverain(e)
sow[1] (*pt* **sowed**, *pp* **sown**) [səu, səud, səun] *vt* semer
sow[2] *n* [sau] truie *f*
soya ['sɔɪə], (*US*) **soy** [sɔɪ] *n*: **~ bean** graine *f* de soja; **~ sauce** sauce *f* au soja

S

spa [spɑː] *n* (*town*) station thermale; (*US*: *also*: **health ~**) établissement *m* de cure de rajeunissement

space [speɪs] *n* (*gen*) espace *m*; (*room*) place *f*; espace; (*length of time*) laps *m* de temps ▷ *cpd* spatial(e) ▷ *vt* (*also*: **~ out**) espacer; **spacecraft** *n* engin *or* vaisseau spatial; **spaceship** *n* = **spacecraft**

spacious ['speɪʃəs] *adj* spacieux(-euse), grand(e)

spade [speɪd] *n* (*tool*) bêche *f*, pelle *f*; (*child's*) pelle; **spades** *npl* (*Cards*) pique *m*

spaghetti [spə'gɛtɪ] *n* spaghetti *mpl*

Spain [speɪn] *n* Espagne *f*

spam [spæm] *n* (*Comput*) pourriel *m*

span [spæn] *n* (*of bird, plane*) envergure *f*; (*of arch*) portée *f*; (*in time*) espace *m* de temps, durée *f* ▷ *vt* enjamber, franchir; (*fig*) couvrir, embrasser

Spaniard ['spænjəd] *n* Espagnol(e)

Spanish ['spænɪʃ] *adj* espagnol(e), d'Espagne ▷ *n* (*Ling*) espagnol *m*; **the Spanish** *npl* les Espagnols

spank [spæŋk] *vt* donner une fessée à

spanner ['spænə^r] *n* (BRIT) clé *f* (de mécanicien)

spare [spɛə^r] *adj* de réserve, de rechange; (*surplus*) de *or* en trop, de reste ▷ *n* (*part*) pièce *f* de rechange, pièce détachée ▷ *vt* (*do without*) se passer de; (*afford to give*) donner, accorder, passer; (*not hurt*) épargner; **to ~** (*surplus*) en surplus, de trop; **spare part** *n* pièce *f* de rechange, pièce détachée; **spare room** *n* chambre *f* d'ami; **spare time** *n* moments *mpl* de loisir; **spare tyre**, (*US*) **spare tire** *n* (*Aut*) pneu *m* de rechange; **spare wheel** *n* (*Aut*) roue *f* de secours

spark [spɑːk] *n* étincelle *f*

sparkle ['spɑːkl] *n* scintillement *m*, étincellement *m*, éclat *m* ▷ *vi* étinceler, scintiller

sparkling ['spɑːklɪŋ] *adj* (*wine*) mousseux(-euse), pétillant(e); (*water*) pétillant(e), gazeux(-euse)

spark plug *n* bougie *f*

sparrow ['spærəu] *n* moineau *m*

sparse [spɑːs] *adj* clairsemé(e)

spasm ['spæzəm] *n* (*Med*) spasme *m*

spat [spæt] *pt, pp of* **spit**

spate [speɪt] *n* (*fig*): **~ of** avalanche *f or* torrent *m* de

spatula ['spætjulə] *n* spatule *f*

speak (*pt* **spoke**, *pp* **spoken**) [spiːk, spəuk, 'spəukn] *vt* (*language*) parler; (*truth*) dire ▷ *vi* parler; (*make a speech*) prendre la parole; **to ~ to sb/of** *or* **about sth** parler à qn/de qch; **I don't ~ French** je ne parle pas français; **do you ~ English?** parlez-vous anglais?; **can I ~ to ...?** est-ce que je peux parler à ...?; **speaker** *n* (*in public*) orateur *m*; (*also*: **loudspeaker**) haut-parleur *m*; (*for stereo etc*) baffle *m*, enceinte *f*; (*Pol*): **the Speaker** (BRIT) *le président de la Chambre des communes or des représentants*; (*US*) *le président de la Chambre*

spear [spɪə^r] *n* lance *f* ▷ *vt* transpercer

special ['spɛʃl] *adj* spécial(e); **special delivery** *n* (*Post*): **by special delivery** en express; **special effects** *npl* (*Cine*) effets spéciaux; **specialist** *n* spécialiste *m/f*; **speciality** [spɛʃɪ'ælɪtɪ] *n* (BRIT) spécialité *f*; **specialize** *vi*: **to specialize (in)** se spécialiser (dans); **specially** *adv* spécialement, particulièrement; **special needs** *npl* (BRIT) difficultés *fpl* d'apprentissage scolaire; **special offer** *n* (*Comm*) réclame *f*; **special school** *n* (BRIT) établissement *m* d'enseignement spécialisé; **specialty** *n* (*US*) = **speciality**

species ['spiːʃiːz] *n* (*pl inv*) espèce *f*

specific [spə'sɪfɪk] *adj* (*not vague*) précis(e), explicite; (*particular*) particulier(-ière); **specifically** *adv* explicitement, précisément;

(*intend, ask, design*) expressément, spécialement

specify ['spɛsɪfaɪ] *vt* spécifier, préciser

specimen ['spɛsɪmən] *n* spécimen *m*, échantillon *m*; (*Med*: *of blood*) prélèvement *m*; (: *of urine*) échantillon *m*

speck [spɛk] *n* petite tache, petit point; (*particle*) grain *m*

spectacle ['spɛktəkl] *n* spectacle *m*; **spectacles** *npl* (BRIT) lunettes *fpl*; **spectacular** [spɛk'tækjulə^r] *adj* spectaculaire

spectator [spɛk'teɪtə^r] *n* spectateur(-trice)

spectrum (*pl* **spectra**) ['spɛktrəm, -rə] *n* spectre *m*; (*fig*) gamme *f*

speculate ['spɛkjuleɪt] *vi* spéculer; (*try to guess*): **to ~ about** s'interroger sur

sped [spɛd] *pt, pp of* **speed**

speech [spi:tʃ] *n* (*faculty*) parole *f*; (*talk*) discours *m*, allocution *f*; (*manner of speaking*) façon *f* de parler, langage *m*; (*enunciation*) élocution *f*; **speechless** *adj* muet(te)

speed [spi:d] *n* vitesse *f*; (*promptness*) rapidité *f* ▷ *vi* (*pt, pp* **sped**) (*Aut*: *exceed speed limit*) faire un excès de vitesse; **at full** *or* **top ~** à toute vitesse *or* allure; **speed up** (*pt, pp* **speeded up**) *vi* aller plus vite, accélérer ▷ *vt* accélérer; **speedboat** *n* vedette *f*, hors-bord *m inv*; **speeding** *n* (*Aut*) excès *m* de vitesse; **speed limit** *n* limitation *f* de vitesse, vitesse maximale permise; **speedometer** [spɪ'dɔmɪtə^r] *n* compteur *m* (de vitesse); **speedy** *adj* rapide, prompt(e)

spell [spɛl] *n* (*also*: **magic ~**) sortilège *m*, charme *m*; (*period of time*) (courte) période ▷ *vt* (*pt, pp* **spelled** *or* **spelt**) (*in writing*) écrire, orthographier; (*aloud*) épeler; (*fig*) signifier; **to cast a ~ on sb** jeter un sort à qn; **he can't ~** il fait des fautes d'orthographe; **spell out** *vt* (*explain*): **to ~ sth out for sb** expliquer qch clairement à qn; **spellchecker** ['spɛltʃɛkə^r] *n* (*Comput*) correcteur *m or* vérificateur *m* orthographique; **spelling** *n* orthographe *f*

spelt [spɛlt] *pt, pp of* **spell**

spend (*pt, pp* **spent**) [spɛnd, spɛnt] *vt* (*money*) dépenser; (*time, life*) passer; (*devote*) consacrer; **spending** *n*: **government spending** les dépenses publiques

spent [spɛnt] *pt, pp of* **spend** ▷ *adj* (*cartridge, bullets*) vide

sperm [spə:m] *n* spermatozoïde *m*; (*semen*) sperme *m*

sphere [sfɪə^r] *n* sphère *f*; (*fig*) sphère, domaine *m*

spice [spaɪs] *n* épice *f* ▷ *vt* épicer

spicy ['spaɪsɪ] *adj* épicé(e), relevé(e); (*fig*) piquant(e)

spider ['spaɪdə^r] *n* araignée *f*

spike [spaɪk] *n* pointe *f*; (*Bot*) épi *m*

spill (*pt, pp* **spilt** *or* **spilled**) [spɪl, -t, -d] *vt* renverser; répandre ▷ *vi* se répandre; **spill over** *vi* déborder

spilt [spɪlt] *pt, pp of* **spill**

spin [spɪn] (*pt, pp* **spun**) *n* (*revolution of wheel*) tour *m*; (*Aviat*) (chute *f* en) vrille *f*; (*trip in car*) petit tour, balade *f*; (*on ball*) effet *m* ▷ *vt* (*wool etc*) filer; (*wheel*) faire tourner ▷ *vi* (*turn*) tourner, tournoyer

spinach ['spɪnɪtʃ] *n* épinards *mpl*

spinal ['spaɪnl] *adj* vertébral(e), spinal(e); **spinal cord** *n* moelle épinière

spin doctor *n* (*inf*) *personne employée pour présenter un parti politique sous un jour favorable*

spin-dryer [spɪn'draɪə^r] *n* (BRIT) essoreuse *f*

spine [spaɪn] *n* colonne vertébrale; (*thorn*) épine *f*, piquant *m*

spiral ['spaɪərl] *n* spirale *f* ▷ *vi* (*fig*: *prices etc*) monter en flèche

spire ['spaɪə^r] *n* flèche *f*, aiguille *f*

S

spirit ['spɪrɪt] *n* (*soul*) esprit *m*, âme *f*; (*ghost*) esprit, revenant *m*; (*mood*) esprit, état *m* d'esprit; (*courage*) courage *m*, énergie *f*; **spirits** *npl* (*drink*) spiritueux *mpl*, alcool *m*; **in good ~s** de bonne humeur

spiritual ['spɪrɪtjuəl] *adj* spirituel(le); (*religious*) religieux(-euse)

spit [spɪt] *n* (*for roasting*) broche *f*; (*spittle*) crachat *m*; (*saliva*) salive *f* ▷ *vi* (*pt*, *pp* **spat**) cracher; (*sound*) crépiter; (*rain*) crachiner

spite [spaɪt] *n* rancune *f*, dépit *m* ▷ *vt* contrarier, vexer; **in ~ of** en dépit de, malgré; **spiteful** *adj* malveillant(e), rancunier(-ière)

splash [splæʃ] *n* (*sound*) plouf *m*; (*of colour*) tache *f* ▷ *vt* éclabousser ▷ *vi* (*also*: **~ about**) barboter, patauger; **splash out** *vi* (BRIT) faire une folie

splendid ['splɛndɪd] *adj* splendide, superbe, magnifique

splinter ['splɪntəʳ] *n* (*wood*) écharde *f*; (*metal*) éclat *m* ▷ *vi* (*wood*) se fendre; (*glass*) se briser

split [splɪt] (*pt*, *pp* **split**) *n* fente *f*, déchirure *f*; (*fig*: *Pol*) scission *f* ▷ *vt* fendre, déchirer; (*party*) diviser; (*work*, *profits*) partager, répartir ▷ *vi* (*break*) se fendre, se briser; (*divide*) se diviser; **split up** *vi* (*couple*) se séparer, rompre; (*meeting*) se disperser

spoil (*pt*, *pp* **spoiled** *or* **spoilt**) [spɔɪl, -d, -t] *vt* (*damage*) abîmer; (*mar*) gâcher; (*child*) gâter

spoilt [spɔɪlt] *pt*, *pp of* **spoil** ▷ *adj* (*child*) gâté(e); (*ballot paper*) nul(le)

spoke [spəuk] *pt of* **speak** ▷ *n* rayon *m*

spoken ['spəukn] *pp of* **speak**

spokesman ['spəuksmən] (*irreg*) *n* porte-parole *m inv*

spokesperson ['spəukspə:sn] (*irreg*) *n* porte-parole *m inv*

spokeswoman ['spəukswumən] (*irreg*) *n* porte-parole *m inv*

sponge [spʌndʒ] *n* éponge *f*; (*Culin*: *also*: **~ cake**) ≈ biscuit *m* de Savoie ▷ *vt* éponger ▷ *vi*: **to ~ off** *or* **on** vivre aux crochets de; **sponge bag** *n* (BRIT) trousse *f* de toilette

sponsor ['spɔnsəʳ] *n* (*Radio*, *TV*, *Sport*) sponsor *m*; (*for application*) parrain *m*, marraine *f*; (BRIT: *for fund-raising event*) donateur(-trice) ▷ *vt* sponsoriser; parrainer; faire un don à; **sponsorship** *n* sponsoring *m*; parrainage *m*; dons *mpl*

spontaneous [spɔn'teɪnɪəs] *adj* spontané(e)

spooky ['spu:kɪ] *adj* (*inf*) qui donne la chair de poule

spoon [spu:n] *n* cuiller *f*; **spoonful** *n* cuillerée *f*

sport [spɔ:t] *n* sport *m*; (*person*) chic type *m*/chic fille *f* ▷ *vt* (*wear*) arborer; **sport jacket** *n* (US) = **sports jacket**; **sports car** *n* voiture *f* de sport; **sports centre** (BRIT) *n* centre sportif; **sports jacket** *n* (BRIT) veste *f* de sport; **sportsman** (*irreg*) *n* sportif *m*; **sports utility vehicle** *n* véhicule *m* de loisirs (*de type SUV*); **sportswear** *n* vêtements *mpl* de sport; **sportswoman** (*irreg*) *n* sportive *f*; **sporty** *adj* sportif(-ive)

spot [spɔt] *n* tache *f*; (*dot*: *on pattern*) pois *m*; (*pimple*) bouton *m*; (*place*) endroit *m*, coin *m* ▷ *vt* (*notice*) apercevoir, repérer; **on the ~** sur place, sur les lieux; (*immediately*) sur le champ; **spotless** *adj* immaculé(e); **spotlight** *n* projecteur *m*; (*Aut*) phare *m* auxiliaire

spouse [spauz] *n* époux (épouse)

sprain [spreɪn] *n* entorse *f*, foulure *f* ▷ *vt*: **to ~ one's ankle** se fouler *or* se tordre la cheville

sprang [spræŋ] *pt of* **spring**

sprawl [sprɔ:l] *vi* s'étaler

spray [spreɪ] *n* jet *m* (*en fines gouttelettes*); (*from sea*) embruns *mpl*; (*aerosol*) vaporisateur *m*, bombe *f*; (*for garden*) pulvérisateur *m*; (*of flowers*) petit bouquet ▷ *vt* vaporiser, pulvériser; (*crops*) traiter

spread [sprɛd] (*pt, pp* **spread**) *n* (*distribution*) répartition *f*; (*Culin*) pâte *f* à tartiner; (*inf: meal*) festin *m* ▷ *vt* (*paste, contents*) étendre, étaler; (*rumour, disease*) répandre, propager; (*wealth*) répartir ▷ *vi* s'étendre; se répandre; se propager; (*stain*) s'étaler; **spread out** *vi* (*people*) se disperser; **spreadsheet** *n* (*Comput*) tableur *m*
spree [spri:] *n*: **to go on a ~** faire la fête
spring [sprɪŋ] (*pt* **sprang**, *pp* **sprung**) *n* (*season*) printemps *m*; (*leap*) bond *m*, saut *m*; (*coiled metal*) ressort *m*; (*of water*) source *f* ▷ *vi* bondir, sauter; **spring up** *vi* (*problem*) se présenter, surgir; (*plant, buildings*) surgir de terre; **spring onion** *n* (BRIT) ciboule *f*, cive *f*
sprinkle ['sprɪŋkl] *vt*: **to ~ water** *etc* **on, ~ with water** *etc* asperger d'eau *etc*; **to ~ sugar** *etc* **on, ~ with sugar** *etc* saupoudrer de sucre *etc*
sprint [sprɪnt] *n* sprint *m* ▷ *vi* courir à toute vitesse; (*Sport*) sprinter
sprung [sprʌŋ] *pp of* **spring**
spun [spʌn] *pt, pp of* **spin**
spur [spə:ʳ] *n* éperon *m*; (*fig*) aiguillon *m* ▷ *vt* (*also*: **~ on**) éperonner aiguillonner; **on the ~ of the moment** sous l'impulsion du moment
spurt [spə:t] *n* jet *m*; (*of blood*) jaillissement *m*; (*of energy*) regain *m*, sursaut *m* ▷ *vi* jaillir, gicler
spy [spaɪ] *n* espion(ne) ▷ *vi*: **to ~ on** espionner, épier ▷ *vt* (*see*) apercevoir
Sq. *abbr* (*in address*) = **square**
sq. *abbr* (*Math etc*) = **square**
squabble ['skwɔbl] *vi* se chamailler
squad [skwɔd] *n* (*Mil, Police*) escouade *f*, groupe *m*; (*Football*) contingent *m*
squadron ['skwɔdrn] *n* (*Mil*) escadron *m*; (*Aviat, Naut*) escadrille *f*
squander ['skwɔndəʳ] *vt* gaspiller, dilapider
square [skwɛəʳ] *n* carré *m*; (*in town*) place *f* ▷ *adj* carré(e) ▷ *vt* (*arrange*) régler; arranger; (*Math*) élever au carré; (*reconcile*) concilier; **all ~** quitte; à égalité; **a ~ meal** un repas convenable; **2 metres ~** (de) 2 mètres sur 2; **1 ~ metre** 1 mètre carré; **square root** *n* racine carrée
squash [skwɔʃ] *n* (BRIT *Sport*) squash *m*; (US: *vegetable*) courge *f*; (*drink*): **lemon/orange ~** citronnade *f*/ orangeade *f* ▷ *vt* écraser
squat [skwɔt] *adj* petit(e) et épais(se), ramassé(e) ▷ *vi* (*also*: **~ down**) s'accroupir; **squatter** *n* squatter *m*
squeak [skwi:k] *vi* (*hinge, wheel*) grincer; (*mouse*) pousser un petit cri
squeal [skwi:l] *vi* pousser un *or* des cri(s) aigu(s) *or* perçant(s); (*brakes*) grincer
squeeze [skwi:z] *n* pression *f* ▷ *vt* presser; (*hand, arm*) serrer
squid [skwɪd] *n* calmar *m*
squint [skwɪnt] *vi* loucher
squirm [skwə:m] *vi* se tortiller
squirrel ['skwɪrəl] *n* écureuil *m*
squirt [skwə:t] *vi* jaillir, gicler ▷ *vt* faire gicler
Sr *abbr* = **senior**
Sri Lanka [srɪ'læŋkə] *n* Sri Lanka *m*
St *abbr* = **saint; street**
stab [stæb] *n* (*with knife etc*) coup *m* (de couteau *etc*); (*of pain*) lancée *f*; (*inf: try*): **to have a ~ at (doing) sth** s'essayer à (faire) qch ▷ *vt* poignarder
stability [stə'bɪlɪtɪ] *n* stabilité *f*
stable ['steɪbl] *n* écurie *f* ▷ *adj* stable
stack [stæk] *n* tas *m*, pile *f* ▷ *vt* empiler, entasser
stadium ['steɪdɪəm] *n* stade *m*
staff [stɑ:f] *n* (*work force*) personnel *m*; (BRIT *Scol*: *also*: **teaching ~**) professeurs *mpl*, enseignants *mpl*, personnel enseignant ▷ *vt* pourvoir en personnel
stag [stæg] *n* cerf *m*
stage [steɪdʒ] *n* scène *f*; (*platform*) estrade *f*; (*point*) étape *f*, stade *m*; (*profession*): **the ~** le théâtre ▷ *vt*

(*play*) monter, mettre en scène; (*demonstration*) organiser; **in ~s** par étapes, par degrés

Be careful not to translate *stage* by the French word *stage*.

stagger ['stægəʳ] *vi* chanceler, tituber ▷ *vt* (*person: amaze*) stupéfier; (*hours, holidays*) étaler, échelonner; **staggering** *adj* (*amazing*) stupéfiant(e), renversant(e)

stagnant ['stægnənt] *adj* stagnant(e)

stag night, stag party *n* enterrement *m* de vie de garçon

stain [steɪn] *n* tache *f*; (*colouring*) colorant *m* ▷ *vt* tacher; (*wood*) teindre; **stained glass** *n* (*decorative*) verre coloré; (*in church*) vitraux *mpl*; **stainless steel** *n* inox *m*, acier *m* inoxydable

staircase ['stɛəkeɪs] *n* = **stairway**

stairs [stɛəz] *npl* escalier *m*

stairway ['stɛəweɪ] *n* escalier *m*

stake [steɪk] *n* pieu *m*, poteau *m*; (*Comm: interest*) intérêts *mpl*; (*Betting*) enjeu *m* ▷ *vt* risquer, jouer; (*also:* **~ out**: *area*) marquer, délimiter; **to be at ~** être en jeu

stale [steɪl] *adj* (*bread*) rassis(e); (*food*) pas frais (fraîche); (*beer*) éventé(e); (*smell*) de renfermé; (*air*) confiné(e)

stalk [stɔːk] *n* tige *f* ▷ *vt* traquer

stall [stɔːl] *n* (*in street, market etc*) éventaire *m*, étal *m*; (*in stable*) stalle *f* ▷ *vt* (*Aut*) caler; (*fig: delay*) retarder ▷ *vi* (*Aut*) caler; (*fig*) essayer de gagner du temps; **stalls** *npl* (BRIT: *in cinema, theatre*) orchestre *m*

stamina ['stæmɪnə] *n* vigueur *f*, endurance *f*

stammer ['stæməʳ] *n* bégaiement *m* ▷ *vi* bégayer

stamp [stæmp] *n* timbre *m*; (*also:* **rubber ~**) tampon *m*; (*mark: also fig*) empreinte *f*; (*on document*) cachet *m* ▷ *vi* (*also:* **~ one's foot**) taper du pied ▷ *vt* (*letter*) timbrer; (*with rubber stamp*) tamponner; **stamp out** *vt* (*fire*) piétiner; (*crime*) éradiquer; (*opposition*) éliminer; **stamped addressed envelope** *n* (BRIT) enveloppe affranchie pour la réponse

stampede [stæm'piːd] *n* ruée *f*; (*of cattle*) débandade *f*

stance [stæns] *n* position *f*

stand [stænd] (*pt, pp* **stood**) *n* (*position*) position *f*; (*for taxis*) station *f* (de taxis); (*Comm*) étalage *m*, stand *m*; (*Sport: also:* **~s**) tribune *f*; (*also:* **music ~**) pupitre *m* ▷ *vi* être *or* se tenir (debout); (*rise*) se lever, se mettre debout; (*be placed*) se trouver; (*remain: offer etc*) rester valable ▷ *vt* (*place*) mettre, poser; (*tolerate, withstand*) supporter; (*treat, invite*) offrir, payer; **to make a ~** prendre position; **to ~ for parliament** (BRIT) se présenter aux élections (*comme candidat à la députation*); **I can't ~ him** je ne peux pas le voir; **stand back** *vi* (*move back*) reculer, s'écarter; **stand by** *vi* (*be ready*) se tenir prêt(e) ▷ *vt fus* (*opinion*) s'en tenir à; (*person*) ne pas abandonner, soutenir; **stand down** *vi* (*withdraw*) se retirer; **stand for** *vt fus* (*signify*) représenter, signifier; (*tolerate*) supporter, tolérer; **stand in for** *vt fus* remplacer; **stand out** *vi* (*be prominent*) ressortir; **stand up** *vi* (*rise*) se lever, se mettre debout; **stand up for** *vt fus* défendre; **stand up to** *vt fus* tenir tête à, résister à

standard ['stændəd] *n* (*norm*) norme *f*, étalon *m*; (*level*) niveau *m* (voulu); (*criterion*) critère *m*; (*flag*) étendard *m* ▷ *adj* (*size etc*) ordinaire, normal(e); (*model, feature*) standard *inv*; (*practice*) courant(e); (*text*) de base; **standards** *npl* (*morals*) morale *f*, principes *mpl*; **standard of living** *n* niveau *m* de vie

stand-by ticket *n* (*Aviat*) billet *m* stand-by

standing ['stændɪŋ] *adj* debout *inv*; (*permanent*) permanent(e) ▷ *n* réputation *f*, rang *m*, standing *m*; **of many years' ~** qui dure *or*

existe depuis longtemps; **standing order** *n* (BRIT: *at bank*) virement *m* automatique, prélèvement *m* bancaire
stand: standpoint *n* point *m* de vue; **standstill** *n*: **at a standstill** à l'arrêt; (*fig*) au point mort; **to come to a standstill** s'immobiliser, s'arrêter
stank [stæŋk] *pt of* **stink**
staple ['steɪpl] *n* (*for papers*) agrafe *f* ▷ *adj* (*food, crop, industry etc*) de base principal(e) ▷ *vt* agrafer
star [stɑːʳ] *n* étoile *f*; (*celebrity*) vedette *f* ▷ *vt* (*Cine*) avoir pour vedette; **stars** *npl*; **the ~s** (*Astrology*) l'horoscope *m*
starboard ['stɑːbəd] *n* tribord *m*
starch [stɑːtʃ] *n* amidon *m*; (*in food*) fécule *f*
stardom ['stɑːdəm] *n* célébrité *f*
stare [stɛəʳ] *n* regard *m* fixe ▷ *vi*: **to ~ at** regarder fixement
stark [stɑːk] *adj* (*bleak*) désolé(e), morne ▷ *adv*: **~ naked** complètement nu(e)
start [stɑːt] *n* commencement *m*, début *m*; (*of race*) départ *m*; (*sudden movement*) sursaut *m*; (*advantage*) avance *f*, avantage *m* ▷ *vt* commencer; (*cause*: *fight*) déclencher; (*rumour*) donner naissance à; (*fashion*) lancer; (*found*: *business, newspaper*) lancer, créer; (*engine*) mettre en marche ▷ *vi* (*begin*) commencer; (*begin journey*) partir, se mettre en route; (*jump*) sursauter; **when does the film ~?** à quelle heure est-ce que le film commence?; **to ~ doing** *or* **to do sth** se mettre à faire qch; **start off** *vi* commencer; (*leave*) partir; **start out** *vi* (*begin*) commencer; (*set out*) partir; **start up** *vi* commencer; (*car*) démarrer ▷ *vt* (*fight*) déclencher; (*business*) créer; (*car*) mettre en marche; **starter** *n* (*Aut*) démarreur *m*; (*Sport*: *official*) starter *m*; (BRIT *Culin*) entrée *f*; **starting point** *n* point *m* de départ
startle ['stɑːtl] *vt* faire sursauter; donner un choc à; **startling** *adj* surprenant(e), saisissant(e)
starvation [stɑː'veɪʃən] *n* faim *f*, famine *f*
starve [stɑːv] *vi* mourir de faim ▷ *vt* laisser mourir de faim
state [steɪt] *n* état *m*; (*Pol*) État ▷ *vt* (*declare*) déclarer, affirmer; (*specify*) indiquer, spécifier; **States** *npl*; **the S~s** les États-Unis; **to be in a ~** être dans tous ses états; **stately home** ['steɪtlɪ-] *n* manoir *m or* château *m* (*ouvert au public*); **statement** *n* déclaration *f*; (*Law*) déposition *f*; **state school** *n* école publique; **statesman** (*irreg*) *n* homme *m* d'État
static ['stætɪk] *n* (*Radio*) parasites *mpl*; (*also*: **~ electricity**) électricité *f* statique ▷ *adj* statique
station ['steɪʃən] *n* gare *f*; (*also*: **police ~**) poste *m or* commissariat *m* (de police) ▷ *vt* placer, poster
stationary ['steɪʃnərɪ] *adj* à l'arrêt, immobile
stationer's (shop) *n* (BRIT) papeterie *f*
stationery ['steɪʃnərɪ] *n* papier *m* à lettres, petit matériel de bureau
station wagon *n* (US) break *m*
statistic [stə'tɪstɪk] *n* statistique *f*; **statistics** *n* (*science*) statistique *f*
statue ['stætjuː] *n* statue *f*
stature ['stætʃəʳ] *n* stature *f*; (*fig*) envergure *f*
status ['steɪtəs] *n* position *f*, situation *f*; (*prestige*) prestige *m*; (*Admin, official position*) statut *m*; **status quo** [-'kwəu] *n*: **the status quo** le statu quo
statutory ['stætjutrɪ] *adj* statutaire, prévu(e) par un article de loi
staunch [stɔːntʃ] *adj* sûr(e), loyal(e)
stay [steɪ] *n* (*period of time*) séjour *m* ▷ *vi* rester; (*reside*) loger; (*spend some time*) séjourner; **to ~ put** ne pas bouger; **to ~ the night** passer la nuit; **stay away** *vi* (*from person, building*)

S

ne pas s'approcher; (*from event*) ne pas venir; **stay behind** *vi* rester en arrière; **stay in** *vi* (*at home*) rester à la maison; **stay on** *vi* rester; **stay out** *vi* (*of house*) ne pas rentrer; (*strikers*) rester en grève; **stay up** *vi* (*at night*) ne pas se coucher

steadily ['stɛdɪlɪ] *adv* (*regularly*) progressivement; (*firmly*) fermement; (*walk*) d'un pas ferme; (*fixedly: look*) sans détourner les yeux

steady ['stɛdɪ] *adj* stable, solide, ferme; (*regular*) constant(e), régulier(-ière); (*person*) calme, pondéré(e) ▷ *vt* assurer, stabiliser; (*nerves*) calmer; **a ~ boyfriend** un petit ami

steak [steɪk] *n* (*meat*) bifteck *m*, steak *m*; (*fish, pork*) tranche *f*

steal (*pt* **stole**, *pp* **stolen**) [sti:l, stəul, 'stəuln] *vt, vi* voler; (*move*) se faufiler, se déplacer furtivement; **my wallet has been stolen** on m'a volé mon portefeuille

steam [sti:m] *n* vapeur *f* ▷ *vt* (*Culin*) cuire à la vapeur ▷ *vi* fumer; **steam up** *vi* (*window*) se couvrir de buée; **to get ~ed up about sth** (*fig: inf*) s'exciter à propos de qch; **steamy** *adj* humide; (*window*) embué(e); (*sexy*) torride

steel [sti:l] *n* acier *m* ▷ *cpd* d'acier

steep [sti:p] *adj* raide, escarpé(e); (*price*) très élevé(e), excessif(-ive) ▷ *vt* (faire) tremper

steeple ['sti:pl] *n* clocher *m*

steer [stɪəʳ] *vt* diriger; (*boat*) gouverner; (*lead: person*) guider, conduire ▷ *vi* tenir le gouvernail; **steering** *n* (*Aut*) conduite *f*; **steering wheel** *n* volant *m*

stem [stɛm] *n* (*of plant*) tige *f*; (*of glass*) pied *m* ▷ *vt* contenir, endiguer; (*attack, spread of disease*) juguler

step [stɛp] *n* pas *m*; (*stair*) marche *f*; (*action*) mesure *f*, disposition *f* ▷ *vi*: **to ~ forward/back** faire un pas en avant/arrière, avancer/reculer; **steps** *npl* (BRIT) = **stepladder**; **to be in/out of ~ (with)** (*fig*) aller dans le sens (de)/être déphasé(e) (par rapport à); **step down** *vi* (*fig*) se retirer, se désister; **step in** *vi* (*fig*) intervenir; **step up** *vt* (*production, sales*) augmenter; (*campaign, efforts*) intensifier; **stepbrother** *n* demi-frère *m*; **stepchild** (*pl* **stepchildren**) *n* beau-fils *m*, belle-fille *f*; **stepdaughter** *n* belle-fille *f*; **stepfather** *n* beau-père *m*; **stepladder** *n* (BRIT) escabeau *m*; **stepmother** *n* belle-mère *f*; **stepsister** *n* demi-sœur *f*; **stepson** *n* beau-fils *m*

stereo ['stɛrɪəu] *n* (*sound*) stéréo *f*; (*hi-fi*) chaîne *f* stéréo ▷ *adj* (*also*: **~phonic**) stéréo(phonique)

stereotype ['stɪərɪətaɪp] *n* stéréotype *m* ▷ *vt* stéréotyper

sterile ['stɛraɪl] *adj* stérile; **sterilize** ['stɛrɪlaɪz] *vt* stériliser

sterling ['stə:lɪŋ] *adj* (*silver*) de bon aloi, fin(e) ▷ *n* (*currency*) livre *f* sterling *inv*

stern [stə:n] *adj* sévère ▷ *n* (*Naut*) arrière *m*, poupe *f*

steroid ['stɪərɔɪd] *n* stéroïde *m*

stew [stju:] *n* ragoût *m* ▷ *vt, vi* cuire à la casserole

steward ['stju:əd] *n* (*Aviat, Naut, Rail*) steward *m*; **stewardess** *n* hôtesse *f*

stick [stɪk] (*pt, pp* **stuck**) *n* bâton *m*; (*for walking*) canne *f*; (*of chalk etc*) morceau *m* ▷ *vt* (*glue*) coller; (*thrust*): **to ~ sth into** piquer *or* planter *or* enfoncer qch dans; (*inf: put*) mettre, fourrer; (*: tolerate*) supporter ▷ *vi* (*adhere*) tenir, coller; (*remain*) rester; (*get jammed: door, lift*) se bloquer; **stick out** *vi* dépasser, sortir; **stick up** *vi* dépasser, sortir; **stick up for** *vt fus* défendre; **sticker** *n* auto-collant *m*; **sticking plaster** *n* sparadrap *m*, pansement adhésif; **stick insect** *n* phasme *m*; **stick shift** *n* (US *Aut*) levier *m* de vitesses

sticky ['stɪkɪ] *adj* poisseux(-euse); (*label*) adhésif(-ive); (*fig: situation*) délicat(e)

stiff [stɪf] *adj* (*gen*) raide, rigide; (*door, brush*) dur(e); (*difficult*) difficile, ardu(e); (*cold*) froid(e), distant(e); (*strong, high*) fort(e), élevé(e) ▷ *adv*: **to be bored/scared/frozen ~** s'ennuyer à mourir/être mort(e) de peur/froid

stifling ['staɪflɪŋ] *adj* (*heat*) suffocant(e)

stigma ['stɪgmə] *n* stigmate *m*

stiletto [stɪ'lɛtəu] *n* (BRIT: *also*: **~ heel**) talon *m* aiguille

still [stɪl] *adj* immobile ▷ *adv* (*up to this time*) encore, toujours; (*even*) encore; (*nonetheless*) quand même, tout de même

stimulate ['stɪmjuleɪt] *vt* stimuler

stimulus (*pl* **stimuli**) ['stɪmjuləs, 'stɪmjulaɪ] *n* stimulant *m*; (*Biol, Psych*) stimulus *m*

sting [stɪŋ] *n* piqûre *f*; (*organ*) dard *m* ▷ *vt, vi* (*pt, pp* **stung**) piquer

stink [stɪŋk] *n* puanteur *f* ▷ *vi* (*pt* **stank**, *pp* **stunk**) puer, empester

stir [stəːʳ] *n* agitation *f*, sensation *f* ▷ *vt* remuer ▷ *vi* remuer, bouger; **stir up** *vt* (*trouble*) fomenter, provoquer; **stir-fry** *vt* faire sauter ▷ *n*: **vegetable stir-fry** légumes sautés à la poêle

stitch [stɪtʃ] *n* (*Sewing*) point *m*; (*Knitting*) maille *f*; (*Med*) point de suture; (*pain*) point de côté ▷ *vt* coudre, piquer; (*Med*) suturer

stock [stɔk] *n* réserve *f*, provision *f*; (*Comm*) stock *m*; (*Agr*) cheptel *m*, bétail *m*; (*Culin*) bouillon *m*; (*Finance*) valeurs *fpl*, titres *mpl*; (*descent, origin*) souche *f* ▷ *adj* (*fig: reply etc*) classique ▷ *vt* (*have in stock*) avoir, vendre; **in ~** en stock, en magasin; **out of ~** épuisé(e); **to take ~** (*fig*) faire le point; **~s and shares** valeurs (mobilières), titres; **stockbroker** ['stɔkbrəukəʳ] *n* agent *m* de change; **stock cube** *n* (BRIT *Culin*) bouillon-cube *m*; **stock exchange** *n* Bourse *f* (des valeurs); **stockholder** ['stɔkhəuldəʳ] *n* (US) actionnaire *m/f*

stocking ['stɔkɪŋ] *n* bas *m*

stock market *n* Bourse *f*, marché financier

stole [stəul] *pt of* **steal** ▷ *n* étole *f*

stolen ['stəuln] *pp of* **steal**

stomach ['stʌmək] *n* estomac *m*; (*abdomen*) ventre *m* ▷ *vt* supporter, digérer; **stomachache** *n* mal *m* à l'estomac *or* au ventre

stone [stəun] *n* pierre *f*; (*pebble*) caillou *m*, galet *m*; (*in fruit*) noyau *m*; (*Med*) calcul *m*; (BRIT: *weight*) = 6.348 *kg; 14 pounds* ▷ *cpd* de *or* en pierre ▷ *vt* (*person*) lancer des pierres sur, lapider; (*fruit*) dénoyauter

stood [stud] *pt, pp of* **stand**

stool [stuːl] *n* tabouret *m*

stoop [stuːp] *vi* (*also*: **have a ~**) être voûté(e); (*also*: **~ down**: *bend*) se baisser, se courber

stop [stɔp] *n* arrêt *m*; (*in punctuation*) point *m* ▷ *vt* arrêter; (*break off*) interrompre; (*also*: **put a ~ to**) mettre fin à; (*prevent*) empêcher ▷ *vi* s'arrêter; (*rain, noise etc*) cesser, s'arrêter; **to ~ doing sth** cesser *or* arrêter de faire qch; **to ~ sb (from) doing sth** empêcher qn de faire qch; **~ it!** arrête!; **stop by** *vi* s'arrêter (au passage); **stop off** *vi* faire une courte halte; **stopover** *n* halte *f*; (*Aviat*) escale *f*; **stoppage** *n* (*strike*) arrêt *m* de travail; (*obstruction*) obstruction *f*

storage ['stɔːrɪdʒ] *n* emmagasinage *m*

store [stɔːʳ] *n* (*stock*) provision *f*, réserve *f*; (*depot*) entrepôt *m*; (BRIT: *large shop*) grand magasin; (US: *shop*) magasin *m* ▷ *vt* emmagasiner; (*information*) enregistrer; **stores** *npl* (*food*) provisions; **who knows what is in ~ for us?** qui sait ce que l'avenir nous réserve *or* ce qui nous attend?; **storekeeper** *n* (US) commerçant(e)

storey, (*US*) **story** ['stɔːrɪ] *n* étage *m*
storm [stɔːm] *n* tempête *f*; (*thunderstorm*) orage *m* ▷ *vi* (*fig*) fulminer ▷ *vt* prendre d'assaut; **stormy** *adj* orageux(-euse)
story ['stɔːrɪ] *n* histoire *f*; (*Press: article*) article *m*; (*US*) = **storey**
stout [staut] *adj* (*strong*) solide; (*fat*) gros(se), corpulent(e) ▷ *n* bière brune
stove [stəuv] *n* (*for cooking*) fourneau *m* (*: small*) réchaud *m*; (*for heating*) poêle *m*
straight [streɪt] *adj* droit(e); (*hair*) raide; (*frank*) honnête, franc (franche); (*simple*) simple ▷ *adv* (tout) droit; (*drink*) sec, sans eau; **to put** *or* **get ~** mettre en ordre, mettre de l'ordre dans; (*fig*) mettre au clair; **~ away, ~ off** (*at once*) tout de suite; **straighten** *vt* ajuster; (*bed*) arranger; **straighten out** *vt* (*fig*) débrouiller; **straighten up** *vi* (*stand up*) se redresser; **straightforward** *adj* simple; (*frank*) honnête, direct(e)
strain [streɪn] *n* (*Tech*) tension *f*; pression *f*; (*physical*) effort *m*; (*mental*) tension (nerveuse); (*Med*) entorse *f*; (*breed: of plants*) variété *f*; (*: of animals*) race *f* ▷ *vt* (*fig: resources etc*) mettre à rude épreuve, grever; (*hurt: back etc*) se faire mal à; (*vegetables*) égoutter; **strains** *npl* (*Mus*) accords *mpl*, accents *mpl*; **strained** *adj* (*muscle*) froissé(e); (*laugh etc*) forcé(e), contraint(e); (*relations*) tendu(e); **strainer** *n* passoire *f*
strait [streɪt] *n* (*Geo*) détroit *m*; **straits** *npl*; **to be in dire ~s** (*fig*) avoir de sérieux ennuis
strand [strænd] *n* (*of thread*) fil *m*, brin *m*; (*of rope*) toron *m*; (*of hair*) mèche *f* ▷ *vt* (*boat*) échouer; **stranded** *adj* en rade, en plan
strange [streɪndʒ] *adj* (*not known*) inconnu(e); (*odd*) étrange, bizarre; **strangely** *adv* étrangement, bizarrement; *see also* **enough**; **stranger** *n* (*unknown*) inconnu(e); (*from somewhere else*) étranger(-ère)
strangle ['stræŋgl] *vt* étrangler
strap [stræp] *n* lanière *f*, courroie *f*, sangle *f*; (*of slip, dress*) bretelle *f*
strategic [strə'tiːdʒɪk] *adj* stratégique
strategy ['strætɪdʒɪ] *n* stratégie *f*
straw [strɔː] *n* paille *f*; **that's the last ~!** ça c'est le comble!
strawberry ['strɔːbərɪ] *n* fraise *f*
stray [streɪ] *adj* (*animal*) perdu(e), errant(e); (*scattered*) isolé(e) ▷ *vi* s'égarer; **~ bullet** balle perdue
streak [striːk] *n* bande *f*, filet *m*; (*in hair*) raie *f* ▷ *vt* zébrer, strier
stream [striːm] *n* (*brook*) ruisseau *m*; (*current*) courant *m*, flot *m*; (*of people*) défilé ininterrompu, flot ▷ *vt* (*Scol*) répartir par niveau ▷ *vi* ruisseler; **to ~ in/out** entrer/sortir à flots
street [striːt] *n* rue *f*; **streetcar** *n* (*US*) tramway *m*; **street light** *n* réverbère *m*; **street map, street plan** *n* plan *m* des rues
strength [strɛŋθ] *n* force *f*; (*of girder, knot etc*) solidité *f*; **strengthen** *vt* renforcer; (*muscle*) fortifier; (*building, Econ*) consolider
strenuous ['strɛnjuəs] *adj* vigoureux(-euse), énergique; (*tiring*) ardu(e), fatigant(e)
stress [strɛs] *n* (*force, pressure*) pression *f*; (*mental strain*) tension (nerveuse), stress *m*; (*accent*) accent *m*; (*emphasis*) insistance *f* ▷ *vt* insister sur, souligner; (*syllable*) accentuer; **stressed** *adj* (*tense*) stressé(e); (*syllable*) accentué(e); **stressful** *adj* (*job*) stressant(e)
stretch [strɛtʃ] *n* (*of sand etc*) étendue *f* ▷ *vi* s'étirer; (*extend*): **to ~ to** *or* **as far as** s'étendre jusqu'à ▷ *vt* tendre, étirer; (*fig*) pousser (au maximum); **at a ~** d'affilée; **stretch out** *vi* s'étendre ▷ *vt* (*arm etc*) allonger, tendre; (*to spread*) étendre

stretcher ['strɛtʃəʳ] *n* brancard *m*, civière *f*
strict [strɪkt] *adj* strict(e); **strictly** *adv* strictement
stridden ['strɪdn] *pp of* **stride**
stride [straɪd] *n* grand pas, enjambée *f* ▷ *vi* (*pt* **strode**, *pp* **stridden**) marcher à grands pas
strike [straɪk] (*pt*, *pp* **struck**) *n* grève *f*; (*of oil etc*) découverte *f*; (*attack*) raid *m* ▷ *vt* frapper; (*oil etc*) trouver, découvrir; (*make*: *agreement*, *deal*) conclure ▷ *vi* faire grève; (*attack*) attaquer; (*clock*) sonner; **to go on** *or* **come out on ~** se mettre en grève, faire grève; **to ~ a match** frotter une allumette; **striker** *n* gréviste *m/f*; (*Sport*) buteur *m*; **striking** *adj* frappant(e), saisissant(e); (*attractive*) éblouissant(e)
string [strɪŋ] *n* ficelle *f*, fil *m*; (*row*: *of beads*) rang *m*; (*Mus*) corde *f* ▷ *vt* (*pt*, *pp* **strung**): **to ~ out** échelonner; **to ~ together** enchaîner; **the strings** *npl* (*Mus*) les instruments *mpl* à cordes; **to pull ~s** (*fig*) faire jouer le piston
strip [strɪp] *n* bande *f*; (*Sport*) tenue *f* ▷ *vt* (*undress*) déshabiller; (*paint*) décaper; (*fig*) dégarnir, dépouiller; (*also*: **~ down**) (*machine*) démonter ▷ *vi* se déshabiller; **strip off** *vt* (*paint etc*) décaper ▷ *vi* (*person*) se déshabiller
stripe [straɪp] *n* raie *f*, rayure *f*; (*Mil*) galon *m*; **striped** *adj* rayé(e), à rayures
stripper ['strɪpəʳ] *n* strip-teaseuse *f*
strip-search ['strɪpsəːtʃ] *vt*: **to ~ sb** fouiller qn (*en le faisant se déshabiller*)
strive (*pt* **strove**, *pp* **striven**) [straɪv, strəuv, 'strɪvn] *vi*: **to ~ to do/for sth** s'efforcer de faire/d'obtenir qch
strode [strəud] *pt of* **stride**
stroke [strəuk] *n* coup *m*; (*Med*) attaque *f*; (*Swimming*: *style*) (sorte *f* de) nage *f* ▷ *vt* caresser; **at a ~** d'un (seul) coup
stroll [strəul] *n* petite promenade ▷ *vi* flâner, se promener nonchalamment; **stroller** *n* (*US*: *for child*) poussette *f*
strong [strɔŋ] *adj* (*gen*) fort(e); (*healthy*) vigoureux(-euse); (*heart*, *nerves*) solide; **they are 50 ~** ils sont au nombre de 50; **stronghold** *n* forteresse *f*, fort *m*; (*fig*) bastion *m*; **strongly** *adv* fortement, avec force; vigoureusement; solidement
strove [strəuv] *pt of* **strive**
struck [strʌk] *pt*, *pp of* **strike**
structure ['strʌktʃəʳ] *n* structure *f*; (*building*) construction *f*
struggle ['strʌgl] *n* lutte *f* ▷ *vi* lutter, se battre
strung [strʌŋ] *pt*, *pp of* **string**
stub [stʌb] *n* (*of cigarette*) bout *m*, mégot *m*; (*of ticket etc*) talon *m* ▷ *vt*: **to ~ one's toe (on sth)** se heurter le doigt de pied (contre qch); **stub out** *vt* écraser
stubble ['stʌbl] *n* chaume *m*; (*on chin*) barbe *f* de plusieurs jours
stubborn ['stʌbən] *adj* têtu(e), obstiné(e), opiniâtre
stuck [stʌk] *pt*, *pp of* **stick** ▷ *adj* (*jammed*) bloqué(e), coincé(e)
stud [stʌd] *n* (*on boots etc*) clou *m*; (*collar stud*) bouton *m* de col; (*earring*) petite boucle d'oreille; (*of horses*: *also*: **~ farm**) écurie *f*, haras *m*; (*also*: **~ horse**) étalon *m* ▷ *vt* (*fig*): **~ded with** parsemé(e) *or* criblé(e) de
student ['stjuːdənt] *n* étudiant(e) ▷ *adj* (*life*) estudiantin(e), étudiant(e), d'étudiant; (*residence*, *restaurant*) universitaire; (*loan*, *movement*) étudiant; **student driver** *n* (*US*) (conducteur(-trice)) débutant(e); **students' union** *n* (*BRIT*: *association*) ≈ union *f* des étudiants; (: *building*) ≈ foyer *m* des étudiants
studio ['stjuːdɪəu] *n* studio *m*, atelier *m*; (*TV etc*) studio; **studio flat**, (*US*) **studio apartment** *n* studio *m*

S

study ['stʌdɪ] *n* étude *f*; (*room*) bureau *m* ▷ *vt* étudier; (*examine*) examiner ▷ *vi* étudier, faire ses études
stuff [stʌf] *n* (*gen*) chose(s) *f*(*pl*), truc *m*; (*belongings*) affaires *fpl*, trucs; (*substance*) substance *f* ▷ *vt* rembourrer; (*Culin*) farcir; (*inf*: *push*) fourrer; **stuffing** *n* bourre *f*, rembourrage *m*; (*Culin*) farce *f*; **stuffy** *adj* (*room*) mal ventilé(e) *or* aéré(e); (*ideas*) vieux jeu *inv*
stumble ['stʌmbl] *vi* trébucher; **to ~ across** *or* **on** (*fig*) tomber sur
stump [stʌmp] *n* souche *f*; (*of limb*) moignon *m* ▷ *vt*: **to be ~ed** sécher, ne pas savoir que répondre
stun [stʌn] *vt* (*blow*) étourdir; (*news*) abasourdir, stupéfier
stung [stʌŋ] *pt, pp of* **sting**
stunk [stʌŋk] *pp of* **stink**
stunned [stʌnd] *adj* assommé(e); (*fig*) sidéré(e)
stunning ['stʌnɪŋ] *adj* (*beautiful*) étourdissant(e); (*news etc*) stupéfiant(e)
stunt [stʌnt] *n* (*in film*) cascade *f*, acrobatie *f*; (*publicity*) truc *m* publicitaire ▷ *vt* retarder, arrêter
stupid ['stju:pɪd] *adj* stupide, bête; **stupidity** [stju:'pɪdɪtɪ] *n* stupidité *f*, bêtise *f*
sturdy ['stə:dɪ] *adj* (*person, plant*) robuste, vigoureux(-euse); (*object*) solide
stutter ['stʌtə^r] *n* bégaiement *m* ▷ *vi* bégayer
style [staɪl] *n* style *m*; (*distinction*) allure *f*, cachet *m*, style; (*design*) modèle *m*; **stylish** *adj* élégant(e), chic *inv*; **stylist** *n* (*hair stylist*) coiffeur(-euse)
sub... [sʌb] *prefix* sub..., sous-; **subconscious** *adj* subconscient(e)
subdued [səb'dju:d] *adj* (*light*) tamisé(e); (*person*) qui a perdu de son entrain
subject *n* ['sʌbdʒɪkt] sujet *m*; (*Scol*) matière *f* ▷ *vt* [səb'dʒɛkt]: **to ~ to** soumettre à; **to be ~ to** (*law*) être soumis(e) à; **subjective** [səb'dʒɛktɪv] *adj* subjectif(-ive); **subject matter** *n* (*content*) contenu *m*
subjunctive [səb'dʒʌŋktɪv] *n* subjonctif *m*
submarine [sʌbmə'ri:n] *n* sous-marin *m*
submission [səb'mɪʃən] *n* soumission *f*
submit [səb'mɪt] *vt* soumettre ▷ *vi* se soumettre
subordinate [sə'bɔ:dɪnət] *adj* (*junior*) subalterne; (*Grammar*) subordonné(e) ▷ *n* subordonné(e)
subscribe [səb'skraɪb] *vi* cotiser; **to ~ to** (*opinion, fund*) souscrire à; (*newspaper*) s'abonner à; être abonné(e) à
subscription [səb'skrɪpʃən] *n* (*to magazine etc*) abonnement *m*
subsequent ['sʌbsɪkwənt] *adj* ultérieur(e), suivant(e); **subsequently** *adv* par la suite
subside [səb'saɪd] *vi* (*land*) s'affaisser; (*flood*) baisser; (*wind, feelings*) tomber
subsidiary [səb'sɪdɪərɪ] *adj* subsidiaire; accessoire; (BRIT *Scol*: *subject*) complémentaire ▷ *n* filiale *f*
subsidize ['sʌbsɪdaɪz] *vt* subventionner
subsidy ['sʌbsɪdɪ] *n* subvention *f*
substance ['sʌbstəns] *n* substance *f*
substantial [səb'stænʃl] *adj* substantiel(le); (*fig*) important(e)
substitute ['sʌbstɪtju:t] *n* (*person*) remplaçant(e); (*thing*) succédané *m* ▷ *vt*: **to ~ sth/sb for** substituer qch/qn à, remplacer par qch/qn; **substitution** *n* substitution *f*
subtitles ['sʌbtaɪtlz] *npl* (*Cine*) sous-titres *mpl*
subtle ['sʌtl] *adj* subtil(e)
subtract [səb'trækt] *vt* soustraire, retrancher
suburb ['sʌbə:b] *n* faubourg *m*; **the ~s** la banlieue; **suburban** [sə'bə:bən] *adj* de banlieue, suburbain(e)

subway ['sʌbweɪ] *n* (BRIT: *underpass*) passage souterrain; (US: *railway*) métro *m*
succeed [sək'si:d] *vi* réussir ▷ *vt* succéder à; **to ~ in doing** réussir à faire
success [sək'sɛs] *n* succès *m*; réussite *f*; **successful** *adj* (*business*) prospère, qui réussit; (*attempt*) couronné(e) de succès; **to be successful (in doing)** réussir (à faire); **successfully** *adv* avec succès
succession [sək'sɛʃən] *n* succession *f*
successive [sək'sɛsɪv] *adj* successif(-ive)
successor [sək'sɛsəʳ] *n* successeur *m*
succumb [sə'kʌm] *vi* succomber
such [sʌtʃ] *adj* tel (telle); (*of that kind*): **~ a book** un livre de ce genre *or* pareil, un tel livre; (*so much*): **~ courage** un tel courage ▷ *adv* si; **~ a long trip** un si long voyage; **~ a lot of** tellement *or* tant de; **~ as** (*like*) tel (telle) que, comme; **as ~** *adv* en tant que tel (telle), à proprement parler; **such-and-such** *adj* tel ou tel (telle ou telle)
suck [sʌk] *vt* sucer; (*breast, bottle*) téter
Sudan [su'dɑ:n] *n* Soudan *m*
sudden ['sʌdn] *adj* soudain(e), subit(e); **all of a ~** soudain, tout à coup; **suddenly** *adv* brusquement, tout à coup, soudain
sudoku [su'dəuku:] *n* sudoku *m*
sue [su:] *vt* poursuivre en justice, intenter un procès à
suede [sweɪd] *n* daim *m*, cuir suédé
suffer ['sʌfəʳ] *vt* souffrir, subir; (*bear*) tolérer, supporter, subir ▷ *vi* souffrir; **to ~ from** (*illness*) souffrir de, avoir; **suffering** *n* souffrance(s) *f(pl)*
suffice [sə'faɪs] *vi* suffire
sufficient [sə'fɪʃənt] *adj* suffisant(e)
suffocate ['sʌfəkeɪt] *vi* suffoquer; étouffer
sugar ['ʃugəʳ] *n* sucre *m* ▷ *vt* sucrer
suggest [sə'dʒɛst] *vt* suggérer, proposer; (*indicate*) sembler indiquer; **suggestion** *n* suggestion *f*
suicide ['suɪsaɪd] *n* suicide *m*; **~ bombing** attentat *m* suicide; *see also* **commit**; **suicide bomber** *n* kamikaze *m/f*
suit [su:t] *n* (*man's*) costume *m*, complet *m*; (*woman's*) tailleur *m*, ensemble *m*; (*Cards*) couleur *f*; (*lawsuit*) procès *m* ▷ *vt* (*subj*: *clothes, hairstyle*) aller à; (*be convenient for*) convenir à; (*adapt*): **to ~ sth to** adapter *or* approprier qch à; **well ~ed** (*couple*) faits l'un pour l'autre, très bien assortis; **suitable** *adj* qui convient; approprié(e), adéquat(e); **suitcase** *n* valise *f*
suite [swi:t] *n* (*of rooms, also Mus*) suite *f*; (*furniture*): **bedroom/dining room ~** (ensemble *m* de) chambre *f* à coucher/salle *f* à manger; **a three-piece ~** un salon (canapé et deux fauteuils)
sulfur ['sʌlfəʳ] (US) *n* = **sulphur**
sulk [sʌlk] *vi* bouder
sulphur, (US) **sulfur** ['sʌlfəʳ] *n* soufre *m*
sultana [sʌl'tɑ:nə] *n* (*fruit*) raisin (sec) de Smyrne
sum [sʌm] *n* somme *f*; (*Scol etc*) calcul *m*; **sum up** *vt* résumer ▷ *vi* résumer
summarize ['sʌməraɪz] *vt* résumer
summary ['sʌmərɪ] *n* résumé *m*
summer ['sʌməʳ] *n* été *m* ▷ *cpd* d'été, estival(e); **in (the) ~** en été, pendant l'été; **summer holidays** *npl* grandes vacances; **summertime** *n* (*season*) été *m*
summit ['sʌmɪt] *n* sommet *m*; (*also*: **~ conference**) (conférence *f* au) sommet *m*
summon ['sʌmən] *vt* appeler, convoquer; **to ~ a witness** citer *or* assigner un témoin
sun [sʌn] *n* soleil *m*
Sun. *abbr* (= *Sunday*) dim
sun: sunbathe *vi* prendre un bain de soleil; **sunbed** *n* lit pliant; (*with sun lamp*) lit à ultra-violets; **sunblock** *n* écran *m* total; **sunburn** *n* coup *m* de

S

soleil; **sunburned, sunburnt** *adj* bronzé(e), hâlé(e); (*painfully*) brûlé(e) par le soleil
Sunday ['sʌndɪ] *n* dimanche *m*
sunflower ['sʌnflauəʳ] *n* tournesol *m*
sung [sʌŋ] *pp of* **sing**
sunglasses ['sʌnglɑːsɪz] *npl* lunettes *fpl* de soleil
sunk [sʌŋk] *pp of* **sink**
sun: sunlight *n* (lumière *f* du) soleil *m*; **sun lounger** *n* chaise longue; **sunny** *adj* ensoleillé(e); **it is sunny** il fait (du) soleil, il y a du soleil; **sunrise** *n* lever *m* du soleil; **sun roof** *n* (*Aut*) toit ouvrant; **sunscreen** *n* crème *f* solaire; **sunset** *n* coucher *m* du soleil; **sunshade** *n* (*over table*) parasol *m*; **sunshine** *n* (lumière *f* du) soleil *m*; **sunstroke** *n* insolation *f*, coup *m* de soleil; **suntan** *n* bronzage *m*; **suntan lotion** *n* lotion *f* or lait *m* solaire; **suntan oil** *n* huile *f* solaire
super ['suːpəʳ] *adj* (*inf*) formidable
superb [suː'pəːb] *adj* superbe, magnifique
superficial [suːpə'fɪʃəl] *adj* superficiel(le)
superintendent [suːpərɪn'tɛndənt] *n* directeur(-trice); (*Police*) ≈ commissaire *m*
superior [su'pɪərɪəʳ] *adj* supérieur(e); (*smug*) condescendant(e), méprisant(e) ▷ *n* supérieur(e)
superlative [su'pəːlətɪv] *n* (*Ling*) superlatif *m*
supermarket ['suːpəmɑːkɪt] *n* supermarché *m*
supernatural [suːpə'nætʃərəl] *adj* surnaturel(le) ▷ *n*: **the ~** le surnaturel
superpower ['suːpəpauəʳ] *n* (*Pol*) superpuissance *f*
superstition [suːpə'stɪʃən] *n* superstition *f*
superstitious [suːpə'stɪʃəs] *adj* superstitieux(-euse)
superstore ['suːpəstɔːʳ] *n* (BRIT) hypermarché *m*, grande surface
supervise ['suːpəvaɪz] *vt* (*children etc*) surveiller; (*organization, work*) diriger; **supervision** [suːpə'vɪʒən] *n* surveillance *f*; (*monitoring*) contrôle *m*; (*management*) direction *f*; **supervisor** *n* surveillant(e); (*in shop*) chef *m* de rayon
supper ['sʌpəʳ] *n* dîner *m*; (*late*) souper *m*
supple ['sʌpl] *adj* souple
supplement *n* ['sʌplɪmənt] supplément *m* ▷ *vt* [sʌplɪ'mɛnt] ajouter à, compléter
supplier [sə'plaɪəʳ] *n* fournisseur *m*
supply [sə'plaɪ] *vt* (*provide*) fournir; (*equip*): **to ~ (with)** approvisionner *or* ravitailler (en); fournir (en) ▷ *n* provision *f*, réserve *f*; (*supplying*) approvisionnement *m*; **supplies** *npl* (*food*) vivres *mpl*; (*Mil*) subsistances *fpl*
support [sə'pɔːt] *n* (*moral, financial etc*) soutien *m*, appui *m*; (*Tech*) support *m*, soutien ▷ *vt* soutenir, supporter; (*financially*) subvenir aux besoins de; (*uphold*) être pour, être partisan de, appuyer; (*Sport: team*) être pour; **supporter** *n* (*Pol etc*) partisan(e); (*Sport*) supporter *m*
suppose [sə'pəuz] *vt, vi* supposer; imaginer; **to be ~d to do/be** être censé(e) faire/être; **supposedly** [sə'pəuzɪdlɪ] *adv* soi-disant; **supposing** *conj* si, à supposer que + *sub*
suppress [sə'prɛs] *vt* (*revolt, feeling*) réprimer; (*information*) faire disparaître; (*scandal, yawn*) étouffer
supreme [su'priːm] *adj* suprême
surcharge ['səːtʃɑːdʒ] *n* surcharge *f*
sure [ʃuəʳ] *adj* (*gen*) sûr(e); (*definite, convinced*) sûr, certain(e); **~!** (*of course*) bien sûr!; **~ enough** effectivement; **to make ~ of sth/that** s'assurer de qch/que, vérifier qch/que; **surely** *adv* sûrement; certainement
surf [səːf] *n* (*waves*) ressac *m* ▷ *vt*: **to ~ the Net** surfer sur Internet, surfer sur le Net

surface ['sə:fɪs] *n* surface *f* ▷ *vt* (*road*) poser un revêtement sur ▷ *vi* remonter à la surface; (*fig*) faire surface; **by ~ mail** par voie de terre; (*by sea*) par voie maritime
surfboard ['sə:fbɔ:d] *n* planche *f* de surf
surfer ['sə:fəʳ] *n* (*in sea*) surfeur(-euse); **web** *or* **Net ~** internaute *m/f*
surfing ['sə:fɪŋ] *n* (*in sea*) surf *m*
surge [sə:dʒ] *n* (*of emotion*) vague *f* ▷ *vi* déferler
surgeon ['sə:dʒən] *n* chirurgien *m*
surgery ['sə:dʒərɪ] *n* chirurgie *f*; (BRIT: *room*) cabinet *m* (de consultation); (*also*: **~ hours**) heures *fpl* de consultation
surname ['sə:neɪm] *n* nom *m* de famille
surpass [sə:'pɑ:s] *vt* surpasser, dépasser
surplus ['sə:pləs] *n* surplus *m*, excédent *m* ▷ *adj* en surplus, de trop; (*Comm*) excédentaire
surprise [sə'praɪz] *n* (*gen*) surprise *f*; (*astonishment*) étonnement *m* ▷ *vt* surprendre, étonner; **surprised** *adj* (*look, smile*) surpris(e), étonné(e); **to be surprised** être surpris; **surprising** *adj* surprenant(e), étonnant(e); **surprisingly** *adv* (*easy, helpful*) étonnamment, étrangement; **(somewhat) surprisingly, he agreed** curieusement, il a accepté
surrender [sə'rɛndəʳ] *n* reddition *f*, capitulation *f* ▷ *vi* se rendre, capituler
surround [sə'raund] *vt* entourer; (*Mil etc*) encercler; **surrounding** *adj* environnant(e); **surroundings** *npl* environs *mpl*, alentours *mpl*
surveillance [sə:'veɪləns] *n* surveillance *f*
survey *n* ['sə:veɪ] enquête *f*, étude *f*; (*in house buying etc*) inspection *f*, (rapport *m* d')expertise *f*; (*of land*) levé *m* ▷ *vt* [sə:'veɪ] (*situation*) passer en revue; (*examine carefully*) inspecter; (*building*) expertiser; (*land*) faire le levé de; (*look at*) embrasser du regard; **surveyor** *n* (*of building*) expert *m*; (*of land*) (arpenteur *m*) géomètre *m*
survival [sə'vaɪvl] *n* survie *f*
survive [sə'vaɪv] *vi* survivre; (*custom etc*) subsister ▷ *vt* (*accident etc*) survivre à, réchapper de; (*person*) survivre à; **survivor** *n* survivant(e)
suspect *adj, n* ['sʌspɛkt] suspect(e) ▷ *vt* [səs'pɛkt] soupçonner, suspecter
suspend [səs'pɛnd] *vt* suspendre; **suspended sentence** *n* (*Law*) condamnation *f* avec sursis; **suspenders** *npl* (BRIT) jarretelles *fpl*; (US) bretelles *fpl*
suspense [səs'pɛns] *n* attente *f*, incertitude *f*; (*in film etc*) suspense *m*; **to keep sb in ~** tenir qn en suspens, laisser qn dans l'incertitude
suspension [səs'pɛnʃən] *n* (*gen, Aut*) suspension *f*; (*of driving licence*) retrait *m* provisoire; **suspension bridge** *n* pont suspendu
suspicion [səs'pɪʃən] *n* soupçon(s) *m(pl)*; **suspicious** *adj* (*suspecting*) soupçonneux(-euse), méfiant(e); (*causing suspicion*) suspect(e)
sustain [səs'teɪn] *vt* soutenir; (*subj: food*) nourrir, donner des forces à; (*damage*) subir; (*injury*) recevoir
SUV *n abbr* (*esp US*: = *sports utility vehicle*) SUV *m*, véhicule *m* de loisirs
swallow ['swɔləu] *n* (*bird*) hirondelle *f* ▷ *vt* avaler; (*fig*: *story*) gober
swam [swæm] *pt of* **swim**
swamp [swɔmp] *n* marais *m*, marécage *m* ▷ *vt* submerger
swan [swɔn] *n* cygne *m*
swap [swɔp] *n* échange *m*, troc *m* ▷ *vt*: **to ~ (for)** échanger (contre), troquer (contre)
swarm [swɔ:m] *n* essaim *m* ▷ *vi* (*bees*) essaimer; (*people*) grouiller; **to be ~ing with** grouiller de
sway [sweɪ] *vi* se balancer, osciller ▷ *vt* (*influence*) influencer

S

swear [swɛəʳ] (*pt* **swore**, *pp* **sworn**) *vt*, *vi* jurer; **swear in** *vt* assermenter; **swearword** *n* gros mot, juron *m*
sweat [swɛt] *n* sueur *f*, transpiration *f* ▷ *vi* suer
sweater ['swɛtəʳ] *n* tricot *m*, pull *m*
sweatshirt ['swɛtʃə:t] *n* sweat-shirt *m*
sweaty ['swɛtɪ] *adj* en sueur, moite *or* mouillé(e) de sueur
Swede [swi:d] *n* Suédois(e)
swede [swi:d] *n* (BRIT) rutabaga *m*
Sweden ['swi:dn] *n* Suède *f*; **Swedish** ['swi:dɪʃ] *adj* suédois(e) ▷ *n* (*Ling*) suédois *m*
sweep [swi:p] (*pt*, *pp* **swept**) *n* (*curve*) grande courbe; (*also*: **chimney ~**) ramoneur *m* ▷ *vt* balayer; (*subj*: *current*) emporter
sweet [swi:t] *n* (BRIT: *pudding*) dessert *m*; (*candy*) bonbon *m* ▷ *adj* doux (douce); (*not savoury*) sucré(e); (*kind*) gentil(le); (*baby*) mignon(ne); **sweetcorn** *n* maïs doux; **sweetener** ['swi:tnəʳ] *n* (*Culin*) édulcorant *m*; **sweetheart** *n* amoureux(-euse); **sweetshop** *n* (BRIT) confiserie *f*
swell [swɛl] (*pt* **swelled**, *pp* **swollen** *or* **swelled**) *n* (*of sea*) houle *f* ▷ *adj* (US *inf*: *excellent*) chouette ▷ *vt* (*increase*) grossir, augmenter ▷ *vi* (*increase*) grossir, augmenter; (*sound*) s'enfler; (*Med*: *also*: **~ up**) enfler; **swelling** *n* (*Med*) enflure *f* (: *lump*) grosseur *f*
swept [swɛpt] *pt*, *pp of* **sweep**
swerve [swə:v] *vi* (*to avoid obstacle*) faire une embardée *or* un écart; (*off the road*) dévier
swift [swɪft] *n* (*bird*) martinet *m* ▷ *adj* rapide, prompt(e)
swim [swɪm] (*pt* **swam**, *pp* **swum**) *n*: **to go for a ~** aller nager *or* se baigner ▷ *vi* nager; (*Sport*) faire de la natation; (*fig*: *head*, *room*) tourner ▷ *vt* traverser (à la nage); **to ~ a length** nager une longueur; **swimmer** *n* nageur(-euse); **swimming** *n* nage *f*, natation *f*; **swimming costume** *n* (BRIT) maillot *m* (de bain); **swimming pool** *n* piscine *f*; **swimming trunks** *npl* maillot *m* de bain; **swimsuit** *n* maillot *m* (de bain)
swine flu ['swaɪn-] *n* grippe *f* A
swing [swɪŋ] (*pt*, *pp* **swung**) *n* (*in playground*) balançoire *f*; (*movement*) balancement *m*, oscillations *fpl*; (*change in opinion etc*) revirement *m* ▷ *vt* balancer, faire osciller; (*also*: **~ round**) tourner, faire virer ▷ *vi* se balancer, osciller; (*also*: **~ round**) virer, tourner; **to be in full ~** battre son plein
swipe card ['swaɪp-] *n* carte *f* magnétique
swirl [swə:l] *vi* tourbillonner, tournoyer
Swiss [swɪs] *adj* suisse ▷ *n* (*pl inv*) Suisse(-esse)
switch [swɪtʃ] *n* (*for light*, *radio etc*) bouton *m*; (*change*) changement *m*, revirement *m* ▷ *vt* (*change*) changer; **switch off** *vt* éteindre; (*engine*, *machine*) arrêter; **could you ~ off the light?** pouvez-vous éteindre la lumière?; **switch on** *vt* allumer; (*engine*, *machine*) mettre en marche; **switchboard** *n* (*Tel*) standard *m*
Switzerland ['swɪtsələnd] *n* Suisse *f*
swivel ['swɪvl] *vi* (*also*: **~ round**) pivoter, tourner
swollen ['swəulən] *pp of* **swell**
swoop [swu:p] *n* (*by police etc*) rafle *f*, descente *f* ▷ *vi* (*bird*: *also*: **~ down**) descendre en piqué, piquer
swop [swɔp] *n*, *vt* = **swap**
sword [sɔ:d] *n* épée *f*; **swordfish** *n* espadon *m*
swore [swɔ:ʳ] *pt of* **swear**
sworn [swɔ:n] *pp of* **swear** ▷ *adj* (*statement*, *evidence*) donné(e) sous serment; (*enemy*) juré(e)
swum [swʌm] *pp of* **swim**
swung [swʌŋ] *pt*, *pp of* **swing**
syllable ['sɪləbl] *n* syllabe *f*
syllabus ['sɪləbəs] *n* programme *m*

symbol ['sɪmbl] *n* symbole *m*; **symbolic(al)** [sɪm'bɔlɪk(l)] *adj* symbolique

symmetrical [sɪ'mɛtrɪkl] *adj* symétrique

symmetry ['sɪmɪtrɪ] *n* symétrie *f*

sympathetic [sɪmpə'θɛtɪk] *adj* (*showing pity*) compatissant(e); (*understanding*) bienveillant(e), compréhensif(-ive); **~ towards** bien disposé(e) envers

> Be careful not to translate *sympathetic* by the French word *sympathique*.

sympathize ['sɪmpəθaɪz] *vi*: **to ~ with sb** plaindre qn; (*in grief*) s'associer à la douleur de qn; **to ~ with sth** comprendre qch

sympathy ['sɪmpəθɪ] *n* (*pity*) compassion *f*

symphony ['sɪmfənɪ] *n* symphonie *f*

symptom ['sɪmptəm] *n* symptôme *m*; indice *m*

synagogue ['sɪnəgɔg] *n* synagogue *f*

syndicate ['sɪndɪkɪt] *n* syndicat *m*, coopérative *f*; (*Press*) agence *f* de presse

syndrome ['sɪndrəum] *n* syndrome *m*

synonym ['sɪnənɪm] *n* synonyme *m*

synthetic [sɪn'θɛtɪk] *adj* synthétique

Syria ['sɪrɪə] *n* Syrie *f*

syringe [sɪ'rɪndʒ] *n* seringue *f*

syrup ['sɪrəp] *n* sirop *m*; (BRIT: *also*: **golden ~**) mélasse raffinée

system ['sɪstəm] *n* système *m*; (*Anat*) organisme *m*; **systematic** [sɪstə'mætɪk] *adj* systématique; méthodique; **systems analyst** *n* analyste-programmeur *m/f*

t

ta [tɑː] *excl* (BRIT *inf*) merci!

tab [tæb] *n* (*label*) étiquette *f*; (*on drinks can etc*) languette *f*; **to keep ~s on** (*fig*) surveiller

table ['teɪbl] *n* table *f* ▷ *vt* (BRIT: *motion etc*) présenter; **to lay** *or* **set the ~** mettre le couvert *or* la table; **tablecloth** *n* nappe *f*; **table d'hôte** [tɑːbl'dəut] *adj* (*meal*) à prix fixe; **table lamp** *n* lampe décorative *or* de table; **tablemat** *n* (*for plate*) napperon *m*, set *m*; (*for hot dish*) dessous-de-plat *m inv*; **tablespoon** *n* cuiller *f* de service; (*also*: **tablespoonful**: *as measurement*) cuillerée *f* à soupe

tablet ['tæblɪt] *n* (*Med*) comprimé *m*; (*of stone*) plaque *f*

table tennis *n* ping-pong® *m*, tennis *m* de table

tabloid ['tæblɔɪd] *n* (*newspaper*) quotidien *m* populaire

taboo [tə'buː] *adj*, *n* tabou (*m*)

tack [tæk] *n* (*nail*) petit clou; (*fig*) direction *f* ▷ *vt* (*nail*) clouer; (*sew*) bâtir ▷ *vi* (*Naut*) tirer un *or* des bord(s); **to ~ sth on to (the end of) sth** (*of letter, book*) rajouter qch à la fin de qch

tackle ['tækl] *n* matériel *m*, équipement *m*; (*for lifting*) appareil *m* de levage; (*Football, Rugby*) plaquage *m* ▷ *vt* (*difficulty, animal, burglar*) s'attaquer à; (*person: challenge*) s'expliquer avec; (*Football, Rugby*) plaquer

tacky ['tækɪ] *adj* collant(e); (*paint*) pas sec (sèche); (*pej: poor-quality*) minable; (*: showing bad taste*) ringard(e)

tact [tækt] *n* tact *m*; **tactful** *adj* plein(e) de tact

tactics ['tæktɪks] *npl* tactique *f*

tactless ['tæktlɪs] *adj* qui manque de tact

tadpole ['tædpəul] *n* têtard *m*

taffy ['tæfɪ] *n* (US) (bonbon *m* au) caramel *m*

tag [tæg] *n* étiquette *f*

tail [teɪl] *n* queue *f*; (*of shirt*) pan *m* ▷ *vt* (*follow*) suivre, filer; **tails** *npl* (*suit*) habit *m*; *see also* **head**

tailor ['teɪlə^r] *n* tailleur *m* (*artisan*)

Taiwan ['taɪ'wɑːn] *n* Taïwan (*no article*); **Taiwanese** [taɪwə'niːz] *adj* taïwanais(e) ▷ *n inv* Taïwanais(e)

take [teɪk] (*pt* **took**, *pp* **taken**) *vt* prendre; (*gain: prize*) remporter; (*require: effort, courage*) demander; (*tolerate*) accepter, supporter; (*hold: passengers etc*) contenir; (*accompany*) emmener, accompagner; (*bring, carry*) apporter, emporter; (*exam*) passer, se présenter à; **to ~ sth from** (*drawer etc*) prendre qch dans; (*person*) prendre qch à; **I ~ it that** je suppose que; **to be ~n ill** tomber malade; **it won't ~ long** ça ne prendra pas longtemps; **I was quite ~n with her/it** elle/cela m'a beaucoup plu; **take after** *vt fus* ressembler à; **take apart** *vt* démonter; **take away** *vt* (*carry off*) emporter; (*remove*) enlever; (*subtract*) soustraire; **take back** *vt* (*return*) rendre, rapporter; (*one's words*) retirer; **take down** *vt* (*building*) démolir; (*letter etc*) prendre, écrire; **take in** *vt* (*deceive*) tromper, rouler; (*understand*) comprendre, saisir; (*include*) couvrir, inclure; (*lodger*) prendre; (*dress, waistband*) reprendre; **take off** *vi* (*Aviat*) décoller ▷ *vt* (*remove*) enlever; **take on** *vt* (*work*) accepter, se charger de; (*employee*) prendre, embaucher; (*opponent*) accepter de se battre contre; **take out** *vt* sortir; (*remove*) enlever; (*invite*) sortir avec; **to ~ sth out of** (*out of drawer etc*) prendre qch dans; **to ~ sb out to a restaurant** emmener qn au restaurant; **take over** *vt* (*business*) reprendre ▷ *vi*: **to ~ over from sb** prendre la relève de qn; **take up** *vt* (*one's story*) reprendre; (*dress*) raccourcir; (*occupy: time, space*) prendre, occuper; (*engage in: hobby etc*) se mettre à; (*accept: offer, challenge*) accepter; **takeaway** (BRIT) *adj* (*food*) à emporter ▷ *n* (*shop, restaurant*) ≈ magasin *m* qui vend des plats à emporter; **taken** *pp of* **take**; **takeoff** *n* (*Aviat*) décollage *m*; **takeout** *adj*, *n* (US) = **takeaway**; **takeover** *n* (*Comm*) rachat *m*; **takings** *npl* (*Comm*) recette *f*

talc [tælk] *n* (*also*: **~um powder**) talc *m*

tale [teɪl] *n* (*story*) conte *m*, histoire *f*; (*account*) récit *m*; **to tell ~s** (*fig*) rapporter

talent ['tælnt] *n* talent *m*, don *m*; **talented** *adj* doué(e), plein(e) de talent

talk [tɔːk] *n* (*a speech*) causerie *f*, exposé *m*; (*conversation*) discussion *f*; (*interview*) entretien *m*; (*gossip*) racontars *mpl* (*pej*) ▷ *vi* parler; (*chatter*) bavarder; **talks** *npl* (*Pol etc*) entretiens *mpl*; **to ~ about** parler de; **to ~ sb out of/into doing** persuader qn de ne pas faire/de faire; **to ~ shop** parler métier *or* affaires; **talk over** *vt* discuter (de); **talk show** *n* (*TV, Radio*) émission-débat *f*

tall [tɔːl] *adj* (*person*) grand(e); (*building, tree*) haut(e); **to be 6 feet ~** ≈ mesurer 1 mètre 80

tambourine [tæmbəˈriːn] *n* tambourin *m*

tame [teɪm] *adj* apprivoisé(e); (*fig: story, style*) insipide

tamper [ˈtæmpəʳ] *vi*: **to ~ with** toucher à (*en cachette ou sans permission*)

tampon [ˈtæmpən] *n* tampon *m* hygiénique *or* périodique

tan [tæn] *n* (*also*: **sun~**) bronzage *m* ▷ *vt, vi* bronzer, brunir ▷ *adj* (*colour*) marron clair *inv*

tandem [ˈtændəm] *n* tandem *m*

tangerine [tændʒəˈriːn] *n* mandarine *f*

tangle [ˈtæŋgl] *n* enchevêtrement *m*; **to get in(to) a ~** s'emmêler

tank [tæŋk] *n* réservoir *m*; (*for fish*) aquarium *m*; (*Mil*) char *m* d'assaut, tank *m*

tanker [ˈtæŋkəʳ] *n* (*ship*) pétrolier *m*, tanker *m*; (*truck*) camion-citerne *m*

tanned [tænd] *adj* bronzé(e)

tantrum [ˈtæntrəm] *n* accès *m* de colère

Tanzania [tænzəˈnɪə] *n* Tanzanie *f*

tap [tæp] *n* (*on sink etc*) robinet *m*; (*gentle blow*) petite tape ▷ *vt* frapper *or* taper légèrement; (*resources*) exploiter, utiliser; (*telephone*) mettre sur écoute; **on ~** (*fig: resources*) disponible; **tap dancing** *n* claquettes *fpl*

tape [teɪp] *n* (*for tying*) ruban *m*; (*also*: **magnetic ~**) bande *f* (magnétique); (*cassette*) cassette *f*; (*sticky*) Scotch® *m* ▷ *vt* (*record*) enregistrer (au magnétoscope *or* sur cassette); (*stick*) coller avec du Scotch®; **tape measure** *n* mètre *m* à ruban; **tape recorder** *n* magnétophone *m*

tapestry [ˈtæpɪstrɪ] *n* tapisserie *f*

tar [tɑː] *n* goudron *m*

target [ˈtɑːgɪt] *n* cible *f*; (*fig: objective*) objectif *m*

tariff [ˈtærɪf] *n* (*Comm*) tarif *m*; (*taxes*) tarif douanier

tarmac [ˈtɑːmæk] *n* (BRIT: *on road*) macadam *m*; (*Aviat*) aire *f* d'envol

tarpaulin [tɑːˈpɔːlɪn] *n* bâche goudronnée

tarragon [ˈtærəgən] *n* estragon *m*

tart [tɑːt] *n* (*Culin*) tarte *f*; (BRIT *inf: pej: prostitute*) poule *f* ▷ *adj* (*flavour*) âpre, aigrelet(te)

tartan [ˈtɑːtn] *n* tartan *m* ▷ *adj* écossais(e)

tartar(e) sauce [ˈtɑːtə-] *n* sauce *f* tartare

task [tɑːsk] *n* tâche *f*; **to take to ~** prendre à partie

taste [teɪst] *n* goût *m*; (*fig: glimpse, idea*) idée *f*, aperçu *m* ▷ *vt* goûter ▷ *vi*: **to ~ of** (*fish etc*) avoir le *or* un goût de; **you can ~ the garlic (in it)** on sent bien l'ail; **to have a ~ of sth** goûter (à) qch; **can I have a ~?** je peux goûter?; **to be in good/bad** *or* **poor ~** être de bon/mauvais goût; **tasteful** *adj* de bon goût; **tasteless** *adj* (*food*) insipide; (*remark*) de mauvais goût; **tasty** *adj* savoureux(-euse), délicieux(-euse)

tatters [ˈtætəz] *npl*: **in ~** (*also*: **tattered**) en lambeaux

tattoo [təˈtuː] *n* tatouage *m*; (*spectacle*) parade *f* militaire ▷ *vt* tatouer

taught [tɔːt] *pt, pp of* **teach**

taunt [tɔːnt] *n* raillerie *f* ▷ *vt* railler

Taurus [ˈtɔːrəs] *n* le Taureau

taut [tɔːt] *adj* tendu(e)

tax [tæks] *n* (*on goods etc*) taxe *f*; (*on income*) impôts *mpl*, contributions *fpl* ▷ *vt* taxer; imposer; (*fig: patience etc*) mettre à l'épreuve; **tax disc** *n* (BRIT *Aut*) vignette *f* (automobile); **tax-free** *adj* exempt(e) d'impôts

taxi [ˈtæksɪ] *n* taxi *m* ▷ *vi* (*Aviat*) rouler (lentement) au sol; **taxi driver** *n*

chauffeur *m* de taxi; **taxi rank**, (*US*) **taxi stand** *n* station *f* de taxis
tax payer [-peɪəʳ] *n* contribuable *m/f*
tax return *n* déclaration *f* d'impôts *or* de revenus
TB *n abbr* = **tuberculosis**
tbc *abbr* = **to be confirmed**
tea [ti:] *n* thé *m*; (BRIT: *snack: for children*) goûter *m*; **high ~** (BRIT) *collation combinant goûter et dîner*; **tea bag** *n* sachet *m* de thé; **tea break** *n* (BRIT) pause-thé *f*
teach (*pt, pp* **taught**) [ti:tʃ, tɔ:t] *vt*: **to ~ sb sth, to ~ sth to sb** apprendre qch à qn; (*in school etc*) enseigner qch à qn ▷ *vi* enseigner; **teacher** *n* (*in secondary school*) professeur *m*; (*in primary school*) instituteur(-trice); **teaching** *n* enseignement *m*; **teaching assistant** *n* aide-éducateur(-trice)
tea: teacup *n* tasse *f* à thé; **tea leaves** *npl* feuilles *fpl* de thé
team [ti:m] *n* équipe *f*; (*of animals*) attelage *m*; **team up** *vi*: **to ~ up (with)** faire équipe (avec)
teapot ['ti:pɔt] *n* théière *f*
tear[1] ['tɪəʳ] *n* larme *f*; **in ~s** en larmes
tear[2] [tɛəʳ] (*pt* **tore**, *pp* **torn**) *n* déchirure *f* ▷ *vt* déchirer ▷ *vi* se déchirer; **tear apart** *vt* (*also fig*) déchirer; **tear down** *vt* (*building, statue*) démolir; (*poster, flag*) arracher; **tear off** *vt* (*sheet of paper etc*) arracher; (*one's clothes*) enlever à toute vitesse; **tear up** *vt* (*sheet of paper etc*) déchirer, mettre en morceaux *or* pièces
tearful ['tɪəful] *adj* larmoyant(e)
tear gas ['tɪə-] *n* gaz *m* lacrymogène
tearoom ['ti:ru:m] *n* salon *m* de thé
tease [ti:z] *vt* taquiner; (*unkindly*) tourmenter
tea: teaspoon *n* petite cuiller; (*also*: **teaspoonful**: *as measurement*) ≈ cuillerée *f* à café; **teatime** *n* l'heure *f* du thé; **tea towel** *n* (BRIT) torchon *m* (à vaisselle)
technical ['tɛknɪkl] *adj* technique
technician [tɛk'nɪʃən] *n* technicien(ne)
technique [tɛk'ni:k] *n* technique *f*
technology [tɛk'nɔlədʒɪ] *n* technologie *f*
teddy (bear) ['tɛdɪ-] *n* ours *m* (en peluche)
tedious ['ti:dɪəs] *adj* fastidieux(-euse)
tee [ti:] *n* (*Golf*) tee *m*
teen [ti:n] *adj* = **teenage** ▷ *n* (*US*) = **teenager**
teenage ['ti:neɪdʒ] *adj* (*fashions etc*) pour jeunes, pour adolescents; (*child*) qui est adolescent(e); **teenager** *n* adolescent(e)
teens [ti:nz] *npl*; **to be in one's ~** être adolescent(e)
teeth [ti:θ] *npl of* **tooth**
teetotal ['ti:'təutl] *adj* (*person*) qui ne boit jamais d'alcool
telecommunications ['tɛlɪkəmju:nɪ'keɪʃənz] *n* télécommunications *fpl*
telegram ['tɛlɪgræm] *n* télégramme *m*
telegraph pole ['tɛlɪgrɑ:f-] *n* poteau *m* télégraphique
telephone ['tɛlɪfəun] *n* téléphone *m* ▷ *vt* (*person*) téléphoner à; (*message*) téléphoner; **to be on the ~** (*be speaking*) être au téléphone; **telephone book** *n* = **telephone directory**; **telephone box**, (*US*) **telephone booth** *n* cabine *f* téléphonique; **telephone call** *n* appel *m* téléphonique; **telephone directory** *n* annuaire *m* (du téléphone); **telephone number** *n* numéro *m* de téléphone
telesales ['tɛlɪseɪlz] *npl* télévente *f*
telescope ['tɛlɪskəup] *n* télescope *m*
televise ['tɛlɪvaɪz] *vt* téléviser
television ['tɛlɪvɪʒən] *n* télévision *f*; **on ~** à la télévision; **television programme** *n* (BRIT) émission *f* de télévision

tell (*pt, pp* **told**) [tɛl, təuld] *vt* dire; (*relate: story*) raconter; (*distinguish*): **to ~ sth from** distinguer qch de ▷ *vi* (*talk*): **to ~ of** parler de; (*have effect*) se faire sentir, se voir; **to ~ sb to do** dire à qn de faire; **to ~ the time** (*know how to*) savoir lire l'heure; **tell off** *vt* réprimander, gronder; **teller** *n* (*in bank*) caissier(-ière)

telly ['tɛlɪ] *n abbr* (BRIT *inf*: = *television*) télé *f*

temp [tɛmp] *n* (BRIT: = *temporary worker*) intérimaire *m/f* ▷ *vi* travailler comme intérimaire

temper ['tɛmpə^r] *n* (*nature*) caractère *m*; (*mood*) humeur *f*; (*fit of anger*) colère *f* ▷ *vt* (*moderate*) tempérer, adoucir; **to be in a ~** être en colère; **to lose one's ~** se mettre en colère

temperament ['tɛmprəmənt] *n* (*nature*) tempérament *m*; **temperamental** [tɛmprə'mɛntl] *adj* capricieux(-euse)

temperature ['tɛmprətʃə^r] *n* température *f*; **to have** *or* **run a ~** avoir de la fièvre

temple ['tɛmpl] *n* (*building*) temple *m*; (*Anat*) tempe *f*

temporary ['tɛmpərərɪ] *adj* temporaire, provisoire; (*job, worker*) temporaire

tempt [tɛmpt] *vt* tenter; **to ~ sb into doing** induire qn à faire; **temptation** *n* tentation *f*; **tempting** *adj* tentant(e); (*food*) appétissant(e)

ten [tɛn] *num* dix

tenant ['tɛnənt] *n* locataire *m/f*

tend [tɛnd] *vt* s'occuper de ▷ *vi*: **to ~ to do** avoir tendance à faire; **tendency** ['tɛndənsɪ] *n* tendance *f*

tender ['tɛndə^r] *adj* tendre; (*delicate*) délicat(e); (*sore*) sensible ▷ *n* (*Comm: offer*) soumission *f*; (*money*): **legal ~** cours légal ▷ *vt* offrir

tendon ['tɛndən] *n* tendon *m*

tenner ['tɛnə^r] *n* (BRIT *inf*) billet *m* de dix livres

tennis ['tɛnɪs] *n* tennis *m*; **tennis ball** *n* balle *f* de tennis; **tennis court** *n* (court *m* de) tennis *m*; **tennis match** *n* match *m* de tennis; **tennis player** *n* joueur(-euse) de tennis; **tennis racket** *n* raquette *f* de tennis

tenor ['tɛnə^r] *n* (*Mus*) ténor *m*

tenpin bowling ['tɛnpɪn-] *n* (BRIT) bowling *m* (*à 10 quilles*)

tense [tɛns] *adj* tendu(e) ▷ *n* (*Ling*) temps *m*

tension ['tɛnʃən] *n* tension *f*

tent [tɛnt] *n* tente *f*

tentative ['tɛntətɪv] *adj* timide, hésitant(e); (*conclusion*) provisoire

tenth [tɛnθ] *num* dixième

tent: tent peg *n* piquet *m* de tente; **tent pole** *n* montant *m* de tente

tepid ['tɛpɪd] *adj* tiède

term [tə:m] *n* terme *m*; (*Scol*) trimestre *m* ▷ *vt* appeler; **terms** *npl* (*conditions*) conditions *fpl*; (*Comm*) tarif *m*; **in the short/long ~** à court/ long terme; **to come to ~s with** (*problem*) faire face à; **to be on good ~s with** bien s'entendre avec, être en bons termes avec

terminal ['tə:mɪnl] *adj* (*disease*) dans sa phase terminale; (*patient*) incurable ▷ *n* (*Elec*) borne *f*; (*for oil, ore etc: also Comput*) terminal *m*; (*also: air ~*) aérogare *f*; (BRIT: *also*: **coach ~**) gare routière

terminate ['tə:mɪneɪt] *vt* mettre fin à; (*pregnancy*) interrompre

termini ['tə:mɪnaɪ] *npl of* **terminus**

terminology [tə:mɪ'nɔlədʒɪ] *n* terminologie *f*

terminus (*pl* **termini**) ['tə:mɪnəs, 'tə:mɪnaɪ] *n* terminus *m inv*

terrace ['tɛrəs] *n* terrasse *f*; (BRIT: *row of houses*) rangée *f* de maisons (*attenantes les unes aux autres*); **the ~s** (BRIT *Sport*) les gradins *mpl*; **terraced** *adj* (*garden*) en terrasses; (*in a row: house*) attenant(e) aux maisons voisines

terrain [tɛ'reɪn] *n* terrain *m* (*sol*)

t

terrestrial [tɪ'restrɪəl] *adj* terrestre
terrible ['tɛrɪbl] *adj* terrible, atroce; (*weather, work*) affreux(-euse), épouvantable; **terribly** *adv* terriblement; (*very badly*) affreusement mal
terrier ['tɛrɪə^r] *n* terrier *m* (*chien*)
terrific [tə'rɪfɪk] *adj* (*very great*) fantastique, incroyable, terrible; (*wonderful*) formidable, sensationnel(le)
terrified ['tɛrɪfaɪd] *adj* terrifié(e); **to be ~ of sth** avoir très peur de qch
terrify ['tɛrɪfaɪ] *vt* terrifier; **terrifying** *adj* terrifiant(e)
territorial [tɛrɪ'tɔːrɪəl] *adj* territorial(e)
territory ['tɛrɪtərɪ] *n* territoire *m*
terror ['tɛrə^r] *n* terreur *f*; **terrorism** *n* terrorisme *m*; **terrorist** *n* terroriste *m/f*; **terrorist attack** *n* attentat *m* terroriste
test [tɛst] *n* (*trial, check*) essai *m*; (*of courage etc*) épreuve *f*; (*Med*) examen *m*; (*Chem*) analyse *f*; (*Scol*) interrogation *f* de contrôle; (*also*: **driving ~**) (examen du) permis *m* de conduire ▷ *vt* essayer; mettre à l'épreuve; examiner; analyser; faire subir une interrogation à
testicle ['tɛstɪkl] *n* testicule *m*
testify ['tɛstɪfaɪ] *vi* (*Law*) témoigner, déposer; **to ~ to sth** (*Law*) attester qch
testimony ['tɛstɪmənɪ] *n* (*Law*) témoignage *m*, déposition *f*
test: test match *n* (*Cricket, Rugby*) match international; **test tube** *n* éprouvette *f*
tetanus ['tɛtənəs] *n* tétanos *m*
text [tɛkst] *n* texte *m*; (*on mobile phone*) SMS *m inv*, texto® *m* ▷ *vt* (*inf*) envoyer un SMS *or* texto® à; **textbook** *n* manuel *m*
textile ['tɛkstaɪl] *n* textile *m*
text message *n* SMS *m inv*, texto® *m*
text messaging [-'mɛsɪdʒɪŋ] *n* messagerie textuelle
texture ['tɛkstʃə^r] *n* texture *f*; (*of skin, paper etc*) grain *m*
Thai [taɪ] *adj* thaïlandais(e) ▷ *n* Thaïlandais(e)
Thailand ['taɪlænd] *n* Thaïlande *f*
Thames [tɛmz] *n*: **the (River) ~** la Tamise
than [ðæn, ðən] *conj* que; (*with numerals*): **more ~ 10/once** plus de 10/d'une fois; **I have more/less ~ you** j'en ai plus/moins que toi; **she has more apples ~ pears** elle a plus de pommes que de poires; **it is better to phone ~ to write** il vaut mieux téléphoner (plutôt) qu'écrire; **she is older ~ you think** elle est plus âgée que tu le crois
thank [θæŋk] *vt* remercier, dire merci à; **thanks** *npl* remerciements *mpl*; **~s!** merci!; **~ you (very much)** merci (beaucoup); **~ God** Dieu merci; **~s to** *prep* grâce à; **thankfully** *adv* (*fortunately*) heureusement; **Thanksgiving (Day)** *n* jour *m* d'action de grâce

THANKSGIVING (DAY)

Thanksgiving (Day) est un jour de congé aux États-Unis, le quatrième jeudi du mois de novembre, commémorant la bonne récolte que les Pèlerins venus de Grande-Bretagne ont eue en 1621; traditionnellement, c'était un jour où l'on remerciait Dieu et où l'on organisait un grand festin. Une fête semblable, mais qui n'a aucun rapport avec les Pères Pèlerins, a lieu au Canada le deuxième lundi d'octobre.

KEYWORD

that [ðæt] *adj* (*demonstrative*) ce, cet + *vowel or h mute*, cette *f*; **that man/woman/book** cet homme/cette femme/ce livre; (*not this*) cet

homme-là/cette femme-là/ce livre-là; **that one** celui-là (celle-là)
▸ *pron* 1 (*demonstrative*) ce; (: *not this one*) cela, ça; (: *that one*) celui (celle); **who's that?** qui est-ce?; **what's that?** qu'est-ce que c'est?; **is that you?** c'est toi?; **I prefer this to that** je préfère ceci à cela *or* ça; **that's what he said** c'est *or* voilà ce qu'il a dit; **will you eat all that?** tu vas manger tout ça?; **that is (to say)** c'est-à-dire, à savoir
2 (*relative*: *subject*) qui; (: *object*) que; (: *after prep*) lequel (laquelle), lesquels (lesquelles) *pl*; **the book that I read** le livre que j'ai lu; **the books that are in the library** les livres qui sont dans la bibliothèque; **all that I have** tout ce que j'ai; **the box that I put it in** la boîte dans laquelle je l'ai mis; **the people that I spoke to** les gens auxquels *or* à qui j'ai parlé
3 (*relative, of time*) où; **the day that he came** le jour où il est venu
▸ *conj* que; **he thought that I was ill** il pensait que j'étais malade
▸ *adv* (*demonstrative*): **I don't like it that much** ça ne me plaît pas tant que ça; **I didn't know it was that bad** je ne savais pas que c'était si *or* aussi mauvais; **it's about that high** c'est à peu près de cette hauteur

thatched [θætʃt] *adj* (*roof*) de chaume; **~ cottage** chaumière *f*
thaw [θɔː] *n* dégel *m* ▷ *vi* (*ice*) fondre; (*food*) dégeler ▷ *vt* (*food*) (faire) dégeler

KEYWORD

the [ðiː, ðə] *def art* 1 (*gen*) le, la *f*, l' + *vowel or h mute*, les *pl* (*NB*: *à* + *le(s)* = **au(x)**; *de* + *le* = **du**; *de* + *les* = **des**); **the boy/girl/ink** le garçon/la fille/l'encre; **the children** les enfants; **the history of the world** l'histoire du monde; **give it to the postman** donne-le au facteur; **to play the piano/flute** jouer du piano/de la flûte
2 (+ *adj to form n*) le, la *f*, l' + *vowel or h mute*, les *pl*; **the rich and the poor** les riches et les pauvres; **to attempt the impossible** tenter l'impossible
3 (*in titles*): **Elizabeth the First** Elisabeth première; **Peter the Great** Pierre le Grand
4 (*in comparisons*): **the more he works, the more he earns** plus il travaille, plus il gagne de l'argent

theatre, (US) **theater** ['θɪətəʳ] *n* théâtre *m*; (*Med*: *also*: **operating ~**) salle *f* d'opération
theft [θɛft] *n* vol *m* (*larcin*)
their [ðɛəʳ] *adj* leur, leurs *pl*; *see also* **my**; **theirs** *pron* le (la) leur, les leurs; *see also* **mine¹**
them [ðɛm, ðəm] *pron* (*direct*) les; (*indirect*) leur; (*stressed, after prep*) eux (elles); **give me a few of ~** donnez m'en quelques uns (*or* quelques unes); *see also* **me**
theme [θiːm] *n* thème *m*; **theme park** *n* parc *m* à thème
themselves [ðəm'sɛlvz] *pl pron* (*reflexive*) se; (*emphatic, after prep*) eux-mêmes (elles-mêmes); **between ~** entre eux (elles); *see also* **oneself**
then [ðɛn] *adv* (*at that time*) alors, à ce moment-là; (*next*) puis, ensuite; (*and also*) et puis ▷ *conj* (*therefore*) alors, dans ce cas ▷ *adj*: **the ~ president** le président d'alors *or* de l'époque; **by ~** (*past*) à ce moment-là; (*future*) d'ici là; **from ~ on** dès lors; **until ~** jusqu'à ce moment-là, jusque-là
theology [θɪ'ɔlədʒɪ] *n* théologie *f*
theory ['θɪərɪ] *n* théorie *f*
therapist ['θɛrəpɪst] *n* thérapeute *m/f*
therapy ['θɛrəpɪ] *n* thérapie *f*

KEYWORD

there [ðɛəʳ] *adv* 1: **there is, there are** il y a; **there are 3 of them**

(*people, things*) il y en a 3; **there is no-one here/no bread left** il n'y a personne/il n'y a plus de pain; **there has been an accident** il y a eu un accident
2 (*referring to place*) là, là-bas; **it's there** c'est là(-bas); **in/on/up/down there** là-dedans/là-dessus/là-haut/en bas; **he went there on Friday** il y est allé vendredi; **I want that book there** je veux ce livre-là; **there he is!** le voilà!
3: **there, there!** (*esp to child*) allons, allons!

there: thereabouts *adv* (*place*) par là, près de là; (*amount*) environ, à peu près; **thereafter** *adv* par la suite; **thereby** *adv* ainsi; **therefore** *adv* donc, par conséquent

there's ['ðɛəz] = **there is; there has**

thermal ['θə:ml] *adj* thermique; **~ underwear** sous-vêtements *mpl* en Thermolactyl®

thermometer [θə'mɔmɪtə^r] *n* thermomètre *m*

thermostat ['θə:məustæt] *n* thermostat *m*

these [ði:z] *pl pron* ceux-ci (celles-ci) ▷ *pl adj* ces; (*not those*): **~ books** ces livres-ci

thesis (*pl* **theses**) ['θi:sɪs, 'θi:si:z] *n* thèse *f*

they [ðeɪ] *pl pron* ils (elles); (*stressed*) eux (elles); **~ say that ...** (*it is said that*) on dit que ...; **they'd** = **they had; they would**; **they'll** = **they shall; they will**; **they're** = **they are**; **they've** = **they have**

thick [θɪk] *adj* épais(se); (*stupid*) bête, borné(e) ▷ *n*: **in the ~ of** au beau milieu de, en plein cœur de; **it's 20 cm ~** ça a 20 cm d'épaisseur; **thicken** *vi* s'épaissir ▷ *vt* (*sauce etc*) épaissir; **thickness** *n* épaisseur *f*

thief (*pl* **thieves**) [θi:f, θi:vz] *n* voleur(-euse)

thigh [θaɪ] *n* cuisse *f*

thin [θɪn] *adj* mince; (*skinny*) maigre; (*soup*) peu épais(se); (*hair, crowd*) clairsemé(e) ▷ *vt* (*also*: **~ down**: *sauce, paint*) délayer

thing [θɪŋ] *n* chose *f*; (*object*) objet *m*; (*contraption*) truc *m*; **things** *npl* (*belongings*) affaires *fpl*; **the ~ is ...** c'est que ...; **the best ~ would be to** le mieux serait de; **how are ~s?** comment ça va?; **to have a ~ about** (*be obsessed by*) être obsédé(e) par; (*hate*) détester; **poor ~!** le (*or* la) pauvre!

think (*pt, pp* **thought**) [θɪŋk, θɔ:t] *vi* penser, réfléchir ▷ *vt* penser, croire; (*imagine*) s'imaginer; **what did you ~ of them?** qu'avez-vous pensé d'eux?; **to ~ about sth/sb** penser à qch/qn; **I'll ~ about it** je vais y réfléchir; **to ~ of doing** avoir l'idée de faire; **I ~ so/not** je crois *or* pense que oui/non; **to ~ well of** avoir une haute opinion de; **think over** *vt* bien réfléchir à; **think up** *vt* inventer, trouver

third [θə:d] *num* troisième ▷ *n* (*fraction*) tiers *m*; (*Aut*) troisième (vitesse) *f*; (BRIT *Scol*: *degree*) ≈ licence *f* avec mention passable; **thirdly** *adv* troisièmement; **third party insurance** *n* (BRIT) assurance *f* au tiers; **Third World** *n*: **the Third World** le Tiers-Monde

thirst [θə:st] *n* soif *f*; **thirsty** *adj* qui a soif, assoiffé(e); (*work*) qui donne soif **to be thirsty** avoir soif

thirteen [θə:'ti:n] *num* treize; **thirteenth** [θə:'ti:nθ] *num* treizième

thirtieth ['θə:tɪɪθ] *num* trentième

thirty ['θə:tɪ] *num* trente

KEYWORD

this [ðɪs] *adj* (*demonstrative*) ce, cet + *vowel or h mute*, cette *f*; **this man/woman/book** cet homme/cette femme/ce livre; (*not that*) cet homme-ci/cette femme-ci/ce livre-ci; **this one** celui-ci (celle-ci)

▸*pron* (*demonstrative*) ce (: *not that one*) celui-ci (celle-ci), ceci; **who's this?** qui est-ce?; **what's this?** qu'est-ce que c'est?; **I prefer this to that** je préfère ceci à cela; **this is where I live** c'est ici que j'habite; **this is what he said** voici ce qu'il a dit; **this is Mr Brown** (*in introductions*) je vous présente Mr Brown; (*in photo*) c'est Mr Brown; (*on telephone*) ici Mr Brown ▸*adv* (*demonstrative*): **it was about this big** c'était à peu près de cette grandeur *or* grand comme ça; **I didn't know it was this bad** je ne savais pas que c'était si *or* aussi mauvais

thistle ['θɪsl] *n* chardon *m*

thorn [θɔ:n] *n* épine *f*

thorough ['θʌrə] *adj* (*search*) minutieux(-euse); (*knowledge, research*) approfondi(e); (*work, person*) consciencieux(-euse); (*cleaning*) à fond; **thoroughly** *adv* (*search*) minutieusement; (*study*) en profondeur; (*clean*) à fond; (*very*) tout à fait

those [ðəuz] *pl pron* ceux-là (celles-là) ▹*pl adj* ces; (*not these*): **~ books** ces livres-là

though [ðəu] *conj* bien que + *sub*, quoique + *sub* ▹*adv* pourtant

thought [θɔ:t] *pt, pp of* **think** ▹*n* pensée *f*; (*idea*) idée *f*; (*opinion*) avis *m*; **thoughtful** *adj* (*deep in thought*) pensif(-ive); (*serious*) réfléchi(e); (*considerate*) prévenant(e); **thoughtless** *adj* qui manque de considération

thousand ['θauzənd] *num* mille; **one ~** mille; **two ~** deux mille; **~s of** des milliers de; **thousandth** *num* millième

thrash [θræʃ] *vt* rouer de coups; (*inf: defeat*) donner une raclée à (*inf*)

thread [θrɛd] *n* fil *m*; (*of screw*) pas *m*, filetage *m* ▹*vt* (*needle*) enfiler

threat [θrɛt] *n* menace *f*; **threaten** *vi* (*storm*) menacer ▹*vt*: **to threaten sb with sth/to do** menacer qn de qch/de faire; **threatening** *adj* menaçant(e)

three [θri:] *num* trois; **three-dimensional** *adj* à trois dimensions; **three-piece suite** *n* salon *m* (canapé et deux fauteuils); **three-quarters** *npl* trois-quarts *mpl*; **three-quarters full** aux trois-quarts plein

threshold ['θrɛʃhəuld] *n* seuil *m*

threw [θru:] *pt of* **throw**

thrill [θrɪl] *n* (*excitement*) émotion *f*, sensation forte; (*shudder*) frisson *m* ▹*vt* (*audience*) électriser; **thrilled** *adj*: **thrilled (with)** ravi(e) de; **thriller** *n* film *m* (*or* roman *m or* pièce *f*) à suspense; **thrilling** *adj* (*book, play etc*) saisissant(e); (*news, discovery*) excitant(e)

thriving ['θraɪvɪŋ] *adj* (*business, community*) prospère

throat [θrəut] *n* gorge *f*; **to have a sore ~** avoir mal à la gorge

throb [θrɔb] *vi* (*heart*) palpiter; (*engine*) vibrer; **my head is ~bing** j'ai des élancements dans la tête

throne [θrəun] *n* trône *m*

through [θru:] *prep* à travers; (*time*) pendant, durant; (*by means of*) par, par l'intermédiaire de; (*owing to*) à cause de ▹*adj* (*ticket, train, passage*) direct(e) ▹*adv* à travers; **(from) Monday ~ Friday** (US) de lundi à vendredi; **to put sb ~ to sb** (*Tel*) passer qn à qn; **to be ~** (BRIT *Tel*) avoir la communication; (*esp US: have finished*) avoir fini; **"no ~ traffic"** (US) "passage interdit"; **"no ~ road"** (BRIT) "impasse"; **throughout** *prep* (*place*) partout dans; (*time*) durant tout(e) le ▹*adv* partout

throw [θrəu] *n* jet *m*; (*Sport*) lancer *m* ▹*vt* (*pt* **threw**, *pp* **thrown**) lancer, jeter; (*Sport*) lancer; (*rider*) désarçonner; (*fig*) décontenancer; **to ~ a party** donner une réception; **throw away** *vt* jeter; (*money*) gaspiller; **throw in** *vt* (*Sport: ball*) remettre en jeu; (*include*) ajouter; **throw off** *vt* se débarrasser de; **throw out** *vt* jeter; (*reject*) rejeter; (*person*) mettre à la porte; **throw up** *vi* vomir

thrown [θrəun] *pp of* **throw**

thru [θru:] (*US*) *prep* = **through**

thrush [θrʌʃ] *n* (*Zool*) grive *f*

thrust [θrʌst] *vt* (*pt, pp* **thrust**) pousser brusquement; (*push in*) enfoncer

thud [θʌd] *n* bruit sourd

thug [θʌg] *n* voyou *m*

thumb [θʌm] *n* (*Anat*) pouce *m* ▷ *vt*: **to ~ a lift** faire de l'auto-stop, arrêter une voiture; **thumbtack** *n* (*US*) punaise *f* (*clou*)

thump [θʌmp] *n* grand coup; (*sound*) bruit sourd ▷ *vt* cogner sur ▷ *vi* cogner, frapper

thunder ['θʌndəʳ] *n* tonnerre *m* ▷ *vi* tonner; (*train etc*): **to ~ past** passer dans un grondement *or* un bruit de tonnerre; **thunderstorm** *n* orage *m*

Thursday ['θə:zdɪ] *n* jeudi *m*

thus [ðʌs] *adv* ainsi

thwart [θwɔ:t] *vt* contrecarrer

thyme [taɪm] *n* thym *m*

Tibet [tɪ'bɛt] *n* Tibet *m*

tick [tɪk] *n* (*sound: of clock*) tic-tac *m*; (*mark*) coche *f*; (*Zool*) tique *f* ▷ *vi* faire tic-tac ▷ *vt* (*item on list*) cocher; **in a ~** (BRIT *inf*) dans un instant; **tick off** *vt* (*item on list*) cocher; (*person*) réprimander, attraper

ticket ['tɪkɪt] *n* billet *m*; (*for bus, tube*) ticket *m*; (*in shop, on goods*) étiquette *f*; (*for library*) carte *f*; (*also*: **parking ~**) contravention *f*, p.-v. *m*; **ticket barrier** *n* (BRIT *Rail*) portillon *m* automatique; **ticket collector** *n* contrôleur(-euse); **ticket inspector** *n* contrôleur(-euse); **ticket machine** *n* billetterie *f* automatique; **ticket office** *n* guichet *m*, bureau *m* de vente des billets

tickle ['tɪkl] *vi* chatouiller ▷ *vt* chatouiller; **ticklish** *adj* (*person*) chatouilleux(-euse); (*problem*) épineux(-euse)

tide [taɪd] *n* marée *f*; (*fig: of events*) cours *m*

tidy ['taɪdɪ] *adj* (*room*) bien rangé(e); (*dress, work*) net (nette), soigné(e); (*person*) ordonné(e), qui a de l'ordre ▷ *vt* (*also*: **~ up**) ranger

tie [taɪ] *n* (*string etc*) cordon *m*; (BRIT: *also*: **neck~**) cravate *f*; (*fig: link*) lien *m*; (*Sport: draw*) égalité *f* de points match nul ▷ *vt* (*parcel*) attacher; (*ribbon*) nouer ▷ *vi* (*Sport*) faire match nul; finir à égalité de points; **to ~ sth in a bow** faire un nœud à *or* avec qch; **to ~ a knot in sth** faire un nœud à qch; **tie down** *vt*: **to ~ sb down to** (*fig*) contraindre qn à accepter; **to feel ~d down** (*by relationship*) se sentir coincé(e); **tie up** *vt* (*parcel*) ficeler; (*dog, boat*) attacher; (*prisoner*) ligoter; (*arrangements*) conclure; **to be ~d up** (*busy*) être pris(e) *or* occupé(e)

tier [tɪəʳ] *n* gradin *m*; (*of cake*) étage *m*

tiger ['taɪgəʳ] *n* tigre *m*

tight [taɪt] *adj* (*rope*) tendu(e), raide; (*clothes*) étroit(e), très juste; (*budget, programme, bend*) serré(e); (*control*) strict(e), sévère; (*inf: drunk*) ivre, rond(e) ▷ *adv* (*squeeze*) très fort; (*shut*) à bloc, hermétiquement; **hold ~!** accrochez-vous bien!; **tighten** *vt* (*rope*) tendre; (*screw*) resserrer; (*control*) renforcer ▷ *vi* se tendre; se resserrer; **tightly** *adv* (*grasp*) bien, très fort; **tights** *npl* (BRIT) collant *m*

tile [taɪl] *n* (*on roof*) tuile *f*; (*on wall or floor*) carreau *m*

till [tɪl] *n* caisse (enregistreuse) ▷ *prep conj* = **until**

tilt [tɪlt] *vt* pencher, incliner ▷ *vi* pencher, être incliné(e)

timber ['tɪmbəʳ] *n* (*material*) bois *m* de construction

time [taɪm] *n* temps *m*; (*epoch: often pl*) époque *f*, temps; (*by clock*) heure *f*; (*moment*) moment *m*; (*occasion, also Math*) fois *f*; (*Mus*) mesure *f* ▷ *vt* (*race*) chronométrer; (*programme*) minuter; (*visit*) fixer; (*remark etc*) choisir le moment de; **a long ~** un long moment, longtemps; **four at a ~** quatre à la fois; **for the ~ being** pour le moment; **from ~ to ~** de temps en temps; **at ~s** parfois; **in ~** (*soon enough*) à temps; (*after some time*) avec le temps, à la longue; (*Mus*) en mesure; **in a week's ~** dans une semaine; **in no ~** en un rien de temps; **any ~** n'importe quand; **on ~** à l'heure; **5 ~s 5** 5 fois 5; **what ~ is it?** quelle heure est-il?; **what ~ is the museum/shop open?** à quelle heure ouvre le musée/magasin?; **to have a good ~** bien s'amuser; **time limit** *n* limite *f* de temps, délai *m*; **timely** *adj* opportun(e); **timer** *n* (*in kitchen*) compte-minutes *m inv*; (*Tech*) minuteur *m*; **time-share** *n* maison *f*/appartement *m* en multipropriété; **timetable** *n* (*Rail*) (indicateur *m*) horaire *m*; (*Scol*) emploi *m* du temps; **time zone** *n* fuseau *m* horaire

timid ['tɪmɪd] *adj* timide; (*easily scared*) peureux(-euse)

timing ['taɪmɪŋ] *n* (*Sport*) chronométrage *m*; **the ~ of his resignation** le moment choisi pour sa démission

tin [tɪn] *n* étain *m*; (*also*: **~ plate**) fer-blanc *m*; (BRIT: *can*) boîte *f* (de conserve); (*for baking*) moule *m* (à gâteau); (*for storage*) boîte *f*; **tinfoil** *n* papier *m* d'étain *or* d'aluminium

tingle ['tɪŋgl] *vi* picoter; (*person*) avoir des picotements

tinker ['tɪŋkə^r]: **tinker with** *vt fus* bricoler, rafistoler

tinned [tɪnd] *adj* (BRIT: *food*) en boîte, en conserve

tin opener [-'əupnə^r] *n* (BRIT) ouvre-boîte(s) *m*

tinsel ['tɪnsl] *n* guirlandes *fpl* de Noël (*argentées*)

tint [tɪnt] *n* teinte *f*; (*for hair*) shampooing colorant; **tinted** *adj* (*hair*) teint(e); (*spectacles, glass*) teinté(e)

tiny ['taɪnɪ] *adj* minuscule

tip [tɪp] *n* (*end*) bout *m*; (*gratuity*) pourboire *m*; (BRIT: *for rubbish*) décharge *f*; (*advice*) tuyau *m* ▷ *vt* (*waiter*) donner un pourboire à; (*tilt*) incliner; (*overturn*: *also*: **~ over**) renverser; (*empty*: *also*: **~ out**) déverser; **how much should I ~?** combien de pourboire est-ce qu'il faut laisser?; **tip off** *vt* prévenir, avertir

tiptoe ['tɪptəu] *n*: **on ~** sur la pointe des pieds

tire ['taɪə^r] *n* (US) = **tyre** ▷ *vt* fatiguer ▷ *vi* se fatiguer; **tired** *adj* fatigué(e); **to be tired of** en avoir assez de, être las (lasse) de; **tire pressure** (US) *n* = **tyre pressure**; **tiring** *adj* fatigant(e)

tissue ['tɪʃu:] *n* tissu *m*; (*paper handkerchief*) mouchoir *m* en papier, kleenex® *m*; **tissue paper** *n* papier *m* de soie

tit [tɪt] *n* (*bird*) mésange *f*; **to give ~ for tat** rendre coup pour coup

title ['taɪtl] *n* titre *m*

T-junction ['ti:'dʒʌŋkʃən] *n* croisement *m* en T

TM *n abbr* = **trademark**

KEYWORD

to [tu:, tə] *prep* (*with noun/pronoun*)
1 (*direction*) à; (*: towards*) vers; envers; **to go to France/Portugal/London/school** aller en France/au Portugal/à Londres/à l'école; **to go to Claude's/the doctor's** aller chez Claude/le docteur; **the road to Edinburgh** la route d'Édimbourg
2 (*as far as*) (jusqu')à; **to count to 10** compter jusqu'à 10; **from 40 to 50 people** de 40 à 50 personnes
3 (*with expressions of time*): **a quarter to 5** 5 heures moins le quart; **it's twenty to 3** il est 3 heures moins vingt

t

4 (*for, of*) de; **the key to the front door** la clé de la porte d'entrée; **a letter to his wife** une lettre (adressée) à sa femme
5 (*expressing indirect object*) à; **to give sth to sb** donner qch à qn; **to talk to sb** parler à qn; **to be a danger to sb** être dangereux(-euse) pour qn
6 (*in relation to*) à; **3 goals to 2** 3 (buts) à 2; **30 miles to the gallon** ≈ 9,4 litres aux cent (km)
7 (*purpose, result*): **to come to sb's aid** venir au secours de qn, porter secours à qn; **to sentence sb to death** condamner qn à mort; **to my surprise** à ma grande surprise
▸ *prep* (*with vb*) **1** (*simple infinitive*): **to go/eat** aller/manger
2 (*following another vb*): **to want/try/start to do** vouloir/essayer de/commencer à faire
3 (*with vb omitted*): **I don't want to** je ne veux pas
4 (*purpose, result*) pour; **I did it to help you** je l'ai fait pour vous aider
5 (*equivalent to relative clause*): **I have things to do** j'ai des choses à faire; **the main thing is to try** l'important est d'essayer
6 (*after adjective etc*): **ready to go** prêt(e) à partir; **too old/young to ...** trop vieux/jeune pour ...
▸ *adv*: **push/pull the door to** tirez/poussez la porte

toad [təud] *n* crapaud *m*; **toadstool** *n* champignon (vénéneux)
toast [təust] *n* (*Culin*) pain grillé, toast *m*; (*drink, speech*) toast ▹ *vt* (*Culin*) faire griller; (*drink to*) porter un toast à; **toaster** *n* grille-pain *m inv*
tobacco [tə'bækəu] *n* tabac *m*
toboggan [tə'bɔgən] *n* toboggan *m*; (*child's*) luge *f*
today [tə'deɪ] *adv, n* (*also fig*) aujourd'hui (*m*)
toddler ['tɔdlə^r] *n* enfant *m/f* qui commence à marcher, bambin *m*
toe [təu] *n* doigt *m* de pied, orteil *m*; (*of shoe*) bout *m* ▹ *vt*: **to ~ the line** (*fig*) obéir, se conformer; **toenail** *n* ongle *m* de l'orteil
toffee ['tɔfɪ] *n* caramel *m*
together [tə'gɛðə^r] *adv* ensemble; (*at same time*) en même temps; **~ with** *prep* avec
toilet ['tɔɪlət] *n* (BRIT: *lavatory*) toilettes *fpl*, cabinets *mpl*; **to go to the ~** aller aux toilettes; **where's the ~?** où sont les toilettes?; **toilet bag** *n* (BRIT) nécessaire *m* de toilette; **toilet paper** *n* papier *m* hygiénique; **toiletries** *npl* articles *mpl* de toilette; **toilet roll** *n* rouleau *m* de papier hygiénique
token ['təukən] *n* (*sign*) marque *f*, témoignage *m*; (*metal disc*) jeton *m* ▹ *adj* (*fee, strike*) symbolique; **book/record ~** (BRIT) chèque-livre/-disque *m*
Tokyo ['təukjəu] *n* Tokyo
told [təuld] *pt, pp of* **tell**
tolerant ['tɔlərnt] *adj*: **~ (of)** tolérant(e) (à l'égard de)
tolerate ['tɔləreɪt] *vt* supporter
toll [təul] *n* (*tax, charge*) péage *m* ▹ *vi* (*bell*) sonner; **the accident ~ on the roads** le nombre des victimes de la route; **toll call** *n* (US *Tel*) appel *m* (à) longue distance; **toll-free** *adj* (US) gratuit(e) ▹ *adv* gratuitement
tomato [tə'mɑ:təu] (*pl* **tomatoes**) *n* tomate *f*; **tomato sauce** *n* sauce *f* tomate
tomb [tu:m] *n* tombe *f*; **tombstone** pierre tombale
tomorrow [tə'mɔrəu] *adv, n* (*also fig*) demain (*m*); **the day after ~** après-demain; **a week ~** demain en huit; **~ morning** demain matin
ton [tʌn] *n* tonne *f* (*Brit: = 1016 kg; US = 907 kg; metric = 1000 kg*); **~s of** (*inf*) des tas de
tone [təun] *n* ton *m*; (*of radio*, BRIT *Tel*) tonalité *f* ▹ *vi* (*also*: **~ in**) s'harmoniser; **tone down** *vt* (*colour, criticism*) adoucir

tongs [tɔŋz] *npl* pinces *fpl*; (*for coal*) pincettes *fpl*; (*for hair*) fer *m* à friser
tongue [tʌŋ] *n* langue *f*; **~ in cheek** *adv* ironiquement
tonic ['tɔnɪk] *n* (*Med*) tonique *m*; (*also*: **~ water**) Schweppes® *m*
tonight [tə'naɪt] *adv*, *n* cette nuit; (*this evening*) ce soir
tonne [tʌn] *n* (BRIT: *metric ton*) tonne *f*
tonsil ['tɔnsl] *n* amygdale *f*; **tonsillitis** [tɔnsɪ'laɪtɪs] *n*: **to have tonsillitis** avoir une angine *or* une amygdalite
too [tu:] *adv* (*excessively*) trop; (*also*) aussi; **~ much** (*as adv*) trop; (*as adj*) trop de; **~ many** *adj* trop de
took [tuk] *pt of* **take**
tool [tu:l] *n* outil *m*; **tool box** *n* boîte *f* à outils; **tool kit** *n* trousse *f* à outils
tooth (*pl* **teeth**) [tu:θ, ti:θ] *n* (*Anat, Tech*) dent *f*; **to brush one's teeth** se laver les dents; **toothache** *n* mal *m* de dents; **to have toothache** avoir mal aux dents; **toothbrush** *n* brosse *f* à dents; **toothpaste** *n* (pâte *f*) dentifrice *m*; **toothpick** *n* cure-dent *m*
top [tɔp] *n* (*of mountain, head*) sommet *m*; (*of page, ladder*) haut *m*; (*of box, cupboard, table*) dessus *m*; (*lid: of box, jar*) couvercle *m*; (*: of bottle*) bouchon *m*; (*toy*) toupie *f*; (*Dress: blouse etc*) haut; (*: of pyjamas*) veste *f* ▷ *adj* du haut; (*in rank*) premier(-ière); (*best*) meilleur(e) ▷ *vt* (*exceed*) dépasser; (*be first in*) être en tête de; **from ~ to bottom** de fond en comble; **on ~ of** sur; (*in addition to*) en plus de; **over the ~** (*inf*) (*behaviour etc*) qui dépasse les limites; **top up**, (US) **top off** *vt* (*bottle*) remplir; (*salary*) compléter; **to ~ up one's mobile (phone)** recharger son compte; **top floor** *n* dernier étage; **top hat** *n* haut-de-forme *m*
topic ['tɔpɪk] *n* sujet *m*, thème *m*; **topical** *adj* d'actualité
topless ['tɔplɪs] *adj* (*bather etc*) aux seins nus
topping ['tɔpɪŋ] *n* (*Culin*) *couche de crème, fromage etc qui recouvre un plat*
topple ['tɔpl] *vt* renverser, faire tomber ▷ *vi* basculer; tomber
top-up ['tɔpʌp] *n* (*for mobile phone*) recharge *f*, minutes *fpl*; **top-up card** *n* (*for mobile phone*) recharge *f*
torch [tɔ:tʃ] *n* torche *f*; (BRIT: *electric*) lampe *f* de poche
tore [tɔ:ʳ] *pt of* **tear²**
torment *n* ['tɔ:mɛnt] tourment *m* ▷ *vt* [tɔ:'mɛnt] tourmenter; (*fig: annoy*) agacer
torn [tɔ:n] *pp of* **tear²**
tornado [tɔ:'neɪdəu] (*pl* **tornadoes**) *n* tornade *f*
torpedo [tɔ:'pi:dəu] (*pl* **torpedoes**) *n* torpille *f*
torrent ['tɔrnt] *n* torrent *m*; **torrential** [tɔ'rɛnʃl] *adj* torrentiel(le)
tortoise ['tɔ:təs] *n* tortue *f*
torture ['tɔ:tʃəʳ] *n* torture *f* ▷ *vt* torturer
Tory ['tɔ:rɪ] *adj*, *n* (BRIT *Pol*) tory *m/f*, conservateur(-trice)
toss [tɔs] *vt* lancer, jeter; (BRIT: *pancake*) faire sauter; (*head*) rejeter en arrière ▷ *vi*: **to ~ up for sth** (BRIT) jouer qch à pile ou face; **to ~ a coin** jouer à pile ou face; **to ~ and turn** (*in bed*) se tourner et se retourner
total ['təutl] *adj* total(e) ▷ *n* total *m* ▷ *vt* (*add up*) faire le total de, additionner; (*amount to*) s'élever à
totalitarian [təutælɪ'tɛərɪən] *adj* totalitaire
totally ['təutəlɪ] *adv* totalement
touch [tʌtʃ] *n* contact *m*, toucher *m*; (*sense, skill: of pianist etc*) toucher ▷ *vt* (*gen*) toucher; (*tamper with*) toucher à; **a ~ of** (*fig*) un petit peu de; une touche de; **to get in ~ with** prendre contact avec; **to lose ~** (*friends*) se perdre de vue; **touch down** *vi* (*Aviat*) atterrir; (*on sea*) amerrir; **touchdown** *n* (*Aviat*) atterrissage *m*; (*on sea*) amerrissage *m*; (US *Football*) essai *m*; **touched** *adj* (*moved*) touché(e); **touching**

t

adj touchant(e), attendrissant(e); **touchline** *n* (*Sport*) (ligne *f* de) touche *f*; **touch-sensitive** *adj* (*keypad*) à effleurement; (*screen*) tactile

tough [tʌf] *adj* dur(e); (*resistant*) résistant(e), solide; (*meat*) dur, coriace; (*firm*) inflexible; (*task, problem, situation*) difficile

tour ['tuəʳ] *n* voyage *m*; (*also*: **package ~**) voyage organisé; (*of town, museum*) tour *m*, visite *f*; (*by band*) tournée *f* ▷ *vt* visiter; **tour guide** *n* (*person*) guide *m/f*

tourism ['tuərɪzm] *n* tourisme *m*

tourist ['tuərɪst] *n* touriste *m/f* ▷ *cpd* touristique; **tourist office** *n* syndicat *m* d'initiative

tournament ['tuənəmənt] *n* tournoi *m*

tour operator *n* (BRIT) organisateur *m* de voyages, tour-opérateur *m*

tow [təu] *vt* remorquer; (*caravan, trailer*) tracter; **"on ~"**, (US) **"in ~"** (*Aut*) "véhicule en remorque"; **tow away** *vt* (*subj*: *police*) emmener à la fourrière; (: *breakdown service*) remorquer

toward(s) [tə'wɔ:d(z)] *prep* vers; (*of attitude*) envers, à l'égard de; (*of purpose*) pour

towel ['tauəl] *n* serviette *f* (de toilette); **towelling** *n* (*fabric*) tissu-éponge *m*

tower ['tauəʳ] *n* tour *f*; **tower block** *n* (BRIT) tour *f* (d'habitation)

town [taun] *n* ville *f*; **to go to ~** aller en ville; (*fig*) y mettre le paquet; **town centre** *n* (BRIT) centre *m* de la ville, centre-ville *m*; **town hall** *n* ≈ mairie *f*

tow truck *n* (US) dépanneuse *f*

toxic ['tɔksɪk] *adj* toxique

toy [tɔɪ] *n* jouet *m*; **toy with** *vt fus* jouer avec; (*idea*) caresser; **toyshop** *n* magasin *m* de jouets

trace [treɪs] *n* trace *f* ▷ *vt* (*draw*) tracer, dessiner; (*follow*) suivre la trace de; (*locate*) retrouver

tracing paper ['treɪsɪŋ-] *n* papier-calque *m*

track [træk] *n* (*mark*) trace *f*; (*path*: *gen*) chemin *m*, piste *f*; (: *of bullet etc*) trajectoire *f*; (: *of suspect, animal*) piste; (*Rail*) voie ferrée, rails *mpl*; (*Comput, Sport*) piste; (*on CD*) piste; (*on record*) plage *f* ▷ *vt* suivre la trace o[u] la piste de; **to keep ~ of** suivre; **track down** *vt* (*prey*) trouver et capturer; (*sth lost*) finir par retrouver; **tracksuit** *n* survêtement *m*

tractor ['træktəʳ] *n* tracteur *m*

trade [treɪd] *n* commerce *m*; (*skill, job*) métier *m* ▷ *vi* faire du commerce ▷ *vt* (*exchange*): **to ~ sth (for sth)** échanger qch (contre qch); **to ~ with/in** faire du commerce avec/le commerce de; **trade in** *vt* (*old car etc*) faire reprendre; **trademark** *n* marque *f* de fabrique; **trader** *n* commerçant(e), négociant(e); **tradesman** (*irreg*) *n* (*shopkeeper*) commerçant *m*; **trade union** *n* syndicat *m*

trading ['treɪdɪŋ] *n* affaires *fpl*, commerce *m*

tradition [trə'dɪʃən] *n* tradition *f*; **traditional** *adj* traditionnel(le)

traffic ['træfɪk] *n* trafic *m*; (*cars*) circulation *f* ▷ *vi*: **to ~ in** (*pej*: *liquor, drugs*) faire le trafic de; **traffic circle** *n* (US) rond-point *m*; **traffic island** *n* refuge *m* (pour piétons); **traffic jam** *n* embouteillage *m*; **traffic lights** *npl* feux *mpl* (de signalisation); **traffic warden** *n* contractuel(le)

tragedy ['trædʒədɪ] *n* tragédie *f*

tragic ['trædʒɪk] *adj* tragique

trail [treɪl] *n* (*tracks*) trace *f*, piste *f*; (*path*) chemin *m*, piste; (*of smoke etc*) traînée *f* ▷ *vt* (*drag*) traîner, tirer; (*follow*) suivre ▷ *vi* traîner; (*in game, contest*) être en retard; **trailer** *n* (*Aut*) remorque *f*; (US: *caravan*) caravane *f*; (*Cine*) bande-annonce *f*

train [treɪn] *n* train *m*; (*in underground*) rame *f*; (*of dress*) traîne *f*; (BRIT: *series*):

~ of events série *f* d'événements ▷ *vt* (*apprentice, doctor etc*) former; (*Sport*) entraîner; (*dog*) dresser; (*memory*) exercer; (*point: gun etc*): **to ~ sth on** braquer qch sur ▷ *vi* recevoir sa formation; (*Sport*) s'entraîner; **one's ~ of thought** le fil de sa pensée; **what time does the ~ from Paris get in?** à quelle heure arrive le train de Paris?; **is this the ~ for ...?** c'est bien le train pour ...?; **trainee** [treɪ'ni:] *n* stagiaire *m/f*; (*in trade*) apprenti(e); **trainer** *n* (*Sport*) entraîneur(-euse); (*of dogs etc*) dresseur(-euse); **trainers** *npl* (*shoes*) chaussures *fpl* de sport; **training** *n* formation *f*; (*Sport*) entraînement *m*; (*of dog etc*) dressage *m*; **in training** (*Sport*) à l'entraînement; (*fit*) en forme; **training course** *n* cours *m* de formation professionnelle; **training shoes** *npl* chaussures *fpl* de sport

rait [treɪt] *n* trait *m* (de caractère)

raitor ['treɪtəʳ] *n* traître *m*

ram [træm] *n* (BRIT: *also*: **~car**) tram(way) *m*

ramp [træmp] *n* (*person*) vagabond(e), clochard(e); (*inf, pej: woman*): **to be a ~** être coureuse

rample ['træmpl] *vt*: **to ~ (underfoot)** piétiner

rampoline ['træmpəli:n] *n* trampoline *m*

ranquil ['træŋkwɪl] *adj* tranquille; **tranquillizer**, (US) **tranquilizer** *n* (*Med*) tranquillisant *m*

ransaction [træn'zækʃən] *n* transaction *f*

ransatlantic ['trænzət'læntɪk] *adj* transatlantique

ranscript ['trænskrɪpt] *n* transcription *f* (texte)

ransfer *n* ['trænsfəʳ] (*gen, also Sport*) transfert *m*; (*Pol: of power*) passation *f*; (*of money*) virement *m*; (*picture, design*) décalcomanie *f* (*: stick-on*) autocollant *m* ▷ *vt* [træns'fəː] transférer; passer; virer; **to ~ the charges** (BRIT *Tel*) téléphoner en P.C.V.

transform [træns'fɔːm] *vt* transformer; **transformation** *n* transformation *f*

transfusion [træns'fjuːʒən] *n* transfusion *f*

transit ['trænzɪt] *n*: **in ~** en transit

transition [træn'zɪʃən] *n* transition *f*

transitive ['trænzɪtɪv] *adj* (*Ling*) transitif(-ive)

translate [trænz'leɪt] *vt*: **to ~ (from/into)** traduire (du/en); **can you ~ this for me?** pouvez-vous me traduire ceci?; **translation** [trænz'leɪʃən] *n* traduction *f*; (*Scol: as opposed to prose*) version *f*; **translator** *n* traducteur(-trice)

transmission [trænz'mɪʃən] *n* transmission *f*

transmit [trænz'mɪt] *vt* transmettre; (*Radio, TV*) émettre; **transmitter** *n* émetteur *m*

transparent [træns'pærnt] *adj* transparent(e)

transplant ['trænsplɑːnt] *n* (*Med*) transplantation *f*

transport *n* ['trænspɔːt] transport *m* ▷ *vt* [træns'pɔːt] transporter; **transportation** [trænspɔː'teɪʃən] *n* (moyen *m* de) transport *m*

transvestite [trænz'vɛstaɪt] *n* travesti(e)

trap [træp] *n* (*snare, trick*) piège *m*; (*carriage*) cabriolet *m* ▷ *vt* prendre au piège; (*confine*) coincer

trash [træʃ] *n* (*inf: pej: goods*) camelote *f*; (*: nonsense*) sottises *fpl*; (US: *rubbish*) ordures *fpl*; **trash can** *n* (US) poubelle *f*

trauma ['trɔːmə] *n* traumatisme *m*; **traumatic** [trɔː'mætɪk] *adj* traumatisant(e)

travel ['trævl] *n* voyage(s) *m(pl)* ▷ *vi* voyager; (*news, sound*) se propager ▷ *vt* (*distance*) parcourir; **travel agency** *n* agence *f* de voyages; **travel agent** *n* agent *m* de voyages; **travel insurance**

n assurance-voyage *f*; **traveller**, (*US*) **traveler** *n* voyageur(-euse); **traveller's cheque** (*US*) **traveler's check** *n* chèque *m* de voyage; **travelling** (*US*) **traveling** *n* voyage(s) *m(pl)*; **travel-sick** *adj*: **to get travel-sick** avoir le mal de la route (*or* de mer *or* de l'air); **travel sickness** *n* mal *m* de la route (*or* de mer *or* de l'air)

tray [treɪ] *n* (*for carrying*) plateau *m*; (*on desk*) corbeille *f*

treacherous ['trɛtʃərəs] *adj* traître(sse); (*ground, tide*) dont il faut se méfier

treacle ['tri:kl] *n* mélasse *f*

tread [trɛd] *n* (*step*) pas *m*; (*sound*) bruit *m* de pas; (*of tyre*) chape *f*, bande *f* de roulement ▷ *vi* (*pt* **trod**, *pp* **trodden**) marcher; **tread on** *vt fus* marcher sur

treasure ['trɛʒəʳ] *n* trésor *m* ▷ *vt* (*value*) tenir beaucoup à; **treasurer** *n* trésorier(-ière)

treasury ['trɛʒərɪ] *n*: **the T~**, (*US*) **the T~ Department** ≈ le ministère des Finances

treat [tri:t] *n* petit cadeau, petite surprise ▷ *vt* traiter; **to ~ sb to sth** offrir qch à qn; **treatment** *n* traitement *m*

treaty ['tri:tɪ] *n* traité *m*

treble ['trɛbl] *adj* triple ▷ *vt, vi* tripler

tree [tri:] *n* arbre *m*

trek [trɛk] *n* (*long walk*) randonnée *f*; (*tiring walk*) longue marche, trotte *f*

tremble ['trɛmbl] *vi* trembler

tremendous [trɪ'mɛndəs] *adj* (*enormous*) énorme; (*excellent*) formidable, fantastique

trench [trɛntʃ] *n* tranchée *f*

trend [trɛnd] *n* (*tendency*) tendance *f*; (*of events*) cours *m*; (*fashion*) mode *f*; **trendy** *adj* (*idea, person*) dans le vent; (*clothes*) dernier cri *inv*

trespass ['trɛspəs] *vi*: **to ~ on** s'introduire sans permission dans; **"no ~ing"** "propriété privée", "défense d'entrer"

trial ['traɪəl] *n* (*Law*) procès *m*, jugement *m*; (*test: of machine etc*) essai *m*; **trials** *npl* (*unpleasant experiences*) épreuves *fpl*; **trial period** *n* période *f* d'essai

triangle ['traɪæŋgl] *n* (*Math, Mus*) triangle *m*

triangular [traɪ'æŋgjuləʳ] *adj* triangulaire

tribe [traɪb] *n* tribu *f*

tribunal [traɪ'bju:nl] *n* tribunal *m*

tribute ['trɪbju:t] *n* tribut *m*, hommage *m*; **to pay ~ to** rendre hommage à

trick [trɪk] *n* (*magic*) tour *m*; (*joke, prank*) tour, farce *f*; (*skill, knack*) astuce *f*; (*Cards*) levée *f* ▷ *vt* attraper, rouler; **to play a ~ on sb** jouer un tour à qn; **that should do the ~** (*inf*) ça devrait faire l'affaire

trickle ['trɪkl] *n* (*of water etc*) filet *m* ▷ *vi* couler en un filet *or* goutte à goutte

tricky ['trɪkɪ] *adj* difficile, délicat(e)

tricycle ['traɪsɪkl] *n* tricycle *m*

trifle ['traɪfl] *n* bagatelle *f*; (*Culin*) ≈ diplomate *m* ▷ *adv*: **a ~ long** un peu long

trigger ['trɪgəʳ] *n* (*of gun*) gâchette *f*

trim [trɪm] *adj* (*house, garden*) bien tenu(e); (*figure*) svelte ▷ *n* (*haircut etc*) légère coupe; (*on car*) garnitures *fpl* ▷ *vt* (*cut*) couper légèrement; (*Naut: a sail*) gréer; (*decorate*): **to ~ (with)** décorer (de)

trio ['tri:əu] *n* trio *m*

trip [trɪp] *n* voyage *m*; (*excursion*) excursion *f*; (*stumble*) faux pas ▷ *vi* faire un faux pas, trébucher; **trip up** *vi* trébucher ▷ *vt* faire un croc-en-jambe à

triple ['trɪpl] *adj* triple

triplets ['trɪplɪts] *npl* triplés(-ées)

tripod ['traɪpɔd] *n* trépied *m*

triumph ['traɪʌmf] *n* triomphe *m* ▷ *vi*: **to ~ (over)** triompher (de); **triumphant** [traɪ'ʌmfənt] *adj* triomphant(e)

trivial ['trɪvɪəl] *adj* insignifiant(e); (*commonplace*) banal(e)
trod [trɔd] *pt of* **tread**
trodden [trɔdn] *pp of* **tread**
trolley ['trɔlɪ] *n* chariot *m*
trombone [trɔm'bəun] *n* trombone *m*
troop [tru:p] *n* bande *f*, groupe *m*; **troops** *npl* (*Mil*) troupes *fpl* (: *men*) hommes *mpl*, soldats *mpl*
trophy ['trəufɪ] *n* trophée *m*
tropical ['trɔpɪkl] *adj* tropical(e)
trot [trɔt] *n* trot *m* ▷ *vi* trotter; **on the ~** (BRIT *fig*) d'affilée
trouble ['trʌbl] *n* difficulté(s) *f(pl)*, problème(s) *m(pl)*; (*worry*) ennuis *mpl*, soucis *mpl*; (*bother, effort*) peine *f*; (*Pol*) conflit(s) *m(pl)*, troubles *mpl*; (*Med*): **stomach** *etc* **~** troubles gastriques *etc* ▷ *vt* (*disturb*) déranger, gêner; (*worry*) inquiéter ▷ *vi*: **to ~ to do** prendre la peine de faire; **troubles** *npl* (*Pol etc*) troubles; (*personal*) ennuis, soucis; **to be in ~** avoir des ennuis; (*ship, climber etc*) être en difficulté; **to have ~ doing sth** avoir du mal à faire qch; **it's no ~!** je vous en prie!; **the ~ is ...** le problème, c'est que ...; **what's the ~?** qu'est-ce qui ne va pas?; **troubled** *adj* (*person*) inquiet(-ète); (*times, life*) agité(e); **troublemaker** *n* élément perturbateur, fauteur *m* de troubles; **troublesome** *adj* (*child*) fatigant(e), difficile; (*cough*) gênant(e)
trough [trɔf] *n* (*also*: **drinking ~**) abreuvoir *m*; (*also*: **feeding ~**) auge *f*; (*depression*) creux *m*
trousers ['trauzəz] *npl* pantalon *m*; **short ~** (BRIT) culottes courtes
trout [traut] *n* (*pl inv*) truite *f*
trowel ['trauəl] *n* truelle *f*; (*garden tool*) déplantoir *m*
truant ['truənt] *n*: **to play ~** (BRIT) faire l'école buissonnière
truce [tru:s] *n* trêve *f*
truck [trʌk] *n* camion *m*; (*Rail*) wagon *m* à plate-forme; **truck driver** *n* camionneur *m*
true [tru:] *adj* vrai(e); (*accurate*) exact(e); (*genuine*) vrai, véritable; (*faithful*) fidèle; **to come ~** se réaliser
truly ['tru:lɪ] *adv* vraiment, réellement; (*truthfully*) sans mentir; **yours ~** (*in letter*) je vous prie d'agréer, Monsieur (*or* Madame *etc*), l'expression de mes sentiments respectueux
trumpet ['trʌmpɪt] *n* trompette *f*
trunk [trʌŋk] *n* (*of tree, person*) tronc *m*; (*of elephant*) trompe *f*; (*case*) malle *f*; (*US Aut*) coffre *m*; **trunks** *npl* (*also*: **swimming ~s**) maillot *m* *or* slip *m* de bain
trust [trʌst] *n* confiance *f*; (*responsibility*): **to place sth in sb's ~** confier la responsabilité de qch à qn; (*Law*) fidéicommis *m* ▷ *vt* (*rely on*) avoir confiance en; (*entrust*): **to ~ sth to sb** confier qch à qn; (*hope*): **to ~ (that)** espérer (que); **to take sth on ~** accepter qch les yeux fermés; **trusted** *adj* en qui l'on a confiance; **trustworthy** *adj* digne de confiance
truth [tru:θ, tru:ðz] *n* vérité *f*; **truthful** *adj* (*person*) qui dit la vérité; (*answer*) sincère
try [traɪ] *n* essai *m*, tentative *f*; (*Rugby*) essai ▷ *vt* (*attempt*) essayer, tenter; (*test: sth new: also*: **~ out**) essayer, tester; (*Law: person*) juger; (*strain*) éprouver ▷ *vi* essayer; **to ~ to do** essayer de faire; (*seek*) chercher à faire; **try on** *vt* (*clothes*) essayer; **trying** *adj* pénible
T-shirt ['ti:ʃə:t] *n* tee-shirt *m*
tub [tʌb] *n* cuve *f*; (*for washing clothes*) baquet *m*; (*bath*) baignoire *f*
tube [tju:b] *n* tube *m*; (BRIT: *underground*) métro *m*; (*for tyre*) chambre *f* à air
tuberculosis [tjubə:kju'ləusɪs] *n* tuberculose *f*
tube station *n* (BRIT) station *f* de métro
tuck [tʌk] *vt* (*put*) mettre; **tuck away** *vt* cacher, ranger; (*money*) mettre de

côté; (*building*): **to be ~ed away** être caché(e); **tuck in** *vt* rentrer; (*child*) border ▷ *vi* (*eat*) manger de bon appétit; attaquer le repas

tucker ['tʌkəʳ] *n* (AUST, NZ *inf*) bouffe *f* (*inf*)

tuck shop *n* (BRIT *Scol*) boutique *f* à provisions

Tuesday ['tju:zdɪ] *n* mardi *m*

tug [tʌg] *n* (*ship*) remorqueur *m* ▷ *vt* tirer (sur)

tuition [tju:'ɪʃən] *n* (BRIT: *lessons*) leçons *fpl*; (: *private*) cours particuliers; (US: *fees*) frais *mpl* de scolarité

tulip ['tju:lɪp] *n* tulipe *f*

tumble ['tʌmbl] *n* (*fall*) chute *f*, culbute *f* ▷ *vi* tomber, dégringoler; **to ~ to sth** (*inf*) réaliser qch; **tumble dryer** *n* (BRIT) séchoir *m* (à linge) à air chaud

tumbler ['tʌmbləʳ] *n* verre (droit), gobelet *m*

tummy ['tʌmɪ] *n* (*inf*) ventre *m*

tumour, (US) **tumor** ['tju:məʳ] *n* tumeur *f*

tuna ['tju:nə] *n* (*pl inv*: *also*: **~ fish**) thon *m*

tune [tju:n] *n* (*melody*) air *m* ▷ *vt* (*Mus*) accorder; (*Radio, TV, Aut*) régler, mettre au point; **to be in/out of ~** (*instrument*) être accordé/désaccordé; (*singer*) chanter juste/faux; **tune in** *vi* (*Radio, TV*): **to ~ in (to)** se mettre à l'écoute (de); **tune up** *vi* (*musician*) accorder son instrument

tunic ['tju:nɪk] *n* tunique *f*

Tunis ['tju:nɪs] *n* Tunis

Tunisia [tju:'nɪzɪə] *n* Tunisie *f*

Tunisian [tju:'nɪzɪən] *adj* tunisien(ne) ▷ *n* Tunisien(ne)

tunnel ['tʌnl] *n* tunnel *m*; (*in mine*) galerie *f* ▷ *vi* creuser un tunnel (*or* une galerie)

turbulence ['tə:bjuləns] *n* (*Aviat*) turbulence *f*

turf [tə:f] *n* gazon *m*; (*clod*) motte *f* (de gazon) ▷ *vt* gazonner

Turk [tə:k] *n* Turc (Turque)

Turkey ['tə:kɪ] *n* Turquie *f*

turkey ['tə:kɪ] *n* dindon *m*, dinde *f*

Turkish ['tə:kɪʃ] *adj* turc (turque) ▷ *n* (*Ling*) turc *m*

turmoil ['tə:mɔɪl] *n* trouble *m*, bouleversement *m*

turn [tə:n] *n* tour *m*; (*in road*) tournant *m*; (*tendency*: *of mind, events*) tournure *f*; (*performance*) numéro *m*; (*Med*) crise *f*, attaque *f* ▷ *vt* tourner; (*collar, steak*) retourner; (*age*) atteindre; (*change*): **to ~ sth into** changer qch en ▷ *vi* (*object, wind, milk*) tourner; (*person*: *look back*) se (re)tourner; (*reverse direction*) faire demi-tour; (*become*) devenir; **to ~ into** se changer en, se transformer en; **a good ~** un service; **it gave me quite a ~** ça m'a fait un coup; **"no left ~"** (*Aut*) "défense de tourner à gauche"; **~ left/right at the next junction** tournez à gauche/droite au prochain carrefour; **it's your ~** c'est (à) votre tour; **in ~** à son tour; à tour de rôle; **to take ~s** se relayer; **turn around** *vi* (*person*) se retourner ▷ *vt* (*object*) tourner; **turn away** *vi* se détourner, tourner la tête ▷ *vt* (*reject*: *person*) renvoyer; (: *business*) refuser; **turn back** *vi* revenir, faire demi-tour; **turn down** *vt* (*refuse*) rejeter, refuser; (*reduce*) baisser; (*fold*) rabattre; **turn in** *vi* (*inf*: *go to bed*) aller se coucher ▷ *vt* (*fold*) rentrer; **turn off** *vi* (*from road*) tourner ▷ *vt* (*light, radio etc*) éteindre; (*tap*) fermer; (*engine*) arrêter **I can't ~ the heating off** je n'arrive pas à éteindre le chauffage; **turn on** *vt* (*light, radio etc*) allumer; (*tap*) ouvrir; (*engine*) mettre en marche; **I can't ~ the heating on** je n'arrive pas à allumer le chauffage; **turn out** *vt* (*light, gas*) éteindre; (*produce*) produire ▷ *vi* (*voters, troops*) se présenter; **to ~ out to be ...** s'avérer ..., se révéler ...; **turn over** *vi* (*person*) se retourner ▷ *vt* (*object*) retourner; (*page*) tourner; **turn round** *vi* faire demi-tour;

(*rotate*) tourner; **turn to** *vt fus*: **to ~ to sb** s'adresser à qn; **turn up** *vi* (*person*) arriver, se pointer (*inf*); (*lost object*) être retrouvé(e) ▷ *vt* (*collar*) remonter; (*radio, heater*) mettre plus fort; **turning** *n* (*in road*) tournant *m*; **turning point** *n* (*fig*) tournant *m*, moment décisif

turnip ['tə:nɪp] *n* navet *m*

turn: turnout *n* (*of voters*) taux *m* de participation; **turnover** *n* (*Comm*: *amount of money*) chiffre *m* d'affaires; (: *of goods*) roulement *m*; (*of staff*) renouvellement *m*, changement *m*; **turnstile** *n* tourniquet *m* (*d'entrée*); **turn-up** *n* (BRIT: *on trousers*) revers *m*

turquoise ['tə:kwɔɪz] *n* (*stone*) turquoise *f* ▷ *adj* turquoise *inv*

turtle ['tə:tl] *n* tortue marine; **turtleneck (sweater)** *n* pullover *m* à col montant

tusk [tʌsk] *n* défense *f* (*d'éléphant*)

tutor ['tju:tə[r]] *n* (BRIT *Scol*: *in college*) directeur(-trice) d'études; (*private teacher*) précepteur(-trice); **tutorial** [tju:'tɔ:rɪəl] *n* (*Scol*) (séance *f* de) travaux *mpl* pratiques

tuxedo [tʌk'si:dəu] *n* (US) smoking *m*

TV [ti:'vi:] *n abbr* (= *television*) télé *f*, TV *f*

tweed [twi:d] *n* tweed *m*

tweet [twi:t] (*on Twitter*) *n* tweet *m* ▷ *vt, vi* tweeter

tweezers ['twi:zəz] *npl* pince *f* à épiler

twelfth [twɛlfθ] *num* douzième

twelve [twɛlv] *num* douze; **at ~ (o'clock)** à midi; (*midnight*) à minuit

twentieth ['twɛntɪɪθ] *num* vingtième

twenty ['twɛntɪ] *num* vingt; **in ~ fourteen** en deux mille quatorze

twice [twaɪs] *adv* deux fois; **~ as much** deux fois plus

twig [twɪg] *n* brindille *f* ▷ *vt, vi* (*inf*) piger

twilight ['twaɪlaɪt] *n* crépuscule *m*

twin [twɪn] *adj, n* jumeau(-elle) ▷ *vt* jumeler; **twin-bedded room** *n* = **twin room**; **twin beds** *npl* lits *mpl* jumeaux

twinkle ['twɪŋkl] *vi* scintiller; (*eyes*) pétiller

twin room *n* chambre *f* à deux lits

twist [twɪst] *n* torsion *f*, tour *m*; (*in wire, flex*) tortillon *m*; (*bend*: *in road*) tournant *m*; (*in story*) coup *m* de théâtre ▷ *vt* tordre; (*weave*) entortiller; (*roll around*) enrouler; (*fig*) déformer ▷ *vi* (*road, river*) serpenter; **to ~ one's ankle/wrist** (*Med*) se tordre la cheville/le poignet

twit [twɪt] *n* (*inf*) crétin(e)

twitch [twɪtʃ] *n* (*pull*) coup sec, saccade *f*; (*nervous*) tic *m* ▷ *vi* se convulser; avoir un tic

two [tu:] *num* deux; **to put ~ and ~ together** (*fig*) faire le rapprochement

type [taɪp] *n* (*category*) genre *m*, espèce *f*; (*model*) modèle *m*; (*example*) type *m*; (*Typ*) type, caractère *m* ▷ *vt* (*letter etc*) taper (à la machine); **typewriter** *n* machine *f* à écrire

typhoid ['taɪfɔɪd] *n* typhoïde *f*

typhoon [taɪ'fu:n] *n* typhon *m*

typical ['tɪpɪkl] *adj* typique, caractéristique; **typically** ['tɪpɪklɪ] *adv* (*as usual*) comme d'habitude; (*characteristically*) typiquement

typing ['taɪpɪŋ] *n* dactylo(graphie) *f*

typist ['taɪpɪst] *n* dactylo *m/f*

tyre, (US) **tire** ['taɪə[r]] *n* pneu *m*; **tyre pressure** *n* (BRIT) pression *f* (de gonflage)

t

U

UFO ['ju:fəu] *n abbr* (= *unidentified flying object*) ovni *m*
Uganda [ju:'gændə] *n* Ouganda *m*
ugly ['ʌglɪ] *adj* laid(e), vilain(e); (*fig*) répugnant(e)
UHT *adj abbr* (= *ultra-heat treated*): **~ milk** lait *m* UHT *or* longue conservation
UK *n abbr* = **United Kingdom**
ulcer ['ʌlsəʳ] *n* ulcère *m*; **mouth ~** aphte *f*
ultimate ['ʌltɪmət] *adj* ultime, final(e); (*authority*) suprême; **ultimately** *adv* (*at last*) en fin de compte; (*fundamentally*) finalement; (*eventually*) par la suite
ultimatum (*pl* **ultimatums** *or* **ultimata**) [ʌltɪ'meɪtəm, -tə] *n* ultimatum *m*
ultrasound ['ʌltrəsaund] *n* (*Med*) ultrason *m*
ultraviolet ['ʌltrə'vaɪəlɪt] *adj* ultraviolet(te)
umbrella [ʌm'brɛlə] *n* parapluie *m*; (*for sun*) parasol *m*
umpire ['ʌmpaɪəʳ] *n* arbitre *m*; (*Tennis*) juge *m* de chaise
UN *n abbr* = **United Nations**
unable [ʌn'eɪbl] *adj*: **to be ~ to** ne (pas) pouvoir, être dans l'impossibilité de; (*not capable*) être incapable de
unacceptable [ʌnək'sɛptəbl] *adj* (*behaviour*) inadmissible; (*price, proposal*) inacceptable
unanimous [ju:'nænɪməs] *adj* unanime
unarmed [ʌn'ɑ:md] *adj* (*person*) non armé(e); (*combat*) sans armes
unattended [ʌnə'tɛndɪd] *adj* (*car, child, luggage*) sans surveillance
unattractive [ʌnə'træktɪv] *adj* peu attrayant(e); (*character*) peu sympathique
unavailable [ʌnə'veɪləbl] *adj* (*article, room, book*) (qui n'est) pas disponible; (*person*) (qui n'est) pas libre
unavoidable [ʌnə'vɔɪdəbl] *adj* inévitable
unaware [ʌnə'wɛəʳ] *adj*: **to be ~ of** ignorer, ne pas savoir, être inconscient(e) de; **unawares** *adv* à l'improviste, au dépourvu
unbearable [ʌn'bɛərəbl] *adj* insupportable
unbeatable [ʌn'bi:təbl] *adj* imbattable
unbelievable [ʌnbɪ'li:vəbl] *adj* incroyable
unborn [ʌn'bɔ:n] *adj* à naître
unbutton [ʌn'bʌtn] *vt* déboutonne
uncalled-for [ʌn'kɔ:ldfɔ:ʳ] *adj* déplacé(e), injustifié(e)
uncanny [ʌn'kænɪ] *adj* étrange, troublant(e)
uncertain [ʌn'sə:tn] *adj* incertain(e; (*hesitant*) hésitant(e); **uncertainty** r incertitude *f*, doutes *mpl*
unchanged [ʌn'tʃeɪndʒd] *adj* inchangé(e)
uncle ['ʌŋkl] *n* oncle *m*

unclear [ʌn'klɪəʳ] *adj* (qui n'est) pas clair(e) *or* évident(e); **I'm still ~ about what I'm supposed to do** je ne sais pas encore exactement ce que je dois faire

uncomfortable [ʌn'kʌmfətəbl] *adj* inconfortable, peu confortable; (*uneasy*) mal à l'aise, gêné(e); (*situation*) désagréable

uncommon [ʌn'kɔmən] *adj* rare, singulier(-ière), peu commun(e)

unconditional [ʌnkən'dɪʃənl] *adj* sans conditions

unconscious [ʌn'kɔnʃəs] *adj* sans connaissance, évanoui(e); (*unaware*): **~ (of)** inconscient(e) (de) ▷ *n*: **the ~** l'inconscient *m*

uncontrollable [ʌnkən'trəuləbl] *adj* (*child, dog*) indiscipliné(e); (*temper, laughter*) irrépressible

unconventional [ʌnkən'vɛnʃənl] *adj* peu conventionnel(le)

uncover [ʌn'kʌvəʳ] *vt* découvrir

undecided [ʌndɪ'saɪdɪd] *adj* indécis(e), irrésolu(e)

undeniable [ʌndɪ'naɪəbl] *adj* indéniable, incontestable

under ['ʌndəʳ] *prep* sous; (*less than*) (de) moins de; au-dessous de; (*according to*) selon, en vertu de ▷ *adv* au-dessous; en dessous; **~ there** là-dessous; **~ the circumstances** étant donné les circonstances; **~ repair** en (cours de) réparation; **undercover** *adj* secret(-ète), clandestin(e); **underdone** *adj* (*Culin*) saignant(e); (: *pej*) pas assez cuit(e); **underestimate** *vt* sous-estimer, mésestimer; **undergo** *vt* (*irreg*: *like* **go**) subir; (*treatment*) suivre; **undergraduate** *n* étudiant(e) (qui prépare la licence); **underground** *adj* souterrain(e); (*fig*) clandestin(e) ▷ *n* (BRIT: *railway*) métro *m*; (*Pol*) clandestinité *f*; **undergrowth** *n* broussailles *fpl*, sous-bois *m*; **underline** *vt* souligner; **undermine** *vt* saper, miner; **underneath** [ʌndə'ni:θ] *adv* (en) dessous ▷ *prep* sous, au-dessous de; **underpants** *npl* caleçon *m*, slip *m*; **underpass** *n* (BRIT: *for pedestrians*) passage souterrain; (: *for cars*) passage inférieur; **underprivileged** *adj* défavorisé(e); **underscore** *vt* souligner; **undershirt** *n* (US) tricot *m* de corps; **underskirt** *n* (BRIT) jupon *m*

understand [ʌndə'stænd] *vt, vi* (*irreg*: *like* **stand**) comprendre; **I don't ~** je ne comprends pas; **understandable** *adj* compréhensible; **understanding** *adj* compréhensif(-ive) ▷ *n* compréhension *f*; (*agreement*) accord *m*

understatement ['ʌndəsteɪtmənt] *n*: **that's an ~** c'est (bien) peu dire, le terme est faible

understood [ʌndə'stud] *pt, pp of* **understand** ▷ *adj* entendu(e); (*implied*) sous-entendu(e)

undertake [ʌndə'teɪk] *vt* (*irreg*: *like* **take**) (*job, task*) entreprendre; (*duty*) se charger de; **to ~ to do sth** s'engager à faire qch

undertaker ['ʌndəteɪkəʳ] *n* (BRIT) entrepreneur *m* des pompes funèbres, croque-mort *m*

undertaking ['ʌndəteɪkɪŋ] *n* entreprise *f*; (*promise*) promesse *f*

under: underwater *adv* sous l'eau ▷ *adj* sous-marin(e); **underway** *adj*: **to be underway** (*meeting, investigation*) être en cours; **underwear** *n* sous-vêtements *mpl*; (*women's only*) dessous *mpl*; **underwent** *pt of* **undergo**; **underworld** *n* (*of crime*) milieu *m*, pègre *f*

undesirable [ʌndɪ'zaɪərəbl] *adj* peu souhaitable; (*person, effect*) indésirable

undisputed ['ʌndɪs'pju:tɪd] *adj* incontesté(e)

undo [ʌn'du:] *vt* (*irreg*: *like* **do**) défaire

undone [ʌnˈdʌn] *pp of* **undo** ▷ *adj*: **to come ~** se défaire
undoubtedly [ʌnˈdautɪdlɪ] *adv* sans aucun doute
undress [ʌnˈdrɛs] *vi* se déshabiller
unearth [ʌnˈəːθ] *vt* déterrer; (*fig*) dénicher
uneasy [ʌnˈiːzɪ] *adj* mal à l'aise, gêné(e); (*worried*) inquiet(-ète); (*feeling*) désagréable; (*peace, truce*) fragile
unemployed [ʌnɪmˈplɔɪd] *adj* sans travail, au chômage ▷ *n*: **the ~** les chômeurs *mpl*
unemployment [ʌnɪmˈplɔɪmənt] *n* chômage *m*; **unemployment benefit**, (*US*) **unemployment compensation** *n* allocation *f* de chômage
unequal [ʌnˈiːkwəl] *adj* inégal(e)
uneven [ʌnˈiːvn] *adj* inégal(e); (*quality, work*) irrégulier(-ière)
unexpected [ʌnɪkˈspɛktɪd] *adj* inattendu(e), imprévu(e); **unexpectedly** *adv* (*succeed*) contre toute attente; (*arrive*) à l'improviste
unfair [ʌnˈfɛəʳ] *adj*: **~ (to)** injuste (envers)
unfaithful [ʌnˈfeɪθful] *adj* infidèle
unfamiliar [ʌnfəˈmɪlɪəʳ] *adj* étrange, inconnu(e); **to be ~ with sth** mal connaître qch
unfashionable [ʌnˈfæʃnəbl] *adj* (*clothes*) démodé(e); (*place*) peu chic *inv*
unfasten [ʌnˈfɑːsn] *vt* défaire; (*belt, necklace*) détacher; (*open*) ouvrir
unfavourable, (*US*) **unfavorable** [ʌnˈfeɪvrəbl] *adj* défavorable
unfinished [ʌnˈfɪnɪʃt] *adj* inachevé(e)
unfit [ʌnˈfɪt] *adj* (*physically: ill*) en mauvaise santé; (*: out of condition*) pas en forme; (*incompetent*): **~ (for)** impropre (à); (*work, service*) inapte (à)
unfold [ʌnˈfəuld] *vt* déplier ▷ *vi* se dérouler
unforgettable [ʌnfəˈgɛtəbl] *adj* inoubliable
unfortunate [ʌnˈfɔːtʃnət] *adj* malheureux(-euse); (*event, remark*) malencontreux(-euse); **unfortunately** *adv* malheureusement
unfriend [ʌnˈfrɛnd] *vt* (*Internet*) supprimer de sa liste d'amis
unfriendly [ʌnˈfrɛndlɪ] *adj* peu aimable, froid(e)
unfurnished [ʌnˈfəːnɪʃt] *adj* non meublé(e)
unhappiness [ʌnˈhæpɪnɪs] *n* tristesse *f*, peine *f*
unhappy [ʌnˈhæpɪ] *adj* triste, malheureux(-euse); (*unfortunate: remark etc*) malheureux(-euse); (*not pleased*): **~ with** mécontent(e) de, peu satisfait(e) de
unhealthy [ʌnˈhɛlθɪ] *adj* (*gen*) malsain(e); (*person*) maladif(-ive)
unheard-of [ʌnˈhəːdɔv] *adj* inouï(e), sans précédent
unhelpful [ʌnˈhɛlpful] *adj* (*person*) peu serviable; (*advice*) peu utile
unhurt [ʌnˈhəːt] *adj* indemne, sain(e) et sauf
unidentified [ʌnaɪˈdɛntɪfaɪd] *adj* non identifié(e); *see also* **UFO**
uniform [ˈjuːnɪfɔːm] *n* uniforme *m* ▷ *adj* uniforme
unify [ˈjuːnɪfaɪ] *vt* unifier
unimportant [ʌnɪmˈpɔːtənt] *adj* sans importance
uninhabited [ʌnɪnˈhæbɪtɪd] *adj* inhabité(e)
unintentional [ʌnɪnˈtɛnʃənəl] *adj* involontaire
union [ˈjuːnjən] *n* union *f*; (*also*: **trade ~**) syndicat *m* ▷ *cpd* du syndicat, syndical(e); **Union Jack** *n drapeau du Royaume-Uni*
unique [juːˈniːk] *adj* unique
unisex [ˈjuːnɪsɛks] *adj* unisexe
unit [ˈjuːnɪt] *n* unité *f*; (*section: of furniture etc*) élément *m*, bloc *m*; (*team, squad*) groupe *m*, service *m*; **kitchen ~** élément de cuisine
unite [juːˈnaɪt] *vt* unir ▷ *vi* s'unir; **united** *adj* uni(e); (*country, party*)

unifié(e); (*efforts*) conjugué(e); **United Kingdom** *n* Royaume-Uni *m*; **United Nations (Organization)** *n* (Organisation *f* des) Nations unies; **United States (of America)** *n* États-Unis *mpl*

unity ['ju:nɪtɪ] *n* unité *f*

universal [ju:nɪ'və:sl] *adj* universel(le)

universe ['ju:nɪvə:s] *n* univers *m*

university [ju:nɪ'və:sɪtɪ] *n* université *f* ▷ *cpd* (*student, professor*) d'université; (*education, year, degree*) universitaire

unjust [ʌn'dʒʌst] *adj* injuste

unkind [ʌn'kaɪnd] *adj* peu gentil(le), méchant(e)

unknown [ʌn'nəun] *adj* inconnu(e)

unlawful [ʌn'lɔ:ful] *adj* illégal(e)

unleaded [ʌn'lɛdɪd] *n* (*also*: **~ petrol**) essence *f* sans plomb

unleash [ʌn'li:ʃ] *vt* (*fig*) déchaîner, déclencher

unless [ʌn'lɛs] *conj*: **~ he leaves** à moins qu'il (ne) parte; **~ otherwise stated** sauf indication contraire

unlike [ʌn'laɪk] *adj* dissemblable, différent(e) ▷ *prep* à la différence de, contrairement à

unlikely [ʌn'laɪklɪ] *adj* (*result, event*) improbable; (*explanation*) invraisemblable

unlimited [ʌn'lɪmɪtɪd] *adj* illimité(e)

unlisted ['ʌn'lɪstɪd] *adj* (*US Tel*) sur la liste rouge

unload [ʌn'ləud] *vt* décharger

unlock [ʌn'lɔk] *vt* ouvrir

unlucky [ʌn'lʌkɪ] *adj* (*person*) malchanceux(-euse); (*object, number*) qui porte malheur; **to be ~** (*person*) ne pas avoir de chance

unmarried [ʌn'mærɪd] *adj* célibataire

unmistak(e)able [ʌnmɪs'teɪkəbl] *adj* indubitable; qu'on ne peut pas ne pas reconnaître

unnatural [ʌn'nætʃrəl] *adj* non naturel(le); (*perversion*) contre nature

unnecessary [ʌn'nɛsəsərɪ] *adj* inutile, superflu(e)

UNO ['ju:nəu] *n abbr* = **United Nations Organization**

unofficial [ʌnə'fɪʃl] *adj* (*news*) officieux(-euse), non officiel(le); (*strike*) ≈ sauvage

unpack [ʌn'pæk] *vi* défaire sa valise ▷ *vt* (*suitcase*) défaire; (*belongings*) déballer

unpaid [ʌn'peɪd] *adj* (*bill*) impayé(e); (*holiday*) non-payé(e), sans salaire; (*work*) non rétribué(e)

unpleasant [ʌn'plɛznt] *adj* déplaisant(e), désagréable

unplug [ʌn'plʌg] *vt* débrancher

unpopular [ʌn'pɔpjulə'] *adj* impopulaire

unprecedented [ʌn'prɛsɪdɛntɪd] *adj* sans précédent

unpredictable [ʌnprɪ'dɪktəbl] *adj* imprévisible

unprotected ['ʌnprə'tɛktɪd] *adj* (*sex*) non protégé(e)

unqualified [ʌn'kwɔlɪfaɪd] *adj* (*teacher*) non diplômé(e), sans titres; (*success*) sans réserve, total(e); (*disaster*) total(e)

unravel [ʌn'rævl] *vt* démêler

unreal [ʌn'rɪəl] *adj* irréel(le); (*extraordinary*) incroyable

unrealistic ['ʌnrɪə'lɪstɪk] *adj* (*idea*) irréaliste; (*estimate*) peu réaliste

unreasonable [ʌn'ri:znəbl] *adj* qui n'est pas raisonnable

unrelated [ʌnrɪ'leɪtɪd] *adj* sans rapport; (*people*) sans lien de parenté

unreliable [ʌnrɪ'laɪəbl] *adj* sur qui (*or* quoi) on ne peut pas compter, peu fiable

unrest [ʌn'rɛst] *n* agitation *f*, troubles *mpl*

unroll [ʌn'rəul] *vt* dérouler

unruly [ʌn'ru:lɪ] *adj* indiscipliné(e)

unsafe [ʌn'seɪf] *adj* (*in danger*) en danger; (*journey, car*) dangereux(-euse)

unsatisfactory ['ʌnsætɪs'fæktərɪ] *adj* peu satisfaisant(e)

unscrew [ʌn'skru:] *vt* dévisser
unsettled [ʌn'sɛtld] *adj* (*restless*) perturbé(e); (*unpredictable*) instable; incertain(e); (*not finalized*) non résolu(e)
unsettling [ʌn'sɛtlɪŋ] *adj* qui a un effet perturbateur
unsightly [ʌn'saɪtlɪ] *adj* disgracieux(-euse), laid(e)
unskilled [ʌn'skɪld] *adj*: **~ worker** manœuvre *m*
unspoiled ['ʌn'spɔɪld], **unspoilt** ['ʌn'spɔɪlt] *adj* (*place*) non dégradé(e)
unstable [ʌn'steɪbl] *adj* instable
unsteady [ʌn'stɛdɪ] *adj* mal assuré(e), chancelant(e), instable
unsuccessful [ʌnsək'sɛsful] *adj* (*attempt*) infructueux(-euse); (*writer, proposal*) qui n'a pas de succès; **to be ~** (*in attempting sth*) ne pas réussir; ne pas avoir de succès; (*application*) ne pas être retenu(e)
unsuitable [ʌn'su:təbl] *adj* qui ne convient pas, peu approprié(e); (*time*) inopportun(e)
unsure [ʌn'ʃuəʳ] *adj* pas sûr(e); **to be ~ of o.s.** ne pas être sûr de soi, manquer de confiance en soi
untidy [ʌn'taɪdɪ] *adj* (*room*) en désordre; (*appearance, person*) débraillé(e); (*person: in character*) sans ordre, désordonné; (*work*) peu soigné(e)
untie [ʌn'taɪ] *vt* (*knot, parcel*) défaire; (*prisoner, dog*) détacher
until [ən'tɪl] *prep* jusqu'à; (*after negative*) avant ▷ *conj* jusqu'à ce que + *sub*; (*in past, after negative*) avant que + *sub*; **~ he comes** jusqu'à ce qu'il vienne, jusqu'à son arrivée; **~ now** jusqu'à présent, jusqu'ici; **~ then** jusque-là
untrue [ʌn'tru:] *adj* (*statement*) faux (fausse)
unused¹ [ʌn'ju:zd] *adj* (*new*) neuf (neuve)
unused² [ʌn'ju:st] *adj*: **to be ~ to sth/to doing sth** ne pas avoir l'habitude de qch/de faire qch
unusual [ʌn'ju:ʒuəl] *adj* insolite, exceptionnel(le), rare; **unusually** *adv* exceptionnellement, particulièrement
unveil [ʌn'veɪl] *vt* dévoiler
unwanted [ʌn'wɔntɪd] *adj* (*child, pregnancy*) non désiré(e); (*clothes etc*) à donner
unwell [ʌn'wɛl] *adj* souffrant(e); **to feel ~** ne pas se sentir bien
unwilling [ʌn'wɪlɪŋ] *adj*: **to be ~ to do** ne pas vouloir faire
unwind [ʌn'waɪnd] *vt* (*irreg: like* **wind²**) dérouler ▷ *vi* (*relax*) se détendre
unwise [ʌn'waɪz] *adj* imprudent(e), peu judicieux(-euse)
unwittingly [ʌn'wɪtɪŋlɪ] *adv* involontairement
unwrap [ʌn'ræp] *vt* défaire; ouvrir
unzip [ʌn'zɪp] *vt* ouvrir (la fermeture éclair de); (*Comput*) dézipper

KEYWORD

up [ʌp] *prep*: **he went up the stairs/the hill** il a monté l'escalier/la colline; **the cat was up a tree** le chat était dans un arbre; **they live further up the street** ils habitent plus haut dans la rue; **go up that road and turn left** remontez la rue et tournez à gauche
▸ *adv* **1** en haut; en l'air; (*upwards, higher*): **up in the sky/the mountains** (là-haut) dans le ciel/les montagnes; **put it a bit higher up** mettez-le un peu plus haut; **to stand up** (*get up*) se lever, se mettre debout; (*be standing*) être debout; **up there** là-haut; **up above** au-dessus
2: **to be up** (*out of bed*) être levé(e); (*prices*) avoir augmenté *or* monté; (*finished*): **when the year was up** à la fin de l'année
3: **up to** (*as far as*) jusqu'à; **up to now** jusqu'à présent
4: **to be up to** (*depending on*): **it's up**

to you c'est à vous de décider; (*equal to*): **he's not up to it** (*job, task etc*) il n'en est pas capable; (*inf: be doing*): **what is he up to?** qu'est-ce qu'il peut bien faire?
▶ *n*: **ups and downs** hauts et bas *mpl*

up-and-coming [ʌpənd'kʌmɪŋ] *adj* plein(e) d'avenir *or* de promesses
upbringing ['ʌpbrɪŋɪŋ] *n* éducation *f*
update [ʌp'deɪt] *vt* mettre à jour
upfront [ʌp'frʌnt] *adj* (*open*) franc (franche) ▷ *adv* (*pay*) d'avance; **to be ~ about sth** ne rien cacher de qch
upgrade [ʌp'greɪd] *vt* (*person*) promouvoir; (*job*) revaloriser; (*property, equipment*) moderniser
upheaval [ʌp'hi:vl] *n* bouleversement *m*; (*in room*) branle-bas *m*; (*event*) crise *f*
uphill [ʌp'hɪl] *adj* qui monte; (*fig: task*) difficile, pénible ▷ *adv* (*face, look*) en amont, vers l'amont; **to go ~** monter
upholstery [ʌp'həulstərɪ] *n* rembourrage *m*; (*cover*) tissu *m* d'ameublement; (*of car*) garniture *f*
upload ['ʌpləud] *vt* (Comput) télécharger
upmarket [ʌp'mɑ:kɪt] *adj* (*product*) haut de gamme *inv*; (*area*) chic *inv*
upon [ə'pɔn] *prep* sur
upper ['ʌpə^r] *adj* supérieur(e); du dessus ▷ *n* (*of shoe*) empeigne *f*; **upper-class** *adj* de la haute société, aristocratique; (*district*) élégant(e), huppé(e); (*accent, attitude*) caractéristique des classes supérieures
upright ['ʌpraɪt] *adj* droit(e); (*fig*) droit, honnête
uprising ['ʌpraɪzɪŋ] *n* soulèvement *m*, insurrection *f*
uproar ['ʌprɔ:^r] *n* tumulte *m*, vacarme *m*; (*protests*) protestations *fpl*
upset *n* ['ʌpsɛt] dérangement *m* ▷ *vt* [ʌp'sɛt] (*irreg: like* **set**) (*glass etc*) renverser; (*plan*) déranger; (*person: offend*) contrarier; (*: grieve*) faire de la peine à; bouleverser ▷ *adj* [ʌp'sɛt] contrarié(e); peiné(e); **to have a stomach ~** (BRIT) avoir une indigestion
upside down ['ʌpsaɪd-] *adv* à l'envers; **to turn sth ~** (*fig: place*) mettre sens dessus dessous
upstairs [ʌp'stɛəz] *adv* en haut ▷ *adj* (*room*) du dessus, d'en haut ▷ *n*: **the ~** l'étage *m*
up-to-date ['ʌptə'deɪt] *adj* moderne; (*information*) très récent(e)
upward ['ʌpwəd] *adj* ascendant(e); vers le haut ▷ *adv* = **upwards**
upwards *adv* vers le haut; (*more than*): **~ of** plus de
uranium [juə'reɪnɪəm] *n* uranium *m*
Uranus [juə'reɪnəs] *n* Uranus *f*
urban ['ə:bən] *adj* urbain(e)
urge [ə:dʒ] *n* besoin (impératif), envie (pressante) ▷ *vt* (*person*): **to ~ sb to do** exhorter qn à faire, pousser qn à faire, recommander vivement à qn de faire
urgency ['ə:dʒənsɪ] *n* urgence *f*; (*of tone*) insistance *f*
urgent ['ə:dʒənt] *adj* urgent(e); (*plea, tone*) pressant(e)
urinal ['juərɪnl] *n* (BRIT: *place*) urinoir *m*
urinate ['juərɪneɪt] *vi* uriner
urine ['juərɪn] *n* urine *f*
URL *abbr* (= *uniform resource locator*) URL *f*
US *n abbr* = **United States**
us [ʌs] *pron* nous; *see also* **me**
USA *n abbr* = **United States of America**
USB stick *n* clé *f* USB
use *n* [ju:s] emploi *m*, utilisation *f*; (*usefulness*) utilité *f* ▷ *vt* [ju:z] se servir de, utiliser, employer; **in ~** en usage; **out of ~** hors d'usage; **to be of ~** servir, être utile; **it's no ~** ça ne sert à rien; **to have the ~ of** avoir l'usage de; **she ~d to do it** elle le faisait (autrefois), elle avait coutume de le

faire; **to be ~d to** avoir l'habitude de, être habitué(e) à; **use up** *vt* finir, épuiser; (*food*) consommer; **used** [ju:zd] *adj* (*car*) d'occasion; **useful** *adj* utile; **useless** *adj* inutile; (*inf: person*) nul(le); **user** *n* utilisateur(-trice), usager *m*; **user-friendly** *adj* convivial(e), facile d'emploi

usual ['ju:ʒuəl] *adj* habituel(le); **as ~** comme d'habitude; **usually** *adv* d'habitude, d'ordinaire

ute [ju:t] *n* (AUST, NZ) pick-up *m inv*

utensil [ju:'tɛnsl] *n* ustensile *m*; **kitchen ~s** batterie *f* de cuisine

utility [ju:'tɪlɪtɪ] *n* utilité *f*; (*also*: **public ~**) service public

utilize ['ju:tɪlaɪz] *vt* utiliser; (*make good use of*) exploiter

utmost ['ʌtməust] *adj* extrême, le plus grand(e) ▷ *n*: **to do one's ~** faire tout son possible

utter ['ʌtə*] *adj* total(e), complet(-ète) ▷ *vt* prononcer, proférer; (*sounds*) émettre; **utterly** *adv* complètement, totalement

U-turn ['ju:'tə:n] *n* demi-tour *m*; (*fig*) volte-face *f inv*

V

v. *abbr* = **verse**; (= *vide*) v.; (= *versus*) vs; (= *volt*) V

vacancy ['veɪkənsɪ] *n* (*job*) poste vacant; (*room*) chambre *f* disponible; **"no vacancies"** "complet"

vacant ['veɪkənt] *adj* (*post*) vacant(e); (*seat etc*) libre, disponible; (*expression*) distrait(e)

vacate [və'keɪt] *vt* quitter

vacation [və'keɪʃən] *n* (*esp* US) vacances *fpl*; **on ~** en vacances; **vacationer, vacationist** (US) *n* vacancier(-ière)

vaccination [væksɪ'neɪʃən] *n* vaccination *f*

vaccine ['væksi:n] *n* vaccin *m*

vacuum ['vækjum] *n* vide *m*; **vacuum cleaner** *n* aspirateur *m*

vagina [və'dʒaɪnə] *n* vagin *m*

vague [veɪg] *adj* vague, imprécis(e); (*blurred: photo, memory*) flou(e)

vain [veɪn] *adj* (*useless*) vain(e); (*conceited*) vaniteux(-euse); **in ~** en vain

Valentine's Day [ˈvæləntaɪnz-] *n* Saint-Valentin *f*
valid [ˈvælɪd] *adj (document)* valide, valable; *(excuse)* valable
valley [ˈvælɪ] *n* vallée *f*
valuable [ˈvæljuəbl] *adj (jewel)* de grande valeur; *(time, help)* précieux(-euse); **valuables** *npl* objets *mpl* de valeur
value [ˈvælju:] *n* valeur *f* ▷ *vt (fix price)* évaluer, expertiser; *(appreciate)* apprécier; **values** *npl (principles)* valeurs *fpl*
valve [vælv] *n (in machine)* soupape *f*; *(on tyre)* valve *f*; *(Med)* valve, valvule *f*
vampire [ˈvæmpaɪəʳ] *n* vampire *m*
van [væn] *n (Aut)* camionnette *f*
vandal [ˈvændl] *n* vandale *m/f*; **vandalism** *n* vandalisme *m*; **vandalize** *vt* saccager
vanilla [vəˈnɪlə] *n* vanille *f*
vanish [ˈvænɪʃ] *vi* disparaître
vanity [ˈvænɪtɪ] *n* vanité *f*
vapour, (US) **vapor** [ˈveɪpəʳ] *n* vapeur *f*; *(on window)* buée *f*
variable [ˈvɛərɪəbl] *adj* variable; *(mood)* changeant(e)
variant [ˈvɛərɪənt] *n* variante *f*
variation [vɛərɪˈeɪʃən] *n* variation *f*; *(in opinion)* changement *m*
varied [ˈvɛərɪd] *adj* varié(e), divers(e)
variety [vəˈraɪətɪ] *n* variété *f*; *(quantity)* nombre *m*, quantité *f*
various [ˈvɛərɪəs] *adj* divers(e), différent(e); *(several)* divers, plusieurs
varnish [ˈvɑ:nɪʃ] *n* vernis *m* ▷ *vt* vernir
vary [ˈvɛərɪ] *vt, vi* varier, changer
vase [vɑ:z] *n* vase *m*
Vaseline® [ˈvæsɪli:n] *n* vaseline *f*
vast [vɑ:st] *adj* vaste, immense; *(amount, success)* énorme
VAT [væt] *n abbr (*BRIT*: = value added tax)* TVA *f*
vault [vɔ:lt] *n (of roof)* voûte *f*; *(tomb)* caveau *m*; *(in bank)* salle *f* des coffres; chambre forte ▷ *vt (also:* **~ over***)* sauter (d'un bond)
VCR *n abbr* = **video cassette recorder**
VDU *n abbr* = **visual display unit**
veal [vi:l] *n* veau *m*
veer [vɪəʳ] *vi* tourner; *(car, ship)* virer
vegan [ˈvi:gən] *n* végétalien(ne)
vegetable [ˈvɛdʒtəbl] *n* légume *m* ▷ *adj* végétal(e)
vegetarian [vɛdʒɪˈtɛərɪən] *adj, n* végétarien(ne); **do you have any ~ dishes?** avez-vous des plats végétariens?
vegetation [vɛdʒɪˈteɪʃən] *n* végétation *f*
vehicle [ˈvi:ɪkl] *n* véhicule *m*
veil [veɪl] *n* voile *m*
vein [veɪn] *n* veine *f*; *(on leaf)* nervure *f*
Velcro® [ˈvɛlkrəu] *n* velcro® *m*
velvet [ˈvɛlvɪt] *n* velours *m*
vending machine [ˈvɛndɪŋ-] *n* distributeur *m* automatique
vendor [ˈvɛndəʳ] *n* vendeur(-euse); **street ~** marchand ambulant
Venetian blind [vɪˈni:ʃən-] *n* store vénitien
vengeance [ˈvɛndʒəns] *n* vengeance *f*; **with a ~** *(fig)* vraiment, pour de bon
venison [ˈvɛnɪsn] *n* venaison *f*
venom [ˈvɛnəm] *n* venin *m*
vent [vɛnt] *n* conduit *m* d'aération; *(in dress, jacket)* fente *f* ▷ *vt (fig: one's feelings)* donner libre cours à
ventilation [vɛntɪˈleɪʃən] *n* ventilation *f*, aération *f*
venture [ˈvɛntʃəʳ] *n* entreprise *f* ▷ *vt* risquer, hasarder ▷ *vi* s'aventurer, se risquer; **a business ~** une entreprise commerciale
venue [ˈvɛnju:] *n* lieu *m*
Venus [ˈvi:nəs] *n (planet)* Vénus *f*
verb [və:b] *n* verbe *m*; **verbal** *adj* verbal(e)
verdict [ˈvə:dɪkt] *n* verdict *m*
verge [və:dʒ] *n* bord *m*; **"soft ~s"** (BRIT) "accotements non stabilisés"; **on the ~ of doing** sur le point de faire
verify [ˈvɛrɪfaɪ] *vt* vérifier
versatile [ˈvə:sətaɪl] *adj* polyvalent(e)

V

verse [vəːs] *n* vers *mpl*; (*stanza*) strophe *f*; (*in Bible*) verset *m*
version ['vəːʃən] *n* version *f*
versus ['vəːsəs] *prep* contre
vertical ['vəːtɪkl] *adj* vertical(e)
very ['vɛrɪ] *adv* très ▷ *adj*: **the ~ book which** le livre même que; **the ~ last** le tout dernier; **at the ~ least** au moins; **~ much** beaucoup
vessel ['vɛsl] *n* (*Anat, Naut*) vaisseau *m*; (*container*) récipient *m*; *see also* **blood vessel**
vest [vɛst] *n* (BRIT: *underwear*) tricot *m* de corps; (US: *waistcoat*) gilet *m*
vet [vɛt] *n abbr* (BRIT: *= veterinary surgeon*) vétérinaire *m/f*; (US: *= veteran*) ancien(ne) combattant(e) ▷ *vt* examiner minutieusement
veteran ['vɛtərn] *n* vétéran *m*; (*also*: **war ~**) ancien combattant
veterinary surgeon ['vɛtrɪnərɪ-] (BRIT) *n* vétérinaire *m/f*
veto ['viːtəu] *n* (*pl* **vetoes**) veto *m* ▷ *vt* opposer son veto à
via ['vaɪə] *prep* par, via
viable ['vaɪəbl] *adj* viable
vibrate [vaɪ'breɪt] *vi*: **to ~ (with)** vibrer (de)
vibration [vaɪ'breɪʃən] *n* vibration *f*
vicar ['vɪkər] *n* pasteur *m* (*de l'Église anglicane*)
vice [vaɪs] *n* (*evil*) vice *m*; (*Tech*) étau *m*; **vice-chairman** (*irreg*) *n* vice-président(e)
vice versa ['vaɪsɪ'vəːsə] *adv* vice versa
vicinity [vɪ'sɪnɪtɪ] *n* environs *mpl*, alentours *mpl*
vicious ['vɪʃəs] *adj* (*remark*) cruel(le), méchant(e); (*blow*) brutal(e); (*dog*) méchant(e), dangereux(-euse); **a ~ circle** un cercle vicieux
victim ['vɪktɪm] *n* victime *f*
victor ['vɪktər] *n* vainqueur *m*
Victorian [vɪk'tɔːrɪən] *adj* victorien(ne)
victorious [vɪk'tɔːrɪəs] *adj* victorieux(-euse)
victory ['vɪktərɪ] *n* victoire *f*
video ['vɪdɪəu] *n* (*video film*) vidéo *f*; (*also*: **~ cassette**) vidéocassette *f*; (*also*: **~ cassette recorder**) magnétoscope *m* ▷ *vt* (*with recorder*) enregistrer; (*with camera*) filmer; **video camera** *n* caméra *f* vidéo *inv*; **video game** *n* jeu *m* vidéo *inv*; **videophone** *n* vidéophone *m*; **video recorder** *n* magnétoscope *m*; **video shop** *n* vidéoclub *m*; **video tape** *n* bande *f* vidéo *inv*; (*cassette*) vidéocassette *f*
vie [vaɪ] *vi*: **to ~ with** lutter avec, rivaliser avec
Vienna [vɪ'ɛnə] *n* Vienne
Vietnam, Viet Nam ['vjɛt'næm] *n* Viêt-nam *or* Vietnam *m*; **Vietnamese** [vjɛtnə'miːz] *adj* vietnamien(ne) ▷ *n* (*pl inv*) Vietnamien(ne)
view [vjuː] *n* vue *f*; (*opinion*) avis *m*, vue ▷ *vt* voir, regarder; (*situation*) considérer; (*house*) visiter; **on ~** (*in museum etc*) exposé(e); **in full ~ of sb** sous les yeux de qn; **in my ~** à mon avis; **in ~ of the fact that** étant donné que; **viewer** *n* (*TV*) téléspectateur(-trice); **viewpoint** *n* point *m* de vue
vigilant ['vɪdʒɪlənt] *adj* vigilant(e)
vigorous ['vɪgərəs] *adj* vigoureux(-euse)
vile [vaɪl] *adj* (*action*) vil(e); (*smell, food*) abominable; (*temper*) massacrant(e)
villa ['vɪlə] *n* villa *f*
village ['vɪlɪdʒ] *n* village *m*; **villager** *n* villageois(e)
villain ['vɪlən] *n* (*scoundrel*) scélérat *m*; (BRIT: *criminal*) bandit *m*; (*in novel etc*) traître *m*
vinaigrette [vɪneɪ'grɛt] *n* vinaigrette *f*
vine [vaɪn] *n* vigne *f*
vinegar ['vɪnɪgər] *n* vinaigre *m*
vineyard ['vɪnjaːd] *n* vignoble *m*
vintage ['vɪntɪdʒ] *n* (*year*) année *f*, millésime *m* ▷ *cpd* (*car*) d'époque; (*wine*) de grand cru

vinyl ['vaɪnl] *n* vinyle *m*
viola [vɪ'əulə] *n* alto *m*
violate ['vaɪəleɪt] *vt* violer
violation [vaɪə'leɪʃən] *n* violation *f*; **in ~ of** (*rule, law*) en infraction à, en violation de
violence ['vaɪələns] *n* violence *f*
violent ['vaɪələnt] *adj* violent(e)
violet ['vaɪələt] *adj* (*colour*) violet(te) ▷ *n* (*plant*) violette *f*
violin [vaɪə'lɪn] *n* violon *m*
VIP *n abbr* (= *very important person*) VIP *m*
virgin ['vəːdʒɪn] *n* vierge *f*
Virgo ['vəːgəu] *n* la Vierge
virtual ['vəːtjuəl] *adj* (*Comput, Physics*) virtuel(le); (*in effect*): **it's a ~ impossibility** c'est quasiment impossible; **virtually** *adv* (*almost*) pratiquement; **virtual reality** *n* (*Comput*) réalité virtuelle
virtue ['vəːtjuː] *n* vertu *f*; (*advantage*) mérite *m*, avantage *m*; **by ~ of** en vertu *or* raison de
virus ['vaɪərəs] *n* (*Med, Comput*) virus *m*
visa ['vɪːzə] *n* visa *m*
vise [vaɪs] *n* (*US Tech*) = **vice**
visibility [vɪzɪ'bɪlɪtɪ] *n* visibilité *f*
visible ['vɪzəbl] *adj* visible
vision ['vɪʒən] *n* (*sight*) vue *f*, vision *f*; (*foresight, in dream*) vision
visit ['vɪzɪt] *n* visite *f*; (*stay*) séjour *m* ▷ *vt* (*person*: *US*: *also*: **~ with**) rendre visite à; (*place*) visiter; **visiting hours** *npl* heures *fpl* de visite; **visitor** *n* visiteur(-euse); (*to one's house*) invité(e); **visitor centre**, (*US*) **visitor center** *n* hall *m or* centre *m* d'accueil
visual ['vɪzjuəl] *adj* visuel(le); **visualize** *vt* se représenter
vital ['vaɪtl] *adj* vital(e); **of ~ importance (to sb/sth)** d'une importance capitale (pour qn/qch)
vitality [vaɪ'tælɪtɪ] *n* vitalité *f*
vitamin ['vɪtəmɪn] *n* vitamine *f*
vivid ['vɪvɪd] *adj* (*account*) frappant(e), vivant(e); (*light, imagination*) vif (vive)
V-neck ['viːnɛk] *n* décolleté *m* en V
vocabulary [vəu'kæbjulərɪ] *n* vocabulaire *m*
vocal ['vəukl] *adj* vocal(e); (*articulate*) qui n'hésite pas à s'exprimer, qui sait faire entendre ses opinions
vocational [vəu'keɪʃənl] *adj* professionnel(le)
vodka ['vɔdkə] *n* vodka *f*
vogue [vəug] *n*: **to be in ~** être en vogue *or* à la mode
voice [vɔɪs] *n* voix *f* ▷ *vt* (*opinion*) exprimer, formuler; **voice mail** *n* (*system*) messagerie *f* vocale, boîte *f* vocale; (*device*) répondeur *m*
void [vɔɪd] *n* vide *m* ▷ *adj* (*invalid*) nul(le); (*empty*): **~ of** vide de, dépourvu(e) de
volatile ['vɔlətaɪl] *adj* volatil(e); (*fig*: *person*) versatile; (: *situation*) explosif(-ive)
volcano [vɔl'keɪnəu] (*pl* **volcanoes**) *n* volcan *m*
volleyball ['vɔlɪbɔːl] *n* volley(-ball) *m*
volt [vəult] *n* volt *m*; **voltage** *n* tension *f*, voltage *m*
volume ['vɔljuːm] *n* volume *m*; (*of tank*) capacité *f*
voluntarily ['vɔləntrɪlɪ] *adv* volontairement
voluntary ['vɔləntərɪ] *adj* volontaire; (*unpaid*) bénévole
volunteer [vɔlən'tɪə[r]] *n* volontaire *m/f* ▷ *vt* (*information*) donner spontanément ▷ *vi* (*Mil*) s'engager comme volontaire; **to ~ to do** se proposer pour faire
vomit ['vɔmɪt] *n* vomissure *f* ▷ *vt, vi* vomir
vote [vəut] *n* vote *m*, suffrage *m*; (*votes cast*) voix *f*, vote; (*franchise*) droit *m* de vote ▷ *vt* (*chairman*) élire; (*propose*): **to ~ that** proposer que + *sub* ▷ *vi* voter; **~ of thanks** discours *m* de remerciement; **voter** *n* électeur(-trice); **voting** *n* scrutin *m*, vote *m*
voucher ['vautʃə[r]] *n* (*for meal, petrol, gift*) bon *m*

vow [vau] *n* vœu *m*, serment *m* ▷ *vi* jurer
vowel ['vauəl] *n* voyelle *f*
voyage ['vɔɪɪdʒ] *n* voyage *m* par mer, traversée *f*
vulgar ['vʌlgəʳ] *adj* vulgaire
vulnerable ['vʌlnərəbl] *adj* vulnérable
vulture ['vʌltʃəʳ] *n* vautour *m*

W

waddle ['wɔdl] *vi* se dandiner
wade [weɪd] *vi*: **to ~ through** marcher dans, patauger dans; (*fig*: *book*) venir à bout de
wafer ['weɪfəʳ] *n* (*Culin*) gaufrette *f*
waffle ['wɔfl] *n* (*Culin*) gaufre *f* ▷ *vi* parler pour ne rien dire; faire du remplissage
wag [wæg] *vt* agiter, remuer ▷ *vi* remuer
wage [weɪdʒ] *n* (*also*: **~s**) salaire *m*, paye *f* ▷ *vt*: **to ~ war** faire la guerre
wag(g)on ['wægən] *n* (*horse-drawn*) chariot *m*; (BRIT *Rail*) wagon *m* (de marchandises)
wail [weɪl] *n* gémissement *m*; (*of siren*) hurlement *m* ▷ *vi* gémir; (*siren*) hurler
waist [weɪst] *n* taille *f*, ceinture *f*;
waistcoat *n* (BRIT) gilet *m*
wait [weɪt] *n* attente *f* ▷ *vi* attendre; **to ~ for sb/sth** attendre qn/qch; **to keep sb ~ing** faire attendre qn; **~ for me, please** attendez-moi, s'il vous

plaît; **I can't ~ to ...** (*fig*) je meurs d'envie de ...; **to lie in ~ for** guetter; **wait on** *vt fus* servir; **waiter** *n* garçon *m* (de café), serveur *m*; **waiting list** *n* liste *f* d'attente; **waiting room** *n* salle *f* d'attente; **waitress** ['weɪtrɪs] *n* serveuse *f*

waive [weɪv] *vt* renoncer à, abandonner

wake [weɪk] (*pt* **woke** *or* **waked**, *pp* **woken** *or* **waked**) *vt* (*also*: **~ up**) réveiller ▷ *vi* (*also*: **~ up**) se réveiller ▷ *n* (*for dead person*) veillée *f* mortuaire; (*Naut*) sillage *m*

Wales [weɪlz] *n* pays *m* de Galles; **the Prince of ~** le prince de Galles

walk [wɔːk] *n* promenade *f*; (*short*) petit tour; (*gait*) démarche *f*; (*path*) chemin *m*; (*in park etc*) allée *f* ▷ *vi* marcher; (*for pleasure, exercise*) se promener ▷ *vt* (*distance*) faire à pied; (*dog*) promener; **10 minutes' ~ from** à 10 minutes de marche de; **to go for a ~** se promener; faire un tour; **from all ~s of life** de toutes conditions sociales; **walk out** *vi* (*go out*) sortir; (*as protest*) partir (en signe de protestation); (*strike*) se mettre en grève; **to ~ out on sb** quitter qn; **walker** *n* (*person*) marcheur(-euse); **walkie-talkie** ['wɔːkɪ'tɔːkɪ] *n* talkie-walkie *m*; **walking** *n* marche *f* à pied; **walking shoes** *npl* chaussures *fpl* de marche; **walking stick** *n* canne *f*; **Walkman®** *n* Walkman® *m*; **walkway** *n* promenade *f*, cheminement piéton

wall [wɔːl] *n* mur *m*; (*of tunnel, cave*) paroi *f*

wallet ['wɔlɪt] *n* portefeuille *m*; **I can't find my ~** je ne retrouve plus mon portefeuille

wallpaper ['wɔːlpeɪpəʳ] *n* papier peint ▷ *vt* tapisser

walnut ['wɔːlnʌt] *n* noix *f*; (*tree, wood*) noyer *m*

walrus ['wɔːlrəs] (*pl* **walrus** *or* **walruses**) *n* morse *m*

waltz [wɔːlts] *n* valse *f* ▷ *vi* valser

wand [wɔnd] *n* (*also*: **magic ~**) baguette *f* (magique)

wander ['wɔndəʳ] *vi* (*person*) errer, aller sans but; (*thoughts*) vagabonder ▷ *vt* errer dans

want [wɔnt] *vt* vouloir; (*need*) avoir besoin de ▷ *n*: **for ~ of** par manque de, faute de; **to ~ to do** vouloir faire; **to ~ sb to do** vouloir que qn fasse; **wanted** *adj* (*criminal*) recherché(e) par la police

war [wɔːʳ] *n* guerre *f*; **to make ~ (on)** faire la guerre (à)

ward [wɔːd] *n* (*in hospital*) salle *f*; (*Pol*) section électorale; (*Law*: *child*: *also*: **~ of court**) pupille *m/f*

warden ['wɔːdn] *n* (BRIT: *of institution*) directeur(-trice); (*of park, game reserve*) gardien(ne); (BRIT: *also*: **traffic ~**) contractuel(le)

wardrobe ['wɔːdrəub] *n* (*cupboard*) armoire *f*; (*clothes*) garde-robe *f*

warehouse ['wɛəhaus] *n* entrepôt *m*

warfare ['wɔːfɛəʳ] *n* guerre *f*

warhead ['wɔːhɛd] *n* (*Mil*) ogive *f*

warm [wɔːm] *adj* chaud(e); (*person, thanks, welcome, applause*) chaleureux(-euse); **it's ~** il fait chaud; **I'm ~** j'ai chaud; **warm up** *vi* (*person, room*) se réchauffer; (*athlete, discussion*) s'échauffer ▷ *vt* (*food*) (faire) réchauffer; (*water*) (faire) chauffer; (*engine*) faire chauffer; **warmly** *adv* (*dress*) chaudement; (*thank, welcome*) chaleureusement; **warmth** *n* chaleur *f*

warn [wɔːn] *vt* avertir, prévenir; **to ~ sb (not) to do** conseiller à qn de (ne pas) faire; **warning** *n* avertissement *m*; (*notice*) avis *m*; **warning light** *n* avertisseur lumineux

warrant ['wɔrnt] *n* (*guarantee*) garantie *f*; (*Law*: *to arrest*) mandat *m* d'arrêt; (: *to search*) mandat de perquisition ▷ *vt* (*justify, merit*) justifier

warranty ['wɔrəntɪ] *n* garantie *f*

warrior ['wɔrɪəʳ] *n* guerrier(-ière)
Warsaw ['wɔːsɔː] *n* Varsovie
warship ['wɔːʃɪp] *n* navire *m* de guerre
wart [wɔːt] *n* verrue *f*
wartime ['wɔːtaɪm] *n*: **in ~** en temps de guerre
wary ['wɛərɪ] *adj* prudent(e)
was [wɔz] *pt of* **be**
wash [wɔʃ] *vt* laver ▷ *vi* se laver; (*sea*): **to ~ over/against sth** inonder/baigner qch ▷ *n* (*clothes*) lessive *f*; (*washing programme*) lavage *m*; (*of ship*) sillage *m*; **to have a ~** se laver, faire sa toilette; **wash up** *vi* (BRIT) faire la vaisselle; (US: *have a wash*) se débarbouiller; **washbasin** *n* lavabo *m*; **washer** *n* (*Tech*) rondelle *f*, joint *m*; **washing** *n* (BRIT: *linen etc: dirty*) linge *m*; (: *clean*) lessive *f*; **washing line** *n* (BRIT) corde *f* à linge; **washing machine** *n* machine *f* à laver; **washing powder** *n* (BRIT) lessive *f* (en poudre)
Washington ['wɔʃɪŋtən] *n* Washington *m*
wash: washing-up *n* (BRIT) vaisselle *f*; **washing-up liquid** *n* (BRIT) produit *m* pour la vaisselle; **washroom** *n* (US) toilettes *fpl*
wasn't ['wɔznt] = **was not**
wasp [wɔsp] *n* guêpe *f*
waste [weɪst] *n* gaspillage *m*; (*of time*) perte *f*; (*rubbish*) déchets *mpl*; (*also*: **household ~**) ordures *fpl* ▷ *adj* (*land, ground: in city*) à l'abandon; (*leftover*): **~ material** déchets ▷ *vt* gaspiller; (*time, opportunity*) perdre; **waste ground** *n* (BRIT) terrain *m* vague; **wastepaper basket** *n* corbeille *f* à papier
watch [wɔtʃ] *n* montre *f*; (*act of watching*) surveillance *f*; (*guard: Mil*) sentinelle *f*; (: *Naut*) homme *m* de quart; (*Naut: spell of duty*) quart *m* ▷ *vt* (*look at*) observer (: *match, programme*) regarder; (*spy on, guard*) surveiller; (*be careful of*) faire attention à ▷ *vi* regarder; (*keep guard*) monter la garde; **to keep ~** faire le guet; **watch out** *vi* faire attention; **watchdog** *n* chien *m* de garde; (*fig*) gardien(ne); **watch strap** *n* bracelet *m* de montre
water ['wɔːtəʳ] *n* eau *f* ▷ *vt* (*plant, garden*) arroser ▷ *vi* (*eyes*) larmoyer; **in British ~s** dans les eaux territoriales Britanniques; **to make sb's mouth ~** mettre l'eau à la bouche de qn; **water down** *vt* (*milk etc*) couper avec de l'eau; (*fig: story*) édulcorer; **watercolour**, (US) **watercolor** *n* aquarelle *f*; **watercress** *n* cresson *m* (de fontaine); **waterfall** *n* chute *f* d'eau; **watering can** *n* arrosoir *m*; **watermelon** *n* pastèque *f*; **waterproof** *adj* imperméable; **water-skiing** *n* ski *m* nautique
watt [wɔt] *n* watt *m*
wave [weɪv] *n* vague *f*; (*of hand*) geste *m*, signe *m*; (*Radio*) onde *f*; (*in hair*) ondulation *f*; (*fig*) vague ▷ *vi* faire signe de la main; (*flag*) flotter au vent; (*grass*) ondoyer ▷ *vt* (*handkerchief*) agiter; (*stick*) brandir; **wavelength** *n* longueur *f* d'ondes
waver ['weɪvəʳ] *vi* vaciller; (*voice*) trembler; (*person*) hésiter
wavy ['weɪvɪ] *adj* (*hair, surface*) ondulé(e); (*line*) onduleux(-euse)
wax [wæks] *n* cire *f*; (*for skis*) fart *m* ▷ *vt* cirer; (*car*) lustrer; (*skis*) farter ▷ *vi* (*moon*) croître
way [weɪ] *n* chemin *m*, voie *f*; (*distance*) distance *f*; (*direction*) chemin, direction *f*; (*manner*) façon *f*, manière *f*; (*habit*) habitude *f*, façon; **which ~? — this ~/that ~** par où *or* de quel côté? — par ici/par là; **to lose one's ~** perdre son chemin; **on the ~ (to)** en route (pour); **to be on one's ~** être en route; **to be in the ~** bloquer le passage; (*fig*) gêner; **it's a long ~ away** c'est loin d'ici; **to go out of one's ~ to do** (*fig*) se donner beaucoup de mal pour faire; **to be under ~** (*work, project*) être en cours; **in a ~** dans un sens; **by the ~** à

propos; **"~ in"** (BRIT) "entrée"; **"~ out"** (BRIT) "sortie"; **the ~ back** le chemin du retour; **"give ~"** (BRIT *Aut*) "cédez la priorité"; **no ~!** (*inf*) pas question!

W.C. *n abbr* (BRIT: = *water closet*) w.-c. *mpl*, waters *mpl*

we [wi:] *pl pron* nous

weak [wi:k] *adj* faible; (*health*) fragile; (*beam etc*) peu solide; (*tea, coffee*) léger(-ère); **weaken** *vi* faiblir ▷ *vt* affaiblir; **weakness** *n* faiblesse *f*; (*fault*) point *m* faible

wealth [wɛlθ] *n* (*money, resources*) richesse(s) *f(pl)*; (*of details*) profusion *f*; **wealthy** *adj* riche

weapon ['wɛpən] *n* arme *f*; **~s of mass destruction** armes *fpl* de destruction massive

wear [wɛəʳ] (*pt* **wore**, *pp* **worn**) *n* (*use*) usage *m*; (*deterioration through use*) usure *f* ▷ *vt* (*clothes*) porter; (*put on*) mettre; (*damage: through use*) user ▷ *vi* (*last*) faire de l'usage; (*rub etc through*) s'user; **sports/baby~** vêtements *mpl* de sport/pour bébés; **evening ~** tenue *f* de soirée; **wear off** *vi* disparaître; **wear out** *vt* user; (*person, strength*) épuiser

weary ['wɪərɪ] *adj* (*tired*) épuisé(e); (*dispirited*) las (lasse); abattu(e) ▷ *vi*: **to ~ of** se lasser de

weasel ['wi:zl] *n* (*Zool*) belette *f*

weather ['wɛðəʳ] *n* temps *m* ▷ *vt* (*storm: lit, fig*) essuyer; (*crisis*) survivre à; **under the ~** (*fig: ill*) mal fichu(e); **weather forecast** *n* prévisions *fpl* météorologiques, météo *f*

weave (*pt* **wove**, *pp* **woven**) [wi:v, wəuv, 'wəuvn] *vt* (*cloth*) tisser; (*basket*) tresser

web [wɛb] *n* (*of spider*) toile *f*; (*on duck's foot*) palmure *f*; (*fig*) tissu *m*; (*Comput*): **the (World-Wide) W~** le Web; **web address** *n* adresse *f* Web; **webcam** *n* webcam *f*; **web page** *n* (*Comput*) page *f* Web; **website** *n* (*Comput*) site *m* Web

wed [wɛd] (*pt, pp* **wedded**) *vt* épouser ▷ *vi* se marier

we'd [wi:d] = **we had; we would**

wedding ['wɛdɪŋ] *n* mariage *m*; **wedding anniversary** *n* anniversaire *m* de mariage; **silver/golden wedding anniversary** noces *fpl* d'argent/d'or; **wedding day** *n* jour *m* du mariage; **wedding dress** *n* robe *f* de mariée; **wedding ring** *n* alliance *f*

wedge [wɛdʒ] *n* (*of wood etc*) coin *m*; (*under door etc*) cale *f*; (*of cake*) part *f* ▷ *vt* (*fix*) caler; (*push*) enfoncer, coincer

Wednesday ['wɛdnzdɪ] *n* mercredi *m*

wee [wi:] *adj* (SCOTTISH) petit(e); tout(e) petit(e)

weed [wi:d] *n* mauvaise herbe ▷ *vt* désherber; **weedkiller** *n* désherbant *m*

week [wi:k] *n* semaine *f*; **a ~ today/on Tuesday** aujourd'hui/mardi en huit; **weekday** *n* jour *m* de semaine; (*Comm*) jour ouvrable; **weekend** *n* week-end *m*; **weekly** *adv* une fois par semaine, chaque semaine ▷ *adj, n* hebdomadaire (*m*)

weep [wi:p] (*pt, pp* **wept**) *vi* (*person*) pleurer

weigh [weɪ] *vt, vi* peser; **to ~ anchor** lever l'ancre; **weigh up** *vt* examiner

weight [weɪt] *n* poids *m*; **to put on/lose ~** grossir/maigrir; **weightlifting** *n* haltérophilie *f*

weir [wɪəʳ] *n* barrage *m*

weird [wɪəd] *adj* bizarre; (*eerie*) surnaturel(le)

welcome ['wɛlkəm] *adj* bienvenu(e) ▷ *n* accueil *m* ▷ *vt* accueillir; (*also*: **bid ~**) souhaiter la bienvenue à; (*be glad of*) se réjouir de; **you're ~!** (*after thanks*) de rien, il n'y a pas de quoi

weld [wɛld] *vt* souder

welfare ['wɛlfɛəʳ] *n* (*wellbeing*) bien-être *m*; (*social aid*) assistance sociale; **welfare state** *n* État-providence *m*

well [wɛl] *n* puits *m* ▷ *adv* bien ▷ *adj*: **to be ~** aller bien ▷ *excl* eh bien!; (*relief also*) bon!; (*resignation*) enfin!; **~ done!** bravo!; **get ~ soon!** remets-toi vite!; **to do ~** bien réussir; (*business*) prospérer; **as ~** (*in addition*) aussi, également; **as ~ as** aussi bien que *or* de; en plus de

we'll [wi:l] = **we will; we shall**

well: well-behaved *adj* sage, obéissant(e); **well-built** *adj* (*person*) bien bâti(e); **well-dressed** *adj* bien habillé(e), bien vêtu(e); **well-groomed** [-'gru:md] *adj* très soigné(e)

wellies ['welɪz] *npl* (BRIT *inf*) = **wellingtons**

wellingtons ['wɛlɪŋtənz] *npl* (*also:* **wellington boots**) bottes *fpl* en caoutchouc

well: well-known *adj* (*person*) bien connu(e); **well-off** *adj* aisé(e), assez riche; **well-paid** [wel'peɪd] *adj* bien payé(e)

Welsh [wɛlʃ] *adj* gallois(e) ▷ *n* (*Ling*) gallois *m*; **the Welsh** *npl* (*people*) les Gallois; **Welshman** (*irreg*) *n* Gallois *m*; **Welshwoman** (*irreg*) *n* Galloise *f*

went [wɛnt] *pt of* **go**

wept [wɛpt] *pt, pp of* **weep**

were [wəːʳ] *pt of* **be**

we're [wɪəʳ] = **we are**

weren't [wə:nt] = **were not**

west [wɛst] *n* ouest *m* ▷ *adj* (*wind*) d'ouest; (*side*) ouest *inv* ▷ *adv* à *or* vers l'ouest; **the W~** l'Occident *m*, l'Ouest; **westbound** ['wɛstbaund] *adj* en direction de l'ouest; (*carriageway*) ouest *inv*; **western** *adj* occidental(e), de *or* à l'ouest ▷ *n* (*Cine*) western *m*; **West Indian** *adj* antillais(e) ▷ *n* Antillais(e); **West Indies** [-'ɪndɪz] *npl* Antilles *fpl*

wet [wɛt] *adj* mouillé(e); (*damp*) humide; (*soaked: also:* **~ through**) trempé(e); (*rainy*) pluvieux(-euse); **to get ~** se mouiller; **"~ paint"** "attention peinture fraîche"; **wetsuit** *n* combinaison *f* de plongée

we've [wi:v] = **we have**

whack [wæk] *vt* donner un grand coup à

whale [weɪl] *n* (*Zool*) baleine *f*

wharf (*pl* **wharves**) [wɔ:f, wɔ:vz] *n* quai *m*

KEYWORD

what [wɔt] *adj* **1** (*in questions*) quel(le); **what size is he?** quelle taille fait-il?; **what colour is it?** de quelle couleur est-ce?; **what books do you need?** quels livres vous faut-il?

2 (*in exclamations*): **what a mess!** quel désordre!; **what a fool I am!** que je suis bête!

▶ *pron* **1** (*interrogative*) que; de/à/en *etc* quoi; **what are you doing?** que faites-vous?, qu'est-ce que vous faites?; **what is happening?** qu'est-ce qui se passe?, que se passe-t-il?; **what are you talking about?** de quoi parlez-vous?; **what are you thinking about?** à quoi pensez-vous?; **what is it called?** comment est-ce que ça s'appelle?; **what about me?** et moi?; **what about doing ...?** et si on faisait ...?

2 (*relative: subject*) ce qui; (*: direct object*) ce que; (*: indirect object*) ce à quoi, ce dont; **I saw what you did/was on the table** j'ai vu ce que vous avez fait/ce qui était sur la table; **tell me what you remember** dites-moi ce dont vous vous souvenez; **what I want is a cup of tea** ce que je veux, c'est une tasse de thé

▶ *excl* (*disbelieving*) quoi!, comment!

whatever [wɔt'ɛvəʳ] *adj*: **take ~ book you prefer** prenez le livre que vous préférez, peu importe lequel; **~ book you take** quel que soit le livre que vous preniez ▷ *pron*: **do ~ is necessary** faites (tout) ce qui est nécessaire; **~ happens** quoi qu'il arrive; **no reason ~** *or* **whatsoever** pas la moindre raison; **nothing ~** *or* **whatsoever** rien du tout

whatsoever [wɔtsəu'ɛvə^r] *adj see* **whatever**
wheat [wi:t] *n* blé *m*, froment *m*
wheel [wi:l] *n* roue *f*; (*Aut: also*: **steering ~**) volant *m*; (*Naut*) gouvernail *m* ▷ *vt* (*pram etc*) pousser, rouler ▷ *vi* (*birds*) tournoyer; (*also*: **~ round**: *person*) se retourner, faire volte-face; **wheelbarrow** *n* brouette *f*; **wheelchair** *n* fauteuil roulant; **wheel clamp** *n* (*Aut*) sabot *m* (de Denver)
wheeze [wi:z] *vi* respirer bruyamment

KEYWORD

when [wɛn] *adv* quand; **when did he go?** quand est-ce qu'il est parti?
▸ *conj* **1** (*at, during, after the time that*) quand, lorsque; **she was reading when I came in** elle lisait quand *or* lorsque je suis entré
2 (*on, at which*): **on the day when I met him** le jour où je l'ai rencontré
3 (*whereas*) alors que; **I thought I was wrong when in fact I was right** j'ai cru que j'avais tort alors qu'en fait j'avais raison

whenever [wɛn'ɛvə^r] *adv* quand donc ▷ *conj* quand; (*every time that*) chaque fois que
where [wɛə^r] *adv, conj* où; **this is ~** c'est là que; **whereabouts** *adv* où donc ▷ *n*: **nobody knows his whereabouts** personne ne sait où il se trouve; **whereas** *conj* alors que; **whereby** *adv* (*formal*) par lequel (*or* laquelle *etc*); **wherever** *adv* où donc ▷ *conj* où que + *sub*; **sit wherever you like** asseyez-vous (là) où vous voulez
whether ['wɛðə^r] *conj* si; **I don't know ~ to accept or not** je ne sais pas si je dois accepter ou non; **it's doubtful ~** il est peu probable que + *sub*; **~ you go or not** que vous y alliez ou non

KEYWORD

which [wɪtʃ] *adj* **1** (*interrogative, direct, indirect*) quel(le); **which picture do you want?** quel tableau voulez-vous?; **which one?** lequel (laquelle)?
2: **in which case** auquel cas; **we got there at 8pm, by which time the cinema was full** quand nous sommes arrivés à 20h, le cinéma était complet
▸ *pron* **1** (*interrogative*) lequel (laquelle), lesquels (lesquelles) *pl*; **I don't mind which** peu importe lequel; **which (of these) are yours?** lesquels sont à vous?; **tell me which you want** dites-moi lesquels *or* ceux que vous voulez
2 (*relative: subject*) qui; (: *object*) que; sur/vers *etc* lequel (laquelle) (*NB: à + lequel =* **auquel**; *de + lequel =* **duquel**); **the apple which you ate/which is on the table** la pomme que vous avez mangée/qui est sur la table; **the chair on which you are sitting** la chaise sur laquelle vous êtes assis; **the book of which you spoke** le livre dont vous avez parlé; **he said he knew, which is true/I was afraid of** il a dit qu'il le savait, ce qui est vrai/ce que je craignais; **after which** après quoi

whichever [wɪtʃ'ɛvə^r] *adj*: **take ~ book you prefer** prenez le livre que vous préférez, peu importe lequel; **~ book you take** quel que soit le livre que vous preniez
while [waɪl] *n* moment *m* ▷ *conj* pendant que; (*as long as*) tant que; (*as, whereas*) alors que; (*though*) bien que + *sub*, quoique + *sub*; **for a ~** pendant quelque temps; **in a ~** dans un moment
whilst [waɪlst] *conj* = **while**
whim [wɪm] *n* caprice *m*
whine [waɪn] *n* gémissement *m*; (*of engine, siren*) plainte stridente ▷ *vi*

W

gémir, geindre, pleurnicher; (*dog, engine, siren*) gémir

whip [wɪp] *n* fouet *m*; (*for riding*) cravache *f*; (*Pol: person*) chef *m* de file (*assurant la discipline dans son groupe parlementaire*) ▷ *vt* fouetter; (*snatch*) enlever (*or* sortir) brusquement; **whipped cream** *n* crème fouettée

whirl [wəːl] *vi* tourbillonner; (*dancers*) tournoyer ▷ *vt* faire tourbillonner; faire tournoyer

whisk [wɪsk] *n* (*Culin*) fouet *m* ▷ *vt* (*eggs*) fouetter, battre; **to ~ sb away** *or* **off** emmener qn rapidement

whiskers ['wɪskəz] *npl* (*of animal*) moustaches *fpl*; (*of man*) favoris *mpl*

whisky, (IRISH, US) **whiskey** ['wɪskɪ] *n* whisky *m*

whisper ['wɪspəʳ] *n* chuchotement *m* ▷ *vt, vi* chuchoter

whistle ['wɪsl] *n* (*sound*) sifflement *m*; (*object*) sifflet *m* ▷ *vi* siffler ▷ *vt* siffler, siffloter

white [waɪt] *adj* blanc (blanche); (*with fear*) blême ▷ *n* blanc *m*; (*person*) blanc (blanche); **White House** *n* (*US*): **the White House** la Maison-Blanche; **whitewash** *n* (*paint*) lait *m* de chaux ▷ *vt* blanchir à la chaux; (*fig*) blanchir

whiting ['waɪtɪŋ] *n* (*pl inv: fish*) merlan *m*

Whitsun ['wɪtsn] *n* la Pentecôte

whittle ['wɪtl] *vt*: **to ~ away, to ~ down** (*costs*) réduire, rogner

whizz [wɪz] *vi* aller (*or* passer) à toute vitesse

who [huː] *pron* qui

whoever [huː'ɛvəʳ] *pron*: **~ finds it** celui (celle) qui le trouve (, qui que ce soit), quiconque le trouve; **ask ~ you like** demandez à qui vous voulez; **~ he marries** qui que ce soit *or* quelle que soit la personne qu'il épouse; **~ told you that?** qui a bien pu vous dire ça?, qui donc vous a dit ça?

whole [həul] *adj* (*complete*) entier(-ière), tout(e); (*not broken*) intact(e), complet(-ète) ▷ *n* (*entire unit*) tout *m*; (*all*): **the ~ of** la totalité de, tout(e) le; **the ~ of the town** la ville tout entière; **on the ~, as a ~** dans l'ensemble; **wholefood(s)** *n(pl)* aliments complets; **wholeheartedly** [həul'hɑːtɪdlɪ] *adv* sans réserve; **to agree wholeheartedly** être entièrement d'accord; **wholemeal** *adj* (BRIT: *flour, bread*) complet(-ète); **wholesale** *n* (vente *f* en) gros *m* ▷ *adj* (*price*) de gros; (*destruction*) systématique; **wholewheat** *adj* = **wholemeal**; **wholly** *adv* entièrement, tout à fait

KEYWORD

whom [huːm] *pron* **1** (*interrogative*) qui; **whom did you see?** qui avez-vous vu?; **to whom did you give it?** à qui l'avez-vous donné?

2 (*relative*) que à/de *etc* qui; **the man whom I saw/to whom I spoke** l'homme que j'ai vu/à qui j'ai parlé

whore [hɔːʳ] *n* (*inf: pej*) putain *f*

KEYWORD

whose [huːz] *adj* **1** (*possessive, interrogative*): **whose book is this?, whose is this book?** à qui est ce livre?; **whose pencil have you taken?** à qui est le crayon que vous avez pris?, c'est le crayon de qui que vous avez pris?; **whose daughter are you?** de qui êtes-vous la fille?

2 (*possessive, relative*): **the man whose son you rescued** l'homme dont *or* de qui vous avez sauvé le fils; **the girl whose sister you were speaking to** la fille à la sœur de qui *or* de laquelle vous parliez; **the woman whose car was stolen** la femme dont la voiture a été volée

▶ *pron* à qui; **whose is this?** à qui est ceci?; **I know whose it is** je sais à qui c'est

KEYWORD

why [waɪ] *adv* pourquoi; **why not?** pourquoi pas?
▸ *conj*: **I wonder why he said that** je me demande pourquoi il a dit ça; **that's not why I'm here** ce n'est pas pour ça que je suis là; **the reason why** la raison pour laquelle
▸ *excl* eh bien!, tiens!; **why, it's you!** tiens, c'est vous!; **why, that's impossible!** voyons, c'est impossible!

wicked ['wɪkɪd] *adj* méchant(e); (*mischievous*: *grin, look*) espiègle, malicieux(-euse); (*crime*) pervers(e); (*inf*: *very good*) génial(e) (*inf*)
wicket ['wɪkɪt] *n* (*Cricket*: *stumps*) guichet *m*; (: *grass area*) espace compris entre les deux guichets
wide [waɪd] *adj* large; (*area, knowledge*) vaste, très étendu(e); (*choice*) grand(e) ▹ *adv*: **to open ~** ouvrir tout grand; **to shoot ~** tirer à côté; **it is 3 metres ~** cela fait 3 mètres de large; **widely** *adv* (*different*) radicalement; (*spaced*) sur une grande étendue; (*believed*) généralement; (*travel*) beaucoup; **widen** *vt* élargir ▹ *vi* s'élargir; **wide open** *adj* grand(e) ouvert(e); **widespread** *adj* (*belief etc*) très répandu(e)
widow ['wɪdəu] *n* veuve *f*; **widower** *n* veuf *m*
width [wɪdθ] *n* largeur *f*
wield [wi:ld] *vt* (*sword*) manier; (*power*) exercer
wife (*pl* **wives**) [waɪf, waɪvz] *n* femme *f*, épouse *f*
Wi-Fi ['waɪfaɪ] *n* wifi *m*
wig [wɪg] *n* perruque *f*
wild [waɪld] *adj* sauvage; (*sea*) déchaîné(e); (*idea, life*) fou (folle); (*behaviour*) déchaîné(e), extravagant(e); (*inf*: *angry*) hors de soi, furieux(-euse) ▹ *n*: **the ~** la nature; **wilderness** ['wɪldənɪs] *n* désert *m*, région *f* sauvage; **wildlife** *n* faune *f* (et flore *f*); **wildly** *adv* (*behave*) de manière déchaînée; (*applaud*) frénétiquement; (*hit, guess*) au hasard; (*happy*) follement

KEYWORD

will [wɪl] *aux vb* **1** (*forming future tense*): **I will finish it tomorrow** je le finirai demain; **I will have finished it by tomorrow** je l'aurai fini d'ici demain; **will you do it? — yes I will/no I won't** le ferez-vous? — oui/non
2 (*in conjectures, predictions*): **he will** *or* **he'll be there by now** il doit être arrivé à l'heure qu'il est; **that will be the postman** ça doit être le facteur
3 (*in commands, requests, offers*): **will you be quiet!** voulez-vous bien vous taire!; **will you help me?** est-ce que vous pouvez m'aider?; **will you have a cup of tea?** voulez-vous une tasse de thé?; **I won't put up with it!** je ne le tolérerai pas!
▸ *vt* (*pt, pp* **willed**): **to will sb to do** souhaiter ardemment que qn fasse; **he willed himself to go on** par un suprême effort de volonté, il continua
▸ *n* **1** volonté *f*; **against one's will** à contre-cœur
2 (*document*) testament *m*

willing ['wɪlɪŋ] *adj* de bonne volonté, serviable; **he's ~ to do it** il est disposé à le faire, il veut bien le faire; **willingly** *adv* volontiers
willow ['wɪləu] *n* saule *m*
willpower ['wɪl'pauəʳ] *n* volonté *f*
wilt [wɪlt] *vi* dépérir
win [wɪn] (*pt, pp* **won**) *n* (*in sports etc*) victoire *f* ▹ *vt* (*battle, money*) gagner; (*prize, contract*) remporter; (*popularity*) acquérir ▹ *vi* gagner; **win over** *vt* convaincre
wince [wɪns] *vi* tressaillir
wind[1] [wɪnd] *n* (*also Med*) vent *m*; (*breath*) souffle *m* ▹ *vt* (*take breath*

away) couper le souffle à; **the ~(s)** (*Mus*) les instruments *mpl* à vent

wind² (*pt, pp* **wound**) [waɪnd, waund] *vt* enrouler; (*wrap*) envelopper; (*clock, toy*) remonter ▷ *vi* (*road, river*) serpenter; **wind down** *vt* (*car window*) baisser; (*fig: production, business*) réduire progressivement; **wind up** *vt* (*clock*) remonter; (*debate*) terminer, clôturer

windfall ['wɪndfɔːl] *n* coup *m* de chance

wind farm *n* ferme *f* éolienne

winding ['waɪndɪŋ] *adj* (*road*) sinueux(-euse); (*staircase*) tournant(e)

windmill ['wɪndmɪl] *n* moulin *m* à vent

window ['wɪndəu] *n* fenêtre *f*; (*in car, train: also:* **~pane**) vitre *f*; (*in shop etc*) vitrine *f*; **window box** *n* jardinière *f*; **window cleaner** *n* (*person*) laveur(-euse) de vitres; **window pane** *n* vitre *f*, carreau *m*; **window seat** *n* (*on plane*) place *f* côté hublot; **windowsill** *n* (*inside*) appui *m* de la fenêtre; (*outside*) rebord *m* de la fenêtre

windscreen ['wɪndskriːn] *n* pare-brise *m inv*; **windscreen wiper** *n* essuie-glace *m inv*

windshield ['wɪndʃiːld] (*US*) *n* = **windscreen**

windsurfing ['wɪndsəːfɪŋ] *n* planche *f* à voile

wind turbine [-təːbaɪn] *n* éolienne *f*

windy ['wɪndɪ] *adj* (*day*) de vent, venteux(-euse); (*place, weather*) venteux; **it's ~** il y a du vent

wine [waɪn] *n* vin *m*; **wine bar** *n* bar *m* à vin; **wine glass** *n* verre *m* à vin; **wine list** *n* carte *f* des vins; **wine tasting** *n* dégustation *f* (de vins)

wing [wɪŋ] *n* aile *f*; **wings** *npl* (*Theat*) coulisses *fpl*; **wing mirror** *n* (BRIT) rétroviseur latéral

wink [wɪŋk] *n* clin *m* d'œil ▷ *vi* faire un clin d'œil; (*blink*) cligner des yeux

winner ['wɪnəʳ] *n* gagnant(e)

winning ['wɪnɪŋ] *adj* (*team*) gagnant(e); (*goal*) décisif(-ive); (*charming*) charmeur(-euse)

winter ['wɪntəʳ] *n* hiver *m* ▷ *vi* hiverner; **in ~** en hiver; **winter sports** *npl* sports *mpl* d'hiver; **wintertime** *n* hiver *m*

wipe [waɪp] *n*: **to give sth a ~** donner un coup de torchon/de chiffon/d'éponge à qch ▷ *vt* essuyer; (*erase: tape*) effacer; **to ~ one's nose** se moucher; **wipe out** *vt* (*debt*) éteindre, amortir; (*memory*) effacer; (*destroy*) anéantir; **wipe up** *vt* essuyer

wire ['waɪəʳ] *n* fil *m* (de fer); (*Elec*) fil électrique; (*Tel*) télégramme *m* ▷ *vt* (*house*) faire l'installation électrique de; (*also:* **~ up**) brancher; (*person: send telegram to*) télégraphier à

wireless ['waɪəlɪs] *adj* sans fil; **wireless technology** *n* technologie *f* sans fil

wiring ['waɪərɪŋ] *n* (*Elec*) installation *f* électrique

wisdom ['wɪzdəm] *n* sagesse *f*; (*of action*) prudence *f*; **wisdom tooth** *n* dent *f* de sagesse

wise [waɪz] *adj* sage, prudent(e); (*remark*) judicieux(-euse)

wish [wɪʃ] *n* (*desire*) désir *m*; (*specific desire*) souhait *m*, vœu *m* ▷ *vt* souhaiter, désirer, vouloir; **best ~es** (*on birthday etc*) meilleurs vœux; **with best ~es** (*in letter*) bien amicalement; **to ~ sb goodbye** dire au revoir à qn; **he ~ed me well** il m'a souhaité bonne chance; **to ~ to do/sb to do** désirer *or* vouloir faire/que qn fasse; **to ~ for** souhaiter

wistful ['wɪstful] *adj* mélancolique

wit [wɪt] *n* (*also:* **~s**: *intelligence*) intelligence *f*, esprit *m*; (*presence of mind*) présence *f* d'esprit; (*wittiness*) esprit; (*person*) homme/femme d'esprit

witch [wɪtʃ] *n* sorcière *f*

KEYWORD

with [wɪð, wɪθ] *prep* **1** (*in the company of*) avec; (*: at the home of*) chez; **we stayed with friends** nous avons logé chez des amis; **I'll be with you in a minute** je suis à vous dans un instant
2 (*descriptive*): **a room with a view** une chambre avec vue; **the man with the grey hat/blue eyes** l'homme au chapeau gris/aux yeux bleus
3 (*indicating manner, means, cause*): **with tears in her eyes** les larmes aux yeux; **to walk with a stick** marcher avec une canne; **red with anger** rouge de colère; **to shake with fear** trembler de peur; **to fill sth with water** remplir qch d'eau
4 (*in phrases*): **I'm with you** (*I understand*) je vous suis; **to be with it** (*inf: up-to-date*) être dans le vent

withdraw [wɪθ'drɔː] *vt* (*irreg: like* **draw**) retirer ▷ *vi* se retirer; **withdrawal** *n* retrait *m*; (*Med*) état *m* de manque; **withdrawn** *pp of* **withdraw** ▷ *adj* (*person*) renfermé(e)
withdrew [wɪθ'druː] *pt of* **withdraw**
wither ['wɪðəʳ] *vi* se faner
withhold [wɪθ'həuld] *vt* (*irreg: like* **hold**) (*money*) retenir; (*decision*) remettre; **to ~ (from)** (*permission*) refuser (à); (*information*) cacher (à)
within [wɪð'ɪn] *prep* à l'intérieur de ▷ *adv* à l'intérieur; **~ his reach** à sa portée; **~ sight of** en vue de; **~ a mile of** à moins d'un mille de; **~ the week** avant la fin de la semaine
without [wɪð'aut] *prep* sans; **~ a coat** sans manteau; **~ speaking** sans parler; **to go** *or* **do ~ sth** se passer de qch
withstand [wɪθ'stænd] *vt* (*irreg: like* **stand**) résister à
witness ['wɪtnɪs] *n* (*person*) témoin *m* ▷ *vt* (*event*) être témoin de; (*document*) attester l'authenticité de; **to bear ~ to sth** témoigner de qch
witty ['wɪtɪ] *adj* spirituel(le), plein(e) d'esprit
wives [waɪvz] *npl of* **wife**
wizard ['wɪzəd] *n* magicien *m*
wk *abbr* = **week**
wobble ['wɔbl] *vi* trembler; (*chair*) branler
woe [wəu] *n* malheur *m*
woke [wəuk] *pt of* **wake**
woken ['wəukn] *pp of* **wake**
wolf (*pl* **wolves**) [wulf, wulvz] *n* loup *m*
woman (*pl* **women**) ['wumən, 'wɪmɪn] *n* femme *f* ▷ *cpd*: **~ doctor** femme *f* médecin; **~ teacher** professeur *m* femme
womb [wuːm] *n* (*Anat*) utérus *m*
women ['wɪmɪn] *npl of* **woman**
won [wʌn] *pt, pp of* **win**
wonder ['wʌndəʳ] *n* merveille *f*, miracle *m*; (*feeling*) émerveillement *m* ▷ *vi*: **to ~ whether/why** se demander si/pourquoi; **to ~ at** (*surprise*) s'étonner de; (*admiration*) s'émerveiller de; **to ~ about** songer à; **it's no ~ that** il n'est pas étonnant que + *sub*; **wonderful** *adj* merveilleux(-euse)
won't [wəunt] = **will not**
wood [wud] *n* (*timber, forest*) bois *m*; **wooden** *adj* en bois; (*fig: actor*) raide; (*: performance*) qui manque de naturel; **woodwind** *n*: **the woodwind** les bois *mpl*, **woodwork** *n* menuiserie *f*
wool [wul] *n* laine *f*; **to pull the ~ over sb's eyes** (*fig*) en faire accroire à qn; **woollen**, (*US*) **woolen** *adj* de *or* en laine; **woolly**, (*US*) **wooly** *adj* laineux(-euse); (*fig: ideas*) confus(e)
word [wəːd] *n* mot *m*; (*spoken*) mot, parole *f*; (*promise*) parole; (*news*) nouvelles *fpl* ▷ *vt* rédiger, formuler; **in other ~s** en d'autres termes; **to have a ~ with sb** toucher un mot à qn; **to break/keep one's ~** manquer à sa parole/tenir (sa) parole;

W

wording *n* termes *mpl*, langage *m*; (*of document*) libellé *m*; **word processing** *n* traitement *m* de texte; **word processor** *n* machine *f* de traitement de texte

wore [wɔːʳ] *pt of* **wear**

work [wəːk] *n* travail *m*; (*Art, Literature*) œuvre *f* ▷ *vi* travailler; (*mechanism*) marcher, fonctionner; (*plan etc*) marcher; (*medicine*) agir ▷ *vt* (*clay, wood etc*) travailler; (*mine etc*) exploiter; (*machine*) faire marcher *or* fonctionner; (*miracles etc*) faire; **works** *n* (BRIT: *factory*) usine *f*; **how does this ~?** comment est-ce que ça marche?; **the TV isn't ~ing** la télévision est en panne *or* ne marche pas; **to be out of ~** être au chômage *or* sans emploi; **to ~ loose** se défaire, se desserrer; **work out** *vi* (*plans etc*) marcher; (*Sport*) s'entraîner ▷ *vt* (*problem*) résoudre; (*plan*) élaborer; **it ~s out at £100** ça fait 100 livres; **worker** *n* travailleur(-euse), ouvrier(-ière); **work experience** *n* stage *m*; **workforce** *n* main-d'œuvre *f*; **working class** *n* classe ouvrière ▷ *adj*: **working-class** ouvrier(-ière), de la classe ouvrière; **working week** *n* semaine *f* de travail; **workman** (*irreg*) *n* ouvrier *m*; **work of art** *n* œuvre *f* d'art; **workout** *n* (*Sport*) séance *f* d'entraînement; **work permit** *n* permis *m* de travail; **workplace** *n* lieu *m* de travail; **worksheet** *n* (*Scol*) feuille *f* d'exercices; **workshop** *n* atelier *m*; **work station** *n* poste *m* de travail; **work surface** *n* plan *m* de travail; **worktop** *n* plan *m* de travail

world [wəːld] *n* monde *m* ▷ *cpd* (*champion*) du monde; (*power, war*) mondial(e); **to think the ~ of sb** (*fig*) ne jurer que par qn; **World Cup** *n*: **the World Cup** (*Football*) la Coupe du monde; **world-wide** *adj* universel(le); **World-Wide Web** *n*: **the World-Wide Web** le Web

worm [wəːm] *n* (*also*: **earth~**) ver *m*

worn [wɔːn] *pp of* **wear** ▷ *adj* usé(e); **worn-out** *adj* (*object*) complètement usé(e); (*person*) épuisé(e)

worried [ˈwʌrɪd] *adj* inquiet(-ète); **to be ~ about sth** être inquiet au sujet de qch

worry [ˈwʌrɪ] *n* souci *m* ▷ *vt* inquiéter ▷ *vi* s'inquiéter, se faire du souci; **worrying** *adj* inquiétant(e)

worse [wəːs] *adj* pire, plus mauvais(e) ▷ *adv* plus mal ▷ *n* pire *m*; **to get ~** (*condition, situation*) empirer, se dégrader; **a change for the ~** une détérioration; **worsen** *vt, vi* empirer; **worse off** *adj* moins à l'aise financièrement; (*fig*): **you'll be worse off this way** ça ira moins bien de cette façon

worship [ˈwəːʃɪp] *n* culte *m* ▷ *vt* (*God*) rendre un culte à; (*person*) adorer

worst [wəːst] *adj* le (la) pire, le (la) plus mauvais(e) ▷ *adv* le plus mal ▷ *n* pire *m*; **at ~** au pis aller

worth [wəːθ] *n* valeur *f* ▷ *adj*: **to be ~** valoir; **it's ~ it** cela en vaut la peine, ça vaut la peine; **it is ~ one's while (to do)** ça vaut le coup (*inf*) (de faire); **worthless** *adj* qui ne vaut rien; **worthwhile** *adj* (*activity*) qui en vaut la peine; (*cause*) louable

worthy [ˈwəːðɪ] *adj* (*person*) digne; (*motive*) louable; **~ of** digne de

KEYWORD

would [wud] *aux vb* **1** (*conditional tense*): **if you asked him he would do it** si vous le lui demandiez, il le ferait; **if you had asked him he would have done it** si vous le lui aviez demandé, il l'aurait fait

2 (*in offers, invitations, requests*): **would you like a biscuit?** voulez-vous un biscuit?; **would you close the door please?** voulez-vous fermer la porte, s'il vous plaît?

3 (*in indirect speech*): **I said I would do**

it j'ai dit que je le ferais
4 (*emphatic*): **it WOULD have to snow today!** naturellement il neige aujourd'hui!, il fallait qu'il neige aujourd'hui!
5 (*insistence*): **she wouldn't do it** elle n'a pas voulu *or* elle a refusé de le faire
6 (*conjecture*): **it would have been midnight** il devait être minuit; **it would seem so** on dirait bien
7 (*indicating habit*): **he would go there on Mondays** il y allait le lundi

wouldn't ['wudnt] = **would not**
wound[1] [wu:nd] *n* blessure *f* ▷ *vt* blesser
wound[2] [waund] *pt, pp of* **wind**[2]
wove [wəuv] *pt of* **weave**
woven ['wəuvn] *pp of* **weave**
wrap [ræp] *vt* (*also*: **~ up**) envelopper; (*parcel*) emballer; (*wind*) enrouler; **wrapper** *n* (*on chocolate etc*) papier *m*; (BRIT: *of book*) couverture *f*; **wrapping** *n* (*of sweet, chocolate*) papier *m*; (*of parcel*) emballage *m*; **wrapping paper** *n* papier *m* d'emballage; (*for gift*) papier cadeau
wreath [ri:θ] *n* couronne *f*
wreck [rɛk] *n* (*sea disaster*) naufrage *m*; (*ship*) épave *f*; (*vehicle*) véhicule accidenté; (*pej*: *person*) loque (humaine) ▷ *vt* démolir; (*fig*) briser, ruiner; **wreckage** *n* débris *mpl*; (*of building*) décombres *mpl*; (*of ship*) naufrage *m*
wren [rɛn] *n* (*Zool*) troglodyte *m*
wrench [rɛntʃ] *n* (*Tech*) clé *f* (à écrous); (*tug*) violent mouvement de torsion; (*fig*) déchirement *m* ▷ *vt* tirer violemment sur, tordre; **to ~ sth from** arracher qch (violemment) à *or* de
wrestle ['rɛsl] *vi*: **to ~ (with sb)** lutter (avec qn); **wrestler** *n* lutteur(-euse); **wrestling** *n* lutte *f*; (BRIT: *also*: **all-in wrestling**) catch *m*
wretched ['rɛtʃɪd] *adj* misérable
wriggle ['rɪgl] *vi* (*also*: **~ about**) se tortiller
wring (*pt, pp* **wrung**) [rɪŋ, rʌŋ] *vt* tordre; (*wet clothes*) essorer; (*fig*): **to ~ sth out of** arracher qch à
wrinkle ['rɪŋkl] *n* (*on skin*) ride *f*; (*on paper etc*) pli *m* ▷ *vt* rider, plisser ▷ *vi* se plisser
wrist [rɪst] *n* poignet *m*
write (*pt* **wrote**, *pp* **written**) [raɪt, rəut, 'rɪtn] *vt, vi* écrire; (*prescription*) rédiger; **write down** *vt* noter; (*put in writing*) mettre par écrit; **write off** *vt* (*debt*) passer aux profits et pertes; (*project*) mettre une croix sur; (*smash up*: *car etc*) démolir complètement; **write out** *vt* écrire; (*copy*) recopier; **write-off** *n* perte totale; **the car is a write-off** la voiture est bonne pour la casse; **writer** *n* auteur *m*, écrivain *m*
writing ['raɪtɪŋ] *n* écriture *f*; (*of author*) œuvres *fpl*; **in ~** par écrit; **writing paper** *n* papier *m* à lettres
written ['rɪtn] *pp of* **write**
wrong [rɔŋ] *adj* (*incorrect*) faux (fausse); (*incorrectly chosen*: *number, road etc*) mauvais(e); (*not suitable*) qui ne convient pas; (*wicked*) mal; (*unfair*) injuste ▷ *adv* mal ▷ *n* tort *m* ▷ *vt* faire du tort à, léser; **you are ~ to do it** tu as tort de le faire; **you are ~ about that, you've got it ~** tu te trompes; **what's ~?** qu'est-ce qui ne va pas?; **what's ~ with the car?** qu'est-ce qu'elle a, la voiture?; **to go ~** (*person*) se tromper; (*plan*) mal tourner; (*machine*) se détraquer; **I took a ~ turning** je me suis trompé de route; **wrongly** *adv* à tort; (*answer, do, count*) mal, incorrectement; **wrong number** *n* (*Tel*): **you have the wrong number** vous vous êtes trompé de numéro
wrote [rəut] *pt of* **write**
wrung [rʌŋ] *pt, pp of* **wring**
WWW *n abbr* = **World-Wide Web**

X

XL *abbr (= extra large)* XL
Xmas ['ɛksməs] *n abbr* = **Christmas**
X-ray ['ɛksreɪ] *n (ray)* rayon *m* X; *(photograph)* radio(graphie) *f* ▷ *vt* radiographier
xylophone ['zaɪləfəun] *n* xylophone *m*

Y

yacht [jɔt] *n* voilier *m*; *(motor, luxury yacht)* yacht *m*; **yachting** *n* yachting *m*, navigation *f* de plaisance
yard [jɑːd] *n (of house etc)* cour *f*; *(US: garden)* jardin *m*; *(measure)* yard *m (= 914 mm; 3 feet)*; **yard sale** *n (US)* brocante *f* (dans son propre jardin)
yarn [jɑːn] *n* fil *m*; *(tale)* longue histoire
yawn [jɔːn] *n* bâillement *m* ▷ *vi* bâiller
yd. *abbr* = **yard; yards**
yeah [jɛə] *adv (inf)* ouais
year [jɪə^r] *n* an *m*, année *f*; *(Scol etc)* année; **to be 8 ~s old** avoir 8 ans; **an eight-~-old child** un enfant de huit ans; **yearly** *adj* annuel(le) ▷ *adv* annuellement; **twice yearly** deux fois par an
yearn [jəːn] *vi*: **to ~ for sth/to do** aspirer à qch/à faire
yeast [jiːst] *n* levure *f*
yell [jɛl] *n* hurlement *m*, cri *m* ▷ *vi* hurler

yellow ['jɛləu] *adj*, *n* jaune (*m*); **Yellow Pages®** *npl* (*Tel*) pages *fpl* jaunes
yes [jɛs] *adv* oui; (*answering negative question*) si ▷ *n* oui *m*; **to say ~ (to)** dire oui (à)
yesterday ['jɛstədɪ] *adv*, *n* hier (*m*); **~ morning/evening** hier matin/soir; **all day ~** toute la journée d'hier
yet [jɛt] *adv* encore; (*in questions*) déjà ▷ *conj* pourtant, néanmoins; **it is not finished ~** ce n'est pas encore fini *or* toujours pas fini; **have you eaten ~?** vous avez déjà mangé?; **the best ~** le meilleur jusqu'ici *or* jusque-là; **as ~** jusqu'ici, encore
yew [ju:] *n* if *m*
Yiddish ['jɪdɪʃ] *n* yiddish *m*
yield [ji:ld] *n* production *f*, rendement *m*; (*Finance*) rapport *m* ▷ *vt* produire, rendre, rapporter; (*surrender*) céder ▷ *vi* céder; (*US Aut*) céder la priorité
yob(bo) ['jɔb(əu)] *n* (BRIT *inf*) loubar(d) *m*
yoga ['jəugə] *n* yoga *m*
yog(h)urt ['jɔgət] *n* yaourt *m*
yolk [jəuk] *n* jaune *m* (d'œuf)

KEYWORD

you [ju:] *pron* **1** (*subject*) tu; (: *polite form*) vous; (: *plural*) vous; **you are very kind** vous êtes très gentil; **you French enjoy your food** vous autres Français, vous aimez bien manger; **you and I will go** toi et moi *or* vous et moi, nous irons; **there you are!** vous voilà!
2 (*object: direct, indirect*) te, t' + *vowel*; vous; **I know you** je te *or* vous connais; **I gave it to you** je te l'ai donné, je vous l'ai donné
3 (*stressed*) toi; vous; **I told you to do it** c'est à toi *or* vous que j'ai dit de le faire
4 (*after prep, in comparisons*) toi; vous; **it's for you** c'est pour toi *or* vous; **she's younger than you** elle est plus jeune que toi *or* vous
5 (*impersonal: one*) on; **fresh air does you good** l'air frais fait du bien; **you never know** on ne sait jamais; **you can't do that!** ça ne se fait pas!

you'd [ju:d] = **you had; you would**
you'll [ju:l] = **you will; you shall**
young [jʌŋ] *adj* jeune ▷ *npl* (*of animal*) petits *mpl*; **the ~** (*people*) les jeunes, la jeunesse; **my ~er brother** mon frère cadet; **youngster** *n* jeune *m/f*; (*child*) enfant *m/f*
your [jɔ:ʳ] *adj* ton (ta), tes *pl*; (*polite form, pl*) votre, vos *pl*; *see also* **my**
you're [juəʳ] = **you are**
yours [jɔ:z] *pron* le (la) tien(ne), les tiens (tiennes); (*polite form, pl*) le (la) vôtre, les vôtres; **is it ~?** c'est à toi (*or* à vous)?; **a friend of ~** un(e) de tes (*or* de vos) amis; *see also* **faithfully; mine[1]; sincerely**
yourself [jɔ:'sɛlf] *pron* (*reflexive*) te; (: *polite form*) vous; (*after prep*) toi; vous; (*emphatic*) toi-même; vous-même; *see also* **oneself**; **yourselves** *pl pron* vous; (*emphatic*) vous-mêmes; *see also* **oneself**
youth [ju:θ] *n* jeunesse *f*; (*young man*) jeune homme *m*; **youth club** *n* centre *m* de jeunes; **youthful** *adj* jeune; (*enthusiasm etc*) juvénile; **youth hostel** *n* auberge *f* de jeunesse
you've [ju:v] = **you have**
Yugoslav ['ju:gəuslɑ:v] *adj* (*Hist*) yougoslave ▷ *n* Yougoslave *m/f*
Yugoslavia [ju:gəu'slɑ:vɪə] *n* (*Hist*) Yougoslavie *f*

Y

Z

zeal [zi:l] *n* (*revolutionary etc*) ferveur *f*; (*keenness*) ardeur *f*, zèle *m*
zebra ['zi:brə] *n* zèbre *m*; **zebra crossing** *n* (BRIT) passage clouté *or* pour piétons
zero ['zɪərəu] *n* zéro *m*
zest [zɛst] *n* entrain *m*, élan *m*; (*of lemon etc*) zeste *m*
zigzag ['zɪgzæg] *n* zigzag *m* ▷ *vi* zigzaguer, faire des zigzags
Zimbabwe [zɪm'bɑ:bwɪ] *n* Zimbabwe *m*
zinc [zɪŋk] *n* zinc *m*
zip [zɪp] *n* (*also*: **~ fastener**) fermeture *f* éclair® *or* à glissière ▷ *vt* (*file*) zipper; (*also*: **~ up**) fermer (avec une fermeture éclair®); **zip code** *n* (US) code postal; **zip file** *n* (*Comput*) fichier *m* zip *inv*; **zipper** *n* (US) = **zip**
zit [zɪt] (*inf*) *n* bouton *m*
zodiac ['zəudɪæk] *n* zodiaque *m*
zone [zəun] *n* zone *f*
zoo [zu:] *n* zoo *m*
zoology [zu:'ɔlədʒɪ] *n* zoologie *f*
zoom [zu:m] *vi*: **to ~ past** passer en trombe; **zoom lens** *n* zoom *m*
zucchini [zu:'ki:nɪ] *n* (US) courgette *f*